NJW Praxis

Im Einvernehmen mit den Herausgebern der NJW
herausgegeben von
Rechtsanwalt Felix Busse

Band 40

Beamtenrecht in der Praxis

von

Prof. Dr. Helmut Schnellenbach

Präsident des
Verwaltungsgerichts Gelsenkirchen a. D.

und

Dr. Jan Bodanowitz

Präsident des
Verwaltungsgerichts Potsdam

9., neubearbeitete Auflage 2017

C.H.BECK

Zitierweise: Schnellenbach/Bodanowitz BeamtenR 9. A.

www.beck.de

ISBN 978 3 406 68723 5

Wilhelmstraße 9, 80801 München
Druck: Druckhaus Nomos
In den Lissen 12, 76547 Sinzheim
Satz: Druckerei C. H. Beck, Nördlingen
(Adresse wie Verlag)

Gedruckt auf säurefreiem, alterungsbeständigem Papier
(hergestellt aus chlorfrei gebleichtem Zellstoff)

Bearbeiterverzeichnis

Schnellenbach: ... §§ 1, 2, 8–10, 12 und 14
Bodanowitz: ..... §§ 3–7, 11, 13 und 15

Vorwort zur 9. Auflage

Seit der Fertigstellung des Manuskripts der vorherigen, inzwischen vergriffenen 8. Auflage sind gut dreieinhalb Jahre vergangen. Angesichts der Fülle der Jahr für Jahr zum Beamtenrecht ergehenden Rechtsprechung wie des hierzu veröffentlichten Schrifttums, aber auch der einschlägigen Aktivitäten der Gesetz- und Verordnungsgeber hat sich während dieser Zeitspanne wiederum ein erheblicher Aktualisierungsbedarf ergeben. Diesem soll mit der vorliegenden Neuauflage Rechnung getragen werden.

Die im Laufe der acht Vorauflagen stetig (fort-)entwickelte und bewährte Grundkonzeption und Gliederung ist ungeachtet der nunmehr vorgenommenen Aufteilung des Stoffes (Schnellenbach: §§ 1, 2, 8, 9, 10, 12 und 14, Bodanowitz §§ 3, 4, 5, 6, 7, 11, 13 und 15) beibehalten worden. Die 9. Auflage soll daher inhaltlich keine „Zäsur“ darstellen, zumal die Autoren bereits seit dem Jahre 2011 eine vergleichbare Zusammenarbeit verbindet (siehe das von Schnellenbach begründete und herausgegebene und von Bodanowitz fortgeführte Loseblattwerk „Die dienstliche Beurteilung der Beamten und der Richter“).

Wie bei sämtlichen Vorauflagen gilt auch für diese Neuauflage: Die Ausführungen sollen namentlich Beamten und ihren Anwälten oder sonstigen Rechtsberatern wie auch Verwaltungen und Verwaltungsgerichten eine Hilfe bei ihrer täglichen Arbeit sein. Sie konzentrieren sich deswegen auf die aus unserer Sicht für die Praxis besonders bedeutungsvollen Fragen und dürfen daher nicht als Versuche umfassender, systematischer Darstellungen missverstanden werden.

Soweit die männliche Sprachform verwendet ist, soll dies der Verdichtung und Lesbarkeit des Textes dienen.

Für Hinweise und Vorschläge sind wir wie schon in der Vergangenheit stets dankbar.

Die Manuskripte sind am 31. Juli 2016 abgeschlossen.

Gelsenkirchen und Potsdam, im Dezember 2016

Helmut Schnellenbach
Jan Bodanowitz

Inhaltsübersicht

Inhaltsverzeichnis

Abkürzungsverzeichnis und Verzeichnis der abgekürzt zitierten Literatur

aA .... anderer Ansicht
aaO .... am angegebenen Ort
abgedr. .... abgedruckt
AbgG .... Gesetz über die Rechtsverhältnisse der Mitglieder des Deutschen Bundestages
Abl. .... Amtsblatt
abl. .... ablehnend
Abs. .... Absatz
Abschn. .... Abschnitt
abw. .... abweichend
a. D. .... außer Dienst
ADA .... Allgemeines Dienstalter
aE .... am Ende
AEUV .... EU-Arbeitsweisevertrag
aF .... alte Fassung
AG .... Aktiengesellschaft, Amtsgericht, Ausführungsgesetz
AGG .... Allgemeines Gleichbehandlungsgesetz
allg. .... allgemein
AllgVV .... Allgemeine Verwaltungsvorschrift
Alt. .... Alternative
a. M. .... anderer Meinung
Amtl.Begr. .... Amtliche Begründung
AmtsBl. .... Amtsblatt
ÄndG .... Änderungsgesetz
Anh. .... Anhang
Anl. .... Anlage
Anm. .... Anmerkung
AnwSZV .... Anwärtersonderzuschlags-Verordnung
AO .... Abgabenordnung
AöR .... Archiv des öffentlichen Rechts
AP .... Nachschlagewerk des Bundesarbeitsgerichts (vormals: Arbeitsrechtliche Praxis)
ArbGG .... Arbeitsgerichtsgesetz
ArbplSchG .... Arbeitsplatzschutzgesetz
ArbStättV .... Arbeitsstättenverordnung
ArchPF .... Archiv für das Post- und Fernmeldewesen
Art. .... Artikel
AS .... Amtliche Sammlung der Entscheidungen der Oberverwaltungsgerichte Rheinland-Pfalz und Saarland
Aufl. .... Auflage
AuR .... Arbeit und Recht (Zeitschrift)
Az. .... Aktenzeichen
AVG .... Angestelltenversicherungsgesetz
BAG .... Bundesarbeitsgericht
BAGE .... Entscheidungen des Bundesarbeitsgerichts
BAT .... Bundes-Angestelltentarifvertrag
Battis BBG .... Battis, Bundesbeamtengesetz, Kommentar, 4. Aufl. 2009
Bay, bay .... Bayern, bayerisch
BayBeamtVG ...... Bayerisches Beamtenversorgungsgesetz
BayBZ .... Bayerische Beamtenzeitung
BayDO .... Bayerische Disziplinarordnung
BayLlbG .... Gesetz über die Leistungslaufbahn und die Fachlaufbahnen der bayerischen Beamten und Beamtinnen

BayObLG	Bayerisches Oberstes Landesgericht
BayPOG	Bayerisches Polizeiorganisationsgesetz
BayVBl.	Bayerische Verwaltungsblätter
BayVerfGH	Bayerischer Verfassungsgerichtshof
BayVGH n. F.	Sammlung von Entscheidungen des Bayerischen Verwaltungsgerichtshofs (neue Folge)
BBankG	Gesetz über die Deutsche Bundesbank
BB	Betriebs-Berater (Zeitschrift)
BBesG	Bundesbesoldungsgesetz
BBesGVwV	Allgemeine Verwaltungsvorschrift zum Bundesbesoldungsgesetz
BBG	Bundesbeamtengesetz
Bbg, bbg.	Brandenburg, brandenburgisch
BBiG	Berufsbildungsgesetz
BBO	Bundesbesoldungsordnung
BDA	Besoldungsdienstalter
BDG	Bundesdisziplinargesetz
BDH	Bundesdisziplinarhof
BDHE	Entscheidungssammlung des Bundesdisziplinarhofes
BDO	Bundesdisziplinarordnung
BDSG	Bundesdatenschutzgesetz
BDisG	Bundesdisziplinargericht
BDVR-RdSchr.	Rundschreiben des Bundes Deutscher Verwaltungsrichterinnen und Verwaltungsrichter
BeamtStG	Beamtenstatusgesetz
BeamtVG	Beamtenversorgungsgesetz
BeckRS	Beck Rechtssammlung (Online)
Begr.	Begründung
BehindertenR	Behindertenrecht (Zeitschrift)
Bek.	Bekanntmachung
ber.	berichtigt
Beschl.	Beschluss
BesG	Besoldungsgesetz
BesGr(n).	Besoldungsgruppe(n)
Betr.	Der Betrieb (Zeitschrift)
betr.	betreffend
BeurtBest.	Beurteilungsbestimmungen
BEZNG	Bundeseisenbahnneugliederungsgesetz
BFH	Bundesfinanzhof
BGB	Bürgerliches Gesetzbuch
BGBl.	Bundesgesetzblatt
BGH	Bundesgerichtshof
BGHZ	Entscheidungen des Bundesgerichtshofs in Zivilsachen
BGleiG	Bundesgleichstellungsgesetz
BG LSA	Beamtengesetz des Landes Sachsen-Anhalt
BHO	Bundeshaushaltsordnung
Bieler/Lorse Dienstliche Beurteilung	Bieler/Lorse, Die dienstliche Beurteilung, 5. Aufl. 2012
BK	Kommentar zum Bonner Grundgesetz, Bonner Kommentar, Loseblatt
BKGG	Bundeskindergeldgesetz
BLBV	Bundesleistungsbesoldungsverordnung
Bln/BbgOVG	Oberverwaltungsgericht Berlin-Brandenburg
Bln, bln	Berlin, berliner
BlnLBG	Landesbeamtengesetz Berlin
BlnLfbG	Berliner Laufbahngesetz
BlnOVGE	Entscheidungssammlung des Oberverwaltungsgerichts Berlin
BLV	Bundeslaufbahnverordnung
BMF	Bundesminister(ium) der Finanzen
BMI	Bundesminister(ium) des Innern
BMVg	Bundesminister(ium) der Verteidigung

BNV .... Bundesnebentätigkeitsverordnung
BPersVG .... Bundespersonalvertretungsgesetz
BPolG .... Bundespolizeibeamtengesetz
Br, br .... Bremen, bremisch
BR-Drs. .... Bundesratsdrucksache
BRKG .... Bundesreisekostengesetz
BRL .... Beurteilungsrichtlinien
BRRG .... Beamtenrechtsrahmengesetz
BRZV .... Richtlinien für die Beurteilung der Beamten und Beamtinnen der Zollverwaltung und der Bundesmonopolverwaltung für Branntwein
BSG .... Bundessozialgericht
BSGE .... Entscheidungen des Bundessozialgerichts
BSZG .... Bundessonderzahlungsgesetz
BT-Drs. .... Bundestagsdrucksache
Buchholz .... Buchholz, Sammel- und Nachschlagewerk der Rechtsprechung des Bundesverwaltungsgerichts
BUKG .... Bundesumzugskostengesetz
BVBl. .... Bundesversorgungsblatt
BVerfG .... Bundesverfassungsgericht
BVerfGE .... Entscheidungen des Bundesverfassungsgerichts
BVerfGG .... Gesetz über das Bundesverfassungsgericht
BVerwG .... Bundesverwaltungsgericht
BVerwGE .... Entscheidungen des Bundesverwaltungsgerichts
BW, bw .... Baden-Württemberg, baden-württembergisch
BW BeurtVO ...... Verordnung der baden-württembergischen Landesregierung über die dienstliche Beurteilung der Beamtinnen und Beamten
BW DiszH .... Baden-Württembergischer Disziplinarhof
BW LHG .... Landeshochschulgesetz Baden-Württemberg
BWV .... Bundeswehrverwaltung (Zeitschrift)
BZRG .... Bundeszentralregistergesetz
Clemens/Millack BBesR .... Clemens/Millack/Engelking/Lautermann/Henkel, Besoldungsrecht des Bundes und der Länder, Loseblatt
DAR .... Deutsches Autorecht
DBG .... Deutsches Beamtengesetz
DBGrG .... Gesetz über die Gründung einer Deutsche Bahn AG
DDB .... Der Deutsche Beamte (Zeitschrift)
ders. .... derselbe
dh .... das heißt
DNeuG .... Dienstrechtsneuordnungsgesetz
Dok.Ber.B .... Dokumentarische Berichte aus dem Bundesverwaltungsgericht, Ausgabe B
DÖD .... Der öffentliche Dienst (Zeitschrift)
DÖV .... Die öffentliche Verwaltung (Zeitschrift)
DRiG .... Deutsches Richtergesetz
DRiZ .... Deutsche Richterzeitung
DV .... Durchführungsverordnung, Die Verwaltung (Zeitschrift)
DVBl .... Deutsches Verwaltungsblatt
EGBGB .... Einführungsgesetz zum Bürgerlichen Gesetzbuch
EGMR .... Europäischer Gerichtshof für Menschenrechte
EGV/EG .... Vertrag über die Europäische Union
EhfG .... Entwicklungshelfer-Gesetz
Ehlers/Pünder AllgVR .... Ehlers/Pünder (Hrsg.), Allgemeines Verwaltungsrecht, 15. Aufl. 2015
Einl. .... Einleitung
EltZV .... Elternzeitverordnung
EMRK .... Europäische Menschenrechtskonvention
ENeuOG .... Gesetz zur Neuordnung des Eisenbahnwesens
Erl. .... Erlass, Erläuterung
ES .... Entscheidungssammlung

EStG	Einkommenssteuergesetz
ESVGH	Entscheidungssammlung des Hessischen und des Baden-Württembergischen Verwaltungsgerichtshofes
EuGH	Europäischer Gerichtshof
EUrlV	Verordnung über den Erholungsurlaub der Bundesbeamten und der Richter im Bundesdienst
f./ff.	folgende(r)
FFG	Frauenförderungsgesetz
Finkelnburg/Dombert/Külpmann Vorläufiger Rechtsschutz	Finkelnburg/Dombert/Külpmann, Vorläufiger Rechtsschutz im Verwaltungsstreitverfahren, 6. Aufl. 2011
FinM	Finanzminister(ium)
FinVerwG	Gesetz über die Finanzverwaltung
Fn.	Fußnote(n)
GBl.	Gesetzblatt
GemRdErl.	Gemeinsamer Runderlass
GemRdSchr.	Gemeinsames Rundschreiben
GG	Grundgesetz für die Bundesrepublik Deutschland
GKÖD I	Franke/Weiß (Hrsg.), Bd. I des Gesamtkommentars Öffentliches Dienstrecht (begr. von Fürst), Loseblatt
GKÖD II	Weiß, Disziplinarrecht des Bundes und der Länder, Bd. II des Gesamtkommentars Öffentliches Dienstrecht, Loseblatt
GKÖD III	Schinkel/Seifert, Besoldungsrecht des Bundes und der Länder, Bd. III des Gesamtkommentars Öffentliches Dienstrecht, Loseblatt
GMBl.	Gemeinsames Ministerialblatt der Bundesministerien
Grundrechte	Bettermann/Neumann/Nipperdey/Scheuner, Die Grundrechte, 1954 ff.
GVBl., GVOBl.	Gesetz- und Verordnungsblatt
GWR	Gesellschafts- und Wirtschaftsrecht (Zeitschrift)
H, h	Hessen, hessisch
HBG	Hessisches Beamtengesetz
hM	herrschende Meinung
Hartmer/Detmer Hochschulrecht	Hartmer/Detmer (Hrsg.), Hochschulrecht, 3. Aufl. 2016
HBR IV	v. Roetteken/Rothländer (Hrsg.), Hessisches Bedienstetenrecht, Teil IV (Beamtenrecht), Loseblatt
Hebeler/Kersten/Lindner Handbuch BesR	Hebeler/Kersten/Lindner (Hrsg.) Handbuch Besoldungsrecht, 1. Aufl. 2015
HeilvfV	Heilverfahrensverordnung
Hesse Verfassungsrecht	Hesse, Grundzüge des Verfassungsrechts der Bundesrepublik Deutschland, 20. Aufl. 1995
Herrmann/Sandkuhl Beamten-DisziplinarR BeamtenStrafR	Herrmann/Sandkuhl, Beamtendisziplinarrecht – Beamtenstrafrecht, 2014
HessVGRspr.	Rechtsprechung der Hessischen Verwaltungsgerichte
Hmb, hmb	Hamburg, hamburgisch
HmbJVBl.	Hamburgisches Justizverwaltungsblatt
HNtV	Hochschulnebentätigkeitsverordnung
HRG	Hochschulrahmengesetz
Hs.	Halbsatz
HStruktG	(Erstes) Haushaltsstrukturgesetz
Hüllmantel ua LlbG	Hüllmantel/Eck/Hoffmeyer/Luber/Weißgerber, Leistungslaufbahngesetz, 2011
i. d. F.	in der (den) Fassung(en)
IN	Innenminister(ium)

insbes.	insbesondere
IÖD	Informationsdienst Öffentliches Dienstrecht
iSd	im Sinne der/des
Isensee/Kirchhof HdbStR	Isensee/Kirchhof (Hrsg.), Handbuch des Staatsrechts, Bd. I, 3. Aufl. 2003, Bd. VII, 3. Aufl. 2009
iVm	in Verbindung mit
JArbSchG	Jugendarbeitsschutzgesetz
Jarass/Pieroth GG	Jarass/Pieroth, Grundgesetz für die Bundesrepublik Deutschland, Kommentar, 14. Aufl. 2016
JMBl.	Justizministerialblatt
JuMiG	Justizmitteilungsgesetz
JuS	Juristische Schulung (Zeitschrift)
JustG NRW	Justizgesetz Nordrhein-Westfalen
JVBl.	Justizverwaltungsblatt
JZ	Juristenzeitung
Kathke Personalaktenrecht	Kathke, Personalaktenrecht, 1994
KfzPflVV	Kraftfahrzeug-Pflichtversicherungsverordnung
Knack/Hennecke VwVfG	Knack/Hennecke (Hrsg.), Verwaltungsverfahrensgesetz, Kommentar, 10. Aufl. 2014
Kopp/Ramsauer VwVfG	Kopp/Ramsauer, Verwaltungsverfahrensgesetz, Kommentar, 16. Aufl. 2015
Kopp/Schenke VwGO	Kopp/Schenke, Verwaltungsgerichtsordnung, Kommentar, 21. Aufl. 2015
krit.	kritisch
LArbG	Landesarbeitsgericht
LBG	Landesbeamtengesetz
LBeamtVG	Landesbeamtenversorgungsgesetz
LBesG	Landesbesoldungsgesetz
LDG	Landesdisziplinargesetz
Lemhöfer/Leppek Laufbahnrecht	Lemhöfer/Leppek, Das Laufbahnrecht der Bundesbeamten, Loseblatt
LfbVO	Laufbahnverordnung
LG	Landgericht
LGG	Landesgleichstellungsgesetz
lit.	litera (Buchstabe)
LKRZ	Zeitschrift für Landes- und Kommunalrecht, Hessen, Rheinland-Pfalz, Saarland
LKV	Landes- und Kommunalverwaltung (Zeitschrift)
Lorenzen/Rehak BPersVG	Lorenzen/Rehak, Bundespersonalvertretungsgesetz, Kommentar, Loseblatt
LPVG	Landespersonalvertretungsgesetz
LS	Leitsatz
LSA OVG	Oberverwaltungsgericht des Landes Sachsen-Anhalt
LT-Dr.	Landtagsdrucksache
LVO	Laufbahnverordnung
von Mangold/Klein/Starck GG	von Mangold/Klein/Starck, Grundgesetz, Kommentar, 6. Aufl. 2010
m. (abl./zust./krit.) Anm.	mit (ablehnender/zustimmender/kritischer) Anmerkung
Maunz/Dürig, Maunz/Dürig/Herzog/Scholz GG	Maunz/Dürig (Begr.)/Herzog/Scholz (Hrsg.), Grundgesetz, Kommentar, Loseblatt
MBl.	Ministerialblatt
MDR	Monatsschrift für Deutsches Recht
MedR	Medizinrecht (Zeitschrift)
MinBlFin.	Ministerialblatt des Bundesministers der Finanzen

MittHV	Mitteilungen des Hochschulverbandes
von Münch/Kunig GG	von Münch/Kunig (Hrsg.), Grundgesetz, Kommentar, 6. Aufl. 2012
MAH Verwaltungsrecht	Münchner Anwaltshandbuch Verwaltungsrecht (hrsg. von Johlen/Oerder), 3. Aufl. 2012
Münchener Prozessformularbuch Verwaltungsrecht	Münchener Prozessformularbuch Verwaltungsrecht (hrsg. von Johlen), 4. Aufl. 2014
MuSchEltZV	Mutterschutz- und Elternzeitverordnung
MuSchG	Mutterschutzgesetz
MV	Mecklenburg-Vorpommern
MV ALVO	Landesverordnung über die Laufbahnen der Beamtinnen und Beamten in Mecklenburg-Vorpommern (Allgemeine Laufbahnverordnung)
MVBG	Beamtengesetz Mecklenburg-Vorpommern
mwN	mit weiteren Nachweisen
N, n	Niedersachsen, niedersächsisch
NBG	Niedersächsisches Beamtengesetz
NDBZ	Neue Deutsche Beamtenzeitung
NdsOVG	Niedersächsisches Oberverwaltungsgericht
NdsRpfl.	Niedersächsische Rechtspflege (Zeitschrift)
NdsStGH	Niedersächsischer Staatsgerichtshof
NdsVBl.	Niedersächsische Verwaltungsblätter
n. F.	neue Fassung/neue Folge
NHG	Niedersächsisches Hochschulgesetz
NJG	Niedersächsisches Justizgesetz
NJOZ	Neue Juristische Online-Zeitschrift
NJW	Neue Juristische Wochenschrift
NJW-RR	Neue Juristische Wochenschrift – Rechtsprechungsreport
NordÖR	Zeitschrift für Öffentliches Recht in Norddeutschland
NRW, nrw	Nordrhein-Westfalen, nordrhein-westfälisch
NRW GO	Gemeindeordnung für das Land Nordrhein-Westfalen
NRW HG	Hochschulgesetz Nordrhein-Westfalen
NRW KrO	Kreisordnung für das Land Nordrhein-Westfalen
NtV	Nebentätigkeitsverordnung
NWVBl.	Nordrhein-Westfälische Verwaltungsblätter
n. v.	nicht veröffentlicht
NVwZ	Neue Zeitschrift für Verwaltungsrecht
NVwZ-RR	Neue Zeitschrift für Verwaltungsrecht – Rechtsprechungsreport
NZA	Neue Zeitschrift für Arbeitsrecht
NZA-RR	Neue Zeitschrift für Arbeitsrecht – Rechtsprechungsreport
NZWehrR	Neue Zeitschrift für Wehrrecht
o. g.	oben genannt(e/er)
OLG	Oberlandesgericht
OVG	Oberverwaltungsgericht
OVGE	Entscheidungen der Oberverwaltungsgerichte für das Land Nordrhein-Westfalen sowie für die Länder Niedersachsen und Schleswig-Holstein
Palandt BGB	Palandt, Bürgerliches Gesetzbuch, 75. Aufl. 2016
PersR	Der Personalrat (Zeitschrift)
PersV	Die Personalvertretung (Zeitschrift)
PflVG	Pflichtversicherungsgesetz
Plog/Wiedow BBG	Plog/Wiedow (Hrsg.), Bundesbeamtengesetz, Loseblatt
PostbankLEntgV	Postbankleistungsentgeltverordnung
PostPersRG	Gesetz zum Personalrecht der Beschäftigten der früheren Deutschen Bundespost
PostLEntgV	Postleistungsentgeltverordnung
PostLZulV	Postleistungszulagenverordnung
RBB	Reichsbesoldungsblatt

RdErl.	Runderlass
RDiszH	Reichsdisziplinarhof
RdSchr.	Rundschreiben
re. Sp.	rechte Spalte
Redeker/von Oertzen VwGO	Redeker/von Oertzen, Verwaltungsgerichtsordnung, 16. Aufl. 2014
Reich BeamtStG	Reich, Beamtenstatusgesetz, Kommentar, 2. Aufl. 2012
Reich/Preißler BBesG	Reich/Preißler, Bundesbesoldungsgesetz, Kommentar, 2014
RG	Reichsgericht
RGBl.	Reichsgesetzblatt
RGZ	Entscheidungen des Reichsgerichts in Zivilsachen
RiA	Recht im Amt (Zeitschrift)
RL	Richtlinie
Rn.	Randnummer(n)
RP, rp	Rheinland-Pfalz, rheinland-pfälzisch
RVO	Reichsversicherungsordnung
S, s	Saarland, saarländisch
Sachs GG	Sachs (Hrsg.), Grundgesetz, Kommentar, 7. Aufl. 2014
Sachs, sächs	Sachsen, sächsisch
SächsBeurtVO	Verordnung der Sächsischen Staatsregierung über die dienstliche Beurteilung der Beamten
SächsVBl.	Sächsische Verwaltungsblätter
SBG	Saarländisches Beamtengesetz
Scheerbarth/ Höffken/Bauschke/ Schmidt BR	Scheerbarth/Höffken/Bauschke/Schmidt, Beamtenrecht, 6. Aufl. 1992
Schnellenbach Konkurrenzen	Schnellenbach, Konkurrenzen im öffentlichen Dienst, 2015
Schnellenbach/ Bodanowitz Dienstliche Beurteilung	Schnellenbach/Bodanowitz, Die dienstliche Beurteilung der Beamten und der Richter, 3. Aufl., Loseblatt
Schoch/Schneider/ Bier VwGO	Schoch/Schneider/Bier (Hrsg.), Verwaltungsgerichtsordnung, Kommentar, Loseblatt
Schrapper/Günther LBG NRW	Schrapper/Günther, Landesbeamtengesetz Nordrhein-Westfalen (LBG NRW), 2013
Schütz/Maiwald BR	Schütz/Maiwald (Hrsg.), Beamtenrecht des Bundes und der Länder, Loseblatt
SchwBG	Schwerbehindertengesetz
Schwegmann/ Summer BBesR	Schwegmann/Summer, Besoldungsrecht des Bundes und der Länder, Loseblatt
SG	Soldatengesetz
SGB VI	Sozialgesetzbuch – Gesetzliche Rentenversicherung –
SGB VII	Sozialgesetzbuch – Gesetzliche Unfallversicherung –
SGB IX	Sozialgesetzbuch – Rehabilitation und Teilhabe behinderter Menschen –
SGB X	Sozialgesetzbuch – Verwaltungsverfahren –
SH, sh	Schleswig-Holstein, schleswig-holsteinisch
stdRspr.	ständige Rechtsprechung
Stegmüller/ Schmalhofer/Bauer BeamtVG	Stegmüller/Schmalhofer/Bauer, Beamtenversorgungsgesetz, Kommentar, Loseblatt
Stelkens/Bonk/ Sachs VwVfG	Stelkens/Bonk/Sachs (Hrsg.), Verwaltungsverfahrensgesetz, Kommentar, 8. Aufl. 2014

StGB	Strafgesetzbuch
StPO	Strafprozessordnung
StVG	Straßenverkehrsgesetz
StVO	Straßenverkehrsordnung
Summer/Baumgartner Dienstunfall ...	Summer/Baumgartner, Der Dienstunfall, 1967
SUrlV	Verordnung über Sonderurlaub für Bundesbeamte und Richter im Bundesdienst
SVG	Soldatenversorgungsgesetz
TGV	Trennungsgeldverordnung
Thür, thür	Thüringen, thüringisch
ThürBG	Thüringisches Beamtengesetz
ThürVBl.	Thüringer Verwaltungsblätter
ThürVGRspr.	Rechtsprechung der Thüringer Verwaltungsgerichte
TSG	Transsexuellengesetz
ua	unter anderem
Ule BR	Ule, Beamtenrecht, 1970
UrhG	Gesetz über das Urheberrecht und verwandte Schutzrechte
Urt.	Urteil
UWG	Gesetz gegen den unlauteren Wettbewerb
VAHRG	Gesetz zur Regelung von Härten im Versorgungsausgleich
VBlBW	Verwaltungsblätter für Baden-Württemberg
Verf.	Verfasser
VerfGH	Verfassungsgerichtshof
VersAusglG	Gesetz über den Versorgungsausgleich
VersR	Versicherungsrecht (Zeitschrift)
VerwArch	Verwaltungsarchiv
Vfg.	Verfügung
VG	Verwaltungsgericht
VGH	Verwaltungsgerichtshof
VGHRsprDienst ..	VGH Baden-Württemberg Rechtsprechungsdienst
vgl.	vergleiche
VO	Verordnung
VRS	Verkehrsrechtssammlung (Zeitschrift)
VRspr.	Verwaltungsrechtsprechung in Deutschland
VV	Verwaltungsvorschrift(en)
VV-BayBeamtR ...	Bayerische Verwaltungsvorschriften zum Beamtenrecht
VVDStRL	Veröffentlichungen der Vereinigung der deutschen Staatsrechtslehrer
VVG	Versicherungsvertragsgesetz
VwGO	Verwaltungsgerichtsordnung
VwR	Verwaltungsrecht
VwVfG	Verwaltungsverfahrensgesetz (Bund/Länder)
VwVG	Verwaltungsvollstreckungsgesetz
VwVzBeamtVG ...	Allgemeine Verwaltungsvorschrift zum Beamtenversorgungsgesetz
WBO	Wehrbeschwerdeordnung
Weiß/Niedermaier/Summer/Zängl BayBeamtR	Weiß/Niedermaier/Summer/Zängl, Beamtenrecht in Bayern, Loseblatt
Werres BeamtVerfR	Beamtenverfassungsrecht, 2011
Wiese BR	Wiese, Beamtenrecht, 3. Aufl. 1988
WissR	Wissenschaftsrecht, Wissenschaftsverwaltung, Wissenschaftsförderung (Zeitschrift)
WRV	Weimarer Reichsverfassung
zB	zum Beispiel
ZBR	Zeitschrift für Beamtenrecht
ZfPR	Zeitschrift für Personalrecht
ZfS	Zeitschrift für Soziologie
zit.	zitiert
ZPO	Zivilprozessordnung

ZRP .... Zeitschrift für Rechtspolitik
z. T. .... zum Teil
ZTR .... Zeitschrift für Tarifrecht
zutr. .... zutreffend
zw. .... zweifelhaft

§ 1 Dienstrechtliche Gesetzgebungskompetenzen

Durch das 52. Gesetz zur Änderung des Grundgesetzes vom 28. August 2006[1] sind die Gesetzgebungskompetenzen von Bund und Ländern neu geordnet worden. Die Rahmengesetzgebung des Bundes ist als solche entfallen. Davon ist auch der frühere Kompetenztitel des Art. 75 Abs. 1 Satz 1 Nr. 1 GG betroffen. Danach hatte der Bund – abgesehen von Besoldung und Versorgung im öffentlichen Dienst – das Recht, Rahmenvorschriften für die Gesetzgebung der Länder über die Rechtsverhältnisse der im öffentlichen Dienst der Länder, Gemeinden und anderen Körperschaften des öffentlichen Rechts stehenden Personen zu erlassen, wenn und soweit die Herstellung gleichwertiger Lebensverhältnisse im Bundesgebiet oder die Wahrung der Rechts- und Wirtschaftseinheit im gesamtstaatlichen Interesse eine bundesgesetzliche Regelung erforderlich machte. Aufgehoben ist außerdem Art. 74a GG, der dem Bund aufgrund verfassungsändernden Gesetzes vom 18. März 1971[2] die konkurrierende Gesetzgebungszuständigkeit zur Regelung der Besoldung und Versorgung der Landesbeamten und Landesrichter übertragen hatte, um einem „Besoldungswettlauf" und einem Ausbrechen einzelner Länder aus einer sorgsamen und umsichtigen Besoldungspolitik entgegenzuwirken.[3] 1

Die frühere Kompetenz zur Rahmengesetzgebung ist durch Art. 74 Abs. 1 Nr. 27 GG, gegenständlich beschränkt, in den Bereich der konkurrierenden Gesetzgebungszuständigkeit des Bundes überführt worden. Die Erforderlichkeitsklausel des Art. 72 Abs. 2 GG n. F. umfasst nicht die Wahrnehmung dieses Kompetenztitels durch den Bund. Besoldung und Versorgung der Landesbeamten und Landesrichter sind durch die Ausnahmeregelung in Art. 74 Abs. 1 Nr. 27 GG in die ausschließliche Länderzuständigkeit rückverlagert. Ob sich insbesondere ein Besoldungswettbewerb unter den Ländern – mit welchen Tendenzen auch immer – im gesamtstaatlichen Interesse durch das Korrektiv der Pflicht zu bundesfreundlichem Verhalten begrenzen lässt, mag hier dahinstehen; man wird jedoch – mit Degenhart[4] – wie allgemein, so auch im vorliegenden Zusammenhang davon auszugehen haben, dass „der Grundsatz des bundesfreundlichen Verhaltens in seiner die positive Kompetenzordnung modifizierenden Funktion, wenn überhaupt, dann nur deutlich zurückhaltend zum Einsatz gebracht werden" kann.[5] 2

I. Ausschließliche Gesetzgebung des Bundes

Der Bund hat nach wie vor die ausschließliche Gesetzgebung über die Rechtsverhältnisse der im Dienst des Bundes und der bundesunmittelbaren Körperschaften des öffentlichen Rechts stehenden Personen (Art. 73 Abs. 1 Nr. 8 GG). Darunter fasst man alle juristischen Personen des öffentlichen Rechts, also auch Anstalten und Stiftungen; für die Bahn- und Postnachfolgeunternehmen gelten Art. 143a und Art. 143b GG.[6] Tarif- 3

---

[1] BGBl. I S. 2034.

[2] BGBl. I S. 206.

[3] Vgl. dazu aber auch BVerfGE 34, 9 (20).

[4] NVwZ 2006, 1209 (1214); vgl. auch Sachs/Degenhardt GG Art. 74 Rn. 120.

[5] → Rn. 8, 10 ff.

[6] Zur Reichweite des Art. 143b Abs. 3 Satz 1 GG BVerfGE 130, 52 (juris Rn. 59 f.): Der durch § 10 Abs. 1 PostPersRG bewirkte Wegfall der Sonderzahlung, eines „Teiles der Gesamtbesoldung",

beschäftigte im Bundesdienst[7] sowie Bundeswehrangehörige[8] sind dem hier angesprochenen Kreis von Dienstnehmern zuzurechnen. Für die Bundestagsabgeordneten und für die Bundesrichter sind Art. 48 Abs. 3 Satz 3 und Art. 98 Abs. 1 GG die spezielleren Normen.[9]

4 Der Begriff der „Rechtsverhältnisse" wird allgemein weit interpretiert[10] – in dem Sinne, dass er sich neben der Begründung, der Beendigung und den Nachwirkungen von Dienstverhältnissen auf die daraus resultierenden Rechte und Pflichten einschließlich der Besoldung und Versorgung der Dienstnehmer sowie auf das Personalvertretungsrecht[11] erstreckt. Freilich müssen die rechtlichen Beziehungen zwischen Dienstherrn und Dienstnehmer ein „genügend tragfähiges" Fundament für die Zuordnung des jeweiligen Regelungsgegenstandes zu Art. 73 Abs. 1 Nr. 8 GG abgeben.[12]

II. Konkurrierende Gesetzgebung des Bundes

5 Art. 74 Abs. 1 Nr. 27 GG, der – unter Ausklammerung des Laufbahnrechts der Länder und Rückverlagerung des Besoldungs- und Versorgungsrechts der Landesbeamten auf die Länder – an die Stelle der aufgehobenen Kompetenztitel (Art. 74a Abs. 1, Art. 75 Abs. 1 Satz 1 Nr. 1 und Art. 98 Abs. 3 Satz 2 GG aF) getreten ist, weist dem Bund, von den angeführten Einschränkungen abgesehen, die Befugnis zu, die Statusrechte und -pflichten der Landesbeamten und der Richter im Landesdienst zu regeln.[13] §§ 40 und 50 BeamtStG zeigen ebenso wie der allgemeine Hinweis der Amtl. Begr. die Länder seien „dort wo der Bund keine Regelung trifft, ... zur Gesetzgebung befugt",[14] dass der Bundesgesetzgeber mit dem Beamtenstatusgesetz keine flächendeckende einfachrechtliche Regelung beabsichtigte, durch die er von der neuen verfassungsrechtlichen Kompetenznorm erschöpfend hätte Gebrauch machen wollen.[15]

1. Zur Interpretation des Begriffs der Statusrechte und -pflichten

6 Nach dem Willen des verfassungsändernden Gesetzgebers[16] soll der Begriff der Statusrechte und -pflichten folgende Sachkomplexe umschließen:[17]

---

verstoße nicht gegen den in Art. 3 Abs. 1 iVm Art. 33 Abs. 5 GG verankerten Grundsatz, dass Beamte eines Dienstherrn mit gleichen oder vergleichbaren Dienstposten derselben Laufbahn in der Regel gleich zu besolden seien (Hinweis auf BVerfGE 12, 326, 334).

[7] BVerfGE 55, 372 (385).

[8] BVerfGE 39, 128 (141). Die Anwendbarkeit auf Bundeswehrangehörige ist nicht unstreitig. Z. T. wird Art. 73 Abs. 1 Nr. 1 GG als vorrangig betrachtet; vgl. in diesem Sinne BVerfGE 39, 110 (112); 62, 354 (367) sowie die Literaturnachweise bei Sachs/Degenhart GG Fn. 242 zu Art. 73.

[9] Vgl. auch dazu Degenhart aaO Fn. 243 mit Hinweis auf Höfling in BK Art. 73 Abs. 1 Nr. 8 (2001) Rn. 25, 29. Zur Anwendbarkeit des Art. 73 Abs. 1 Nr. 8 GG auf die Mitglieder der Bundesregierung Höfling aaO Rn. 31 f.

[10] BVerfGE 61, 149 (202).

[11] BVerfGE 7, 120 (127).

[12] BVerfGE 61, 149 (202).

[13] → Rn. 2.

[14] BT-Drs. 16/4027 S. 20 (A. Allgemeiner Teil).

[15] Vgl. dazu BVerfGE 109, 190 (230) mwN sowie BVerfGE 113, 348 (371).

[16] BT-Drs. 16/813 S. 14 (Zu Art. 74 Nr. 27 bis 33). Die Gliederungsziffern (1)–(8) im obigen Text sind vom Verf. hinzugefügt.

[17] H. Günther ZBR 2010, 1 ff. Fn. 305 moniert mit Recht den „irritierenden" Mangel des Katalogs an „begrifflicher Schärfe".

- (1) Wesen, Voraussetzungen, Rechtsform der Begründung, Arten, Dauer sowie Gründe für die Nichtigkeit und Rücknahme des Dienstverhältnisses,
- (2) Abordnungen und Versetzungen der Beamten zwischen den Ländern und zwischen Bund und Ländern oder entsprechende Veränderungen des Richterdienstverhältnisses,
- (3) Voraussetzungen und Formen der Beendigung des Dienstverhältnisses (vor allem Tod, Entlassung, Verlust der Beamten- und Richterrechte, Entfernung aus dem Dienst nach dem Disziplinarrecht),
- (4) statusprägende Pflichten und Folgen der Nichterfüllung,
- (5) wesentliche Rechte,
- (6) Bestimmung der Dienstherrnfähigkeit,
- (7) Spannungs- und Verteidigungsfall und
- (8) Verwendung im Ausland.

In den Materialien[18] ist hierzu bemerkt, dass die anvisierten „Statusregelungen" insbesondere „der Sicherung der länderübergreifenden Mobilität der Bediensteten" dienen sollten; nicht erfasst seien „Regelungsbereiche, die bereits bislang in der Kompetenz der Länder liegen, und auch nicht lediglich statusberührende dienstrechtliche Gebiete oder aus dem Beamten- oder Richterverhältnis abgeleitete Rechte".

Es drängt sich auf, dass der Begriff der „Statusrechte und -pflichten" alles andere als eindeutig ist;[19] ein eigentlicher Definitionsversuch fehlt. Die vorstehend wiedergegebene, nicht als abschließend zu verstehende[20] Aufzählung rechtlicher Bestandteile – polemisch auch als „Sammelsurium von Themenbereichen" bezeichnet[21] – trägt nur wenig zur Präzisierung bei. Als Anknüpfungspunkt für ein sinnvolles, einer Umsetzung des Kompetenztitels in einfaches Recht zugängliches Verständnis empfiehlt sich die durch die Materialien[22] in den Mittelpunkt gestellte Intention, dem Bundesgesetzgeber in Gestalt des Art. 74 Abs. 1 Nr. 27 GG – „mit Ausnahme der Laufbahnen, Besoldung und Versorgung" – die Befugnis zur Regelung der „grundlegenden Statusangelegenheiten" zuzuweisen. Zieht man den unter Rn. 6 verwendeten Katalog von diesem Ansatz her als (wenn auch im Einzelnen unbefriedigende) Interpretationshilfe heran, so verbietet sich zunächst die Annahme, dass nur eine Kompetenz in Bezug auf „Rechtssätze mit unmittelbarem Personenbezug"[23] habe geschaffen werden sollen. Dies belegen zum einen die – weitgehend auch die objektiv-rechtliche Statusdimension einschließenden – Fassungen der ersten drei und der beiden letzten aaO aufgelisteten Aspekte sowie zum anderen ein Element wie zB „Bestimmung der Dienstherrnfähigkeit". Nicht zutreffend wäre es aber auch, den neuen Kompetenztitel als quasi deckungsgleich mit dem Begriff der „Rechtsverhältnisse" zu erachten, so wie er in Art. 75 Abs. 1 Satz 1 Nr. 1 GG aF vormals zur Bestimmung und Abgrenzung der dienstrechtlichen Rahmenkompetenz gebraucht worden war oder wie er in Art. 73 Abs. 1 Nr. 8 GG zur Kennzeichnung der dort näher bestimmten ausschließlichen Kompetenz des Bundes gebraucht wird. Es bedarf – auch in Würdigung des Verzichts auf die Erforderlichkeitsklausel des Art. 72 Abs. 2 GG n.F. – insofern einer Restriktion, die darauf zielt, aus dem umfassenderen Gegenstandsbereich der „Rechtsverhältnisse" den „bundeseinheitlich zu regelnden Kern- 7

[18] Fn. 16. Der Landesgesetzgeber ist durch die konkurrierende Gesetzgebungszuständigkeit des Bundes bzw. durch das Beamtenstatusgesetz zB nicht gehindert, altersbezogene Einstellungsvoraussetzungen zu schaffen, die bereits in der Vergangenheit, dh bis zur Verfassungsänderung, zum Bereich seiner Regelungskompetenzen gehörten (vgl. dazu § 15 Abs. 3 Satz 1, § 15a NRW LBG).

[19] Vgl. dazu auch Auerbach ZBR 2009, 217 (218), Baßlsperger PersV 2008, 404 (405) sowie Battis/Grigoleit ZBR 2008, 1.

[20] Siehe die Literaturnachweise bei H. Günther aaO (Fn. 17) unter Fn. 303 daselbst.

[21] Bochmann ZBR 2007, 1 (15); vgl. ferner Lecheler ZBR 2007, 18 (21 f.).

[22] Fn. 16.

[23] H. Günther aaO (Fn. 17) S. 16.

bereich des Beamtenrechts" herauszufiltern.[24] Dieser Teilbereich ist so zu charakterisieren, dass

- der durch die Typisierung des Beamtenverhältnisses als „öffentlich-rechtliches Dienst- und Treueverhältnis" akzentuierte Sonderstatus (Art. 33 Abs. 4 GG) und
- die institutionelle Garantie des Berufsbeamtentums[25] samt der sie prägenden „hergebrachten Grundsätze" (Art. 33 Abs. 5 GG)

nach wie vor bundeseinheitlich verbürgt sind und trotz Wegfalls der Rahmenkompetenz durch Landesrecht nicht infrage gestellt werden dürfen. Damit ist nicht etwa gesagt, dass der Bundesgesetzgeber gehalten (gewesen) wäre, sich bei der Grenzziehung zwischen Wesenselementen und akzidentiellen Komponenten des „öffentlich-rechtlichen Dienst- und Treueverhältnisses" unter Verzicht auf politische Ermessenserwägungen[26] mit Rücksicht auf die – aus welchen Gründen auch immer erwünschte – länderübergreifende Einheitlichkeit des Beamtenstatus „im Zweifel" für eine möglichst weitgehende Regelungsdichte zu entscheiden. Fraglos obliegt es ihm auch nicht, die hergebrachten Grundsätze des Berufsbeamtentums, soweit sie nicht Laufbahnen, Besoldung oder Versorgung betreffen, in einfaches Bundesrecht zu überführen. Man mag es zB bedauern, dass landesinterne Abordnungen und Versetzungen von Beamten nicht in die zweite Gruppe der Katalogmaterien aufgenommen worden sind, obwohl namentlich Versetzungen zu einem anderen Dienstherrn im jeweiligen Landesbereich oder in ein Amt mit niedrigerem Endgrundgehalt bei demselben Dienstherrn schwerwiegende Eingriffe in die Rechtsstellung des Beamten darstellen können.[27] Ein irgendwie gearteter rechtlicher Zwang des (einfachen) Bundesgesetzgebers, sich dieserhalb über die ausdrückliche Beschränkung des Katalogs auf Abordnungen und Versetzungen zwischen den Ländern und zwischen Bund und Ländern hinwegzusetzen, war und ist jedoch nicht gegeben. Soweit ein Land mit seiner gesetzlichen Regelung zu landesinternen Abordnungen oder Versetzungen etwa den auch für die Länder unmittelbar verbindlichen hergebrachten Grundsätzen der statusgemäßen Verwendung[28] oder der Fürsorge und des Schutzes seitens des Dienstherrn[29] und/oder dem Verhältnismäßigkeitsgrundsatz[30] nicht angemessen Rechnung tragen sollte, wird ein Betroffener im Rechtsschutzwege den Verfassungsverstoß geltend machen können – ein Procedere, das im Hinblick auf Art. 100 GG freilich deutlich „lästiger" und mit mehr Unwägbarkeiten verbunden ist als eine Rechtsverfolgung auf der Basis einfachen Bundesrechts.

---

[24] So mit Recht Battis/Grigoleit ZBR 2008, 1 (2), die zu dem Ergebnis gelangen, dass „die Statuskompetenz (des Art. 74 Abs. 1 Nr. 27 GG) als dienstrechtliche Kernbereichskompetenz" zu verstehen sei (S. 4); ähnlich H. Günther aaO (Fn. 17) S. 16 f. mwN.

[25] Zur Auslegung der durch das 52. Gesetz zur Änderung des Grundgesetzes (siehe Fn. 1) in Art. 33 Abs. 5 GG eingefügten sog Fortentwicklungsklausel BVerfGE 119, 247 (juris Rn. 52, 84 ff.): Wie eh und je sei eine „stete Fortentwicklung" erlaubt, „die das Beamtenrecht in seinen einzelnen Ausprägungen den veränderten Umständen anpasst"; ein Eingriff in den „Kernbestand" von Strukturprinzipien des Berufsbeamtentums verletze hingegen „auch weiterhin … die Vorgaben der Verfassung".

[26] Vgl. in diesem Zusammenhang Art. 74 Abs. 2 GG, wonach ua Gesetze nach Abs. 1 Nr. 27 der Zustimmung des Bundesrates bedürfen.

[27] Siehe etwa Battis/Grigoleit aaO (Fn. 24) S. 5; ferner H.Günther aaO (Fn. 17) S. 17 f.

[28] → § 4 Rn. 31 f.

[29] → § 10 Rn. 8.

[30] Siehe dazu die Amtl. Begr. zu § 18 Abs. 2 BRRG im Regierungsentwurf eines Gesetzes zur Reform des öffentlichen Dienstrechts vom 24.2.1997, BT-Drs. 13/3994 S. 32.

2. Zu den „Ausnahmen" von der konkurrierenden Gesetzgebungskompetenz des Bundes

a) Laufbahnen

Die Regelung des Laufbahnrechts ihrer Beamten ist fortan den Ländern selbst über- 8
lassen. Diese müssen indessen jeweils beachten, dass das Laufbahnprinzip[31] als hergebrachter Grundsatz des Berufsbeamtentums nicht zu ihrer Disposition steht[32] und dass das gleichfalls verfassungsrechtlich durch Art. 33 Abs. 5 GG prinzipiell gesicherte Amt im statusrechtlichen Sinne[33] nicht nur an die besoldungsrechtliche Einstufung, sondern auch an die Zugehörigkeit des Beamten zu einer Laufbahn und einer Laufbahngruppe anknüpft[34] – womit eine gewisse (nicht zu vernachlässigende) Interdependenz zum bundesgesetzlichen Regelungsfeld des Art. 74 Abs. 1 Nr. 27 GG auf der Hand liegt. Die bei den Gesetzesberatungen vielfach geäußerte Befürchtung, dass sich die Länderzuständigkeit für das jeweilige Laufbahnrecht nicht als mobiltätsfördernd, sondern – im Gegenteil – als Mobilitätshindernis erweisen könnte,[35] gründet sich vor allem auf die Vorstellung, dass sich die Ausbildungsgänge und die Ausbildungsabschlüsse über kurz oder lang auseinander entwickeln könnten und dass der von Fall zu Fall wünschenswerte Wechsel eines Beamten von einem Land in ein anderes deshalb nur noch eingeschränkt möglich wäre. Auch (unterschiedliche) Höchstaltersgrenzen für die Einstellung unter anderem von Lehrern, die in Laufbahngesetzen oder Laufbahnverordnungen der Länder festgelegt sind, können sich, je nach Handhabung, als bildungspolitisches Ärgernis erweisen, sofern sie einem fairen Wettbewerb zwischen den Ländern um geeigneten Nachwuchs im Wege stehen.[36] Eine allseitige Anerkennung von Laufbahnbefähigungen, die beim Bund oder in einem anderen Land erlangt worden sind, wie auch eine länderübergreifende Harmonisierung oder ein Verzicht in Bezug auf Höchstaltersgrenzen werden sich nunmehr, wenn überhaupt, nur noch politisch durch Abstimmungen innerhalb der Fachministerkonferenzen erreichen lassen. Der Grundsatz bundesfreundlichen Verhaltens wird demgegenüber in diesen Punkten als rechtliches Regulativ kaum ernstlich in Betracht zu ziehen sein.

b) Besoldung und Versorgung

Die Begriffe „Besoldung" und „Versorgung" sind nicht anders zu deuten als die ent- 9
sprechenden Termini in Art. 74a GG aF, wo sie als Verfassungsbegriffe bewusst und gewollt aus dem vorhandenen einfachen Beamtenbesoldungs- und -versorgungsrecht[37] – freilich unter Zugrundelegung eines „dynamischen", dh nicht auf den status quo rekurrierenden Begriffsverständnisses – rezipiert worden sind.[38] Verallgemeinernd aus-

[31] BVerfGE 9, 268 (286); 107, 257; stdRspr. In der Judikatur des Bundesverfassungsgerichts findet sich keine Aussage zum Laufbahn*gruppen*prinzip. Ob – und ggf. in welcher (Minimal-)Ausprägung – Laufbahngruppen verfassungsverbürgt sind, ist in der Literatur umstritten; siehe dazu die Hinweise unter → § 2 Rn. 20ff. sowie die Übersicht bei Kathke in Schütz/Maiwald BR Rn. 52 vor §§ 5ff. NRW LBG.

[32] Vgl. Lemhöfer RiA 2007, 49 (50); ferner Degenhart in BK Art. 74 Abs. 1 Nr. 27 (2007) Rn. 40.

[33] BVerfGE 70, 251 (266f.).

[34] Siehe schon Lemhöfer RiA 2007, 49; zudem auch → § 3 Rn. 10f.

[35] In dieser Richtung auch Battis/Grigoleit aaO (Fn. 24) S. 4f.

[36] Vgl. dazu BVerwGE 133,143. Zu den landesrechtlichen Regelungen im Einzelnen siehe Kathke in Schütz/Maiwald BR Rn. 90ff. zu § 5 NRW LBG.

[37] Siehe insbesondere § 1 Abs. 2 und 3 BBesG sowie § 2 BeamtVG.

[38] BT-Drs. VI/1009 und VI/1885; vgl. ferner BVerfGE 109, 190 (218) sowie Degenhart in BK Art. 74 Abs. 1 Nr. 27 (2007) Rn. 41ff. und in Sachs GG Art. 74 Rn. 116ff.

gedrückt, zielen die Begriffsinhalte (zumindest im Kern) auf die Leistungen, die der Dienstherr in Erfüllung seiner verfassungsverbürgten Alimentationspflicht an die aktiven Beamten und die aus dem aktiven Dienst ausgeschiedenen Beamten und deren Hinterbliebene erbringt.[39]

10 Gegenüber der politischen Absicht, die Regelung von Besoldung und Versorgung der Landesbeamten wieder[40] ausschließlich zur Ländersache zu machen,[41] ist während des parlamentarischen Verfahrens eindringlich auf die damit verbundenen Gefahren eines Wettbewerbs „nach oben" wie auch eines solchen „nach unten" aufmerksam gemacht worden.[42] Dass diese Befürchtung nicht unbegründet war, zeigt die zwischenzeitlich eingetretene Entwicklung auf dem Besoldungssektor. Hier ist ein starkes Auseinanderdriften zu beobachten; der Umfang des nunmehr beträchtlichen Besoldungspartikularismus wird anschaulich, wenn man sich beispielsweise die Schwankungsbreiten der Jahresbruttobesoldungen der BesGrn. A 5, A 9 und A 13 im Jahr 2014 vor Augen führt:[43]

- Bei BesGr. A 5 lag zwischen Berlin mit der niedrigsten Jahresbruttobesoldung und Bayern mit der höchsten Jahresbruttobesoldung eine Diskrepanz von 18,5 v. H.
- Bei BesGr. A 9 und BesGr. A 13 betrugen die Unterschiede zwischen dem Schlußlicht Berlin und Bayern als Spitzenreiter jeweils 14 v. H.

Sieht man auf die Jahresbruttobesoldung zum Stichtag 31. Dezember 2015, so hat sich der Befund des Ländervergleichs tendenziell nicht nachhaltig geändert: Wirtschaftlich schwache Länder hinken – wie die jährlich veröffentlichte Übersicht über die Gehälter im öffentlichen Dienst in den Kommunen, im Bund und in den Ländern zeigt – in der Beamtenbesoldung nach wie vor hinter wirtschaftlich starken Ländern oftmals deutlich hinterher.[44]

11 Was die Besorgnis betrifft, dass sich die „reicheren" Länder bei einem Wettbewerb um qualifiziertes Personal für ihren jeweiligen Beamtendienst (unter anderem) mit dem Mittel einer besseren Besoldung (und Versorgung) nicht nur vorübergehend einen Vorsprung gegenüber den finanzschwächeren Ländern verschaffen könnten, so ist dazu gelegent-

---

[39] Vgl. BVerfGE 39, 196 (200 f.); 62, 354 (368 f.); 106, 225 (243); siehe außerdem auch insofern Degenhart aaO (Fn. 38) mwN sowie zum Alimentationsprinzip im Allgemeinen Werres BeamtVerfR Rn. 78 ff. Schließlich ist auf → § 10 Rn. 8 f. hinzuweisen. Bei dem auf Bundesebene durch Gesetz vom 28.8.2013, BGBl. I S. 3386 eingeführten Altersgeld (bzw. dem korrespondierenden Hinterbliebenenaltersgeld) handelt es sich nicht um einen Versorgungsbezug mit Alimentationscharakter, sondern um eine neue rechtlich selbstständige Leistung für Beamte auf Lebenszeit, die auf eigenen Antrag vorzeitig ausgeschieden sind (bzw. für deren Hinterbliebene). Wegen der landesrechtlichen Parallelvorschriften May in Schütz/Maiwald BR Rn. 159 zu § 80 NRW LBG.

[40] Es ist hier daran zu erinnern, dass der Bund vor der Übertragung der konkurrierenden Gesetzgebungszuständigkeit für Besoldung und Versorgung im Jahre 1971 hinsichtlich dieser Materien schon für einen vergleichsweise kurzen Zeitraum eine durch das 22. Gesetz zur Änderung des Grundgesetzes vom 12.5.1969 (BGBl. I S. 363) eingeräumte Rahmenkompetenz hatte.

[41] → Rn. 2.

[42] Siehe etwa Knopp NVwZ 2006, 1216.

[43] Vgl. hierzu im Einzelnen den Besoldungsreport 2014 des DGB (Std.: März 2014). Als Jahresbruttobesoldung ist die Summe aus jährlichem Grundgehalt in der Endstufe, allgemeiner Stellenzulage/Strukturzulage und evt. Einmal- und Sonderzahlungen zugrunde gelegt. Bei der Analyse der Jahresbruttobesoldungen ist die von Land zu Land unterschiedliche, zwischen 40 und 42 Stunden schwankende wöchentliche Arbeitszeit nicht außer Betracht zu lassen.

[44] Siehe schon Zinner RiA 2011, 145 (für die bis dahin seit der Föderalismusreform verstrichene Zeit), der etwa die signifikanten Schwankungsbreiten der Jahres-Endgrundgehälter der BesGrn. A 7 (mit 10,8 %) und B3 (mit ca. 12 %) ermittelt. Eine Ursache dieses Zustandes liegt freilich in den unterschiedlichen jährlichen Sonderzahlungen, die schon vor der Verfassungsreform von jedem Land festgelegt werden konnten. Zu den Auswirkungen der Reföderalisierung des Versorgungsrechts eingehend May in Schütz/Maiwald BR Rn. 147 ff. zu § 80 NRW LBG.

lich[45] der Grundsatz bundesfreundlichen Verhaltens als möglicher Ansatz für eine „Gegenwehr“ bemüht worden. Um ihn zu untermauern, könnte es sich anbieten, die Entscheidung des Bundesverfassungsgerichts[46] zur seinerzeit neu geschaffenen konkurrierenden Bundeskompetenz für Besoldung und Versorgung fruchtbar zu machen. Das Verfassungsgericht hatte darin zwar einerseits konstatiert, dass die damals in Betracht kommende Kompetenzregelung zugunsten des Bundes an die Organisations-, die Personal- und die Finanzhoheit der Länder und damit an den Kern der Bundesstaatlichkeit rühre, den auch eine Verfassungsrevision nicht antasten dürfe (siehe Art. 79 Abs. 3 GG); andererseits hat das Gericht aber einen Verfassungsverstoß gleichwohl mit Rücksicht darauf verneint, dass die Ausübung der fraglichen Kompetenz vonseiten des Bundes durch dessen Pflicht zu bundesfreundlichem Verhalten „gebunden“ sei. Was die jetzige Reföderalisierung von Besoldung und Versorgung der Landesbeamten und -richter betrifft, so dürfte aus dem verfassungsgerichtlichen Judikat unter den mittlerweile obwaltenden veränderten Umständen immerhin eine Pflichtenmahnung an die Adresse der Länder abzuleiten sein, den vom Willen des verfassungsändernden Gesetzgebers grundsätzlich gedeckten Wettbewerbsföderalismus nicht zu Lasten der „ärmeren“ Länder ausufern zu lassen. Diese Pflichtenmahnung erhält besonderes Gewicht dadurch, dass die an der Verfassungsänderung als eigentliche Initiatoren beteiligten Länder den sachlichen Vorrang einer Neugliederung des Bundesgebietes – namentlich mit dem Ziel einer in etwa gleichen Finanzausstattung *aller* danach bestehenden Länder – bewusst missachtet haben und bis heute missachten. Allzu große Erwartungen in Richtung auf ein etwaiges verfassungsgerichtliches Eingreifen, auf wessen Veranlassung und in welchem Verfahren auch immer, sollte man indessen nicht hegen.[47]

Da ein wesentliches Motiv für die Verfassungsänderung aus der Sphäre zumindest **12**
einzelner Länder in dem Bestreben zu sehen war, Spielräume für Restriktionen auf dem Besoldungs- und Versorgungssektor, etwa in Gestalt

- eines jahrelangen Absehens von Besoldungs- und Versorgungsanpassungen (ggf. verbunden mit Verlängerungen der Arbeitszeit),
- einer Absenkung der Eingangsbesoldung,
- einer Streichung anrechenbarer Vordienstzeiten oder
- der Kürzung oder Beseitigung herkömmlicher Besoldungs- und Versorgungsbestandteile,

zu gewinnen,[48] musste sich auch in Anbetracht der Entwicklungen bei den Staatsfinanzen früher oder später unabweisbar die Frage stellen, wann die vom Alimentationsprinzip her auszulotende „Schmerzgrenze“ (eindeutig) überschritten ist. Das Bundesverfassungsgericht hat sich mittlerweile in einem Richter und Staatsanwälte betreffenden – von den grundlegenden Ansätzen her auf die Beamtenbesoldung übertragbaren – Urteil vom 5. Mai 2015[49] für „eine zurückhaltende, auf den Maßstab evidenter Sachwidrigkeit be-

---

[45] Vgl. Bochmann ZBR 2007, 1 (6), Frank/Heinicke ZBR 2009, 34 (36 ff.) und Lecheler ZBR 2007, 18 (23).

[46] BVerfGE 34, 9 (20).

[47] Vgl. schon → Rn. 2. Immerhin hat das Bundesverfassungsgericht zwar einerseits darauf hingewiesen, dass es ein besoldungsrechtliches Homogenitätsgebot nicht (mehr) gebe, andererseits aber auch deutlich gemacht, dass im Lichte des Art. 33 Abs. 5 GG eine unbegrenzte Disparität der Bezüge nicht hinzunehmen sei (siehe dazu den folgenden Text).

[48] Vgl. dazu zB Battis ZBR 2006, 186 (187), Becker/Tepke ZBR 2011, 325, Degenhart NVwZ 2006, 1209 (1214), H. Günther ZBR 2010, 1 (14) und Linke NVwZ 2007, 902 (903).

[49] NJW 2015, 1935; krit. dazu Hebeler ZBR 2015, 293. Das Urteil erschöpft sich seinem Sinn nach darin, die äußersten Grenzen einer (gerade noch) amtsangemessenen Besoldung abzustecken; eine künftige Besoldungspraxis, die darauf ausgerichtet wäre, die Besoldung jeweils möglichst knapp über der vom Bundesverfassungsgericht aufgewiesenen Kontrollgrenze zu halten, könnte damit fraglos nicht für sich in Anspruch nehmen, dass sie ein tragfähiges, Art. 33 Abs. 5 GG erfüllendes Konzept

schränkte verfassungsgerichtliche Kontrolle" der einfachgesetzlichen Alimentationregelungen anhand „einer Gesamtschau verschiedener Kriterien und unter Berücksichtigung der konkret in Betracht kommenden Vergleichsgruppen" ausgesprochen. Es hält fünf Parameter für geeignet, „einen durch Zahlenwerte konkretisierten Orientierungsrahmen für eine grundsätzlich verfassungsgemäße Ausgestaltung der Alimentationsstruktur und des Alimentationsniveaus zu ermitteln", nämlich

- die Entwicklung der Tariflöhne im öffentlichen Dienst[50],
- den Nominallohnindex,
- den Verbraucherpreisindex,
- einen systeminternen Besoldungsvergleich und
- einen Quervergleich mit der Besoldung des Bundes und anderer Länder.

Bleibe die Entwicklung der (Richter-)Besoldung, bezogen auf die zurückliegenden 15 Jahre, hinter den ersten drei Vergleichswerten um mindestens 5 v. H. zurück, so stellten die Abweichungen jeweils ein Indiz für eine evidente Missachtung des Alimentationsgebotes dar. Zeige sich im Rahmen des systeminternen Besoldungsvergleichs über die letzten fünf Jahre hinweg eine Abschmelzung der Abstände zwischen zwei vergleichbaren Besoldungsgruppen um mindestens 10 v. H., so könne dies auf einen möglichen Verstoß gegen das dem Alimentationsprinzip immante Abstandsgebot hinweisen. Lege der angesprochene Quervergleich eine „erhebliche Gehaltsdifferenz" zum Durchschnitt der Bezüge der jeweiligen Besoldungsgruppe im Bund oder in den anderen Ländern offen, so biete dieses Anzeichen – auch bei Beachtung der qualitätssichernden Funktion der Alimentation – ebenfalls einen Anhalt für eine verfassungswidrige Unteralimentation. Eine solche erhebliche Gehaltsdifferenz sei jedenfalls dann anzunehmen, wenn das streitgegenständliche jährliche Bruttoeinkommen einschließlich etwaiger Sonderzahlungen um 10 v. H. unter dem Durchschnitt des Bundes und anderer Länder im gleichen Zeitraum liege. Die Vermutung einer verfassungswidrigen Unteralimentation könne auf einer zweiten Prüfungsstufe „im Rahmen einer Gesamtabwägung durch Berücksichtigung weiterer alimentationsrelevanter Kriterien"[51] widerlegt oder erhärtet werden. Auf einer dritten Stufe müsse schließlich geprüft werden, ob eine festgestellte Unteralimentation ausnahmsweise aus anderen, jenseits des Art. 33 Abs. 5 GG angesiedelten verfassungsrechtlichen Wertentscheidungen gerechtfertigt sein könne. Das Bundesverfassungsgericht nennt als einen solchen rechtfertigen Grund für eine geringere Besoldung das verfassungsrechtlich verankerte Verbot der Neuverschuldung (Art. 109 Abs. 3 Satz 1 GG „Schuldenbremse"), fügt aber einschränkend hinzu:

darstelle, um Fortschreibungen der Besoldungshöhe überzeugend zu begründen (vgl. dazu schon BVerfGE 130, 263). Graßhoff BDVR-RdSchr. 2015, 99 bringt, was dies anbelangt, seine Skepsis dahin zum Ausdruck, dass es ihn nicht wundern würde, wenn „nicht schon heute die Landesfinanzministerien erste Computerprogramme installiert hätten, die unter Verwendung der vom Bundesverfassungsgericht entwickelten Parameter auf Knopfdruck anzeigen, wie gering die Besoldungssteigerung sein muss, um gerade noch eine evident verfassungswidrige Besoldung zu vermeiden". Zur Verfassungsmäßigkeit der A-Besoldung von Beamten siehe nunmehr auch BVerfG NVwZ 2016, 223 (juris Rn. 73 ff.).

[50] Siehe dazu aber schon BVerwGE 117, 305: Der Gesetzgeber sei nicht verpflichtet, die Ergebnisse von Tarifverhandlungen für die privatrechtlich im öffentlichen Dienst Beschäftigten „spiegelbildlich" auf die Beamtenbesoldung und -versorgung zu übertragen.

[51] Das Bundesverfassungsgericht führt hier neben dem „Ansehen des Amtes in den Augen der Gesellschaft" sowie der vom Amtsinhaber „geforderten Ausbildung und Beanspruchung" vor allem die Entwicklung der Qualifikation der eingestellten Bewerber, „die besondere Qualität der Tätigkeit und Verantwortung eines Richters oder Staatsanwalts", die Entwicklungen der Beihilfe- und der Versorgungsleistungen sowie die durchschnittlichen Bruttoverdienste in der Privatwirtschaft sozialversicherungspflichtiger Beschäftigter „mit vergleichbarer Qualifikation und Verantwortung" an.

- Allein die Finanzlage der öffentlichen Haushalte oder das Ziel der Haushaltskonsolidierung erlaubten keine Unteralimentation, da andernfalls die Schutzfunktion des Art. 33 Abs. 5 GG ins Leere liefe.
- Art. 109 Abs. 3 Satz 2 GG könne nur dann in Ansatz gebracht werden, „wenn die betreffende gesetzgeberische Maßnahme (zur Bewältigung von Ausnahmesituationen) ausweislich einer aussagekräftigen Begründung in den Gesetzesmaterialien Teil eines schlüssigen und umfassenden Konzepts der Haushaltskonsolidierung ist“.[52]

13 Die Frage, ob sich ein Landesgesetzgeber für die denkbare Alternative einer künftigen Versorgung seiner Beamten nach sozialrechtlichen Grundsätzen entscheiden könnte, ist zu verneinen. Besoldung und Versorgung, die sich bislang als Bestandteile eines eigenständigen geschlossenen Systems darstellen,[53] haben ihrem Anspruch nach flächendeckende, rechtsgleiche Leistungen des Dienstherrn zum Gegenstand,[54] die ihre gemeinsame sachlogische Grundlage in ein und demselben öffentlich-rechtlichen Dienst- und Treueverhältnis finden. Nebenbei bemerkt, bedeutet dies zB auch, dass der (Ruhestands-) Beamte, verglichen mit dem System der Unfallversorgung in der gesetzlichen Rentenversicherung, Nachteile bei der Dienstunfallfürsorge hinnehmen muss.[55]

III. Übergangsbestimmungen

14 Nach Art. 125a Abs. 1 GG gilt Recht, das als Bundesrecht erlassen worden ist, aber wegen der Aufhebung des Art. 74a GG nicht mehr als Bundesrecht erlassen werden könnte, als Bundesrecht fort (Satz 1), solange es nicht durch Landesrecht ersetzt wird (Satz 2). Das Bundesbesoldungsgesetz und das Beamtenversorgungsgesetz bleiben bzw. blieben damit in der bis zum 31. August 2006 geltenden Fassung auch für die Alimentation der Beamten und der Richter im Landesdienst solange verbindlich, wie nicht einschlägige landesrechtliche (Voll- oder Teil-)Regelungen jeweils an ihre Stelle getreten sind bzw. waren.[56] § 86 BBesG und § 108 BeamtVG stellen dies klar, sodass auch angesichts dessen jegliche Änderungen des Bundesrechts – und nicht etwa nur solche grundlegender konzeptioneller Art – für die Länder irrelevant bleiben müssen bzw. mussten, soweit sie nach dem genannten Zeitpunkt vorgenommen worden sind.

15 Im Zusammenhang mit der Aufhebung der Rahmenkompetenz des früheren Art. 75 Abs. 1 Satz 1 Nr. 1 GG sind die §§ 25 und 26 Abs. 3 sowie die §§ 56–56f BRRG aF, die Bestimmungen zur Altersgrenze und zum Personalaktenrecht enthielten, mit Wirkung vom 20. Juni 2008 (dem Tage nach Verkündung des Beamtenstatusgesetzes vom 17. Juni 2008[57]) außer Kraft getreten und zugleich die §§ 25 und 50 BeamtStG, die dieselben Regelungsgegenstände betreffen, in Kraft gesetzt worden (§ 63 Abs. 1 BeamtStG).[58] Kapitel I des Beamtenrechtsrahmengesetzes (mit seinen Anweisungsnormen für die Ländergesetzgebung) ist, hiervon abgesehen, ebenso wie Kapitel III des Gesetzes – mit Ausnahme des § 135 – am 1. April 2009 gleichzeitig mit der Inkraftsetzung des Beamten-

[52] Hergebrachte Grundsätze etwa des Inhalts, dass der Höchstversorgungssatz 75 v. H. der ruhegehaltfähigen Dienstbezüge zu betragen hätte oder dass „alle Teile der Amtsbezüge“ ruhehaltfähig sein müssten, erkennt das Bundesverfassungsgericht nicht an (vgl. BVerfGE 114,258).

[53] Siehe etwa BVerfGE 21, 239 (252); 44, 249 (269); 54, 11 (39); 76, 256; zur sinkenden Attraktivität der Beamtenversorgung BVerfG DVBl 2008, 780.

[54] Vgl. dazu BVerfGE 46, 97 (117); 70, 69 (79); 97, 35 (45).

[55] BVerfGE 85, 176.

[56] Dazu im Einzelnen → § 2 Rn. 28 ff.

[57] BGBl. I S. 1010.

[58] Im Blick auf Art. 125b GG dazu krit. Sachs/Degenhart GG Art. 125b Rn. 3, Jarras/Pieroth GG Art. 125b Rn. 3 und Ziekow PersV 2007, 344 (345); vgl. auch Reich BeamtStG § 63 Rn. 4.

statusgesetzes im Übrigen außer Kraft getreten (§ 63 Abs. 3 BeamtStG).[59] Soweit das Beamtenstatusgesetz, das einer Umsetzung in den Ländern nicht bedarf, keine erschöpfende Regelung trifft, gilt das jeweilige Landesbeamtengesetz, dessen Bestand und Fortentwicklung durch den Wegfall des Beamtenrechtsrahmengesetzes nicht berührt wird.

16 Kapitel II des Beamtenrechtsrahmengesetzes mit seinen einheitlich und unmittelbar in Bund und Ländern geltenden Vorschriften ist inhaltlich weitgehend in das Beamtenstatusgesetz eingegangen; darin nicht übernommen worden sind diejenigen Bestimmungen, für die eine Bundeskompetenz nicht (mehr) vorliegt, sowie eine § 135 BRRG korrespondierende Norm, die sich auf öffentlich-rechtliche Religionsgesellschaften bezieht.[60] Die jeweiligen Beamtengesetze in Bund und Ländern sind zwischenzeitlich den veränderten verfassungsrechtlichen Vorgaben angepasst worden.

[59] Krit. auch insoweit Ziekow aaO (Fn. 58) S. 345 f.; aA H. A. Wolff ZBR 2007, 145.
[60] Siehe dazu BT-Drs. 16/4027, S. 38 f.

§ 2 Einfachgesetzliches Beamtenrecht

Im Anschluss an die Neuordnung der Gesetzgebungskompetenzen zwischen Bund und Ländern durch das 52. Gesetz zur Änderung des Grundgesetzes vom 28. August 2006[1,2] hat der Bund 1

- das Beamtenstatusgesetz vom 17. Juni 2008[3] und
- das Dienstrechtsneuordnungsgesetz vom 5. Februar 2009[4]

erlassen. Während er mit dem Beamtenstatusgesetz von seiner konkurrierenden Gesetzgebungszuständigkeit nach Art. 74 Abs. 1 Nr. 27 GG Gebrauch gemacht hat, beruht das Dienstrechtsneuordnungsgesetz auf dem Kompetenztitel des Art. 73 Abs. 1 Nr. 8 GG, der den Bund ermächtigt, die Rechtsverhältnisse der in seinem Dienste und dem Dienste der bundesunmittelbaren Körperschaften des öffentlichen Rechts stehenden Personen zu regeln.

Mit dem Dienstrechtsneuordnungsgesetz sollten die „durch die Modernisierung der bundesstaatlichen Ordnung gewonnenen Gestaltungsspielräume ... für eine zukunftsorientierte Anpassung und Neuordnung des öffentlichen Dienstrechts" auch im Bundesbereich genutzt werden; die Förderung der „Leistungsbezogenheit des Dienstrechts" und die „Flexibilität" des „Personaleinsatzes" wie auch die Steigerung der „Effizienz öffentlichen Handelns" sind als konkrete Intentionen eigens hervorgehoben.[5] Wie man die Frage nach der Verwirklichung dieser Zielsetzungen im Gesetz selbst im Einzelnen auch immer beurteilen mag,[6] Bestrebungen, die auf eine Abschaffung oder schrittweise Aushöhlung des Berufsbeamtentums in Richtung auf die Einführung eines Einheitsstatus im öffentlichen Dienst angelegt sind,[7] finden darin jedenfalls keine Unterstützung.[8] Das Bundesbeamtengesetz ist durch Art. 1 des Dienstrechtsneuordnungsgesetzes „wegen des Umfangs des Anpassungsbedarfs, insbesondere wegen der angestrebten Angleichung an die Regelungen der beamtenrechtlichen Grundstrukturen des Beamtenstatusgesetzes" gänzlich neu gefasst,[9] wohingegen Bundesbesoldungs- und Beamtenversorgungsgesetz[10] ausschließlich mit Wirkung für den Bund novelliert worden sind. 2

---

[1] BGBl. I S. 2034.

[2] Dazu schon → § 1 Rn. 1 ff.

[3] BGBl. I S. 1010.

[4] BGBl. I S. 160.

[5] Gesetzentwurf der Bundesregierung vom 19.10.2007, BR-Drs. 720/07 unter A der Begr. (S. 170 f.).

[6] Vgl. dazu etwa H. A. Wolff ZBR 2009, 73.

[7] Siehe insbesondere Bull DV 2009, 1.

[8] Battis NVwZ 2009, 409 spricht gar von einer „klaren Absage" an derartige „Forderungen"; vgl. auch Peters RiA 2008, 97 und Ziekow DÖV 2008, 569 (570). Ferner schon → § 1 Fn. 25.

[9] Vollzitat: „Bundesbeamtengesetz vom 5.2.2009, BGBl. I S. 160, das zuletzt durch Art. 1 des Gesetzes vom 6.3.2015, BGBl. I S. 250, geändert worden ist". Siehe hierzu die Begr. zum Gesetzentwurf (Fn. 5) unter B (S. 4) des Vorblattes.

[10] Siehe Art. 2 bis 4 DNeuG. Das Bundesbesoldungsgesetz ist in der Neufassung vom 19.6.2009, BGBl. I S. 1434, bekannt gemacht und zuletzt durch Gesetz vom 24.5.2016, BGBl. I S. 1217, geändert worden. Das Beamtenversorgungsgesetz ist in Gestalt der Bek. vom 24.2.2010, BGBl. I S. 150, neugefasst und zuletzt durch Gesetz vom 3.12.2015, BGBl. I S. 2163, geändert worden. Beachte auch das Gesetz zur Strukturreform des Versorgungsausgleichs vom 3.4.2009, BGBl. I S. 700, welches den Versorgungsausgleich bei einer Ehescheidung insofern auf eine veränderte Grundlage gestellt hat, als dem ausgleichsberechtigten Ehepartner mit Wirkung vom 1. September 2009 bei der den Regelfall

I. Neufassung des Bundesbeamtengesetzes

3 Die folgende Übersicht beschränkt sich in bündiger Kürze auf die materiellen (Neu-) Regelungsschwerpunkte, so wie sie sich namentlich aus der Sicht des Gesetzgebers darstellen:[11]

1. Förderung des Leistungsprinzips

4 § 11 Abs. 1 BBG legt die Dauer der (Mindest-)Probezeit für Laufbahnbewerber und für andere Bewerber einheitlich für alle Laufbahnen auf drei Jahre fest (Satz 3)[12] und hebt durch den Zusatz „in vollem Umfang" (Satz 1 Nr. 2) sowie durch die Aussage, dass der Feststellung der Bewährung ein „strenger Maßstab" zugrunde zu legen sei (Satz 2), die gesteigerte Bedeutung hervor, die einer „Stärkung des Leistungsprinzips auch während der Probezeit" beigemessen wird. Es sei „nicht ausreichend, wenn ... der Probebeamte (am Ende der Probezeit[13]) den Anforderungen nur mit Einschränkungen entspricht und lediglich die Prognose ergibt, dass bestehende Mängel behoben werden können".[14]

5 Durch Gesetz (siehe § 21 Satz 1 BBG) und nicht nur – wie früher durch § 40 Abs. 1 Satz 1 BLV aF[15] – ist jetzt als Grundsatz festgeschrieben, dass Eignung, Befähigung und fachliche Leistung des Beamten „regelmäßig zu beurteilen" seien.[16,17] Erfolgt eine Auswahlentscheidung „auf der Grundlage dienstlicher Beurteilungen", so darf das Ende des letzten Beurteilungszeitraumes zum Zeitpunkt der Entscheidung „höchstens drei Jahre" zurückliegen (§ 22 Abs. 1 Satz 2 BBG) – eine begrüßenswerte Klarstellung des Gesetzgebers zur Problematik der Aktualität dienstlicher Beurteilungen.[18]

2. Sicherung der Wettbewerbsfähigkeit des öffentlichen Dienstes

6 Hier[19] sind zunächst § 11 Abs. 1 Satz 4 und § 20 BBG ins Blickfeld zu rücken, die vom Gesetzgeber mehr oder weniger eng mit dem Anliegen verknüpft werden, qualifizierte Bewerber auch aus der Wirtschaft und aus internationalen Organisationen für den öffentlichen Dienst zu gewinnen:[20] Bis zu einer Mindestprobezeit von einem Jahr kann die

darstellenden internen Teilung ein Anspruch gegenüber dem Versorgungsträger des ausgleichspflichtigen Ehepartners eingeräumt ist.

[11] Die Gliederung des Stoffes und die jeweiligen Überschriften sind aus BR-Drs. 720/07 unter A I (S. 170 f.) entnommen. Thematische Überschneidungen sind von der Sache her nicht vermeidbar.

[12] Der Ernennungstatbestand der „ersten Verleihung eines Amtes" (§ 6 Abs. 1 Nr. 3 BBG aF), der bisherigen Anstellung (§ 10 BLV aF), ist mit Rücksicht darauf entfallen, dass schon mit der Begründung eines Beamtenverhältnisses auf Probe gemäß § 10 Abs. 3 BBG in der Neufassung nunmehr „gleichzeitig ein Amt verliehen" wird.

[13] Zusatz des Verf.

[14] Siehe BR-Drs. 720/07 zu § 11 Abs. 1 BBG (S. 187), ferner § 28 BLV. Dazu auch → § 6 Rn. 18 ff.

[15] Siehe nunmehr § 48 Abs. 1 BLV.

[16] Siehe im Übrigen die Ausnahmeregelung in § 21 Satz 2 BBG sowie die §§ 48–50 BLV (dazu im Einzelnen → § 11 Rn. 3, 11 ff.).

[17] Zur Beurteilung der Beamten während der Probezeit siehe § 28 Abs. 4 BLV.

[18] Dazu → § 3 Rn. 84 unter (2) sowie → § 11 Rn. 11 ff.

[19] Die Begr. des Gesetzentwurfs verortet § 20 BBG unter dem Stichwort „Förderung des Leistungsprinzips". Siehe auch unter 3 aaO („Stärkung der Mobilität"): „Tätigkeiten außerhalb des öffentlichen Dienstes können leichter auf die Probezeit angerechnet werden ...".

[20] Siehe insofern namentlich die Amtl. Begr. zu § 20 BBG (aaO, Fn. 5, S. 192). Vgl. auch Fn. 39 aE.

Anrechnung einer „gleichwertigen Tätigkeit“ – auch einer solchen Tätigkeit außerhalb des öffentlichen Dienstes – vorgesehen werden.[21] Bei „entsprechenden beruflichen Erfahrungen oder sonstigen Qualifikationen“, die zusätzlich zu den in § 17 BBG geregelten Zulassungsvoraussetzungen erworben worden sind, kann die Einstellung in ein höheres Amt als das Eingangsamt der Laufbahn – nach näherer Maßgabe des § 25 BLV – anders als vormals ohne eine Ausnahmegenehmigung[22] erfolgen.

Erklärte Reformbestrebungen[23] im Umkreis des (Bundes-)Laufbahnrechts gingen ferner dahin, (auch[24]) „zur Sicherung der Wettbewerbsfähigkeit des öffentlichen Dienstes“ 7

- zum einen die Zahl der Laufbahnen mit jeweils speziellen Laufbahn-, Ausbildungs- und Prüfungsordnungen zu reduzieren und
- das Laufbahnrecht zum anderen „für neue Qualifikationen unter Beibehaltung der bewährten Sonderlaufbahnen“, zB beim Auswärtigen Dienst und beim Polizeivollzugsdienst, zu „öffnen“, indem der Laufbahnbegriff dahin modifiziert wurde, dass eine Laufbahn nach neuem Recht „alle Ämter (umfasst), die verwandte und gleichwertige Vor- und Ausbildungen voraussetzen“ (siehe § 16 Abs. 1 BBG).

Die Befähigung für die Laufbahn, in die eingestellt, gewechselt oder aus dem Bereich eines anderen Dienstherrn hinein versetzt oder übernommen werden soll oder in die der Beamte bei der aufnehmenden Körperschaft übertritt,[25] ist (nicht nur durch Aktenvermerk, sondern durch Verwaltungsakt) „festzustellen“; die Feststellung ist dem Beamten „schriftlich mitzuteilen“ (§ 16 Abs. 2 BBG),[26] ohne dass daraus „Ansprüche auf Übernahme in eine bestimmte Laufbahn resultieren“ würden.[27] Die Laufbahngruppen des einfachen, mittleren, gehobenen und höheren Dienstes mit den – jeweils nach notwendigen Bildungsgängen und ihren Abschlüssen unterschiedlichen – Zulassungsvoraussetzungen sind als solche erhalten geblieben (siehe § 17 Abs. 2 ff. BBG); freilich sieht § 6 Abs. 2 BLV nur noch maximal neun Laufbahnen pro Laufbahngruppe vor.

3. Stärkung der Mobilität

„Um die Mobilität zwischen Bund und Ländern zu erhalten“, wurden §§ 27 und 28 BBG[28] „auf die Regelungen des für die Länder geltenden Beamtenstatusgesetzes[29] abgestimmt“.[30] In § 27 BBG, der die Abordnung zum Gegenstand hat, ist der Inhalt des früheren § 123 BRRG eingearbeitet (Abs. 1 und 4). Eine Neuregelung ist insoweit erfolgt, als jetzt ausdrücklich die Möglichkeit von Vereinbarungen zwischen dem Bund und einem aufnehmenden Dienstherrn im Bereich eines Landes (siehe § 27 Abs. 5 BBG) bzw. einem abgebenden Dienstherrn im Länderbereich und dem aufnehmenden Bund (siehe § 14 Abs. 4 Satz 2 BeamtStG) eingeräumt ist, mit welchen von den (in beiden Fällen 8

[21] Siehe dazu § 29 BLV.

[22] Zum früheren Recht, das ein solches Erfordernis aufstellte, siehe § 98 Abs. 2 BBG aF iVm § 44 Abs. 1 Nr. 5 BLV aF. Battis BBG § 20 Rn. 3 weist nicht ohne Grund auf die Gefahr hin, dass durch § 20 BBG „insbesondere im Leitungsbereich politischer Ämterpatronage Vorschub geleistet wird“.

[23] Siehe das Vorblatt zum Gesetzentwurf BR-Drs. 720/07 unter B (1, zweiter Spiegelstrich).

[24] Zusatz des Verf.

[25] Zur Übernahme und zum Übertritt kraft Gesetzes siehe §§ 134 ff. BBG.

[26] Vgl. auch § 8 BLV.

[27] Siehe dazu die Amtl. Begr. zu § 16 Abs. 2 BBG (aaO, Fn. 5, S. 189 f.).

[28] Zu Abordnung und Versetzung eingehend → § 4 Rn. 7 ff.; zur Verpflichtung, an Qualifizierungsmaßnahmen zum Erwerb der Befähigung für eine andere Laufbahn teilzunehmen, vgl. § 28 Abs. 3 Satz 3 BBG und speziell dazu → § 4 Rn. 32.

[29] Siehe dort §§ 13 ff.

[30] Siehe die Amtl. Begr. aaO (Fn. 5) S. 171. Vgl. auch Art. 2 Nr. 5 des Gesetzes vom 15.3.2012, BGBl. I S. 462.

gleichsinnigen) gesetzlichen (Regel-)Vorgaben abgewichen werden kann; allerdings dürfen die entsprechenden Vereinbarungen nicht dem in § 27 Abs. 1 BBG bzw. § 14 Abs. 1 BeamtStG gekennzeichneten Rechtscharakter der Abordnung widerstreiten. Die Materialien[31] führen beispielhaft die Übertragung von Erholungsurlaub an. Auch bei der Versetzung (§ 28 BBG) ist der vormalige § 123 BRRG in den Gesetzestext übernommen (Abs. 1 und 5). Von einer gesetzlichen Normierung der Umsetzung[32] ist (grundsätzlich zu Recht) Abstand genommen worden.[33]

4. Maßnahmen im Zusammenhang mit der demographischen Entwicklung

9 Wie in der gesetzlichen Rentenversicherung ist die Regelaltersgrenze der Beamten auf 67 Jahre heraufgesetzt (siehe § 51 Abs. 1 Satz 2 BBG und die Übergangsregelung des Abs. 2, die die Altersgrenze für Beamte, die nach dem 31. Dezember 1946 geboren sind, schrittweise anhebt). Die Altersteilzeit, insbesondere das sog Blockmodell, das zu einem vorzeitigen Ausscheiden aus dem Dienst führt,[34] ist – folgerichtig – eingeschränkt worden (siehe § 93 BBG).

5. Stärkung des Grundsatzes „Rehabilitation vor Versorgung"

10 Zur Vermeidung von Frühpensionierungen hat die anderweitige Verwendung – ggf. im Anschluss an eine obligatorische Teilnahme an Qualifizierungsmaßnahmen[35] zum Erwerb einer neuen Befähigung (§ 44 Abs. 5 BBG) – Vorrang vor einer Versetzung in den Ruhestand (siehe im Einzelnen § 44 Abs. 1 Satz 3, Abs. 2 bis 4 und 6 BBG) erhalten. Zur Vermeidung einer drohenden Dienstunfähigkeit wie auch zur Wiederherstellung seiner Dienstfähigkeit – mit dem Ziel seiner Reaktivierung (§ 46 Abs. 1 und 2 BBG) – hat der Beamte auf Weisung der Personaldienststelle an geeigneten und zumutbaren gesundheitlichen und beruflichen Rehabilitationsmaßnahmen teilzunehmen (vgl. § 46 Abs. 4 Satz 1 bis 3 BBG).[36] Das vordem nach § 43 BBG aF bestehende Recht des Beamten, seine Versetzung in den Ruhestand wegen Dienstunfähigkeit zu beantragen, ist gestrichen, damit deutlich werde, dass die Entscheidung über diese Maßnahme „in erster Linie" dem Dienstherrn obliege, „der bei Vorliegen der Voraussetzungen (auch ohne eine darauf gerichtete förmliche oder eine – nach wie vor mögliche – formlose Initiative des Beamten) tätig wird".[37]

II. Novellierung des Bundesbesoldungsgesetzes

11 Die Novellierung des Bundesbesoldungsgesetzes durch Art. 2 DNeuG kann hier – nicht anders als die Neufassung des Bundesbeamtengesetzes – nur unter Konzentration

[31] Siehe die Amtl. Begr. zu § 27 Abs. 5 BBG (aaO, Fn. 5, S. 197).

[32] → § 4 Rn. 62 ff.

[33] Siehe die Amtl. Begr. zu § 28 Abs. 4 BBG (aaO, Fn. 5, S. 198).

[34] Lemhöfer ZBR 1999, 109 bemerkt mit Recht, dass das sog Blockmodell in Wahrheit ein „vorgezogener Ruhestand" ist; vgl. auch Battis BBG § 93 Rn. 3 mwN.

[35] Damit sind Schulungs- und Weiterbildungsangebote zum Erwerb einer neuen Befähigung gemeint (Amtl. Begr. zu § 44 Abs. 5 BBG aaO, Fn. 5, S. 204).

[36] Zur begrenzten Dienstfähigkeit siehe § 45 BBG.

[37] Siehe die Amtl. Begr. zu § 44 BBG (aaO, Fn. 5, S. 203).

auf einige, auch aus der gesetzgeberischen Perspektive markante Inhalte vorgestellt werden:

1. Erfahrungszeiten statt Besoldungsdienstalter

Das Aufsteigen in den acht Stufen der (neu gestalteten, für alle Laufbahnen einheitlichen) Grundgehaltstabelle richtet sich nicht mehr, wie früher, nach dem Besoldungsdienstalter, sondern – altersunabhängig – nach den tatsächlich anforderungsgerecht geleisteten Dienstzeiten, die einem Klammerzusatz im Gesetzestext gemäß „Erfahrungszeiten" genannt werden; die anfangs kürzeren und später längeren Zeitintervalle zwischen den Stufen, die – unter anderem – den „zu Beginn der beruflichen Tätigkeit in der Regel schnelleren Erfahrungszuwachs pauschalierend abbilden" sollen,[38] sind als solche aus dem früheren Recht übernommen (siehe im Einzelnen §§ 27 und 28 BBesG). Die neuerliche Bestimmung der Einstiegsstufe für die Besoldung unter Anknüpfung an den Beginn der beruflichen Tätigkeit im öffentlichen Dienst statt – wie vormals – an die Vollendung des 21. Lebensjahres hat eine Verschlechterung für diejenigen zur Folge, bei denen die Besoldung früher, etwa wegen längerer Vor- und Ausbildungsgänge, schon mit der Einstellung aus einer höheren Stufe erfolgt wäre. Nicht anforderungsgerechte Leistungen führen nach wie vor zu einem Verbleiben in der bisherigen Stufe des Grundgehaltes (§ 27 Abs. 5 und 6 BBesG); bei dauerhaft herausragenden Leistungen kann Beamten der Besoldungsordnung A nach § 27 Abs. 7 BBesG schon vorab das Grundgehalt der nächsthöheren Stufe gezahlt werden (Leistungsstufe).[39] 12

2. Neugestaltung der Besoldungstabelle

In die Grundgehaltstabelle, die an dem zur Zeit der Reform vorhandenen „Bezüge- und Einkommensniveau" einschließlich der Endgrundgehälter erklärtermaßen festhält, sind eingearbeitet: 13

- zum einen die bis dahin als allgemeine Stellenzulagen nach Vorbemerkung Nummer 27 zu den Besoldungsordnungen A und B gewährten Beträge,
- zum anderen der nach der Rechtslage zu jener Zeit zustehende Sonderzahlungsbetrag, soweit er nach dem Grundgehalt bemessen wurde;[40] aus der jährlichen Einmalzahlung ist damit im Ergebnis eine Erhöhung des Grundgehaltes und dementsprechend der monatlichen Dienstbezüge hervorgegangen.[41]

---

[38] Siehe die Amtl. Begr. zum Gesetzentwurf, BR-Drs. 720/07 unter A II 1 (aaO S. 173). Vgl. dazu auch EuGH NVwZ 2014, 1294, Rn. 50f.: Die dem früheren Besoldungssystem innewohnende Ungleichbehandlung gemäß dem Kriterium des Lebensalters habe wegen ihrer unmittelbar diskriminierenden Wirkung gegen das unionsrechtliche Benachteiligungsverbot (RL 2000/78/EG, ABl. L 303 S. 16) verstoßen. Zur Schadensersatzverpflichtung und zur Entschädigung nach § 15 Abs. 1 und 2 AGG BVerwGE 150,255.

[39] Zum leistungsabhängigen Aufsteigen in den Grundgehaltsstufen und zu Leistungsprämien und -zulagen (vgl. § 42a BBesG) eingehend → § 13. Zum nicht ruhegehaltfähigen Personalgewinnungszuschlag § 43 BBesG i.d.F. des Art. 1 Nr. 10 des Gesetzes vom 15.3.2012, BGBl. I S. 462.

[40] Siehe § 2 Abs. 2 Nr. 1 des Bundessonderzahlungsgesetzes (BSZG) i.d.F. der Bek. vom 28.2.2005, BGBl. I S. 464, aufgehoben mit Wirkung vom 1.1.2011 durch Art. 17 Abs. 10 Satz 2 DNeuG.

[41] Die weiteren in § 2 Abs. 2 Nr. 1 BSZG aF genannten Besoldungsbestandteile, wie Familienzuschlag und Amts- und Stellenzulagen, sind bei der Umstellung der Zahlungsweise im Juli 2009 jeweils um 2,5 % erhöht worden; die Einmalzahlung zum Jahresende ist im Gegenzug entfallen. Mit dem Gesetz zur Wiedergewährung der Sonderzahlung vom 20.12.2011, BGBl. I S. 2842, ist – wieder-

3. Familienbezogene Besoldungsbestandteile

14 Die am Familienstand ausgerichteten Besoldungsleistungen stellen sich als integrative Elemente der amtsangemessenen Besoldung dar; sie sind keine Sonderleistungen, die etwa unabhängig davon gewährt würden.[42] Der Besoldungsgesetzgeber hat namentlich dafür Sorge zu tragen, dass der Beamte mit mehreren Kindern neben den Grundbedürfnissen seiner Familie das Minimum an „Lebenskomfort" befriedigen kann, welches sich unter den obwaltenden wirtschaftlichen Rahmenbedingungen jeweils als angemessen herausgebildet hat, „allerdings bei zunehmender Vergrößerung der Familie unter Umständen nur auf bescheidenere Art und Weise".[43] Art. 33 Abs. 5 GG ist unter diesem Aspekt nicht ausschließlich amts- und leistungsbezogen, sondern „im Zusammenhang mit Art. 6 GG und dem Sozialstaatsprinzip (Art. 20 Abs. 1 GG) auszulegen".[44] In Anbetracht dessen ist der sog Kinderzuschlag für dritte und vierte Kinder im Zuge der Reform jeweils erhöht worden.

III. Novellierung des Versorgungsrechts des Bundes

1. Vorbemerkung

15 Mit dem Ersten Gesetz zur Änderung des Versorgungsrücklagegesetzes vom 21. Dezember 2006[45] ist ein „Versorgungsfonds des Bundes" eingerichtet worden, der von der Deutschen Bundesbank verwaltet wird. Er soll zur Finanzierung künftiger Versorgungsausgaben dienen. Für alle seit dem 1. Januar 2007 neu eingestellten Beamten und Richter beim Bund und entsprechend für Berufssoldaten sind regelmäßige Zuweisungen an den Versorgungsfond zu leisten – mit dem Ziel einer diesbezüglichen vollständigen Kapitaldeckung.

2. Wirkungsgleiche und systemgerechte Übertragung der Rentenreformen

16 Das Bundesverfassungsgericht[46] hat es zwar für grundsätzlich gerechtfertigt erklärt, das Versorgungsniveau im Hinblick auf die Entwicklung der gesetzlichen Rentenversicherung zu verringern, zugleich aber die Unterschiedlichkeit der Alterssysteme hervorgehoben: Das System der gesetzlichen Rentenversicherung könne nur insofern zur Bestimmung der Amtsangemessenheit der Versorgungsbezüge herangezogen werden, als dies mit den strukturellen Unterschieden der Versorgungssysteme vereinbar sei. Während die Sozialrente als Grundversorgung durch Zusatzleistungen ergänzt werde, umfasse die Beamtenversorgung als Vollversorgung sowohl die Grund- als auch die Zusatzversor-

---

um im Wege des Einbaus in die nunmehr um 2,44 % angehobenen monatlichen Bezüge – das Niveau der Sonderzahlung des Jahres 2006 erreicht (5 % der Jahresbezüge).

[42] Vgl. dazu grundlegend BVerfGE 44, 249 (267); 81, 363 (376). Ferner → § 10 Rn. 8, 10. Bei geschiedenen Beamten, deren Kind bei beiden Elternteilen zu gleichen Anteilen im wöchentlichen Wechsel wohnt, kann der jeweils entstehende Mehrbedarf die Gewährung des vollen kinderbezogenen Familienzuschlags rechtfertigen (BVerwG NVwZ-RR 2014, 689).

[43] BVerfGE 81, 363.

[44] Siehe die Nachweise in Fn. 42.

[45] BGBl. I S. 3288.

[46] BVerfGE 114, 258.

gung, wie sie in Gestalt der betrieblichen Altersvorsorge gewährt wird. Das Versorgungsniveau von Mitgliedern der gesetzlichen Rentenversicherung bilde nur dann einen tauglichen Vergleichsmaßstab, wenn dabei neben der Rente auch die Einkünfte aus der betrieblichen Zusatzversorgung berücksichtigt würden. Außerdem hat das Bundesverfassungsgericht den Versorgungsgesetzgeber dazu angehalten, bei einer nicht unerheblichen Abweichung der tatsächlichen von der – in Bezug auf die Alterssicherungssysteme und die Versorgungsausgaben – prognostizierten Entwicklung Anpassungen bei den gesetzlichen Regelungen vorzunehmen. Auf der Evaluierungspflicht beruht die sog Revisionsklausel in § 69e Abs. 7 BeamtVG: „Die Wirkungen der Minderungen der der Berechnung der Versorgungsbezüge zugrunde liegenden ruhegehaltfähigen Dienstbezüge sind bis zum 31. Dezember 2011 unter Berücksichtigung der allgemeinen Entwicklung der Alterssicherungssysteme und der Situation in den öffentlich-rechtlichen Versorgungssystemen sowie der Entwicklung der allgemeinen wirtschaftlichen und finanziellen Verhältnisse zu prüfen." Inzwischen liegt der Fünfte Versorgungsbericht der Bundesregierung vom 10. Mai 2013[47] vor.

„Zur wirkungsgleichen Übertragung der Rentenreform 2004"[48] ist das Beamtenversorgungsgesetz durch Art. 4 DNeuG wie folgt geändert worden: 17

- Zeiten einer Fachhochschulausbildung (einschließlich Prüfungszeit) können nur noch bis zu 1095 Tagen, Zeiten einer Hochschulausbildung (einschließlich Prüfungszeit) nur noch im Umfang von höchstens 855 Tagen, ingesamt höchstens bis zu 1095 Tagen als ruhegehaltfähige Dienstzeiten berücksichtigt werden (§ 12 Abs. 1 Satz 1 BeamtVG).[49]
- Bei vorzeitigem Ruhestandseintritt kommt es zu weiteren Abschlägen vom Ruhegehalt, mit denen die vergleichbaren restringierenden Regelungen des Rentenrechts „nachgezeichnet" werden sollen (§ 14 Abs. 3 BeamtVG).[50]

3. Einführung einer Versorgungsauskunft

Mit der Rentenreform 2001 ist für den Bereich der gesetzlichen Rentenversicherung eine Rentenauskunft eingeführt worden (§ 109 SGB VI). Die entsprecchenden Regelungen sind „unter Berücksichtigung der Systemunterschiede wirkungsgleich" in das Beamtenversorgungsrecht übertragen worden (siehe § 49 Abs. 10 BeamtVG). 18

4. Nachvollzug der Besoldungsreform

Die vorhandenen und zukünftigen Versorgungsempfänger sind im Grundsatz mit Rücksicht auf das Prinzip der Einheit von Besoldung und Versorgung[51] mit umfassender Besitzstandswahrung in das neue System der Besoldung übergeleitet und ihre Versorgungsbezüge dementsprechend – abgesehen vom (wiederauferstandenen) sog „Weihnachtsgeld", das für die Versorgungsempfänger auf dem Stand von 2004 eingefroren worden war – ohne Erhöhung oder Kürzung am neuen Besoldungssystem ausgerichtet worden. 19

---

[47] BT-Drs. 17/13590.

[48] Siehe die Amtl. Begr. zum Gesetzentwurf BR-Drs. 720/07 unter A III 1 (aaO S. 177).

[49] Siehe dazu im Einzelnen die Amtl. Begr. zu Art. 4 Nr. 7 (aaO, Fn. 5, S. 287 ff.). Beachte aber auch § 12 Abs. 1a BeamtVG.

[50] Siehe dazu im Einzelnen die Amtl. Begr. zu Art. 4 Nr. 10 (aaO, Fn. 5, S. 289 ff.).

[51] Vgl. auch hierzu BVerfGE 114, 258 mwN.

IV. Laufbahnrecht in den Ländern

20 „Laufbahnen, Besoldung und Versorgung" sind von der konkurrierenden Gesetzgebungskompetenz des Bundes (Art. 74 Abs. 1 Nr. 27 GG) ausgenommen.[52] Die folgende, nach Ländern bzw. Ländergruppen geordnete Skizze soll – ohne rechtspolitische Bewertung – zu einem Einblick in die Grundzüge des (neuen) Laufbahnrechts der Länder verhelfen:[53, 54]

1. Baden-Württemberg (§§ 14–23 BW LBG)

21 Die drei herkömmlichen Laufbahnen des mittleren (BesGrn. A 6–A 9), des gehobenen (BesGrn. A 9–A 13) und des höheren Dienstes (BesGrn. A 13–A 16, Besoldungsordnung B) bleiben als gesicherter Bestand erhalten (§ 14 Abs. 2 Satz 2); die Laufbahn des einfachen Dienstes ist entfallen; die entsprechenden Besoldungsgruppen sind durch Hebung dem mittleren Dienst zugeordnet worden.[55] Die Bildungsvoraussetzungen für den Erwerb der Laufbahnbefähigung (§ 16) sind aus § 15 ersichtlich; sie entsprechen im Wesentlichen denjenigen des Bundes (siehe § 17 Abs. 3 bis 5 BBG). Zum horizontalen Laufbahnwechsel siehe § 21. Nennenswerte strukturbildende Neuerungen gegenüber dem früheren Recht sind im vorliegenden Rahmen nicht zu verzeichnen.

2. Bayern, Gesetz über die Leistungslaufbahn und die Fachlaufbahnen der bayerischen Beamten und Beamtinnen[56]

22 Die vier traditionellen vertikalen Laufbahngruppen sind durch eine einheitliche Laufbahn, die sog Leistungslaufbahn, ersetzt und die bislang mehr als 300 zu insgesamt sechs

[52] Zu den gesetzgeberischen Handlungsmöglichkeiten und ihren Beschränkungen im Bereich des Laufbahnrechts siehe vorab → § 1 Rn. 8 mwN sowie einerseits Pechstein ZBR 2008, 73 (74 ff.) und ZBR 2009, 20 sowie Lorse ZRP 2010, 119 (120) und DÖV 2010, 829 (833), andererseits Kathke/Vohl ZBR 2009, 9 (14 f.) und Kathke/Eck ZBR 2009, 361 (364).

[53] Zeitlich ist das Laufbahnmodell der sog norddeutschen Küstenländer als erstes entstanden. Es ist vor allem dadurch charakterisiert, dass die früheren vier zu zwei Laufbahngruppen verschmolzen worden sind (→ Rn. 25). Berlin und – wenn auch beschränkt auf die Laufbahngruppenregelung – Sachsen-Anhalt haben dieses Modell übernommen (siehe dazu → Rn. 23, 26). Der Bund hat sich mit einer schlichten Rekonstruktion der Laufbahnen zufrieden gegeben; insbesondere ist es bei den vier herkömmlichen Laufbahngruppen verblieben (§ 17 Abs. 2 ff. BBG; → Rn. 7). Bayern hat mit seinem Leistungslaufbahngesetz zwar auf jegliche Laufbahngruppen verzichtet, stattdessen aber vier Qualifikationsebenen eingerichtet, in die der Bewerber, je nach Vor- und Ausbildung, einsteigen kann (→ Rn. 22). Rheinland-Pfalz hat dieses Modell rezipiert (→ Rn. 27). Die unter → Rn. 21 ff. angeführten Artikel oder Paragraphen beziehen sich – soweit nicht eine anderweitige explizite Zuordnung vorgenommen ist – jeweils sinngemäß auf das in der zugehörigen Überschrift genannte Landesbeamtengesetz. Zu Nordrhein-Westalen (Dienstrechtsmodernisierungsgesetz NRW vom 14.6.2016) → Rn. 27a.

[54] Zu den Laufbahnverordnungen der Länder siehe eingehend Kathke in Schütz/Maiwald BR Rn. 100 ff. zu § 5 ff. NRW LBG (einschließlich Synopse im Anschluss an die Kommentierung des Paragraphen).

[55] Siehe dazu Lorse ZBR 2011, 1 (2) sowie Nikolisin/Körner VBlBW 2014,91 (92).

[56] § 3 des Gesetzes zum Neuen Dienstrecht in Bayern vom 5.8.2010, GVBl. S. 410 (571). Siehe dazu auch Kathke/Vohl ZBR 2009, 9 (14 f.) und Kathke/Eck ZBR 2009, 361 (364), Lorse ZRP 2010, 119 (120) und DÖV 2010, 829 (833) sowie Pechstein ZBR 2009, 20; ferner umfassend Hüllmantel ua LlbG, daselbst Eck, Rn. 2 ff. zu Art. 5, zum „neuen Laufbahnbegriff" und zur verfassungsrechtlichen Zulässigkeit der Abschaffung der Laufbahngruppen (vgl. schon → § 1 Fn. 31).

Fachlaufbahnen – mit der Möglichkeit interner Schwerpunktbildungen – komprimiert (siehe im Einzelnen Art. 5). Der Einstieg in die Leistungslaufbahn orientiert sich an „Qualifikationsebenen" (Art. 7 und 8); die jeweiligen Bildungsvoraussetzungen sind im Großen und Ganzen mit den Anforderungen deckungsgleich, die nach dem überkommenen Recht für die einzelnen Laufbahngruppen maßgebend waren. An die Stelle des Laufbahnaufstiegs alter Art tritt ein graduelles Fortkommen innerhalb der durchgängig gestalteten Einheitslaufbahn auf der Grundlage „modularen Lernens" (Art. 20).

3. Berlin (§ 2, §§ 7 ff. BlnLbG), Sachsen (§§ 15–30 SächsBG)

Berlin und Sachsen haben das Laufbahnmodell der norddeutschen Küstenländer[57] mit 23
der Modifikation übernommen, dass lediglich neun Laufbahnfachrichtungen in Betracht kommen.

4. Brandenburg (§§ 9–26 BbgLBG)

Das Land hat am bewährten Laufbahnsystem festgehalten. Die Laufbahngruppe des 24
einfachen Dienstes, deren Existenzberechtigung zwischenzeitlich angezweifelt worden war, besteht fort (§ 9 Abs. 2 Satz 1). Zur Feststellung der Befähigung sog anderer Bewerber soll (im Verordnungswege) ein Prüfungsgespräch vorgesehen werden (§ 16 Satz 3 Hs. 2). Wie namentlich auch in Berlin, in Hessen, dem Saarland, in Sachsen und in Thüringen war es ein explizites Reformziel, die Fachlaufbahnen zu reduzieren.

5. Bremen (§§ 13–26 BrBG), Hamburg (§§ 13–26 HmbBG), Mecklenburg-Vorpommern (§§ 12–26 MVBG), Niedersachen (§§ 13–26 NBG) und Schleswig-Holstein (§§ 13–26 SH LBG)

Die sog norddeutschen Küstenländer haben sich auf der Grundlage eines Musterent- 25
wurfs unter anderem für ein einheitliches Laufbahnrecht entschieden.[58] Als wesentliche Regelungselemente sind herauszustellen:

- Die vormalige Laufbahnvielfalt ist in horizontaler Richtung auf zehn in den landesgesetzlichen Regelungen aufgelistete Fachrichtungen hin gestrafft worden. Die neuen Laufbahnen umfassen alle Ämter, die derselben Fachrichtung und derselben Laufbahngruppe angehören.
- In vertikaler Richtung ist das Laufbahnsystem dahin modifiziert worden, dass es nur mehr zwei Laufbahngruppen gibt: Zur Laufbahngruppe 1 gehören alle Laufbahnen, die keinen Hochschulabschluss voraussetzen; zur Laufbahngruppe 2 zählen die Laufbahnen, die einen Hochschulabschluss oder einen gleichwertigen Bildungsstand erfordern. Beide Laufbahngruppen haben (nach Maßgabe des Besoldungsrechts), abhängig von der Vor- und Ausbildung, erste und zweite Einstiegsämter.

---

[57] Siehe dazu schon Fn. 53 sowie → Rn. 25.

[58] Mit der Zusammenarbeit der genannten Länder sollen eine grenzübergreifende Mobilität gesichert und eine gleichgerichtete Entwicklung des Dienstrechts gefördert werden. Dazu ist ein Konsultationsverfahren eingerichtet worden (Beschl. der Konferenz Norddeutschland vom 11.4.2007). Vgl. auch Bludau NdsVBl. 2009, 1 (3 ff.) sowie Seeck/Rieger RiA 2011, 1, außerdem Götz/Heinicke ZBR 2009, 34 (38).

6. Sachsen-Anhalt (§§ 13–28 BG LSA)

26 Das Laufbahnrecht des Landes ist, was die Laufbahngruppen betrifft, dem vorstehend unter Rn. 25 skizzierten Konstruktionsmuster nachgebildet. Ausdrücklich festgehalten ist (siehe § 13 Abs. 3),

- dass (soweit im Landesbesoldungsgesetz nichts anderes bestimmt ist) die ersten Einstiegsämter der beiden Laufbahngruppen der BesGr. A 4 bzw. der BesGr. A 9 und die zweiten Einstiegsämter der BesGr. A 6 bzw. der BesGr. A 13 zugeordnet sind sowie
- dass Endämter diejenigen der BesGr. A 9 bzw. der BesGr. B 9 sind.[59]

7. Die übrigen Länder, insbesondere Nordrhein-Westfalen

27 Hessen (§§ 13–23 HBG), das Saarland (§§ 9–25 SBG) und Thüringen (siehe im Einzelnen das Thüringer Laufbahngesetz vom 12. August 2014[60]) haben die ihnen durch die Föderalismusreform I zugewachsene Gesetzgebungskompetenz (bislang) nur zurückhaltend[61] und weniger als Impuls zu grundlegenden Neuordnungen ihres Laufbahnwesens aufgegriffen; durchgängig ist freilich auch insoweit (zum Teil neben einem Verzicht auf den einfachen Dienst) die – schon unter Rn. 23–25 angesprochene – Tendenz zu einem Abbau der übergroßen Anzahl von Fachlaufbahnen zu verzeichnen. Rheinland-Pfalz (§§ 14- 26 RP LBG) ist hingegen inhaltlich dem bayerischen Vorbild gefolgt.

27a Nordrhein-Westfalen hatte schon in seiner Laufbahnverordnung vom 28. Januar 2014[62] eine Reihe von Ansätzen aus dem Bundes- und dem übrigen Landesrecht aufgegriffen; nunmehr ist durch das Dienstrechtsmodernisierungsgesetz vom 14. Juni 2016 (GV.NRW S. 310) unter anderem eine gesetzliche Neuregelung des Laufbahnrechts geschaffen worden (siehe §§ 5 ff. NRW LBG n. F.): Es ist eine Laufbahngruppenstruktur mit zwei Laufbahngruppen zugrunde gelegt, die jeweils ein erstes und zweites Einstiegsamt vorsehen. Die Laufbahngruppe 1 umfasst danach die bisherigen Laufbahngruppen des einfachen und mittleren Dienstes, die Laufbahngruppe 2 die bisherigen Laufbahngruppen des gehobenen und höheren Dienstes. Die tradierte Ordnung der Laufbahnen besonderer Fachrichtungen ist aufgegeben: Es wird künftig nur noch drei weit gefasste Laufbahnen besonderer Fachrichtung geben, denen „Wissenschaftsdisziplinen" zugeordnert werden sollen (vgl. § 5 Abs. 3 NRW LBG n. F.).

V. Besoldungsrecht in den Ländern

28 Die in § 1 unter Rn. 14 schon anvisierte Übergangsvorschrift des § 86 BBesG[63] lautet:

> „Für die Beamten und Richter der Länder, der Gemeinden, der Gemeindeverbände sowie der sonstigen der Aufsicht eines Landes unterstehenden Körperschaften, Anstalten und Stiftungen des öffentlichen Rechts gilt das Bundesbesoldungsgesetz in der bis zum 31. August 2006 geltenden Fassung, soweit nichts anderes bestimmt ist."

---

[59] Vgl. auch § 15 BrBesG sowie § 15 Abs. 5 NLBesG.

[60] ThürGVBl. S. 472 (498).

[61] Zu nennen sind Bemühungen, zuletzt in Thüringen, die Zuordnung der Bildungsabschlüsse zu den Laufbahnen zu erleichtern und die Attraktivität des öffentlichen Dienstes für Bewerber mit Berufserfahrung zu erhöhen.

[62] GV. NRW S. 22; dazu Ideke-Lux RiA 2014, 112.

[63] Siehe auch § 17 Abs. 1 SächsBesG sowie § 1a SH LBesG.

Die Länder haben inzwischen eigene Besoldungsgesetze erlassen, mit denen sie die für ihren jeweiligen neuen Regelungsbereich in der vorbezeichneten Fassung auch forthin übergangsweise maßgebliche, für den Bundesbereich durch das Bundesbesoldungs- und -versorgungsanpassungsgesetz 2008/2009[64] und durch Art. 4 DNeuG zwischenzeitlich in eigenen Richtungen weiterentwickelte Bundes-Besoldungsrecht der Sache nach teils ergänzen, teils modifizieren.[65]

Im Blick auf die in § 13 und § 15 dieses Buches behandelten Materien, die (nicht zuletzt) besoldungsrechtliches Gepräge besitzen, ist zu konstatieren, dass sich die Länder insoweit weder der Form noch dem Gehalt nach vom Bundes(gesetzes)recht nennenswert gelöst haben. Beispiele: 29

- Art. 30 Abs. 3 und Art. 66–68 BayBesG enthalten die einschlägigen landesrechtlichen Regelungen zur Hemmung des Aufstiegs in den Steigerungssstufen und zu Leistungsprämien und -zulagen.
- § 31 Abs. 5 und 6 LBesG BW decken sich mit den entsprechenden bundesrechtlichen Normen zur Aufstiegshemmung; was die „leistungsorientierte Besoldung" anbelangt, so sind nur Leistungsprämien nach dem Vorbild des Bundes vorgesehen (siehe § 76 LBesG BW).
- § 65 HmbBesG verweist wegen der Gewährung „leistungsorientierter Besoldungsbestandteile" auf die Möglichkeit einer Regelung „in einem gesonderten Gesetz".
- § 29 und § 60 NRW LBesG stimmen mit den in § 13 Rdnrn. 3ff. und Rdnrn. 22ff. dieses Buches wiedergegebenen und besprochenen einschlägigen bundesrechtlichen Normen überein.
- Sachsen-Anhalt und Schleswig-Holstein (§ 23 Abs. 4–7 LBesG LSA, § 28 Abs. 6–8 SH LBesG) orientieren sich nach Wortlaut und Inhalt am Vorbild des § 27 Abs. 5–7 BBesG.
- Die Rückforderungsnormen – Art. 15 BayBesG, § 15 LBesG BW, § 16 HmbBesG, § 15 NRW LBesG, § 13 LBesG LSA und § 15 SH LBesG – weichen substantiell nicht vom Bundesrecht ab.

VI. Versorgungsrecht in den Ländern

Die Übergangsregelung des § 108 Abs. 1 BeamtVG[66] entspricht – was die Beamten angeht – dem unter Rn. 28 eingangs wiedergegebenen Text dergestalt, dass hier nicht auf das Bundesbesoldungsgesetz, sondern auf das Beamtenversorgungsgesetz verwiesen ist. Von der Befugnis zum Erlass ersetzenden oder ergänzenden Landes-Beamtenversorgungsrechts haben die Länder durchgängig in der Weise Gebrauch gemacht, dass sie sich einerseits – unter Verzicht auf wesentliche eigene Reformansätze – nur vergleichsweise geringfügig von der bis zum 31. August 2006 geltenden Bundesregelung entfernt 30

[64] Vom 29.7.2008, BGBl. I. S. 1582.

[65] Siehe ua Bayerisches Besoldungsgesetz i. d. F. des § 1 des Gesetzes zum Neuen Dienstrecht in Bayern (dazu schon Fn. 56), Landesbesoldungsgesetz Baden-Württemberg vom 9.11.2010, GBl. S. 793, ber. S. 826, Hamburgisches Besoldungsgesetz vom 26.1.2010, HmbGVBl. S. 23, Besoldungsgesetz für das Land Nordrhein-Westfalen i. d. F. des Art. 2 des Gesetzes vom 14.6.2016, GV. NRW S. 310, 339, Landesbesoldungsgesetz Sachsen-Anhalt vom 8.2.2011, GVBl. S. 68, und Besoldungsgesetz Schleswig-Holstein vom 26.1.2012, GVOBl. S. 153. Spätere Änderungen sind hier nicht angeführt. Die Texte der Landesbesoldungsgesetze auch der übrigen Länder (nach dem neuesten Stand) sind in Bd. III und IV bei Clemens/Millack BBesR abgedruckt. Vgl. auch May in Schütz/Maiwald BR Rn. 98ff. zu § 80 NRW LBG.

[66] Siehe auch insofern schon → § 1 Rn. 14.

haben[67], ohne sich andererseits jedoch zu einer dynamischen Verweisung zu verstehen.[68]

31 Baden-Württemberg, Bayern, Hamburg, Hessen, Niedersachsen, Nordrhein-Westfalen, Rheinland-Pfalz, Schleswig-Holstein und Thüringen haben inzwischen Beamtenversorgungsgesetze[69] erlassen, welche die betreffende Materie umfassend und ohne Bezugnahme auf das Beamtenversorgungsgesetz des Bundes, wenn auch unter mehr oder weniger inhaltlicher Anlehnung an die Bundesregelung durchnormieren. Dort sind namentlich die Unfallfürsorge und der Dienstunfall selbst jeweils so geregelt, dass, abgesehen von § 31 Abs. 1 Satz 2 Nr. 3 BeamtVG, nennenswerte Divergenzen zu den – seit dem 1. September 2006 (insbesondere mit Ausnahme von Verbesserungen bei Einsatzunfällen während einer besonderen Auslandsverwendung) unverändert gebliebenen – §§ 30–46 BeamtVG nicht zu verzeichnen sind. Die einschlägigen landesrechtlichen Rückforderungsregelungen decken sich in ihrem Gehalt mit § 52 BeamtVG.

VII. Das Beamtenstatusgesetz und die Landesbeamtengesetze

32 Um einen Sachverhalt, der einen Landesbeamten betrifft, rechtlich zuverlässig beurteilen zu können, ist aufgrund der Föderalismusreform eine Zusammenschau des Beamtenstatusgesetzes und des jeweiligen Landesbeamtengesetzes unerlässlich, es sei denn, das Beamtenstatusgesetz regelt den jeweiligen Gegenstand abschließend.[70] Teilweise enthält dieses Gesetz ausdrückliche Hinweise auf landesrechtliche Ergänzungsspielräume, deren Ausfüllung sich stets – ungeachtet unterschiedlicher Gesetzgebungskompetenzen – innerhalb der Grenzen bewegen muss, die durch Art. 33 Abs. 5 GG und durch das im Übrigen sachbereichsnahe Verfassungsrecht abgesteckt sind.

1. Beamtenverhältnis auf Zeit

33 § 6 BeamtStG, der im Blick auf die Rechtsverhältnisse der Beamten auf Zeit (§ 4 Abs. 2 BeamtStG) aussagt, dass „die Vorschriften für ... Beamte auf Lebenszeit“ hier entsprechend anwendbar seien, gesteht dem Landesgesetz- und -verordnungsgeber zu, „anderes“ zu bestimmen.[71] Die Beamte auf Zeit betreffenden Sonderregelungen in § 18 Abs. 2 Satz 2, § 22 Abs. 3 und § 57 Satz 2 BeamtStG stehen nicht zur Disposition.

---

[67] Zum neu geschaffenen Altersgeld und zum Hinterbliebenenaltersgeld siehe Schachel in Schütz/Maiwald BR Rn. 6 zu § 108 BeamtVG.

[68] Vgl. die Übersicht bei Schachel aaO Rn. 5 ff. zu § 108 BeamtVG.

[69] Landesbeamtenversorgungsgesetz Baden-Württemberg vom 9.11.2010, GBl. S. 793, 911, Bayerisches Beamtenversorgungsgesetz i. d. F. des § 2 des Gesetzes zum Neuen Dienstrecht in Bayern (siehe schon Fn. 56), Hamburgisches Beamtenversorgungsgesetz vom 26.1.2010, HmbGVBl. S. 23, Hessisches Beamtenversorgungsgesetz i. d. F. vom 1.1.2011, GVBl. I S. 98, Nordrhein-westfälisches Landesbeamtenversorgungsgesetz i. d. F. des Art. 3 des Gesetzes vom 14.6.2016, GV. NRW S. 310, 387, Niedersächsisches Beamtenversorgungsgesetz vom 17.11.2011, GVBl. S. 422, Landesbeamtenversorgungsgesetz Rheinland-Pfalz vom 18.6.2013, GVBl. S. 157, Beamtenversorgungsgetz Schleswig-Holstein i. d. F. vom 23.4.2012, GVBl. S. 494, und Thüringer Beamtenversorgungsgesetz vom 22.6.2011, ThürGVBl. S. 99. Siehe ferner die Darstellung bei May in Schütz/Maiwald BR Rn. 147 ff. zu § 80 NRW LBG.

[70] Insofern schon → § 1 Rn. 5. Vgl. auch Auerbach ZBR 2009, 217 (218).

[71] Zum Beamtenverhältnis auf Zeit allgemein → § 3 Rn. 8. Die Gleichgeltungsanordnung des § 6 BeamtStG beschränkt sich auf die Regelungen des Beamtenstatusgesetzes und wirkt – in Bereichen, in denen der Bundesgesetzgeber von seiner Gesetzgebungskompetenz keinen Gebrauch gemacht hat – nicht auf originäre Statusregelungen des Landesrechts (RP OVG NVwZ-RR 2015, 938 betr. den in § 25 BeamtStG nicht geregelten Antragsruhestand vor Erreichen der Altersgrenze).

2. Wegfall der Anstellung

Bereits mit der Begründung eines Beamtenverhältnisses auf Probe wird – anders als früher – „gleichzeitig ein Amt verliehen" (§ 8 Abs. 3 BeamtStG). Dem vormaligen Ernennungstatbestand der Anstellung (siehe § 5 Abs. 1 Nr. 3 BRRG), der nur verständlich war, wenn man mit dem früheren Recht davon ausging, dass der Beamte auf Probe zunächst nur ein Amt im funktionellen Sinne, aber noch kein Statusamt innehatte, ist damit – mit Bindungswirkung auch für die Länder – der Boden entzogen; eine weitere Ernennung nach Ablauf der laufbahnrechtlichen Probezeit (und vor der Lebenszeiternennung) erweist sich jetzt nicht nur als überflüssig, sondern als rechtlich auch nicht mehr angängig. 34

3. Ernennungskriterien und Ausschreibungsmodalitäten

§ 9 BeamtStG nennt – unter Übernahme der verfassungsrechtlichen Vorgaben (Art. 3 Abs. 3 und Art. 33 Abs. 2 und 3 GG) – die (positiven und negativen) materiellen Ernennungsvoraussetzungen. Hinsichtlich der (vorgeschriebenen) laufbahnrechtlichen Befähigung[72] ist das Landesrecht maßgeblich (§ 7 Abs. 1 Nr. 3 BeamtStG). Entsprechendes gilt für die Regelung der diesbezüglichen Zuständigkeiten.[73] Zur Stellenausschreibung[74] äußert sich das Beamtenstatusgesetz nicht, sodass es den Ländern überlassen ist, nach Bedarf normative Festlegungen hierfür zu treffen. Art. 33 Abs. 2 GG verpflichtet nach Ansicht des Bundesverwaltungsgerichts[75] nicht zu einer allgemeinen – externen – Ausschreibung von Beförderungsstellen. 35

4. Probezeit

Während § 10 BeamtStG – die einzige Vorschrift mit einem unübersehbaren laufbahnrechtlichen Gehalt[76] – in Satz 1 eine Obergrenze der Probezeit von fünf Jahren verbindlich vorschreibt, können die Länder von der dort im Grundsatz gleichfalls vorgegebenen sechsmonatigen Mindestprobezeit „Ausnahmen" zulassen (§ 10 Satz 2 BeamtStG). Die Materialien[77] führen als möglichen Ausnahmetatbestand an, dass die zu ernennende Person zuvor in einem Angestelltenverhältnis bei dem künftigen Dienstherrn tätig gewesen ist und sich darin bewährt hat, sodass eine Unterschreitung der Sechsmonatsfrist im Wege der „Anrechnung" der Angestelltenzeit in Betracht gezogen werden kann. Auch das Interesse an einer Gewinnung von Fachkräften mit „Vorqualifikationen" kann eine entsprechende „Ausnahme" nahe legen.[78] 36

---

[72] Vorsorglich ist auf den Unterschied zwischen der laufbahnrechtlichen Befähigung und der Befähigung als Auslesekriterium aufmerksam zu machen; vgl. dazu auch Schnellenbach/Bodanowitz Dienstliche Beurteilung Rn. 83.

[73] Vgl. auch insoweit Auerbach aaO (Fn. 70). Zu Höchstaltersgrenzen für die Einstellung → § 1 Fn. 16,18.

[74] Dazu → § 3 Rn. 62 Vgl. ferner eingehend Schnellenbach Konkurrenzen Anhang 1 Rn. 1 ff.

[75] BVerwGE 49, 232; siehe aber auch SächsOVG ZBR 2001, 368 (369).

[76] Vgl. BT-Drs. 16/4027, S. 23 (Zu § 10): Jeder Dienstherr solle darauf vertrauen können, „dass der Ernennung auf Lebenszeit eine ausreichende Probezeit vorausgegangen ist".

[77] Siehe den Nachweis in Fn. 76.

[78] Auerbach aaO (Fn. 70) S. 219.

37 Wie die Probezeit ihrem Inhalt und ihrem Ablauf nach typisierend auszugestalten ist und in welchem Procedere die Bewährung festgestellt werden soll, richtet sich allein nach Landesrecht.

5. Nichtigkeit und Rücknahme der Ernennung

38 Der Nichtigkeitsgrund des § 11 Abs. 1 Nr. 1 BeamtStG (Formverletzung) kommt bei fehlender Angabe der Zeitdauer in der Ernennungsurkunde eines Zeitbeamten nicht zum Tragen, wenn die Zeitdauer durch „das Landesrecht" – dh durch Landesgesetz oder durch landesrechtliche Verordnung – bestimmt ist (§ 11 Abs. 2 Nr. 1 Hs. 2 BeamtStG). Einen Rücknahmetatbestand stellt es dar, wenn „eine durch Landesrecht vorgeschriebene Mitwirkung einer unabhängigen Stelle oder einer Aufsichtsbehörde unterblieben ist und nicht nachgeholt wurde" (§ 12 Abs. 1 Nr. 4 BeamtStG). Erst recht müsste dies gelten, wenn das Landesrecht gar ein Zustimmungserfordernis aufstellen würde, dem nicht – auch nicht nachträglich – genügt wäre.[79] Freilich wäre ggf. zunächst zu entscheiden, ob das Landesrecht die Ernennung überhaupt wirksam von der etwaigen Zustimmung eines unter Umsänden demokratisch nicht ausreichend legitimierten Rechtsträgers abhängig machen könnte.[80]

39 Das Verfahren und die Rechtsfolgen in Fällen der Nichtigkeit oder Rücknehmbarkeit einer Ernennung sind bundesrechtlich nicht geregelt. Im Einzelnen haben die Landesgesetzgeber hier insbesondere festzulegen,[81]

- in welcher Form die Nichtigkeit festzustellen ist,
- welche Frist für die Rücknahme gilt,
- ob und ab wann dem Ernannten nach Bekanntwerden des Nichtigkeits- oder Rücknahmegrundes die Führung der Dienstgeschäfte verboten werden kann oder verboten werden muss,[82]
- ob die bis dahin vorgenommenen Amtshandlungen des Ernannten gültig sind und
- ob dem Ernannten die gewährten Leistungen belassen werden können.

6. Abordnung, Versetzung und Umbildung von Körperschaften

40 Abschnitt 3 des Beamtenstatusgesetzes (§§ 13–19) bezieht sich einerseits auf landesübergreifende Abordnungen, Versetzungen und entsprechende Übertritte sowie Übernahmen bei der Umbildung einer Körperschaft, andererseits auf Abordnungen oder Versetzungen aus einem Land in die Bundesverwaltung. Landesinterne Personalbewegungen im vorbezeichneten Sinne richten sich nach dem jeweiligen Landesrecht.[83] Um Wiederholungen zu vermeiden, wird wegen dieses Sachkomplexes auf § 4 des Buches verwiesen.

---

[79] AA anscheinend Reich BeamtStG § 12 Rn. 6.

[80] Siehe dazu Schnellenbach aaO (Fn. 74) Anhang 7 Rn. 1 mit Hinweis auf Böckenförde in Isensee/Kirchof HdB StR § 22 Rn. 20.

[81] Siehe dazu §§ 12, 13 BW LBG, Art. 21 BayBG, §§ 14, 15 BlnLBG, §§ 7, 8 BbgLBG, §§ 11, 12 BrBG, §§ 11, 12 HmbBG, §§ 13–16 HBG, §§ 10, 11 MVBG, §§ 11, 12 NBG, § 17 NRW LBG, §§ 12,13 RP LBG, §§ 7, 8 SBG, §§ 13,14 SächsBG, §§ 11, 12 BG LSA, §§ 11, 12 SH LBG sowie §§ 6–8 ThürBG.

[82] Zum Verbot der Führung der Dienstgeschäfte siehe § 39 BeamtSG.

[83] Dazu schon → § 1 Rn. 6.

7. Zuweisung

Bei der Zuweisung hat sich der Bundesgesetzgeber zu einer Regelung im Beamtenstatusgesetz (§ 20) entschlossen, die über den vordem maßgeblichen § 123a BRRG hinausführt, der für Bund und Länder einheitlich und unmittelbar galt. In den Materialien[84] heißt es dazu: Das Rechtsinstitut der Zuweisung berühre – anders als die Abordnung – den Status des Betroffenen und ermögliche es unter anderem, „mit den Mitteln des Disziplinarrechts auf eine ordnungsgemäße Erfüllung der Pflichten auch im Zuweisungsverhältnis hinzuwirken".[85] Daher sei nicht zuletzt „zum Schutz der zugewiesenen ... Beamten" und zur Sicherung ihrer Rechtsstellung eine „einheitliche Regelung" geboten gewesen. Auf § 4 Rn. 73 ff. kann insofern Bezug genommen werden. 41

8. Beendigung des Beamtenverhältnisses

In den §§ 21–32 BeamtStG sind die Tatbestände erfasst, an die im Allgemeinen eine Beendigung des Beamtenverhältnisses geknüpft ist.[86] Bei kommunalen Wahlbeamten kann die Beendigung des Beamtenverhältnisses, je nach Landesrecht, auch durch Abberufung oder Abwahl erfolgen.[87] Die Rechtsfolgen der Beendigung des Beamtenverhältnisses wie auch etwa einzuhaltende Fristen und sonstige verfahrensrechtliche Erfordernisse sind als solche nicht im Beamtenstatusgesetz geregelt; vielmehr ist insofern das Landesrecht maßgeblich. Die Rechtswirkung einer Entlassung aus dem Beamtenverhältnis (auf Lebenszeit oder auf Probe) bei Begründung eines öffentlich-rechtlichen Dienst- oder Amtsverhältnisses zu einem anderen Dienstherrn oder zu einer Einrichtung ohne Dienstherrneigenschaft, die sich grundsätzlich kraft Gesetzes einstellt, kann – außer aufgrund einvernehmlicher Absprache – qua Landesrecht (also auch hier durch ein Landesgesetz oder eine Rechtsverordnung des Landes) ausgeschlossen werden (§ 22 Abs. 2 BeamtStG). 42

Eine Altersgrenze für den Eintritt in den Ruhestand legt § 25 BeamtStG nicht fest. Zeitpunkt und Verfahren im Einzelnen hat mithin der jeweilige Landesgesetzgeber zu bestimmen. Darüber hinaus kann er festlegen, „ob und unter welchen Voraussetzungen der Eintritt in den Ruhestand hinausgeschoben werden kann oder eine Versetzung in den Ruhestand vor Erreichen der Altersgrenze möglich ist".[88] 43

Gruppenbezogen können „besondere Voraussetzungen für die Dienstunfähigkeit" durch Landesrecht statuiert werden (§ 26 Abs. 1 Satz 4 BeamtStG). Hier ist zB an Beamte im Polizeivollzugsdienst zu denken, dessen spezifischen gesundheitlichen Anforderungen 44

---

[84] Vgl. BT-Drs. 16/4027 S. 26 f. (Zu § 21).

[85] Hinweis auf Summer in GKÖD I (K) § 27 Rn. 22.

[86] → § 6 Rn. 1 ff. Der Tod des Beamten ist als Beendigungsgrund nicht mehr aufgeführt, weil es selbstverständlich ist, dass das Beamtenverhältnis nach dem Tod nicht fortbestehen kann; eine bloß deklaratorische Nennung des Todes als Beendigungsgrund ist als nicht nötig angesehen worden (BT-Drs. 16/4027 S. 27 – Zu § 22 –). BVerwG NVwZ 2016,770 stellt gegenüber dem missverständlichen Wortlaut des § 21 Nr. 4 BeamtStG klar, dass durch den Eintritt oder die Versetzung des Beamten in den Ruhestand nicht das auf Lebenszeit angelegte Beamtenverhältnis als solches ende, sondern dass es nur „eine andere Gestalt" erhalte, indem (ua) die Dienstleistungspflicht entfalle (→ § 5 Rn. 1) und deshalb auch kein Erholungsurlaub mehr genommen werden könne (zur finanziellen Abgeltung eines nicht genommenen Mindestjahresurlaubs siehe Art. 7 Abs. 2 der RL 2003/88 EG des Europäischen Parlaments und des Rates vom 4.11.2003, ABl. L 299 S. 9 sowie die weiteren Nachweise in der angeführten höchstrichterlichen Entscheidung).

[87] Siehe dazu Brockhaus in Schütz/Maiwald BR Rn. 7, 25 ff. zu § 21 BeamtStG.

[88] Vgl. BT-Drs. 16/4027 S. 28 (Zu § 26) sowie Dillenburger NJW 2009, 1115 (1117). Siehe auch Fn. 71.

das Landesrecht dadurch Rechnung trägt, dass es die sog Polizeidienstunfähigkeit entsprechend eigens definiert.[89]

9. Nebentätigkeit

45 § 40 BeamtStG bindet die Länder nur noch insoweit, als ihnen der Bundesgesetzgeber in Gestalt einer Anweisungsnorm aufgibt, die – grundsätzlich (mindestens) anzeigepflichtige – Nebentätigkeit unter Erlaubnis- oder Verbotsvorbehalt zu stellen, „soweit sie geeignet ist, dienstliche Interessen zu beeinträchtigen“. Dazu wie zum Landesrecht im Einzelnen verhält sich § 8 des Buches.

10. Teilzeit, Urlaub, Mutterschutz und Elternzeit

46 Nach § 43 BeamtStG ist die (im Lichte des Art. 33 Abs. 5 GG als Einrichtung weder garantierte noch der Verfassung widerstreitende[90]) Teilzeitbeschäftigung „zu ermöglichen“; Mutterschutz und Elternzeit sind gemäß § 46 BeamtStG „zu gewährleisten“. Auf konkrete Vorgaben für die landesrechtliche Umsetzung dieser bundesgesetzlichen Aufträge ist verzichtet; von Land zu Land abweichende Regelungen sind damit – ungeachtet einer gewissen Vorbildfunktion der §§ 91–94 BBG und des § 79 BBG einschließlich der dazu ergangenen Rechtsverordnungen – nicht ausgeschlossen. In § 44a BRRG war gleichfalls lediglich bestimmt, dass Teilzeitbeschäftigung für Beamte „durch Gesetz zu regeln“ sei; Mutterschutz und Elternzeit waren rahmenrechtlich überhaupt nicht erfasst.

47 § 44 BeamtStG beschränkt sich – wie zuvor schon § 55 BRRG[91] – auf den Satz, dass dem Beamten ein jährlicher Erholungsurlaub unter Fortgewährung der Bezüge zustehe. Die Länder müssen damit – wie eh und je – die Einzelheiten unter Beachtung des Fürsorge- und Schutzprinzips[92] regeln. Entsprechendes trifft für den Sonderurlaub[93] (unter Fortfall oder Belassung der Dienstbezüge) zu, den das Beamtenstatusgesetz nicht einmal erwähnt.

11. Personalakte

48 § 50 BeamtStG beruht auf der Annahme, die Regelungen der §§ 56–56f BRRG beträfen „überwiegend“ nicht „die Statusrechte“. „Zur Erleichterung von Dienstherrnwechseln“ – und damit zur „Gewährleistung der Mobilität“ – ist jedoch bestimmt, dass für jeden Beamten eine Personalakte zu führen sei und welche Unterlagen dazu gehören. „Statusrechtlich geboten“ sei „dann auch, die das Personalaktenrecht prägenden Grundsätze der Vertraulichkeit der Personalakte und der Zweckbindung vorzugeben“.[94] § 50 Satz 5 BeamtStG zufolge kann landesrechtlich für „Ausnahmefälle“ eine von der Zweckbindungsvorgabe des voraufgehenden Satzes 4 abweichende Verwendung der Personalakte vorgesehen werden. Das Landesrecht, insbesondere zur Form der Personalaktenführung, zur

[89] Siehe stellvertretend für das übrige Landesrecht § 43 Abs. 2 BW LBG und § 115 NRW LBG.

[90] Siehe auch BT-Drs.16/4027 S. 33 (Zu § 44).

[91] Siehe aber auch den früheren § 55a Abs. 3 BRRG, wonach die Dauer des Erholungsurlaubs jugendlicher Beamter „unter Berücksichtigung ihres Alters und ihres besonderen Erholungsbedürfnisses zu regeln“ war.

[92] → § 10 Rn. 6. Die Sonderbehandlung des Erholungsurlaubs schließt die Gewährung einer Dienstbefreiung – zB zum Zwecke der Religionsausübung – nicht aus (v. Roetteken in HBR IV Rn. 9 ff. zu § 44 BeamtStG).

[93] Vgl. aber § 90 BBG.

[94] Siehe BT-Drs. 16/4027 S. 35 (Zu § 51).

Einsichtnahme und zur Entfernung von Unterlagen aus der Personakte, ist in § 12 des Buches dargestellt und näher beleuchtet.

12. Partizipation

a) Personalvertretung

Nach § 51 BeamtStG ist „die Bildung von Personalvertretungen zum Zweck der vertrauensvollen Zusammenarbeit zwischen der Behördenleitung und dem Personal ... unter Einbeziehung der Beamtinnen und Beamten zu gewährleisten“. Damit ist der Statusbezug der (auch landesrechtlich nicht verzichtbaren oder unterminierbaren) „personalvertretungsrechtlichen Teilhabe“ von Beamten klargestellt;[95] eine Verpflichtung zur Gruppenbildung innerhalb der Personalvertretung oder ein Hindernis für eine gruppenübergreifende gemeinsame Wahl sind damit aber nicht intendiert. Das Personalvertretungsrecht für den Bereich des jeweiligen Landes fällt in dessen Gesetzgebungszuständigkeit. Die Rahmenvorschriften der §§ 94–109 BPersVG gelten gemäß Art. 125a Abs. 1 und Art. 125b GG einstweilen als Bundesrecht fort.[96] 49

b) Mitgliedschaft in Gewerkschaften und Berufsverbänden

Wie ehedem § 57 BRRG konkretisiert nunmehr § 52 BeamtStG das Grundrecht der Koalitionsfreiheit (Art. 9 Abs. 3 Satz 1 GG), das sich überdies als hergebrachter Grundsatz des Berufsbeamtentums (Art. 33 Abs. 5 GG) darstellt. In § 7 ist unter Rn. 29 ff. dazu Näheres ausgeführt. 50

c) Beteiligung der Spitzenorganisationen

§ 53 BeamtStG, der § 58 BRRG entspricht, legt nur ein Mindestmaß[97] an Beteiligung fest. Die Länder können den Spitzenorganisationen – durch gesetzliche Regelung, aber hinsichtlich des Beteiligungsverfahrens auch durch Vereinbarung iSd § 53 Satz 2 BeamtStG, dh durch öffentlich-rechtlichen Vertrag[98] – weitergehende Beteiligungsrechte einräumen; sie sind indessen auch nicht gehindert, andere Einrichtungen, zB Kommunale (Spitzen-)Verbände oder Dienstherrenorganisationen, an der Vorbereitung gesetzlicher wie untergesetzlicher oder gar allgemeiner administrativer Regelungen zu beteiligen, wenn und soweit diese „beamtenrechtliche Verhältnisse“ zum Gegenstand haben.[99] 51

---

[95] Siehe BT-Drs. 16/4027 S. 35 (Zu § 52).

[96] Vgl. dazu Reich BeamtStG § 51 Rn. 1 mwN.

[97] So zutr. Auerbach aaO (Fn. 70) S. 221 unter Hinweis auf Battis/Durinke PersR 2008, 438 (440).

[98] Vgl. Reich BeamtStG § 53 Rn. 5, der überdies klarstellt, dass das Gesetz nur das Beteiligungsverfahren, nicht aber die Beteiligungsrechte zum möglichen Gegenstand einer Vereinbarung erkläre (abw. BT-Drs. 16/4027 S. 35).

[99] Vgl. auch Baßlsperger PersV 2012, 287 ff. sowie SOVG NZA-RR 2015, 53 (juris Rn. 9 ff.) mwN.

§ 3 Einstellung, Beförderung

Der Begriff der Einstellung kennzeichnet die Ernennung zur Begründung eines Beamtenverhältnisses (§ 10 Abs. 1 Nr. 1 BBG, § 8 Abs. 1 Nr. 1 BeamtStG).[1] Unter den Begriff der Beförderung[2] fasst man je nach laufbahnrechtlichem Sprachgebrauch 1

- die Ernennung unter Verleihung eines anderen Amtes mit höherem Endgrundgehalt und anderer Amtsbezeichnung (vgl. § 10 Abs. 1 Nr. 3 BBG, § 2 Abs. 8 BLV; siehe auch zB § 19 Abs. 1 Satz 1 Nr. 1 NRW LBG),
- die Verleihung eines anderen Amtes mit höherem Endgrundgehalt bei gleicher Amtsbezeichnung, die teils durch Ernennung (vgl. § 8 Abs. 1 Nr. 3 BeamtStG sowie zB § 19 Abs. 1 Satz 1 Nr. 2 NRW LBG), teils ohne Ernennung (vgl. § 2 Abs. 8 Satz 2 BLV) erfolgt, und
- die Ernennung unter Verleihung eines anderen Amtes mit gleichem Endgrundgehalt und anderer Amtsbezeichnung beim Wechsel der Laufbahngruppe (siehe § 10 Abs. 1 Nr. 4 BBG), bei Landesbeamten: soweit das Landesrecht dies bestimmt (vgl. § 8 Abs. 1 Nr. 4 BeamtStG sowie zB § 19 Abs. 1 Satz 1 Nr. 3 NRW LBG).

Die Ernennung zur ersten Verleihung eines Amtes (vgl. § 6 Abs. 1 Nr. 3 BBG aF, § 5 Abs. 1 Nr. 3 BRRG aF), die sog Anstellung, kennt das neue Recht mit Rücksicht auf § 8 Abs. 3 BeamtStG und § 10 Abs. 3 BBG nicht mehr, denen zufolge jetzt schon mit der Begründung eines Beamtenverhältnisses auf Probe gleichzeitig ein Amt (im statusrechtlichen Sinne) verliehen wird.[3] 2

I. Vorbemerkungen zur Ernennung

Die Ernennung ist ein rechtsgestaltender, bedingungsfeindlicher Verwaltungsakt (§ 35 Satz 1 VwVfG),[4] dessen Wirksamkeit von der Einwilligung des zu Ernennenden[5] und der Aushändigung einer Ernennungsurkunde mit bestimmtem Mindestinhalt abhängt (§ 8 Abs. 2 BeamtStG, § 10 Abs. 2 BBG).[6,7] Die Einwilligung unter Vorbehalt ist ausnahms- 3

[1] Im Einzelnen dazu → Rn. 12 ff.

[2] Im Einzelnen dazu → Rn. 56 ff.

[3] Siehe dazu bereits → § 2 Rn. 34.

[4] BVerwGE 82, 196 (198); BVerwG 23.4.2015 – 2 C 35.13 –, juris Rn. 10. Eine in einer Begleitverfügung enthaltene Bedingung beeinflusst die Wirksamkeit der Ernennung nicht; BVerwG NVwZ-RR 2010, 776 (betr. Anordnung einer sog Einstellungsteilzeit in einer Ernennungsurkunde).

[5] Bei Minderjährigkeit des zu Ernennenden sind die §§ 107 und 113 BGB analog anwendbar; vgl. BVerwGE 34, 168 sowie BVerwG RiA 1969, 219 und ZBR 1996, 258.

[6] Die Originalurkunde muss dem zu Ernennenden von Hand zu Hand übergeben, durch eigenhändig zuzustellenden eingeschriebenen Brief mit Rückschein übersandt oder durch Postzustellungsurkunde unter Ausschluss der Ersatzzustellung zugeleitet werden. In den beiden letzterwähnten Fällen muss zweifelsfrei feststehen, dass der zu Ernennende der Ernennung zustimmt. Solange sich die Ernennungsurkunde noch im Besitz der Dienstbehörde befindet, kann der Ernennungsvorgang jederzeit angehalten werden; BVerwGE 55, 212. Bis zur Aushändigung kann die erste Ausfertigung der Urkunde gegen eine andere ausgetauscht werden; SOVG ZBR 1985, 274. Siehe ferner Summer PersV 1984, 223 (225 ff.). Ist das zu verleihende Amt im Zeitpunkt der Urkundenaushändigung rechtlich nicht (mehr) vorhanden, so liegt eine Ernennung nicht vor.

[7] Nach neuem Recht ist für die Erstellung der Ernennungsurkunde grundsätzlich auch die elektronische Form zugelassen (vgl. § 3a Abs. 2 Satz 1 VwVfG). Gemäß § 3a Abs. 2 Satz 2 VwVfG muss es

weise zulässig, wenn der Beamten andernfalls daran gehindert wäre, seine Rechtsstellung effektiv gerichtlich zu verteidigen.[8] Spätestens in der vorbehaltlosen Entgegennahme der Ernennungsurkunde ist eine schlüssige Einwilligungserklärung zu erblicken.[9] Für eine hiervon abweichende Auslegung ist nur Raum, wenn der Adressat den Urkundeninhalt im Zeitpunkt der Übergabe nicht kennt und die Urkunde sofort nach Kenntniserlangung unter Protest zurückreicht.[10] Die Anfechtung der Einwilligungserklärung richtet sich nach den allgemeinen Rechtsgedanken der §§ 119 ff. BGB.[11] Sie muss auch bei arglistiger Täuschung und bei Drohung (vgl. § 123 BGB) unverzüglich nach Behebung des Irrtums oder der Zwangslage gegenüber der Ernennungsbehörde erfolgen (siehe § 121 Abs. 1 Satz 1 BGB); § 124 BGB ist nicht entsprechend anwendbar.[12] Fehlt die Einwilligungserklärung des zu Ernennenden oder entfällt die Einwilligung infolge Anfechtung rückwirkend (siehe § 142 Abs. 1 BGB), so ist die Ernennung unwirksam. Wird dem zu Ernennenden keine Ernennungsurkunde ausgehändigt oder genügt die Ernennungsurkunde nicht den Mindestanforderungen des § 8 Abs. 2 Satz 2 BeamtStG bzw. des § 10 Abs. 2 Satz 2 BBG,[13] so kommt es nicht zu einer rechtswirksamen Ernennung (siehe § 11 Abs. 1 Nr. 1 BeamtStG, § 13 Abs. 1 Nr. 1 BBG; vgl. ferner § 44 Abs. 2 Nr. 2 VwVfG). Eine rückwirkende Heilung dieser Mängel ist ebenso wenig möglich, wie eine Ernennung auf einen zurückliegenden Zeitpunkt zulässig ist (§ 8 Abs. 4 BeamtStG, § 12 Abs. 2 Satz 2 BBG).[14,15]

4 Die Ernennung eines Beamten ist auch dann wirksam, wenn in der Ernennungsurkunde rechtswidrig Teilzeitbeschäftigung angeordnet worden ist.[16] Anders könnte es zu

---

sich aber um eine qualifizierte elektronische Signatur handeln, da nur diese in umfassender Weise die Sicherheit und Dauerhaftigkeit des elektronischen Verwaltungshandelns gewährleistet (vgl. BT-Drs. 16/4027, 23 – zu § 8 Abs. 2 – und BR-Drs. 720/07, 186 – Zu § 10 Abs. 2 –). Battis BBG § 10 Rn. 3 (aE) bemerkt dazu, dass sich die Verwendung der elektronische Form „zumindest für die Einstellung ... aus Stilgründen grundsätzlich verbieten (dürfte)".

[8] BVerwG 23.4.2015 – 2 C 35.13 –, juris Rn. 11, NVwZ 2016, 85 (bei Streit über die Nichtigkeit einer vorangegangenen Ernennung).

[9] BVerwGE 34, 168; BVerwG 23.4.2015 – 2 C 35.13 –, juris Rn. 10, NVwZ 2016, 85. Nimmt ein Vertreter die Urkunde entgegen, so wird die Ernennung erst wirksam, wenn dieser die Urkunde dem zu Ernennenden übergibt; Summer in GKÖD I L § 10 Rn. 40.

[10] Summer in GKÖD I L § 10 Rn. 43.

[11] Ein Irrtum über die Pflichten, die sich aus der durch Ernennung begründeten Rechtsstellung ergeben, ist ein unbeachtlicher Motivirrtum (siehe § 119 Abs. 2 BGB); vgl. NdsOVG ZBR 1964, 366.

[12] NRW OVG DVBl 1952, 605. Zum Begriff „unverzüglich" BVerwG Buchholz 316 § 22 VwVfG Nr. 1 (Überlegungsfrist von einem Monat).

[13] Zur Bestimmung der Rechtsstellung muss unter Umständen auf außerhalb der Urkunde liegende Erkenntnismittel (zB eine Einweisungsverfügung) zurückgegriffen werden, so etwa, wenn eine Amtsbezeichnung gleich lautend bei zwei Besoldungsgruppen ausgebracht ist, die Urkunde selbst aber nur die Amtsbezeichnung als solche enthält; Summer PersV 1984, 223 (227). Siehe auch SH OVG NVwZ 1995, 1139 (unschädliche Verwendung des Wortes „ein" statt „das" in der Ernennungsurkunde).

[14] Zur Nichtigkeit und Rücknahme der Ernennung siehe die abschließende Aufzählung in den §§ 11, 12 BeamtStG und den § 13–15 BBG; dazu BVerwGE 81, 282 (284) und BVerwG NVwZ 1970, 2260 sowie BVerwG Buchholz 237.7 § 8 LBG NW Nr. 1 (vgl. auch bereits § 2 Rn. 38 f.). Eine durch Aushändigung der Ernennungsurkunde vollzogene Ernennung kann selbst dann nur noch nach den genannten Bestimmungen zurückgenommen werden, wenn sich die Rechtswidrigkeit der Ernennung vor dem in der Urkunde bezeichneten Tage ihrer (inneren) Wirksamkeit herausstellt; BVerwGE 55, 212, BayVGH ZBR 1977, 154 sowie SOVG ZBR 1985, 274. Zurückgenommen werden kann nur die *konkrete* Ernennung, für die der Rücknahmetatbestand erfüllt ist; HVGH NVwZ-RR 1996, 340. Zum Ganzen H. Günther DÖD 1990, 281.

[15] Zum Ausschluss einer rückwirkenden Beförderung vgl. § 8 Abs. 4 BeamtStG; BVerwG 12.6.1979 – II C 19.75 –, juris Rn. 22; BayVGH 27.3.2015 – 3 ZB 14.727 –, juris Rn. 6.

[16] BVerwG NVwZ-RR 2010, 776 (ebenso schon Battis BBG § 10 Rn. 4); aA Bln/BbgOVG ZBR 2006, 256 m. zust. Anm. Summer sowie ThürOVG ThürVBl. 2007, 136.

beurteilen sein, wenn es in einer Ernennungsurkunde etwa hieße, dass der Bewerber „unter der Voraussetzung ständiger Teilzeit in das Beamtenverhältnis auf …" berufen werde. Wenn die Auslegung des Urkundentextes hingegen keinen Zweifel aufkommen lässt, dass nicht die Begründung eines Teilzeitbeamtenverhältnisses, sondern – neben der Ernennung des Bewerbers zum Beamten auf Probe oder auf Lebenszeit – nur die verbindliche Festlegung des Beschäftigungsumfangs beabsichtigt war, so enthält die Urkunde zwei eigenständige Regelungen, die getrennt anfechtbar sind.[17]

II. Vorbemerkungen zu den Arten der Beamtenverhältnisse

§ 4 BeamtStG und § 6 BBG zählen die möglichen Beamtenverhältnisse auf. Das Beamtenverhältnis auf Lebenszeit bildet – einem hergebrachten Grundsatz des Berufsbeamtentums (Art. 33 Abs. 5 GG) entsprechend[18] – die Regel (siehe § 4 Abs. 1 Satz 2 BeamtStG, § 6 Abs. 1 Satz 2 BBG). Es kann begründet werden, wenn der Bewerber dauernd hoheitsrechtliche Aufgaben oder solche Aufgaben wahrnehmen soll, welche aus Gründen der Sicherung des Staates oder des öffentlichen Lebens nicht ausschließlich Personen übertragen werden dürfen, die in einem privatrechtlichen Arbeitsverhältnis stehen (§ 3 Abs. 2 BeamtStG, § 5 BBG).[19] **5**

Das Beamtenverhältnis auf Widerruf[20] dient vor allem als dienstrechtlicher Rahmen für die Ableistung des – bei Laufbahnbewerbern – vorgeschriebenen oder üblichen Vorbereitungsdienstes (§ 4 Abs. 4 lit. a BeamtStG, § 6 Abs. 4 Nr. 1 BBG).[21] Darüber hinaus ist es für Bewerber vorgesehen, die nur vorübergehend mit Aufgaben iSd § 3 Abs. 2 BeamtStG bzw. des § 5 BBG betraut werden sollen (§ 4 Abs. 4 lit. b BeamtStG, § 6 Abs. 4 Nr. 2 BBG). Ein vorübergehender Einsatz im Beamtenverhältnis auf Widerruf kann ins Auge zu fassen sein, um die Zeit zwischen dem Bestehen der Laufbahnprüfung und einer – unter Umständen verzögerten – Übernahme des Bewerbers als Beamter auf Probe sinnvoll zu überbrücken. Die Praxis zieht freilich in solchen Fällen befristete Arbeitsverhältnisse vor.[22] **6**

Das Beamtenverhältnis auf Probe ist ein Bewährungsdienstverhältnis,[23] und zwar unabhängig davon, ob die Probezeit „zur späteren Verwendung auf Lebenszeit" oder „zur Übertragung eines Amtes mit leitender Funktion" abgeleistet wird (§ 4 Abs. 3 BeamtStG, § 6 Abs. 3 BBG). Für die zuerst genannte Variante ergibt sich aus § 10 BeamtStG und aus § 11 Abs. 1 Satz 1 Nr. 2 BBG, dass es jeder Bewerber – einschließlich der sog anderen Bewerber (siehe § 7 Abs. 1 Nr. 3 lit. b BBG) – zu durchlaufen hat, bevor er Beamter auf **7**

---

[17] BVerwG aaO (wie Fn. 16) unter Hinweis auf BVerwGE 82, 196 (198). Zur sog Einstellungsteilzeit siehe Rn. 36.

[18] BVerfGE 9, 268 (286); vgl. auch BVerfGE 21, 329 (345); 44, 249 (262); 70, 251 (266); 71, 255 (268).

[19] Art. 33 Abs. 4 GG enthält nur einen Funktionsvorbehalt für Beamte, sodass der Gesetzgeber und die Verwaltung verfassungsrechtlich nicht gehindert sind, auch solche Befugnisse, die keine „hoheitsrechtlichen Befugnisse" iSd Art. 33 Abs. 4 GG sind, Beamten (und nicht Tarifbeschäftigten) zu übertragen; so schon Ule in Grundrechte IV 2 S. 537 (559).

[20] Zur Besoldung der (Bundes-)Beamten auf Widerruf siehe §§ 59 ff. BBesG.

[21] → Rn. 13 ff. Es gibt keinen hergebrachten Grundsatz des Berufsbeamtentums, dass Angehörige des öffentlichen Dienstes im Ausbildungsverhältnis zu alimentieren seien; BVerfG ZBR 1993, 60.

[22] Lemhöfer in Plog/Wiedow BBG 2009 § 6 Rn. 19.

[23] Mindestens missverständlich ist es, wenn das Bundesverwaltungsgericht (Buchholz 232 § 32 BBG Nr. 8 und ZBR 1979, 331) auch das Beamtenverhältnis der im Vorbereitungsdienst stehenden Beamten auf Widerruf als „Bewährungsdienstverhältnis" bezeichnet. Treffend ist dagegen der Ausdruck „Ausbildungsverhältnis"; siehe BVerfG ZBR 1993, 60. Vgl. auch → § 6 Rn. 18 ff.

Lebenszeit werden darf. Für die zweite Fallgruppe gelten § 24 BBG und das korrespondierende Landesrecht.[24]

8 Wer innerhalb des für Beamte auf Lebenszeit vorgegebenen Aufgabenfeldes nur während einer bestimmten Zeitdauer tätig sein soll, kann nach näherer Maßgabe spezialgesetzlicher Bundes- oder Länderregelungen in das Beamtenverhältnis auf Zeit berufen werden (§ 4 Abs. 2 lit. a BeamtStG, § 6 Abs. 2 Satz 1 BBG). Für Beamte auf Zeit gelten die Vorschriften über das Beamtenverhältnis auf Lebenszeit entsprechend, soweit nicht gesetzlich etwas anderes bestimmt ist (§ 6 BeamtStG, § 6 Abs. 2 Satz 2 BBG).[25] Beamte auf Zeit sind vornehmlich die kommunalen Wahlbeamten[26] sowie das in § 132 BBG näher bezeichnete Hochschulpersonal. § 4 Abs. 2 lit. b BeamtStG räumt den Ländern daneben die Möglichkeit ein, durch Gesetz Ämter mit leitender Funktion (nicht im Beamtenverhältnis auf Probe,[27] sondern) „zunächst befristet" im Beamtenverhältnis auf Zeit zu übertragen. Das Bundesverfassungsgericht[28] hat eine Regelung entsprechenden Inhalts, mit der ein Landesgesetzgeber von der Ermächtigung in § 12b Abs. 1 BRRG aF[29] Gebrauch gemacht hatte, inzwischen wegen Verstoßes gegen Art. 33 Abs. 5 GG für verfassungswidrig erklärt.[30]

9 Die in § 5 BeamtStG und in § 6 Abs. 5 BBG schließlich aufgeführten Ehrenbeamten nehmen ihr Amt – auf Zeit oder auf Widerruf, ausnahmsweise auch auf Lebenszeit – nebenberuflich und grundsätzlich ohne Anspruch auf (volle oder anteilige) Besoldung und Versorgung[31] wahr. Das Ehrenbeamtenverhältnis[32], welches sich von einer bloßen ehrenamtlichen Tätigkeit unterscheidet,[33] ist hauptsächlich aufgrund spezifischer Bedürfnisse der Kommunalverwaltung entstanden und hat hier nach wie vor seinen wichtigsten Anwendungsbereich.[34]

---

[24] Siehe dazu → Rn. 39 ff.

[25] Siehe insoweit § 18 Abs. 2 Satz 2, § 22 Abs. 3 und § 57 Satz 2 BeamtStG, die jeweils die Abweichungsbefugnis der Länder begrenzen.

[26] Zur Bestenauslese bei der Besetzung von Wahlbeamtenstellen siehe Bln/BbgOVG LKV 2008, 521; OVG MV, NVwZ-RR 2015, 708; OVG Br 9.1.2014 – 2 B 198/13 –, juris Rn. 37 ff.; zu Mängeln bei der Wahl von (Ober-)Bürgermeistern bzw. zur Ungültigkeit einer solchen Wahl vgl. BVerwG NVwZ 2003, 983 und 1507 sowie HVGH NVwZ-RR 2004, 58. Zur Spannungslage zwischen Bestenauslese und Demokratieprinzip vgl. auch NdsOVG NdsVBl. 2008, 133. Der Ausschluss eines Anspruchs auf Nachversicherung ist hier verfassungsgemäß; BVerfG ZBR 2008, 350.

[27] Siehe dazu → Rn. 7.

[28] BVerfGE 121, 205 (zu § 25b NRW LBG idF des Art. I des Gesetzes vom 20.4.1999, GVBl. NRW S. 148).

[29] Die im Text angeführte Norm lautete: „Durch Gesetz kann bestimmt werden, dass ein Amt mit leitender Funktion zunächst im Beamtenverhältnis auf Zeit übertragen wird."

[30] Vgl. dazu Wichmann ZBR 2008, 289, Grigoleit ZBR 2008, 296, Lorse ZBR 2008, 300 und Hebeler ZBR 2008, 304 sowie Dorf DÖV 2009, 14. Aktuell wird das BVerfG mit der Frage der Zulässigkeit des Beamtenverhältnisses auf Zeit für Hochschulkanzler in Brandenburg befasst (Vorlagebeschluss: BVerwG 23.6.2016 – 2 C 1.15).

[31] Die Gewährung einer (echten) Aufwandsentschädigung ist zulässig; BT-Drs.16/4027, 22 (zu § 5 Abs. 1). Zur Höhe der Aufwandsentschädigung vgl. BVerwGE 70, 106 (109); 96, 224 (226); 111, 313 (316 f.), ferner HVGH NVwZ-RR 1998, 449. Wegen der Unfallfürsorge für Ehrenbeamte siehe § 68 BeamtVG bzw. das korrespondierende Landesrecht (Hinweis auf § 2 Rn. 31 und § 14 Rn. 1).

[32] Siehe auch § 8 Abs. 2 Satz 2 Nr. 1 und § 22 Abs. 2 Satz 2 BeamtStG sowie § 10 Abs. 2 Satz 2 Nr. 1 und § 31 Abs. 1 Nr. 2 Satz 2 BBG.

[33] Vgl. dazu Tiedemann in Schütz/Maiwald BR Rn. 25 zu § 5 BeamtStG.

[34] Als Ehrenbeamte des Bundes sind die Honorarkonsularbeamten (Wahlkonsuln) zu erwähnen; siehe §§ 20 ff. des Konsulargesetzes vom 11.9.1974, BGBl. I S. 2317, zuletzt geändert durch Gesetz vom 18.7.2016, BGBl. I S. 1666. Vgl. auch H. Günther ZBR 1986, 97 (98) mit Nachweisen in Anm. 29 f.

III. Vorbemerkungen zu den dienstrechtlichen Amtsbegriffen

Der Ausdruck „Amt“ wird im Recht des öffentlichen Dienstes in verschiedenen 10
Bedeutungen verwendet. Das Bundesverwaltungsgericht[35] hat die auf H. J. Wolff[36] zurückgehende Unterscheidung zwischen dem Amt im statusrechtlichen und dem Amt im funktionellen Sinne übernommen. Unter dem Amt im statusrechtlichen Sinne ist die durch die Zugehörigkeit zu einer Laufbahn und Laufbahngruppe, die besoldungsrechtliche Einstufung, insbesondere das Endgrundgehalt, und die Amtsbezeichnung (siehe § 86 BBG[37]) charakterisierte Rechtsstellung des Beamten zu verstehen.[38] Zum (End-) Grundgehalt gehören die Amtszulagen (§ 42 Abs. 1 und 2 BBesG), nicht aber Stellenzulagen (§ 42 Abs. 3 und 4 BBesG), mögen sie auch ruhegehaltfähig sein. Mit dem Amt im funktionellen Sinne kann zum einen der abstrakte Aufgabenkreis gemeint sein, welcher innerhalb einer Behördenorganisation der Rechtsstellung des Beamten entspricht (Amt im abstrakt-funktionellen Sinne); er umfasst alle bei der Beschäftigungsbehörde dauerhaft eingerichteten Dienstposten, auf denen der Beamte amtsangemessen eingesetzt werden kann.[39] Zum anderen wird auch der dem Beamten durch Organisations- und Geschäftsverteilungsplan bei der Beschäftigungsbehörde übertragene Dienstposten selbst „Amt“ genannt (Amt im konkret-funktionellen Sinne).[40,41]

Das Amt im statusrechtlichen Sinne wird gleichzeitig mit der Begründung eines Beam- 11
tenverhältnisses auf Probe, auf Lebenszeit oder auf Zeit verliehen (§ 8 Abs. 3 BeamtStG, § 10 Abs. 3 BBG). Ein Amt im abstrakt-funktionellen Sinne erhält der Beamte durch gesonderte statusadäquate Zuweisung zu einer Behörde, in die er dadurch eingegliedert wird, ein Amt im konkret-funktionellen Sinne durch den weisungsgemäßen tatsächlichen Einsatz innerhalb eines bestimmten Aufgabenbereichs bei eben dieser Behörde.[42] Die in § 8 Abs. 3 BeamtStG und in § 10 Abs. 3 BBG nicht genannten Ehrenbeamten haben einen amtsähnlichen Status, hingegen kein Statusamt im eigentlichen Sinne; auch die

---

[35] BVerwGE 49, 64; 60, 144; 65, 270; 132, 31 sowie BVerwG ZBR 1975, 226 und ZBR 1981, 339.

[36] Vgl. Wolff/Bachof/Stober/Kluth Verwaltungsrecht II (7. Aufl.) § 82 Rn. 186 ff.

[37] Zum Landesrecht siehe § 56 BW LBG, Art. 76 BayBG, § 7 BlnLBG, § 69 BbgLBG, § 57 BrBG, § 58 HmbBG, § 58 HBG, § 59 MVBG, § 57 NBG, § 77 f. NRW LBG, § 68 RP LBG, § 70 SBG, § 84 f. SächsBG, § 61 BG LSA, § 57 SH LBG und § 42 ThürBG.

[38] Vgl. BVerwGE 87, 310 (313) sowie BVerwG NVwZ-RR 1996, 161; siehe ferner BVerfG ZTR 2004, 109. Beispiel: Amtsinspektor oder Oberinspektor im Bundesdienst (Anlage I des Bundesbesoldungsgesetzes, Bundesbesoldungsordnung A, Besoldungsgruppen A 9 bzw. A 10 iVm der Vorbemerkung I Nr. 1 Abs. 2 zur Anlage I aaO und der durch die Vorbemerkung I Nr. 1 Abs. 3 zur Anlage I aaO für den Bundesbereich dem BMI vorbehaltenen Beifügung der Zusätze zu den Grundamtsbezeichnungen).

[39] Beispiel: der abstrakte (potentielle) Aufgabenkreis eines Ministerialrats im Bundesministerium X. Dieser Amtsbegriff ist insbesondere für die Frage maßgeblich, ob ein Beamter dienstunfähig ist. Dienstunfähigkeit (§ 26 Abs. 1 Satz 1 BeamtStG, § 44 Abs. 1 Satz 1 BBG) setzt danach voraus, dass bei der Beschäftigungsbehörde kein Dienstposten zur Verfügung steht, der dem Status des Beamten zugeordnet und gesundheitlich für ihn geeignet ist (vgl. BVerwGE 122, 53, 55 und BVerwG ZBR 2009, 96, 97).

[40] Beispiel: das Haushaltsreferat in der Zentralabteilung des Bundesministeriums X.

[41] Es liegt im Ermessen des Dienstherrn, wie viele und welche Ämter im abstrakt- und im konkret-funktionellen Sinne er bei seinen Behörden einrichtet und aus welchen Gründen er die Ämterstruktur ggf. ändert (BVerwGE 122, 53, 55). Zum sog funktionsgebundenen Amt (und zu Veränderungen beim Amtsinhalt infolge Änderung der Behördenorganisation) vgl. im Übrigen schon RP OVG ZBR 1984, 69.

[42] Zur Einweisung in eine Planstelle, die lediglich von haushaltsrechtlichem Belang ist und keinen ernennungsähnlichen Verwaltungsakt darstellt (BVerwG 16.4.2007 – 2 B 25.07 –, juris Rn. 4), siehe (auch stellvertretend für das einschlägige Landesrecht) § 49 BHO.

hergebrachten Grundsätze des Berufsbeamtentums (Art. 33 Abs. 5 GG) gelten für sie nicht.[43] Dem Beamten auf Widerruf im Vorbereitungsdienst, der in der Regel die Dienstbezeichnung „Anwärter" – in den Laufbahnen des höheren Dienstes die Dienstbezeichnung „Referendar" – mit einem die Fachrichtung oder die Laufbahn kennzeichnenden Zusatz führt,[44] ist weder ein Amt im statusrechtlichen Sinne noch ein Amt im funktionellen Sinne zugeordnet, weil auch Letzteres dem Ausbildungszweck des Vorbereitungsdienstes zuwiderliefe.[45]

IV. Einstellung

12 Ein Beamtenverhältnis wird begründet (§ 8 Abs. 1 Nr. 1 BeamtStG, § 10 Abs. 1 Nr. 1 BBG), sobald der Bewerber[46] in eines der vorstehend in Abschnitt II bezeichneten Beamtenverhältnisse berufen wird, es sei denn, dies geschieht im Wege einer Umwandlung iSd § 8 Abs. 1 Nr. 2 BeamtStG bzw. des § 10 Abs. 1 Nr. 2 BBG.[47] Die Übernahme eines Beamten auf Widerruf in das Beamtenverhältnis auf Probe[48] oder eines Beamten auf Probe in das Beamtenverhältnis auf Lebenszeit fällt nur dann unter den Begriff der Umwandlung, wenn die Beamtenverhältnisse ohne Dienstherrnwechsel und ohne zeitliche und rechtliche Unterbrechung ineinander übergehen. Dagegen liegen Einstellungen[49] vor,

- wenn derselbe Dienstherr den mit der Ablegung der Laufbahnprüfung kraft Gesetzes gemäß § 22 Abs. 4 BeamtStG bzw. gemäß § 37 Abs. 2 Satz 2 BBG aus dem Beamtenverhältnis auf Widerruf ausgeschiedenen Beamten zum Beamten auf Probe ernennt,
- wenn dem Beamten auf Lebenszeit ein (weiteres) Amt mit leitender Funktion zunächst im Beamtenverhältnis auf Probe übertragen wird (vgl. § 4 Abs. 3 lit. b BeamtStG, § 6 Abs. 3 Nr. 2, § 24 BBG),

---

[43] BVerfG NJW 2008, 2568.

[44] Siehe zB § 11 Satz 2 BLV und § 15 Abs. 4 Satz 1 NRW LVO.

[45] Str., aA Battis BBG § 10 Rn. 11 mwN; vgl. auch Summer in GKÖD I L § 10 Rn. 16.

[46] In das Beamtenverhältnis darf nur berufen werden, wer Deutscher iSd Art. 116 GG ist oder die Staatsangehörigkeit eines anderen Mitgliedsstaates der Europäischen Union, eines anderen Vertragsstaates des Abkommens über den Europäischen Wirtschaftsraum oder eines Drittstaates besitzt, dem Deutschland und die Europäische Union – wie der Schweiz – vertraglich einen entsprechenden Anspruch auf Anerkennung von Berufsqualifikationen eingeräumt haben (§ 7 Abs. 1 Nr. 1 BeamtStG, § 7 Abs. 1 Nr. 1 BBG); so weit Art. 45 Abs. 4 AEUV („Beschäftigung in der öffentlichen Verwaltung" – zuvor bis 30.11.2009: Art. 39 Abs. 4 EGV) reicht, darf freilich nur ein Deutscher berufen werden (§ 7 Abs. 2 BeamtStG, § 7 Abs. 2 BBG). Der Europäische Gerichtshof, der in gewissem Sinne infolge seines Auslegungsmonopols insofern die Struktur des öffentlichen Dienst in Deutschland (und den übrigen Mitgliedsstaaten der Europäischen Union), insbesondere die Reichweite des Funktionsvorbehalts (Art. 33 Abs. 4 GG), beeinflusst, definiert die eben durch Klammerzusatz zitierte Wortfolge (in negativer Abgrenzung) dahin, dass zB Tätigkeiten bei Bahn und Post, aber auch im Schul- und Hochschulbereich nicht darunter fallen (siehe dazu die grundlegenden Entscheidungen EuGH NJW 1996, 3199 und DVBl 2000, 1272 sowie Everling DVBl 1990, 225 und Kathke ZBR 1994, 233, 236 ff., ferner Schnellenbach ZBR 1996, 327, 329). Ein etwaiger gemeinschaftsrechtlicher Anspruch eines Unionsbürgers auf Einstellung in den öffentlichen Dienst (zum Nachweis von Sprachkenntnissen vgl. EuGH 5.2.2015 – C-317/14 –, juris) geht entgegenstehenden deutschen Rechtsvorschriften vor und kann unmittelbar vor deutschen Gerichten geltend gemacht werden; BVerwG NVwZ 1993, 780. Beachte auch die Ausnahmeregelungen in § 7 Abs. 3 BeamtStG und in § 7 Abs. 3 BBG.

[47] Vgl. BVerwG Buchholz 232.5 § 55 BeamtVG Nr. 1.

[48] Siehe dazu BVerwG ZBR 1979, 184.

[49] Eine Berufung in das Beamtenverhältnis (auf Probe) ist auch dann eine Einstellung, wenn der Beamte schon vorher bei seinem Dienstherrn als Tarifbeschäftigter tätig gewesen ist.

- wenn der aktive Beamte bei einem anderen Dienstherrn in ein weiteres Beamtenverhältnis eintritt (vgl. § 22 Abs. 2 BeamtStG, § 31 Abs. 1 Nr. 2 BBG) oder
- wenn der Ruhestandsbeamte reaktiviert (vgl. §§ 29, 30 Abs. 3 Satz 2 BeamtStG, §§ 46, 57 BBG) oder der Ehrenbeamte in eines der anderen Beamtenverhältnisse berufen wird oder wenn hier die umgekehrte Fallgestaltung (vgl. § 5 Abs. 3 BeamtStG, § 6 Abs. 5 Satz 2 BBG) vorliegt.[50]

Weder Einstellung noch Umwandlung sind der Dienstherrnwechsel (siehe § 15 BeamtStG, § 28 BBG) und der Übertritt oder die Übernahme eines Beamten im Rahmen der Umbildung von Körperschaften (siehe §§ 16ff. BeamtStG, §§ 134ff. BBG), die jeweils ohne Ernennungsakt vonstatten gehen.[51]

1. Begründung eines Beamtenverhältnisses auf Widerruf zum Zwecke der Ableistung eines Vorbereitungsdienstes

Es gelten unterschiedliche Grundsätze, je nachdem, ob der Vorbereitungsdienst allein 13
auf die Erlangung der beamtenrechtlichen Laufbahnbefähigung[52] ausgerichtet ist oder ob er sich daneben als Ausbildungsstätte iSd Art. 12 Abs. 1 GG darstellt. Im ersten Fall ist ausschließlich der Regelungsbereich des Art. 33 GG berührt; soweit es sich im anderen Fall um Zulassungsbeschränkungen handelt, wird Art. 33 GG durch Art. 12 Abs. 1 GG – in noch näher zu bestimmender Weise – überlagert. Zugleich als Ausbildungsstätte ist der Vorbereitungsdienst anzusehen, falls er kraft Vorschrift oder Tradition auch von solchen Bewerbern durchlaufen und mit einer Prüfung abgeschlossen werden muss, die einen Beruf außerhalb des öffentlichen Dienstes ergreifen wollen.[53] Dies hat die Rechtsprechung vornehmlich für den juristischen Vorbereitungsdienst,[54] aber auch für eine Reihe pädagogischer Vorbereitungsdienste[55] und für den Vorbereitungsdienst des höheren Forstdienstes[56] angenommen.[57] Vorbereitungsdienste, die nur minimale Berufsmög-

[50] Vgl. auch NRW OVG DÖD 1984, 45: Die Übernahme in ein Beamtenverhältnis auf Zeit (etwa als Beigeordneter) vollziehe sich in Nordrhein-Westfalen auch dann nicht im Wege der Umwandlung, sondern der Einstellung, wenn sich der Beamte (etwa ein Stadtoberamtmann) schon bislang bei demselben Dienstherrn in einem funktionsgleichen Beamtenverhältnis auf Lebenszeit befunden hat. Keiner Einstellung bedarf es, wenn ein Beamter auf Zeit im Anschluss an seine Amtszeit für eine weitere Amtszeit berufen wird.

[51] Zum Wiederaufgreifen eines abgeschlossenen Einstellungsverfahrens einerseits und einem neuen Einstellungsverfahren andererseits vgl. BVerwG Buchholz 230–237.6 Nr. 6; BVerwG 4.7.2013 – 2 B 49.13 –, juris Rn. 12.

[52] Siehe dazu schon → § 2 Rn. 7, 20ff. Zur Anerkennung der Laufbahnbefähigung aufgrund der Richtlinie 2005/36/EG vom 7.9.2005 (ABl. EU Nr.L 255 S. 22, 2007 Nr.L 271 S. 18 und 2008 Nr.L 93 S. 28), zuletzt geändert durch die Verordnung (EG) Nr. 1430/2007 der Kommission vom 5.12.2007 (ABl. EU N-L 320 S. 3), vgl. § 18 BBG sowie zB § 22a BlnLfbG, § 16 HmbBG und § 11 NRW LBG.

[53] Vgl. BVerfGE 39, 334 (372ff.) sowie BVerwGE 6, 13; 16, 241; 47, 330.

[54] Vgl. BVerwGE 6, 13 sowie BVerwG Buchholz 238.5 § 5 DRiG Nr. 1 und DÖD 1982, 29.

[55] Vgl. BVerwGE 47, 330; 47, 365 (367); 61, 176; 62, 267 (270) und BVerwG DVBl 1982, 588, ferner BW VGH ZBR 1976, 150, BayVGH NJW 1976, 1858, OVG Berlin NJW 1978, 1871 sowie NRW OVG NVwZ 1984, 126 und DÖD 1985, 280.

[56] BVerwGE 16, 241.

[57] Siehe dazu aus jüngerer Zeit VG Hannover 28.6.2010 – 2 B 2375/10 –, BeckRS 2010, 50701 (Die Ausbildung zum Steueranwärter geschehe nicht in einer allgemeinen Ausbildungsstätte, sodass Kapazitätsbeschränkungen hier verbindlich seien) sowie ebenso VG Ansbach 26.11.2012 – AN 1 E 12.01993 –, juris Rn. 63 – jeweils auch zum Erfordernis der gesundheitlichen Eignung über die Ausbildungszeit hinaus. Vgl. ferner NRW OVG 28.11.2012 – 1 B 1166/12 –, juris Rn. 9 (Polizeivoll-

lichkeiten außerhalb des öffentlichen Dienstes eröffnen, wird man ausklammern müssen.[58]

a) Nur laufbahnrechtlich relevanter Vorbereitungsdienst

14 Die Berufung eines Bewerbers in das Beamtenverhältnis auf Widerruf zum Zwecke der Ableistung des Vorbereitungsdienstes ist grundsätzlich in das pflichtgemäße Ermessen des Dienstherrn gestellt. Aus Art. 33 Abs. 2 GG ergeben sich freilich Grenzen des Verwaltungsspielraumes. Im Kern sind folgende drei Fallgruppen auseinander zu halten:

(1) Der Kreis der Bewerber um Aufnahme in den Vorbereitungsdienst ist zahlenmäßig kleiner oder höchstens gleich der von der Einstellungsbehörde vorab selbstbindend festgelegten Aufnahmekapazität:[59] Weist die für die Auswahl zuständige Behörde einen Bewerber kraft ihrer Beurteilungsermächtigung[60] – explizit oder durch schlüssiges Verhalten – als (überhaupt) geeignet aus, so hat er einen Einstellungsanspruch.[61]

(2) Die Zahl der Bewerber überwiegt die Aufnahmekapazität: Eine Verdichtung des Ermessens zur Einstellungspflicht erfordert unter diesen Umständen, dass der Bewerber aufgrund der allein maßgeblichen Einschätzung der Auswahlbehörde in einer (idealtypisch betrachtet) nach Eignungsgraden geordneten Liste einen Platz erlangt, der innerhalb der Aufnahmekapazität liegt.

(3) Die Einstellungsbehörde sieht von einer vorherigen (wie auch immer gearteten) Fixierung der Aufnahmekapazität ab: Eine rechtliche Bindung ist dann nur insofern vorhanden, als die Auswahl der Bewerber – wie bei (2) – nach Eignungsgesichtspunkten zu treffen ist.

15 Dem pflichtgemäßen Ermessen des Dienstherrn bleibt es überlassen, welchen sachlichen – dh ausschließlich an Art. 33 Abs. 2 GG ausgerichteten[62] – Einzelkriterien (Auslesefaktoren) er bei einer Auswahlentscheidung das größere Gewicht beimisst[63] und wie er der Forderung des Verfassungsgebers, jedem Deutschen[64], der die Gewähr dafür bietet, jederzeit für die freiheitliche demokratische Grundordnung einzutreten,[65] nach seiner Eignung, Befähigung und fachlichen Leistung gleichen Zugang zu jedem öffentlichen Amt zu ermöglichen, im Übrigen prinzipientreu Rechnung trägt.[66] Zur „Befähigung"

---

zugsdienst). Im entsprechenden Sinne für den feuerwehrtechnischen Dienst schon BVerfG NVwZ 2006, 815.

[58] Siehe auch Zängl in Weiß/Niedermaier/Summer/Zängl BayBeamtR Rn. 105 ff. zu § 9 BeamtStG.

[59] Die Stellen für Beamte auf Widerruf werden gewöhnlich in den Erläuterungen zum Haushaltsplan ausgewiesen (vgl. § 17 Abs. 6 BHO).

[60] Vgl. BVerwGE 11, 139 (140) sowie BVerwG Buchholz 11 Art. 33 Abs. 2 GG Nr. 4, RiA 1981, 217 und DÖV 1981, 632: Die gerichtliche Überprüfung der behördlichen Eignungseinschätzung ist darauf beschränkt, ob die Verwaltung anzuwendende Begriffe verkannt, der Beurteilung einen unrichtigen Sachverhalt zugrunde gelegt, allgemeingültige Wertmaßstäbe nicht beachtet oder sachwidrige Erwägungen angestellt hat.

[61] Zur sog Ermessensreduzierung auf Null siehe BVerwGE 69, 90 (94); 78, 46 und die Nachweise bei Kopp/Schenke VwGO § 114 Rn. 6.

[62] Zu den in Art. 33 Abs. 2 GG verwendeten Begriffen siehe § 6 Rn. 18.

[63] BVerwG Buchholz 232 § 12 BBG Nr. 26 und § 79 BBG Nr. 26 sowie RiA 1981, 217.

[64] Zu den Auswirkungen des – bis zum 30.11.2009 geltenden – Art. 39 EGV (= Ex-Art. 48 EGV, gleichlautend nunmehr Art. 45 AEUV) auf den Inländervorbehalt des Art. 33 Abs. 2 GG siehe Summer ZBR 1993, 97 (104 ff.), sowie → Rn. 12 mit Fn. 46.

[65] Siehe § 7 Abs. 1 Nr. 2 BeamtStG und § 7 Abs. 1 Nr. 2 BBG; dazu im Einzelnen → Rn. 20 ff.

[66] BVerwGE 68, 109 sowie BVerwG Buchholz 237.1 Art. 12 BayBG Nr. 2 und RiA 1981, 217. Siehe auch Schnellenbach Konkurrenzen 2. Kap. Rn. 7. Zu rechtsaufsichtlichen Weisungen des

und zur „Eignung“ gehört zB auch eine uneingeschränkte Verwendungsbreite. Ein künftiger laufbahngerechter Einsatz darf Sicherheitsbedenken nicht begegnen.[67] Bei der Auswahl der Bewerber für den Auswärtigen Dienst können die Überlegungen auch auf den Gesundheitszustand von Familienangehörigen erstreckt werden.[68] Mit Art. 33 Abs. 2 GG (und dem einschlägigen Europarecht[69]) vereinbar ist es, wenn der Dienstherr Höchstaltersgrenzen festsetzt,[70] deren Überschreitung eine Einstellung ausschließt; sie bedürfen nach der höchstrichterlichen Rechtsprechung[71] nunmehr einer normativen Grundlage[72], die sich auch auf die Regelung etwaiger Ausnahmetatbestände erstreckt.[73] Bei einer aus Kapazitätsgründen notwendigen Auswahl darf das Lebensalter des Bewerbers – auch hiervon abgesehen – in die Erwägungen einbezogen werden, sei es, dass es Rückschlüsse auf den Grad der Eignung für die Aufnahme in den Vorbereitungsdienst zulässt, sei es, dass es als Hilfskriterium dient. Die Gewährung eines Bonus für die einheimischen Bewerber bei Eignungstests ist hingegen unzulässig.[74] Als Ausprägung von Art. 33 Abs. 2 GG dürfte – ungeachtet des Fehlens einer § 122 Abs. 1 BRRG aF entsprechenden Vorschrift – nach wie vor gelten, dass die Zulassung eines Bewerbers zum Vorbereitungsdienst einer Laufbahn nicht deswegen abgelehnt werden darf, weil er den vorgeschriebe-

---

Staates gegenüber kommunalen Dienstherren in Bezug auf das Eignungsfeststellungsverfahren BayVGH NJW 1989, 790 (betr. die Weisung, jeden Beamtenbewerber bei der Einstellungsuntersuchung einem HIV-Test zu unterziehen).

[67] NRW OVG DÖD 1990, 94 unter Hinweis auf BVerwGE 83, 90 (94 f.). Zum Verfassungstreueerfordernis siehe Rn. 20 ff.

[68] BW VGH ESVGH 33, 279.

[69] Siehe insoweit EuGH NVwZ 2010, 244: Art. 4 Abs. 1 der Richtlinie 2000/78/EG des Rates vom 27.11.2000 (ABl. 2000 L 303, 16) zur Festlegung eines allgemeinen Rahmens für die Verwirklichung der Gleichbehandlung in Beschäftigung und Beruf sei dahin auszulegen, dass er einer innerstaatlichen Regelung, die das Höchstalter für die Einstellung in die Laufbahn des mittleren feuerwehrtechnischen Dienstes auf 30 Jahre festlege, nicht entgegenstehe; vgl. auch EuGH NJW 2011, 3209 (daselbst → Rn. 81) und NVwZ 2011, 1249 (daselbst → Rn. 61, 73 f. und 80 f.) sowie BVerwG 26.3.2012 – 2 B 26.11 –, BeckRS 2012, 50108 (daselbst → Rn. 20).

[70] Siehe dazu § 48 BHO. Vgl. auch BVerwG ZBR 1981, 228 und Buchholz 232 § 15 BBG Nr. 11. Ferner BVerwG NVwZ 2010, 251: Die Höchstaltersgrenze von unter 25 Jahren für die Einstellung in den Vorbereitungsdienst des mittleren Polizeivollzugsdienstes des Landes Berlin sei mit höherrangigem Recht vereinbar. Entsprechend NRW OVG ZBR 2012, 393 hinsichtlich der Höchstaltersgrenze von 40 Jahren für die Zulassung zum Auswahlverfahren zur Förderphase vor der Ausbildung für den Laufbahnabschnitt III des nordrhein-westfälischen Polizeivollzugsdienstes (§ 19 Abs. 1 Satz 1 Nr. 2 iVm § 21 Abs. 2 Satz 2 LVO Pol NRW).

[71] Vgl. BVerwGE 133, 143 zur Übernahme in das Beamtenverhältnis auf Probe (anders noch BVerwG Buchholz 232 § 15 BBG Nr. 7 und 11 sowie Buchholz 237.1 Art. 7 BayBG 46 Nr. 2). Siehe im Anschluss hieran BVerwG NVwZ 2012, 880: Die Rechtswirksamkeit einer Höchstaltersgrenze für den Zugang zum Beamtenverhältnis setze voraus, „dass ihrer Festlegung ein angemessener Ausgleich zwischen der durch Art. 33 Abs. 2 GG geschützten Zugangschance nach unmittelbar leistungsbezogenen Kriterien und dem in Art. 33 Abs. 5 GG angelegten Interesse des Dienstherrn an einer langen Lebensdienstzeit zu Grunde liegt“.

[72] Für flächendeckend eingeführte Auswahlprüfungen (Auswahlgespräche) siehe auch BayVGH 17.6.2010 – 7 ZB 10.375 –, juris Rn. 13 ff.; vgl. zu strukturierten Interviews (Art. 22 Abs. 1 und 8 LlbG) ferner BayVGH 26.6.2014 – 7 BV 14.191 –, juris Rn. 16 (NVwZ-RR 2014, 927).

[73] Siehe BVerfG 21.4.2015 – 2 BvR 1322/12 ua –, juris, zu den Anforderungen an die Ermächtigungsgrundlage für (aaO Rn. 68 ff.) und an die materielle Verfassungsmäßigkeit von Einstellungshöchstaltersgrenzen (aaO Rn. 74 ff.).

[74] BVerwG ZBR 1979, 368. Der Heimatort darf ebenso wenig wie der Studien- oder der Examensort bei der Auslese Berücksichtigung finden; vgl. Maunz/Dürig/Herzog/Scholz GG Art. 33 Rn. 29 (verpönte „Landeszugehörigkeit“) sowie Menger VerwArch. 73 (1982), 86 (99 ff.) mwN. Lediglich bei ansonsten gleich qualifizierten Bewerbern kann demjenigen der Vorzug gegeben werden, der „mit den örtlichen und gemeindlichen Verhältnissen vertraut ist“; BVerwG aaO. Siehe auch Fn. 116.

nen Bildungsstand im Bereich eines anderen Dienstherrn erlangt hat.[75] Vorausgesetzt ist dabei allerdings, dass die in einem anderen Land erworbene Vorbildung „ein wesentliches Maß an Übereinstimmung“ mit der Vorbildung aufweist, wie sie in dem aufnehmenden Land nach dem hier geltenden Bildungsrecht erworben und dem hier geltenden Laufbahnrecht gefordert wird.[76]

16 Am Sozialstaatsprinzip (Art. 20 Abs. 1 GG) oder an Art. 6 Abs. 4 GG orientierte Überlegungen dürfen schon bei der Einstellung in den Vorbereitungsdienst nur Bedeutung erlangen, wenn es um die Auswahl unter mehreren Bewerbern geht, die aus der Sicht des Dienstherrn (im Wesentlichen) gleich geeignet sind,[77] oder wenn eine gesetzliche Regelung[78] die bevorzugte Einstellung bestimmter Bewerbergruppen vorschreibt[79] oder Benachteiligungsverbote[80] vorgibt. Während Art. 33 Abs. 2 GG im ersten Fall stets unberührt bleibt,[81] handelt es sich im zweiten Fall um Reaktionen des Gesetzgebers auf typische Sachlagen, die durch eine Kollision der in Art. 20 Abs. 1 bzw. Art. 6 Abs. 4 GG einerseits und in Art. 33 Abs. 2 GG andererseits niedergelegten Verfassungsgrundsätze geprägt sind. In diesem Zusammenhang ist namentlich auf § 25 Satz 1 BBG und das korrespondierende Landesrecht[82] hinzuweisen: Schwangerschaft, Mutterschutz und Elternzeit dürfen sich danach (schon) bei der Einstellung in den Vorbereitungsdienst nicht nachteilig auswirken. Damit ist der wesentliche Inhalt des wie folgt lautenden § 125b Abs. 1 Satz 1 BRRG aF der Sache nach einbezogen:[83] „Haben sich die Anforderungen an die fachliche Eignung für die Einstellung in den öffentlichen Dienst in der Zeit erhöht, in der sich die Bewerbung um Einstellung nur infolge der Geburt oder der Betreuung eines Kindes verzögert hat, und ist die Bewerbung innerhalb von drei Jahren nach der Geburt dieses Kindes oder sechs Monate nach Erfüllung der ausbildungsmäßigen Einstellungsvoraussetzungen erfolgt, so ist der Grad der fachlichen Eignung nach den Anforderungen zu prüfen, die zu einem Zeitpunkt bestanden haben, zu dem die Bewerbung ohne die Geburt oder die Betreuung des Kindes hätte erfolgen können.“

17 Unverändert beherzigenswert ist die Warnung Goerlichs[84] vor „Regeln, die starre Vorbehalte oder Quoten für Stellen schaffen und leistungsunabhängig sichern, einen separaten Auswahlprozess unter den bevorzugten Bewerbern installieren und durch die Reservierung von Plätzen … nicht bevorzugten Konkurrenten die Zugangschance praktisch leistungsunabhängig nehmen“.

---

[75] Siehe dazu auch → § 2 Rn. 20ff.

[76] Vgl. BVerwGE 64, 142 und 153 sowie NRW OVG DVBl 1983, 1115.

[77] Vgl. NRW OVG ZBR 1973, 177.

[78] Eine gesetzliche Regelung ist grundsätzlich unerlässlich; vgl. NRW OVG DÖD 1980, 231 (233) sowie Schmidt-Aßmann NJW 1980, 16 (18) mwN; siehe auch BVerfG ZBR 1995, 333 und Goerlich ZBR 1989, 240.

[79] Siehe zB § 5 Abs. 1 BLV und § 128 Abs. 1 SGB IX sowie § 11a ArbPlSchG. Zur sog Frauenförderung → Rn. 66.

[80] ZB nach den Landesgleichstellungsgesetzen Diskriminierungsverbote hinsichtlich Unterscheidungen wegen des Familienstandes, siehe v. Roetteken in HBR IV, Rn. 471 zu § 9 BeamtStG.

[81] Allerdings nur, wenn der ernsthafte Versuch, zu einem Auswahlergebnis (allein) nach Eignungsgesichtspunkten zu gelangen, voraufgegangen ist; Schmidt-Aßmann aaO (Fn. 78) S. 18 mwN.

[82] Siehe Art. 14 Abs. 2 BayLlbG, § 24 BbgLBG, § 23 BrBG, § 23 HmbBG, § 23 MVBG, §§ 10, 20 Abs. 5 NBG, § 20 NRW LBG, § 23 RP LBG, § 25 SBG, § 12 Abs. 1 SächsBG, § 26 BG LSA, § 23 SH LBG sowie § 6 Abs. 3 und 4, § 71 Abs. 2 ThürBG.

[83] Siehe dazu BR-Drs. 720/07, 195 (zu § 25).

[84] AaO (Fn. 78) S. 242.

b) Vorbereitungsdienst als Ausbildungsstätte[85]

Art. 12 Abs. 1 GG lässt es, so weit die – hier nach den objektiven Gegebenheiten zu ermittelnde – Ausbildungskapazität reicht,[86] nicht zu, dass die Aufnahme in den Vorbereitungsdienst mit der Begründung verweigert wird,[87] 18

- der Bedarf an Beamtennachwuchs sei gedeckt,
- der Bewerber überschreite eine für die Berufung in das Beamtenverhältnis gesetzte Höchstaltersgrenze oder
- er habe bei seinem Schul- oder Hochschulabschluss oder einer Staatsprüfung bestimmte Ergebnisse (Prädikate oder Noten) nicht erreicht.[88]

Dem Regelungsvorbehalt des Art. 12 Abs. 1 Satz 2 GG genügen dagegen – durch Gesetz oder aufgrund eines Gesetzes aufgestellte – subjektive Zulassungsvoraussetzungen,[89] die dem Schutz eines wichtigen und sicherungsbedürftigen Gemeinschaftsgutes vor möglichen Nachteilen oder Gefahren zu dienen bestimmt und dazu geeignet sind.[90] Derartige Gemeinschaftsgüter stellen der staatliche Auftrag zur Erziehung von Kindern[91] und die Rechtspflege[92] dar. Deshalb ist es in der Regel verfassungsrechtlich nicht zu bemängeln, wenn die Ernennung eines erheblich vorbestraften Bewerbers zum Beamten auf Widerruf wegen charakterlicher Nichteignung für den Beruf des Lehrers oder des Juristen abgelehnt wird. Ein etwaiges grundsätzliches Verwertungsverbot nach § 51 Abs. 1 BZRG wie auch die Ausnahmeregelung des § 52 Abs. 1 Nr. 4 BZRG müssen allerdings in die Überlegungen der Einstellungsbehörde einfließen.[93] 19

---

[85] Zu den Anforderungen an die verfassungsmäßige Gestaltung von berufsbezogenen Prüfungen siehe (im Anschluss an BVerfGE 84, 34) BVerwG NVwZ 1993, 681, 686 und 689; vgl. weiterhin Schnellenbach in Hartmer/Detmer Hochschulrecht S. 588 ff. Nach EuGH NJW 2010, 137 ist Art. 39 EG (= Art. 45 AEUV) dahin auszulegen, dass bei der Gleichwertigkeitsfeststellung iSd § 112a Abs. 1, 2 und 6 DRiG „die Kenntnisse als Maßstab heranzuziehen sind, die durch die Qualifikation bescheinigt werden, die in dem Mitgliedstaat verlangt wird, in dem der Bewerber die Aufnahme in den Vorbereitungsdienst beantragt".

[86] Ein verfassungsrechtlicher Anspruch auf Schaffung zusätzlicher Ausbildungsplätze besteht grundsätzlich nicht; HVGH DÖD 1995, 83 mwN sowie Schnellenbach in Münchener Prozessformularbuch Verwaltungsrecht F. I.1 Anm. 8.

[87] Vgl. dazu Summer in GKÖD I K § 19 Rn. 17; ferner Lemhöfer in Plog/Wiedow BBG (alt) § 5 Rn. 7 a. und BBG 2009 § 6 Rn. 18.

[88] Nicht gegen Art. 12 Abs. 1 GG verstößt es, wenn die Zulassung vorübergehend deswegen unterbleibt, weil eine längere, dem persönlichen Bereich des Bewerbers zuzurechnende Unterbrechung bevorsteht, welche die Aufnahme der Ausbildung als zurzeit nicht Erfolg versprechend erscheinen lässt; vgl. BVerwG Buchholz 232 § 5 BBG Nr. 2, ferner Becker RiA 1978, 105. Wegen gesundheitlicher Mängel darf der Zugang zum Vorbereitungsdienst als Ausbildungsstätte im Übrigen nur versagt werden, wenn feststeht oder wenigstens eine weit überwiegende Wahrscheinlichkeit dafür spricht, dass dem Bewerber die gesundheitliche Eignung (speziell) für die Ausbildung fehlt; HVGH NVwZ-RR 2000, 695.

[89] Vgl. BVerfGE 7, 377 (404 f.); 30, 292 (316 ff.); 36, 47 (59); 39, 210 (225 f.).

[90] Die Erfüllung subjektiver Zulassungsvoraussetzungen, die ein Landesgesetzgeber aufstellt, kann von allen Bewerbern verlangt werden, auch von solchen aus anderen Bundesländern. Das Grundrecht der Freizügigkeit (Art. 11 GG) gebietet insofern keine Abstriche; vgl. BVerwGE 64, 142 und 153.

[91] BVerwGE 47, 330 (343), BVerwG Buchholz 237.0 § 38 BW LBG Nr. 3, NRW OVG DÖD 1979, 36 sowie NRW OVG 24.2.1982 – 6 A 1842/80 –, abgedr. bei Schütz/Maiwald BR ES/A II 1.5 Nr. 2.

[92] BayVGH ZBR 1978, 307; vgl. auch BVerwG Buchholz 238.5 § 5 DRiG Nr. 1. Siehe daneben BayVGH BayVBl. 1988, 360 (zur religiös motivierten Weigerung eines Bewerbers um Aufnahme in den juristischen Vorbereitungsdienst, den für Beamte geltenden Diensteid abzuleisten).

[93] Vgl. BVerwGE 54, 81, BGH NJW 1972, 1203 und BW VGH DÖD 1985, 38.

20 Soweit der Vorbereitungsdienst im Beamtenverhältnis[94] abgeleistet wird, gehört zu den verfassungsrechtlich unbedenklichen subjektiven Zulassungsvoraussetzungen auch die Gewähr künftiger Verfassungstreue (§ 7 Abs. 1 Nr. 2 BeamtStG, § 7 Abs. 1 Nr. 2 BBG). Das Verfassungstreueerfordernis gilt – als hergebrachter Grundsatz des Berufsbeamtentums iSd Art. 33 Abs. 5 GG[95] – für jedes Beamtenverhältnis, also auch für das Beamtenverhältnis auf Widerruf.[96] Gleichgültig ist, auf welches Tätigkeitsfeld sich die Ausbildung im Vorbereitungsdienst bezieht,[97] solange dieser nicht außerhalb eines Beamtenverhältnisses abgeleistet wird;[98] nur dann können mit Rücksicht auf Art. 12 Abs. 1 Satz 1 GG an die Gewähr künftiger Verfassungstreue „jedenfalls nicht die gleichen Anforderungen ... gestellt werden ... wie an einen Vorbereitungsdienst im Beamtenverhältnis auf Widerruf".[99] Internationales Recht steht dem Verfassungstreuegebot nicht entgegen. Der Europäische Gerichtshof für Menschenrechte[100] hat vielmehr klargestellt,

- dass der demokratische Staat das Recht habe, von seinen Beamten die Treue zu den grundlegenden Verfassungsprinzipien zu verlangen,[101]
- dass die Europäische Menschenrechtskonvention kein Recht auf Einstellung in den öffentlichen Dienst begründe und
- dass die bloße Weigerung, eine Person zum Beamten zu ernennen, noch kein Konventionsverstoß sei.

21 Den Begriff der „freiheitlichen demokratischen Grundordnung im Sinne des Grundgesetzes" hat das Bundesverfassungsgericht[102] verbindlich[103] ausgelegt: Er bezeichne „eine rechtsstaatliche Herrschaftsordnung auf der Grundlage der Selbstbestimmung des Volkes nach dem Willen der jeweiligen Mehrheit und der Freiheit und Gleichheit". Als tragende Prinzipien dieser Ordnung seien (mindestens) „die Achtung ... vor den Menschenrechten ..., die Volkssouveränität, die Gewaltenteilung, die Verantwortlichkeit der Regierung, die

[94] Der juristische Vorbereitungsdienst wird inzwischen nach den Juristenausbildungsgesetzen der Länder in einem öffentlich-rechtlichen Ausbildungsverhältnis außerhalb des Beamtenverhältnisses abgeleistet. Vgl. auch EuGH NJW 2010, 137 (zu Fragen des Zugangs zum juristischen Referendariat für Master/Bachelor of German and Polish Law); dazu schon Fn. 85.

[95] BVerfGE 39, 334 (346 f.); vgl. auch BVerwGE 61, 176 mwN.

[96] Vgl. BVerwGE 61, 176 und BVerwG NJW 1982, 784.

[97] BVerfGE 39, 334 (355) sowie BVerwGE 47, 331 (340).

[98] Vgl. dazu BVerfGE 39, 334 (345, 371 ff.), wo das Verfassungsgericht aus Art. 12 Abs. 1 Satz 1 GG die Verpflichtung herleitet, für Extremisten die Möglichkeit zu schaffen, eine Monopolausbildung ohne Berufung in das Beamtenverhältnis auf Widerruf abzuleisten. Siehe auch Schnellenbach ZBR 1996, 327, ua mit Stellungnahme zu EuGH NJW 1987, 1138, NJW 1988, 1441 und NVwZ 1992, 1181, wo der Gerichtshof äußert, dass der Vorbereitungsdienst für ein Lehramt nicht als „Beschäftigung in der öffentlichen Verwaltung" iSd Art. 48 Abs. 4 EWG-Vertrag (= Art. 45 Abs. 4 AEUV) anzusehen sei.

[99] BVerwG NJW 1982, 784 unter Bezugnahme auf BVerfGE 39, 334 (374) und 46, 43 (52 ff.). Siehe außerdem BAGE 36, 344; 40, 1: Der *angestellte* Lehramtsanwärter brauche lediglich gegenüber Staat und Verfassung eine „gleichsam neutrale" Haltung einzunehmen; er dürfe im Unterricht freilich die Grundwerte der Verfassung nicht „in Zweifel ziehen". Vgl. jedoch auch BW VGH NJW 1977, 971 und BayVGH NJW 1976, 1858.

[100] NJW 1996, 375 (377) und NJW 2002, 3087; vgl. auch BVerwGE 114, 259 (264) sowie Häde/Jachmann ZBR 1997, 8 ff. Siehe ferner EGMR NVwZ 2000, 421.

[101] Einer Bewertung des deutschen „Systems als solchen" hat sich der Gerichtshof enthalten. Im Ausgangsfall (siehe NJW 1996, 375) hatte er allerdings die mit der Mitgliedschaft in einer – nicht verbotenen – verfassungsfeindlichen politischen Partei begründete Entfernung einer Gymnasiallehrerin aus dem Dienst als unter den obwaltenden Umständen unverhältnismäßigen Eingriff in das Recht der freien Meinungsäußerung (Art. 11 EMRK) und die Vereinigungsfreiheit (Art. 12 EMRK) qualifiziert.

[102] BVerfGE 2, 1 (12 f.); 5, 85 (140).

[103] Vgl. dazu Schick NVwZ 1982, 161 (163).

Gesetzmäßigkeit der Verwaltung, die Unabhängigkeit der Gerichte, das Mehrparteiensystem und die Chancengleichheit für alle politischen Parteien ...“ anzusehen.

Ob ein Bewerber um Aufnahme in den beamtenrechtlich ausgestalteten Vorbereitungsdienst Gewähr dafür bietet, dass er jederzeit für die freiheitliche demokratische Grundordnung eintritt, kann nur prognostisch, dh mit dem Risiko des Irrtums, beurteilt werden. „Mangels eigener Beobachtungen“ der Einstellungsbehörde beruht die Prognose gewöhnlich nur auf einer „besonders schmalen Beurteilungsgrundlage“;[104] „systematische“ personenbezogene Erhebungen und Berichterstattungen durch die Staatsschutzbehörden vor Einstellung eines Bewerbers in den Vorbereitungsdienst verbietet (unter anderem) der Verhältnismäßigkeitsgrundsatz.[105] Schon die auf einer „vorsichtigen Bewertung“ der „vorhandenen tatsächlichen Umstände“ fußende ernste Besorgnis der Einstellungsbehörde, dass der Bewerber einer künftigen Verfassungstreuepflicht nicht genügen werde, reicht freilich aus, um dessen Ernennung zum Beamten auf Widerruf abzulehnen.[106] In die stets notwendig einzelfallorientierte, gerichtlich nur eingeschränkt überprüfbare Würdigung der Einstellungsbehörde[107] sind einzubeziehen: 22

- die gegenwärtige oder frühere Zugehörigkeit des Bewerbers zu einer Partei oder einer Organisation,[108] deren Zielsetzungen Prinzipien der freiheitlichen demokratischen Grundordnung widerstreiten, und zwar unabhängig davon, ob sie ihre Anliegen „planvoll mit aktiver kämpferischer Tendenz“ verfolgt,[109]
- die gegenwärtigen oder früheren Aktivitäten des Bewerbers für eine derartige Partei oder Organisation,[110]
- seine sonstigen Verhaltensweisen, soweit sie Rückschlüsse auf seine Haltung gegenüber der freiheitlichen demokratischen Grundordnung zulassen, sowie
- seine Äußerungen während des Einstellungsverfahrens, insbesondere bei einer mündlichen Anhörung.[111]

---

[104] BVerwGE 61, 176 (190); vgl. auch BGH DÖD 1980, 60.

[105] BVerwG DÖD 1983, 27.

[106] BVerwGE 59, 355; siehe ferner BVerfGE 39, 334 (353) sowie BVerwGE 47, 330 (338, 340); 47, 365 (375, 377).

[107] Zur Pflicht der Einstellungsbehörde, den Sachverhalt und „insbesondere die Person des Bewerbers“ sachgerecht und „umfassend“ zu würdigen, siehe BW VGH NVwZ-RR 2008, 149 (betr. Mitgliedschaft eines Bewerbers in der „Antifaschistischen Initiative Heidelberg“). Vgl. auch VG Darmstadt LKRZ 2007, 434 (gleichfalls betr. Engagement in einer „Antifaschistischen Initiative“).

[108] Zur Mitgliedschaft in einer der sog „Neuen Religions- und Weltanschauungsgemeinschaften“ siehe Zuck NJW 1997, 697 (699), Cremer/Kelm NJW 1997, 832 und Diringer NJW 2003, 901 (betr. Scientology Church). Nach RP OVG ZBR 1986, 271 rechtfertigen Aktivitäten in einer verfassungsfeindlichen Organisation (im Ausgangsfall: der Deutschen Friedensunion) den Schluss auf mangelnde Verfassungstreue auch dann, wenn die entsprechende Betätigung ihren Grund in religiöser Überzeugung findet.

[109] BVerfGE 39, 334 (359). Es bedarf keines vorherigen Verbotes der Partei durch das Bundesverfassungsgericht; BVerfG aaO S. 357 ff., ferner BVerwGE 47, 330 (344 ff.); 52, 313 (327 f.) und BVerwG ZBR 1981, 249.

[110] Unerheblich ist es, ob ein Bewerber, der durch die Übernahme von Parteiämtern und Kandidaturen bei allgemeinen Wahlen für eine verfassungsfeindliche Partei aktiv in der Öffentlichkeit eintritt (bzw. früher eingetreten ist), nach seiner inneren Einstellung das Programm und die Ziele der Partei in ihrer Gesamtheit oder nur insoweit billigt (bzw. gebilligt hat), als er sie für verfassungskonform hält (hielt); vgl. BVerwG NJW 1985, 503 und ZBR 1986, 202.

[111] BVerwGE 62, 169 verneint mit Recht einen Anspruch auf anwaltlichen Beistand bei der Anhörung; dazu krit. Schoch NJW 1982, 545. Die mündliche Anhörung des Bewerbers im Einstellungsverfahren drängt sich bei gegebenen Anlässen auf; sie dürfte nur „in Ausnahmefällen“ verzichtbar sein (Schick NVwZ 1982, 161, 165; aA offenbar BVerwGE 47, 330, 338; 52, 313, 335; 61, 176, 184, wo eine Verpflichtung zur mündlichen Anhörung verneint ist). Zur Weigerung eines Bewerbers, Fragen nach einer Mitgliedschaft in einer Partei mit einer der Verfassung widersprechenden Zielsetzung zu beantworten, vgl. BVerwG ZBR 1983, 181, aber auch BVerwG DÖD 1983, 27. Eine Pflicht

23 Bei einer Einschätzung der Verhaltensweisen junger Menschen, die zeitlich mehr oder weniger weit zurückliegen, ist in diesem Rahmen stets zu bedenken, dass sie „häufig Emotionen in Verbindung mit engagiertem Protest entsprungen und Teil von Milieu- und Gruppenreaktionen sind";[112] auch deswegen dürfen Erwartungen in Richtung auf eine spätere Distanzierung nicht „zu hoch geschraubt" werden.[113]

24 Die auf eingeschränkten Kapazitäten und/oder auf verwaltungspraktischen Notwendigkeiten beruhende Festsetzung von Einstellungsterminen berührt den Normbereich des Art. 12 Abs. 1 Satz 1 GG so lange nicht, wie ein Bewerber bei unvermeidlich typisierender Betrachtung

- den Zeitraum zwischen der Erlangung seines laufbahnrechtlich vorgeschriebenen Bildungsstandes und dem Einstellungstermin finanziell zumutbar zu überbrücken vermag und
- trotz der Unterbrechung bei hinlänglichem Bemühen noch substantiell an eben diesen Bildungsstand anknüpfen kann.

25 Der Gesetzgeber kann die Zahl der Ausbildungsplätze grundsätzlich – in eigener, naturgemäß auf die Wahrung unterschiedlicher Gemeinschaftsinteressen gerichteter Verantwortung – durch normative haushaltsrechtliche Vorgaben wirksam eingrenzen.[114] Die dadurch bedingten Wartezeiten müssen von den Einstellungsbewerbern hingenommen werden, es sei denn, ihr Ausbildungsanspruch, der in seinem untrennbaren Zusammenhang mit dem staatlichen Ausbildungsmonopol gesehen werden muss, ist dadurch im Kern betroffen.[115]

26 Übersteigt die Bewerberzahl die Ausbildungskapazität, so erweist sich im Lichte des Art. 12 Abs. 1 Satz 2 GG dem Grundsatz nach eine gesetzliche oder verordnungsrechtliche Zulassungsregelung als notwendig, die hinlängliche Festlegungen in Bezug auf die Zahl der Ausbildungsplätze und die Auswahl unter den Bewerbern enthalten muss.[116]

---

zur Protokollierung des Gesprächsverlaufs oder des Ergebnisses einer mündlichen Anhörung besteht weder von Verfassungs wegen noch nach einfachem Recht (siehe in diesem Sinne auch BVerwGE 81, 365 für die Einstellung als Beamter auf Probe); wohl können Verwaltungsvorschriften – über das Medium des Gleichbehandlungsgrundsatzes – einen Protokollierungszwang begründen (siehe dazu HmbOVG NordÖR 2000, 250).

[112] BVerfGE 39, 344 (356). Unabhängig von Größe und Sichtbarkeit lässt sich aus zB gewaltverherrlichenden Tätowierungen auf einen Eignungsmangel schließen, siehe – auch generell zu Eingungsmängeln für den Polizeivollzugsdienst infolge von Tätowierungen – J.-M. Günther ZBR 2013, 116ff. (122); vgl. ferner etwa BW VGH 27.10.2015 – 4 S 1914/15 –, juris, NRW OVG 26.9.2014 – 6 B 1064/14 –, juris und VG Köln 24.9.2015 – 19 L 2114/15 –, juris.

[113] BVerwGE 61, 176; vgl. auch BVerwG DÖD 1982, 29.

[114] SH OVG RiA 1997, 47. Siehe auch bereits Fn. 86.

[115] SH OVG aaO (Fn. 114) hält eine Wartezeit von 15 Monaten im Einzelfall (bei einer durchschnittlichen Wartezeit von acht Monaten) bezüglich des juristischen Vorbereitungsdienstes für zumindest noch nicht „evident verfassungswidrig" (vgl. dazu BVerfGE 33, 303, 333 sowie BVerfG DVBl 1999, 1597, 1599). BW VGH DÖD 1998, 262 zufolge ist ein „etwa bestehender Verfassungsauftrag zur Bereitstellung ausreichender Ausbildungsplätze nicht evident verletzt, wenn nach vertretbarer Prognose des Normgebers für die … Bewerber zum Vorbereitungsdienst an Gymnasien Wartezeiten von maximal zwei Jahren entstehen".

[116] Vgl. HmbOVG DVBl 1987, 316, NRW OVG DÖD 1985, 280 sowie Menger VerwArch. 73 (1982), 86 (90) mwN, der sich auch zum Inhalt einer normativen Zulassungsregelung äußert und ua überzeugend darlegt, dass ein Schul- oder Hochschulabschluss oder das Ergebnis einer ersten Staatsprüfung, nicht aber der Heimat-, Studien- oder Examensort in Fällen einer Überzahl von Bewerbern bei der Bestimmung der Rangfolge berücksichtigungsfähig seien (aaO S. 94ff., 97ff.). Nach HVGH DÖD 1985, 83 (mwN) soll das Sozialstaatsprinzip dazu berechtigen, bei der Auswahl unter den Bewerbern um eine Ausbildungsstelle (für das Lehramt an Grundschulen) neben dem Leistungsprinzip auch die Wartezeit und soziale Härtegründe in die Erwägungen einzubeziehen. HVGH DÖD 1999, 41 enthält sich einer „gerichtlichen Überprüfung", ob andere Gestaltungsmöglichkeiten als ein Losverfahren „ein höheres Maß an Einzelfallgerechtigkeit versprechen"; „der im Losverfahren

Eine Eilzuständigkeit der Exekutive, beschränkt auf eine Übergangsfrist, kann im Interesse der Funktionssicherung des Ausbildungsbereichs allenfalls bei Entwicklungen in Betracht gezogen werden, die nicht so früh vorhersehbar waren, dass die erforderlichen Schritte in Richtung auf eine formell und materiell zureichende Normsetzung noch zeitgerecht hätten eingeleitet werden können.[117]

Für die sog Monopolausbildungen gilt das verfassungsrechtlich durch Art. 12 Abs. 1 GG fundierte Gebot, die Kapazitäten erschöpfend auszulasten.[118] Die Gerichte, die an die Festsetzung der (sachlichen und persönlichen) Haushaltsmittel für die Ausbildung der Beamten auf Widerruf im Vorbereitungsdienst rechtlich gebunden sind, haben sich aus gegebenem Anlass darüber Gewissheit zu verschaffen, ob diese Mittel – im Blick auf das gesamte Haushaltsjahr – auch wirklich genutzt werden.[119] Der Zulassungsanspruch eines Bewerbers,[120] der alle Voraussetzungen für die Einstellung erfüllt, ist als solcher rechtlich unabhängig von dessen Platz in einer Rangliste; dass (aus richterlicher Sicht) ungenutzte Plätze an andere, rangbessere Bewerber hätten vergeben werden müssen, ist, falls sich diese nicht zur Wehr gesetzt haben, kein tragfähiger Hinderungsgrund, der geeignet wäre, die Einstellung zu einem bestimmten Termin abzulehnen.[121] 27

2. Begründung eines Beamtenverhältnisses auf Probe

a) Probezeit zur späteren Verwendung auf Lebenszeit

Die Ernennung eines Bewerbers zum Beamten auf Probe in den Fällen des § 4 Abs. 4 lit. a BeamtStG und des § 6 Abs. 3 Nr. 1 BBG kann sich als Begründung oder als Umwandlung eines Beamtenverhältnisses vollziehen (siehe § 8 Abs. 1 Nr. 1 und 2 BeamtStG, § 10 Abs. 1 Nr. 1 und 2 BBG). Eine Umwandlung liegt vor, wenn einem Beamten auf Widerruf das Zeugnis über das Bestehen der Laufbahnprüfung durch den Dienstherrn – aus Gründen der Chancengleichheit bei der Besetzung der freien Stellen für Probebeamte und zur Vermeidung eines statuslosen Zwischenzeitraumes – erst am Tage der Ernennung zum Beamten auf Probe ausgehändigt wird.[122] Ist der Beamte auf 28

---

liegende Verzicht des Gesetzgebers auf eine eigenverantwortliche, aktive Steuerung der Auswahl der Zurückzustellenden – etwa nach Leistungsgesichtspunkten –“ verletze „jedenfalls nicht die Grenzen des legislativen Ermessens“. Diese Ansicht ist sehr fragwürdig, und zwar zum einen deswegen, weil es Art. 12 Abs. 1 Satz 2 GG nicht gemäß sein kann, dass sich der Gesetzgeber der verfassungsrechtlichen Aufgabe entzieht, sachhaltige Vorgaben für die Verwaltung des (ihm zuzurechnenden, wenn auch nicht unbedingt vorwerfbaren) Mangels an Ausbildungskapazität zu entwickeln, und zum anderen deshalb, weil Art. 33 Abs. 2 GG hier gänzlich ausgeblendet wird.

[117] BVerfGE 33, 1 (13 ff.); vgl. auch BVerwG DVBl 1978, 918 und NRW OVG DÖD 1980, 231. LSA OVG 28.10.2011 – 3 M 237/11 –, BeckRS 2012, 45419 (= juris Rn. 17) verkennt die Funktion der Judikative, soweit es wohl postuliert, dass die Verwaltungsgerichte – bei Unwirksamkeit einer verordnungsrechtlichen Zulassungsregelung – „im Rahmen der Wahrnehmung einer *richterlichen* Notkompetenz die äußersten Grenzen der Zulassung zum Vorbereitungsdienst selbst zu bestimmen (hätten)“.

[118] OVG Berlin NJW 1978, 1871, SH OVG NVwZ-RR 1995, 279 und HVGH NJW 1997, 959 sowie – zum Lehramt – VG Saarland 22.9.2015 – 2 L 953/15 –, juris Rn. 13 ff. (auch jeweils zur Ermittlung der Ausbildungsplätze). Zum vorläufigen Rechtsschutz → Rn. 49.

[119] HVGH NVwZ-RR 1997, 415.

[120] Der Rechtsanspruch auf Zulassung beinhaltet nicht die Wahl des Ausbildungsortes oder -bezirks; BW VGH VBlBW 1995, 440.

[121] OVG Berlin und SH OVG jeweils aaO (Fn. 118) unter Hinweis auf BVerfGE 39, 258 (269 ff.) und BVerfGE 39, 276 (293).

[122] § 37 Abs. 2 Satz 2 Nr. 1 BBG (= § 32 Abs. 2 Satz 2 Nr. 1 BBG aF) steht einer solchen Praxis nicht entgegen; dass sich der förmliche Abschluss des Prüfungsverfahrens und damit die Beendigung des Beamtenverhältnisses auf Widerruf dadurch möglicherweise über den für die Ausfertigung des

Widerruf aber mit Ablauf des Tages des Bestehens der Laufbahnprüfung oder mit Ablauf des Tages der Aushändigung des Prüfungszeugnisses kraft Gesetzes aus dem Beamtenverhältnis ausgeschieden (siehe § 22 Abs. 4 BeamtStG, § 37 Abs. 2 Satz 2 Nr. 1 BBG),[123] so ist eine Begründung des Probebeamtenverhältnisses auch dann erforderlich, wenn er schon am darauf folgenden Tag, also ohne eigentliches zeitliches Intervall, zum Beamten auf Probe ernannt wird.[124,125]

29 Die Berufung in das Beamtenverhältnis auf Probe kommt nur in Betracht, wenn der Bewerber zuvor die Laufbahnbefähigung[126] erlangt hat. Entfällt die Laufbahnbefähigung – etwa infolge einer Aufhebung der (Laufbahn-)Prüfungsentscheidung – nachträglich, so sind die Vorschriften über die Ernennung „anderer Bewerber" (siehe § 7 Abs. 1 Nr. 3 lit. b BBG[127]) zugrunde zu legen.[128]

30 Das Verfassungstreuegebot ist auch hier zu beachten. Im Wesentlichen kann insoweit auf → Rn. 20 ff. Bezug genommen werden – mit der Ergänzung, dass der Dienstherr den (Laufbahn-)Bewerber während der Ableistung eines Vorbereitungsdienstes hat näher kennen lernen können und dass die hieraus resultierenden Eindrücke für sein prognostisches Urteil über die Gewähr künftiger Verfassungstreue besonderes Gewicht haben müssen.[129]

31 Grundsätzlich steht auch die Ernennung eines Bewerbers zum Beamten auf Probe im pflichtgemäßen Ermessen des Dienstherrn.[130] Ein Ernennungsanspruch kann nur infrage kommen, wenn

- die Ernennung rechtswirksam zugesichert worden ist[131] oder

---

Prüfungszeugnisses notwendigen Zeitraum hinaus verzögert, ist rechtlich unschädlich (vgl. BVerwG ZBR 1979, 331 sowie BayVGH ZBR 1980, 122). Zur Frage der Mitbestimmung im Wege der „erweiterten Auslegung" des § 76 Abs. 1 Nr. 1 BPersVG BVerwG NVwZ-RR 2003, 292.

[123] Vgl. dazu im Einzelnen → § 6 Rn. 45 ff.

[124] BayVGH ZBR 1980, 122.

[125] Art. 6 Abs. 4 GG verbietet es, die Berufung in das Beamtenverhältnis auf Probe bis zum Ablauf des absoluten Beschäftigungsverbotes für Schwangere (siehe § 3 Abs. 2 MuSchG iVm § 1 Abs. 1 Satz 1 Nr. 2 MuSchEltZV) zurückzustellen; BVerfGE 44, 211. Vgl. auch BVerwG Buchholz 232 § 5 BBG Nr. 2 sowie Battis ZBR 1982, 166 (170). Siehe ferner Fn. 145.

[126] Siehe dazu → Rn. 6, 13 sowie Fn. 52.

[127] Zum Landesrecht vgl. zB Art. 4 Abs. 2 BayLlbG, § 16 BbgLBG, § 17 BrBG, § 17 MVBG, § 12 NRW LBG, § 18 RP LBG, § 21 SächsBG und § 26 ThürLaufbG.

[128] Vgl. BVerwG 11.6.1985 – 2 C 12.83 –, juris (= BVerwGE 71, 330; ZBR 1986, 338).

[129] BVerfGE 39, 334 (356). Häde/Jachmann ZBR 1997, 8 (13) ist beizupflichten, wenn sie mit Rücksicht auf EGMR NJW 1996, 375 (siehe dazu Fn. 101) betonen, dass sich die zuständige Behörde „schon sehr frühzeitig entscheiden muss, ob sie einen Bewerber, der Mitglied einer extremistischen Partei ist, einstellt oder nicht". Verweigere sie einem solchen Bewerber nicht von vornherein die Verbeamtung, könne sie ihn später nur noch „unter erschwerten Bedingungen" aus dem öffentlichen Dienst entfernen.

[130] Summer in GKÖD I L § 10 Rn. 50 f. Soweit das Landesrecht (s. den Überblick bei BVerfG 21.4.2015 – 2 BvR 1322/12 ua –, juris Rn. 13 ff.) Höchstaltersgrenzen für die Einstellung (namentlich von Tarifbeschäftigten) in das Beamtenverhältnis auf Probe (zB Vollendung des 40. Lebensjahres) vorgibt, bedarf es dafür angesichts der Grundrechtsrelevanz (Art. 33 Abs. 2 GG, Art. 12 GG) sowie des Verbots der Altersdiskriminierung als eines allgemeinen Grundsatzes des Unionsrechts (Richtlinie 2000/78/EG, vgl. EuGH 22.11.2005 – C-144/04 –, Rn. 75, und 13.9.2011 – C-337/09 –, Rn. 38) einer hinreichend bestimmten Grundlage des parlamentarischen Gesetzgebers (Leitentscheidung), siehe BVerfG, aaO (Rn. 54 ff.). Materiell können Höchstaltersgrenzen durch den Zweck, ein ausgewogenes Verhältnis zwischen Lebensdienstzeit und Ruhestandszeit zu wahren, gerechtfertigt werden, BVerfG aaO, Rn. 80 mwN; außerdem muss der Gesetzgeber auch die Regelung von etwaigen Ausnahmetatbeständen – etwa: verzögerte Einstellung wegen der Betreuung von Kindern (vgl. BVerwG ZBR 2001, 32/33 sowie zu Beweislastfragen → Rn. 54) selbst vorgeben (vgl. BVerwGE 133, 143 sowie BVerwG NVwZ 2012, 880).

[131] Vgl. dazu H. Günther ZBR 1982, 193, der beamtenrechtliche Zusicherungen für „außerordentlich seltene" Ausnahmefälle hält.

- Art. 3 Abs. 1 oder Art. 33 Abs. 2 GG zu einer Ermessensreduzierung auf Null führen.[132]

Die Ernennungszusicherung fällt unter den Begriff der Zusicherung iSd § 38 Abs. 1 Satz 1 VwVfG;[133,134] § 2 Abs. 2 BBesG ist nicht einschlägig und ihrer Wirksamkeit daher nicht hinderlich. Sie muss von der für die Ernennung zuständigen Behörde[135] in schriftlicher Form erteilt werden, sonst ist sie unverbindlich. Bei anderen als Laufbahnbewerbern darf eine Ernennungszusicherung erst gegeben werden, nachdem die Befähigung (durch den dafür kraft Gesetzes zuständigen Ausschuss[136]) festgestellt worden ist (siehe § 38 Abs. 1 Satz 2 VwVfG). Gleiches gilt hinsichtlich der Mitwirkung einer anderen Behörde und der Beteiligung der Personalvertretung (vgl. § 76 Abs. 1 Nr. 1, § 77 Abs. 1 BPersVG). Auf die Rücknahme einer Ernennungszusicherung findet § 48 VwVfG, auf den Widerruf § 49 VwVfG entsprechende Anwendung (§ 38 Abs. 2 VwVfG). Ändert sich die Sach- oder Rechtslage[137] nach Abgabe der Zusicherung derart, dass die Behörde bei Kenntnis der Änderung die Zusicherung nicht gegeben hätte oder aus rechtlichen Gründen nicht hätte geben dürfen, so erlischt eo ipso die Bindung an die Zusicherung (§ 38 Abs. 3 VwVfG). 32

Art. 3 Abs. 1 oder Art. 33 Abs. 2 GG[138] vermitteln nur dann einen Anspruch auf Ernennung zum Beamten auf Probe, wenn die darin enthaltenen verfassungsrechtlichen 33

---

[132] Die Begriffe „Eignung", „Befähigung" und „fachliche Leistung" enthalten eine immanente Beurteilungsermächtigung an den Dienstherrn; BVerwGE 61, 325 mwN. Eine Ermessensreduzierung auf Null (siehe dazu Fn. 61) setzt mithin voraus, dass die Einstellungsbehörde kraft ihrer Beurteilungsermächtigung die Eignung des Bewerbers *vor* ihrer eigentlichen Auswahlentscheidung selbst – in einem generalisierenden Procedere oder konkret personenbezogen – festgestellt hat. Bei Bedarf an mehreren Beamten ist auf die *vergleichsweise bessere* Eignung einer dem Bedarf korrespondierenden Zahl von Bewerbern abzustellen.

[133] Ein „In-Aussicht-stellen" oder sogar die Mitteilung der Einstellungsabsicht, verbunden mit der Bitte, „bezüglich der Aushändigung der Ernennungsurkunde" zu einer bestimmten Zeit bei einer bestimmten Behörde „vorzusprechen", genügen nach BVerwG ZBR 1979, 331 noch nicht für eine Zusicherung; krit. dazu H. Günther ZBR 1982, 193 (195). Zur Auslegung der „Zusage", eine (weitere, außerhalb des Stellenbesetzungsverfahrens freigewordene) besetzbare Stelle für einen bei der Auswahl erfolglos gebliebenen Bewerber freizuhalten, auf der er „im Falle seines Obsiegens im (gerichtlichen) Hauptsacheverfahren" eingestellt werden könne, vgl. BVerwGE 106, 129 sowie schon BVerwGE 102, 81 (84). Zur Erklärung in einem Arbeitsvertrag, der Beschäftigte werde bei erfolgreichem Absolvieren einer Maßnahme in ein Beamtenverhältnis auf Probe übernommen, siehe VG Düsseldorf 16.9.2015 – 2 K 2376/15 –, juris Rn. 25 (keine Zusicherung).

[134] Zur Übernahme in die Laufbahn des Amtsanwaltes nach erfolgreichem Durchlaufen der Ausbildung und Bestehen der Amtsanwaltsprüfung siehe BW VGH ZBR 1993, 272.

[135] Die behördeninterne Befugnis des Erklärenden ist nicht von Belang; vgl. Kopp/Ramsauer VwVfG § 38 Rn. 18 und Stelkens/Bonk/Sachs VwVfG § 38 Rn. 65 ff.

[136] Siehe § 19 BBG; zum korrespondierenden Landesrecht vgl. schon Fn. 127.

[137] Zur Frage, ob das spätere Auftreten eines – verglichen mit dem Zusicherungsempfänger – besseren Bewerbers eine Änderung der „Sachlage" darstellt, vgl. H. Günther aaO (Fn. 133) S. 202.

[138] Der neueren Rechtsprechung des Bundesverwaltungsgerichts (25.7.2013 – 2 C 12.11 –, juris Rn. 16 = BVerwGE 147, 244 ff., und 30.10.2013 – 2 C 16.12 –, juris Rn. 26 f. = BVerwGE 148, 204 ff.) zufolge ist ein Bewerber gesundheitlich (erst dann) nicht geeignet, wenn tatsächliche Anhaltspunkte die Annahme rechtfertigen, dass mit *überwiegender Wahrscheinlichkeit* vom Eintritt einer Dienstunfähigkeit vor Erreichen der gesetzlichen Altersgrenze oder von regelmäßigen erheblichen krankheitsbedingten Ausfallzeiten über Jahre hinweg auszugehen ist. Daher kann zB nicht ohne weiteres von einem bestimmten Body-Mass-Index auf eine fehlende gesundheitliche Eignung geschlossen werden (vgl. BVerwG 13.12.2013 – 2 B 37.13 –, juris Rn. 17 ff.). Im Einzelfall kann auch die beabsichtigte *konkrete Verwendung* bei der Bewertung, ob der Bewerber den gesundheitlichen Anforderungen des statusrechtlichen Amtes dauerhaft gewachsen sein wird, Berücksichtigung finden (NRW OVG DÖV 2010, 698 zur Ablehnung der Übernahme eines angestellten Lehrers für Politik und *Sport* in das Beamtenverhältnis auf Probe wegen der Gefahr einer Arthrose im Knie). Die Positivliste des Art. 33 Abs. 2 GG wird durch Abs. 3 dahin ergänzt, dass zB das religiöse Bekenntnis

Vorgaben keine andere ermessensgerechte Entscheidung als die Ernennung vertretbar erscheinen lassen. Wie schon oben in ähnlichem Zusammenhang hervorgehoben ist,[139] bestimmt der Dienstherr allerdings *vorrangig* sowohl seinen künftigen Bedarf an Beamten auf Lebenszeit[140] als auch die aus seiner Perspektive maßgeblichen Eignungs-, Befähigungs- und Leistungsmerkmale (Auslesefaktoren)[141] und deren Präferenzordnungen.

34 Selbstbindungen, zB durch einschlägige Verwaltungsvorschriften,[142] zeitigen, soweit mit Art. 33 Abs. 2 GG vereinbar, über Art. 3 Abs. 1 GG mittelbare Außenwirkung. Keine Verletzung des Gleichbehandlungsgrundsatzes (mit welcher Rechtsfolge auch immer) stellt es dar, wenn der Dienstherr die Verbeamtung eines in sog Mangelfächern ausgebildeten tarifbeschäftigten Lehrers schon deswegen ablehnt, weil er – anders als die mit ihm vergleichbaren tarifbeschäftigten Lehrer – zugleich mit seinem Antrag auf Einstellung als Beamter auf Probe eine Beurlaubung aus familiären Gründen[143] begehrt.[144] Die Ablehnung der Einstellung einer Bewerberin in das Beamtenverhältnis auf Probe, die nach der Einstellung nicht Dienst leisten, sondern unmittelbar danach Urlaub zur Kinderbetreuung in Anspruch nehmen will, bedeutet keine unzulässige Benachteiligung aufgrund des Geschlechts.[145] Gegen Art. 33 Abs. 2 GG ist aber zumindest in der Regel verstoßen, wenn der Heimat-, Studien- oder Examensort in die Auswahlerwägungen einbezogen wird.[146] Im Lichte des Grundsatzes der Bundestreue wird man es – ungeachtet des Fehlens einer entsprechenden einfachgesetzlichen Regelung[147] – zumindest als dringend erwünscht anzusehen haben, dass ein Dienstherr keinen Befähigungserwerb im eigenen Bereich fordert. Allerdings wird man ihm nach wie vor zugestehen müssen, dass er den sachlichen Aussagewert der im Bereich eines anderen Dienstherrn erzielten Prüfungsnote – vergleichend – gewichtet und dabei unterschiedlichen Prüfungsanforderungen sowie einer unterschiedlichen Beurteilungspraxis Rechnung trägt.[148] Spezielle Kenntnisse und Erfahrungen, die ein Bewerber aufweist, sollten (falls sie für belangvoll gehalten werden) auch aus Gründen der durch Art. 3 Abs. 1 GG geschützten Chancengleichheit

- zum einen nicht etwa nur (ohne Einzelfallprüfung) bei denjenigen Mitbewerbern unterstellt werden, die die Laufbahnprüfung in dem Bereich abgelegt haben, in dem der Bewerber eingestellt werden möchte,

---

grundsätzlich als Kriterium für die Auswahl nicht berücksichtigt werden darf. Für die Sonderfälle des Religionslehrers und des Lehrers an einer Bekenntnisschule siehe BVerfGE 6, 306 (339); 41, 29 (46) sowie BVerwGE 19, 252 (257 ff.). Zur sog Frauenförderung vgl. → Rn. 66.

[139] → Rn. 14.

[140] Es ist eine Frage der Organisations- und Geschäftsleitungsfreiheit des Dienstherrn, über seinen künftigen Bedarf an Dienstnehmern, und zwar an Beamten wie an Tarifbeschäftigten, auch unter Berücksichtigung des Funktionsvorbehalts (Art. 33 Abs. 4 GG – siehe BVerfG 25.11.2011 – 2 BvR 2305/11 –, juris Rn. 13 = NVwZ 2012, 368) verbindlich zu befinden. Art. 33 Abs. 2 GG spielt hier grundsätzlich noch keine Rolle; siehe dazu allgemein Lemhöfer RiA 2004, 1 ff. mwN, ferner BVerfG aaO, Rn. 20.

[141] Zur Berücksichtigung des Gesundheitszustandes von Familienangehörigen als Eignungsmerkmal bei der Einstellung in den höheren Auswärtigen Dienst siehe schon → Rn. 15 mit Fn. 68.

[142] Zum Erlass von Verwaltungsvorschriften über die Einrichtung einer Warteliste für Lehramtsbewerber durch die zuständige oberste Landesbehörde siehe BVerwG NVwZ-RR 1990, 619.

[143] Siehe dazu → Rn. 16.

[144] BrOVG NVwZ 1982, 565, wo auch ein Verstoß gegen Art. 6 GG überzeugend verneint ist.

[145] BVerwG NJW 1996, 474; siehe auch Fn. 125.

[146] Siehe schon Fn. 74 und 116.

[147] Siehe dazu den inzwischen außer Kraft getretenen § 122 Abs. 2 Satz 1 BRRG sowie BVerwGE 68, 109.

[148] BVerwG aaO (Fn. 147); vgl. ferner die Anm. von *Schoch* DVBl 1984, 434 (436). Wie das Bundesverwaltungsgericht auch NdsOVG NVwZ 1995, 803.

- zum anderen aber auch nicht lediglich dann Berücksichtigung finden, wenn sie in eben diesem Bereich erworben wurden.[149]

Soweit die Einstellungsbehörde prüft, ob ein strafgerichtlich verurteilter Bewerber, dessen Verurteilungen im Bundeszentralregister getilgt worden sind oder zu tilgen sind, die notwendige charakterliche (Befähigung und) Eignung besitzt, darf sie das generelle Verwertungsverbot des § 51 Abs. 1 BZRG samt der Ausnahmeregelung des § 52 Abs. 1 Nr. 4 BZRG bei ihrer Bewertung nicht unbeachtet lassen.[150] Verlauf und Ergebnis eines Einstellungsgesprächs brauchen im Allgemeinen nicht schriftlich festgehalten zu werden.[151] Der zu beteiligenden Personalvertretung (siehe § 76 Abs. 1 Nr. 1, § 77 Abs. 1 BPersVG) sind die Unterlagen sämtlicher – also auch der nicht im öffentlichen Dienst stehenden – Bewerber vorzulegen. Sie bedarf ihrer, um prüfen zu können, ob die Dienststelle bei der Auswahl die verfassungsrechtlichen Grenzen eingehalten hat (arg. § 77 Abs. 2 Nr. 1 BPersVG).[152,153] 35

Im Bund (siehe insoweit im Einzelnen § 91 BBG) wie in den Ländern[154] kann einem Beamten auf Antrag – ohne weitere familien- oder arbeitsmarktbezogene Voraussetzungen – eine befristete oder unbefristete Teilzeitbeschäftigung bis zur Hälfte der regelmäßigen Arbeitszeit bewilligt werden, soweit dienstliche Belange dem nicht entgegenstehen. Ein Einstellungsbewerber kann den Antrag schon vor Berufung in das Beamtenverhältnis auf Probe stellen, muss dies jedoch freiwillig tun.[155] Das Bundesverwaltungsgericht[156] hat die Freiwilligkeit für den Fall verneint, dass der Bewerber mit der Alternative konfrontiert worden war, entweder bereits bei Einstellung als Probebeamter eine Teilzeitbeschäftigung anzunehmen oder gar nicht als solcher eingestellt zu werden. Darüber hinaus kann die 36

[149] Vgl. LArbG Köln ZBR 1990, 333.

[150] Siehe schon → Rn. 19 mit Fn. 93.

[151] Siehe aber auch Fn. 111.

[152] Der Personalrat hat bei Bundesbehörden kein Recht, an den Gesprächen teilzunehmen, die der Dienststellenleiter oder eine von ihm bestellte Auswahlkommission mit den Einstellungsbewerbern führt; BVerwG ZBR 1979, 240 und PersV 1994, 82 (87 f.). Er kann aber verlangen, über die Auswahl der Bewerber informiert zu werden, die zu den Vorstellungsgesprächen geladen worden sind; VG Aachen NZA-RR 1999, 167. Siehe ferner NRW OVG 22.3.2000 – 1 A 4382/98.PVL –, abgedr. bei Schütz/Maiwald, BR, ES/D IV Nr. 119 = BeckRS 2005, 30654 (kein Anspruch des Personalrates, im Rahmen eines Assessment Center auch an dem sog Bewertungsverfahren durch ein bloß beobachtendes Mitglied teilzunehmen).

[153] BVerwGE 61, 325 ua mit Hinweis auf BVerwGE 37, 169 (171 f.). Die Personalvertretung darf ihr eigenes Werturteil über die Eignung der Bewerber nicht an die Stelle der Beurteilung durch die zuständige Behörde setzen und damit die inhaltliche Beteiligung an einem Vorgang beanspruchen, der von vornherein ihrer Mitbestimmung nicht zugänglich ist; BVerwG NVwZ 1987, 137. Zur Begründungspflicht der Personalvertretung siehe BVerwG PersV 1990, 439 mwN sowie Schnellenbach PersV 1990, 289 (290). Vgl. außerdem BVerwG PersV 1993, 231: Rechtlich beachtlich ist eine Zustimmungsverweigerung zur Einstellung von Beschäftigten wegen drohender Benachteiligung anderer Beschäftigter nur, wenn der Personalrat den Verlust eines Rechts, einer Anwartschaft oder anderer rechtlich erheblicher Positionen der vorhandenen Beschäftigten geltend macht. Zur Abgrenzung NRW OVG ZBR 1995, 84.

[154] Vgl. § 43 BeamtStG sowie § 69 Abs. 4 BW LBG, Art. 88 BayBG, § 54 Abs. 1–3 BlnLBG, § 78 Abs. 1–3 BbgLBG, § 61 BrBG, § 62 HmbBG, § 62 HBG, §§ 63 Abs. 2, 64 Abs. 1 MVBG, § 61 NBG, § 63 NRW LBG, § 75 Abs. 1 – 3 RP LBG, § 79 Abs. 1 und 3 SBG, § 97 Abs. 1, 4 und 6 SächsBG, § 72a BG LSA, § 61 SH LBG und § 61 ThürBG.

[155] Vgl. BVerwGE 82, 196 (202 ff.); 110, 363. Siehe auch BVerfGE 119, 247: Eine antragslose Teilzeitbeschäftigung von Beamten ohne die Möglichkeit zur Wahl der vollen Beschäftigung verstoße gegen die gemäß Art. 35 Abs. 5 GG zu beachtenden Grundsätze der Hauptberuflichkeit und der amtsangemessenen Alimentation. Zu den Folgen einer bestandskräftigen unfreiwilligen Teilzeitanordnung siehe BVerwG 8.5.2013 – 2 B 5.13 –, juris Rn. 12, und Bln/BbgOVG 19.5.2015 – 4 B 21.12 –, juris Rn. 17.

[156] Vgl. auch dazu Fn. 155.

Möglichkeit der Arbeitszeitermäßigung aus familiären Gründen bestehen (siehe für den Bundesbereich dazu im Einzelnen § 92 BBG):[157] Auch wer sich erst um Einstellung in das Beamtenverhältnis auf Probe bewirbt, hat hierauf – falls zwingende dienstliche Belange nicht entgegenstehen – einen Anspruch,[158] während die Gewährung der voraussetzungslosen Antragsteilzeit bereits an „einfachen" dienstlichen Belangen scheitert[159] und überdies in das Ermessen der zuständigen Dienstbehörde gestellt ist.[160]

37 Eine Verwaltungspraxis, geprüfte Lehramtsanwärter zunächst mit befristeten Arbeitsverträgen als (Teilzeit-)Tarifbeschäftigte zu verwenden, kann zwar dem – ausschließlich öffentlichen Interessen dienenden – Funktionsvorbehalt zugunsten des Berufsbeamtentums (Art. 33 Abs. 4 GG) widersprechen,[161] verletzt aber nicht das Recht des Bewerbers auf gleichen Zugang zu einem öffentlichen Amt (Art. 33 Abs. 2 GG).[162] Welche Bewerber zu welchen späteren Zeitpunkten vom (Teilzeit-)Tarifbeschäftigtenverhältnis in das Beamtenverhältnis auf Probe übernommen werden, muss freilich – nach Maßgabe des (vorrangigen) fächerspezifischen Bedarfs[163] – grundsätzlich anhand der aus Art. 33 Abs. 2 GG abzuleitenden Kriterien entschieden werden.[164]

38 Wegen möglicher Einwirkungen des Sozialstaatsprinzips ist auf Rn. 16 zu verweisen.[165]

[157] Vgl. § 43 BeamtStG sowie § 69 Abs. 1, 9 und 10 BW LBG, Art. 89 Abs. 1–3 BayBG, § 54 Abs. 4 und 6 BlnLBG, § 80 Abs. 1–3 BbgLBG, § 62 Abs. 1–3 BrBG, § 63 Abs. 1–3 HmbBG, § 63 HBG, § 64 Abs. 2 und 3 MVBG, § 62 Abs. 1–4 NBG, § 64 NRW LBG, § 75 Abs. 4 und 5 RP LBG § § 79 Abs. 4–7 SBG, § 98 SächsBG, § 65 Abs. 1, 2 und 4 BG LSA, § 62 Abs. 1–3 SH LBG und § 62 ThürBG.

[158] Auch eine Arbeitszeitreduzierung auf weniger als die Hälfte der regelmäßigen Arbeitszeit ist hier möglich; siehe BT-Drs. 16/7076, 121.

[159] Nach BVerwGE 120, 382 und SH OVG NordÖR 2003, 315 soll die Frage, ob „dienstliche Belange" einer Teilzeitbeschäftigung entgegenstehen, voller gerichtlicher Überprüfung unterliegen; man wird dem Dienstherrn aber auch hier (siehe ferner § 4 Rn. 43) insofern einen verwaltungspolitischen Entscheidungsspielraum zugestehen müssen (vgl. Battis BBG § 91 Rn. 18 mwN). Personalmangel – mit der Folge einer zu befürchtenden erheblichen Beeinträchtigung der Funktionsfähigkeit der Dienststelle – kann als „dienstlicher Belang" der Gewährung voraussetzungsloser Teilzeit eines (Polizei-)Beamten widerstreiten; RP OVG NVwZ-RR 2005, 51.

[160] Zur arbeitsmarktbezogenen Teilzeitbeschäftigung siehe Battis BBG § 91 Rn. 10 mwN.

[161] Ausschlaggebend für die Rechtmäßigkeit der Übertragung hoheitlicher Aufgaben an Nichtbeamte ist es, dass das durch Art. 33 Abs. 4 GG normierte Regel/Ausnahme-Verhältnis – bei einer vergleichenden Gesamtwürdigung, die alle Dienstbeziehungen des infrage stehenden Verwaltungsbereichs berücksichtigt – gewahrt bleibt und dass es einen sachlichen Grund für die Ausnahme gibt; vgl. Maunz/Dürig/Herzog/Scholz GG Art. 33 Rn. 42. Siehe außerdem Summer ZBR 1993, 97 (98 Anm. 8): Von der Konzeption des Art. 33 Abs. 4 GG her sei der Beamtenstatus „für Lehrer heute vielfach notwendiger als für manche klassische Eingriffsverwaltung"; in diesem Sinne auch H. Günther ZBR 2014, 18 ff. In § 5 Abs. 2 RP LBG ist (wenn auch in gesetzestechnisch unvollkommener Form) in diesem Sinne klargestellt: „Die Lehrtätigkeit an öffentlichen Schulen und Hochschulen gilt als hoheitsrechtliche Aufgabe." Siehe demgegenüber BVerwG 27.2.2014 – 2 C 1.13 –, juris Rn. 46 (= NVwZ 2014, 736); BVerfGE 119, 247 (266 f.); 130, 76 (115 f.).

[162] Vgl. BW VGH NJW 1980, 1868 und NRW OVG DÖD 1982, 66; siehe auch BVerwG NVwZ-RR 2001, 253 (254) sowie RP OVG RiA 2000, 101 und LArbG Hannover NdsVBl. 2000, 102.

[163] Zur Ablehnung der Verbeamtung eines in sog Mangelfächern ausgebildeten tarifbeschäftigten Lehrers, weil er eine Beurlaubung aus familiären Gründen begehrt hatte, → Rn. 34.

[164] Das Versprechen gegenüber Bewerbern, die zunächst als (Teilzeit-)Tarifbeschäftigte verwendet werden, nach mehrjähriger (erfolgreicher) Tätigkeit in das Beamtenverhältnis auf Probe eingestellt zu werden, kann, wenn es hinreichend konkret gefasst und mit (rechtlichem) Bindungswillen abgegeben wird, Zusicherungscharakter haben; vgl. H. Günther ZBR 1982, 193 mwN sowie BW VGH ZBR 1982, 32 (LS). Nach BW VGH ZBR 1986, 283 werden die Rechte künftiger Lehramtsbewerber nicht berührt, wenn der Dienstherr anstehende Bewerber als sog Nebenlehrer im Tarifbeschäftigtenverhältnis mit der Zusage einer (späteren) beamtenrechtlichen Einstellung übernimmt.

[165] Schmidt-Aßmann NJW 1980, 16 (18) weist – unter Anführung markanter (im Kern bis heute aussagekräftiger) Beispiele – überzeugend darauf hin, dass nicht alles, „was unter der Flagge des sozialen Gesichtspunktes segelt oder sonst sich für den einen oder anderen subjektiv als ein solches Kriterium darstellen mag", seinem objektiven Gehalt nach diese Qualifizierung verdient.

b) Probezeit zur Übertragung eines Amtes mit leitender Funktion

39 Vormals wurden leitende Funktionen in der öffentlichen Verwaltung[166] regelmäßig unmittelbar auf Dauer im Beamtenverhältnis auf Lebenszeit vergeben.[167] Der Dienstherr konnte seine Eignungsprognose daher gewöhnlich später nicht mehr korrigieren. Um Fehleinschätzungen namentlich in Richtung auf die Fähigkeit zur Personalführung mit ihren misslichen Folgen möglichst zu entgehen, werden im Bund (vgl. § 24 BBG) wie im Länderbereich[168] inzwischen Führungsämter grundsätzlich zunächst im Beamtenverhältnis auf Probe übertragen; sie sind dementsprechend für eine unmittelbare Besetzung im Beamtenverhältnis auf Lebenszeit gesperrt.[169] Im Folgenden wird jeweils grundsätzlich (siehe aber auch Rn. 40) nur die Bundesregelung angeführt; dies erscheint geboten, um eine Überfrachtung der Darstellung mit landesrechtlichen Details zu vermeiden, die nicht die – mit § 24 BBG weitgehend übereinstimmende – Regelungsstruktur und die inhaltlichen Kernpunkte betreffen.

40 Im Bund sind als Ämter mit leitender Funktion ausgewiesen (§ 24 Abs. 5 Satz 1 BBG)[170]

- die Ämter der BesGrn. B 6 bis B 9 in obersten Bundesbehörden und
- die der Besoldungsordnung B angehörenden Ämter der Leiter der übrigen Bundesbehörden sowie der bundesunmittelbaren Körperschaften, Anstalten und Stiftungen des öffentlichen Rechts.

Aus dem Länderbereich sollen hier als Beispiele Bayern, Hamburg und Sachsen vorgestellt werden:

- Bayern (Art. 46 Abs. 1 Satz 1 BayBG): Führungsämter sind die mindestens der BesGr. A 15 angehörenden Ämter der Behördenleiter und der Leiter von Behördenteilen; sie werden durch Rechtsverordnung der Staatsregierung festgelegt.[171]
- Hamburg (§ 5 Abs. 2 HmbBG): Der Kreis der Führungsämter umfasst die Ämter der Besoldungsordnung B u. die der BesGr. A 16 angehörenden Ämter der Behördenleiter.[172]
- Sachsen (§ 8 Abs. 1 Nr. 1–3 SächsBG): Als Führungsämter sind die Ämter der Besoldungsordnung B in Landesbehörden, die in der BesGr. A 16 eingestuften Ämter der Leiter von Landesbehörden oder Teilen von Landesbehörden und die Ämter von Schulleitern ab BesGr. A 14 deklariert.[173]

41 Mit dem Tage der Ernennung zum Beamten auf Probe ruhen für die Dauer der Probezeit die Rechte und Pflichten aus dem Amt, das dem Ernannten zuletzt im – fortbestehenden[174] – Beamtenverhältnis auf Lebenszeit übertragen worden ist;[175] ausgenom-

---

[166] Zur Zulagengewährung bei einer befristeten Wahrnehmung herausgehobener, für den Beamten höherwertiger Funktionen siehe § 45 BBesG.

[167] Siehe aber auch → Rn. 8.

[168] Siehe § 8 BW LBG, Art. 46 BayBG, § 97 BlnLBG, § 120 BbgLBG, § 5 BrBG, § 5 HmbBG, § 4 HBG, § 5 NBG, § 21 NRW LBG, § 8 SächsBG, § 5 BG LSA und § 5 SH LBG; vgl. auch § 21 Abs. 2 MVBG, wo nunmehr ein Erprobungsmodell zugrunde gelegt ist.

[169] Lemhöfer in Plog/Wiedow BBG 2009 § 24 Rn. 10.

[170] Beachte die Einschränkung „wenn sie keine richterliche Unabhängigkeit besitzen" sowie die Ausnahmeregelung in § 24 Abs. 5 Satz 2 BBG.

[171] Bezüglich der Gemeinden, der Gemeindeverbände und der sonstigen unter der Aufsicht des Staates stehenden Körperschaften, Anstalten und Stiftungen des öffentlichen Rechts siehe Art. 46 Abs. 1 Satz 2 BayBG.

[172] Siehe aber auch die Ausnahmeregelung in § 5 Abs. 3 HmbBG.

[173] Siehe aber auch die Ausnahmeregelung in § 8 Abs. 2 SächsBG sowie zur mittelbaren Landesverwaltung § 8 Abs. 1 Nr. 4 SächsBG.

[174] Siehe § 24 Abs. 2 Satz 3 BBG.

[175] Um eine Besserstellung derjenigen, die in ein Probebeamtenverhältnis nach § 24 Abs. 1 Satz 1 BBG eingestellt werden, ohne Beamte auf Lebenszeit zu sein, gegenüber Lebenszeitbeamten zu vermeiden, schreibt § 24 Abs. 3 Satz 2 BBG für sie eine regelmäßige Probezeit (siehe Fn. 178) von drei (statt zwei) Jahren und eine Mindestprobezeit von zwei Jahren (statt einem Jahr) vor.

men sind die Pflicht zur Verschwiegenheit[176] und das Verbot der Annahme von Belohnungen, Geschenken und sonstigen Vorteilen[177] (§ 24 Abs. 2 Satz 2 BBG). Das – fortbestehende – Beamtenverhältnis auf Lebenszeit wird durch das neue Beamtenverhältnis „überlagert". Mit dem erfolgreichen Abschluss der Probezeit[178, 179] soll[180] – in den Ländern: muss – dem Beamten das Führungsamt auf Dauer im Beamtenverhältnis auf Lebenszeit übertragen werden (§ 24 Abs. 4 Satz 1 BBG); er soll – bzw. muss – dann unverzüglich befördert werden. Haben sich die Leistungserwartungen nicht erfüllt, verbleibt der Beamte in dem Statusamt, das er vor der Ernennung zum Beamten auf Probe innehatte; er ist nunmehr wieder auf einem seinem Status korrespondierenden Dienstposten einzusetzen. Weitergehende Ansprüche bestehen nicht (siehe § 24 Abs. 4 Satz 3 und 4 BBG).

42 Bei der Auswahl zwischen mehreren Bewerbern um ein Amt mit leitender Funktion ist – nicht anders als bei der Beförderung – das Bestenausleseprinzip (Art. 33 Abs. 2 GG) zu beachten. Auf Rn. 63 ff. kann dazu sinngemäß Bezug genommen werden. Dass die zunächst lediglich probeweise Wahrnehmung des Amtes eine spätere Korrektur der Eignungsprognose zulässt, mindert nicht die Anforderungen, die auch hier im Auswahlverfahren zu stellen sind.

43 Da ein Doppelbeamtenverhältnis zu zwei Dienstherren rechtlich ausgeschlossen ist, muss ein Bewerber, der als Lebenszeitbeamter zum Bereich eines anderen Dienstherrn gehört, neben der Übertragung des Amtes mit leitender Funktion im Beamtenverhältnis auf Probe die – vorherige oder gleichzeitige – Versetzung als Beamter auf Lebenszeit zu eben dem Dienstherrn betreiben, der das Führungsamt zu vergeben hat.

3. Prozessuale Fragen

a) Verwaltungsrechtsweg

44 Für die auf Erfüllung gerichtete Klage eines Bewerbers, dessen Einstellungsantrag nicht zum Ziel geführt hat, ist der Verwaltungsrechtsweg gegeben.[181] Dies folgt aus einer entsprechenden Anwendung des § 54 Abs. 1 BeamtStG bzw. des § 126 Abs. 1 BBG, ohne

[176] Vgl. § 67 BBG.

[177] Vgl. § 71 BBG.

[178] Die regelmäßige Probezeit von zwei Jahren (§ 24 Abs. 1 Satz 2 BBG) kann nicht verlängert werden, es sei denn, wegen Elternzeit konnte die Mindestprobezeit (§ 24 Abs. 1 Satz 4 BBG) nicht binnen zwei Jahren geleistet werden (§ 24 Abs. 1 Satz 6 BBG); die oberste Dienstbehörde kann aber unter bestimmten Voraussetzungen eine Verkürzung zulassen (§ 24 Abs. 1 Satz 3 BBG), dies allerdings erst, nachdem sich gezeigt hat, dass der mit der vorgeschalteten Begründung des Probebeamtenverhältnisses verknüpfte Erkenntniszweck (sei es mit positivem, sei es mit negativem Ergebnis) erreicht ist (vgl. Kathke in Schütz/Maiwald BR, Archiv I, Rn. 105 f. zu § 25a NRW LBG). Zur Anrechnung von Zeiten, in denen die leitende Funktion bereits übertragen war, siehe § 24 Abs. 1 Satz 5 BBG; zum Absehen von der Probezeit bei Beurlaubungen im dienstlichen Interesse siehe § 24 Abs. 1 Satz 7 BBG.

[179] Wie die Bewährung (Nichtbewährung) festgestellt wird, ist dem pflichtgemäßen Ermessen des Dienstherrn anheim gegeben. Es wird nicht unbedingt einer Beurteilung bedürfen (wenn nicht Anderes, sei es auch nur durch Verwaltungsvorschriften, bestimmt ist – vgl. dazu VG Potsdam 20.6.2016 – 2 L 535/16 –, juris Rn. 3 ff.); Verfahren und Erkenntnisdichte müssen aber vor dem Bestenausleseprinzip Bestand haben können – insofern, als es sich fragt, ob die der Ernennung zum Beamten auf Probe immanente Eignungsprognose erhärtet (oder widerlegt) ist. Siehe dazu auch Schnellenbach/Bodanowitz Dienstliche Beurteilung Rn. 199, Schnellenbach Konkurrenzen 3. Kap Rn. 33.

[180] Eine „Ausnahme" lässt sich nicht mit der (aus der Sicht einer veränderten politischen Spitze) vermeintlich besseren Eignung eines nachträglich in das Blickfeld getretenen anderen Beamten rechtfertigen (vgl. Lemhöfer in Plog/Wiedow BBG 2009 § 24 Rn. 24), wohl aber zB damit, dass die Leitungsfunktion (wegen veränderter Umstände) demnächst wegfallen wird (vgl. Bayer PersV 1999, 338, 348) oder dass zwischenzeitlich die Voraussetzungen des § 36 BBG eingetreten sind (vgl. auch insoweit Lemhöfer aaO § 24 Rn. 25).

[181] Vgl. BVerwGE 26, 31 (für den Fall einer angeblichen Einstellungszusage); ferner BGHZ 23, 36 und BAG RiA 1966, 66. RP OVG ZBR 1964, 242 (243) stellt mit Recht darauf ab, ob der Kläger

dass es eines Rückgriffs auf § 40 Abs. 1 VwGO bedürfte.[182] Die Klage mit dem Begehren, den Dienstherrn zur Begründung eines (Widerrufs- oder Probe-)Beamtenverhältnisses – oder zumindest zu einer Neubescheidung des Einstellungsantrags – zu verpflichten, steht einer Klage „aus dem Beamtenverhältnis" gleich.[183]

Erstrebt der Kläger die Aufnahme in den öffentlichen Dienst eines bestimmten Verwaltungszweiges schlechthin, so hängt die Rechtswegfrage davon ab, ob es innerhalb des in Betracht kommenden Verwaltungszweiges, ggf. auch des engeren Bereichs, zu dem er Zugang erhalten möchte, nur Dienstnehmer im Beamtenverhältnis oder daneben auch solche im (privatrechtlichen) Arbeitsverhältnis gibt. Ist Letzteres der Fall, so führt die Zweispurigkeit der Beschäftigungsverhältnisse dazu, dass er, falls es ihm ausschlaggebend darum geht, *überhaupt* in den öffentlichen Dienst zu gelangen, unter Umständen (neben- oder nacheinander) sowohl die Verwaltungsgerichte als auch die Arbeitsgerichte anrufen muss.[184] 45

Verletzt der Dienstherr schuldhaft den grundrechtsgleichen Anspruch eines Einstellungsbewerbers aus Art. 33 Abs. 2 GG und geht aus der Nichterfüllung des Anspruchs ein Schaden[185] hervor, so kann der Betroffene sein Schadensersatzpetitum im Verwaltungsrechtsweg verfolgen; er muss sich dieserhalb nicht auf einen vor den Zivilgerichten geltend zu machenden Amtshaftungsanspruch (Art. 34 GG, § 839 BGB) verweisen lassen.[186] 46

b) Klageart und vorläufiger Rechtsschutz

Da die Beamtenernennung Verwaltungsaktscharakter hat,[187] bieten sich als sachdienliche Klagearten Verpflichtungs- und Bescheidungsklage an (siehe § 42 Abs. 1, § 113 Abs. 5 Satz 2 VwGO). Eine Verpflichtungsklage kann nur dann aussichtsreich sein, wenn das Ermessen, welches dem Dienstherrn grundsätzlich zusteht, auf die Ernennung als einzige rechtlich zulängliche Möglichkeit geschrumpft ist (siehe § 113 Abs. 5 Satz 1 VwGO). Sofern der ausgewählte Bewerber unter Missachtung von Art. 19 Abs. 4 GG ernannt worden ist, kann der übergangene Bewerber hiergegen im Wege der Anfechtungsklage (§ 42 Abs. 1 VwGO) – nebst Verpflichtungs- bzw. Bescheidungsantrag – vorgehen.[188] 47

Für eine (allgemeine) Leistungsklage, die darauf abzielt, dass dem Beklagten untersagt werde, die Einstellung aus einem bestimmten Grund – etwa wegen Fehlens der charakterlichen (Befähigung und) Eignung – abzulehnen, fehlt in der Regel das Rechtsschutzinteresse, weil sich dem Kläger gewöhnlich die vorzugswürdige Alternative einer auf Einstellung oder auf Schadensersatz gerichteten Verpflichtungs- bzw. Bescheidungskla- 48

---

einen Anspruch geltend macht, der dem Beamtenrecht eigen ist oder in ihm wurzelt. Siehe des Weiteren Schnellenbach ZBR 1992, 257 (258 f.).

[182] Vgl. auch Battis BBG § 126 Rn. 7.

[183] Siehe auch § 52 Nr. 4 Satz 1 VwGO. Streitigkeiten, die sich auf die Entstehung eines Beamtenverhältnisses beziehen, sind im Hinblick auf die örtliche Zuständigkeit ausdrücklich den Klagen aus einem gegenwärtigen oder früheren Beamtenverhältnis gleichgestellt.

[184] Vgl. BW VGH ZBR 1982, 29. § 17 Abs. 2 Satz 1 GVG ist wegen der unterschiedlichen Streitgegenstände nicht einschlägig.

[185] Einen auf Ausgleich der mit der unterlassenen Einstellung verbundenen besoldungs- und versorgungsrechtlichen Nachteile gerichteten Folgenbeseitigungsanspruch erkennt die Rechtsprechung nicht an; siehe BVerwG ZBR 2001, 34.

[186] BVerwG NJW 2010, 3592. Vgl. auch schon BVerwG NJW 1989, 538 sowie Schnellenbach NVwZ 1989, 435; siehe ferner → Rn. 74, 77.

[187] Vgl. schon → Rn. 3.

[188] Siehe BVerwGE 138, 102 (juris Rn. 29 ff.) und dazu Schnellenbach Konkurrenzen Anh. 3 Rn. 2 ff.

ge[189] bietet. Eine Klage auf Feststellung, dass ein (potentieller) Dienstherr die in einem anderen Land erworbene Laufbahnbefähigung als einer in seinem Bereich erworbenen Laufbahnbefähigung „gleichwertig" anzuerkennen habe, betrifft kein „Rechtsverhältnis" iSd § 43 Abs. 2 VwGO, sondern nur ein einzelnes rechtliches Element, das für die Beurteilung eines (künftigen) Einstellungs- oder Versetzungsantrags Bedeutung erlangen kann.[190]

49 Wo der Vorbereitungsdienst zugleich Ausbildungsstätte iSd Art. 12 Abs. 1 Satz 1 GG ist,[191] kann der Erlass einer Regelungsanordnung (§ 123 Abs. 1 Satz 2 VwGO) – unter Vorwegnahme der Entscheidung in der Hauptsache[192] – unter Umständen die einzige Möglichkeit effektiver Rechtsschutzgewährung sein. Die Verwaltung wird so ggf. verpflichtet, einen Bewerber zum Zwecke einer sofortigen Aufnahme des Vorbereitungsdienstes in das Beamtenverhältnis auf Widerruf zu berufen.[193] Der Erlass einer einstweiligen Regelungsanordnung auf vorläufige Zulassung eines aus Kapazitätsgründen[194] abgelehnten Bewerbers setzt nicht voraus, dass dieser glaubhaft macht, er könne den Vorbereitungsdienst auch in einem anderen Land nicht ohne erheblichen Zeitverlust beginnen.[195] Falls ein nachfolgendes Hauptsacheverfahren ergibt, dass (doch) kein Einstellungsanspruch besteht, ist der Beamte aus dem Beamtenverhältnis auf Widerruf zu entlassen.[196]

50 Bei Einstellungskonkurrenzen setzt die verwaltungsgerichtliche Praxis die einstweilige Sicherungsanordnung (§ 123 Abs. 1 Satz 1 VwGO) bislang unangefochten als geeignetes Mittel zur Gewährung effektiven Rechtsschutzes ein.[197] Mit ihr lässt sich die „Schaffung vollendeter Tatsachen" verhindern: Das Gericht kann die Ernennung eines Mitbewerbers

---

[189] Klarzustellen ist, dass der Schadensersatzanspruch als solcher nicht ermessensabhängig ist und dass deshalb eine Bescheidungsklage insoweit nicht infrage kommt; unrichtig NRW OVG DÖD 1979, 284.

[190] BVerwG ZBR 1987, 376.

[191] Siehe → Rn. 18 ff. und zum vorläufigen Rechtsschutz in diesen Fällen auch Schnellenbach Konkurrenzen 2. Kap. Rn. 36 ff.

[192] Eine Vorwegnahme der grundsätzlich dem Hauptsacheverfahren vorbehaltenen Entscheidung ist nur ausnahmsweise zulässig, und zwar dann (vgl. Kopp/Schenke VwGO § 123 Rn. 14 mwN),
(1) wenn ein wirksamer Rechtsschutz im Hauptsacheverfahren (wegen des Zeitfaktors) nicht zu erlangen ist,
(2) wenn dem Betroffenen ohne Erlass einer Regelungsanordnung schlechthin unzumutbare Nachteile drohen würden und
(3) wenn er bei hypothetischer Betrachtung unter Anlegung eines strengen Maßstabes im Hauptsacheverfahren voraussichtlich obsiegen wird.
VG Düsseldorf 4.8.2010 – 2 L 1153/10 –, BeckRS 2010, 51851 verneint die Voraussetzungen (2) und (3) im Falle einer Antragstellerin, die die Nachfrist für die Vorlage des Zeugnisses über das Bestehen der Ersten Lehramtsprüfung überschritten hatte, ua mit der Begründung, dass sie mit 23 Jahren noch verhältnismäßig jung sei und dass sie die bis zum nächsten Einstellungstermin verbleibende Zeit von deutlich weniger als einem Jahr durch ihre Tätigkeit als Aushilfslehrerin (Teilzeitlehrkraft) überbrücken könne. VG Arnsberg 8.8.2008 – 2 L 471/08 –, BeckRS 2010, 49482 hält die Voraussetzung (3) bei einem Einstellungsbewerber für nicht erfüllt, der nach einer früheren, auf eigenen Antrag, aber nicht aus wichtigem Grund erfolgten Entlassung die Wiedereinstellung in den Vorbereitungsdienst erreichen wollte. Nach VG Magdeburg 14.8.2009 – 5 B 241/09 –, BeckRS 2009, 41346 ist eine Regelungsanordnung hingegen zu erlassen, wenn der Bewerber die Zulassung zum Vorbereitungsdienst mit dem zutreffenden Hinweis beansprucht, dass die Zahl der Stellen für Anwärter nach dem Haushaltsplan noch nicht ausgeschöpft sei (vgl. insoweit schon Fn. 118, 121). Vgl. ferner VG Ansbach 26.6.2015 – AN 1 K 15.00764 –, juris Rn. 46: vorläufige Einstellung, obgleich nur Anspruch auf Neubescheidung.

[193] Vgl. im Einzelnen Finkelnburg/Dombert/Külpmann Vorläufiger Rechtsschutz Rn. 1362 mwN.

[194] Siehe dazu schon → Rn. 27.

[195] HmbOVG DVBl 1987, 316; aA BrOVG DÖV 1986, 477.

[196] Siehe § 23 Abs. 4 Satz 1 BeamtStG sowie VG Potsdam 2.4.2015 – 2 L 397/15 –, juris Rn. 22 ff.

[197] Zum (vorläufigen) Konkurrentenrechtsschutz bei Beförderungen siehe → Rn. 80 ff.

oder auch mehrerer Konkurrenten vorläufig untersagen, um durch die zeitweilige „Besetzungsblockade“ (möglichst) zu verhüten, dass ein Einstellungskontingent anderweitig erschöpft ist, bevor es zu einer Klärung im verwaltungsgerichtlichen Hauptsacheverfahren kommt. Der Antragsteller muss glaubhaft machen (§ 123 Abs. 3 VwGO iVm § 920 Abs. 2, § 294 ZPO), dass die Auslese unter den in die Auswahlerwägungen Einzubeziehenden in verfahrens- oder in materiellrechtlicher Hinsicht[198] nicht fehlerfrei getroffen worden ist und dass er bei ordnungsgemäßem Vorgehen und Zugrundelegung rechtlich bedenkenfreier Maßstäbe möglicherweise zum Zuge gekommen wäre bzw. zum Zuge kommen müsste.[199] Soll die Ernennung nicht mit dem Tage der Aushändigung der Ernennungsurkunde, sondern erst später wirksam werden (siehe § 12 Abs. 2 Satz 1 BBG), so ist der Eintritt der (inneren) Wirksamkeit nach Aushändigung der Urkunde nicht mehr durch einstweilige Anordnung abzuwenden.[200]

c) Vorverfahren

Der Bewerber muss gegen die Ablehnung seines Einstellungsantrags zunächst Widerspruch einlegen,[201] sofern nicht durch Landesgesetz[202] – wie in Berlin[203], Niedersachsen[204] und Nordrhein-Westfalen[205] – ein Vorverfahren ausgeschlossen worden ist (§ 54 Abs. 2 BeamtStG, § 126 Abs. 2 BBG). § 15 Abs. 1 Satz 2 Nr. 3 BW AG VwGO, der unter anderem die Klagen von „Beamten … aus dem Beamtenverhältnis“ vom Ausschluss des Vorverfahrens (siehe Satz 1 aaO) ausnimmt, sowie Art. 15 Abs. 1 Satz 1 Nr. 5 BayAG VwGO, der in „Angelegenheiten der Beamten …“ ein Wahlrecht zwischen Widerspruch und unmittelbarer Klageerhebung einräumt, sind auf Einstellungsbegehren entsprechend anwendbar.[206] 51

Der Bewerber kann grundsätzlich erst klagen, nachdem sein Widerspruch zurückgewiesen worden ist (§ 74 VwGO). Ist über einen Einstellungsantrag oder einen (statthaften) Widerspruch ohne zureichenden Grund innerhalb angemessener Frist nicht entschieden worden, so ist die Klage auch ohne ein (abgeschlossenes) Vorverfahren zulässig (§ 75 Satz 1 VwGO). Sie darf jedoch nicht vor Ablauf von drei Monaten seit der Antragstellung bzw. der Einlegung des Widerspruchs erhoben werden, außer wenn wegen besonderer Umstände des Falles eine kürzere Frist geboten ist (§ 75 Satz 2 VwGO). Wird einem Bewerber, der – zumindest in erster Linie – um Einstellung als Beamter nachgesucht hatte, als Reaktion auf seinen Antrag lediglich ein Angebot zum Abschluss eines 52

---

[198] Siehe die Übersichten zu gängigen auf das Verfahren und das materielle Recht bezogenen Rügen bei Schnellenbach Konkurrenzen 2. Kap Rn. 17 f.

[199] Im Sinne des obigen Textes BVerfG ZBR 2002, 427 (juris Rn. 13); BVerfG 4.2.2016 – 2 BvR 2223/15 –, juris Rn. 83; vgl. auch zB NRW OVG DÖD 2001, 316 und NWVBl. 2003, 13. Siehe außerdem → Rn. 83 f.

[200] SOVG ZBR 1985, 274.

[201] Bis zum Abschluss des verwaltungsgerichtlichen Verfahrens kann die nach § 39 VwVfG regelmäßig erforderliche Begründung nachgeholt werden (§ 45 Abs. 1 Nr. 2 und Abs. 2 VwVfG). Ermessenserwägungen können auch noch im verwaltungsgerichtlichen Verfahren ergänzt werden (§ 114 Satz 2 VwGO). Um eine bloße „Ergänzung“ handelt es sich nicht mehr, wenn die nachgeschobenen Erwägungen in Wahrheit auf eine Wesensänderung des Verwaltungsakts hinauslaufen (vgl. dazu BVerfG NVwZ 2007, 1178, 1179, BVerwGE 106, 351 sowie NdsOVG NordÖR 2007, 269 und IÖD 2008, 218). Zu den Anforderungen an die Begründung eines Verwaltungsakts, durch den die Einstellung eines Bewerbers abgelehnt wird, siehe BVerwG RiA 1981, 217 (218 f.).

[202] Siehe auch die Übersicht zu den Ausführungsgesetzen zur Verwaltungsgerichtsordnung bei Repkewitz/Waibel NVwZ 2010, 313 unter II.

[203] Vgl. § 93 Abs. 1 Nr. 2 BlnLBG.

[204] Vgl. § 80 NJG.

[205] Vgl. § 110 JustG NRW.

[206] Siehe schon → Rn. 44.

Arbeitsvertrages unterbreitet, so kann darin zugleich die konkludente Ablehnung des Einstellungsantrags zu erblicken sein. Bei der Auslegung ist auf den Empfängerhorizont des Bewerbers abzustellen; Zweifel wirken sich zum Nachteil der Verwaltung aus.[207]

d) Beweislast

53 Bleibt in tatsächlicher Hinsicht offen,[208] ob der Bewerber die persönlichen Voraussetzungen für eine Einstellung (siehe insbesondere § 7 BeamtStG und § 7 BBG) erfüllt, so ist seine Klage abzuweisen. Den Nachteil der Beweislosigkeit trägt er auch, wenn sich die für die Annahme eines Einstellungsanspruchs entscheidungserheblichen Umstände nicht klären lassen.[209] Eine Besonderheit gilt, wenn der Dienstherr geltend macht, der Bewerber erfülle die gesundheitlichen Anforderungen nicht: Fehlt es an tatsächlichen Anhaltspunkten, welche die Annahme rechtfertigen, dass der Bewerber mit überwiegender Wahrscheinlichkeit vor Erreichen der gesetzlichen Altersgrenze dienstunfähig oder aber über Jahre hinweg regelmäßig krankheitsbedingt ausfallen wird, ist die gesundheitliche Eignung gegeben.[210]

54 Überschreitet ein Einstellungsbewerber eine laufbahnrechtliche Höchstaltersgrenze[211] und führt er die Überschreitung auf eine Kinderbetreuung zurück, so liegt die Beweislast für den Ursachenzusammenhang zwischen Kinderbetreuung und Einstellungsverzögerung grundsätzlich bei ihm. Der Dienstherr ist aber zB beweisbelastet, wenn ungeklärt bleibt, ob der Bewerber zu einem früheren Zeitpunkt im Rahmen eines (bestimmten) Lehrereinstellungsverfahrens unabhängig von der Kinderbetreuung schon allein wegen eines unzureichenden Ranglistenplatzes nicht eingestellt worden wäre, und wenn die Ungewissheit darauf beruht, dass die Verwaltung ihre Unterlagen über das damalige (Einstellungs- und Auswahl-)Verfahren vernichtet hat.[212]

55 Herrscht Streit über die Gewähr künftiger Verfassungstreue des Bewerbers,[213] so kann sich die Beweislastproblematik nur in Bezug auf die tatsächlichen Grundlagen der dem Dienstherrn vorbehaltenen Prognose, nicht dagegen in Sicht auf diese selbst stellen.[214] Die Unerweislichkeit der Tatsachen, aus denen der Dienstherr seine Zweifel herleitet, wirkt sich zu seinen Lasten, ein non liquet hinsichtlich solcher Fakten, die geeignet sein könnten, die Zweifel zu zerstreuen, zu Lasten des Bewerbers aus.[215] Den Dienstherrn trifft mithin die Beweislast etwa dann, wenn nicht festgestellt werden kann, ob der Bewerber einer Partei oder Organisation mit verfassungsfeindlicher Zielsetzung angehört oder nahe steht oder ob er an einer bestimmten Veranstaltung teilgenommen hat; der Bewerber bleibt dagegen beweisfällig, falls sich die Richtigkeit seiner Behauptung, dass seine frühere Verbindung zu einer derartigen Partei oder Organisation inzwischen gelöst sei, im Prozess nicht bestätigt.[216]

---

[207] Vgl. BVerwGE 41, 305 sowie NRW OVG DÖD 1960, 55.

[208] Werden Grundsätze der Beweislast verletzt, so handelt es sich für eine Revision (siehe § 137 Abs. 3 VwGO) um materiellrechtliche, nicht um Verfahrensfehler; BVerwGE 19, 87 (94); 45, 131 sowie BGHZ 31, 358. Vgl. auch allgemein BVerwGE 84, 271 (273 f.); 96, 200 (208 f.).

[209] Zur Beweislast im Zusammenhang mit Ernennungen im Einzelnen Schnellenbach ZBR 1995, 321 (323 ff.).

[210] Siehe die Nachweise bei Fn. 138 und Fn. 88. Zu (Haftungsfragen bei) fehlerhaften Einstellungsuntersuchungen BGH NJW 2001, 2799 und OLG Hamburg NordÖR 2000, 242.

[211] Siehe dazu schon → Rn. 15 mwN sowie Fn. 130.

[212] BVerwG DVBl 2000, 1129, ZBR 2001, 32 (33) und ZBR 2001, 33 (34).

[213] Siehe dazu → Rn. 20 ff., 30.

[214] BVerwGE 61, 176 (189) mwN; missverständlich insofern BVerfGE 39, 334 (353) mit dem Bemerken, es gebe keine „Beweislast", weder für den Bewerber, dass er die geforderte Gewähr biete, noch für die Einstellungsbehörde, dass dies nicht der Fall sei (vgl. dazu Kriele NJW 1979, 1 (2)).

[215] Siehe schon Fn. 214.

[216] Vgl. hierzu auch Nierhaus Beweismaß und Beweislast, 1989, S. 360 f.

V. Beförderung

Wird einem Beamten ein anderes Amt mit höherem Endgrundgehalt und anderer Amtsbezeichnung verliehen, so stellt dies eine Beförderung dar, die nach Bundes- wie nach Landesrecht einer Ernennung bedarf.[217] Der Amtsbegriff wird hier in seinem statusrechtlichen Sinne[218] verwendet; ob sich das Amt im funktionellen Sinne mit der Beförderung ändert, ist gleichgültig.[219] Von der Beförderung zu unterscheiden sind die Übertragungen eines höherbewerteten bzw. höherwertigen Dienstpostens oder eines Beförderungsdienstpostens.[220] Ein höherbewerteter (höherwertiger) Dienstposten hebt sich „nach der Wertigkeit der zugeordneten Funktionen" wesentlich von dem Amt im statusrechtlichen Sinne ab (vgl. § 25 BBesG); der Beamte wird auf einem solchen Dienstposten vorübergehend verwendet, damit er seine Eignung für höherwertige Funktionen – und zugleich in Sicht auf eine etwaige spätere Beförderung – in einer Erprobungszeit nachweisen kann (siehe zB § 32 Nr. 2 BLV, § 7 Abs. 4 NRW LVO). Im Falle der (expliziten) Bewertung eines Dienstpostens als Beförderungsdienstposten ist die Auslese für die eigentliche Beförderung – vorbehaltlich der Bewährung – „vorverlagert";[221] kommt es später zu der von vornherein ins Auge gefassten Beförderung, so ändert sich hier das Amt im konkret-funktionellen Sinne nicht, es sei denn, zwischen der (erfolgreichen) Erprobung und der Beförderung selbst liegt (tatsächlich und rechtlich atypisch) ein zeitliches Intervall, während dessen der Beamte wieder auf einem statusadäquaten Dienstposten eingesetzt worden ist. Die Vergabe eines höherbewerteten bzw. eines höherwertigen wie auch eines Beförderungsdienstpostens in derselben Dienststelle ist nach der höchstrichterlichen Rechtsprechung[222] eine Umsetzung, kein Verwaltungsakt. 56

Bei den zwei weiteren unter Rn. 1 aufgelisteten Tatbeständen fehlt es an einer Änderung entweder des Endgrundgehalts oder der Amtsbezeichnung; sie sind aber, nach unterschiedlichen Maßgaben im Bund und in den Ländern, einer Beförderung im statusrechtlichen Sinne laufbahnrechtlich gleichgestellt oder auch von Gesetzes wegen unter den – vom Ernennungserfordernis abgekoppelten – Beförderungsbegriff selbst subsumiert. Der innere Zusammenhang mit dem Bestenausleseprinzip (Art. 33 Abs. 2 GG) [223] wird zumindest im Kern auch hierdurch verdeutlicht. 57

Das geltende Recht kennt nur noch die Funktionsbeförderung. Beförderungsämter dürfen, soweit nicht gesetzlich Anderes bestimmt ist, nur eingerichtet werden, wenn sie sich von den Ämtern der niedrigeren Besoldungsgruppe nach der Wertigkeit der zugeordneten Funktionen wesentlich abheben (§ 25 BBesG).[224] „Regelbeförderungen" oder „Be- 58

---

[217] Siehe schon → Rn. 1. Werden Ämter kraft Gesetzes einer anderen Besoldungsgruppe zugeordnet, so erfolgt keine Ernennung, auch wenn sich zugleich die Amtsbezeichnung ändert; vgl. BVerwGE 40, 229; 12, 97 und BVerwG ZBR 1967, 17.

[218] Siehe dazu → Rn. 10.

[219] Vgl. BVerwG Buchholz 232 § 23 BBG Nr. 2.

[220] Die Gewährung einer Zulage für eine befristet übertragene herausgehobene Funktion nach § 45 BBesG oder einer solchen nach Landesrecht für die vorübergehende vertretungsweise Wahrnehmung der Aufgaben eines höherwertigen Amtes (vgl. § 46 BBesG aF) ist nicht gleichbedeutend mit der Übertragung eines neuen, besonderen statusrechtlichen Amtes.

[221] Vgl. BVerwGE 115, 58 sowie BVerwG NVwZ 2009, 787, BVerwG 20.6.2013 – 2 VR 1.13 –, juris Rn. 13 f. (= BVerwGE 147, 20) und NdsOVG RiA 2010, 268; siehe ferner BVerfG NVwZ 2008, 69 sowie Fn. 244.

[222] Siehe dazu im Einzelnen → § 4 Rn. 69, 71 f.

[223] Siehe dazu im Folgenden → Rn. 63 ff.

[224] Zur Dienstpostenbewertung siehe § 10 Rn. 28. Zu einer „Dienstpostenbündelung" – dh zur Zuordnung eines Amtes im konkret-funktionellen Sinne zu mehreren Statusämtern – nach § 18

währungsbeförderungen", durch die das jeweilige erste Beförderungsamt einer Laufbahn einst ohne Funktionsänderung erreicht werden konnte, kommen nicht mehr in Betracht.[225]

1. Die der Bestenauslese vorgeschaltete organisations- und verwaltungspolitische Entscheidungsebene

59 Die Ausbringung von Planstellen im Haushalt – im Allgemeinen – und die Zuweisung von Beförderungsplanstellen an bestimmte Behörden im Rahmen der Personalbewirtschaftung – im Besonderen – sind nicht an Art. 33 Abs. 2 GG zu messen. Die Verfassungsnorm entfaltet insofern auch – unbeschadet eines allseits zu beachtenden (ungeschriebenen) Missbrauchs- und Manipulationsverbotes – keine „Vorwirkung".[226] Vom Haushaltsgesetzgeber neu geschaffene oder dahin angehobene Beförderungsstellen müssen weder unmittelbar bundes- bzw. landesweit mit den am besten beurteilten Bewerbern besetzt noch jeweils denjenigen Dienststellen zugewiesen werden, bei denen die am besten bewerteten Dienstnehmer tätig sind.[227]

60 Auch für die Entscheidung darüber, ob eine (Beförderungs-)Stelle bzw. ein (Beförderungs-)Dienstposten mit einem Beamten oder mit einem Tarifbeschäftigten besetzt werden soll, ist Art. 33 Abs. 2 GG – entgegen der Auffassung des Bundesarbeitsgerichts[228] – grundsätzlich nicht von Belang. Sie fällt vielmehr in den Rahmen der – von sachlichen Erwägungen geprägten – organisatorischen und personalpolitischen Gestaltungsfreiheit, die den Dienstherren bzw. den Arbeitgebern des öffentlichen Dienstes zuzugestehen ist, um sie in den Stand zu setzen, der Verantwortung für ihre von Verfassungs wegen geschuldete bestmögliche Erfüllung der öffentlichen Aufgaben gerecht zu werden.

61 Dem freien, gerichtlich nur sehr eingeschränkt überprüfbaren organisatorischen Ermessen des Dienstherrn muss es auch überlassen bleiben, ob er den Bewerberkreis vorab,

---

BBesG siehe BVerfG 16.12.2015 – 2 BvR 1958/13 –, juris.: Sie bedürfe eines sachlichen Grundes, der insbesondere angekommen werden könne, wenn der betroffene Verwaltungsbereich Teil der sog „Massenverwaltung" sei (Dienstposten mit ständig wechselnden Aufgaben, aaO Rn. 54). Ein gebündelter Dienstposten stelle für Beamte in jedem der zugeordneten Statusämter eine amtsangemessene Beschäftigung dar (BVerfG aaO Rn. 48 mwN), also keinen „höherbewerteten Dienstposten", dessen Wahrnehmung eine laufbahnrechtliche Bewährungsfeststellung ermöglichen könnte (vgl. BVerwG 25.1.2007 – 2 A 2.06 –, juris Rn. 11).

[225] Siehe Art. 1 § 1 Nr. 2, Art. 47 HStruktG.

[226] Vgl. einerseits BVerwGE 101, 112 (114); 122, 147 und BVerwG NVwZ-RR 2001, 253 sowie andererseits BAG NVwZ-RR 2007, 797 (799 ff.). Siehe auch Kenntner ZBR 2016, 181 (182) mwN

[227] Vgl. einerseits BVerwG AP BPersVG § 77 Nr. 6 sowie andererseits BAG aaO (Fn. 226). Zur Bildung sog Beförderungskreise siehe aber ThürOVG 4.12.2015 – 2 EO 94/15 –, juris Rn. 9 mwN: Die Grenzen des weiten organisations- und verwaltungspolitischen Ermessens werden bei einer auf die Vorwegnahme der Auswahlentscheidung (und auf eine Verkürzung des Bewerbungsverfahrensanspruchs des Einzelnen) zielenden Zuweisung der Stellen zu „Beförderungskreisen" überschritten. Siehe ferner ThürOVG 14.11.2013 – 2 EO 838/12 –, juris Rn. 22.

[228] BAG 103, 212 = RiA 2004, 30 mwN: Art. 33 Abs. 2 GG garantiere Angestellten (jetzt: Tarifbeschäftigten) gleichermaßen wie Beamten den Zugang zu einem öffentlichen Amt, sofern nicht ein Funktionsvorbehalt zur Wahrnehmung hoheitlicher Aufgaben (Art. 33 Abs. 4 GG) bestehe; die Praxis, eine festgelegte Zahl von Beförderungsstellen aus haushaltsrechtlichen Erwägungen mit Beamten zu besetzen, verstoße gegen Art. 33 Abs. 2 GG. Siehe dazu im Einzelnen Lemhöfer RiA 2004, 1 ff. Vgl. in dem angesprochenen Zusammenhang jetzt außerdem BVerfG NVwZ 2012, 368 und H. Günther DVBl 2012, 900.

etwa nach dem innegehaltenen Amt,[229] nach der Behördenzugehörigkeit[230] oder in Sicht auf eine spezifische verwaltungsinterne Aufgabensparte,[231] beschränkt[232] oder

- ob er eine Beförderungsstelle mit einem Versetzungs- oder einem Beförderungsbewerber besetzt[233] und
- ob er bislang außerhalb des öffentlichen Dienstes stehende Bewerber in die Auswahl einbezieht.[234,235]

Vorbehaltlich restriktiver Vorgaben haushaltsrechtlicher oder administrativer Art sind grundsätzlich alle Bewerber in eine Beförderungsauswahl einzubeziehen, die die laufbahnrechtlichen Voraussetzungen für das Beförderungsamt erfüllen.[236] Keine tragfähigen sachlichen Anknüpfungspunkte für eine Limitierung des Kreises der Bewerber um Beförderungsämter erblickt die höchstrichterliche Rechtsprechung[237] im Anciennitäts-

---

[229] Vgl. BVerfG ZBR 2008, 167 (für eine Stellenausschreibung, die den Kreis potentieller Bewerber auf Beamte mit einem Amt unmittelbar unterhalb des in Betracht kommenden Beförderungsamtes eingegrenzt hatte); siehe auch ThürOVG NVwZ-RR 2008, 806 – LS – (für den Ausschluss von Bewerbern mit Ämtern unterhalb der BesGr. A 16 bei der Besetzung einer Abteilungsleiterstelle – BesGr. B 6 – in einem Landesministerium).

[230] Vgl. HVGH NVwZ-RR 2003, 664 (zur hausinternen Ausschreibung einer Stelle mit der Begründung, dass die finanzielle Situation gebiete, „Personallücken" vorrangig aus dem „eigenen Personal" zu decken). Zu einer ressortbeschränkten Auswahl siehe ThürOVG ThürVGRspr. 2009, 45 = DÖV 2009, 464 (LS), enger hingegen ThürOVG 24.2.2011 – 6 SaGa 8/10 –, juris Rn. 25. Vgl. ferner BayVGH 16.5.2013 – 3 CE 13.328 –, juris Rn. 18 ff.: Beschränkung auf Beamte der Forstverwaltung.

[231] Vgl. RP OVG IÖD 2008, 51 = DVBl 2008, 51 (LS): Die in Rheinland-Pfalz im Bereich des gehobenen Justizdienstes praktizierte Aufteilung der verfügbaren Beförderungsstellen zwischen den mit Rechtspflegeraufgaben betrauten Beamten einerseits und den in der Justizverwaltung eingesetzten Bediensteten andererseits sei rechtlich bedenkenfrei (und bedürfe keiner ausdrücklichen Erwähnung in der Stellenausschreibung). Siehe aber auch RP OVG 15.10.2013 – 2 B 10707/13 –, juris Rn. 26 f.

[232] Problematisch insofern BrOVG ZBR 2010, 49: Die Gründe für eine Vorab-Beschränkung des Bewerberkreises müssten mit Rücksicht auf das Bestenausleseprinzip von solchem Gewicht sein, dass bei ihrer Nichtbeachtung die Funktionsfähigkeit der Verwaltung erheblich beeinträchtigt wäre; dazu krit. Schnellenbach/Bodanowitz Dienstliche Beurteilung Rn. 77c.

[233] Vgl. BVerwGE 122, 237: Seine Organisationsgewalt ermächtige den Dienstherrn, die im Haushaltsplan ausgewiesenen Stellen nach organisations- und verwaltungspolitischen Bedürfnissen zu bewirtschaften. Diese Gestaltungsfreiheit umfasse das „Wahlrecht, Stellen entweder durch Umsetzung oder Versetzung oder im Wege eines Auswahlverfahrens nach Maßgabe des Art. 33 Abs. 2 GG zu besetzen". Siehe auch ThürOVG 14.11.2013 – 2 EO 838/12 –, juris Rn. 22. Zu Fragen der Bindung an eine unbeschränkte Ausschreibung siehe NRW OVG NVwZ-RR 2002, 362 sowie BVerwGE 122, 237 (juris Rn. 18) und BVerfG 28.2.2007 – 2 BvR 2494/06 –, juris Rn. 6 f.: nachträgliche Einschränkungen nur aus Gründen, die den Anforderungen des Art. 33 Abs. 2 GG gerecht werden. Siehe auch NRW OVG 16.3.2015 – 1 B 1314/14 –, juris Rn. 6 ff., 16 ff.

[234] Vgl. NRW OVG 11.7.2006 – 6 B 1184/06 –, IÖD 2007, 122 (für den Fall einer Beschränkung des Bewerberkreises auf schon im öffentlichen Schuldienst tätige Bewerber bei der Besetzung einer Schulleiterstelle).

[235] Zur Verlautbarungspflicht
- bei einer nachträglichen *Beschränkung* des Bewerberkreises auf Versetzungsbewerber siehe NRW OVG NVwZ-RR 2006, 340 (341 f.) unter Hinweis auf HVGH ZBR 1993, 337,
- bei einer nachträglichen *Erweiterung* des Bewerberkreises siehe BVerfG NVwZ 2007, 693 (juris Rn. 7).

[236] Vgl. RP OVG DÖV 2001, 41 sowie HVGH NVwZ-RR 1992, 34.

[237] BVerwGE 122, 147, wo zum einen die Abhängigkeit der Wartezeit vom Inhalt der Ämter der jeweiligen Laufbahn herausgestellt ist, zum anderen aber allgemein als Obergrenze der für eine Regelbeurteilung jeweils vorgesehene Zeitraum anvisiert wird. Vgl. auch RP OVG NVwZ-RR 2008, 804, NRW OVG NVwZ-RR 2011, 241 (für den Polizeivollzugsdienst) sowie BayVGH 24.4.2015 – 3 BV 13.2043 –, juris Rn. 29. Siehe ferner BVerwG 26.9.2012 – 2 C 74.10 –, juris Rn. 22: Eine Vorschrift in einer Laufbahnverordnung, die eine Mindestaltersgrenze – konkret 40 Jahre – für einen Aufstieg in eine höhere Laufbahn vorschreibe, sei verfassungswidrig. Siehe auch Bln/BbgOVG 18.3.2014 – 7 S 26.14 –, juris Rn. 2 mwN.

grundsatz und in dem damit innerlich verknüpften verwaltungspolitischen Interesse an „ausgewogenen Altersstrukturen", sodass sich eine normative oder administrative Festsetzung von altersbedingten Wartezeiten verbietet, wenn und soweit die entsprechende Wartezeit nicht „geeignet und erforderlich (ist), um eine zuverlässige Beurteilung des Leistungsvermögens und eine fundierte Prognose über die Bewährung in einem höheren Amt zu ermöglichen". Im Gegensatz hierzu sind die (grundsätzlichen) Verbote der sog Sprungbeförderung (siehe für den Bundesbereich § 22 Abs. 3 und 6 BBG) und der sog Eilbeförderung (siehe für den Bundesbereich § 22 Abs. 4 und 6 BBG), die nicht zuletzt zu einer Verhinderung von Ämterpatronage beitragen sollen, bislang von der Rechtsprechung, soweit ersichtlich, (verfassungs-)rechtlich nicht in Zweifel gezogen worden.

62 Es ist Sache des Dienstherrn – in Würdigung des öffentlichen Interesses – das Anforderungsprofil des infrage stehenden Beförderungsamtes oder -dienstpostens[238] im Voraus – dh vor der eigentlichen Auswahl – zu konkretisieren und, vornehmlich durch Stellenausschreibung,[239] bekannt zu machen, soweit es nicht schon durch Gesetz, Verordnung oder Verwaltungsvorschrift bestimmt ist. Das wie auch immer festgelegte Anforderungsprofil bleibt für den Dienstherrn bei der späteren Auswahl unter den Bewerbern verbindlich. Die Rechtsprechung differenziert zwischen Merkmalen „allgemeiner, beschreibender" Art, die grundsätzlich nur „informativen" Charakter haben, und Merkmalen „speziellen, konstitutiven" Gepräges, denen nach dem erkennbaren Willen der zuständigen Behörde maßstabsetzender Charakter zukommt. Wer den „speziellen, konstitutiven" Merkmalen des Anforderungsprofils nicht genügt, wird bei der Auswahl von vornherein nicht berücksichtigt, mag er auch sonst besser als Mitbewerber beurteilt sein, die eben diesen Merkmalen in concreto genügen.[240] In dem angesprochenen Zusammenhang ist vor den Gefahren zu warnen, die sich einstellen könnten, wenn man bei der Grenzziehung zwischen den beiden Merkmaltypen dahin tendieren wollte, „Qualifikationserfordernisse" im Zweifel als „spezielle, konstitutive" Merkmale zu be-

---

[238] Das Anforderungsprofil „beschränkt nicht etwa die Maßstäbe des Leistungsprinzips, sondern den ihm unterfallenden Bewerberkreis" (BayVGH DVBl 2000, 1140, 1042 unter Hinweis auf RP OVG NVwZ-RR 1999, 49). Siehe außerdem SächsOVG DÖV 2011, 491 mit dem zutreffenden Bemerken, dass auch die Gewährleistung der Funktionsfähigkeit der öffentlichen Verwaltung „Verfassungsrang" besitze. Siehe aber auch Fn. 242.

[239] Siehe dazu für den Bundesbereich § 8 BBG. Aus einer Stellenausschreibung folgt keine Pflicht zur Stellenbesetzung (BVerwGE 101, 112 und BVerwG NVwZ 2000, 172); der Dienstherr kann ein Besetzungsverfahren aus sachlichem Grund abbrechen (dazu BVerfG NVwZ-RR 2009, 344 für den Fall einer politischen Diskussion über die Privatisierung oder Kommunalisierung der Aufgaben der Stadtmeisterei, ferner BVerfG NJW 2007, 204 sowie BVerwG NVwZ 2011, 1528, BayVGH NVwZ-RR 2006, 344, BrOVG ZBR 2011, 381, NdsOVG NVwZ-RR 2007, 404, NRW OVG NVwZ-RR 2004, 436, SächsOVG DRiZ 2004, 346, RP OVG NVwZ-RR 2008, 196, und – für den Fall einer nachträglichen Stellenhebung – LSA OVG 18.6.2013 – 1 M 55/13 –, juris) und die Stelle (etwa zwecks Frauenförderung, vgl. SOVG NVwZ-RR 2003, 48) neu ausschreiben – dies ggf. auch, um den Bewerberkreis zu erweitern; der Dienstherr muss sicherstellen, dass die Betroffenen von dem Abbruch rechtzeitig Kenntnis erlangen, und die Abbruchgründe dokumentieren (vgl. etwa BVerwG 26.1.2012 – 2 A 7.09 –, juris Rn. 28 f. und BVerfG 28.11.2011 – 2 BvR 1181/11 –, juris Rn. 23). Die in der Stellenausschreibung gesetzte Bewerbungsfrist ist keine Ausschlussfrist, sodass es im Ermessen des Dienstherrn liegt, auch verspätete Bewerbungen noch zu berücksichtigen, siehe etwa BayVGH 11.8.2015 – 6 CE 15.1379 –, juris Rn. 23, BVerwG 29.11.2012 – 2 C 6.11 –, juris Rn. 30. BVerwG 30.4.2012 – 2 VR 6.11 –, BeckRS 2012, 51082 zufolge lässt es keinen Ermessensfehler erkennen, wenn der Dienstherr eine verspätete Bewerbung nicht berücksichtigt, weil das Auswahlverfahren bei ihrem Eingang schon so weit fortgeschritten war, „dass alle Voraussetzungen für die Auswahlentscheidung vorgelegen haben" („zumal wenn ein erhebliches Interesse an der Besetzung des lange vakant gewesenen Dienstpostens bestanden hat").

[240] Grundlegend RP OVG NVwZ-RR 2003, 762.

handeln. Unter anderem könnte das Beurteilungswesen, jedenfalls was die Vergabe von Beförderungsämtern und -dienstposten beträfe, im Laufe der Zeit „weitgehend überflüssig" werden.[241] Diesen Gefahren wirkt die neuere Rechtsprechung des Bundesverwaltungsgerichts entgegen: Dieser zufolge dürfen nach Art. 33 Abs. 2 zu treffende Auswahlentscheidungen (betreffend Beförderungen oder Beförderungsdienstposten) regelmäßig nicht an den Anforderungen des konkreten Dienstpostens ausgerichtet werden, sodass hiernach für die Festlegung von spezifischen, nicht statusamtsbezogenen Anforderungsprofilen kein Raum besteht.[242]

2. Bestenauslese und sog Hilfskriterien

Der Begriff des „öffentlichen Amtes" in Art. 33 Abs. 2 GG umfasst nicht nur Ein- 63
gangs-, sondern auch Beförderungsämter und -dienstposten.[243,244] Dies bedeutet, dass
„jeder Deutsche ... nach seiner Eignung, Befähigung und fachlichen Leistung gleichen

[241] In diesem Sinne schon RP OVG aaO (Fn. 240). Siehe auch BW VGH NVwZ-RR 2011, 290, BayVGH RiA 2008, 262, SächsOVG DÖV 2011, 491 sowie NRW OVG ZBR 2009, 276: Als „konstitutiv" seien die Merkmale einzustufen, „die zum einen zwingend vorgegeben und zum anderen anhand objektiver Kriterien, also insbesondere ohne gebotene Rücksichtnahme auf Wertungsspielräume des Dienstherrn, letztlich eindeutig und unschwer festzustellen sind". Betrachtet man ua diesen Abgrenzungsversuch, so drängt es sich als unbedingt vorzugswürdig auf, dass der Dienstherr die Grenzziehung selbst vornimmt und in geeigneter Weise unmissverständlich verlautbart, und zwar trotz des Umstandes, dass seine Möglichkeiten einer (ohnedies durch das Manipulations- und Missbrauchsverbot eingeengten; vgl. dazu NdsOVG ZBR 2010, 270) variablen Schwerpunktsetzung dadurch eingeschränkt werden könnten. Beachte schließlich RP OVG RiA 2008, 31 mwN („allgemeine, beschreibende" Merkmale als Kriterien bei der Auswahl zwischen Bewerbern mit Leistungsgleichstand) sowie einerseits HmbOVG 12.2.2007 – 1 Br 354/06 –, abgedr. bei Schütz/Maiwald BR ES/A II 1.4 Nr. 147 („Leitungserfahrungen" als „konstitutives" Element des Anforderungsprofils), andererseits NRW OVG 5.11.2007 – 6 A 1249/06 –, BeckRS 2007, 28033 (Übernahme von Aufgaben im Rahmen der pädagogischen und organisatorischen Koordination als „allgemeines, beschreibendes" Merkmal bei der Besetzung einer Oberstudienratsstelle).

[242] BVerwG 20.6.2013 – 2 VR 1.13 –, juris Rn. 25 ff.: Ausnahmen hiervon seien nur bei (Beförderungs-)Dienstposten zulässig, die zwingend besondere Kenntnisse oder Fähigkeiten voraussetzen, die ein Laufbahnbewerber regelmäßig nicht mitbringt und sich in angemessener Zeit auch nicht (ohne unzumutbare Beeinträchtigung der Aufgabenwahrnehmung) verschaffen kann. Siehe auch BVerwG 19.12.2014 – 2 VR 1.14 –, juris Rn. 24 ff. Vgl. hingegen BVerfG 7.3.2013 – 2 BvR 2582/12 –, juris Rn. 16, und 16.12.2015 – 2 BvR 1958/13 –, juris Rn. 32: „Aufgabenbereich" des Amtes als Maßstab für die Anforderungen – sowie dazu v. Roetteken, ZBR 2016, 151; siehe ferner Bln/BbgOVG 14.4.2014 – 7 S 19.14 –, juris, SächsOVG 27.3.2014 – 2 B 518/13 –, juris Rn. 12, und Lorse ZBR 2014, 289 (293 f.) mwN.

[243] Siehe statt aller Franke in GKÖD I L § 4 Rn. 26; für einen rein funktionalen Begriff des öffentlichen Amtes jenseits der Einstellung v. Roetteken ZBR 2015, 154 ff. Der Grundsatz der Bestenauslese ist auch bei sog „Massenbeförderungen" (vgl. auch RP OVG 2.9.2015 – 2 B 10765/15 –, juris Rn. 21 ff.) zu beachten (NdsOVG RiA 2007, 127, 128 f.).

[244] Wird die Auslese unter mehreren Bewerbern – wie zumindest regelmäßig geboten – bereits bei der (gezielten) Vergabe eines Beförderungsdienstpostens unter Zugrundelegung der Maßstäbe des Art. 33 Abs. 2 GG getroffen und damit in gewissem Sinne „vorverlagert", so darf der Dienstherr bei der späteren Entscheidung über die Beförderung als solche nur dann auf einen neuerlichen aktuellen Leistungsvergleich verzichten, wenn seit der Auswahl in Bezug auf die Vergabe des Dienstpostens keine (durch Zeitablauf oder Änderung der Randbedingungen verursachte) „Entaktualisierung" des früheren Leistungsvergleichs eingetreten ist und wenn sich der ausgewählte Bewerber überdies auf dem Dienstposten bewährt hat (vgl. BVerwGE 115, 58; 124, 99, BVerwG NVwZ 2009, 787 und BVerwG 20.6.2013 – 2 VR 1.13 –, juris Rn. 13 sowie NdsOVG NVwZ-RR 2009, 733 und NRW OVG ZBR 2010, 133).

Zugang" auch zu den Beförderungsämtern und -dienstposten hat.[245] § 9 BeamtStG, der sich auf sämtliche Ernennungen bezieht, sowie § 22 Abs. 1 Satz 1 BBG, der auf die Grundsätze des § 9 BBG verweist, stellen im Ergebnis klar, dass die Auslese unter den Bewerbern (auch) bei Beförderungen „ohne Rücksicht auf Geschlecht,[246] Abstammung, Rasse oder ethnische Herkunft, Behinderung, Religion oder Weltanschauung, politische Anschauungen, Herkunft, Beziehungen oder sexuelle Identität" vorzunehmen sei (siehe auch Art. 3 Abs. 3 und Art. 33 Abs. 3 GG).

64 Mit dem Prinzip der Bestenauslese wäre es nicht vereinbar, dem Dienst-[247] oder dem Lebensalter der Bewerber Bedeutung für die Auswahlentscheidung auch dann beizumessen, wenn deren Qualifikationen voneinander abweichen.[248] Dienst- oder Lebensalter sind nur berücksichtigungsfähig,

- sofern sie im Einzelfall (schon in der dienstlichen Beurteilung des Bewerbers zu ziehende[249]) Rückschlüsse auf besondere, für die Wahrnehmung des infrage stehenden Amtes notwendige oder förderliche allgemeine oder dienstliche Erfahrungen[250] zulassen oder
- sofern mehrere nach Eignung, Befähigung und fachlicher Leistung im Wesentlichen gleichwertige Bewerber miteinander konkurrieren.[251]

Soziale Gesichtspunkte allgemeiner Art oder Erwägungen, die sich an der Fürsorge- und Schutzpflicht des Dienstherrn (§ 45 BeamtStG, § 78 BBG) ausrichten, dürfen ebenfalls nur – nachrangig[252] – herangezogen werden, wenn zwischen Bewerbern zu wählen ist, die im Wesentlichen[253] gleich qualifiziert sind. Als rechtlichen Bedenken entzogene Hilfskriterien sind – neben Dienst- und Lebensalter[254] – anzuführen:[255]

---

[245] Siehe in diesem Kontext HVGH DVBl 1988, 1071: Es verstoße gegen Art. 33 Abs. 2 GG, wenn bei der Besetzung freier Schulleiterstellen „generell und grundsätzlich" Bewerber aus dem Kollegium der betreffenden Schule nicht berücksichtigt würden.

[246] Zur sog Frauenförderung siehe → Rn. 66.

[247] Das Allgemeine Dienstalter (ADA) des Beamten wird gewöhnlich aufgrund von Richtlinien der jeweiligen obersten Dienstbehörde durch Verwaltungsakt festgesetzt (BVerwGE 19, 19 und BVerwG Buchholz 232 § 23 BBG Nr. 25). Siehe dazu auch BW VGH NVwZ-RR 1992, 494 (zum „Härteausgleich" bei verspäteter Beförderung) sowie SH OVG ZBR 1995, 23 und SOVG NVwZ-RR 2004, 361 (zu Fragen der Berücksichtigung von Zeiten eines Urlaubs aus familiären Gründen oder eines Erziehungsurlaubs) – Hinweis auf § 10 Fn. 41 –.

[248] Siehe schon → Rn. 61.

[249] Vgl. SOVG NVwZ-RR 2004, 361 (362).

[250] Zum Zusammenhang zwischen Dienstalter und Diensterfahrung in ihren (möglichen) positiven Auswirkungen auf das Leistungs- und Befähigungsbild siehe zB die einen Soldaten betreffende Entscheidung BVerwGE 117, 81; vgl. auch Schnellenbach/Bodanowitz Dienstliche Beurteilung Rn. 79, 172, 255 und 315a.

[251] Vgl. BVerwGE 19, 19 (22, 25) und BVerwG Buchholz 237.6 § 8 Nds. LBG Nr. 1 sowie BW VGH ZBR 1975, 316, HVGH ZBR 2000, 55, NRW OVG JMBl NRW 1974, 56 und RP OVG DÖD 1975, 114 (116); siehe ferner Schnellenbach NVwZ 1989, 435, 436 (krit. zu BVerwG NJW 1989, 435).

[252] Vgl. insoweit auch BVerwG NVwZ 2006, 212.

[253] Zur Problematik, wann Bewerber als „im Wesentlichen" gleich geeignet anzusehen sind, siehe Schnellenbach ZBR 1997, 169 (176 f.) und Schnellenbach/Fiebig in MAH Verwaltungsrecht § 5 Rn. 85, 87 f. mwN.

[254] Speziell hierzu BVerwGE 80, 123. Zum Zusammenhang zwischen der Fürsorge- und Schutzpflicht und den Hilfskriterien Dienstalter und Lebensalter siehe auch Kämmerer ZBR 2008, 325 (338).

[255] Siehe auch Schnellenbach Konkurrenzen Anh. 2 Rn. 175 ff. In der Rechtsprechung ist gelegentlich auch auf den „zweckmäßigen Personaleinsatz" abgestellt worden (vgl. NRW OVG ZBR 1999, 387); zum Fächerbedarf einer Schule bei der Besetzung der Stelle eines Studiendirektors OLG Hamm NVwZ-RR 2002, 523.

- die Daten der letzten Fachprüfungen,[256]
- die Innehabung eines herausgehobenen Dienstpostens,[257]
- die Größe und Bedeutung des Arbeitsgebietes,[258]
- der drohende Eintritt einer laufbahnrechtlichen Beförderungssperre[259] und
- die Schwerbehinderung,[260]

nicht hingegen der Familienstand.[261]

Von Fall zu Fall ist zu prüfen, ob nicht ein Verbrauch des jeweiligen Hilfskriteriums dadurch eingetreten ist, dass es bereits auf der Primärebene – nämlich im Rahmen der Einschätzung von Eignung, Befähigung und fachlicher Leistung – Berücksichtigung gefunden hat.[262] Soweit bei einem Vergleich von Bewerbern ältere Beurteilungen neben den aktuellen Erkenntnissen herangezogen werden (müssen), weil sie „positive oder negative Entwicklungstendenzen" erkennen lassen und „bedeutsame Rückschlüsse und Prognosen über die künftige Bewährung in einem Beförderungsamt ermöglichen", scheidet mithin auch eine (nochmalige) Orientierung an dem vormals gängigen Hilfskriterium „Leistungsentwicklung" aus, welches von daher seine praktische Bedeutung inzwischen weitgehend eingebüßt hat.[263]

Bei der Heranziehung von Hilfskriterien ist der Dienstherr grundsätzlich nicht an eine **65**
bestimmte Reihenfolge,[264] wohl aber an den Gleichbehandlungsgrundsatz (Art. 3 Abs. 1 GG) gebunden.[265] Auch in Anbetracht der Mitbestimmungspflichtigkeit von Beförderungen (siehe für den Bundesbereich § 76 Abs. 1 Nr. 2, § 77 Abs. 1 BPersVG) fällt es nicht

---

[256] HVGH DÖD 1992, 210. Zum Datum der I. Fachprüfung im Bereich des mittleren Polizeivollzugsdienstes HVGH NVwZ-RR 1996, 49 (51) und NVwZ-RR 1996, 279 (280).

[257] NRW OVG 14.6.2000 – 6 B 513/00 –, abgedr. bei Schütz/Maiwald BR ES/A II 1.4 Nr. 80. Von der Wahrnehmung eines „herausgehobenen" Dienstpostens zu unterscheiden ist es, wenn der Beamte einen, gemessen an seinem Statusamt, höherbewerteten (höherwertigen) Dienstposten innehat. Zum Aspekt der *Dauer* bei der Wahrnehmung höherwertiger Dienstaufgaben NdsOVG RiA 2004, 203, zur Annahme des Dienstherrn, ein Referatsleiter und ein *stellvertretender* Referatsleiter übten gleichermaßen eine „herausgehobene Leitungsfunktion" aus, SOVG NVwZ-RR 2007, 402.

[258] HVGH PersV 2000, 327 – LS – (siehe auch insofern die Klarstellung in Fn. 257). Vgl. außerdem schon Fn. 255.

[259] NRW OVG ZBR 1999, 387 und NWVBl. 2002, 236 sowie NRW OVG DÖV 2009, 590 (unter Hinweis auf eine laufbahnrechtliche Ausnahmeregelung). Ob auch die Wartefrist des § 5 Abs. 3 Satz 1 BeamtVG einer Verwertung als Hilfskriterium zugänglich ist, erscheint zw.

[260] Vgl. RP OVG RiA 1999, 153 und SH OVG ZBR 1994, 132 – LS –. Siehe auch NdsOVG NVwZ-RR 2004, 434 (der Schwerbehinderteneigenschaft komme bei der Auswahl für eine Beförderungsstelle als „sozialem Belang ohne Qualifikationsbezug" gegenüber leistungsbezogenen Hilfskriterien kein Vorrang zu); ferner NRW OVG NWVBl. 2007, 57 (es bestehe kein Vorrang der Schwerbehinderung vor der sog Frauenförderung, dazu Rn. 66). Zur Konkurrenz gleich beurteilter Beamter, von denen der eine schwerbehindert, der andere aber erheblich älter ist, RP DÖV 1979, 210. Auch Verwaltungsvorschriften können dem Hilfskriterium Schwerbehinderung keinen *generellen* Vorrang vor anderen Hilfskriterien, etwa dem Dienst- oder Lebensalter, verschaffen, weil ein derartiger Vorrang im Einzelfall durchaus der Fürsorge- und Schutzpflicht widerstreiten könnte, die dem Dienstherrn (auch) gegenüber *nicht* behinderten Beamten obliegt (NRW OVG ZBR 1995, 80, 81; vgl. aber v. Roetteken HBR IV/1 Rn. 560 zu § 9 BeamtStG).

[261] NRW OVG ZBR 1999, 387; vgl. auch Schnellenbach NWVBl. 1998, 417.

[262] Zu „Doppelvorteilen" bei der Berücksichtigung einer Schwerbehinderung vgl. Schnellenbach/Bodanowitz Dienstliche Beurteilung Rn. 427; siehe ferner Schnellenbach Konkurrenzen Anh. 2 Rn. 188 ff.

[263] Vgl. dazu BVerwG NVwZ 2003, 1397 und ZBR 2004, 101 (103) m. krit. Anm. Schnellenbach.

[264] BVerwG NVwZ 2003, 1397. Siehe dazu aber auch Schnellenbach/Fiebig in MAH Verwaltungsrecht § 5 Rn. 92 mwN.

[265] Vgl. dazu Schnellenbach ZBR 1997, 169 (174) mwN Eine Verwaltungspraxis kann zwar für die Zukunft geändert werden; eine Durchbrechung im Einzelfall ist aber nur angängig, wenn sie sich

immer leicht, eine Verwaltungsübung beim Hilfskriteriengebrauch durchzuhalten. Deswegen ist es ratsam, wenn sich die Verwaltung von vornherein nicht auf allzu unelastische Muster festlegt (oder festlegen lässt).

66 Zwei Hilfskriterien bedürfen einer gesonderten Betrachtung, nämlich der kommunale Schulträgervorschlag bei der Besetzung bestimmter Leitungsfunktionen im Schulbereich und die sog Frauenförderung zB – neuerdings und am weitesten gehend – gemäß § 19 Abs. 6 Satz 2 bis 7 NRW LBG[266]:

- Soweit das Landesrecht dem Schulträger im eben angesprochenen Zusammenhang ein Vorschlagsrecht einräumt,[267] trägt es damit der kommunalen Selbstverwaltungsgarantie (Art. 28 Abs. 2 GG) Rechnung. Es ist daher in der Regel nicht zu bemängeln, wenn auch nicht zwingend geboten,[268] dass der Dienstherr einem Schulträgervorschlag folgt,[269] falls dieser nach Zustandekommen und Inhalt rechtlich problemlos ist, insbesondere dem Bestenausleseprinzip[270] und dem Gebot der Chancengleichheit[271] genügt.

---

auf einen systemadäquaten Rechtfertigungsgrund stützen kann (NRW OVG NWVBl. 2002, 236 mwN).

[266] Die Bestimmung lautet: „Frauen sind bei im Wesentlichen gleicher Eignung, Befähigung und fachlicher Leistung bevorzugt zu befördern, sofern nicht in der Person eines Mitbewerbers liegende Gründe überwiegen. Von einer im Wesentlichen gleichen Eignung, Befähigung und fachlichen Leistung im Sinne von Satz 2 ist in der Regel auszugehen, wenn die jeweils aktuelle dienstliche Beurteilung der Bewerberin und des Mitbewerbers ein gleichwertiges Gesamturteil aufweist. Satz 2 und 3 finden Anwendung, solange im Bereich der für die Beförderung zuständigen Behörde innerhalb einer Laufbahn der Frauenanteil in dem jeweiligen Beförderungsamt entweder den Frauenanteil im Einstiegsamt oder den Frauenanteil in einem der unter dem zu besetzenden Beförderungsamt liegenden Beförderungsämter unterschreitet und der Frauenanteil in dem jeweiligen Beförderungsamt 50 Prozent noch nicht erreicht hat. Ist mit der Beförderung die Vergabe eines Dienstpostens mit Vorgesetzten- oder Leitungsfunktion verbunden, gilt Satz 4 bezogen auf die angestrebte Funktion. Abweichend von Satz 4 ist maßgeblich der Geschäftsbereich der obersten Landesbehörde, die den Beförderungsvorschlag macht, wenn die Landesregierung die für die Beförderung zuständige Behörde ist. Weitere Abweichungen von dem gemäß Satz 4 maßgeblichen Bezugsbereich oder in Bezug auf die Vergleichsgruppenbildung regelt die oberste Dienstbehörde durch Rechtsverordnung;“ durchgreifende verfassungsrechtliche Bedenken gegen Satz 3 dieser Bestimmung formuliert VG Düsseldorf 5.9.2016 – 2 L 2866/16 –, juris Rn. 18 ff. (bereits) hinsichtlich der Gesetzgebungskompetenz des Landes (Art. 70 Abs. 1, 74 Abs. 1 Nr. 27 GG, § 9 BeamtStG). Vgl. auch § 8 Satz 1 und Satz 2 Nr. 2 BGleiG (bevorzugte Berücksichtigung von Frauen ua bei der Beförderung und der Übertragung höher bewerteter Dienstposten für den Fall eines Qualifikationsgleichstandes mit männlichen Mitbewerbern in Bereichen, in denen Frauen „unterrepräsentiert“ sind – *nebst Öffnungsklausel*).

[267] Siehe zB § 61 Abs. 2 NRW SchulG. Vgl. auch NRW OVG NWVBl. 2009, 27 sowie Schnellenbach/Bodanowitz Dienstliche Beurteilung Rn. 260c.

[268] NRW OVG 17.6.2010 – 6 A 3356/08 –, BeckRS 2010, 50171.

[269] Vgl. NRW OVG NWVBl. 2007, 57, ferner BGH NVwZ 1994, 825. Zu Vorschlags-, Beratungs-, Zustimmungs- und Vetobefugnissen demokratisch nicht legitimierter Einrichtungen siehe Schnellenbach/Bodanowitz Dienstliche Beurteilung Teil B I Fn. 44 a. Zum besonderen fachspezifischen Gewicht eines Berufungsvorschlags der universitären Gremien bei der Besetzung einer Hochschullehrerstelle BayVGH NJW 2003, 1682.

[270] Vgl. NRW OVG, NWVBl 2009, 27 (juris Rn. 9 ff.). Die zuständige Schulaufsichtsbehörde muss den Schulträger im Rahmen der Beratung zutreffend und hinreichend differenziert über die jeweilige Qualifikation der Bewerber und über die Rechtslage informieren. Zur Missachtung des Bestenausleseprinzips beim Schulträgervorschlag aus Gründen parteipolitischer oder sonstiger Ämterpatronage Kloepfer ZBR 2001, 189.

[271] Entscheidet sich der Schulträger (bzw. der für ihn handelnde Schulausschuss) dafür, die (nach sachlichen Kriterien in die engere Wahl gelangten) Bewerber zu einem Vorstellungsgespräch zu laden (vgl. § 61 Abs. 1 Satz 3 NRW SchulG), so darf er keine Ausnahmen machen, soweit nicht schon die dienstliche Beurteilung oder anderweitig signifikante Eignungsmängel eines Bewerbers ausschließen, dass dieser zum Zuge kommen kann.

- Der Europäische Gerichtshof[272] hielt die frühere (von den Verwaltungsgerichten[273] als verfassungswidrig erachtete) nordrhein-westfälische Frauenförderungsregelung in Würdigung der gesetzlichen Öffnungsklausel für europarechtskonform, „vorausgesetzt, diese Regelung garantiert den männlichen Bewerbern … in jedem Einzelfall, dass … alle die Person der Bewerber betreffenden Kriterien berücksichtigt werden und der den weiblichen Bewerbern eingeräumte Vorrang entfällt, wenn eines oder mehrere dieser Kriterien zugunsten des männlichen Mitbewerbers überwiegen". Diejenigen Aspekte, die die personalentscheidende Stelle auch sonst – dh bei Bewerberfeldern, die sich nur aus Männern oder nur aus Frauen zusammensetzen – als relevant ansieht, sind daher auf der Hilfskriterienebene in ihrer Gesamtheit mit dem Hilfskriterium der Frauenförderung abzugleichen.[274] Ob die jüngst getroffene und gegenüber dem bisherigen Recht deutlich weitergehende Neuregelung in § 19 Abs. 6 Satz 3 NRW LBG, nach der Frauen im Ergebnis auch dann („in der Regel") bevorzugt zu befördern sein sollen, wenn sie – gemessen an der einschlägigen, auf Art. 33 Abs. 2 GG gestützten Rechtsprechung ua des Bundesverwaltungsgerichts – trotz gleicher Gesamturteile aufgrund von Unterschieden hinsichtlich der Einzelmerkmalbewertungen gerade nicht „im Wesentlichen gleich" beurteilt sind (siehe den vierten Punkt der Übersicht bei Rn. 84), in dieser Hinsicht einer gerichtlichen Prüfung Stand halten wird, ist fraglich; eine verfassungskonforme Anwendungspraxis zu § 19 Abs. 6 Satz 3 LBG NRW kann daran anknüpfen, dass in den Fällen „gleichwertiger Gesamturteile" nur „in der Regel" von einer „im Wesentlichen gleichen Eignung, Befähigung und fachlichen Leistung" auszugehen sein soll. Das Hilfskriterium der Frauenförderung wird ohnedies nach und nach an Gewicht verlieren, je größer sich die Annäherung an die maßgebliche 50 %-Quote ausnimmt.[275]

Worauf ein Leistungs- oder Eignungsmangel beruht, ist im Rahmen der Bestenauslese grundsätzlich gleichgültig. Hat er seine Ursache im dienstlichen Bereich, so kann der Beamte gleichwohl nicht verlangen, dass er so behandelt werde, als ob der Mangel nicht gegeben sei. Dies trifft insbesondere für gesundheitliche Einschränkungen[276] zu, die auf dienstliche Überbeanspruchung zurückgehen, aber auch für Leistungs- und Eignungsmängel, welche sich auf jahrelange einseitige Verwendung des Beamten zurückführen lassen. Soweit hier an Schadensersatzansprüche wegen Verletzung der Fürsorge- und Schutzpflicht[277] zu denken sein mag, können diese jedenfalls nicht auf eine Beförderung *entgegen* Art. 33 Abs. 2 GG gerichtet sein.[278] 67

---

[272] NJW 1997, 3429; siehe dazu auch Schnellenbach NWVBl. 1998, 417 sowie schon NWVBl. 1994, 371.

[273] Vgl. (ua) NRW OVG NVwZ 1991, 501, ZBR 1993, 94, ZBR 1996, 27 und NWVBl. 1998, 400.

[274] Vgl. NRW OVG 11.9.2014 – 6 B 880/14 –, juris Rn. 25 f. zu den Kriterien Frauenförderung und (Beförderungs-)Dienstalter.

[275] Siehe auch Schnellenbach/Fiebig in MAH Verwaltungsrecht § 5 Rn. 91. HVGH LKRZ 2010, 307 stellt klar, dass „Frauen … bei gleicher Gesamtnote (in einer Beförderungsliste nicht) einschränkungslos besser eingestuft werden (dürfen) als … Männer".

[276] Vgl. dazu BVerwG Buchholz 235.17 § 25 LBesG NW Nr. 2. Zu beachten ist aber, dass Einschränkungen der Dienstfähigkeit es allein noch nicht rechtfertigen, den betreffenden Beamten vom „Beförderungsgeschehen" *gänzlich* auszuschließen; so zutr. RP OVG NVwZ-RR 2003, 134 (für eingeschränkte Polizeidienstfähigkeit). Siehe außerdem Fn. 277.

[277] Siehe dazu → § 10 Rn. 58 ff.

[278] Zur Schwerbehinderung, die – ungeachtet der ua in § 5 Abs. 1 und 3 BLV niedergelegten allgemeinen Rechtsgrundsätze (vgl. Schnellenbach/Bodanowitz Dienstliche Beurteilung Rn. 419) – keinen Anspruch auf bevorzugte Beförderung (oder bessere Einstufung in einer Beförderungsrangliste, HVGH LKRZ 2010, 307) begründet (BVerwG 30.6.2011 – 2 C 19.10 –, juris Rn. 21), auch nicht über mangelnde gesundheitliche Eignung (etwa für den Polizeivollzugsdienst) hinwegzuhelfen vermag, siehe NRW OVG ZBR 2000, 100; BVerwG 25.7.2013 – 2 C 12.11 –, juris Rn. 10), ferner → Rn. 64 sowie § 11 Rn. 44. Zum Beförderungsgesuch eines schwerbehinderten Beamten aber auch

68 Schwebt ein staatsanwaltschaftliches Ermittlungsverfahren,[279] ein Strafverfahren oder ein Disziplinarverfahren[280] gegen den Beamten, so kann[281] der Dienstherr währenddessen, ohne gegen seine Fürsorge- und Schutzpflicht zu verstoßen, von nicht behobenen Eignungszweifeln ausgehen und eine Beförderung allein dieserhalb zurückstellen.[282] Hat der Beamte über Jahre hinweg unzureichende Leistungen erbracht, so kann eine Beförderung trotz nachhaltiger Leistungssteigerung zunächst unterbleiben, bis sich sicher abschätzen lässt, ob sich das nunmehr günstigere Leistungsbild stabilisiert.[283]

a) Zu den Mitteln der Bestenauslese

69 Eignung, Befähigung und fachliche Leistung[284] sind auf der Grundlage dienstlicher Beurteilungen[285] – und des insoweit aussagekräftigen Personalakteninhalts[286] – zu vergleichen. Dienstlichen Beurteilungen kommt damit entscheidende Bedeutung für die nötige Klärung der Wettbewerbssituation zu, sie sind in der Praxis das „primäre Mittel der Bestenauslese".[287] Dabei verdienen nicht nur die Gesamturteile, sondern auch die Einzelfeststellungen und -bewertungen Beachtung.[288] Insbesondere die bei einer Auswahlentscheidung zunächst einmal gebotene (vergleichende) Leistungsbewertung kann nicht unterbleiben, wie dies zB der Fall wäre, wenn sich die Auswahlentschließungen allein auf den Ablauf eines Assessment Center stützen könnten, in dem naturgemäß nur Befähigungs- und Eignungsmerkmale in „Momentaufnahmen" beleuchtet werden.[289] Die

---

BVerfG ZBR 2009, 125 (unter Bezugnahme auf BVerwG NVwZ-RR 2007, 784): Der Dienstherr habe „zu prognostizieren, ob der nur eingeschränkt polizeidienstfähige Beamte in dem angestrebten Amt auf Dauer verwendet werden kann". In die Prognose dürfe er auch „organisatorische und personalpolitische Erwägungen" einstellen; ein Ausschluss „von dem Beförderungsgeschehen" dürfe jeweils nur erfolgen, wenn zwingende „dienstliche Bedürfnisse" eine dauerhafte Verwendung des Behinderten in dem Beförderungsamt nicht zuließen.

[279] BVerwG BayVBl. 1975, 568 sowie Buchholz 232 § 23 BBG Nr. 17.

[280] BVerwG ZBR 1990, 22 und Buchholz 236.1 § 42 SG Nr. 1 sowie NRW OVG 19.9.2011 – 6 B 975/11 –, IÖD 2012, 19. Eine Entschädigung als Ausgleich dafür, dass die Beförderung während des Disziplinarverfahrens zurückgestellt worden ist, sieht das Gesetz nicht vor; BVerwG ZBR 1981, 380; eine schadensverursachende schuldhafte Pflichtverletzung wird regelmäßig nicht gegeben sein, vgl. BayVGH 10.12.2013 – 6 ZB 12.158 –, juris Rn. 4. Das Disziplinarverfahren ist indessen ohne vermeidbare Verzögerung durchzuführen; BVerfGE 46, 17 (28 f.); vgl. § 4 BDG (Beschleunigungsgebot).

[281] Hohe Anforderungen an die Ermessensausübung stellt HVGH 3.12.2015 – 1 B 1168/15 –, juris Rn. 12. Siehe auch NRW OVG 3.9.2015 – 6 B 666/15 –, juris Rn. 8: Regelmäßig ist es nicht geboten, den Schweregrad der disziplinarrechtlichen Vorwürfe vorgreifend zu wertend und eine Einschätzung zum Ausgang des Disziplinarverfahrens vorzunehmen.

[282] Siehe auch § 8 Abs. 4, § 9 Abs. 3 BDG (Beförderungsverbote bei Kürzung der Dienstbezüge und Zurückstufung); dazu BT-Drs. 14/4659, Zu Art. 1, §§ 6 und 7.

[283] BW VGH DÖD 1975, 110.

[284] Zu diesen Begriffen → § 11 Rn. 6, 16 ff.

[285] Siehe dazu im Einzelnen → § 11 Rn. 1 ff. Zur Nichtberücksichtigung einer „aktuell anstehenden und im Entwurf bereits vorliegenden Regelbeurteilung" BrOVG DÖD 1988, 194.

[286] Zum Personalakteninhalt gehören auch *ältere* Beurteilungen. Soweit sie Rückschlüsse und Prognosen über die künftige Bewährung in dem erstrebten Beförderungsamt ermöglichen, müssen sie in die (aktuelle) Eignungseinschätzung einfließen; erkennbare positive oder negative Entwicklungstendenzen können namentlich bei gleichwertigen aktuellen Leistungsbeurteilungen von Bewerbern den Ausschlag geben (BVerwGE 118, 370 sowie BVerwG NVwZ 2003, 1389 und NVwZ 2003, 1390; vgl. ferner NdsOVG NVwZ-RR 2003, 878 wie auch Fn. 263).

[287] Siehe zB BVerwG 27.4.2010 – 1 WB 39.09 –, juris Rn. 37; 20.6.2013 – 2 VR 1.13 –, juris Rn. 18; vgl. auch BVerfG 4.10.2012 – 2 BvR 1120/12 –, juris Rn. 12; 4.2.2016 – 2 BvR 2223/15 –, juris Rn. 70.

[288] Siehe dazu näher → Rn. 84 unter (4).

[289] Vgl. Art. 16 Abs. 1 Satz 4 und 5 BayLlbG und dazu BayVGH 5.8.2014 – 3 CE 14.771 –, juris Rn. 45, sowie Schnellenbach/Bodanowitz Dienstliche Beurteilung Rn. 164. Siehe ferner schon OVG Berlin NVwZ-RR 2001, 395 und Bln/BbgOVG 27.1.2012 – 6 S 50.11 –, juris. Zur Zulässigkeit eines

Ernennungsbehörde, die die Auswahl unter mehreren Bewerbern in der Substanz nicht einer anderen Behörde (oder sonstigen Stelle) überlassen kann,[290] darf zum einen keinen Einfluss auf eine anlassbezogene Beurteilung nehmen.[291] Sie darf sich zum anderen über den Aussagegehalt einer Beurteilung nur in Ausnahmefällen und nur aus schwerwiegenden sachlichen Gründen hinwegsetzen; Erkenntnisse, die gar im Widerspruch zum Inhalt der über einen Bewerber erstellten dienstlichen Beurteilungen stehen, darf sie erst recht nicht ohne weiteres – dh ohne Einschaltung der/des Beurteiler/s und ohne Anhörung des Bewerbers selbst – in ihre (in jedem Fall schriftlich niederzulegenden) Auswahlerwägungen einfließen lassen.[292] Je stärker die Abweichung von einer Beurteilung ausfällt und je ungünstiger sie für den Bewerber ist, desto strenger müssen die Anforderungen an die Aussagekraft der dafür gegebenen Begründung sein.[293] Grundsätzlich nicht tolerabel ist es, wenn während des Auswahlverfahrens „Neubewertungen" dienstlich schon beurteilter Arbeitsleistungen vorgenommen werden und dabei ein Bewertungsmaßstab angelegt wird, der sich von demjenigen der dienstlichen Beurteilungen durch die Reduktion auf wenige, insbesondere rein quantitative (Leistungs-)Aspekte unterscheidet.[294] Wenn man auch die Statthaftigkeit einer nachträglichen Änderung bereits bekannt gegebener Beurteilungen nach Abschluss des Beurteilungsverfahrens (einschließlich eines etwaigen Überprüfungsverfahrens) nicht grundsätzlich wird ausschließen können,[295] so darf diese aber nicht darauf hinauslaufen, dass die personalentscheidende Behörde sich in einem Auswahlverfahren an die Stelle des Beurteilers setzt und damit in die nur diesem übertragene Beurteilungsermächtigung[296] eingreift.[297]

Die Durchführung eines Auswahl- und/oder Vorstellungsgespräches zur Vorbereitung 70
einer Beförderungsentscheidung (oder der Entscheidung über die Vergabe eines Beförderungsdienstpostens[298]) ist (jedenfalls) dann nicht zu bemängeln,

speziell geregelten Eignungsfeststellungsverfahren für Schulleiterstellen siehe NRW OVG 21.6.2012 – 6 A 1991/11 –, juris und HmbOVG 20.11.2012 – 1 Bs 212/12 –, juris. Zum Rechtsrahmen von Assessment Center-Verfahren siehe H. Günther DÖD 2006, 146, der insbesondere die verwaltungsgerichtliche Praxis im Konkurrentenstreit ins Visier nimmt und am „Schluss" seines Aufsatzes (S. 152) auf eine offenbare Schwachstelle des vorbezeichneten Instruments hinweist: „Bewerber können ihr Auftreten lernen; längst gibt es entsprechende Literatur mit ‚Tipps' ... (Ein) begnadeter Darsteller (ist jedoch) nicht notwendig auch fähig und willig, im exekutivischen Alltag vergleichbar entsprechend zu wirken." Siehe ferner – besonders zu Art. 16 Abs. 1 Satz 4 und 5 BayLlbG – H. Günther DÖD 2016, 117 ff., RiA 2014, 101 ff. und RiA 2013, 57 ff. Siehe außerdem Schnellenbach Konkurrenzen Anh. 2 Rn. 135 ff.

[290] BayVGH NVwZ 1990, 285. NRW OVG RiA 1996, 206 bemerkt: Nur der für die Besetzung einer Stelle verantwortliche Dienstvorgesetzte habe darüber zu befinden, welchen Bewerber er für am geeignetsten halte. Er sei an die Beurteilung eines in ein anderes Bundesland abgeordneten Beamten durch den dortigen Dienstvorgesetzten nicht gebunden; weiche er davon indessen ab, müsse er freilich plausibel machen, weshalb er dies tue (siehe auch NdsOVG NördÖR 2011, 96 = DVBl 2010, 735 – LS –; NRW OVG 9.11.2015 – 6 B 1072/15 –, juris Rn. 7). Eine Auswahlentscheidung durch ein (politisches) Gremium, etwa den Rat einer Stadt, erfordert, dass das Gremium über die maßgeblichen Auswahlgrundlagen umfassend und – tatsächlich wie rechtlich – zutreffend unterrichtet wird; vgl. SOVG PersV 2008, 31 mwN.

[291] LSA OVG ZBR 2000, 321.

[292] HmbOVG DÖD 1993, 45. Zur gebotenen *Dokumentation der Auswahlerwägungen* siehe BVerfG 9.7.2007 – 2 BvR 206/07 –, juris Rn. 23, 25.11.2015 – 2 BvR 1461/15 –, juris Rn. 17, und 23.6.2015 – 2 BvR 161/15 –, juris Rn. 39, sowie → § 11 Rn. 9.

[293] SächsOVG SächsVBl. 2001, 123 (125).

[294] NdsOVG NVwZ-RR 2008, 552 (554). Siehe auch → § 11 Rn. 30.

[295] Vgl. LSA OVG DVBl 2007, 1120.

[296] Siehe dazu → § 11 Rn. 69.

[297] NdsOVG 23.6.2008 – 5 ME 108/08 –, abgedr. bei Schütz/Maiwald BR ES/D I 2 Nr. 94.

[298] Vgl. schon Fn. 244.

- wenn mehrere Bewerber nach ihren Beurteilungen eine (annähernd[299]) gleiche Qualifikation aufweisen,[300]
- wenn es um eine Konkurrenz zwischen Beamten und dienstlich nicht beurteilten Tarifbeschäftigten geht[301] oder
- wenn das Anforderungsprofil der fraglichen Stelle so beschaffen ist, dass sich die Eignungsfrage anhand der dienstlichen Leistungs- und Befähigungsbeurteilungen nicht restlos befriedigend klären lässt.[302]

Hinsichtlich der inhaltlichen Ausgestaltung von Auswahl- und/oder Vorstellungsgesprächen und hinsichtlich der Kriterien für die Bewertung ihrer Ergebnisse steht dem Dienstherrn ein weites Ermessen zu; Leitgedanke muss es dabei sein, dass jeder der (nach Maßgabe der vorhandenen Beurteilungen in die Auswahlüberlegungen einzubeziehenden) Teilnehmer die gleiche Chance hat, seine entscheidungserheblichen Fähigkeiten – anhand gleicher oder vergleichbarer Fragen und/oder Themen – unter Beweis zu stellen.[303]

71 Schwierigkeiten ergeben sich, wenn es sich darum handelt, freigestellte Mitglieder von Personalvertretungen[304] mit ihren nicht freigestellten Kollegen zu vergleichen. Hierbei ist das Benachteiligungs- und Begünstigungsverbot der §§ 8, 107 BPersVG zu beachten, das unter anderem eine Beurteilung (oder eine anderweitige Bewertung) der Tätigkeit in der

---

[299] Siehe dazu aber auch HmbOVG NordÖR 2007, 525 (LS) und ZBR 2009, 311.

[300] Vgl. BayVGH NVwZ-RR 2006, 344, NRW OVG ZBR 1984, 45 und NVwZ-RR 2006, 343 sowie SächsOVG NVwZ-RR 2005, 372. Zur begrenzten Aussagekraft eines Auswahl- und/oder Vorstellungsgespräches BrOVG DÖD 1999, 238: Es könne nie den auf der Grundlage zeitnaher dienstlicher Beurteilungen vorzunehmenden Leistungs- und Eignungsvergleich der Bewerber ersetzen.

[301] Vgl. NRW OVG NVwZ-RR 2004, 711, auch zur Frage der Dokumentation des Gesprächsinhaltes. Siehe dazu auch Bln/BbgOVG 27.1.2012 – 6 S 50.11 –, juris Rn. 5, NRW OVG 25.8.2014 – 6 B 760/14 –, juris Rn. 34 ff. und Schnellenbach Konkurrenzen Anh. 2 Rn. 152. Zur Vergleichbarkeit der statusamtsorientierten Beurteilung eines Beamten mit der dienstpostenbezogenen Beurteilung eines Tarifbeschäftigten, dessen Eingruppierung in Anbetracht des § 11 Satz 2 BAT der Besoldungsgruppe des Beamten entspricht, siehe NdsOVG NVwZ 1996, 501, außerdem HVGH NVwZ-RR 1994, 525 sowie Sommer NdsVBl. 1995, 129 und Zimmerling RiA 2002, 165 (175 f.). Zur Notwendigkeit einer – strukturierten – Leistungsbewertung bei einem nicht dienstlich beurteilten Tarifbeschäftigten NRW OVG RiA 2006, 230 (231) und BayVGH 24.3.2016 – 3 CE 16.290 –, juris Rn. 21 ff.; zur unverzichtbaren Vorlage eines Arbeitszeugnisses bei externen Bewerbern aus der Privatwirtschaft HVGH ZBR 2009, 267 und BVerwG 27.4.2010 – 1 WB 39.09 –, juris Rn. 36 ff.

[302] Siehe dazu Schnellenbach ZBR 1997, 169 (172). Ferner RP OVG 22.3.2002 – 2 B 10307/02 –, juris: Zwar könne „der Vorrang der dienstlichen Beurteilung bei den Erkenntnismitteln im Einzelfall" schwinden, „etwa wenn das zu besetzende (Spitzen-)Amt durch ein spezielles Anforderungsprofil gekennzeichnet ist, zu dem der Inhalt der dienstlichen Beurteilung sich nicht verhalten kann"; eine solche Besonderheit rechtfertige es aber nicht, „die breit angelegten und differenzierten Erkenntnismöglichkeiten der dienstlichen Beurteilung vollständig außer Betracht zu lassen bzw. … von ihrer Einholung von vornherein abzusehen". Vielmehr müsse die Auswahlentscheidung dann sowohl auf der Grundlage einer angemessenen Berücksichtigung des Informationsgehaltes der dienstlichen Beurteilungen als auch der sonstigen (etwa auch auf Auswahl- oder Vorstellungsgesprächen basierenden) Leistungs- und Eignungsfeststellungen getroffen werden. Siehe schließlich NdsOVG DÖD 2007, 57 (der Dienstherr dürfe im Auswahlverfahren Eignungsprognosen in den dienstlichen Beurteilungen der Bewerber nicht zugunsten der Ergebnisse von Auswahlgesprächen gänzlich unberücksichtigt lassen), aber auch NdsOVG NVwZ-RR 2007, 540, 542 (das – strukturierte – Auswahlgespräch habe in concreto „einen eindeutigen Vorsprung eines Bewerbers" ergeben, demgegenüber die bessere Gesamtnote in älteren Beurteilungen eines Mitbewerbers als Auswahlaspekt zurücktreten könne).

[303] NRW OVG NVwZ-RR 2006, 343; vgl. daneben NdsOVG NVwZ-RR 2005, 588 und SH OVG IÖD 1997, 138. Siehe ferner Schnellenbach Konkurrenzen Anh. 2 Rn. 149 ff.

[304] Zu (teil-)freigestellten Gleichstellungs- bzw. Frauenbeauftragten eingehend Kathke ZBR 2004, 185 (188 ff.), ferner Schnellenbach/Bodanowitz Dienstliche Beurteilung Rn. 222d und 222e mwN.

Personalvertretung nicht zulässt.[305] Auch bei längeren Freistellungen darf die letzte dienstliche Beurteilung nicht außer Betracht bleiben; auf ihrer Grundlage hat der Dienstherr, um dem Benachteiligungsverbot Rechnung zu tragen, eine Prognose dazu anzustellen, wie sich die dienstlichen Leistungen voraussichtlich weiter entwickelt hätten.[306] Auch bei Elternzeit und familienpolitischer Beurlaubung können derartige Nachzeichnungen – wie etwa nach Art. 17a BayLlbG – geboten sein. Liegt die letzte dienstliche Beurteilung allerdings sehr lange zurück (zB 16 oder gar mehr als 25 Jahre), fehlt es an einer belastbaren Tatsachengrundlage für eine fiktive Laufbahnnachzeichnung.[307] In solchen Fällen erscheint es sachgerecht, auf Hilfskriterien, bei einer überschaubaren Bewerberzahl insbesondere auf strukturierte Auswahlgespräche, zurückzugreifen.[308]

b) Zum Rechtsanspruch auf Beförderung

Die Beantwortung der Frage, ob Art. 33 Abs. 2 GG und die ihm korrespondierenden einfachrechtlichen Vorschriften zu einem Anspruch auf Beförderung führen können, hängt ausschlaggebend davon ab, ob diese Normen nur dem öffentlichen Interesse oder zumindest auch dem Interesse des bestgeeigneten Bewerbers (bzw. der besser geeigneten Bewerber) zu dienen bestimmt sind.[309] H. Günther[310] hat in diesem Zusammenhang zutreffend darauf aufmerksam gemacht, dass die (wohlverstandenen) Belange des öffentlichen Dienstes und ein Beförderungsanspruch der/des bestgeeigneten Bewerber/s gleichgerichtet seien. Wenn man sich auch in Anbetracht dessen für die Annahme eines subjektiv-öffentlichen Rechts auf Beförderung (und nicht nur eines Rechtsreflexes) entscheidet, so läuft dies nicht auf eine Verkürzung notwendiger verwaltungspolitischer Spielräume hinaus. Art. 33 Abs. 2 GG und seine einfachrechtlichen Ausprägungen können nämlich nur dann als Anspruchsgrundlagen herangezogen werden, wenn 72

- eine freie und besetzbare Beförderungsplanstelle vorhanden ist,[311]

---

305 BVerwGE 93, 188; BVerwG 30.6.2014 – 2 B 11.14 –, juris Rn. 12 ff.

306 BVerwG 30.6.2014 – 2 B 11.14 –, juris Rn. 12 ff.

307 Siehe BVerwG 16.12.2010 – 2 C 11.09 –, juris Rn. 8 ff. (NVwZ-RR 2011, 371) und BayVGH 28.7.2014 – 3 ZB 13.1642 –, juris Rn. 11. Siehe zur fiktiven Laufbahnnachzeichnung im Einzelnen Schnellenbach/Bodanowitz Dienstliche Beurteilung Rn. 222a ff. mwN; Schnellenbach. ZfPR 2002, 51. Nach BVerwG ZBR 1998, 46 liegt es im pflichtgemäßen Ermessen des Dienstherrn, das Verfahren so auszugestalten, dass der Verwaltungsaufwand zur Ermittlung einer fiktiven Laufbahnentwicklung „in praktischen Grenzen" gehalten wird und die Erörterung von Personalangelegenheiten anderer Beamter „auf das unvermeidliche Maß" beschränkt bleibt. Vgl. auch BVerwG NVwZ 2007, 344 (speziell zur Erprobung) und SOVG NVwZ-RR 2007, 793 (794 f.). Zur Vergleichsgruppenbildung NRW OVG 14.12.2007 – 6 B 1155/07 –, juris, und SOVG RiA 1993, 208. Maßgeblich ist der wahre Beurteilungsdurchschnitt in dem jeweiligen Beurteilungsbereich (siehe dazu Schnellenbach RiA 1990, 120, 123 f.), nicht etwa auf das Gesamturteil „Durchschnitt" (siehe dazu § 11 Rn. 45).

308 Vgl. BayVGH 28.7.2014 – 3 ZB 13.1642 –, juris Rn. 18; VG Potsdam 1.3.2016 – 2 L 2001/15 –, juris Rn. 22. Raeder RiA 2015, 241 ff. meint, nach Art. 17a Abs. 2 BayLlbG (betr. bestimmte Freistellungen vom Dienst) sei eine „unbegrenzte" Fortschreibung der letzten periodischen Beurteilung unabhängig vom Vorliegen einer dafür belastbaren Tatsachengrundlage vorzunehmen. Als tragfähige Grundlage für Auswahlentscheidungen scheiden derart (ins Blaue hinein) fortgeschriebene Beurteilungen jedoch aus.

309 Vgl. dazu BVerfGE 27, 297 (307), BVerfG 4.2.2016 – 2 BvR 2223/15 –, juris Rn. 69 und BVerwG NJW 1989, 538, ferner H. Günther NVwZ 1989, 837, Siegmund-Schultze VerwArch. 73 (1982), 137 (143) und Schnellenbach NVwZ 1989, 435.

310 ZBR 1979, 93 (99). Klammerzusatz des Verf.

311 Wegen der Obergrenzen für die Anteile der Beförderungsämter siehe § 26 BBesG, ferner § 17 Abs. 5, § 49 BHO. Aus der Übertragung eines höherwertigen Dienstpostens folgt in der Regel allein kein Anspruch auf Verleihung des entsprechenden Status (vgl. § 19 Abs. 2 BBesG). Zur (ausnahmsweisen) Pflicht, auf die Bereitstellung der für eine Beförderung notwendigen Planstelle hinzuwirken, vgl. BVerwG 24.9.2008 – 2 B 117.07 –, juris Rn. 15.

- diese Stelle nach dem Willen der Verwaltung auch tatsächlich mit einem Beförderungs- und nicht etwa mit einem Versetzungsbewerber[312] besetzt werden soll[313] und
- der jeweilige Bewerber durch den Dienstherrn kraft seiner Beurteilungsermächtigung selbst als der geeignetste ausgewiesen ist.[314]

Folgerichtig wird man davon ausgehen können, dass der Gleichbehandlungsgrundsatz – ggf. iVm dem hergebrachten Grundsatz der Fürsorge und des Schutzes[315] oder der einfachrechtlichen Fürsorge- und Schutzpflichtnorm[316] – einem gefestigten Hilfskriteriengebrauch[317] zur Außenwirkung verhelfen kann, indem er bei im Wesentlichen gleich geeigneten Bewerbern eine Ermessensreduzierung in Richtung auf einen Beförderungsanspruch des bei Zugrundelegung der Verwaltungspraxis vorzuziehenden Bewerbers vermittelt.

3. Die Auswahlentscheidung

73 Im Zusammenhang mit der Konkurrenz zweier Bewerber um die Stelle des Präsidenten eines Oberlandesgerichts[318] hat das Bundesverwaltungsgericht mit seinem Urteil vom 4. November 2010[319] den Rechtscharakter der Auswahlentscheidung unter Abkehr von seiner früheren ständigen Rechtsprechung[320] nunmehr wie folgt gekennzeichnet:[321]

---

[312] Siehe dazu → Rn. 61.

[313] Eine allgemeine Haushaltssperre ist auch dann grundsätzlich nicht zu beanstanden, wenn sie laufende Besetzungsverfahren betrifft (vgl. Möller in Schwegmann/Summer BesR A II/1 § 19 BBesG Rn. 19).

[314] Vgl. für den Fall eines einzigen verbliebenen Bewerbers HVGH 14.10.2015 – 1 A 1203/15 – juris Rn. 47. Zum Beförderungsanspruch unter den drei genannten engen Voraussetzungen siehe jüngst BVerwG 17.3.2016 – 2 C 2.15 –, juris Rn. 19 mwN.

[315] Siehe → § 10 Rn. 2.

[316] Siehe → § 10 Rn. 26.

[317] Siehe → Rn. 65.

[318] *Randbemerkung:* Der Verfahrensablauf im Ausgangsfall gibt Anlass zu der Warnung, annehmen zu wollen, dass routinierte Manipulanten durch eine Änderung prozessrechtlicher Konstruktionen nachhaltig daran gehindert werden könnten, künftig *erneut* sachwidrig zu handeln (vgl. schon Schnellenbach NJW 1989, 2227, 2232 f.).

[319] BVerwGE 138, 102 = NVwZ 2011, 358.

[320] BVerwGE 80, 127 und BVerwG ZBR 1989, 281; vgl. auch Bracher ZBR 1989, 139, Schnellenbach DÖD 1990, 153 und Weiß ZBR 1989, 273 sowie BGHZ 165, 139 (in Notarsachen) und BAGE 101, 153. Abgesehen von einem obiter dictum (BVerwGE 115, 89 m. Anm. Schnellenbach ZBR 2002, 178), von dem es sich später wieder distanziert hatte (BVerwGE 118, 370 m. krit. Anm. Schnellenbach ZBR 2004, 101), war das Gericht in mehr als 20 Jahren im Grundsätzlichen bei seiner Auffassung geblieben, dass die Beförderung ein begünstigender Verwaltungsakt sei, der den erfolglosen Mitbewerber „nicht betrifft", *sowie* dass der Grundsatz der Ämterstabilität im Ergebnis dazu führen müsse, das Beförderungsverfahren mit der „anderweitigen Besetzung einer (Beförderungs-)Stelle" als „beendet" anzusehen. Es hatte diesen Ansatz lediglich dahin modifiziert, dass die Besetzung der Beförderungsplanstelle dann nicht die *künftige* Nichterfüllbarkeit eines Bewerbungsverfahrensanspruchs zur Folge haben solle, wenn der Dienstherr den erfolgreichen Mitbewerber entgegen einer einstweiligen Sicherungsanordnung befördert habe; für diesen Fall sei er (genauer: der jeweilige Haushaltsgesetzgeber) gehalten, ggf. eine *weitere gleichartige* Planstelle zu schaffen; nur für die *Vergangenheit* komme dann ausschließlich Schadensersatz infrage (siehe dazu → Rn. 74). Diese Variante hat die Entscheidung BVerwGE 138, 102 (mit Recht) wieder fallen gelassen.

[321] Der Verf. enthält sich einer kritischen Würdigung der neuen Rechtsprechung, namentlich im Blick auf deren dogmatische Ungereimtheiten und die problematische ungleiche verfahrensrechtliche Behandlung von Verstößen gegen Art. 19 Abs. 4 Satz 1 GG einerseits und (nicht weniger ernst zu nehmenden) Zuwiderhandlungen gegen Art. 33 Abs. 2 GG andererseits; dies zumal auch deshalb, weil die Instanzgerichte nahezu ausnahmslos ersichtlich und erfolgreich bestrebt sind, soweit wie möglich, an den bewährten Strukturen des vorläufigen Rechtsschutzes festzuhalten. Für eine Neu-

- Die Auswahlentscheidung betreffe nach ihrem Inhalt alle Bewerber „gleichermaßen". Mit der Auswahl eines Bewerbers „(gehe) zwangsläufig die Ablehnung der Mitbewerber einher".
- Der „Regelungsgehalt der Ernennung" des erfolgreichen Bewerbers „(stimme) mit der Auswahlentscheidung überein". Die Ernennung (ein „Verwaltungsakt mit Drittwirkung" zu Lasten der jeweils unterlegenen Bewerber) setze die Auswahlentscheidung rechtsverbindlich um und beende das Auswahlverfahren. Sie sei an keine weiteren Voraussetzungen als die Auswahlentscheidung gebunden, sondern bestätige diese „nach Maßgabe des Art. 33 Abs. 2 GG getroffene Entscheidung des Dienstherrn auch im Hinblick auf die Bewerbungsverfahrensansprüche".
- Die „gesonderten (begründungsbedürftigen) Mitteilungen" der Auswahlentscheidung an sämtliche Bewerber, „einmal positiven, ansonsten negativen Inhalts", stellten keine „inhaltlich eigenständigen Entscheidungen" (mithin auch keine Verwaltungsakte) dar, sondern gäben die „einheitliche, rechtlich untrennbare Auswahlentscheidung" (nur) bekannt.
- Ein unterlegener Bewerber könne seinen Bewerbungsverfahrensanspruch nur dann durch eine Anfechtungsklage gegen die Ernennung weiterverfolgen, „wenn er unter Verstoß gegen Art. 19 Abs. 4 GG daran gehindert worden ist, seine Rechtsschutzmöglichkeiten vor der Ernennung auszuschöpfen". Zu denken sei hier an „Rechtsschutzverhinderungen" infolge von Mängeln der „Mitteilung" und/oder aufgrund unterbliebenen oder unzureichenden Zuwartens auf eine (verwaltungs-, ggf. auch eine verfassungs-)gerichtliche Überprüfung der Auswahlentscheidung. Das Vertrauen des Ernannten sei „nach Abwägung der gegenläufigen Interessen nicht schutzwürdig"; er könne sich an einem neuen Auswahlverfahren in Bezug die entsprechende Stelle abermals beteiligen. Anders stehe es bei einem Verstoß gegen Art. 33 Abs. 2 GG: „Hatte ein unterlegener Bewerber Gelegenheit, die Rechtsschutzmöglichkeiten zur gerichtlichen Nachprüfung der Auswahlentscheidung vor der Ernennung auszuschöpfen, so sind seine Ansprüche aus Art. 33 Abs. 2, Art. 19 Abs. 4 Satz 1 GG erfüllt. Dies gilt unabhängig davon, ob den (im Verfahren nach § 123 Abs. 1 Satz 1 VwGO ergangenen) Entscheidungen materiellrechtliche oder prozessuale Mängel anhaften."

4. Schadensersatz wegen unterbliebener oder verspäteter Beförderung

Klammert man die soeben näher bezeichneten Fälle von „Rechtsschutzverhinderungen" aus, so wandelt sich ein etwaiger – auf Erfüllung gerichteter – Beförderungsanspruch, dem (namentlich unter Verstoß gegen Art. 33 Abs. 2 GG) schuldhaft nicht entsprochen worden ist, mit der Besetzung der Beförderungsplanstelle in einen Schadensersatzanspruch wegen Nichterfüllung.[322,323] Sieht man Art. 33 Abs. 2 GG und die inhalts- 74

---

ausrichtung des Konkurrentenstreitverfahrens, ausgehend von der Qualifizierung der Auswahlentscheidung als Verwaltungsakt (mit Drittwirkung), neuerdings Kenntner ZBR 2016, 181 ff. Siehe zum vorläufigen Rechtsschutz auch → Rn. 80.

[322] Grundlegend BVerwGE 13, 17.

[323] Ein Folgenbeseitigungsanspruch, gerichtet auf Zuweisung der nächsten gleichartigen freiwerdenden Planstelle, besteht nicht (BVerwG 14.8.1998 – 2 B 34.98 – juris Rn. 13 = ZBR 2001, 34, 35; BVerwG 18.4.2002 – 2 C 19.01 –, juris Rn. 19 mwN; ebenso Martens ZBR 1992, 129, 133). Der allgemeine Folgenbeseitigungsanspruch setzt einen rechtswidrigen Eingriff der Verwaltung voraus und ist nicht in Betracht zu ziehen, wenn einem Anspruch auf ein (bestimmtes) Verwaltungshandeln – hier: auf Erlass eines begünstigenden Verwaltungsakts – nicht genügt ist, vgl. BVerwG aaO. Allerdings kann die zuständige Behörde, sobald sich erneut eine Beförderungsmöglichkeit bietet, eine „Folgenbeseitigungslast" treffen; vgl. dazu BayVGH 1.9.2015 – 3 CE 15.1327 –, juris Rn. 22, ferner –

gleichen einfachgesetzlichen Bestimmungen als Rechtsgrundlagen für einen möglichen Beförderungsanspruch des bestgeeigneten Bewerbers an, so ist der entsprechende Schadensersatzanspruch nicht auf eine Verletzung der Fürsorge- und Schutzpflicht, sondern auf die Nichterfüllung der verfassungsrechtlich verbürgten Pflicht zur Bestenauslese zu stützen.[324]

75 Das Begehren des übergangenen Bewerbers, dienst-,[325] besoldungs- und versorgungsrechtlich[326] so gestellt zu werden, als ob er zum Zeitpunkt der Aushändigung der Ernennungsurkunde an den Mitbewerber (oder des Wirksamwerdens der Ernennung) befördert worden wäre,[327] kann nur Erfolg haben,[328]

- wenn der Dienstherr seine Pflicht zur Bestenauslese (hilfsweise: zur Auslese zwischen gleich geeigneten Bewerbern unter Beachtung des Gleichbehandlungsgrundsatzes, ggf. iVm Fürsorge- und Schutzpflichtgesichtspunkten[329]) verletzt hat,[330]
- wenn dies auf Verschulden beruht[331] und
- wenn die unterbliebene oder verspätete[332] Beförderung (als Schaden) durch die Pflichtverletzung adäquat verursacht ist.[333]

Der Kausalitätsnachweis[334] ist erbracht, wenn sich im Nachhinein sagen lässt, dass sich die zuständige Behörde bei Vermeidung der Rechtsverletzung voraussichtlich gerade für diesen Bewerber entschieden hätte (oder rechtlich zwingend hätte entscheiden müssen).[335] Seine Berücksichtigung muss nach Lage der Dinge jedenfalls ernsthaft möglich gewesen

---

betreffend nachfolgende Auswahlentscheidungen unter gleich geeigneten Bewerbern – Kenntner ZBR 2016, 181 (198), sowie allgemein Grzeszick in Ehlers/Pünder AllgVR § 45 Rn. 133.

[324] Vgl. Schnellenbach ZBR 1981, 301 (303 f.). Ebenso BVerwG NJW 1989, 538 (dazu H. Günther NJW 1989, 837 und Schnellenbach NJW 1989, 435); weiterhin BVerwG ZBR 1992, 106, ZBR 2001, 34 (35) und BVerwG 19.3.2015 – 2 C 12.14 –, juris Rn. 9 ff.

[325] Zur Verbesserung des ADA im Wege des Schadensersatzes vgl. NdsOVG DVBl 1972, 962, NRW OVG ZBR 1986, 276 und SH OVG ZBR 1976, 87; zur Änderung der Amtsbezeichnung eines während des aktiven Dienstes zu Unrecht nicht beförderten Ruhestandsbeamten (siehe § 86 Abs. 3 BBG) BW VGH ZBR 1972, 308.

[326] Vgl. insoweit BVerwG ZBR 1997, 15 und NRW OVG ZBR 1986, 276.

[327] Zum Ausschluss der Naturalrestitution (Nachholung der unterbliebenen Beförderung) vgl. BVerwGE 15, 3 (11); 28, 155 (162); 53, 12 (20 f.), ferner NdsOVG aaO und SOVG aaO (jeweils Fn. 325).

[328] Vgl. auch Roth ZBR 2001, 14 (15 f.).

[329] Eine ausreichende Personalausstattung seines Referates ist im Hinblick auf mögliche Beförderungen des Beamten nicht Gegenstand der Pflicht des Dienstherrn zur Fürsorge; BVerwG ZBR 1980, 379.

[330] Zu einer Pflichtverletzung in Gestalt einer „Rechtsschutzverhinderung" siehe → Rn. 73.

[331] Zum Fehlen des Verschuldens für den Fall, dass ein Kollegialgericht die Beförderungsentscheidung zwischenzeitlich als rechtens qualifiziert hat, siehe BVerwG NJW 1985, 876; ZBR 1986, 149 und NRW OVG 30.5.2011 – 1 A 1757/09 –, juris Rn. 108 ff. mwN. Nach BVerwGE 124, 99 (ebenso: NRW OVG aaO) ist die Kollegialgerichtsregel auch auf Entscheidungen über die Gewährung vorläufigen Rechtsschutzes anwendbar, es sei denn, das Gericht hat seine Entscheidung nicht mit der Sorgfalt getroffen, wie sie von der Behörde erwartet wird, „weil sie, daran gemessen, nicht auf einer zureichenden tatsächlichen und rechtlichen Beurteilungsgrundlage beruht" (vgl. hierzu auch BVerfG NVwZ 2003, 200) . Zum Verschulden eines Amtswalters im Übrigen BVerwG BayVBl. 2009, 474 und RP OVG NVwZ-RR 2008, 804 (805 f.).

[332] Vgl. dazu NRW OVG DÖD 1973, 258.

[333] BVerwGE 15, 3 (11); 151, 333 ff. (= 19.3.2015 – 2 C 12.14 –, juris Rn. 27). Es kann nicht etwa hilfsweise (oder gar als „Minus" zu einer Schadensersatzklage) auf Neubescheidung geklagt werden; SOVG RiA 1986, 233. Siehe aber auch → Rn. 73.

[334] Zur Beweislast siehe → Rn. 88.

[335] BVerwG NJW 1992, 927; siehe aber auch NRW OVG ZBR 1984, 45. Der entsprechend anzuwendende § 287 ZPO räumt dem Richter allerdings ein beträchtliches Ermessen ein. Dieser kann sich insbesondere mit einer überwiegenden Wahrscheinlichkeit begnügen; BGH NJW 1991, 1412, NJW 1994, 3295 (3297) und ZBR 1995, 314.

sein[336] – eine Feststellung, wie sie beim Vorhandensein besser qualifizierter, gleichfalls erfolglos gebliebener Mitbewerber nicht zu treffen ist;[337] bei (im Wesentlichen) gleich qualifizierten Konkurrenten kommt es auf die Handhabung der Hilfskriterien zur Zeit der Auswahlentscheidung an. Unter Umständen – vornehmlich wenn die Beförderungspraxis einer Behörde über Jahre hinweg rechtswidrig war – ist es angezeigt, die Entwicklung längerfristig zurückzuverfolgen und „nachzuzeichnen". Daneben ist der Rechtsgedanke des § 839 Abs. 3 BGB auch hier zu berücksichtigen – mit der Folge, dass der Schadensersatzanspruch bereits dann entfällt,

- wenn der Beamte nicht darauf hingewirkt hat, Zweifel an der Rechtmäßigkeit einer für die künftige Auswahl relevanten dienstlichen Beurteilung noch früh genug vor dem Beförderungstermin auszuräumen,[338]
- wenn er sich deswegen von einer Bewerbung um ein Beförderungsamt hat abhalten lassen, weil der Streit um eine Beurteilung noch nicht abgeschlossen war,[339] oder
- wenn er es verabsäumt hat, rechtzeitig vorläufigen verwaltungsgerichtlichen Rechtsschutz[340] in Anspruch zu nehmen.[341]

Schadensersatzverlangen des angesprochenen Inhalts haben infolgedessen, aber auch schon mit Rücksicht auf die in Fn. 331 aufgewiesene und in § 10 Rn. 60 näher beleuchtete Kollegialgerichtsregel wie jetzt zudem angesichts des unter Rn. 73 dargestellten Wandels der höchstrichterlichen Rechtsprechung nur mehr vergleichsweise geringe praktische Bedeutung. Hinzuweisen ist in diesem Zusammenhang noch auf das Erlöschen des Bewerbungsverfahrensanspruchs im Falle eines wirksamen Abbruchs des Besetzungsverfahrens.[342]

Auf die Verjährung des – entgangene Dienst- oder Versorgungsbezüge betreffenden – beamtenrechtlichen Schadensersatzanspruchs sind die §§ 195, 199 Abs. 1 BGB (entsprechend) anzuwenden. Die regelmäßige Verjährungsfrist von drei Jahren beginnt mit dem Schluss des Jahres, in dem der Anspruch entstanden ist und der Beamte von den anspruchsbegründenden Umständen und dem passivlegitimierten Dienstherrn Kenntnis erlangt hat oder ohne grobe Fahrlässigkeit hätte erlangen müssen. Nach dem gleichfalls (sinngemäß) anwendbaren § 199 Abs. 3 Satz 1 BGB verjährt der Schadensersatzanspruch 76

- ohne Rücksicht auf die Kenntnis oder grob fahrlässige Unkenntnis in zehn Jahren von seiner Entstehung an und
- ohne Rücksicht auf seine Entstehung und die Kenntnis oder grob fahrlässige Unkenntnis in 30 Jahren von der Begehung der Handlung, der Pflichtverletzung oder dem sonstigen, den Schaden auslösenden Ereignis an.

Die Hemmung der Verjährung wird unter anderem durch eine Widerspruchs- oder Klageerhebung (§ 204 Abs. 1 Nr. 1 und 12 BGB) ausgelöst; auch während über den Anspruch oder die ihn begründenden Umstände verhandelt wird, ist die Verjährung

---

[336] BVerwG 19.3.2015 – 2 C 12.14 –, juris Rn. 27; BVerwG 26.1.2012 – 2 A 7.09 –, juris Rn. 42f., 45: „zumindest reelle Beförderungschancen", was die Möglichkeit einschließt, dass mehrere unterlegene Kandidaten (mit Erfolg) Schadensersatz geltend machen können.

[337] Vgl. BVerwG ZBR 2003, 136.

[338] RP OVG IÖD 2000, 186. Zur Verwirkung eines Widerspruchs- und Klagerechts siehe Schnellenbach/Bodanowitz Dienstliche Beurteilung Rn. 437ff. (und dort insbesondere Fn. 42a).

[339] BVerwG DÖD 2002, 250.

[340] Siehe im Einzelnen → Rn. 80.

[341] BVerwG ZBR 2000, 208. Zum Rechtsschutz gegen den Abbruch eines Besetzungsverfahrens siehe BVerwG 3.12.2014 – 2 A 3.13 –, juris Rn. 23f.: Antrag nach § 123 VwGO innerhalb eines Monats.

[342] Vgl. BVerwG 29.11.2012 – 2 C 6.11 –, juris Rn. 12f.; 27.2.2014 – 1 WB 7.13 –, juris Rn. 26ff. Zum Schadensersatz im Falle eines nicht gerechtfertigten Abbruchs siehe Schnellenbach Konkurrenzen Anh. 8 Rn. 21ff., 39ff.

gehemmt (§ 203 BGB). Zu dem analogen Amtshaftungsanspruch (Art. 34 BGB, § 839 BGB) bestehen heute keine verjährungsrechtlichen Unterschiede mehr.

5. Prozessuale Fragen

a) Rechtsweg

77 Für einen auf Art. 33 Abs. 2 GG gestützten Erfüllungs- oder Schadensersatzanspruch ist der Verwaltungsrechtsweg (§ 54 Abs. 1 BeamtStG, § 126 Abs. 1 BBG),[343] für einen Schadensersatzanspruch gemäß Art. 34 GG iVm § 839 BGB der Rechtsweg zu den Zivilgerichten eröffnet.[344]

b) Klageart und vorläufiger Rechtsschutz

78 Ein auf Beförderung gerichtetes Erfüllungsbegehren ist im Wege der Verpflichtungsklage (§ 42 Abs. 1 VwGO) zu verfolgen. Hält der Beamte die Ablehnung seines Beförderungsverlangens für rechtswidrig, sieht er aber keine ausreichenden Gründe für eine Ermessensverdichtung, so wird er sich zweckmäßigerweise mit einer Bescheidungsklage (siehe § 113 Abs. 5 Satz 2 VwGO) begnügen. Das eine wie das andere Klagebegehren kann sich dadurch in der Hauptsache erledigen,

- dass der Kläger befördert und damit klaglos gestellt wird,
- dass infolge einer – nicht auf eine „Rechtsschutzverhinderung" rückführbaren[345] – Besetzung der Beförderungsplanstelle mit einem anderen Bewerber eine der tatbestandlichen Voraussetzungen entfällt, an die ein Beförderungsanspruch oder ein Anspruch auf ermessensfehlerfreie Entscheidung über das Beförderungsverlangen geknüpft ist,[346] oder

[343] Zu Rechtsschutzfragen bei Konkurrenzen zwischen Beamten und Tarifbeschäftigten um eine alternativ ausgeschriebene Stelle siehe Zimmerling RiA 2002, 165. Der Rechtsweg in der Hauptsache richtet sich hier danach, welche Rechtsnatur das Dienstverhältnis hat, das der Kläger anvisiert (vgl. RP OVG NVwZ-RR 1999, 51; NRW OVG 27.4.2010 – 1 E 404/10 –, juris Rn. 7 ff.; VG München 14.2.2012 – M 5 K 10.5466 – , juris Rn. 18 f.); soweit ein Bewerber erstrebt, eine Stellenbesetzung in einem Verfahren des vorläufigen (einstweiligen) Rechtsschutzes fürs Erste zu verhindern, sollte man – hauptsächlich aus Praktikabilitätserwägungen – auch insofern darauf abstellen, ob es ihm im Ergebnis um eine Beförderung oder um eine Höherstufung geht (und nicht darauf, zu welchem Rechtsverhältnis die umstrittene Auswahlentscheidung bei einem etwaigen Vollzug führen würde); vgl. NdsOVG NVwZ 1996, 501, NRW OVG NVwZ 2004, 771 sowie Kuhla in Festschrift für Peter Raue, 2006, 173 (186). Bedient sich ein öffentlicher Arbeitgeber im Rahmen eines Besetzungsverfahrens, welches eine für Beamte und Tarifbeschäftigte „offene" Stelle betrifft, der Handlungsform des Verwaltungsakts (Widerspruchsbescheides), um einem Tarifbeschäftigten zu bekunden, weshalb er nicht ausgewählt worden sei, so liegt in der nachfolgenden Klage gegen diesen Bescheid eine öffentlich-rechtliche Streitigkeit, unabhängig davon, ob hierfür eine „hoheitliche" Regelungsbefugnis besteht (vgl. NRW OVG ZBR 2010, 383 mwN).

[344] Nach § 17 Abs. 2 GVG entscheidet das Gericht des zulässigen Rechtsweges den Rechtsstreit „unter allen in Betracht kommenden rechtlichen Gesichtspunkten"; Art. 34 Satz 3 GG bleibt freilich „unberührt". Dh: Die Zivilgerichte, bei denen ein Schadensersatzanspruch wegen unterbliebener oder verzögerter Beförderung unter dem rechtlichen Gesichtspunkt der Amtshaftung anhängig gemacht wird, haben auch einen aus demselben Sachverhalt hergeleiteten beamtenrechtlichen Anspruch wegen Verletzung des Bestenausleseprinzips zu prüfen – der sich allerdings, was die Tatbestandsvoraussetzungen anbelangt, vom Amtshaftungsanspruch nicht unterscheidet. Den Verwaltungsgerichten ist es hingegen verwehrt, Art. 34 Satz 1 GG, § 839 BGB als mögliche Anspruchsgrundlage heranzuziehen.

[345] Siehe → Rn. 73.

[346] Vgl. BVerwG 3.12.2014 – 2 A 3.13 –, juris Rn. 16 (E 151, 14 ff.); BVerwGE 80, 127: Mit der „endgültigen anderweitigen Besetzung" einer Stelle werde „eine durch Ausschreibung eingeleitete Stellenbesetzung beendet". Siehe aber auch → Rn. 73.

- dass sich der Dienstherr nachträglich (aus verwaltungspolitischen Gründen) entschließt, die umstrittene Planstelle doch nicht zu besetzen.[347]

Ist der ausgewählte Konkurrent unter Verletzung der Rechtsschutzgarantie ernannt worden, so muss der Kläger sein Verpflichtungs- bzw. Bescheidungspetitum nach der neuen Rechtsprechung des Bundesverwaltungsgerichts mit einem Anfechtungsantrag verbinden, der auf die Aufhebung der – drittbelastenden – Ernennung *für die Zukunft* zu richten ist.[348] Für eine Fortsetzungsfeststellungsklage (§ 113 Abs. 1 Satz 4 VwGO) besteht vornehmlich dann ein Feststellungsinteresse, wenn der Kläger die (nicht offensichtlich aussichtslose[349]) Geltendmachung eines Schadensersatzanspruchs nach Art. 34 Satz 1 GG iVm § 839 BGB (mindestens) ernstlich beabsichtigt[350] oder wenn eine Wiederholungsgefahr[351] gegeben ist. Wird ein Bewerber in der „ganz konkreten Konkurrenzsituation" für weniger geeignet als sein erfolgreicher Mitbewerber gehalten, so kann es in Zukunft nicht zu einer gleichartigen Situation – und damit nicht zu einer „Wiederholung" – kommen, weil es an der Identität der Bewerbergruppen und der rechtlichen Qualifikationen der Bewerber fehlt.[352]

Für den Schadensersatzanspruch ist die Verpflichtungsklage die richtige Klageart.[353] 79

Als probates Instrument zur Gewährung effektiven Rechtsschutzes ist die Sicherungs- 80
anordnung (§ 123 Abs. 1 Satz 1 VwGO) etabliert, mit der eine Stellenbesetzung – die Schaffung „vollendeter Tatsachen" – vorläufig untersagt wird. Das Bundesverwaltungsgericht[354] selbst hat deutlich gemacht, dass der vorverlagerte (einstweilige) Rechtsschutz vor den Verwaltungsgerichten *unverändert* auf der verfahrensrechtlichen Grundlage des § 123 Abs. 1 Satz 1 VwGO – und damit nicht auf dem Wege über § 80a iVm § 80 Abs. 5 Satz 1 VwGO[355] – gewährt werden solle. Die Obergerichte[356] sind dem gefolgt. Bei einer Ausschreibung der Stelle kann nur derjenige einen Anordnungsgrund haben, der sich auch um die Stelle beworben hatte.[357] In zeitlicher Hinsicht ist die Antragsbefugnis

---

347 Siehe schon → Rn. 72 und 74.

348 Vgl. dazu Schnellenbach/Fiebig in MAH Verwaltungsrecht § 5 Rn. 134 mwN.

349 Vgl. dazu zB NRW OVG NWVBl. 1995, 191 und NRW OVG 30.5.2011 – 1 A 1757/09 –, juris Rn. 105 ff.

350 Vgl. dazu BVerwG DÖV 1964, 167, DVBl 1968, 220 und DVBl 1973, 365; ferner im Einzelnen Schnellenbach DVBl 1990, 140 (141) mwN. Soweit der Kläger sein Schadensersatzpetitum aus der Verletzung einer beamtenrechtlichen Bestimmung herleitet oder herleiten will, bedarf er einer Feststellung nach § 113 Abs. 1 Satz 4 VwGO für seinen (künftigen oder bereits anhängigen) Schadensersatzprozess deswegen nicht, weil die Frage der Rechts- und Pflichtwidrigkeit in diesem Prozess durch das Verwaltungsgericht ohnehin selbstständig geprüft werden muss; BVerwG BayVBl. 1982, 348 und HVGH ZBR 1985, 258. Im Übrigen muss die Erledigung des ursprünglichen (Verpflichtungs-)Begehrens nach der Rechtshängigkeit eingetreten sein, vgl. etwa BVerwG 27.5.2014 – 1 WB 54.13 –, juris Rn. 19.

351 Vgl. dazu H. Günther ZBR 1979, 93 (111 f.); zum Begriff der Wiederholungsgefahr allgemein Schnellenbach aaO (Fn. 350) S. 142 f.

352 BVerwG NVwZ 1983, 755 (756).

353 Siehe Schnellenbach Konkurrenzen Anh. 8 Rn. 13; NRW OVG 24.10.2012 – 1 A 1938/10 –, juris Rn. 25 f.

354 Siehe BVerwGE 138, 102 = NVwZ 2011, 358; BVerwG 22.11.2012 – 2 VR 5.12 –, juris Rn. 22.

355 So jedoch v. Rotteken ZBR 2011, 73 (78). Siehe ferner neuerdings Kenntner ZBR 2016, 181 (191 ff.). Die Konsequenz der Qualifizierung der Auswahlentscheidung als Verwaltungsakt mit Drittwirkung, dass der Widerspruch des nicht ausgewählten Bewerbers (in Ermangelung einer abweichenden gesetzlichen Regelung) aufschiebende Wirkung hat, solange der Dienstherr nicht die sofortige Vollziehung anordnet, ist aus praktischer Sicht unbefriedigend.

356 Vgl. BW VGH ZBR 2012, 93 (m. abl. Anm. Kühnbach), MV OVG NordÖR 2012, 159, NdsOVG NVwZ 2011, 891, NRW OVG 24.6.2011 – 1 A 1756/09 –, BeckRS 2011, 51755 = IÖD 2011, 203 (LS), SächsOVG DÖD 2011, 267 und DRiZ 2012, 2 sowie LSA OVG LKV 2011, 517.

357 So zutr. H. Günther ZBR 1990, 284 (286 Anm. 25).

grundsätzlich[358] davon abhängig, dass die Auswahlentscheidung des Dienstherrn schon getroffen ist.[359] Ist die Stelle nicht ausgeschrieben, so unterliegt die Antragsbefugnis in persönlicher Beziehung nur insofern einer Einschränkung, als der Antragsteller die laufbahnrechtlichen Voraussetzungen für eine Übertragung des Beförderungsamtes erfüllen muss.[360] Der an einer Beförderungsstelle Interessierte ist, falls es an einer Ausschreibung fehlt, was die Besetzbarkeit der Stelle und den Stand des Auswahlverfahrens angeht, auf informelle Kontakte angewiesen, sofern nicht – wie im Anschluss an die Rechtsprechung des Bundesverfassungsgerichts[361] geboten – alle laufbahnrechtlich als potentielle Bewerber in Betracht zu ziehenden Beamten auch unabhängig von einer Stellenausschreibung über das Auswahlergebnis unterrichtet werden.[362]

81 Die Mitteilung an den (bzw. die) erfolglos gebliebenen Konkurrenten[363] in Bezug auf das Auswahlergebnis, der – anders als nach der früheren höchstrichterlichen Judikatur – keine Verwaltungsaktsqualität mehr zukommen soll, muss so beschaffen sein, dass ein übergangener Bewerber durch die Begründung in den Stand gesetzt wird, sorgsam abzuschätzen, ob es für ihn sinnvoll ist, (zunächst) vorläufigen Rechtsschutz mit dem Ziel in Anspruch zu nehmen, „die umstrittene(n) Stelle(n) offen zu halten".[364] Ein betroffener Beamter muss durch die Mitteilung – und nicht erst auf Nachfrage[365] – insbesondere Kenntnis davon erhalten, ob dem ausgewählten Mitbewerber aus qualifikationsbezogenen Überlegungen, dh normalerweise wegen einer besseren dienstlichen Beurteilung, oder unter Zugrundelegung eines oder mehrerer, im Einzelnen zu bezeichnender (!) Hilfskriterien der Vorrang eingeräumt worden ist.[366] Eine zweiwöchige (Mindest-)Wartefrist, gerechnet ab ordnungsgemäßer Bekanntgabe des Auswahlergebnisses, sollte genügen.[367]

---

[358] Siehe aber auch SH OVG DÖD 1994, 68 (für mehrstufige Auswahlverfahren, hier: Schulträgervorschlag bei der Besetzung von Schulleiterstellen).

[359] Gegen eine Verlagerung des vorläufigen Rechtsschutzes in das Stadium *vor* einer Stellenausschreibung Schnellenbach Anm. zu RP OVG ZBR 1988, 390; vgl. auch Bracher ZBR 1989, 139 (141). Anordnungsgrund und Rechtsschutzinteresse entfallen nicht schon deswegen, weil die Ernennungsbehörde die Erklärung abgibt, dem Antragsteller eine von mehreren streitigen Beförderungsstellen oder eine „gleichwertige" Stelle freizuhalten; siehe dazu Wieland/Tiedge DÖD 2011, 221. Beachte ferner bereits Fn. 133.

[360] HVGH NVwZ-RR 2003, 664.

[361] NJW 1990, 501; siehe dazu Schnellenbach NVwZ 1990, 637.

[362] BVerwG NJW 2005, 771 stellt klar, dass der Dienstherr auch bei Beförderungsaktionen, bei denen eine große Zahl von Beamten zur gleichen Zeit ernannt wird (sog Massenbeförderungen), gehalten ist, die nicht für eine Beförderung Vorgesehenen rechtzeitig vor der Ernennung der anderen über das Auswahlergebnis und die dafür maßgeblichen Gründe zu informieren. Zur lediglich mündlichen Information über militärische Verwendungsentscheidungen vgl. BVerwGE 133, 1 (juris Rn. 33 ff.).

[363] Sofern ein Beamter erst geraume Zeit nach der Übertragung eines Beförderungsdienstpostens (ohne den dann an sich notwendigen *erneuten aktuellen* Leistungsvergleich) auf dem entsprechenden Dienstposten befördert werden soll, muss der Dienstherr weitere Beförderungsbewerber rechtzeitig von der Beförderungsabsicht unterrichten (BVerwG BayVBl. 2009, 474). Diese können gegen die in Aussicht genommene Beförderung unter Umständen auch noch Einwendungen geltend machen, die Mängel des Auswahlverfahrens betreffen, welches seinerzeit der Übertragung des Beförderungsdienstpostens vorausgegangen ist, es sei denn, dem steht der Einwand der Verwirkung entgegen (vgl. ThürOVG ThürVGRspr. 2009, 45 = DÖV 2009, 464 – LS –).

[364] BVerfG NJW 1990, 501. Siehe auch Schnellenbach Konkurrenzen Anh. 6 Rn. 7 f.

[365] NdsOVG DÖD 2008, 132; siehe auch BVerfG NVwZ 2007, 1178 (1179).

[366] Schnellenbach NVwZ 1990, 637 (638) und ZBR 1997, 169 (174). Im gleichen Sinne SH OVG NVwZ-RR 1994, 350 (351). Siehe außerdem BGH ZBR 1995, 314. Vgl. ferner NRW OVG 29.7.2010 – 6 B 774/10 –, BeckRS 2010, 51552: Nicht notwendig sei es, dass die Mitteilung „wesentliche Auswahlerwägungen" (als solche) wiedergebe oder Ausführungen zur Wahrung verfahrensrechtlicher Erfordernisse enthalte (ebenso NRW OVG NWVBl. 2010, 314).

[367] Schnellenbach ZBR 1997, 169 (174 f.) mwN. Zum Zugang der Mitteilung siehe Kopp/Ramsauer VwVfG § 41 Rn. 8 ff., 80 ff. mwN; vgl. auch BGH NJW-RR 2011, 2440.

Sie entspricht auch der ganz überwiegenden Praxis der Verwaltung und der Rechtsprechung der Verwaltungsgerichte.

Unterbleibt die Mitteilung oder ist sie lückenhaft und unterlässt ein Beamter, der (ordnungsgemäß) zu unterrichten gewesen wäre, infolgedessen die Inanspruchnahme vorläufigen Rechtsschutzes, so kann dies auf eine „Rechtsschutzvereitelung" hinauslaufen.[368] Ein Antragsteller, der nicht oder unzureichend unterrichtet worden ist und der seinen Antrag zurücknimmt oder die Hauptsache für erledigt erklärt, nachdem er erst während des gerichtlichen Verfahrens die Einsicht gewinnen konnte, dass er keine hinreichenden Erfolgsaussichten habe, braucht im Hinblick auf § 155 Abs. 4 bzw. § 161 Abs. 3 VwGO gewöhnlich keine Verfahrenskosten zu tragen.[369] 82

Übersicht über mögliche Verfahrensrügen (Checkliste): 83

- (1) Der Dienstherr habe eine Ausschreibungspflicht verletzt.[370]

Wird dem Beamten (sei es durch behördliche Mitteilung, sei es anderweitig) noch rechtzeitig bekannt, dass eine Stellenbesetzung bevorsteht, kann er seinen Anordnungsanspruch – wegen Fehlens der Kausalität – nicht mehr auf den Ausschreibungsmangel gründen.[371] Ebenso kann er keine Rechtsverletzung durch ein im Ausschreibungstext zugrunde gelegtes (unzulässiges) Anforderungsmerkmal geltend machen, wenn die Behörde in seinem Fall die fragliche Anforderung als erfüllt angesehen und ihn in das weitere Auswahlverfahren einbezogen hat.[372]

- (2) Der Dienstherr dürfe die fragliche Stelle nicht neu ausschreiben.

Die Stellenausschreibung bindet den Dienstherrn weder dahin, dass er die Stelle nunmehr auch besetzen müsse;[373] noch hindert sie ihn grundsätzlich, ein Besetzungsverfahren (wenn auch nicht nach Belieben, sondern nur aus sachlichen Erwägungen) abzubrechen und die Stelle erneut auszuschreiben.[374,375]

---

[368] Siehe → Rn. 73.

[369] Vgl. BW VGH ZBR 1996, 340 (342), HVGH NVwZ-RR 2001, 8 und VG Gelsenkirchen NVwZ-RR 1997, 109.

[370] Vgl. für den Bundesbereich § 8 Abs. 1 BBG; siehe ferner BVerwGE 49, 232 (keine allgemeine Ausschreibungspflicht aus Art. 33 Abs. 2 GG; die Ausschreibung erfolge nur im öffentlichen Interesse an optimaler Stellenbesetzung), daneben aber auch BVerwGE 56, 324 und HVGH NVwZ-RR 1992, 34 (Ausschreibungspflicht bei entsprechender gefestigter Verwaltungsübung). Die vormals vertretene Ansicht, aus personalvertretungsrechtlichen Mitwirkungs- und Mitbestimmungstatbeständen lasse sich eine Ausschreibungspflicht herleiten (BVerwGE 79, 101 und BVerwG ZBR 1997, 25), hat das Bundesverwaltungsgericht inzwischen aufgegeben (BVerwGE 136, 29 = juris Rn. 12 ff.; vgl. auch BVerwG 4.2.2014 – 6 PB 36.13 – juris Rn. 5 = PersV 2014, 183). Besonders zu beachten ist, dass eine Ausschreibungspflicht ihre Rechtsgrundlage des Weiteren in den Gleichstellungsgesetzen haben kann (Hinweis auf § 8 Abs. 2 BBG). Vgl. aber Neuhäuser NVwZ 2013, 176 (Ausschreibungspflicht aus Art. 33 Abs. 2 GG).

[371] Vgl. Schnellenbach Konkurrenzen Anh Rn. 36. Siehe auch HVGH NVwZ-RR 1994, 350 (351). Die Verletzung einer gesetzlichen Ausschreibungspflicht hat weder die Nichtigkeit noch die Rücknehmbarkeit einer Ernennung (hier: der Beförderung eines anderen Beamten) zur Folge; vgl. auch Battis BBG § 8 Rn. 8 (Hinweis ferner auf Fn. 14).

[372] Vgl. Bln/BbgOVG 23.10.2015 – 7 S 34.15 –, juris Rn. 10.

[373] Vgl. BVerwGE 101, 112 und BVerwG ZBR 2000, 172; siehe auch BVerfG BayVBl. 2012, 241.

[374] Vgl. dazu schon Fn. 239 mwN.

[375] Bricht der Dienstherr ein Stellenbesetzungsverfahren ab, so muss ein Bewerber, der den Abbruch für rechtswidrig hält und die Fortführung des begonnenen Auswahlverfahrens mit dem bestehenden Bewerberkreis beansprucht, nach der neueren Rechtsprechung des Bundesverwaltungsgerichts innerhalb eines Monats nach Zugang der Abbruchmitteilung einen hierauf gerichteten Antrag nach § 123 VwGO stellen; unterbleibt dies, kann der Dienstherr darauf vertrauen, dass der Bewerber den Abbruch des Auswahlverfahrens nicht angreift, sondern sein (Beförderungs-)Begehren im Rahmen einer neuen Ausschreibung weiterverfolgt (BVerwG 3.12.2014 – 2 A 3.13 –, juris Rn. 22 ff. = BVerwGE 151, 14 ff.).

- (3) Der Dienstherr habe das durch Stellenausschreibung verlautbarte Anforderungsprofil bei der Auswahlentscheidung nicht beachtet.

Der Dienstherr ist (nur) für das konkrete Auswahlverfahren an das kundgemachte (rechtlichen Bedenken entrückte[376]) Anforderungsprofil[377] gebunden; insoweit findet eine volle gerichtliche Kontrolle statt.[378] Es ist aber Sache des Dienstherrn, die in einen Ausschreibungstext aufgenommenen Eignungsmerkmale nach seinen Vorstellungen zu gewichten.[379,380] Weicht das bei der Auswahlentscheidung ersichtlich zugrunde gelegte Anforderungsprofil in essentieller Weise von dem in der Ausschreibung publik gemachten Anforderungsprofil ab, so wird man zusätzlich nur zu prüfen haben, ob sich ausschließen lässt, dass der Antragsteller angesichts seines Befähigungsprofils voraussichtlich zu dem Entschluss gelangt wäre, sich (rechtzeitig) zu bewerben, falls er sich an dem später tatsächlich maßgebenden Anforderungsprofil orientiert hätte. Gegebenenfalls ist die Auswahlentscheidung rechtswidrig, es sei denn, es fehlt an der Möglichkeit, dass der Betroffene bei ordnungsgemäßer Einbeziehung in die Auswahl hätte zum Zuge kommen können.[381]

- (4) Der ausgewählte Bewerber habe die Ausschreibungsfrist nicht eingehalten.

Ausschreibungsfristen sind keine Ausschlussfristen in dem Sinne, dass es dem Dienstherrn verwehrt wäre, nach Fristablauf eingegangene Bewerbungen zu berücksichtigen[382]; er kann nach Sichtung der fristgerechten Bewerbungen unter Umständen gar von sich aus weitere Beamte ermuntern, sich zu bewerben.[383]

- (5) Die Bewerbung des Antragstellers sei zu Unrecht wegen Fristversäumnis unbeachtet geblieben.

Der Dienstherr verhält sich in der Regel nicht rechtswidrig, wenn er verspätete Bewerbungen ohne Sachprüfung zurückweist.[384] Er muss dies – zum einen – aber nicht und hat – zum anderen – auch hier dem Gleichbehandlungsgrundsatz Beachtung zu schenken. Hat die Fristüberschreitung ihre wesentliche Ursache im Verantwortungsbereich des Dienstherrn, so wird man sie dem betreffenden Bewerber nicht entgegenhalten können.

- (6) Der Dienstherr habe der Mitbestimmungspflichtigkeit einer Beförderung nicht Rechnung getragen.

In einem derartigen Gesetzesverstoß (siehe § 76 Abs. 1 Nr. 2, § 77 Abs. 1 BPersVG) ist zugleich eine Verletzung der geschützten Rechtssphäre der Bewerber zu erblicken.[385]

---

[376] Siehe dazu NRW OVG RiA 2011, 223 (gemäß § 44a VwGO kein isolierter Rechtsschutz gegen das in einer Stellenausschreibung festgehaltene Anforderungsprofil).

[377] Unterscheide zwischen nur beschreibendem und konstitutivem Anforderungsprofil; siehe dazu – und zu dem grundsätzlichen Gebot rein statusamtsbezogener Anforderungen – → Rn. 62.

[378] BVerwGE 115, 58.

[379] MV OVG NVwZ-RR 2002, 52; siehe auch insoweit BVerwGE 115, 28 sowie NRW OVG NWVBl. 2003, 14 und NVwZ-RR 2003, 52.

[380] Siehe auch NdsOVG ZBR 2010, 270: Das Organisationsermessen des Dienstherrn (dazu schon → Rn. 62) finde dort eine Grenze, wo die Gründe für die konkrete Festlegung des Anforderungsprofils „nur vorgeschoben sind, um eine in Wahrheit allein oder maßgebend mit auf anderen Beweggründen beruhende Entscheidung zu rechtfertigen" (vgl. schon Fn. 241).

[381] Schnellenbach Konkurrenzen Anh. 1 Rn. 59.

[382] BVerwG 29.11.2012 – 2 C 6.11 –, juris Rn. 30; vgl. auch BVerwG 30.4.2012 – 2 VR 6.11 –, juris Rn. 5 ff.; BayVGH 30.4.2013 – 3 CE 12.2176 –, juris Rn. 31 mwN.

[383] Vgl. Schnellenbach ZBR 1997, 169 (170 f.).

[384] Siehe die vorstehenden beiden Fußnoten.

[385] BVerwG NVwZ 1990, 974. Siehe auch Schnellenbach ZBR 1997, 169 (171), ders., Konkurrenzen Anh. 7 Rn. 38 f. (auch zu Mängeln bei der Einleitung de Anhörungs- oder Mitbestimmungsverfahrens) und Wittkowski NJW 1993, 817 (820). Im Anordnungsverfahren nach § 123 VwGO sollte eine Zustimmungsverweigerung der Personalvertretung allenfalls in krassen Fällen von Begrün-

- (7) Die Personalvertretung sei zu Lasten des Antragstellers von einem unrichtigen oder unvollständigen Sachverhalt ausgegangen.

Die Neigung der Verwaltungsgerichte, die „Interna" des Meinungsbildungsvorgangs innerhalb der Personalvertretung aufzuklären, ist nur gering. Das gilt vor allem, soweit Erkenntnis- und Ermittlungsdefizite gerügt werden, es sei denn, es sind zureichende Anhaltspunkte dafür gegeben, dass der Personalrat seitens der Dienststelle über entscheidungserhebliche Details (expressis verbis) falsch unterrichtet worden ist.[386]

- (8) In das Auswahlverfahren seien zuungunsten des Antragstellers Behauptungen oder Bewertungen eingeflossen, zu denen er vorab nicht habe Stellung nehmen können.

Trifft dies zu, so hat sich der Dienstherr eines Verstoßes gegen seine Fürsorge- und Schutzpflicht,[387] (daneben unter Umständen auch einer – hier nicht relevanten – Missachtung der personalaktenrechtlichen Anhörungspflicht[388]) schuldig gemacht.[389] Diese Rechtsverletzung kann, wenn die Möglichkeit ihrer Kausalität für das Auswahlergebnis – ggf. auch im Anschluss an eine Nachholung der Anhörung – nicht auszuschließen ist, zur Rechtswidrigkeit der Auswahlentscheidung führen.

- (9) Der Antragsteller sei zu einem Vorstellungs- und/oder Auswahlgespräch nicht geladen worden oder habe darin keine Gelegenheit zu hinlänglicher Präsentation gehabt.

Räumt der Dienstherr Bewerbern im Interesse der Bestenauslese die Möglichkeit der Selbstdarstellung vor einer Auswahlkommission ein, so darf er niemanden ausnehmen, der nach Maßgabe seines Amtes und seiner jeweils (letzten) dienstlichen Beurteilung im Lichte der Chancengleichheit in den Kreis derjenigen einzubeziehen ist, denen diese Möglichkeit geboten wird; auch im Übrigen muss der Chancengleichheit den Vorgegebenheiten entsprechend Genüge getan werden.[390]

- (10) Der Auswahlkommission hätten stimmberechtigte Mitglieder des Personalrates und/oder der Schwerbehindertenvertretung oder die Gleichstellungs- bzw. Frauenbeauftragte angehört.[391]

Dies wird man hinsichtlich des Personalrates mit dem Oberverwaltungsgericht für das Land Nordrhein-Westfalen[392] als (mindestens) „bedenklich" ansehen können, weil die Verantwortungsebenen und die gesetzlich vorgezeichneten Verfahrensstadien der Meinungsbildung vermengt werden.[393] Hingegen ist gegen die Einbeziehung von in die

---

dungsmängeln als „missbräuchlich" und damit als „unbeachtlich" bewertet werden (vgl. in diesem Zusammenhang schon Fn. 153).

[386] Siehe Schnellenbach Konkurrenzen Anh. 7 Rn. 42 f. Zur Unwirksamkeit eines unter Mitwirkung eines Mitbewerbers gefassten Personalratsbeschlusses über die Besetzung einer Stelle siehe BVerwG 19.10.2015 – 5 P 11.14 –, juris Rn. 15.

[387] Siehe → § 10 Rn. 23.

[388] Siehe → § 12 Rn. 40 ff.

[389] Siehe → § 10 Rn. 16.

[390] Vgl. hierzu VG Lüneburg 30.9.2003 – 1 B 43/03 –, NVwZ-RR 2004, 354 (juris Rn. 25 und 35). Zur Chancengleichheit siehe auch Schnellenbach ZBR 1997, 169 (172) mwN. Zur Pflicht öffentlicher Arbeitgeber, schwerbehinderte (externe) Bewerber zu einem Vorstellungsgespräch einzuladen, § 82 Satz 2 SGB IX, und zur Entbehrlichkeit der Einladung bei offensichtlich fehlender fachlicher Eignung, § 82 Satz 3 SGB IX, siehe BVerwG NVwZ 2012, 320.

[391] Bei Frauen- bzw. Gleichstellungsbeauftragten kann sich eine gleichartige Problematik nur stellen, wenn sie der Auswahlkommission nicht als Angehörige der Personalverwaltung angehören; dazu eingehend Kathke ZBR 2004, 185.

[392] NVwZ-RR 1995, 100. Zur Beteiligung von Personalratsmitgliedern an Beratergremien (Beurteilungskommissionen) siehe Schnellenbach ZfPR 2000, 54 (59 f.).

[393] Siehe auch NRW OVG 22.3.2000 – 1 A 4382/98.PVL –, abgedr. bei Schütz/Maiwald BR ES/D IV 1 Nr. 119 (= BeckRS 2005, 30654). Vgl. demgegenüber RPOVG 27.6.1995 – 5 A 12266/94 –, PersV 1997, 32 (juris Rn. 26).

Personalverwaltung eingebundenen Gleichstellungs- bzw. Frauenbeauftragten oder auch der Schwerbehindertenvertretung nichts einzuwenden.[394] Wie auch immer – jedenfalls muss der Dienstherr das Auswahlverfahren in seiner Hand behalten, sodass ihm auch die Auswahl selbst als eigene zugerechnet werden kann.[395]

84 Übersicht über mögliche Fehlerrügen materiellrechtlicher Art (Checkliste):

- (1) Die dienstliche Beurteilung des Antragstellers oder eines Mitbewerbers[396] sei mit Mängeln behaftet.

Beurteilungsfehler können hier nicht im Einzelnen dargestellt und diskutiert werden.[397] Namentlich der Kreis von Fragen, die aus der Notwendigkeit erwachsen, Werturteile in dienstlichen Beurteilungen im Streitfall zu plausibilisieren, muss an dieser Stelle unerörtert bleiben.[398] Folgendes ist aber anzumerken: In den letzten Jahren ist die zunächst tendenziell feststellbare Zurückhaltung der Verwaltungsgerichte, Beurteilungsprozesse durch Inzidentwürdigung des diesbezüglichen Streitstoffes schon im Rahmen des (Konkurrentenrechtsschutz-)Verfahrens nach § 123 Abs. 1 Satz 1 VwGO der Substanz nach (weitgehend) „vorwegzunehmen", nach und nach geschwunden. Richtungweisend war dafür die Einsicht, dass die Verlagerung des primären Konkurrentenrechtsschutzes in das „Vorfeld" der Stellenbesetzung nach dem Muster des inzwischen etablierten Verfahrensmodells mit dem aus Art. 19 Abs. 4 Satz 1 GG resultierenden Effizienzgebot nur dann verträglich sei, wenn auch – und gerade – umstrittene dienstliche Beurteilungen in den Grenzen der verwaltungsgerichtlichen Kontrolldichte schon in diesem Stadium einer gründlichen und äußerst anspruchsvollen Sachprüfung unterzogen werden.[399] Auch die Rechtsprechung des Bundesverfassungsgerichts[400] war insofern fraglos impulsgebend.

- (2) Die Auswahl basiere auf dienstlichen Beurteilungen, die nicht mehr aktuell seien.

Werden Regelbeurteilungen – wie mittlerweile weitgehend üblich – zu festen Stichtagen fällig[401] und ist die Beurteilungsperiode auf nicht mehr als drei Jahre bemessen,[402] so wird dem Aktualitätsgebot gewöhnlich dadurch genügt, dass der Auslese für die Übertragung eines Beförderungsamtes zuvörderst die jeweils letzte Regelbeurteilung zugrunde gelegt wird.[403] Nur wenn es sich unter derartigen Vorgaben ausnahmsweise aufgrund eindeutig dokumentierter konkreter, fassbarer Anhaltspunkte aufdrängt, dass sich das

---

394 Zur Gleichstellungsbeauftragten siehe NRW OVG 9.1.2013 – 6 B 1125/12 –, juris Rn. 2 (Ausfluss des Organisationsermessens).

395 Vgl. dazu SH OVG PersR 1999, 402 (zw.).

396 Ein Rat des Verf.: Es sollte gewöhnlich davon abgesehen werden, die Beurteilung eines Mitbewerbers einer *inhaltlichen Kritik* zu unterziehen. Siehe dazu auch Schnellenbach/Fiebig in MAH Verwaltungsrecht § 5 Rn. 125.

397 Siehe dazu → § 11 Rn. 69 ff.

398 Vgl. dazu im Einzelnen Schnellenbach ZBR 2003, 1 ff.; ferner → § 11 Rn. 81 und Schnellenbach/Bodanowitz Dienstliche Beurteilung Rn. 476 ff.

399 Siehe schon Schnellenbach ZBR 2002, 180 (181 f.).

400 Vgl. insbesondere BVerfG NVwZ 2003, 200 und NVwZ 2004, 95; siehe auch BVerwG 4.11.2010 – 2 C 16.09 –, juris Rn. 32 f. mwN (E 138, 102).

401 Siehe dazu → § 11 Rn. 12.

402 Siehe dazu → § 11 Rn. 3.

403 Siehe nunmehr auch § 22 Abs. 1 Satz 2 BBG. Die Bestimmung schließt nicht aus, dass bei der Auswahlentscheidung „ergänzend auch früheren Beurteilungen Erkenntniswert zukommen kann" (BR-Drs. 720/07 S. 192 – Zu § 22 Abs. 1 –). Vgl. dazu BVerwGE 118, 370 sowie BVerwG NVwZ 2003, 1397 und NVwZ 2003, 1398, ferner schon Fn. 286. Beachte außerdem jedoch BVerwG NVwZ 2011, 1270 (unter Bezugnahme auf BVerwG NVwZ 2009, 787): Die in § 22 Abs. 1 Satz 2 BBG markierte „zeitliche Obergrenze" sei zu unterschreiten, wenn „die Beförderungspraxis zwangsläufig zu einem großen Bewerberfeld führt" *und* „zeitnahe Anlassbeurteilungen nicht erstellt sind". Zur (möglichen) Berücksichtigung von Besonderheiten bei Beförderungen in personalintensiven Verwaltungen, Lindner RiA 2012, 10 ff. Zur Aktualität der dienstlichen Beurteilung siehe ferner Wolff ZBR 2016, 7 ff. mwN.

Leistungs- und Befähigungsbild eines Bewerbers seit der letzten Regelbeurteilung merklich zum Positiven (oder Negativen) verändert hat[404], können Fürsorgepflicht und Bestenausleseprinzip gleichermaßen danach verlangen, über ihn aus Anlass der Bewerbung um das Beförderungsamt eine (aktuelle) Bedarfsbeurteilung zu erstellen. Bedarfsbeurteilungen können normalerweise auch diejenigen beanspruchen, die am letzten Regelbeurteilungsdurchgang wegen Überschreitens einer durch Richtlinien festgelegten Lebensaltersgrenze nicht mehr teilgenommen haben. Schließlich ist eine Bedarfsbeurteilung nicht verzichtbar, wenn ein Bewerber bei der letzten Regelbeurteilung noch ein niedrigeres Statusamt bekleidet hat, erst danach befördert worden ist und nunmehr ein weiteres Beförderungsamt anstrebt.[405] Werden (nur) für einzelne Bewerber Bedarfsbeurteilungen erstellt, kann es an für die Auswahlentscheidung hinreichend vergleichbaren Beurteilungszeiträumen fehlen.[406]

- (3) Die Eignungsbewertung sei nicht schlüssig aus der Leistungsbewertung abgeleitet worden.

Das Verhältnis zwischen Leistungs-, Befähigungs- und Eignungsbewertung ist dahin zu kennzeichnen, dass die Eignungsbewertung – unter steter Orientierung am Anforderungsprofil des Beförderungsamtes[407] – folgerichtig aus dem Leistungs- und Befähigungsprofil entwickelt werden muss.[408]

- (4) Der „Vorrang" dienstlicher Beurteilungen gegenüber anderen Erkenntnismitteln sei nicht gewahrt.

Eignung, Befähigung und fachliche Leistung von Bewerbern sind primär auf der Grundlage (aktueller) dienstlicher Beurteilungen – unter Berücksichtigung nicht nur der Gesamturteile, sondern bei einem hiernach bestehenden Gleichstand[409] auch der jeweils aussagekräftigen Einzelfeststellungen und -bewertungen[410] – zu vergleichen. Frühere Beurteilungen sind bei einem (auch) danach noch bestehenden Gleichstand heranzuziehen; sie können Aufschluss über die Leistungsentwicklung und gegebenenfalls auch über in den aktuellen Beurteilungen nicht abgebildete Eignungsmerkmale geben.[411] Eindrücke aus Vorstellungs- und/oder Auswahlgesprächen oder Ergebnisse von Assessment Center-

---

[404] Für den Fall der Übernahme anderer Aufgaben siehe BVerwG 11.2.2009 – 2 A 7.09 –, juris Rn. 19; relevante Änderungen sind nach BVerwG 30.11.2011 – 2 C 19.11 –, juris Rn. 23, im Falle einer großen Bundesverwaltung vorauszusetzen, wenn fast drei Jahre verstrichen sind.

[405] Zum Ganzen Schnellenbach/Bodanowitz Dienstliche Beurteilung Rn. 241, 246, 248 und Rn. 292 f.

[406] Vgl. BVerwG 26.3.2015 – 1 WB 44.14 –, Rn. 41 ff.

[407] Vgl. BayVGH ZBR 1994, 350 (351) und DVBl 2000, 1140 (1142), HVGH ZBR 1994, 347, NdsOVG NVwZ-RR 1996, 677, RP OVG DÖD 1994, 294 und NVwZ-RR 1999, 49 sowie SH OVG ZBR 1996, 339 (340); ferner schon → Rn. 62.

[408] Vgl. Schnellenbach ZBR 1997, 169 (173) mwN. Zur Verwertung früherer (älterer) Beurteilungen vornehmlich beim Eignungsvergleich Schnellenbach/Bodanowitz Dienstliche Beurteilung Rn. 260, 260a (siehe auch oben Fn. 286 und 403). Zur Relevanz (auch) der Befähigungsbewertungen für die Eignungsprognose siehe neuerdings BVerwG 19.3.2015 – 2 C 12.14 –, juris Rn. 42 ff.

[409] Vgl.: BVerfG 4.10.2012 – 2 BvR 1120/12 –, juris Rn. 17: nicht wesentlich gleiche Gesamtergebnisse dürfen nicht durch ein Herausgreifen von Teilelementen der Begründung überspielt werden.

[410] Vgl. BVerwG 20.6.2013 – 2 VR 1.13 – juris Rn. 46 f. mwN; BVerwG 19.12.2014 – 2 VR 1.14 –, juris Rn. 35: „Sind Bewerber mit dem gleichen Gesamturteil bewertet worden, muss der Dienstherr zunächst die Beurteilungen unter Anlegung gleicher Maßstäbe umfassend inhaltlich auswerten und Differenzierungen in der Bewertung einzelner Leistungskriterien oder in der verbalen Gesamtwürdigung zur Kenntnis nehmen."

[411] Vgl. BVerwG 22.11.2012 – 2 VR 5.12 –, juris Rn. 37. Nach BVerwG 29.1.2013 – 1 WB 60.11 –, juris Rn. 36 mwN, 27.8.2015 – 1 WB 59.14 ua –, juris Rn. 38, sollen aber nur die beiden letzten vor der aktuellen (Anlass-)Beurteilung erstellten planmäßigen Beurteilungen relevant sein (jeweils zum Soldatenrecht).

Verfahren sind demgegenüber als Erkenntnismittel nachgeordnet, wenn auch unter Umständen *im Einzelfall* von ausschlaggebender Bedeutung.[412]

- (5) Der Antragsteller und der nach einem Hilfskriterium ausgewählte Mitbewerber seien zu Unrecht als „im Wesentlichen" gleich geeignet eingestuft worden.

Ist ein Gesamturteilssystem vorgegeben, in dem zu jedem verbal gekennzeichneten Gesamturteilsbereich mehrere Punktwerte gehören, so besteht zumindest zwischen Punktwerten, die verschiedenen Gesamturteilsbereichen zugeordnet sind, stets eine qualitative Differenz.[413] Die Frage, ob (Leistungs-)Gesamturteile „im Wesentlichen" gleich sind, kann sich daneben insonderheit dann stellen, wenn in der Beurteilungspraxis durch verbale Zusätze zu den eigentlichen Gesamturteilsstufen sog Binnendifferenzierungen ausgebracht werden, sei es, dass der Richtliniengeber diese Möglichkeit bereits vorsieht, sei es, dass sich die Verwaltungsübung dahin entwickelt hat. Sind solche Zusätze – wie etwa „obere (untere) Grenze" oder „oberer (unterer) Bereich" – in einer Weise etabliert,[414] dass damit, für den Beurteilten nachvollziehbar, Zwischenstufen bezeichnet werden, die wie die eigentlichen Stufen selbst verwendet werden, so ist derartigen Zusätzen die Relevanz nicht abzusprechen.[415] Überdies kann sich ein Leistungs- und/oder Eignungsvorsprung, wie schon vorstehend unter (4) angesprochen, auch aus Feststellungen oder Bewertungen zu Einzelmerkmalen herleiten.[416]

- (6) Ein „verpöntes" oder ein „verbrauchtes" Hilfskriterium sei zugrunde gelegt oder eine eingeführte Reihen- und Rangfolge der Hilfskriterien nicht beachtet worden.

Hierzu kann auf → Rn. 64 ff. verwiesen werden.

85 Der Dienstherr muss vor Aushändigung von Ernennungsurkunden grundsätzlich den *rechtskräftigen* Abschluss des Verfahrens nach § 123 Abs. 1 Satz 1 VwGO auch ohne richterlichen Hinweis[417] und sonstige richterliche Vorkehrungen abwarten. Obsiegt er in der verwaltungsgerichtlichen Beschwerdeinstanz, trifft ihn ein weiteres Wartegebot: Der unterlegene Antragsteller muss (namentlich wenn er eine entsprechende Absicht vorab signalisiert hat) Gelegenheit haben, das Bundesverfassungsgericht anzurufen, indem er Verfassungsbeschwerde (§ 90 BVerfGG) erhebt oder einen Antrag auf Erlass einer einst-

---

[412] Siehe dazu schon → Rn. 69 ff.

[413] Vgl. BVerwG ZBR 1994, 52 (53) sowie RP OVG NVwZ-RR 1996, 456 (457) und NVwZ-RR 2000, 803.

[414] Auch wenn Beurteilungsrichtlinien einer obersten Dienstbehörde Zwischennoten wie etwa „obere Grenze" nicht vorsehen, sind diese „im Blick auf das Leistungsprinzip zulässig, wenn eine entsprechende Verwaltungsübung vom Ministerium geduldet wird" (RP OVG IÖD 2000, 274). Vgl. zur Problematik einer abweichenden Verwaltungspraxis auch Schnellenbach/Bodanowitz Dienstliche Beurteilung Rn. 152.

[415] BVerwG 27.2.2003 – 2 C 16.02 –, juris Rn. 13 (= NVwZ 2003, 1397) unter Hinweis auf Schnellenbach ZBR 1997, 169 (176). Zur Problematik der Überdifferenzierung siehe BrOVG ZBR 1993, 189 (Reihung einer größeren Zahl von Beförderungsbewerbern allein nach wirklichkeitsfremd überfeinerten „rechnerischen Unterschieden" der dienstlichen Beurteilungen).

[416] Das im Allgemeinen größere Gewicht der dienstlichen Beurteilung des Inhabers eines höherwertigen (Status-)Amtes gegenüber der im Ergebnis gleich lautenden Beurteilung eines Mitbewerbers mit einem niedrigeren Amt kann im Einzelfall durch dessen besondere Eignung für das angestrebte Amt ausgeglichen werden, sodass die dienstliche Beurteilung von Konkurrenten auch dann nicht entbehrlich ist, wenn der zum Bewerberkreis gehörende Inhaber eines höherwertigen Amtes die Spitzennote erzielt hat (NRW OVG NVwZ-RR 2001, 254). Zur Unterscheidung zwischen „im Wesentlichen" gleicher Leistung und „im Wesentlichen" gleicher Eignung vgl. Schnellenbach ZBR 1997, 169 (173 f., 176 f.).

[417] Vgl. HVGH NVwZ-RR 1992, 34 und ZBR 1995, 310; siehe auch Schnellenbach aaO (Fn. 416) S. 178 f. mwN; siehe ferner BVerwG 22.11.2012 – 2 VR 5.12 –, juris Rn. 17.

weiligen Anordnung (§ 32 BVerfGG) stellt.[418] Auch hier sollte die betreffende Wartefrist (mindestens) zwei Wochen betragen.[419]

Mit äußerster Vorsicht zu erwägende Ausnahmefälle:

- Organisatorische Belange, denen nicht durch eine (rechtmäßige) kommissarische Aufgabenübertragung abgeholfen werden kann,[420] gebieten zwingend, dass die Beförderung schon nach einer für den Konkurrenten negativen erst- oder zweitinstanzlichen verwaltungsgerichtlichen Entscheidung vollzogen wird.
- Der ausgewählte Bewerber würde bei weiterer Verzögerung der Urkundenaushändigung eine laufbahnrechtliche Altersgrenze überschreiten.

Handelt es sich um die Besetzung mehrerer freier Stellen, so liegt es an dem Antrag- 86
steller, ob er sich von vornherein darauf beschränkt, nur die Auswahl bestimmter Mitbewerber zu beanstanden, oder ob er sich während des gerichtlichen Verfahrens, etwa nach Zugang der Antragserwiderung des Dienstherrn und/oder der Einsichtnahme in die Personal- und Verwaltungsvorgänge, zu einer solchen Beschränkung entschließt. Solange Derartiges – ggf. auch trotz richterlicher Anregung – nicht geschieht, darf einstweilen (und auch unabhängig von einem Freihalten einer weiteren Planstelle) auf keiner dieser Stellen eine Beförderung vorgenommen werden.[421]

c) Vorverfahren

Insoweit kann auf → Rn. 51 f. Bezug genommen werden.[422] 87

d) Beweislast

Der Beamte trägt die Beweislast für die Tatsachen, aus denen sich sein Erfüllungs- 88
anspruch ergibt.[423] Nichts anderes gilt grundsätzlich beim Schadensersatzanspruch wegen Nichterfüllung.[424] Insbesondere unterliegt der übergangene Beamte hier gewöhnlich, falls sich in tatsächlicher Hinsicht nicht klären lässt,

- ob die Auswahlentscheidung rechtswidrig war oder
- ob er bei rechtmäßigem Verhalten aufseiten des Dienstherrn (zu einem bestimmten Zeitpunkt) zu befördern gewesen wäre.[425]

Den Dienstherrn trifft der prozessuale Nachteil, wenn aus tatsächlichen Gründen etwa offen bleibt, ob dem Beamten als unterlegenem Bewerber die Mitteilung des Auswahlergebnisses – rechtzeitig – zugegangen ist oder ob ein Verstoß gegen die Pflicht zur Bestenauslese schuldhaft war.[426] Fehlen schon die Grundlagen für eine ordnungsgemäße Auswahlentscheidung – etwa weil zeitnahe dienstliche Beurteilungen (und/oder andere fundierte vergleichende Erkenntnisquellen) nicht vorhanden sind –, so fällt die Beweislast

---

[418] Siehe auch hierzu → Rn. 73.

[419] Vgl. HVGH LKRZ 2008, 34 = DVBl 2008, 68 (LS). Ein Zuwarten von nur einem Tag reicht fraglos nicht, BVerfG ZBR 2011, 196 (197).

[420] Zu den Folgen einer einem Mitbewerber – rechtswidrig – übertragenen „kommissarischen Vakanzvertretung" für eine erneute Auswahlentscheidung bzw. Bedarfsbeurteilung siehe § 4 Rn. 69 aE; siehe dagegen noch zB SH OVG ZBR 1996, 339 (juris Rn. 17).

[421] BVerwG 22.11.2012 – 2 VR 5.12 –, juris Rn. 19 f.; Bln/BbgOVG 5.7.2912 – 6 S 22.12 –, juris Rn. 21. Vgl. auch BVerwG NVwZ 1998, 1082.

[422] Zur „Konkretisierung" des Schadensersatzbegehrens → § 10 Rn. 64.

[423] BVerwG NVwZ-RR 2000, 690.

[424] Zur Bedeutungsminderung beim Schadensersatzanspruch → Rn. 75 aE.

[425] BVerwG NVwZ-RR 2002, 855.

[426] BVerwG Buchholz 232 § 79 BBG Nr. 68.

dafür, dass der unterlegene Bewerber bei einer im Ergebnis fehlerfreien Auswahl *nicht* zum Zuge gekommen wäre, gleichfalls dem Dienstherrn zu, weil die Beschaffung und die Erhaltung der für die Auswahlentscheidung erforderlichen Grundlagen ausschließlich im Verantwortungs- und Verfügungsbereich der zuständigen Behörde liegt.[427]

[427] BVerwGE 118, 370; siehe auch BVerwGE 124, 99.

§ 4 Versetzung, Abordnung, Umsetzung, Zuweisung

Das Amt im statusrechtlichen Sinne[1] kann herkömmlich – von den nachfolgend genannten beiden Ausnahmen abgesehen – nur im Wege der Ernennung (§ 8 Abs. 1 Nr. 2–4 BeamtStG, § 10 Abs. 1 Nr. 2–4 BBG) oder der disziplinarischen Versetzung des Beamten in ein Amt derselben Laufbahn mit geringerem Endgrundgehalt (Zurückstufung, siehe § 5 Abs. 1 Nr. 4, § 9 BDG) geändert werden; bei der Übertragung eines anderen Amtes im funktionellen Sinne[2] bedarf es dagegen keines Ernennungsakts. Nicht von einer Ernennung abhängig sind speziell bei den Bundesbeamten[3] die statusberührenden Übertragungen 1

- eines anderen (statusrechtlichen) Amtes mit anderem Endgrundgehalt, aber gleicher Amtsbezeichnung[4] oder
- eines anderen (statusrechtlichen) Amtes mit gleichem Endgrundgehalt, aber anderer Amtsbezeichnung ohne Laufbahngruppenwechsel.[5]

Diese Amtsübertragungen haben Verwaltungsaktscharakter; in Ermangelung einer anderen überzeugenden Konstruktion sind sie – als sog statusberührende Versetzungen[6] – analog den jeweiligen Versetzungsnormen[7] zu behandeln, um so zu gewährleisten, dass der Beamte, falls sein Status ohne seine Zustimmung verändert werden kann, zumindest unter den Schutz der Versetzungsregelung gestellt ist.[8] Die disziplinarische Zurückstufung bewirkt den Verlust aller Rechte aus dem bisherigen Statusamt einschließlich der damit verbundenen Dienstbezüge und der Befugnis, die bisherige Amtsbezeichnung zu führen (siehe § 9 Abs. 1 Satz 2 BDG). Sie betrifft also auch – freilich erst in zweiter Linie

---

[1] Siehe dazu → § 3 Rn. 10 f. Vgl. ferner Fn. 5.

[2] Zur Abgrenzung der hochschulrechtlichen Bestimmung von Lehraufgaben durch die zuständigen Hochschulgremien von beamtenrechtlichen Eingriffen in das Amt im funktionellen Sinne vgl. BVerwG ZBR 1980, 349.

[3] In Bezug auf die Landesbeamten siehe aber § 8 Abs. 1 Nr. 3 und 4 BeamtStG und dazu § 3 Rn. 1.

[4] Siehe dazu BVerwGE 81, 282 (286 f.).

[5] Vgl. BVerwGE 65, 270 (zur Verwendung eines von seinen Aufgaben als Gerichtsvollzieher entbundenen Beamten im Aufgabenbereich des regulären mittleren Justizdienstes), BVerwG NVwZ-RR 1993, 420 (zum Wechsel vom Polizeivollzugs- in den Polizeiverwaltungsdienst), BVerwGE 109, 292 (zum Verlust des – funktionsgebundenen – Kanzleramtes einer Universität und Übertragung des Amtes eines Leitenden Regierungsdirektors) sowie BayVGH ZBR 1997, 194, VG Gelsenkirchen NWVBl. 2008, 437 und VG Neustadt 2.7.2014 – 1 K 937/13.NW –, juris Rn. 33.

[6] Vgl. auch NRW OVG 18.3.2015 – 1 B 191/15 –, juris Rn. 9 mwN. Zur statusberührenden Zuweisung → Rn. 78.

[7] Siehe dazu → Rn. 7 ff., aber auch → Rn. 5 und → Rn. 18.

[8] BVerwGE 65, 270 (275 f.); vgl. auch Summer in GKÖD I L § 28 Rn. 3 sowie in Weiß/Niedermaier/Summer/Zängl BayBeamtR Rn. 11 ff. zu Art. 48 BayBG. Die Versetzung eines bislang als Krankenhaus-Chefarzt beschäftigten Leitenden Landesmedizinaldirektors in eine Verwaltungsabteilung des Dienstherrn berührt nicht das statusrechtliche Amt; die hierdurch entfallende Möglichkeit, Einkünfte aus Privatliquidation zu erzielen, muss bei der rechtlichen Qualifizierung der Maßnahme „unberücksichtigt bleiben, weil es sich dabei um eine mit dem funktionellen Amt verbundene Nebentätigkeit handelt, die für den Rang der Beamtenstellung nicht maßgebend ist"; BVerwGE 87, 310 (315 ff.) unter Hinweis auf BVerfGE 47, 327 (412). Zu einem Sonderfall einer statusberührenden Versetzung siehe § 28 Abs. 3 Satz 1 BBG (dazu Lemhöfer in Plog/Wiedow BBG 2009 § 28 Rn. 10 und 103 f.), ferner § 18 Abs. 1 Satz 2 BeamtStG.

– das Amt im funktionellen Sinne, und zwar insofern, als dieses grundsätzlich dem Amt im statusrechtlichen Sinne entsprechen muss.[9]

2 Wird dem Beamten bei einer anderen Dienststelle (Behörde) desselben Dienstherrn oder bei einem anderen Dienstherrn nicht nur vorübergehend ein anderes Amt im abstrakt-funktionellen Sinne übertragen, so liegt eine Versetzung im organisationsrechtlichen Sinne[10] vor (siehe dazu nunmehr die Legaldefinition in § 28 Abs. 1 BBG).[11] Von der Versetzung sind die Verlegung der gesamten Behörde an einen anderen Sitz[12] und der gesetzliche Übertritt oder die Übernahme der Beamten bei der Umbildung von Körperschaften (siehe §§ 16 ff. BeamtStG, §§ 134 ff. BBG) zu unterscheiden, die in diesem Buch unerörtert bleiben. Keine Versetzung ist die Überweisung des Beamten auf Widerruf im Vorbereitungsdienst an eine andere Ausbildungsstätte.[13] Abordnung und Umsetzung lassen das abstrakt-funktionelle Amt unberührt;[14] sie beziehen sich ausschließlich auf das funktionelle Amt im konkreten Sinne: Abordnung ist die vorübergehende Übertragung eines anderen Amtes im konkret-funktionellen Sinne bei einer anderen Dienststelle (Behörde) desselben Dienstherrn oder bei einem anderen Dienstherrn „unter Beibehaltung der Zugehörigkeit zur bisherigen Dienststelle" (siehe dazu nunmehr die Legaldefinition in § 27 Abs. 1 Satz 1 BBG).[15] Wird der Beamte, ohne dass sein Status berührt wäre, innerhalb seiner Beschäftigungsbehörde[16] – auf Dauer oder vorübergehend – mit einem anderen Amt im konkret-funktionellen Sinne betraut, so ist eine Umsetzung gegeben.[17] Wegen der Zuweisung zu einer Tätigkeit bei einer Einrichtung ohne Dienstherrnfähigkeit soll an dieser Stelle[18] zunächst nur auf § 20 BeamtStG und § 29 BBG hingewiesen werden.

---

[9] BVerwGE 49, 64; 60, 144; 87, 310; 89, 199; vgl. auch BVerwG Buchholz 232 § 26 BBG Nr. 10, Buchholz 237.8 § 33 LBG Rh.-Pf. Nr. 1 und Buchholz 237.8 § 56 LBG Rh.-Pf. sowie ZBR 1995, 374. Siehe außerdem aber → Rn. 31 f.

[10] Im Gegensatz zur „organisationsrechtlichen Versetzung" steht die unter → Rn. 1 schon angesprochene statusberührende Versetzung, deren Zulässigkeit durch die Definition in § 28 Abs. 1 BBG nicht tangiert wird; so zutreffend Lenders/Peters/Weber Das neue Dienstrecht des Bundes § 28 BBG Rn. 282, ferner Kathke in Schütz/Maiwald BR Rn. 3, 35 zu § 25 NRW LBG (aF).

[11] Siehe auch BVerwG Buchholz 232 § 26 BBG Nr. 18, ferner BVerwGE 66, 270 (276); 109, 292. Mit der Versetzung braucht kein behördlicher Ortswechsel verbunden zu sein (beachte aber § 3 Abs. 1 Nr. 1 BUKG). Ist dies jedoch der Fall, muss der Beamte grundsätzlich nicht umziehen (vgl. dazu indessen auch § 7 Rn. 33 f. und § 10 Rn. 10 f., 50 f.). Der Einweisung des Beamten in eine neue Planstelle bedarf es nicht; er kann seine bisherige Planstelle „mitbringen".

[12] Siehe insoweit → Rn. 25 aE.

[13] Vgl. dazu NRW OVG IÖD 2004, 82 (83), RP OVG DÖD 1961, 67 und ThürOVG LKV 2001, 79; ferner H. Günther ZBR 1978, 73 (76 f.) und DÖD 1987, 7 (15) sowie Kathke in Schütz/Maiwald BR Rn. 40 zu § 25 NRW LBG (aF) mwN.

[14] Vgl. dazu BVerwGE 40, 104 sowie BVerwG ZBR 1975, 226 und Buchholz 232 § 26 BBG Nr. 18.

[15] Siehe schon Fn. 11 sowie Leisner ZBR 1989, 193 (194) und Müssig DÖD 1990, 109 (110 f.) jeweils mwN, außerdem → Rn. 48.

[16] Zum Behördenbegriff im Zusammenhang mit der Umsetzung RP OVG NVwZ-RR 1999, 592 und SächsOVG LKV 1999, 329.

[17] BVerwG Buchholz 232 § 26 BBG Nr. 14 und 18. Die Abberufung von dem bisherigen Dienstposten muss mit der Übertragung eines anderen Dienstpostens einhergehen (NRW OVG ZBR 1984, 339).

[18] Siehe dazu im Einzelnen → Rn. 73 ff.

I. Vorbemerkungen zu organisations- und haushaltsrechtlichen Aspekten

Das Bundesverwaltungsgericht[19] hat mit Recht hervorgehoben, dass die Beantwortung der Frage, ob im Einzelfall eine Versetzung,[20] Abordnung oder Umsetzung gegeben sei, maßgeblich von organisations- und haushaltsrechtlichen Gesichtspunkten abhänge. In der Ausbringung von Planstellen und deren Verteilung auf die einzelnen Behörden komme (auch) die „feste Eingliederung dieser Stellen und ... der jeweiligen Stelleninhaber in die Organisation der betreffenden Behörde zum Ausdruck". Der mit dem abstrakt-funktionellen Amtsbegriff verknüpfte Begriff der Behörde, der mit dem Dienststellenbegriff deckungsgleich ist, schließt jede organisatorisch verselbstständigte Verwaltungseinheit ein, die – mit persönlichen und sächlichen Mitteln ausgestattet – einen örtlich und gegenständlich abgrenzbaren Aufgabenbereich versieht.[21] Die weiter gefasste Behördendefinition[22] in § 1 Abs. 4 VwVfG kann hier nicht zugrunde gelegt werden. Wollte man „jede Stelle, die Aufgaben der öffentlichen Verwaltung wahrnimmt", als „Behörde" („Dienststelle") auch im beamtenrechtlichen Sinne ansehen, so liefe dies darauf hinaus, dass die Anwendungsfelder der Versetzung und der Abordnung gegenüber demjenigen der Umsetzung überdehnt würden. Auch eine „Vervielfältigung" der verwaltungsorganisatorisch einheitlichen Dienststelle zu einem personalvertretungsrechtlich verselbstständigten Dienststellenteil (siehe § 6 Abs. 3 BPersVG) darf nicht zu diesem Effekt führen. Personalvertretungsrechtliche „Verselbständigungsbeschlüsse" haben für den Begriff der „Behörde" („Dienststelle") deshalb keine Bedeutung.[23] 3

Schulen sind je nach Landesrecht als Behörden zu betrachten, sodass ggf. der von einer Schulaufsichtsbehörde auf Dauer angeordnete Wechsel eines Lehrers zu einer anderen Schule innerhalb desselben Schulamtsbezirks eine Versetzung ist.[24] Auch die in der Trägerschaft der öffentlichen Hand befindlichen Krankenhäuser und Kliniken fallen unter den „nach dienstrechtlichen Grundsätzen" auszulegenden Behördenbegriff,[25] es sei denn, die Krankenhaus- oder Klinikleitung ist in wesentlichen Bereichen – insbesondere bei Personalangelegenheiten gewichtigerer Art – nicht entscheidungsbefugt.[26] Die Verwaltung einer Gemeinde ist als *eine* Behörde zu qualifizieren. Innerhalb der Kommunalverwaltung gibt es keine eigenständigen Dienststellen „in Form von Behörden".[27] Werden 4

---

[19] Buchholz 232 § 26 BBG Nr. 18. Siehe weiterhin BVerwGE 87, 310 (313 f.) sowie BVerwG DÖD 1985, 132 und DÖD 1992, 279.

[20] Die sog statusberührenden Versetzungen (siehe → Rn. 1) bleiben hier außer Betracht.

[21] Vgl. BVerfGE 10, 20 (48) sowie BVerwGE 87, 310 (312 f.); siehe ferner BVerwG NVwZ-RR 2012, 441 mwN.

[22] Siehe dazu BT-Drs. 7/910, 32 f.

[23] BVerwG ZBR 1991, 52 mwN. Ob ein Behördenwechsel vorliegt, ist allein auf der Grundlage des dienstrechtlichen Behördenbegriffs und nicht des personalvertretungsrechtlichen Dienststellenbegriffs zu klären; BVerwG NVwZ-RR 2012, 441.

[24] NRW OVG RiA 1983, 198 mwN; im gleichen Sinne BW VGH ZBR 1987, 63. Siehe aber auch HVGH HessVGRspr. 1983, 87. Siehe demgegenüber HmbOVG NVwZ-RR 1998, 54 und Bln/BbgOVG 19.6.2014 – 61 PV 4.13 –, juris Rn. 28 ff.: Schulen sind keine Behörden (daher: Umsetzung).

[25] BVerwGE 87, 310 (313). Im Anschluss daran bejaht NRW OVG DVBl 1991, 1210 die Behördeneigenschaft für einen städtischen Schlachthof trotz Zuordnung zum Dezernat des Stadtkämmerers wegen einer gegenüber sonstigen Ämtern „bedeutsamen Verselbstständigung" (zw.). Siehe auch BayVGH BayVBl. 1994, 500.

[26] BW VGH DÖD 1996, 114 (115) unter Hinweis auf BVerwG ZBR 1987, 54 und BW VGH PersV 1995, 118.

[27] BayVGH ZBR 1992, 111, BW VGH ZBR 1992, 111 und SOVG IÖD 2000, 172. Siehe auch BVerwG NVwZ-RR 2012, 441: Nur dem Polizeipräsidenten in Berlin, nicht jedoch seinen Untergliederungen komme Behördeneigenschaft zu.

einem Kommunalbeamten andere gemeindliche Dienstaufgaben übertragen, so handelt es sich infolgedessen stets um eine Umsetzung.[28]

5 Wird ein Beamter, dessen bisheriger Dienstposten wegfällt, zu einer Arbeitsvermittlungs- und Qualifizierungseinheit überstellt, um ihn, sobald sich – im günstigen Fall – eine Gelegenheit dazu bietet, anderweitig, wo auch immer, auf Dauer zu verwenden, so wird man wie folgt zu unterscheiden haben:[29]

- Gelangt man zu dem Ergebnis, dass die entsprechende Einheit ein organisatorisch unselbstständiger Sektor derselben Behörde (bzw. derselben behördenähnlichen Einrichtung) ist, der auch der bisherige Dienstposten zuzurechnen war, so gelten die für eine Umsetzung maßgeblichen Regeln.
- Andernfalls, dh sofern man die vorbezeichnete Einheit als selbstständige Behörde (bzw. als selbstständige behördenähnliche Einrichtung) ansieht, fehlt es im Blick auf den Versetzungsbegriff an dem erforderlichen Dauermoment, da die Überstellung des Beamten an die betreffende Einheit nach Sinn und Zweck nur interimistischen Charakter hat; einer Subsumtion der Überstellung unter den Abordnungsbegriff steht der Umstand im Wege, dass der bisherige Dienstposten (spätestens zugleich) im Zusammenhang mit der Überstellung (endgültig) wegfällt. Eine Rechtsfigur, die einen derartigen – zwischen Versetzung und Abordnung positionierten – Vorgang erfasst, ist de lege lata nicht ersichtlich.

II. Vorbemerkungen zu den Rechtsgrundlagen nach der Föderalismusreform I

6 Für Bundesbeamte, die innerhalb der Bundesverwaltung oder von einer Bundesbehörde zu einem Land, einer Gemeinde, einem Gemeindeverband oder einer sonstigen nicht der Bundesaufsicht unterstehenden Körperschaft, Anstalt oder Stiftung des öffentlichen Rechts abgeordnet oder versetzt werden, gelten die §§ 27 und 28 BBG. Für Landesbeamte sind die §§ 14 und 15 BeamtStG maßgeblich, falls es sich um länderübergreifende Abordnungen oder Versetzungen oder um Abordnungen oder Versetzungen in die Bundesverwaltung handelt. Wenn Landesbeamte innerhalb der Landesverwaltung abgeordnet oder versetzt werden, hat dies nach Maßgabe des einschlägigen Landesbeamtenrechts[30] zu geschehen, welches nun keiner rahmenrechtlichen Bindung mehr unterliegt[31], sich aber inhaltlich kaum davon abgesetzt hat, sodass es vertretbar und im Interesse der Lesbarkeit der Darlegungen angezeigt erscheint, in den folgenden Teilen III und IV jeweils nur auf die Bestimmungen des Bundesbeamtengesetzes und des Beamtenstatusgesetzes hinzuweisen. Die Umsetzung ist – abgesehen von § 28 BbgLBG – nach wie vor weder bundes-

[28] Vgl. Lemhöfer in Plog/Wiedow BBG 2009 § 28 Rn. 8 und Scheerbarth/Höffken/Bauschke/Schmidt BR § 14 II 3 b. Siehe auch SOVG ZBR 1985, 315 (der Wechsel eines Polizeivollzugsbeamten von einem Polizeirevier zu einem anderen innerhalb des Saarlandes sei eine Umsetzung) und SächsOVG SächsVBl. 1999, 163.

[29] Vgl. NRW OVG IÖD 2003, 245 und ZBR 2005, 97 (zur Personal-Service-Agentur der Deutsche Telekom AG). Vgl. ferner Bln/BbgOVG 9.6.2011 – 4 B 63.09 –, juris Rn. 14 ff.: Rechtswidrigkeit einer allein aus Gründen der Finanzierbarkeit erfolgten Stellenpool-Versetzung ohne Aufgabenänderungen.

[30] Siehe insofern §§ 24, 25 BW LBG, Art. 47–49 BayBG, §§ 26–28 sowie § 32 BlnLBG, §§ 27, 29 und 30 BbgLBG, §§ 27–29 BrBG, §§ 27–29 HmbBG, §§ 24–26 HBG, §§ 27–29 MVBG, §§ 27, 28 NBG, §§ 24, 25 NRW LBG, §§ 27–29 RP LBG, §§ 27–29 SBG, §§ 31, 32 sowie § 39 SächsBG, §§ 29–31 BG LSA, §§ 27–29 SH LBG und §§ 9–13 ThürBG.

[31] Siehe → § 1 Rn. 1 f.

noch landesgesetzlich geregelt.[32] § 29 BBG und § 20 BeamtStG haben die (der Abordnung nachgebildete) Zuweisung zum Gegenstand; sie sind an die Stelle des vormals unmittelbar geltenden § 123a BRRG aF getreten. Die beiden Gesetzestexte stimmen mit geringfügigen sprachlichen Abweichungen überein, wenn man davon absieht, dass (naturgemäß) nur die erstgenannte Norm die Entscheidungszuständigkeit der obersten Dienstbehörde oder einer von ihr bestimmten Stelle festlegt (Abs. 1 Satz 2 aaO) und nur § 20 BeamtStG die öffentlich-rechtlichen Religionsgemeinschaften als aufnehmende Einrichtungen (Abs. 1 Nr. 1 aaO) aufführt. Letztere sind keine Dienstherren im Sinne der §§ 1 und 2 BeamtStG, sodass die Klarstellung sinnvoll erschien.

III. Versetzung

Die Versetzung – als eine auf Dauer angelegte Übertragung eines anderen Amtes bei einer anderen Dienststelle (Behörde) desselben Dienstherrn oder bei einem anderen Dienstherrn[33] – kann auf Antrag des Beamten oder – ohne seine Zustimmung – (unter bestimmten weiteren Voraussetzungen) „aus dienstlichen Gründen“ erfolgen (vgl. § 15 Abs. 1 und 2 BeamtStG, § 28 Abs. 2 und 3 BBG). 7

1. Versetzung auf Antrag des Beamten

Der Beamte kann, wenn er es beantragt, innerhalb des Dienstbereichs seines Dienstherrn oder zu einem anderen Dienstherrn versetzt werden, vorausgesetzt, dort ist eine freie und besetzbare Planstelle verfügbar.[34] Der Antrag – eine formlose, empfangsbedürftige, unter Umständen mit einer (zB terminbezogenen) Bedingung verbundene Willenserklärung –[35] muss sich grundsätzlich auf die Weg- wie auf die Zu-Versetzung beziehen.[36] Er muss nicht begründet werden; freilich empfiehlt sich es, dass der Beamte dem Dienstherrn offen legt, weshalb er versetzt werden möchte, damit dieser sein (Handlungs-, ggf. auch sein Auswahl-)Ermessen[37] sach- und pflichtgemäß ausüben kann; kritische Bemerkungen zu einem angeblich schlechten Arbeitsklima sowie Leistungs- und Befähigungs- 8

[32] Siehe dazu BR-Drs. 720/07, 198 (zu § 28 Abs. 4 BBG): Da die Umsetzung das Amt im statusrechtlichen Sinne und das Amt im abstrakt-funktionellen Sinne nicht berühre, liege kein Eingriff in die Rechtsstellung des Beamten vor, der eine gesetzliche Regelung gebiete.

[33] Siehe schon → Rn. 2.

[34] Siehe auch BayVGH 20.11.2014 – 6 ZB 14.1550 –, juris Rn. 6.

[35] Der Antrag kann entsprechend den §§ 119, 123 BGB – nach Vollzug der Versetzung allerdings nur mit Wirkung für die Zukunft – angefochten (vgl. v. Roetteken HBR IV § 26 HBG 2014 Rn. 141) und bis zur Bekanntgabe der Versetzungsentscheidung (vgl. BVerwG NVwZ 1998, 401 betr. Antrag auf Bewilligung eines Urlaubs ohne Dienstbezüge sowie BVerwG ZBR 2000, 307 und Lemhöfer in Plog/Wiedow BBG 2009 § 28 Rn. 42) zurückgenommen werden; falls der Beamte seinen Versetzungsantrag *später* zurücknimmt, wird die entsprechende Erklärung gewöhnlich als Rück- oder Weiterversetzungsantrag auszulegen sein.

[36] BVerwG ZBR 1971, 305. Begehrt der Beamte nur die Weg-Versetzung, muss ihm Gelegenheit zur Äußerung gegeben werden, sobald ein neuer Dienstposten für eine Zu-Versetzung in den Blick gefasst ist. Insbesondere bei der Versetzung zu einem anderen Dienstherrn muss Klarheit darüber herrschen, dass der Beamte sie erstrebt oder ihr zumindest zustimmt (vgl. insofern auch § 29 Abs. 5 HmbBG, wo ausdrücklich Schriftform vorgeschrieben ist). Zum zweckmäßigen Vorgehen des Beamten siehe Schnellenbach/Fiebig in MAH Verwaltungsrecht § 5 Rn. 9 ff., zu Argumentationshilfen und taktischen Erwägungen daselbst Rn. 15 ff.

[37] Siehe dazu Rn. 10 ff. Bei einer Konkurrenz mehrerer Versetzungsbewerber muss sich der Dienstherr nicht am Bestenausleseprinzip ausrichten, sondern kann vielmehr entscheidendes Gewicht auf Sozialkriterien legen; VG Saarlouis 6.2.2012 – 2 L 929/11 –, BeckRS 2012, 49600; vgl. auch

vergleiche sollte der Beamte in diesem Zusammenhang im Allgemeinen vermeiden. Da ein Versetzungsantrag des Beamten ohne weiteres die Zustimmung zur Versetzung einschließt, ist die seinem Petitum stattgebende Maßnahme nicht an das Vorliegen „dienstlicher Gründe" gebunden.[38] Der Beamte muss aber die für das erstrebte Amt im abstrakt-funktionellen Sinne notwendige Laufbahnbefähigung besitzen. Beim Fehlen oder bei Mängeln des Antrags stellt sich die Versetzung als rechtswidriger, aber nicht als nichtiger Verwaltungsakt dar.[39]

9 Verpflichtet sich der Beamte mit Rücksicht darauf, dass er andernfalls nicht eingestellt würde, für eine bestimmte Zeitspanne keine Versetzung zu beantragen, so wird der Dienstherr über die Frage, ob es sich bei einem vor Zeitablauf gleichwohl gestellten Versetzungsantrag um den Ausdruck eines venire contra factum proprium handelt, im Rahmen seiner Ermessensausübung zu befinden haben;[40] der Antrag sollte nicht schon – etwa wegen Rechtsmissbrauchs – als unbeachtlich angesehen werden.[41]

10 Der Dienstvorgesetzte, welcher ermächtigt ist, über den Antrag des Beamten nach seinem Ermessen zu entscheiden, hat sich am Gesetzeszweck auszurichten[42] und die rechtlichen Grenzen einzuhalten, die für die Ausübung seines Ermessens gelten (siehe § 40 VwVfG).[43] Soweit das Gesetz die Versetzung auf Antrag des Beamten zulässt, trägt es der Fürsorge- und Schutzpflicht des Dienstherrn (§ 45 BeamtStG, § 78 BBG) Rechnung, die unter anderem gebietet, dass der Beamte

- sein spezifisches Können, ggf. auch seine Beförderungseignung, am richtigen Arbeitsplatz unter Beweis stellen kann[44] und
- vor gesundheitlichen Schäden bewahrt wird, die ihm wegen der Art seiner bisherigen dienstlichen Tätigkeit oder wegen klimatischer Verhältnisse am bisherigen Dienstort drohen.[45]

11 Da die Fürsorge- und Schutzpflicht nicht isoliert, sondern im Kontext zu den notwendigen Belangen der Aufgabenerfüllung des öffentlichen Dienstes zu sehen ist,[46] können auch ernstliche Schwierigkeiten bei einer Wiederbesetzung des Dienstpostens zur Ableh-

---

BVerwG 25.11.2004 – 2 C 17.03 –, juris Rn. 15; SächsOVG 5.9.2013 – 2 B 367/13 –, juris Rn. 6, und SOVG 12.2.2014 – 1 A 415/13 –, juris Rn. 40 ff.

[38] BVerwG Buchholz 232 § 26 BBG Nr. 16.

[39] Vgl. Battis BBG § 28 Rn. 11 sowie Kathke aaO (Fn. 13) Rn. 94 zu § 25 NRW LBG (aF) mwN.

[40] Vgl. dazu BayVGH ZBR 2009, 310, ferner Wolff ZBR 2009, 296 (299); siehe auch → Rn. 11. Hat sich ein – inzwischen beförderter – Beamter schon bei seiner erfolgreichen Bewerbung um einen höherwertigen Dienstposten bereit erklärt, an einem bestimmten Ort Dienst zu leisten, und geht die ihm bekannte Verwaltungspraxis von einer bestimmten Mindestverweildauer aus, so lässt sich die dementsprechend „rechtskonform ausgelegte Einverständniserklärung" in dem Sinne verstehen, dass es der Beamte akzeptiert, wenn „der Dienstherr in eine Ermessensentscheidung über ein eventuell gestelltes Versetzungs-/Umsetzungsgesuch die dafür geltend gemachten, insbesondere personen- bzw. familienbezogenen sozialen Gesichtspunkte nicht im sonst erforderlichen Umfang, sondern lediglich in einem reduzierten, auf den Wesensgehalt der beamtenrechtlichen Fürsorgepflicht beschränkten Umfang einstellt" (VG Regensburg 23.8.2012 – RO 1 E 12.943 –, BeckRS 2012, 57373 mit Hinweis auf BayVGH ZBR 2009, 310).

[41] In diesem Sinne anscheinend auch Kathke aaO (Fn. 13) Rn. 96 zu § 25 NRW LBG (aF).

[42] Vgl. BVerfGE 9, 137 (147 f.) sowie BVerwGE 19, 332; 30, 313.

[43] Die Ablehnung eines Versetzungsantrags muss die Ermessenserwägungen erkennen lassen, die zu der negativen Entscheidung geführt haben; HVGH HessVGRspr. 1985, 38. Siehe im Übrigen Fn. 37 und 44.

[44] Siehe dazu → § 10 Rn. 24; vgl. auch BVerwG DÖD 1965, 177. Zu Konkurrenzen zwischen Versetzungs- und Beförderungsbewerbern → § 3 Rn. 61, zu Konkurrenzen mehrerer Versetzungsbewerber Fn. 37.

[45] Siehe dazu → § 10 Rn. 30 ff.; vgl. auch BVerwG ZBR 1969, 47 und RiA 2000, 85 (zum Soldatenrecht) sowie Schrapper/Günther LBG NRW § 25 Rn. 3.

[46] Siehe dazu → § 10 Rn. 6.

nung des Versetzungsantrags genügen.[47] Allerdings ist zu berücksichtigen, dass Wiederbesetzungsprobleme einerseits regelmäßig auftreten, es andererseits jedoch dem Willen des Gesetzgebers entspricht, auch Beamten eine gewisse Flexibilität zuzubilligen.[48] Ob und inwieweit es einem Versetzungsverlangen im Rahmen der Ermessensbetätigung – insbesondere auch in Würdigung der beamtenrechtlichen Dienst- und Treuepflicht – entgegenstehen kann, dass der Beamte die Verpflichtung eingegangen ist, für gewisse Zeit von einem Versetzungsantrag abzusehen,[49] hängt von den Umständen des Einzelfalles, vornehmlich davon ab, ob sich die Randbedingungen für den Beamten wie für den Dienstherrn seit Abgabe der Verpflichtungserklärung nachhaltig geändert haben, ob dies (mehr oder weniger) vorhersehbar war und welche Zeitspanne inzwischen schon vergangen ist.

Ein Versetzungsanspruch kann sich nur dann ergeben, wenn jede andere Entscheidung 12
als die Versetzung ermessensfehlerhaft wäre.[50] Das ist der Fall, wenn „schwerwiegende persönliche Gründe" oder eine „außergewöhnliche Härte" die Versetzung – bei Anlegung eines strengen Maßstabes[51] – unabweisbar erscheinen lassen.[52] Eine Ermessensreduzierung in doppelter Hinsicht ist erforderlich, wenn der Beamte, wie gewöhnlich, nicht nur die Weg-Versetzung, sondern auch die Übertragung eines abstrakt-funktionellen Amtes bei einer bestimmten anderen Dienststelle (Behörde) anstrebt.[53] Haben die für den Dienstherrn handelnden Behörden (unter Beteiligung der zuständigen Personalvertretung) einen Katalog mit Versetzungskriterien aufgestellt, der als solcher rechtlichen Bedenken entrückt ist, so entfaltet dieser Katalog ermessensbindende Wirkung.[54] Bevorzugt der Katalog verheiratete bzw. durch eingetragene Lebenspartnerschaft verbundene Versetzungsbewerber, so ist der Dienstherr nicht gehalten, diesen Beamten diejenigen Beamten gleichzustellen, die in eheähnlichen Verhältnissen leben.[55]

---

[47] So im Ansatz auch Kathke aaO (Fn. 13) Rn. 135 f. zu § 25 NRW LBG (aF) unter Hinweis auf HVGH 31.3.2010 – 1 B 272/10 –, abgedr. bei Schütz/Maiwald BR ES/A II 4.1 Nr. 33. Kathke will freilich die Möglichkeit einer Verweigerung der „Freigabe" an einen anderen Dienstherrn wie bei der Entlassung auf eigenen Antrag (vgl. § 33 Abs. 2 Satz 3 BBG) zeitlich begrenzen, obwohl „Freigabe" und Versetzung auf der einen Seite und Entlassung auf der anderen Seite hier fraglos nicht vergleichbar sind.

[48] Schrapper/Günther LBG NRW § 25 Rn. 2.

[49] Siehe schon → Rn. 9.

[50] Zur sog Ermessensreduzierung auf Null siehe allgemein → § 3 Fn. 61; vgl. auch BVerwG Buchholz 232 § 26 BBG Nr. 16.

[51] Zu Versetzungsanträgen schwerbehinderter Beamter siehe Kathke aaO (Fn. 13) Rn. 152 f. zu § 25 NRW LBG (aF) mit Bezugnahme auf einschlägige Verwaltungsvorschriften in Bund und Ländern.

[52] RP OVG NVwZ 1994, 1230 mit dem zutreffenden Bemerken, dass ein kommunalpolitisches Engagement hierfür nicht ausreicht (vgl. hierzu ferner VG Göttingen NVwZ-RR 1999, 52 und VG Frankfurt a. M. NVwZ-RR 2007, 269) sowie BayVGH 24.6.2014 – 3 ZB 13.1066 –, juris Rn. 6 (zu „zwingenden persönliche Gründen" iS einer VV). Siehe aber auch Fn. 106.

[53] Vgl. H. Günther ZBR 1978, 73 (79) unter Hinweis auf die in Fn. 50 bezeichnete Entscheidung. Zur ermessensfehlerfreien Ablehnung des Versetzungsantrags eines Studienrates wegen Nichterfüllung des Anforderungsprofils einer ausgeschriebenen Stelle VG Ansbach 13.8.2012 – A N 1 E 12.01264 –, BeckRS 2012, 55743.

[54] Siehe dazu BayVGH ZBR 1994, 158. Vgl. aber auch BayVGH ZBR 1995, 51. Beamte und Tarifbeschäftigte, deren bisherige Aufgaben gleichermaßen weggefallen sind, können *gemeinsam* einer Sozialauswahl nach übergreifenden Kriterien unterzogen werden (RP OVG DÖD 2009, 76); Teilzeitbeschäftigte dürfen nicht ohne weiteres aus dem Kandidatenkreis für eine Versetzung eliminiert werden (Bln/Bbg OVG ZBR 2009, 101). Zu den Auswirkungen des Allgemeinen Gleichstellungsgesetzes auf Kriterienkataloge beachte schließlich BAG NZA 2009, 945.

[55] Vgl. RP OVG aaO (Fn. 52); vgl. auch NdsOVG NVwZ-RR 2006, 197 und Kathke aaO (Fn. 13) Rn. 161 zu § 25 NRW LBG (aF).

13 Beantragt der Beamte seine Versetzung in ein unterwertiges Amt im abstrakt-funktionellen Sinne, weil er sich den Anforderungen seines bisherigen Amtes nicht (mehr) gewachsen fühlt, so liegt hierin zwar nicht ohne weiteres zugleich die (stillschweigende) Einwilligung in eine korrespondierende Statusänderung, die gemäß § 8 Abs. 1 Nr. 3 BeamtStG bzw. § 10 Abs. 1 Nr. 3 BBG einer Ernennung (Rückernennung) bedürfte;[56] der Dienstherr verhält sich aber im Allgemeinen nicht ermessensfehlerhaft, wenn er den Antrag ablehnt, weil der Beamte – auf Befragen – nicht zugleich einer Rückernennung zustimmt. Bei einer nur zeitweiligen, behebbaren Leistungsschwäche bieten sich Abordnung oder Umsetzung als sachadäquate Abhilfemaßnahmen an.

14 Geht es einem Beamten um eine Versetzung zu einem anderen Dienstherrn, so bewegt sich dieser in den Grenzen seines Ermessens, wenn er die entsprechende Bewerbung nicht in ein anhängiges Besetzungsverfahren einbezieht, weil bekannt ist, dass der jetzige Dienstherr eine „Freigabe" aus personalpolitischen Erwägungen ablehnt.[57]

2. Versetzung aus dienstlichen Gründen

15 Während die gesetzliche Möglichkeit, den Beamten auf Antrag zu versetzen, Ausprägung der Fürsorge- und Schutzpflicht des Dienstherrn ist, dient die Ermächtigung zur Versetzung „aus dienstlichen Gründen" dazu, die Funktionalität der öffentlichen Verwaltung zu sichern und womöglich zu steigern.[58] Der Begriff der „dienstlichen Gründe" ist demgemäß dahin zu interpretieren, dass er die personellen Erfordernisse umfasst, die aus dem generellen Organisationsziel der öffentlichen Verwaltung und dem besonderen Organisationszweck des konkreten, jeweils anzuvisierenden Verwaltungsbereichs folgen.[59] Wenn in einzelnen Gesetzestexten in diesem Zusammenhang nach wie vor auf ein „dienstliches Bedürfnis" und *daneben* auf „dienstliche Gründe" abgestellt wird,[60] so ist darin keine sachliche Differenz zu erblicken.[61] § 26 BBG aF[62] hatte den Begriff der „dienstlichen Gründe" (Abs. 2 Satz 1) vom Grundbegriff des „dienstlichen Bedürfnisses" (Abs. 1 Satz 1) dergestalt abgehoben, dass er ihn den Fällen einer laufbahnfremden Versetzung und einer Versetzung mit oktroyiertem Dienstherrnwechsel (als „schwerwiegenden Eingriffen in die Rechtsstellung des Beamten")[63] vorbehalten hatte; auf die Übernahme dieser mindestens terminologisch missglückten Unterscheidung ist bei den einschlägigen Neuregelungen des Bundes – und teilweise auch im novellierten Landesrecht –[64] verzichtet worden.[65]

---

[56] Vgl. HVGH ZBR 1995, 107 (108).

[57] BVerfG ZBR 2000, 377; siehe schon Fn. 47. Es besteht allerdings die rechtliche Möglichkeit, eine verweigerte „Freigabe" durch die Begründung eines neuen Beamtenverhältnisses zu unterlaufen; vgl. dazu § 22 Abs. 2 BeamtStG und § 31 Abs. 1 Nr. 2 BBG. Kuhn ZBR 1965, 161 (163) kennzeichnet ein derartiges Verhalten des Beamten als nicht gerade „dienstherrnfreundlich" und denkt dabei an den „alten" Dienstherrn; bedenklicher ist es aber vielleicht noch, wenn sich der „neue" Dienstherr auf ein „kollusives" Zusammenwirken solcher Art mit dem Beamten einlässt.

[58] Siehe NRW OVG 21.9.2015 – 1 A 2758 –, juris Rn. 41 ff.

[59] Siehe dazu auch Fn. 66.

[60] Siehe dazu die Nachweise in Fn. 30.

[61] Ebenso im Ergebnis Battis BBG § 28 Rn. 12, Summer in GKÖD I L § 28 Rn. 11, Hebeler/Knappstein ZBR 2010, 217 (220) sowie Kathke aaO (Fn. 13) Rn. 99 zu § 25 NRW LBG (aF). Vgl. ferner ThürOVG 26.1.2012 – 2 EO 246/11 –, juris Rn. 25 (zu § 30 Abs. 1 und Abs. 2 ThürBG aF).

[62] Dem entsprach § 18 BRRG aF.

[63] BT-Drs. 13/3994, 32; vgl. dazu Bredendiek/Meier NVwZ 1996, 444 (446). Siehe ferner → Rn. 31 f.

[64] Siehe aber Art. 48 Abs. 1 und 2 BayBG, § 25 Abs. 1 bis 3 NRW LBG, sowie § 29 Abs. 1 und 2 SBG.

[65] Siehe auch Lenders/Peters/Weber aaO (Fn. 10) § 28 BBG Rn. 286.

Die „dienstlichen Gründe“[66] für eine Versetzung können sich insbesondere herleiten aus 16

- der allgemeinen Personallage im ganzen Dienstzweig, bei der bisherigen Dienstbehörde oder bei der Dienstbehörde, an die der Beamte versetzt wird,[67]
- der Auflösung oder einer wesentlichen Änderung des Aufbaus oder der Aufgaben der bisherigen Dienstbehörde oder der Verschmelzung von Behörden (siehe § 28 Abs. 3 BBG),
- der spezifischen Eignung des Beamten für das Amt im abstrakt-funktionellen Sinne,[68] welches ihm mit der Versetzung zufallen soll,
- nicht überzeugenden Leistungen des Beamten bei der bisherigen Dienstbehörde,
- dem Interesse, durch Übertragung eines anderen Amtes derselben oder einer anderen Laufbahn eine Zurruhesetzung des Beamten wegen Dienstunfähigkeit zu vermeiden (siehe § 26 Abs. 1 Satz 3, Abs. 2 und Abs. 3 BeamtStG sowie § 44 Abs. 1 Satz 3 und Abs. 2–5 BBG), oder
- einem Verhalten des Beamten, welches zu einem (Dauer-)Spannungsverhältnis innerhalb der bisherigen Dienstbehörde beigetragen hat.

Die Versetzung bietet sich als Mittel an, um die – nicht nur vorübergehende – Über- oder Unterbesetzung[69,70] bei Behörden eines Geschäftsbereichs auszugleichen. Welche Beamten versetzt werden, ist eine (nachrangige) Frage des Auswahlermessens.[71] 17

Die Überstellung von Beamten zu einer organisatorisch verselbstständigten Arbeitsvermittlungs- und Qualifizierungseinheit[72] ist nur dann durch „dienstliche Gründe“ gedeckt, 18

- wenn sie nach Konzeption und (konkret greifbarer) Durchführung der Bemühungen lediglich „Durchgangsstadium“ sein soll und ist und

---

[66] Im Folgenden wird zur Entlastung des obigen Textes davon abgesehen, jeweils auf diejenigen Landesbeamtengesetze hinzuweisen, die an der früheren, durch § 18 Abs. 1 und 2 BRRG aF vorgezeichneten abgestuften Regelung festgehalten haben (siehe dazu Fn. 64).

[67] Vgl. dazu RP OVG NVwZ-RR 2008, 485: Es obliege dem Dienstherrn, „in Ausübung seines Organisationsrechts“ zu entscheiden, welche Maßnahmen notwendig seien, um die Funktionsfähigkeit der öffentlichen Verwaltung sicherzustellen; die Interessen einzelner Beamter könnten hierbei keine Beachtung finden. IdS auch BVerwG 26.3.2015 – 1 WB 40.14 – juris Rn. 27 zum Soldatenrecht.

[68] Zu den verschiedenen Amtsbegriffen → § 3 Rn. 10 f.

[69] Zur Weg-Versetzung wegen eines Personalüberhangs vgl. BVerwG Buchholz 232 § 26 BBG Nr. 16 und ZBR 1979, 306 (309), außerdem Bln/BbgOVG 18.4.2012 – 4 B 40.10 –, juris Rn. 36 ff. und ZBR 2009, 101. Siehe weiterhin RP OVG DÖD 1984, 203: Für die Annahme eines „dienstlichen Bedürfnisses“ reiche es, dass angesichts der Überbesetzung eine dienstliche Notwendigkeit vorhanden sei, *irgend einen* Beamten zu versetzen. Zur Versetzung eines Professors, dessen Lehrbefugnis sich derartig auf bestimmte Studiengänge bezog, dass sein Aufgabengebiet mit der Einstellung dieser Studiengänge durch die Universität entfiel, NRW OVG RiA 1991, 197.

[70] Zur Versetzung wegen Personalmangels vgl. BayVGH BayVBl. 1967, 173; siehe ferner BVerwGE 43, 215 (217). Bei allgemeinem Personalmangel hat der Dienstherr zu entscheiden, welche Aufgaben aus seiner Sicht anderen gegenüber bedeutsamer und deshalb – was ihre Erledigung angeht – vordringlich sind (H. Günther ZBR 1978, 73, 78. Vgl. auch v. Roetteken in HBR IV § 26 HBG 2014 Rn. 250).

[71] Siehe dazu → Rn. 25 ff.; vgl. auch RP OVG DÖD 1984, 203.

[72] Bei genauer Betrachtung liegt keine Versetzung, sondern ein „Mixtum“ („Zwischending“) zwischen Versetzung und Abordnung vor; siehe schon → Rn. 5. Die Erörterung erfolgt *hier* deswegen, weil die Überstellung der Versetzung bei funktionaler Betrachtung näher steht als der Abordnung; immerhin erscheint aber auch eine Orientierung an § 27 Abs. 3 Satz 1 Nr. 1 BBG, was die (noch) vertretbare Zeitspanne für das „Durchgangsstadium“ anbelangt, nicht von vornherein abwegig (Hinweis auf die in Fn. 73 aE zit. Entscheidung des Bayerischen Verwaltungsgerichtshofs). Vgl. auch Bln/BbgOVG 9.6.2011 – 4 B 63.09 –, juris Rn. 16 (keine Zuordnung zum Stellenpool allein zur Erfüllung von Einsparvorgaben).

- wenn sie in Anbetracht des Grades an Individualisierung dieser Bemühungen die baldmögliche Verwendung des jeweiligen Beamten auf einem zur Zeit der Überstellung noch nicht unbedingt feststehenden dauerhaften statusadäquaten Arbeitsplatz bei einer anderen internen oder externen Einheit intendiert und antizipiert.

Nur eng begrenzte Zeiträume faktischer Beschäftigungslosigkeit sind hinzunehmen.[73] Die Dienst- oder Treuepflicht des Beamten gebietet seine Mitwirkung an der (Weiter-) Qualifizierung – als „Transfermitarbeiter" – nicht erst unter der Prämisse, dass schon eine verdichtete Aussicht auf ein neues Arbeitsfeld vorhanden ist.[74]

19 Bei der vollständigen Auflösung einer Behörde liegt die Notwendigkeit einer Weg-Versetzung der Behördenangehörigen auf der Hand.[75] Nur bei der Zu-Versetzung gelangt dann Ermessen zur Geltung. Bei der Ausgliederung von Abteilungen/Referaten in der Ministerialverwaltung kann als dienstlicher Grund für die Versetzung (insbesondere von Beamten des höheren Dienstes) auch auf die zu wahrende Kontinuität der sachlichen Aufgabenerfüllung abgestellt werden.[76]

20 Zu den Grundpflichten des Dienstherrn gehört es, den Beamten „so einzusetzen, dass zwischen den Anforderungen des Amtes und der Eignung des Inhabers weitgehende Übereinstimmung besteht".[77] Nicht nur der Fürsorge- und Schutzgedanke,[78] sondern auch das Funktionalitätsprinzip[79] können es gebieten, einen Beamten zu versetzen, der sich auf seinem Tätigkeitsfeld nicht oder nicht so bewährt, wie es von demjenigen erwartet werden muss, dem dieser Wirkungskreis (auch) zukünftig übertragen werden (bleiben) soll.[80] Ein „dienstlicher Grund" für eine Versetzung wird in einem solchen Fall allerdings erst unter der weiteren Voraussetzung anzunehmen sein, dass die Übertragung einer anderen gleichwertigen Amtsstelle (eines anderen Amtes im konkret-funktionellen Sinne) bei derselben Beschäftigungsbehörde – kurz: eine Umsetzung – nicht möglich oder untunlich ist. Keine Umsetzung, sondern nur eine Versetzung kommt in Betracht, wenn sich der Beamte den Anforderungen des Dienstes bei einer obersten Bundes- oder Landesbehörde[81] oder bei einer Behörde in einer Großstadt[82] nicht (mehr) gewachsen zeigt oder wenn er sich wegen mangelnder Gewandtheit im Umgang mit Menschen für eine Behörde mit regem Publikumsverkehr als nicht tauglich erweist.[83]

---

[73] Vgl. BVerwGE 126, 182 (zu Vivento); 132, 31 (zum Berliner Stellenpool); siehe außerdem HVGH NVwZ-RR 2005, 124, NRW OVG ZBR 2005, 97, RP OVG NVwZ 2007, 110 (zu einer „Abordnung" an die DB JobService GmbH) und VG Frankfurt a. M. PersV 2004, 299 sowie Badura DÖV 2010, 533 (537), Lechtermann DVBl 2004, 1334 (1336 ff.) und Pechstein ZBR 2004, 293 (301 ff.). BayVGH RiA 2008, 187 (188) hält eine „Parkzeit" bis zu zwei Jahren für zulässig.

[74] Vgl. indessen auch BVerwG NVwZ 2009, 187: Die Deutsche Telekom AG müsse den verfassungsrechtlichen Anspruch eines bei ihr tätigen Beamten auf amtsangemessene Beschäftigung erfüllen, sobald ihn der Beamte geltend mache; es verstoße gegen Art. 33 Abs. 5 GG, den Beamten stattdessen aufzufordern, sich auf freie Stellen zu bewerben. Siehe auch BVerwG 3.4.2014 – 2 B 70.12 –, juris Rn. 19 (betr. Nachfolgeunternehmen der Bundespost).

[75] Vgl. BVerwGE 87, 310 (317) sowie BayVGH ZBR 2005, 51.

[76] Siehe v. Roetteken HBR IV § 26 HBG 2014 Rn. 224 unter Hinweis auf BVerwG DÖD 1979, 159.

[77] BVerwG DÖD 1965, 177. Zu einem Bedarf an Beamten mit Spezialkenntnissen RP OVG DÖD 1984, 203 (204) – hier: Lehrer mit Unterrichtserfahrung in einem Mangelfach –.

[78] Siehe → § 10 Rn. 24 f.

[79] Siehe → Rn. 15.

[80] Vgl. BVerwG DÖD 1965, 177. Vgl. auch BVerwG ZBR 1984, 193 (LS) zur Versetzung/Umsetzung im Interesse eines – verglichen mit dem versetzten/umgesetzten Beamten – Förderungswürdigeren.

[81] NRW OVG NDBZ 1959, 222 und NDBZ 1961, 196 (LS).

[82] BVerwGE 17, 279.

[83] BayVGH BayVBl. 1969, 216.

Unter dem Aspekt des Eignungsmangels kann sich ein dienstlicher Weg-Versetzungsgrund auch aus unzureichender Einsatzbereitschaft,[84] aus einem Missbrauch der Vorgesetztenfunktion zu eigennützigen Zwecken[85] sowie daraus ergeben, dass der Beamte mit seinem dienstlichen oder außerdienstlichen Verhalten das Ansehen seiner Beschäftigungsbehörde erheblich gefährdet und deswegen dort nicht mehr tragbar ist.[86] Das Bundesverwaltungsgericht[87] hat daher die Versetzung eines Polizeibeamten gebilligt, dessen Straftaten in seinem bisherigen kleinstädtischen Einsatzort bekannt zu werden drohten. Dagegen lässt sich ein „dienstlicher Grund“ für eine Versetzung nicht aus dem möglichen Interesse an einer Disziplinierung des Beamten rechtfertigen.[88] Liegt einer Versetzung, mit der einem anderweitig sachlich begründeten dienstlichen Anliegen Rechnung getragen wird, daneben auch der Wunsch zugrunde, „die Dienstzucht zu festigen“,[89] so könnte hierdurch aber allenfalls die Rechtmäßigkeit der Ermessensausübung berührt werden.[90] 21

Gerät der Beamte in den Verdacht, eine Straftat oder ein Dienstvergehen begangen zu haben, so kann es je nach den obwaltenden Umständen angezeigt sein, ihn bis zur Klärung der Angelegenheit im Straf- oder im Disziplinarverfahren nicht oder jedenfalls nicht bei seiner bisherigen Beschäftigungsbehörde Dienst versehen zu lassen. Entscheidet sich der Dienstherr nicht für eine sog Zwangsbeurlaubung (§ 39 BeamtStG, § 66 BBG),[91] so ist eine Abordnung,[92] regelmäßig aber keine Versetzung zu erwägen, weil das dienstliche Bestreben gewöhnlich nur dahin gehen kann, den Beamten bis zum rechtskräftigen Abschluss des Straf- oder des Disziplinarverfahrens – dh (zunächst) nur zeitweilig – von seiner bisherigen Dienststelle fernzuhalten.[93] Wird die Disziplinarklage rechtskräftig abgewiesen, so kann der Beamte wegen des angeschuldigten Verhaltens nicht (mehr) versetzt werden.[94] Aus einem lange zurückliegenden Dienstvergehen kann nicht ohne weiteres auf eine (auch) aktuell noch fehlende Eignung geschlossen werden.[95] 22

Aus § 26 Abs. 1 Satz 3, Abs. 2 und Abs. 3 BeamtStG wie aus § 44 Abs. 1 Satz 3 und Abs. 2–5 BBG geht hervor, dass der Bundesgesetzgeber die Absicht, eine Zurruhesetzung des Beamten wegen Dienstunfähigkeit zu vermeiden, als tragfähigen dienstlichen Versetzungsgrund betrachtet. Die gesetzliche Regelung eröffnet die Möglichkeiten sogar zu einem Statuswechsel wie auch zu einer unterwertigen Beschäftigung. Beim Statuswechsel ist vornehmlich an die Versetzung eines Beamten aus dem sog Vollzugsdienst in ein Amt der korrespondierenden Verwaltungslaufbahn (ohne Außendienstbelastung) zu denken.[96] 23

---

[84] Vgl. Summer in Weiß/Niedermaier/Summer/Zängl BayBeamtR Rn. 32 zu Art. 48 BayBG. Siehe ferner BayVGH 8.12.2005 – 15 ZB 04.818 – juris Rn. 4 ff.

[85] BVerwG ZBR 2000, 164.

[86] Vgl. BW VGH ZBR 1961, 282 (283) und NdsOVG VRspr. 12, 36.

[87] VRspr. 15, 280; vgl. auch H. Günther ZBR 1978, 73 (78).

[88] BVerwGE 26, 65 sowie BVerwG ZBR 1966, 280 (m. zust. Anm. Wilhelm) und ZBR 1966, 304 (m. Anm. Scheerbarth); siehe auch VG Gelsenkirchen NWVBl. 2008, 437 (438).

[89] Siehe dazu BVerwGE 36, 65 sowie BVerwG ZBR 1966, 280.

[90] Siehe → Rn. 28.

[91] Zur Befugnis der für die Erhebung der Disziplinarklage zuständigen Behörde, einen Beamten gleichzeitig mit oder nach der Einleitung des Disziplinarverfahrens vorläufig des Dienstes zu entheben, siehe § 38 Abs. 1 BDG.

[92] Siehe dazu → Rn. 48 ff.

[93] Ebenso Kathke aaO (Fn. 13) Rn. 116 zu § 25 NRW LBG (aF).

[94] BVerwG ZBR 1966, 304 und NRW OVG DÖV 1966, 101.

[95] Vgl. BVerwG 15.7.2008 – 1 WDS-VR 11.08 –, juris Rn. 31 f. (Soldatenrecht).

[96] Vgl. hierzu Summer in GKÖD I L § 44 Rn. 20 f. sowie BVerwG NVwZ-RR 1993, 420 und BayVGH NVwZ-RR 1993, 314. Zur unterwertigen Beschäftigung ist – im Anschluss an Summer – anzumerken, dass körperliche Gebrechen, aber auch eine Schwäche der körperlichen oder geistigen Kräfte in der Regel auch die Fähigkeit zur Verrichtung unterwertiger Tätigkeiten mindern. Siehe auch Summer ZBR 1993, 17.

24 (Dauer-)Spannungen innerhalb einer Behörde[97,98] kann durch die Weg-Versetzung – ggf. schon durch die Umsetzung – des Beamten begegnet werden, dem die Ansammlung des Konfliktstoffes objektiv zuzurechnen ist oder der sich gegen eine mögliche nachhaltige Bereinigung sperrt.[99] Verschuldensgesichtspunkte können nur im Rahmen der Ermessensausübung von Belang sein,[100] unter anderem dann, wenn der Beamte Hinderungsgründe geltend macht, die aus seiner Sicht einer Versetzung entgegenstehen.[101] Bei Beteiligung mehrerer Beamter kann es schon für die Beurteilung des dienstlichen Versetzungsgrundes – dh für die Tatbestandsseite der Versetzung – bedeutsam sein,

- wessen Wechsel die Effektivität der Arbeit in der abgebenden Dienststelle voraussichtlich am wenigsten beeinträchtigt[102] und
- wie möglichst zugleich auch den Interessen der aufnehmenden Behörde entsprochen werden kann.

Die Fragen nach den Graden der (Mit-)Verursachung und nach einer etwaigen Schuld eines oder mehrerer Beteiligter gehören zur Ermessensseite.[103]

a) Ausübung des Ermessens

25 Bei seiner Ermessensbetätigung darf der Dienstherr davon ausgehen, dass der Beamte mit der Möglichkeit seiner Versetzung und etwaigen daraus resultierenden Unannehmlichkeiten rechnen muss.[104] Nur „schwerwiegende persönliche Gründe“ oder „außergewöhnliche Härten“ können dazu veranlassen, zwingenden dienstlichen Belangen den Vorrang zu versagen.[105] Kann den jeweiligen „dienstlichen Gründen“ auf unterschiedli-

[97] Die Zurruhesetzung eines „Kontrahenten“ bewirkt nicht immer ohne weiteres eine Beruhigung; vgl. dazu BVerwG Buchholz 232 § 26 BBG Nr. 40.

[98] Zu Spannungen zwischen einem Beamten und kommunalen Mandatsträgern oder Bürgern, die in nicht nur vorübergehendem Kontakt zu ihm stehen, siehe VG Gera 18.12.2002 – 1 K 393/00 –, juris Rn. 19; zu einem Spannungsverhältnis eines Ministerialbeamten zu Parlamentsabgeordneten als dienstlichem Versetzungsgrund NRW OVG 21.11.2011 – 1 A 2563/09 –, BeckRS 2012, 45505 (bestätigt durch BVerwG 16.7.2012 – 2 B 16.12 –, BeckRS 2012, 55091). Zu Störungen des Schulfriedens BayVGH 24.3.2015 – 3 ZB 14.591 –, juris Rn. 5 ff., ders. PersV 2007, 189 und RP OVG NVwZ-RR 2005, 476. Auch andauernde Differenzen zwischen einem Beamten und dem Personalrat können (in Extremfällen) eine Versetzung, falls alternativenlos, gerechtfertigt erscheinen lassen; vgl. BVerwGE 76, 255 (257).

[99] Vgl. BVerwGE 26, 65 sowie BVerwG ZBR 1966, 280 und ZBR 1978, 200, ferner SächsOVG NVwZ-RR 2002, 53 (54).

[100] Vgl. aber auch BVerwG ZBR 1969, 47, außerdem Becker ZBR 1978, 102 (106) und H. Günther ZBR 1978, 73 (78).

[101] Siehe → Rn. 25 ff.

[102] BVerwG ZBR 1969, 47, BVerwGE 26, 65 (juris Rn. 36). Vgl. jedoch auch NRW OVG DÖV 1983, 125 (LS), wo der „Umstand …, in welchem Maße der Dienstbetrieb durch die jeweilige(n) Versetzung(en) beeinträchtigt würde“, den Ermessenserwägungen zugeordnet wird (ebenso anscheinend Kathke aaO – Fn. 13 – Rn. 163 zu § 25 NRW LBG [aF]). Siehe in diesem Zusammenhang außerdem (zu einer Abordnung) NdsOVG NdsVBl. 2009, 168.

[103] Vgl. auch insofern BVerwG ZBR 1978, 200. Siehe weiterhin → Rn. 27.

[104] Grundlegend BVerwGE 17, 279; 26, 65 (69). Zu verpflichtenden Erklärungen aus der Zurechnungssphäre des Dienstherrn, den Beamten (für eine absehbare Zeit) nicht zu versetzen, siehe BVerwGE 53, 163 (166); 53, 182 (183 f.); 63, 110 (113), ferner BVerwG ZBR 1994, 246, NVwZ 1995, 83 und NVwZ 1996, 1219. Zur Form einer solchen Erklärung vgl. (außer BVerwG NVwZ 1996, 1219) BayVGH ZBR 1997, 194 und RP OVG ZBR 1995, 77 (78): Die Beachtlichkeit der betreffenden Erklärung (des zuständigen Beamten) setzt keine Schriftlichkeit voraus; diese Erklärungsform kann jedoch – abgesehen von der Frage eines Beweises – dem Vertrauenstatbestand zusätzliches Gewicht verschaffen.

[105] BVerwGE 26, 65.

che Weise, jedoch mit gleicher Wirkkraft abgeholfen werden, so gewinnt das Verhältnismäßigkeitsgebot besondere Bedeutung.[106] Dies gilt hauptsächlich für die Auswahl unter mehreren für eine Versetzung in Betracht kommenden Beamten.[107] Auch die Frage, wie eng oder wie weit der Kreis der „in Betracht kommenden" Beamten gezogen werden muss, wird sich vielfach nicht ohne Verhältnismäßigkeitserwägungen entscheiden lassen. Unter Umständen kann es angesichts der Nachteile einer Versetzung für die zunächst ins Auge gefassten Beamten geboten sein, den Rahmen der personellen Überlegungen zu erweitern. Die (mitbestimmungspflichtige, siehe § 76 Abs. 2 Satz 1 Nr. 8 BPersVG[108]) Aufstellung von Kriterienkatalogen für eine gleichmäßige Ausübung des Ermessens kann tatsächlich und rechtlich hilfreich, auch akzeptanzfördernd sein.[109] Bei der Verlegung der gesamten Behörde besteht (anders als bei der Versetzung) grundsätzlich kein Auswahlermessen, es sei denn, im Einzelfall müsste ganz ausnahmsweise eine „außergewöhnliche Härte" anerkannt werden, die ein Absehen von der Folgepflicht rechtfertigen könnte.[110]

Das Bundesverwaltungsgericht[111] hat einen die Versetzung hindernden „schwerwiegen- **26**
den persönlichen Grund" darin erblickt, dass der Beamte an dem in Aussicht genommenen neuen Dienstort wahrscheinlich – nicht nur möglicherweise – vorzeitig dienstunfähig werde.[112] Dies kann aber nicht bedeuten, dass die – wahrscheinlichen oder auch nur ernsthaft als möglich anzusehenden – gesundheitlichen Auswirkungen der Versetzung für den Beamten oder seine nahen Familienangehörigen,[113] von der angesprochenen (zugespitzten) Fallgestaltung abgesehen, für die Ermessensbetätigung unerheblich wären.[114] Soweit der „dienstliche Grund" darin besteht, die Unter- oder Überbesetzung einer Behörde zu beheben, kann die Möglichkeit versetzungsbedingter gesundheitlicher Nachteile für den Beamten oder seine Familienangehörigen dem Dienstherrn zureichenden Anlass zu der Prüfung geben, ob nicht ein anderer Beamter versetzt werden könnte oder ob eine Versetzung (von der überbesetzten) an eine andere (aufnahmefähige und -bedürftige) Behörde vorzuziehen sei.[115] Erkrankt der Beamte oder einer seiner nahen Familienangehörigen im Anschluss an die Versetzung, kann dies zu einer Verpflichtung

---

[106] BVerwG DÖD 1965, 177. Zugunsten des Beamten (der Beamtin) berücksichtigungsfähige Gesichtspunkte können die Berufstätigkeit des Ehegatten, die Betreuung pflegebedürftiger naher Angehöriger (vgl. RP OVG NVwZ 1994, 1230), die Selbstnutzung eines Eigenheimes – oder einer Eigentumswohnung – am Dienstort (zur Frage der Schuldentilgung BayVGH ZBR 1995, 51) oder auch ein kommunalpolitisches Engagement (vgl. BVerwGE 103, 160, RP OVG aaO, VG Frankfurt a. M. NVwZ-RR 2007, 269 und VG Göttingen NVwZ 1999, 52) sein. Gegen eine Berücksichtigungsfähigkeit des Lebensalters siehe Bln/BbgOVG 18.4.2012 – 4 B 40.10 –, juris Rn. 43 ff. (ferner dort → Rn. 49 ff. zu in Altersteilzeit tätigen Beamten). Ferner mögen (erheblich) unterschiedliche Wegstrecken zwischen der neuen Dienststelle einerseits und den Wohnungen der für eine Auswahl infrage kommenden Beamten andererseits je nach Lage der Dinge eine Rolle spielen (RP OVG NVwZ-RR 2008, 485). Siehe auch → Rn. 31.

[107] (Für das Soldatenrecht) BVerwG ZBR 1994, 244; außerdem BayVGH aaO (Fn. 106).

[108] Zum korrespondierenden Landesrecht siehe Kathke aaO (Fn. 13) Rn. 230 zu § 25 NRW LBG (aF); zu § 76 Abs. 2 Satz 1 Nr. 8 BPersVG vgl. Lorenzen/Rehak BPersVG Rn. 107 ff. zu § 76.

[109] BayVGH ZBR 1994, 158 und ZBR 1995, 51. Siehe auch (im Nachgang zu Bln/BbgOVG 18.4.2012 – 4 B 40.10 –, juris) BVerwG 18.2.2013 – 2 B 52.12 –, juris Rn. 14 ff.

[110] BayVGH NVwZ-RR 1995, 683.

[111] Buchholz 232 § 26 BBG Nr. 11; vgl. ferner SOVG DÖD 2002, 125.

[112] Zur gesundheitlichen (Nicht-)Eignung siehe auch BVerwG RiA 2000, 85; zur Versetzung schwerbehinderter Beamter vgl. Kathke aaO (Fn. 13) Rn. 151 ff. zu § 25 NRW LBG (aF).

[113] BVerwG ZBR 1996, 395: Der Gesundheitszustand der Ehefrau eines Soldaten könne ein Hindernis für eine Versetzung an einen vom bisherigen Wohnort weit entfernten Standort sein. Siehe ferner NdsOVG ZBR 1959, 393 (zur Möglichkeit einer Erkrankung des Beamten oder seiner Ehefrau infolge der klimatischen Bedingungen am neuen Dienstort).

[114] Vgl. auch BVerwG 18.2.2013 – 2 B 52.12 –, juris Rn. 10, 18.

[115] H. Günther ZBR 1978, 73 (79).

des Dienstherrn führen, die Versetzung rückgängig zu machen oder eine Weiterversetzung zu verfügen.[116] Als „außergewöhnliche Härte“ kann es erachtet werden, dass der Beamte innerhalb weniger Jahre bereits wiederholt versetzungsbedingte Wechsel des Familienwohnortes hatte hinnehmen müssen[117] oder dass die Versetzung sehr beträchtliche Rückschläge infolge der notwendigen Umschulung der Kinder befürchten lässt.[118] Der auf der Versetzung beruhende Wegfall der Möglichkeit, eine Nebentätigkeit fortzuführen, stellt hingegen keine beachtliche „Härte“ dar.[119]

27 Ergibt sich das dienstliche Versetzungsbedürfnis aus einer Spannungslage,[120] so bedarf es zwar keiner ins Einzelne gehenden, abschließenden Klärung der Schuldfrage, die zu weiteren Misshelligkeiten führen könnte; ermessensfehlerhaft ist es jedoch, gerade denjenigen (objektiv) Beteiligten zu versetzen, den offensichtlich kein Verschulden an der Entstehung und der Fortdauer der Konfliktsituation trifft,[121] sondern der sich verständigungsbereit zeigt.[122] Nicht angängig ist es, dass der Dienstherr die Möglichkeit einer Auswahl, obwohl sie auf der Hand liegt, gleichwohl nicht bedenkt und sich von vornherein auf *einen* Streitbeteiligten konzentriert.[123]

28 Die – zweckwidrigen[124] – Beweggründe, den Beamten zu disziplinieren oder andere Beamte abzuschrecken,[125] haben keine Rechtswidrigkeit der Versetzung zur Folge, falls sie nicht ausschlaggebend sind, sondern nur neben tragfähige Ermessenserwägungen treten, die an ein (nicht-disziplinäres) dienstliches Anliegen anknüpfen.[126]

---

[116] BVerwG Buchholz 232 § 26 BBG Nr. 11.

[117] Vgl. Lemhöfer in Plog/Wiedow BBG 2009 § 28 Rn. 79, v. Roetteken HBR IV § 26 HBG 2014 Rn. 210. Die Gründe für die früheren Versetzungen und die Frage ihrer (jeweiligen) Rechtmäßigkeit werden rechtlich in der Regel keine Beachtung verdienen (siehe dazu BayVGH 16.6.1993 – 3 B 92.2301 –, abgedr. bei Schütz/Maiwald BR ES/A II 4.1 Nr. 16), es sei denn, den Dienstherrn trifft dieserhalb eine Folgenbeseitigungslast.

[118] Vgl. auch hierzu NdsOVG aaO (Fn. 113). Siehe auch Kathke aaO (Fn. 13) Rn. 155 zu § 25 NRW LBG (aF): Schulische Probleme, die eine Versetzung (schlechthin) hinderten, könnten im Rahmen des Auswahlermessens relevant sein, wobei „Risiken (dieser Art) bei der Abwägung umso mehr Gewicht“ erhielten, je „größer die Kinderzahl und die Wahrscheinlichkeit der Risiken ist“.

[119] BVerwG Buchholz 232 § 26 BBG Nr. 3. Siehe aber auch Fn. 8 und → Rn. 29.

[120] Vgl. auch RP OVG DÖD 1984, 203: Bestehe ein dienstliches Bedürfnis, im Interesse des Abbaus einer Überbesetzung *irgendeinen* Beamten der überbesetzten Behörde zu versetzen, so könne eine Spannungslage (die das dienstliche Bedürfnis nicht konstituiere) bei der Auswahl des Beamten berücksichtigt werden.

[121] Zum komplottähnlichen Zusammenwirken von Beschäftigten zu Lasten eines Beamten und zur ermessensfehlerhaften Versetzung des „Opfers“ siehe NdsOVG NdsVBl. 2009, 168, NRW OVG 4.11.2003 – 1 B 1785/03 –, abgedr. bei Schütz/Maiwald BR ES/A II 4.2 Nr. 5 und RP OVG NVwZ 2005, 476 (sämtlich zur Abordnung). Ferner NRW OVG 13.4.2016 – 6 B 293/16 –, juris Rn. 11 ff., und NdsOVG 25.2.2013 – 5 ME 49/13 –, juris Rn. 5 f. (jeweils zur Versetzung).

[122] BVerwGE 26, 65 (70 ff.); im gleichen Sinne BW VGH 22.2.1995 – 4 S 2359/94 –, abgedr. bei Schütz/Maiwald BR ES/A II 4.1 Nr. 17. Siehe außerdem SOVG 16.11.1989 – 1 R 8/89 –, abgedr. bei Schütz/Maiwald BR ES/A II 4.1 Nr. 14.; vgl. aber auch die zur Umsetzung ergangene Entscheidung RP OVG DÖV 1983, 392 (LS). Unter Umständen kann es angeraten sein, mehrere „Kontrahenten“ zu versetzen; Summer in GKÖD I L § 28 Rn. 11.

[123] Zustimmend Schrapper/Günther LBG NRW § 25 Rn. 5. Vgl. auch BayVGH PersV 2007, 189.

[124] Lemhöfer in Plog/Wiedow BBG 2009 § 28 Rn. 55 ; siehe auch VG Gelsenkirchen NWVBl. 2008, 437 (438).

[125] Davon zu unterscheiden ist das Bestreben des Dienstherrn, dem Beamten, der beruflich oder menschlich versagt hat, an anderer Stelle „eine Chance zur Rehabilitierung“ zu geben; Summer in GKÖD I L § 28 Rn. 11.

[126] BVerwGE 26, 65 (72 f.); 65, 270 (278); siehe auch BVerwG ZBR 1966, 280 (m. zust. Anm. Wilhelm) und ZBR 1966, 304. Für die Rechtmäßigkeit einer „mehrfach begründeten“ Ermessensentscheidung genügt nach BVerwG ZBR 2001, 134 (137) die rechtliche Fehlerfreiheit (nur) eines selbstständig tragenden Grundes.

29 Eine „Einengung des dem Dienstherrn sonst für eine Versetzung zustehenden Ermessensspielraumes“ will das Bundesverwaltungsgericht[127] im Fall der Versetzung eines Krankenhauschefarztes in eine Verwaltungsabteilung seines Dienstherrn[128] aus dem damit verbundenen Verlust der Befugnis zur Privatpatientenbehandlung und -liquidation ableiten: Diese Befugnis gehöre „unabhängig von der näheren rechtlichen Konstruktion zum Dienstrecht der beamteten Chefärzte“.[129] Sie bilde „die Voraussetzung, unter der die Berufung in das Amt ausgesprochen und angenommen werde, sozusagen die ‚Geschäftsgrundlage‘“; dies bedinge „einen besonderen, bei sonstigen Nebentätigkeiten nicht gegebenen Schutz dieser Rechtsstellung“.[130]

b) Anhörung des Beamten[131, 132]

30 Eine Anhörung ist grundsätzlich vor jeder Versetzung notwendig, die der Beamte nicht selbst beantragt oder der er nicht ausdrücklich zugestimmt hat. Soweit sich dies nicht aus landesgesetzlichen Spezialvorschriften ergibt,[133] gebietet § 28 Abs. 1 VwVfG eine Anhörung; die Restriktionsregeln des § 28 Abs. 2 und 3 VwVfG führen freilich auch dort zur Entbehrlichkeit der Anhörung, wo das Landesrecht eine solche vorschreibt.[134] Fehlt es an einer Anhörung oder ist sie mit Mängeln behaftet, so ist eine Heilung – mit Wirkung für die Zukunft – möglich (siehe § 45 Abs. 1 Nr. 3 und Abs. 2 VwVfG).[135]

c) Entbehrlichkeit einer Zustimmung des Beamten

31 Keiner Zustimmung des Beamten bedarf die Versetzung in ein anderes Amt, wenn dieses Amt mit mindestens demselben Endgrundgehalt wie das bisherige Amt verbunden ist und wenn dem Beamten die (amtsangemessene) Tätigkeit[136] aufgrund seiner Vorbildung oder Berufsausbildung zumutbar ist (§ 28 Abs. 2 BBG, siehe auch § 15 Abs. 2 Satz 2 BeamtStG). Stellenzulagen gelten dabei nicht als Bestandteile des Grundgehaltes (siehe § 15 Abs. 2 Satz 3 BeamtStG), während Amtszulagen hierzu zu rechnen sind (vgl.

---

[127] BVerwGE 87, 310 (318).

[128] Siehe schon Fn. 8.

[129] Hinweis auf BVerfGE 52, 303 (334 f.).

[130] Siehe dazu § 8 Fn. 34 f.; weiterhin BVerwG aaO (Fn. 127) S. 319. Die – nur reflexartig an die Privatliquidation der Chefärzte angeseilte – Mitarbeiterbeteiligung von Ärzten ist ohne weiteres sachlich begründeten Organisationsmaßnahmen unterworfen; vgl. BayVGH 24.7.2002 – 3 CE 02.1659 –, abgedr. bei Schütz/Maiwald BR ES/E IV Nr. 28.

[131] Zur Unterrichtung und Anhörung der Schwerbehindertenvertretung siehe § 95 Abs. 2 Satz 1 SGB IX. Unterbleibt die Anhörung der Schwerbehindertenvertretung, so ist die Durchführung oder Vollziehung der Versetzungsentscheidung, sobald der Fehler bemerkt wird, auszusetzen und die Beteiligung innerhalb von sieben Tagen – ab Aussetzung – nachzuholen; sodann ist „endgültig zu entscheiden“ (§ 95 Abs. 2 Satz 2 SGB IX); vgl. dazu Summer in GKÖD I L § 28 Rn. 21 und Lemhöfer in Plog/Wiedow BBG 2009 § 28 Rn. 116. In den Fällen, in denen der Beamte einen Antrag auf Gleichstellung nach § 2 Abs. 3, § 68 Abs. 2 SGB IX (früher: § 2 Abs. 1 SchwBG) gestellt und dies dem Dienstherrn mitgeteilt hat, ist eine vorsorgliche Anhörung der Schwerbehindertenvertretung angezeigt (BW VGH 22.2.1995 – 4 S 2359/94 –, juris Rn. 5 f.).

[132] Zur Beteiligung der Gleichstellungs- bzw. Frauenbeauftragten siehe § 27 Abs. 1 Nr. 1 lit. b BGleiG (zum Landesrecht Kathke aaO – Fn. 13 – Rn. 232 ff. zu § 25 NRW LBG [aF]).

[133] Siehe § 30 Abs. 1 Satz 2 BbgLBG und § 25 Abs. 2 Satz 3 NRW, aber auch § 29 Abs. 2 Satz 4 RP LBG, wo eine Anhörung – als Sollerfordernis – nur beim „Wechsel des Dienstherrn“ vorgesehen ist (woraus im Hinblick auf § 28 Abs. 1 VwVfG jedoch keine Verringerung des „allgemeinen Schutzstandards“ resultiert; so mit Recht schon Ziekow DÖD 1999, 7, 19). Siehe ferner die Spezialregelung des § 8 Abs. 3 BPolBG.

[134] Siehe auch → § 10 Rn. 16 f.

[135] Siehe auch insofern § 10 Rn. 16 f. sowie überdies SächsOVG NVwZ-RR 2002, 53 (54) mwN.

[136] Zur amtsangemessenen Verwendung BVerwGE 87, 310 (315); 89, 199; 132, 31.

§ 42 Abs. 2 Satz 2 BBesG).[137] Sofern die eingangs genannten beiden Voraussetzungen erfüllt sind, bedarf es mithin keiner Zustimmung des (Bundes-)Beamten zu seiner Versetzung, wenn er bei seinem Dienstherrn

- im gleichen Amt derselben Laufbahn,
- in einem Amt einer gleichwertigen Laufbahn[138] oder
- in einem Amt einer anderen Laufbahn

verwendet werden soll oder wenn ihm bei einem anderen Dienstherrn

- ein Amt einer gleichwertigen Laufbahn oder
- ein Amt einer anderen Laufbahn

übertragen wird. Die Reihenfolge, die vorstehend für die Auflistung der fünf Fallgestaltungen gewählt worden ist, spiegelt zugleich eine Rangfolge in Bezug auf die von Stufe zu Stufe (zumindest der Tendenz nach) jeweils steigenden Anforderungen wider, denen die Verwaltung jeweils sowohl im Zusammenhang mit der Subsumtion unter den unbestimmten Rechtsbegriff der „dienstlichen Gründe“ als auch im Rahmen der Ermessensausübung genügen muss. Namentlich der oktroyierte Dienstherrnwechsel[139] stellt – vor allem in Würdigung des durch Art. 33 Abs. 5 GG geschützten Dienst- und Treueverhältnisses zwischen dem Beamten und *seinem* (nicht irgend einem)[140] Dienstherrn – einen besonders schwerwiegenden Eingriff in die Rechtsstellung des Beamten dar, der nur in Betracht kommen kann, wenn dessen weitere Verwendung im Bereich des bisherigen Dienstherrn objektiv unmöglich ist;[141,142] in der Person des Beamten liegende Gründe sind hier auszuklammern.[143] Was die Zu-Versetzung betrifft, so wird man etwa an Fälle denken können,

- in denen der neue Dienstherr eine Aufgabe übernommen hat, an deren Wahrnehmung der Beamte schon bei seinem bisherigen Dienstherrn mitgewirkt hatte, oder
- in denen der Beamte nur so (zumindest) in einer gleichwertigen Laufbahn und einem ihm vertrauten Arbeitsfeld verbleiben kann.[144]

Unzweifelhaft reicht „ein noch so dringender Bedarf des neuen Dienstherrn“ im Blick auf die Zu-Versetzung des Beamten jedoch nicht aus, um den Eingriff in dessen Rechtsstellung zu „rechtfertigen“.[145]

---

[137] Entfällt infolge einer Versetzung aus dienstlichen Gründen eine Stellenzulage, die dem Beamten in bestimmten Bezugszeiträumen (fünf bzw. in den Fällen von § 28 Abs. 3 BBG: zwei Jahre) zugestanden hatte, wird dies gemäß § 13 BBesG durch eine (jährlich um 20 Prozent abschmelzende) Ausgleichszulage teilweise kompensiert. Zum Landesrecht siehe Reich/Preißler BBesG § 13 Rn. 1 aE.

[138] Laufbahnen sind einander gleichwertig, wenn sie derselben Laufbahngruppe angehören und wenn die Voraussetzungen für den Erwerb der Befähigungen für die entsprechenden Laufbahnen im Wesentlichen die gleichen sind. Außerdem sollten sie in der Regel zum gleichen Spitzenamt führen können.

[139] Siehe dazu H. Günther ZBR 1996, 299.

[140] Der Klammerzusatz ist von Battis (BBG § 28 Rn. 14) übernommen.

[141] „Erhebliche organisatorische Schwierigkeiten“ genügen – entgegen BT-Drs. 13/3994, 32 – für die Versetzung des Beamten zu einem anderen Dienstherrn noch nicht. Freilich gilt – hiervon unabhängig – als „Grundsatz“ (BVerwGE 87, 310, 317), dass sich im Zusammenhang mit der notwendigen Auflösung oder Umbildung einer Behörde „aus der bisherigen Rechtsstellung des einzelnen Beamten keine Einschränkungen der Organisationsgewalt des Dienstherrn ergeben können“.

[142] Siehe aber die Sonderregelung in § 8 Abs. 1 und 2 BPolBG; dazu HVGH ZBR 1996, 218.

[143] BT-Drs. 13/3994, 32.

[144] Vgl. H. Günther ZBR 1996, 299 (303), Kathke aaO (Fn. 13) Rn. 254 zu § 25 NRW LBG (aF) sowie Schnellenbach ZBR 1998, 223 (225); siehe auch Lemhöfer in Plog/Wiedow BBG 2009 § 28 Rn. 87, 91 f.

[145] Lemhöfer aaO (Fn. 144) § 28 Rn. 91 (aE).

Ausnahmsweise kann der (Bundes-)Beamte nach § 28 Abs. 3 Satz 1 BBG ohne seine Zustimmung – allerdings nur im Bereich seines Dienstherrn – auch in ein anderes Amt derselben oder einer anderen Laufbahn mit geringerem Endgrundgehalt versetzt werden, **32**

- wenn sein Aufgabengebiet von der Auflösung oder einer wesentlichen Änderung des Behördenaufbaus,[146] der Aufgaben einer Behörde oder der Verschmelzung von Behörden[147] berührt wird und
- wenn diese Maßnahme unabweisbar erscheint, weil eine seinem bisherigen Amt entsprechende Verwendung nicht möglich ist.

Das Endgrundgehalt muss mindestens dem des Amtes entsprechen, welches der Beamte vor dem bisherigen Amt innehatte (§ 28 Abs. 3 Satz 2 BBG).[148,149] Ein Beamter, der die Befähigung für die andere Laufbahn nicht besitzt, hat – zur Vorbereitung der Versetzung – an Qualifizierungsmaßnahmen zum Erwerb der neuen Befähigung teilzunehmen (§ 28 Abs. 3 Satz 3 BBG),[150] soweit sie ihm zumutbar sind.[151] Auf diese Weise soll zum einen dem Grundsatz „Rehabilitation vor Versorgung" Geltung verschafft und zum anderen sichergestellt werden, dass der Beamte die Aufgaben des neuen Amtes ordnungsgemäß zu erledigen vermag. Soweit der Beamte nach der Versetzung unterwertig beschäftigt wird, hat der Dienstherr im Rahmen seiner Möglichkeiten um eine künftige Verwendung bemüht zu sein, die dem bisherigen Amt im statusrechtlichen Sinne wieder korrespondiert. Daraus kann sich ein „dienstlicher Grund" für eine alsbaldige Weiterversetzung des unterwertig eingesetzten Beamten herleiten. Wenn ihm im Interesse einer Behebung seiner regelwidrigen Verwendung der Vorzug vor Beförderungsbewerbern gegeben wird, so kann dieser Gesichtspunkt eine Ermessensausübung zu seinen Gunsten tragen.

3. Beteiligung der Personalvertretung

33 Die Versetzung ist, soweit nicht § 77 Abs. 1 BPersVG eingreift, gemäß § 76 Abs. 1 Nr. 4 BPersVG mitbestimmungspflichtig.[152] Die Gründe, derentwegen die Zustimmung verweigert werden darf, sind aus § 77 Abs. 2 BPersVG zu ersehen. Neben der Personalvertretung der abgebenden Dienststelle muss grundsätzlich auch die Personalvertretung der aufnehmenden Dienststelle zustimmen.[153] Die „doppelte Dienststellenbezogenheit" der Maßnahme führt bei „vertikalen Versetzungen" (von der übergeordneten zur nachgeordneten Dienststelle oder umgekehrt) nicht etwa zu einer Konzentration der Mitbestimmung dahin, dass nur die bei der höheren Dienststelle gebildete Stufenvertretung zu beteiligen wäre; die originäre Zuständigkeit der jeweiligen „örtlichen" Personalräte

---

[146] Siehe dazu VG Schwerin ZBR 2003, 395 m. zust. Anm. Summer. Grundlegende Änderungen der Geschäftsverteilung fallen nicht unter den Begriff der Aufbauänderung; Lemhöfer in Plog/Wiedow BBG 2009 § 28 Rn. 99.

[147] Zw. ist es, ob bei vollständiger Verschmelzung von Behörden oder dann, wenn eine Behörde gänzlich in einer anderen aufgeht, angesichts des Fehlens eines eigentlichen Behördenwechsels überhaupt Raum für eine Versetzungsverfügung ist; bejahend BayVGH IÖD 2003, 75.

[148] Hat der Beamte sein bisheriges Amt im Wege der Sprungbeförderung (siehe § 22 Abs. 3 und 6 BBG) erlangt, so kann er in das Amt zurückfallen, welches er vor der Sprungbeförderung innehatte.

[149] Zur Ausgleichszulage nach § 13 BBesG siehe schon Fn. 137. Der Beamte darf seine frühere Amtsbezeichnung nur noch mit dem Zusatz „a. D." führen (siehe § 86 Abs. 2 Satz 4 BBG).

[150] Vgl. auch § 42 Abs. 2 BLV. Zur allgemeinen Fortbildungspflicht siehe § 61 Abs. 2 BBG.

[151] Soweit Beamten „Umschulungen" nicht zumutbar sind, muss dies auf die Ermessensentscheidung nach § 28 Abs. 3 Satz 1 BBG zurückwirken; so mit Recht Battis BBG § 28 Rn. 20 (entgegen BT-Drs. 13/3994, 33, wonach die Umschulungen in einem solchen Fall schlicht „unterbleiben" sollen).

[152] Zum Landesrecht siehe Kathke aaO (Fn. 13) Rn. 218 ff. zu § 25 NRW LBG (aF).

[153] BVerwGE 95, 20.

bleibt unangetastet.[154] Ist der Personalrat unzureichend über die Gründe für die Versetzung unterrichtet worden, berechtigt ihn dies nicht zur Zustimmungsverweigerung; sein Informationsanspruch ist aber dadurch gesichert, dass der Lauf der (ggf. zur Billigungsfiktion führenden) Äußerungsfrist erst mit der vollständigen Unterrichtung in Gang gesetzt wird.[155] Der Personalrat der aufnehmenden Dienststelle kann der Maßnahme auch nicht wirksam mit der Begründung widersprechen, dass die Bedarfsprognose seiner Dienststelle fehlerhaft sei, dass die Auswahl unter mehreren Versetzungsbewerbern nicht sachgerecht erscheine, dass für den zu versetzenden Beamten an dem von ihm gewünschten Ort keine Einsatzmöglichkeiten beständen[156] oder dass einem bei der Behörde schon tätigen Beschäftigten infolge der Versetzung die Beförderungschance genommen werde.[157] Er kann seine Zustimmungsverweigerung aber auch mit individuellen Belangen des zu Versetzenden begründen, „wenn und soweit er damit geltend macht, dass mit ihnen auch tatsächliche Nachteile nicht unerheblichen Gewichts für die von ihm vertretenen Beschäftigten, etwa in Form von Mehrbelastungen, verbunden sein können".[158] Verweigert der Personalrat die Zustimmung aus beachtlichen Gründen, ist die Versetzung rechtswidrig. Vom Personalrat nicht beanstandete, in die Verantwortung des Dienststellenleiters fallende formelle Mängel bei der Einleitung des Mitbestimmungsverfahrens berühren jedenfalls dann nicht die Rechtmäßigkeit der Versetzung, wenn sich diese Mängel nicht ausnahmsweise auf die zu der beabsichtigten Maßnahme ausdrücklich erteilte Zustimmung ausgewirkt haben.[159] Anders kann es stehen, wenn die Personalvertretung seitens der Dienststelle unzureichend unterrichtet worden ist.[160]

34 Mitglieder des Personalrates selbst dürfen gegen ihren Willen nur versetzt werden, wenn dies auch unter Berücksichtigung ihrer Mitgliedschaft „aus wichtigen dienstlichen Gründen unvermeidbar" ist (§ 47 Abs. 2 Satz 1 BPersVG).[161] Die Versetzung bedarf der Zustimmung des Personalrates, dem der zu versetzende Beamte angehört (siehe § 47 Abs. 2 Satz 3 BPersVG).[162] Bei der Versetzung eines Mitgliedes der Stufenvertretung gilt dies auch dann, wenn sie nicht den Verlust des Amtes in der Stufenvertretung zur Folge hat.[163]

35 Für eine Versetzung im Wege der „vorläufigen Regelung" gemäß § 69 Abs. 5 BPersVG ist normalerweise kein Raum, weil nur eine zeitlich befristete Maßnahme gewöhnlich dem Anliegen genügt, bei größtmöglicher Beschleunigung ein Höchstmaß an Mitbestimmung zu gewährleisten.[164] Etwas anderes könnte allenfalls dann gelten, „wenn von vornherein feststünde, dass jede spätere Modifizierung der einmal getroffenen vorläufigen Regelung zu einer Schädigung (bzw. konkreten Gefährdung) überragender Gemein-

---

[154] BVerwG aaO (Fn. 153); zum Fall einer Auflösung der bisherigen Dienststelle BayVGH ZBR 1995, 51.

[155] Siehe NRW OVG 21.12.2015 – 20 A 643/14.PVB –, juris Rn. 33 ff. mwN.

[156] BVerwG ZBR 1989, 146.

[157] OVG Berlin 13.1.1995 – PV Bund 3.94 –, abgedr. bei Schütz/Maiwald BR ES/D IV 1 Nr. 73.

[158] BVerwG ZBR 1993, 373.

[159] BVerwGE 81, 288.

[160] Vgl. insoweit BVerwGE 132, 31; siehe auch Lorenzen/Rehak BPersVG § 69 Rn. 14a und v. Roetteken HBR IV § 26 HBG 2014 Rn. 335.

[161] Zum Landesrecht siehe Kathke aaO (Fn. 13) Rn. 177 ff. zu § 25 NRW LBG (aF). Zu Ersatzmitgliedern siehe Bln/BbgOVG 29.1.2015 – 61 PV 2.14 –, juris, und BVerwG 8.9.2015 – 5 PB 13.15 –, juris.

[162] RP OVG ZBR 1963, 27. Wird die Versetzung mit dem Willen des Beamten ausgesprochen, so entfällt die Zustimmungsbedürftigkeit; BVerwG Buchholz 238.3 A § 47 BPersVG Nr. 1 und ZBR 1982, 185. Zur Unbeachtlichkeit des Fehlens der Zustimmung des Personalrates bei Auflösung der Beschäftigungsbehörde siehe BayVGH ZBR 1995, 51 (52 f.); vgl. zu einer Abordnung auch SOVG 11.8.2015 – 5 B 131/15 –, juris Rn. 56 ff.

[163] BVerwG ZBR 1982, 185.

[164] Vgl. BVerwG ZBR 1993, 185.

schaftsgüter oder -interessen (zB zu pädagogisch nicht hinnehmbaren Beeinträchtigungen beim Lehrerwechsel) führen müsste".[165]

4. Einverständnis des aufnehmenden Dienstherrn

Bei einem Dienstherrenwechsel bedarf es des „Einverständnisses mit dem aufnehmenden Dienstherrn" (siehe § 15 Abs. 3 BeamtStG, § 28 Abs. 5 Satz 1 BBG). Es wird – selbst wo dies, wie bei § 15 Abs. 3 BeamtStG,[166] nicht ausdrücklich von Gesetzes wegen bestimmt ist – schon aus Beweisgründen *schriftlich* zu erklären sein (vgl. auch § 28 Abs. 5 Satz 2 BBG).[167] Die Gründe für eine Versagung des Einvernehmens können sich mit Erwägungen decken, die den betreffenden Dienstherrn veranlassen würden, die Einstellung eines Bewerbers mit dem Befähigungsprofil des Beamten abzulehnen;[168] er kann seine ablehnende Haltung auch darauf stützen, dass er für den (nach Maßgabe des Amtes im abstrakt-funktionellen Sinne) in Betracht zu ziehenden Dienstposten schon eine hinreichende Zahl von Bewerbern habe, die bei ihm bereits tätig seien.[169] 36

Die Einverständniserklärung ist „materielle Wirksamkeitsvoraussetzung" der Versetzung;[170] ihr Fehlen macht die Versetzung (unheilbar) nichtig.[171] Ebenso wie die Versetzungsverfügung selbst kann die Erklärung des Einverständnisses nur entsprechend den §§ 11, 12 BeamtStG bzw. den §§ 13–15 BBG, nicht aber in Analogie zu den §§ 119 oder 123 BGB[172] oder durch Verwaltungsakt nach § 48 VwVfG zurückgenommen werden.[173] Adressat ist jeweils der abgebende Dienstherr. Die unter Rn. 36 angeführten gesetzlichen Bestimmungen machen deutlich, dass die Einverständniserklärung im Zeitpunkt des Erlasses der Versetzungsverfügung bereits vorliegen muss; ihr Vorhandensein sollte – auch wo es das Gesetz, wie im Bund, nicht vorschreibt – in der Versetzungsverfügung festgehalten werden.[174] 37

Wird der Beamte in ein Amt eines anderen Dienstherrn versetzt, so wird das Beamtenverhältnis mit dem neuen Dienstherrn fortgesetzt (siehe § 15 Abs. 3 Satz 2 BeamtStG). Auf die dienst- und besoldungsrechtliche Stellung des Beamten finden (ex nunc) die im Bereich des neuen Dienstherrn geltenden Vorschriften Anwendung; alle zuvor nach Maßgabe des Rechts des früheren Dienstherrn entstandenen, noch nicht erfüllten Ansprüche (zB angesparten Erholungsurlaub oder die Besoldung betreffend) bleiben hingegen beste- 38

[165] BVerwG aaO (Fn. 164).

[166] Dazu krit. H. Günther RiA 2009, 193 (195).

[167] Zum Landesrecht siehe Hilg/Baßlsperger ZBR 2015, 145 (146). Eine Einverständniserklärung per E-Mail (siehe Kathke aaO – Fn. 13 – Rn. 262 zu § 25 NRW LBG [aF]) dürfte der Bedeutung des Vorgangs nicht gerecht werden; auch wird es der elektronischen Übermittlungsform so gut wie nie unter dem Gesichtspunkt einer (von der Sache her gebotenen) raschen Abwicklung bedürfen.

[168] Vgl. NdsOVG DÖD 2009, 259 sowie NRW OVG NVwZ-RR 2002, 362 (363); siehe auch BVerwGE 75, 133. Zu differierenden Anforderungen an die „gesundheitliche Eignung" NdsOVG ZBR 2010, 91.

[169] Vgl. NdsOVG NdsVBl. 2002, 48 sowie NRW OVG aaO (Fn. 168). Zu einem Einstellungsstopp NdsOVG NdsVBl. 2006, 110, auch abgedr. bei Schütz/Maiwald BR ES/A II 1.4 Nr. 132. Zu Versagungsgründen siehe ferner Hilg/Baßlsperger aaO (Fn. 167), 148 ff.

[170] BVerwG NVwZ-RR 2003, 370.

[171] So BVerwGE 78, 257 und BVerwG NVwZ-RR 2003, 370.

[172] Zur arglistigen Täuschung in Bezug auf die Leistungen bzw. den Gesundheitszustand eines Versetzungsbewerbers BW VGH VBlBW 1988, 151 (m. krit. Anm. Battis) und BW VGH IÖD 2010, 182.

[173] BVerwGE 122, 58. Siehe zur Rechtsnatur und zur Rücknahme des Einverständnisses Hilg/Baßlsperger aaO (Fn. 167), 146 f. und 148.

[174] BVerwG NVwZ-RR 2003, 370. Zum Bundesrecht krit. insoweit H. Günther aaO (Fn. 166).

hen.[175] Tritt der Beamte, ohne versetzt zu sein, in ein öffentlich-rechtliches Dienst- oder Amtsverhältnis zu einem anderen Dienstherrn, so ist er aus dem bisherigen Beamtenverhältnis grundsätzlich kraft Gesetzes (siehe § 22 Abs. 2 BeamtStG, § 31 Abs. 1 Nr. 2 BBG) entlassen.

5. Prozessuale Fragen

a) Verwaltungsrechtsweg und Klageart

39 § 54 Abs. 1 BeamtStG und § 126 Abs. 1 BBG eröffnen für Streitigkeiten zwischen dem Beamten und seinem Dienstherrn, die Versetzungen betreffen, den Rechtsweg zu den Verwaltungsgerichten. Da es sich bei der Versetzungsverfügung um einen Verwaltungsakt (§ 35 Satz 1 VwVfG)[176] handelt, kommen als Klagearten infrage:

- die Anfechtungsklage (§ 42 Abs. 1 VwGO), falls sich der Beamte gegen seine Versetzung zur Wehr setzt,[177,178]
- die Bescheidungsklage (siehe § 113 Abs. 5 Satz 2 VwGO), sofern er die Ablehnung seines Versetzungsantrags für rechtsfehlerhaft hält und eine erneute Bescheidung unter Beachtung der Rechtsauffassung des Verwaltungsgerichts erstrebt,[179] und
- die Verpflichtungsklage (§ 42 Abs. 1 VwGO), wenn er meint, das Ermessen des Dienstherrn habe sich (ausnahmsweise) dahin verdichtet, dass dieser rechtlich nicht umhin könne, ihn (den Beamten) antragsgemäß zu versetzen.[180]

40 Bei der Anfechtungsklage ist die Sach- und Rechtslage zur Zeit der Widerspruchsentscheidung – wo ein Widerspruchsverfahren durch den Landesgesetzgeber mittlerweile abgeschafft ist (siehe § 54 Abs. 2 Satz 3 BeamtStG): im Zeitpunkt der Zustellung der Versetzungsverfügung – maßgeblich.[181] Spätere Ereignisse – nicht hingegen spätere bessere Einsichten des Dienstherrn(!) – haben hier außer Betracht zu bleiben, selbst wenn erst diese neuen Ereignisse es gerechtfertigt erscheinen lassen mögen, die Versetzung auszusprechen, oder wenn eben sie es – im Gegensatz dazu – gerade nahe legen könnten, die Versetzung (ex nunc) aufzuheben. Die Versetzung ist nicht zu den Verwaltungsakten mit Dauerwirkung zu rechnen, weil das Postulat einer „unbefristeten Kontrollpflicht"

[175] Vgl. Burkholz in HBR IV § 15 BeamtStG Rn. 92; ferner VG München 29.9.2015 – M 5 K 15.707 –, juris Rn. 49 mwN (für eine Gesamtrechtsnachfolge des neuen Dienstherrn mit der Folge einer Verpflichtung des neuen Dienstherrn, noch offene, das Dienstverhältnis zu dem früheren Dienstherrn betreffende Ansprüche zu erfüllen).

[176] BVerwGE 60, 144 sowie BVerwG ZBR 1981, 339.

[177] Hat der Beamte seiner Versetzung zugestimmt, so wird seine Anfechtungsklage in der Regel schon deswegen erfolglos bleiben, weil er nicht geltend machen kann, in seinen Rechten verletzt zu sein (siehe § 42 Abs. 2 VwGO), oder weil er sich mit seiner Klage widersprüchlich verhält.

[178] Gemäß § 52 Nr. 4 Satz 1 VwGO ist das Verwaltungsgericht örtlich zuständig, in dessen Bezirk der dienstliche Wohnsitz des Klägers im Zeitpunkt der Zustellung der (bei Klageerhebung oder Antragstellung nach § 80 Abs. 5 VwGO noch existenten) Versetzungsverfügung gelegen war; siehe BayVGH ZBR 1985, 210 (LS) und VG Darmstadt NVwZ-RR 1996, 162 sowie VG Göttingen NVwZ-RR 1996, 678. Im Einzelnen zur örtlichen Zuständigkeit Schnellenbach ZBR 1992, 257 (266).

[179] Scheitert die Versetzung nur am fehlenden Einverständnis des für eine Aufnahme des Beamten vorgesehenen Dienstherrn (vgl. schon → Rn. 36 f.), so muss der Beamte nicht etwa ihn, sondern seinen bisherigen Dienstherrn verklagen; die Rechtmäßigkeit der Versagung des Einverständnisses ist in diesem Verfahren inzidenter zu prüfen. Ebenso BayVGH 27.9.2005 – 3 CE 05.2031 –, juris Rn. 11 und NRW OVG 5.6.2014 – 6 A 914/14 –, juris Rn. 5, jeweils gestützt auf § 44a VwGO, dagegen Hilg/Baßlsperger aaO (Fn. 167), 151. Der Rechtsträger des aufnehmenden Dienstherrn ist beizuladen, vgl. NdsOVG 27.3.2009 – 5 ME 31/09 –, juris Rn. 7.

[180] Siehe schon Fn. 50.

[181] BVerwG ZBR 1969, 47 und Buchholz 232 § 26 BBG Nr. 40, NRW OVG 21.9.2015 – 1 A 2758/13 –, juris Rn. 49 f. Siehe jedoch auch Bayer in Festschrift für Walther Fürst S. 71 (74 f.).

der abgebenden Dienststelle (Behörde) oder gar des abgebenden Dienstherrn – als vorauszusetzendes „Essentiale" – auf eine überzogene Forderung hinausliefe. Ist die Versetzung des Klägers durch die Weg-Versetzung eines früheren Dienstposteninhabers, also durch einen anderen Verwaltungsakt, ausgelöst worden, so hindert die Tatbestandswirkung dieses Verwaltungsakts, dass der Kläger dessen (Inzident-)Nachprüfung im Prozess über die Rechtmäßigkeit seiner Versetzung erreicht. Soweit Ermessen zu betätigen ist, kann der Dienstherr seine diesbezüglichen Erwägungen gemäß § 114 Satz 2 VwGO auch noch im verwaltungsgerichtlichen Verfahren ergänzen, dh aber nicht, dass er sie etwa auch durch einen (neuen) „argumentativen Unterbau" substantiell verändern dürfte.[182,183]

Bei Bescheidungs- und Verpflichtungsklagen ist auf die tatsächlichen und rechtlichen Verhältnisse im Zeitpunkt der letzten mündlichen Verhandlung vor Gericht abzustellen.[184] 41

b) Ausschluss der aufschiebenden Wirkung von Widerspruch und Anfechtungsklage

§ 54 Abs. 4 BeamtStG und § 126 Abs. 4 BBG schließen die aufschiebende Wirkung von Widerspruch und Anfechtungsklage gegen eine Versetzungsverfügung aus.[185] Mit einem Antrag auf Anordnung der aufschiebenden Wirkung des Rechtsbehelfs (§ 80 Abs. 5 Satz 1 VwGO) wird der Beamte gewöhnlich nur Erfolg haben, wenn die Versetzungsverfügung offensichtlich rechtswidrig ist oder wenn ihn der Sofortvollzug unzumutbar hart trifft.[186] Hinter der – prima vista nicht gerade beamtenfreundlichen – verwaltungsgerichtlichen Spruchpraxis stehen zwei Grundgedanken: zum einen die Erwägung, dass die Bereitschaft, eine (rechtlichen Zweifeln entrückte) Versetzung hinzunehmen, zu den Dienstpflichten des Beamten zähle, zum anderen die Einsicht, dass Organisationsakte wie Versetzung und Abordnung, soweit sie durch „dienstliche Gründe" veranlasst sind, ihren Sinn im Prinzip nur erfüllen, wenn sie auch alsbald vollzogen werden.[187] Allerdings wird man sich bei einem oktroyierten Dienstherrnwechsel[188] wie auch in Fällen des § 28 Abs. 3 BBG[189] schon zu einer subtilen, individualisierenden Würdigung der Interessen verstehen müssen, weil es sich hier jeweils um schwerwiegende Eingriffe in die Rechtsstellung des Beamten handelt, die dieser im Vorhinein nicht ohne weiteres gewärtigen muss.[190] 42

---

182 Vgl. dazu BVerfG NVwZ 2007, 707; siehe ferner NdsOVG NVwZ-RR 2008, 552 (553).

183 Zum Rechtsschutz nach Erledigung der Versetzungsverfügung (zB infolge Aufhebung durch den Dienstherrn oder Zurruhesetzung) siehe § 113 Abs. 1 Satz 4 VwGO; vgl. auch BVerwG ZBR 1971, 305, ZBR 1999, 283 und Buchholz 232 § 26 BBG Nr. 12 sowie SächsOVG NVwZ-RR 2002, 53 (nachwirkende Verletzung des Persönlichkeitsrechts).

184 Vgl. BVerwGE 61, 177 (191 f.); 120, 246 (250); 130, 113.

185 Siehe auch zB Art. 8 BayBG, § 105 Abs. 2 NBG. Zur aufschiebenden Wirkung (§ 80 Abs. 1 VwGO) grundlegend BVerwGE 13, 1 (8); 18, 72 (75); 24, 92 (98). Sie verbietet alle Folgerungen tatsächlicher oder rechtlicher Art, die sonst aus dem Verwaltungsakt gezogen werden könnten. Zu § 28 Abs. 3 BBG (= § 26 Abs. 2 Satz 2 BBG aF) VG Schwerin ZBR 2003, 395.

186 Vgl. dazu Finkelnburg/Dombert/Külpmann Vorläufiger Rechtsschutz Rn. 1370 ff. mwN.

187 Siehe dazu zB MV OVG NVwZ-RR 2003, 665 und RP OVG NVwZ-RR 2002, 856.

188 Siehe → Rn. 31.

189 Siehe → Rn. 32.

190 Vgl. auch Battis BBG § 28 Rn. 21 und Kathke aaO (Fn. 13) Rn. 276 zu § 25 NRW LBG (aF): Auch bei „offener Hauptsache" könne ggf. in den o. g. Fällen schwerwiegender Eingriffe in die Rechtsstellung des Beamten zu dessen Gunsten die aufschiebende Wirkung seines Rechtsbehelfs angeordnet werden (Kathke verwendet hier zu Unrecht den Ausdruck „Wiederherstellung", der für die Fälle des § 80 Abs. 2 Satz 1 Nr. 4 VwGO reserviert ist).

c) Kontrolldichte der verwaltungsgerichtlichen Prüfung

43 Der Zentralbegriff der „dienstlichen Gründe“ ist ein unbestimmter Rechtsbegriff ohne Beurteilungsermächtigung zugunsten der Verwaltung.[191] Die Nachprüfung der tatsächlichen und rechtlichen Grundlagen der Versetzung durch die Verwaltungsgerichte ist mithin im Allgemeinen unbeschränkt. Soweit die „dienstlichen Gründe“ aber auf Gesichtspunkte („Faktoren“) zurückgehen, hinsichtlich deren eine Beurteilungsermächtigung besteht, bleibt diese unberührt.[192] So liegt es etwa dann, wenn die Versetzung aus der mangelnden persönlichen oder fachlichen Befähigung des Beamten für sein bisheriges Amt hergeleitet wird.[193] Die Einschätzung des Befähigungsprofils eines Beamten wie auch die Festlegung der Anforderungsprofile der für ihn in Betracht zu ziehenden Ämter im abstrakt- und im konkret-funktionellen Sinne und – damit mittelbar – ihrer Eignungsvoraussetzungen ist generell ein dem Dienstherrn vorbehaltener Akt wertender Erkenntnis. Dass sich Fragen der Befähigung und der Eignung im Rahmen eines Rechtsstreits über die Rechtmäßigkeit einer Versetzungsverfügung stellen, vermag hieran nichts zu ändern. Außerdem hat das Bundesverwaltungsgericht[194] dem Dienstherrn jedenfalls im Blick auf die Besetzung leitender Stellen einen verwaltungspolitischen Entscheidungsspielraum zugebilligt, der im Verwaltungsstreitverfahren ähnlich wie eine Beurteilungsermächtigung zu behandeln sein dürfte. Dem Dienstherrn fällt außerdem die Einschätzungsprärogative insofern zu, als er – und nicht das Verwaltungsgericht – zu entscheiden hat, wie auf Besetzungsdefizite zu reagieren ist, die bei verschiedenen Dienstbehörden zeitgleich auftreten, aber nicht sämtlich zur selben Zeit behoben werden können. Soweit organisationspolitische Vorgaben in die Ausfüllung des Rechtsbegriffs der „dienstlichen Gründe“ einfließen, greift ebenfalls der Gewaltenteilungsgrundsatz mit der Folge ein, dass die Rechtsprechung diese Vorgaben als „Faktoren“ bei der Rechtsanwendung hinzunehmen hat. Auch das (mittel- oder langfristig angelegte) personalpolitische Konzept des Dienstherrn kann der Beamte als solches im Verwaltungsprozess grundsätzlich nicht mit Aussicht auf Erfolg problematisieren.[195]

44 Die rechtliche Würdigung der Ermessensausübung selbst ist darauf beschränkt, ob der Dienstherr die gesetzlichen Grenzen des Ermessens überschritten oder von dem Ermessen in einer dem Zweck der Ermächtigung nicht entsprechenden Weise Gebrauch gemacht hat (§ 114 Satz 1 VwGO). Eine Ermessensüberschreitung oder ein Ermessensfehlgebrauch können sowohl im Bereich der Behörde (des Dienstherrn) gegeben sein, der (dem) die Entscheidung über die Weg-Versetzung obliegt, als auch im Bereich der Behörde (des Dienstherrn), die (der) wegen der Aufnahme des Beamten (in welchem konkreten Zusammenhang auch immer) beteiligt ist.

d) Beweislast[196]

45 Es ist zum einen von dem Standard auszugehen, dass der Beamte, der einen Versetzungsanspruch erhebt, dann unterliegt, wenn der anspruchsbegründende Tatbestand und/oder die ihm günstigen Ermessensgesichtspunkte, was die insofern tragfähigen Sach-

[191] Grundlegend BVerwGE 26, 65 sowie BVerwG ZBR 1969, 47, Buchholz 232 § 26 BBG Nr. 11 und BVerwGE 120,382 (juris Rn. 10f.). Siehe ferner NRW OVG 21.9.2015 – 1 A 2758/13 –, juris Rn. 47f. mwN.

[192] Siehe die Nachweise in Fn. 191. Leisner ZBR 1989, 193 (199) warnt davor, „den Gesamtbegriffsinhalt des ‚dienstlichen Bedürfnisses‘ in einzelne Beurteilungsspielräume aufzulösen und damit die gerichtliche Nachprüfung des Begriffs doch auszuschließen“.

[193] Vgl. BayVGH BayVBl. 1969, 216.

[194] BVerwGE 26, 65 (76f.); siehe weiterhin BVerwGE 53, 95 (97); 63, 139; 93, 232; 103, 4 (6).

[195] Vgl. Lemhöfer in Plog/Wiedow BBG 2009 § 28 Rn. 45a ff. mit Rechtsprechungsnachweisen.

[196] Siehe schon Schnellenbach ZBR 1995, 321 (326f.).

verhalte betrifft, nicht verifiziert sind. Bei einer Versetzung gegen den Willen des Beamten ist zum anderen der Dienstherr sowohl hinsichtlich der „dienstlichen Gründe" als auch wegen der Ermessensausübung beweisbelastet.

Die Beweislastfrage ist im Übrigen zum Nachteil des Dienstherrn zu entscheiden, 46

- wenn das Gericht nicht davon überzeugt ist, dass der Beamte eine etwa erforderliche Zustimmung zu seiner Versetzung wirklich erklärt hat, oder
- wenn rechtserhebliche tatsächliche Zweifel im Hinblick auf das Mitbestimmungsverfahren (siehe § 76 Abs. 1 Nr. 4 BPersVG) nicht zu beheben sind.

Reagiert die Verwaltung durch die Versetzung auf eine (Dauer-)Spannungslage,[197] so trägt sie die Feststellungslast nur für die objektive Beteiligung des Beamten an der Ansammlung des Konfliktstoffes. Der (objektiv beteiligte) Beamte hat die materielle Beweislast wegen solcher Tatumstände, die die Folgerung zulassen würden, dass ihn kein Verschulden an der Entstehung und der Fortdauer der Konfliktsituation trifft, sondern dass er sich verständigungsbereit gezeigt hat. Auch soweit er den „dienstlichen Gründen" eigene Interessen entgegenhält, hat er – deren rechtliche Beachtlichkeit unterstellt – mit seiner diesbezüglichen Argumentation keinen Erfolg, wenn sie sich im Prozess nicht mit – feststehenden – Tatsachen erhärten lässt. 47

IV. Abordnung

Durch die Abordnung wird dem Beamten[198] vorübergehend 48

- bei einer anderen Dienststelle (Behörde) seines Dienstherrn oder
- bei einer Dienststelle (Behörde) im Bereich eines anderen Dienstherrn

(ganz oder teilweise) ein anderes Amt im konkret-funktionellen Sinne übertragen (vgl. § 14 Abs. 1 BeamtStG, § 27 Abs. 1 BBG).[199, 200] Da die dienstrechtliche Zugehörigkeit des abgeordneten Beamten zur bisherigen (Stamm-)Dienststelle fortbesteht,[201] bleibt auch sein dortiger Dienstvorgesetzter für die beamtenrechtlichen Entscheidungen über seine persönlichen Angelegenheiten zuständig (vgl. § 3 Abs. 2 BBG), soweit diese nicht untrennbar mit seiner dienstlichen Tätigkeit bei der neuen Beschäftigungsbehörde zusammenhängen.[202] Dem Behördenvorstand der Dienststelle, an die der Beamte abgeordnet ist, obliegen mithin nur tätigkeitsbezogene dienstliche Weisungen und Regelungen, wie zB Urlaubsgewährung, Dienstbefreiung oder Erteilung einer Aussagegenehmigung.[203]

---

[197] Siehe dazu bereits → Rn. 16, 24, 27.

[198] Beamte auf Widerruf im Vorbereitungsdienst können nicht abgeordnet werden; str., wie hier: H. Günther ZBR 1978, 73 (81), Baßlsperger ZBR 2016, 14 (16), aA Lemhöfer in Plog/Wiedow BBG 2009 § 27 Rn. 20 und Ule BR Rn. 2 zu § 17 BRRG.

[199] Siehe schon → Rn. 6 sowie die Nachweise zum Landesrecht in Fn. 30. Ein Wechsel des Dienstortes gehört nicht zum Begriff der Abordnung; vgl. aber auch § 4 Abs. 1 Nr. 2 iVm § 3 Abs. 1 Nr. 1 BUKG.

[200] Von der Abordnung ist die Übertragung einer Nebentätigkeit zu unterscheiden, die der Beamte bei einer anderen Behörde wahrnehmen soll; vgl. zur Abgrenzung v. Roetteken HBR § 25 HBG 2014 Rn. 36. Zur Auslegung nach § 133 BGB, ob in einer „Beauftragung" eine Teilabordnung liegt, siehe NRW OVG 7.5.2014 – 6 B 383/14 –, juris Rn. 5 ff.

[201] Siehe bereits → Rn. 2. Der Ort der Stammdienststelle bleibt auch für die Bestimmung des dienstlichen Wohnsitzes iSd § 15 Abs. 1 BBesG maßgeblich.

[202] Zur Beurteilungszuständigkeit bei einer dienstherrnübergreifenden Abordnung VG Berlin NVwZ-RR 2003, 139, ferner Schnellenbach/Bodanowitz Dienstliche Beurteilung Rn. 229.

[203] Vgl. Kremer RiA 1983, 67, Leisner ZBR 1989, 193 (194) und Müssig ZBR 1990, 109 mwN.

1. Abordnung innerhalb des Dienstbereichs des bisherigen Dienstherrn

49 Die Abordnung setzt „dienstliche Gründe“ voraus (siehe § 27 Abs. 2 BBG);[204] eine Abordnung auf Antrag des Beamten kennt das Gesetz nicht. Dies heißt aber nicht, dass ein Abordnungsverlangen rechtlich belanglos wäre. Zum einen lässt es die Fürsorge- und Schutzpflicht des Dienstherrn (§ 45 BeamtStG, § 78 BBG) nicht zu, ein derartiges Petitum schlechthin zu übergehen. Zum anderen kann ein „Abordnungsantrag“ sowohl für die Annahme „dienstlicher Gründe“ als auch für die Ermessensausübung Bedeutung erlangen;[205] er kann ggf. auch so auszulegen sein, dass er eine notwendige Zustimmung zur Abordnung umschließt.

50 Wie bei der Versetzung können „dienstliche Gründe“ aus der Personallage oder aus den Leistungen, der Befähigung oder dem Verhalten des Beamten erwachsen. Besonders erwähnenswert sind die Fälle einer Abordnung

- zum Ausgleich einer vorübergehenden Über- oder Unterbesetzung,[206]
- zum Zwecke der Fortbildung,[207]
- zur Erprobung in Sicht auf eine Beförderungseignung[208] oder
- zur Vorbereitung einer Versetzung, deren verfahrensrechtliche Abwicklung noch nicht abgeschlossen ist oder der noch Hindernisse entgegenstehen, die jedoch in absehbarer Zeit behebbar sein müssen.[209]

Die Dauer der Abordnung braucht nicht von vornherein bestimmt zu sein; sie kann – wie § 27 Abs. 3 Satz 2 BBG zu entnehmen ist – bei Beamten auf Lebenszeit selbst fünf Jahre übersteigen.[210] Nach den Umständen des Einzelfalles darf jedoch kein Zweifel daran bestehen, dass es sich um eine vorübergehende Maßnahme handelt. Der Charakter einer nicht auf Dauer angelegten Verwendung des Beamten ist auch gewahrt, wenn die Abordnung der – noch ungewissen – Bewährung dient, sofern sie am Ende der Erprobungszeit aufgehoben werden oder in eine Versetzung einmünden soll.[211] Auch dass das Ende der Abordnung durch den bevorstehenden Eintritt des Beamten in den Ruhestand fixiert ist, genügt den Anforderungen.[212]

---

[204] Zum Landesrecht siehe die Nachweise in Fn. 30.

[205] Ebenso H. Günther ZBR 1978, 73 (82); ähnlich Müssig ZBR 1990, 109 (112 f.).

[206] Vgl. dazu Lemhöfer in Plog/Wiedow BBG 2009 § 27 Rn. 25. Die Durchführung von Dienstreisen zur Erledigung von Aufgaben einer anderen Behörde dürfte keine rechtlich unbedenkliche Alternative zu einer Teilabordnung an eben diese Behörde sein (aA Kotulla ZBR 1995, 359 (363)). Zur Zumutbarkeit eines zeitlich begrenzten Einsatzes einer Lehrkraft zur Vertretung erkrankter Kollegen an anderen Schulen im Rahmen einer dafür eingerichteten mobilen Lehrerreserve („Lehrerfeuerwehr“) VG Saarlouis 4.5.2012 – 2 L 210/12 –, BeckRS 2012, 52165.

[207] → § 10 Rn. 25.

[208] Siehe § 2 Abs. 7, § 34 BLV.

[209] Vgl. schon BVerwGE 7, 228, ferner RP OVG RiA 1967, 34. Die Abordnung eines Beamten mit dem Ziel einer späteren Versetzung ist ermessensfehlerhaft, wenn bereits feststeht, dass die angestrebte Versetzung aus tatsächlichen oder rechtlichen Gründen nicht verwirklicht werden kann; RP OVG NVwZ 1986, 768.

[210] Vgl. hierzu Beus/Bredendiek ZBR 1997, 201 (203), aber auch Lecheler ZBR 1997, 206 (210).

[211] Vgl. auch NdsOVG 17.6.2009 – 5 LA 101/07 –, juris Rn. 15, und OVG MV OVG NVwZ-RR 2003, 665 zur nachträglichen Befristung einer Abordnung, um die damit bezweckte Erprobung wegen mangelnder Bewährung abbrechen zu können; die insoweit erstinstanzlich vom VG Schwerin gewählte Konstruktion eines actus contrarius (siehe auch Schrapper/Günther LBG NRW § 24 Rn. 12) ist überzeugender.

[212] BW VGH DÖV 1976, 420; ebenso Müssig ZBR 1990, 109 (117).

Der Beamte darf grundsätzlich nur zu einer seinem Amt im statusrechtlichen Sinne[213] „entsprechenden" Tätigkeit abgeordnet werden (siehe § 27 Abs. 1 Satz 1 BBG). Die in der Abordnungsverfügung mindestens im Kern festzulegenden[214] Dienstaufgaben, die ihm bei der anderen Dienststelle (Behörde) vorübergehend übertragen werden, müssen also im Prinzip so beschaffen sein, dass sie sich mit dem statusrechtlichen Amt immerhin vereinbaren lassen; der neue Arbeitsbereich darf – anders ausgedrückt – bei einer Gesamtwürdigung nicht durch unterwertige Beschäftigungen geprägt sein.[215] Ein Dienstpostenvergleich ist dabei für die tatsächlichen und rechtlichen Betrachtungen nicht entscheidend.[216] 51

§ 27 Abs. 2 BBG[217] trifft folgende Ausnahmeregelung: Falls ihm die Wahrnehmung einer neuen Tätigkeit aufgrund seiner Vorbildung oder Berufsausbildung zuzumuten ist, kann der Beamte aus „dienstlichen Gründen" auch dann (ganz oder teilweise) – ohne seine Zustimmung für höchstens zwei Jahre (§ 27 Abs. 3 Satz 1 Nr. 1 BBG) – dazu abgeordnet werden, selbst wenn diese Tätigkeit nicht seinem Statusamt und nicht einmal einem Amt mit demselben Endgrundgehalt entspricht.[218] Soll die Abordnung in Fällen dieser Art länger als zwei Jahre dauern, bedarf sie der Zustimmung des Beamten (siehe den vorstehenden Klammerzusatz). Bei der Zumutbarkeits- und Verhältnismäßigkeitsprüfung hat der Dienstherr die Schwere des Eingriffs in die Rechtsstellung des Beamten, den Grad an Dringlichkeit, der zu dem Eingriff nötigt, sowie die beabsichtigte Abordnungsdauer in seine Erwägungen einzubeziehen.[219] Anders als bei der Versetzung[220] wird man nicht verlangen können, dass der Eingriff unabweisbar geboten ist.[221] Die Interessen des Dienstherrn wären freilich unangemessen überbetont, wollte man das Anliegen einer zeit- und sachgerechten Aufgabenerledigung im Ansatz allgemein schon als zureichend für eine Abordnung genügen lassen.[222] 52

Die Ermessenserwägungen des Dienstherrn werden denjenigen nahe kommen, die bei Versetzungsentscheidungen anzustellen sind,[223] sofern und soweit sich nicht daraus, dass die Abordnung nur als vorübergehende Maßnahme konzipiert ist, Unterschiede vor allem 53

---

[213] Vgl. BVerwGE 65, 270 und BW VGH DÖV 1976, 420.

[214] Str., wie im obigen Text BW VGH aaO (Fn. 213); aA RP OVG NVwZ 1986, 768 (769).

[215] Vgl. dazu die Nachweise in Fn. 212 sowie BVerwGE 69, 208 (209).

[216] BW VGH aaO (Fn. 213); siehe auch BVerwG Buchholz 237.6 § 31 NdsLBG Nr. 1. Vgl. ferner HVGH ESVGH 32, 274: Sei für die neue Tätigkeit des Beamten im Stellenplan der aufnehmenden Behörde keine seinem statusrechtlichen Amt entsprechende, sondern nur eine niedrigerwertige Planstelle ausgewiesen, so sei diese Tätigkeit selbst dann „unterwertig", wenn der Dienstherr den Dienstposten höher bewerte und wenn er bei dem Haushaltsgesetzgeber die Bewilligung einer höherwertigen Planstelle beantragt habe. Vgl. dagegen VG Düsseldorf 19.1.2010 – 13 L 1736/09 –, juris Rn. 32 ff. – Maßgeblich ist, ob die mit dem neuen Dienstposten verbundene Tätigkeit (tatsächlich) dem Amt des Beamten entspricht. Letzteres kann auch der Fall sein, wenn dem Dienstposten (noch) eine seiner (höheren) Bewertung nicht entsprechende Planstelle zugeordnet ist.

[217] Siehe zum Landesrecht auch hier die Nachweise in Fn. 30.

[218] Zur amtsangemessenen Verwendung vgl. auch RP OVG NVwZ-RR 2002, 856. Zur gängigen Zuordnung einer Tätigkeit zu einer niedrigeren Laufbahn siehe SächsOVG ZBR 2011, 176.

[219] Vgl. dazu BVerwG NVwZ 1992, 1096 (1097) sowie RP OVG NVwZ-RR 2002, 856.

[220] Siehe → Rn. 32.

[221] Vgl. hingegen Baßlsperger ZBR 2016, 14 (22).

[222] Tendenziell wie im obigen Text Kathke aaO (Fn. 13) Rn. 53 zu § 24 NRW LBG (aF), der eine nicht amtsangemessene Abordnung gegen den Willen des Beamten nur für zulässig hält, falls „eine vergleichbare, den Beamten nicht stärker belastende und den Aufgaben des Dienstherrn ebenfalls gerecht werdende Alternative nicht gefunden werden kann".

[223] Siehe → Rn. 25 ff. Zu Kriterienkatalogen für die Abwägung dienstlicher und persönlicher Interessen bei einer Abordnungsentscheidung BayVGH ZBR 1994, 158. Bei der Abordnung eines Beamten zum Zwecke der Erprobung bedarf es keiner Ermessenserwägungen in Richtung auf eine Gestaltung der Erprobung, die dem Beamten seine Mitgliedschaft im Personalrat der abordnenden Behörde erhält (NRW OVG 30.10.2009 – 6 B 1496/09 –, abgedr. bei Schütz/Maiwald BR ES/A II 4.2 Nr. 7 = DVBl 2010, 62 – LS –).

in Bezug auf die Beachtlichkeit und die Bewertung entgegenstehender Interessen des Beamten ergeben.[224] Dieser ist, übrigens auch bei einer nachträglichen Befristung oder einer vorzeitigen Aufhebung der Abordnung, wie bei einer Versetzung aus „dienstlichen Gründen“ in der Regel vorab anzuhören.[225]

54 Die Abordnung wird von der abgebenden im Einvernehmen mit der aufnehmenden Behörde verfügt, falls beide nicht eine gemeinsame vorgesetzte Behörde haben, die die Angelegenheit an sich zieht. Sie unterliegt grundsätzlich[226] der Mitbestimmung der Personalvertretungen der abgebenden wie der aufnehmenden Dienststelle (Behörde), falls ihre Dauer drei Monate übersteigt (§ 76 Abs. 1 Nr. 5 BPersVG).[227] Personalratsmitglieder dürfen nur unter den gleichen Voraussetzungen abgeordnet werden, an die auch ihre Versetzung gebunden ist.[228]

2. Abordnung in den Dienstbereich eines anderen Dienstherrn

55 Die dienstherrnübergreifende Abordnung nach Bundes- oder nach Landesrecht,[229] die ebenfalls nach „dienstlichen Gründen“ verlangt, bedarf der Zustimmung des Beamten (siehe § 14 Abs. 1 und Abs. 3 Satz 1 BeamtStG, § 27 Abs. 3 Satz 1 Nr. 2 BBG),[230] es sei denn, die neue, dem Beamten (aufgrund seiner Vorbildung und Berufsausbildung) zumutbare Tätigkeit entspricht einem Amt mit demselben (End-)Grundgehalt (auch einer anderen Laufbahn) und übersteigt nicht die Dauer von fünf Jahren (siehe § 14 Abs. 3 Satz 2 BeamtStG, § 27 Abs. 3 Satz 2 BBG). Die „dienstlichen Gründe“ müssen in diesem Ausnahmefall von erheblichem Gewicht sein;[231] der Zumutbarkeits- und Verhältnismäßigkeitsproblematik ist gerade hier besondere Aufmerksamkeit zu schenken.[232]

56 Die Abordnung wird von dem abgebenden im – schriftlich zu erklärenden (siehe § 27 Abs. 4 Satz 2 BBG)[233] – Einverständnis mit dem aufnehmenden Dienstherrn verfügt (siehe § 14 Abs. 4 Satz 1 BeamtStG, § 27 Abs. 4 Satz 1 BBG). Sie hat die Rechtsfolgen,

- dass auf den Beamten, soweit zwischen den beteiligten Dienstherren nichts anderes vereinbart ist[234], die für den Bereich des aufnehmenden Dienstherrn geltenden Vorschriften über die Beamtenpflichten und -rechte mit Ausnahme der Regelungen über

---

[224] Vgl. dazu H. Günther ZBR 1978, 73 (83) und Müssig ZBR 1990, 109 (116).

[225] Zur Unterrichtung und Anhörung der Schwerbehindertenvertretung und zur Beteiligung der Gleichstellungs- bzw. Frauenbeauftragten siehe Fn. 131, 132.

[226] Siehe aber § 77 Abs. 1 BPersVG.

[227] Siehe schon → Rn. 33. Das Mitbestimmungserfordernis gilt auch für Teilabordnungen; NRW OVG ZBR 1987, 59 (Teilabordnung eines an einer Gesamtschule tätigen Lehrers an eine – im gleichen Gebäudekomplex befindliche – Schule anderer Schulform). Eine vorläufige Regelung (siehe § 69 Abs. 5 BPersVG und dazu Rn. 35), mit der ein Lehrer zur Deckung des Unterrichtsbedarfs an eine andere Schule abgeordnet wird, ist ausnahmsweise zulässig, wenn ihre Geltungsdauer bis zum Abschluss des zügig zu gestaltenden Mitbestimmungsverfahrens begrenzt wird und wenn nach Lage des Falles mit dessen Abschluss bis zum Ende des infrage stehenden Schulhalbjahres zu rechnen ist (BVerwG ZBR 1993, 185 und RiA 1994, 92). Zum Landesrecht siehe Kathke aaO (Fn. 13) Rn. 138 ff. zu § 24 NRW LBG.

[228] Siehe → Rn. 34.

[229] Hinsichtlich der Rechtsgrundlagen siehe schon Rn. 6, ferner die Nachweise zum Landesrecht in Fn. 30.

[230] Fehlt die Zustimmung, so ist die Abordnung rechtswidrig, nicht etwa nichtig; ebenso Battis BBG § 27 Rn. 13, 15 und Hilg ZBR 2006, 109.

[231] Siehe schon → Rn. 31.

[232] Siehe schon → Rn. 52. Vgl. auch SächsOVG ZBR 2011, 176.

[233] Siehe dazu → Rn. 36.

[234] Zu (verfassungs-)rechtlichen Bedenken gegen die Öffnungsklausel des § 14 Abs. 4 Satz 2 BeamtStG und zur gebotenen Wahrung des status quo der Rechte des Beamten Baßlsperger ZBR 2016, 14 (25).

Diensteid, Amtsbezeichnung, Zahlung von Bezügen, Krankenfürsorgeleistungen und Versorgung entsprechend anzuwenden sind (siehe § 14 Abs. 4 Satz 2 BeamtStG, § 27 Abs. 5 und 6 BBG)[235]
und
- dass auch der aufnehmende Dienstherr die Verpflichtung zur Bezahlung (zur Zahlung der Besoldung) hat (siehe § 14 Abs. 4 Satz 3 BeamtStG, § 27 Abs. 7 BBG).

3. Prozessuale Fragen

a) Verwaltungsrechtsweg und Klageart

Die Zulässigkeit des Verwaltungsrechtsweges bei Streitigkeiten über Abordnungen folgt aus § 54 Abs. 1 BeamtStG bzw. § 126 Abs. 1 BBG. Wehrt sich der Beamte gegen eine Abordnung, so ist die Anfechtungsklage (§ 42 Abs. 1 VwGO) die richtige Klageart, weil die Abordnungsverfügung – ebenso wie die Versetzungsverfügung – Verwaltungsaktscharakter hat.[236] Bei der Ablehnung eines Abordnungsantrags kann es sich für den Beamten empfehlen, sein Ziel (ggf. nach erfolglosem Widerspruch) mit der Bescheidungs-, hingegen kaum jemals mit der Verpflichtungsklage (§ 42 Abs. 1 VwGO) weiterzuverfolgen.[237] Hinsichtlich der maßgeblichen Sach- und Rechtslage gilt, was den Ausgangspunkt betrifft, nichts anderes als bei der Versetzung.[238] Es geht indessen nicht fehl, die Abordnung als eine *vorübergehende* Amtsübertragung mit einer Kontrollpflicht sowohl der Stammbehörde (bzw. des abgebenden Dienstherrn) als auch der aufnehmenden Behörde (bzw. des aufnehmenden Dienstherrn) des Inhalts zu verknüpfen, dass sie darüber zu wachen haben, ob die dienstlichen Gründe jeweils fortbestehen, und dass angesichts dessen die Regeln über Verwaltungsakte mit Dauerwirkung anzuwenden sind.[239] 57

Die der Abordnung folgende Übertragung des Dienstpostens bei der aufnehmenden Behörde ist als solche (nicht anders als bei der Umsetzung) kein Verwaltungsakt, sodass der Betroffene, wenn er einen anderweitigen (amtsangemessenen) Einsatz erreichen will, nur zum Mittel der allgemeinen Leistungsklage greifen kann. 58

b) Ausschluss der aufschiebenden Wirkung von Widerspruch und Anfechtungsklage

Auch insoweit kann im Ansatz auf die Ausführungen zur Versetzung[240] Bezug genommen werden.[241] Sofern über einen Antrag auf Anordnung der aufschiebenden Wirkung 59

[235] § 27 Abs. 6 BBG führt bei der Aufzählung der Ausnahmen auch den Übergang eines Schadensersatzanspruchs gegen Dritte, (statt der „Krankenfürsorgeleistungen“) die Beihilfe und die Jubiläumszuwendung an. Es kann auch vereinbart werden, dass die Übertragung von Erholungsurlaub nach wie vor dem abgebenden Dienstherrn obliegt (BR-Drs. 720/07, 197 – zu § 27 Abs. 5 BBG –).

[236] Vgl. BVerwGE 60, 144 (147) und BVerwG ZBR 1981, 339. Zu einem Fortsetzungsfeststellungsbegehren unter dem Aspekt der Rehabilitierung BW VGH DÖV 1976, 420. Eine Abordnung verändert in der Regel nicht den „dienstlichen Wohnsitz“ iSd § 52 Nr. 4 VwGO; Schnellenbach ZBR 1992, 257 (266). Siehe aber auch Schoch/Schneider/Bier VwGO § 52 Rn. 39, die bei einer *nicht nur kurzfristigen* Abordnung den Sitz der aufnehmenden Behörde als „dienstlichen Wohnsitz“ ansehen. Zum maßgeblichen Zeitpunkt Kopp/Schenke VwGO § 52 Rn. 17, Schoch/Schneider/Bier aaO und Schnellenbach aaO sowie hier Fn. 178.

[237] Siehe auch SH OVG ZBR 1995, 78 sowie schon → Rn. 39.

[238] Siehe dazu → Rn. 40f.

[239] AA H. Günther DÖD 1993, 9 (24). Vgl. v. Roetteken HBR § 25 HBG 2014 Rn. 123f., Baßlsperger ZBR 2016, 14 (24).

[240] → Rn. 42. Speziell zur Abordnung NRW OVG NVwZ-RR 2010, 73.

[241] Auch Widersprüche gegen eine nachträglich und durch gesonderten Bescheid getroffene Befristung oder gegen die Aufhebung einer Abordnung haben keine aufschiebende Wirkung; so im Erg.

des Rechtsbehelfs gegen eine Abordnungsverfügung (§ 80 Abs. 5 Satz 1 VwGO) aufgrund einer Interessenabwägung zu entscheiden ist, wird besonders zu berücksichtigen sein, dass das Verfahren die Vollziehung einer ihrer Intention und ihrem Regelungsgehalt nach nur interimistischen Maßnahme zum Gegenstand hat.[242] Der Sofortvollzug einer Abordnung wird den Beamten nur in Ausnahmefällen unzumutbar belasten.[243] Wird die Abordnung allerdings mit dem Ziel der Versetzung ausgesprochen,[244] so sind folgerichtig schon diejenigen privaten Interessen des Beamten beachtlich, die er seiner späteren Versetzung entgegenhalten könnte.[245]

c) Kontrolldichte der verwaltungsgerichtlichen Prüfung

60 Die unter → Rn. 43 f. entwickelten Grundsätze gelten entsprechend.[246]

d) Beweislast

61 Die Beweislastfragen sind nach den Mustern zu entscheiden, die für die Versetzung entwickelt worden sind.[247]

V. Umsetzung

62 Die Umsetzung[248] ist die Übertragung eines anderen Amtes im konkret-funktionellen Sinne,[249] ohne dass das Amt im statusrechtlichen und im abstrakt-funktionellen Sinne berührt würde oder die Beschäftigungsbehörde sich änderte.[250] Das Bundesverwaltungsgericht[251] hat die Umsetzung dahin gekennzeichnet, dass sie „zu der Vielzahl der im Einzelnen nicht normativ erfassten Maßnahmen zu rechnen (sei), die zur Erhaltung und Gewährleistung der Funktionsfähigkeit der öffentlichen Verwaltung unerlässlich sind".

---

mit Recht NdsOVG 17.6.2009 – 5 LA 101/07 –, juris Rn. 15, und MV OVG NVwZ-RR 2003, 665 (siehe schon Fn. 211).

[242] Vgl. NRW OVG 1.7.2014 – 6 B 689/14 –, juris Rn. 18. Zur Anordnung der aufschiebenden Wirkung wegen fehlender Zuständigkeit BayVGH IÖD 2003, 75. Zum erfolgreichen vorläufigen Rechtsschutz der Inhaberin eines funktionsgebundenen Amtes gegen ihre Abordnung RP OVG NVwZ-RR 2002, 856.

[243] Vgl. dazu Finkelnburg/Dombert/Külpmann Vorläufiger Rechtsschutz Rn. 1374 mwN in Fn. 111 f.

[244] Siehe schon → Rn. 50.

[245] Vgl. BrOVG DÖD 1985, 40 sowie RP OVG NVwZ 2003, 133.

[246] Siehe zB auch NRW OVG 1.7.2014 – 6 B 689/14 –, juris Rn. 6 f.

[247] Siehe → Rn. 45 ff.

[248] Der Ausdruck „Umsetzung" geht auf das Personalvertretungsrecht zurück; siehe § 47 Abs. 2 Satz 2, § 76 Abs. 1 Nr. 4 BPersVG.

[249] Keine Umsetzungen sind die bloße Zuteilung eines anderen Dienstraumes, die Verlegung der Behörde an einen anderen Ort oder eine Änderung der innerbehördlichen Organisationsstruktur, welche den Aufgabenbereich des Beamten als solchen unangetastet lässt; vgl. Scheerbarth/Höffken/Bauschke/Schmidt BR § 14 II 1. Siehe ferner NRW OVG RiA 1984, 283 (284 f.); zur Behördenverlegung Scheuring/Süsterhenn ZTR 1991, 487 und Schwidden RiA 1995, 53.

[250] Wird der Beamte nicht nur vorübergehend aus dienstlichen Gründen zu einem Teil der Beschäftigungsbehörde umgesetzt, der an einem anderen Ort als dem bisherigen Dienst- und Wohnort untergebracht ist, so steht dies umzugskostenrechtlich einer Versetzung aus dienstlichen Gründen iSd § 3 Abs. 1 Nr. 1 BUKG gleich (§ 3 Abs. 2 Nr. 2 BUKG). Zur Berücksichtigung familiärer Belastungen in einem solchen oder ähnlichen Fall SächsOVG DÖD 2011, 89.

[251] BVerwGE 60, 144. Auch die Vergabe eines Beförderungsdienstpostens an einen von mehreren Bewerbern ist nach BVerwG ZBR 1989, 281 eine Umsetzung, wenn die Beschäftigungsbehörde die Gleiche bleibt.

Sie falle „ihrem objektiven Sinngehalt nach“ unter die Anordnungen, welche die dienstliche Verrichtung eines Beamten betreffen und sich in ihren Auswirkungen auf die organisatorische Einheit beschränken, der er angehört. Der Gesetzgeber habe die Voraussetzungen der Umsetzung – anders als diejenigen der Versetzung und der Abordnung (sowie inzwischen auch der Zuweisung) – gesetzlich nicht geregelt.[252] Dies spreche zumindest mittelbar dafür, „dass auch er die Umsetzung als innerorganisatorische, die Individualsphäre des Beamten nicht notwendigerweise berührende Maßnahme wertet“.[253]

Die Änderung des Aufgabenbereichs eines Beamten durch nicht-personenbezogene Organisationsverfügung stellt das Bundesverwaltungsgericht[254] mit Recht der Umsetzung gleich: Was für die Übertragung eines neuen Amtes im konkret-funktionellen Sinne gilt, müsse erst recht gelten, wenn die Aufgabenzuteilung in Bezug auf den bisherigen Dienstposten, der dem Beamten als solcher erhalten bleibe, nur teilweise abgewandelt werde.[255] 63

1. Ermessensausübung

Das Bundesverwaltungsgericht[256] hat die Umsetzung lediglich mit der tatbestandlichen Voraussetzung verknüpft, dass „der Aufgabenbereich des neuen Dienstpostens ... dem abstrakten Aufgabenbereich des statusrechtlichen Amtes“ entsprechen müsse.[257] Seien sodann „einschlägige Rechtsvorschriften, etwa des Personalvertretungs-[258] und des Schwerbehindertenrechts[259] beachtet worden“, so könne die Rechtmäßigkeit der Umset- 64

[252] Eine über die Gehorsamspflicht des Beamten hinausgehende spezielle gesetzliche Grundlage für eine Umsetzung ist auch dann nicht erforderlich, wenn diese mit einem Wechsel des Dienstortes verbunden ist (BVerfG NVwZ-RR 2008, 547; vgl. auch BVerwG 21.6.2012 – 2 B 23.12 –, juris Rn. 6 ff. (= LKV 2012, 362 mit Hinweis auf BVerwG Buchholz 232 § 55 BBG Nr. 16, Rn. 19). Siehe aber § 28 BbgLBG: „Dem Beamten kann aus dienstlichen oder persönlichen Gründen innerhalb derselben Dienststelle ein anderer Dienstposten dauernd oder zeitweilig übertragen werden (Umsetzung). Der neue Dienstposten kann nur innerhalb der Laufbahn und unter Beibehaltung des Amtes zugewiesen werden; § 29 Abs. 2 gilt entsprechend. Vor der Umsetzung soll der Beamte gehört werden.“ § 29 Abs. 2 aaO lautet: „Beförderungen, die mit einer höherwertigen Funktion verbunden sind, setzen eine vorherige Erprobungszeit voraus. ...“.

[253] Siehe auch BVerwG 19.11.2015 – 2 A 6.13 –, juris Rn. 18 (=NVwZ 2016, 460).

[254] BVerwGE 60, 144; 89, 199; 98, 334 sowie BVerwG ZBR 1981, 339 und DÖD 1992, 237. Siehe auch BayVGH ZBR 1997, 194 und MV OVG NVwZ-RR 2001, 457.

[255] Ebenso BayVGH ZBR 1982, 33 (LS) für Änderungen des Geschäftsplanes einer Behörde. Zum Rechtsschutz eines Hochschullehrers gegen eine Organisationsverfügung, die den Fachbereich betrifft, in dem er tätig ist, siehe BW VGH NVwZ-RR 1999, 636.

[256] BVerwGE 60, 144 (150); 65, 270; 87, 310 (315); 89, 199 sowie BVerwG ZBR 1981, 339, aus neuerer Zeit BVerwG Buchholz 232 § 55 BBG Nr. 16 (daselbst → Rn. 19) und LKV 2012, 362 (daselbst → Rn. 10).

[257] Battis NVwZ 1982, 87 (88) bezeichnet dieses Erfordernis als „ungeschriebenes Tatbestandsmerkmal“. Zur amtsangemessenen Verwendung siehe zB RP OVG DÖV 2012, 77 (Änderung des Aufgabenbereichs eines Leitenden Ministerialrates, BesGr. B 3) sowie im Einzelnen die Beispiele bei Kathke aaO (Fn. 13) Rn. 48 ff. vor §§ 13 ff. BeamtStG.

[258] Hinsichtlich der Beteiligung der Personalvertretung steht die Umsetzung eines Bundesbeamten einer Versetzung gleich, sofern sie mit einem Wechsel des Dienstortes verbunden ist (§ 76 Abs. 1 Nr. 4 BPersVG). Zu den möglichen Gründen für eine Zustimmungsverweigerung siehe namentlich BVerwG ZBR 1993, 373 mwN, zur nachträglichen Zustimmung NdsOVG 15.3.2007 – 5 ME 295/06 –, PersR 2008, 75, auch abgedr. bei Schütz/Maiwald BR ES/A II 4.3 Nr. 16 (= BeckRS 2007, 22291). Auch die nur vorübergehende Umsetzung eines Personalratsmitgliedes innerhalb der Dienststelle unterliegt der Zustimmung des Personalrates (§ 47 Abs. 2 Satz 2 BPersVG); dazu BVerwG ZBR 1982, 86. Ist eine Behörde personalvertretungsrechtlich in mehrere Dienststellen untergliedert, so müssen beide infrage kommende Personalräte zustimmen; BVerwG NZA-RR 2001, 278.

[259] Vgl. § 95 Abs. 2 SGB IX sowie Fn. 131. Zur Beteiligung der Gleichstellungsbeauftragten siehe § 27 Abs. 1 Nr. 1 lit. b BGleiG.

zung nur auf „Ermessensfehler“ überprüft werden.[260] Allerdings müssen „Umsetzungen ... von einem dienstlichen Grund getragen sein“, (erst) davon „ausgehend hat der Dienstherr nach pflichtgemäßem Ermessen zu entscheiden.[261] Ein dienstlicher Grund – zB die Beseitigung eines Spannungsverhältnisses[262] oder die Wahrung des Vertrauens der Öffentlichkeit in die Korrektheit polizeilichen Handelns[263], generell jeder sachliche organisations- oder personalwirtschaftliche Grund[264] – ist unverzichtbar, weil die Umsetzung sonst willkürlich wäre.[265] Ist die Umsetzung von einem dienstlichen Grund getragen, hat der Dienstherr bei der Ermessensausübung einer neueren Entscheidung des Bundesverwaltungsgerichts zufolge die „tatsächlichen Auswirkungen der Umsetzung auf den beruflichen Werdegang des Betroffenen oder dessen private Lebensführung“ – insbesondere, aber nicht nur bei einem Ortswechsel – „aus Fürsorgegründen bei den Ermessenserwägungen zu berücksichtigen“; er muss (soweit nicht der Maßstab der Bestenauslese vorrangig zum Tragen kommt) „sowohl das dienstliche Interesse an der Umsetzung als auch die entgegenstehenden Belange des Betroffenen mit der ihnen objektiv zukommenden Bedeutung in die Abwägung einstellen und gewichten“, wobei grundsätzlich gilt, „dass die dienstlichen Belange... umso gewichtiger sein müssen, je schwerer die Folgen einer Umsetzung für den Beamten sind.[266] Ungeachtet dessen steht bei der Umsetzung als innerorganisationsrechtlicher Maßnahme, die die Individualsphäre des Beamten grundsätzlich nicht berührt, das öffentliche Interesse an einer möglichst optimalen Aufgabenerfüllung und Stellenbesetzung im Vordergrund.[267] Die Verwaltungsgerichte überprüfen die Ermessensentscheidung nach § 114 Satz 1 VwGO deshalb im Kern nur darauf, ob der Dienstherr von einem richtigen Sachverhalt ausgegangen ist[268] und ob die Entscheidung „durch einen Ermessensmissbrauch maßgebend geprägt ist“[269], wobei das Ermessen durch die „besonders gelagerten Verhältnisse“ des Einzelfalles – in unterschiedlichem Maße – „eingeschränkt“ sein kann.[270] Eine – wirkliche oder vermeintliche – Einbuße an

[260] Die Fürsorge- und Schutzpflicht gebietet eine Anhörung des Beamten (vgl. auch ThürOVG ZBR 1997, 199); siehe ferner Fn. 252. Eine Umsetzung ohne vorherige (oder rechtzeitig nachgeholte) Anhörung ist rechtswidrig; NRW OVG ZBR 1986, 274.

[261] BVerwG 21.6.2012 – 2 B 23.12 –, juris Rn. 8 (= LKV 2012, 362).

[262] Vgl. BayVGH ZBR 1992, 111 (112) und BW VGH WissR 2001, 183.

[263] Vgl. RP OVG NVwZ 2001, 1316.

[264] BVerwG 19.11.2015 – 2 A 6.13 –, juris Rn. 18. Vgl. auch BVerwG 28.2.2008 – 2 A 1.07 –, juris Rn. 25 (= NVwZ-RR 2008, 547: das Ermessen umfasse „jeden sachlichen Grund“) sowie BVerwG ZBR 1975, 226 (228): die Verwaltung brauche ein dienstliches Bedürfnis „nicht nachzuweisen“; auch Lemhöfer in Plog/Wiedow BBG 2009 § 28 Rn. 129, meint, „dienstliche Gründe“ seinen nicht nötig, „jeder sachliche Grund“ reiche hin, wobei dieser Differenzierung wegen der üblichen weiten Auslegung des Begriffs „dienstliche Gründe“ keine praktische Relevanz zukommt (ebenso Lemhöfer).

[265] Zu sachfremden (parteipolitischen) Erwägungen SOVG ZBR 1995, 47; vgl. jedoch auch VG Wiesbaden ZBR 1996, 31 (LS). Ein planmäßiger Arbeitsplatzwechsel („Rotation“), den der Dienstherr für Verwaltungsbereiche anordnet, in denen Aufträge an außerhalb der Verwaltung stehende Personen oder Unternehmen vergeben werden, um die in den betreffenden Bereichen tätigen Beamten (und die Verwaltung) vor Abhängigkeiten gegenüber Dritten zu schützen, kann allein dieserhalb gerechtfertigt sein; VG Frankfurt a. M. DÖD 1990, 74 (das aber wohl nur unter der Voraussetzung eines gegebenen Anlasses). Erst recht unbedenklich ist es, wenn sich der Dienstherr bei einer Rotationsaktion von seiner Förderungspflicht (siehe § 10 Rn. 24 f.) leiten lässt. Siehe zu Fragen der Rotation ferner Lorse DÖV 2013, 245 ff.

[266] BVerwG 21.6.2012 – 2 B 23.12 –, juris Rn. 8 f. (= LKV 2012, 362). Zur traditionellen Trias der Ermessensfehler siehe nur Jestaedt in: Ehlers/Pünder AllgVR § 11 Rn. 61 ff.

[267] Vgl. BVerwG 19.11.2015 – 2 A 6.13 –, juris Rn. 18.

[268] VG Köln ZBR 1984, 314 (siehe schon Fn. 260).

[269] BVerwG 19.11.2015 – 2 A 6.13 –, juris Rn. 18.

[270] Vgl. BVerwGE 60, 144 (151); 89, 199, sowie BVerwG ZBR 1988, 217, DÖD 1992, 237 und BVerwG 19.11.2015 – 2 A 6.13 –, juris Rn. 18: auch „Verletzung der Fürsorgepflicht“. Ein Ermessensmissbrauch des Dienstherrn läge vor, wenn ein Beamter, der die Aufgaben seines Dienstpostens

gesellschaftlichem Ansehen,[271] ein Verlust der Chance, auf einem höherbewerteten Dienstposten befördert zu werden, ein Wegfall der Vorgesetzteneigenschaft,[272] eine Verringerung der Mitarbeiterzahl oder Veränderungen der Funktionsbezeichnung ohne statusrechtliche Bedeutung stellen für sich allein keine die Umsetzung hindernden Umstände dar.[273] Als „besonders gelagerte Verhältnisse" hat das Bundesverwaltungsgericht angesehen[274]

- die spezifische wissenschaftliche Vorbildung und praktische Ausbildung des Beamten und ihren engeren Laufbahnbezug,[275]
- die Zusicherung[276] der Übertragung einer bestimmten Aufgabe durch den Dienstherrn, sofern dadurch ein schutzwürdiges Vertrauen des Beamten auf Beibehaltung der Funktion begründet worden ist,[277] und
- die Übertragung von Leitungsaufgaben, die besondere fachliche Anforderungen stellen, falls sich der Beamte gerade um einen leitenden Posten beworben und der Dienstherr ihn aufgrund seiner fachlichen Qualifikation ausdrücklich für diesen Posten eingestellt hat.[278]

Kraft seiner Organisationsgewalt ist der Dienstherr befugt, (durch Anreicherung der 65 Aufgabenpalette) einen neuen amtsangemessenen Dienstposten eigens deswegen zu schaffen, um die aus dienstlichen Gründen gerechtfertigte Entbindung eines Beamten von seinem bisherigen Dienstposten rechtlich bedenkenfrei, nämlich unter Wahrung seines Anspruchs auf statusgerechte Verwendung zu ermöglichen.[279]

Auch der Aufgabenbereich eines Hochschullehrers kann – etwa durch eine anderweiti- 66 ge Grenzziehung zwischen Hauptamt und Nebenamt – verändert werden, solange diesem ein Dienstposten verbleibt, der seinem durch Art. 5 Abs. 3 Satz 1 GG mitgeprägten statusrechtlichen Amt entspricht.[280] Zu dem durch Art. 5 Abs. 3 Satz 1 GG verfassungs-

---

aus gesundheitlichen Gründen nicht anforderungsgerecht wahrnimmt, auf einen Dienstposten umgesetzt würde, dessen Funktionen er gleichfalls voraussichtlich gesundheitlich nicht gewachsen wäre; vielmehr könnte es in einem solchen Fall Pflicht des Dienstherrn sein, stattdessen ein Zurruhesetzungsverfahren einzuleiten (LSA OVG NVwZ-RR 2012, 409).

[271] Vgl. BVerwGE 109, 292. Die Berufsehre des Beamten muss nach Möglichkeit geschont werden; die Umsetzung darf insbesondere keine „verkappte Disziplinarmaßnahme" sein; siehe auch H. Günther ZBR 1978, 73 (85) sowie NRW OVG DÖD 1988, 95 (96).

[272] Zum Umfang der Vorgesetztenfunktion BVerwG Buchholz 232 § 26 BBG Nr. 40.

[273] Siehe BVerwG NVwZ 1992, 573 (574) unter Bezugnahme auf BVerwGE 60, 144 (151) und BVerwG ZBR 1985, 223; vgl. außerdem BVerwG DÖD 1992, 279 (280).

[274] Siehe auch BVerwG 19.11.2015 – 2 A 6.13 –, juris Rn. 18 unter Hinweis auf diesen Überblick.

[275] Vgl. dazu BVerwG Buchholz 237.3 § 27 BG Bremen Nr. 1.

[276] Siehe § 38 VwVfG, der freilich nicht unmittelbar anwendbar ist; vgl. BVerwG NJW 1978, 783 und Buchholz 232 § 55 BBG Nr. 16 (daselbst → Rn. 19), ferner BayVGH ZBR 1997, 194.

[277] BVerwG ZBR 1968, 218. Einen Ausschreibungstext wird man in der Regel nicht als ermessensbeschränkend zu erachten haben; siehe aber BW VGH 31.3.1987 – 4 S 1320/85 –, abgedr. bei Schütz/Maiwald BR ES/A II 4.3 Nr. 5.

[278] BVerwG Buchholz 232 § 26 BBG Nr. 14 und ZBR 1968, 218. Siehe indessen ferner BVerwG DÖD 1992, 279 (280): „Soweit aus länger zurückliegenden Entscheidungen, zB den in BVerwGE 60, 144 (152) angeführten Urteilen, eine weitergehende Einschränkung der Entziehung von leitenden Funktionen entnommen werden konnte, ist dies … überholt." Ob damit auch die im obigen Text gekennzeichnete besondere Fallgestaltung gemeint ist, begegnet Zweifeln.

[279] BW VGH 7.3.1996 – 4 S 2546/95 –, abgedr. bei Schütz/Maiwald BR ES/A II 4.3 Nr. 10.

[280] BVerwG NVwZ-RR 1996, 337 (338) mwN; BVerfG 28.9.2007 – 2 BvR 1121/06 ua –, juris Rn. 21. Siehe auch → § 8 Rn. 3, außerdem NdsOVG NVwZ 2000, 954 (Keine bloße Umsetzung, sondern Verwaltungsakt sei die Anordnung an einen Professor, statt des konfessionsgebundenen Faches „Neues Testament" künftig das nicht konfessionsgebundene Fach „Geschichte und Literatur des frühen Christentums" in Forschung, Lehre und Weiterbildung zu vertreten) und VG Würzburg 30.9.2014 – W 1 K 12.767 –, juris Rn. 23 ff. (Teilentzug von Leitungsaufgaben eines Hochschullehrers aufgrund dienstlicher Spannungen).

rechtlich geschützten Kernbereich des konkret-funktionellen Amtes, für welches der Hochschullehrer berufen wurde, gehört die Wahrnehmung der Lehr- und Forschungsaufgaben in dem von ihm vertretenen Fach.[281]

67 In Anbetracht der Möglichkeit, einen Beamten „aus dienstlichen Gründen" auch ohne seine Zustimmung für bis zu zwei Jahren zu einer – ihm zumutbaren – Tätigkeit (bei einer anderen Behörde seines Dienstherrn) abzuordnen, die nicht einem Amt mit demselben (End-)Grundgehalt entspricht (siehe § 14 Abs. 2 Satz 2 BeamtStG, § 27 Abs. 2 Satz 2 BBG), kann auch die Zulässigkeit eines vorübergehenden *unterwertigen* Einsatzes[282] des Beamten bei seiner Beschäftigungsbehörde nicht von der Hand gewiesen werden, falls sie sich als sachlich und zeitlich unabweisbar aufdrängt. Insofern ist die unter Rn. 64 referierte (generalisierende) These, dass „der Aufgabenbereich des neuen Dienstpostens … dem abstrakten Aufgabenbereich des statusrechtlichen Amtes" entsprechen müsse, mittlerweile vorsichtig und mit Augenmaß, auch zur Vermeidung eines immanenten Wertungswiderspruchs, entsprechend zu modifizieren.[283]

2. Prozessuale Fragen

a) Verwaltungsrechtsweg und Klageart

68 Dass Streitigkeiten über die Umsetzung das Beamtenverhältnis betreffen und daher gemäß § 54 Abs. 1 BeamtStG bzw. § 126 Abs. 1 BBG der Verwaltungsrechtsweg eröffnet ist,[284] kann nicht zweifelhaft sein. Da die Rechtsprechung die Umsetzung und die ihr gleichstehende Änderung des Aufgabenbereichs eines Beamten durch nicht-personenbezogene Organisationsverfügung (stets[285]) als „innerbehördliche Maßnahmen ohne Ver-

[281] Vgl. dazu BW VGH ZBR 2000, 358 sowie schon NdsOVG aaO (Fn. 280).

[282] Zum unterwertigen Einsatz grundsätzlich RP OVG RiA 2011, 175. Eine nur *scheinbare* Unterwertigkeit ist gegeben, wenn zu den amtsangemessenen Aufgaben akzidentielle Tätigkeiten hinzukommen, die, isoliert gesehen, unterwertig wären (BVerwGE 69, 303 betr. Akteneinordnen bei einem Gerichtsvollzieher). Die Amtsangemessenheit ist nach dem Schwerpunkt der Tätigkeit zu beurteilen; BVerwG 23.5.2002 – 2 A 5.01 –, abgedr. bei Schütz/Maiwald BR ES/A II 1.1 Nr. 11 (betr. Sekretariatsarbeiten bei einem Beamten der BesGr. B 3), ferner LSA OVG LKV 2006, 435. Zu einer Mischung höher- und unterwertiger Aufgaben bei einem kleineren Personalkörper MV OVG NVwZ-RR 2001, 457. Vgl. schließlich BVerwG NVwZ-RR 2005, 643 (keine Verpflichtung eines beamteten S-Bahn-Zugführers, während betriebsbedingter Standzeiten Grobreinigungsarbeiten vorzunehmen).

[283] Siehe dazu BW VGH IÖD 2003, 220 (222 f.) für Umorganisationen im kommunalen Bereich und NdsOVG NVwZ-RR 2005, 124 zur Verpflichtung einer Beamtin, im Rahmen einer Organisationsänderung in einer Kreisverwaltung einstweilen eine unterwertige Beschäftigung hinzunehmen. AA Kathke aaO (Fn. 13) → Rn. 60, 62 vor §§ 13 ff. BeamtStG, dem – nur – insofern zuzustimmen ist, als er zum einen den Rechtsgedanken des § 26 Abs. 3 BeamtStG auch bei einer (auf Dauer angelegten) Umsetzung fruchtbar machen will und zum anderen § 11 BEZNG und § 6 PostPersRG für „nicht analogiefähig" hält. Siehe auch LSA OVG 26.3.2013 – 1 M 23/13 –, juris Rn. 25 f. zur Rechtswidrigkeit einer unterwertigen Beschäftigung auf unbestimmte Dauer.

[284] Will der Beamte seine Umsetzung erreichen, so muss er sich dazu vorab mit einem entsprechenden Antrag an seinen Dienstherrn wenden (vgl. BVerwG ZBR 2009, 341, wonach das Rechtsschutzbedürfnis für eine Klage fehlen kann, „wenn die Behörde noch nicht mit dem Begehren befasst war"). Möchte er sich gegen eine ihm angesonnene Umsetzung wehren, so kann er dies unmittelbar mit dem (auf Nichtvollzug oder Rückumsetzung zielenden) Widerspruch; siehe dazu aber auch § 54 Abs. 2 Satz 3 BeamtStG (Hinweis auf → Rn. 70).

[285] Dh: auch wenn dem Beamten Vorgesetztenfunktionen und/oder Beförderungsmöglichkeiten entzogen werden oder wenn er unterwertig eingesetzt wird. Kommt es zum Streit darüber, ob die neue Tätigkeit unterwertig ist (siehe dazu → Rn. 67), so handelt es sich im Prozess nicht um ein Problem der Klageart (Anfechtungs- oder allgemeine Leistungsklage?, siehe Fn. 286), sondern um eine der Begründetheitsstation zuzuordnende Frage.

waltungsaktsqualität" bewertet, ist als Klageart ausnahmslos die allgemeine Leistungsklage, nicht hingegen die Anfechtungsklage in Betracht zu ziehen.[286] In Bezug auf das konkrete Klageziel ist wie folgt zu unterscheiden:

- Ist die Umsetzung wegen fehlender Zustimmung des Personalrates rechtswidrig, so muss sie rückgängig gemacht werden; dem Beamten muss mithin sein früherer Dienstposten wieder übertragen werden.[287]
- Gleiches gilt für den Fall, dass die Maßnahme „aus materiellen Gründen schon hinsichtlich der Weg-Umsetzung[288] von dem bisherigen Dienstposten" fehlerbehaftet erscheint.[289] Der Umstand, dass der umstrittene Dienstposten zwischenzeitlich einem anderen Beamten übertragen worden ist und dass derselbe ihn nunmehr wieder räumen muss, steht dem nicht entgegen, weil dieser Beamte ebenso wenig wie jener einen Anspruch auf unveränderte und ungeschmälerte Übertragung eines bestimmten Amtes im konkret-funktionellen Sinne hat.[290] Wo sich freilich keine Möglichkeit einer statusangemessenen anderweitigen Verwendung des neuen Dienstposteninhabers bietet, wird man dem Dienstherrn auch ein Ermessen dergestalt zubilligen müssen, den zu Unrecht umgesetzten Beamten (amtsadäquat) weiterumzusetzen.[291]
- Folgt die Rechtswidrigkeit allein aus der Zu-Umsetzung, etwa weil der neue Dienstposten unterwertig ist, und sind zumutbare Verwendungsalternativen vorhanden, so wird man auch hier (statt einer Rückumsetzung) eine Weiterumsetzung des betroffenen Beamten für rechtlich akzeptabel halten können.[292]

Im Falle der Rechtswidrigkeit einer nicht personen-bezogenen Organisationsverfügung wird man den Dienstherrn nicht für verpflichtet halten, „den ursprünglichen Zustand dadurch wiederherzustellen, dass er die vorgenommene Änderung der Aufgabenbereiche rückgängig macht";[293] vielmehr sollte man es zulassen, dass er sich stattdessen, zumindest wenn ein größerer Personenkreis betroffen ist, für eine Lösung entscheidet, die zum einen die geschehenen Fehler behebt und zum anderen – wenn und soweit möglich – durch die Wahl einer Alternative die Ursachen beseitigt, die den Anlass für die fragliche Organisationsverfügung gegeben haben. Hat der Dienstherr einem Umsetzungsverlangen des Beamten aus dessen Sicht zu Unrecht nicht entsprochen, so wird dieser darauf klagen, den Dienstherrn zur Neubescheidung zu verurteilen (siehe § 113 Abs. 5 Satz 2 VwGO).[294] Nur falls er meint, gar einen Umsetzungsanspruch zu haben, wird er seinen Klageantrag dahin fassen, dass der Dienstherr verurteilt werde, ihn (den Beamten) umzusetzen.[295] Für den Fall einer Umsetzungskonkurrenz, dh einer außerhalb des Anwendungsbereichs von Art. 33 Abs. 2 GG zu treffenden Auswahl unter Bewerbern um einen im Wege der „ämtergleichen Umsetzung" zu besetzenden Dienstposten, verneint das

[286] BVerwGE 60, 144 (150); 65, 270 (273); 87, 310 (315); 89, 199, BVerwG DÖD 1992, 237 und BVerwG 19.11.2015 – 2 A 6.13 –, juris Rn. 15.

[287] BVerwGE 75, 138; ebenso HVGH ESVGH 39, 228 (LS).

[288] Im Originalzitat steht hier der Ausdruck „Weg-Versetzung".

[289] BVerwG ZBR 1988, 217 (218); ebenso SOVG ZBR 1995, 47.

[290] Vgl. BVerwG NJW 1988, 783 sowie SOVG PersV 2005, 28, LSA OVG DÖD 2009, 227, SächsOVG ZBR 2002, 437 und neuerdings RP OVG ZBR 2012, 61.

[291] BVerwGE 98, 334; siehe schon Schnellenbach ZBR 1992, 257 (263 f.), ferner SOVG aaO (Fn. 290) mwN.

[292] AA anscheinend SächsOVG ZBR 2002, 437 (Anspruch auf Rückumsetzung bei Umsetzung auf einen nicht statusgemäßen Dienstposten). Wie im obigen Text (Ermessensentscheidung) BW VGH ZBR 1994, 93 (LS), LSA OVG 26.3.2013 – 1 M 23/13 –, juris Rn. 16, sowie Kathke aaO (Fn. 13) Rn. 129 vor §§ 13 ff. BeamtStG.

[293] In BVerwGE 98, 334 ist die Frage offen gelassen.

[294] Zur Zulässigkeit der Bescheidungsklage bei allgemeinen Leistungsbegehren vgl. Bettermann DVBl 1969, 703, Erichsen DVBl 1982, 95 (100) und Hoffmann-Becking VerwArch 62 (1971), 191 (197).

[295] Siehe schon Fn. 50 mit Weiterverweisung.

Bundesverwaltungsgericht allerdings die Klagebefugnis des den zu besetzenden Dienstposten anstrebenden Beamten: Die Fürsorgepflicht sei regelmäßig nicht geeignet, einen auf einen konkreten Dienstposten gerichteten Anspruch zu vermitteln, und losgelöst von einer subjektiven Rechtsposition bestehe kein (allgemeiner) Anspruch auf ermessensfehlerfreie Entscheidung über die Bewerbung.[296]

69 Das Bundesverwaltungsgericht[297] qualifiziert auch die Übertragung eines Beförderungsdienstpostens (oder eines Erprobungsdienstpostens) bei der Beschäftigungsbehörde als Umsetzung und damit nicht als Verwaltungsakt. Gewisse Bedenken hiergegen sind indessen nicht zu übersehen, und zwar gerade dann, wenn man in die Erwägungen einbezieht, dass das Gericht[298] die Umsetzung – wie dargelegt[299] – „zu der Vielzahl der im Einzelnen nicht normativ erfassten Maßnahmen" rechnet. Immerhin finden sich in § 22 Abs. 2 BBG sowie in § 32 Nr. 2 und § 34 BLV nämlich normative Erprobungsregelungen, die auch im Landesrecht[300] gesetzliche und/oder verordnungsrechtliche Parallelen haben.[301] Schließt man sich dem Bundesverwaltungsgericht[302] an, so kann die rechtswidrige Besetzung eines Beförderungsdienstpostens mit einem Mitbewerber solange „rückgängig gemacht … und der Beförderungsdienstposten anderweitig besetzt werden", wie dieser Mitbewerber nicht befördert und in eine entsprechende Planstelle eingewiesen worden ist.[303] Ergänzend[304] hat das Gericht inzwischen allerdings einerseits konstatiert, „dass der (in einer Konkurrenz um die Vergabe eines Beförderungsdienstpostens) ausgewählte Bewerber auf dem Dienstposten einen Erfahrungsvorsprung gewinnt, der mit der Länge des (gerichtlichen) Hauptverfahrens zunimmt und ihm auch dann verbleibt, wenn sich im späteren Hauptverfahren die zu seinen Gunsten getroffene Personalentscheidung als rechtswidrig erweisen sollte", und aber andererseits neuerdings entschieden, zur Vermeidung einer unzulässigen Bevorzugung eines im Wege der „kommissarischen Vakanzvertretung" auf dem streitgegenständlichen Dienstposten eingesetzten Mitbewerbers müsse ein dadurch erlangter etwaiger Bewährungsvorsprung im weiteren Auswahlverfahren „ausgeblendet" werden und ggf. für den davon betroffenen Zeitraum auf eine „fiktive Fortschreibung" der letzten regelmäßigen Beurteilung zurückgegriffen werden.[305]

---

[296] BVerwG 19.11.2015 – 2 A 6.13 –, juris Rn. 16 ff.

[297] ZBR 1989, 281.

[298] BVerwGE 60, 144.

[299] → Rn. 64.

[300] Siehe zB § 19 Abs. 3 NRW LBG und § 7 Abs. 4 NRW LVO. Die Feststellung des Dienstherrn, dass die Erprobung erfolgreich absolviert sei, ist nach BrOVG DÖD 1995, 35 ein Verwaltungsakt, der unter Umständen auch zurückgenommen werden kann.

[301] Die Betrauung mit den Aufgaben eines Amtsanwalts zum Zwecke der Vorbereitung eines Laufbahnwechsels ist bei Zugrundelegung der höchstrichterlichen Rechtsprechung zur Übertragung eines Beförderungsdienstpostens kein Verwaltungsakt (aA MV OVG DÖD 1998, 291). Auf der Linie des Bundesverwaltungsgerichts liegt es, erst (die Beförderung und) den Laufbahnwechsel selbst als Verwaltungsakt einzustufen, und zwar ungeachtet einer gewissen Verbesserung der Rechtsposition (schon) als Folge des entsprechenden Dienstleistungsauftrags.

[302] Siehe Fn. 297 sowie Schnellenbach DÖD 1990, 153 (157).

[303] Zum vorläufigen Rechtsschutz siehe → Rn. 72.

[304] DRiZ 2009, 263; ferner BVerwG 27.9.2011 – 2 VR 3.11 –, juris Rn. 17. Zum Gesichtspunkt des faktischen Bewährungsvorsprungs siehe ferner BayVGH BayVBl. 2007, 342 und RP OVG NVwZ-RR 1996, 51 (52) sowie H. Günther DÖD 2006, 6.

[305] BVerwG 10.5.2016 – 2 VR 2.15 –, Rn. 26 ff.; in der Konsequenz fehlt es im Konkurrentenstreitverfahren nach § 123 Abs. 1 VwGO in Bezug auf die Dienstpostenvergabe regelmäßig an einem Anordnungsgrund: BW VGH 27.7..2016 - 4 S 1083/16 –, juris Rn. 9 f.; SOVG 9.9.2016 – 1 B 60/16 –, juris Rn. 23 ff. Siehe zu diesem Ansatz auch Kenntner ZBR 2016, 181 (193 ff.). Vgl. auch BVerfG ZBR 2006, 165 (23.6.2005 – 2 BvR 221/05 –, juris Rn. 19) und NVwZ 2008, 69 (8.10.2007 – 2 BvR 1846/07 ua –, juris Rn. 8) sowie → Rn. 72. NdsOVG 24.2.2010 – 5 ME 16/10 –, juris, legt dar, dass eine Auswahl unter Konkurrenten um einen Beförderungsdienstposten nicht auf der Grundlage von *Beurteilungsentwürfen* getroffen werden darf.

b) Vorverfahren

Nach § 54 Abs. 2 BeamtStG und § 126 Abs. 2 BBG bedarf es auch bei der allgemeinen Leistungsklage eines Vorverfahrens (§§ 68 ff. VwGO), soweit nicht ein Landesgesetz diese Sachurteilsvoraussetzung für „nicht erforderlich" erklärt (siehe § 54 Abs. 2 Satz 3 BeamtStG).[306] Die Fristbestimmungen des § 70 Abs. 1 Satz 1 und Abs. 2 VwGO sind – wenn man die (bedenkliche) höchstrichterliche Rechtsprechung zur dienstlichen Beurteilung[307] hierher überträgt – nicht anwendbar: Der Beamte braucht also nicht innerhalb eines Monats bzw. eines Jahres nach Bekanntgabe seiner Umsetzung Widerspruch einzulegen, hat bei längerem Zuwarten unter Umständen allerdings den Verwirkungseinwand zu gewärtigen;[308] er muss im Übrigen – wiederum nach Auffassung des Bundesverwaltungsgerichts[309] – bei der Klageerhebung nach Ergehen des Widerspruchsbescheides die Monatsfrist des § 74 VwGO einhalten. 70

c) Vorläufiger Rechtsschutz

Da es sich bei der Umsetzung – folgt man der höchstrichterlichen Rechtsprechung – nie um einen Verwaltungsakt handelt, zeitigt der Widerspruch auch keine aufschiebende Wirkung; § 80 Abs. 1 und 5 VwGO findet keine Anwendung. Vorläufigen Rechtsschutz kann der Beamte nur gemäß § 123 VwGO erlangen,[310] und zwar 71

- solange die Umsetzung noch nicht durch Aufnahme der neuen Tätigkeit und anderweitige Besetzung des bisherigen Dienstpostens vollzogen ist: nach Abs. 1 Satz 1 (vorläufiges Verbleiben des Antragstellers auf dem bisherigen Dienstposten oder wenigstens dessen Freihalten),
- wenn der Antragsteller schon umgesetzt ist: nach Abs. 1 Satz 2 (vorläufige Rückumsetzung).[311]

Die Erfolgsaussichten eines Antrags auf Erlass einer einstweiligen Anordnung, der auf Aussetzung der Übertragung anderer Dienstgeschäfte oder zumindest der Vergabe des bisherigen Dienstpostens an einen anderen Beamten oder gar auf Rückumsetzung durch den Dienstherrn abzielt, werden normalerweise nur gering sein – dies selbst wenn man unberücksichtigt lässt, dass die Entscheidung in der Hauptsache (jedenfalls zum Teil) regelwidrig vorweggenommen würde.[312] Denn im Allgemeinen besteht ein öffentliches Interesse an der *sofortigen* Durchführung von Organisationsakten, damit die wirksame Erledigung der laufenden Verwaltungsaufgaben gewährleistet bleibt.[313] Die persönlichen Belange des Beamten werden demgegenüber zurücktreten müssen, es sei denn, dieser ist offensichtlich rechtswidrig behandelt worden[314] oder es ist ihm aus sonstigen Gründen schlechthin nicht zuzumuten, die Folgen der Umsetzung auch nur vorübergehend hinzunehmen.[315]

---

306 Vgl. dazu auch → § 3 Rn. 51.

307 Siehe dazu → § 11 Rn. 57.

308 Siehe dazu → § 11 Rn. 58.

309 Siehe auch insoweit die Verweisung in Fn. 307.

310 Vgl. BW VGH ZBR 1981, 204, HmbOVG DÖD 1979, 60, NRW OVG ZBR 1984, 282 und SOVG ZBR 1985, 315.

311 Vgl. Finkelnburg/Dombert/Külpmann Vorläufiger Rechtsschutz Rn. 1376, die es auch für zulässig erachten, dem Dienstherrn durch einstweilige Anordnung aufzugeben, über die Umsetzung (ermessensfehlerfrei) neu zu entscheiden; aA NRW OVG NVwZ 1985, 923.

312 Siehe allg. Schoch/Schneider/Bier VwGO § 123 Rn. 141 ff. mwN.

313 BayVGH ZBR 1997, 194 (195).

314 SOVG ZBR 1997, 47 will darauf abstellen, ob dem Beamten „offensichtlich oder doch zumindest mit ganz überwiegender Wahrscheinlichkeit ein Anspruch auf … Rückumsetzung" zustehe.

315 BW VGH ZBR 1986, 191 (LS) verwendet die Formel, dass dem Beamten ohne Erlass der einstweiligen Anordnung „bei einem schon absehbaren Obsiegen in der Hauptsache in der Zwischen-

72 Was Konkurrenzen um einen Beförderungsdienstposten anbelangt, so ist inzwischen als geklärt anzusehen, dass effektiver Rechtsschutz zur Sicherung der Bestenauslese bereits im Zeitpunkt der Dienstpostenvergabe stattzufinden hat, falls die Bewährung auf dem Beförderungsdienstposten nach Ablauf der Bewährungszeit ohne erneute Auswahlentscheidung unmittelbar zur Beförderung führt.[316] Wenn die genannte Randbedingung nicht erfüllt ist, wird man einem Antrag des übergangenen Mitbewerbers auf Erlass einer einstweiligen Sicherungsanordnung (§ 123 Abs. 1 Satz 1 VwGO) – mit dem Ziel, den infrage stehenden Beförderungsdienstposten einstweilen freizuhalten – das Fehlen eines Anordnungsgrundes entgegenhalten können, sofern sich die Umsetzung des erfolgreichen Konkurrenten aus sachlichen Gründen rückgängig machen lässt[317] und deswegen keine „vollendeten Tatsachen" geschaffen werden, weil der gegebenenfalls erlangte Erfahrungsvorsprung im weiteren Auswahlverfahren (insbesondere bei einer neu zutreffenden Auswahlentscheidung) auszublenden ist.[318]

VI. Zuweisung

73 Mit der Zuweisung hat der Bundesgesetzgeber ein Rechtsinstitut geschaffen, welches man als abordnungsähnliche Beurlaubung kennzeichnen kann.[319]

1. Zuweisung mit Zustimmung des Beamten

74 § 20 Abs. 1 BeamtStG und § 29 Abs. 1 Satz 1 BBG ermöglichen es, dem Beamten mit seiner Zustimmung[320] vorübergehend ganz oder teilweise eine seinem Amt entsprechende Tätigkeit

---

zeit unwiederbringliche Rechtsverluste oder sonst unzumutbare Nachteile" drohen müssten. Siehe auch zB LSA OVG 19.6.2013 – 1 M 56/13 –, juris Rn. 7, und NRW OVG 7.10.2014 – 6 B 1021/14 –, juris Rn. 5 f. mwN Ergänzend und erläuternd zum obigen Text ist zu bemerken, dass der Beamte im Ergebnis weder gehalten sein kann, einer offensichtlich rechtswidrigen Umsetzung geradewegs Folge zu leisten, noch verpflichtet ist, sich einer mit unzumutbaren Nachteilen verbundenen Umsetzung auch nur vorübergehend zu beugen.

[316] Vgl. BVerfG NVwZ 2008, 69.

[317] Vgl. aber auch RP OVG NVwZ-RR 1996, 51 (52). Das Gericht bejaht hier einen Anordnungsgrund für eine Dienstpostenkonkurrenz zwischen einem (erfolglos gebliebenen) Beamten und einem (erfolgreichen) Tarifbeschäftigten, weil diesem der Dienstposten wegen der Tarifautomatik nur durch Änderungskündigung wieder entzogen werden könne.

[318] Siehe zur neuen einschlägigen Rechtsprechung → Rn. 69 aE sowie Fn. 305; vgl. – zum Soldatenrecht – noch BVerwG 3.2.2015 – 1 WDS-VR 2.14 –, juris Rn. 23: „beurteilungsrelevanter Erfahrungsvorsprung". Vgl. ferner BW VGH ZBR 2007, 66, BayVGH BayVBl. 2007, 342 und NRW OVG 11.2.2016 – 1 B 1206/15, juris Rn. 37 ff.

[319] Vgl. Hilg ZBR 2006, 109 (116) sowie Summer in Weiß/Niedermaier/Summer/Zängl BayBeamtR Rn. 2 zu § 20 BeamtStG. Die Zuweisung sollte zwar die „Distanzierung" einer Beurlaubungslösung vermeiden (Hoffmann ZTR 1990, 327); die (fallabhängige) Alternative einer Sonderurlaubsgewährung ist damit aber nicht gegenstandlos geworden. Zu personalvertretungsrechtlichen Fragen im Zusammenhang mit der Zuweisung siehe NRW OVG PersR 2011, 386 (beachte auch Fn. 327).

[320] Man wird in der Regel Schriftform erwarten können. Summer inWeiß/Niedermaier/Summer/Zängl BayBeamtR Rn. 6 zu § 20 BeamtStG hält – neben einer (ausdrücklichen) mündlichen Zustimmung – aber auch die konkludente Erklärung durch Arbeitsaufnahme bei der in Betracht kommenden Einrichtung für angängig. Zumindest würde es Treu und Glauben widerstreiten, wenn der Beamte seine Arbeit ohne Vorbehalt aufnähme und hernach ein Fehlen der Zustimmung beanstandete. Ohne eine wirksame Zustimmung ist die Zuweisung rechtswidrig, aber nicht nichtig.

- bei einer öffentlichen Einrichtung ohne Dienstherrnfähigkeit – oder im Landesbereich: auch bei einer öffentlich-rechtlichen Religionsgemeinschaft[321] – (Nr. 1) oder
- bei einer anderen Einrichtung (Nr. 2)

zu übertragen. Bei Nr. 1 ist ein „dienstliches oder öffentliches Interesse" notwendig; Nr. 2 verlangt, dass „öffentliche Interessen" bzw. ein „öffentliches Interesse" die Zuweisung „erfordern" („erfordert").

Unter Nr. 1 aaO fallen internationale, supranationale oder zwischenstaatliche Einrich- 75
tungen (mit Sitz im Ausland oder auch im Inland[322]), daneben deutsche öffentliche Einrichtungen, die keine Dienstherrnfähigkeit besitzen, wie zB Kommunalunternehmen ohne Dienstherrneigenschaft[323] oder Privatschulen.[324] „Andere" (nichtöffentliche) Einrichtungen iSd Nr. 2 aaO können solche privater Art und entsprechender Rechtsform[325], auch Wirtschaftsunternehmen, im In- oder Ausland sein. Standardbeispiel dafür ist der Einsatz deutscher Sicherheitsbeamter bei ausländischen Stationen deutscher Fluggesellschaften.[326]

Die Zuweisung ist ein Verwaltungsakt, der die Rechtsstellung des Beamten unberührt 76
lässt (§ 20 Abs. 3 BeamtStG, § 29 Abs. 3 BBG).[327] Das notwendige „dienstliche oder öffentliche Interesse" entspricht im Wesentlichen „dienstlichen Gründen", wie sie für eine Abordnung verlangt werden,[328] oder deckt sich mit politischen Anliegen des deutschen Staates oder seiner Institutionen, wie zB dem Wunsch nach (verbesserter) Kooperation und Einflussnahme in den Bereichen der Europäischen Union oder anderer inter- oder supranationaler Organisationen.[329] „Öffentliche Interessen" „erfordern" im anderen Fall eine Zuweisung nicht schon dann, wenn das Bestreben der jeweiligen Dienststelle oder – übergreifend – allgemeine Zwecke durch die Zuweisung gefördert werden; vielmehr muss diese

- in dem Sinne geboten sein, dass das konkrete richtungweisende Ziel ansonsten nicht gleich gut zu erreichen wäre,[330] oder aber
- geeignet erscheinen, generell oder individualisierend gesehen, den Personalaustausch zwischen öffentlichem Dienst und Privatwirtschaft zu fördern.[331]

---

[321] Die öffentlich-rechtlichen Religionsgemeinschaften (vgl. dazu Art. 140 GG iVm Art. 137 Abs. 5 WRV) aufzuführen, erschien geboten, weil diese keine Dienstherren iSd § 2 BeamtStG sind.

[322] Wie zB das Europäische Patentamt in München (Battis BBG § 29 Rn. 4).

[323] BayVGH DVBl 2006, 1599.

[324] BayVGH 10.4.2007 – 3 B 02.3062 –, abgedr. bei Schütz/Maiwald BR ES/A II 4.7 Nr. 1 (= DVBl 2007, 1579 – LS –).

[325] ZB derjenigen einer GmbH, siehe BVerwG 27.11.2014 – 2 C 24.13 –, juris (= BVerwGE 150, 366) betreffend die – dienstrechtlich missglückte – Privatisierung der Bewährungshilfe in Baden-Württemberg.

[326] Vgl. Hoffmann ZTR 1990, 327 (328).

[327] HmbOVG 7.4.2011 – 1 Bs 37/11 –, BeckRS 2011, 50463 (= DÖV 2011, 739 – LS –) sowie NRW OVG 8.11.2011 – 1 B 829/11 –, BeckRS 2011, 55762 und NRW OVG 12.1.2012 – 1 B 1018/11 –, BeckRS 2012, 46077. Die Zuweisung für eine Dauer von mehr als drei Monaten ist im Bund mitbestimmungspflichtig (§ 76 Abs. 1 Nr. 5a BPersVG). Zur Beteiligung der Gleichstellungs- bzw. Frauenbeauftragten im Bund siehe § 25 Abs. 2 Nr. 2 BGleiG; hinsichtlich der Länder Kathke aaO (Fn. 13) Rn. 63 zu § 20 BeamtStG. Für die Beteiligung der Schwerbehindertenvertretung gilt § 95 Abs. 2 SGB IX (vgl. schon Fn. 131).

[328] Siehe dazu → Rn. 49 f.

[329] In diesem Sinne auch Kotulla ZBR 1995, 168 (169).

[330] So auch Kathke aaO (Fn. 13) Rn. 38 zu § 20 BeamtStG.

[331] Siehe dazu BR-Drs. 720/07, 198 (zu § 29 Abs. 1), wo beispielhaft auch der „Austausch von Methoden aus Bereichen außerhalb des öffentlichen Dienstes" und die Sammlung entsprechender „Erfahrungen" angesprochen sind.

2. Zuweisung ohne Zustimmung des Beamten

77 Nach § 20 Abs. 2 BeamtStG und § 29 Abs. 2 BBG kann Beamten einer Dienststelle, die ganz oder teilweise in eine öffentlich-rechtlich organisierte Einrichtung ohne Dienstherrnfähigkeit oder eine privatrechtlich organisierte Einrichtung der öffentlichen Hand umgewandelt wird, auch ohne ihre Zustimmung eine ihrem Amt entsprechende Tätigkeit bei dieser Einrichtung zugewiesen werden, wenn öffentliche Interessen es erfordern. Hierdurch ist zum einen die Möglichkeit geschaffen, das vorhandene Personal einer Dienststelle (namentlich im kommunalen Bereich)[332] auf ein Unternehmen in privater Rechtsform (zeitgerecht)[333] überzuleiten, um so nach einer Privatisierung die zuverlässige Aufgabenerfüllung auch zukünftig zu sichern. Das Unternehmen muss freilich mehrheitlich der öffentlichen Hand gehören, damit die Verantwortung des Dienstherrn uneingeschränkt gewahrt bleibt.[334] Zum anderen sollen zB auch Zuweisungen an Stiftungen ohne Dienstherrneigenschaft statthaft sein. Die wohl überwiegende Ansicht geht dahin, hier auch Zuweisungen auf Dauer zuzulassen.[335] Sie kann immerhin ein Argument daraus herleiten, dass nur § 20 Abs. 1 BeamtStG und § 29 Abs. 1 Satz 1 BBG den „vorübergehenden" Charakter der Maßnahme zum Ausdruck bringen, während die im vorliegenden Rahmen jeweils einschlägigen zweiten Absätze der Vorschriften hierzu schweigen. Auch die Praxis scheint sich diese Auslegung zu Eigen gemacht zu haben; sie nimmt damit den Regelungstypus der „abordnungsähnlichen Beurlaubung" in Umwandlungsfällen insofern offenbar nicht mehr als Vorbild.

3. Amtsangemessenheit der Tätigkeit

78 Der Beamte darf in allen Fällen der Zuweisung bei der aufnehmenden Einrichtung im Allgemeinen nur zu Tätigkeiten herangezogen werden, die seinen amtsgemäßen Funktionen im Verwaltungsdienst gleichwertig sind; unter Umständen können sie, gemessen hieran, gar höherwertig sein.[336] Nur wenn ein vorübergehender unterwertiger Einsatz nach Lage der Dinge unabweisbar erscheint, kann er – wie bei der Abordnung –[337] in

[332] Siehe BT-Drs.13/5037.

[333] Zum notwendigen zeitlichen Zusammenhang zwischen der Privatisierung und der Zuweisung vgl. Kröll PersR 1998, 62 (63) und Schönrock ZBR 2002, 306.

[334] Vgl. Kathke aaO (Fn. 13) Rn. 48 zu § 20 BeamtStG mwN.

[335] Vgl. Kathke aaO (Fn. 13) Rn. 50 zu § 20 BeamtStG, Steuck ZBR 1999, 150 (152), Ziekow DÖD 1999, 7 (24 f.) und Burkholz in HBR IV § 20 BeamtStG Rn. 50. Battis BBG § 29 Rn. 7 spricht davon, dass der Beamte „nicht nur vorübergehend, sondern typischerweise für eine lange Übergangszeit, möglicherweise für die Dauer seiner weiteren beruflichen Tätigkeit" außerhalb des öffentlichen Dienstes eingesetzt werden könne, um dort eine „seinem bisherigen Amt vergleichbare (nicht wirklich) ‚entsprechende' Tätigkeit" zu verrichten. Nicht unproblematisch ist es, wenn Kathke aaO Rn. 51 zu § 20 BeamtStG dafür eintritt, dass die Zuweisung (offenbar von Amts wegen) aufgehoben werden müsse, wenn sich der Charakter der aufnehmenden Einrichtung dahin ändere, „dass sie die Voraussetzungen des § 20 Abs. 2 BeamtStG nicht mehr erfüllt", es sei denn, der Beamte stimme „zum Änderungszeitpunkt" der Zuweisung zu (aA Ziekow PersV 2007, 344 (349)). Diese These unterstellt, dass (auch) bei der Zuweisung nach § 20 Abs. 2 BeamtStG – wie bei der nicht auf Dauer angelegten Abordnung, aber anders als bei der Versetzung – eine durchgängige Kontrollpflicht des abgebenden Dienstherrn bestehe (siehe dazu → Rn. 40, 57).

[336] Vgl. dazu BVerwG NVwZ-RR 2008, 268, NVwZ 2009, 187 und NVwZ-RR 2009, 893. Ferner BVerwG 21.1.2016 – 2 B 77.14 –, juris Rn. 10 f. und BVerwG 19.3.2015 – 2 C 31.13 –, juris Rn. 11 ff. Vgl. auch Bln/BbgOVG 17.4.2015 – 7 B 32.14 –, juris Rn. 15: keine „dem Amt entsprechende Tätigkeit" bei dauerhafter Zuweisung einer höherbewerteten Tätigkeit (Vivento), nachfolgend ebenso BVerwG 19.5.2016 – 2 C 14.15 –.

[337] Siehe dazu → Rn. 52.

Betracht gezogen werden.[338] Die Übernahme nicht-technischer Aufgaben bei der aufnehmenden Einrichtung kann Beamten aus einer Laufbahn des technischen Verwaltungsdienstes bei Beachtung des § 20 Abs. 3 BeamtStG bzw. des § 29 Abs. 3 BBG wenn überhaupt, so nur unter Rahmenbedingungen angesonnen werden, die denjenigen Gegebenheiten vergleichbar sind, wie sie ihrer Art nach der Rechtsprechung Anlass zur Konstruktion der sog statusberührenden Versetzung[339] gegeben haben.[340] Die Zuweisungsverfügung selbst muss den Kreis sämtlicher überhaupt infrage kommender Arbeitsposten – einvernehmlich mit der aufnehmenden Einrichtung – so präzise und konturenscharf (gegenstandsbezogen) fixieren und so bestimmt beschreiben, dass die Verwendungsbreite des Beamten infolgedessen zu einer „unabhängigen, planbaren Größe" wird; darüber hinaus sollte der konkrete Arbeitsposten, der dem Beamten *erstmalig* übertragen wird, schon aus der Verfügung ersichtlich sein.[341] Dabei ist indessen ein übertriebener Purismus unangebracht und insbesondere zu berücksichtigen, dass sich die („von außen" nur begrenzt beeinflussbaren) Konditionen eines – dem Wettbewerb ausgesetzten – privatwirtschaftlich verfassten, projekt- und gewinnorientierten Unternehmens und seiner Organisationseinheiten so fundamental von den charakteristischen behördlichen Aufgabenstellungen und Ämterstrukturen unterscheiden (können), dass diese jedenfalls nicht unbesehen und unreflektiert als maßstabbildend zugrunde gelegt werden dürfen. Der Umgang der Verwaltungsgerichte mit sog gebündelten Dienstposten[342] wie auch mit funktionsebenenbezogenen Vergleichsgruppenbildungen bei richtwertorientierten Beurteilungen[343] sollte, folgerichtig „weitergedacht", auch bei einem Vergleich von Aufgabenspektren einerseits und Besoldungsgruppen (vgl. § 8 Satz 2 PostPersRG) andererseits gewisse „Bandbreiten" als tolerabel erscheinen lassen, sofern die Grenzen einer Laufbahngruppe nicht überschritten werden.

4. Sonderregelungen

Sonderregelungen für Privatisierungen im Bundesbereich enthalten 79

- das Gesetz zur Übernahme der Beamten und Arbeitnehmer der Bundesanstalt für Flugsicherung vom 23. Juli 1992,[344]
- das Gesetz über die Gründung einer Deutsche Bahn Aktiengesellschaft (Art. 2 des Gesetzes zur Neuordnung des Eisenbahnwesens vom 27. Dezember 1993[345]) und
- das Gesetz zum Personalrecht der Beschäftigten der früheren Deutschen Bundespost (Art. 4 des Gesetzes zur Neuordnung des Postwesens und der Telekommunikation vom 14. September 1994[346]).

---

338 Siehe HmbOVG IÖD 2008, 206.

339 Siehe dazu → Rn. 1, 32.

340 Vgl. dazu NRW OVG ZTR 2009, 608; zust. Biletzki NVwZ 2009, 1275.

341 Siehe in diesem Zusammenhang auch NdsOVG ZBR 2009, 279 und DVBl 2010, 382.

342 Siehe dazu § 3 Fn. 224 und ferner → § 10 Rn. 28.

343 Siehe dazu → § 11 Rn. 50 ff.

344 BGBl. I S. 1370, 1376.

345 BGBl. I S. 2378. Die der Deutschen Bahn AG (ohne Wechsel des Dienstherrn Bund, vgl. BVerwGE 108, 274) zugewiesenen Beamten sind nicht deren Arbeitnehmer geworden, sodass auch tarifrechtliche Regelungen auf sie keine Anwendung finden (BVerwG NVwZ 2003, 1400). Zu einer zumindest nach zwei Jahren unzulässig gewordenen Zuweisung zu einer Beschäftigungsgesellschaft ohne amtsangemessene Tätigkeit siehe BayVGH RiA 2008, 187. Im Übrigen ist auf Böhm/Schneider ZBR 2004, 73, Schlegelmilch ZBR 2002, 79 und Wolff AöR 127 (2000), S. 72 hinzuweisen.

346 BGBl. I S. 2325. Zur Beleihung der Postnachfolgeunternehmen mit Dienstherrnfunktionen BVerwGE 103, 375 und BVerfG 2.5.2016 – 2 BvR 1137/14 –, ZBR 2016, 306. Zu den Anforderungen an Zuweisungen gemäß § 4 Abs. 4 PostPersRG siehe die Nachweise in Fn. 338, 340 und 341, ferner auch insoweit BVerwGE 103, 375 und HVGH ZBR 2009, 99. Aus der neueren obergerichtlichen Rechtsprechung vgl. NRW OVG 8.11.2011 – 1 B 829/11 –, BeckRS 2011, 55762 (Bestimmtheit der Zuweisungsverfügung; beachte dazu schon Fn. 341) und NRW OVG 16.2.2012 – 1 A 2217/10 –,

5. Rechtsschutz

80 Die Zuweisungsverfügung ist in den Fällen des § 20 Abs. 2 BeamtStG und des § 29 Abs. 2 BBG ein belastender Verwaltungsakt, gegen den sich der Beamte mit Widerspruch und verwaltungsgerichtlicher Anfechtungsklage (§ 42 Abs. 1 VwGO)[347] wehren kann,[348] indem er rügt, dass die tatbestandlichen Voraussetzungen der genannten Normen nicht erfüllt seien und/oder die Ermessensausübung,[349] insbesondere eine etwaige Auswahlentscheidung,[350] Fehler aufweise. Beide Rechtsbehelfe zeitigen hier – anders als bei Versetzung und Abordnung (siehe insoweit § 54 Abs. 4 BeamtStG und § 126 Abs. 4 BBG) – aufschiebende Wirkung (§ 80 Abs. 1 Satz 1 VwGO).[351] Wenn es der Verwaltung um einen raschen Vollzug geht, muss sie eine Vollziehungsanordnung (§ 80 Abs. 2 Satz 1 Nr. 4 VwGO) erlassen, die gemäß § 80 Abs. 3 VwGO gesonderter schriftlicher Begründung bedarf; der Beamte kann sodann im Verfahren des vorläufigen Rechtsschutzes die Wiederherstellung der aufschiebenden Wirkung seines Rechtsbehelfs beantragen (siehe § 80 Abs. 5 Satz 1 VwGO).

BeckRS 2012, 48182 (statusberührende Zuweisung; beachte dazu schon Fn. 340) sowie – jeweils zur Problematik der Amtsangemessenheit – BW VGH 28.2.2012 – 4 S 33/12 –, BeckRS 2012, 48743, BayVGH 1.2.2012 – 6 ZB 11.243 –, BeckRS 2012, 52744, HmbOVG 30.3.2012 – 1 S 51/12 –, BeckRS 2012, 50059, NdsOVG 22.12.2011 – 5 ME 359/11 –, BeckRS 2012, 47058 und Bln/BbgOVG 17.4.2015 – 7 B 24.14 –, juris.

[347] Zum Verwaltungsrechtsweg für zugewiesene Beamte BVerwGE 108, 274 und BAG NVwZ 1998, 1108.

[348] Siehe insoweit die entsprechenden Darlegungen zu Versetzung und Abordnung (→ Rn. 39 f., 57).

[349] Vgl. Schönrock ZBR 2002, 306 (380); zur Zeitdauer Kotulla ZBR 1995, 168 (169).

[350] Vgl. Burkholz in HBR IV § 20 BeamtStG Rn. 32.

[351] Siehe auch insoweit HmbOVG IÖD 2008, 206.

§ 5 Ruhestand

Mit der Umwandlung des aktiven Beamtenverhältnisses in ein Ruhestandsbeamtenverhältnis erlöschen zugleich die Verpflichtung des Beamten zur Dienstleistung und die damit zusammenhängenden Grundpflichten (siehe §§ 33 ff. BeamtStG, §§ 60 ff. BBG) mit Ausnahme der Verschwiegenheitspflicht (siehe § 37 Abs. 1 Satz 2 BeamtStG, § 67 Abs. 1 Satz 2 BBG), der Anzeigepflicht nach § 41 BeamtStG bzw. § 105 BBG und des Verbotes der Annahme von Belohnungen, Geschenken und sonstigen Vorteilen (siehe § 42 BeamtStG, § 71 BBG) sowie der Verfassungstreuepflicht (siehe § 47 Abs. 2 BeamtStG, § 77 Abs. 2 Nr.1 und 2 BBG). Infolge des Statuswechsels[1] tritt der Anspruch auf Versorgungsbezüge an die Stelle des Anspruchs auf Besoldung.[2,3] 1

Zu unterscheiden sind 2

- der Eintritt eines Beamten auf Lebenszeit[4,5] in den (dauernden[6]) Ruhestand kraft Gesetzes wegen Erreichens der Regelaltersgrenze oder einer besonderen Altersgrenze (§ 25 BeamtStG, § 51 BBG),
- die vorzeitige Versetzung eines Beamten auf Lebenszeit in den (dauernden) Ruhestand auf dessen Antrag ohne Nachweis der Dienstunfähigkeit (siehe § 52 BBG[7]),
- die Versetzung von Beamten auf Lebenszeit[8] in den einstweiligen Ruhestand bei sog politischen Beamten (§ 30 BeamtStG, § 54 BBG) und bei organisatorischen Veränderungen (§ 18 Abs. 2, § 31 BeamtStG, § 55 BBG) sowie
- die Zurruhesetzung eines Beamten auf Lebenszeit oder auf Probe wegen Dienstunfähigkeit (§§ 26 ff. BeamtStG, § 44 ff. BBG).

---

[1] Vgl. BVerfGE 57, 43 (61); siehe auch § 21 Nr. 4 BeamtStG und § 30 Nr. 4 BBG.

[2] Zur „Fortsetzung" der Besoldung des aktiven Beamten durch den Anspruch auf Versorgung des Ruhestandsbeamten (und seiner Hinterbliebenen) BVerfGE 114, 258.

[3] Beachte daneben insbesondere § 45 Satz 1 BeamtStG und § 78 Satz 1 BBG (Fürsorgepflicht des Dienstherrn „auch für die Zeit nach Beendigung des Beamtenverhältnisses"), § 80 Abs. 1 Satz 1 Nr. 2 BBG (Beihilfeberechtigung der Versorgungsempfänger), § 86 Abs. 3 BBG (Recht auf Weiterführung der Amtsbezeichnung mit dem Zusatz „a. D.") und § 110 Abs. 1 Satz 1 BBG (Recht auf Einsicht in die Personalakte „auch nach Beendigung des Beamtenverhältnisses"). Siehe ferner § 85 BBG sowie zB Art. 72 BayBG, § 92 Abs. 3 NRW LBG, § 59 Abs. 2 SH LBG und § 94 Abs. 1 SächsBG (Anspruch auf Erteilung eines Dienstzeugnisses „nach Beendigung des Beamtenverhältnisses").

[4] Zum Lebenszeitprinzip als hergebrachtem Grundsatz des Berufsbeamtentums iSd Art. 33 Abs. 5 GG siehe BVerfGE 44, 249 (262); 71, 255 (268).

[5] Beamte auf Zeit sind mit Ablauf der Amtszeit kraft Gesetzes entlassen (arg. § 57 Satz 3 BeamtStG, § 140 Satz 2 BBG), sofern das Landesrecht (Nachweise dazu bei Brockhaus in Schütz/Maiwald BR Rn. 48 ff., 56 ff. zu § 31 NRW LBG) nichts Abweichendes, etwa einen Eintritt in den Ruhestand (vgl. zB § 31 Abs. 3 NRW LBG), vorsieht (siehe § 6 BeamtStG). Für Bürgermeister, die als Wahlbeamte in einem Beamtenverhältnis auf Zeit stehen, gibt es zB in Nordrhein-Westfalen (vgl. § 118 Abs. 4 Satz 1 NRW LBG) keine Altersgrenze. Zur Verfassungsmäßigkeit einer besonderen Altersgrenze für kommunale Wahlbeamte siehe RP OVG NJW 2006, 3658, und zu Höchstaltersgrenze für deren Wählbarkeit BVerfG NVwZ 2013, 1540.

[6] Siehe aber auch § 27 BeamtStG und § 45 BBG.

[7] Zum Landesrecht siehe § 40 BW LBG, Art. 64 BayBG, § 39 Abs. 3 BlnLBG, § 46 BbgLBG, § 36 BrBG, § 36 HmbBG, § 35 HBG, § 36 MVBG, § 37 NBG, § 39 RP LBG, § 44 SBG, § 40 BG LSA, § 36 SH LBG und § 26 ThürBG.

[8] § 18 Abs. 2 BeamtVG gilt mit den Modifikationen in Satz 2 aaO auch für Beamte auf Zeit.

Der Eintritt in den Ruhestand kann um bis zu drei Jahre hinausgeschoben werden,[9]

- wenn der Beamte dies beantragt und wenn dies im dienstlichen Interesse liegt (§ 53 Abs. 1 BBG) bzw. wenn dienstliche Interessen nicht entgegenstehen,[10] oder
- wenn „im Einzelfall" die Dienstgeschäfte nur durch diesen Beamten fortgeführt werden können und der Beamte zustimmt (§ 53 Abs. 2 BBG).[11]

I. Eintritt in den Ruhestand mit Erreichen der Altersgrenze

3 § 25 BeamtStG beschränkt sich auf die Aussage, dass Beamte auf Lebenszeit nach Erreichen der Altersgrenze in den Ruhestand treten,[12] ohne selbst eine für die Länder verbindliche Altersgrenze festzusetzen.[13] Zu beachten ist daneben die Vorgabe des § 32 BeamtStG, dass „die Versetzung in den Ruhestand" die Erfüllung einer versorgungsrechtlichen Wartezeit voraussetze; eine entsprechende Festlegung der Dauer ist für das Landesversorgungsrecht nicht getroffen.[14] § 32 BeamtStG bezieht sich auf den gesamten Abschnitt 5 des Beamtenstatusgesetzes, also auch auf § 25 BeamtStG, der den *Eintritt* des Beamten in den Ruhestand kraft Gesetzes, dh ohne einen rechtsgestaltenden Verwaltungsakt, zum Gegenstand hat.[15] § 51 Abs. 1 Satz 1 BBG verdeutlicht – als Gegenstück zu § 25 BeamtStG – bereits mit der Bezugnahme auf die für den Beamten „jeweils geltende Altersgrenze", dass es eine „Regelaltersgrenze" und (eine) „besondere Altersgrenze(n)" gibt (vgl. § 51 Abs. 1 Satz 2 BBG). Der Eintritt in den Ruhestand kommt auch im Bund grundsätzlich nur in Betracht, wenn der Beamte eine versorgungsrechtliche Wartezeit erfüllt (§ 50 BBG).

1. Altersgrenzen

4 Die Bestimmung einer beamtenrechtlichen Altersgrenze verstößt nicht gegen Art. 33 Abs. 5 GG, der sie indessen auch nicht vor einer Änderung schützt.[16]

---

[9] Zum Hinausschieben der Altersgrenze bei Beamten auf Probe im Beamtenverhältnis nach § 24 BBG (vgl. § 3 Rn. 39 ff.) siehe § 53 Abs. 3 BBG.

[10] Nach § 53 Abs. 1a BBG „ist" dem Antrag unter bestimmten Voraussetzungen zu entsprechen, entgegenstehende dienstliche Belange sind in § 53 Abs. 1b BBG regelbeispielhaft normiert. Zum Landesrecht siehe § 39 BW LBG – und zum gebundenen Anspruch nach dem einschlägigen Übergangsrecht BW VGH 15.1.2013 – 4 S 1519/12 –, juris Rn. 4 –, Art. 63 Abs. 2 BayBG, § 38 Abs. 2 BlnLBG, § 35 Abs. 4 Satz 1 Nr. 2 BrBG, § 35 Abs. 4 Nr. 2 und – ab 1.1.2020 – Abs. 5 HmbBG, § 34 HBG, § 35 Abs. 3 Satz 1 Nr. 2 und Abs. 4 Satz 4 MVBG, § 36 Abs. 1 NBG (gebundener Anspruch), § 32 Abs. 1 Satz 1 NRW LBG, § 38 RP LBG, § 43 Abs. 3 SBG, § 39 Abs. 2 BG LSA, § 47 SächsBG, § 35 Abs. 4 Nr. 2 SH LBG und § 25 Abs. 7 ThürBG. Die Wortfolge „wenn dienstliche Interessen nicht entgegenstehen" verwenden Bremen, Niedersachsen, Schleswig-Holstein und Thüringen. In diesen Ländern ist es mithin nicht nötig, dass das Hinausschieben für den Dienst förderlich ist. Berlin bestimmt ausdrücklich, dass auch organisatorische, personelle und fiskalische Interessen zu den dienstlichen Interessen gehören (Satz 2 aaO). Siehe ferner die aktuelle Darstellung von Hebeler/Spitzlei DVBl 2016, 534 ff.

[11] Zum Landesrecht siehe Art. 63 Abs. 1 BayBG, § 45 Abs. 3 BbgLBG, § 35 Abs. 4 Satz 1 Nr. 1 BrBG, § 35 Abs. 4 Nr. 1 HmbBG, § 35 Abs. 3 Satz 1 Nr. 1 und Abs. 4 Satz 4 MVBG, § 36 Abs. 2 NBG, § 32 Abs. 2 Satz 1 NRW LBG, § 38 RP LBG, § 35 Abs. 4 Nr. 1 SH LBG und § 25 Abs. 6 ThürBG.

[12] Zum Gesetzgebungsverfahren siehe v. Roetteken in HBR IV Rn. 1–14 zu § 25 BeamtStG.

[13] Vgl. dazu Ziekow PersV 2007, 344 (355).

[14] Siehe dazu BT-Drs. 16/4027, 30 (Begründung B zu § 33).

[15] So zutr. Reich BeamtStG § 32 Rn. 2.

[16] Vgl. BVerfGE 71, 255 (270) und BVerwG NVwZ 2007, 1192. Siehe dazu auch – unter Einbeziehung der europarechtlichen Dimension – Summer in Weiß/Niedermaier/Summer/Zängl Bay-

a) Regelaltersgrenze

Im Bund wird die Altersgrenze in der Regel mit Vollendung des 67. Lebensjahres erreicht (§ 51 Abs. 1 Satz 2 BBG).[17] Für die Jahrgänge bis zum Geburtsjahr 1963 trifft § 51 Abs. 2 BBG freilich eine Übergangsregelung, die bewirkt, dass die Anhebung der Regelaltersgrenze von 65 auf 67 Jahre – nach Zwischenschritten, die 2012 mit dem Jahrgang 1947 eingesetzt haben – erst 2029 volle Wirkung entfaltet. 5

Zwei Länder haben bislang noch davon abgesehen, die Regelaltersgrenze auf das vollendete 67. Lebensjahr heraufzusetzen,[18] während die übrigen dem Vorbild des Bundes gefolgt sind.[19] Für (Schulleiter und) Lehrkräfte gilt – in den Ländern unterschiedlich[20] – als Altersgrenze das Ende des Schul- oder des Schulhalbjahres, in dem sie die jeweils maßgebliche allgemeine Regelaltersgrenze erreichen. 6

b) Besondere Altersgrenzen

Im Bund gelten gemäß § 51 Abs. 3 BBG besondere Altersgrenzen für Lebenszeitbeamte im Feuerwehrdienst der Bundeswehr und in Laufbahnen des feuerwehrtechnischen Dienstes, die 22 Jahre im Feuerwehrdienst beschäftigt waren (Satz 1 und 2). Hier liegt die Altersgrenze bei der Vollendung des 60. Lebensjahres; sie wird für die Geburtsjahrgänge ab 1952 schrittweise von 2012 an bis 2029 auf 62 Jahre angehoben (Satz 3 und 4 aaO). Polizeivollzugsbeamte in der Bundespolizei und im kriminalpolizeilichen Vollzugsdienst des Bundes[21] treten nach § 5 Abs. 1 BPolBG mit dem Ende des Monats in den Ruhestand, in dem sie das 60. Lebensjahr vollenden; die Anhebung der Altersgrenze bis auf 62 Jahre für die Geburtsjahrgänge ab 1952 entspricht dem soeben angeführten Muster des § 51 Abs. 3 Satz 4 BBG (siehe § 5 Abs. 2 BPolBG).[22,23] 7

Was die Polizeivollzugsbeamten der Länder angeht, so ist es in Hamburg und Sachsen-Anhalt[24] noch bei der Altersgrenze von 60 Jahren geblieben, ohne dass deren 8

BeamtR Rn. 10f. vor §§ 25 – 31 BeamtStG. Nach EuGH NJW 2007, 3339 bedeutet es keine Diskriminierung wegen des Alters, wenn eine nationale Regelung die Altersgrenze für den Eintritt in den Ruhestand auf 65 Jahre festsetzt, sofern „die … sozialversicherungsrechtlichen Voraussetzungen für den Bezug einer beitragsbezogenen Altersrente erfüllt (sind)“, sowie weiterhin vorausgesetzt, diese Maßnahme ist „objektiv und angemessen … und durch ein legitimes (im Allgemeininteresse liegendes) Ziel … gerechtfertigt …und die Mittel zur Erreichung dieses … Zieles erscheinen nicht als dafür unangemessen und nicht erforderlich“. Ebenso im Blick auf § 7 AGG sowie auf Art. 2 der Richtlinie 2000/78/EG des Rates vom 27.11.2000 BVerwG NVwZ 2012, 1052.

[17] Die Heraufsetzung des Pensionsalters von 65 auf 67 Jahre verletzt keine Grundrechte oder grundrechtsgleiche Rechte (BVerfG NVwZ 2008, 1233).

[18] Siehe § 38 Abs. 1 BlnLBG und § 39 Abs. 1 Satz 1 BG LSA.

[19] Siehe § 36 Abs. 1 BW LBG, Art. 62 Satz 1 BayBG, § 45 Abs. 1 Satz 1 BbgLBG, § 35 Abs. 1 Satz 1 BrBG, § 35 Abs. 1 Satz 1 HmbBG, § 33 Abs. 1 HBG, § 35 Abs. 1 MVBG, § 35 Abs. 2 NBG, § 31 Abs. 1 Satz 2 NRW LBG, § 37 Abs. 1 Satz 1 RP LBG, § 43 Abs. 1 Satz 2 SBG, § 46 Abs. 1 SächsBG, § 35 Abs. 1 Satz 1 SH LBG und § 25 Abs. 2 Satz 1 ThürBG. Die Übergangsregelungen korrespondieren jeweils derjenigen des Bundes.

[20] Die entsprechenden gesetzlichen Regelungen finden sich jeweils im unmittelbaren textlichen Zusammenhang mit den in Fn. 18 und 19 angeführten Bestimmungen.

[21] Siehe dazu die Eingrenzung in § 1 Abs. 1 Satz 2 BPolBG.

[22] Siehe auch § 2 Abs. 1 des Gesetzes zur Übernahme der Beamten und Angestellten der Bundesanstalt für Flugsicherung vom 23.7.1992, BGBl. 1992 I 1370, 1376: „Für die Beamten des gehobenen Flugverkehrskontrolldienstes und für die Beamten in Aufsichtsfunktionen des Flugverkehrskontrolldienstes bildet das vollendete 55. Lebensjahr die Altersgrenze.“

[23] Beamte auf Lebenszeit des Auswärtigen Dienstes treten mit Ablauf des 30. Juni des Kalenderjahres in den Ruhestand, in dem sie die Regelaltersgrenze des § 51 Abs. 1 und 2 BBG erreichen (§ 5 Abs. 2 GAD).

[24] Siehe § 108 HbgBG und § 106 BG LSA.

schrittweise Anhebung auf 62 Jahre von Gesetzes wegen anvisiert worden wäre.[25] Regelungen, die – wie im Bund – als normativ festgeschriebenes, meist zeitlich gestuft zu erreichendes Ziel grundsätzlich eine Altersgrenze von 62 Jahren festlegen, finden sich hingegen in § 36 Abs. 3 BW LBG, Art. 129 Satz 1 BayBG, § 110 Abs. 1 Nr. 1 BbgBG[26], § 108 Abs. 1 BrBG, § 112 Abs. 1 HBG, § 108 MVBG[27], § 109 Abs. 1 NBG, § 114 Abs. 1 NRW LBG, § 128 Abs. 1 SBG, § 139 Abs. 1 SächsBG[28], § 108 Abs. 1 SH LBG und § 106 Abs. 1 Nr. 1 ThürBG. Thüringen (Abs. 1 Nr. 2 aaO) macht allerdings insofern einen Unterschied, als dort für den höheren Polizeivollzugsdienst eine Altersgrenze von 64 Jahren vorgesehen ist. § 104 Abs. 1 BlnLBG statuiert für Polizeivollzugskräfte des mittleren Dienstes das vollendete 61., für diejenigen des gehobenen Dienstes das vollendete 62. Lebensjahr als Altersgrenze (Satz 1), es sei denn, Letztere haben die Laufbahnbefähigung im Aufstieg erworben; dann gilt auch für sie eine Altersgrenze von 61 Jahren, während für Aufstiegsbeamte des höheren Dienstes eine solche von 63 Jahren besteht (Satz 2). § 111 Abs. 1 RP LBG staffelt die Altersgrenze nach Mindestzeiten in Funktionen des Wechselschichtdienstes, im Mobilen Einsatzkommando, im Spezialeinsatzkommando oder in der Polizeihubschrauberstaffel. Ähnlich verfahren im Ergebnis § 109 Abs. 2 NBG, § 110 Abs. 5 BbgBG (auch: Personenschutz sowie Observationstrupps des Verfassungsschutzes), – für den Wechselschichtdienst – § 114 Abs. 2 Satz 1 NRW LBG und § 139 Abs. 5 SächsBG (für mindestens 20 Jahre Dienst im Spezialeinsatzkommando, in einem Mobilen Einsatzkommando, als Polizeitaucher oder als fliegerisches Personal).

9 Beamte des allgemeinen Vollzugsdienstes und des Werkdienstes (in Brandenburg auch des Krankenpflegedienstes) bei den Justizvollzugseinrichtungen[29] sowie des Einsatzdienstes der Feuerwehr bzw. des feuerwehrtechnischen Dienstes sind den Polizeivollzugsbeamten in den Ländern im vorliegenden Zusammenhang weitgehend gleichgestellt.[30]

2. Erreichen der maßgeblichen Altersgrenze

10 Die Altersgrenze ist mit der Vollendung des gesetzlich festgelegten Lebensjahres, dh mit Ablauf des Tages erreicht, der dem Geburtstag vorausgeht – bei einem am ersten Tag eines Kalendermonats geborenen Beamten also mit dem Ablauf des letzten Tages des Vormonats.[31]

[25] Zur Verfassungsmäßigkeit der Anhebung der gesetzlichen Altersgrenze bei Polizeivollzugsbeamten BVerwG NVwZ 2007, 1192 und BVerfG, NVwZ 2008, 1233.

[26] Für den mittleren Dienst. Hingegen gilt für den gehobenen Dienst das vollendete 64. Lebensjahr (Nr. 2) und für den höheren Dienst das vollendete 65. Lebensjahr (Nr. 3).

[27] Für Polizeivollzugsbeamte oberhalb des 2. Einstiegsamtes der Laufbahngruppe 2: Vollendung des 64. Lebensjahres.

[28] Bis einschließlich A 13; bei A 14: Vollendung des 64. Lebensjahres (§ 139 Abs. 3 SächsBG).

[29] Was die Beamten bei den Justizvollzugsanstalten anbelangt, so ist der begünstigte Personenkreis unterschiedlich zugeschnitten. Der obige Text gibt in etwa das Grundmuster ab.

[30] Siehe zB § 36 Abs. 3 bzw. – für den Einsatzdienst der Feuerwehr – Abs. 3a BW LBG (Vollendung des 62. bzw. 60. Lebensjahres), § 116 Abs. 3 und § 117 Abs. 1 NRW LBG. Vgl. dazu im Einzelnen die Hinweise auf die korrespondierenden Vorschriften bei Brockhaus aaO (Fn. 5) in den Kommentierungen zu § 117 Abs. 3 und zu § 118 Abs. 1 NRW LBG (aF).

[31] Vgl. BVerwGE 30, 167.

3. Hinausschieben des Ruhestandes auf Antrag des Beamten[32]

§ 53 Abs. 1 BBG eröffnet die Möglichkeit, durch begünstigenden Verwaltungsakt den Eintritt des Beamten in den Ruhestand bis zu drei Jahre über die Regel- bzw. eine besondere Altersgrenze hinauszuschieben[33], falls 11

- der Beamte dies spätestens sechs Monate zuvor beantragt und
- dies im dienstlichen Interesse liegt.

Nach § 53 Abs. 1a BBG ist dem Antrag unter bestimmten Voraussetzungen – Nichterreichen der Höchstgrenze des Ruhegehalts infolge familienbedingter Teilzeitbeschäftigung oder Beurlaubung, Tätigkeit mit mindestens der Hälfte der regelmäßigen Arbeitszeit und kein Entgegenstehen dienstlicher Belange (s. dazu § 53 Abs. 1b BBG) – zu entsprechen.

Die landesrechtlichen Parallelvorschriften[34] weichen hiervon teils insofern ab, als sie insbesondere ein Hinausschieben nur für eine geringere Zeitspanne zulassen,[35] dem Antrag die Zustimmung[36] des Beamten gleichstellen oder es ausreichen lassen, dass dienstliche Interessen (Gründe) oder gar lediglich „zwingende" dienstliche Interessen[37] „nicht entgegenstehen";[38] teils wird das dienstliche Interesse auf die „Fortführung der Dienstgeschäfte" zugespitzt.[39]

a) Antrag des Beamten

Zwar ist für den – empfangsbedürftigen, bedingungsfeindlichen und fristgebundenen – Antrag keine bestimmte Form vorgeschrieben; zumindest empfehlenswert ist es jedoch, dass er schriftlich oder zur Niederschrift des Dienstvorgesetzten gestellt wird.[40] Der Beamte kann ihn bis zur Entscheidung über sein Begehren zurücknehmen. Die Frist setzt den Dienstherrn unter anderem in den Stand, auch mit Rücksicht auf seine Fürsorgepflicht[41] ggf. medizinisch abklären zu lassen, ob der Beamte einer weiteren Dienstleistung gesundheitlich gewachsen ist.[42] 12

b) Dienstliches Interesse bzw. dienstliche Interessen (Belange)

Der Begriff des „dienstlichen Interesses" – in seiner Verwendung als *positives,* anspruchsbegründendes Tatbestandsmerkmal – ist in etwa so zu interpretieren wie der unter § 4 Rn. 15 f. erläuterte Begriff „aus dienstlichen Gründen". Er ist, soweit das Landesrecht nicht anderes bestimmt,[43] nicht nur auf das Anliegen einer „Fortführung der Dienstgeschäfte" konzentriert, sondern umfasst auch organisatorische, personelle und fiskali- 13

[32] Das Beamtenstatusgesetz enthält sich einer Aussage zum Hinausschieben der Altersgrenze; siehe dazu BT-Drs.16/4027, 28 (Begründung B zu § 26).

[33] Ggf. mit der Folge eines nicht ruhegehaltsfähigen Zuschlages von 10 bzw. in der Summe 15 Prozent des Grundgehalts ab dem Zeitpunkt des Erreichens der gesetzlichen Altersgrenze (§§ 7a Abs. 1, 7b Abs. 1 BBesG).

[34] Siehe Fn. 10 und ferner Hebeler/Spitzlei DVBl 2016, 534 (536).

[35] Siehe etwa Art. 63 Abs. 2 BayBG, § 39 BW LBG, § 34 Abs. 1 HBG, § 43 Abs. 3 SBG, § 47 SächsBG sowie § 25 Abs. 7 ThürBG.

[36] Siehe § 45 Abs. 3 BbgLBG und § 38 Abs. 1 RP LBG.

[37] Siehe § 35 Abs. 5 Nr. 3 HmbBG (in der ab dem 1.1.2020 geltenden Fassung).

[38] Siehe auch dazu schon Fn. 10.

[39] Siehe Art. 63 Abs. 2 BayBG und § 45 Abs. 3 BbgLBG.

[40] § 3a VwVfG.

[41] Siehe dazu → § 10 Rn. 30 ff.

[42] Siehe auch BT-Drs. 16/7076, 216.

[43] Siehe Fn. 39.

sche Beweggründe (im Übrigen), wie sie – insofern nur klarstellend – § 38 Abs. 2 Satz 2 BlnLBG ausdrücklich anführt.[44] Der Beweggrund einer Fortführung der Dienstgeschäfte deckt nicht nur einen weiteren Einsatz des betreffenden Beamten auf dem bislang innegehaltenen Dienstposten ab, sondern lässt zB auch eine Umorganisation zu dergestalt, dass nunmehr ein anderer Beamter den betreffenden Dienstposten erhält und dass der Beamte, dessen Eintritt in den Ruhestand hinausgeschoben wird, im Zuge einer Optimierungsstrategie an dessen Stelle tritt. Das generelle Interesse an der weiteren Tätigkeit eines eingearbeiteten Beamten und daran, den (typischerweise mit dem Eintritt in den Ruhestand einhergehenden) Verlust von Erfahrungswissen aufzuschieben, begründet für sich genommen kein (besonderes) „dienstliches Interesse“.[45]

14 Entgegenstehende „dienstliche Interessen (Belange)“ – als *negatives,* anspruchshinderndes Tatbestandsmerkmal verstanden – sind dadurch charakterisiert, dass der Dienstbetrieb bei einem Hinausschieben des Eintritts in den Ruhestand, wie es der Beamte beantragt, voraussichtlich gestört oder erschwert würde.[46] Insofern können beispielsweise und insbesondere die in § 53 Abs. 1b Nr. 1 bis 6 BBG genannten Gesichtspunkte zum Tragen kommen:

- der Wegfall der bisher von dem Beamten wahrgenommenen Aufgaben (Nr. 1) oder ein diesbezüglich festes Rotationsprinzip (Nr. 4),
- andere gegen eine Weiterbeschäftigung sprechende personalwirtschaftliche Gründe (Nr. 5) wie etwa Vorhaben des Dienstherrn zur planbaren Personalgewinnung,
- das Bestreben, die Stelle des Beamten oder Stellen in seinem Beschäftigungsbereich einzusparen (vgl. Nr. 2 und 3) oder
- die Prognose, dass der Beamte den Anforderungen des Dienstes (gesundheitlich oder auch mit Rücksicht auf seine bisherigen Leistungen) über den Zeitpunkt des normalen Eintritts in den Ruhestand hinaus nicht mehr (einschränkungslos) gewachsen ist (vgl. Nr. 6).[47]

Auch greifbare arbeitsmarktpolitische Erwägungen wird man hier[48] als „dienstliche Interessen (Belange)“ akzeptieren können, nicht hingegen die Zielvorstellung einer Verjüngung des Beamtenkreises insgesamt oder bei der Beschäftigungsbehörde des Antragstellers.[49] Allgemein ist zu sagen, dass solche Auswirkungen der infrage stehenden Maßnahme, die regelmäßig und generell mit ihr verbunden sind, wie etwa die Verschiebung von Beförderungsmöglichkeiten oder eine zunächst noch fortbestehende, an sich un-

---

[44] Siehe bereits Fn. 10; ferner MV OVG NVwZ-RR 2009, 23 (zur Verlängerung der Dienstzeit eines Hochschulprofessors).

[45] Vgl. NRW OVG 18.4.2013 – 1 B 202/13 –, juris Rn. 12, 15.

[46] Siehe auch die Steigerung der Anforderungen in § 35 Abs. 5 Nr. 3 HmbBG („zwingende dienstliche Interessen“).

[47] Vgl NRW OVG 29.5.2013 – 6 B 201/13 –, juris Rn. 13 ff., BW VGH 29.10.2013 – 4 S 1780/13 – juris Rn. 5 (Polizeidienstunfähigkeit), LSA OVG 23.12.2014 – 1 M 149/14 –, juris Rn. 7, ferner Hebeler/Spitzlei DVBl 2016, 534 (539 f.) mwN. Vgl. aber auch VG Freiburg 10.7.2012 – 5 K 751/12 –, BeckRS 2012, 53708: Der Gesetzgeber gehe davon aus, „dass der Beamte (der das Hinausschieben des Ruhestandes wünsche) ungeachtet seines Lebensalters seinen dienstlichen Aufgaben weiterhin gerecht werden kann“; eine „Abstufung nach Eignung und Leistung“ habe er „insoweit nicht vorgesehen“. Dieser als Leitlinie akzeptable Ansatz sollte einer Prüfung der gesundheitlichen Perspektive, wo sich insofern handfeste Zweifel ergeben, indessen nicht im Wege stehen – insbesondere, wenn die in Betracht kommenden Dienstaufgaben längere krankheitsbedingte Unterbrechungen nicht zulassen. Als „entgegenstehenden dienstlichen Grund“ wird man auch die nachvollziehbare Einschätzung des Dienstherrn gelten lassen, „die Leistungen des Beamten (seien) so unzulänglich … , dass im Fall des Hinausschiebens seines Ruhestandseintritts die sachgemäße und reibungslose Aufgabenerfüllung der Behörde beeinträchtigt wäre“ (NRW OVG 31.7.2012 – 6 B 872/12 –, BeckRS 2012, 55528).

[48] Siehe aber → § 8 Rn. 13.

[49] Siehe jedoch auch Fn. 63.

erwünschte Altersstruktur gewöhnlich keine beachtlichen „entgegenstehenden Interessen“ sind.[50]

Bei einer Gemengelage von „dienstlichen Interessen“, teils förderlichen, teils (nachhaltig) abträglichen Gepräges, wird der Dienstherr einzuschätzen und im Rahmen seiner Ermessensausübung zu entscheiden haben, welchen sachlichen Aspekten er im Ergebnis den Vorrang einräumen will.[51] 15

Das Hinausschieben der Altersgrenze, abgesehen von § 53 Abs. 1a BBG[52] eine Ermessensentscheidung[53], ist ungeachtet des darauf zielenden Antrags des Beamten gemäß § 76 Abs. 1 Nr. 9 BPersVG mitbestimmungspflichtig. Wegen einer Zustimmungsverweigerung siehe § 77 Abs. 2 Nr. 1–3 BPersVG. 16

4. Hinausschieben des Ruhestandes auf Initiative des Dienstherrn[54]

§ 53 Abs. 2 BBG zufolge kann der Eintritt in den Ruhestand im Einzelfall in den Ruhestand mit Zustimmung des Beamten bis zu drei Jahre über die Regel- bzw. eine besondere Altersgrenze hinausgeschoben werden, wenn die Dienstgeschäfte nur durch diesen Beamten fortgeführt werden können und dessen Arbeitszeit mindestens die Hälfte der regelmäßigen Arbeitszeit beträgt.[55] Die vergleichbaren Länderregelungen stimmen insofern mindestens der Tendenz nach mit der Bundesregelung überein, als auch sie die personenbezogene Verknüpfung des Kontinuitätsinteresses mit dem Einsatz gerade des *konkreten* Beamten verdeutlichen oder von der Sache her zumindest intendieren; hinsichtlich der jeweiligen Verlängerungszeiträume differieren sie jedoch zum Teil. Auf die Nachweise in Fn. 11 kann Bezug genommen werden. Ein Hinausschieben der Altersgrenze für bestimmte Beamten*gruppen* kommt weder im Bund noch in den Ländern in Betracht. 17

Da es sich bei der angesprochenen Maßnahme um einen belastenden Verwaltungsakt handelt, muss der Beamte grundsätzlich zuvor angehört werden (§ 28 Abs. 1 VwVfG). Hinsichtlich der Mitbestimmung des Personalrats siehe Rn. 16. 18

5. Beginn des Ruhestandes

Der Ruhestand beginnt ohne weiteres mit dem Ablauf des Tages, an dem der Beamte die für ihn maßgebliche Altersgrenze erreicht. Eine darüber ausgestellte Urkunde hat nur deklaratorische Bedeutung.[56] Soweit der Eintritt in den Ruhestand durch begünstigenden 19

---

[50] Siehe BVerwG NVwZ-RR 2009, 29 (zur Reaktivierung eines Ruhestandsbeamten), NRW OVG 6.6.2012 – 6 B 522/12 –, BeckRS 2012, 52070 (= DÖV 2012, 735 – LS –), NdsOVG 29.10.2013 – 5 ME 220/13 –, juris Rn. 11 ff. und HmbOVG 5.6.2012 – 1 Bs 98/12 –, BeckRS 2012, 53522: „Das Interesse an einer ausgeglichenen Altersstruktur und ausreichenden Beförderungsmöglichkeiten (habe) nur (dann) das … erforderliche erhebliche Gewicht, wenn zB einer besonders ungünstigen Altersstruktur und einer besonders angespannten Beförderungssituation entgegengewirkt werden soll“.

[51] Vgl. auch insofern HmbOVG aaO (Fn. 50). Zum Rechtsschutz siehe insoweit → Rn. 23.

[52] Siehe auch § 38 Abs. 2, 3 RP LBG und § 35 Abs. 5 HmbBG (in der ab dem 1.1.2020 geltenden Fassung).

[53] Zum Unterlassen einer Ermessensentscheidung mit Rücksicht auf ein entgegenstehendes Votum des Personalrates siehe → Rn. 24.

[54] Siehe Fn. 32.

[55] Zum Hinausschieben der Altersgrenze bei beamteten Fluglotsen siehe § 4a Abs. 1 des in Fn. 22 näher bezeichneten Gesetzes.

[56] Siehe zB § 1 Abs. 2 Nr. 2 der Durchführungsbestimmungen zur Anordnung des Bundespräsidenten über die Ernennung und Entlassung der Bundesbeamten und Richter im Bundesdienst vom 3.6.2005, GMBl. S. 842.

oder belastenden Verwaltungsakt hinausgeschoben wird, ist es angezeigt, den Endzeitpunkt – zweckmäßigerweise ein Monats-, (Schul-)Jahres- oder (Schul-)Halbjahresende – darin unmissverständlich anzugeben.

6. Prozessuale Fragen

a) Verwaltungsrechtsweg und Vorverfahren

20 Streitigkeiten, die den Eintritt des Beamten in den Ruhestand betreffen, sind vor den Verwaltungsgerichten auszutragen (§ 54 Abs. 1 BeamtStG bzw. § 126 Abs. 1 BBG). Zur Notwendigkeit bzw. zur Entbehrlichkeit eines Widerspruchsverfahrens siehe § 54 Abs. 2 und 3 BeamtStG bzw. § 126 Abs. 2 und 3 BBG.

b) Klagearten

21 Kommt es zu Kontroversen darüber, ob oder wann ein Beamter bzw. ein Ruhestandsbeamter in den Ruhestand getreten ist, so kann der Betreffende bei entsprechendem berechtigten Interesse gemäß § 43 Abs. 1 VwGO auf Feststellung klagen, sei es dahin, dass sein aktives Beamtenverhältnis fortdauere, sei es dahin, dass er – zu einem bestimmten Zeitpunkt – in den Ruhestand getreten sei. Auslöser können jeweils zB die zwischen dem Dienstherrn und dem Beamten bzw. dem Ruhestandsbeamten umstrittenen Fragen sein, ob für den Kläger eine besondere Altersgrenze zutrifft oder ob die Regel- oder eine besondere Altersgrenze – bis zu einem bestimmten Zeitpunkt – rechtswirksam hinausgeschoben ist.[57]

22 Erstrebt der Beamte ein Hinausschieben seines Eintritts in den Ruhestand, so kann er, falls der Dienstherr dem nicht oder nur eingeschränkt entspricht, auf dessen Verpflichtung zur (Neu-)Bescheidung seines Antrags – wenn er die Voraussetzungen für eine Ermessensreduzierung auf Null[58] für gegeben hält: auch auf Verpflichtung zum Hinausschieben bis zu einem bestimmten Zeitpunkt – klagen (siehe § 42 Abs. 1, § 113 Abs. 5 Satz 2 VwGO).[59] Da das Hinausschieben nur noch auf Antrag bzw. mit Zustimmung des Beamten möglich ist, besteht für eine Anfechtungsklage (§ 42 Abs. 1 VwGO) gegen den zugrunde liegenden Verwaltungsakt praktisch kein Raum mehr.

c) Vorläufiger Rechtschutz

23 Der Eintritt in den Ruhestand kann nur hinausgeschoben werden, solange er noch nicht erfolgt ist.[60] Effektiven gerichtlichen Rechtsschutz kann ein Beamter, der das Hinausschieben erstrebt, daher regelmäßig nur mit einem Antrag auf Erlass einer entsprechenden Regelungsanordnung (§ 123 Abs. 1 Satz 2 VwGO).

24 Mit der Regelungsanordnung, durch die der Dienstherr verpflichtet werden soll, den Eintritt in den Ruhestand hinauszuschieben, kann der Beamte nur durchdringen, wenn die Voraussetzungen für eine Vorwegnahme der Entscheidung in der Hauptsache erfüllt sind. Eine solche Ausnahmekonstellation ist – in Würdigung des Art. 19 Abs. 4 Satz 1 GG – nur dann gegeben,

---

[57] Vgl. Brockhaus aaO (Fn. 5) Rn. 4 zu § 25 BeamtStG.

[58] Siehe dazu § 3 Fn. 61.

[59] Vgl. auch NRW OVG 6.6.2012 – 6 B 522/12 –, BeckRS 2012, 52070 (= DÖV 2012, 735 – LS –) unter Hinweis (ua) auf Poguntke DÖV 2011, 561 (562): Durch § 32 Abs. 1 Satz 1 NRW LBG (siehe dazu Fn. 10 sowie Rn. 12, 14) werde dem Beamten ein subjektives Recht (jedenfalls) auf ermessensfehlerfreie Entscheidung über seinen Antrag auf Hinausschieben des Eintritts in den Ruhestand eingeräumt. Siehe auch NRW OVG 29.1.2014 – 6 B 1324/13 –, juris Rn. 9.

[60] BVerwG 21.12.2011 – 2 B 94.11 –, juris Rn. 14; SOVG 3.12.2013 – 1 B 452/13 –, juris Rn. 16.

- wenn die begehrte Regelung schlechterdings notwendig ist, weil die Entscheidung in der Hauptsache nicht mehr rechtzeitig erwirkt werden kann, und
- wenn ein hoher Grad an Wahrscheinlichkeit für einen Erfolg auch im Hauptsacheverfahren spricht.[61]

Das Vorliegen dieser Voraussetzungen hat zB das Verwaltungsgericht Ansbach[62] in einem Fall bejaht,

- in dem mit einer verwaltungsgerichtlichen Hauptsachenentscheidung bis zum regulären Eintritt des antragstellenden Polizeivollzugsbeamten in den Ruhestand nicht mehr zu rechnen war und
- in dem die zuständige Behörde zwar das Interesse an der Fortführung der von dem Beamten wahrgenommenen Dienstaufgaben „klar und eindeutig“ bejaht, ein Hinausschieben des Ruhestandseintritts aber gleichwohl „pauschal“ mit dem Hinweis abgelehnt hatte, dass der Personalrat seine Zustimmung verweigert habe und dass sie (die Behörde) „die Argumente des Personalrats nicht widerlegen könne“.

Das Oberverwaltungsgericht für das Land Nordrhein-Westfalen[63] hat hingegen den Erlass einer Regelungsanordnung bei einem Polizeivollzugsbeamten abgelehnt, der ein Statusamt der BesGr. A 13 innehatte, dessen Dienstposten jedoch nach BesGr. A 12 bewertet war, und zur Begründung ausgeführt, dass sich der Antragsgegner nachvollziehbar auf den Standpunkt gestellt habe, das beantragte Hinausschieben des Ruhestandseintritts widerspräche (als entgegenstehender „dienstlicher Grund“) der Funktionszuordnung für den gehobenen Dienst der (nordrhein-westfälischen) Polizei (und damit dem darauf zielenden Personalkonzept), „auf deren (dessen) kontinuierliche Umsetzung hinzuwirken er ... gehalten (sei)“.[64]

d) Kontrolldichte der verwaltungsgerichtlichen Prüfung

Die Begriffe des „dienstlichen Interesses“ bzw. der „dienstlichen Belange“ und des „Erforderns“ (siehe Rn. 13, 14 und 17) sind unbestimmte Rechtsbegriffe ohne Beurteilungsermächtigung zugunsten des Dienstherrn. Was die gleichwohl nur eingeschränkte verwaltungsgerichtliche Kontrolle betrifft, kann auf die Ausführungen unter § 4 Rn. 43 verwiesen werden.[65] Die Prüfung der Ermessensausübung durch das Gericht ist nach näherer Maßgabe des § 114 Satz 1 VwGO reduziert. 25

[61] Vgl. BVerfGE 79, 69 und BVerwGE 109, 258; siehe auch Kopp/Schenke VwGO § 123 Rn. 14 mwN

[62] 10.2012 – AN 1 E 12.01475 –, BeckRS 2012, 58054.

[63] 13.8.2012 – 6 B 898/12 –, BeckRS 2012, 55733 (ua mit Bezugnahme auf § 18 BBesG).

[64] Als Beispiele für stattgebende Entscheidung siehe dagegen NRW OVG 22.4.2013 – 6 B 277/13 –, juris (auf der Grundlage von § 32 Abs. 1 Satz 1 LBG NRW in der vor dem 1.6.2013 geltenden Fassung), NRW OVG 29.1.2014 – 6 B 1324/13 –, juris (Universitätsprofessor), NRW OVG 28.3.2014 – 6 B 215/14 –, juris (Kriminalhauptkommissar).

[65] Vgl. auch den in Fn. 63 zitierten Beschl. sowie bereits NRW OVG 6.6.2012 – 6 B 522/12 –, BeckRS 2012, 52070 (= DÖV 2012, 735 – LS –) mit Bezugnahme auf NRW OVG DÖD 2011, 216 und NdsOVG DÖD 2011, 162: Es sei „in erster Linie Sache des Dienstherrn“, in Ausübung seiner Personal- und Organisationsgewalt zur Umsetzung gesetzlicher und politischer Ziele die Aufgaben der Verwaltung festzulegen, ihre Prioritäten zu bestimmen, sie auf die einzelnen Organisationseinheiten zu verteilen und ihre Erfüllung durch bestmöglichen Einsatz von Personal und der zur Verfügung stehenden Sachmittel sicherzustellen. Bei personalwirtschaftlichen Entscheidungen komme dem Dienstherrn eine entsprechende Einschätzungsprärogative und Gestaltungsfreiheit zu, sodass die gerichtliche Kontrolle dieser Entscheidungen auf die Prüfung beschränkt sei, „ ob die Grenzen des Organisationsermessens überschritten sind oder von diesem in unsachlicher Weise Gebrauch gemacht worden ist“. Hiervon ausgehend äußert der Senat: Bei einem ungünstigen Altersschnitt (wie er im Ausgangsfall gegeben sei) sei „das (vom Dienstherrn geltend gemachte) Bedürfnis für einen alsbald einzuleitenden Wissens- und Erfahrungstransfer an jüngere Beamte nachvollziehbar“; das

e) Beweislast

26 Ein non liquet gereicht dem Beamten zB zum Nachteil, wenn es die tatbestandlichen Voraussetzungen betrifft, von denen eine besondere Altersgrenze bzw. eine ihr gleichstehende Verringerung der Altersgrenze abhängt; dies können bei einem Polizeibeamten etwa die – umstrittenen – Zeiträume einer Verrichtung von Wechselschichtdienst sein (siehe zB § 114 Abs. 2 Satz 1 und 3 NRW LBG). Den Dienstherrn trifft jeweils die Beweislast für solche Umstände, die der dienstlichen Sphäre zuzurechnen sind; dazu zählen nicht zuletzt die für ihn maßgeblichen Faktoren organisations- und personalwirtschaftlicher Art.[66]

II. Vorzeitige antragsgemäße Versetzung in den Ruhestand ohne Nachweis der Dienstunfähigkeit

27 Bundesbeamte auf Lebenszeit können auf ihren Antrag in den Ruhestand versetzt werden, wenn sie das 63. Lebensjahr vollendet haben (§ 52 Abs. 3 BBG). Sind sie schwerbehindert, so gilt für sie eine Altersgrenze von 62 Jahren (§ 52 Abs. 1 BBG), falls sie vor dem 1. Januar 1952 geboren sind, eine solche von 60 Jahren (§ 52 Abs. 2 Satz 1 BBG); für Schwerbehinderte, die danach geboren sind, ist die Antragsaltersgrenze in einer zeitlichen Staffelung, beginnend mit 60 Jahren und 1 Monat für die ab Januar 1952 Geborenen und endend mit 61 Jahren und 10 Monaten für die 1963 Geborenen, schrittweise angehoben, sodass sie im Ergebnis für die ab 1964 Geborenen beim vollendeten 62. Lebensjahr liegt (§ 52 Abs. 2 Satz 2 BBG). In den Ländern[67] ist dieses Modell weitgehend[68] übernommen.[69] Erwähnenswert sind

- § 40 Abs. 2 BW LBG, wonach Beamte auf Lebenszeit auf ihren Antrag in den Ruhestand zu versetzen sind, wenn sie eine Dienstzeit von 45 Jahren erreicht und das 65. Lebensjahr vollendet haben, sowie
- § 35 Satz 1 Nr. 2 HBG und § 26 Abs. 1 ThürBG bzw. § 37 Abs. 1 Satz 1 NBG, wo auf die Vollendung des 62. bzw. 60. Lebensjahres abgestellt ist, während Art. 64 Nr. 1 BayBG die Vollendung des 64. Lebensjahres verlangt.

Es bedarf *nie* eines Nachweises der Dienstunfähigkeit.

Hinausschieben des Ruhestandseintritts beim antragstellenden Beamten „würde den Zeitraum des Ausscheidens mehrerer Beamter in kurzer Folge verdichten und eine Einarbeitung jüngerer Beamter erschweren". Dies (ua) stelle einen berücksichtigungsfähigen – entgegenstehenden – „dienstlichen Grund" dar. Vgl. ferner etwa BW VGH 15.1.2013 – 4 S 1519/12 –, juris Rn. 12.

[66] Siehe dazu gleichfalls NRW OVG 6.6.2012 – 6 B 522/12 – (Fn. 65) sowie 22.4.2013 – 6 B 277/13 –, juris Rn. 18 ff.

[67] Siehe § 40 BW LBG, Art. 64 BayBG, § 39 Abs. 3 BlnLBG, § 46 Abs. 3 BbgLBG, § 36 BrBG, § 36 HmbBG, § 35 HBG, § 36 MVBG, § 37 NBG, § 33 Abs. 3 NRW LBG, § 39 RP LBG, § 44 SBG, § 51 SächsBG, § 40 BG LSA, § 48 SächsBG, § 36 SH LBG und § 26 ThürBG.

[68] Für Schwerbehinderte wird vielfach auf die Vollendung des 60. Lebensjahres abgestellt: Art. 64 Nr. 2 BayBG, § 36 Abs. 2 BrBG, § 46 Abs. 1 Satz 2 BbgLBG, § 33 Abs. 3 Satz 1 Nr. 2 NRW BG, § 40 Abs. 2 LSA BG und § 48 Satz 1 Nr. 2 SächsBG; vgl. auch § 39 Abs. 2 RP BG: Vollendung des 61. Lebensjahres.

[69] Wegen der unter → Rn. 8 angesprochenen Beamten mit besonderer Altersgrenze siehe § 40 Abs. 1 Satz 2 BW LBG, Art. 129 Satz 2 BayBG, § 114 Abs. 3 NRW LBG, § 111 Abs. 2 RP LBG sowie § 128 Abs. 2 SBG.

1. Antrag

28 Der (§§ 133, 157 BGB entsprechend auszulegende) Antrag des Beamten, der unverzichtbare Wirksamkeitsvoraussetzung für seine vorzeitige Versetzung in den Ruhestand ist, muss eindeutig und bestimmt sein;[70] er sollte zeitgerecht und tunlichst schriftlich (oder auch gemäß § 3a VwVfG in elektronischer Form)[71] gestellt werden und darf nicht mit einer Bedingung oder einem Vorbehalt verbunden sein. Der Beamte muss im Zeitpunkt der Antragstellung geschäftsfähig sein (siehe § 12 VwVfG iVm § 104 Nr. 2, § 105 Abs. 2 BGB). Abgesehen von der Möglichkeit einer Anfechtung nach den allgemeinen Rechtsgedanken der §§ 119 ff. BGB[72] kann der Antrag bis zur Zustellung des Verwaltungsakts, durch den die Statusänderung ausgesprochen wird, zurückgenommen werden.[73]

29 Die Fürsorgepflicht des Dienstherrn verlangt nicht, dass er den Beamten vor – oder noch rechtzeitig nach – Antragstellung über die versorgungsrechtlichen Folgen des vorgezogenen Eintritts in den Ruhestand[74] unterrichtet, es sei denn, dieser befindet sich ersichtlich im Unklaren darüber oder sucht insofern um Beratung nach.[75] Eine Belehrung im notwendigen Umfang kann in dieser Beziehung indessen als ein nobile officium des Dienstherrn angesehen werden. Zweifel in Bezug auf den Willen des Beamten, (zu einem bestimmten Zeitpunkt[76]) in den Ruhestand versetzt zu werden, muss der Dienstherr ausräumen.

2. Ermessensentscheidung

30 § 52 BBG stellt die vorzeitige Zurruhesetzung in das Ermessen des Dienstherrn[77]. Soweit gewichtige, in Würdigung und Beachtung der Einschätzungsprärogative des Dienstherrn als vorrangig zu bewertende dienstliche Gründe entgegenstehen, muss der Antrag abgelehnt werden.[78] Das ist namentlich dann der Fall, wenn ein besonderes dienstliches Interesse an der Fortführung der infrage stehenden Dienstgeschäfte *gerade* durch den antragstellenden Beamten besteht. Erweist sich in dieser Hinsicht eine zeitliche Eingrenzung als möglich, so ist dem Beamten Gelegenheit zu geben, seinen Antrag dementsprechend anzupassen. Für Schulleiter und für Lehrkräfte an öffentlichen Schulen wird sich gewöhnlich aus schulorganisatorischen und/oder aus pädagogischen Gründen eine

---

[70] Vgl. VG Freiburg 25.1.2011 – 5 K 1000/10 –, BeckRS 2011, 47225: Eine Zurruhesetzung sei rechtswidrig, „wenn bei objektiver Sicht unklar war, *aus welchem Grunde* der Beamte seine vorzeitige Zurruhesetzung beantragt hat".

[71] BW VGH 10.9.2013 – 4 S 1042/13 –, juris Rn. 30 mwN.

[72] Siehe → § 3 Rn. 3.

[73] BVerwG NVwZ 1997, 581, VGH BW 10.9.2013 – 4 S 1042/13 –, juris Rn. 28.

[74] Siehe dazu → Rn. 31.

[75] Siehe → § 10 Rn. 19.

[76] Gibt der Beamte nicht an, zu welchem Zeitpunkt er in den Ruhestand versetzt zu werden wünscht, kann in der Regel davon ausgegangen werden, dass sein Antrag auf den *frühestmöglichen* Zeitpunkt zielt (vgl. Brockhaus in Schütz/Maiwald BR Rn. 65 zu § 33 NRW LBG [aF]). Es kann je nach den Gegebenheiten nahe liegen, den Beamten in dieser Hinsicht zur Präzisierung des Antragsinhalts zu veranlassen.

[77] Siehe aber auch § 40 Abs. 2 BW LBG, der eine *gebundene* Entscheidung fordert.

[78] Vgl. BVerwGE 16, 194: Fiskalische Gesichtspunkte seien nicht geeignet, die Ablehnung zu rechtfertigen, weil sie außerhalb des Rahmens lägen, der durch das Gesetz für das behördliche Ermessen gezogen sei (hierzu krit. Battis BBG § 52 Rn. 4). Zur Beteiligung der Schwerbehindertenvertretung HVGH ZTR 2000, 48.

Zurruhesetzung zum Schulhalbjahres- oder Schuljahresende, nicht aber zu einem noch späteren Zeitpunkt anbieten.[79]

3. Versorgungsabschlag

31 Nach § 14 Abs. 3 Nr. 1 und 2 BeamtVG vermindert sich das Ruhegehalt um 3,6 v. H. für jedes Jahr, um das der Beamte vorzeitig in den Ruhestand versetzt wird, höchstens jedoch um 10,8 v. H.[80,81] Die für die Festsetzung der Versorgungsbezüge zuständige Behörde ist an den Grund der Versetzung gebunden, wie er durch den Antrag des Beamten bestimmt wird.[82]

4. Rechtsschutzfragen

32 Die hier erörterte vorzeitige Versetzung in den Ruhestand kann je nach den Umständen ein begünstigender oder belastender Verwaltungsakt sein. Letzteres ist der Fall, wenn der in den Ruhestand versetzte Beamte seinen Antrag nachträglich entsprechend §§ 119, 123 BGB angefochten oder zurückgenommen hatte oder wenn er anderweit *wegen Dienstunfähigkeit* hatte zur Ruhe gesetzt werden wollen. Die insofern in Betracht kommende Klageart ist die Anfechtungsklage. Hatte der Beamte die Versetzung in den Ruhestand nach § 52 BBG bzw. nach dem korrespondierenden Landesrecht tatsächlich und rechtlich mangelfrei beantragt, so ist er durch den Zurruhesetzungsakt nicht in seinen Rechten verletzt (vgl. § 113 Abs. 1 Satz 1 VwGO). Wird sein Antrag abgelehnt, so muss er sich wegen der Ermessensermächtigung des Dienstherrn in der Regel mit einem Bescheidungsbegehren (siehe § 113 Abs. 5 Satz 2 VwGO) zufrieden geben. Die unter Umständen streitige Frage, ob der Beamte zum Kreis der schwerbehinderten Menschen iSd § 2 Abs. 2 SGB IX gehört, ist im Prozess vorab im Wege einer Inzidentprüfung zu klären.

III. Versetzung von Beamten in den einstweiligen Ruhestand

1. Sog politische Beamte

33 § 30 Abs. 1 Satz 1 BeamtStG lässt es zu, Landesbeamte auf Lebenszeit jederzeit in den einstweiligen Ruhestand zu versetzen, wenn sie ein Amt bekleiden, bei dessen Ausübung sie in fortdauernder Übereinstimmung mit den grundsätzlichen politischen Ansichten und Zielen der Regierung stehen müssen. Die Bestimmung dieser Ämter ist dem Landesrecht vorbehalten (Satz 2 aaO).[83] § 54 Abs. 1 BBG wählt eine enumerative Vorgehensweise, indem er diejenigen Bundesbeamten aufzählt, auf welche die eingangs angeführte Charakterisierung des sog politischen Beamten zutreffen soll; Abs. 2 aaO verweist der Sache nach unter anderem auf § 129 Abs. 2 BBG, wonach auch der Direktor des Bundesrates zum Kreis dieser Beamten gehört. Politische Beamte können, wie etwa im Bund die

---

[79] Siehe dazu auch zB § 33 Abs. 3 Satz 2 NRW LBG.

[80] Siehe aber auch die Übergangsregelungen im Abschnitt X des BeamtVG.

[81] Die Anrechnungsregelung des § 53 Abs. 2 Nr. 3 BeamtVG gilt auch hier; vgl. dazu Schwidden RiA 1998, 209.

[82] BVerwG NVwZ-RR 2008, 193 unter Hinweis auf BVerwGE 78, 139 (144).

[83] Mit Ausnahme von Bayern, wo die Staatssekretäre allerdings Regierungsmitglieder sind, gibt es in allen Ländern politische Beamte. Zur (zulässigen) Einbeziehung eines Direktors beim Landtag BVerfG NVwZ 2003, 1506 und BVerwGE 115, 89 (siehe auch → Rn. 35) sowie NRW OVG NWVBl. 2004, 145.

Ministerialdirektoren in den obersten Bundesbehörden, zugleich Ämter mit leitender Funktion innehaben, die ihnen zunächst im Beamtenverhältnis auf Probe übertragen sind (siehe dazu § 24 Abs. 1 und 5 BBG).

Politische Beamte, die sich im Beamtenverhältnis auf Probe befinden – und zwar auch solche, denen ein Amt mit leitender Funktion zunächst im Probebeamtenverhältnis übertragen ist –, können daraus im Bund wie in den Ländern jederzeit entlassen werden (§ 36 BBG, § 30 Abs. 2 BeamtStG).[84] 34

Das Bundesverwaltungsgericht[85] hat aus Anlass der Versetzung des leitenden Beamten einer Parlamentsverwaltung in den einstweiligen Ruhestand das für politische Beamte typische Vertrauensverhältnis in negativer Abgrenzung dahin gekennzeichnet, dass es nicht in Beziehung „zur Regierung im institutionellen oder organisatorischen Sinne" bestehen müsse, sondern dass es, positiv gefasst, allein in Richtung auf das jeweilige in Betracht kommende Verfassungsorgan zu sehen sei. Gründe einer rechtmäßigen Versetzungsentscheidung könnten zudem nicht nur eine fehlende Loyalität, sondern auch die mangelnde Effizienz der Amtsführung des Beamten sein. 35

a) Einstweiliger Ruhestand

Bei dem einstweiligen Ruhestand handelt es sich um ein echtes Ruhestandsverhältnis.[86] Es gelten mithin auch hierfür die allgemeinen Vorschriften über den (endgültigen) Ruhestand, insbesondere einschließlich des § 47 Abs. 2 BeamtStG bzw. des § 77 Abs. 2 BBG (siehe auch § 30 Abs. 3 Satz 1 BeamtStG), die nur so weit verdrängt werden, wie die Sonderregelungen in den §§ 54–58 BBG und in § 4 BBesG sowie im entsprechenden Landesrecht reichen. Soweit der politische Beamte auf Lebenszeit wegen Nichterfüllung der versorgungsrechtlichen Wartezeit nicht in den einstweiligen Ruhestand versetzt werden kann, ist er zu entlassen (§ 23 Abs. 1 Satz 1 Nr. 2 BeamtStG, § 32 Abs. 1 Nr. 2 BBG). 36

b) Tatbestand[87]

Ungeschriebene, aber aus Sinn und Zweck der einschlägigen Normen zu entwickelnde tatbestandliche Voraussetzungen der Versetzung politischer Beamter in den einstweiligen Ruhestand sind, 37

- dass das Vertrauensverhältnis zwischen dem Beamten und dem Verfassungsorgan, dem er (organisatorisch, funktionell und personenbezogen[88]) zugeordnet ist,[89] (mindestens) nachhaltig gestört erscheint und
- dass dieserhalb die (begrifflich weit zu interpretierende, auch die fachliche Effizienz des Handelns und das außerdienstliche Verhalten[90] umfassende) fortdauernde Eignung des Beamten für sein spezielles, im Grenzbereich zwischen Politik und Verwaltung angesiedeltes Amt (mindestens) ernst zu nehmenden Zweifeln ausgesetzt ist.

Dabei ist dem Verfassungsorgan insofern eine Einschätzungsprärogative zuzubilligen, die von den Verwaltungsgerichten, abgesehen von signifikanten Willkür- und/oder Missbrauchsfällen, zu respektieren ist. Die Rechtsprechung[91] hat auch das Interesse an Organisationsänderungen als Beweggrund für die Versetzung in den einstweiligen Ruhestand

---

[84] Siehe zu einem solchen Fall VG Berlin 20.2.2015 – 28 K 254.13 –, juris.
[85] BVerwGE 115, 89.
[86] Battis BBG § 54 Rn. 6 unter Hinweis auf Kremer DÖD 1998, 269.
[87] Zur Unterscheidung von Tatbestand und Ermessensausübung vgl. Wacke AöR 91, 489.
[88] Vgl. zu diesem Aspekt BVerwGE 19, 336 und NRW OVG ZBR 1958, 141.
[89] Siehe dazu schon → Rn. 35.
[90] Vgl. BVerfGE 19, 336, ferner Bracher DVBl 2001, 19.
[91] BVerfGE 8, 332.

unbeanstandet gelassen. Als rechtswidrig hat sie es dagegen betrachtet, dass eine Mehrzahl politischer Beamter des Auswärtigen Dienstes mit der (wohl vorgeschobenen, auf eine „Verbesserung der Altersstruktur“ rekurrierenden) Begründung in den einstweiligen Ruhestand versetzt worden war, sie hätten ein bestimmtes, indessen unter der gesetzlichen Altersgrenze liegendes Lebensalter erreicht.[92]

c) Ausübung des Ermessens

38 Der Ermessensspielraum des Dienstherrn kann es im Einzelfall erlauben, von der Versetzung des politischen Beamten in den einstweiligen Ruhestand für eine noch vertretbare Zeitspanne abzusehen, sei es etwa, um die nicht realitätsferne Chance einer Entspannung in seinem Verhältnis zu dem in Betracht kommenden Verfassungsorgan auszuloten, sei es etwa, um ihm Alternativen einer – nahtlos anschließenden – anderweitigen Verwendung innerhalb des öffentlichen Dienstes oder einer Beschäftigung in der Privatwirtschaft offen zu halten. Von Konstellationen dieser oder ähnlicher Art abgesehen, wird man davon auszugehen haben, dass sich die Ausübung des Ermessens, sobald der vorstehend unter b) dargestellte Tatbestand erfüllt ist, auf eine Zurruhesetzung mit dem Zeitpunkt der Bekanntgabe der Versetzungsverfügung hin verengt ist (zum Bundesrecht vgl. § 56 Satz 1 BBG[93]). Die Möglichkeiten eines späteren Beginns und einer Rücknahme (Satz 2 aaO) sind im inneren Zusammenhang mit den eingangs beschriebenen Gegebenheiten zu sehen.

d) Zu Verfahren und Form

39 Dem Beamten ist auch hier gemäß § 28 Abs. 1 VwVfG vor Erlass der infrage stehenden Verfügung grundsätzlich Gelegenheit zu geben, sich zu den für die Entscheidung erheblichen Tatsachen zu äußern. Insbesondere die Ausnahmefälle des Abs. 2 Nr. 1 aaO, dass eine „sofortige Entscheidung wegen Gefahr im Verzug oder im öffentlichen Interesse notwendig (erscheine)“, oder des Abs. 3 aaO, dass der Anhörung „ein zwingendes öffentliches Interesse (entgegenstehe)“, sollten – unter anderem wegen des gebotenen Schutzes der Persönlichkeit und der (Berufs-)Ehre des Beamten[94] – nicht vorschnell als gegeben angesehen werden.

40 Die Verfügung ist als belastender Verwaltungsakt zu begründen (§ 39 Abs. 1 VwVfG). Battis[95] macht insofern zutreffend darauf aufmerksam, dass die in Fn. 92 genannten Entscheidungen „nur in Anerkenntnis der Begründungspflicht sinnvoll zu erklären (seien)“.

e) Rechtsschutzfragen

41 Zwei Beschlüsse des Oberverwaltungsgerichts für das Land Nordrhein-Westfalen zum vorläufigen Rechtsschutz sind zur Sprache zu bringen:

- Der einen Entscheidung[96] zufolge oblag es nicht dem Bundespräsidenten, sondern dem Bundesminister, in dessen Geschäftsbereich der Beamte als Ministerialdirektor tätig gewesen war und der den Vorschlag unterbreitet hatte, die sofortige Vollziehung der Versetzung in den einstweiligen Ruhestand (§ 80 Abs. 2 Nr. 4 VwGO) anzuordnen.[97] Gegenüber dem „gesetzlich vorgegebenen“ besonderen öffentlichen Interesse an der

---

[92] Vgl. BVerwGE 52, 33; siehe schon NRW OVG DÖV 1974, 166 m. zust. Anm. Thieme.
[93] Landesrechtliche Parallelnormen sind zB § 46 BW LBG, Art. 70 BayBG und § 38 NRW LBG.
[94] Siehe → § 10 Rn. 13, 14 und → § 10 Rn. 37.
[95] BBG § 55 Rn. 9.
[96] NVwZ-RR 1994, 223.
[97] § 54 Abs. 4 BeamtStG und § 126 Abs. 4 BBG sind auf Versetzungen in den einstweiligen Ruhestand nicht anwendbar.

sofortigen Vollziehung von Maßnahmen nach § 36 Abs. 1 BBG aF = § 54 BBG n.F. könnten – bei offenen Erfolgsaussichten einer Anfechtung – „nur besonders bedeutsame persönliche Interessen des Beamten" die Wiederherstellung der aufschiebenden Wirkung von Widerspruch[98] und Klage (§ 80 Abs. 5 Satz 1 VwGO) rechtfertigen.

- In der anderen Entscheidung[99] wird die Auffassung vertreten, dass der Inhaber eines funktionsgebundenen Amtes (im Ausgangsfall: dasjenige eines Landtagsdirektors) durch die sofortige Vollziehung seiner einstweiligen Zurruhesetzung keinen unwiederbringlichen Rechtsnachteil erleide.

f) Zur erneuten Berufung

In den einstweiligen Ruhestand versetzte Beamte müssen, sofern sie dienstfähig sind, einer erneuten Berufung in das Beamtenverhältnis auf Lebenszeit (in Form einer Ernennung iSd § 10 Abs. 1 Nr. 1 BBG bzw. des § 8 Abs. 1 Nr. 1 BeamtStG) Folge leisten, wenn ihnen im Dienstbereich ihres früheren Dienstherrn ein Amt mit mindestens demselben Endgrundgehalt verliehen werden soll (zum Bundesrecht vgl. § 57 BBG[100]). Der einstweilige Ruhestand endet dann bei der erneuten Berufung in das Beamtenverhältnis auf Lebenszeit, andernfalls mit Erreichen der Altersgrenze (vgl. § 58 BBG bzw. § 30 Abs. 3 Satz 3 und Abs. 4 BeamtStG). 42

2. Organisatorische Veränderungen

§ 31 Abs. 1 Satz 1 BeamtStG und § 55 Satz 1 BBG gestehen es dem Dienstherrn zu, bei der Auflösung oder bei einer (im Länderbereich: auf landesrechtlichen Vorschriften[101] beruhenden) wesentlichen Änderung des Aufbaus oder der Aufgaben einer Behörde oder der Verschmelzung von Behörden einen Beamten auf Lebenszeit[102], dessen Aufgabengebiet davon berührt bzw. betroffen ist, in den einstweiligen Ruhestand zu versetzen, wenn eine Versetzung (im Länderbereich: nach Landesrecht) nicht möglich ist,[103] mit den Besonderheiten, 43

- dass es sich *im Bund* um einen Beamten der Besoldungsordnung B handelt und dass durch die Organisationsveränderung eine seinem Amt entsprechende Planstelle eingespart wird, und
- dass *in den Ländern* auf der Grundlage des § 31 Abs. 1 Satz 2 BeamtStG (weitere) persönliche oder sachliche Eingrenzungen geregelt werden können,[104] die allerdings nicht im Widerspruch zu Satz 1 aaO stehen dürfen.

---

[98] Nebenbei bemerkt, hält der Senat also ein Widerspruchsverfahren für erforderlich; Widerspruchsbehörde ist der Bundesminister als oberste Dienstbehörde (siehe jetzt § 126 Abs. 2 und 3 BBG sowie BVerwG RiA 1982, 170).

[99] NVwZ-RR 2000, 804.

[100] Zum Landesrecht siehe zB § 42 Abs. 5 BW LBG, § 47 Abs. 2 und 3 BlnLBG und § 39 NRW LBG.

[101] Also nicht auf einem administrativen Einzelakt; vgl. Reich BeamtStG § 31 Rn. 4.

[102] Zu Probebeamten siehe § 23 Abs. 3 Satz 1 Nr. 3 BeamtStG und § 34 Abs. 1 Satz 1 Nr. 4 BBG.

[103] Siehe dazu auch § 28 Abs. 3 BBG.

[104] Siehe zB § 42 Abs. 2 BW LBG („wenn aus Anlass der Umbildung oder Auflösung der Behörde Planstellen eingespart werden"); entsprechend Art. 68 Satz 2 BayBG, § 48 Abs. 1 Satz 1 BbgLBG, § 39 Satz 1 BrBG, § 39 Satz 1 HmbBG, § 41 Abs. 1 HBG, § 39 Satz 1 MVBG, § 41 Satz 1 NBG, § 26 Abs. 1 Satz 2 NRW LBG, § 42 Satz 1 RP BG, § 53 Abs. 1 Satz 3 SBG, § 43 Abs. 2 Satz 1 BG LSA, § 39 Satz 1 Satz 1 SH LBG und – hier mit der weiteren Voraussetzung der Vollendung des 52. Lebensjahres – § 28 Satz 1 ThürBG.

44 Mit Rücksicht darauf, dass im Bund organisatorische Veränderungen nicht normativ abgesichert sein müssen, zeigt sich vor allem hier die Gefahr missbräuchlicher Versetzungen in den einstweiligen Ruhestand, um sich solcher Beamter zu entledigen, die politisch unerwünscht sind, und/oder um Ämterpatronage zu betreiben.[105] Im Streitfall werden die Verwaltungsgerichte Anhaltspunkten, die in derartige Richtungen weisen, nachzugehen und insbesondere auch zu prüfen haben, ob das Repertoire von Versetzungsmöglichkeiten nach § 28 Abs. 1 und 2 und namentlich auch nach § 28 Abs. 3 BBG nicht ausreicht, um eine von der Sache her nachrangige Versetzung eines Beamten in den einstweiligen Ruhestand zu vermeiden.

45 Wegen des Beginns und des Endes des einstweiligen Ruhestandes kann auf Rn. 38 verwiesen werden. Für die erneute Berufung in das Beamtenverhältnis gelten auch im vorliegenden Kontext § 57 BBG und das parallele Landesrecht. Ergänzend zu den Darlegungen unter Rn. 42 ist insofern zu bemerken: Konkurrieren mehrere Beamte, die wegen organisatorischer Veränderungen bei ihrem Dienstherrn in den einstweiligen Ruhestand versetzt worden sind, um eine vakante gleichwertige Planstelle bei eben demselben Dienstherrn (oder dessen etwaigem Rechtsnachfolger), so gebührt dem Bestenausleseprinzip (Art. 33 Abs. 2 GG) als Richtschnur vorrangige Beachtung. Ist ein der bisherigen Tätigkeit entsprechendes Amt zu besetzen, für das der in den einstweiligen Ruhestand versetzte Beamte (ggf. bei mehreren Betroffenen: am besten) geeignet ist, kann er seine Reaktivierung nach § 31 Abs. 2 Satz 1 BeamtStG beanspruchen.[106]

IV. Zurruhesetzung eines Beamten auf Lebenszeit wegen Dienstunfähigkeit

46 Im Bund ist der Beamte auf Lebenszeit, der die Voraussetzungen des § 4 Abs. 1 BeamtVG erfüllt, in den Ruhestand zu versetzen, wenn er dienstunfähig und nicht anderweitig verwendbar ist (§ 44 Abs. 1 und 2 BBG), es sei denn, er ist noch begrenzt dienstfähig mit der Rechtsfolge, dass sodann von einer Zurruhesetzung abzusehen ist (§ 27 BeamtStG, § 45 BBG). In den Ländern gilt Entsprechendes; das Absehen von der Versetzung in den Ruhestand bei anderweitiger Verwendbarkeit ist hier allerdings nur als *Soll*bestimmung ausgestaltet (§ 26 Abs. 1 Satz 3 BeamtStG), damit den Ländern ein gewisser organisatorischer und personalwirtschaftlicher Handlungsspielraum verbleibt.[107] § 59 BBG weist die Zuständigkeit für den Erlass des entsprechenden rechtsgestaltenden – schriftlich zuzustellenden (Satz 2) und bis zum Beginn des Ruhestandes rücknehmbaren (Satz 3) – Verwaltungsakts der für die Ernennung zuständigen Stelle zu, soweit gesetzlich nichts anderes bestimmt ist (Satz 1). Der Ruhestand beginnt mit dem Ende des Monats, indem die Versetzung dem Beamten mitgeteilt wird (§ 47 Abs. 4 Satz 1 BBG).[108]

---

[105] Vgl. dazu Lorse ZBR 2002, 73 (75, 83), ferner Slowik/Wagner ZBR 2002, 409 (417).

[106] Vgl. BayVGH 19.1.2015 – 3 ZB 13.745 –, juris Rn. 5 mwN.

[107] Vgl. NRW OVG OVGE 49, 222, auch abgedr. bei Schütz/Maiwald BR ES/A II 5.5 Nr. 31 (= DVBl 2004, 331 – LS –): Die Soll-Regelung (des früheren § 45 Abs. 3 Satz 1 NRW LBG, vgl. nunmehr § 26 Abs. 1 Satz 3 iVm Abs. 2 Satz 1 BeamtStG) belasse dem Dienstherrn „ein (Rest-) Ermessen, welches es je nach den Umständen des Einzelfalles gerechtfertigt erscheinen lassen kann, einen Laufbahnwechsel, der zunächst noch eine längere Unterweisungszeit erfordert, dem dienstunfähigen Beamten bei einer nur kurzen verbleibenden Restdienstzeit … nicht mehr zu eröffnen …“. Zu fordern sein dürfte allerdings ein atypischer Ausnahmefall, siehe BVerwG 19.3.2015 – 2 C 37.13 –, juris Rn. 16 (zu Art. 56 Abs. 4 BayBG aF) und 26.3.2009 – 2 C 73.08 –, juris Rn. 26 (BVerwGE 133, 297). Zur Zurruhesetzung eines Beamten auf *Probe* wegen Dienstunfähigkeit § 6 Rn. 31 f.

[108] Siehe aber auch (zu einem Fall, bei dem das Versorgungsrecht mit Wirkung des ersten des folgenden Monats nachteilig geändert worden war) BVerwG 7.12.2015 – 2 B 79.14 –, juris Rn. 7 mwN: Beginn des Ruhestandes am ersten Tag des folgenden Monats, sodass der Versorgungsfall

1. Dienstunfähigkeit im Allgemeinen

Dienstunfähig ist, wer wegen seines körperlichen Zustandes oder aus gesundheitlichen Gründen zur Erfüllung seiner Dienstpflichten dauernd unfähig ist (§ 26 Abs. 1 Satz 1 BeamtStG, § 44 Abs. 1 Satz 1 BBG). Als dienstunfähig kann auch angesehen werden, wer infolge Erkrankung innerhalb von sechs Monaten mehr als drei Monate keinen Dienst getan hat, wenn keine Aussicht besteht, dass die Dienstfähigkeit innerhalb einer Frist wieder voll hergestellt ist, die im Bund weitere sechs Monate beträgt und in den Ländern vom Landesgesetzgeber bestimmt wird (siehe jeweils Satz 2 aaO). Es ist üblich, insofern von *vermuteter* Dienstunfähigkeit zu sprechen. Ob der Eintritt einer (vorzeitigen) Dienstunfähigkeit schon bei der Einstellung des Beamten nach Lage der Dinge vorhersehbar war oder ob er im Anschluss an eine gebotene, jedoch unterbliebene ärztliche Einstellungsuntersuchung hätte vorhersehbar sein können, ist unerheblich. Ebenso ist es bedeutungslos, ob der Beamte – im Sinne des Rentenrechts – berufs- oder erwerbsunfähig ist.[109] Zur Verpflichtung des Beamten, „auch zur Vermeidung einer drohenden Dienstunfähigkeit" an „geeigneten und zumutbaren gesundheitlichen und beruflichen Rehabilitationsmaßnahmen" teilzunehmen, siehe § 46 Abs. 4 Satz 1 und 2 BBG. 47

Mit dem Ausdruck „Dienstpflichten" ist der Pflichtenkreis des Beamten in den Blick gefasst, der seinem Amt im abstrakt-funktionellen Sinne[110] entspricht.[111] Falls der Beamte die Aufgaben seines – begrifflich davon zu unterscheidenden – Amtes im konkret-funktionellen Sinne (bzw. seines Dienstpostens)[112] in Anbetracht seiner (als Ganzer gesehenen[113]) gesundheitlichen Verfassung nicht mehr kontinuierlich[114] zu erfüllen vermag, kommt es darauf an, ob es bei seiner Beschäftigungsbehörde noch (mindestens) einen anderen Dienstposten gibt, der seinem Amt im abstrakt-funktionellen Sinne tatsächlich und rechtlich adäquat ist und dessen Aufgaben er ohne nachhaltige Beeinträchtigung des Dienstbetriebes noch erfolgreich wahrnehmen kann.[115] 48

Zwar ist der Gesundheitszustand des Beamten, wenn dies den Verhältnissen nach angezeigt erscheint,[116] durch ein (amts-)ärztliches Gutachten zu klären;[117] ein solches Gutachten – dessen zuverlässige Erstattung voraussetzen kann, dass die Verwaltung den (Amts-)Arzt vorab mit detaillierten Informationen zur Person des Beamten einerseits und zu den dienstlichen Bedürfnissen andererseits[118] versieht – ist indessen nicht unbe- 49

---

zeitgleich mit dem Beginn des Ruhestands eintreten würde. Kritisch dazu die Anmerkung von Heydemann, NVwZ 2016, 395 f.

[109] Vgl. Brockhaus in Schütz/Maiwald BR Rn. 24, 26 zu § 26 BeamtStG.

[110] Siehe dazu → § 3 Rn. 10, ferner BVerwGE 133, 297 sowie NRW OVG ZBR 2005, 101 und ZBR 2010, 174.

[111] Vgl. BVerwGE 122,53 sowie BVerwG ZBR 1990, 352 und DÖD 2006, 79.

[112] Siehe Fn. 110.

[113] Vgl. insofern BVerwGE 109, 267 (269).

[114] Für die Annahme einer Dienstunfähigkeit reicht es aus, dass eine Vielzahl jeweils in relativ kurzen Zeitabständen immer wieder auftretender Erkrankungen von längerer Dauer den Dienstbetrieb empfindlich stört, sofern eine merkliche, mittelfristig absehbare Besserung nicht zu erwarten ist (vgl. BVerwG ZBR 1967, 148, NRW OVG 17.9.2003 – 1 A 1069/01 –, abgedr. bei Schütz/Maiwald BR ES/A II 5.5 Nr. 31 = DVBl 2004, 331 – LS –, und Bln/BbgOVG 26.4.2012 – 6 B 5.12 –, juris Rn. 23).

[115] Vgl. BVerwG RiA 1964, 190 und DÖD 1965, 58. Zur anderweitigen Verwendung siehe → Rn. 57 ff.

[116] Psychische Erkrankungen oder Fehlveranlagungen des Beamten lassen sich gewöhnlich nicht ohne Hinzuziehung eines Sachverständigen aufklären (BVerwGE 21, 240, 243; siehe auch v. Roetteken in HBR IV Rn. 115 zu § 26 BeamtStG).

[117] Siehe hierzu → Rn. 53 ff.

[118] Summer ZBR 1993, 17 (21) führt zutreffend aus, dass die Feststellung der Amtsanforderungen „Sache der Verwaltung und nicht des amtsärztlichen Gutachtens" sei; vgl. in diesem Zusammenhang auch BVerwGE 53, 118 (120 f.) und BVerwG ZBR 1991, 379.

dingt das einzige Erkenntnis- und Beweismittel für den Dienstherrn, der für die Schlussfolgerungen aus der medizinischen Einschätzung zudem allein verantwortlich ist.[119]

50 „Dauernd" unfähig ist der Beamte, wenn eine Behebung der Umstände, die seine Unfähigkeit zur Erfüllung der Dienstpflichten ausmachen oder zur Folge haben, in absehbarer Zeit[120] nicht zu erwarten ist.[121] Maßgeblich ist es, ob der Dienstherr nach den Erkenntnissen, über die er zur Zeit der letzten Behördenentscheidung verfügt, die Überzeugung gewinnen muss, dass es sich um einen Zustand von längerem Fortbestand ohne greifbare Aussicht auf Besserung handle,[122] wie er zB auch vorhanden sein kann, wenn bei dem Beamten – ungeachtet längerer Zeiträume problemloser Arbeitsleistung und Pflichterfüllung – erfahrungsgemäß immer wieder mit Kurzschlussreaktionen oder Krankheitsschüben zu rechnen ist.[123]

51 *Vermutet* wird die Dienstunfähigkeit[124] (ohne Nachweis[125]) auch dann, wenn eine Reihe – worauf im Einzelnen auch immer beruhender – zeitlich nicht zusammenhängender krankheitsbedingter Unterbrechungen vorliegt, sofern sich diese innerhalb des gesetzlichen Sechsmonatszeitraumes zu mehr als drei Monaten addieren und sofern keine Aussicht auf Wiedererlangung voller Dienstfähigkeit innerhalb der bundes- oder landesgesetzlich dafür vorgegebenen Frist besteht.[126] Mit der Wortfolge „kann angesehen werden" wird dem Dienstherrn ein Einschätzungs- und Entscheidungsspielraum[127] eingeräumt: Er kann entweder eine Vorgehensweise unter Inanspruchnahme des Vermutungstatbestandes vorziehen oder den unter Umständen schwierigeren und aufwändigeren Weg eines Nachweises der tatsächlichen Dienstunfähigkeit wählen. Dabei wird er freilich zu berücksichtigen haben, dass die Frage nach der Aussicht auf Wiederherstellung der vollen Dienstfähigkeit gewöhnlich nicht ohne ärztliche Mitwirkung verlässlich zu beurteilen ist.[128] Stützt der Dienstherr die Dienstunfähigkeit nicht auf den Vermutungstatbestand, kann sich das Gericht darüber nicht hinwegsetzen und die Rechtmäßigkeit einer Zurruhesetzungsverfügung (schon allein) wegen des Vermutungstatbestandes annehmen.[129]

2. Besondere Dienstunfähigkeit

52 Gesetzliche Vorschriften, die für einzelne Gruppen von Beamten andere Voraussetzungen für die Beurteilung der Dienstunfähigkeit bestimmen, bleiben nach § 44 Abs. 7 BBG „unberührt"; gemäß § 26 Abs. 1 Satz 3 BeamtStG können für Gruppen von Beamten „besondere Voraussetzungen" für die Dienstunfähigkeit durch Landesrecht geregelt werden. Als derartige „Gruppen" kommen vornehmlich die Polizeivollzugsbeamten im

[119] Vgl. BVerwG ZBR 1990, 353, DVBl 1992, 912 und Buchholz 232 § 42 BBG Nr. 17.

[120] Die Unfähigkeit muss mithin bei prognostischer Betrachtung nicht lebenslänglich bestehen; RP OVG 21.1.2005 – 2 A 11800/04 –, abgedr. bei Schütz/Maiwald BR ES/A II 5.5 Nr. 33.

[121] NRW OVG DÖV 2009, 637.

[122] RP OVG aaO (Fn. 120) unter Bezugnahme auf BVerwGE 105, 267 (269 ff.).

[123] Vgl. Brockhaus aaO (Fn. 109) Rn. 37, 38 zu § 26 BeamtStG mwN.

[124] Siehe bereits → Rn. 47.

[125] Vgl. dazu BVerwG ZBR 1967, 148.

[126] Ein ärztliches Gutachten dürfte insofern wohl unverzichtbar sein; vgl. VG Saarlouis NVwZ-RR 2009, 31.

[127] Für eine im Rahmen des § 114 VwGO überprüfbare Ermessensentscheidung Koch in Plog/Wiedow BBG 2009 § 44 Rn. 47 mit dem Bemerken, der Dienstherr werde „in aller Regel ermessensfehlerfrei handeln, wenn er von der erleichterten Feststellungsmöglichkeit Gebrauch macht." Vgl. auch v. Roetteken in HBR IV § 26 BeamtStG Rn. 116.

[128] Siehe schon Fn. 126.

[129] v. Roetteken HBR IV § 26 BeamtStG Rn. 117. Es kann daher je nach Fallgestaltung sinnvoll sein, die Zurruhesetzung (vorsorglich) auch auf den Vermutungstatbestand zu stützen.

Bund und in den Ländern,[130] in einzelnen Ländern auch die Beamten des Einsatzdienstes der Feuerwehr[131] in Betracht. Nach § 4 Abs. 1 BPolBG ist polizeidienstunfähig, wer den besonderen Anforderungen für den Polizeivollzugsdienst nicht mehr genügt, sofern nicht zu erwarten ist, dass er seine volle Verwendungsfähigkeit innerhalb von zwei Jahren (seit der gebotenen Gutachtenerstattung[132]) wiedererlangt, „es sei denn, die auszuübende Funktion erfordert bei (Polizeivollzugs-)Beamten auf Lebenszeit[133] diese besonderen gesundheitlichen Anforderungen auf Dauer nicht mehr uneingeschränkt".[134] Das Landesrecht[135] legt durchgängig die gleiche Begriffsbestimmung zugrunde. Eine *vermutete* Polizeidienstunfähigkeit kennt das einschlägige Bundes- und Landesrecht nicht.

3. Feststellung der Dienstunfähigkeit

Ergeben sich den Umständen nach Zweifel an der Dienstfähigkeit des Beamten, so hat 53
der Dienstvorgesetzte eine ärztliche Untersuchung[136] anzuordnen. § 44 Abs. 6 BBG verpflichtet den Beamten, einer dahin gehenden Weisung[137] Folge zu leisten und sich, „falls dies aus amtsärztlicher Sicht für erforderlich gehalten wird, auch beobachten zu lassen". Der Dienstvorgesetzte, der sich darüber schlüssig werden muss, ob der Beamte noch voll oder zumindest begrenzt dienstfähig oder aber dienstunfähig ist, hat auch die konkreten Fragestellungen vorzugeben und die Art der Untersuchung vorzuschreiben. Was psychiatrische Untersuchungen angeht, so können diese gerechtfertigt sein, wenn greifbare und gewichtige Anhaltspunkte für eine Störung gegeben sind, die ihre Ursache im geistigen, nervlichen oder seelischen Bereich hat.[138] In der Untersuchungsanordnung muss der Dienstvorgesetzte angeben, aufgrund welcher tatsächlichen Umstände er eine Dienstunfähigkeit als nahe liegend einschätzt; ferner müssen Angaben zu Art und Umfang der ärztlichen Untersuchung enthalten sein, damit diese nicht dem Belieben des Arztes überlassen bleiben.[139] Kann der Dienstvorgesetzte die letztgenannten Angaben nicht machen, liegt es nahe, dem Beamten zunächst einen (ersten) ärztlichen Vorstellungstermin zum Zwecke einer (gesprächsweisen) Klärung des Gesundheitszustandes aufzugeben, um die

[130] Siehe dazu im Einzelnen Brockhaus aaO (Fn. 109) Rn. 8 ff. zu § 116 NRW LBG (aF), aus der Rechtsprechung BVerfG NVwZ 2009, 389 und BVerwG ZBR 2005, 308 sowie BW VGH ZBR 1990, 222 und BWVBl. 1991, 193, ferner NRW OVG DÖD 1994, 235.

[131] Siehe auch insofern Brockhaus aaO (Fn. 109) Rn. 57 ff. zu § 117 NRW LBG (aF). Zur Feuerwehrdienstunfähigkeit NdsOVG NdsVBl. 2005, 272 und NRW OVG DÖD 2004, 166.

[132] Vgl. § 4 Abs. 2 BPolBG.

[133] Die zitierte Regelung erfasst mithin nicht polizeidienstunfähige Beamte auf Widerruf oder auf Probe, die – sofern sie nicht in ein Amt einer anderen Laufbahn versetzt werden können oder sofern nicht § 49 BBG oder § 28 BeamtStG eingreift – gemäß § 37 Abs. 1 Satz 1 bzw. § 34 Abs. 1 Satz 1 Nr. 3 BBG (§ 23 Abs. 4 Satz 1 bzw. Abs. 3 Satz 1 Nr. 3 BeamtStG) zu entlassen sind.

[134] Der oben zitierte Nebensatz ist keine Tatbestands-, sondern eine Rechtsfolgenbeschränkung; vgl. BVerwG ZBR 2005, 308 sowie NRW OVG NWVBl. 2004, 58 und NRW OVG 13.7.2006 – 6 B 560/06 –, abgedr. bei Schütz/Maiwald BR ES/E III 1 Nr. 47. Eine Verwendung im Außen- oder im Schichtdienst ist nicht darunter subsumierbar, wenn sie mit einem körperlichen Einsatz gegen Rechtsbrecher oder mit der Notwendigkeit einer Anwendung unmittelbaren Zwanges oder eines Waffengebrauchs verbunden ist; RP OVG NVwZ-RR 2003, 134.

[135] Vgl. zB § 43 Abs. 2 BW LBG, Art. 128 BayBG, § 116 BbgLBG, § 115 NRW LBG und § 105 ThürBG.

[136] Siehe dazu → Rn. 55.

[137] Vgl. BVerwG 10.4.2014 – 2 B 80.13 –, juris Rn. 8 (= NVwZ 2014, 892). Zur Rechtsnatur der Weisung, die nicht mit den Mitteln der Verwaltungsvollstreckung erzwungen werden kann, siehe Rn. 70 sowie § 7 Fn. 37 und 56; daselbst auch zum Vorrang der amtsärztlichen Einschätzungen gegenüber privatärztlichen Äußerungen.

[138] BW VGH NVwZ-RR 2006, 200.

[139] BVerwG 10.4.2014 – 2 B 80.13 –, juris Rn. 9 f. (= NVwZ 2014, 892).

ggf. weiter veranlassten Untersuchungen auf der Grundlage dadurch gewonnener und durch den Arzt vermittelter Erkenntnisse noch näher nach Art und Umfang spezifizieren zu können.[140] Im Übrigen kann der Beamte der Weisung nicht mit Erfolg entgegenhalten, dass die Zweifel (aus seiner Sicht) nicht berechtigt seien[141] und/oder dass die verfügte Untersuchung für eine Klärung ungeeignet sei. Verhindert der Beamte dadurch, dass er sich pflichtwidrig und schuldhaft einer ärztlichen Untersuchung verweigert, eine gesicherte Feststellung des Dienstvorgesetzten, so darf dieser aus der Weigerung ggf. Schlüsse ziehen, die dem Beamten im vorliegenden Zusammenhang nachteilig sind.

54 Das Beamtenstatusgesetz enthält sich einer § 44 Abs. 6 BBG korrespondierenden Regelung. Abgesehen von Baden-Württemberg haben die Landesbeamtengesetze diese Lücke durch gleichsinnige Vorschriften[142] ausgefüllt und – außer in Nordrhein-Westfalen und Rheinland-Pfalz – hinzugefügt:[143] Wer sich trotz (wiederholter) schriftlicher Aufforderung ohne hinreichenden Grund der Verpflichtung, sich nach der Weisung des Dienstvorgesetzten (bzw. der Behörde/Dienstbehörde) untersuchen oder beobachten zu lassen, entziehe, könne so behandelt werden, wie wenn die Dienstunfähigkeit – amtsärztlich[144] – festgestellt worden wäre. § 37 Abs. 1 Satz 2 BbgLBG bestimmt (zudem), dass „unentschuldigtes Fernbleiben vom Dienst angenommen werden (könne)".

55 Die ärztliche Untersuchung kann im Bund nur einem Amtsarzt oder einem Arzt übertragen werden, der – nach Bestimmung der obersten Dienstbehörde oder einer nachgeordneten Behörde mit der entsprechenden, ihr übertragenen Befugnis – als Gutachter zugelassen ist (§ 48 Abs. 1 BBG). Zu Beginn der Untersuchung ist der Beamte auf deren Zweck hinzuweisen (§ 48 Abs. 3 Satz 1 BBG). Der Arzt hat der Behörde auf Aufforderung im Einzelfall die tragenden Gründe des Gutachtens[145] mitzuteilen, „soweit deren Kenntnis für die Behörde unter Beachtung des Grundsatzes der Verhältnismäßigkeit für die von ihr zu treffende Entscheidung erforderlich ist" (§ 48 Abs. 2 Satz 1 BBG); die Behörde darf sie nicht schlicht übernehmen, sondern hat sie auf ihre Plausibilität hin zu prüfen (siehe auch Rn. 56).[146] Der zu Beginn der Untersuchung auch über die Mitteilungspflicht zu unterrichtende Beamte erhält ein Doppel der Mitteilung; „soweit dem ärztliche Gründe entgegenstehen", ist das Doppel einem Bevollmächtigten zu übermitteln (§ 48 Abs. 3 BBG).[147] In den Ländern regeln je eigene, in der Substanz durchweg mit dem Bundesrecht übereinstimmende Normen den vorstehend anvisierten Gegenstandsbereich.[148]

---

[140] Vgl. NRW OVG 16.3.2015 – 6 B 150/15 –, juris Rn. 12.

[141] Vgl. auch insoweit den Nachweis in Fn. 138.

[142] Interessant ist § 41 Abs. 1 Satz 3 HmbBG, wonach Zweifel an der Dienstfähigkeit „unter anderem anzunehmen" seien, wenn der Beamte selbst schriftlich beantrage, ihn wegen Dienstunfähigkeit in den Ruhestand zu versetzen. Vgl. auch Reich BeamtStG § 26 Rn. 4: Der (nicht erforderliche, jedoch auch nicht ausgeschlossene) Antrag des Beamten bringe die „für den Dienstherrn wichtige Selbsteinschätzung" zum Ausdruck.

[143] Vgl. Art. 65 Abs. 2 BayBG, § 39 Abs. 1 Satz 2 und 3 BlnLBG, § 37 Abs. 1 BbgLBG, § 41 Abs. 1 BrBG, § 41 Abs. 1 Satz 1 und 2 HmbBG, § 36 Abs. 1 Satz 1 und 2 HBG, § 41 Abs. 1 MVBG, § 43 Abs. 1 Satz 2 und 3 NBG, § 33 Abs. 1 Satz 1 NRW LBG, § 44 Abs. 1 RP LBG, § 45 Abs. 1 Satz 2 und Abs. 5 SBG, § 52 Abs. 1 Satz 1 und 4 SächsBG, § 45 Abs. 1 BG LSA, § 45 Abs. 1 SH LBG und § 31 Abs. 1 Satz 1 und 2 ThürBG. Zur indiziellen Bedeutung der Weigerung des Beamten auch etwa BVerwGE 111, 246, NdsOVG DÖD 2010,195 und NRW OVG DÖD 2003, 266.

[144] Siehe § 43 Abs. 1 Satz 2 und 3 NBG, aber auch § 45 Abs. 1 Satz 2 NBG zur ausnahmsweisen Bestimmung eines sonstigen Arztes, ferner: § 52 Abs. 1 Satz 1 SächsBG.

[145] Vgl. insoweit MV OVG LKV 2003, 382.

[146] Vgl. Lemhöfer in Plog/Wiedow BBG (alt) § 45 Rn. 4c.

[147] Zu personalaktenrechtlichen Aspekten siehe § 12 Rn. 26.

[148] Siehe Art. 67 BayBG, § 45 BlnLBG, § 43 BbgLBG, § 44 BrBG, § 44 HmbBG, § 39 HBG, § 44 MVBG, § 45 NBG, § 47 RP LBG, § 45 Abs. 1 Satz 3, § 50 SBG, § 52 Abs. 1 Satz 1 und 2 SächsBG,

Es ist Aufgabe der Behörde, nicht des Arztes, über die Dienstunfähigkeit zu entscheiden.[149] Daher darf sich das ärztliche Gutachten nach Auffassung des Bundesverwaltungsgerichts nicht darauf beschränken, ein Untersuchungsergebnis mitzuteilen, vielmehr muss es sowohl die notwendigen Feststellungen zum Sachverhalt (Befunde) darstellen, soweit deren Kenntnis für die Behörde erforderlich ist, als auch die aus *medizinischer* Sicht daraus abzuleitenden Schlussfolgerungen für die Fähigkeit des Beamten, den dienstlichen Anforderungen weiter zu genügen.[150] Bei divergierenden privat- und amtsärztlichen Gutachten zur Frage der Dienstfähigkeit eines Beamten kommt der medizinischen Beurteilung eines Amtsarztes[151] (oder eines von diesem hinzugezogenen Facharztes, dessen Einschätzung er sich zu eigen macht) wegen dessen dienstrechtlicher Stellung und seiner besonderen Kenntnis der Belange der öffentlichen Verwaltung gegenüber privatärztlichen Bescheinigungen der Vorrang zu, wenn keine begründeten Zweifel an dessen Sachkunde bestehen und die Beurteilung auf zutreffenden Tatsachengrundlagen beruht sowie in sich stimmig und nachvollziehbar ist.[152] 56

4. Anderweitige Verwendung

Eine der Zurruhesetzung (gemäß § 44 Abs. 1 Satz 4 BBG zwingend) vorzuziehende anderweitige Verwendung des Beamten[153] im Bereich seines Dienstherrn ist *ohne Zustimmung* des Betroffenen möglich, wenn ihm ein anderes Amt – sei es derselben Laufbahn, sei es einer anderen (nicht notwendig gleichwertigen[154]) Laufbahn – übertragen werden kann, 57

§ 49 BG LSA, § 44 SH LBG und § 33 ThürBG. In Baden-Württemberg und Nordrhein-Westfalen fehlen einschlägige gesetzliche Regelungen.

[149] Vgl. auch Summer ZBR 1993, 17 (21): Die Feststellung der Amtsanforderungen sei „Sache der Verwaltung und nicht des amtsärztlichen Gutachtens".

[150] BVerwG 19.3.2015 – 2 C 37.13 –, juris Rn. 12 (= NVwZ 2015, 625), 5.6.2014 – 2 C 22.13 –, juris Rn. 1, 6.3.2012 – 2 A 5.10 –, juris Rn. 2 und 20.1.2011 – 2 B 2.10 –, juris Rn. 5. Bleibt das von der Behörde zugrunde gelegte Gutachten hinter diesen Anforderungen zurück, hat im Streitfall das Verwaltungsgericht die Frage der Dienstunfähigkeit (in Bezug auf den entscheidungserheblichen Zeitpunkt der Entscheidung über den Widerspruch, BVerwGE 133,297 – Rn. 12) zu klären; vgl. BVerwG 21.2.2014 – 2 B 24.12 –, juris Rn. 11 und 30.5.2013 – 2 C 68.11 –, juris Rn. 38 f.; siehe auch NRW OVG 3.2.2015 – 6 A 371/12 –, juris Rn. 112 ff.

[151] Dies gilt nicht für ein Gutachten eines vom Dienstherrn ausgewählten und beauftragten Arztes, der nach § 48 Abs. 1 Satz 1 BBG zugelassen, aber kein Amtsarzt ist: BVerwG 5.6.2014 – 2 C 22.13 –, juris Rn. 20.

[152] Vgl. BVerwG 11.10.2006 – 1 D 10.05 –, juris Rn. 36 (= ZBR 2007, 163): Hat der Privatarzt seinen medizinischen Befund näher erläutert, muss der Amtsarzt auf diese Erwägungen eingehen und nachvollziehbar darlegen, warum er ihnen nicht folgt. Siehe auch (zum Dienstunfallrecht) BVerwG 26.9.2012 – 2 B 97.11 –, juris Rn. 5, ferner (zum Fernbleiben vom Dienst) BVerwG 12.10.2006 – 1 D 2.05 –, juris Rn. 34.

[153] Zum Grundsatz „Rehabilitation vor Versorgung" siehe bereits § 2 Rn. 10. Vgl. auch NRW OVG 17.9.2003 – 1 A 1069/01 –, juris Rn. 76. Ferner BVerwG 19.3.2015 – 2 C 37.13 –, juris Rn. 15. mwN: „Weiterverwendung vor Versorgung".

[154] Siehe BT-Drs. 13/3994, 29, 33 sowie NRW OVG DÖV 2003, 1044: § 42 Abs. 3 Satz 1 BBG aF (nunmehr § 44 Abs. 2 Satz 1 BBG n. F.) verlange keine „Gleichwertigkeit" im Sinne einer „inhaltlichen Verwandtschaft" der Laufbahnen; das Gesetz erfasse (allein) den sog horizontalen Laufbahnwechsel. Eine Pflicht der Behörde, einem dienstunfähigen Beamten den Aufstieg in die Laufbahn der nächsthöheren Laufbahngruppe (m. a. W.: einen sog vertikalen Laufbahnwechsel) zu ermöglichen, bestehe nicht (wenn ein solcher auch grundsätzlich nicht ausgeschlossen ist, falls er nicht mit einer Beförderung einhergeht). Die Behörde dürfe ihre Überlegungen freilich nicht nur auf gerade freie Stellen beschränken, sondern müsse auch zumutbare Umverteilungen in ihre Erwägungen einbeziehen.

- sofern dieses Amt mit mindestens demselben (End-)Grundgehalt (siehe schon § 4 Rn. 31 verbunden ist wie das bisherige Amt und
- sofern zu erwarten ist, dass der Beamte den gesundheitlichen Anforderungen des neuen Amtes genügt (§ 26 Abs. 2 Satz 1 und 2 BeamtStG, § 44 Abs. 2 BBG).

Den Dienstherrn trifft insoweit eine auf seinen gesamten Bereich zu erstreckende, also Ressortgrenzen überschreitende gesetzliche Suchpflicht, welche nicht nur auf aktuell freie, sondern auch in absehbarer Zeit (sechs Monate), voraussichtlich neu zu besetzende geeignete Dienstposten bezogen ist.[155] Besitzt der Beamte nicht die Befähigung für die andere Laufbahn, so hat er an Qualifizierungsmaßnahmen[156] für den Erwerb der neuen Befähigung teilzunehmen (§ 26 Abs. 2 Satz 3 BeamtStG, § 44 Abs. 5 BBG). Zur Vermeidung einer Versetzung in den Ruhestand kann dem Beamten unter Beibehaltung des übertragenen Amtes, dh bei gesicherter Rechtsstellung, *ohne Zustimmung* auch eine geringerwertige Tätigkeit, nicht notwendig innerhalb seiner Laufbahngruppe, aber (wie auch sonst) im Bereich desselben Dienstherrn übertragen werden, wenn

- eine anderweitige Verwendung (im vorbeschriebenen Sinne) nicht möglich und
- die Wahrnehmung der neuen Aufgabe unter Berücksichtigung der bisherigen Tätigkeit zumutbar ist (§ 26 Abs. 3 BeamtStG, § 44 Abs. 3 BBG).

Hat der Beamte die Befähigung für eine neue Laufbahn erworben, so kann er gemäß § 44 Abs. 4 BBG gar *ohne Zustimmung* in ein Amt dieser neuen Laufbahn mit geringerem Endgrundgehalt versetzt werden,

- wenn eine dem bisherigen Amt entsprechende Verwendung nicht möglich und
- wenn die Wahrnehmung der neuen Aufgabe unter Berücksichtigung der bisherigen Tätigkeit zumutbar ist und das neue Amt derselben Laufbahngruppe wie das derzeitige Amt zugeordnet ist.

Diese gesetzliche Möglichkeit ist in das Beamtenstatusgesetz nicht eingegangen.

5. Begrenzte Dienstfähigkeit

58 Auch das Institut der begrenzten Dienstfähigkeit bezweckt, die personellen Ressourcen des Dienstherrn so weit wie erreichbar zu nutzen und dem Beamten zugleich die Möglichkeit zu geben, weiterhin in seinem bisherigen Beruf am Arbeitsleben teilzunehmen.[157] Diese Form der Verwendung des Beamten ist gegenüber den unter Rn. 57 erörterten Lösungen einer anderweitigen Verwendung insofern nachrangig, als sie nur zum Tragen kommen soll, wenn sich eine Versetzung in den Ruhestand nicht schon nach § 26 Abs. 2

[155] Siehe BVerwG 19.3.2015 – 2 C 37.13 –, juris Rn. 15 ff., 26.3.2009 – 2 C 73.08 –, juris Rn. 25 ff. (= BVerwGE 133, 297) und 6.3.2012 – 2 A 5.10 –, juris Rn. 4. Diesbezügliche Fehler – etwa bei einzelnen Behörden unterbliebene Nachfragen (im Falle von unterbliebenen Reaktionen auf die Abfrage) zu Verwendungsmöglichkeiten – können auch noch im gerichtlichen Verfahren durch den Nachweis, dass zum entscheidungserheblichen Zeitpunkt (siehe Fn. 150) keine anderweitigen Verwendungsmöglichkeiten bestanden, geheilt werden. Da es im Übrigen unpraktikabel wäre, bei sich über längere Zeit hinziehenden Zurruhesetzungsverfahren mehrfache Suchanfragen zu stellen, es andererseits aber materiell darauf ankommt, ob im Zeitpunkt der letzten behördlichen Entscheidung eine anderweitige Verwendungsmöglichkeit besteht, sollte in die Anfrage vorsorglich etwa die folgende Aufforderung aufgenommen werden: „Sollte zu gegenwärtig sowie innerhalb der nächsten sechs Monate ab dem Zugang dieser Anfrage absehbar freiwerdenden geeigneten Dienstposten eine Fehlanzeige erstattet werden, bitte ich für den Fall, dass innerhalb von neun Monaten nach der Erstattung dieser Fehlanzeige solche Dienstposten frei oder absehbar frei werden, unaufgefordert um eine gesonderte Unterrichtung hierüber."

[156] Unter diesen Begriff fallen Unterweisungen in Theorie und Praxis, ggf. auch die freiwillige Teilnahme am Vorbereitungsdienst und der Laufbahnprüfung; siehe BT-Drs. 13/3994, 33.

[157] BT-Drs. 13/9527, 29 (Begründung B zu Art. 1 Nr. 4).

oder 3 BeamtStG bzw. nach § 44 Abs. 2 oder 3 BBG vermeiden lässt. § 45 Abs. 1 Satz 2 BBG bringt dies expressis verbis zum Ausdruck; Entsprechendes ergibt sich für Baden-Württemberg aus § 43 Abs. 3 BW LBG, für Hessen aus § 37 Abs. 1 HBG und für Sachsen-Anhalt aus § 46 Abs. 1 BG LSA, für das übrige Landesrecht folgt es sinngemäß aus dem Grundsatz „Rehabilitation bzw. Weiterverwendung vor Versorgung",[158] der als rechtspolitisches Grundanliegen fordert, den Beamten trotz körperlicher und/oder gesundheitlicher Mängel tunlichst in einer Weise und *in einem Umfang* einzusetzen, wie dies sein Befähigungspotential erlaubt. Der Unterschied zwischen § 27 Abs. 1 BeamtStG und § 45 Abs. 1 BBG liegt darin, dass die erstgenannte Vorschrift dem Dienstherrn – wie § 26 Abs. 1 Satz 3 BeamtStG[159] – ein (Rest-)Ermessen lässt,[160] wohingegen bei Bundesbeamten eine rechtlich gebundene Entscheidung des Dienstherrn geboten ist. Der Dienstherr hat den Beamten hier wenn möglich nach § 44 Abs. 2 oder 3 BBG in Vollzeit anderweitig zu verwenden oder seine Arbeitszeit – bei begrenzter Dienstfähigkeit – gemäß § 45 Abs. 2 BBG zu verkürzen.

Der Beamte ist begrenzt dienstfähig, wenn er – unter Beibehaltung des bisherigen 59
Amtes, mit seiner Zustimmung auch bei unterwertiger Beschäftigung (§ 27 Abs. 2 Satz 2 BeamtStG bzw. § 45 Abs. 2 Satz 2 BBG)[161] – in der Lage ist, den Teil seiner Dienstpflichten zu erfüllen, der seiner reduzierten Einsatz- und Verwendungsfähigkeit und dem vorgegebenen gesetzlichen Mindestzeitmaß der Hälfte der regelmäßigen Arbeitszeit entspricht.[162] Beiden Voraussetzungen muss genügt sein; andernfalls würde die Grenze zwischen Teildienstfähigkeit und Teilzeitbeschäftigung (siehe § 43 BeamtStG sowie § 91 BBG) verwischt.[163] Soweit es in diesem Rahmen einer ärztlichen Untersuchung und Gutachtenerstattung bedarf, gilt auch hier das unter Rn. 53 ff. Ausgeführte.[164]

Bei begrenzter Dienstfähigkeit erhält der Beamte Dienstbezüge entsprechend § 6 60
Abs. 1 BBesG; die Dienstbezüge werden mithin im gleichen Verhältnis wie die Arbeitszeit gekürzt, jedoch mindestens in Höhe des (fiktiv festzusetzenden) Ruhegehaltes gewährt, das er bei Versetzung in den Ruhestand erhalten würde (siehe § 72a Abs. 1 BBesG), sowie zusätzlich einen durch Rechtsverordnung geregelten Zuschlag (§ 72a Abs. 2 BBesG).[165] § 6 Abs. 1 Satz 3 BeamtVG zufolge sind Zeiten der eingeschränkten Verwendung eines Beamten wegen begrenzter Dienstfähigkeit nur zu dem Teil ruhegehaltfähig, der dem Verhältnis der ermäßigten zur regelmäßigen Arbeitszeit entspricht, mindestens aber im Umfang der Zurechnungszeit des § 13 Abs. 1 Satz 1 BeamtVG.

---

[158] Siehe schon Fn. 153 und → § 3 Rn. 10.

[159] Siehe dazu Fn. 107. Zur Ermessensausübung Brockhaus aaO (Fn. 109) Rn. 51 zu § 27 BeamtStG.

[160] Vgl. auch v. Roetteken in HBR IV Rn. 45 zu § 27 BeamtStG.

[161] Dem Beamten steht es frei, die Zustimmung zu erteilen oder zu verweigern; vgl. Baßlsperger in Weiß/Niedermaier/Summer/Zängl BayBeamtR Rn. 8 zu § 27 BeamtStG. Der Dienstherr ist gehalten, den Beamten vorab über die Gegebenheiten der ihm angesonnenen unterwertigen Beschäftigung zu unterrichten; vgl. Brockhaus aaO (Fn. 109) Rn. 46 zu § 27 BeamtStG.

[162] Vgl. Baßlsperger aaO (Fn. 161) Rn. 5 zu § 27 BeamtStG.

[163] Vgl. Battis BBG § 45 Rn. 3 und Brockhaus aaO (Fn. 109) Rn. 25, 27 zu § 27 BeamtStG.

[164] Siehe auch BVerwG ZBR 2006, 96.

[165] Wegen der Verordnungsermächtigung in § 72a Abs. 2 BBesG siehe Zinner in Schwegmann/Summer BesR A II/1 § 72a BBesG Rn. 34 ff., ferner BVerwGE 123, 308 (zur Pflicht, die erforderlichen Rechtsverordnungen zu erlassen). Siehe auch den Vorlagebeschluss des BVerwG 18.6.2015 – 2 C 49.13 –, juris (ein im Land Niedersachsen vorgesehener Zuschlag in Höhe von [nur] 5 % der Vollzeitbesoldung, mindestens 150 Euro, verletze das Alimentationsprinzip und den Gleichheitssatz) sowie BVerwG 27.3.2014 – 2 C 50.11 –, juris (BVerwGE 149, 244).

6. Wiederherstellung der Dienstfähigkeit

a) Reaktivierung von Amts wegen

61 Beamte, die wegen Dienstunfähigkeit in den Ruhestand versetzt wurden, können (unter Umständen verbunden mit der Feststellung ihrer begrenzten Dienstfähigkeit und mit Verkürzung ihrer Arbeitszeit, siehe § 29 Abs. 3 BeamtStG, § 46 Abs. 6 BBG) erneut in das (aktive) Beamtenverhältnis berufen werden,[166]

- wenn ihnen im Dienstbereich ihres früheren Dienstherrn ein Amt ihrer früheren oder einer anderen Laufbahn[167] mit mindestens demselben (End-)Grundgehalt übertragen werden soll

  und

- wenn zu erwarten ist, dass sie den gesundheitlichen Anforderungen des neuen Amtes genügen (§ 29 Abs. 2 Satz 1 BeamtStG, § 46 Abs. 1 Satz 1 BBG).

Falls eine anderweitige Verwendung nicht möglich ist, kann es sich im Falle der Übertragung eines Amtes in der früheren Laufbahn des Ruhestandsbeamten auch um eine geringerwertige Tätigkeit[168] handeln, sofern ihm die Wahrnehmung der neuen Aufgabe unter Berücksichtigung seiner früheren Tätigkeit zumutbar ist (§ 29 Abs. 2 Satz 3 BeamtStG, § 46 Abs. 2 BBG). Der Ruhestandsbeamte ist unter den genannten Voraussetzungen verpflichtet, einer erneuten Berufung in das Beamtenverhältnis Folge zu leisten (so ausdrücklich § 46 Abs. 1 Satz 1 BBG); einen Rechtsanspruch auf Reaktivierung kann er aus § 29 Abs. 2 BeamtStG bzw. § 46 Abs. 1 Satz 1 BBG hingegen nicht herleiten,[169] freilich verlangen, dass der Dienstherr bei der Ermessensausübung auch seine berechtigten Interessen angemessen in die Erwägungen einbezieht. Eine Altersgrenze, wie sie das frühere Recht kannte, findet sich weder im Bund noch in den Ländern.

62 Im Bundesbereich ist der Dienstherr verpflichtet, in regelmäßigen Abständen das Vorliegen der Voraussetzungen für die Dienstunfähigkeit zu überprüfen, es sei denn, nach den Umständen des Einzelfalles kommt eine erneute Berufung in das Beamtenverhältnis nicht in Betracht (§ 46 Abs. 1 Satz 2 BBG). Der Ruhestandsbeamte hat sich nach Weisung der zuständigen Behörde – ggf. auch ad hoc – ärztlich untersuchen zu lassen (§ 46 Abs. 7 Satz 1 BBG).[170] Überdies trifft ihn die – durch einen Hinweis des Dienstherrn vor Versetzung in den Ruhestand akzentuierte – Verpflichtung, zur Wiederherstellung seiner Dienstfähigkeit an geeigneten und zumutbaren gesundheitlichen und beruflichen Rehabilitationsmaßnahmen teilzunehmen, deren Kosten grundsätzlich vom Dienstherrn zu tragen sind (§ 46 Abs. 4 Satz 1, 3 und 4 BBG), der damit die Aufgaben eines Rehabilitationsträgers iSd § 6 SGB IX übernimmt.[171] Auch § 29 BeamtStG hebt die Pflichten des

---

[166] Im Hinblick auf § 29 Abs. 6 BeamtStG bzw. § 46 Abs. 8 BBG bedarf es keiner Ernennung; vgl. Battis BBG § 46 Rn. 9 und Reich BeamtStG § 29 Rn. 8.

[167] Zur Pflicht der Beamten, die nicht die Befähigung für die andere Laufbahn besitzen, an Qualifizierungsmaßnahmen für den Erwerb derselben teilzunehmen, siehe § 29 Abs. 2 Satz 2 BeamtStG und § 46 Abs. 3 BBG sowie → Rn. 57.

[168] Zumindest in der Regel wird die Abweichung gegenüber dem Statusamt nicht mehr als eine Besoldungsgruppe betragen dürfen; für eine strikte Begrenzung in diesem Sinne Summer in GKÖD I L § 46 Rn. 8; eine größere Abweichung halten Knoke in Schütz/Maiwald BR Rn. 33 zu § 29 BeamtStG, Nokiel/Jasper ZTR 2001, 193 und v. Roetteken in HBR IV Rn. 48 zu § 29 BeamtStG für angängig.

[169] BVerwG NVwZ 2001, 328 und NVwZ-RR 2009, 29; vgl. ferner NRW OVG 21.4.2015 – 6 A 2374/14 –, juris Rn. 7 (= NVwZ-RR 2015, 667).

[170] Siehe dazu schon → Rn. 53 ff.

[171] BT-Drs. 16/7076, 112.

Beamten hervor, (evtl. auf Weisung) an Rehabilitationsmaßnahmen teilzunehmen (Abs. 4) und sich weisungsgemäß ärztlich untersuchen zu lassen (Abs. 5 Satz 1).[172]

b) Reaktivierung auf Antrag

Beantragt der Ruhestandsbeamte nach Wiederherstellung seiner Dienstfähigkeit, erneut in das (aktive) Beamtenverhältnis berufen zu werden, so ist diesem Antrag (sofern er in den Ländern nicht an Fristhindernissen scheitert[173]) zu entsprechen, „falls nicht zwingende dienstliche Gründe entgegenstehen" (§ 29 Abs. 1 BeamtStG, § 46 Abs. 5 BBG). Der Ruhestandsbeamte kann verlangen, dass seine Dienstfähigkeit ärztlicherseits untersucht wird, wenn er eine Antragstellung beabsichtigt (so: § 29 Abs. 5 Satz 2 BeamtStG) oder einen Antrag schon gestellt hat (so: § 46 Abs. 7 Satz 2 BBG). **63**

„Zwingende dienstliche Gründe"[174] sind Belange, denen in Bezug auf die Aufrechterhaltung und/oder die Ordnung des Dienstbetriebes ein erheblich gesteigertes Gewicht zukommt, sodass sie sich im Blick auf die Versagung der erstrebten Reaktivierung als gleichsam „alternativlos" darstellen.[175] Das Bundesverwaltungsgericht[176] hält es für das maßgebliche Kriterium, „dass (die) Berücksichtigung (der betreffenden Gründe) unerlässlich ist, um die sachgerechte Wahrnehmung der dienstlichen Aufgaben sicherzustellen"; bei einer Reaktivierung des Ruhestandsbeamten müssten „mit großer Wahrscheinlichkeit schwerwiegende Beeinträchtigungen der Funktionsfähigkeit (des Dienstbetriebes) drohen", die „vernünftigerweise nicht hinnehmbar (seien)".[177] Das begründe für den Dienstherrn „die Notwendigkeit, für den Fall eines (etwaigen künftigen) Antrags auf Wiederberufung Vorsorge zu treffen, etwa durch das Ausweisen einer Leerstelle"; habe er dies versäumt, könne er „auch zur Einrichtung einer entsprechenden Planstelle unter Zuweisung eines amtsangemessenen Aufgabenbereichs an den Beamten verpflichtet sein". Ein „Personalüberhang" bei einem Dienstherrn (im Ausgangsfall: bei der Deutschen Telekom AG) sei kein „zwingender dienstlicher Grund", der die Reaktivierung eines Ruhestandsbeamten ausschließe. **64**

Der Reaktivierungsanspruch des Ruhestandsbeamten, dessen Wiederverwendung keine „zwingenden dienstlichen Gründe" entgegenstehen, umfasst nicht ein Anrecht auf Einweisung in seine frühere Planstelle[178] oder auf ein bestimmtes, ihm erwünscht erscheinendes Amt. *Insofern* – dh was die konkrete Art und Weise (nicht das „Ob", sondern das „Wie") der Erfüllung des Anspruchs betrifft – hat der Dienstherr nach seinem pflichtgemäßen Ermessen zu entscheiden – mit der Konsequenz, dass er den ausschließlich auf eine ganz spezielle Verwendung zielenden, eingeschränkten Antrag ablehnen kann, falls der Ruhestandsbeamte sich anderen sachlich begründeten Verwendungsvorstellungen des Dienstherrn verschließt.[179] **65**

---

[172] Zu Regelungen im Landesbereich, die § 29 BeamtStG ergänzen, siehe Knoke aaO (Fn. 168) Rn. 18 ff. zu § 35 NRW LBG (aF).

[173] § 29 Abs. 1 BeamtStG legt selbst eine Ausschlussfrist von zehn Jahren seit Versetzung in den Ruhestand fest und ermächtigt darüber hinaus die Länder, kürzere Ablauffristen zu bestimmen. Die Möglichkeit bzw. die Verpflichtung des Dienstherrn, den Ruhestandsbeamten bei Vorliegen der Voraussetzungen trotz Fristversäumnis von Amts wegen zu reaktivieren, bleibt unberührt.

[174] Zur Auslegung des Begriffs BVerwG NVwZ-RR 2009, 839, NRW OVG ZBR 2009, 130, Lemhöfer in Plog/Wiedow BBG (alt) § 45 Rn. 14 ff. und Reich ZBR 2014, 245 (246).

[175] NRW OVG aaO (Fn. 174).

[176] Siehe Fn. 174, 175.

[177] Hinweis auf BVerwGE 120, 382 sowie BVerwG NVwZ-RR 2008, 45 und NVwZ-RR 2009, 29.

[178] Vgl. dazu NdsOVG ZBR 1970, 55.

[179] Vgl. dazu Lemhöfer aaO (Fn. 174) § 45 Rn. 13a.

7. Zu Verfahren, Zuständigkeit und Form

a) Versetzung in den Ruhestand wegen Dienstunfähigkeit

66 Gemäß § 47 BBG hat der unmittelbare oder ein höherer[180] Dienstvorgesetzter dem (Bundes-)Beamten unter Angabe der Gründe[181] mitzuteilen,[182] dass beabsichtigt sei, ihn in den Ruhestand zu versetzen (Abs. 1); der Beamte kann innerhalb eines Monats Einwendungen erheben (Abs. 2 Satz 1). Vorbehaltlich abweichender gesetzlicher Regelung obliegt die danach (in Würdigung etwaiger Einwendungen) – grundsätzlich mit Zustimmung der obersten Dienstbehörde oder einer von dieser bestimmten Stelle – zu treffende Entscheidung der Ernennungsbehörde (Abs. 2 Satz 2 und 3 aaO iVm § 12 Abs. 1 BBG); sofern das Verfahren nicht eingestellt wird,[183] findet sie ihren Ausdruck in der – schriftlich zuzustellenden, bis zum Beginn des Ruhestandes rücknehmbaren – Versetzungsverfügung, einem rechtsgestaltenden Verwaltungsakt (Abs. 3 aaO),[184] vor dessen Erlass der Beamte § 28 Abs. 1 VwVfG zufolge (nochmals) zu hören ist. Gemäß Abs. 4 aaO beginnt der Ruhestand mit dem Ende des Monats, in dem die Zurruhesetzung dem Beamten bekannt gegeben worden ist (Satz 1); zu diesem Zeitpunkt wird die das Ruhegehalt übersteigende Besoldung (kraft Gesetzes) einbehalten (Satz 2 aaO). Die Durchführung des nach § 84 Abs. 2 Satz 1 SGB IX gebotenen betrieblichen Eingliederungsmanagements ist keine Rechtmäßigkeitsvoraussetzung für die Zurruhesetzung.[185] Bei schwerbehinderten Beamten ist die Schwerbehindertenvertretung vorab anzuhören (§ 95 Abs. 2 SGB IX).[186] Auf Antrag des Beamten hat der Personalrat mitzuwirken (§ 78 Abs. 1 Nr. 5 und Abs. 2 BPersVG; siehe aber auch die Ausnahmeregelung in § 78 Abs. 2 Satz 1 iVm § 77 Abs. 1 Satz 2 BPersVG).[187]

67 Die Länder haben im Wesentlichen gleichsinnige Regelungen getroffen.[188]

b) Feststellung der begrenzten Dienstfähigkeit

68 Gemäß § 45 Abs. 3 Satz 1 BBG entscheidet die für die Ernennung zuständige Behörde (§ 12 Abs. 1 BBG) auch über die Feststellung der begrenzten Dienstfähigkeit. Für das

[180] Vgl. BVerwG ZBR 1995, 343.

[181] Inhalt und Umfang der Begründung hängen davon ab, inwieweit der Beamte die Erwägungen des Dienstherrn bereits kennt; in jedem Fall muss deutlich werden, ob der rechtliche Ansatz bei Satz 1 *oder* bei Satz 2 des § 44 Abs. 1 BBG (= § 26 Abs. 1 Satz 1 *oder* Satz 2 BeamtStG) gesehen wird.

[182] Die zuzustellende (vgl. § 128 BBG) Mitteilung ist mangels unmittelbarer rechtlicher Außenwirkung kein Verwaltungsakt; BVerwG DVBl 1990, 1232. Sie ist deshalb auch später nicht nachholbar; BVerwG DÖV 1961, 147.

[183] Der Einstellungsbescheid, der auch dann erforderlich ist, wenn eine anderweitige Verwendung (§ 44 Abs. 2–4 BBG) für möglich gehalten oder eine begrenzte Dienstfähigkeit (§ 45 BBG) angenommen wird, ist zuzustellen.

[184] Summer in Weiß/Niedermaier/Summer/Zängl BayBeamtR Rn. 26 zu § 26 BeamtStG. Siehe auch § 59 BBG.

[185] BVerwG 5.6.2014 – 2 C 22.13 –, juris Rn. 46 (BVerwGE 150, 1).

[186] Zur Aussetzung der Durchführung oder Vollziehung einer ohne Beteiligung der Schwerbehindertenvertretung getroffenen Entscheidung siehe § 95 Abs. 2 Satz 2 SGB IX.

[187] Zur Beteiligung der Gleichstellungsbeauftragten § 27 Abs. 1 Nr. 1 lit. e BGleiG. Zur Anwendung von § 46 VwVfG bei unterbliebener Beteiligung siehe BVerwG 20.8.2014 – 2 B 78.13 –, juris Rn. 7 mwN.

[188] Siehe dazu § 44 BW LBG, Art. 66 BayBG, § 41 BlnLBG, § 41 BbgLBG, § 41 Abs. 4 BrBG, § 41 Abs. 4 HmbBG, § 36 Abs. 3 HBG, § 41 Abs. 3 MVBG, § 43 Abs. 3 und 4 NBG, § 34 NRW LBG, § 44 Abs. 4 und 5 RP LBG, § 45 Abs. 3 SBG, § 52 Abs. 2–4 SächsBG, § 45 Abs. 3 und 4 BG LSA, § 41 Abs. 3 und 4 SH LBG sowie § 31 Abs. 3–5 ThürBG.

Verfahren gelten die Vorschriften über die Dienstunfähigkeit entsprechend (§ 45 Abs. 3 Satz 2 BBG).[189] Wegen des gleichgerichteten Landesrechts kann hier beispielhaft auf § 44f. BW LBG, Art. 71 Abs. 1 BayBG, § 41 Abs. 5 HmbBG und § 50 SächsBG verwiesen werden.

c) Wiederherstellung der Dienstfähigkeit

Die für die Ernennung zuständige Behörde (vgl. im Bund § 12 Abs. 1 BBG) ist auch für die Wiederberufung des Ruhestandsbeamten in das aktive Beamtenverhältnis zuständig; einer förmlichen Ernennung nach § 8 Abs. 1 Nr. 2 BeamtStG bzw. nach § 10 Abs. 1 Nr. 2 BBG bedarf es nicht, weil das frühere Beamtenverhältnis bei einer erneuten Berufung „als fortgesetzt gilt" (§ 29 Abs. 6 BeamtStG, § 46 Abs. 8 BBG).[190] Soll der Beamte gegen seinen Willen reaktiviert werden, so ist ihm Gelegenheit zu geben, sich zu den für die Entscheidung erheblichen Tatsachen zu äußern (sei es gemäß § 28 Abs. 1 VwVfG, sei es aufgrund der Fürsorgepflicht des Dienstherrn[191]), hier mithin namentlich zu den Ergebnissen einer ärztlichen Untersuchung (siehe § 48 BBG), auf die der maßgebliche Dienstvorgesetzte sein Urteil stützt, dass der Beamte wieder (voll oder mindestens begrenzt) dienstfähig sei. Soll ein Reaktivierungsbegehren des Ruhestandsbeamten abgelehnt werden, weil er nicht wieder (voll) dienstfähig sei oder weil zwingende dienstliche Gründe einer erneuten Berufung in das (aktive) Beamtenverhältnis entgegenständen, so wird er zuvor gleichfalls anzuhören sein, sei es, dass man § 28 Abs. 1 VwVfG als Ausdruck eines allgemeinen Rechtsgedankens ansieht,[192] der auch auf die Ablehnung eines Antrags auf Erlass einer begünstigenden Amtshandlung anwendbar ist, sei es, dass man auch insoweit die Fürsorgepflicht als Argumentationsansatz heranzieht. Ob der Personalrat bei der erneuten Berufung in das frühere Beamtenverhältnis wie bei einer Einstellung mitzubestimmen hat (vgl. § 76 Abs. 1 Nr. 1 BPersVG und das korrespondierende Landesrecht), ist umstritten.[193] Die Frage ist zu bejahen: Die Fiktion einer „Fortsetzung" des früheren (aktiven) Beamtenverhältnisses soll nicht eigentlich dem Prinzip „Rehabilitation vor Versorgung", sondern ausschlaggebend der Verwaltungsvereinfachung dienen,[194] sodass sich dieses Prinzip auch nicht überzeugungskräftig zugunsten der ablehnenden Auffassung ins Feld führen lässt. Für eine Personalratsbeteiligung spricht immerhin, „dass auch in den hier in Rede stehenden Reaktivierungsfällen ein für seine aktuelle Arbeitsumgebung ‚neuer' Beschäftigter in die Dienststelle wieder eingegliedert werden muss, was (ua) die Interessen der dort Beschäftigten berührt".[195] 69

8. Rechtsschutzfragen

a) Versetzung in den Ruhestand wegen Dienstunfähigkeit

Wird der Beamte – durch belastenden Verwaltungsakt – gegen seinen Willen wegen Dienstunfähigkeit zurruhegesetzt, so ist die Anfechtungsklage der richtige prozessuale Rechtsbehelf. Über die Frage, ob er (tatsächlich oder qua Vermutung) dienstunfähig ist, entscheidet das Gericht im Rahmen seiner Prüfung der tatbestandlichen Voraussetzungen. Dem Dienstherrn ist bei dem Verständnis und der Anwendung des komplexen 70

[189] Siehe → Rn. 66.
[190] Vgl. BVerwG NVwZ 2001, 328.
[191] Siehe dazu → § 10 Rn. 16.
[192] Vgl. dazu Kopp/Ramsauer VwVfG § 28 Rn. 26ff. mwN.
[193] Vgl. dazu die umfassenden Nachweise bei Knoke aaO (Fn. 168) Rn. 69 zu § 29 BeamtStG.
[194] Battis BBG § 46 Rn. 9.
[195] So zutr. Knoke aaO (Fn. 193).

unbestimmten Rechtsbegriffs „zur Erfüllung (der) Dienstpflichten ... unfähig" im Einzelfall insoweit eine Einschätzungsprärogative zuzugestehen, da es ihm in Ausübung seiner Organisationsgewalt obliegt, die an die Erfüllung der jeweiligen Dienstpflichten zu stellenden Anforderungen festzulegen.[196] Im Übrigen unterliegt die Dienstunfähigkeit der uneingeschränkten gerichtlichen Nachprüfung.[197] Die Anordnung einer ärztliche Untersuchung (vgl. § 44 Abs. 6, § 48 BBG) ist kein Verwaltungsakt[198], vorläufiger Rechtsschutz ist daher nach § 123 Abs. 1 VwGO zu suchen, wobei § 44a Satz 1 VwGO der Zulässigkeit nicht entgegensteht.[199] Wegen des vorläufigen Rechtsschutzes im Zusammenhang mit der Einbehaltungsregelung des § 47 Abs. 4 Satz 2 BBG siehe § 15 Rn. 27.

71 Wird ein Antrag des Beamten auf Zurruhesetzung wegen Dienstunfähigkeit abgelehnt, so kann er sein Ziel im Prozess mit der Verpflichtungsklage weiterverfolgen. Bejaht der Dienstherr zwar die Dienstunfähigkeit selbst, hält er aber eine anderweitige Verwendung des Beamten für möglich, so wird er diese Alternative folgerichtig unverzüglich zu verwirklichen haben, sodass der Beamte auch gegen die betreffenden Maßnahmen – etwa eine Umsetzung oder eine Versetzung – mit (dem Widerspruch und) der allgemeinen Leistungs- bzw. der Anfechtungsklage angehen muss.

b) Feststellung der begrenzten Dienstfähigkeit

72 Der Beamte, der wegen (voller) Dienstunfähigkeit in den Ruhestand versetzt worden ist, sich selbst aber noch für begrenzt dienstfähig hält, kann die Zurruhesetzungsverfügung je nach Lage der Dinge mit der Begründung anfechten,

- der Dienstherr habe verkannt, dass er noch während mindestens der Hälfte der regelmäßigen Arbeitszeit zur Erfüllung seiner amtsbezogenen Dienstpflichten in der Lage sei, oder
- er habe von seinem (Rest-)Ermessen rechtswidrig Gebrauch gemacht, etwa indem er die Möglichkeit einer unterwertigen Verwendung (siehe § 27 Abs. 2 Satz 2 BeamtStG, § 45 Abs. 2 Satz 2 BBG) gar nicht in Betracht gezogen habe.

Falls der Beamte meint, dass der Dienstherr seine Arbeitszeit – bei noch vorhandener Teildienstfähigkeit – zu Unrecht nicht herabgesetzt habe, oder aber der Ansicht ist, dass die Reduzierung zu gering oder zu hoch ausgefallen sei, kann ihm zu einem Bescheidungs- oder Verpflichtungspetitum im Sinne seines Anliegens zu raten sein.

c) Wiederherstellung der Dienstfähigkeit

73 Wenn der Beamte einen Anspruch auf Reaktivierung erhebt, den der Dienstherr nicht erfüllt, wird er je nach der Argumentation des Beklagten im Vorfeld des Prozesses zu bedenken haben, ob er – unter Beschränkung auf eine Bescheidungsklage – deswegen von einer Verpflichtungsklage absieht, weil sich nicht von vornherein ausschließen lässt, dass

[196] Siehe BVerwG 5.6.2014 – 2 C 22.13 –, juris Rn. 16 (BVerwGE 150, 1), sowie Koch in Plog/Wiedow BBG 2009 § 44 Rn. 14 mwN; siehe ferner → § 4 Rn. 43 sowie oben → Rn. 25.

[197] Siehe – jeweils mwN – BVerwG (Fn. 196), Rn. 17 und Koch (Fn. 196) Rn. 13. Vgl. zu einem dem Dienstherrn zuzugestehenden Prognosespielraum auch Summer ZBR 1993, 17 (20).

[198] So die neuere Rechtsprechung, siehe BVerwG 10.4.2014 – 2 B 80.13 –, juris Rn. 8 (= NVwZ 2014, 892); 30.5.2013 – 2 C 68.11 –, juris Rn. 16 (= BVerwGE 146, 347); 26.4.2012 – 2 C 17.10 –, juris Rn. 14 (= NVwZ 2012, 1483). Siehe dagegen Kenntner ZBR 2015, 181 (183).

[199] Vgl. RP OVG 3.2.2015 – 2 A 10458/14 –, juris Rn. 24 ff.; BW VGH 22.7.2014 – 4 S 1209/13 –, juris Rn. 24 ff.; NRW OVG 19.4.2016 – 1 B 307/16 –, juris Rn. 7 ff. mwN bei Rn. 10. Siehe auch § 7 Rn. 15 mwN. Ein Beamter kann nicht verlangen, dass eine Begleitperson bei der Untersuchung anwesend ist (HmbOVG 15.6.2006 – 1 Bs 102/06 –, juris Rn. 4: Ehemann, RP OVG 30.9.1999 – 2 B 11735/99 –, juris = NVwZ-RR 2000, 626: Vertrauensperson als Protokollant; aA VG Münster 16.5.2012 – 4 L 113/12 –, juris: Vertrauensperson oder Rechtsanwalt).

das Gericht bei Berücksichtigung der Einschätzungsprärogative des Dienstherrn zu dem Ergebnis gelangt, die geltend gemachten „dienstlichen (Hinderungs-)Gründe" seien als „zwingend" zu akzeptieren.

Hält sich der Ruhestandsbeamte nach wie vor für dienstunfähig oder nurmehr für 74
begrenzt dienstfähig, wird er Reaktivierungsakten des Dienstherrn mit der Anfechtungsklage begegnen.

d) Beweislast

Der Dienstherr trägt im Falle der Zurruhesetzung die materielle Beweislast für die 75
Dienstunfähigkeit des Beamten.[200] Erstrebt der Ruhestandsbeamte hingegen seine Reaktivierung, trägt er die Beweislast für die Wiederherstellung der Dienstfähigkeit.

[200] Siehe zB NdsOVG 1.3.2013 – 5 LB 79/11 –, juris Rn. 34 mwN.

§ 6 Entlassung von Beamten auf Probe und auf Widerruf

Beamtenstatusgesetz und Bundesbeamtengesetz enthalten zum einen Entlassungstatbestände, die nicht von der Art des Beamtenverhältnisses abhängen, zum anderen solche, die sich nur auf bestimmte Beamtenverhältnisse beziehen. Jeder Beamte ist kraft Gesetzes entlassen, 1

- wenn er die Eigenschaft, Deutscher (Art. 116 GG) oder Unionsbürger (Art. 17 EGV, 20 AEUV) zu sein, verliert oder wenn er nicht mehr die Staatsangehörigkeit eines anderen Signatarstaates des Abkommens über den Europäischen Wirtschaftsraum oder eines Drittstaates besitzt, dem die Bundesrepublik Deutschland und die Europäische Union vertraglich einen entsprechenden Anspruch auf Anerkennung der Berufsqualifikationen eingeräumt haben (vgl. § 22 Abs. 1 Nr. 1 BeamtStG, § 31 Abs. 1 Nr. 1 BBG[1]), oder
- wenn er in ein öffentlich-rechtliches Dienst- oder Amtsverhältnis zu einem anderen (deutschen[2]) Dienstherrn[3] oder zu einer (inter- oder supranationalen oder zwischenstaatlichen[4]) Einrichtung ohne Dienstherrnfähigkeit (nach deutschem Beamtenrecht) tritt; die Rechtsfolge einer Entlassung kraft Gesetzes[5] stellt sich hier insbesondere[6] dann nicht ein, wenn die Fortdauer des bestehenden Beamtenverhältnisses neben dem neuen Dienst- oder Amtsverhältnis im Einvernehmen mit dem neuen Dienstherrn oder der Einrichtung spätestens bis zum Zeitpunkt der Begründung des neuen (weiteren) Dienst- oder Amtsverhältnisses[7] angeordnet wird[8] oder wenn es sich bei dem neuen

[1] Zur Möglichkeit, auch nachträglich eine Ausnahme (ua) von den Staatsangehörigkeitserfordernissen zuzulassen, siehe § 7 Abs. 3 BBG.

[2] Vgl. BVerwG ZBR 2006, 95 und ZBR 2010, 256. Siehe auch Zängl in GKÖD I L § 31 Rn. 35 und Lemhöfer in Plog/Wiedow BBG 2009 § 31 Rn. 8; aA in Bezug auf die Begründung eines Beamtenverhältnisses als Universitätsprofessor zur Republik Österreich BW VGH 10.12.2002 – 4 S 309/00 –, IÖD 2003, 50, auch abgedr. bei Schütz/Maiwald BR ES/A II 5.1 Nr. 85 (zust. Battis BBG § 31 Rn. 4).

[3] Auch die Ernennung zum Berufs- oder Zeitsoldaten ist nunmehr vom Bundesbeamtengesetz erfasst; vgl. zum früheren Recht § 125 Abs. 1 Satz 1 BRRG aF Landesbeamte sind mit der Berufung in ein Beamtenverhältnis auf Zeit aus einem anderen Beamtenverhältnis bei *demselben* Dienstherrn entlassen, soweit das Landesrecht keine andere Regelung trifft (§ 22 Abs. 3 BeamtStG = § 98 Satz 1 BRRG aF); vgl. dazu auch BT-Drs. 16/4027, 44 (Stellungnahme des Bundesrates Nr. 6) sowie BT-Drs. 16/4038, 2 (zu Nr. 6).

[4] Beispiel: Europäisches Patentamt (München). Sofern ein Beamter (ausdrücklich) für eine Tätigkeit bei einer internationalen, zwischenstaatlichen oder supranationalen Einrichtung beurlaubt wird, erfüllt dies nicht den im obigen Text angesprochenen Entlassungstatbestand. Im Falle der Begründung eines Beamtenverhältnisses zu einer solchen Einrichtung kann die Fortdauer des inländischen Beamtenverhältnisses (einvernehmlich) angeordnet werden, etwa dann, wenn in dem neuen Beamtenverhältnis erst eine Probezeit abzuleisten ist.

[5] Eine spätere Beendigung des neuen Dienst- oder Amtsverhältnisses führt – abgesehen von Fällen der Nichtigkeit oder Rücknahme – nicht dazu, dass das kraft Gesetzes beendete frühere Beamtenverhältnis wieder auflebt.

[6] Eine spezielle gesetzliche Regelung gilt für die Wahl eines Beamten zum Richter des Bundesverfassungsgerichts (vgl. § 101 Abs. 1 BVerfGG). Siehe auch § 15 Abs. 3 Satz 2 BeamtStG für die dienstherrnübergreifende Versetzung: Das Beamtenverhältnis wird hier mit dem neuen Dienstherrn fortgesetzt. Hinsichtlich der Umbildung einer Körperschaft gilt Entsprechendes (§ 17 Abs. 1 BeamtStG).

[7] VG Freiburg VBlBW 1970, 158. Eine nachträgliche Anordnung kann die inzwischen eingetretene Entlassung nicht mehr beseitigen. Siehe schon Fn. 5.

[8] Siehe dazu bereits Fn. 4 sowie LSA OVG 23.8.2011 – 1 M 111/11 –, juris Rn. 3.

Dienst- oder Amtsverhältnis um ein Beamtenverhältnis auf Widerruf oder um ein Ehrenbeamtenverhältnis handelt (vgl. § 22 Abs. 2 BeamtStG, § 31 Abs. 1 Nr. 2 und Abs. 2 Satz 2 BBG).[9]

Beamte auf Probe und auf Widerruf sind kraft Gesetzes mit dem Ende des Monats entlassen, in dem sie die im Beamtenverhältnis auf Lebenszeit geltende Altersgrenze erreichen (§ 22 Abs. 1 Nr. 2 BeamtStG, § 34 Abs. 4, § 37 Abs. 1 Satz 3 BBG).

2 Für Beamte, denen ein Amt mit leitender Funktion (zunächst) im Beamtenverhältnis auf Probe übertragen worden ist (§ 4 Abs. 3 lit. b BeamtStG[10], § 24 Abs. 1 Satz 1 BBG), gilt im Bundesbereich die Sonderregelung des § 35 Satz 1 BBG. Danach ist der Beamte mit Ablauf der Probezeit, mit Beendigung des (durch das Probebeamtenverhältnis „überlagerten") Beamtenverhältnisses auf Lebenszeit, mit der Versetzung zu einem anderen Dienstherrn oder mit der disziplinarrechtlichen Festsetzung – mindestens – einer Kürzung der Dienstbezüge (§ 5 Abs. 1 Nr. 3, § 8 BDG) kraft Gesetzes aus dem Beamtenverhältnis auf Probe entlassen. Das Landesrecht[11] korrespondiert dem.

3 Durch rechtsgestaltenden Verwaltungsakt ist zu entlassen,[12]

- wer sich weigert, dem Gesetz entsprechend den Diensteid[13] zu leisten oder das ersatzweise vorgeschriebene Gelöbnis[14] abzulegen (§ 23 Abs. 1 Satz 1 Nr. 1 BeamtStG, § 32 Abs. 1 Nr. 1 BBG),
- wer nach Erreichen der Regelaltersgrenze oder einer gesetzlich bestimmten besonderen Altersgrenze ernannt worden ist (§ 23 Abs. 1 Satz 1 Nr. 5 BeamtStG, § 51 Abs. 4 BBG),
- wer nicht in den (einstweiligen) Ruhestand versetzt werden kann, weil er bei Erreichen der Altersgrenze das Erfordernis einer (grundsätzlich fünfjährigen) versorgungsrechtlichen Wartezeit[15] nicht erfüllt (§ 23 Abs. 1 Satz 1 Nr. 2 BeamtStG, § 32 Abs. 1 Nr. 2 BBG),
- wer zur Zeit der Ernennung ein parlamentarisches Mandat innehat, mit dem der Beamtenstatus kraft Gesetzes unvereinbar ist, falls er das Mandat nicht innerhalb der von der obersten Dienstbehörde gesetzten angemessenen Frist niederlegt (vgl. § 32 Abs. 1 Nr. 3 BBG[16]),[17]
- wer dienstunfähig ist, ohne anderweitig verwendbar zu sein, und die versorgungsrechtliche Wartezeit nicht abgeleistet hat (vgl. § 23 Abs. 1 Satz 2 iVm § 26 Abs. 2 BeamtStG, § 44 Abs. 1 Satz 3 BBG) oder
- wer seine Entlassung durch eindeutige, bestimmte und vorbehaltlose Erklärung des Entlassungswillens in schriftlicher Form verlangt (§ 23 Abs. 1 Satz 1 Nr. 4 BeamtStG, § 33 BBG)[18].

---

[9] Die Zuweisung zu einer anderen Einrichtung nach § 20 BeamtStG bzw. § 29 BBG führt nicht zur Entlassung, da kein neues Beamtenverhältnis begründet wird.

[10] Zum Landesrecht siehe schon → § 3 Rn. 40.

[11] Siehe dazu (hier) → Rn. 40.

[12] Siehe auch → § 7 Fn. 145.

[13] § 38 Abs. 1 BeamtStG, § 64 Abs. 1 und 2 BBG.

[14] § 38 Abs. 2 und 3 BeamtStG, § 64 Abs. 3 und 4 BBG.

[15] Vgl. § 4 Abs. 1 Satz 1 Nr. 1 BeamtVG.

[16] Landesrechtlichen Parallelvorschriften finden sich zB in § 27 Abs. 1 NRW LBG und § 34 Abs. 1 BG LSA.

[17] Siehe aber auch § 5 Abs. 3 AbgG: „Einem in den Bundestag gewählten Beamten auf Widerruf im Vorbereitungsdienst ist auf seinen Antrag Urlaub ohne Anwärterbezüge zu gewähren. Wird der Beamte nach Bestehen der Laufbahnprüfung zum Beamten auf Probe ernannt, so ruhen seine Rechte und Pflichten aus diesem Dienstverhältnis ... von dem Tage an, mit dem die Ernennung wirksam wird."

[18] Vgl. dazu im Einzelnen H. Günther ZBR 1994, 197. Siehe ferner BT-Drs. 16/4027, 27: Die Schriftform umfasse auch die elektronische Form (§ 3a Abs. 2 VwVfG), die durch ihre technischen

Durch rechtsgestaltenden Verwaltungsakt kann ein Beamter entlassen werden, der die Eigenschaft als Deutscher (Art. 116 GG) verliert,[19] aber Unionsbürger (Art. 17 EGV) bleibt bzw. eine der in § 7 Abs. 1 Nr. 1 lit. b oder lit. c BeamtStG und in § 7 Abs. 1 Nr. 1 lit. b oder lit. c BBG näher bezeichneten Staatsangehörigkeiten behält, sofern er in eine Laufbahn eingestellt worden ist und darin verwendet wird, deren Aufgaben iSd (in Übereinstimmung mit § 39 Abs. 4 EGV auszulegenden) § 7 Abs. 2 BeamtStG und des gleich lautenden § 7 Abs. 2 BBG die Wahrnehmung durch Deutsche erfordert (§ 23 Abs. 2 BeamtStG, § 32 Abs. 2 BBG). 4

Im Folgenden werden ausschließlich Entlassungsgründe behandelt, die *nur* Beamte auf Probe oder auf Widerruf betreffen. 5

I. Entlassung von Beamten auf Probe im Sinne des § 4 Abs. 3 lit. a BeamtStG bzw. des § 6 Abs. 3 Nr. 1 BBG durch Verwaltungsakt

Der Beamte auf Probe[20] kann entlassen werden 6

- bei einem Verhalten, das – unterstellt, er wäre Beamter auf Lebenszeit – disziplinarrechtlich mindestens eine Kürzung der Dienstbezüge[21] zur Folge hätte (§ 23 Abs. 3 Satz 1 Nr. 1 BeamtStG, § 34 Abs. 1 Satz 1 Nr. 1 BBG),
- bei fehlender Bewährung (§ 23 Abs. 3 Satz 1 Nr. 2 BeamtStG, § 34 Abs. 1 Satz 1 Nr. 2 BBG mit Bezugnahme auf § 11 Abs. 1 Satz 1 Nr. 2 BBG), im Falle mangelnder gesundheitlicher Eignung freilich nur, wenn eine anderweitige Verwendung nicht möglich ist (§ 23 Abs. 3 Satz 2 iVm § 26 Abs. 2 BeamtStG, § 34 Abs. 1 Satz 2 BBG),
- bei Dienstunfähigkeit, wenn er nicht anderweitig verwendet werden kann oder wenn er nicht nach § 28 Abs. 1 oder 2 BeamtStG bzw. nach § 49 Abs. 1 oder 2 BBG in den Ruhestand versetzt wird (siehe § 34 Abs. 1 Satz 1 Nr. 3 und Satz 2 BBG; vgl. auch § 23 Abs. 1 Satz 1 Nr. 3 BeamtStG),[22]

  oder
- bei organisatorischen Änderungen, falls das übertragene Aufgabengebiet hiervon berührt wird und eine anderweitige Verwendung nicht möglich ist (§ 23 Abs. 3 Satz 1 Nr. 3 BeamtStG, § 34 Abs. 1 Satz 1 Nr. 4 BBG).

Politische Beamte (§ 30 Abs. 1 BeamtStG, § 54 Abs. 1 BBG), die Beamte auf Probe sind, können jederzeit entlassen werden (§ 30 Abs. 2 BeamtStG, § 36 BBG).

Anforderungen Schutz vor übereiltem Handeln biete und so der Warnfunktion (der Schriftform) in ausreichendem Maße Rechnung trage (anders aber § 27 Abs. 3 Satz 2 NRW LBG: ein Verlangen in elektronischer Form sei „nicht zulässig"). Zu beachten ist außerdem die Rücknahmeregelung in § 33 Abs. 1 Satz 2 BBG; zur Entlassung vor Ablauf der dortigen Zweiwochenfrist NdsOVG NVwZ-RR 2006, 197. Zur Anfechtung des Entlassungsantrags entsprechend den §§ 119, 123 BBG siehe Battis BBG § 33 Rn. 4, Brockhaus in Schütz/Maiwald BR Rn. 59ff. zu § 23 BeamtStG und H. Günther DÖD 2014, 268ff., jeweils mwN.

[19] Für den Fall, dass bereits die Ernennung nicht erfolgen durfte, siehe die Rücknahmeregelungen des → § 12 Abs. 1 Nr. 3 BeamtStG und des § 14 Abs. 1 Nr. 3 BBG.

[20] Auch ein Hochschullehrer, der Beamter auf Probe ist, kann nach § 23 Abs. 3 Satz 1 BeamtStG bzw. § 34 Abs. 1 Satz 1 BBG – etwa wegen mangelnder fachlicher Befähigung oder charakterlicher Nichteignung – entlassen werden; Art. 5 Abs. 3 Satz 1 GG wird hierdurch nicht berührt (BVerwG Buchholz 237.1 Art. 42 BayBG Nr. 3 und Art. 43 BayBG Nr. 2 sowie Buchholz 237.2 § 67 LBG Berlin Nr. 2).

[21] Siehe statt aller einschlägigen disziplinarrechtlichen Bestimmungen § 5 Abs. 1 Nr. 3, § 8 BDG.

[22] Vgl. dazu Summer ZBR 1993, 17 (20ff.).

Diese Aufzählung ist abschließend.[23] Das Wort „kann", welches die Entlassungstatbestände mit der entsprechenden Rechtsfolge verknüpft, deutet auf ein Ermessen des Dienstherrn hin. Als Grundsatz muss jedoch gelten:[24] Den Dienstherrn trifft die Verpflichtung, den Beamten auf Probe zu entlassen, wenn er definitiv zu der Überzeugung gelangt ist, dass die gesetzlichen Voraussetzungen für die Entlassung gegeben seien, dh bei den unter Spiegelstrich zwei bis vier aufgelisteten Fällen auch, dass jeweils eine anderweitige Verwendung ausscheiden muss. Zu den verbleibenden Verfahrens- und Entscheidungsspielräumen siehe Rn. 10 ff., 23 ff. und 32, zur – jederzeit möglichen – Entlassung von politischen Beamten auf Probe siehe § 30 Abs. 2 BeamtStG und § 36 BBG.

1. Entlassung wegen eines Dienstvergehens

a) Tatbestandliche Voraussetzungen

7 Der Entlassungsgrund des § 23 Abs. 3 Satz 1 Nr. 1 BeamtStG und des § 34 Abs. 1 Satz 1 Nr. 1 BBG liegt in einem Dienstvergehen (§ 47 Abs. 1 BeamtStG, § 77 Abs. 1 BBG) des Beamten auf Probe, welches bei einem Beamten auf Lebenszeit mindestens eine Kürzung der Dienstbezüge zur Folge hätte.[25] Der Dienstherr und die Verwaltungsgerichte müssen bei hypothetischer Betrachtung mit der „erforderlichen Sicherheit" zu der Überzeugung gelangen, dass das zuständige (letztinstanzlich entscheidende) Gericht im vergleichbaren Fall gegen einen Beamten auf Lebenszeit wenigstens eine derartige Maßnahme verhängt hätte; es genügt nicht, dass das entsprechende Verhalten bei einem Beamten auf Lebenszeit „nur möglicherweise" so sanktioniert worden wäre.[26] Alle Erkenntnismittel sind auszuschöpfen, um eine unterschiedliche Bewertung gleichartigen Verhaltens bei Beamten auf Lebenszeit einerseits und Beamten auf Probe andererseits zu vermeiden. Fehlt verwertbare Judikatur der zuständigen Disziplinargerichte zu parallel oder ähnlich gelagerten Fällen und kann auch nicht auf einschlägige Rechtsprechung anderer Disziplinargerichte zurückgegriffen werden, so haben der Dienstherr und die Verwaltungsgerichte „unter Heranziehung und Anführung disziplinarrechtlicher Grundsätze sowie der in der Rechtsprechungspraxis der Disziplinargerichte erkennbaren Maßstäbe und Tendenzen – nachvollziehbar – eine eigenständige Bewertung des dem Beamten auf Probe zur Last gelegten Verhaltens vorzunehmen".[27] Ist der Sachverhalt, der sich als Dienstvergehen darstellt, auch Gegenstand eines Straf- oder Bußgeldverfahrens gewesen, so sind die tragenden tatsächlichen Feststellungen eines dieserhalb ergangenen rechtskräftigen Urteils grundsätzlich[28] auch für den Dienstherrn und die Verwaltungs-

[23] BVerwG DÖD 1963, 174 sowie NdsOVG DVBl 1950, 651 und ZBR 1962, 324.

[24] Vgl. BVerwGE 108, 64; außerdem BVerwGE 69, 19 (25); 82, 356 (363); 85, 177 (184); 106, 263 sowie BVerwG ZBR 1990, 302 und ZBR 1990, 348.

[25] Siehe schon Fn. 21. Verweis und Geldbuße sind auch bei Beamten auf Probe zulässig (vgl. § 5 Abs. 3 Satz 1 und § 33 BDG).

[26] BVerwGE 26, 228 (233); 62, 280 (282) sowie BVerwG DVBl 1983, 1105; vgl. ferner BayVGH ZBR 1986, 374 und NVwZ 1989, 83 mwN. Siehe außerdem NRW OVG 5.10.2010 – 1 E 1060/10 –, abgedr. bei Schütz/Maiwald BR ES/E III 1 Nr. 63 (= BeckRS 2010, 54823).

[27] BVerwGE 62, 280 (282 ff.); vgl. auch NRW OVG DVBl 1991, 716 und NRW OVG 5.10.2010 – 1 E 1060/10 –, aaO (Fn. 26).

[28] Siehe jedoch § 57 Abs. 1 Satz 2 BDG und die gleichsinnigen landesrechtlichen Bestimmungen, die im Verwaltungsstreitverfahren über die Entlassung eines Beamten auf Probe wegen eines Dienstvergehens entsprechend anzuwenden sind. Das Verwaltungsgericht hat hiernach „die erneute Prüfung solcher Feststellungen zu beschließen, die offenkundig unrichtig sind".

gerichte bindend (siehe §§ 23, 57 BDG).[29] Soll die Entlassung des Beamten auf Probe auf ein schuldhaftes Fernbleiben vom Dienst gestützt werden, so sind Dienstherr und Verwaltungsgerichte an die tatsächlichen Feststellungen einer rechtskräftigen verwaltungsgerichtlichen Entscheidung gebunden, durch die der Verlust der Besoldung nach § 9 BBesG als rechtens bestätigt worden ist (siehe auch insoweit die im letzten Klammerzusatz genannten Normen). Das sog Maßnahmeverbot (vgl. § 14 BDG) ist im Zusammenhang mit der Entlassung von Beamten auf Probe ohne Bedeutung.[30]

Die folgende Übersicht über Tendenzen in der Rechtsprechung vornehmlich des Bundesverwaltungsgerichts zum Disziplinarmaß erfasst – im Blick auf die hier relevante, durch die fiktive Mindestsanktion einer Kürzung der Dienstbezüge markierte Grenzziehung – Gruppen von Dienstvergehen, mit denen sich die Verwaltungs- und die Gerichtspraxis häufiger zu beschäftigen hat:[31] 8

- Falls der Beamte auf Bargeld oder vergleichbare Werte seines Dienstherrn zugreift und damit den jeweils in Betracht kommenden Bestand *unmittelbar*[32] verkürzt,[33] indem er etwa dienstlich erlangtes oder anvertrautes Geld unterschlägt oder veruntreut, wird regelmäßig auf Entfernung aus dem Beamtenverhältnis erkannt.[34] Typisierte Milderungsgründe sind[35] vornehmlich eine unausweichliche, unverschuldete wirtschaftliche Notlage, eine psychische Ausnahmesituation, eine vollständige und vorbehaltlose Offenbarung der Tat und eine freiwillige, nicht durch Furcht vor einer unmittelbar bevorstehenden Entdeckung bestimmte Wiedergutmachung des Schadens.[36]
- Auch bei korruptivem Fehlverhalten (vor allem bei Bestechlichkeit, §§ 331, 332 StGB, und bei verbotener Geschenkannahme, § 42 BeamtStG bzw. § 71 BBG) wird gewöhnlich die Höchstmaßnahme als angemessen erachtet.[37]
- Ein Diebstahl unter Ausnutzung dienstlicher Möglichkeiten im Dienstgebäude[38] oder zu Lasten eines Kollegen führt in der Regel zur Entfernung aus dem Beamtenver-

---

[29] BVerwGE 66, 19 (20 f.); siehe auch BayVGH 17.11.1988 – 3 CS 88.02969 –, abgedr. bei Schütz/Maiwald BR ES/A II 5.1 Nr. 42: keine Bindung an die Sachverhaltsfeststellungen eines Strafbefehls (insoweit ferner BVerwG NJW 2000, 3297).

[30] BVerwGE 43, 241 (244); 66, 19 sowie BVerwG ZBR 1983, 159; vgl. auch Lemhöfer in Plog/Wiedow BBG 2009 § 34 Rn. 13.

[31] Beispiele aus der Rechtsprechung der Disziplinarsenate des NRW OVG, in denen eine Gehaltskürzung (nunmehr Kürzung der Dienstbezüge) verhängt worden ist, bei Brockhaus aaO (Fn. 18) Rn. 111 zu § 23 BeamtStG. Was die Terminologie angeht, so stehen gleich (vgl. § 85 Abs. 2 BDG): die Kürzung der Dienstbezüge der früheren „Gehaltskürzung", die Zurückstufung der vormaligen „Versetzung in ein Amt derselben Laufbahn mit geringerem Endgrundgehalt" und die Entfernung aus dem Beamtenverhältnis der einstigen „Entfernung aus dem Dienst".

[32] Vgl. dazu BVerwG DÖD 1995, 196.

[33] Zu den sog Zugriffsdelikten siehe BVerwG NVwZ 2003, 108 mwN. Zur Zueignung von Vermögenswerten sozialer Einrichtungen, wie beispielsweise der Selbsthilfeeinrichtungen der Beamten BVerwG NVwZ-RR 1993, 41; zur Verwendung von Schülergeldern für die private Schuldentilgung eines Lehrers BW VGH NVwZ-RR 2007, 618.

[34] Siehe schon Fn. 32. Der Orientierungsrahmen für die Disziplinarmaßnahme ist aber auch bei solchen innerdienstlichen Taten nach neuerer Rechtsprechung der gesetzlich bestimmte Strafrahmen: BVerwG 10.12.2015 – 2 C 6.14 –, juris Rn. 19. Zum *Versuch* eines Zugriffs auf dienstliche Gelder BVerwG NVwZ-RR 1994, 451.

[35] Vgl. dazu im Einzelnen BVerwG NVwZ 2006, 469 mwN, wo auch die Notwendigkeit einer „umfassenden Würdigung des Persönlichkeitsbildes" hervorgehoben ist (ebenso NdsOVG NVwZ-RR 2007, 521), sowie ferner Herrmann in ders./Sandkuhl, BeamtenDisziplinarR BeamtenStrafR, Rn. 334 ff.

[36] Zur Geringwertigkeit eines unterschlagenen Betrages (Gegenstandes) BVerwGE 93, 314.

[37] BVerwG NVwZ 1995, 171 und NVwZ-RR 1996, 516 (517). Zu möglichen Milderungsgründen BVerwGE 83, 49; 86, 5; 86, 74. Siehe auch BVerwG NVwZ-RR 1994, 681 (Zurückstufung) und BVerwG DÖV 1999, 115 (Kürzung der Dienstbezüge auf die Dauer von 5 Jahren).

[38] BVerwG NVwZ-RR 1996, 453. Bei dieser Fallvariante sind die Eigentumsverhältnisse am Diebesgut gleichgültig; BVerwG aaO.

hältnis.[39] Eine Ausnahme kann angebracht sein, wenn die Wegnahme mit dem Willen geschieht, Wertersatz zu leisten.[40] Bei Diebstählen außerhalb des dienstlichen Bereiches ist das Disziplinarmaß unterschiedlich: bei Diebstahl im besonders schweren Fall (§ 243 StGB) mindestens Zurückstufung,[41] bei Diebstahl im Warenhaus oder im Selbstbedienungsladen mindestens Kürzung der Dienstbezüge und bei „systematischem Zusammenstehlen zahlreicher Gegenstände von hohem Wert" Entfernung aus dem Beamtenverhältnis.[42]

- (Fortgesetzter) Beihilfebetrug eines Beamten stellt ein schwerwiegendes innerdienstliches Dienstvergehen dar, das unter Umständen mit der Entfernung aus dem Beamtenverhältnis zu ahnden ist.[43]
- Streik oder streikähnliches Verhalten eines Beamten wird je nach Intensität mindestens mit einer Geldbuße, ggf. aber auch deutlich strenger sanktioniert.[44]
- Eine Körperverletzung im Amt wird typischerweise – insbesondere, aber nicht nur bei Justizvollzugs- oder Polizeibeamten – eine Entfernung aus dem Beamtenverhältnis nach sich ziehen müssen, es sei denn, dem Übergriff ist eine schwere Provokation oder ein Angriff vorausgegangen.[45] Nach Ansicht des Baden-Württembergischen Verwaltungsgerichtshofes[46] ist bei einem sog Kernbereichsversagen eines Polizeibeamten in der sittlichen Sphäre „typischerweise" die Höchstmaßnahme „in Betracht zu ziehen"; einen im Verkehrserziehungsdienst tätigen Polizeibeamten, der sich im Rahmen der Unterrichtserteilung des sexuellen Missbrauchs von Kindern bzw. Schutzbefohlenen schuldig gemacht hatte, hat das Gericht indessen nach „umfassender Würdigung aller Umstände des Einzelfalles" nur in ein Amt derselben Laufbahn mit geringerem Endgrundgehalt versetzt (dh nach neuerem Sprachgebrauch:[47] zurückgestuft).[48]
- Wer sich Dateien mit kinderpornografischem Inhalt verschafft, sie besitzt oder sie verbreitet, ist für den Dienstherrn nicht mehr tragbar und deshalb aus dem Beamtenverhältnis zu entfernen.[49]
- Eine einmalige[50] außerdienstliche Trunkenheitsfahrt iSd § 316 StGB bedeutet bei einem Beamten, der dienstlich nicht mit dem Führen eines Kraftfahrzeuges betraut ist, keine Verletzung der ihm gemäß § 47 Abs. 1 Satz 2 BeamtStG bzw. § 77 Abs. 1 Satz 2 BBG

[39] BVerwG ZBR 1985, 90. Zum Milderungsgrund der Geringwertigkeit (siehe schon Fn. 36) BVerwG NVwZ-RR 1996, 453 und 10.12.2015 – 2 C 6.14 –, juris Rn. 25 ff.

[40] BVerwG ZBR 1985, 28.

[41] BVerwGE 53, 368; 73, 370; vgl. auch BVerwG DVBl 1987, 252 (Entfernung aus dem Dienst bei einem Wohnungseinbruch).

[42] BVerwG 12.6.1985 – 1 D 139.84 – (n. v.). Zu außerdienstlich durch Polizeibeamte begangenen Vermögensdelikten siehe BVerwG 10.12.2015 – 2 C 50.13 –, juris Rn. 15 ff.

[43] BVerwG ZBR 1993, 379.

[44] BVerwGE 76, 192 und 149, 117 (27.2.2014 – 2 C 1.13 –, juris Rn. 19 ff., 73 f.).

[45] Siehe BW VGH 10.11.2006 – DL 16 S 22/06 –, BeckRS 2006, 27299 (= ESVGH 57,128 – LS –) sowie BW VGH 4.11.2008 – DL 16 S 616/08 –, BeckRS 2008, 4068 (= DÖV 2009,172 – LS –), daselbst auch zum möglichen Milderungsgrund eines persönlichkeitsfremden Augenblicksversagens.

[46] NVwZ-RR 2006, 709.

[47] Siehe Fn. 31.

[48] Vgl. auch BVerwG NVwZ-RR 2009, 25: Bei einer außerdienstlichen sexuellen Belästigung einer anderen Person durch einen Soldaten könne „unter bestimmten Voraussetzungen von der Regelmaßnahme einer Dienstgradherabsetzung" abgesehen werden.

[49] Vgl. BW VGH NVwZ-RR 2009, 772, NdsOVG 22.6.2010 – 20 LD 3/08 –, BeckRS 2010, 50650 und SächsOVG 31.3.2010 – D 6 A 268/09 –, BeckRS 2010, 49895; siehe auch LSA OVG 20.8.2009 – 10 L 4/08 –, BeckRS 2009, 39395. BW VGH 20.6.2012 – DL 13 S 155/12 –, BeckRS 2012, 53532 (Besitz durch Laden in den PC-Arbeitsspeicher). Maßgeblich für den Orientierungsrahmen ist insoweit auch die – nunmehr für den (bloßen) Besitz solcher Schriften nach § 184b Abs. 4 StGB bei bis zu drei Jahren Freiheitsstrafe liegende – Strafandrohung: BVerwG 18.6.2015 – 2 C 9.14 –, juris Rn. 31 ff.

[50] Zu Wiederholungstaten vgl. insoweit BVerwG NJW 1998, 2463.

obliegenden Dienstpflicht,[51] sofern nicht erschwerende Umstände, wie etwa ein Verstoß gegen weitere Straftatbestände, gegeben sind, die möglicherweise gar eine Kürzung der Dienstbezüge fordern können.[52] Beamte im (gefahrengeneigten) Betriebsdienst erwirken bei Alkoholverfehlungen, schon wenn es sich um einen ersten Verstoß handelt, gewöhnlich mindestens eine Kürzung der Dienstbezüge;[53] zumindest mit dem Mittel einer Zurückstufung ist zu reagieren, wenn die Trunkenheit erhebliche Folgen gehabt hat[54] oder wenn eine – nicht notwendig im dienstlichen Bereich begangene – Wiederholungstat vorliegt.[55,56]

- Bei aktivem Einsatz für eine verfassungsfeindliche Partei und mangelnder Bereitschaft zur Distanzierung ist ein Verbleiben des Beamten im Dienst nicht vertretbar.[57,58]

---

[51] BVerwG ZBR 2001, 39 m. krit. Anm. Weiß. Zur erfolgreichen Inanspruchnahme vorläufigen Rechtsschutzes bei außerdienstlicher Trunkenheitsfahrt einer daraufhin entlassenen Polizeibeamtin auf Probe NRW OVG NVwZ-RR 2002, 763 (siehe auch Fn. 58 aE).

[52] Vgl. BVerwGE 63, 148.

[53] BVerwG NVwZ-RR 1996, 215 mwN.

[54] BVerwG DÖD 1990, 143.

[55] BVerwG ZBR 1985, 90, DVBl 1987, 250. Siehe auch BayVGH 29.2.2016 – 16a DZ 13.177 –, juris.

[56] Zu Verstößen gegen das Betäubungsmittelgesetz siehe zB BayVGH RiA 1984, 90 (Entfernung aus dem Dienst bei unerlaubtem Handel mit Heroin), BVerwG ZBR 1995, 26 (Entfernung aus dem Dienst bei Rauschgifthandel und mehrfachem Fernbleiben vom Dienst), BVerwG ZBR 1997, 47 (Gehaltskürzung beim Erwerb geringer Mengen von Cannabisprodukten zum Eigenverbrauch durch „einschlägig vorbelasteten" Beamten), RP OVG NVwZ-RR 2003, 877 (Entfernung aus dem Dienst bei wiederholtem unerlaubten Erwerb von Cannabisprodukten und engem Kontakt zum „Milieu der Drogenlieferanten") sowie BW VGH DÖV 2010, 526 (Entfernung eines Polizeibeamten aus dem Beamtenverhältnis wegen unerlaubten Handels mit Betäubungsmitteln – mit dem Bemerken, dass die disziplinarrechtliche Bewertung von Verstößen gegen das Betäubungsmittelgesetz von den „besonderen Umständen des Einzelfalles" abhängig sei – zugleich in Abgrenzung zu BW VGH ESVGH 54, 166). Vgl. schließlich NdsOVG DÖV 2010, 823: Angesichts der Variationsbreite möglicher Verwirklichungsformen pflichtwidrigen Handelns im Bereich von Verstößen gegen das Betäubungsmittelgesetz werde das disziplinarische Gewicht des Dienstvergehens maßgebend von den Umständen des Einzelfalles bestimmt; „in besonders schweren Fällen" sei die Entfernung aus dem Beamtenverhältnis auszusprechen.

[57] Vgl. BVerwGE 86, 99; 108, 64; 109, 59 sowie BVerwG NJW 1985, 503, NVwZ 1995, 171, ZBR 2000, 323 und ZBR 2001, 45. Zur Verwertbarkeit von Erkenntnissen des Verfassungsschutzes bei der Entlassung eines Probebeamten wegen Zweifeln an seiner Verfassungstreue siehe BW VGH NVwZ 1991, 695. Siehe ferner schon → § 3 Rn. 22.

[58] Aus der Rechtsprechung der Oberverwaltungsgerichte zur Entlassung von Probebeamten siehe beispielhaft

- BW VGH ZBR 1984, 313 – LS – (regelmäßiges Schlafen während des Dienstes bei einem Grenzaufsichtsbeamten),
- BW VGH RiA 1988, 106 (unangemessene herabsetzende Auslassungen eines Lehrers gegenüber Schülern und Kollegen – Entlassungstatbestand verneint),
- BayVGH 13.5.1982 – 3 B 81 A.2260 –, abgedr. bei Schütz/Maiwald BR ES/A II 5.1 Nr. 2 (Verkehrsunfallflucht eines Polizeibeamten),
- BayVGH 7.5.1986 – 3 B 85 A.2083 –, abgedr. bei Schütz/Maiwald BR ES/A II 5.1 Nr. 35 (außerdienstlicher Diebstahl),
- VG Göttingen NVwZ-RR 2003, 445 (vorsätzlicher Verstoß gegen das Pflichtversicherungsgesetz und vorsätzlich falsche Angaben in einem Trennungsgeldantrag),
- NRW OVG 30.4.2010 – 6 A 2055/09 –, BeckRS 2010, 49170 (außerhalb des Dienstes begangene Straftaten und sonstige durch Aggressivität und Unbeherrschtheit geprägte Verhaltensweisen eines Polizeibeamten) und NRW OVG 11.3.2014 – 6 A 157/14 –, juris (sexuelles Verhältnis eines Lehrers zu minderjähriger Schülerin),
- SächsOVG SächsVBl. 2010, 73 (unrichtige Angaben in einem Schadensersatzantrag) sowie
- LSA OVG 5.9.2006 – 1 M 155/06 –, BeckRS 2008, 33138 = ZBR 2007, 216 – LS – (Besitz kinderpornografischer Darstellungen).

9 § 23 Abs. 3 Satz 1 Nr. 1 BeamtStG und § 34 Abs. 1 Satz 1 Nr. 1 BBG sind auch auf Dienstvergehen anwendbar, die der Beamte auf Probe nach Ablauf der laufbahnrechtlichen Probezeit begangen hat.[59] Während sich § 23 Abs. 3 Satz 1 Nr. 2 BeamtStG und § 34 Abs. 1 Satz 1 Nr. 2 BBG auf die fehlende Bewährung in der laufbahnrechtlichen Probezeit beziehen, knüpft die Entlassung wegen eines Dienstvergehens ausschließlich an die Rechtsstellung des Beamten auf Probe an, die fortbesteht, solange sein Beamtenverhältnis auf Probe nicht in ein solches auf Lebenszeit umgewandelt worden ist. Sind die tatbestandlichen und die verfahrensrechtlichen Voraussetzungen für eine Entlassung wegen eines Dienstvergehens freilich erst zu einem Zeitpunkt erfüllt, in dem bereits ein Umwandlungsanspruch des Probebeamten entstanden war, so ist dieser besonderen Sach- und Rechtslage nicht im Wege einer einschränkenden Interpretation auf der Tatbestandsseite der eingangs angeführten Bestimmungen, sondern im Rahmen der Ermessensausübung Rechnung zu tragen.[60]

b) Ermessensausübung

10 Ist der Tatbestand eines hier infrage stehenden (mindestens mittelschweren) Dienstvergehens erfüllt, so liegt in der Entlassung regelmäßig kein fehlsamer Ermessensgebrauch;[61] die Entlassungsverfügung muss in einem derartigen Fall im Allgemeinen auch zu (etwaigen) Ermessenserwägungen selbst keine näheren Angaben enthalten.[62]

11 Die gesetzlichen Grenzen des Ermessens (siehe § 40 VwVfG) sind indessen überschritten, wenn die Entlassung trotz eines Anspruchs des Beamten auf Umwandlung seines Beamtenverhältnisses auf Probe in ein solches auf Lebenszeit verfügt wird, es sei denn, das Dienstvergehen ist so schwerwiegend, dass es nach der einschlägigen disziplinargerichtlichen Rechtsprechung oder den aus ihr erkennbaren Maßstäben und Tendenzen, fiktiv gesehen, bei einem Beamten auf Lebenszeit eine Entfernung aus dem Beamtenverhältnis zur Folge hätte.[63] Der Rechtsanspruch des Beamten dahin, zum Beamten auf Lebenszeit ernannt zu werden, verbietet es, ihn, abgesehen von dem soeben genannten Ausnahmefall, zu entlassen. Der Beamte auf Probe ist vielmehr trotz seines Dienstvergehens zum Beamten auf Lebenszeit zu ernennen; danach ist ggf. ein Disziplinarverfahren einzuleiten. Ein Umwandlungsanspruch kommt in Betracht,

- wenn die tatbestandlichen Voraussetzungen des § 11 Abs. 2 BBG bzw. diejenigen einer gleichsinnigen landesrechtlichen Norm[64] gegeben sind

---

• Zum erfolgreichen Antrag einer Polizeibeamtin auf Probe auf Gewährung vorläufigen Rechtsschutzes bei einer Entlassung wegen außerdienstlicher, fahrlässig begangener Gefährdung des Straßenverkehrs bei absoluter Fahruntüchtigkeit siehe NRW OVG NVwZ-RR 2002, 763 (im Erg. sehr zw.).

[59] Vgl. BVerwGE 82, 356; 92, 147 sowie BayVGH ZBR 1987, 374 und NRW OVG ZBR 1984, 17.

[60] Siehe → Rn. 11 f.

[61] BVerwGE 66, 19 (25) mwN (beachte schon Rn. 6).

[62] BVerwGE 66, 19 (25); 82, 365 (358 f.) sowie BVerwG DÖD 1983, 19 und RiA 1984, 40; ferner BayVGH NVwZ 1989, 83. Siehe dazu § 39 Abs. 2 Nr. 2 VwVfG, wonach es einer Begründung nicht bedarf, soweit für denjenigen, der von einem Verwaltungsakt betroffen ist, die Auffassung der Behörde auch ohne schriftliche Begründung „ohne weiteres erkennbar" ist (krit. dazu, aber nicht überzeugend H. Günther ZBR 1985, 321, 324). Siehe ferner HVGH 24.3.2016 – 28 A 2764/15.D –, juris Rn. 51 (im Hinblick auf die vorläufige Dienstenthebung).

[63] BVerwGE 26, 228; 82, 356 mwN; siehe auch Lemhöfer in Plog/Wiedow BBG 2009 § 34 Rn. 7.

[64] Eine § 6 Abs. 2 BRRG aF entsprechende Vorschrift ist im Beamtenstatusgesetz nicht enthalten; § 10 BeamtStG beschränkt sich darauf, die Mindest- und Höchstdauer der Probezeit festzulegen, „damit jeder Dienstherr darauf vertrauen kann, dass der Ernennung auf Lebenszeit eine ausreichende Probezeit vorausgegangen ist" (Amtl. Begr. zu § 10, BT-Drs. 16/4027).

oder

- wenn die Verwaltungspraxis des Dienstherrn iVm Art. 3 Abs. 1 GG (ausnahmsweise) die Umwandlung gebietet.[65]

Rechtshemmend wirken

- (allgemein) der Lauf einer (zusätzlichen) angemessenen Überprüfungs- und Überlegungsfrist, die der Ernennungsbehörde zuzubilligen ist, sofern Umstände, welche der Umwandlung möglicherweise entgegenstehen,[66] so spät in Erscheinung treten, dass sie nicht mehr vor dem Ende der Fünfjahresfrist geklärt oder gewürdigt werden können,[67] sowie
- (speziell) die Aufklärung des Sachverhalts iSd § 34 Abs. 3 Satz 2 BBG iVm §§ 21–29 BDG bzw. der landesrechtlichen Parallelvorschriften, wenn sie mit der gebotenen Beschleunigung aufgenommen und abgewickelt wird.[68]

Dass seit der Begehung des Dienstvergehens geraume Zeit verstrichen ist, führt – für 12
sich betrachtet – nicht zu einer Ermessensreduzierung, solange der Beamte auf Probe nicht begründeten Anlass für die Annahme hat, der Dienstherr werde von einer Entlassung absehen.[69] Vornehmlich wenn dieser die Aufklärung des Sachverhalts[70] bis zum Abschluss eines Strafverfahrens aussetzt (siehe § 34 Abs. 3 Satz 2 BBG iVm § 22 BDG), kann eine erhebliche Verzögerung eintreten, ohne dass der Beamte daraus schließen dürfte, eine Entlassung werde nicht mehr erwogen. Auch aus dem Umstand, dass die Entlassungsverfügung nicht mit einer Vollziehungsanordnung (§ 80 Abs. 2 Satz 1 Nr. 4 VwGO) verbunden ist, kann der Beamte nichts zu seinen Gunsten herleiten.

c) Terminliche Möglichkeiten der Entlassung

Die Entlassung wegen eines Dienstvergehens kann 13

- fristlos mit Wirkung vom Tage der Bekanntgabe der Entlassungsverfügung (siehe § 34 Abs. 3 Satz 1 BBG[71]),
- unter Einhaltung der in § 34 Abs. 2 BBG[72] vorgesehenen Fristen oder
- unter Gewährung einer Auslauffrist

erfolgen. Auch im letzterwähnten Fall handelt es sich um eine – aus sozialen Gründen modifizierte – fristlose Entlassung.[73] Die rechtliche Zuordnung zu einer der drei Katego-

---

[65] Insoweit meldet H. Günther ZBR 1985, 321 (326 f.) Zweifel an; wie im obigen Text Battis BBG § 11 Rn. 14 aE.

[66] ZB der Verdacht eines Dienstvergehens oder Zweifel an der Dienstfähigkeit; siehe auch Rn. 7 ff., 29 ff.

[67] Vgl. BVerwGE 19, 344 sowie NdsOVG ZBR 1962, 324; ferner Zängl in GKÖD I L § 11 Rn. 64 ff. und Lemhöfer in Plog/Wiedow BBG 2009 § 11 Rn. 27 ff., 31.

[68] Vgl. auch BVerwGE 26, 228 (231 f.); 41, 75 (80). Siehe außerdem § 4 BDG, ferner VG Göttingen NVwZ-RR 2003, 445 (447). BrOVG NVwZ-RR 2002, 131 betont im Blick auf das frühere Recht, dass der Dienstherr seine Entscheidung über die Entlassung eines Probebeamten, der nach Ablauf der gesetzlichen Fünfjahresfrist ein Dienstvergehen begangen hat, „nach Abschluss des förmlichen Untersuchungsverfahrens nicht ungebührlich … verzögern" dürfe, indem er nach Spruchreife noch „unnötige Ermittlungen" anstelle. Nach Spruchreife dürfe „ein neuer Sachverhalt nur noch berücksichtigt werden, wenn er bei einem Beamten auf Lebenszeit zur Entfernung aus dem Dienst führte".

[69] Vgl. BW VGH DÖD 1979, 87.

[70] Siehe dazu → Rn. 14.

[71] Zum korrespondierenden Landesrecht siehe zB § 31 Abs. 4 Satz 4 BW LBG, Art. 56 Abs. 4 Satz 1 Nr. 1 BayBG, § 34 Abs. 2 BlnLBG und § 32 Abs. 2 Satz 2 NBG; vgl. auch Lemhöfer in Plog/Wiedow BBG 2009 § 34 Rn. 31.

[72] Vgl. dazu Lemhöfer aaO (Fn. 71) § 34 Rn. 31.

[73] NRW OVG RiA 1981, 78. Lemhöfer aaO (Fn. 71) § 34 Rn. 33. Vgl. aber auch BVerwGE 66, 291 und BVerwG DÖD 1983, 19: Eine ausdrückliche Bezeichnung als „fristlose Entlassung" oder als „Entlassung ohne Einhaltung einer Frist" sei nicht nötig, wenn es für den Beamten „hinreichend

rien kann für den Betroffenen unter anderem insofern von Interesse sein, als die fristlose Entlassung, unabhängig davon, ob dem Beamten eine Auslauffrist zugebilligt wird, nur die Anhörung des Personalrates (siehe § 79 Abs. 3 BPersVG), die Entlassung unter Einhaltung einer Frist aber dessen Mitwirkung (siehe § 78 Abs. 1 Nr. 4 BPersVG) voraussetzt.[74] Es muss dem Dienstherrn allerdings möglich sein, Auslegungszweifel des Beamten insoweit nachträglich – mit Wirkung ex nunc – zu beseitigen, etwa indem er klarstellt, dass eine fristlose Entlassung mit Auslauffrist gewollt gewesen sei.[75] Die Umdeutung einer rechtswidrigen fristlosen in eine fristgemäße Entlassung[76] scheidet so lange aus, bis die andersartige Beteiligung des Personalrates – unter Umständen während des Widerspruchsverfahrens – durchgeführt ist.[77] Wirkt der Personalrat freilich vor der fristlosen Entlassung eines Probebeamten irrtümlich in einer stärkeren Beteiligungsform als der Anhörung mit und erteilt er dazu etwa gar seine – gesetzlich nicht vorgesehene – Zustimmung, so schließt dies die Anhörung mit ein.[78]

d) Entlassungsverfahren

14 Werden Tatsachen bekannt, die den Verdacht rechtfertigen, dass der Beamte auf Probe ein Dienstvergehen begangen haben könnte, ist der Dienstvorgesetzte gehalten, die zur Aufklärung des Sachverhalts erforderlichen Ermittlungen zu veranlassen (siehe § 34 Abs. 3 Satz 2 BBG iVm § 21 Abs. 1, §§ 24–29 BDG[79]).[80] Die Einleitung der Sachverhaltsaufklärung ist eine Verfahrenshandlung iSd § 44a VwGO.[81] Aufgrund des Ergebnisses der Ermittlungen entscheidet der Dienstvorgesetzte, ob ein Dienstvergehen als erwiesen oder nicht erwiesen anzusehen ist, ob – trotz erwiesenen Dienstvergehens – von Maßnahmen abgesehen werden soll, ob eine Disziplinarverfügung[82] angezeigt erscheint oder ob – bei erwiesenem mindestens mittelschwerem Dienstvergehen[83] – die Entlassung auszusprechen ist.[84] Er ist hierbei an die tatsächlichen Feststellungen eines rechtskräftigen Urteils gebunden, das im Straf- oder Bußgeldverfahren oder in einem – schuldhaftes Fernbleiben vom Dienst (§ 9 BBesG) betreffenden – verwaltungsgerichtlichen Verfahren ergangen ist (siehe § 34 Abs. 3 Satz 2 BBG iVm § 23 BDG). Die Entlassung, die nicht auf Sachverhalte gestützt werden kann, welche die Ernennungsbehörde bei der Berufung des Beamten in das Beamtenverhältnis auf Probe gekannt hat oder hätte kennen müssen,[85]

---

erkennbar" sei, dass ihm (nur) eine Auslauffrist eingeräumt werden solle (zw.); zumindest ist sie aber zweckmäßig. Siehe dazu auch H. Günther ZBR 1985, 321 (328), der zur Abgrenzung auf die Länge der gewährten Frist abstellen will (ein wegen seiner Unbestimmtheit eher problematisches Kriterium).

[74] Vgl. dazu Lemhöfer in Plog/Wiedow BBG 2009 § 34 Rn. 36 f.

[75] AA NRW OVG aaO (Fn. 73).

[76] Vgl. dazu BVerwG RiA 1984, 40, BW VGH DVBl 1977, 582 und HVGH ZBR 1966, 176.

[77] Vgl. BVerwGE 66, 291 (294); 68, 197 (199) sowie BVerwG DÖV 2000, 602 und NRW OVG aaO (Fn. 73); siehe außerdem BW VGH NVwZ 1990, 789.

[78] BVerwGE 82, 356 (361); 91, 73 (75).

[79] Zum Landesrecht siehe Brockhaus in Schütz/Maiwald BR Rn. 49 ff. zu § 34 NRW LBG.

[80] Siehe aber auch die Ausnahmeregelung in § 21 Abs. 2 BDG sowie zum vergleichbaren Landesrecht Brockhaus aaO (Fn. 79) Rn. 51a zu § 34 NRW LBG.

[81] Vgl. Lemhöfer in Plog/Wiedow BBG 2009 § 34 Rn. 10.

[82] Vgl. schon Fn. 25.

[83] Der Ausdruck „mindestens mittelschwer" soll diejenigen Dienstvergehen kennzeichnen, die bei einem Beamten auf Lebenszeit zumindest eine Kürzung der Dienstbezüge zur Folge hätten.

[84] Eine abschließende Anhörung des Beamten nach Beendigung der Ermittlungen (§ 30 BDG) ist nicht vorgeschrieben. Umso wichtiger kann es sein, dem (zum Ermittlungsergebnis selbst nicht angehörten) Beamten Gelegenheit zu einer Stellungnahme zu geben, wenn sich die Erwägungen des Dienstvorgesetzten dahin verdichtet haben, ihn zu entlassen (siehe dazu den obigen Text).

[85] Vgl. aber auch BVerwGE 61, 200: Eine für die Entscheidung des Dienstherrn erhebliche Verfehlung des Beamten während des Probebeamtenverhältnisses kann auch dann zu seiner Entlassung

darf durch die zuständige Behörde regelmäßig erst nach Anhörung des Beamten[86] erfolgen, gleichgültig, ob man dieses Gebot hier aus der Fürsorge- und Schutzpflicht des Dienstherrn (§ 45 BeamtStG, § 78 BBG) ableitet oder auf § 28 VwVfG abstellt.[87] Die Anhörung ist allerdings mit einer den Mangel ihres Unterbleibens heilenden Wirkung noch bis zum Abschluss eines verwaltungsgerichtlichen Verfahrens nachholbar (arg. § 45 Abs. 1 Nr. 3 und Abs. 2 VwVfG).

Nach § 79 Abs. 3 BPersVG[88] ist der Personalrat – unabhängig von einem darauf 15
gerichteten Antrag des Beamten – vor fristlosen Entlassungen während der Probezeit anzuhören. Eine Nachholung mit heilender Wirkung (siehe § 45 Abs. 1 Nr. 3 VwVfG) kommt hier nicht in Betracht, weil sie mit dem Zweck dieser spezifischen Beteiligungsform nicht vereinbar wäre.[89] § 79 Abs. 3 BPersVG will nämlich – über die schlichte Unterrichtung des Personalrates hinaus[90] – sicherstellen, dass die Personalvertretung etwaige Bedenken äußern kann, bevor sich der Dienstherr eine abschließende Meinung bildet; Einwände des Personalrates sollen vor dem Ausspruch der Entlassung in die Erwägungen einbezogen werden.[91] Ist die Anhörung unterblieben, so kann die Entlassung nur – nach ordnungsgemäßer Anhörung des Personalrates aufgrund nochmaliger (vorläufiger) Entschließung des Dienstvorgesetzten – neu verfügt werden.[92,93] Zu beachten sind ferner Beteiligungsrechte von Gleichstellungs- bzw. Frauenbeauftragten.[94]

Wenn ein schwerbehinderter Beamter auf Probe entlassen werden soll, so ist vorher die 16
Schwerbehindertenvertretung seiner Beschäftigungsbehörde anzuhören (siehe § 95 Abs. 2 Satz 1 Hs. 1 SGB IX).[95] Ist die Anhörung der Schwerbehindertenvertretung versäumt worden, so muss die Durchführung (Vollziehung) der Entlassung ausgesetzt werden; die Beteiligung ist innerhalb von sieben Tagen nachzuholen und sodann „endgültig zu entscheiden" (siehe § 95 Abs. 2 Satz 2 SGB IX). Obwohl der Beamte die Schwerbehinderteneigenschaft kraft Gesetzes erlangt, sobald die Voraussetzungen des § 2 Abs. 2 oder 3 SGB IX erfüllt sind,[96] findet § 95 Abs. 2 SGB IX – von Fällen offenkundiger Schwerbe-

---

führen (oder beitragen), wenn sie sich als „Fortsetzung" eines bereits zuvor (etwa im Verlauf des Vorbereitungsdienstes) in Erscheinung getretenen und bekannt gewordenen „Verhaltens" darstellt. Die Wertungsfrage, ob es sich im Einzelfall um die „Fortsetzung" eines in seiner Genese vor Begründung des Probebeamtenverhältnisses angelegten, aber noch nicht abgeschlossenen „Verhaltens" handelt oder ob ein in diesem Zeitpunkt schon abgeschlossener und damit (als solcher) nicht mehr verwertbarer „Sachverhalt" vorliegt, kann den Dienstvorgesetzten vor erhebliche Schwierigkeiten stellen; „im Zweifel" sollte er sich zugunsten des Beamten entschließen.

[86] Bei einem Dienstgespräch aus diesem Anlass darf sich der Beamte anwaltlichen Beistandes bedienen; BrOVG ZBR 1976, 18.

[87] Siehe dazu → § 10 Rn. 16. Lemhöfer in Plog/Wiedow BBG 2009 § 34 Rn. 35 hält es mit Recht für unbedenklich, wenn sich die Anhörung auch auf die Möglichkeit erstreckt, dass der Beamte einer Entlassung wegen Dienstvergehens durch einen eigenen Entlassungsantrag „zuvorkommt".

[88] Siehe dazu schon Fn. 73.

[89] BVerwGE 66, 291; vgl. auch BVerwG DVBl 1985, 1236 und NRW OVG RiA 1982, 160.

[90] Eine irreführende oder auf Täuschung beruhende Unterrichtung durch die Dienststelle bewirkt die Anfechtbarkeit der Entlassung. Wenn der „in kurzer und knapper Form" zutreffend ins Bild gesetzte Personalrat weitere Informationen für notwendig hält, so muss er diese fordern. Die Entlassung ist nicht schon deswegen rechtswidrig, weil einem vom Personalrat nicht geltend gemachten Informationsanspruch nicht genügt ist; BVerwGE 82, 356 (362 f.).

[91] Vgl. BAGE 31, 343.

[92] So mit Recht Lemhöfer in Plog/Wiedow BBG 2009 § 34 Rn. 37.

[93] Unterwirft sich der Dienstherr einer stärkeren Einwirkung des Personalrates, etwa in einem Mitbestimmungsverfahren, so benachteiligt sein Vorgehen weder die Personalvertretung noch den Beamten selbst; siehe dazu schon → Rn. 13 aE.

[94] Vgl. BVerwG 2.2.2011 – 2 B 60.10 –, juris; NRW OVG 16.1.2015 – 6 A 2234/13 –, juris Rn. 7 ff.

[95] Vgl. dazu NRW OVG ZBR 1992, 216.

[96] BVerwGE 13, 195 (200).

hinderung[97] abgesehen – nur Anwendung, falls der Beamte spätestens im Zeitpunkt des Erlasses des Widerspruchsbescheides entweder als schwerbehinderter oder einem solchen gleichgestellter Mensch anerkannt ist oder die in § 69 SGB IX vorgesehene Feststellung wenigstens beantragt hat[98] und falls dies dem Dienstherrn in dem einen wie dem anderen Fall zur Kenntnis gelangt ist; ob der Sachverhalt dem Dienstherrn durch Mitteilung des Beamten oder auf sonstige Weise bekannt geworden ist, erscheint gleichgültig.[99, 100]

17 Schon während der Ermittlungsphase kann der Beamte, wenn die jeweiligen Tatbestandsvoraussetzungen erfüllt sind, abgeordnet, umgesetzt oder zwangsbeurlaubt (§ 39 BeamtStG, § 66 BBG) werden. Sobald die Aufklärung des Sachverhalts abgeschlossen ist, kann die zuständige Behörde auch die vorläufige Dienstenthebung und die Einbehaltung von bis zu 50 v. H. der Dienstbezüge verfügen, wenn „voraussichtlich eine (fristlose) Entlassung ... erfolgen wird" (siehe § 38 Abs. 1 Satz 1 und Abs. 2 BDO).[101] Mit der vorläufigen Dienstenthebung wird ein Verbot der Führung der Dienstgeschäfte gegenstandslos.[102]

2. Entlassung wegen fehlender Bewährung[103]

a) Tatbestandliche Voraussetzungen

18 Der Beamte muss sich in der Probezeit – bei Anlegung eines strengen Maßstabes – in vollem Umfang, dh kumulativ hinsichtlich Eignung, Befähigung und fachlicher Leistung, zweifelsfrei bewährt haben (vgl. § 10 Satz 1 BeamtStG sowie § 11 Abs. 1 Satz 1 Nr. 2 und Satz 2 BBG).[104] Gegenüber der Annahme einer „tatsächlichen Vermutung" etwa dergestalt, dass die Bewährung „die Regel" sein werde, ist Skepsis geboten – unter anderem deswegen, weil sie nur auf die ungesicherte Hypothese gestützt werden könnte, dass schon die Auswahl der in das Beamtenverhältnis auf Probe berufenen Bewerber – bei entsprechendem „Angebot" und zulänglichen Erkenntnismöglichkeiten – „in der Regel" unter zureichender Beachtung des Bestenausleseprinzips erfolge. Eigentlicher Gegenstand des Eignungsurteils ist die Prognose darüber, ob und wie der Beamte auf Probe die

[97] NRW OVG DÖD 1979, 208 führt als Beispielsfälle Erblindung, Querschnittslähmung und Verlust wichtiger Gliedmaßen an. Nach BVerwG ZBR 1982, 116 begründete die Offenkundigkeit der Schwerbehinderung jedenfalls dann keinen Entlassungsschutz nach früherem Schwerbehindertenrecht, wenn der Beamte oder sein Pfleger durch ihr Gesamtverhalten während des rechtlich relevanten Stadiums deutlich gemacht hatten, dass ein solcher nicht in Anspruch genommen werden sollte. Entsprechendes dürfte im Ergebnis auch de lege lata gelten.

[98] NRW OVG aaO (Fn. 97). BVerwG aaO (Fn. 97) lässt offen, ob die Antragstellung ausreicht.

[99] NRW OVG aaO (Fn. 97) verlangt hingegen, dass der Beamte den Dienstherrn über seine Zugehörigkeit zum Kreis der schwerbehinderten Beamten unterrichtet.

[100] Einer Anhörung des Integrationsamtes (früher: der Hauptfürsorgestelle) bedarf es nach Aufhebung des § 128 Abs. 2 SGB IX durch Gesetz vom 23.4.2004, BGBl. I S. 606 nicht mehr.

[101] Siehe dazu Herrmann/Sandkuhl BeamtenDisziplinarR BeamtenStrafR Rn. 952 ff.

[102] Lemhöfer in Plog/Wiedow BBG 2009 § 66 Rn. 28; siehe auch BayVGH BayVBl. 1987, 87 und BayVGH 27.11.1986 – 3 CS 86.02908 –, abgedr. bei Schütz/Maiwald, BR, ES/B I 2.2 Nr. 3.

[103] Die einschlägigen gesetzlichen Regelungen genügen als Ermächtigungsgrundlagen für die Entlassung eines Beamten auf Probe den verfassungsrechtlichen Anforderungen an die Bestimmtheit einer Gesetzesnorm und an den Vorbehalt des Gesetzes; eine über den Gesetzestext hinausgehende legislative Erläuterung des Begriffs der fehlenden (früher: der mangelnden) Bewährung ist nicht nötig (BVerwGE 106, 263, 268).

[104] Zum Bewährungsbegriff grundlegend BVerwGE 92,147; siehe auch NRW OVG NWVBl. 2011, 431 mwN. Vgl. ferner die Begriffsbestimmungen in § 11 Rn. 16 ff. Zur Eignung des (Probe-)Beamten gehört auch die Wahrung des Erscheinungsbildes des öffentlichen Dienstes, insbesondere im jeweiligen Tätigkeitsbereich (im Ausgangsfall: bei der Kriminalpolizei), in der Öffentlichkeit (BVerfG NVwZ 2002, 597).

Dienstaufgaben seiner Laufbahn – dh nicht nur des Eingangsamtes – in Würdigung seiner (bisherigen) fachlichen Leistung und der Eigenschaften, die seine (gegenwärtige) Befähigung ausmachen, (in Zukunft) voraussichtlich erfüllen wird. Zu Lasten des Beamten geht es, wenn er die gebotene Mitwirkung an notwendigen Feststellungen des Dienstherrn verweigert, indem er sich zB als Lehrer einer Hospitation seines Unterrichts entzieht, oder wenn er sich einer erforderlichen ärztlichen Untersuchung widersetzt.[105]

Mit Rücksicht auf § 23 Abs. 3 Satz 1 Nr. 1 BeamtStG bzw. auf § 34 Abs. 1 Satz 1 **19** Nr. 1 BBG stellt sich die Frage, ob der nunmehr in den Blick gefasste Entlassungstatbestand auch auf Mängel der – unverzichtbaren[106] – charakterlichen Befähigung und Eignung anwendbar ist, die allein aus einem Dienstvergehen des Beamten auf Probe hergeleitet werden. Dazu ist im Ergebnis zu bemerken: Die beiden hier in Betracht zu ziehenden Entlassungsgründe schließen einander nicht aus; sie bestehen vielmehr selbstständig nebeneinander. Erfüllt ein und dasselbe Verhalten beide gesetzlichen Entlassungstatbestände, so hat der Dienstherr darüber zu befinden, *worauf* er die Entlassung stützen will.[107] Er wird hierbei zu berücksichtigen haben, dass die Entlassung wegen Dienstvergehens

- eine schuldhaft begangene Dienstpflichtverletzung erfordert und
- ein Aufklärungsverfahren voraussetzt,[108] andererseits jedoch
- fristlos und nach bloßer Anhörung des Personalrates erfolgen kann,[109]

wohingegen die Entlassung wegen fehlender Bewährung

- auch bei unverschuldeten charakterlichen Mängeln in Betracht kommt[110] und
- kein Aufklärungsverfahren verlangt,[111] aber
- nur unter Einhaltung einer Frist (siehe § 34 Abs. 2 BBG)[112] und
- nur unter Mitwirkung des Personalrates (vgl. § 78 Abs. 1 Nr. 4 BPersVG) möglich ist;

anders als bei der Anhörung kann die Mitwirkung während des Widerspruchsverfahrens (und wohl auch noch während des Klageverfahrens) nachgeholt werden, wobei eine ausdrückliche Zustimmungserklärung des Personalrates zu einer fristlosen Entlassung auch die fristgebundene Entlassung umfasst.[113] Entscheidet sich der Dienstherr für eine Entlassung wegen Dienstvergehens, so ist damit die Ruhegehaltfähigkeit der im Probebeamtenverhältnis abgeleisteten Dienstzeit ein für allemal – dh auch für den Fall späterer Eingehung eines neuen Beamtenverhältnisses – ausgeschlossen (siehe § 6 Abs. 2 Satz 1

[105] Vgl. RP OVG NVwZ 2006, 1320 sowie BVerwG Buchholz 237.7 § 34 NRW LBG Nr. 3.

[106] BVerwG Buchholz 232 § 31 BBG Nr. 13. Siehe auch HVGH NVwZ 1985, 929 (Fall eines Probebeamten, der wegen ungeordneter finanzieller Verhältnisse als für den Justizvollzugsdienst ungeeignet angesehen worden war).

[107] BVerwGE 21, 50; 61, 200; 65, 280 sowie BVerwG RiA 1984, 40 (zur Problematik des Nachschiebens von Gründen für mangelnde Bewährung bei einer zunächst nur auf ein Dienstvergehen gestützten Entlassung). Siehe des Weiteren BW VGH DÖD 1979, 80, BayVGH ZBR 1975, 282 und NRW OVG ZBR 1973, 206. Will der Dienstherr die Entlassung auf mehrere Gründe stützen, damit sie einer rechtlichen Prüfung auch dann standhält, wenn sich einer dieser Gründe im Nachhinein als nicht tragfähig erweisen sollte, so empfiehlt es sich, durch Haupt- und Hilfsbegründung deutlich zu machen, welcher von ihnen vorrangig gelten soll (Brockhaus in Schütz/Maiwald BR Rn. 33 zu § 34 NRW LBG sowie Lemhöfer in Plog/Wiedow BBG 2009 § 34 Rn. 6).

[108] Diesem Aspekt wird – anders als dem früheren Untersuchungsverfahren (siehe § 126 BDO aF) – keine allzu große Bedeutung mehr beizumessen sein; denn immerhin ist auch bei einer Entlassung wegen fehlender Bewährung, die im Zusammenhang mit einem Dienstvergehen steht, genau wie sonst auf ein gesichertes Tatsachenfundament zu achten.

[109] Siehe dazu im Einzelnen → Rn. 13, 15.

[110] BVerwGE 11, 139 (141); 21, 50 (57), ferner NRW OVG RiA 1992, 210 (211).

[111] Siehe aber auch Fn. 108.

[112] Zum Landesrecht Fn. 71.

[113] BVerwG NVwZ 1993, 698.

Nr. 2 BeamtVG); der entlassene Beamte erhält dann auch kein Übergangsgeld (siehe § 47 Abs. 3 Nr. 1 BeamtVG).

20 Ein Verhalten des Beamten, durch das er schuldhaft seine Dienstpflichten verletzt, muss einerseits nicht ohne weiteres einen Mangel seiner charakterlichen Befähigung und Eignung begründen, der eine Entlassung zu rechtfertigen vermag; eine Entlassung wegen fehlender Bewährung kann andererseits unter Umständen auch dann angeraten sein, wenn es sich um ein Dienstvergehen handelt, welches bei einem Beamten auf Lebenszeit keine Kürzung seiner Dienstbezüge oder gar eine einschneidendere Sanktion zur Folge hätte. Den Ausschlag gibt, ob die Verfehlung „für sich allein Ausdruck einer charakterlichen Schwäche" ist, „die eine Eignung für die Ernennung zum Beamten auf Lebenszeit ausschließt".[114] Eine Feststellung solchen Inhalts wird sich vornehmlich bei Straftaten des Beamten treffen lassen, falls diese – auch in Würdigung seines dienstlichen Aufgabenfeldes[115] – schwerwiegende Verstöße gegen die Rechtsordnung bedeuten und falls eine Wiederholung gleichartiger oder ähnlicher Vorfälle nicht zweifelsfrei ausscheidet.[116]

21 Eine weitere Abgrenzungsschwierigkeit ist darin begründet, dass § 34 Abs. 1 Satz 1 Nr. 3 BBG (anders als § 23 Abs. 3 Satz 1 BeamtStG und vormals § 23 Abs. 3 BRRG aF) die Dienstunfähigkeit – vorbehaltlich einer anderen Verwendungsmöglichkeit (§ 34 Abs. 1 Satz 2 BBG) – als eigenständigen Entlassungstatbestand aufführt. Angesichts dessen könnte es fraglich sein, ob begründete Zweifel an der psychischen oder physischen Befähigung und Eignung des Beamten auf Probe, die bei isolierter Betrachtung für eine – dort unter den gleichen Vorbehalt gestellte – Entlassung nach § 34 Abs. 1 Satz 1 Nr. 2 BBG ausreichend wären,[117] nicht aus Subsidiaritätserwägungen so lange rechtlich unbeachtlich bleiben müssten, bis sie sich zu einer Feststellung des Dienstunfähigkeit verdichtet haben. Eine dahingehende Auffassung würde indessen verkennen, dass die Nr. 2 und 3 des § 34 Abs. 1 Satz 1 BBG einander zwar überschneiden, dass der Tatbestand der Nr. 3 jedoch ersichtlich keine die Nr. 2 verdrängende Funktion haben soll.[118] Ein für die Ernennung zum Beamten auf Lebenszeit gesundheitlich nicht geeigneter Beamter braucht dieserhalb noch nicht dienstunfähig zu sein. Immerhin wird man § 34 Abs. 1 Satz 1 Nr. 3 BBG eine Ausstrahlungswirkung auf die Auslegung und die verwaltungspraktische Handhabung des Tatbestandes der Nr. 2 aaO zuerkennen können – in dem Sinne, dass an die Substanz und die laufbahnbezogene Tragweite der in gesundheitlicher Hinsicht bestehenden Befähigungs- und Eignungszweifel nicht zu geringe Anforderungen gestellt

---

[114] BVerwG Buchholz 232 § 31 BBG Nr. 13.

[115] Vgl. dazu BW VGH DÖD 1979, 80.

[116] BVerwGE 21, 50 sowie BVerwG Buchholz 232 § 31 BBG Nr. 17.

[117] Vgl. hierzu BVerwG Buchholz 232 § 31 BBG Nr. 17 und Buchholz 237.0 § 38 BW LBG Nr. 1.

[118] Ebenso HVGH NVwZ 1990, 387. Seinen bisherigen (in den Vorauflagen an dieser Stelle kritisch bewerteten) Prognosemaßstab, die Bewährung in gesundheitlicher Hinsicht könne „schon dann nicht festgestellt werden, wenn die Möglichkeit künftiger Erkrankungen oder des Eintritts dauernder Dienstunfähigkeit vor Erreichen der Altersgrenze nicht mit einem hohen Grad an Wahrscheinlichkeit ausgeschlossen werden kann" (so BVerwGE 92, 147), hat das Bundesverwaltungsgericht aufgegeben: Nach neuerer Rechtsprechung ist die gesundheitliche Eignung (erst) dann abzusprechen, wenn tatsächliche Anhaltspunkte die Annahme rechtfertigen, der Beamte „werde mit überwiegender Wahrscheinlichkeit vor Erreichen der gesetzlichen Altersgrenze wegen dauernder Dienstunfähigkeit vorzeitig in den Ruhestand versetzt oder er werde mit überwiegender Wahrscheinlichkeit bis zur Pensionierung über Jahre hinweg regelmäßig krankheitsbedingt ausfallen und deshalb eine erheblich geringere Lebensdienstzeit aufweisen" (BVerwG 30.10.2013 – 2 C 16.12 –, juris Rn. 26, siehe auch Rn. 22ff.). Zugleich hat das Gericht (aaO, → Rn. 28, 29) ausdrücklich seine Auffassung aufgegeben, „nachhaltige Zweifel" bzw. „begründete Zweifel" des Dienstherrn daran, dass der Beamte den Anforderungen des Amtes „auf Dauer" gerecht werde, genügten für eine Entlassung (so noch BVerwG NVwZ 2002, 49); ein „non liquet" in Bezug auf den neuen Prognosemaßstab geht nun zu Lasten des Dienstherrn. Zum Body-Mass-Index als ungeeignetem Indikator für eine Prognose NRW OVG NWVBl. 2011, 431; vgl. dazu auch BVerwG 13.12.2013 – 2 B 37.13 –, juris).

werden dürfen. Soweit nicht der gesetzliche (Regel-)Vorrang einer gesundheitlich möglichen anderweitigen Verwendung (§ 23 Abs. 3 Satz 2 BeamtStG, § 34 Abs. 1 Satz 2 BBG) im Einzelfall Wirkung entfaltet,[119] ist die Entlassung eines Probebeamten mithin rechtlich nicht zu beanstanden, wenn sich während der Probezeit in gesundheitlicher Hinsicht Umstände zeigen, die ihn nach ihrer Beschaffenheit für eine Übernahme in das Beamtenverhältnis auf Lebenszeit untauglich erscheinen lassen.[120] § 34 Abs. 1 Satz 1 Nr. 2 BBG tritt freilich gegenüber Nr. 3 aaO zurück,

- wenn die Dienstunfähigkeit des (anderweitig nicht verwendbaren) Probebeamten feststeht[121] und
- wenn sie Folge einer Dienstbeschädigung (§ 28 Abs. 1 BeamtStG, § 49 Abs. 1 BBG) ist.[122]

Obwohl die Gesetzestexte dies – im Gegensatz zu § 23 Abs. 3 Nr. 2 BRRG aF – nicht 22
aussprechen, setzen die Entlassungstatbestände des § 23 Abs. 3 Satz 1 Nr. 2 BeamtStG und des § 34 Abs. 1 Satz 1 Nr. 2 BBG voraus, dass der Beamte sich in der (individuellen) laufbahnrechtlichen Probezeit nicht bewährt hat.[123] Deshalb dürfen in die Wertung zu Lasten des Beamten grundsätzlich Sachverhalte nicht einbezogen werden, die vor Beginn der Probezeit abgeschlossen und dem Dienstherrn bekannt waren oder die er hätte kennen müssen. Gleiches trifft für Mängel zu, die erst nach Ablauf der (individuellen) laufbahnrechtlichen Probezeit aufgetreten sind.[124] Nach Ablauf der Probezeit gewonnene Erkenntnisse über den aktuellen Gesundheitszustand des Beamten vermögen dessen Bewährung nicht mehr infrage zu stellen.[125]

b) Ermessensausübung

Folgende Stadien sind zu unterscheiden: 23

- Ergeben sich bereits während der regelmäßigen Probezeit[126] aus dem Verhalten oder den Leistungen des Beamten Zweifel an seiner Befähigung oder Eignung, so hat der

---

[119] Siehe → Rn. 25.

[120] Vgl. BVerwG ZBR 1963, 215, Buchholz 237.7 § 7 NW LBG und Buchholz 237.7 § 46 NW LBG Nr. 1. Siehe auch BVerwGE 92, 147 und RP OVG NVwZ 1985, 926: Entlasse der Dienstherr den Probebeamten bei fehlender Bewährung in gesundheitlicher Hinsicht nicht spätestens am Ende der laufbahnrechtlichen Probezeit, so könne er aus diesem Grunde die Umwandlung des Probebeamtenverhältnisses in ein Beamtenverhältnis auf Lebenszeit nach Ablauf der sog Probestatusdienstzeit nicht mehr ablehnen; nur eine Entlassung wegen festgestellter Dienstunfähigkeit bleibe möglich (dazu Rn. 29 ff.). Siehe ferner BVerwG 30.10.2013 – 2 C 16.12 –, juris Rn. 15 (BVerwGE 148, 204): War die Erkrankung bereits vor der Begründung des Beamtenverhältnisses auf Probe bekannt, dürfe der Dienstherr die gesundheitliche Eignung bei der anstehenden Ernennung auf Lebenszeit nur dann im Hinblick auf diese Erkrankung verneinen, wenn sich die Grundlagen ihrer Bewertung inzwischen geändert haben; siehe auch → Rn. 22.

[121] Vgl. dazu BVerwG DÖD 1970, 194.

[122] Vgl. H. Günther ZBR 1985, 321 (329 f.).

[123] BW VGH DÖD 1982, 61. Vgl. aber zudem BVerwG DÖV 1974, 853: Eine Entlassung wegen mangelnder Bewährung ist auch nach Ablauf der sog Probestatusdienstzeit noch zulässig, wenn die Entlassungsabsicht vor Fristablauf mitgeteilt und die Anhörung des Beamten eingeleitet worden war (siehe außerdem BVerwGE 19, 344 und NdsOVG ZBR 1966, 212).

[124] BVerwGE 19, 344; 26, 228; 61, 200 (206); 109, 68. Vgl. jedoch auch die einen Widerrufsbeamten betreffende Entscheidung BVerwGE 62, 267 (271 f.); ferner BVerwGE 85, 177 (180 f.); 92, 147 (152). Eine nur scheinbare Ausnahme macht die Rechtsprechung, soweit sie es als zulässig erachtet, dass ein Verhalten des Beamten nach dem Ende der Probezeit Berücksichtigung findet, um „Rückschlüsse auf einen schon in der Probezeit gegebenen Sachverhalt" zu ziehen (vgl. BVerwGE 61, 200, 209; 62, 267, 272 f.; 92, 147 und – zur gesundheitlichen Eignung – E 148, 202 – juris Rn. 14).

[125] BW VGH NVwZ-RR 1996, 454.

[126] Die aufschiebende Wirkung eines Rechtsbehelfs gegen eine Entlassung hat auf den (Ab-)Lauf der regelmäßigen (oder auch einer verlängerten) Probezeit keinen Einfluss; BVerwGE 106, 263. Zur

Dienstherr darüber zu befinden, ob die Probezeit ausgeschöpft oder ob der Beamte schon vor ihrem Ablauf entlassen (oder bei gesundheitlichen Mängeln unter Umständen anderweitig verwendet) werden soll. Handelt es sich um Mängel, die als solche unumstößlich feststehen und denen der Beamte – ggf. trotz Abmahnung[127] – nicht abzuhelfen vermag, so ist die Entlassung (bzw. die anderweitige Verwendung) auch und gerade aus Fürsorgegründen nicht hinauszuschieben.[128] Nur so werden Verzögerungen bei einer notwendigen Umstellung des Beamten auf einen anderen Beruf (bzw. ein anderes Amt) vermieden.

- Kann die Bewährung (oder auch die Nichtbewährung) bis zum Ablauf der regelmäßigen Probezeit noch nicht abschließend festgestellt werden, so liegt es im Ermessen des Dienstherrn, die Probezeit zu verlängern.[129] Ein rechtlicher Zwang dazu besteht gewöhnlich nicht. Ebenso wenig ist das Ermessen des Dienstherrn dahin gebunden, während der Probezeitverlängerung keine Entlassung auszusprechen (bzw. keine anderweitige Verwendung anzuordnen).[130]

24 Das gesetzlich eingeräumte Ermessen kommt – wie schon bemerkt[131] – nur zum Tragen, solange sich nicht ausschließen lässt, dass ein Bewährungsmangel während einer laufbahnrechtlich festgelegten Höchstdauer der Probezeit oder während eines im Einzelfall ins Auge gefassten, mit dem spezifischen Rechtscharakter des Probebeamtenverhältnisses verträglichen Verlängerungszeitraumes noch behebbar erscheint. Abgesehen von gesundheitlichen Mängeln[132] muss andernfalls die Entlassung ausgesprochen werden, weil

---

Frage einer Berücksichtigung von Leistungssteigerungen während eines Widerspruchsverfahrens siehe → Rn. 34.

[127] Vgl. dazu H. Günther ZBR 1985, 321 (330). Da es sich so gut wie nie wird nachzeichnen lassen, wie die Probezeit des Beamten bei einer – rechtswidrig unterbliebenen – Abmahnung verlaufen wäre, dürfte die Frage nach der Rechtsfolge einer solchen fehlenden Abmahnung gewöhnlich ins Leere gehen, wenn dieses Defizit nicht im Einzelfall Anlass zu einer rechtlich vertretbaren Verlängerung der Probezeit gibt. Eine Bewährungsfiktion erscheint jedenfalls nicht akzeptabel.

[128] BVerwGE 11, 139 (141); 19, 344; 85, 177 (181, 183); 92, 147 (150) mwN; ferner RP OVG NVwZ 1989, 82. Siehe auch BVerfG NVwZ 2002, 597: Gebe es Anhaltspunkte dafür, dass eine Entlassung wegen mangelnder Bewährung in Betracht komme, so sei das Verwaltungsverfahren zur Klärung der Bedenken zügig durchzuführen.

[129] Siehe dazu zB § 28 Abs. 5 BLV, wo der Ausnahmecharakter einer Verlängerung durch den Zusatz „wegen besonderer Umstände des Einzelfalls" akzentuiert wird. Eine Höchstgrenze von fünf Jahren für die Gesamtdauer der Probezeit legt zB § 8 Abs. 8 Satz 2 NRW LVO fest. Die Verlängerung der Probezeit erfordert eine bestimmte und eindeutige Erklärung der zuständigen Behörde, durch die insbesondere die zeitliche Dauer festgelegt wird; BW VGH DÖD 1982, 61 (62 f.) unter Bezugnahme auf NdsOVG ZBR 1966, 212. Vgl. auch HVGH DÖD 1985, 43: Eine nach Ablauf der regelmäßigen Probezeit (und einer Bedenkzeit des Dienstherrn) ergangene und deshalb verspätete, aber bestandskräftig gewordene Verlängerungsverfügung hat ua zur Folge, dass der Beamte (noch) wegen fehlender Bewährung entlassen werden kann. Zur Bedenkzeit des Dienstherrn HVGH aaO und Bln/BbgOVG 8.4.2010 – 4 B 66.09 –, juris Rn. 39. Unterlässt der Dienstherr eine Entscheidung innerhalb angemessener Frist, so kann der Beamte im Allgemeinen (dh sofern nicht besondere Umstände, zB eine definitive Feststellung mangelnder Bewährung in einer dienstlichen Beurteilung, entgegenstehen) darauf vertrauen, dass er ihn als „bewährt" ansehe; eine Entlassung wegen fehlender Bewährung scheidet dann aus (BVerwGE 92, 147; außerdem BW VGH DÖD 1982, 61, 63 f. und NVwZ-RR 1996, 454 sowie NdsOVG aaO). Weiß der Probebeamte allerdings aufgrund förmlicher Mitteilung sicher, dass er wegen fehlender Bewährung in der Probezeit entlassen werden soll, so ist es unschädlich, wenn die Entlassungsverfügung selbst erst längere Zeit nach Ablauf der laufbahnrechtlichen Probezeit ergeht (RP OVG NVwZ 1988, 862).

[130] BVerwG 15.1.1980 – 2 CB 14.79 –, zit. nach Becker RiA 1981, 147 (148 Anm. 104).

[131] Siehe → Rn. 23, 1. Spiegelstrich.

[132] Siehe insoweit aber auch BW VGH DÖD 1996, 206 für den Fall ungewöhnlich hoher krankheitsbedingter Ausfallzeiten, sodass auch nach höchstzulässiger Verlängerung der Probezeit kein zulängliches Erkenntnisfundament vorhanden war. Zur Verlängerung der Probezeit, um alle Ermitt-

eine Fortsetzung des Beamtenverhältnisses mit dessen Bewährungszweck nicht vereinbar wäre.[133] § 28 Abs. 6 BLV bestimmt deshalb: „... Beamte, die sich in der Probezeit nicht ... bewährt haben,[134] werden spätestens mit Ablauf der Probezeit entlassen." Der Beamte kann ggf. mit seiner Zustimmung in die nächstniedrigere Laufbahn derselben Fachrichtung übernommen werden, wenn er hierfür befähigt und geeignet ist und ein dienstliches Interesse daran vorliegt.[135]

Für Fälle mangelnder gesundheitlicher Eignung schreiben § 23 Abs. 3 Satz 2 BeamtStG und § 34 Abs. 1 Satz 2 BBG eine entsprechende Anwendung des § 26 Abs. 2 BeamtStG bzw. – was im Wesentlichen auf das Gleiche hinausläuft – die „Prüfung" einer „anderweitigen Verwendung" des Probebeamten vor. Dies bedeutet, dass von einer Entlassung abzusehen ist, wenn der Probebeamte in eine gleichwertige andere Laufbahn oder einen anderen Verwendungsbereich im Sinne eines abstrakt-funktionellen Amtes seiner Laufbahn mit insgesamt geringeren oder andersartigen, für ihn (nicht nur vorübergehend[136]) erfüllbaren gesundheitlichen Anforderungen wechseln kann.[137] 25

c) Entlassungsfristen

Während der Bundesbeamte im Falle des § 34 Abs. 1 Satz 1 Nr. 1 BBG fristlos entlassen werden kann (§ 34 Abs. 3 Satz 1 BBG), sind bei der Entlassung wegen fehlender Bewährung Fristen einzuhalten, deren Dauer sich nach der Beschäftigungszeit richtet, die Erholungsurlaub und krankheitsbedingte Abwesenheit, nicht aber Sonderurlaub[138] einschließt (siehe im Einzelnen § 34 Abs. 2 Satz 2 BBG). Das Beamtenstatusgesetz hat die Fristenregelung des § 23 Abs. 5 BRRG aF nicht übernommen, der zufolge unter anderem bei einer Entlassung wegen mangelnder Bewährung „angemessene Fristen" einzuhalten waren, die nicht kürzer bemessen sein durften als die entsprechenden Fristen für Bundesbeamte. Die Länder sind dadurch aber nicht gehindert, insofern im Interesse der Rechtssicherheit und der Gleichbehandlung normative Entlassungsfristen – zumindest als Rahmen – vorzugeben, statt nach Maßgabe ihrer Fürsorge- und Schutzpflicht jeweils darüber zu entscheiden, ob und ggf. welche Frist von Fall zu Fall zugebilligt wird.[139] 26

d) Entlassungsverfahren

Hinsichtlich der Anhörung des Beamten[140] und einer etwaigen Anhörung der Schwerbehindertenvertretung kann auf Rn. 14, 16 verwiesen werden. Die Rechtmäßigkeit der 27

---

lungsmöglichkeiten zur gesundheitlichen Eignung ausschöpfen zu können: BW VGH 21.1.2016 – 4 S 1082/14 –, juris Rn. 68.

[133] Vgl. BVerwGE 85, 177 (185); 106, 263 (271) sowie Zängl in Weiß/Niedermaier/Summer/Zängl BayBeamtR Rn. 160 zu § 23 BeamtStG.

[134] Zum Einschätzungsstandard für das „Bewährungsurteil" des Dienstherrn („berechtigte Zweifel") siehe BVerwGE 85, 177 (180, 181, 184); 92, 147 (150, 153); ferner BVerwGE 106, 263 sowie RP OVG NVwZ 2006, 1320.

[135] Siehe Battis BBG § 11 Rn. 10.

[136] Siehe schon Fn. 118.

[137] Siehe bereits → § 5 Rn. 57. Vgl. ferner Zängl in GKÖD I L § 34 Rn. 63 ff. und Lemhöfer in Plog/Wiedow BBG 2009 § 34 Rn. 21, aber auch Summer ZBR 1993, 17 (20 ff.).

[138] Anders für „kurzzeitige Dienstbefreiungen, auch soweit sie als Sonderurlaub gewährt werden" Battis BBG § 34 Rn. 13.

[139] AA Reich, BeamtStG, § 23 Rn. 14 unter Hinweis auf Baßlsperger PersV 2007, 424 (428). Im Sinne des obigen Textes zB § 31 Abs. 4 und 5 BW LBG, § 33 Abs. 2 BbgLBG und § 31 Abs. 2 NBG.

[140] Gegenstand der Anhörung ist der Sachverhalt, auf den die Entlassungsverfügung gestützt werden soll, nicht die Entlassungsverfügung als solche; BVerwG NVwZ 1991, 170. Zum Umfang der Anhörung, wenn ein Beamter auf Probe wegen mangelnder gesundheitlicher Eignung auf der Grundlage nicht eröffneter ärztlicher Gutachten und Stellungnahmen entlassen werden soll, siehe NRW OVG RiA 1986, 256.

Entlassung hängt nicht davon ab, ob dem Beamten dienstliche Beurteilungen ordnungsgemäß eröffnet worden sind;[141] es genügt insoweit, dass ihm grundsätzlich vor Ergehen der Entlassungsverfügung die Möglichkeit eingeräumt wird, sich zu den tatsächlichen Feststellungen zu äußern, die aus einer dienstlichen Beurteilung übernommen werden sollen, um die Entlassung zu stützen.[142]

28 Auf Antrag des Beamten hat der Personalrat bei der Entlassung mitzuwirken (siehe § 78 Abs. 1 Nr. 4 iVm Abs. 2 Satz 2 Hs. 1 BPersVG);[143] der Beamte ist von der beabsichtigten Entlassung rechtzeitig vorher in Kenntnis zu setzen (siehe § 78 Abs. 2 Satz 2 Hs. 2 BPersVG).[144] Die Unterrichtung des Beamten hat nicht – wie die Anhörung[145] – zum Ziel, ihm Gelegenheit zu geben, sich gegenüber dem Dienstherrn zu dem ihm mitgeteilten Sachverhalt zu äußern. Vielmehr ist ihr Zweck, den Beamten „zu dem ... in seiner Entscheidungsfreiheit liegenden Entschluss zu veranlassen, ob die Personalvertretung in seiner Angelegenheit ... tätig werden soll".[146] Der Beamte muss angesichts dessen „klar erkennen" können, „dass er die ... Entscheidung über sein personalvertretungsrechtliches Antragsrecht nunmehr zu treffen hat".[147] Die Mitwirkung des Personalrates muss grundsätzlich *vor* dem Ausspruch der Entlassung (als „beabsichtigter Maßnahme", § 69 Abs. 2 Satz 1 BPersVG) beantragt werden;[148] der Antrag kann indessen noch während des Klageverfahrens gestellt werden, sofern erst in diesem Stadium eine ordnungsgemäße Unterrichtung des Beamten erfolgt (siehe § 45 Abs. 1 Nr. 4 und Abs. 2 VwVfG).[149] War die Unterrichtung unterblieben oder mangelhaft, so führt das mithin nur dann zu einer nicht mehr behebbaren Fehlerhaftigkeit der Entlassungsverfügung,

- wenn der Beamte den Antrag bis zum Ende des Klageverfahrens nicht stellt und
- wenn dies darauf beruht, dass er bis dahin nicht oder nicht fehlerfrei gemäß § 78 Abs. 2 Satz 2 Hs. 2 BPersVG über sein Antragsrecht unterrichtet worden war.[150]

3. Entlassung wegen Dienstunfähigkeit

a) Tatbestandliche Voraussetzungen

29 Eine gemäß § 34 Abs. 1 Satz 1 Nr. 3 BBG die Entlassung (ggf. auch nur eine anderweitige Verwendung, Satz 2 aaO)[151] rechtfertigende Dienstunfähigkeit des Beamten auf

[141] Siehe dazu → § 11 Rn. 29f.

[142] BVerwGE 51, 205. Die dienstliche Beurteilung ist kein Verwaltungsakt (siehe dazu → § 11 Rn. 56). Widerspruch und Klage gegen eine Beurteilung haben deswegen keine aufschiebende Wirkung, die einer Entlassung hinderlich sein könnte.

[143] Ein Fehler bei der internen Willensbildung der Personalvertretung beeinflusst nicht die Rechtmäßigkeit der Entlassung; BVerwG RiA 1984, 167. Gleiches gilt für einen vom Dienststellenleiter zu verantwortenden (vgl. § 7 BPersVG) Mangel bei der Einleitung des Beteiligungsverfahrens jedenfalls dann, wenn er sich auf die Entschließung des Personalrates nicht ausgewirkt haben kann; BVerwG DVBl 1989, 1155. Die Beteiligung bezieht sich nicht auf die „verwaltungstechnische Entlassungsverfügung", sondern auf den Vorgang der Entlassung und den ihr zugrunde liegenden Sachverhalt, sodass es bei einer Aufhebung der Entlassungsverfügung (lediglich) aus formalen Gründen und deren Ersetzung durch eine neue, auf einen späteren Entlassungszeitpunkt datierte Verfügung keiner erneuten Beteiligung bedarf; BVerwG ZBR 1989, 178.

[144] Vgl. auch Lemhöfer in Plog/Wiedow BBG 2009 § 34 Rn. 36.

[145] Anhörung und personalvertretungsrechtliche Unterrichtung können allerdings miteinander verbunden werden; BVerwGE 68, 197 (199).

[146] Vgl. BVerwGE 68, 197 und BVerwG DVBl 1989, 1155.

[147] BVerwGE 81, 277.

[148] BVerwGE 68, 197 (201).

[149] BVerwG DVBl 1984, 441.

[150] BVerwG ZBR 1990, 352.

[151] Zur notwendigen Verwendungsbreite vgl. HVGH NVwZ 1993, 652. Siehe auch Lemhöfer in Plog/Wiedow BBG 2009 § 34 Rn. 21, 28f.: Die Möglichkeit der anderweitigen Verwendung dürfe

Probe liegt vor, wenn dieser wegen seines körperlichen Zustandes oder aus gesundheitlichen Gründen zur Erfüllung seiner Dienstpflichten dauernd unfähig ist (§ 44 Abs. 1 Satz 1 BBG, siehe auch § 26 Abs. 1 Satz 1 BeamtStG).[152] Als dienstunfähig kann der Beamte auf Probe auch dann angesehen werden, wenn er infolge Erkrankung innerhalb von sechs Monaten mehr als drei Monate keinen Dienst getan hat, sofern keine Aussicht besteht, dass seine Dienstfähigkeit innerhalb weiterer sechs Monate – im Länderbereich: innerhalb einer durch Landesrecht zu bestimmenden Frist – wieder voll hergestellt ist (§ 44 Abs. 1 Satz 2 BBG, § 26 Abs. 1 Satz 2 BeamtStG). Das Beamtenstatusgesetz hat – wie schon § 23 Abs. 3 BRRG aF – auf einen § 34 Abs. 1 Satz 1 Nr. 3 BBG entsprechenden Entlassungstatbestand verzichtet; hier gilt mithin die allgemeine Regelung, dass der Beamte – vorbehaltlich der Möglichkeit einer anderweitigen Verwendung – entlassen werden muss, wenn er (dauernd) dienstunfähig ist und das Beamtenverhältnis nicht durch Eintritt in den Ruhestand endet (§ 23 Abs. 1 Satz 1 Nr. 3 und Satz 2 BeamtStG).[153]

Prüfungsmaßstab ist grundsätzlich das innegehaltene abstrakt-funktionelle Amt.[154] Es 30
ist nicht erforderlich, dass die Fähigkeit zur Dienstleistung in Bezug auf dieses Amt schlechthin verloren gegangen ist; vielmehr reicht es für die Annahme von Dienstunfähigkeit aus, wenn eine Vielzahl jeweils in relativ kurzen Zeitabständen immer wieder auftretender Erkrankungen von längerer Dauer den Dienstbetrieb empfindlich beeinträchtigt, sofern eine nachhaltige mittelfristig absehbare Besserung nicht zu erwarten ist.[155] Wie Summer[156] zutreffend ausführt, ist die Feststellung der Amtsanforderungen „Sache der Verwaltung und nicht des amtsärztlichen Gutachtens".[157] Eine Entlassung des Probebeamten wegen Dienstunfähigkeit ist – anders als im Falle einer Entlassung wegen fehlender Bewährung in gesundheitlicher Beziehung – auch nach Ablauf der laufbahnrechtlichen Probezeit noch möglich.[158]

Für den Fall einer Dienstbeschädigung[159] schreiben § 28 Abs. 1 BeamtStG und § 49 31
Abs. 1 BBG zwingend die Zurruhesetzung des Beamten auf Probe vor; eine Entlassung,

---

sich nicht auf einen einzigen Dienstposten beschränken (Hinweis ua auf BayVGH ZBR 1999, 237 (240)).

[152] Dazu schon § 5 Rn. 47 ff. Zur Polizeidienstunfähigkeit siehe § 4 BPolBG (aus dem Landesrecht vgl. zB § 115 NRW LBG) sowie BVerwG DÖD 2006, 79, BW VGH VBlBW 1991, 193, HVGH ZBR 1983, 242 und NRW OVG NWVBl. 2004, 58. Auch hier gilt der Grundsatz „Rehabilitation vor Zurruhesetzung"; vgl. Battis BBG § 44 Rn. 9 mwN.

[153] Vgl. Brockhaus in Schütz/Maiwald BR Archiv I Rn. 119 zu § 34 NRW LBG (aF).

[154] Zu diesem Begriff § 3 Rn. 10 f. Vgl. dazu BVerwGE 40, 104 (107); 65, 270 (272 f.); 122, 53, ferner BW VGH ESVGH 18, 173, BayVGH ZBR 1993, 251 und NRW OVG NWVBl. 2004, 58.

[155] Dazu auch schon § 5 Rn. 50. Vgl. außerdem BVerwG ZBR 1967, 148; ferner NRW OVG 18.3.1998 – 12 A 1388/96 –, abgedr. bei Schütz/Maiwald BR ES/A II 5.1 Nr. 66 sowie NRW OVG 17.9.2003 – 1 A 1069/01 –, abgedr. bei Schütz/Maiwald BR ES/A II 5.5 Nr. 31 = DVBl 2004, 331 (LS). Vgl. aber auch OVG Berlin 8.1.2003 – 4 B 37.02 –, abgedr. bei Schütz/Maiwald BR ES/A II 5.1 Nr. 86: Könne ein schwerbehinderter Probebeamter bei einer zumutbaren Ausstattung seines Arbeitsplatzes volle oder nur unerheblich verminderte Leistungen erbringen, so scheide die Annahme einer Dienstunfähigkeit aus, auch wenn er unter den Bedingungen des amtsüblichen „Normalarbeitsplatzes" den Anforderungen nicht (mehr) genügen könnte (Fall eines Beamten des mittleren Dienstes, der Bildschirmtätigkeiten nur bei entsprechender „vergrößernder Projektion" durchführen konnte).

[156] ZBR 1993, 17 (21). Vgl. außerdem BVerwGE 53, 118 (120 f.) und BVerwG ZBR 1991, 379. Es kann unter Umständen dringend angeraten sein, dass die Verwaltung den Amtsarzt vorab mit detaillierten Informationen zur Person des Beamten einerseits und zu den Bedürfnissen des Dienstes (den Dienstpflichten) andererseits versieht (siehe schon § 5 Rn. 49).

[157] Bei bestimmten schweren Erkrankungen lässt sich die Dienstunfähigkeit bereits ohne weiteres anhand vorhandener ärztlicher Befunde und der medizinischen Bewertung zweifelsfrei feststellen; RP OVG 21.3.1997 – 10 A 11954/96 –, abgedr. bei Schütz/Maiwald BR ES/A II 5.5 Nr. 25.

[158] Vgl. RP OVG NVwZ 1985, 926.

[159] Zum Begriff der Dienstbeschädigung siehe BVerwG RiA 1982, 119; vgl. auch Battis BBG § 49 Rn. 3 ff. mwN.

nicht aber eine anderweitige Verwendung scheidet dann aus. Nur eine Entlassung (bzw. eine anderweitige Verwendung) kommt in Betracht, wenn der – nicht infolge einer Dienstbeschädigung – dienstunfähige Beamte die versorgungsrechtliche Wartezeit nicht erfüllt (§ 23 Abs. 1 Satz 1 Nr. 2 BeamtStG, § 32 Abs. 1 Nr. 2 BBG iVm § 4 Abs. 1 Satz 1 Nr. 1 BeamtVG).[160]

b) Ermessensausübung

32 Bei einer nicht durch Dienstbeschädigung bedingten Dienstunfähigkeit des Beamten ist das Ermessen des Dienstherrn – abgesehen von der Möglichkeit einer anderweitigen Verwendung, ggf. auch in einer anderen Laufbahn oder einem anderen Einsatzbereich der Laufbahn, einerseits und abgesehen von Fällen der unter Rn. 31 bezeichneten Art andererseits – auf die Alternative Entlassung oder Zurruhesetzung gemäß § 28 Abs. 2 BeamtStG bzw. § 49 Abs. 2 BBG zugespitzt.[161] Eine Ernennung zum Beamten auf Lebenszeit kommt dagegen auch dann nicht infrage, wenn die sog Statusprobedienstzeit (vgl. § 11 Abs. 2 BBG) verstrichen ist,[162] weil die Dienstfähigkeit zu den beamtenrechtlichen Voraussetzungen der Ernennung gehört; das Ermessen, welches § 28 Abs. 2 BeamtStG und § 49 Abs. 2 BBG dem Dienstherrn einräumen, verkürzt sich in einem solchen Fall jedoch auf die Möglichkeit der Zurruhesetzung,[163] es sei denn, es war ihm – auch bei der gebotenen Beschleunigung[164] – nicht möglich, Zweifel hinsichtlich der Dienstfähigkeit innerhalb der für die Probezeit vorgegebenen gesetzlichen Höchstfrist zu klären,[165] und dem Beamten ist die Einleitung des Entlassungsverfahrens vor Fristablauf mitgeteilt worden.[166] Mit Ausnahme einer solchen besonderen Sachlage richtet sich die Wahl des Dienstherrn zwischen Entlassung und Zurruhesetzung nach der Notwendigkeit und Angemessenheit einer Versorgung des Beamten. Hierbei sind dessen Lebens- und Dienstalter, der Grad seiner Versorgungsbedürftigkeit, seine wirtschaftliche Lage, seine Bewährung und seine Würdigkeit von Belang;[167,168] auch Überlegungen zur Haushaltslage dürfen in die Ermessensausübung einfließen. An der Würdigkeit wird es zumeist fehlen, wenn der Beamte infolge eines Fehlverhaltens dienstunfähig geworden ist;[169] die Versorgungsbedürftigkeit dürfte im Allgemeinen zu

---

[160] Gemäß § 15 Abs. 2 BeamtVG kann dem entlassenen Probebeamten ein Unterhaltsbeitrag bis zur Höhe des Ruhegehaltes bewilligt werden (dazu BW VGH NVwZ-RR 1995, 211). Bezüglich seiner Hinterbliebenen siehe § 26 BeamtVG.

[161] Ein Aktenvermerk, aus dem sich ersehen lässt, dass die Möglichkeit einer Versetzung in den Ruhestand „jedenfalls bedacht" worden ist, genügt, um zu verifizieren, dass sich der Dienstherr seines Ermessens bewusst war; BVerwG NVwZ-RR 1989, 560 (561).

[162] BVerwGE 41, 75; ferner RP OVG DÖD 1990, 96.

[163] Vgl. für einen Einzelfall RP OVG aaO (Fn. 162).

[164] Die Entlassung darf nicht ungebührlich hinausgezögert werden; es widerspräche der Fürsorgepflicht, den Probebeamten länger als für eine sorgfältige Aufklärung und Bewertung aller relevanten Umstände nötig in Ungewissheit über sein beamtenrechtliches Schicksal zu lassen; BVerwG NVwZ-RR 2002, 130 mwN.

[165] BVerwG aaO (Fn. 164) für einen Fall, in dem Zweifel an der gesundheitlichen Eignung während der fünfjährigen Probestatusdienstzeit nicht ausgeräumt werden konnten. Dem steht es gleich, wenn die Behörde sich „aus Gründen der Fürsorge" verpflichtet sieht, „das Äußerste – wenn auch wenig Erfolg versprechende – zu tun, um dem Beamten die Wiederherstellung seiner Dienstfähigkeit (im Ausgangsfall: durch eine Alkoholentziehungskur) zu ermöglichen"; BW VGH VBlBW 1991, 269.

[166] Siehe dazu BVerwGE 41, 75 und BVerwG DVBl 1990, 305.

[167] Vgl. BVerwGE 22, 215 und BVerwG NVwZ-RR 1989, 560. Mängel der Einstellungsuntersuchung haben außer Betracht zu bleiben; NRW OVG DÖD 1958, 95.

[168] Zum Gesichtspunkt der Würdigkeit siehe auch § 10 Abs. 3 Satz 2 BDG.

[169] Lemhöfer in Plog/Wiedow BBG (alt) § 46 Rn. 13; siehe schon Fn. 168.

verneinen sein, wenn er nicht voll erwerbsgemindert (§ 43 Abs. 2 Satz 2 und 3 SGB VI) ist.[170]

c) Entlassungsfristen und Entlassungsverfahren

Für die Entlassungsfristen gilt das unter Rn. 26 Dargelegte sinngemäß. Ein förmliches Verfahren wie bei der Zurruhesetzung eines Beamten auf Lebenszeit ist entbehrlich.[171] Was die Anhörungspflichten und die Beteiligung des Personalrates angeht, so kann auf Rn. 27 f. Bezug genommen werden. Die für die Entlassung bestimmenden Erwägungen müssen in der Begründung der Entscheidung nicht unbedingt näher referiert werden; liegen sie auf der Hand oder sind sie dem Betroffenen bekannt, so kann eine schriftliche Begründung gar unterbleiben oder „sehr kurz" ausfallen.[172] 33

4. Prozessuale Fragen

a) Verwaltungsrechtsweg und Klageart

Bei der Entlassungsverfügung handelt es sich um einen rechtsgestaltenden belastenden Verwaltungsakt (§ 35 Satz 1 VwVfG),[173] den der Beamte – ggf. nach erfolglosem Widerspruch (§ 54 Abs. 2 und 3 BeamtStG bzw. § 126 Abs. 2 und 3 BBG iVm §§ 68 ff. VwGO) – mit der verwaltungsgerichtlichen Anfechtungsklage angreifen kann (§ 54 Abs. 1 BeamtStG bzw. § 126 Abs. 1 BBG, § 42 Abs. 1 VwGO).[174] Die Rechtmäßigkeit der Entlassung beurteilt sich nach der Sach- und Rechtslage im Zeitpunkt der letzten Verwaltungsentscheidung. Umstände, die erst danach eintreten, sind grundsätzlich unbeachtlich, soweit sie nicht ausnahmsweise (tatsächliche oder bewertende[175]) Rückschlüsse auf den zur Zeit der letzten Verwaltungsentscheidung vorliegenden Sachverhalt zulassen.[176] Leistungen nach Ablauf der laufbahnrechtlichen Probezeit (vgl. auch Rn. 22) sind der höchstrichterlichen Rechtsprechung gemäß unbeachtlich, „selbst wenn der Status als Beamter auf Probe noch weiter fortbestanden ... oder der Beamte auf Grund der aufschiebenden Wirkung von Widerspruch und Klage[177] zunächst noch weiter Dienst geleistet hat".[178] Bei 34

[170] Vgl. auch H. Günther ZBR 1985, 321 (334) mwN (keine Korrektur einer Entlassung, sofern den Versorgungsinteressen des Probebeamten mit Hilfe eines Unterhaltsbeitrages, § 15 Abs. 2 BeamtVG, und/oder von Nachversicherungsansprüchen, § 8 Abs. 2 iVm §§ 181 ff. SGB VI, „hinreichend Rechnung getragen werden kann").

[171] BVerwG DÖD 1990, 35; siehe auch Brockhaus in Schütz/Maiwald BR Archiv I Rn. 128 zu § 34 NRW LBG (aF) und Lemhöfer in Plog/Wiedow BBG 2009 § 34 Rn. 27.

[172] BVerwG NVwZ-RR 1989, 560 (561) mwN; siehe daneben BVerwG DVBl 1990, 305 unter Hinweis auf § 39 Abs. 1 Satz 3 und Abs. 2 Nr. 2 VwVfG.

[173] Auch die Verlängerung der Probezeit stellt sich (zumindest in der Regel) als belastender Verwaltungsakt dar (vgl. HVGH DÖD 1984, 197).

[174] Nicht isoliert anfechtbar ist die Einleitung einer Sachverhaltsaufklärung im Zusammenhang mit dem Anfangsverdacht eines Dienstvergehens; § 44a VwGO. Vgl. aber auch HVGH NVwZ-RR 1995, 47, wo eine unselbstständige Verfahrenshandlung iSd § 44a VwGO für den Fall verneint (und damit im Ergebnis eine selbstständige Anfechtbarkeit bejaht) ist, dass mit der amtsärztlichen Untersuchung wegen eines Dienstunfalles Gesundheitsrisiken oder Eingriffe in das Persönlichkeitsrecht verbunden sind. Siehe zu ärztlichen Untersuchungen in Bezug auf die Dienstunfähigkeit des Näheren → § 5 Rn. 70.

[175] Zusatz des Verf.

[176] BVerwGE 61, 200 (209); 92, 147 (151); 106, 263 (272). Zur Ergänzung der Erwägungen während des Rechtsstreits siehe § 114 Satz 2 VwGO und dazu SächsOVG SächsVBl. 1998, 218 sowie BVerwGE 141, 253 (juris Rn. 9 f.).

[177] Siehe dazu → Rn. 35.

[178] BVerwG NVwZ 1991, 170 (171); vgl. ferner schon BVerwG RiA 1989, 261 sowie auch BGH ZBR 1999, 176.

einer mit der Dienstunfähigkeit des Beamten begründeten Entlassungsentscheidung kann dieser, falls auch er sich als dienstunfähig ansieht (und eine anderweitige Verwendung ausscheidet), neben der Aufhebung der Entlassungsverfügung in der Regel mit Aussicht auf Erfolg allenfalls die Verpflichtung des Dienstherrn beantragen, über ein zuvor abgelehntes Zurruhesetzungsbegehren neu zu entscheiden (siehe § 113 Abs. 5 Satz 2 VwGO).

b) Aufschiebende Wirkung eines Widerspruchs und einer Anfechtungsklage

35 Widerspruch und Anfechtungsklage gegen eine Entlassungsverfügung haben aufschiebende Wirkung (§ 80 Abs. 1 VwGO). Dies bedeutet (mindestens), dass bis auf weiteres tatsächliche oder rechtliche Folgerungen aus dem Verwaltungsakt nicht gezogen werden dürfen.[179] Wird die sofortige Vollziehung im öffentlichen Interesse angeordnet (§ 80 Abs. 2 Satz 1 Nr. 4 VwGO), so entfällt der Suspensiveffekt.[180] Der Beamte kann jedoch bei dem Gericht der Hauptsache die Wiederherstellung der aufschiebenden Wirkung beantragen (§ 80 Abs. 5 Satz 1 VwGO). Das Gericht hat zunächst zu prüfen, ob das „besondere Interesse" an der sofortigen Vollziehung der Entlassung schriftlich begründet ist (§ 80 Abs. 3 Satz 1 VwGO). Welche Anforderungen an den Inhalt der Begründung zu stellen sind, hängt vom jeweiligen Einzelfall ab. Formelhafte Wendungen – wie etwa der beliebte, nicht näher substantiierte Hinweis auf die Funktionsfähigkeit der Verwaltung – oder die Wiederholung des Gesetzeswortlauts genügen einerseits nicht;[181] andererseits kann sich das Vollziehungsinteresse je nach Art des Entlassungsgrundes so aufdrängen, dass es auf eine Überspannung der Begründungspflicht hinausliefe, wollte man insoweit eingehende Ausführungen verlangen, die über die Erwägungen zur Rechtfertigung der Entlassungsverfügung selbst hinausgingen.[182]

36 Zweifeln begegnet die These des Bundesverwaltungsgerichts,[183] dass der Sofortvollzug der Entlassung stets gerechtfertigt sei, wenn die Entlassungsgründe ein Verbot der Führung der Dienstgeschäfte (§ 39 BeamtStG, § 66 BBG) zugelassen hätten. Das Verbot der Führung der Dienstgeschäfte[184] unterscheidet sich nämlich nach Voraussetzungen und Rechtswirkungen von der Entlassung so erheblich, dass ein (allgemeiner) Schluss von der Zulässigkeit einer solchen Zwangsbeurlaubung auf die Zulässigkeit des Sofortvollzugs einer Entlassung zumindest problematisch ist. Beispielsweise kann es aus gerichtlicher Sicht durchaus noch eingehenderer Aufklärung der Tatsachengrundlage einer Entlassung bedürfen, sodass insofern ein – in die Zukunft hin offener – Sofortvollzug (zurzeit) noch nicht infrage kommen könnte, wohingegen es während der Aufklärungsphase „aus zwin-

---

[179] Dass die Verlängerung der Probezeit ein den Beamten belastender Verwaltungsakt ist (vgl. Fn. 173) und dass Widerspruch und Anfechtungsklage daher grundsätzlich aufschiebende Wirkung zukommt, hindert nicht die Verwertbarkeit der im Verlängerungszeitraum gewonnenen Erkenntnisse; etwaige Bedenken in dieser Richtung entfallen jedenfalls (spätestens) mit der Rechtskraft einer Klageabweisung (BVerwG DÖD 1989, 194).

[180] Zur vorläufigen Dienstenthebung bei einem Dienstvergehen siehe § 38 Abs. 1 Satz 1 BDO und stellvertretend für das gleichsinnige Landesrecht § 38 Abs. 1 Satz 1 NRW LDG.

[181] Vgl. Finkelnburg/Dombert/Külpmann Vorläufiger Rechtsschutz Rn. 746 mwN.

[182] Siehe im Einzelnen die Rechtsprechungshinweise bei Finkelnburg/Dombert/Külpmann aaO (Fn. 181) Rn. 747, 1386, wo folgende Gesichtspunkte exemplarisch erwähnt sind: Weiterbeschäftigung als Sicherheitsrisiko, schwerwiegender Verstoß gegen die demokratische Grundordnung, akute Erkrankung mit Gefährdungen für die Allgemeinheit, grobe Täuschungshandlungen und Disziplinlosigkeit mit der Folge einer Zerstörung des Vertrauensverhältnisses, „überdurchschnittliche" Fehlleistungen sowie eindeutige Nichteignung.

[183] Buchholz 310 § 80 VwGO Nr. 20 (zust. H. Günther ZBR 1985, 321 (334)).

[184] Da Widerspruch und Anfechtungsklage gegen ein Verbot der Führung der Dienstgeschäfte gemäß § 80 Abs. 1 VwGO aufschiebende Wirkung haben, bedarf es zum Sofortvollzug eines derartigen Verbotes gleichfalls einer Vollziehungsanordnung; vgl. dazu NRW OVG 12.8.2013 – 6 B 817/13 –, juris.

genden dienstlichen Gründen" sehr wohl angezeigt sein kann, eine Zwangsbeurlaubung als Sofortmaßnahme von nur vorübergehender Dauer auszusprechen.[185]

Bei fehlender oder unzulänglicher Begründung hat das Gericht die aufschiebende Wirkung stets (dh ohne sachliche Prüfung im Übrigen) wiederherzustellen.[186] Gleiches gilt, wenn die Entlassungsverfügung offensichtlich rechtswidrig ist; ist sie dagegen offenbar rechtmäßig oder ist es zumindest ganz überwiegend wahrscheinlich, dass die Entlassung zu Recht erfolgt, kann der Wiederherstellungsantrag schon dieserhalb keinen Erfolg haben.[187] Lässt sich weder die eine noch die andere Feststellung treffen, so obliegt dem Gericht eine Abwägung zwischen dem öffentlichen Interesse an einer (alsbaldigen) Vollziehung und dem privaten Interesse des Beamten auf Probe, von der Vollziehung der Entlassung einstweilen verschont zu bleiben. Soweit der Beamte wegen eines Dienstvergehens entlassen worden ist, kann die Interessenabwägung dazu führen, dass die aufschiebende Wirkung seines Rechtsbehelfs nur insoweit wiederhergestellt wird, als ihm bis zur restlosen Klärung der gegen ihn erhobenen Vorwürfe während des Klageverfahrens in Anlehnung an die in § 38 Abs. 2 BDG bzw. im korrespondierenden Landesdisziplinarrecht[188] getroffene Regelung die Hälfte seiner Dienstbezüge zu belassen ist.[189] Auch dem Beamten auf Probe, der wegen fehlender Bewährung oder wegen Dienstunfähigkeit mit Vollziehungsanordnung entlassen worden ist, muss der Dienstherr (vorläufig) in der Regel wenigstens die Hälfte seiner Dienstbezüge belassen, um seine wirtschaftliche Existenz zu erhalten und ihm damit auch die Möglichkeit zu geben, wirksamen Rechtsschutz zu erlangen, es sei denn, die Entlassung ist offensichtlich rechtmäßig und/oder der Beamte kann seinen Lebensunterhalt (vorübergehend) aus (sonstigen) eigenen Mitteln bestreiten.[190] 37

c) Kontrolldichte der verwaltungsgerichtlichen Prüfung

Beim Entlassungstatbestand der fehlenden Bewährung (§ 23 Abs. 3 Satz 1 Nr. 2 BeamtStG, § 34 Abs. 1 Satz 1 Nr. 2 BBG) unterliegt die Kontrolldichte der verwaltungsgerichtlichen Prüfung, soweit es um die Ausfüllung der dort bedeutsamen unbestimmten Rechtsbegriffe „Bewährung" bzw. „Eignung", „Befähigung" und „fachliche Leistung" geht, verfassungsrechtlich durch das Gewaltenteilungsprinzip (Art. 20 Abs. 2 Satz 2 GG) geprägten Einschränkungen: Dem Dienstherrn ist hier eine Beurteilungs- 38

---

[185] Lemhöfer in Plog/Wiedow BBG 2009 § 66 Rn. 19f.

[186] HM; vgl. dazu die Rechtsprechungsnachweise bei Kopp/Schenke VwGO § 80 Rn. 148 und bei Schoch/Schneider/Bier VwGO § 80 Rn. 253. Die Behörde ist nicht gehindert, die sofortige Vollziehung mit ordnungsgemäßer Begründung erneut anzuordnen.

[187] Vgl. allgemein Finkelnburg/Dombert/Külpmann aaO (Fn. 181) Rn. 967ff. und speziell zum Sofortvollzug beamtenrechtlicher Entlassungsverfügungen Rn. 1386; siehe dazu aus neuerer Zeit SOVG 6.7.2010 – 1 B 191/10 –, BeckRS 2010, 50494 (zur Entlassung eines Polizeibeamten mit ungelöstem Alkoholproblem).

[188] Siehe zB § 38 Abs. 2 NRW LDG.

[189] Vgl. auch Lemhöfer in Plog/Wiedow BBG 2009 § 34 Rn. 46.

[190] Vgl. ferner BVerfG NVwZ 1990, 853: „Zur Vermeidung einer ... Notlage und zur vorläufigen Sicherung des notwendigen Lebensunterhaltes" könne eine, sei es auch teilweise, Fortzahlung der Bezüge „jedenfalls dann (geboten sein), wenn sich die Klage ... nicht schon von vornherein als unbegründet erwiesen hat"; im gleichen Sinne BVerwG Buchholz 310 § 80 VwGO Nr. 20 sowie NdsOVG NVwZ-RR 2008, 483 und NdsOVG 12.3.2009 – 5 ME 438/08 –, BeckRS 2009, 32913;vgl. auch BayVGH 17.12.2015 – 3 CE 15.2467 ua –, juris (keine vorübergehende Weiteralimentierung bei sofort vollziehbarer Rücknahme der Ernennung). Entgegen der Argumentation des Bundesverfassungsgerichts folgt dies indessen nicht aus der Fürsorgepflicht (dazu § 10 Rn. 14), sondern aus Art. 19 Abs. 4 GG (dazu HVGH NVwZ-RR 1996, 340 (341), außerdem Schnellenbach VerwArch 92 – 2001 –, 2, 24ff.).

ermächtigung im Sinne einer Einschätzungsprärogative, ggf. auch ein Prognosespielraum zuzugestehen.[191]

39 Auch die Bewährungsfeststellung selbst ist ein Akt wertender Erkenntnis des für die Ernennung – oder Entlassung – zuständigen Organs des Dienstherrn.[192] Zu einem Beanstandungen entzogenen Gebrauch der Beurteilungsermächtigung gehört eine sorgfältige Ermittlung und Abwägung aller für und gegen die Bewährung sprechenden Umstände. Das Verwaltungsverfahren ist so auszugestalten, dass das Urteil zur Frage der Bewährung sachgerecht und fair ist und dass der Beamte Annahmen und Bewertungen, die er für unzutreffend hält, wirksam entgegentreten kann.[193]

II. Entlassung von Beamten auf Probe iSd § 4 Abs. 3 lit. b BeamtStG bzw. des § 6 Abs. 3 Nr. 2 BBG kraft Gesetzes und durch Verwaltungsakt

40 Der Bundesbeamte, dem ein Amt mit leitender Funktion zunächst im Beamtenverhältnis auf Probe übertragen wird,[194] ist aus eben diesem Beamtenverhältnis – ohne dass es eines darauf zielenden konstitutiven oder auch nur deklaratorischen Ausspruchs (nebst Begründung) oder gar eines Vollzugsakts bedürfte – entlassen, wenn einer der folgenden, in § 35 Satz 1 BBG aufgelisteten Gründe vorliegt:

- Ablauf der Probezeit nach § 24 Abs. 1 BBG (Nr. 1 aaO),[195]
- Beendigung des – fortdauernden – Beamtenverhältnisses auf Lebenszeit (Nr. 2 aaO),
- Versetzung (im Beamtenverhältnis auf Lebenszeit[196]) zu einem anderen Dienstherrn (Nr. 3 aaO),
- Verhängung mindestens einer Kürzung der Dienstbezüge als Disziplinarmaßnahme (Nr. 4 aaO)[197] oder
- Erreichen der für Beamte auf Lebenszeit geltenden Altersgrenze, falls sich der Beamte nicht in einem Doppelbeamtenverhältnis, sondern nur in einem Führungsbeamtenverhältnis auf Probe befindet (Nr. 5 aaO).[198]

Das Beamtenstatusgesetz beschränkt sich darauf, in § 22 Abs. 5 – im Einklang mit § 12a Abs. 4 Satz 1 Nr. 1 und 3 BRRG aF – zu bestimmen, dass das Beamtenverhältnis auf Probe in einem Amt mit leitender Funktion mit Ablauf der Probezeit oder mit Versetzung zu einem anderen Dienstherrn ende. Der Sache nach besteht hier kein Unterschied zu einer Entlassung (kraft Gesetzes), die gleichfalls eine automatische Beendigung

---

[191] BVerwGE 85, 177 (180); 106, 263. Kein Beurteilungsspielraum ist nach BVerwG 30.10.2013 – 2 C 16.12 –, juris Rn. 19 (mehr) hinsichtlich der gesundheitlichen Eignung bzw. Bewährung eröffnet.

[192] BVerwGE 106, 263.

[193] Siehe den Nachweis in Fn. 192.

[194] Siehe dazu schon → § 3 Rn. 39 ff. und → Rn. 2 dieses Paragrafen.

[195] Eine Verlängerung der Probezeit, die regelmäßig zwei Jahre beträgt, ist nicht statthaft; vgl. Ziekow PersV 2007, 344, 347. Mit dem Auslaufen der Probezeit gelangt das Beamtenverhältnis auf Lebenszeit wieder zu voller Geltung. Hat sich der Beamte bewährt, so soll ihm das Leitungsamt in statusrechtlicher Anknüpfung an das wieder erstarkte Beamtenverhältnis auf Lebenszeit nunmehr auf Dauer (mit dem entsprechenden höheren Status) übertragen werden, und zwar durch eine Entscheidung, die noch vor Ablauf der Probezeit und vor Auslaufen des Probebeamtenverhältnisses zu treffen ist (vgl. § 24 Abs. 4 Satz 1 BBG).

[196] Vgl. hierzu Zängl in GKÖD I K § 24a Rn. 35.

[197] Siehe dazu (zugleich stellvertretend für das einschlägige Landesdisziplinarrecht) § 5 Abs. 1 Nr. 3, §§ 8, 33 ff. BDG; vgl. auch schon → Rn. 7 f.

[198] Siehe dazu § 24 Abs. 3 Satz 1 BBG.

des Beamtenverhältnisses bewirkt.[199] Im Länderbereich entsprechen etwa § 8 Abs. 4 BW LBG, § 4 Abs. 5 HBG und § 9 Abs. 2 SächsBG im Wesentlichen der Bundesregelung. § 5 Abs. 5 Satz 1 BrBG, § 5 Abs. 5 Satz 1 NBG, § 5 Abs. 5 Satz 1 BG LSA und § 5 Abs. 5 Satz 1 SH LBG sehen es nicht als Entlassungsgrund an, wenn der Beamte während der Probezeit in ein anderes Amt mit leitender Funktion versetzt (oder umgesetzt) wird, welches in dieselbe Besoldungsgruppe eingestuft ist wie das zuletzt übertragene Amt mit leitender Funktion; die Probezeit läuft vielmehr weiter. Zum Teil[200] verweist das Landesdisziplinarrecht ohne weitere Differenzierung – dh auch hinsichtlich einer Entlassung aus dem Führungsbeamtenverhältnis auf Probe bei einem Dienstvergehen – auf § 23 Abs. 3 Satz 1 Nr. 1 BeamtStG.

Kommt es zum Streit darüber, ob einer der vorstehend angesprochenen Entlassungstatbestände erfüllt ist, so bietet sich – ggf. nach erfolglosem Widerspruch – die verwaltungsgerichtliche Feststellungsklage (§ 43 VwGO) an. 41

Die allgemeinen Vorschriften über die Entlassung kraft Gesetzes oder durch Verwaltungsakt[201], namentlich die für die Entlassung von Probebeamten generell geltenden Regelungen,[202] sind auch hier beachtlich (siehe § 35 Satz 2 BBG). Dies bedeutet unter anderem, 42

- dass es dem Beamten unbenommen ist, jederzeit zu verlangen, vorzeitig aus dem Führungsbeamtenverhältnis auf Probe entlassen zu werden (siehe § 23 Abs. 1 Satz 1 Nr. 4 BeamtStG, § 33 BBG), und
- dass er (ausnahmsweise) auch schon vor Ablauf der Probezeit mangels Bewährung entlassen werden kann (siehe § 23 Abs. 3 Satz 1 Nr. 2 und Satz 2 BeamtStG, § 34 Abs. 1 Satz 1 Nr. 2 und Satz 2 BBG).[203]

Der Entlassungsgrund des § 23 Abs. 3 Satz 1 Nr. 1 BeamtStG bzw. des § 34 Abs. 1 Satz 1 Nr. 1 BBG tritt hinter eine Entlassung wegen Dienstvergehens kraft Gesetzes[204] zurück. Dienstvergehen, die in Bezug auf das Beamtenverhältnis auf Lebenszeit oder das Beamtenverhältnis auf Probe begangen worden sind, werden materiell- wie verfahrensrechtlich so verfolgt, als stünde der Beamte nur im Beamtenverhältnis auf Lebenszeit (siehe § 24 Abs. 2 Satz 4 BBG[205]). Disziplinarrechtliche Übergangsregelungen zB für die Verfolgung eines vor Beginn der Probezeit begangenen Dienstvergehens während der 43

[199] So zutr. Reich BeamtStG § 22 Rn. 14: In § 22 Abs. 5 BeamtStG werde „nicht der Weg, sondern das Ziel beschrieben". Ein Verwaltungsakt, in dem die Beendigung des Beamtenverhältnisses festgestellt werde, habe deshalb nur deklaratorische Bedeutung.

[200] Siehe zB § 5 Abs. 3 Satz 2 NRW LDG.

[201] Siehe dazu → Rn. 1 ff.

[202] Siehe insoweit → Rn. 6 ff. § 15 BeamtVG findet auf das Führungsbeamtenverhältnis auf Probe keine Anwendung (§ 15a Abs. 1 BeamtVG). Aus diesem Beamtenverhältnis ergibt sich kein selbstständiger Anspruch auf Versorgung; die Dienstunfallfürsorge (§§ 30 ff. BeamtVG) bleibt hiervon unberührt (§ 15a Abs. 2 BeamtVG).

[203] Vgl. Bayer PersV 1999, 338 (347). Lemhöfer in Plog/Wiedow BBG 2009 § 35 Rn. 8 zeigt daneben auf, dass auch eine Entlassung aus dem Beamtenverhältnis wegen Dienstunfähigkeit (siehe § 34 Abs. 1 Satz 1 Nr. 3 BBG) in Betracht kommen könne, zB dann, „wenn der Beamte jedenfalls den Aufgaben des im Beamtenverhältnis auf Probe übertragenen Leitungsamtes nicht mehr gewachsen ist" (ohne dass im Übrigen, dh wegen seiner Dienstfähigkeit in Bezug auf das letzte Amt oder wegen einer etwaigen anderen Verwendung im Rahmen des Beamtenverhältnisses auf Lebenszeit, die Prüfung schon abgeschlossen sei). Siehe auch Zängl in GKÖD I K § 24a Rn. 42. Zur Entlassungsmöglichkeit bei Umstrukturierungsmaßnahmen § 23 Abs. 3 Satz 1 Nr. 3 BeamtStG, § 34 Abs. 1 Satz 1 Nr. 4 BBG).

[204] Siehe → Rn. 40.

[205] Siehe stellvertretend für das korrespondierende Landesrecht § 8 Abs. 3 Satz 3 BW LBG und § 21 Abs. 3 Satz 2 NRW LBG.

Probezeit oder eines während der Probezeit begangenen Dienstvergehens nach deren Beendigung erweisen sich damit als nicht nötig.[206]

III. Entlassung von Beamten auf Widerruf

44 Neben die von der Art des Beamtenverhältnisses unabhängigen Entlassungstatbestände[207] treten bei Beamten auf Widerruf im Vorbereitungsdienst eigenständige Sonderregelungen, denen zufolge das Beamtenverhältnis jeweils ipso jure endet:

- Im Bund tritt diese Rechtswirkung mit Ablauf des Tages ein, an dem dem Beamten das Bestehen oder das endgültige Nichtbestehen der Prüfung oder einer vorgeschriebenen Zwischenprüfung[208] – (grundsätzlich) schriftlich[209] – bekannt gegeben wird (§ 37 Abs. 2 Satz 2 BBG).
- § 22 Abs. 4 BeamtStG übernimmt diesen Norminhalt für die Landesbeamten im Vorbereitungsdienst zwar im Ansatz, jedoch mit den Abweichungen, dass die Zwischenprüfungen unerwähnt bleiben, dass auf die (erfolgreiche) Ablegung bzw. das endgültige Nichtbestehen der Prüfung selbst (und nicht auf die Bekanntgabe des Prüfungsergebnisses) abgestellt ist und dass die Länder „anderes bestimmen" können.

Im Übrigen kann der Beamte auf Widerruf „jederzeit" – im Bund wie auch in den Ländern,[210] wenn insoweit nicht ein Landesgesetz „anderes bestimmt": ohne Einhaltung einer Frist – entlassen werden (§ 23 Abs. 4 Satz 1 BeamtStG, § 37 Abs. 1 Satz 1 und 2 BBG). Dem Beamten auf Widerruf im Vorbereitungsdienst soll freilich Gelegenheit gegeben werden, den Vorbereitungsdienst abzuleisten (und zu beenden) und die Prüfung abzulegen (§ 23 Abs. 4 Satz 2 BeamtStG, § 37 Abs. 2 Satz 1 BBG).

1. Entlassung kraft Gesetzes

45 Mit einer Laufbahnprüfung, deren inhaltliche und verfahrensbezogene Ausgestaltung in ihren wesentlichen Teilen einer Festlegung durch Gesetz oder Rechtsverordnung bedarf,[211] schließen im Bund die Vorbereitungsdienste des mittleren, des gehobenen und des höheren Dienstes ab (§ 17 Abs. 3 Nr. 2 lit. a, Abs. 4 Nr. 2 lit. a und Abs. 5 Nr. 2 lit. a BBG). Die Prüfung, die „im Rahmen des Vorbereitungsdienstes" abzulegen ist, kann in Form von Modulprüfungen durchgeführt werden (§ 17 Abs. 1 BLV). Sie kann bei Nichtbestehen[212] einmal – „in begründeten Ausnahmefällen" aufgrund einer Zulassung

---

[206] BT-Drs. 13/3994, 35. Ergänzend ist anzumerken, dass sich die beiden in Betracht kommenden Statusbereiche schon mit Rücksicht auf den Grundsatz der Einheit des Dienstvergehens nicht scharf voneinander trennen lassen würden.

[207] Siehe dazu → Rn. 1 ff.; zur gesetzlichen Entlassung von Beamten auf Widerruf wegen Erreichens der Altersgrenze vgl. § 37 Abs. 1 Satz 3 iVm § 34 Abs. 4 BBG.

[208] Zur Präzisierung des Begriffs der „Zwischenprüfung" BW VGH VBlBW 2007, 417.

[209] Siehe § 128 BBG.

[210] Eine § 23 Abs. 5 BRRG aF entsprechende Vorschrift ist nicht in das Beamtenstatusgesetz übernommen worden.

[211] BVerwGE 98, 324; siehe außerdem HVGH DÖD 1998, 290. Zu den Anforderungen an die verfassungsmäßige Standardisierung von berufsbezogenen Prüfungen vgl. (im Anschluss an BVerfGE 84, 34) BVerwG NVwZ 1993, 681, 686 und 689.

[212] Sonderzahlungen (Sonderzuwendungen) werden regelmäßig davon abhängig gemacht, dass der Empfangsberechtigte bis einschließlich 31. März des folgenden Jahres im Dienst verbleibt, es sei denn, er hat „ein früheres Ausscheiden nicht selbst zu vertreten" (siehe zB § 2 Abs. 1 Nr. 3 NRW SZG). Eine Entlassung wegen Nichtbestehens der Laufbahnprüfung stellt kein anspruchshinderndes „Vertretenmüssen" dar (NRW OVG RiA 1982, 60).

durch die oberste Dienstbehörde auch ein zweites Mal – wiederholt werden (§ 17 Abs. 3 Satz 1 und 3 BLV); dies gilt auch für Modul-, Teil- und Zwischenprüfungen, deren Bestehen Voraussetzung für die Fortsetzung des Vorbereitungsdienstes ist (§ 17 Abs. 3 Satz 2 BLV).[213] Für die Laufbahn des einfachen Dienstes ist eine Laufbahnprüfung nicht vorgesehen; ist der Vorbereitungsdienst hier erfolgreich absolviert, so muss die Laufbahnbefähigung nunmehr förmlich durch Verwaltungsakt – nicht nur durch Aktenvermerk – festgestellt und dem Widerrufsbeamten gegenüber verlautbart werden (§ 16 Abs. 2 BBG, § 8 BLV). Da sich § 37 Abs. 2 Satz 2 BBG nicht auf den Fall einer solchen prüfungsfreien Feststellung erstreckt, wird man insoweit auf § 37 Abs. 1 BBG zurückgreifen müssen, falls der Beamte nicht unmittelbar nach der Feststellung seiner Laufbahnbefähigung in das Beamtenverhältnis auf Probe übernommen wird. Sowohl bei einer positiven Feststellung als auch bei einem negativen Bescheid kann jeweils – vorbehaltlich abweichender Verwaltungspraxis – ein sachlicher Grund vorliegen, der die Entlassung (durch Verwaltungsakt) zulässt, sei es, weil das Ziel des Vorbereitungsdienstes erreicht ist, sei es, weil der Beamte darin (endgültig) versagt hat.[214] Bei Bestehen der Laufbahnprüfung unterliegt es keinen grundsätzlichen Bedenken, die Bekanntgabe des Prüfungsergebnisses erst am Tage einer Ernennung des Beamten auf Widerruf zum Beamten auf Probe vorzunehmen, um so einen dienstrechtslosen Zustand zu vermeiden.[215] Entsprechend kann im einfachen Dienst verfahren werden, indem die Mitteilung der Laufbahnbefähigung nach § 16 Abs. 2 BBG und die Ernennung zum Probebeamten zeitlich aufeinander abgestimmt werden.

Die Länder, deren Laufbahnrecht, auch was die Erlangung der Laufbahnbefähigungen betrifft (siehe § 7 Abs. 1 Nr. 3 BeamtStG), in mancher Hinsicht von demjenigen des Bundes abweicht, haben von dem Vorbehalt des § 22 Abs. 4 BeamtStG zugunsten des Landesrechts namentlich insoweit Gebrauch gemacht, als einige von ihnen bestimmen, **46**

- dass das Beamtenverhältnis auf Widerruf nicht (schon) qua gesetzlicher Automatik ausläuft oder aber
- dass es erst zu einem späteren Zeitpunkt als dem bundesgesetzlich vorgegebenen, etwa erst zum Ende des Monats der Ablegung der Prüfung oder des endgültigen Misserfolges, (kraft Gesetzes) zum Abschluss kommt.[216]

Dass die Prüfungsentscheidung angefochten wird, hemmt nicht den Eintritt der in § 22 **47**
Abs. 4 BeamtStG und in § 37 Abs. 2 Satz 2 BBG jeweils vorgesehenen, allein an die tatsächliche Ablegung oder das endgültige faktische Misslingen der Prüfung anknüpfenden Rechtswirkung.[217] Wird die Prüfungsentscheidung durch die Verwaltungsgerichte

---

[213] Siehe auch BVerwG 23.9.2015 – 2 B 73.14 –, juris Rn. 1: gegen eine nur einmalige Wiederholungsmöglichkeit einer praktischen Teilprüfung (3.000-Meter-Lauf) bestehen keine verfassungsrechtlichen Bedenken. Ferner NRW OVG 10.11.2015 – 6 B 608/15 –, juris Rn. 14 (für eine Klausur im Rahmen der Bachelorprüfung).

[214] In diesem Sinne auch Lemhöfer in Plog/Wiedow BBG 2009 § 37 Rn. 26.

[215] BVerwG ZBR 1979, 331; vgl. auch BayVGH ZBR 1980, 122. Siehe im vorliegenden Zusammenhang ferner § 60 BBesG betr. Anwärterbezüge nach Ablegung der Laufbahnprüfung (dazu BVerwG Buchholz 235 § 60 BBesG Nr. 1).

[216] Siehe auch § 30 Abs. 4 Satz 2 NBG, wonach das Beamtenverhältnis „frühestens mit dem Ablauf der für den Vorbereitungsdienst im Allgemeinen oder im Einzelfall festgesetzten Zeit" endet, selbst wenn die Prüfung schon vorher mit Erfolg abgelegt worden ist.

[217] Vgl. BVerwGE 72, 207 sowie BVerwG ZBR 1986, 295. Einer Vollziehungsanordnung in Bezug auf die Prüfungsentscheidung bedarf es nicht; BayVGH VRspr. 20, 404 (vgl. auch BVerwG DÖV 1974, 598). Siehe aus neuerer Zeit SächsOVG 11.2.2016 – 2 A 428/14 –, juris Rn. 10f. sowie Be/BrOVG 21.7.2014 – 10 S 5.14 –, juris Rn. 7. Krit. zur höchstrichterlichen Rechtsprechung Jörg Schmidt VBlBW 1990, 209.

nachträglich aufgehoben, so lebt das Beamtenverhältnis auf Widerruf nicht – ex tunc – wieder auf.[218]

48 Einer Beendigung des Beamtenverhältnisses, die kraft Gesetzes eintritt und nicht einmal eines deklaratorischen Ausspruchs des Dienstherrn bedarf, stehen die Entlassungsverbote des § 10 MuSchV und des § 4 Abs. 1 EltZV nicht entgegen;[219] Art. 6 Abs. 4 GG ist insoweit nicht berührt.[220]

2. Entlassung durch Verwaltungsakt (Widerruf)

49 Der Grundsatz des § 23 Abs. 4 Satz 1 BeamtStG bzw. des § 37 Abs. 1 Satz 1 und 2 BBG ist durch § 23 Abs. 4 Satz 2 BeamtStG bzw. durch § 37 Abs. 2 Satz 1 BBG für Beamte auf Widerruf im Vorbereitungsdienst in wesentlicher Beziehung eingeschränkt:[221] Ihnen soll Gelegenheit gegeben werden, den Vorbereitungsdienst zu beenden bzw. abzuleisten und die (Laufbahn-)Prüfung abzulegen.[222] Es empfiehlt sich deshalb insoweit von vornherein eine Konzentration auf die Frage, unter welchen Voraussetzungen ausnahmsweise ein (begründungsbedürftiger, § 39 VwVfG) Widerruf *vor* Ablegung (dh vor einem Bestehen oder endgültigen Nichtbestehen) der Prüfung stattfinden kann. Nur bei denjenigen Widerrufsbeamten, die (außerhalb eines Vorbereitungsdienstes) vorübergehend Aufgaben nach § 3 Abs. 2 BeamtStG bzw. nach § 5 BBG wahrnehmen (siehe § 4 Abs. 4 lit. b BeamtStG bzw. § 6 Abs. 4 Nr. 2 BBG),[223] gelangt die rechtliche Möglichkeit einer (grundsätzlich) jederzeitigen Entlassung während der gesamten Dauer des Dienstverhältnisses zu voller, nicht eingeschränkter Geltung.

a) Widerruf bei Beamten auf Widerruf im Vorbereitungsdienst vor Ablegung der Prüfung

50 Wegen der übereinstimmenden Fassungen des § 23 Abs. 4 Satz 2 BeamtStG und des § 37 Abs. 2 Satz 1 BBG als Sollvorschriften[224] kann es, wie schon angedeutet, nur darum gehen,

[218] BVerwG DÖV 1974, 598 und ZBR 1986, 295. Auch die Wiederbegründung eines solchen Beamtenverhältnisses kann nicht beansprucht werden, vgl. SächsOVG (Fn. 217); offen dazu, ob „unter Umständen“ eine Wiederbegründung eines Beamtenverhältnisses in Betracht kommen könnte, NRW OVG 10.11.2015 – 6 B 608/15 –, juris Rn. 13.

[219] BVerwG ZBR 1979, 331 und Buchholz 237.7 § 35 NW LBG Nr. 4 sowie BW VGH DÖD 1975 und NRW OVG NJW 1977, 73. In BrOVG DÖD 1982, 37 ist überzeugend dargelegt, dass die Anwärterbezüge nicht als „Mutterschaftsgeld“ weiterzugewähren sind, wenn die Schutzfrist erst nach Beendigung des Beamtenverhältnisses ausläuft. Aus den Vorschriften über den Mutterschutz oder aus einem Fortwirken der Fürsorgepflicht für Schwangere lässt sich ferner kein Anspruch auf Übernahme in das Beamtenverhältnis auf Probe ohne zeitliche Unterbrechung herleiten (NRW OVG aaO). Siehe auch BVerfG NVwZ-RR 2008, 506: Es verstoße nicht gegen Art. 3 Abs. 1 und Art. 33 Abs. 5 GG, dass ausgeschiedene Beamte auf Widerruf keinen Anspruch auf Nachversicherung in einer Zusatzversorgungseinrichtung für Arbeitnehmer im öffentlichen Dienst hätten.

[220] BVerfGE 44, 211 (215).

[221] Vgl. NRW OVG 18.10.2004 – 6 B 1073/04 –, abgedr. bei Schütz/Maiwald BR ES/A II 5.1 Nr. 87 („zeitweilig eingeschränkter Entlassungsschutz“). Siehe auch H. Günther ZBR 1987, 129: „Das Gesetz stellt ... die Ausnahme als Regel voraus.“ Dem Zweck der einschränkenden Regelung zugunsten von Beamten auf Widerruf im Vorbereitungsdienst ist auch bei der Entscheidung über eine vorläufige Dienstenthebung (vgl. § 38 Abs. 1 BDG) Beachtung zu schenken; BVerwG Buchholz 235 § 126 BDO Nr. 1.

[222] Die den Anwärter begünstigende Ermesseneinschränkung greift nicht mehr ein, wenn er sich nicht rechtzeitig zur Laufbahnprüfung bereithält oder – soweit vorgeschrieben – nicht fristgerecht einen Antrag auf Zulassung stellt; vgl. Lemhöfer in Plog/Wiedow BBG 2009 § 37 Rn. 14.

[223] Siehe dazu → § 3 Rn. 6.

[224] Vgl. dazu allgemein BVerwGE 49, 16; 56, 220.

die *atypischen* Fallgestaltungen zu sichten, bei denen eine Entlassung in der Zeit vor dem Bestehen der Laufbahnprüfung oder ihrem endgültigen Nichtbestehen (bzw. dem Nichtbestehen einer vorgeschriebenen Zwischenprüfung[225]) in Betracht zu ziehen ist. Dabei schränken die genannten Sollvorschriften die Entlassungsmöglichkeiten nach ihrem klaren Wortlaut und ihrem Zweck nicht nur ein, wenn der Vorbereitungsdienst eine Zugangsvoraussetzung auch für Berufe außerhalb des Beamtenverhältnisses bildet[226], da schon die erfolgreiche Beendigung des Vorbereitungsdienstes als solche die beruflichen Chancen verbessert.[227] Sowohl hinsichtlich eines Vorbereitungsdienstes, der – wie beispielsweise die Vorbereitungsdienste für die Laufbahnen des Polizeivollzugsdienstes – nur laufbahnrechtliche Relevanz besitzt, als auch im Hinblick auf einen Vorbereitungsdienst, der – wie insbesondere die pädagogischen Vorbereitungsdienste – (daneben) Ausbildungsstätte iSd Art. 12 Abs. 1 Satz 1 GG ist,[228] hat man sich bewusst zu machen, dass Sinn und Zweck der Sollvorschriften verfehlt würde, wenn man dem Dienstherrn zubilligen wollte, auf fachliche Mängel, die sich während des Vorbereitungsdienstes zeigen, ohne weiteres durch Widerruf zu reagieren. Die hier angesprochenen Sollvorschriften resultieren nämlich ersichtlich aus dem Grundanliegen, auch weniger qualifizierte Beamte auf Widerruf ihren Vorbereitungsdienst beenden zu lassen und ihnen damit die Chance zu geben, die (Laufbahn-)Prüfung – sei es auch nur mit mäßigem Erfolg – abzulegen.[229] Dementsprechend kann es auch gewöhnlich noch nicht für einen Widerruf hinreichen, dass während des Vorbereitungsdienstes „ernsthafte“ oder „begründete“ Zweifel an (fachlicher und/oder gesundheitlicher) Befähigung und Eignung aufkommen (und sich mehr oder weniger verdichten).[230] Soweit sich prognostische Betrachtungen überhaupt als unvermeidlich erweisen, ist zudem je nach Art des Vorbereitungsdienstes auf unterschiedliche Anforderungsprofile abzustellen:[231]

- Bei einem nur laufbahnrechtlich relevanten Vorbereitungsdienst sind letztlich die Anforderungen bestimmend, denen ein Beamter dieser oder einer gleichwertigen Laufbahn genügen muss.
- Hat der Vorbereitungsdienst hingegen (auch) den Charakter einer Ausbildungsstätte, so ist der Beruf als solcher maßgeblich, unabhängig davon, ob er im Beamtenverhältnis oder (innerhalb oder außerhalb des öffentlichen Dienstes) anderweitig ausgeübt wird.[232]

In Anbetracht dessen ist eine Entlassung während des Vorbereitungsdienstes nur **51**
angängig, wenn der Beamte

- seine Dienstpflichten so nachhaltig verletzt, dass daraus auf eine charakterliche Nichteignung für eine spätere Ernennung zum Beamten auf Lebenszeit oder – sofern der Vorbereitungsdienst (zugleich) Ausbildungsstätte ist – für den angestrebten Beruf schlechthin geschlossen werden kann (Fallgruppe 1),[233]

---

[225] Siehe hierzu schon Fn. 208.

[226] So aber BayVGH 13.11.2014 – 3 CS 14.1864 – juris Rn. 21 und 12.12.2011 – 3 CS 11.2397 –, juris Rn. 34, jeweils unter Hinweis auf (Zängl in) Weiß/Niedermaier/Summer/Zängl, Beamtenrecht in Bayern, § 23 BeamtStG Rn. 188. Wie hier VG Potsdam 4.6.2014 – 2 L 280/14 –, juris Rn. 6 ff.

[227] Vgl. v. Roetteken HBR IV § 23 BeamtStG Rn. 440.

[228] Zu diesem Unterschied siehe bereits → § 3 Rn. 13.

[229] So schon BW VGH ZBR 1961, 112 und NRW OVG ZBR 1962, 147 sowie neuerdings NRW OVG NWVBl. 2010, 183 = DVBl 2009, 1532 – LS – ; siehe weiterhin H. Günther 1987, 129 (139).

[230] In dieser Richtung aber BVerwGE 62, 267 (269 f.). Krit. dazu auch Battis BBG § 37 Rn. 4.

[231] So auch BVerwG (Fn. 230) S. 270.

[232] Vgl. auch NRW OVG 11.1.2006 – 1 B 1893/05 –, abgedr. bei Schütz/Maiwald BR ES/E III 1 Nr. 48.

[233] Siehe dazu BVerwG Buchholz 235 § 126 BDO Nr. 1. Zur charakterlichen Nichteignung eines Lehramtsanwärters BayVGH 28.9.2012 – 3 ZB 08.2002 –, BeckRS 2012, 58258; siehe auch VG Augsburg 11.11.2011 – Au 2 K 09.1369 –, BeckRS 2012, 46879 (zur charakterlichen Nichteignung eines Polizeimeisteranwärters wegen fortgesetzter verbaler sexueller Belästigungen von Kolleginnen), NRW OVG 26.10.2015 – 6 B 932/15 –, juris Rn. 2 ff. (charakterliche Nichteignung bei Konsum

- nicht die (auch) für eine (Fortsetzung der) Ausbildung im Beamtenverhältnis auf Widerruf erforderliche Gewähr der Verfassungstreue bietet (Fallgruppe 2),[234]
- den Vorbereitungsdienst, etwa aus gesundheitlichen Gründen, für geraume Zeit unterbricht oder nach Ableistung des Vorbereitungsdienstes für einen nicht absehbaren oder unvertretbar langen Zeitraum an der Ablegung der Prüfung verhindert ist (Fallgruppe 3)[235] oder
- derartig unzureichende Leistungen erbringt, dass das Ziel des Vorbereitungsdienstes (auch bei wohlwollender Betrachtung, wie sie den hier einschlägigen Sollvorschriften allein entspricht) offensichtlich nicht erreichbar erscheint (Fallgruppe 4).[236]

Auch in den Fallgruppen 2–4 stehen bundesrechtliche Regelungen einer Entlassung ohne Einhaltung einer Frist nicht entgegen; die Zubilligung einer (Auslauf-)Frist ist jedoch hier wie auch bei der Fallgruppe 1 möglich. § 23 Abs. 5 BRRG aF und § 32 Abs. 1 Satz 2 BBG aF korrespondierende Regelungen weist das neue Recht nicht mehr auf.

52 Bei Fallgruppe 1 (Dienstpflichtverletzung) kann der Entlassungstatbestand des § 23 Abs. 3 Satz 1 Nr. 1 BeamtStG bzw. des § 34 Abs. 1 Satz 1 Nr. 1 BBG, soweit der Vorbereitungsdienst (zugleich) Ausbildungsstätte iSd Art. 12 Abs. 1 Satz 1 GG ist, nicht unbesehen übernommen werden. Die These des Bundesverwaltungsgerichts,[237] dass der „Entlassungsschutz" des Beamten auf Widerruf nicht stärker als derjenige des Beamten auf Probe sein könne, ist zumindest missverständlich.[238] Eine hypothetische, an der disziplinarrechtlichen Ahndung von vergleichbaren Dienstvergehen eines Lebenszeitbeamten orientierte Betrachtung kann zwar als Einstiegsüberlegung hilfreich sein; zusätzliche Erwägungen sind aber jedenfalls dann unverzichtbar, wenn die Standards für eine Berufsausübung im Beamtenverhältnis (auf Lebenszeit) einerseits und eine solche außerhalb des öffentlichen Dienstes andererseits nicht unerheblich voneinander abweichen.[239]

53 Für die Entlassung eines Beamten auf Widerruf wegen mangelnder Verfassungstreue (Fallgruppe 2) ist es gleichgültig, ob der Vorbereitungsdienst (zugleich) Ausbildungsstätte ist oder nicht, da es sich bei der Pflicht zur Verfassungstreue um einen hergebrachten Grundsatz des Berufsbeamtentums (Art. 33 Abs. 5 GG) handelt, der für *jedes* Beamtenverhältnis gilt.[240] Verhaltensweisen des Beamten auf Widerruf, die sich als Vorgänge darstellen, welche vor Begründung des Beamtenverhältnisses abgeschlossen waren, darf der Dienstherr bei seiner Entlassungsentscheidung nur in sein Kalkül einbeziehen, „wenn sie auch – fortwirkend – Rückschlüsse auf die persönliche Eignung des Beamten während

---

harter Drogen durch einen Kommissaranwärter) und NRW OVG 5.6.2015 – 6 B 326/15 –, juris (charakterliche Nichteignung bei Verbreitung menschenverachtender Bilder und Äußerungen durch einen Kommissaranwärter, der im praktischen Teil der Ausbildung Bürgern im Rahmen der Polizeigewalt gegenüber treten müsste, aaO Rn. 25).

[234] BVerwGE 47, 365; 62, 267; vgl. auch BVerfGE 39, 334 (355, 370 f.).

[235] Zum letztgenannten Fall vgl. BVerwG 4.5.1979 – 2 B 3.79 – und 5.9.1979 – 2 B 55.78 –, zit. nach Becker RiA 1981, 147 (148 Anm. 106), ferner aus neuerer Zeit SächsOVG 3.11.2015 – 2 B 253/15 –, juris Rn. 17 f.

[236] Vgl. NdsOVG RiA 1998, 155 sowie NdsOVG NdsVBl. 2008, 43 (Sofortvollzug einer Entlassung wegen Leistungsmangels); vgl. auch SächsOVG SächsVBl. 2012, 218.

[237] BVerwGE 62, 267 und BVerwG Buchholz 237.0 § 38 BW LBG Nr. 3.

[238] Siehe jedoch auch BVerwG Buchholz 238.5 § 5 DRiG Nr. 1.

[239] Vgl. aber auch BayVGH 10.3.2006 – 3 CS 05.2874 –, BeckRS 2009, 36871: Ein Anwärter für das Lehramt an (bayerischen) Volksschulen könne angesichts „zahlreicher Vorwürfe wegen zu enger bzw. sexuell gefärbter Kontakte zu Schülerinnen" entlassen werden. Siehe ferner HVGH 14.1.2009 – 1 B 76/09 –, BeckRS 2009, 42053 zum statthaften Ausschluss eines charakterlich ungeeigneten Studienreferendars von der Teilnahme an der zweiten Staatsprüfung im Wege eines für sofort vollziehbar erklärten Verbotes der Führung der Dienstgeschäfte.

[240] BVerwGE 62, 267; siehe schon § 3 Rn. 20. Zur Entlassung eines Polizeikommissaranwärters – ua – wegen berechtigter Zweifel an seiner Verfassungstreue NdsOVG NordÖR 2009, 272.

des Beamtenverhältnisses auf Widerruf zulassen und Vorgänge während des Vorbereitungsdienstes in einem anderen Licht erscheinen lassen" oder ihnen ein „besonderes Gewicht" verleihen.[241]

Bei den Fallgruppen 3 und 4 dürfen in Anbetracht des bloßen Ausbildungscharakters des Vorbereitungsdienstes nicht zu geringe Anforderungen an das tatsächliche Fundament prognostischer Einschätzungen gestellt werden, falls diese für den Beamten im Ergebnis ungünstig ausfallen.[242] „Berechtigte Zweifel" an der gesundheitlichen Eignung für einen erfolgreichen Abschluss bzw. an der Dienstfähigkeit sind nicht ausreichend, um den Beamten aus dem Vorbereitungsdienst zu entlassen.[243] Es kommt vielmehr darauf an, ob Erkrankungen zu Unterbrechungen des Vorbereitungsdienstes geführt haben, die aus vorausschauender Sicht eines verständigen Betrachters – wegen der hierdurch verursachten Wissenslücken oder zu erwartender weiterer Ausfallzeiten – eine sinnvolle Fortführung der Ausbildung ausschließen.[244] Bedeutung kann auch die Frage erlangen, ob sich gesundheitliche oder fachliche Mängel des Beamten dahin auswirken können, dass die Ausbildung anderer Beamter oder die Aufgabenerfüllung des öffentlichen Dienstes im Übrigen nachhaltig beeinträchtigt werden.[245] 54

Was die Anhörung des Beamten und die Beteiligung des Personalrates, ggf. auch die Anhörung der Schwerbehindertenvertretung anbetrifft, siehe unter Rn. 14 ff., 27 f. und 33. Die dortigen Ausführungen gelten sinngemäß auch für die Entlassung von Beamten auf Widerruf. 55

b) Widerruf bei Beamten auf Widerruf im Vorbereitungsdienst der Länder nach Ablegung der Prüfung

Endet das Beamtenverhältnis auf Widerruf nicht ipso jure mit dem Bestehen der Prüfung, weil dies durch Landesrecht so bestimmt ist, kommen grundsätzlich zwei rechtliche Möglichkeiten seiner – wegen Zweckerreichung notwendigen – Abwicklung infrage: Zum einen kann es in ein solches auf Probe umgewandelt werden (siehe § 8 Abs. 1 Nr. 2 BeamtStG),[246] 56

- sei es, dass eine (laufbahnrechtliche) Norm dies vorschreibt, die bisherige Verwaltungspraxis iVm dem Gleichbehandlungsgrundsatz die Umwandlung gebietet[247] oder eine Umwandlungszusicherung iSd § 38 VwVfG vorliegt,[248]

---

[241] Siehe auch insofern BVerwGE 62, 267.

[242] Siehe VG Lüneburg 28.9.2004 – 1 B 61/04 –, BeckRS 2007, 24558 (zur fehlsamen Entlassung eines Referendars aus dem juristischen Vorbereitungsdienst allein aufgrund von Zweifeln an seiner Dienstfähigkeit). Zu nicht tragfähigen Feststellungen in Bezug auf fachliche Leistungsdefizite eines Lehramtsanwärters NRW OVG NWVBl. 2010, 183 = DVBl 2009, 1532 (LS); vgl. auch SächsOVG SächsVBl. 2012, 218.

[243] Siehe auch insoweit zust. VG Lüneburg aaO (Fn. 242). Im gleichen Sinne wie der obige Text ferner NdsOVG NVwZ-RR 2008, 483.

[244] Vgl. auch bereits Fn. 235.

[245] Siehe jedoch auch RP OVG NVwZ-RR 2005, 253 mit der nicht unproblematischen Aussage: Studienreferendare könnten schon dann aus dem Vorbereitungsdienst entlassen werden, „wenn sie in ihrer Ausbildung nicht hinreichend fortschreiten und nicht erkennbar ist, dass sie das Ziel des Vorbereitungsdienstes, die Befähigung zu selbstständiger Arbeit im Lehramt an Gymnasien, erreichen werden".

[246] Siehe → § 3 Rn. 28.

[247] Wenn in Ausbildungs- und Prüfungsordnungen davon die Rede ist, dass die Anwärter nach Bestehen der Laufbahnprüfung zu Beamten auf Probe ernannt würden, so gibt dies „lediglich den Ablauf für den Fall wieder, dass der Dienstherr sich … für die Berufung des … bisherigen Anwärters zum Beamten auf Probe entscheidet"; Lemhöfer in Plog/Wiedow BBG 2009 § 37 Rn. 27 unter Bezugnahme auf BVerwG ZBR 1969, 220.

[248] Derartige Umwandlungszusicherungen sind in der Praxis „ganz unüblich"; Lemhöfer aaO (Fn. 247).

- sei es, dass der Dienstherr (in Würdigung des Prüfungsergebnisses) im Einzelfall sein Ermessen dahin ausübt.[249]

Zum anderen erstarkt § 23 Abs. 4 Satz 1 BeamtStG, soweit keine Umwandlung stattfindet, nach Bestehen der Prüfung zu uneingeschränkter Wirkung. Dies bedeutet, dass der Beamte auf Widerruf dann ungeachtet – bzw. gerade wegen – des Bestehens der Laufbahnprüfung in Sicht auf die Erreichung des mit dem Vorbereitungsdienst und dem Widerrufsbeamtenverhältnis intendierten Zweckes ohne weiteres entlassen werden kann.[250] Die Entlassung darf freilich nicht mehr auf eine – an und für sich – mangelnde (Laufbahn-)Befähigung gestützt werden; dieser Grundsatz hindert den Dienstherrn jedoch nicht, eine Übernahme in das Beamtenverhältnis auf Probe von Fall zu Fall vom Ergebnis der Prüfung – und selbstverständlich auch vom Bedarf – abhängig zu machen. Das endgültige Nichtbestehen der Prüfung rechtfertigt die Entlassung hier indessen – anders als im Falle eines Ausscheidens kraft Gesetzes[251] – so lange nicht, wie die Prüfungsentscheidung nicht unanfechtbar oder für sofort vollziehbar erklärt ist.[252]

c) Widerruf bei Beamten auf Widerruf, die gemäß § 4 Abs. 4 lit. b BeamtStG bzw. § 6 Abs. 4 Nr. 2 BBG zur vorübergehenden Wahrnehmung von Aufgaben nach § 3 Abs. 2 BeamtStG bzw. § 5 BBG verwendet werden

57 Sie können – nach pflichtgemäßem Ermessen des Dienstherrn – jederzeit, dh aus jedem sachlichen Grund, entlassen werden. „Sachliche Gründe“ hat die Rechtsprechung[253] (auch) hier darin erblickt,

- dass der Beamte mehrfach und schwerwiegend seine Dienstpflichten verletzt hatte,[254]
- dass er schuldhaft unerlaubt dem Dienst ferngeblieben war[255] oder
- dass Zweifel an seiner Verfassungstreue,[256] seiner Gesundheit[257] oder seiner fachlichen oder persönlichen Eignung[258] aufgekommen waren.

Auch organisatorische Veränderungen oder haushaltspolitische Rücksichten können für den Widerruf des Beamtenverhältnisses bei dieser Beschäftigtengruppe hinreichen.[259] Dabei kann das Leistungsprofil bei einer ermessensfehlerfreien Auswahl unter mehreren für eine Entlassung in Betracht Kommenden bedeutsam sein.[260]

---

[249] Vgl. auch SOVG 18.1.1990 – 1 R 26/89 –, abgedr. bei Schütz/Maiwald BR ES/A II 5.1 Nr. 50.

[250] Ebenso Brockhaus in Schütz/Maiwald BR Rn. 174 zu § 23 BeamtStG mit Hinweis auf NRW OVG ZBR 1962, 147 und SOVG aaO (Fn. 249).

[251] Siehe auch → Rn. 6.

[252] Vgl. HVGH RiA 1979, 157. Siehe auch NRW OVG NVwZ-RR 2012, 612: Werde eine Entlassungsverfügung ausschließlich mit dem Nichtbestehen einer *Zwischenprüfung* im Vorbereitungsdienst begründet, so sei – mangels einer § 37 Abs. 2 Satz 2 Nr. 2 BBG entsprechenden Regelung (im nordrhein-westfälischen Landesrecht) – Voraussetzung für ihre Rechtmäßigkeit, dass die Prüfungsentscheidung entweder unanfechtbar oder für sofort vollziehbar erklärt worden sei.

[253] Siehe dazu eingehend und mit Nachweisen H. Günther ZBR 1987, 129 (130 ff.).

[254] Vgl. BW VGH VRspr. 5, 427, jedoch auch HVGH DÖD 1999, 273. Geringfügige einmalige Dienstpflichtverletzungen genügen dagegen normalerweise nicht; sie können zu missbilligenden Äußerungen des Dienstvorgesetzten Anlass geben oder disziplinarisch mit Verweis oder Geldbuße geahndet werden (siehe § 5 Abs. 3 Satz 1, § 6 Satz 2 BDG). Ferner soll an dieser Stelle ein Hinweis auf § 47 Abs. 3 Nr. 1 BeamtVG nicht verfehlt werden.

[255] Vgl. NRW OVG ZBR 1955, 337.

[256] Vgl. BVerwGE 62, 267.

[257] BVerwG Buchholz 232 § 32 BBG Nr. 15 und Buchholz 237.7 § 46 NW LBG Nr. 1.

[258] Vgl. NRW OVG NWVBl. 2010, 183 = DVBl 2009, 1532 (LS).

[259] Vgl. auch insofern NRW OVG aaO (Fn. 258); siehe ferner H. Günther ZBR 1987, 129 (130) mwN.

[260] Lemhöfer in Plog/Wiedow BBG 2009 § 37 Rn. 32.

3. Prozessuale Fragen

Die Darlegungen unter Rn. 34 ff. gelten durchweg entsprechend.[261] Lemhöfer[262] ist 58
aber darin beizupflichten, dass „die Erwägungen zum vorläufigen Rechtsschutz bei der Entlassung eines Beamten auf Probe nicht uneingeschränkt auf den Fall der Entlassung eines Beamten auf Widerruf, insbesondere eines Anwärters, zu übertragen" sind: Das „erhebliche Interesse (des Anwärters) an vorläufiger Fortsetzung der Ausbildung" (dh an der Vermeidung eines irreparablen „Verlustes an Ausbildungszeit") einerseits und der Charakter des nicht der Unterhaltssicherung dienenden Vorbereitungsdienstes andererseits sind Spezifika, denen bei der Entlassung von Probebeamten aus ihrem Bewährungsdienstverhältnis[263] nichts gleichsteht.

[261] Wo die Entlassung kraft Gesetzes erfolgt, kann der Beamte die Ansicht des Dienstherrn, dass der betreffende Entlassungstatbestand erfüllt sei, (ggf. nach erfolglosem Widerspruch) mit der Feststellungsklage (§ 43 VwGO) angreifen. Unter Umständen kann er auch eine Weiterbeschäftigung im Vorbereitungsdienst und eine Fortzahlung der Anwärterbezüge mit der allgemeinen Leistungsklage – bzw. mit einem Antrag auf Erlass einer Regelungsanordnung, § 123 Abs. 1 Satz 2 VwGO – begehren.

[262] AaO (Fn. 260) § 32 Rn. 18.

[263] Siehe → § 3 Rn. 7.

§ 7 Grundrechtsbeschränkungen

1 Das öffentlich-rechtliche Dienst- und Treueverhältnis, in dem der Beamte zu seinem Dienstherrn steht (§ 3 Abs. 1 BeamtStG, § 4 BBG; siehe auch Art. 33 Abs. 4 GG), ist ein Sonderrechtsverhältnis: Dem Beamten sind (besondere) Dienstpflichten[1] auferlegt, die über die (allgemeinen) Pflichten des Bürgers gegenüber dem Staat hinausgehen; der Dienstherr schuldet dem Beamten namentlich – mit Rücksicht auf die öffentlich-rechtliche Sonderbindung, nicht aufgrund des Sozialstaatsprinzips (Art. 20 Abs. 1 GG) – Fürsorge und Schutz (§ 45 BeamtStG, § 78 BBG).[2] Einerseits ist es nicht zweifelhaft, dass die Grundrechte (Art. 2 ff. GG) prinzipiell auch im Beamtenverhältnis Geltung beanspruchen.[3] Andererseits sind die rechtlichen Möglichkeiten des Beamten, von den Grundrechten Gebrauch zu machen, durch den dienstrechtlichen Pflichtenkanon begrenzt.[4]

I. Verfassungsrechtlicher Ansatz[5]

2 Soweit die Grundrechte Gesetzesvorbehalte aufweisen, sind grundrechtsbeschränkende Regelungen der – allgemein und nicht nur für den Einzelfall geltenden (siehe Art. 19 Abs. 1 Satz 1 GG) – Beamtengesetze verfassungsrechtlich unbedenklich, es sei denn, sie würden das jeweilige Grundrecht in seinem Wesensgehalt antasten (Art. 19 Abs. 2 GG).[6] Wo ein Gesetzesvorbehalt fehlt, lassen sich Grundrechtsbeschränkungen durch die Beamtengesetze weder mit der Rechtsfigur des sog besonderen Gewaltverhältnisses[7] noch damit rechtfertigen, dass derjenige, der immerhin freiwillig Beamter werde, auf die Grundrechte oder ihre Ausübung insoweit verzichte, als es zu Kollisionen mit seinem Sonderstatus komme. Die Konstruktion eines „rechtsfreien Raumes", um

[1] Siehe vornehmlich §§ 33 ff. BeamtStG, §§ 60 ff. BBG.

[2] Vgl. dazu → § 10.

[3] BVerfGE 39, 334 (336 f.) sowie BVerfG NJW 1991, 1477. Soweit er als Amtsträger für den Staat handelt, kann sich der Beamte nicht auf die Grundrechte berufen (vgl. RP OVG DVBl 1995, 629). Der Unterschied zwischen einem Handeln „in Ausübung" eines Amtes und einem solchen „gelegentlich" der Amtsausübung verdient im Einzelfall sorgsame Beachtung; siehe im Folgenden → Rn. 3, 24 und daneben etwa auch → § 10 Fn. 152.

[4] BVerfGE 7, 155 (162); 39, 334 (336 f.) sowie BVerfG NJW 1983, 2691, NJW 1989, 93 und NJW 1991, 1477. Siehe aber auch das Sondervotum BVerfGE 108, 282 (314 ff.): „Wer Beamter wird, stellt sich in freier Willensentschließung auf die Seite des Staates. Der Beamte kann sich deshalb nicht in gleicher Weise auf die freiheitssichernde Wirkung der Grundrechte berufen wie jemand, der nicht in die Staatsorganisation eingegliedert ist. In Ausübung seines öffentlichen Amtes kommt ihm deshalb das durch die Grundrechte verbürgte Freiheitsversprechen gegen den Staat nur insoweit zu, als sich aus dem besonderen Funktionsvorbehalt des öffentlichen Dienstes keine Einschränkungen ergeben." Zu den Grenzen einer Grundrechtsausübung politischer Beamter (vgl. § 30 Abs. 1 BeamtStG, § 54 Abs. 1 BBG) siehe RP OVG NVwZ-RR 2003, 133.

[5] Zu der urheberrechtlichen Stellung des Beamten vgl. eingehend Leuze Urheberrechte der Beschäftigten im öffentlichen Dienst, 3. Aufl. (2008), insbes. § 5.

[6] Dass beamtenrechtliche Bestimmungen, wie sie hier zu betrachten sind, bei verfassungskonformer Auslegung der Wesensgehaltsgarantie wegen (nicht behebbaren) Einwänden begegnen könnten, ist – soweit ersichtlich – bislang nicht ernstlich behauptet worden.

[7] Der Ausdruck „besonderes Gewaltverhältnis" sollte überhaupt vermieden werden.

Grundrechtsrestriktionen zu legitimieren, ist spätestens seit der Strafvollzugsentscheidung des Bundesverfassungsgerichts[8] nicht mehr zu vertreten. Ein Grundrechtsverzicht, dessen Annahme zudem gewöhnlich fiktiv wäre, müsste als rechtlich unbeachtlich angesehen werden, weil die Grundrechte nicht zur Disposition stehen. Die Zulässigkeit von Grundrechtsbeschränkungen im Beamtenverhältnis folgt, wenn ein Gesetzesvorbehalt nicht vorhanden ist, aus Art. 33 Abs. 5 GG: Soweit eine beamtengesetzliche Norm grundrechtsbeschränkenden Inhalts Ausdruck eines hergebrachten Grundsatzes des Berufsbeamtentums ist, setzt nicht erst jene, sondern schon dieser selbst der Grundrechtsausübung Grenzen.[9] Einfachgesetzliche Bestimmungen des Beamtenrechts, die keinen hergebrachten Grundsatz verkörpern, vermögen hingegen nur bei Art. 2 Abs. 1 GG – als Bestandteil der „verfassungsmäßigen Ordnung“ – und bei solchen Grundrechten ausübungsbeschränkende Wirkung zu zeitigen, die unter Gesetzesvorbehalt gestellt sind.

3 Wo ein Grundrecht mit einem hergebrachten Grundsatz des Berufsbeamtentums kollidiert, stoßen von Verfassungs wegen geschützte Rechtsgüter aufeinander. Orientiert man sich am Prinzip der praktischen Konkordanz,[10] so müssen im jeweiligen konkreten Fall dem Grundrecht wie dem infrage stehenden hergebrachten Grundsatz Grenzen gezogen werden, damit beide zu optimaler Wirksamkeit gelangen können.[11] In jedem Einzelfall ist zu prüfen, ob sich aus dem Dienst- und Treueverhältnis Pflichten ergeben, denen gegenüber dem betreffenden Grundrecht das höhere Gewicht zukommt.[12] Unter Umständen sind die dienstliche Stellung und der Aufgaben- und Pflichtenkreis des Beamten einerseits und das Grundrecht andererseits in eine sinnvolle Balance zu bringen. Was die Relevanz und den Stellenwert des Grundrechts anbelangt, so wird man sorgfältig zu bedenken haben, ob der Beamte jeweils nur als – insoweit nicht grundrechtsgeschützter – Amtsträger oder als Träger eigener Rechte und Pflichten oder (bei einer „Gemengelage“) in beiderlei Hinsicht in Erscheinung tritt, ferner, ob (nur) sein innerdienstliches oder (auch) sein außerdienstliches Verhalten berührt ist.[13] Einer „Ausgangsvermutung“ für die unbedingte und uneingeschränkte Verbindlichkeit aller Grundrechte zugunsten auch des Beamten (mit welcher präzisen rechtlichen Wirkkraft auch immer) würde das Prinzip der Einheit der Verfassung[14] widerstreiten, als dessen Konsequenz sich die Notwendigkeit praktischer Konkordanz darstellt. Die Wesensgehaltsgarantie des Art. 19 Abs. 2 GG muss unabhängig davon, für welchen Weg man sich im Übrigen entscheidet, schlechthin beachtet werden.[15]

---

[8] BVerfGE 33, 1; vgl. auch BVerfGE 33, 158; 41, 251.

[9] Siehe dazu Battis BBG § 4 Rn. 12 mwN.

[10] Vgl. Hesse Verfassungsrecht Rn. 72, 317 ff. mit Hinweisen auf Scheuner VVDStRL 20, 125 sowie VVDStRL 22, 53 und Lerche Übermaß und Verfassungsrecht, 1961, insbes. S. 125 ff. Lerche spricht hier von der Aufgabe, den „schonendsten Ausgleich“ zu erzielen. Siehe ferner Schnapp ZBR 1977, 208 und Weiß ZBR 1988, 109 (111).

[11] Vgl. auch Summer ZBR 1999, 97 (109 f.).

[12] Siehe schon BVerwGE 56, 227.

[13] Vgl. Battis BBG § 4 Rn. 29 mwN, außerdem oben Fn. 3. Wird ein Beamter im Internetauftritt seiner Beschäftigungsbehörde mitsamt seiner Amtsbezeichnung genannt, so liegt darin kein Grundrechtseingriff, und zwar ungeachtet dessen, dass möglicherweise Rückschlüsse auf seine Besoldung möglich sind (BVerwG ZTR 2008, 406 sowie RP OVG ZBR 2008, 388).

[14] Hesse aaO (Fn. 10).

[15] Siehe aber schon Fn. 6.

II. Beschränkungen in der Ausübung einzelner Grundrechte

1. Freie Entfaltung der Persönlichkeit (Art. 2 Abs. 1 GG)

Das Recht auf freie Entfaltung der Persönlichkeit kann nur in Anspruch nehmen, wer 4 durch sein Verhalten nicht gegen die „verfassungsmäßige Ordnung" verstößt, zu der die Beamtengesetze und die hergebrachten Grundsätze des Berufsbeamtentums zu rechnen sind.[16] Daraus leiten sich unter anderem folgende Beschränkungen her:

Zur Verfassungstreuepflicht (§ 33 Abs. 1 Satz 3 BeamtStG, § 60 Abs. 1 Satz 3 BBG) 5 als hergebrachtem Grundsatz gehört es, dass der Dienstherr von seinen Beamten Angaben verlangen kann, „die zur Verwirklichung des legitimen und dringenden Zieles, die Sicherheit im Bereich des öffentlichen Dienstes zu gewährleisten, geeignet und erforderlich sind"; das Recht auf „informationelle Selbstbestimmung"[17] – als Ausprägung namentlich des Grundrechts auf freie Entfaltung der Persönlichkeit – ist „nicht schrankenlos" im Sinne „einer absoluten … Herrschaft" des Beamten über „seine" Daten und muss je nach Fallgestaltung zurücktreten.[18] Letzteres ist etwa hinsichtlich der Polizeivollzugsbeamten auferlegten Verpflichtung gegeben, im Dienst (grundsätzlich) ein für Dritte erkennbares Namensschild bzw. (beim Einsatz geschlossener Einheiten) eine die Identifizierung ermöglichende Zahlenkombination zu tragen.[19] Ebenso wenig stehen Art. 2 Abs. 1 (iVm Art. 1 Abs. 1) GG der Verpflichtung des Beamten entgegen, im Rahmen der Einführung der qualifizierten Signatur mit einem Zertifizierungsdienstanbieter einen Vertrag zu schließen und die qualifizierte elektronische Signatur dienstlich zu nutzen.[20]

Das Recht auf „informationelle Selbstbestimmung" bietet einem Beamten im Ergebnis 6 auch keinen Schutz dagegen, dass die Finanzverwaltung Angaben, die er im Wege der Selbstanzeige zur Erlangung von Straffreiheit gemacht hat, an seinen Dienstherrn weitergibt, wenn sie zur Überzeugung gelangt, der Sachverhalt sei „geeignet, eine im förmlichen Disziplinarverfahren zu verhängende Maßnahme von Gewicht, also etwa eine Entfernung aus dem Dienst oder eine Degradierung, zu tragen".[21]

---

[16] BVerwGE 29, 304; 31, 241; 35, 201; 60, 254.

[17] Siehe dazu allg. BVerfGE 65, 1 (43); 78, 77 (84); 96, 171 (181); 115, 320 (341).

[18] BVerfG NVwZ 1989, 1119 unter Hinweis auf BVerfGE 65, 1 (41 ff.) – mit dem nicht ganz problemlosen (ergänzenden) Bemerken, der Beamte könne sich der Auskunftspflicht immerhin „jederzeit dadurch entziehen, dass er seine Entlassung aus dem Beamtenverhältnis beantragt". BW VGH 11.2.2008 – DL 16 S 1/07 –, BeckRS 2008, 33473 führt die eingangs genannte Entscheidung an, um der irrigen Ansicht eines Justizvollzugsbeamten zu begegnen, dass sein Recht auf „informationelle Selbstbestimmung" dem Ansinnen des Dienstherrn an die Bediensteten von Justizvollzugsanstalten entgegenstehe, jede Beziehung zu Angehörigen und Freunden von Gefangenen und Entlassenen zu offenbaren, die geeignet sein könnte, Zweifel an einer ordnungsgemäßen Dienstausübung zu begründen.

[19] Siehe VG Potsdam 8.12.2015 – 3 K 3564/13 –, juris Rn. 24 ff. zu derartigen Kennzeichnungspflichten auf gesetzlicher Grundlage (§ 9 Abs. 2 BbgPolG), soweit nicht der Zweck der Maßnahme Amtshandlung „oder überwiegende schutzwürdige Belange des Polizeivollzugsbediensteten dadurch beeinträchtigt werden" (§ 9 Abs. 3 BbgPolG). Siehe weiterführend zu diesem Thema Ertl, DÖV 2016, 23 ff. Zum Schutz von personenbezogenen Daten in Telefonverzeichnissen der Dienststelle siehe hingegen NRW OVG 6.5.2015 – 8 A 1943/13 –, juris Rn. 98 ff. und Bln/BbgOVG 14.7.2016 – 12 B 24.15 –, juris.

[20] BayVGH 24.9.2015 – 6 ZB 14.314 –, juris Rn. 7 ff. (§ 61 Abs. 1 Satz 1 BBG als tragfähige Grundlage für Eingriffe in die Vertragsfreiheit und die informationelle Selbstbestimmung des Beamten).

[21] BVerfG NJW 2008, 3489 unter Bezugnahme auf § 125c Abs. 4 und Abs. 6 Satz 2 BRRG aF (siehe nunmehr § 115 Abs. 4 und Abs. 6 Satz 2 BBG) iVm § 30 Abs. 4 Nr. 5 AO. Vgl. aber auch BVerwG NJW 2010, 2229: Das für die Übermittlung der Daten notwendige zwingende öffentliche

7 In die durch Art. 2 Abs. 1 GG garantierte Intimsphäre einer Beamtin greift der Dienstherr aber ein, wenn er ihr eine Beihilfe zu den Kosten der Entbindung bei einem nichtehelichen Kind mit der Begründung versagt, dass sie (unter Umständen auch klageweise) einen Kostenerstattungsanspruch gegen den Erzeuger geltend machen könne. Er zwinge sie so (mittelbar), den Namen des Erzeugers preiszugeben.[22]

8 Einzelheiten über die Art einer Erkrankung braucht der Beamte der Dienstbehörde nur zu eröffnen, falls seine Befähigung, die Aufgaben seines Dienstpostens auszuführen, hierdurch berührt wird und daraus Risiken für die Allgemeinheit oder für andere Dienstnehmer entstehen können.[23]

9 Der Beamte hat sich unter Zurückstellung sonstiger Interessen im Rahmen der Arbeitszeitvorschriften[24] „mit vollem persönlichem Einsatz" seinem Beruf, dh grundsätzlich den Aufgaben seines Hauptamtes, zu widmen (§ 34 Satz 1 BeamtStG, § 61 Abs. 1 Satz 1 BBG). Nebentätigkeiten[25] darf er deshalb – abgesehen von „besonders begründeten (Ausnahme-)Fällen" – nur außerhalb der Arbeitszeit ausüben, es sei denn, sie werden auf Verlangen des Dienstvorgesetzten verrichtet oder es besteht ein dienstliches Interesse an der Ausübung der Nebentätigkeit.[26] Öffentliche Interessen dienstlicher Prägung können zur Ablehnung eines Antrags auf Nebentätigkeitsgenehmigung oder zur Untersagung einer genehmigungsfreien Nebentätigkeit führen.[27] Die Einführung einer Pflicht, bestimmte genehmigungsfreie Nebentätigkeiten dem Dienstherrn vor ihrer Aufnahme anzuzeigen (siehe § 100 Abs. 2 BBG, ferner § 40 Satz 1 BeamtStG), stellt sich zwar nach Ansicht des Bundesverwaltungsgerichts[28] als Eingriff in das Grundrecht auf „informelle Selbstbestimmung" dar; dieser sei indessen verfassungsrechtlichen Bedenken entrückt, weil es insbesondere – wie immerhin auch das Bundesverfassungsgericht[29] meint – „auf der Hand (liege), dass die ... (gesetzlich[30]) geforderte Angabe von Art und Umfang der Nebentätigkeit sowie der voraussichtlichen Höhe der Entgelte und geldwerten Vorteile geeignet ist, dem Dienstherrn die Prüfung und Entscheidung darüber zu erleichtern, ob

---

Interesse (§ 30 Abs. 4 Nr. 5 AO) sei nicht auf die Fälle beschränkt, in denen eine Degradierung oder eine Entfernung aus dem Dienst zu erwarten sei; geboten sei eine Würdigung des Einzelfalles. Siehe ferner BFH NVwZ 2008, 1159: Erforderlich sei es lediglich, dass die übermittelten Daten für eine disziplinarrechtliche Prüfung von Belang sein könnten.

[22] BVerwGE 36, 53.

[23] Hinsichtlich des Datenschutzes bei Übersendung, Aufbewahrung, Verarbeitung und Nutzung ärztlicher Untersuchungsbefunde zur Dienst(un)fähigkeit des Beamten siehe § 48 Abs. 2 und 3 BBG und die landesrechtlichen Parallelvorschriften, zB § 53 Abs. 2 und 3 BW LBG, Art. 67 BayBG und § 45 Abs. 2 und 3 NBG.

[24] Zur Anordnung gegenüber einem Justizbediensteten, für Notfälle seine Telefonnummer bei der Dienststelle zu hinterlassen, siehe VG Freiburg VBlBW 1990, 271.

[25] Dazu grundsätzlich BVerwG NJW 2007, 3450: Die Wahrnehmung des Hauptamtes solle nicht „infolge eines Mangels an Zeit und Sorgfalt quantitativ und qualitativ darunter leiden, dass Beamte und Richter sich durch anderweitige Beschäftigungen etwas hinzuverdienen wollen oder müssen" (Hinweis auf BVerwGE 124, 347, 354). Die Wortfolge „oder müssen" ist in unmittelbarem Zusammenhang mit der voraufgehenden Feststellung des Gerichts zu würdigen: „Die Alimentation wird gewährt, um es den Beamten und Richtern zu ermöglichen, sich in wirtschaftlicher Unabhängigkeit mit vollem Einsatz dem Hauptamt zu widmen." Damit wird – gewollt oder ungewollt – augenfällig, dass eine „Flucht in die Nebentätigkeit" als letzter (wie auch immer rechtlich zu konstruierender) Ausweg bei einem (bedauerlicherweise als Möglichkeit nicht von vornherein auszuschließenden) Verstoß des Dienstherrn gegen seine Alimentationspflicht nicht per se (gänzlich) ausgeschlossen werden kann.

[26] Siehe dazu → § 8 Rn. 13, 18.

[27] Siehe dazu → § 8 Rn. 15 ff., 37.

[28] AaO (Fn. 25).

[29] 1.9.2008 – 2 BvR 1872/07 –, BeckRS 2008, 39601. Die Frage, ob überhaupt ein Eingriff vorliegt, lässt das Bundesverfassungsgericht dahinstehen.

[30] Zusatz des Verf.

durch die Nebentätigkeit dienstliche Pflichten verletzt werden oder ob sie dem Ansehen der öffentlichen Verwaltung schadet".

Der Beamte muss auf die Erhaltung und – soweit erforderlich – auf die Wiederherstellung seiner Gesundheit achten.[31] Die Pflicht, sich deswegen einer Heilbehandlung zu unterziehen,[32] wird weder durch eine gegenwärtig bestehende Dienstunfähigkeit noch durch eine Beurlaubung aufgehoben oder aufgeschoben.[33] Ohne Not darf sich der Beamte einerseits selbst im (wirklichen oder vermeintlichen) Interesse des Dienstes nicht Gefahren aussetzen; es wäre aber andererseits etwa überzogen, wenn man verlangen wollte, dass er keinen üblichen, wenn auch nicht risikolosen Sport treibe oder nicht rauche.[34] 10

In der Pflicht des Beamten, eine Dienstunfähigkeit infolge Krankheit auf Verlangen des Dienstvorgesetzten[35] nachzuweisen (siehe § 96 Abs. 1 Satz 2 BBG[36]),[37] konkretisiert sich die beamtenrechtliche Grundpflicht zum „vollen persönlichen Einsatz".[38] Voraussetzung für das Verlangen sind (nicht aus der Luft gegriffene, auf fassbare Umstände gestützte[39]) Zweifel des Dienstvorgesetzten daran, ob der Beamte tatsächlich dienstunfähig ist.[40] Sie können sich zB herleiten[41] 11

- aus der Dauer der bisherigen Fehlzeit,

---

[31] BVerwGE 63, 322; 76, 128 sowie BVerwG NJW 1991, 766. Zur Frage, ob ein allgemeines und absolutes Alkoholverbot angeordnet werden darf, siehe BVerwG NVwZ 1996, 1220 (1221); zu einem behördenintern ausgesprochenen Alkoholverbot BVerwG NVwZ 2000, 574 und BayVGH NVwZ 2000, 222. Ein Beamter, der wegen längerer Krankheit keinen Dienst verrichtet, während dieser Zeit aber ohne Nebentätigkeitsgenehmigung einen eigenen Gewerbebetrieb aufbaut und darin tätig ist, verletzt damit (auch) seine Gesunderhaltungspflicht; BVerwG ZBR 2000, 47. Zum unerlaubten Fernbleiben vom Dienst bei nicht therapierbaren depressiven Symptomen wegen geringer Arbeitsmotivation BVerwG NVwZ-RR 2003, 660.

[32] Siehe dazu auch → Rn. 17.

[33] BVerwG NJW 1984, 677.

[34] Zu einem Rauchverbot am Arbeitsplatz siehe NRW OVG ZBR 2010, 385 und VG Berlin ZBR 2010, 387, bestätigt durch Bln/BbgOVG 9.8.2012 – 4 B 29.10 –, BeckRS 2012, 54951 (jeweils zur Einrichtung eines Raucherzimmers) sowie § 10 Rn. 34. Zum Leistungssport von Beamten H. Günther DÖD 1989, 7.

[35] Der Dienstvorgesetzte kann den Nachweis aus gegebenem Anlass *jederzeit* verlangen – ungeachtet einer im Erlasswege getroffenen Regelung, wonach der Beamte von sich aus ein ärztliches Attest erst bei einer Krankheitsdauer von mehr als drei Arbeitstagen vorzulegen hat (RP OVG NJW 1985, 1415).

[36] Das Landesrecht enthält entsprechende Bestimmungen; vgl. zB § 68 Abs. 2 Satz 2 BW LBG, Art. 95 Abs. 1 Satz 2 BayBG, § 59 Abs. 1 Satz 2 BlnLBG und § 62 Abs. 1 Satz 2 NRW LBG.

[37] Untersuchungsanordnungen zur Klärung der Dienstfähigkeit im Rahmen von Zurruhesetzungsverfahren sind nach gefestigter Rechtsprechung keine Verwaltungsakte, ungeachtet von § 44a VwGO jedoch selbständig angreifbar (siehe dazu bereits → § 5 Rn. 70). Es liegt nahe, diesen Ansatz auf Nachweisverlangen bei Fernbleiben vom Dienst zu übertragen (vgl. aber VG Aachen 24.2.2016 – 1 L 70/16 –, juris Rn. 9 ff.). Zum Vorrang der Beurteilung eines Amtsarztes gegenüber einem divergierenden Gutachten eines Privatarztes siehe → § 5 Rn. 56 mit Rechtsprechungsnachweisen sowie ferner – zum Fernbleiben vom Dienst (und insoweit auch zur verschärften Haftung hinsichtlich der Rückforderung überzahlter Dienstbezüge, vgl. § 9 BBesG) – BVerwG ZBR 1994, 247, 248 (juris Rn. 22) sowie RP OVG RiA 2001, 101. Ferner zu diesem Problemfeld SH OVG DÖV 1997, 344, schließlich BVerwG DÖV 2001, 735 und BayVGH NVwZ-RR 2002, 764: Der Vorrang der amtsärztlichen Beurteilung der Dienstfähigkeit bei Fernbleiben vom Dienst enthebe das Gericht nicht der Notwendigkeit, zu prüfen, ob der Amtsarzt sich in medizinisch kompetenter Weise mit einer abweichenden privatärztlichen Diagnose und den ihr zugrunde liegenden Untersuchungsergebnissen auseinander gesetzt habe.

[38] Siehe schon BVerwGE 21, 15; weiterhin Köhler DÖD 1987, 145.

[39] Siehe neuerdings VG Saarlouis 17.2.2010 – 2 K 594/09 –, BeckRS 2010, 48194.

[40] NRW OVG DÖD 1983, 91 und ZBR 1986, 122; ferner RP OVG DÖD 1990, 71 (betr. fachpsychologische Untersuchung zur Feststellung etwaigen Alkoholmissbrauchs).

[41] Siehe im Einzelnen Köhler aaO (Fn. 38) S. 146, der seine Aufzählung relevanter Gesichtspunkte mit der Bemerkung beschließt: „Kein tauglicher Aspekt ist es …, dass ein vom Beamten vorgelegtes

- aus der Häufigkeit von Ausfällen und/oder
- der Lage von Fehltagen im Kalender,

wobei im Einzelfall möglicherweise erst eine Summierung solcher Gesichtspunkte anlassgebend sein kann.[42,43] Eine Weiterleitung von durch eine innerdienstlich veranlasste polizeiärztliche Untersuchung gewonnenen Gesundheitsdaten an die Fahrerlaubnisbehörde verletzt hingegen, solange es an einer tragfähigen gesetzlichen Grundlage hierfür fehlt, das Recht des Beamten auf informationelle Selbstbestimmung.[44]

12 Um eine Erkrankung außerhalb seines Dienst- oder Wohnortes auszuheilen, bedarf der Beamte keines Urlaubs und keiner Genehmigung.[45] Eine Anordnung seines Dienstvorgesetzten, während des „Krankenstandes" seinen Wohnort nicht zu verlassen, ist rechtswidrig, weil sie den während der Krankheit nicht dienstpflichtigen Beamten unvertretbar in seiner persönlichen Freiheit beschränkt.[46]

13 Die Pflicht des Beamten zu uneigennütziger Dienstausübung (vgl. § 34 Satz 2 BeamtStG, § 61 Abs. 1 Satz 2 BBG) gebietet es, dass dieser die Wahrnehmung seiner privaten Belange und seine Dienstverrichtung streng voneinander trennt.[47] Die Regelung des § 42 BeamtStG und des § 71 BBG ist in diesem Kontext zu sehen.[48]

14 Auch die Pflicht des Beamten zu achtungs- und vertrauensgerechtem Verhalten (§ 34 Satz 3 BeamtStG, § 61 Abs. 1 Satz 3 BBG) kann das Grundrecht auf freie Entfaltung der Persönlichkeit beschränken. Es ist – wie auch sonst – auf die Besonderheiten des Einzelfalles abzustellen. Das Tragen von Schmuckgegenständen zur Dienstkleidung (etwa eines männlichen Polizeivollzugs- oder eines männlichen[49] Zollbeamten) darf nur verboten werden, wenn es den Gesamteindruck der Dienstkleidung verändert oder geeignet ist, das Ansehen des Trägers und damit der staatlichen Einrichtung, der er dient, in der Öffentlichkeit zu mindern.[50] Legt es der Gesetzgeber in die Hand der jeweiligen obersten

---

privatärztliches Attest keine Angaben über die Art der Erkrankung enthält. Diese aus der Sicht der Personalpraxis bedauerliche Rechtsentwicklung hat der einzelne Beamte nicht zu vertreten."

[42] BVerwG Buchholz 237.5 § 51 LBG Hessen Nr. 1 und BVerwG 23.3.2006 – 2 A 12.04 –, BeckRS 2006, 22419. Siehe auch VG Saarlouis aaO (Fn. 39).

[43] Die an den Beamten nach amtsärztlicher Feststellung seiner Dienstfähigkeit gerichtete Aufforderung des Dienstherrn zum Dienstantritt ist (als solche) eine behördeninterne Maßnahme ohne Verwaltungsaktscharakter; RP OVG NVwZ-RR 2003, 233 mwN.

[44] Siehe NRW OVG 9.7.2015 – 6 B 602/15 –, juris Rn. 4 ff. (auch speziell zu § 2 Abs. 12 Satz 1 StVG).

[45] Siehe jedoch Art. 95 Abs. 1 Satz 3 BayBG: „Wollen Beamte … während einer Krankheit ihren Wohnort verlassen, so haben sie dies vorher ihren Dienstvorgesetzten anzuzeigen und ihren Aufenthaltsort anzugeben."

[46] VG Ansbach BayVBl. 1991, 699. Siehe auch Rn. 15. Zum Ganzen H. Günther ZBR 1993, 225 (233 f.).

[47] Der Beamte darf sein Diensttelefon weder zur Wahlwerbung als Kandidat für einen Bundestagswahlkreis noch zur politischen Betätigung für eine Partei benutzen; weder aus Art. 48 Abs. 1 Satz 1 GG noch aus Art. 48 Abs. 2 GG lässt sich ein dahingehender Anspruch ableiten (BVerwG NVwZ 1999, 424).

[48] Zur Bekämpfung der Korruption im öffentlichen Dienst siehe die Nachweise bei Battis BBG Einl. 23 und → § 9 Rn. 4 aE.

[49] Eine geschlechtsbedingte Ungleichbehandlung zugunsten von Beamtinnen, soweit nur ihnen das Tragen von Schmuck gestattet bleibt, ist hier „vergleichsweise unbeträchtlich" (BVerfGE 19, 177, 183) und daher kein Verstoß gegen Art. 3 Abs. 2 GG; BVerfG NJW 1991, 1477 (1478). Siehe auch BVerwG DÖD 1994, 192.

[50] Das Tragen eines Halskettchens zur Uniform eines (männlichen) Polizeivollzugsbeamten darf nach VG Berlin ZBR 1984, 142 nicht verwehrt werden. Siehe aber auch BW VGH ZBR 1986, 335: Es sei nicht zu beanstanden, wenn allgemein untersagt werde, dass männliche Dienstkleidungsträger des Zolldienstes zur Dienstkleidung keinen Ohrschmuck tragen dürften. Dazu (sowie zu der Revisionsentscheidung BVerwGE 84, 287) im Verfassungsbeschwerdeverfahren BVerfG NJW 1991, 1477: Dass sich der Dienstherr „zu einer pauschalierenden Regelung in Form des generellen Verbotes von Ohr-

Dienstbehörde, die Pflicht des Beamten zum Tragen von Dienstkleidung (siehe § 74 BBG) „durch nähere Bestimmungen (zu) aktualisieren und in ihren Einzelheiten (zu) regeln", so hat nur sie „festzulegen, welche persönlichen Accessoires Beamte aus Gründen der Wahrung eines einheitlichen Erscheinungsbildes im Dienst nicht tragen dürfen"; der nachgeordnete Dienstvorgesetzte darf derartige Anordnungen nicht treffen.[51,52] Ein seit längerer Zeit erkrankter Polizeibeamter, der kostümiert am Fastnachtszug seiner Heimatgemeinde teilnimmt, verstößt damit gegen die ihm obliegende Dienstpflicht zu „achtungsgebietendem Verhalten".[53] Ein solcher Verstoß ist auch bei einem Justizhauptwachtmeister anzunehmen, der in der Freizeit durch das Tragen bestimmter Kleidungsstücke bewusst öffentlich den Eindruck erweckt, rechtsradikal zu sein.[54]

Der Gehorsamspflicht (vgl. § 35 Satz 2 BeamtStG, § 62 Abs. 1 Satz 2 BBG)[55] entspricht es, dass der Beamte eine dienstliche Anordnung befolgt, die ihm aufgibt, seine Dienstfähigkeit im Allgemeinen oder seine Tauglichkeit für bestimmte Dienstaufgaben ärztlich klären zu lassen (siehe auch § 44 Abs. 6 BBG).[56] Ein Bahnbeamter muss, wenn seine Dienstaufgaben dies nahe legen, an einem Alkoholtest zur Überprüfung seiner Dienstfähigkeit mitwirken.[57] Gleiches gilt für einen Polizeivollzugsbeamten, wenn er eine sicherheitsrelevante Tätigkeit übernehmen oder fortsetzen soll, sofern Zweifel an seiner Dienstfähigkeit aufgetreten sind.[58] Einen unzulässigen – durch die Gehorsamspflicht nicht gedeckten – Eingriff in das Recht auf freie Entfaltung der Persönlichkeit stellt dagegen zB die Anordnung eines Vorgesetzten an einen Polizeivollzugsbeamten dar, in 15

schmuck für männliche Dienstkleidungsträger" veranlasst gesehen habe, sei „im Hinblick auf die erkennbaren Differenzierungsschwierigkeiten bei den verschiedenen Erscheinungsformen des Ohrschmucks und wegen der geringfügigen Beeinträchtigung des Rechts der Beamten, ihr äußeres Erscheinungsbild nach Gutdünken zu gestalten", verfassungsrechtlich noch hinzunehmen. Der Dienstherr sei aber gehalten, die Entwicklung der tatsächlichen Verhältnisse nicht aus dem Auge zu verlieren und jeweils zu prüfen, ob die Voraussetzungen des Verbotes eines Tragens von Ohrschmuck noch gegeben sind. Dies dürfte heute (für kleine Ohrstecker) nicht mehr der Fall sein (siehe VG Hamburg 26.9.2012 – 20 K 3364/10 –, juris Rn. 43 ff.).

[51] BVerwG NJW 1999, 1985. Nach BVerwG NVwZ-RR 2007, 781 verstößt eine Regelung der obersten Dienstbehörde, die uniformierten Polizeibeamten vorschreibe, die Haare in Hemdkragenlänge zu tragen, in Würdigung eines „Wandels der gesellschaftlichen Anschauungen" gegen Art. 2 Abs. 1 GG; siehe hingegen in Bezug auf männliche Soldaten – und besonders zu Art. 3 GG – BVerwGE 103, 99, 102 sowie Jarass/Pieroth GG Art. 3 Rn. 105. Zum sog Lagerfeld-Zopf BayVGH BayVBl. 2003, 212 und HVGH NJW 1996, 1164.

[52] Fraglos zuzustimmen ist RP OVG 10.6.2005 – 2 A 10254/05 –, abgedr. bei Schütz/Maiwald BR ES/B I 1.4 Nr. 25 : Ein Justizvollzugsbeamter könne zur Gewährleistung der Ordnung innerhalb einer Justizvollzugsanstalt und im Interesse des Staates an einem einheitlichen und neutralen Auftreten seiner uniformierten Vollzugsbeamten aufgefordert werden, nach Art und Größe auffällige Tätowierungen beim Tragen von Dienstkleidung zu verbergen. Siehe auch J.-M. Günther ZBR 2013, 116 (120).

[53] RP OVG ZBR 1989, 383.

[54] VG Potsdam 1.6.2011 – 2 K 1258/08 –, juris („Thor Steinar").

[55] Zur Qualifizierung der Gehorsamspflicht als hergebrachter Grundsatz des Berufsbeamtentums vgl. schon BVerfGE 9, 286 sowie BVerwGE 84, 287. Die Gehorsamspflicht besteht prinzipiell auch bei rechtswidrigen Weisungen (des örtlich und sachlich zuständigen Vorgesetzten). Der Beamte kann remonstrieren, unter Umständen auch klagen, was ihn indessen (noch) nicht von der Pflicht entbindet, die Weisung zu befolgen; BVerfG NVwZ 1995, 680. Siehe auch Felix ZBR 1994, 18 sowie Weiß ZBR 1994, 325 und ZBR 1995, 195, ferner BrOVG ZBR 1989, 23 und – zu nochmals gesteigerten Anforderungen an Ministerialbeamte in leitender Funktion – RP OVG 16.3.2016 – 3 A 10854/15.OVG –, ZBR 2016, 320.

[56] Zur Rechtsnatur einer solchen Anordnung siehe Fn. 37 und → § 5 Rn. 70.

[57] BVerwGE 43, 305.

[58] BayVGH ZBR 1985, 230. Zum vorläufigen Rechtsschutz bei einer Weisung, sich einer mehrmonatigen stationären psychotherapeutischen Behandlung zu unterziehen, BW VGH DVBl 1997, 377. Zur erfolgreichen Klage eines Schulleiters gegen die Anordnung einer psychiatrischen Untersuchung BW VGH NVwZ-RR 2006, 200.

dienstfreier Zeit an einer nicht vom Dienstherrn veranstalteten staatspolitischen Gemeinschaftsfeier teilzunehmen.[59]

2. Recht auf Leben und körperliche Unversehrtheit (Art. 2 Abs. 2 Satz 1 GG)

16 Aufgrund seiner Pflicht zu „vollem persönlichem Einsatz" im Beruf (vgl. § 34 Satz 1 BeamtStG, § 61 Abs. 1 Satz 1 BBG) ist der Beamte gehalten, wenn und soweit sich dies (wie zB im Gesundheitsdienst oder im Strafvollzug, bei der Polizei oder der Feuerwehr) im Einzelfall zur effektiven Wahrnehmung der Aufgaben seines übernommenen Pflichtenkreises als unerlässlich erweist, auch seine Gesundheit und sein Leben einzusetzen.[60] Einen versorgungsrechtlichen Ausgleich[61] bei Dienstunfällen, die der Beamte unter solchen Umständen erleidet, bieten die Regelungen der §§ 37, 39 Abs. 1 Satz 2 und des § 43 BeamtVG.[62]

17 Der Beamte muss sich, soweit dies angezeigt erscheint, ggf. auch auf Weisung seines Dienstvorgesetzten (vgl. § 35 Satz 2 BeamtStG, § 62 Abs. 1 Satz 2 BBG), einer (grundsätzlich) Erfolg versprechenden Heilbehandlung unterziehen,[63] es sei denn, dass sie mit einer beträchtlichen Gefahr für sein Leben oder seine Gesundheit verbunden ist oder nicht zumutbare Schmerzen zur Folge hat.[64] Für eine Operation trifft Entsprechendes zu, wenn sie keinen erheblichen Eingriff in die körperliche Unversehrtheit bedeutet.[65] Ärztliche Anordnungen hat der Beamte zu beachten.[66]

3. Glaubens-, Bekenntnis- und Gewissensfreiheit (Art. 4 Abs. 1 und 2 GG)

18 Dieses Grundrecht, das – auch wegen seiner besonders engen Verknüpfung mit der Menschenwürde (Art. 1 GG) – weder durch die allgemeine Rechtsordnung noch durch eine unbestimmte Güterabwägungsklausel relativiert wird,[67] steht der Eidespflicht des Beamten (§ 38 BeamtStG, § 64 BBG)[68] als hergebrachtem Grundsatz des Berufsbeamtentums[69] nicht entgegen.[70] Eine Kollision ist nicht vorhanden: Die Glaubens- und Bekennt-

---

[59] Vgl. NRW OVG DÖV 1966, 101. Siehe des Weiteren NRW DiszS ZBR 1970, 367 (zu einer gleichfalls unzulässigen, an einen Polizeibeamten gerichteten Anordnung, bei der von einer Gemeinde veranstalteten Feier zum Volkstrauertag in Uniform zu erscheinen und den Kranz des Landrates zu tragen).

[60] Siehe etwa RP OVG ZBR 2000, 429 (Einsatz als Polizeiführer bei einer Spontandemonstration). Vgl. auch Fleig RiA 1996, 226 (229 f.) und Hofmann ZBR 1998, 196, jeweils mwN.

[61] Vgl. Brockhaus in Schütz/Maiwald BR Rn. 5 zu § 30 BeamtVG.

[62] Siehe auch § 14 Rn. 5, 65.

[63] BVerwG NJW 1991, 766. Zu einer etwaigen Impfpflicht BVerwGE 33, 339 (einen Soldaten betreffend). Zur Pflicht des alkoholabhängigen Beamten, an der Wiederherstellung seiner Gesundheit in geeigneter Weise mitzuwirken, BVerwG DÖD 1980, 85.

[64] Die Frage der Zumutbarkeit muss anhand der konkreten Umstände eingeschätzt und beantwortet werden; BVerwG NJW 1991, 766.

[65] Vgl. dazu BVerwGE 63, 322; 76, 103 sowie BVerwG ZBR 1981, 220 und NJW 1991, 766, ferner NRW OVG NJW 1990, 2950. Siehe auch den Wortlaut des § 33 Abs. 3 BeamtVG. Trotz der Wendung „ist verpflichtet" handelt es sich dort nicht um eine echte Rechtspflicht, sondern um eine Obliegenheit (Last) des dienstunfallverletzten Beamten (Hinweis auch auf § 44 Abs. 2 Satz 1 BeamtVG).

[66] BVerwG ZBR 1981, 220.

[67] BVerfGE 33, 23 (29).

[68] Zum Soldatengelöbnis BVerwGE 83, 285 (288).

[69] Vgl. Zängl in GKÖD I K § 58 Rn. 5 sowie Ule Grundrechte IV 2 S. 573.

[70] Ebenso im Ergebnis schon BVerwG ZBR 1967, 53.

nisfreiheit ist nicht berührt, weil der Eid ohne Anrufung Gottes und unter Verwendung einer anderen Beteuerungsformel als „Ich schwöre“ geleistet werden kann (§ 64 Abs. 2 und 3 BBG, siehe auch § 38 Abs. 2 und 3 BeamtStG).[71] Als – weltliches – Verfassungs- und Dienstgelöbnis soll der Eid allerdings zu einer Bindung des Gewissens beitragen.[72] Die Gewissensfreiheit gerät damit zwar in den Blick; sie ist aber nicht beeinträchtigt, weil der Inhalt des Eides mit dem Grundgesetz vereinbar ist. Der Beamte bekennt sich in ihm lediglich zu dem Dienst- und Treueverhältnis, in welches er durch seine Ernennung freiwillig eintritt,[73] und zu der Verfassungs- und Rechtsordnung, deren Wahrung ihm im Rahmen der Erfüllung eben derjenigen Pflichten aufgetragen ist, die sich aus seinem Sonderstatus jeweils entwickeln.

Mit Recht hat das Bundesverwaltungsgericht[74] entschieden, dass sich eine Kriminal- 19
beamtin unter Berufung auf ihr Gewissen weder der Ausrüstung mit einer Dienstwaffe noch der Teilnahme an Schießübungen entziehen könne; sie müsse die dahingehenden Weisungen vielmehr befolgen, weil ihr so nur etwas für ihre – aus freiem Willensentschluss gewählte – Laufbahn und das Berufsbild des Kriminalbeamten Charakteristisches auferlegt werde.[75] Die Beamtin solle damit nicht auf das Grundrecht der Gewissensfreiheit „verzichten“;[76] ihrer Dienst- und Treuepflicht entsprechend werde ihr nicht mehr zugemutet, als sich nicht widersprüchlich zu verhalten. Ein Postbeamter[77] verletzt – unter anderem – seine Gehorsamspflicht (§ 35 Satz 2 BeamtStG, § 62 Abs. 1 Satz 2 BBG), wenn er sich unter Berufung auf sein Gewissen weigert, bestimmte Postwurfsendungen[78] zuzustellen, ohne dass er zuvor zumutbare Möglichkeiten wahrgenommen hätte, seinen Gewissenskonflikt „mit den Mitteln des Beamtenrechts“, etwa mit einem Erfolg versprechenden Antrag auf Umsetzung funktionsgerecht zu lösen; die Fürsorgepflicht des Dienstherrn verlangt nicht, dass dieser ein Umsetzungsverfahren von sich aus initiiert.[79]

Was die Werbung (im Sinne eines signifikanten Einsatzes) für eine Religionsgemein- 20
schaft angeht, so ist – ohne dass die Besonderheiten des jeweiligen konkreten Falles vernachlässigt werden sollten – in erster Linie danach zu differenzieren, ob sie innerhalb oder außerhalb des Dienstes vonstatten geht und ob die Beamteneigenschaft des Werbenden hierbei als solche (etwa durch seine Dienstkleidung) erkennbar wird:

- Das Bundesverwaltungsgericht[80] hat es als Verstoß gegen die (positive) Glaubens- und Bekenntnisfreiheit gewürdigt, dass es einem Polizeivollzugsbeamten verboten worden

[71] Zur Durchbrechung des Grundsatzes in Fällen des § 7 Abs. 3 BeamtStG und des § 7 Abs. 3 BBG siehe § 38 Abs. 3 BeamtStG bzw. § 64 Abs. 4 BBG.

[72] Vgl. auch BVerfGE 79, 69 (76 f.).

[73] Entgegen Engelmann MDR 1973, 365 geht es bei dieser Argumentation nicht darum, dass dem Beamten der Verzicht auf ein Grundrecht angesonnen würde.

[74] BVerwGE 56, 227. Siehe auch VG Sigmaringen NVwZ 1991, 199 (zur Ermessensausübung bei der Entlassung eines Polizeibeamten auf Probe, der sich aus Gewissensgründen geweigert hatte, Schusswaffen gegen Menschen einzusetzen sowie an Feiertagen Dienst zu tun).

[75] Zur Wechselwirkung zwischen Grundrechtsgebrauch und -verbrauch als Folge einer „Wahl“ siehe Wiese BR S. 24 f.; vgl. dazu auch das in Fn. 4 zit. Sondervotum.

[76] Siehe dazu schon Fn. 73.

[77] Soweit sich die Post nach ihrer Privatisierung des Einsatzes von Beamten bedient, deren Status unverändert geblieben ist, gilt auch für diese der beamtenrechtliche Pflichtenkatalog (BVerwG NJW 2000, 88, 89).

[78] Im Ausgangsfall der in Fn. 77 angeführten Entscheidung waren es Postwurfsendungen der Scientology-Kirche. Einige Zeit zuvor hatte sich der Beamte bereits geweigert, Postsendungen einer politischen Partei zuzustellen, und war deshalb mit einer Geldbuße belegt worden.

[79] BVerwG aaO (Fn. 77). Der Hinweis auf die Möglichkeit einer Umsetzung ist freilich nicht unbedenklich, weil er als Impuls aufgenommen werden kann, sich – auf Kosten anderer Dienstnehmer – unter Berufung auf (wirkliche oder nur vorgeschützte) „Gewissensgründe“ eines missliebigen Dienstpostens (etwa im Außendienst) zu entledigen.

[80] BVerwGE 30, 29; dazu Wilhelm ZBR 1968, 409.

war, sich außerhalb der Dienststunden in Zivil durch Hausbesuche in seinem Dienstbezirk für seine Glaubensgemeinschaft und deren „Wahrheiten“ zu verwenden.

- Nach Ansicht des Bayerischen Verwaltungsgerichtshofes[81] kann der Dienstherr einem beamteten Lehrer hingegen untersagen, während des Unterrichts Kleidung in bhagwantypischen Farben zu tragen;[82] wo Spannungsverhältnisse zwischen negativer und positiver Bekenntnisfreiheit – wie besonders im Schulwesen – aufträten, müsse ein Ausgleich unter Berücksichtigung des Toleranzgebotes[83] gesucht werden, der sich bei einem Lehrer, was die obwaltenden Umstände betreffe, nur so finden lasse, dass sich dieser in einer Weise kleide, die eine religiöse Beeinflussung der Schüler vermeide.

Beiden Entscheidungen ist zuzustimmen.[84] Zu ergänzen ist, dass auch eine außerdienstliche Werbung untersagt werden kann, falls hierdurch die Besorgnis der Parteilichkeit des Beamten gegenüber Andersdenkenden begründet ist.[85] Wenn die Identifikation des Beamten mit religiösen oder weltanschaulichen Überzeugungen ernste, nicht anders behebbare Konflikte hervorruft dergestalt, dass ihm die Adressaten seines Amtshandelns mit Misstrauen oder Ablehnung begegnen, so kann sich dieserhalb unter Umständen auch eine Versetzung gegen seinen Willen als unvermeidlich erweisen.[86]

21 Dem Beamten steht kein Anspruch auf Erteilung von Sonderurlaub zur Teilnahme an einer Tagung einer privatrechtlichen Religionsgesellschaft zu; ein Eingriff in seine Glaubens- und Bekenntnisfreiheit ist in der Urlaubsversagung nicht zu erblicken.[87]

---

[81] BayVBl. 1985, 721; siehe ferner BVerwG NVwZ 1988, 397. Vgl. aber auch HmbOVG DVBl 1985, 456 sowie Alberts NVwZ 1985, 92 und Sachs ZBR 1994, 133 (137).

[82] Zum Tragen eines islamischen Kopftuches bei einer (beamteten) Lehrerin siehe zunächst BVerfGE 108, 282 (303 ff.), sodann BVerwGE 116, 359 (362 ff.) – und voraufgehend BW VGH NJW 2001, 2899 (2902 ff.) –, wo ein Kopftuchverbot mit der Neutralitätspflicht der öffentlichen Schule gerechtfertigt wird (in diesem Zusammenhang auch BVerwGE 121, 140, 149 ff. und BVerwG NJW 2009, 1289, 1291). Vgl. zur Abgrenzung jedoch ferner BVerwGE 131, 242, wonach das Kopftuchverbot für Lehrkräfte an Schulen in Bremen Referendarinnen „nur eingeschränkt“ binde; ihnen dürfe der Zugang zur Lehrerausbildung im öffentlichen Schuldienst nicht schon verweigert werden, um einer „abstrakten Gefährdung“ des religiös-weltanschaulichen Schulfriedens vorzubeugen (aA BrOVG NordÖR 2007, 214). So auch BVerfGE 138, 296, wonach aber bei „substantiellen Konfliktlagen“ in bestimmten Schulen/Schulbezirken religiöse Bekundungen (etwa durch Kopftuchtragen) auf gewisse Zeit allgemein unterbunden werden dürfen. Wo die Kleidung – wie etwa bei der Vollverschleierung einer Lehrerin – dysfunktional ist, muss der Grundrechtsstatus des Amtsträgers ohne Frage gegenüber den unverzichtbaren Amtsanforderungen zurücktreten.

[83] Siehe dazu BVerfGE 52, 223 (246 f.) mwN.

[84] Zur negativen Bekenntnisfreiheit siehe auch BayVGH NVwZ 1998, 92 (kein Anspruch eines Lehrers auf Entfernung von Kreuzen aus Unterrichtsräumen im Wege vorläufigen Rechtsschutzes). Zum Anbringen von Kreuzen in staatlichen Schulen BVerfG NJW 1999, 1020 und BW VGH NJW 1999, 1945. Schließlich BayVGH NVwZ 2002, 1000: Im Widerstreit zwischen dem vorbehaltlos gewährten Grundrecht des (beamteten) Lehrers aus Art. 4 GG und seiner durch Art. 33 Abs. 5 GG verfassungsrechtlich abgesicherten Gehorsams- und Loyalitätspflicht sei „eine Lösung nach dem Grundsatz praktischer Konkordanz“ zu suchen. Zur Gehorsams- und Loyalitätspflicht rechnet es das Gericht, dass der Lehrer „die dem staatlichen Gestaltungswillen in Art. 7 Abs. 1 GG anvertraute und von ihm geprägte Organisation des Schulwesens“ anerkenne und sich ihr einordne. Das Toleranzgebot verlange – von atypischen Fallgestaltungen abgesehen –, dass der Lehrer sich „mit dem Vorrang des Gesetzeszweckes des Kreuzes“ (Art. 7 Abs. 3 Satz 1 und 2 des bayerischen Gesetzes über das Erziehungs- und Unterrichtswesens i. d. F. der Bek. vom 31.5.2000, GVBl. S. 414) abfinde; „verfassungsrechtlich unbedenklich“ sei es hierbei, wenn Erziehungsberechtigte und Schüler in dem im Klassenzimmer angebrachten Kreuz „über den engen Gesetzeszweck … hinaus auch dessen religiöse (christlich-missionierende) Bedeutung“ sähen. In Art. 7 Abs. 3 Satz 2 aaO heißt es, dass mit der Anbringung eines Kreuzes in jedem Klassenraum „der Wille zum Ausdruck (gelange), die obersten Bildungsziele der Verfassung auf der Grundlage christlicher und abendländischer Werte unter Wahrung der Glaubensfreiheit zu verwirklichen“. So auch BayVGH 12.1.2010 – 3 ZB 08.2634 –, juris.

[85] BVerwGE 30, 29.

[86] RP OVG NVwZ-RR 2005, 476.

4. Meinungsäußerungsfreiheit (Art. 5 Abs. 1 Satz 1 GG)

Der Grundrechtsschutz des Art. 5 Abs. 1 Satz 1 GG kann von vornherein nur insoweit eingreifen, als der Beamte als Staatsbürger – und nicht (im Umfeld seiner Zuständigkeit) als Amtsträger – eine Meinung äußert.[88] Bei seinen dienstlichen (amtlichen) Äußerungen hat er grundsätzlich die Anordnungen seiner Vorgesetzten und ihre allgemeinen Richtlinien zu befolgen (§ 35 Satz 2 BeamtStG, § 62 Abs. 1 Satz 2 BBG), ohne dass Art. 5 Abs. 1 Satz 1 GG berührt wäre. Lehrer an öffentlichen Schulen äußern sich im Rahmen der Unterrichtserteilung dienstlich. Sie sind insoweit – unbeschadet eines auf Art. 7 Abs. 1 GG beruhenden pädagogischen Freiraumes[89] – weisungsgebunden und können Art. 5 Abs. 1 Satz 1 GG ebenso wenig in Anspruch nehmen[90] wie Art. 5 Abs. 3 GG, der nur auf Hochschullehrer anwendbar ist.[91] 22

Art. 5 Abs. 2 GG stellt das Recht der freien Meinungsäußerung unter den Vorbehalt der „allgemeinen Gesetze", zu denen die §§ 33 ff. BeamtStG und die §§ 60 ff. BBG gehören.[92] Art. 33 Abs. 5 GG, der gelegentlich[93] gleichfalls als solcher zur Rechtfertigung von Beschränkungen der privaten Meinungsfreiheit des Beamten bemüht worden ist, sollte richtigerweise nur bei der Auslegung der eben ins Auge gefassten einfachrechtlichen Bestimmungen Berücksichtigung finden: Der vom Bundesverfassungsgericht[94] entwickel- 23

---

[87] BVerwG NVwZ 1987, 699. Siehe dazu einerseits Zängl BayVBl. 1986, 198, andererseits aber auch Renck NVwZ 1987, 669 (671), der alle Bekenntnisgemeinschaften ohne Rücksicht auf ihre Organisationsform gleichgestellt sehen will. Neuerdings auch BVerwG 25.11.2010 – 2 C 32.09 –, abgedr. bei Schütz/Maiwald BR ES/B III 2 Nr. 70 = DÖV 2011, 367 – LS – (kein Sonderurlaubsanspruch für den Besuch eines Bezirkskongresses der Zeugen Jehovas). Zum Verhältnis von Dienstleistungspflicht und Begehren auf Dienstbefreiung zur Ausübung von Grundrechten BVerwGE 42, 79 (83 f.).

[88] Vgl. BVerwGE 78, 216 (220), BVerwG NVwZ 1992, 65 sowie Hampel in GKÖD I L § 60 Rn. 19 mwN. Siehe auch BVerfG NordÖR 2007, 406 (zur kommerziellen Buchveröffentlichung eines Staatsanwaltes im Unterscheid zu einer Veröffentlichung in einer behördlichen Dokumentationsreihe). Zum Remonstrationsrecht § 36 Abs. 2 und 3 BeamtStG bzw. § 63 Abs. 2 und 2 BBG (vgl. auch § 9 Rn. 16 zur Remonstrationspflicht). Der Beamte braucht eine Weisung ua dann nicht auszuführen, wenn das ihm aufgetragene Verhalten die Menschenwürde (Art. 1 GG) verletzt. Auch wenn nicht sein eigenes Arbeitsgebiet berührt ist, darf dem Beamten eine sachliche innerdienstliche Kritik an Maßnahmen vorgesetzter Stellen grundsätzlich nicht verwehrt sein; BVerwGE 81, 365 (370).

[89] Kopp DÖV 1979, 890. Siehe dazu das Sondervotum BVerfGE 108, 282 (314 ff.): „Der beamtete Lehrer unterrichtet auch im Rahmen seiner persönlichen pädagogischen Verantwortung nicht in Wahrnehmung eigener Freiheit, sondern im Auftrag der Allgemeinheit und in Verantwortung des Staates. Beamtete Lehrer genießen deshalb bereits vom Ansatz her nicht denselben Grundrechtsschutz wie Eltern und Schüler: Die Lehrer sind vielmehr an Grundrechte gebunden, weil sie teilhaben an der Ausübung öffentlicher Gewalt."

[90] Vgl. Frowein Die politische Betätigung der Beamten, 1967, S. 17 sowie Ule Grundrechte IV 2 S. 634. Zur Pflicht eines Lehrers, trotz seiner pädagogischen Eigenverantwortung ein bestimmtes, auf Vorschlag der Fachkonferenz und auf Antrag der Gesamtkonferenz beschafftes Schulbuch in seinem Unterricht zu verwenden, siehe BVerwG NVwZ 1994, 583. Zum Einsatz schulfremder Personen im Unterricht HVGH NVwZ-RR 1993, 483.

[91] BVerwG NVwZ 1994, 583. Zu Art. 5 Abs. 3 GG siehe Franke in GKÖD I L § 4 Rn. 18 mwN. Vgl. ferner BayVerfGH ZBR 1991, 113: Das Grundrecht der Freiheit der Wissenschaft und Lehre gewähre dort keinen Schutz mehr, „wo bestimmte Erkenntnisse oder theoretisch formulierte Zielsetzungen in politische Aktionen umgemünzt werden". Sehr bedenklich mit anderer Tendenz VG Berlin NJW 1989, 1688.

[92] BVerfGE 39, 334; vgl. auch BVerfG ZBR 1993, 59.

[93] Vgl. zB Ule aaO (Fn. 90) S. 632.

[94] BVerfGE 7, 198 (208 f.); 20, 162; 60, 234 (240); 61, 1 (10 f.). Siehe auch BVerfG NJW 1992, 2750 und NJW 2005, 1344.

ten Wechselwirkungslehre zufolge setzen die „allgemeinen Gesetze" zwar dem Wortlaut nach dem Grundrecht Schranken; sie müssen aber ihrerseits in der Erkenntnis und in Würdigung des Wertgehaltes des Grundrechts interpretiert und so in ihren das Grundrecht begrenzenden Konsequenzen selbst wieder eingeschränkt werden. Soweit die §§ 33 ff. BeamtStG und die §§ 60 ff. BBG Ausdruck hergebrachter Grundsätze des Berufsbeamtentums sind, fließt diese rechtliche Qualität in die Auslegung mit ein[95] und verstärkt das Eigengewicht der einfachrechtlichen Vorschriften gegenüber der Bedeutung des Grundrechts.

24 Private Meinungsäußerungen innerhalb des Dienstes (besser: *gelegentlich* der Dienstausübung), die sich auf ein nichtdienstliches Thema beziehen, können untersagt werden, soweit sie geeignet sind, den Dienstbetrieb und den Arbeitsfrieden in der Behörde zu stören (vgl. § 34 Satz 3 BeamtStG, § 61 Abs. 1 Satz 3 BBG).[96] Wenn der Beamte sich innerhalb *(gelegentlich)* des Dienstes aus der Sicht des Staatsbürgers, nicht des Amtsträgers zu Fragen äußert, die seine Dienstaufgaben und/oder die Organisation seines Dienstbereiches betreffen, hat er sich einer unsachlichen, in der Ausdrucksweise unangemessenen Kritik zu enthalten.[97] Der Lehrer, der politischen Unterricht erteilt, hat, auch wenn er (erkennbar) als Staatsbürger Stellung bezieht, Neutralität und Zurückhaltung zu üben (vgl. § 33 Abs. 2 BeamtStG, § 60 Abs. 2 BBG);[98] bei seinen Äußerungen darf er das durch Art. 6 Abs. 2 GG gewährleistete Elternrecht nicht außer Acht lassen.[99]

25 Äußert sich der Beamte außerhalb des Dienstes zu Angelegenheiten, die den dienstlichen Bereich betreffen, so hat er – auch bei der literarischen Verarbeitung dienstlichen Materials[100] – auf seine Verschwiegenheitspflicht[101] Bedacht zu nehmen, die über das Ende des (aktiven) Beamtenverhältnisses hinauswirkt.[102] Eine Flucht des Beamten in die Öffentlichkeit unter Preisgabe von Sachverhalten, die ihm bei seiner amtlichen Tätigkeit bekannt geworden sind, ist regelmäßig als Verstoß gegen § 37 BeamtStG bzw. gegen § 67 BBG und – soweit Verschulden vorliegt – als Dienstvergehen zu betrachten.[103] Der Beamte hat den Dienstweg einzuhalten (siehe § 125 BBG).[104] Er kann – wenn er sich in seinen Rechten beeinträchtigt fühlt – Widerspruch einlegen und die Gerichte anrufen

---

[95] Vgl. Hampel in GKÖD I L § 60 Rn. 21; BVerwG 16.7.2012 – 2 B 16.12 –, juris Rn. 10.

[96] Siehe hierzu Art. 2 Abs. 3 BayPOG: „Dienstkräfte der Polizei dürfen sich während des Dienstes, in Dienst- oder Unterkunftsräumen oder in Dienstkleidung parteipolitisch nicht betätigen. In Dienstkleidung dürfen die Dienstkräfte politische Veranstaltungen nur dienstlich besuchen. Politische Abzeichen dürfen während des Dienstes und an der Dienstkleidung nicht getragen werden." Ein Lehrer darf – auch wegen des Zusammenhanges von Schulpflicht und grundrechtlich garantiertem elterlichem Erziehungsrecht (Art. 6 Abs. 2 GG) – im Unterricht keine Plakette tragen, mit der er einseitig bekennerhaft zu einer umstrittenen allgemein- oder schulpolitischen Frage Stellung bezieht, und zwar unabhängig davon, ob es zu der Frage eine (wie auch immer feststellbare) Mehrheitsmeinung in der Bevölkerung gibt und ob sich die Mehrheitsmeinung und seine eigene zur Schau getragene Ansicht decken. Zum Tragen einer Anti-Atomkraft-Plakette während des Schuldienstes in diesem Sinne BVerwGE 84, 292 (296): Der Lehrer greife damit „in unzulässiger Weise in den Meinungsbildungsprozess der Schüler" ein; indem er „Werbung für eine politische Auffassung" betreibe, setze er sich „auch in Widerspruch zum schulgesetzlich festgelegten Erziehungs- und Bildungsauftrag der Schule sowie dessen Verhältnis zum Elternrecht" (dazu auch Fn. 89). Zum Verteilen von Flugblättern vor Schulbeginn oder nach Schulschluss durch Lehrer BW VGH VBlBW 1987, 33 und 314 (dort auch zur Inanspruchnahme des „Amtsbonus").

[97] BW VGH NJW 1985, 1661.

[98] Siehe den Nachweis in Fn. 97; vgl. ferner BayVerfGH ZBR 1984, 374. Zur Verfassungstreuepflicht → § 3 Rn. 20 ff., 30.

[99] Maunz/Dürig/Herzog/Scholz GG Art. 6 Rn. 130 ff.

[100] Vgl. BVerwGE 37, 265. Siehe auch VG Meiningen ThürVBl. 1999, 169.

[101] Vgl. BVerwG NJW 1992, 1713; zur Amtsverschwiegenheit in disziplinar- und beamtenrechtlichen Verfahren BDiszG NJW 1992, 2107.

[102] BVerwG DÖD 1983, 162.

[103] Vgl. BVerwG Buchholz 232 § 56 BBG Nr. 1 sowie Hampel in GKÖD I L § 60 Rn. 28.

(siehe § 54 BeamtStG und § 126 BBG).[105] Zur Verfolgung seines Anliegens als „letzte Möglichkeit“[106] die Presse „einzuschalten“, ist ihm indessen grundsätzlich verwehrt.[107] Dies kann ausnahmsweise dann anders zu sehen sein, wenn er mit Vorwürfen konfrontiert ist, die (ohne seine Mitwirkung und ohne dass ihm das anderweitig zuzurechnen wäre) schon Gegenstand allgemeiner öffentlicher Erörterung geworden waren. Gleich zu bewerten ist es, wenn der Beamte auf Presseberichte, die von seiner Dienstbehörde ausgehen und sich kritisch mit seinem dienstlichen Verhalten auseinander setzen, durch eine in sachlicher Form gehaltene Erwiderung in der Presse reagiert. Soweit der Beamte mit seinen an die Öffentlichkeit gewandten und in die Öffentlichkeit getragenen Äußerungen Druck auf den Dienstherrn ausüben will, indem er es auf diese Weise unternimmt, eigene Vorstellungen durch eine außerdienstliche Lobby zu verstärken, macht eine derartige Zielrichtung – im Sinne einer überschießenden Innentendenz – sein Vorgehen unzweifelhaft rechts- und dienstpflichtwidrig.[108]

Eine außerdienstliche Meinungsäußerung des Beamten zu allgemein- oder berufspoliti- 26
schen Fragen – etwa als Mitglied einer Partei[109] oder einer Gewerkschaft – ist durch Art. 5 Abs. 1 Satz 1 GG geschützt; der Beamte darf Kritik an staatlichen Einrichtungen üben, solange er insbesondere nicht gegen seine Verfassungstreuepflicht (§ 33 Abs. 1 Satz 3 BeamtStG, § 60 Abs. 1 Satz 3 BBG),[110] das Mäßigungs- und Zurückhaltungsgebot (§ 33 Abs. 2 BeamtStG, § 60 Abs. 2 BBG)[111] oder seine Verpflichtung zu achtungs- und vertrauensgerechtem Verhalten (§ 34 Satz 3 BeamtStG, § 61 Abs. 1 Satz 3 BBG) verstößt.[112]

[104] Es ist mit Art. 5 Abs. 1 Satz 1 GG vereinbar, wenn man von einem Beamten, der meint, ein verfassungswidriges Handeln seiner Behörde im Einzelfall festgestellt zu haben, verlangt, dass er zunächst „interne Abhilfemöglichkeiten“ ausschöpft, bevor er an die Öffentlichkeit geht (BVerfGE 28, 191, 202 ff.). Vgl. auch BVerfG NVwZ 2006, 1282 (1283) und NVwZ 2008, 416.

[105] Zum Verwaltungsrechtsweg bei dienstlichen Anordnungen sachlichen Gehalts siehe Schnellenbach ZBR 1992, 257 (261).

[106] Vgl. Löffler NJW 1964, 1100.

[107] Vgl. BVerfG NVwZ 2006, 1282 und BVerwGE 81, 365; 86, 188; 99, 56; ferner Battis BBG § 61 Rn. 11 mwN. Auch dem Vorgesetzten steht es nicht zu, einen Meinungskampf über die Amtsführung eines Beamten „nach außen“ zu tragen (BW VGH VBlBW 2005, 30).

[108] Vgl. Biletzki ZBR 1998, 84 (86) und Weiß ZBR 1984, 129 (136). Zur Missbilligung einer „Flucht in die Öffentlichkeit“ siehe auch RP OVG NVwZ-RR 1999, 648 mit der Zusatzbemerkung: Ein „abweichender Maßstab“ gelte, „soweit der Beamte sich eindeutig erkennbar als Vertreter einer Gewerkschaft äußert“, weil er in „diesem Bereich … ‚natürlicher Widerpart des Dienstherrn‘ sei; „vorbehaltlich der für das Beamtenverhältnis unerlässlichen Grundbindungen“ habe er solchenfalls „grundsätzlich den einem nicht verbeamteten Gewerkschaftsvertreter vergleichbaren Freiraum“. Siehe auch Fn. 130.

[109] EGMR NVwZ 2000, 421 bewertet die Einschränkung politischer Betätigung eines Polizeibeamten und das Verbot seiner Mitgliedschaft in einer politischen Partei ua als einen Eingriff in Art. 10 EMRK (Freiheit der Meinungsäußerung), der jedoch gemäß Abs. 2 aaO gerechtfertigt sein könne, und zwar – wie im Ausgangsfall – durch das Ziel, die (ungarische) Polizei angesichts der geschichtlichen Entwicklung „zu entpolitisieren“.

[110] Siehe dazu schon → § 3 Rn. 20 ff., 30.

[111] Der Beamte darf seine oberste Dienstbehörde nicht verunglimpfen (NdsOVG OVGE 23, 453). Eine Verletzung des Mäßigungs- und Zurückhaltungsgebotes liegt auch darin, dass der Beamte einen in einer Zeitung veröffentlichten „Aufruf“ mit sachlich und rechtlich unrichtigem Inhalt, der sich gegen eine Maßnahme des Dienstvorgesetzten richtet, unter Angabe des Namens, der Dienststellung und des Dienstortes unterzeichnet (BW VGH NJW 1983, 1215). Hampel in GKÖD I L § 60 Rn. 95 macht zutreffend darauf aufmerksam, dass die Mäßigungspflicht den Beamten umso stärker treffe, je höher seine Dienststellung sei (siehe auch BVerwGE 86, 188). Zu politischen Aktivitäten des Beamten im Ausland vgl. BVerwGE 21, 50, ferner BVerwGE 50, 53.

[112] Der Beamte hat sich einer Mitwirkung an Aktionen zu enthalten, bei denen unzutreffende Tatsachenbehauptungen oder grundlos negative Werturteile über seine vorgesetzte Dienstbehörde verbreitet werden (BDiszG ZBR 1979, 199). Zu (legitimer) sachlicher Kritik an der Politik des

Eine Verletzung speziell des Mäßigungs- und Zurückhaltungsgebotes kann beispielsweise darin zu erblicken sein, dass der Beamte öffentliche Aufrufe nicht nur mit seinem Namen, sondern auch mit seiner Amtsbezeichnung unterschreibt[113] und so – je nach den Gegebenheiten – Anlass zu Zweifeln an seiner Bereitschaft zu neutraler und staatsloyaler Amtsführung gibt.[114] Uniformierten Beamten kann verboten werden, bei politischer Betätigung in der Öffentlichkeit die Dienstkleidung zu tragen.[115]

27 Das Mäßigungs- und Zurückhaltungsgebot darf nicht die Konsequenz haben, dass der Beamte, wenn er nicht in die Nähe eines Dienstvergehens geraten will, praktisch politische Abstinenz zu üben hat; so hat das Bundesverwaltungsgericht[116] selbst amtierenden (beamteten) Bürgermeistern zugestanden, sich im Wahlkampf des Rechts der freien Meinungsäußerung zu bedienen und sich mit Auftritten, Wahlanzeigen und Wahlaufrufen am Wahlkampf zu beteiligen, dies freilich nicht in ihrer amtlichen Eigenschaft als Bürgermeister. Bei Auseinandersetzungen im eigentlichen politischen Raum hat sich der Beamte sowohl bewusst oder erwiesenermaßen unwahrer Tatsachenbehauptungen zu enthalten[117] als auch von Formalbeleidigungen und Schmähungen zu Lasten anderer abzusehen.[118] Die hauptsächlich anhand straf-, presse- und demonstrationsrechtlicher Fallgestaltungen entwickelte Rechtsprechung des Bundesverfassungsgerichts zur Abgrenzung von Meinungsäußerungsfreiheit und Persönlichkeitsrecht (Ehrenschutz) Dritter[119] sollte nicht unbesehen und ohne Modifikationen als Leitlinie für die Bewertung des außerdienstlichen Verhaltens übernommen werden, das ein Beamter an den Tag legt, während er sich am „öffentlichen Meinungskampf" beteiligt, und zwar vor allem dann nicht, wenn er sich mit Personen streitet, denen er innerhalb des bestehenden Sonderrechtsverhältnisses Kooperation oder zumindest Rücksichtnahme schuldet.[120]

5. Versammlungsfreiheit (Art. 8 GG)

28 Durch Art. 8 GG, der für Versammlungen in geschlossenen Räumen keinen Gesetzesvorbehalt enthält,[121] werden die Organisation, die Vorbereitung und die Leitung einer Versammlung sowie die Teilnahme hieran geschützt. Die Gewährleistung des Grund-

---

zuständigen Ressortministers mit Rücktrittsforderung BVerwG NJW 1978, 2109. Auch hier ist darauf hinzuweisen, dass die Anforderungen mit der dienstlichen Stellung steigen (Wilhelm ZBR 1964, 327). Die Bezeichnung einer dienstlichen Anordnung als „Unverschämtheit" liegt grundsätzlich außerhalb des Rahmens sachlicher Kritik; VG Freiburg VBlBW 1991, 271.

[113] Zum illegitimen Einsatz des „Amtes" und des „mit diesem verbundenen Ansehens und Vertrauens", „um politische Auffassungen wirksamer als ‚Normalbürger' durchzusetzen", siehe BVerwGE 78, 216; 84, 292 (298) und BVerwG NJW 1988, 1747. Vgl. auch BVerfG NJW 1989, 93: Beamte und Richter dürften sich in der Öffentlichkeit nur so zurückhaltend äußern, dass das öffentliche Vertrauen in ihre unparteiliche, gerechte und gemeinwohlorientierte Amtsführung keinen Schaden nehme. Siehe auch BVerwG 16.7.2012 – 2 B 16.12 –, juris Rn. 11 mwN.

[114] Vgl. zu diesem Problemkreis schon BVerfG NJW 1983, 2691, BW VGH NJW 1983, 1215 und NdsOVG NJW 1986, 1126.

[115] Siehe hierzu schon Fn. 96; vgl. auch BVerfG DÖV 1981, 671 (zu § 15 Abs. 3 SG) und BayVerfGH DVBl 1965, 876 sowie VG Wiesbaden NVwZ 2004, 635.

[116] BVerwGE 104, 323; vgl. auch BVerwG BayVBl. 2001, 667, RP VerfGH NVwZ 2002, 78 und RP OVG 4.3.2013 – 3 A 10105/13 –, juris (= NVwZ-RR 2013, 853): Ein Bürgermeister (Ehrenbeamter) verstoße durch ein zu bundes- oder landespolitischen Themen verfasstes, „parteiergreifendes" Grußwort im Mitteilungsblatt einer Verbandsgemeinde gegen die Pflicht zu achtungs- und vertrauenswürdigem Verhalten.

[117] Vgl. BVerfGE 54, 208 (219 f.); 61, 1 (7 ff.); 66, 116 (136, 149); 90, 241 (248).

[118] BVerfGE 90, 241 (248 f.).

[119] BVerfGE 93, 266 (290 ff.); siehe auch BVerfG NJW 2010, 47 (50).

[120] Vgl. auch Britz PersV 2005, 56, Kriele NJW 1994, 1879 und Otto NJW 2006, 575 mwN.

[121] Siehe dazu Weiß ZBR 1988, 109 (112).

rechts umfasst aber keinen verfassungsrechtlichen Anspruch des Beamten auf Sonderurlaub zur Teilnahme an einer Demonstration während der Dienstzeit.[122] Die Versammlungsteilnahme eines Beamten außerhalb des Dienstes ist – auch wenn dabei für beamtenpolitische Ziele demonstriert wird – von Art. 8 GG gedeckt, es sei denn, die Versammlung richtet sich allgemein gegen den Dienstherrn[123] oder dient Bestrebungen, die mit der Verfassungstreuepflicht des Beamten nicht vereinbar sind. In diesen Fällen kann eine notwendige Abwägung zwischen den kollidierenden Rechtsgütern des Art. 8 GG einerseits und des Art. 33 Abs. 5 GG andererseits nur im Sinne eines Teilnahmeverbotes, unter Umständen auch einer disziplinarischen Ahndung ausfallen.

6. Koalitionsrecht (Art. 9 Abs. 3 GG)

Das Individualgrundrecht, Koalitionen zu bilden sowie schon bestehenden Koalitionen 29 beizutreten und sich darin zu betätigen oder ihnen fernzubleiben, steht auch dem Beamten zu (vgl. § 52 BeamtStG, § 116 BBG); auch die Koalitionen selbst und ihre bestimmungsgemäße Betätigung sind verfassungsrechtlich geschützt.[124] Es handelt sich hier um einen hergebrachten Grundsatz des Berufsbeamtentums.[125] Der Grundrechtsschutz erstreckt sich nach Ansicht des Bundesverfassungsgerichts[126] „auf alle Verhaltensweisen, die koalitionsspezifisch sind": Das Interesse an der Mitgliederwerbung für eine Gewerkschaft[127] während der Arbeitszeit und das Interesse, Störungen des Arbeitsablaufs und des Betriebsfriedens zu vermeiden, müssen gegeneinander abgewogen werden. Gewerkschaftliche Werbung vor den Wahlen zu den Personalvertretungen darf auch in der Dienststelle und während der Dienstzeit stattfinden, soweit nicht die Erfüllung der dienstlichen Aufgaben oder der Betriebsfrieden beeinträchtigt werden.[128] Verfassungsrechtlich unbedenklich ist es, wenn der Gesetzgeber dem Dienststellenleiter und den Personalvertretungsmitgliedern insofern Beschränkungen auferlegt.[129]

Beamte sind im Hinblick auf ihre besonderen, verfassungsrechtlich verankerten Rechte 30 und Pflichten gegenüber der Allgemeinheit nicht befugt, zur Förderung gemeinsamer Berufsinteressen kollektive wirtschaftliche Kampfmaßnahmen zu ergreifen.[130] Auch dies

[122] BVerwGE 42, 79. Siehe BVerwG 30.6.2016 – 2 B 3.15 –, ZBR 2016, 350: Keine Dienstbefreiung unter Belassung der Besoldung für die Tätigkeit als Ordner bei einer gewerkschaftlichen Demonstration (zu § 106 Abs. 4 HBG aF = § 69 Abs. 3 HBG, wonach zur „Ausübung einer sonstigen ehrenamtlichen politischen oder gewerkschaftlichen Betätigung ... auf Antrag der erforderliche Urlaub unter Belassung der Besoldung zu gewähren" ist, „soweit der Dienstbetrieb dadurch nicht erheblich beeinträchtigt wird.").

[123] Vgl. Scheerbarth/Höffken/Bauschke/Schmidt BR § 5 II 3 e.

[124] Vgl. BVerfGE 50, 290 (367); 64, 208 (213). Kein „lösungsbedürftiges Spannungsverhältnis" zwischen Art. 9 Abs. 3 GG und der Mäßigungs- und Zurückhaltungspflicht des Beamten (§ 33 Abs. 2 BeamtStG, § 60 Abs. 2 BBG) besteht, wenn Gewerkschaften zu allgemein-politischen Fragen Stellung beziehen, sich also außerhalb des „Koalitionsauftrags" bewegen; so mit Recht Weiß ZBR 1988, 109 (121 f.). Siehe auch BVerfGE 57, 220 (245). Nach BVerfG NZA 2007, 394 kann das gewerkschaftlicherseits veranlasste Auslegen von Unterschriftenlisten in Polizeidienststellen untersagt werden, wenn dadurch die Funktionsfähigkeit einer neutralen und nach rechtsstaatlichen Grundsätzen handelnden öffentlichen Verwaltung beeinträchtigt würde (Beispiel: Vermischung der Erfüllung hoheitlicher Aufgaben mit politischen Forderungen einer Interessengruppe).

[125] Vgl. Battis BBG § 116 Rn. 2, Ule, Grundrechte IV 2 S. 614 und Franke in GKÖD I L § 4 Rn. 22.

[126] NJW 1997, 513 und NJW 1999, 2657(2658); dazu Pfohl ZBR 1997, 78.

[127] Nach BAG NZA 2006, 798 (800 ff.) auch durch betriebsfremde Gewerkschaftsbeauftragte.

[128] BVerfGE 19, 303; 57, 220 (245); siehe ferner BVerwG ZBR 1966, 54 und SOVG ZBR 1968, 86.

[129] BVerfGE 19, 321; 28, 295 (308).

[130] Auch ein Beamter darf aber im Rahmen seiner gewerkschaftlichen Betätigung Arbeitnehmer zu einem (für sie rechtmäßigen) Streik aufrufen; BDiszG PersR 1991, 434. Zur – eingeschränkten –

ist ein hergebrachter Grundsatz des Berufsbeamtentums.[131] Die Verpflichtung zur Erfüllung öffentlicher Aufgaben im Dienst am ganzen Volk (§ 33 Abs. 1 Satz 1 und 2 BeamtStG, § 60 Abs. 1 Satz 1 und 2 BBG) muss für den Beamten auch hier Vorrang haben vor der Verfolgung sowohl eigener als auch fremder (Gruppen-)Interessen. Deshalb und wegen der gesetzlichen Regelung seiner Rechte und Pflichten und seiner Bezüge steht er „von vornherein außerhalb des auf jeweils solidarische Vertretung von Gruppeninteressen von Arbeitnehmern einerseits und Arbeitgebern andererseits angelegten Systems von Tarifvertrag und Arbeitskampf".[132] Vom Streikverbot werden auch Ersatzformen eines verschleierten Streiks („Bummelstreik", „Dienst nach Vorschrift",[133] grundlose Krankmeldungen) erfasst.[134] Anders als die Fachgerichte[135] hat das Bundesverfassungsgericht[136] entschieden, dass die frühere Deutsche Bundespost nicht den Einsatz von Beamten auf bestreikten Arbeitnehmer-Dienstposten hätte anordnen dürfen, da eine gesetzliche Regelung, die ein solches Vorgehen zugelassen hätte, nicht vorhanden (gewesen) sei: Solle mit Hilfe des Beamtenrechts auch der Staat in seiner Eigenschaft als Arbeitgeber mit besonderen Kampfmitteln gegenüber den Gewerkschaften ausgestattet werden, so müsse dies in einem offenen, durch entsprechende Verfahrensgarantien flankierten Gesetzgebungsverfahren ausdrücklich normiert werden. Welche Regelungen Art. 9 Abs. 3 GG dabei im Einzelnen zulassen könnte, ist ungeklärt.[137]

31 Die Beteiligung der Spitzenorganisationen der zuständigen Gewerkschaften und Berufsverbände bei der Vorbereitung gesetzlicher bzw. allgemeiner Regelungen der „beamtenrechtlichen Verhältnisse" gemäß § 53 BeamtStG bzw. § 118 BBG ist nicht schon aufgrund der verfassungsrechtlich garantierten Koalitionsfreiheit geboten; dem Gesetzgeber stand es vielmehr frei, eine Beteiligungsvorschrift zu schaffen oder von einer

---

Loyalitätspflicht eines Beamten, der sich „eindeutig erkennbar als Vertreter einer Gewerkschaft äußert", siehe schon Fn. 108.

[131] Vgl. dazu im Einzelnen BVerwG 27.2.2014 – 2 C 1.13 –, juris Rn. 23 bis 33 (= BVerwGE 149, 117) und die Nachweise in Fn. 132. Zugleich stellt das BVerwG (aaO Rn. 35 ff.) das statusbezogene Streikverbot nach Art 33 Abs. 5 GG aber grundsätzlich in Frage: Es bestehe eine vom Gesetzgeber aufzulösende Kollisionslage zwischen diesem Verbot, soweit es Beamte außerhalb der genuinen Hoheitsverwaltung (Art. 33 Abs. 4 GG) betrifft, und Art. 11 EMRK nach Maßgabe einer als bindend angenommenen Auslegung durch den EGMR (insbesondere: NZA 2010, 1425; NZA 2010, 1423). Die Entscheidung ist auf massive Kritik gestoßen, zu der hier nur auf die Anmerkung von Battis (ZBR 2014, 201 f.) sowie, jeweils mit weiteren Nachweisen auf das umfangreiche einschlägige Schrifttum, auf Lorse ZBR 2015, 109 ff. und Wißmann ZBR 2015, 294 ff., verwiesen werden soll. Festzuhalten ist: Aktuell gilt weiterhin (umfassend) das statusbezogene Streikverbot; die anstehende weitergehende Klärung durch das Bundesverfassungsgericht bleibt abzuwarten.

[132] BVerwGE 69, 208 (213). Vgl. ferner BVerfGE 8, 1 (17); 44, 249 (264) sowie BVerwGE 73, 97 (102) und BGHZ 70, 277 (279). Das Streikverbot gilt auch für Beamte auf Widerruf im Vorbereitungsdienst (NRW DiszS ZBR 1974, 200). Siehe ferner HmbOVG NJW 1985, 605 und HVGH ZBR 1990, 152: Die durch Streikmaßnahmen und eine vorbereitende Urabstimmung beamteter Lehrer bedingte Beeinträchtigung des Lehrbetriebs stelle eine erhebliche Störung der öffentlichen Sicherheit im Sinne des Ordnungsrechts dar.

[133] Der „Dienst nach Vorschrift" ist auch kein rechtlich zulässiges Mittel, die mangelnde Praktikabilität von Rechts- und Verwaltungsvorschriften deutlich werden zu lassen. Dem Beamten, der ein solches Ziel verfolgt, ist durch § 35 Satz 1 BeamtStG bzw. § 62 Abs. 1 Satz 1 BBG der richtige Weg vorgezeichnet: Er hat von seiner Beratungs- und Unterstützungspflicht Gebrauch zu machen.

[134] BVerwGE 73, 97 (102); weiterhin BGHZ 70, 277. Zu streikähnlichem Verhalten siehe auch BrOVG ZBR 1968, 368. Vgl. ferner VG Münster NVwZ-RR 1996, 264: „Ein von Lehrern (oder einem Lehrerverband) organisierter sog ‚Verwaltungstag', an dem entgegen der Weisung des Dienstvorgesetzten kein Unterricht erteilt, sondern Verwaltungsarbeit erledigt wird, ist (als politisch motivierter Unterrichtsboykott) ein Dienstvergehen."

[135] Siehe BVerwGE 69, 208 (210 f.) und BAG NJW 1986, 210.

[136] BVerfGE 88, 103 (113 ff.).

[137] Siehe zum Ganzen Isensee ZBR 1998, 295 (298 f.) und Jachmann ZBR 1994, 1.

solchen (überhaupt) abzusehen.[138] Unterbleibt eine gesetzlich vorgeschriebene Beteiligung, so hat dies nicht etwa zur Folge, dass die betreffende (normative) Regelung nichtig (unwirksam) wäre.[139]

7. Fernmeldegeheimnis (Art. 10 Abs. 1 GG)

Das Grundrecht des Beamten auf Wahrung des Fernmeldegeheimnisses ist nicht verletzt, wenn der Dienstherr mit dem Ziel, die Verwendung der Haushaltsmittel zu überwachen und/oder bei Privatgesprächen die zu erstattenden Gebühren einziehen zu können, Vorkehrungen trifft, um zu ermitteln, welche Telefongespräche „über seine und die von ihm zur Verfügung gestellte" Telefonanlage geführt worden sind.[140] Art. 10 Abs. 1 GG schützt nämlich nicht davor, „dass der Betreiber der Fernmeldeanlage selbst von der Tatsache und den näheren Umständen der Benutzung der Fernmeldeanlage Kenntnis erhält".[141] Anders könnte die Beurteilung, auch mit Rücksicht auf das Persönlichkeitsrecht des Beamten, ausfallen, wenn die infrage stehende Maßnahme des Dienstherrn auf eine (verdeckte oder offene) inhaltliche Kontrolle der Telefonate angelegt wäre. Aufgrund der aktuell gängigen sog Flatrate-Tarife entfällt allerdings ein Bedarf, Einzelverbindungen zum Zwecke einer Erstattung von Gebühren für Privatgespräche zu ermitteln. 32

8. Freizügigkeit (Art. 11 GG)

Die sog Residenzpflicht des Beamten,[142] der seine Wohnung am Sitz der Beschäftigungsbehörde[143] zu nehmen hatte und diesen Ort nicht ohne Genehmigung seiner Vorgesetzten verlassen durfte,[144] ist weggefallen.[145] § 72 Abs. 1 BBG[146] gibt dem Beamten 33

[138] Vgl. BVerwGE 56, 308 (315); 59, 48 (54) sowie NRW OVG NJW 1994, 1673; siehe auch Battis BBG § 118 Rn. 3 mwN.

[139] Vgl. auch hierzu BVerwGE 59, 48.

[140] BVerwG NVwZ 1990, 71 im Anschluss an BAGE 52, 88 (98). Siehe auch BW VGH DÖD 1993, 38 zur automatischen Registrierung dienstlicher Telefongespräche nach Nebenstellennummer, gewählter Rufnummer, Datum, Uhrzeit und Dauer des Gesprächs. Vgl. des Weiteren schon BrOVG NJW 1980, 606: Die Registrierung dienstlicher Ferngespräche nach der Telefonnummer des Angerufenen sowie nach Datum und Uhrzeit sei „jedenfalls dann" nicht rechtswidrig, wenn der Beamte (im Ausgangsfall: eine beamtete Hochschullehrerin, die den Fernsprechanschluss in überdurchschnittlichem Umfang für Dienstgespräche in Anspruch genommen hatte) die Registrierungspraxis bei Führung der Ferngespräche gekannt habe.

[141] Siehe auch insoweit Fn. 140.

[142] Vgl. die Abhandlung H. Günthers ZBR 1993, 225.

[143] Zum Begriff des dienstlichen Wohnsitzes siehe § 15 BBesG.

[144] Siehe Franke in GKÖD I K § 74 Rn. 1.

[145] BVerwG DVBl 1991, 646; vgl. auch schon BW VGH NVwZ 1992, 595 (zur unzulässigen Einforderung eines Wohnens bzw. einer Bereitschaft zur Wohnsitznahme am Schulort als Eignungsmerkmal für einen Schulleiter) sowie Rn. 33 aE. Der im früheren Recht (§ 23 Abs. 1 Nr. 5 BRRG aF, § 28 Nr. 3 BBG aF) enthaltene Entlassungsgrund einer Wohnsitznahme des Beamten im Ausland ohne Genehmigung der obersten Dienstbehörde ist aufgegeben. Dazu die Amtl. Begr. (BR-Drs. 720/07) zu § 32 Abs. 1 BBG nF: „Die nationalen Grenzen verlieren in einem zusammenwachsenden Europa zunehmend an Bedeutung. Die Beamten … sind nach dem Dienst- und Treueverhältnis verpflichtet, ihre Wohnung so zu nehmen, dass sie ihre dienstlichen Pflichten erfüllen können. Zur Gewährleistung dieser Verpflichtung bedarf es keines besonderen Entlassungstatbestandes."

[146] §§ 72, 73 BBG korrespondieren folgende landesrechtliche Vorschriften: § 54 BW LBG, Art. 74 BayBG, § 69 BlnLBG, § 58 BbgLBG, §§ 54, 55 BrBG, § 55, 56 HmbBG, §§ 52, 53 HBG, §§ 56, 57 MVBG, §§ 54, 55 NBG, § 44 NRW LBG (Regelung nur zur Aufenthaltspflicht), §§ 57, 58 RP LBG, § 62 SBG, §§ 72, 73 SächsBG, §§ 58, 59 BG LSA, §§ 54, 55 SH LBG und § 40 ThürBG.

aber auf, seine Wohnung so zu wählen, dass die ordnungsgemäße Wahrnehmung seiner Dienstgeschäfte nicht beeinträchtigt wird.[147] Entscheidend ist hier nicht eigentlich die Entfernung zwischen Wohnung und Dienststelle, sondern die Erreichbarkeit unter Berücksichtigung namentlich der Verkehrsverhältnisse.[148] Der Weg darf nicht so weit sein, dass der Beamte den Dienst (dauernd) erschöpft antritt.[149] Eine stärkere Einschränkung der Freizügigkeit folgt aus § 72 Abs. 2 BBG: Der Dienstvorgesetzte kann[150] den Beamten, falls die dienstlichen Verhältnisse es erfordern, (mit Zustimmung des Personalrates, § 76 Abs. 1 Nr. 6 BPersVG[151]) anweisen, seine Wohnung innerhalb bestimmter Entfernung von seiner Dienststelle – nicht aber an einem bestimmten Ort – zu nehmen oder eine Dienstwohnung[152] zu beziehen. § 73 BBG[153] ergänzt dies dahin, dass sich der Beamte, „wenn besondere dienstliche Verhältnisse[154] es dringend erfordern", (auf Weisung seines Dienstvorgesetzten) „während der dienstfreien Zeit[155] in erreichbarer Nähe des Dienstortes aufzuhalten" habe.[156] Schließlich ist auf die Sonderregelung des § 10 BPolG[157] aufmerksam zu machen, aus der nicht ohne weiteres geschlossen werden kann, dass sich die dort vorgesehenen Anordnungen des Wohnens in einer Gemeinschaftsunterkunft und der Teilnahme an einer Gemeinschaftsverpflegung außerhalb des Polizeibereichs verbieten würden. Der Dienstherr ist aber nicht befugt, das Wohnen des Schulleiters am Schulort allgemein zum Eignungsmerkmal zu bestimmen und die nicht am Schulort wohnenden Bewerber im Stellenbesetzungsverfahren eine Erklärung ihrer Umzugsbereitschaft abgeben zu lassen.[158]

34 Der Gesetzesvorbehalt des Art. 11 Abs. 2 GG kommt hier nicht zum Tragen; da hinter den dargelegten einfachrechtlichen Einengungen der Freizügigkeit[159] jedoch hergebrachte Grundsätze des Berufsbeamtentums stehen,[160] ist mithin zu entscheiden, ob der Gesetz-

---

[147] Das im obigen Text Gesagte gilt auch für Professoren (und Richter); H. Günther ZBR 1993, 225 (230 f.). Zu Hochschullehrern siehe auch Detmer ZBR 1995, 189; zu Landwirtschaftsräten, die als Lehrer an einer Landwirtschaftsschule unterrichten, NRW OVG RiA 1994, 208.

[148] H. Günther aaO (Fn. 147) S. 232.

[149] Franke in GKÖD I K § 74 Rn. 4.

[150] Es handelt sich also um eine Ermessensentscheidung. Zum Ermessensspielraum H. Günther aaO (Fn. 147) S. 233: Je „restriktiver" man den Normtatbestand interpretiere, umso weniger Spielraum bleibe.

[151] Die Beteiligung des Personalrates erstreckt sich nicht auf die Festsetzung der Nutzungsbedingungen für eine Dienstwohnung; BVerwG ZBR 1988, 104.

[152] Siehe dazu auch → § 10 Rn. 35.

[153] Siehe dazu Fn. 142.

[154] ZB Katastrophenfälle, die die augenblickliche Einsatzbereitschaft von Polizei, Feuerwehr usw. unabweisbar erscheinen lassen.

[155] Nicht während des Urlaubs; Franke in GKÖD I K § 75 Rn. 3.

[156] Zur Rufbereitschaft BVerwG DVBl 1980, 450, NRW OVG NVwZ 1984, 53 und RP OVG ZBR 1989, 96 sowie H. Günther aaO (Fn. 147) S. 235 ff. Die Verpflichtung des Beamten erschöpft sich nicht in einer Vorsorge für eine Kontaktaufnahme, etwa per Handy oder E-Mail.

[157] Siehe zB auch § 54 Abs. 3 BW LBG, Art. 127 BayBG und § 111 NRW LBG; vgl. weiterhin § 10 Rn. 36.

[158] BW VGH NVwZ 1992, 595, bestätigt durch BVerwG DVBl 1991, 646; vgl. daneben H. Günther aaO (Fn. 143) S. 234. BVerwGE 81, 149 (151) äußert – bezogen auf die Gewährung von Trennungsgeld – die „Erwartung …, dass der versetzte … Beamte … von sich aus (alsbald) an den neuen Dienstort umzieht". Vgl. BayVGH 12.10.2015 – 14 BV 14.1493 –, juris Rn. 20: Daraus folge aber nicht, dass Umzugskostenvergütung nur bei einer Verlegung des Familienwohnsitzes (und nicht auch für den Umzug in eine Nebenwohnung) beansprucht werden könne.

[159] *Dass* (auch) der Schutzbereich der Freizügigkeit tangiert ist, wenn eine berufsrechtliche (hier: eine beamtenrechtliche) Regelung einen Ortswechsel erschwert oder (wie etwa im Falle einer Versetzung) erzwingt, lässt sich kaum bezweifeln, schon gar nicht mit dem Argument, es handle sich dabei nur um „mittelbare" Folgen der Ausübung des spezifischen Berufes oder Amtes.

[160] Franke in GKÖD I K § 74 Rn. 1.

geber die Konkordanzaufgabe[161] beanstandungsfrei gelöst hat. Daran ist bislang in Rechtsprechung und Literatur nicht ernstlich gezweifelt worden. Im jeweiligen Einzelfall ist bei der Auslegung der unbestimmten Rechtsbegriffe und der Ermessensausübung – neben der Ausstrahlungswirkung des Grundrechts auf Freizügigkeit – insbesondere die Fürsorge- und Schutzpflicht des Dienstherrn zu berücksichtigen.[162]

9. Berufsfreiheit (Art. 12 Abs. 1 GG)

Der Schutzbereich des Art. 12 Abs. 1 GG ist durch Art. 33 Abs. 2 GG, was die **35** Berufswahl angeht, auf das Recht des gleichen Zugangs zu den öffentlichen Ämtern nach Eignung, Befähigung und fachlicher Leistung reduziert.[163] Hinsichtlich des Zugangs zu einem Vorbereitungsdienst, der (zugleich) Ausbildungsstätte iSd Art. 12 Abs. 1 Satz 1 GG ist, kann auf § 3 Rn. 13, 18 ff. verwiesen werden.[164] Die in der verwaltungsgerichtlichen Rechtsprechung (siehe dazu § 4 Rn. 13, 18 ff.) entwickelten Maßstäbe für die Überprüfung von Umsetzungen – mithin von „Einzelfallregelungen ..., die sich auf die Berufstätigkeit des Beamten beziehen" und keiner „über die gesetzlich normierte Gehorsamspflicht ... hinausgehenden speziellen gesetzlichen Grundlage" bedürfen – begegnen (auch) unter dem „Aspekt der... Berufsfreiheit" keinen durchgreifenden verfassungsrechtlichen Bedenken.[165]

Art. 12 Abs. 1 Satz 1 GG lässt öffentlich-rechtliche Vereinbarungen über die Rück- **36** zahlung von Studienförderungsmitteln oder Anwärtersonderzuschlägen (siehe § 63 BBesG)[166] zu, falls sie unter Berücksichtigung aller Umstände des Einzelfalles nach Treu und Glauben dem späteren Beamten zuzumuten sind und vom Standpunkt eines verständigen Betrachters aus einem begründeten und zu billigenden Interesse desjenigen entsprechen, der die Mittel gewährt; nur wenn die Höhe der zurückzuzahlenden Zuwendungen so groß ist, dass der Betroffene hierdurch von der Möglichkeit der Rückgewähr aus tatsächlichen Gründen auf die Alternative „Betriebstreue" abgedrängt wird oder wenn die vertraglich festgesetzte Dienstleistungspflicht unzumutbar lang angesetzt ist, kann eine Verletzung des Grundrechts in Betracht kommen.[167] Diese Grundsätze sind auf die Vereinbarung einer öffentlich-rechtlichen Vertragsstrafe[168] übertragbar: Entscheidend sind auch hier die Dauer der Dienstleistungspflicht, die dem

---

[161] → Rn. 3.

[162] Siehe → § 10 Rn. 5 ff., 30 ff. Zu Beschränkungen der Ausreisefreiheit, insbesondere in Bezug auf Auslandsreisen, auch Privatreisen, von Amtsträgern (Geheimnisträgern) siehe Hailbronner in Isensee/Kirchhof HdbStR Bd. VII § 152 Rn. 109 ff. Vgl. ferner RP OVG NJW 1985, 442 (zu einem Reiseverbot gegenüber einem Polizeibeamten mit Zugang zu geheimhaltungsbedürftigen Informationen).

[163] BVerfGE 7, 377 (397 f.); 16, 6 (21 f.); 39, 334 (360 ff.).

[164] Siehe auch BVerfGE 108, 282 (295).

[165] BVerfG NVwZ 2008, 547; siehe nunmehr auch BVerwG 21.6.2012 – 2 B 23.12 –, BeckRS 2012, 54188.

[166] Der Anwärtergrundbetrag (§ 59 Abs. 2 Satz 1 BBesG) sowie die Ausbildungskosten, die normalerweise während eines Vorbereitungsdienstes entstehen, können bei einer Entlassung des Beamten auf eigenen Antrag nicht zurückverlangt werden; vgl. BVerwGE 52, 183 und NRW OVG DÖD 1974, 186. Auch die Kosten der laufbahnrechtlich vorgesehenen Aufstiegsausbildung kann der Dienstherr – in Ermangelung einer gesetzlichen Grundlage – durch Vereinbarung weder von vornherein noch bedingt für den Fall „vorzeitigen" Ausscheidens auf den Beamten abwälzen; BVerwG DVBl 1993, 558. Zur Rechtsnatur der „Auflagen" iSd § 59 Abs. 5, § 63 Abs. 2 BBesG siehe BVerwG DVBl 1992, 914 (dazu → § 14 Rn. 57).

[167] BVerwGE 30, 65; 40, 237 sowie BVerwG ZBR 1981, 126, DÖD 1986, 249 und DVBl 1986, 945. Zur Verzinsung BVerwG DÖD 1979, 190 und ZBR 1981, 126.

[168] Vgl. dazu BW VGH NVwZ 1982, 252 sowie BVerwG DÖD 1986, 249 und DVBl 1986, 945.

künftigen Beamten angesonnen wird, und der Umfang der finanziellen Nachteile, die ihm bei einem Nichteintritt in den öffentlichen Dienst oder dem vorzeitigen Abbruch seiner Dienstleistung drohen.[169,170]

[169] RP OVG ZBR 1986, 369 (betr. eine in Bezug auf die Ausbildung von Regierungsmedizinalpraktikanten formularmäßig getroffene – vom Gericht für zulässig gehaltene – Vereinbarung, der zufolge der Bewerber nicht nur die empfangene Ausbildungsbeihilfe zurückzahlen, sondern zusätzlich eine Vertragsstrafe von 80 v. H. dieses Betrages leisten sollte, sofern er nach Erwerb der Approbation nicht in den öffentlichen Dienst eintrat). § 12 Abs. 2 Satz 2 BBesG ist analog anzuwenden; BVerwGE 40, 237 (243).

[170] Nimmt der Beamte an Fortbildungsveranstaltungen teil, die von einer Stelle außerhalb der öffentlichen Verwaltung ausgerichtet werden und durch die er eine – wirtschaftlich verwertbare – (etwa: IT-)Zusatzausbildung erlangt, so ist eine Rückzahlungsvereinbarung, die sich auf die dem Dienstherrn erwachsenden Ausbildungskosten beschränkt, dann Bedenken entrückt, wenn die Teilnahme dem Beamten freigestellt war (vgl. auch BVerwG NVwZ-RR 2008, 44 betr. Pilotenausbildung). Handelt es sich hingegen bei der Schulungsteilnahme um eine vom Dienstherrn angeordnete Dienstausübung, so kann dieser die Kosten – nach BVerwG ZBR 1993, 126 – nicht dem Beamten anlasten (siehe auch BVerwG DVBl 1993, 558 sowie Fn. 165).

§ 8 Nebentätigkeit

1 Nebentätigkeit eines Beamten ist die Wahrnehmung eines Nebenamtes oder die Ausübung einer Nebenbeschäftigung (siehe § 97 Abs. 1 BBG sowie zB § 2 Abs. 1 BayNtV und § 2 Abs. 1 NRW NtV). Beide Formen der Nebentätigkeit haben gemeinsam, dass sie sich auf Aufgabenkreise beziehen, die nicht zu einem Hauptamt gehören; sie heben sich darin voneinander ab (siehe § 97 Abs. 2 und 3 BBG sowie zB § 2 Abs. 2 und 3 BayNtV und § 2 Abs. 2 und 3 NRW NtV), dass sich

- die nebenamtliche Verrichtung im Rahmen eines öffentlich-rechtlichen Dienst- oder Amtsverhältnisses (nicht notwendig eines Beamtenverhältnisses und nicht notwendig zu demselben Dienstherrn)[1],
- die Nebenbeschäftigung dagegen (innerhalb oder außerhalb des öffentlichen Dienstes)[2] auf privatrechtlicher Grundlage[3]

vollzieht.

2 Vom Nebentätigkeitsrecht ist das Urheber- und Erfindungsrecht der Beamten, insonderheit des beamteten Personals der Hochschulen[4] zu unterscheiden. Das Urheberrecht ist im Gesetz über das Urheberrecht und verwandte Schutzrechte (Urheberrechtsgesetz) vom 9. September 1965[5] geregelt. Es schützt Werke der „Literatur, Wissenschaft und Kunst" (§ 1), sei es, dass sie außerhalb rechtlicher Abhängigkeitsverhältnisse, insbesonde-

---

[1] Fremde Dienstherren können das Grund-Beamtenverhältnis zum rechtlichen Fundament eines Nebenamtes machen; vgl. Scheerbarth/Höffken/Bauschke/Schmidt BR § 16 I 2. Zur Abgrenzung der Übertragung eines Nebenamtes von der Abordnung oder der Beurlaubung für eine anderweitige Tätigkeit siehe Geis in GKÖD I (L) § 97 Rn. 15, zur Erweiterung eines Hauptamtes BVerwG DÖD 1982, 87 und NVwZ-RR 1996, 337 oder zur Übertragung eines zweiten Hauptamtes BVerfGE 52, 303 sowie Kohde in HBR IV BeamtStG § 40 Rn. 16 mwN.

[2] Siehe dazu § 2 BNV sowie zB § 4 BayNtV und § 3 NRW NtV; speziell zu Abs. 2 der genannten Bestimmungen SOVG ZBR 2003, 252. Zur Vergütung von Nebentätigkeiten im öffentlichen Dienst und zur Ablieferungspflicht vgl. §§ 6–8 BNV sowie zB §§ 9–12 BayNtV und §§ 11–15 NRW NtV, aus der Rechtsprechung dazu insbesondere BVerwG NVwZ-RR 2011, 739 (juris Rn. 45) und NRW OVG NWVBl. 2013, 437 (juris Rn. 45, 57, 67); ferner zur Verfassungsmäßigkeit einer Ablieferungspflicht für Einkünfte aus Nebentätigkeiten bei öffentlich-rechtlichen Institutionen BVerfG NVwZ 2007, 571. Der Anrechnung auf die Beamtenversorgung (Ruhensregelung) unterliegt eine Rente aus der gesetzlichen Rentenversicherung auch, soweit sie auf einer zulässigen Nebentätigkeit beruht (BVerwG ZBR 1993, 247); zur Anrechnung eines Nebeneinkommens als Fremdenführer auf die Versorgungsbezüge RP OVG DÖD 2008, 69, zur Bestimmung des anrechnungsfreien Umfangs privatwirtschaftlicher Einkünfte aus einer schriftstellerischen Tätigkeit im (einstweiligen) Ruhestand BW VGH VBlBW 2014, 298.

[3] Der Beamte kann der privatrechtlichen Tätigkeit freiberuflich oder auf der Basis eines besonderen Vertragsverhältnisses nachgehen; Scheerbarth/Höffken/Bauschke/Schmidt aaO (Fn. 1), daselbst auch zu den Konsequenzen, die sich aus dem im obigen Text hervorgehobenen Unterschied zwischen Nebenamt und Nebenbeschäftigung im Einzelnen herleiten. Bereits die Anmeldung eines Einzelgewerbes zum Gewerberegister stellt bei einem Polizeibeamten eine (genehmigungs- bzw. anzeigepflichtige) Nebentätigkeit dar, und zwar unabhängig davon, ob und wie viele potentielle Kunden die in Betracht kommenden Dienste tatsächlich in Anspruch genommen haben (vgl. VG Magdeburg 16.2.2016 – 15 A 4/16 –, BeckRS 2016, 46887 unter Bezugnahme auf VG Berlin 16.6.2015 – 80 K 7/14 OL –, BeckRS 2015, 54767).

[4] Siehe dazu Götting/Leuze und Kraßer in Hartmer/Detmer Hochschulrecht Kap. XIII 1 ff. sowie Kap. XIV 1 ff.

[5] BGBl. I S. 1273, zuletzt geändert durch Art. 8 Abs. 7 des Gesetzes vom 3.12.2015, BGBl. I S. 2178.

re freiberuflich geschaffen werden, sei es, dass sie einem abhängigen Urheber (Arbeitnehmer oder Beamten) zuzurechnen sind (vgl. auch § 43 aaO als Sondervorschrift für das Urheberrecht in Arbeits- und Dienstverhältnissen). Für sog „freie Werke“, hinsichtlich deren keine Pflicht zum Werkschaffen besteht, namentlich für solche, die außerhalb eines Dienst- und Arbeitsverhältnisses in Nebentätigkeit geschaffen werden, gelten die urheberrechtlichen Vorschriften – ungeachtet einer etwaigen Anbietungspflicht zugunsten des Arbeitgebers oder Dienstherrn – grundsätzlich ungeschmälert. Das Recht an einer Erfindung entsteht für den Erfinder auch dann, wenn er die Erfindung als Arbeitnehmer oder als Beamter in Ausübung arbeitsvertraglicher oder dienstlicher Obliegenheiten oder unter Verwertung von Informationen aus dem zugehörigen Tätigkeitsbereich gemacht hat.[6] Die Interessen des Arbeitgebers oder Dienstherrn an solchen Erfindungen werden durch das Gesetz über Arbeitnehmererfindungen vom 25. Juli 1957[7] geschützt.[8]

I. Vorbemerkungen zur Präzisierung des Begriffs „Hauptamt“ und zur Abgrenzung zwischen Hauptamt und Nebentätigkeit[9]

3 Der hier maßgebliche[10] individuelle Aufgabenkreis des jeweiligen Beamten, dh dessen Amt im konkret-funktionellen Sinne, wird durch normative Vorgaben und in deren Rahmen durch den Organisations- und Geschäftsverteilungsplan der Beschäftigungsbehörde abgesteckt.[11] Mit der Übernahme eines an seine Amtsstellung – als notwendige Voraussetzung – gebundenen Mandates im Beirat eines privatrechtlichen Beteiligungs-

[6] Vgl. dazu BVerfG NJW 1988, 3704 betr. einen technischen Telegrafeninspekteur bei der ehem. Bundespost.

[7] BGBl. I S. 756, zuletzt geändert durch Art. 7 des Gesetzes vom 31.7.2009, BGBl. I S. 2521.

[8] Siehe dazu Beaucamp DÖD 2003, 99, Böhringer NJW 2002, 953, Leuze WissR 2002, 342 und Sellnick NVwZ 2002, 1340.

[9] Die „Welt“ des Beamten zerfällt nicht in Betätigungen im Hauptamt einerseits und Nebentätigkeiten andererseits. Zum nebentätigkeitsrechtlich unbeachtlichen Freizeitverhalten zählen etwa das Familienleben, nicht berufsmäßig betriebener Sport, auch zB Aktivitäten beim Hausbau oder unvergütete Mitgliedschaften in Vereinen, Verbänden und politischen Parteien (vgl. auch § 60 Abs. 1 Satz 2 BW LBG und § 101 Abs. 3 Satz 1 Nr. 2 SächsBG). Für die Annahme einer Nebentätigkeit können die Ausrichtung auf Erwerb, die wirtschaftliche Bedeutsamkeit des Tuns wie auch ein erheblicher Umfang der Inanspruchnahme sprechen (Geis in GKÖD I (L) § 97 Rn. 3 ff. mwN). Siehe außerdem Fn. 74.

[10] BVerwGE 72, 160; vgl. auch Geis in GKÖD I (L) § 97 Rn. 14, ua unter Bezugnahme auf BVerwGE 40, 104 (107); 72, 160.

[11] Siehe auch → § 3 Rn. 10. Vgl. des Weiteren BVerwGE 89, 199; 106, 324 sowie BVerwG NVwZ 1992, 573 und NVwZ-RR 1996, 337, ferner HVGH NVwZ-RR 1996, 338 und NRW OVG RiA 2001, 199. Klarstellend ist darauf hinzuweisen, dass eine nebenamtliche Tätigkeit auch in Betracht kommen kann, wenn – wie bei Beamten auf Widerruf im Vorbereitungsdienst (dazu → § 3 Rn. 11) – ein „Hauptamt“ nicht vorhanden ist (BVerwGE 72, 160, 162 sowie BVerwG DVBl 1984, 948, 950). Die Nebentätigkeit eines Rechtsreferendars als Tutor oder als Korrekturassistent an einer Universität kann je nach Lage der Dinge mit dem Ausbildungszweck nicht vereinbar sein. Zur gesetzlichen Beendigung von Nebentätigkeiten mit dem Ende des Beamtenverhältnisses § 103 BBG sowie zB Art. 84 BayBG und § 56 NRW LBG, zur Anzeigepflicht und zum Konkurrenzverbot für Ruhestandsbeamte und frühere Beamte mit Versorgungsbezügen § 41 BeamtStG und § 105 BBG sowie BVerwGE 84, 194; 91, 57 und BVerwG NVwZ-RR 1990, 430, ferner NdsOVG NVwZ-RR 2010, 731 (zur steuerberatenden Tätigkeit einer ehemaligen Finanzbeamtin im Zuständigkeitsbereich ihrer früheren Dienststelle) und RP OVG NJW 1991, 245 (zur steuerberatenden Tätigkeit eines Rechtsanwalts, der vor seiner Niederlassung stellvertretender Finanzamtsvorsteher war); außerdem H.Günther DÖD 1990, 129 und Schnellenbach NVwZ 1985, 327 (329). Zur Auslegung des Begriffs der „dienstlichen Interessen“ in § 105 Abs. 2 Satz 1 BBG (und in den entsprechenden landesrechtlichen Bestimmungen) BVerwGE 150, 153 sowie NRW OVG RiA 2015, 272 mwN.

unternehmens der Gemeinde „konkretisiert“ deren Hauptverwaltungsbeamter in eigener Regie – dh ohne von einer entsprechenden Organisationsentscheidung des Gemeinderates abhängig zu sein – innerhalb der durch das Kommunalverfassungsrecht gezogenen Grenzen „den Pflichtenkreis seines Hauptamtes“.[12]

Als normative Vorgaben sind anzusehen: 4

- allgemeine Regelungen des Beamtenrechts, wie zB, dass der Beamte verpflichtet ist, ohne Vergütung (Entschädigung) über die regelmäßige wöchentliche Arbeitszeit hinaus Dienst zu tun, wenn zwingende dienstliche Verhältnisse dies erfordern und sich die Mehrarbeit auf Ausnahmefälle beschränkt (siehe § 88 Abs. 1 Satz 1 BBG, für den Länderbereich zB Art. 87 Abs. 2 Satz 1 BayBG und § 76 Abs. 2 Satz 1 BbgLBG),[13]
- besondere gesetzliche Aufgabenzuweisungen, wie zB, dass es (auch) zu den „hauptberuflichen[14] Aufgaben“ der Hochschullehrer gehört, sich an der Studienreform und der Studienberatung zu beteiligen, an der Verwaltung der Hochschule mitzuwirken und Prüfungen abzunehmen (siehe zB § 46 Abs. 1 BW LHG, § 24 Abs. 1 NHG und § 35 Abs. 1 und 2 NRW HG),[15] sowie
- die in § 3 Satz 1 BNV und zB auch in § 5 Satz 1 BayNtV und § 4 Satz 1 BrNVO enthaltene, die organisatorische Gestaltungsfreiheit des Dienstherrn mindestens tendenziell bindende Richtschnur, Aufgaben des jeweiligen öffentlichen Dienstes grundsätzlich in ein Hauptamt einzuordnen.[16]

Die (Schaffung und) Übertragung eines Nebenamtes zur Wahrnehmung einer Aufgabe, die mit dem Hauptamt „in Zusammenhang“ steht, ist zwar in der Regel rechtswidrig (siehe § 3 Satz 2 BNV wie auch zB § 5 Satz 2 BayNtV und § 4 Satz 2 BrNVO); da ein Nichtigkeitsgrund iSd § 44 VwVfG aber so gut wie nie vorliegen wird, ist und bleibt sie wirksam, solange und soweit sie nicht aufgehoben wird oder sich erledigt (arg. § 43 Abs. 2 VwVfG).[17]

---

[12] BVerwG NVwZ-RR 2011, 739. Zu praxisrelevanten Abgrenzungsfragen im Umfeld der dienstlichen Aktivitäten kommunaler (Hauptverwaltungs-)Beamter, die ihre Anstellungskörperschaft in Gremien zu vertreten haben (vgl. dazu zB § 113 Abs. 2 und Abs. 3 NRW GO) siehe auch RP OVG NVwZ 2003, 889 sowie Kämmerling ZBR 2012, 12 und Schnelle/Hopkins NVwZ 2010, 1333 (1337).

[13] Ist der Aufgabenkreis des Beamten so bemessen, dass er nicht nur ausnahmsweise Mehrarbeit leisten muss, so kann er beanspruchen, dass sein Arbeitspensum reduziert wird (BVerwG ZBR 1982, 274), nicht aber, dass der Dienstherr ihn so behandle, als ob er längerfristig Mehrarbeit im Nebenamt verrichte; vgl. H.Günther ZBR 1986, 97 (100 f.) mit krit. Stellungnahme zu BVerwGE 40, 104, 109 f. Siehe auch → § 10 Rn. 30 f.

[14] Der Ausdruck „hauptberuflich“ ist hier synonym mit „hauptamtlich“.

[15] Zum Nebentätigkeitsrecht der Hochschullehrer allgemein Lux-Wesener/Kamp in Hartmer/Detmer aaO (Fn. 4) Kap.VIII 56 ff.

[16] Grenzen der Organisationsgewalt können sich auch aus der bundesstaatlichen Zuständigkeitsordnung ergeben: Da die Verwaltung des Berufschulwesens Aufgabe der Länder ist, darf die Lehrtätigkeit eines Bundesbeamten an einer Berufsschule nicht dessen Hauptamt eingegliedert werden; BVerwGE 49, 184. Zum Hauptamt des bayerischen Landgerichtsarztes gehört es nicht, für außerbayerische Strafgerichte oder Staatsanwaltschaften Gutachten zu erstellen; BayVGH ZBR 1982, 119. Siehe auch § 4 Abs. 2 Satz 1 NRW NtV: „Aufgaben einer anderen Behörde oder Einrichtung dürfen dem Beamten als Nebentätigkeit nur übertragen werden, wenn sie von eigenen Bediensteten der zuständigen Stelle allgemein oder im Einzelfall nicht wahrgenommen werden können.“

[17] Vgl. dazu H.Günther ZBR 1986, 97 (100) sowie HVGH NVwZ-RR 1996, 338. Siehe aber ferner BW VGH DÖV 1995, 118 (119): Gesetzliche Bestimmungen oder allgemeine Rechtsgrundsätze forderten nicht, dass die Tätigkeit des Werkleiters eines Eigenbetriebs zum Hauptamt des Fachbeamten für das Finanzwesen gehöre. Aus § 3 Satz 2 BNV folge „gerade, dass keine ausnahmslose Verpflichtung besteht, Nebentätigkeiten, die mit dem Hauptamt in Zusammenhang stehen, diesem auch zuzuordnen“; im Übrigen enthalte das baden-württembergische Landesrecht keine vergleichbare Regelung.

5 In Rechtsprechung und Literatur sind zu den Dienstaufgaben des Hauptamtes gezählt worden:

- die Vertretung erkrankter Kollegen derselben Behörde,[18]
- die Mitwirkung bei der Ausbildung des Nachwuchses am Arbeitsplatz[19] und die Einweisung anderer Dienstkräfte (unter anderem in neue, von dem Beamten mitentwickelte Arbeitsmethoden),[20]
- die Sorge des Schulhausmeisters für die zu schuleigenen Zwecken genutzten Schulräume, nicht aber (gewöhnlich) eine etwaige Aufsicht desselben bei Veranstaltungen nichtschulischer Art,[21]
- die Beaufsichtigung und Betreuung von Freizeitarrestanten durch einen Justizwachtmeister,[22]
- die Durchführung von Einstellungsuntersuchungen bei Beamtenbewerbern durch den Leiter des Gesundheitsamtes,[23]
- die Erstattung eines daktyloskopischen Gutachtens durch einen mit der Identifizierung von Fingerabdrücken beauftragten Kriminalbeamten und die gutachterliche Tätigkeit eines Amtsarztes für ein Gericht, sofern und soweit das Gesundheitsamt als seine Beschäftigungsbehörde eine derartige Aufgabe (im Wege der Amtshilfe, Art. 35 GG) zu übernehmen hat und der jeweilige Amtsarzt hierfür behördenintern zuständig ist,[24] sowie
- die Erstellung von Gutachten in Berufungsverfahren (auch anderer Hochschulen) durch Hochschullehrer.[25]

6 Als Nebentätigkeiten sind demgegenüber bewertet worden:[26]

- die Erteilung von Berufsschulunterricht durch einen Bundesbeamten[27] oder die Lehrkraft einer allgemeinbildenden Schule,[28]
- die wirtschaftliche Leitung von Kindererholungsheimen durch den Behördenvorstand des Fürsorgeamtes eines Landkreises,[29]
- die kaufmännische Leitung eines kommunalen Eigenbetriebes durch einen Abteilungsleiter der Gemeindeverwaltung,[30]

---

[18] NdsOVG ZBR 1969, 87.

[19] Vgl. H.Günther ZBR 1986, 97 (102) mwN in Anm. 93 (Musterbeispiel: Ausbildung von Stationsreferendaren durch Richter oder Verwaltungsbeamte).

[20] Vgl. BayVGH DÖD 1979, 255 (betr. Vermittlung dienstlichen Wissens durch Vorträge als Teil der Dienstgeschäfte); siehe auch insofern H.Günther aaO (Fn. 17).

[21] Vgl. BVerwG Buchholz 237.2 § 36 LBG Berlin Nr. 2.

[22] BVerwG NVwZ-RR 2011,739 unter Hinweis auf BVerwG ZBR 1982, 274: Die Zuordnung einer Aufgabe zu einem Hauptamt oder ihre (ausdrücklicher Festlegung bedürftige) Ausgestaltung als Nebentätigkeit (Nebenamt oder Nebenbeschäftigung) nehme der Dienstherr kraft seiner Organisationsgewalt vor (Hinweis auf BVerwGE 49, 184; 59, 38). Bei „Gegenständen des Hauptamtes" sei es zumindest die Regel, dass die Aufgabe nicht nur innerhalb derselben Verwaltung, sondern auch bei der eigenen Beschäftigungsbehörde wahrzunehmen sei.

[23] Vgl. H.Günther aaO (Fn. 17) S. 102 mwN in Anm. 80.

[24] Siehe dazu BVerwG ZBR 1967, 332 sowie Geis in GKÖD I (L) § 99 Rn. 93 (betr. die Erstattung von Schlussberichten, die eine Versicherungsgesellschaft vereinbarungsgemäß von dem beamteten Chefarzt einer Klinik anfordert, in die der Patient auf ihre Veranlassung eingewiesen worden war). Vgl. auch Fn. 36.

[25] So mit Recht H.Günther aaO (Fn. 17, 23) und Wahlers ZBR 1982, 296 (300).

[26] Siehe auch NRW OVG 21.3.2012 – 1 A 2332/09 –, DVBl 2012, 792 – LS –: Der thematische Bezug eines bei einem privaten Veranstalter gehaltenen Vortrags zu den dienstlichen Aufgaben eines Beamten in seinem *Hauptamt* macht diese *Nebenbeschäftigung* „im Regelfall … nicht zum Gegenstand der dienstlichen Pflichten des Beamten in seinem Hauptamt".

[27] BVerwGE 49, 184; siehe schon Fn. 16.

[28] NRW OVG ZBR 1972, 125; siehe auch H.Günther aaO (Fn. 20).

[29] HVGH ESVGH 11, 56.

[30] HVGH NVwZ-RR 1996, 338.

- die Bedienung einer Heizungsanlage durch den Hausmeister einer Schule aufgrund einer Dienstanweisung, die für diese Verrichtung eine besondere Entschädigung vorsieht,[31]
- der Bereitschaftsdienst eines Hochschullehrers als Oberarzt einer Klinik,[32]
- die Wahrnehmung der ärztlichen Versorgung durch den Chefarzt eines städtischen Krankenhauses in Berlin im Bereich einer anderen Bezirksverwaltung,[33]
- die gemäß § 87 Abs. 1 StPO durch den Leiter eines öffentlichen gerichtsmedizinischen Instituts einer Universität veranlassten Obduktionen[34] sowie
- (allgemein) die Behandlung von Privatpatienten durch Krankenhauschefärzte.[35,36]

Die Tätigkeit als Amtstierarzt kann je nach den Gegebenheiten für einen städtischen Veterinärbeamten Nebenamt sein.[37]

7 Bei der Mitwirkung an Prüfungen kann es drei Konstellationen geben: Erstens kann die Abnahme von Prüfungen den eigentlichen Inhalt des Hauptamtes ausmachen (Fall des hauptamtlichen Mitgliedes einer staatlichen Prüfungsbehörde). Die Prüferfunktion kann zweitens in Relation zu den übrigen Dienstaufgaben als untergeordneter Bestandteil des Hauptamtes übertragen sein (Fall des prüfenden Hochschullehrers oder -dozenten).[38] Drittens kommt auch die Wahrnehmung von Prüfertätigkeit im Nebenamt in Betracht (Fall des nebenamtlichen Mitgliedes einer staatlichen oder akademischen Prüfungseinrichtung).

II. Nebentätigkeiten im öffentlichen Dienst

8 Der Beamte ist verpflichtet, auf Verlangen seiner Dienstbehörde (in den Ländern[39] teilweise noch in Übereinstimmung mit dem früheren Bundesrecht: seiner obersten Dienstbehörde) – ohne Rücksicht auf die Art des Beschäftigungsverhältnisses und unabhängig davon, ob er eine Vergütung erhält[40] – eine Nebentätigkeit im öffentlichen

---

31 BVerwG DÖV 1970, 493.

32 OVG Berlin BlnOVGE 12, 167; krit. dazu H.Günther ZBR 1986, 97 (103) in Anm. 111.

33 BVerwGE 29, 191.

34 BVerwG ZBR 1993, 245.

35 Vgl. BVerwGE 59, 38 sowie BVerwG NJW 1970, 1248, NJW 1974, 1440 und NJW 1991, 2982; weiterhin aber auch BVerfGE 52, 303 (330 ff.) sowie BVerfG NVwZ-RR 2008, 74 (der Dienstherr dürfe eine bisher als Nebentätigkeit wahrgenommene Verrichtung dem Hauptamt eines Medizinprofessors zuordnen; dazu auch Fn. 83). Die als Notfallbehandlung erfolgende hyperbare Sauerstoffversorgung von zivilen Kassenpatienten im Schifffahrtmedizinischen Institut der Marine gehört (aufgrund eines Ministerialerlasses) zu dessen Aufgaben und damit zum Hauptamt des Institutsleiters; BVerwG DVBl 1994, 950. Zur Rechtmäßigkeit der Erhebung einer Pool-Abgabe für die Inanspruchnahme von Leistungen nicht liquidationsberechtigter Ärzte bei Ausübung einer Nebentätigkeit durch einen leitenden Krankenhausarzt siehe BVerwG NVwZ-RR 1997, 582.

36 Zum Begriff der „ärztlichen Tätigkeit" im Hochschulnebentätigkeitsrecht siehe BVerwGE 87, 1 (hier: Erstattung eines serologischen Blutgruppengutachtens zur Vaterschaftsfeststellung).

37 BVerwGE 62, 129.

38 Vgl. BVerwGE 69, 83 sowie RP OVG DÖD 1982, 163: Die Mitwirkung bei Prüfungen an der eigenen Schule gehört zu den Pflichten, die sich aus dem Hauptamt des Lehrers ergeben; sie darf daher nicht zusätzlich vergütet werden. Vgl. ferner HmbOVG HmbJVBl. 1985, 192: In den Aufgabenkreis der Professoren an einer Fachhochschule für öffentliche Verwaltung fällt auch die Mitwirkung bei der Abnahme der Laufbahnprüfung.

39 Siehe die Nachweise in Fn. 44.

40 Zur Vergütung und zur Abführungspflicht siehe § 104 Satz 2 Nr. 2 BBG sowie zB Art. 85 Abs. 1 Satz 2 Nr. 2 BayBG und § 57 Satz 2 Nr. 5 NRW LBG. Vgl. ferner BVerfGE 55, 207 (238 ff.) und BVerfG NVwZ 2007, 751 sowie BVerwGE 29, 191 und BVerwG NVwZ-RR 2004, 53.

Dienst[41, 42] auszuüben, sofern diese Tätigkeit seiner Vorbildung oder Berufsausbildung entspricht[43] und ihn nicht über Gebühr in Anspruch nimmt (siehe § 98 BBG und das korrespondierende Landesrecht[44]).

1. Zum Begriff und zur Rechtsform des Verlangens

9 Anders als der „Vorschlag" oder die „Veranlassung" vonseiten des Dienstherrn (siehe § 102 Satz 1 BBG und das korrespondierende Landesrecht[45]), die die Entschließungs- und Entscheidungsfreiheit des Beamten unberührt lassen,[46] hat das „Verlangen" Verwaltungsaktcharakter.[47] Es bedarf der Schriftform.[48] Die Übertragung der Nebentätigkeit als solche stellt hingegen – auch wenn sie nicht mit dem „Verlangen" verbunden ist – keinen weiteren Verwaltungsakt dar.[49]

2. Übermäßige Beanspruchung

10 Läuft die Übernahme der dem Beamten durch seinen Dienstherrn angesonnenen Nebentätigkeit auf eine Überbeanspruchung hinaus, so ist ein solcher Sachverhalt dienstrechtlich in doppelter Hinsicht zu würdigen: Zum einen bedeutet die Überbeanspruchung eine Verletzung der Fürsorge- und Schutzpflicht des Dienstherrn (§ 45 BeamtStG, § 78

[41] Zum Begriff des „öffentlichen Dienstes" siehe § 2 BNV sowie zB §§ 4, 5 BayNtV und § 3 NRW NtV; vgl. auch BVerfG NVwZ 2007, 751 (betr. Steuerberaterkammer), BVerwG NVwZ-RR 2004, 53 (betr. Wirtschaftsprüferkammer) und ZBR 2004, 53 (betr. Steuerberaterkammer) sowie SOVG ZBR 2003, 252 (betr. Telefilm Saar-GmbH). Der Treuhänder nach dem Hypothekenbankgesetz übt keine Nebentätigkeit „für den Bund" aus, sodass Vergütungen, die er hierfür erhält, nicht der Abrechnungs- und Ablieferungspflicht unterliegen (BVerwGE 81, 270). Die Tätigkeit als „Projektleiter" für eine Unternehmensberatungsfirma im Rahmen von Funktionsbewertungen und Organisations- und Strukturuntersuchungen im Bereich des öffentlichen Dienstes ist keine Nebentätigkeit „im öffentlichen Dienst" (NRW OVG NWVBl. 1997, 393); ebenso in Bezug auf eine Tätigkeit für die GTZ NdsOVG RiA 1997, 102.

[42] Die Tätigkeit eines Beamten im Beirat eines privaten Unternehmens darf einer Nebentätigkeit im öffentlichen Dienst (nach § 75 Satz 2 Nr. 1 NRW LBG aF = § 57 Satz 2 Nr. 1 NRW LBG n. F., siehe auch § 104 Satz 2 Nr. 1 BBG) „nur dann gleichgestellt werden, wenn das Unternehmen von der öffentlichen Hand zumindest wirtschaftlich beherrscht wird und Vergütungen jedenfalls mittelbar aus Beiträgen der öffentlichen Hand finanziert" (BVerwG NVwZ-RR 2011, 739; nachfolgend NRW OVG NVWBl. 2013,437, juris Rn. 45, 57, 67).

[43] Rechtlich relevant ist hier nur eine „Vorbildung oder Berufsausbildung" im Zusammenhang mit den Laufbahnanforderungen des Statusamtes (vgl. H.Günther ZBR 1986, 97, 106 mwN in Anm. 166 sowie Geis in GKÖD I (L) § 98 Rn. 16 mwN. Zur Abgrenzung das markante Beispiel bei Scheerbarth/Höffken/Bauschke/Schmidt BR § 16 II 3a: Ein Polizeibeamter darf nicht (gegen seinen Willen) zum Dolmetschen herangezogen werden, nur weil er zufällig ein Dolmetscherexamen bestanden hat (aA NdsOVG OVGE 25, 462). Eine unterwertige Nebentätigkeit kann der Beamte ablehnen (NRW OVG DVBl 1957, 429).

[44] Siehe § 61 Abs. 1 BW LBG, Art. 81 Abs. 1 BayBG, § 61 BlnLBG, § 84 BbgLBG, § 71 BrBG, § 71 HmbBG, § 78 Abs. 1 HBG, § 71 MVBG, § 71 NBG, § 48 NRW LBG, § 82 Abs. 1 RP LBG, § 85 SBG, § 102 SächsBG, § 74 BG LSA, § 71 SH LBG und § 50 ThürBG.

[45] Siehe zB § 61 Abs. 2 BW LBG, Art. 83 Satz 1 BayBG, § 76 Satz 1 HmbBG und § 76 Satz 1 MVBG.

[46] HVGH ES VGH 29, 180.

[47] Eingehend dazu H.Günther ZBR 1986, 97 (106 f.) und Summer ZBR 1988, 1 (10), jeweils mwN.

[48] Zur Frage der vorherigen Anhörung vgl. ebenfalls H.Günther aaO (Fn. 47) S. 107.

[49] H.Günther aaO (Fn. 47), S. 107 f.; teilweise abw. Geis in GKÖD I (L) § 98 Rn. 3, der meint, dass die Übertragung der Nebentätigkeit durch (weiteren) Verwaltungsakt oder durch Abschluss eines öffentlich-rechtlichen oder privatrechtlichen Vertrages geschehen könne, im Falle der Übernahme einer Tätigkeit bei einem fremdem Dienstherrn jedenfalls dessen Einverständnis bedürfe.

BBG), die der Beamte dem „Verlangen" einredeweise entgegenhalten kann.[50] Zum anderen kann eine Nebentätigkeit, die den Beamten über Gebühr in Anspruch nimmt, dienstliche Interessen beeinträchtigen. § 87 BBG und die landesrechtlichen Parallelvorschriften, zB § 67 BW LBG, § 60 NRW LBG und § 95 SächsBG, sowie die dazu ergangenen Arbeitszeitverordnungen gelten – als Schutznormen für die Grenzen der Arbeitsbelastung – zwar unmittelbar nur für das Hauptamt, begrenzen jedoch zugleich ihrem Zweck entsprechend die dienstpflichtgemäße (Gesamt-)Beanspruchung durch den Dienstherrn auch als solche.[51]

3. Auswahlerwägungen bei der Übertragung einer Nebentätigkeit im öffentlichen Dienst

Entschließt sich der Dienstherr in den Grenzen seines organisatorischen Gestaltungsspielraumes,[52] eine ihm obliegende Aufgabe nicht in ein Hauptamt einzuordnen, sondern sie im Wege der Nebentätigkeit wahrnehmen zu lassen, so hat er bei der Auswahl zwischen mehreren Beamten, die sich an einer Übernahme des Nebenamtes oder der Nebenbeschäftigung interessiert zeigen oder aus der Sicht des Dienstherrn dafür in Betracht kommen, im Wesentlichen wie folgt vorzugehen: 11

- Vorab sind die für die Aufgabe nicht geeigneten Beamten auszuschließen.
- Hinsichtlich der danach für die Auswahl verbleibenden, grundsätzlich geeigneten Beamten ist festzustellen, ob deutliche Eignungsunterschiede vorhanden sind und welchen Folgeaufwand ein Einsatz des jeweiligen Beamten in Anbetracht seiner dienstlichen Inanspruchnahme durch das Hauptamt (und etwaige bereits ausgeübte Nebentätigkeiten) voraussichtlich auslösen würde. Anzustreben ist es, das Nebenamt oder die Nebenbeschäftigung jemandem zu übertragen, dessen Eignung sich womöglich als überdurchschnittlich darstellt und der bei Übernahme der Nebentätigkeit in seinem Hauptamt nicht oder nur in geringem Maße entlastet werden muss. Es handelt sich um ein Optimierungsproblem: Anders als bei Ernennungen, die das Hauptamt betreffen,[53] ist der Dienstherr hier, auch wenn es um ein Nebenamt (und nicht um eine Nebenbeschäftigung) geht, rechtlich nicht gehalten, eine Auswahl allein nach Eignung, Befähigung und fachlicher Leistung (Art. 33 Abs. 2 GG) zu treffen; er muss diese Kriterien lediglich bei der Übertragung jedweder Nebentätigkeit unter Berücksichtigung ihres allgemeinen verfassungsrechtlichen Ranges in seine Überlegungen einbeziehen.[54]

III. Genehmigungsbedürftige Nebentätigkeiten bei Bundesbeamten

Hier wie auch in den folgenden Abschnitten IV und V sind die für die Bundesbeamten maßgeblichen gesetzlichen Bestimmungen zugrunde gelegt; Abschnitt VI bringt § 40 BeamtStG und die Vorschriften des Nebentätigkeitsrechts der Länder, soweit nicht vorab schon ausdrücklich oder sinngemäß geschehen, zur Sprache. 12

---

[50] Vgl. BVerwGE 29, 191(194); 69, 83; außerdem → § 10 Rn. 30 f. Eine Überbeanspruchung ist nicht vorhanden, sofern dem bislang in seinem Hauptamt voll ausgelasteten Beamten zugleich mit der Übertragung der Nebentätigkeit eine Entlastung in seinem Hauptamt gewährt wird; BVerwG DÖD 1972, 233.

[51] Vgl. BVerwG ZBR 1982, 274; außerdem Geis in GKÖD I (L) § 98 Rn. 17 unter Hinweis auf Lemhöfer in Plog/Wiedow BBG 2009 § 64 Rn. 10.

[52] → Rn. 3 ff.

[53] → § 3 Rn. 1 ff.

[54] Zum Problem „Anspruch auf Nebenamt" vgl. H.Günther ZBR 1986, 97 (104 f.).

1. Allgemeines zur Beschränkung von Nebentätigkeiten

13 Dem durch Art. 2 Abs. 1 GG gesicherten Recht des Beamten, seine Arbeitskraft – auch entgeltlich[55] – zu verwerten, werden durch die verfassungsmäßige Ordnung Grenzen gesetzt; dazu gehören die hergebrachten Grundsätze des Berufsbeamtentums (Art. 33 Abs. 5 GG) und die einfachgesetzlichen Normen des Beamtenrechts.[56] Zu den hergebrachten Grundsätzen ist die Pflicht des Beamten zu rechnen, sich innerhalb der Arbeitszeit „mit vollem persönlichen Einsatz" seinem Beruf, dh im Klartext: seinem Hauptamt, zu widmen;[57] in seiner Freizeit[58] kann er dagegen grundsätzlich eine – entgeltliche oder unentgeltliche – Nebentätigkeit ausüben.[59] Überzogen ist demgegenüber zumindest die Wortwahl des Bundesverfassungsgerichts:[60] Mit dem Eintritt in das Beamtenverhältnis verliere der Beamte „grundsätzlich die Freiheit zu anderweitiger Erwerbstätigkeit, weil der Staat die ganze Arbeitskraft des Beamten und damit auch seine volle Hingabe fordert".[61] Nur öffentliche Interessen mit dienstlichem Konnex – im Sinne eines „unmittelbaren oder mittelbaren Bezuges auf die Amtsführung des Beamten"[62] – können einen zureichenden Grund abgeben, um eine Nebentätigkeit nicht zu genehmigen oder zu untersagen.[63] Arbeitsmarkt- und mittelstandspolitische Belange vermögen hingegen keine Beschränkung von Nebentätigkeiten zu rechtfertigen,[64] wenn es dem Gesetzgeber

---

[55] Die (amtsangemessene) Alimentierung des Beamten durch den Dienstherrn steht der Vergütung einer Nebentätigkeit nicht entgegen; Battis BBG § 97 Rn. 5 aE.

[56] BVerwGE 29, 304; 31, 241; 35, 201; 60, 254; 67, 287; 84, 199. Zu der aus praxisbezogener Sicht kaum belangvollen Frage, ob Art. 2 Abs. 1 GG im vorliegenden Rahmen hinter Art. 12 Abs. 1 GG zurücktreten müsse, vgl. Geis in GKÖD I(L) 99 Rn. 11 sowie Summer ZBR 1988, 1(4), ferner BVerfG NJW 2003, 419 (unverhältnismäßige, gegen Art. 12 Abs. 1 GG verstoßende generelle Versagung der Genehmigung in Bezug auf die Nebentätigkeit eines Anwaltsnotars im Aufsichtsrat einer auch im Grundstücksgeschäft engagierten Volksbank). Ergänzend ist mit Geis in GKÖD I (L) § 99 Rn. 10 darauf aufmerksam zu machen, dass bei einer wissenschaftlichen oder künstlerischen Tätigkeit auch Art. 5 Abs. 3 GG zu beachten wäre; siehe auch BrOVG DÖV 1980, 570. Zur Relevanz des Verhältnismäßigkeitsgrundsatzes Baßlsperger ZBR 2004, 369.

[57] Siehe § 61 Abs. 1 Satz 1 BBG (= § 34 Satz 1 BeamtStG). Zur unerlaubten (genehmigungsbedürftigen oder genehmigungsfreien) Nebentätigkeit des Beamten als *Dienstvergehen* Baßlsperger PersV 2015, 130 ff.

[58] Siehe auch Fn. 9. Nach MV OVG 15.3.2016 – 2 M 317/15 –, juris Rn. 15 ff. soll eine Beeinträchtigung dienstlicher Interessen „in der Regel" auch dann vorliegen, „wenn ein Beamter während seines Erholungsurlaubs einer Nebentätigkeit (von) mehr als acht Stunden in der Woche nachgeht". Dem ist ebenso wenig zu folgen, wie es abwegig wäre, wenn man dem Beamten untersagen wollte, dass er während seines Erholungsurlaubs in nicht unerheblichem Umfang einer – unter Umständen nicht einmal risikolosen – sportlichen Betätigung nachginge und dass er seinen Dienstherrn darüber vorab zu informieren hätte.

[59] Die Gestattung von Nebentätigkeiten ist selbst kein hergebrachter Grundsatz des Berufsbeamtentums; BVerfGE 44, 262.

[60] BVerfGE 119, 247 (juris Rn. 54).

[61] Siehe auch → § 7 Rn. 9.

[62] BVerwGE 84, 299. Öffentliche Interessen, zu deren Wahrnehmung andere Verwaltungen als diejenige des Dienstherrn verpflichtet sind, bleiben außer Betracht; vgl. BVerwGE 55, 207 (208); 60, 254 (257); 67, 287 (295).

[63] Vgl. dazu Battis ZBR 1982, 166 (169), Ehlers DVBl 1985, 879 (883), Geis in GKÖD I (L) § 99 Rn. 49 ff., Papier DÖV 1984, 536 und Schnellenbach NVwZ 1985, 327(328); siehe ferner Maunz/Dürig GG Art. 12 Rn. 20 und 214. Hinweis auch auf LSA OVG DÖV 2011, 120.

[64] Vgl. Geis in GKÖD I (L) Rn. 23 ff. vor §§ 97–105 sowie Schnellenbach NVwZ 1985, 327 (328). Soweit der Deutsche Bundestag zusammen mit der Verabschiedung des (Ersten) Nebentätigkeitsbegrenzungsgesetzes vom 21.2.1985, BGBl. I S. 371 in einer Entschließung (Plenarprot. 10/108 S. 8122) „alle Beteiligten" aufgefordert hatte, die gesetzlichen Vorschriften „unter Berücksichtigung der Belange des Arbeitsmarktes" restriktiv anzuwenden, bringt BVerwGE 84, 299 zum Ausdruck:

auch unbenommen sein mag, dem Anreiz (insbesondere) zur Übernahme von Nebenbeschäftigungen durch gesetzliche Bestimmungen entgegenzuwirken, und zwar namentlich durch Vorschriften, die eine Ablieferungspflicht begründen.[65] Positive arbeitsmarktpolitische Rückwirkungen einer tendenziell allein auf den Schutz dienstlicher Interessen gerichteten einschränkenden gesetzlichen Regelung des Nebentätigkeitsrechts dürfen – rechtspolitisch wie auch bei der (richterlichen) Interpretation einschlägiger Normen – lediglich als erwünschte und erhoffte Nebenfolge in Betracht gezogen werden.[66] In diesem Sinne geht es nicht fehl, die (tatsächlichen oder vermeintlichen) arbeitsmarktentlastenden Wirkungen des in § 99 Abs. 2 Satz 3 BBG enthaltenen Versagungstatbestandes[67] nur als „Nebeneffekt" zu kennzeichnen.[68]

In Würdigung von Entstehungsgeschichte und Inhalt des (Zweiten) Nebentätigkeitsbegrenzungsgesetzes vom 9. September 1997[69], dessen Regelungen in das Bundesbeamtengesetz – auch in seiner jetzigen Fassung – eingegangen sind, drängt sich der Eindruck auf, 14

- dass ein eindeutiges rechtliches (und politisches) Versagen in Einzelfällen[70] immer wieder unter Hinweis auf ein vermeintliches Defizit an nebentätigkeitsbegrenzenden gesetzlichen Regelungen vernebelt wird und
- dass (im Zusammenhang damit oder auch unabhängig davon) nicht zuletzt seitens der Politik einer öffentlichen Wahrnehmung und Darstellung das Wort geredet wird, die in auffälligem Gegensatz zu den tatsächlichen Gegebenheiten auf dem Nebentätigkeitssektor steht.[71]

2. Genehmigung und Genehmigungsversagung

Der Beamte bedarf zur Ausübung jeder entgeltlichen[72] Nebentätigkeit – mit Ausnahme der in § 100 Abs. 1 BBG abschließend aufgeführten – der vorherigen Genehmigung, 15

„Angesichts der vorausgegangenen ausdrücklichen Ablehnung der Aufnahme eines arbeitsmarktpolitischen Versagungsgrundes (in das Gesetz)" könne der Entschließung „jedenfalls kein davon abweichender Wille des Bundestages und der Gesetzgebungsorgane insgesamt entnommen werden".

[65] Vgl. BVerfGE 55, 207 (238).

[66] Siehe dazu Summer ZBR 1988, 1(4): Es sei „verfassungskonform, wenn beamtenpolitischen Zielen dienendes Nebentätigkeitsrecht auch arbeitsmarktpolitisch" wirke („mittelbare Arbeitsmarktpolitik"); vgl. auch insoweit Schnellenbach aaO (Fn. 64).

[67] → Rn. 25.

[68] Siehe Beschlussempfehlung und Bericht des Rechtsausschusses (6. Ausschuss) des Deutschen Bundestages vom 26.6.1997, BT-Drs. 13/8079 S. 18 (Zu Art. 2 Nr. 1 – § 65 BBG –). Vgl. auch Battis in Festschrift für Walther Fürst, 2002, S. 45, 52 f. mwN: Von den Angehörigen des öffentlichen Dienstes dürfe kein „Sonderopfer" zur Bekämpfung der Arbeitslosigkeit verlangt werden.

[69] BGBl. I S. 2294. Zu Warnungen vor Entwicklungen hin zu einem reinen „Nebentätigkeitsverhinderungsrecht" siehe Baßlsperger ZBR 2004, 369, Braun DÖD 2008, 217 (228), Gärditz ZBR 2009,145, Summer ZBR 1988,1 und Thieme DVBl 2000,146.

[70] Vgl. dazu Engelken ZRP 1998, 50, Rudolph NJW 1997, 2928 und Schnellenbach ZBR 1998, 223 (228).

[71] Siehe Battis BBG § 97 Rn. 6 unter Bezugnahme auf NRW LT-Dr. 12/4315 (zu einer Auswertung von 30 000 repräsentativen Personalakten aus den Jahren 1995 bis 1997 mit dem Ergebnis, dass ca. ein Drittel der erfassten Nebentätigkeiten auf Veranlassung oder Verlangen des Dienstherrn im öffentlichen Dienst übernommen worden war und dass nur 10 % der jährlichen Einnahmen aus Nebentätigkeiten über 2000 DM hinausgegangen waren).

[72] „Entgeltlich" ist eine Nebentätigkeit, wenn der Beamte hierfür eine Gegenleistung in Geld oder geldwerten Vorteilen erhält, und zwar gleichgültig, ob ein Rechtsanspruch auf eine – (dem Beamten oder einem Dritten) tatsächlich gewährte – Gegenleistung besteht (siehe § 4 Abs. 1 BNV); vgl. aber auch § 4 Abs. 2 und 3 BNV und dazu BVerwGE 40, 11 (13). Zum Umgehungsverbot H.Günther ZBR 1989, 164 (166) und Summer ZBR 1988, 1 (3).

soweit er nicht nach § 98 BBG zu ihrer Ausübung verpflichtet ist (§ 99 Abs. 1 Satz 1 BBG).[73] Gleiches gilt für folgende unentgeltliche[74] Nebentätigkeiten (siehe § 99 Abs. 1 Satz 2 BBG):

- für die Wahrnehmung eines Nebenamtes (Nr. 1),[75]
- für gewerbliche oder freiberufliche Tätigkeiten oder die Mitarbeit bei einer dieser Tätigkeiten (Nr. 2)[76] und
- für den Eintritt in ein Organ eines Unternehmens[77] mit Ausnahme einer Genossenschaft (Nr. 3).[78,79]

Der Beamte hat einen von Verfassungs wegen geschützten Rechtsanspruch auf Erteilung der Genehmigung, sofern nicht ein Versagungsgrund gegeben ist.[80]

16 Die Genehmigung muss versagt werden, wenn zu besorgen ist, dass durch die Nebentätigkeit dienstliche Interessen beeinträchtigt werden (§ 99 Abs. 2 Satz 1 BBG).[81] Hieraus

---

[73] Die Wahrnehmung öffentlicher Ehrenämter sowie einer unentgeltlichen Vormundschaft (§§ 1773 ff. BGB), einer (rechtlichen) Betreuung (§§ 1896 ff. BGB) oder einer Pflegschaft (§§ 1909 ff. BGB) – (anders als vormals) nicht notwendig in Bezug auf einen Angehörigen (!) – „gilt" nicht als Nebentätigkeit (§ 97 Abs. 4 BBG), ist also genehmigungsfrei und kann auch nicht nach § 100 Abs. 4 BBG untersagt werden (dazu BT-Drs. 16/7076 S. 123). Öffentliche Ehrenämter sind zB Mitgliedschaften in kommunalen Vertretungen, in Organen der Sozialversicherungsträger oder in Wahlvorständen und -ausschüssen sowie die Tätigkeit als ehrenamtlicher Richter. Wer einem Beamten ein öffentliches Ehrenamt übertragen will, hat vorab in eigener Verantwortung zu prüfen, ob dem dienstliche Interessen erkennbar zuwiderlaufen, die aus den Aufgaben des Hauptamtes resultieren. Hier ist insonderheit an zeitliche Kollisionen zu denken. Ggf. wird der Dienstvorgesetzte des betreffenden Beamten im Verwaltungswege insoweit auf eine abgestimmte Regelung (vgl. Summer ZBR 1988, 1, 5), als ultima ratio unter Umständen gar auf die Aufhebung der Übertragung des Ehrenamtes hinwirken müssen. Der Begriff des „wichtigen dienstlichen Grundes" iSd § 1784 Abs. 2 BGB wird durch das Nebentätigkeitsrecht bestimmt; BVerwG ZBR 1995, 378 (379). Zum Ehrenbeamtenverhältnis § 6 Abs. 5 BBG.

[74] Zur Abgrenzung von unentgeltlicher Nebentätigkeit und Freizeitverhalten siehe schon Fn. 9. Baßlsperger ZBR 2004, 369 (370 f., 384) tritt dafür ein, generell nur dann von einer (unentgeltlichen wie von einer entgeltlichen) „Nebentätigkeit" auszugehen, wenn eine Ausrichtung auf einen wirtschaftlichen Erfolg feststellbar sei; jedenfalls sei ein „sozial adäquates" Freizeitverhalten auszunehmen, wie es die üblichen Nachbarschafts- und Freundschaftsdienste darstellten.

[75] Zum Begriff des Nebenamtes → Rn. 1. Zur Wahrnehmung öffentlicher Ehrenämter siehe Fn. 73.

[76] Krit. zur Ausklammerung der sog Urproduktion aus dem Begriff „gewerblich" Summer ZBR 1988, 1 (8 f.); hierzu auch Wagner NVwZ 1989, 515 (517) und Dirksmeyer ZBR 1986, 326 (letzterer insbesondere zu Nebenerwerbslandwirten). Zum Begriff des freien Berufes BVerfGE 46, 224 (240).

[77] Zw. ist, ob auch Unternehmen mit gemeinnützigen oder ideellen Zwecken unter Nr. 3 aaO zu subsumieren sind; siehe dazu (bejahend) Geis in GKÖD I (L) § 99 Rn. 39 mwN. Die Mitgliedschaft in einer OHG, einer KG oder einer bürgerlich-rechtlichen Gesellschaft stellt als solche gewerbliche Tätigkeit iSd Nr. 2 aaO dar. Vgl. aber auch Fn. 166.

[78] Die entgeltliche Tätigkeit in einem Genossenschaftsorgan ist nach § 99 Abs. 1 Satz 1 BBG genehmigungspflichtig. Vgl. auch BVerwGE 40, 11: Eine unentgeltliche Tätigkeit in einem Genossenschaftsorgan liegt auch vor, wenn Sitzungsgelder gewährt werden, es sei denn, diese sind – gemessen an den Tagegeldern im öffentlichen Dienst – deutlich überhöht (verschleierte Entgelte); siehe schon Fn. 72.

[79] Zur Treuhänderschaft BVerwGE 81, 270 und HmbOVG ZBR 1986, 331.

[80] Siehe schon Fn. 13; vgl. ferner Battis BBG § 99 Rn. 3, Ehlers DVBl 1985, 879 (882), Geis in GKÖD I(L) § 99 Rn. 2, Lemhöfer in Plog/Wiedow BGB 2009 § 65 Rn. 9 und Schnellenbach NVwZ 1985, 327 (328), aus der Rechtsprechung BVerwGE 60, 254 sowie NdsOVG ZBR 1985, 110 (betr. Nebentätigkeitsgenehmigung als Voraussetzung für die Eintragung eines beamteten Fachhochschullehrers in eine Architektenliste). Zur Funktion der allgemeinen Genehmigungserteilung § 5 BNV. Wegen der disziplinarrechtlichen Folgen ungenehmigter Nebentätigkeit siehe ua BVerwG NVwZ-RR 2004, 195 und ZBR 2007, 47 sowie NdsOVG RiA 2006, 87, SächsOVG SächsVBl. 2015,172 und RP OVG NVwZ-RR 2006, 170.

[81] Falls die Nebentätigkeit beschränkbar ist und falls (nur) hinsichtlich eines Teilbereiches nicht mit einer Beeinträchtigung dienstlicher Interessen gerechnet werden muss, ist die Nebentätigkeits-

wird deutlich, dass sich die Versagung – wie die Erteilung – der Nebentätigkeitsgenehmigung (unvermeidlich) auf eine Prognose der zuständigen Behörde (§ 99 Abs. 5 BBG) stützt, während der Widerruf[82] einer Genehmigung voraussetzt, dass dienstliche Interessen später[83] tatsächlich beeinträchtigt worden sind (§ 99 Abs. 4 Satz 3 BBG).[84, 85] Eine „Besorgnis", wie sie das Gesetz fordert, ist anzunehmen, wenn bei verständiger Würdigung der gegenwärtig erkennbaren besonderen Umstände des jeweiligen Einzelfalles – in Anbetracht der erfahrungsgemäß zu erwartenden Entwicklung – eine Beeinträchtigung wahrscheinlich ist. Die bloße (nicht auszuschließende) Möglichkeit reicht einerseits nicht aus; ein hoher Grad an Wahrscheinlichkeit, dass es in absehbarer Zeit zu einer Beeinträchtigung kommen werde, ist andererseits nicht erforderlich.[86]

Versagung und Widerruf der Nebentätigkeit sind mitbestimmungspflichtig (§ 76 17
Abs. 1 Nr. 7 BPersVG).

a) Übermäßige Inanspruchnahme der Arbeitskraft des Beamten

Bei dem in der Kasuistik des § 99 Abs. 2 Satz 2 BBG unter Nr. 1 genannten Tatbestand 18
ist naturgemäß die individuelle Belastbarkeit des einzelnen Beamten maßgeblich.[87] Diese

---

genehmigung insoweit zu erteilen (vgl. BayVGH ZBR 1962, 326), sofern der Beamte bei verständiger Auslegung seines Antrags an einer derart eingeschränkten Nebentätigkeit interessiert ist. Siehe auch Fn. 231, 243.

[82] Unterscheide hiervon die Aufhebung einer von Anfang an rechtswidrigen Nebentätigkeitsgenehmigung, die sich nach der allgemeinen Rücknahmeregelung des § 48 VwVfG richtet; dazu Geis in GKÖD I (L) § 99 Rn. 81. Vgl. insoweit auch Battis BBG § 100 Rn. 22, der hinsichtlich der „Ausübung des Rücknahmeermessens" auf „die hohe Bewertung der dienstlichen Interessen durch § 99 (BBG)" aufmerksam macht.

[83] Eine spätere Beeinträchtigung dienstlicher Interessen, die den Widerruf einer Nebentätigkeitsgenehmigung rechtfertigt, kann auch durch den Dienstherrn selbst ausgelöst werden, indem dieser kraft seiner Organisationsgewalt (→ Rn. 3) eine Verrichtung in das Hauptamt eingliedert, die der betroffene Beamte bis dahin als (gesondert) vergütete Nebentätigkeit versehen hatte – mit der Folge, dass er bei einer Fortsetzung der Nebentätigkeit in Konkurrenz zu seinem Dienstherrn träte (BVerfG NVwZ-RR 2008, 74 im Falle eines beamteten Universitätsprofessors und Institutsleiters einer Universitätsklinik, der als Nebentätigkeit Diagnostikleistungen für stationäre Patienten aus anderen Krankenhäusern und Universitätskliniken erbracht und persönlich abgerechnet hatte, die die Universitätsklinik nunmehr zur Dienstaufgabe erklärte und als Institutsleistungen abrechnete). Siehe dazu auch Schnellenbach Konkurrenzen S. 99.

[84] Vgl. RP OVG DÖD 1985, 205. Abweichendes dürfte freilich gelten, wenn eine einmalige Beeinträchtigung vorliegt und wenn sich eine Wiederholung nach Lage der Dinge ausschließen lässt. Für die Möglichkeit eines Teilwiderrufs gilt das in Fn. 81 Gesagte entsprechend. Zur Abwicklung einer Nebentätigkeit nach Widerruf der Genehmigung siehe § 5 Abs. 3 BNV.

[85] Zum Widerruf der einem Polizeiobermeister erteilten Genehmigung für die Ausübung einer Nebentätigkeit als Aushilfslastkraftfahrer und als Aushilfsbusfahrer im Linienverkehr (gemäß Art. 81 Abs. 3 Satz 7 BayBG), nachdem Zweifel dahin aufgetaucht waren, dass der Beamte nicht „stabil alkoholabstinent" sein könnte, siehe BayVGH 20.4.2012 – 3 CS 12.444 –, BeckRS 2012, 52826: Der Dienstherr dürfe zu einer möglichen Verkehrsgefährdung durch den Beamten nicht „seine Hand leihen". Vgl. auch Fn. 128.

[86] Vgl. BVerwGE 31, 241 (248); 40, 11(16); 60, 254 (256); 67, 287 (293); 84, 299 sowie BVerwG ZBR 1977, 27 (wo im vorliegenden Rahmen eine Beurteilungsermächtigung des Dienstherrn verneint ist). Zur Frage, ob bei einem nahe liegenden Verdacht, dass der Beamte Fachaufsätze am dienstlichen PC innerhalb der Arbeitszeit gefertigt haben könnte, Dateien seines dienstlichen PC (unter strengen Voraussetzungen) durchsucht und beschlagnahmt werden dürfen, BVerwG ZBR 2012,37 sowie Eckstein ZBR 2012,151.

[87] Vgl. BVerwG ZBR 1977, 27; außerdem RP OVG ZBR 1990, 185 (zur Nebentätigkeit eines Oberstudienrates als Geschäftsführer einer Reisebüro-GmbH). Siehe jedoch auch VG Gelsenkirchen 5.1.2016 – 12 L 2512/15 –, BeckRS 2016, 40987: Sei die nach der Europäischen Arbeitszeitrichtlinie zulässige wöchentliche Höchstarbeitszeit von 48 Stunden – unter Berücksichtigung des Bereitschaftsdienstes einschließlich der Mehrarbeitsstunden im Jahresdurchschnitt – durch die in der maßgeblichen

Einsicht schließt aber eine gesetzliche Regelvermutung nicht aus, die den durchschnittlichen tatsächlichen Gegebenheiten Rechnung trägt, den Dienstvorgesetzten indessen nicht der Prüfung enthebt, ob im Einzelfall greifbare Anhaltspunkte für ein Abweichen von der Norm „nach oben" oder „nach unten" vorhanden sind. Die sog Fünftelvermutung des § 99 Abs. 3 Satz 1 BBG[88] läuft darauf hinaus, dass die Genehmigung in der Regel zu versagen ist, wenn die zeitliche Beanspruchung des Beamten durch die infrage stehende Nebentätigkeit wie auch durch andere genehmigungs- oder anzeigepflichtige Nebentätigkeiten[89] eine Orientierungsmarke übersteigt, die von der Entwicklung der regelmäßigen Wochenarbeitszeit abhängig ist – mit der nicht nur prima vista seltsamen Konsequenz, dass der Beamte umso mehr an Nebentätigkeit(en) ausüben dürfte, je mehr er schon durch den Dienst in Anspruch genommen wird.[90] Es sollte – ungeachtet etwaiger Änderungen im Arbeitszeitrecht – bei einem „Regelwert" von durchschnittlich acht Stunden pro Woche bleiben, der sich in der Verwaltungspraxis inzwischen bewährt haben dürfte.[91,92] Der hergebrachte Grundsatz des Berufsbeamtentums, dass sich der Beamte seinem Hauptamt nach Maßgabe der Vorschriften über die Arbeitszeit „mit vollem persönlichem Einsatz" zu widmen hat (siehe § 61 Abs. 1 Satz 1 BBG), rechtfertigt die ausgewogene Regelung in § 101 Abs. 1 BBG, die sich auch – und zuvörderst – als inhaltliche Ergänzung zu § 99 Abs. 2 Satz 2 Nr. 1 BBG darstellt. Anhand der Nachweise des Beamten über Art und Umfang der beabsichtigten Nebentätigkeit (vgl. § 99 Abs. 5 Satz 4 BBG) hat sich die zuständige Dienstbehörde Klarheit darüber zu verschaffen, ob die

---

Arbeitszeitverordnung für die Feuerwehr festgeschriebene wöchentliche Arbeitszeit vollumfänglich ausgeschöpft, verbleibe für die Genehmigung von Nebentätigkeiten kein Raum mehr.

[88] Zu „Aspekten der Fünftelvermutung" H.Günther ZBR 2015, 15 ff., der im Einzelnen darlegt, dass und weshalb die „landläufige Interpretation" der Figur nicht zuletzt in „normtheoretischer" Beziehung aus seiner Sicht „schwerlich vollends befriedigt". Siehe auch § 99 Abs. 3 Satz 2 BBG: „Bei begrenzter Dienstfähigkeit ist ein Fünftel der nach § 45 Abs. 2 Satz 1 (BBG) verkürzten Arbeitszeit zugrunde zu legen."

[89] Die Einbeziehung nicht genehmigungspflichtiger (anzeigepflichtiger) Nebentätigkeiten in § 99 Abs. 3 Satz 5 BBG darf nicht dahin instrumentalisiert werden, die Auskunftspflicht nach § 100 Abs. 3 BBG zu überdehnen (vgl. Fürst ZBR 1990, 305 (307 ff.) und Summer ZBR 1988, 1, 8 f. sowie Baßlsperger ZBR 2004, 369, 375). Beachte aber auch den Hinweis in den Materialien (BR-Drs. 720/07 S. 227 – Zu § 99 Abs. 3 BBG –): „Eine Erweiterung der Auskunfts- und Nachweispflichten" sei „mit der (gesetzgeberischen) Klarstellung nicht verbunden, weil lediglich auf die Nebentätigkeiten abgestellt wird, über die der Dienstherr ohnehin zu informieren ist". Die in der Literatur angesprochene Problematik ist damit freilich schon deswegen nicht erschöpft, weil sich eine Trennungslinie zwischen Freizeitverhalten (siehe Fn. 9, 74) und nur anzeigepflichtigen Nebenbeschäftigungen im Vergleich zu derjenigen zwischen Freizeitverhalten und genehmigungsbedürftigen Nebentätigkeiten naturgemäß nur schwerer ziehen lässt. Die Materialien relativieren die gesetzliche „Klarstellung" im Übrigen insofern, als sie äußern, dass „eine übermäßige Inanspruchnahme" auch verneint werden könne, wenn das „Hinzutreten einer nur geringfügigen genehmigungsfreien Nebentätigkeit ... zum Überschreiten der Fünftelgrenze führt".

[90] Vgl. Baßlsperger ZBR 2004, 369 (374); ferner Geis in GKÖD I (L) § 99 Rn. 61.

[91] Siehe auch insoweit Baßlsperger aaO (Fn. 90), der zutreffend darauf hinweist, dass Abweichungen „sowohl nach oben als auch nach unten" möglich sind. Bei unregelmäßiger zeitlicher Beanspruchung durch die Nebentätigkeit wird man, je nach den Umständen, auch auf den Monatsdurchschnitt abstellen können; vgl. schon Schnellenbach NVwZ 1985, 327 f. Zu anderen denkbaren zeitlichen Bezugsgrößen bei der Ermittlung des „Fünftels" (etwa ein Vierteljahr oder gar ein Jahr) BayVGH ZBR 1982, 119; zur fehlenden „Griffigkeit" der Fünftelvermutung bei gewerblicher Tätigkeit BW VGH DÖD 1988, 239.

[92] Da Hochschullehrer grundsätzlich nicht dem Arbeitszeitrecht unterliegen (vgl. § 132 Abs. 9 Satz 1 BBG), ist die Fünftelvermutung hier als solche ohne Belang (was allerdings nicht bedeutet, dass Hochschullehrer hinsichtlich ihrer nicht dem Hauptamt zuzurechnenden Aktivitäten eine zeitlich unbeschränkte Betätigungsfreiheit hätten, vgl. RP OVG DÖD 2012, 282, 283). Anders steht es bei Lehrern, bei denen das Regelstundenmaß für den Bereich, in dem sie nebenamtlichen Unterricht erteilen wollen, bestimmend ist; der Aufwand für Vor- und Nachbereitung ist zu berücksichtigen.

Nebentätigkeit außerhalb der Arbeitszeit ausgeübt werden soll.[93] Ist dem nicht so, so muss (bereits) die Genehmigung versagt werden, es sei denn, es besteht ein dringendes Interesse an der Übernahme der Nebentätigkeit[94] oder es liegt ein (anderer) „besonders begründeter (Ausnahme-)Fall" iSd § 101 Abs. 1 Satz 3 BBG vor, wie er etwa bei Prüfer- oder Gutachtertätigkeiten gegeben sein kann, an denen ein öffentliches Interesse besteht.[95] Es muss gewährleistet sein, dass die versäumte Arbeitszeit – nächstens – nachgeleistet wird (siehe auch insoweit § 101 Abs. 1 Satz 3 BBG). Bei der Zulassung einer „Ausnahme" handelt es sich um eine Ermessensentscheidung; so weit ein „öffentliches Interesse" reicht, kann dieses den Ermessensspielraum allerdings entsprechend einengen (ohne dass der Beamte im Streitfall mit Erfolg darauf rekurrieren könnte).

b) Widerstreit mit dienstlichen Pflichten

Bei § 99 Abs. 2 Satz 2 Nr. 2 BBG ist etwa an die Pflichten des Beamten zu denken, 19

- um die Erhaltung seiner Gesundheit bemüht zu sein,
- Amtsverschwiegenheit zu bewahren (siehe § 67 BBG)[96] und
- möglichst reibungslos und spannungsfrei mit Vorgesetzten und Mitarbeitern zu kooperieren.[97, 98]

Was die Pflicht zur „unparteiischen" und „uneigennützigen" Amtsführung (siehe § 60 Abs. 1 Satz 2 und § 61 Abs. 1 Satz 2 BBG) betrifft, so liegt es näher, (zumindest zunächst) auf die speziellen Tatbestände der Nrn. 3 und 4 des § 99 Abs. 2 Satz 2 BBG (siehe dazu Rn. 20 f.) abzustellen.[99]

c) Kollisionen mit der Behördenzuständigkeit und dem Gebot unparteiischer und unbefangener Amtsführung

Die Genehmigung ist gemäß § 99 Abs. 2 Satz 2 Nr. 3 und 4 BBG zu versagen, 20

---

[93] Zur Befürchtung, dass der stellvertretende Leiter eines Katasteramtes die Herstellung, den Verkauf und die Wartung von Computern – als beabsichtigte Nebentätigkeit – teilweise während der Arbeitszeit erledigen werde, vgl. RP OVG NVwZ-RR 2002, 860.

[94] Wie zB bei der Wahrnehmung von Aufgaben der Aus- und Fortbildung während der Arbeitszeit.

[95] Siehe BT-Drs. 10/2542 S. 15 (zu Art. 1 Nr. 1).

[96] NRW OVG 13.4.2016 – 6 A 881/15 –, BeckRS 2016, 44576 verharmlost die Gefahr, dass ein Kriminalbeamter, der im Rahmen eines sog „scripted-reality"-Formats, bei dem er außerhalb des gespielten, „fiktiven Hauptgeschehens" eingeblendet wird und informierende Kommentare abgibt, „besondere Einsatz- und Ermittlungstaktiken … (oder) auch bestimmte Führungs- und Einsatzmittel, die nicht allgemein bekannt werden sollten, öffentlich darstellen würde" (vgl. auch Fn. 122).

[97] Vgl. dazu BVerwG ZBR 1977, 27 (betr. Polizeibeamten als Fahrlehrer): Neid und Missgunst sowie andere (unsachlich motivierte) Unzufriedenheiten im Kollegenkreise als mögliche Spannungsursachen haben unberücksichtigt zu bleiben. Das Nebentätigkeitsrecht darf auch nicht dazu herhalten, die Interessenlage etwaiger privater Konkurrenten zu beeinflussen; siehe dazu auch BVerwG ZBR 1984, 125, ferner Fn. 105.

[98] Der legale Waffenhandel durch einen Polizeikommissar-Anwärter, der als Händler durch die insoweit zuständige Behörde zugelassen ist und dessen waffenrechtliche Zuverlässigkeit und persönliche Eignung zum Waffenhandel damit rechtsverbindlich bejaht worden sind, reicht für sich genommen nicht aus, ihn in einen Konflikt mit seinen dienstlichen Pflichten zu bringen (VG Göttingen 28.8.2013 – 1 A 82/12 –, BeckRS 2013, 55232).

[99] Siehe aber auch BVerwG NVwZ 2000, 1418 (betr. unzulässige Mitwirkung von Lehrern, die außerhalb des Dienstes Lehrmaterial entwickeln, an der Beschaffung eben dieses Lehrmaterials durch ihre Schule).

- wenn die Nebentätigkeit in einer Angelegenheit ausgeübt werden soll, in der die Beschäftigungsbehörde des Beamten tätig wird oder tätig werden kann,
  oder
- wenn sie die Unparteilichkeit oder Unbefangenheit des Beamten beeinflussen kann.[100]

Die Behörde[101] kann auch dann „tätig" werden, wenn (lediglich) die ernsthafte Möglichkeit vorhanden ist, dass sie (nur) verwaltungsintern mit der „Angelegenheit" befasst wird,[102] wenn sie also in der „Angelegenheit" keine Außenzuständigkeit innehat, die zu unmittelbarem Kontakt mit Bürgern führen kann.[103] Wenn der Beamte Leistungen für Dritte erbringt, die zu erbringen seine Beschäftigungsbehörde gleichfalls bereit und in der Lage wäre,[104] wenn er – anders ausgedrückt – in Konkurrenz zu seiner Beschäftigungsbehörde tritt, so bewegt er sich auch damit in deren Tätigkeitsbereich.[105] Der an zweiter Stelle angesprochene Versagungsgrund unterscheidet sich von den prozessualen Befangenheitsregelungen (§ 42 Abs. 2 ZPO, § 54 VwGO) darin, dass hier die (subjektive) Besorgnis der Parteilichkeit (Befangenheit) nicht genügt, sondern eine Beurteilung ausschließlich nach objektiven Gesichtspunkten vorzunehmen ist.[106] Auch insoweit hindert jedoch bereits die Möglichkeit künftiger Beeinflussung die Erteilung der Nebentätigkeitsgenehmigung, falls sie sich „konkret abzeichnet".[107]

21 Folgende Beispiele aus der Rechtsprechung[108] mögen insbesondere den Tatbestand des § 99 Abs. 2 Satz 2 Nr. 4 BBG veranschaulichen:

- Nach NRW OVG ZBR 1959, 186 kann ein Amtsarzt nicht mit Erfolg beanspruchen, dass ihm die Genehmigung zur Einrichtung einer Privatpraxis erteilt wird.

---

[100] Obwohl die gesetzliche Regelung stark generalisierend und typisierend weit in das Vorfeld möglicher Interessenkonflikte oder auch nur ihres Anscheins hinausgreift, hält sie sich angesichts der besonderen Bedeutung einer ungeteilten und zweifelsfreien Loyalität des Beamten noch im Rahmen des verfassungsrechtlich Zulässigen; vgl. Geis in GKÖD I (L) § 99 Rn. 65 sowie Lemhöfer in Plog/Wiedow BBG 2009 § 65 Rn. 18.

[101] Zu den Behörden iSd § 99 Abs. 2 Satz 2 Nr. 3 BBG gehören ua Einrichtungen im Hochschulbereich wie auch Krankenhäuser und Kliniken in der Trägerschaft der öffentlichen Hand; LSA OVG DÖV 2011, 120 (vgl. schon → § 4 Rn. 4).

[102] Geis aaO (Fn. 100).

[103] Beispiele speziell zu Nr. 3 aaO: die beabsichtigte Nebentätigkeit einer beurlaubten Rechtspflegerin in einem Notariat am Dienstort (NRW OVG RiA 1993, 151) sowie das Vorhaben eines Nachlassrichters, als Testamentsvollstrecker tätig zu werden (BW VGH NVwZ-RR 2003, 224).

[104] Siehe dazu auch MV OVG NordÖR 2009,40: Die Nebentätigkeit eines Beamten der Bundesagentur für Arbeit als arbeitsmarkt- und berufskundlicher Sachverständiger bei Sozialgerichten sei nicht genehmigungsfähig; die Bundesagentur gebe selbst in einschlägigen sozialgerichtlichen Verfahren im Wege der Amtshilfe Auskünfte zu Arbeitsmarktfragen und äußere sich in Gestalt „berufs- und wirtschaftskundlicher Gutachten", die ihre Mitarbeiter „im Rahmen ihres Hauptamtes" erstellten. Dazu auch Schnellenbach Konkurrenzen S. 99 sowie RP OVG ZBR 2012, 351 (Amtsarzt erstellt privat Gutachten für Pflegeversicherung).

[105] Vgl. BVerwG ZBR 1993, 149; siehe auch die schon in Fn. 83 angeführte Entscheidung BVerfG NVwZ-RR 2008, 74 sowie ferner LSA OVG DÖV 2011, 120 (LS) = juris Rn. 8 und BAG NZA 2010, 693 (zum unmittelbaren Wettbewerb als Grund für die Untersagung einer Nebentätigkeit mit der Klarstellung, dass „bloße Hilfstätigkeiten ohne Wettbewerbsbezug" tolerabel seien).

[106] Geis in GKÖD I (L) § 99 Rn. 66. Siehe auch BVerfG NordÖR 2007, 406: Könne im Zusammenhang mit der Nebentätigkeit eines Beamten (im Ausgangsfall: einer kommerziellen Buchveröffentlichung eines Staatsanwaltes) „in den Augen der Öffentlichkeit" der Eindruck einer „Befangenheit" entstehen, so gehe es nicht an, bei der Folgenabwägung im Rahmen eines Verfahrens nach § 32 BVerfGG auf „die Vertretungsregelungen" zu rekurrieren, um die „Folgen" zu „mindern"; der Beamte habe seine Amtspflichten „zuvörderst selbst wahrzunehmen".

[107] Beispielsfälle dazu unter → Rn. 21.

[108] Siehe auch H.Günther DÖD 1988, 78 (88); ders. ZBR 1989, 164.

- RP OVG ZBR 2012, 351[109] hält es für rechtsfehlerfrei, die Genehmigung der Nebentätigkeit eines beamteten Arztes des Gesundheitsamtes als Gutachter für die private Pflegeversicherung auf Personen mit Wohnort außerhalb des räumlichen Zuständigkeitsbereichs seiner Beschäftigungsbehörde zu beschränken.
- BW VGH ESVGH 33, 211 = ZBR 1984, 314 (LS) vertritt die Ansicht, dass die Nebentätigkeit eines im Streifen- und Bezirksdienst eingesetzten Polizeivollzugsbeamten als Fahrer bei einem Omnibusunternehmen zur Beförderung behinderter Sonderschulkinder nicht die Besorgnis einer Beeinträchtigung seiner Unparteilichkeit oder Unbefangenheit begründe, sofern sie im Umfang von bis zu zehn Tagen im Monat über je etwa eine Stunde gegen pauschalierte Aufwandsentschädigung ausgeübt werde.[110] Anders liegt es RP OVG ZBR 1993, 340 und DÖD 1983, 257 zufolge, wenn ein Polizeivollzugsbeamter in der Freizeit gegen Vergütung in seinem Dienstbezirk eine Kontrolltätigkeit als Mitarbeiter im Rundfunkgebührenwesen wahrnehmen oder wenn er dort gelegene Objekte bewachen will. Hier sind im ersten Fall (unter anderem) der Versagungsgrund der Nr. 3 aaO, im zweiten Fall derjenige der Nr. 4 aaO erfüllt.[111] Der Bayerische Verwaltungsgerichtshof[112] hat dafür gehalten, dass einem Polizeibeamten der Verkehrspolizei die Genehmigung zur Nebentätigkeit als Taxifahrer grundsätzlich versagt werden müsse. Hingegen hat das Oberverwaltungsgericht Berlin[113] gemeint, dass ein in Berlin im Tagesdienst eingesetzter Polizeioberkommissar Anspruch auf Genehmigung einer Nebentätigkeit als Fahrlehrer habe: Die Wahrscheinlichkeit, dass der Beamte einmal in Ausübung seines Dienstes als Ermittler in Verkehrsstrafsachen auf einen seiner ehemalige Fahrschüler stoße, sei in einer Millionenstadt als „überaus gering" einzuschätzen.[114]
- Der Aspekt der „Unparteilichkeit oder Unbefangenheit" trägt nach BW VGH DÖD 1985, 205 (neben anderem) die Feststellung, dass eine im Stadtgebiet ausgeübte Nebentätigkeit als Vermesser bei einem im Stadtplanungsamt beschäftigten (beamteten) Vermessungsingenieur „dienstlichen Belangen zuwiderläuft".[115]
- In Bezug auf die Nebentätigkeit des auch dienstlich mit Fragen des Kommunalabgabenrechts befassten geschäftsführenden Beamten einer Verbandsgemeinde als Rechtsberater auf dem Gebiet des Erschließungs- und Ausbaubeitragsrechts hat RP OVG AS 18, 105 die Gefahr einer Beeinträchtigung der Unparteilichkeit und/oder Unbefangenheit angenommen.[116]
- Ein der Staatsanwaltschaft angehörender Rechtspfleger durfte – wie BW VGH DÖD 1988, 239 gemeint hat – gewerblich auf Märkten und Messen, die „fast ausschließlich

[109] = BecksRS 2011, 55159.

[110] Zur zulässigen Beschäftigung eines Triebwagenführers als Busfahrer BW VGH ZBR 1992, 183. Vgl. auch BayVGH BayVBl. 1974, 498 (zum Betreiben eines Taxiunternehmens durch einen Referendar).

[111] Siehe auch BVerwG ZBR 1992, 375 (zur Unzulässigkeit der Nebentätigkeit eines Polizeibeamten als Warenhausdetektiv); vgl. ferner SH OVG ZBR 1992, 95.

[112] 14.6.1989 – 3 B 89.00794 –, abgedr. bei Schütz/Maiwald BR ES/B I 2.6 Nr. 7.

[113] 14.3.1989 – 4 B 31.88 –, abgedr. bei Schütz/Maiwald BR ES/B I 2.6 Nr. 11.

[114] Siehe in diesem Zusammenhang H.Günther DÖD 1988, 78 (87) sowie BVerwGE 31, 241 und BVerwG ZBR 1977, 37, ferner zur Abgrenzung NdsOVG ZBR 1972, 312.

[115] Gleich zu beurteilen ist die Fertigung von Bauvorlagen durch einen Beamten, dessen Beschäftigungsdienststelle für die bauaufsichtliche Bearbeitung der betreffenden Angelegenheit zuständig ist; siehe hierzu BW VGH ZBR 1979, 289. Weiterführender Hinweis auf BayVGH ZBR 2010, 483: Ein Ingenieur, der bei einem TÜV als Leiter eines Referates „Brand- und Objektschutz" angestellt sei, könne daneben nicht eine Tätigkeit als (eigenverantwortlicher und unabhängiger) Prüfsachverständiger für Brandschutz nach den Vorschriften der bayerischen Sachverständigenverordnung Bau und des Bayerischen Ingenieurkammergesetzes ausüben.

[116] Nichts anderes gilt im Ergebnis für einen (beamteten) Lehrer an einer Fachhochschule für Sozialwesen, der Sozialhilfeinteressenten beraten will; BW VGH VBlBW 1980, 116.

nicht in der näheren Umgebung“ seines Dienstortes stattfanden, Liebhaberfahrzeugteile an- und (nach Bearbeitung) verkaufen, ohne dass seine Unparteilichkeit oder Unbefangenheit dadurch hätte beeinflusst werden können. Freiwillige Versteigerungen außerhalb des Dienstes betrachtet RP OVG DÖD 1984, 149 als mit dem Dienst eines Amtsanwalts vereinbar.

- Das Bundesverwaltungsgericht[117] hat entschieden, dass ein Umsatzsteuerprüfer bei einem Finanzamt keiner Beschäftigung als Berater in der Lohnsteuerhilfe nachgehen dürfe.[118] MV OVG DVBl 2005, 324 befindet sich auf der gleichen Linie: Ein Vollstreckungsbeamter eines Finanzamtes könne nicht eine Nebentätigkeit als Immobilienmakler ausüben. BayVGH ZBR 2006, 195 hält auch die Mitarbeit eines Finanzbeamten in einer auf die Gebiete des öffentlichen Rechts und des Zivilrechts spezialisierten Anwaltskanzlei für nicht statthaft.
- Zuletzt ist auf einen Beschluss des Bayerischen Verwaltungsgerichtshofes[119] hinzuweisen. Ein (Berufsschul-)Lehrer darf danach Schülern von Klassen, in denen er selbst unterrichtet, sowie Schülern, an deren Prüfungen er teilzunehmen hat, keinen Privatunterricht erteilen; soweit er aber Praktikanten und Beschäftigte, die (anders als Auszubildende und Umschüler) nicht berufsschul- und prüfungspflichtig sind, privat unterrichtet, ist eine solche Nebentätigkeit genehmigungsfähig.

d) Wesentliche Einschränkungen der künftigen dienstlichen Verwendbarkeit

22 Eine beabsichtigte Nebentätigkeit darf nicht bewirken, dass die Verwendungsbreite des Beamten innerhalb seiner Laufbahn wesentlich eingeschränkt wird.[120] Dies ist aber mindestens der Fall, wenn die Nebentätigkeit eine Angelegenheit betrifft, mit der eine Behörde befasst werden kann, die als künftige Beschäftigungsbehörde des Beamten ernstlich in Betracht kommt, weil dieser – sei es im Interesse der Fortbildung, sei es aus sonstigen dienstlichen oder persönlichen Gründen – in absehbarer Zeit mit einiger Wahrscheinlichkeit dorthin versetzt oder abgeordnet werden könnte. Insofern stellt sich § 99 Abs. 2 Satz 2 Nr. 5 BBG als eine Ergänzung zur Katalog-Nr. 3 dar, durch die die Möglichkeit einer behördeninternen Umsetzung abgedeckt ist. Eventuell ist hier jedoch an die Erteilung einer Nebentätigkeitsgenehmigung unter einer auflösenden Bedingung zu denken.

e) Beeinträchtigung des Ansehens der öffentlichen Verwaltung

23 Der Versagungsgrund des § 99 Abs. 2 Satz 2 Nr. 6 BBG ist im Kontext zu § 61 Abs. 1 Satz 3 BBG (siehe auch § 34 Satz 3 BeamtStG) zu betrachten.[121] Danach muss das Verhalten der Beamten auch außerhalb des Dienstes „der Achtung und dem Vertrauen

---

[117] BVerwGE 60, 254.

[118] Siehe ferner BVerwGE 84, 299 (302); 84, 194 (201); 91, 57 (69 f.); 102, 326 (328 ff.): Der Beamte dürfe sich nicht wirtschaftlich von Einkünften abhängig machen, die ihm aus Tätigkeiten zuflössen, welche er auf Veranlassung von Betroffenen oder Interessenten ausübe. Vgl. auch Lemhöfer in Plog/Wiedow BBG 2009 § 65 Rn. 19, wo dieser Gedanke auf die Mitwirkung von Beamten oder Richtern an Verfahren der (außergerichtlichen) Streitbeilegung übertragen wird (dazu Fn. 130).

[119] 12.6.1990 – 3 CE 90.00419 –, abgedr. bei Schütz/Maiwald BR ES/B I 2.6 Nr. 12.

[120] Siehe BVerwGE 60, 254 (261); 67, 287 (299 f.). Die Fürsorge- und Schutzpflicht des Dienstherrn geht nicht so weit, dass er etwaigen Nebentätigkeits- und (damit verbundenen) Nebenverdienstwünschen des Beamten durch entsprechende personelle Entscheidungen Rechnung tragen müsste, die auf eine Einschränkung der (konkreten) Verwendungsbreite hinauslaufen würden; vgl. Baßlsperger ZBR 2004, 369 (376).

[121] Geis in GKÖD I L § 99 Rn. 69.

gerecht werden, die ihr Beruf erfordert". Als Beispielsfälle, in denen die Rechtsprechung eine Ansehensbeeinträchtigung angenommen hat,[122] sind zu nennen[123]

- der Betrieb einer Videothek mit vornehmlich gewaltverherrlichenden und pornographischen Filmen durch einen Strafvollzugsbeamten,[124]
- die Tätigkeit eines Polizeibeamten als Zwangsverwalter einer Diskothek, gegen deren Betreiber polizeilich ermittelt wird,[125]
- die Nebentätigkeiten eines nahezu zwei Jahre krankheitshalber dem Dienst ferngebliebenen Polizeivollzugsbeamten als Autohändler[126] und einer seit mehreren Monaten wegen einer psychischen Erkrankung dienstunfähigen Polizeikommissarin als Sängerin in einer Band[127] sowie
- die Tätigkeit eines unter anderem wegen einer Trunkenheitsfahrt mit Geschwindigkeitsüberschreitung vorläufig des Dienstes enthobenen Polizeibeamten als Busfahrer eines Reiseunternehmens.[128]

Zum Vergleich ein Fall aus dem Richterrecht:[129] Die Mitarbeit eines Verwaltungsrichters in einem privaten Repetitorium schadet nicht der wohlverstandenen Reputation der

---

[122] Nach NRW OVG 13.4.2016 – 6 A 881/15 –, BeckRS 2016, 44576 ist eine Ansehensbeeinträchtigung nicht zu befürchten, wenn ein Polizeibeamter, dessen Name und Amtsbezeichnung in einer Fernsehsendung eingeblendet werden, im Zusammenhang mit den dargestellten „fiktiven Geschehensabläufen" vor der Kamera kriminalpräventive Kommentare und Ratschläge gibt, sofern seine Auftritte vom „fiktiven Hauptgeschehen abgesetzt" sind. Siehe aber auch Fn. 96 und 256.

[123] Vgl. auch Geis in GKÖD I (L) § 99 Rn. 70: Es sei kaum mehr „zeitgemäß", für den Ansehensverlust relevante Abstufungen zwischen „höheren" und „niederen" Arbeiten vorzunehmen. Baßlsperger ZBR 2004, 369 (376) hält es für „kaum mehr vertretbar", dass etwa die Taxifahrertätigkeit selbst eines Beamten des gehobenen oder höheren Dienstes „als reine Zubrottätigkeit" für ansehensschädigend gehalten würde.

[124] VG Hannover NJW 1988, 1162. Zur ansehensschädigenden Tätigkeit einer nach außen hin aus dem Impressum und den Allgemeinen Geschäftsbedingungen ohne Weiteres erkennbaren Justizvollzugsbeamtin als Betreiberin einer erotischen Internet-Plattform, siehe VG Aachen 27.4.2015 – 1 K 908/14 –, IÖD 2015,149 = juris Rn. 23 f.

[125] RP OVG NVwZ-RR 1998, 248.

[126] RP OVG, zit. nach Baßlsperger ZBR 2004, 369 (377 Anm. 97). Siehe aber auch BVerfG NVwZ 2003, 1504 (betr. Tätigkeit eines Polizeiobermeisters als Geschäftsführer im Transportunternehmen seiner Ehefrau ohne Genehmigung und trotz gerichtlich bestätigten Verbotes einer Fortsetzung dieser Tätigkeit seitens des Dienstherrn): Zur Annahme einer Ansehensschädigung mit der Begründung, in der „Öffentlichkeit" müsse der Eindruck entstehen,
- dass sich der Beamte „über Anordnungen seines Dienstvorgesetzten und selbst über gerichtliche Entscheidungen" hinwegsetze,
- während es dem Dienstherrn nicht gelinge, ihn „davon abzuhalten, sein privates wirtschaftliches Interesse an einer lukrativen Tätigkeit über die Pflicht zur Befolgung dienstlicher Anordnungen zu stellen",

bedürfe es „konkreter Feststellungen" dazu, ob das Verhalten des Beamten „überhaupt öffentlich bekannt geworden ist".

[127] NRW OVG NJW 2011, 796.

[128] NRW OVG ZfS 2011, 656. Vgl. auch Fn. 85.

[129] VG Koblenz DÖD 1986, 45. AA das dazu ergangene Berufungsurteil RP OVG NJW 1986, 2723 mit der Begründung, der Richter problematisiere „in den Augen eines unbefangenen Beobachters" durch seine Mitarbeit in einem privaten Repetitorium den von seinem Dienstherrn erhobenen Anspruch, eine den Anforderungen des zweiten Staatsexamens gerecht werdende Referendarausbildung zu betreiben. BVerwGE 78, 211 verneint in seinem Revisionsurteil den Versagungstatbestand der „Ansehensbeeinträchtigung": Die staatliche Referendarausbildung beanspruche nicht, ohne zusätzliche eigene Examensvorbereitung bestmöglich auf die zweite juristische Staatsprüfung vorzubereiten. Im Gegenteil sei eine ergänzende Aus- und Fortbildung nicht nur zulässig, sondern geboten. Wenn Referendare sich dabei durch private Lehr- und Übungsveranstaltungen unterstützen ließen, werde „dadurch eine dem eigenen Anspruch genügende Qualität der Ausbildung im staatlichen Vorbereitungsdienst nicht in Frage gestellt".

Verwaltungsgerichtsbarkeit. Eine Beeinträchtigung des Ansehens der öffentlichen Verwaltung lässt sich namentlich nicht mit dem Hinweis begründen, es könne der Öffentlichkeit bekannt werden, dass der Richter bzw. der Beamte durch seine Nebentätigkeit zusätzliche Einnahmen erziele. Auch die Öffentlichkeit hat zu respektieren, dass dem Richter bzw. dem Beamten entgeltliche Nebentätigkeiten gestattet sind, soweit und solange sie die dienstliche Interessensphäre unberührt lassen.[130]

24 Die Höhe einer Vergütung, soweit sie sich in den – unter anderem durch §§ 134, 138 BGB markierten – Grenzen des rechtlich Zulässigen hält, gibt, isoliert gesehen, noch nichts für eine Ansehensbeeinträchtigung her, die rechtliche Beachtung verdienen würde. Honorarvergleichen etwa mit anwaltlichen Einkünften und ihrer wirtschaftlichen Bedeutung im Rahmen einer Mischkalkulation ist auch dann mit Vorsicht zu begegnen, wenn die Honorarhöhe unter Orientierung an anwaltlichen Gegenstandswerten und Anwaltsgebühren festgelegt worden ist.[131]

f) Ausübung eines Zweitberufs (§ 99 Abs. 2 Satz 3 BBG)

25 Dieser „weitere“ Versagungsgrund soll den Materialien[132] zufolge verhindern, „dass der Beamte sich mit der beantragten Nebentätigkeit, auch ohne dass diese den Rahmen eines Fünftels der regelmäßigen wöchentlichen Arbeitszeit überschreitet, ... allmählich einen Zweitberuf aufbaut“. Zwischen Begründung und Gesetzestext besteht insofern eine Diskrepanz, als erstere auf den „allmählichen“ Aufbau, letzterer aber auf die „Ausübung“ eines Zweitberufs abhebt. Meinungsverschiedenheiten darüber, wann ein „Zweitberuf“ vorliegt, sind kaum zu vermeiden. Beweisschwierigkeiten im Zusammenhang mit einer Anwendung der sog Fünftelvermutung wird man durch einen Rekurs auf § 99 Abs. 2 Satz 3 BBG nur selten aus dem Wege gehen können; sie werden angesichts der Notwendigkeit, die tatsächlichen Grundlagen für die Annahme eines „Zweiberufs“ zulänglich zu klären, in nur leicht verändertem Gewand erneut auftreten,[133] und zwar nunmehr unter Umständen noch dadurch unnötig zugespitzt, dass der Begriff „Zweitberuf“ selbst schon wenig konturiert ist.[134]

---

[130] BVerwG ZBR 1977, 27 (28 f.). Zur Schlichtertätigkeit von Richtern BVerwGE 67, 287, zur Schiedsrichtertätigkeit von Richtern Coeppicus ZPR 1995, 203 und Meyer ter Vehn ZRP 1996, 244.

[131] Siehe aber auch Lemhöfer in Plog/Wiedow BBG 2009 § 65 Rn. 21 a. Zu dem – auch in Bezug auf die politische (Un-)Moral lehrreichen – Fall des früheren Präsidenten des OLG Frankfurt und des Hessischen Staatsgerichtshofes Henrichs siehe Baßlsperger ZBR 2004, 369 (376 f.), Rudolph NJW 1997, 2928 und Schnellenbach ZBR 1998, 223 (228).

[132] BT-Drs. 13/8079 S. 18 (Zu Art. 2 Nr. 1 – § 65 BBG –).

[133] Kritik fordert auch die Wortfolge „in der Regel“ heraus. Wenn man – wie in den Materialien geschehen – mit der Hauptberuflichkeit als „hergebrachtem Grundsatz“ argumentiert, so ist es unerfindlich, wie ein *irregulärer* Fall beschaffen sein sollte. Es lässt sich mutmaßen, dass die zitierte Wortfolge schlicht aus der im Gesetzestext folgenden Fünftelvermutung übernommen worden ist (wo sie Sinn macht(!)).

[134] Kritik auch bei Geis in GKÖD I (L) § 99 Rn. 72 ff. mit Hinweis ua auf Lemhöfer in Plog/Wiedow BBG 2009 § 65 Rn. 21b; im Ergebnis hingegen anscheinend keine Bedenken bei Battis BBG § 99 Rn. 16. Baßlsperger ZBR 2004, 369 (377) lehnt die „Zweitberufsklausel“ auch deswegen ab, weil ihr „alleiniges oder vordringliches Motiv“ arbeitsmarktpolitischer Natur sei (siehe dazu schon → Rn. 13 f.). Aus der Rechtsprechung zur „Zweitberufsklausel“: Nach BW VGH VBlBW 2014, 298 ist auf die gesamte – ggf. teilweise auch nur anzeigepflichtige – (neben)erwerbswirtschaftliche Betätigung des Beamten abzustellen. Im Sinne der Annahme eines Zweitberufs im Falle eines Zollbeamten in Bezug auf dessen Tätigkeit als selbstständiger regionaler Sensationsberichterstatter BayVGH 5.8.2013 – 6 CE 13.1269 –, juris Rn. 20.

g) Überschreitung einer Vergütungsgrenze (§ 99 Abs. 3 Satz 3 BBG)

Soweit der Gesamtbetrag der Vergütung für eine oder mehrere (genehmigungs- oder anzeigepflichtige[135]) Nebentätigkeiten 40 v. H. des jährlichen Endgrundgehaltes[136] des vom Beamten innegehaltenen Hauptamtes übersteigt, ist die Genehmigung zu versagen. Die Dienstbehörde kann hiervon gemäß § 99 Abs. 3 Satz 4 BBG allerdings Ausnahmen zulassen, 26

- wenn der Beamte „durch Angabe bestimmter Tatsachen“ nachweist, dass die zeitliche Beanspruchung ein Fünftel der regelmäßigen wöchentlichen Arbeitszeit nicht übersteigt oder
- wenn die Versagung unter Berücksichtigung der Umstände des Einzelfalles „nicht angemessen“ wäre.[137]

Das Bundesverwaltungsgericht[138] hat zu § 7h Abs. 1 Satz 1 Nr. 2 und § 7i HRiG die Ansicht vertreten: Es sei insbesondere mit Art. 2 Abs. 1 und Art. 12 Abs. 1 GG vereinbar, dass eine Nebentätigkeitsgenehmigung kraft Gesetzes zu versagen sei, falls eine Vergütungsgrenze von 30 v. H. eines Richtergrundgehaltes der Besoldungsgruppe R 2 im Kalenderjahr überschritten werde, sofern die entsprechende Regelung „mit einer Härte- oder Billigkeitsregelung einhergeht“.[139] Zu den Ausnahmemöglichkeiten bemerkt der Gesetzentwurf der Bundesregierung:[140] Eine „Rechtfertigung“ für eine derartige Ausnahme von der Vergütungsobergrenze sei zB „im Fall des traditionell aus übergeordneten dienstlichen Gründen gewährten[141] privaten Liquidationsrechts für ärztliche und zahnärztliche Nebentätigkeiten beamteter Krankenhausärzte gegeben“.[142] Wie schon die sog Fünftelvermutung[143] sei auch § 99 Abs. 3 Satz 3 BBG auf Hochschullehrer nicht anwendbar.[144]

---

135 In den Materialien (BR-Drs. 720/07 S. 227 – Zu § 99 Abs. 3 BBG –) ist dazu erläutert: „Bei der Frage des Überschreitens der Vergütungsgrenze“ komme eine Differenzierung zwischen genehmigungs- und anzeigepflichtigen Nebentätigkeiten „ohnehin nicht in Betracht“; sie könne „allenfalls bei der Berücksichtigung der Umstände des Einzelfalles in der zweiten Alternative des Satzes 4 einfließen“.

136 Falls sich die während eines Jahres gezahlte pauschale Vergütung auf eine längerfristige Nebentätigkeit bezieht, ist ihre Umrechnung auf die infrage stehenden Jahre geboten; Battis BBG § 99 Rn. 18.

137 Siehe dazu auch Fn. 135.

138 BVerwGE 124, 347.

139 In den Entscheidungsgründen ist ausgeführt: Der Landesgesetzgeber habe dem Eindruck entgegenwirken wollen, „Richter könnten Nebentätigkeiten einen dem Hauptamt vergleichbaren Stellenwert einräumen oder in wirtschaftliche Abhängigkeit von hohen Nebeneinkünften geraten“. Er habe die jährliche Vergütungsgrenze „als geeignetes und erforderliches Mittel angesehen, um den Anschein zu vermeiden, Richter könnten ihr Hauptamt wegen der Möglichkeiten vernachlässigen, durch Nebentätigkeiten hohe Zusatzeinkünfte zu erzielen“. Auf diese Weise solle „das Ansehen der Justiz sowie das Vertrauen der Öffentlichkeit in deren Integrität und Funktionsfähigkeit“ gewährleistet werden. Es liege nicht fern, „dass die uneingeschränkte Möglichkeit, Nebentätigkeiten auszuüben und dadurch neben der ungekürzten Besoldung in nicht limitiertem Maße Vergütungen zu beziehen, geeignet ist, die dienstlichen Leistungen im Hauptamt und damit das Interesse des Staates und seiner Bürger ernsthaft zu gefährden“. Zum „Hintergrund“ der hessischen Regelung siehe schon die Nachweise in Fn. 131.

140 BR-Drs. 720/07 S. 226 (Zu § 99 Abs. 3 BBG).

141 Siehe dazu aber auch H.Günther ZBR 1986, 97 (111).

142 Hinweis auf § 12 BNT.

143 Siehe Fn. 92.

144 BR-Drs. 720/07 S. 227 (Zu § 99 Abs. 3 BBG).

3. Inanspruchnahme von Einrichtungen, Personal und Material des Dienstherrn

27 Bei der Ausübung von Nebentätigkeiten darf der Beamte Einrichtungen,[145] Personal oder Material[146] des Dienstherrn nur bei Vorliegen eines öffentlichen oder wissenschaftlichen Interesses mit dessen Genehmigung[147] und gegen Entrichtung eines angemessenen Entgelts in Anspruch nehmen (§ 101 Abs. 2 Satz 1 BBG). Das Entgelt hat sich nach den dem Dienstherrn erwachsenden Kosten zu bemessen und muss den besonderen Vorteil berücksichtigen, der dem Beamten durch die Inanspruchnahme entsteht (§ 101 Abs. 2 Satz 2 BBG). Es kann – durch Verwaltungsakt[148] – pauschaliert in einem Prozentsatz des aus der Nebentätigkeit erzielten Bruttoeinkommens[149] festgelegt werden[150] und bei unentgeltlich ausgeübter Nebentätigkeit entfallen (siehe § 104 Satz 2 Nr. 3 Hs. 2 BBG). Für frühere Abrechnungszeiträume darf es grundsätzlich nicht erhöht werden;[151] ein Vertrauen darauf, dass die entsprechenden finanziellen Belastungen nach Erteilung der Nebentätigkeitsgenehmigung bzw. nach Einräumung der Berechtigung – für die Zukunft – nicht mehr erhöht würden, ist aber nicht geschützt.[152] Im Nutzungsentgelt verbinden sich Ausgleichs- und Aufwendungsersatzfunktion miteinander.[153] Auch bei atypischen Nebentätigkeiten, die – wie im Falle leitender Klinikärzte mit eigenem Liquidationsrecht – mit dem Hauptamt eng verzahnt sind, gebietet Art. 33 Abs. 5 GG nicht, dass der Dienstherr dem Beamten die aus den Nebentätigkeiten erzielten Einkünfte zum überwiegenden Teil belassen müsste, wenn sich dieser der Sachausstattung oder des Personals des Dienstherrn bedient.[154] Da das Nutzungsentgelt der Finanzierung allgemeiner oder besonderer Aufgaben des Dienstherrn dient, ist es keine „Abgabe“ iSd § 80 Abs. 2 Satz 1 Nr. 1 VwGO.[155]

---

[145] Unter diesen Begriff fallen in erster Linie die Diensträume und deren Ausstattung mit Ausnahme von Bibliotheken; siehe § 9 Abs. 2 Satz 1 BNV.

[146] Hierunter sind die verbrauchbaren Sachen und die Energie zu subsumieren; siehe § 9 Abs. 2 Satz 2 BNT.

[147] Auf die Erteilung der Genehmigung (§ 9 Abs. 1 BNT) besteht kein Rechtsanspruch; vgl. NRW OVG DÖV 1961, 193.

[148] Vgl. ThürOVG ThürVBl. 2010, 142.

[149] Die vom Beamten vereinnahmte Mehrwertsteuer darf mithin in die Berechnung des Nutzungsentgelts einbezogen werden; BVerwGE 87, 1.

[150] Zur Zulässigkeit einer Pauschalierung (siehe §§ 10ff. BNT) vgl. BVerfGE 76, 256, außerdem BVerwGE 76, 256 (speziell zur Einbeziehung von Sachkosten) sowie BVerwG ZBR 1978, 201, ZBR 1978, 397 und ZBR 1987, 339. Siehe ferner BVerwGE 130, 252: Beamtete Chefärzte, denen eine persönliche Behandlung von Privatpatienten mit Mitteln des Krankenhauses gestattet sei, hätten als Nutzungsentgelt – zusätzlich zum Ausgleich nicht pflegesatzfähiger Kosten – einen angemessenen Vorteilsausgleich zu entrichten; 20 v. H. der aus der Nebentätigkeit erzielten Bruttoeinnahmen eines beamteten Chefarztes an einer Universitätsklinik seien hier angesichts der wirtschaftlichen Vorteile „sachlich gerechtfertigt und zumutbar“.

[151] BVerwG NVwZ-RR 2003, 515 mwN.

[152] BVerfG NVwZ-RR 2007, 185; vgl. auch BVerwGE 130, 252.

[153] Vgl. dazu BVerwG Buchholz 237.7 § 75 LBG NW Nr. 1, NJW 1974, 1440, ZBR 1979, 21 und DVBl 1991, 634.

[154] BVerfG NVwZ-RR 2007, 185. Siehe auch NRW OVG 27.8.2015 – 6 A 2632/14 –, juris Rn. 4, 7 und 17 betr. unzulässige Inanspruchnahme des als Universitätsprofessor in einem Beamtenverhältnis stehenden Leiters des Zentrallabors seitens des Universitätsklinikums auf Abgabe der Hälfte seiner Liquidationserlöse.

[155] NRW OVG ZBR 1986, 172. Siehe auch → Rn. 47, 51.

4. Nebenbestimmungen zur Genehmigung

Die Genehmigung ist auf längstens fünf Jahre zu befristen; sie kann mit Auflagen und Bedingungen versehen werden (§ 99 Abs. 4 Satz 1 und 2 BBG). Mit der Befristung soll erreicht werden, dass die zuständige Behörde (§ 99 Abs. 5 Satz 1 und 2 BBG) länger andauernde Nebentätigkeiten regelmäßig auf ihre Vereinbarkeit mit dem Beamtenrecht prüft. Die Genehmigung unter eine – auflösende – Bedingung (siehe § 36 Abs. 2 Nr. 2 VwVfG) zu stellen, kann sich zB anbieten, falls es sich bei Genehmigungserteilung schon absehen lässt, *dass* – aber *nicht wann* – sich der dienstliche Aufgabenkreis des Beamten in einer Weise ändert, die auf die Zulässigkeit der Nebentätigkeit zurückwirkt.[156] Inhaltliche Beschränkungen, die sich bereits unmittelbar aus gesetzlichen Vorschriften ergeben und in der Genehmigung nur wiederholt werden, sind keine Bedingungen. Eine Auflage (siehe § 36 Abs. 2 Nr. 4 VwVfG) ist etwa dann in Betracht zu ziehen, wenn die Nebentätigkeit nur mit räumlichen und/oder zeitlichen Einschränkungen genehmigungsfähig erscheint,[157] ohne dass die rechtliche Möglichkeit einer Teilgenehmigung gegeben wäre. Auch insofern ist zu beachten, dass Hinweise auf gesetzliche Verpflichtungen keine rechtlich beachtliche Nebenbestimmung sind. In keinem Fall kann sich die zuständige Behörde mit Nebenbestimmungen zufrieden geben, solange zwingende Genehmigungserfordernisse noch nicht erfüllt sind. 28

5. Nachweis- und Anzeigepflicht

Der Beamte, der eine Nebentätigkeitsgenehmigung – schriftlich (§ 99 Abs. 5 Satz 3 BBG) – beantragt, hat dabei die für die Entscheidung erforderlichen Nachweise zu führen, insbesondere über Art und Umfang der Nebentätigkeit sowie die Entgelte und geldwerten Vorteile hieraus (§ 99 Abs. 5 Satz 4 BBG). Genügt er seiner Mitwirkungspflicht nicht, so gehen Zweifel, die infolgedessen verbleiben, zu seinen Lasten.[158] Jede Änderung hat der Beamte unverzüglich – schriftlich – anzuzeigen (§ 99 Abs. 5 Satz 5 BBG). 29

Die Ausweitung der Nachweis- und Anzeigepflicht auf Entgelte und geldwerte Vorteile ist nicht von vornherein unbedenklich.[159] Dass sie nachhaltig zur vorbeugenden Bekämpfung von Korruption beitragen könnte,[160] ist eine Annahme, die auf eine gewisse Arglosigkeit schließen lässt: Wer in Bezug auf sein Amt geldwerte Vorteile fordert, sich versprechen lässt oder annimmt (siehe § 71 Abs. 1 BBG), wird dies fraglos nicht über eine genehmigungsbedürftige Nebentätigkeit ins Werk setzen. Die Höhe des Entgelts oder das Maß der geldwerten Vorteile, die aus einer oder mehrerer Nebentätigkeiten erzielt werden (sollen), stellen allerdings inzwischen für den Fall einen Versagungsgrund dar, dass sie insgesamt die in § 99 Abs. 3 Satz 3 BBG festgelegte 40 %-Grenze überschreiten; davon abgesehen, können sie allenfalls insofern von rechtlicher Bedeutung sein, als sie womöglich Schlüsse auf Tatbestandsmerkmale zulassen, die im Versagungskatalog im Übrigen genannt sind. Insbesondere bei wissenschaftlichen Tätigkeiten – auch außerhalb des Hochschulbereichs – ist freilich ins Kalkül zu ziehen, dass die Vergütungshöhe keineswegs in einem festen, im Voraus bestimmbaren Verhältnis zum erforderlichen 30

[156] Siehe schon Fn. 121.
[157] Siehe schon BVerwGE 31, 241 (247 f.).
[158] RP OVG NVwZ-RR 1998, 248.
[159] Siehe dazu Battis BBG § 99 Rn. 19 f. mwN.
[160] Siehe BT-Drs. 13/64240 S. 12.

Arbeits- und Zeitaufwand stehen muss.[161] Nicht zu folgen ist Battis[162], der meint, von der Mitwirkungspflicht des Beamten würden „auch Auskünfte über den zeitlichen Umfang sonstiger, nicht unter §§ 99, 100 (BBG) fallender Freizeitbeschäftigungen, zB sportliche(r), partei- oder gewerkschaftspolitische(r) Betätigungen" erfasst, „soweit andernfalls der Gesamtumfang der Belastung des Beamten nicht sachgerecht beurteilt werden kann". Ein entsprechendes Auskunftsgebot liefe darauf hinaus, dass der Beamte, nur weil er eine Nebentätigkeit ausüben will, unter Umständen Sachverhalte offenbaren müsste, die er gegenüber seinem Dienstherrn sonst nicht offen legen muss; zum anderen entfällt die Möglichkeit jeglicher fundierter Grenzziehung, wenn die Orientierung an den §§ 99 und 100 BBG zur Disposition gestellt wird. Der Beamte, der sicher gehen will, keine Pflicht zu verletzen, müsste vorsorglich seinen gesamten gängigen Tagesablauf mit allen typischen Varianten darstellen. Dass Battis[163] hinzufügt, die Mitwirkung dürfe nicht zur „unzulässigen Ausforschung der Privatsphäre" des Beamten missbraucht werden, hilft nicht nennenswert weiter. Der Beamte müsste nämlich zunächst einmal von sich aus die „erforderlichen Nachweise" führen und dürfte vorsichtshalber, um künftigen Schwierigkeiten zu entgehen, nur diejenigen Aspekte seiner „Privatsphäre" für sich behalten, die ersichtlich in *keiner* Beziehung „belastend" sind (oder aus der Sicht des Dienstherrn „belastend" sein könnten).

IV. Genehmigungsfreie Nebentätigkeiten bei Bundesbeamten

31 Der Katalog der genehmigungsfreien Nebentätigkeiten (§ 100 Abs. 1 BBG) ist abschließend; dies stellt § 99 Abs. 1 Satz 1 BBG ausdrücklich klar. Im Gegensatz zu § 66 Abs. 1 Nr. 1 BBG aF verzichtet § 100 Abs. 1 BBG darauf, die „unentgeltliche Nebentätigkeit" als selbstständigen Tatbestand aufzuführen; dessen bedurfte es im Hinblick auf § 99 Abs. 1 Satz 2 iVm § 100 Abs. 3 BBG aber auch nicht.[164]

1. Verwaltung eigenen oder der Nutznießung des Beamten unterliegenden Vermögens (§ 100 Abs. 1 Nr. 1 BBG)

32 Die Abgrenzung der – zum grundrechtlich geschützten Gebrauch des Eigentums (Art. 14 Abs. 1 GG) gehörenden[165] – genehmigungsfreien Verwaltung eines eigenen (größeren) Vermögens,[166] zu dem ein Gewerbebetrieb[167] oder eine Beteiligung hieran gehören kann, gegenüber dem Tatbestand der genehmigungspflichtigen (Übernahme einer) „gewerblichen Tätigkeit" oder einer „Mitarbeit" bei einer gewerblichen Tätigkeit (§ 99 Abs. 1 Satz 2 Nr. 2 BBG) kann im Einzelfall schwer zu vollziehen sein.[168] Sofern

[161] Vgl. dazu Battis, BBG § 99 Rn. 19 mwN.

[162] AaO (Fn. 161) § 99 Rn. 20.

[163] AaO (Fn. 162).

[164] Vgl. Battis BBG § 100 Rn. 3.

[165] Geis GKÖD I (L) § 100 Rn. 10 unter Hinweis auf Lemhöfer in Plog/Wiedow BBG 2009 § 66 Rn. 13.

[166] Die Vermögensverwaltung eines Beamten ist auch dann genehmigungsfrei, wenn dieser Gesellschafter einer Personengesellschaft ist dergestalt, dass ihn über die Anteilseignerschaft hinaus keine (Geschäftsführungs-)Verpflichtungen treffen; vgl. VG Hamburg 20.12.2011 – 8 K 1101/11 –, BeckRS 2012, 47339.

[167] Zur nebenberuflichen Landbewirtschaftung durch einen Beamten siehe Dirksmeyer ZBR 1986, 326.

[168] Baßlsperger ZBR 2004, 369 (379) ist darin beizupflichten, dass es nicht eigentlich auf die Gesichtspunkte der Größe oder der Überschaubarkeit des gewerblichen Vermögens, sondern darauf

die Tätigkeit – wie etwa die Mitgliedschaft (Mitwirkung) in einem Organ einer Gesellschaft (mit oder ohne eigene Rechtspersönlichkeit) – substantiell über eine reine Aufsichtsführung in einem kleineren Gewerbebetrieb oder die Wahrnehmung von Gesellschafterrechten, zB in einer Hauptversammlung, hinausgeht, ist eine Genehmigungspflicht im Zweifel zu bejahen.[169] Wer eigene Grundstücke oder eigene Wohn- oder Geschäftsräume vermietet oder verpachtet, betreibt damit erst dann ein Gewerbe, wenn seine Tätigkeit nach Umfang und Organisation ein eigengewichtiges unternehmerisches Gepräge hat.[170]

Wegen der Verwaltung (Verwendung) eines der Nutznießung des Beamten unterlie- 33
genden (Kindes-)Vermögens ist auf §§ 1649 ff. BGB hinzuweisen.[171]

2. Schriftstellerische, wissenschaftliche, künstlerische oder Vortragstätigkeit des Beamten (§ 100 Abs. 1 Nr. 2 BBG)

Als „schriftstellerische Tätigkeit“ ist nur eine auftrags- und weisungsungebundene 34
Tätigkeit nicht lediglich berichterstattender Art anzusehen, sodass zB eine Weitergabe von Gerichtsentscheidungen an die Tages- oder die juristische Fachpresse nicht unter den angesprochenen Tatbestand fällt;[172] bei Belletristik sind besondere Anforderungen an das literarische Niveau nicht zu stellen. „Wissenschaftliche Tätigkeit“ umfasst (weisungsfreie)[173] Forschung und Lehre iSd Art. 5 Abs. 3 GG. Im Anschluss an Ule[174] wird man Lehraufträge eines Beamten (oder Richters) an einer Universität oder einer Fachhochschule[175] als „wissenschaftliche Tätigkeit“ betrachten können, es sei denn, es handelt sich um eine regelmäßige entgeltliche Betätigung, „die durch eine Gewinnerzielungsabsicht oder durch die Einbeziehung in die Organisation oder Aufgabenwahrnehmung (der Universität oder der Fachhochschule)“ geprägt ist.[176] Der Versuch, zwischen (genehmigungspflichtiger) Vermittlung des examensrelevanten Wissensstoffes einerseits und (genehmigungsfreier) Vertiefung andererseits zu unterscheiden, überzeugt schon deswegen nicht, weil insofern eine auch nur einigermaßen sichere und handhabbare Trennungslinie nicht

---

ankommt, wie sich der zeitliche Aufwand seiner Verwaltung ausnimmt; dieser kann allerdings naturgemäß auch – mehr oder weniger – von der Größe und/oder der Überschaubarkeit des Vermögens abhängen. Vgl. auch BVerwG DÖD 2012, 22 (zur Anknüpfung an das Steuerrecht).

[169] Vgl. auch Geis in GKÖD I (L) § 99 Rn. 32.

[170] Vgl. Wagner NVwZ 1989, 515 (517).

[171] Zum Nießbrauch an einem Vermögen vgl. §§ 1085 ff. BGB, insbesondere § 1089 BGB (betr. Nießbrauch an einer Erbschaft).

[172] Vgl. Baßlsperger ZBR 2004, 369 (379 f.), der überdies zutr. bemerkt, dass die „eigene Verbreitung“ eines Manuskripts „durch Druck und Verlag“ wie auch die „Herausgabe von Zeitschriften oder Büchern fremder Autoren“ grundsätzlich als „gewerbliche Tätigkeit“ einzustufen ist; siehe hierzu auch Lemhöfer in Plog/Wiedow BBG 2009 § 66 Rn. 14. Im Übrigen (insbesondere im Blick auf Art. 5 Abs. 2 GG) BVerfG NVwZ-RR 2008, 657: Nebentätigkeitsrecht als „allgemeines Gesetz“.

[173] BVerfGE 35, 79 (112 f.).

[174] BR Rn. 3 zu § 42 BRRG. Weitere Nachweise bei Battis BBG § 100 Rn. 6.

[175] Auch die Unterrichtserteilung eines *Fachhochschullehrers* an einer *Fachhochschule* ist im Anschluss an die neuere Rechtsprechung des Bundesverfassungsgerichts (BVerfGE 126,1) als „wissenschaftliche Tätigkeit“ zu betrachten (vgl. jedoch ferner BVerfGE 64, 323, juris Rn. 92 ff., 103, wo das Bundesverfassungsgericht den Fachhochschulen eine „vorrangige“ Orientierung am „Anwendungsbezug“ gegenüber dem „Wissenschaftsbezug“ abverlangt hatte). Die Erteilung von Unterricht an Verwaltungs- und Wirtschaftsakademien oder an Volkshochschule ist genehmigungspflichtig.

[176] Vgl. RP OVG NVwZ-RR 2013,381 (juris Rn. 9, 19) zu einer Häufung von Lehraufträgen: Die „Ratio der Privilegierung wissenschaftlicher Arbeiten (werde) durch den in den Vordergrund tretenden Erwerbszweck überlagert“.

zu ziehen ist.[177] „Künstlerische Tätigkeit" ist freie schöpferische Gestaltung;[178] kunstgewerbliche Betätigungen fallen ebenso wenig darunter wie ein Auftreten als Schauspieler oder Musiker gegen Entgelt.[179] Nur wenn der Beamte – auf welcher rechtlichen Basis auch immer – einzelne (sei es auch thematisch miteinander verknüpfte) Vorträge hält, handelt es sich um „Vortragstätigkeit" in dem hier infrage stehenden Sinne;[180] laufende, in einen festen Unterrichtsplan eingebundene Lehr- und Unterrichtstätigkeit, etwa eines Repetitors[181] oder eines Volkshochschuldozenten,[182] ist genehmigungspflichtig.[183]

3. Gutachtertätigkeit (§ 100 Abs. 1 Nr. 3 BBG)

35 Sie ist gemäß § 100 Abs. 1 Nr. 3 BBG nur genehmigungsfrei,

- wenn sie mit (dem Fachgebiet zuzurechnenden) Lehr- und Forschungsaufgaben eines Hochschullehrers[184] zusammenhängt,[185] diesem jedoch nicht innerhalb seines Hauptamtes obliegt[186] und
- wenn sie als „selbstständig" in dem Sinne zu charakterisieren ist, dass sie eine (nicht nur der Feststellung von Sachverhalten oder der Beratung im Allgemeinen dienende) in wesentlichen Teilen vom Hochschullehrer selbst (nicht nur von seinem Institut) erarbeitete und insgesamt unter seine volle eigene Verantwortung gestellte wissenschaftliche Leistung bedeutet.[187]

Stellt sich die Nebentätigkeit eines Hochschullehrers teils als (selbstständige) Gutachtertätigkeit, teils als Mitarbeit in einem Gewerbebetrieb dar, so bedarf sie insgesamt der Genehmigung, falls sie aufgrund arbeitsteiliger Durchführung der Aufgaben als Einheit anzusehen ist.[188]

---

[177] So auch Geis aaO (Fn. 175).

[178] Siehe dazu BVerfGE 75, 369 (376); 83, 130 (138).

[179] Vgl. Geis in GKÖD I (L) § 100 Rn. 47 f. AA Battis BBG § 100 Rn. 7 mwN sowie Lemhöfer in Plog/Wiedow BBG 2009 § 66 Rn. 17a, die jedoch vorsorglich betonen, dass der Beamte durch eine entgeltliche künstlerische Nebentätigkeit seine geschuldete Dienstleistung nicht beeinträchtigen dürfe: Wenn man ihrer Meinung folge, so besage dies nur, dass keine „vorherige Kontrolle" durch die Genehmigungsbehörde stattfinde; „materiell" gelte nicht, dass der „Schutz der Dienstleistung" auf die bloße Besorgnis der Beeinträchtigung „vorverlegt" werde (Lemhöfer).

[180] Dazu im Einzelnen Wagner DÖD 2007, 196.

[181] BVerwGE 78, 211.

[182] Zu Fortbildungsveranstaltungen ohne wissenschaftlichen Anspruch und Charakter BVerwG NVwZ-RR 2004, 59 und ZBR 2004, 53.

[183] So auch Geis in GKÖD I (L) § 100 Rn. 49 und Lemhöfer in Plog/Wiedow BBG 2009 § 66 Rn. 18. Vorträge eines Beamten, die während der Dienstzeit gehalten werden und die der Fortbildung der Beamten desselben Verwaltungszweiges dienen, sind dem Hauptamt des Vortragenden zuzurechnen (BayVGH DÖD 1979,255).

[184] Dieser Ausdruck steht hier als eine Abkürzung, die „Lehrer an öffentlichen Hochschulen und an Hochschulen der Bundeswehr" sowie „Beamte an wissenschaftlichen Instituten und Anstalten" umfassen soll. Hochschulen sind (öffentlich-rechtlich organisierte) Universitäten, Technische Hochschulen und Fachhochschulen. Unter den Begriff der „wissenschaftlichen Institute und Anstalten" fallen ua Einrichtungen der Großforschung, die nicht in eine Hochschule integriert sind, sowie die Max-Planck-Institute.

[185] Vgl. dazu BVerwG Buchholz 421.2 Hochschulrecht-Allgemeines Nr. 25. Siehe auch BVerwG ZBR 1993, 245: Obduktionen im gerichtlichen Auftrag sind für den Leiter des Zentrums für Rechtsmedizin einer Universität als Nebentätigkeit genehmigungsfrei.

[186] → Rn. 5 f. Zur Abgrenzung von Dienstgutachten und persönlichen Gutachten vgl. Wahlers ZBR 1982, 296 (300).

[187] Vgl. Geis in GKÖD I (L) § 100 Rn. 52 f. und H.Günther ZBR 1989, 164 (168).

[188] BVerwG DVBl 1993, 556. Die Genehmigung ist zu versagen, wenn der Hochschullehrer Aufträge ausführen will, die auch die Hochschuleinrichtung, der er angehört, erledigen kann und will (BVerwG a. a. O; siehe ferner Fn. 35, 83).

4. Wahrung von Berufsinteressen (§ 100 Abs. 1 Nr. 4 BBG)

Was die Gewerkschafts- und Berufsverbandstätigkeit „zur Wahrung von Berufsinteressen" angeht, so ist sie vor dem Hintergrund des Art. 9 Abs. 3 GG und des § 116 BBG zu sehen. Auch die Tätigkeit in Selbsthilfeeinrichtungen der Beamten muss zu dem genannten Zweck ausgeübt werden.[189] Zum Begriff der „Selbsthilfeeinrichtung" gehört das Merkmal der Selbstverwaltung, dh der Führung der Organisation durch Personen desselben Kreises; Ausschließlichkeit – im Sinne einer Betreuung nur von Angehörigen des öffentlichen Dienstes – ist hingegen nicht zu verlangen.[190] Auch eine entgeltliche Tätigkeit der Vertrauensleute für das Beamtenheimstättenwerk (BHW) oder die Deutsche Beamtenkrankenkasse (Debeka), etwa auch als Werber (Vermittler) oder als Kassierer, fällt unter § 100 Abs. 1 Nr. 4 BBG.[191] Die Unternehmen selbst können aus der Genehmigungsfreiheit keinen Rechtsanspruch auf Anerkennung als „Selbsthilfeeinrichtung" herleiten.[192] § 101 Abs. 1 BBG wird durch § 100 Abs. 1 Nr. 4 BBG nicht verdrängt;[193] die Diensträume und ihre Einrichtungen dürfen im Rahmen von Berater- und Vermittlertätigkeiten nicht ohne weiteres, insbesondere nicht ohne Wissen und Billigung des zuständigen Dienstvorgesetzten, genutzt werden.[194] 36

5. Anzeige- und Auskunftspflicht, Untersagung der Nebentätigkeit

Entgeltliche[195] Tätigkeiten nach § 100 Abs. 1 Nr. 2 und 3 BBG[196] sowie eine entgeltliche Tätigkeit in Selbsthilfeeinrichtungen nach § 100 Abs. 1 Nr. 4 BBG sind der zuständigen Dienstbehörde schriftlich vor ihrer Aufnahme – unter Angabe insbesondere der Art und des Umfangs sowie der voraussichtlichen Höhe der Entgelte und/oder geldwerten Vorteile – anzuzeigen; jede Änderung ist unverzüglich mitzuteilen (siehe § 100 Abs. 2 BBG).[197] Die in § 66 Abs. 2 Satz 1 BBG aF enthaltene Wortfolge „in jedem Einzelfall" ist 37

[189] Vgl. Fürst ZBR 1988, 12 sowie Geis in GKÖD I (L) § 100 Rn. 57 und Lemhöfer in Plog/Wiedow BBG 2009 § 66 Rn. 23.

[190] Der Charakter einer Selbsthilfeeinrichtung wird nach Geis in GKÖD I (L) § 100 Rn. 59 zumindest dann nicht infrage gestellt, wenn dem Nichtmitgliedergeschäft nur ergänzende Bedeutung zukommt; durch die Öffnung auch für Personen außerhalb des öffentlichen Dienstes könne unter Umständen die Erreichung des Förderungszweckes erst ermöglicht oder verstärkt werden.

[191] Zu Nebentätigkeiten für Selbsthilfeeinrichtungen der Beamten siehe Baßlsperger ZBR 2004, 369 (382), Fürst ZBR 1988, 12 (15 f.) und Summer ZBR 1988, 1 (9 f.), aber auch (mit gegenläufiger Tendenz) Lemhöfer in Plog/Wiedow BBG 2009 § 66 Rn. 23a und Wahlers PersV 1984, 198; ferner BVerwG ZBR 1984, 125. In Bezug auf die Nebentätigkeit eines Angestellten für BHW und Debeka vgl. BW LAG BB 1974, 788 (LS).

[192] Lemhöfer in Plog/Wiedow BBG 2009 § 66 Rn. 22 f. Siehe auch → Rn. 50.

[193] Der Innenausschuss des Deutschen Bundestages ist freilich bei den Beratungen zum (Ersten) Nebentätigkeitsbegrenzungsgesetz davon ausgegangen, dass § 65 Abs. 3 BBG aF (= § 101 Abs. 1 BBG n. F.) nicht für eine gewerkschaftliche Betätigung iSd § 66 Abs. 1 Nr. 5 BBG aF (= § 100 Abs. 1 Nr. 4 BBG n. F.) gelte (BT-Drs.10/2542 S. 15 – zu Art. 1 Nr. 1 –); dazu mit Recht krit. Lemhöfer in Plog/Wiedow BBG 2009 § 66 Rn. 21. Siehe auch BGH NJW 1994, 2096 (zur Versicherungsvermittlung während der Arbeitszeit durch Angestellte als Verstoß gegen § 1 UWG).

[194] Siehe dazu auch BT-Drs. 10/2542 S. 15 (zu Art. 1 Nr. 1).

[195] Zum Begriff der Entgeltlichkeit siehe schon Fn. 72.

[196] Die Anzeigepflicht besteht gemäß § 46 DRiG auch für Richter (BVerfG NJW 2007, 3450) und für Hochschullehrer (Battis BBG § 100 Rn. 15).

[197] Nach BVerfG 1.9.2008 – 2 BvR 1872/07 –, BeckRS 2008, 39601 verstößt die Anzeigepflicht für schriftstellerische, wissenschaftliche, künstlerische oder Vortragstätigkeiten nicht gegen Art. 33 Abs. 5 GG. Was die Freiheit der informationellen Selbstbestimmung (dazu → § 7 Rn. 4 ff.) betrifft, ist das Bundesverfassungsgericht unter Bezugnahme auf die Gesetzesmaterialien (BT-Drs. 13/8079 S. 19)

nicht in den neuen Text übernommen worden. Deswegen sollte es jetzt zB rechtlich unbedenklich sein, von einer Anzeige in Bezug auf die Anfertigung und Veröffentlichung eines (jeden) einzelnen Zeitschriftenaufsatzes (und der vermutlichen Honorierung) Abstand zu nehmen.[198] Die Verpflichtung zur rechtzeitigen Angabe der voraussichtlichen Vergütungshöhe und zur schriftlichen Mitteilung einer einschlägigen Änderung soll der Dienstbehörde – den Materialien zum Zweiten Nebentätigkeitsbegrenzungsgesetz[199] zufolge – die Prüfung und Entscheidung darüber erleichtern, „ob dienstliche Pflichten verletzt werden". Insbesondere könne „die Vergütungshöhe ein Indiz für den Umfang der tatsächlichen Inanspruchnahme des Beamten durch die Nebentätigkeit sein". Sie könne aber auch für die Entscheidung von Bedeutung sein, „ob die Nebentätigkeit dem Ansehen der öffentlichen Verwaltung schadet". Das Wort „voraussichtliche" in § 100 Abs. 2 Satz 2 BBG soll der Tatsache Rechnung tragen, dass die Vergütungshöhe bei einzelnen Nebentätigkeiten erst nach deren Aufnahme oder Abschluss endgültig feststeht. Ein angemessener Auslagen- und Aufwendungsersatz ist kein Entgelt.[200]

38 Die Dienstbehörde kann im Übrigen aus begründetem Anlass verlangen, dass der Beamte über eine von ihm ausgeübte nicht genehmigungspflichtige Nebentätigkeit, insbesondere über deren Art und Umfang, schriftlich Auskunft erteilt. Ein „begründeter Anlass" liegt nur (erst) vor, wenn sich der Verdacht einer Pflichtverletzung aufdrängt.[201] Eine Ausforschung darf nicht stattfinden.[202] Auch stichprobenartige Erhebungen verbieten sich.[203]

39 Eine nicht genehmigungspflichtige Nebentätigkeit ist ganz oder teilweise zu untersagen, wenn der Beamte bei ihrer Ausübung[204] (tatsächlich) – sei es auch schuldlos – dienstliche Pflichten verletzt (§ 100 Abs. 4 BBG).[205, 206] Dass eine Pflichtverletzung nur wahrscheinlich ist, reicht nicht aus.[207] Für die Beurteilung der Frage, ob eine Pflichtverletzung vorliegt, kann der Katalog des § 99 Abs. 2 Satz 2 BBG hilfreich sein.[208] Die strikte

---

der Ansicht: Ein etwaiger Eingriff in Gestalt der Anzeigepflicht sei gerechtfertigt, weil diese einem „legitimen Zwecke" diene, namentlich den Interessen des Dienstherrn und der Allgemeinheit an einer „vollwertigen ... Dienstleistung des Beamten" und einer „Amtsausübung in Unbefangenheit (und) ungeteilter Loyalität", die „bereits den Anschein möglicher Interessen- und Loyalitätskonflikte" vermeide. Die Anzeigepflicht sei, so gesehen, auch ein geeignetes und verhältnismäßiges Mittel.

[198] Zum Verstoß der Anzeigepflichten hinsichtlich schriftstellerischer und wissenschaftlicher Nebentätigkeiten gegen den Verhältnismäßigkeitsgrundsatz (vgl. schon Fn. 197) siehe auch Badura ZBR 2000, 109. Für eine restriktive Anwendung des (von Misstrauen und Populismus beeinflussten) Zweiten Nebentätigkeitsbegrenzungsgesetzes zB Battis aaO (Fn. 196) mwN.

[199] BT-Drs. 13/8079 S. 19 (Zu Art. 2 Nr. 2 – § 66 BBG –). Dazu krit. Badura ZBR 2000, 109 (114), Baßlsperger ZBR 2004, 369 (382), Engelken DVBl 2008,117 und Gärditz ZBR 2009, 145 (150); siehe aber auch BVerwG DVBl 2008, 114.

[200] Battis BBG § 100 Rn. 15 unter Bezugnahme auf BT-Drs.13/5584 S. 10.

[201] Vgl. dazu Geis in GKÖD I (L) § 100 Rn. 79.

[202] BT/Drs. 10/2542 S. 15 zu Art. 1 Nr. 1.

[203] Battis BBG § 100 Rn. 16.

[204] BVerfG NVwZ-RR 2008, 657 (658) lässt es offen, ob ein Beamter schon durch das bloße Eingehen einer Verpflichtung zu einer künftigen Nebentätigkeit (im Ausgangsfall: zu einer Buchveröffentlichung) dienstliche Pflichten verletzen kann (in diesem Sinne aber Battis BBG § 100 Rn. 17 sowie Geis in GKÖD I (L) § 100 Rn. 87).

[205] Vgl. Geis in GKÖD I (L) § 100 Rn. 83. Eine Verletzung der Anzeigepflicht nach § 100 Abs. 2 BBG genügt nicht für eine Untersagung; sie ist allenfalls Indiz für eine anderweitige Dienstpflichtverletzung (Geis in GKÖD I (L) § 100 Rn. 85).

[206] Zur Frage, ob und in welchem Umfang ein Beamter Zuwendungen, die er von dritter Seite erhalten hat, an seinen Dienstherrn abführen muss, wenn er sie mit Rücksicht auf die Ausübung einer nicht genehmigungsbedürftigen Nebentätigkeit erhält, mit welcher er der Sache nach Aufgaben wahrnimmt, die zu seinem Hauptamt gehören, siehe NdsOVG NVwZ-RR 2010, 731 (daselbst auch zum vorläufigen Rechtsschutz; vgl. insoweit ferner → Rn. 51).

[207] Vgl. H.Günther DÖD 1988, 78 (92).

[208] Battis BBG § 100 Rn. 17. Unentschieden gelassen in BVerfG aaO (Fn. 204).

Fassung der Untersagungsvorschrift hindert den Dienstherrn nicht, auf eine (einmalige)[209] Pflichtverletzung zunächst nur mit einer Abmahnung zu reagieren. Fürsorgepflicht und Verhältnismäßigkeitsgrundsatz können dies gebieten.[210]

V. Zu den nebentätigkeitsrechtlichen Regelungen des § 91 Abs. 2, des § 92 Abs. 3 und des § 95 Abs. 3 BBG

1. Verpflichtung zur Beschränkung von Nebentätigkeit bei voraussetzungsloser Antragsteilzeit

§ 91 Abs. 2 BBG lässt die Bewilligung voraussetzungsloser Antragsteilzeit (§ 91 Abs. 1 BBG) nur zu, wenn der Beamte sich verpflichtet, während des Bewilligungszeitraumes außerhalb des Beamtenverhältnisses berufliche Verpflichtungen nur in dem Umfang einzugehen, in dem Vollzeitbeschäftigten nach den §§ 99–101 BBG die Ausübung von Nebentätigkeiten gestattet ist (Satz 1).[211] Ausnahmen hiervon sind nur zulässig, soweit dies mit dem Beamtenverhältnis vereinbar ist (Satz 2 aaO); der hergebrachte Grundsatz der Hauptberuflichkeit, der durch die Einführung der voraussetzungslosen Antragsteilzeit schon nachhaltig berührt ist,[212] darf durch eine allzu großzügige Ausnahmepraxis nicht noch weiter angetastet werden. Die sog Fünftelvermutung[213] gilt ungeachtet der reduzierten Arbeitszeit des Beamten ohne Modifikation (Satz 3 aaO). Der teilzeitbeschäftigte Beamte darf damit im Ergebnis – gemessen an seiner Arbeitszeit – vergleichsweise mehr Freizeit auf die Nebentätigkeit verwenden als der vollzeitbeschäftigte Beamte. Wird die Verpflichtung nach Satz 1 aaO schuldhaft verletzt, soll die Bewilligung widerrufen werden (Satz 4 aaO). 40

2. Nebentätigkeiten bei familienbezogener (familienbedingter) Teilzeitbeschäftigung oder Beurlaubung

Während der Freistellung vom Dienst (Teilzeitbeschäftigung oder Urlaub ohne Besoldung) aus familienbezogenen Gründen (§ 92 Abs. 1 BBG) dürfen nur solche Nebentätigkeiten genehmigt werden, die dem Zweck der Freistellung nicht zuwiderlaufen (§ 92 Abs. 3 BBG); eine § 91 Abs. 2 Satz 1 BBG entsprechende Regelung gibt es hier nicht. Vom Gesetzeswortlaut nicht erfasst sind nicht genehmigungsbedürftige Nebentätigkeiten. Nehmen sie den Beamten indessen so sehr in Anspruch, dass er seine familienbezogenen Betreuungs- oder Pflegeaufgaben offensichtlich nicht mehr ausfüllen kann, so werden – je nach Fallgestaltung – eine Rücknahme der Freistellung ex nunc oder gar ex tunc (§ 48 Abs. 1 VwVfG)[214] oder ein Widerruf analog § 91 Abs. 2 Satz 4 BBG[215] (bei Verschulden) oder gemäß § 49 Abs. 2 Satz 1 Nr. 3 VwVfG[216] zu erwägen sein. 41

---

[209] Zu einer einmaligen Pflichtverletzung ohne Wiederholungsgefahr siehe Lemhöfer in Plog/Wiedow BBG 2009 § 66 Rn. 25 c.

[210] So zutr. Battis aaO (Fn. 208).

[211] Zur Verfassungsmäßigkeit der (immerhin auf einem Konsens beruhenden) Verpflichtung zur Nebentätigkeitsbeschränkung siehe Franke in Festschrift für Walther Fürst, 2002, 101 (110).

[212] Siehe dazu Battis BBG § 91 Rn. 19 mwN sowie Schnellenbach NVwZ 1997, 521 (524).

[213] Siehe dazu → Rn. 18.

[214] Lemhöfer in Plog/Wiedow BBG 2009 § 72a Rn. 38 f. mwN.

[215] Vgl. Battis BBG § 92 Rn. 5 mit Hinweisen auf BW VGH ZBR 2007, 212 und ZBR 2007, 242.

[216] Geis in GKÖD I (K) § 79a Rn. 28.

3. Nebentätigkeiten bei arbeitsmarktbezogener Beurlaubung

42 Dem Antrag auf Urlaubsgewährung bei Vorliegen arbeitsmarktbezogener Gründe iSd § 95 Abs. 1 BBG darf nur entsprochen werden, wenn der Beamte erklärt, während der Dauer des Bewilligungszeitraumes auf die Ausübung genehmigungsbedürftiger Nebentätigkeiten zu verzichten und nicht genehmigungspflichtige Nebentätigkeiten nur in dem Umfang auszuüben, wie er sie bei Vollzeitbeschäftigung ohne Verletzung dienstlicher Pflichten ausüben könnte;[217] wird diese Verpflichtung schuldhaft verletzt, so soll die Bewilligung widerrufen werden (§ 95 Abs. 3 Satz 1 und 2 BBG). Ungeachtet der Erklärung des Beamten darf die zuständige Dienstbehörde Nebentätigkeiten genehmigen, soweit sie dem Zweck der Urlaubsbewilligung nicht zuwiderlaufen (§ 95 Abs. 3 Satz 3 BBG), und zwar deshalb, weil sie bereichsfremd oder nur untergeordnet sind oder weil ausgeschlossen werden kann, dass sich für die Nebentätigkeit ein anderer Bewerber findet. In der Kommentarliteratur[218] sind als Beispiele hierfür soziale Aktivitäten für Vereine und karitative Organisationen, Kantorentätigkeiten, Abendkurse an Volkshochschulen, aber auch „Härtefälle" erwähnt, in denen die finanzielle Situation des Beamten und seiner Familie eine Ausnahmeerteilung gebietet.

VI. Zum Nebentätigkeitsrecht der Landesbeamten

43 § 40 BeamtStG überlässt es den Ländern, welche nunmehr von den Vorgaben des § 42 BRRG aF entbunden sind, die „grundsätzlich[219] anzeigepflichtige" Nebentätigkeit ihrer Beamten (Satz 1) nach ihrem jeweils eigenen gesetzgeberischen Ermessen entweder unter Erlaubnis- oder unter Verbotsvorbehalt zu stellen, „soweit sie geeignet ist, dienstliche Interessen zu beeinträchtigen" (Satz 2).[220,221] § 41 BeamtStG deckt sich mit dem früheren § 42a BRRG mit der Maßgabe, dass die Länder den Zeitraum der „dienstlichen Tätigkeit" zu bestimmen haben, die der Beendigung des (aktiven) Beamtenverhältnisses voraufgegangen sein muss.[222] Für das Landesrecht sind die nachstehend skizzierten Strukturen und besonders bedeutsame Regelungen kennzeichnend:

44 (a) Baden-Württemberg (§§ 60–66 BW LBG): Das Land bleibt ohne (explizite) Ausrichtung an § 40 BeamtStG weitgehend den überkommenen, vom früheren Rahmenrecht geprägten inhaltlichen und verfahrensrechtlichen Standards verpflichtet, unterscheidet

---

[217] Zur Verfassungsmäßigkeit des Nebentätigkeitsverzichts BVerwG DÖD 1993, 316.

[218] Vgl. Battis BBG § 95 Rn. 5 und Lemhöfer in Plog/Wiedow BBG 2009 § 72e Rn. 9a.

[219] Eine Anzeigepflicht kommt nicht in Betracht, wenn es sich um eine Nebentätigkeit handelt, die der Beamte auf Verlangen, Vorschlag oder Veranlassung seines Dienstvorgesetzten übernommen hat (→ Rn. 8ff.).

[220] Der Text des § 40 BeamtStG beruht auf der Beschlussempfehlung des Innenausschusses des Deutschen Bundestages vom 12.12.2007, BT-Drs. 16/7508 S. 18, wo es heißt: Es sei nicht beabsichtigt, „materiell die Ausübung von Nebentätigkeiten zu erleichtern"; es solle „lediglich verdeutlicht werden, dass den Ländern ein großer Spielraum bei der Ausgestaltung des einzuhaltenden Verfahrens eingeräumt (sei)", der folgerichtig auch die Beibehaltung einer grundsätzlichen Genehmigungspflicht für Nebentätigkeiten zulässt (vgl. dazu auch RP OVG NVwZ-RR 2011, 536, H.Günther ZBR 2012,187, Kämmerling ZBR 2009, 191 (194), Reich BeamtStG § 40 Rn. 4 und v. Roetteken DRiZ 2009, 206, 207f.).

[221] Siehe im Übrigen schon → § 2 Rn. 45.

[222] § 41 BeamtStG und das ergänzende Landesrecht werden nachfolgend nicht erörtert. Aus der Rechtsprechung dazu: Bln/BbgOVG LKV 2011,425 mwN sowie NRW OVG DRiZ 2015, 358 (zur Zulässigkeit einer gegenüber einem pensionierten Richter angeordneten Untersagung, vor seinem früheren Dienstgericht als Rechtsanwalt aufzutreten); siehe ferner Fn. 2.

mithin insbesondere nach wie vor vom Ansatz her zwischen genehmigungspflichtigen und genehmigungsfreien Nebentätigkeiten.[223] Eine gemäß § 62 Abs. 1 BW LBG für eine oder mehrere Nebentätigkeiten erforderliche Genehmigung gilt allgemein als erteilt, wenn die Vergütungen hierfür insgesamt 1200 Euro im Kalenderjahr nicht übersteigen, die Nebentätigkeiten in der Freizeit ausgeübt werden und keiner der auch im Bundesrecht[224] genannten Versagungsgründe vorliegt (siehe im Einzelnen § 62 Abs. 6 iVm Abs. 2 und 3 BW LBG, wo auf die „Zweitberufsklausel" allerdings verzichtet ist). § 63 Abs. 1 BW LBG nimmt abweichend von § 100 Abs. 1 BBG[225] unentgeltliche Nebentätigkeiten von der Genehmigungspflicht aus; § 63 Abs. 1 lit. a)–b) BW LBG nennt hiervon einschlägige Rückübernahmen. Bei regelmäßig wiederkehrenden gleichartigen, nicht genehmigungspflichtigen Nebentätigkeiten genügt grundsätzlich eine einmal jährlich zu erstattende Anzeige für die in diesem Zeitraum zu erwartenden Nebentätigkeiten (§ 63 Abs. 2 Satz 2 BW LBG).

(b) Bayern (Art. 81–86 BayBG): Das vormals in Art. 73–77 BayBG aF enthaltene Nebentätigkeitsrecht ist – ungeachtet des zwischenzeitlichen Wegfalls der dafür wegweisenden rahmenrechtlichen Bindungen – im Wesentlichen unverändert gelassen; auch hier ist eine – wie auch immer geartete – Bezugnahme auf § 40 BeamtStG unterblieben. Eine „Zweitberufsklausel" ist nicht aufgenommen. Ein besonderes Prüfungsverfahren ist für den Fall vorgesehen, dass die Entgelte und geldwerten Vorteile aus einer genehmigungspflichtigen Nebentätigkeit 30 v. H. der jährlichen Vollzeitbezüge des Beamten (voraussichtlich) überschreiten werden; das Ergebnis der Prüfung ist aktenkundig zu machen (Art. 81 Abs. 3 Satz 4 BayBG).

(c) Berlin (§§ 60–68 BlnLBG): Nennenswerte Änderungen gegenüber den §§ 28 ff. BlnLBG aF sind nicht zu verzeichnen;[226] eine (ausdrückliche) Verkettung der genannten, an das Bundesrecht angelehnten Neuregelung mit § 40 BeamtStG ist nicht erfolgt. Die Nebentätigkeitsgenehmigung ist freilich – abweichend von § 99 Abs. 4 Satz 1 BBG – auf längstens zwei Jahre zu befristen (§ 62 Abs. 4 BlnLBG). Der Beamte hat überdies auch ein (genehmigungsfreies) Hochschulstudium oder eine Berufsausbildung anzuzeigen (§ 63 Abs. 2 BlnLBG).

(d) Brandenburg (§§ 83–93 BbgLBG): Der Landesgesetzgeber hat sich § 40 BeamtStG ausgepasst[227], indem er an die dort als „Grundsatz" vorangestellte Anzeigepflicht anknüpft (§ 85 BbgLBG) und der obersten Dienstbehörde bzw. einer nachgeordneten Behörde sodann aufgibt (§ 86 BbgLBG),

- die Übernahme einer Nebentätigkeit *vor* einer (beabsichtigten) Aufnahme „einzuschränken oder ganz oder teilweise zu verbieten", soweit sie geeignet ist, dienstliche Interessen zu beeinträchtigen (siehe dazu im Einzelnen Abs. 1 aaO[228]), und
- *nach* ihrer Aufnahme entsprechend vorzugehen, soweit „bei ihrer Ausübung dienstliche Interessen (tatsächlich) beeinträchtigt werden" (Abs. 2 aaO).

---

[223] Nicht als Nebentätigkeiten gelten öffentliche Ehrenämter und unentgeltliche Vormundschaften, Betreuungen oder Pflegschaften (§ 60 Abs. 2 Satz 1 BW LBG); sie sind allerdings anzeigepflichtig (§ 60 Abs. 2 Satz 2 BW LBG).

[224] Dazu → Rn. 15 ff.

[225] Dazu → Rn. 31 ff.

[226] § 60 Abs. 4 BlnLBG entspricht § 60 Abs. 2 BW LBG (siehe Fn. 223); eine Anzeige ist freilich nur bei der Übernahme öffentlicher Ehrenämter geboten.

[227] § 83 Abs. 4 BbgLBG korrespondiert § 60 Abs. 4 BlnLBG (siehe Fn. 226) unter Beschränkung auf die unentgeltliche Vormundschaft, Betreuung oder Pflegschaft eines Angehörigen (vgl. schon Fn. 73).

[228] Der dortige Katalog nennt über die Aufstellung in § 99 Abs. 2 Nr.1–6 BBG hinaus in Nr. 3 auch das Verbot einer Nebentätigkeit, die „mit der im Hauptamt ausgeübten Tätigkeit in einem gesteigert korruptionsgefährdeten Aufgabenbereich im Zusammenhang stehen kann".

Anzeigepflichtig ist über die § 99 Abs. 1 Satz 2 BBG analogen Katalogfälle hinaus auch eine unentgeltliche Vormundschaft, Betreuung oder Pflegschaft eines Nichtangehörigen[229] oder die Übernahme einer Testamentsvollstreckung (§ 85 Abs. 1 Satz 2 Nr. 2 BbgLBG); eine „Zweitberufsklausel" existiert nicht. Der Anzeigepflicht unterliegen nicht die auch in § 100 Abs. 1 Nr. 1 und 4 BBG aufgelisteten sowie unentgeltliche Nebentätigkeiten (§ 85 Abs. 1 Satz 1 BbgLBG).[230] Ein (nachträgliches) Verbot bestimmter Nebentätigkeiten (siehe dazu § 85 Abs. 1 Satz 1 Nr. 2 und 4 BbgLBG sowie § 100 Abs. 1 Nr.2 – 4 BBG) setzt abweichend von § 86 Abs. 2 BbgLBG voraus, dass der Beamte „bei ihrer Ausübung dienstliche Pflichten (nicht nur „beeinträchtigt", sondern) verletzt" (§ 86 Abs. 3 BbgLBG).

(e) Bremen (§§ 70–79 BrBG): Auch Bremen geht im Anschluss an § 40 Satz 1 BeamtStG von einer Anzeigepflicht aus (§ 72 BrBG), nimmt davon aber die Nebentätigkeiten aus, zu deren Übernahme der Beamte verpflichtet ist[231] oder die er unentgeltlich verrichtet, sowie Nebentätigkeiten, welche (sinngemäß) die in § 100 Abs. 1 Nr. 1 und 4 BBG tatbestandlich näher bezeichneten[232] Beschäftigungen betreffen. Auch in Bremen gilt ein Verbot von Nebentätigkeiten, sei es *vor* Übernahme, sei es *nach* Übernahme, ähnlich der Differenzierung in Brandenburg (§ 73 Abs. 1 und 3 BrBG). Die § 100 Abs. 1 Nr. 2 und 3 BBG korrespondierenden Fallgestaltungen[233] sind in § 73 Abs. 2 BrBG erfasst: Die entsprechenden Nebentätigkeiten sind einzuschränken oder ganz oder teilweise zu untersagen, „wenn die konkrete Gefahr besteht, dass bei ihrer Ausübung dienstliche Pflichten verletzt werden".

(f) Hamburg (§§ 70–79 HmbBG): Die Neuregelung des Nebentätigkeitsrechts gleicht der bremischen Regelung – mit nur geringfügigen (den Wortlaut und den Aufbau betreffenden) Nuancen. So heißt es in § 73 Abs. 1 Satz 1 HmbBG: „Soweit durch die Nebentätigkeit die Beeinträchtigung dienstlicher Interessen zu besorgen ist, …", während § 73 Abs. 1 Satz 1 BrBG darauf abstellt, dass „die Nebentätigkeit geeignet" sein müsse, „dienstliche Interessen zu beeinträchtigen". Eine sachliche Differenz dürfte hierin nicht zu erblicken sein.

(g) Hessen (§§ 71–79 HBG): Hessen hat sein Nebentätigkeitsrecht strukturell und weitgehend inhaltlich unverändert gelassen. Bemerkenswert ist aber zum einen die vom Bundesrecht abweichende Regelung des § 73 Abs. 1 Nr. 2 HBG, wonach es „zur Übernahme einer Nebenbeschäftigung gegen Vergütung, insbesondere einer Tätigkeit in einem Schiedsgericht oder Preisgericht, zur Erstattung von Gutachten, zur Übernahme von Forschungsaufträgen, von Aufträgen zu Entwicklungsarbeiten, zur Erstellung von statischen Berechnungen, zur Übernahme der Oberleitung bei Bauten und der Bauführung, von Entwurfsaufträgen sowie von Aufträgen zu Befundberichten" der vorherigen Genehmigung bedarf. Zum anderen enthält das Landesbeamtengesetz neben der „Zweitberufsklausel" und der „Fünftelvermutung" zusätzlich eine 30 v. H. - Klausel, der zufolge die gängigen Versagungsgründe einer besonderen Prüfung bedürfen, falls ein Zusatzeinkommen aus der Nebentätigkeit zu erwarten ist, das mehr als 30 v. H. der Jahresdienstbezüge bei Vollzeitbeschäftigung beträgt; das Prüfungsergebnis ist jeweils aktenkundig zu machen (§ 73 Abs. 2 Satz 2 ff. HBG).

(h) Mecklenburg-Vorpommern (§§ 70–79 MVBG): Die auf dem Einstiegsmuster des expressis verbis angeführten (siehe § 72 MVBG) § 40 BeamtStG beruhende Neuregelung des Nebentätigkeitsrechts weicht nicht nennenswert von dem unter (e) und (f) anvisierten

---

[229] Vgl. dazu Fn. 227 sowie schon Fn. 73.

[230] Dazu → Rn. 32–36.

[231] Dazu schon Fn. 219.

[232] Dazu → Rn. 32 und 36.

[233] Dazu → Rn. 34 und 35.

Modell ab. Um Wiederholungen zu vermeiden, mag auf diese Parallelregelungen verwiesen werden.

(i) Niedersachsen (§§ 70–79 NBG): Die Anzeigepflicht nach § 40 Satz 1 BeamtStG gilt unmittelbar und ohne landesgesetzliche textliche Wiederholung; § 72 Abs. 1 NBG beschränkt sich darauf, diejenigen Nebentätigkeiten auszuweisen, die von der Anzeigepflicht ausgenommen sind[234], nämlich

- die Nebentätigkeiten, zu deren Übernahme der Beamte verpflichtet ist,
- die auch in § 100 Abs. 1 Nr. 1 und 4 BBG beschriebenen Aktivitäten[235] sowie
- unentgeltliche Nebentätigkeiten, soweit es sich nicht (hauptsächlich) um Tatbestände handelt, die das frühere Recht (siehe § 42 Abs. 1 Satz 3 Nr. 1 a–c BRRG aF) mit einer Genehmigungspflicht verband.

§ 73 NBG (Verbot einer Nebentätigkeit) bestimmt im Einzelnen, unter welchen Voraussetzungen eine Nebentätigkeit (vor Übernahme oder nach Ausübung) zu untersagen ist (Abs. 1) oder untersagt werden kann (Abs. 2). Soweit die Untersagung für den Fall einer Verletzung von Mitwirkungspflichten des Beamten ohne weiteres in das Ermessen des Dienstherrn gestellt ist, muss insbesondere dem Verhältnismäßigkeitsgrundsatz namentlich dem Übermaßverbot – besondere Aufmerksamkeit geschenkt werden.

(k) Nordrhein-Westfalen (§§ 48–58 NRW LBG): Zu grundlegenden Neuerungen, etwa zu einer Aufgabe der traditionellen Unterscheidung zwischen genehmigungspflichtigen und genehmigungsfreien Nebentätigkeiten, hat sich der Landesgesetzgeber nicht entschlossen; § 40 BeamtStG hat insofern keinerlei impulsgebende Wirkung gezeitigt. Die Übernahme einer unentgeltlichen Vormundschaft, Pflegschaft oder Testamentsvollstreckung gilt – wie in den anderen Ländern – ab 1. Juli 2016 nicht mehr als Nebentätigkeit (siehe auch § 97 Abs. 4 BBG sowie Fn. 73).

(l) Rheinland-Pfalz (§§ 82–86 RP LBG): Die Strukturen des Beamtenrechtsrahmengesetzes sind auch hier im Großen und Ganzen beibehalten. Auf die Kriterien des „Zweitberufes" und des „Nebenamtes" (vgl. § 73 Abs. 3 Satz 1, § 74 Abs. 1 Nr. 1 lit. a RP LBG aF) hat der Gesetzgeber verzichtet, ohne dass die Nebentätigkeitsmöglichkeiten dadurch hätten erweitert werden sollen.[236]

(m) Saarland (§§ 84–94 SBG): In § 86 Abs. 1 und 2 SBG sind Nebentätigkeiten[237] – soweit sie nicht der Wahrung von Berufsinteressen in Gewerkschaften oder Berufsverbänden oder der Verwaltung eigenen oder der Nutznießung des Beamten unterliegenden Vermögens dienen, mit dem Klammerzusatz „§ 40 Satz 1 des Beamtenstatusgesetzes" als anzeigepflichtig deklariert. § 87 SBG (Verbot einer Nebentätigkeit) stellt als Grundsatz heraus, dass die Übernahme oder die Ausübung der Nebentätigkeit einzuschränken oder ganz oder teilweise zu untersagen sei, wenn ihretwegen „die Beeinträchtigung dienstlicher Interessen zu besorgen ist" (Abs. 1 Satz 1). Die zur Auffächerung der zitierten unbestimmten Rechtsbegriffe beigefügten Katalogfälle (Abs. 1 Satz 2) und die sog Fünftelvermutung (Abs. 2) finden sich schon in § 42 Abs. 2 Satz 2 und 3 BRRG aF sowie jetzt auch in § 99 Abs. 2 Satz 2 und Abs. 3 Satz 1 BBG.

(n) Sachsen (§§ 101–110 SächsBG): Anzeigepflichtig sind (§ 103 SächsBG)

- Nebentätigkeiten (siehe die Definitionen in § 101 Abs. 1 und 2 SächsBG),
- Tätigkeiten nach § 101 Abs. 3 Satz 1 Nr. 1 SächsBG[238] sowie

---

[234] Siehe auch § 60 Abs. 4 NBG, der sich mit § 83 Abs. 4 BbgLBG deckt (siehe dazu Fn. 227).

[235] Dazu → Rn. 32 und 36.

[236] Vgl. RP OVG NVwZ-RR 2013, 381 (Rn. 10).

[237] Siehe auch § 84 Abs. 4 SBG, der mit § 83 Abs. 4 BbgLBG übereinstimmt (siehe auch Fn. 227, 234).

[238] § 101 Abs. 3 Satz 1 Nr. 1 SächsBG stimmt mit § 83 Abs. 4 BbgLBG überein (siehe dazu Fn. 227 iVm Fn. 223, 226).

- schriftstellerische, wissenschaftliche, künstlerische und Vortragstätigkeiten, ferner selbstständige, mit Lehr- und Forschungsaufgaben zusammenhängende Gutachtertätigkeiten von Lehrern an öffentlichen Hochschulen und Beamten an wissenschaftlichen Instituten und Anstalten, soweit dafür jeweils Entgelte oder geldwerte Vorteile gewährt werden.

Die Untersagungsregelungen in § 104 Abs. 1 und 2 SächsBG weichen nur in Details von denjenigen der Länder ab, die sich von dem Grundmodell des Bundesrechts – wenn auch unter mehr oder weniger weitgehender, teils modifizierter Übernahme der bundesrechtlichen Versagungs- bzw. Untersagungstatbestände selbst – zugunsten einer formalen Orientierung am Grundsatz der Anzeigepflichtigkeit und dem Verbotsvorbehalt (§ 40 Satz 1 und 2 BeamtStG) abgesetzt haben.

(o) Sachsen-Anhalt (§§ 73–81 BG LSA): Vor dem rechtlichen Hintergrund der unmittelbaren Geltung des § 40 Satz 1 BeamtStG hat der Landesgesetzgeber in § 75 Abs. 1 BG LSA – wörtlich übereinstimmend mit § 72 Abs. 1 NBG (siehe dazu oben unter i) – diejenigen Nebentätigkeiten zusammengestellt, für die der „Grundsatz" der Anzeigepflichtigkeit nicht gelten soll. Die Verbotsregelung des § 76 Abs. 1 BG LSA ist mit § 73 Abs. 1 NBG deckungsgleich, wenn man davon absieht, dass bei der sog Fünftelvermutung in Niedersachsen auf „acht Stunden in der Woche", in Sachsen-Anhalt hingegen auf „ein Fünftel der wöchentlichen Arbeitszeit" als obere Grenze abgestellt ist. § 76 Abs. 2 BG LSA gleicht § 73 Abs. 2 BrBG (siehe dazu oben unter e); dass die bremische Vorschrift die Wendung „einschränken oder ganz oder teilweise (zu) untersagen" gebraucht, während die Rechtsfolge in Sachsen-Anhalt nur durch das Verb „untersagen" gekennzeichnet ist, bedeutet in Würdigung des Verhältnismäßigkeitsgrundsatzes keine Divergenz: Falls die entsprechende Nebentätigkeit beschränkbar ist und falls (allein) hinsichtlich eines Teilbereiches nicht die konkrete Gefahr einer Dienstpflichtverletzung besteht, ist lediglich eine Beschränkung (im Sinne einer partiellen Untersagung) rechtlich akzeptabel, falls der Beamte an einer derartig eingeschränkten Nebentätigkeit noch interessiert ist.[239]

(p) Schleswig-Holstein (§§ 70–79 SH LBG): Auch hier ist in Gestalt des § 72 Abs. 1 SH LBG eine Liste von Nebentätigkeiten vorangestellt, die „der Anzeigepflicht nach § 40 Satz 1 des Beamtenstatusgesetzes (nicht) unterliegen". Sie ist identisch mit § 72 Abs. 1 NBG (siehe dazu oben unter i). § 73 SH LBG (Verbot einer Nebentätigkeit) korrespondiert § 73 HmbBG (siehe dazu oben unter f), sodass es alles in allem angängig erscheint, von einem norddeutschen Regelungsmuster zu sprechen.

(q) Thüringen (§§ 49–58 ThürBG): Der Landesgesetzgeber hat die überkommene Konstruktion, namentlich die grundlegende Unterteilung nach generell genehmigungspflichtigen und ausnahmsweise genehmigungsfreien Nebentätigkeiten, aufrecht erhalten und auch im Übrigen von inhaltlichen Änderungen gegenüber dem früheren Recht durchgängig Abstand genommen.

45 Landesrechtsbezogene Ergänzung zu Teil V: Parallelvorschriften zu § 91 Abs. 2, § 92 Abs. 3 und § 95 Abs. 3 BBG sind (jeweils in dieser Reihenfolge und in größtmöglicher Näherung) die folgenden:

- § 62 Abs. 3 Satz 4 Hs. 2, § 69 Abs. 9 Satz 6 sowie § 72 Abs. 3 BW LBG
- Art. 88 Abs. 2, Art. 89 Abs. 3 sowie Art. 90 Abs. 2 BayBG
- § 54 Abs. 2 und § 55 Abs. 4 BlnLBG
- § 78 Abs. 2 und § 80 Abs. 3 BbgLBG
- § 61 Abs. 2, § 62 Abs. 2 sowie § 64 Abs. 2 BrBG
- § 62 Abs. 2, § 63 Abs. 2 sowie § 64 Abs. 2 HmbBG
- § 62 Abs. 2, § 63 Abs. 5 sowie § 64 Abs. 2 HBG

[239] Siehe dazu schon Fn. 81.

- § 63 Abs. 1, § 64 Abs. 2 Satz 2 sowie § 66 Abs. 2 Satz 4 MVBG
- § 61 Abs. 2, § 62 Abs. 3 sowie § 64 Abs. 2 NBG
- § 63 Abs. 2 und § 70 Abs. 2 NRW LBG
- § 75 Abs. 2 und 4 sowie § 77 Satz 2 RP LBG
- § 79 Abs. 2 sowie § 83 Abs. 2 und 5 SBG
- § 97 Abs. 3, § 98 Abs. 6 sowie § 99 Abs. 3 SächsBG
- § 64 Abs. 2, § 65 Abs. 2 sowie § 67 Abs. 2 BG LSA
- § 61 Abs. 2, § 62 Abs. 2 sowie § 64 Abs. 2 SH LBG
- § 61 Abs. 2, § 62 Abs. 2 sowie§ 67 Abs. 2 ThürBG.

VII. Prozessuale Fragen

1. Verwaltungsrechtsweg, Klagearten und Klagebefugnis bei Klagen des Beamten

Streitigkeiten, die das Nebentätigkeitsrecht betreffen, sind vor den Verwaltungsgerichten auszutragen (§ 54 Abs. 1 BeamtStG, § 126 Abs. 1 BBG). Da die Nebentätigkeitsgenehmigung eine sog gebundene Erlaubnis ist,[240] bietet sich die Verpflichtungsklage (§ 42 Abs. 1 VwGO) an, wenn dem Beamten die erstrebte Genehmigung versagt worden ist.[241,242] Eine Verpflichtungsklage auf Übertragung einer Nebentätigkeit im öffentlichen Dienst[243] könnte nur erwogen werden, falls der Beamte (ausnahmsweise) meint, genügend Anhaltspunkte dafür zu sehen, dass das Gericht zur Annahme einer sog Ermessensreduzierung auf Null[244] gelangen könnte; andernfalls kann – wenn überhaupt – nur zur Bescheidungsklage (siehe § 113 Abs. 5 Satz 2 VwGO) geraten werden. Die Bescheidungsklage ist auch die richtige Klageart, wenn dem Beamten die Genehmigung zur Inanspruchnahme von Einrichtungen, Personal oder Material des Dienstherrn nicht erteilt worden ist.[245] 46

Anfechtungsklage (§ 42 Abs. 1 VwGO) erhebt der Beamte, der sich gegen 47

- ein Verlangen seiner Dienstbehörde, eine Nebentätigkeit im öffentlichen Dienst auszuüben,[246]
- einen Widerruf einer Nebentätigkeitsgenehmigung,[247]
- eine Untersagung einer nicht genehmigungspflichtigen Nebentätigkeit,[248]

---

240 Bei der Zulassung einer Ausnahme gemäß § 101 Abs. 1 Satz 3 BBG (zum Landesrecht siehe zB § 74 Abs. 1 Satz 2 NBG) handelt es sich normalerweise nicht um eine eigenständige Regelung mit Verwaltungsaktcharakter, sondern um einen rechtlich nicht verselbständigten Teil der Nebentätigkeitsgenehmigung bzw. ein Element im Rahmen der Entscheidung über ein (eingeschränktes oder uneingeschränktes) Nebentätigkeitsverbot.

241 Bei einer inhaltlichen Einschränkung der Nebentätigkeitsgenehmigung kann eine Verpflichtungsklage mit dem Ziel einer uneingeschränkten Genehmigung infrage kommen; BW VGH VBlBW 1985, 138. Siehe auch → Rn. 28.

242 Je nach Gewicht des Zeitfaktors kann auch eine Regelungsanordnung (§ 123 Abs. 1 Satz 2 VwGO) erwägenswert sein; Lemhöfer in Plog/Wiedow BBG 2009 § 65 Rn. 28. Siehe ferner Fn. 256.

243 Dazu → Rn. 8, 11.

244 Siehe dazu BVerwGE 69, 90 (94); 78, 46 sowie die Nachweise bei Kopp/Schenke VwGO § 113 Rn. 207 und § 114 Rn. 6.

245 Dazu → Rn. 27.

246 Dazu → Rn. 8 f. Vgl. auch Schnellenbach ZBR 1992, 257 (265).

247 Dazu → Rn. 16.

248 → Rn. 39. Zur sofortigen Vollziehung der Untersagung einer Nebentätigkeit vgl. BVerwG Buchholz 310 § 80 VwGO Nr. 11.

- ein landesrechtliches Verbot der Nebentätigkeit vor ihrer Übernahme oder nach ihrer Aufnahme,[249]
- ein förmliches Auskunfts- oder Nachweisverlangen[250] oder
- eine Heranziehung zur Ablieferung einer Nebentätigkeitsvergütung[251] oder zur Entrichtung eines Nutzungsentgelts[252]

zur Wehr setzt.[253]

48 Herrscht zwischen dem Beamten und der zuständigen Dienstbehörde Streit darüber, ob bestimmte Aktivitäten desselben nebentätigkeitsrechtlich relevant, genehmigungsfrei oder genehmigungspflichtig bzw. nach Landesrecht einem Verbot zugänglich sind, so kann es auf folgende Weisen zu einer gerichtlichen Klärung[254] kommen: Die Behörde kann den Beamten je nach Maßgabe des nebentätigkeitsrechtlichen Modells auffordern, die betreffende Tätigkeit anzuzeigen oder ihre Genehmigung zu beantragen; folgt der Beamte dem nicht und setzt er das umstrittene Verhalten ohne Anzeige oder Genehmigung fort, so bleibt dem Dienstvorgesetzten nur die Möglichkeit eines disziplinarischen Vorgehens.[255] Die Frage der Anzeige- bzw. Genehmigungspflichtigkeit wird dann letztlich von den Disziplinargerichten entschieden. Will sich der Beamte einerseits nicht dem Verdacht (und der Verfolgung) eines Dienstvergehens aussetzen, findet er sich aber andererseits auch nicht zu einer Anzeige iSd § 40 Satz 1 BeamtStG bzw. zu einem Antrag auf Erteilung einer Nebentätigkeitsgenehmigung bereit, so kann er verwaltungsgerichtliche Feststellungsklage (§ 43 Abs. 1 VwGO) mit dem Ziel erheben, dass die Anzeige- bzw. die Genehmigungsfreiheit von Gerichts wegen konstatiert wird.[256]

49 Eine Feststellungsklage des Beamten scheidet mangels (analog § 42 Abs. 2 VwGO) erforderlicher[257] Klagebefugnis aus, wenn es diesem um eine gerichtliche Entscheidung des Inhalts geht, dass eine bestimmte ihm anderweit, zB durch einen Verband oder eine private oder öffentliche Einrichtung, aufgedrängte, aus seiner Sicht indessen unerwünschte Aktivität vonseiten seines Dienstherrn untersagt bzw. nicht genehmigt wird. Der Beamte kann die Einhaltung der Vorschriften des Nebentätigkeitsrechts, soweit ihre Anwendung auf ein Verbot bzw. die Versagung einer Genehmigung hinausläuft, nicht als eigenes Recht geltend machen.[258]

---

[249] → Rn. 44.

[250] → Rn. 29 f., 44.

[251] Siehe dazu Fn. 2.

[252] → Rn. 27. Zur Geltendmachung der „Zahlungslast" durch Verwaltungsakt H.Günther DÖD 1992, 159 (179).

[253] Eine Auflage zur Nebentätigkeitsgenehmigung (§ 36 Abs. 2 Nr. 4 VwVfG) kann Gegenstand einer Anfechtungsklage sein; → Rn. 28.

[254] Zum vorläufigen Rechtsschutz bei Streit um eine Nebentätigkeit, auch zur Vollzugsfolgenabwägung BVerfG NVwZ-RR 2008, 657; vgl. bereits Fn. 233 sowie nachfolgend Fn. 256.

[255] Siehe auch BW VGH VBlBW 2002, 196. Lemhöfer in Plog/Wiedow BBG 2009 § 65 Rn. 8a will dem Dienstherrn in Anlehnung (ua) an BVerwG DÖV 1991, 647 auch die Befugnis zuerkennen, die streitige Frage der Genehmigungsbedürftigkeit durch feststellenden Verwaltungsakt zu klären (zw.).

[256] Fraglich ist es, ob dem Dienstherrn durch einstweilige Sicherungsanordnung (§ 123 Abs. 1 Satz 1 VwGO) aufgegeben werden kann, seine Disziplinarbefugnisse einstweilen nicht auszuüben, bis über den Feststellungsantrag rechtskräftig entschieden worden ist. Zu einem erfolglosen Eilantrag eines Kriminaloberkommissars, der auf die Feststellung gerichtet war, dass die beabsichtigte Nebentätigkeit als Komparse in Fernsehproduktionen nicht genehmigungs-, sondern als künstlerische Tätigkeit nur anzeigepflichtig sei, siehe NRW OVG 14.9.2015 – 6 B 960/15 –, juris Rn. 6, 14 (vgl. entsprechend zu einem Eilantrag ua mit dem Ziel der vorläufigen Erteilung einer Nebentätigkeitsgenehmigung für die Rolle als Schutzpolizist in einer Fernsehproduktion VG Düsseldorf 21.9.2015 – 2 L 2958/15 –, juris Rn. 6, 11, 25).

[257] BVerwGE 74, 1 (4) sowie BVerwG Buchholz 310 § 43 VwGO Nr. 109 mwN.

[258] Vgl. BVerwG ZBR 1995, 378 (379).

2. Zur Frage einer Klagebefugnis Dritter

Für die Klage eines Dritten, etwa eines Gewerbetreibenden, gegen die Erteilung einer Nebentätigkeitsgenehmigung oder auf Erlass eines Verbotes oder einer Widerrufs- oder Untersagungsverfügung fehlt die Klagebefugnis (§ 42 Abs. 2 VwGO), weil der nach Lage der Dinge beanstandete oder begehrte Verwaltungsakt allenfalls dessen wirtschaftliche, nicht aber seine rechtlich geschützten Interessen berührt.[259] Möglich kann jedoch eine wettbewerbsrechtliche Klage des privaten Konkurrenten gegen den Beamten sein.[260] Wegen des Fehlens der Klagebefugnis ist auch die Klage einer Bausparkasse auf Verpflichtung der Verwaltung, sie als Selbsthilfeeinrichtung der Beamten iSd Nebentätigkeitsrechts anzuerkennen, als unzulässig zu betrachten.[261] Ein etwaiger Streit über eine Anzeige- bzw. eine Genehmigungsfreiheit kann hier nur im Prozess zwischen dem Beamten und seinem Dienstherrn ausgetragen werden; die Frage, ob die an der Nebentätigkeit interessierte Stelle eine Selbsthilfeeinrichtung ist, kann dann inzidenter geprüft werden.[262] 50

3. Aufschiebende Wirkung des Widerspruchs und der Anfechtungsklage des Beamten[263]

Der durch § 80 Abs. 1 Satz 1 VwGO bei belastenden Verwaltungsakten an die Erhebung eines (förmlichen) Rechtsbehelfs geknüpfte Suspensiveffekt hat, solange er nicht – vorbehaltlich einer gerichtlichen Wiederherstellung der aufschiebenden Wirkung (§ 80 Abs. 5 Satz 1 VwGO) – durch Vollziehungsanordnung gemäß § 80 Abs. 2 Satz 1 Nr. 4 VwGO beseitigt ist, zur Folge, dass der Beamte die unter Rn. 47 genannten Verfügungen oder Entscheidungen zunächst nicht zu beachten braucht:[264] Er kann mithin zB eine genehmigungsbedürftige Nebentätigkeit trotz Widerrufs der Nebentätigkeitsgenehmigung oder eine genehmigungsfreie Nebentätigkeit trotz Untersagung einstweilen fortsetzen; wenn seine Anfechtungsklage jedoch rechtskräftig abgewiesen wird, muss er freilich alsdann gemäß § 71 Abs. 2 BBG eine aus der Nebentätigkeit erzielte Zuwendung von dritter Seite an seinen Dienstherrn abliefern, sofern er bei der streitigen Nebentätigkeit dienstliche Pflichten verletzt hat, indem er mit dieser Tätigkeit zu seinem Hauptamt gehörende Aufgaben wahrgenommen hat.[265] Ein Nutzungsentgelt braucht er zunächst nicht zu entrichten; § 80 Abs. 2 Satz 1 Nr. 1 VwGO ist insoweit nicht anwendbar.[266] 51

4. Kontrolldichte der verwaltungsgerichtlichen Prüfung

Die im Nebentätigkeitsrecht verwendeten Begriffe sind durchweg unbestimmte Rechtsbegriffe ohne Beurteilungsermächtigung der Verwaltung.[267] Einige von ihnen – zB „über Gebühr in Anspruch nehmen“ (siehe § 98 BBG) oder „dienstliche Interessen“ (siehe § 40 Satz 2 BeamtStG und § 99 Abs. 2 Satz 1 BBG) – sind allerdings in ihrer 52

[259] Vgl. BVerwG ZBR 1984, 125; siehe auch HmbOVG NJW 1984, 834.
[260] Siehe BGH NJW 1994, 2096.
[261] Siehe Fn. 259.
[262] NRW OVG 26.8.1980 – 1 A 2069/77 –, abgedr. bei Schütz/Maiwald BR ES/B I 2.6 Nr. 1.
[263] Vgl. auch schon Fn. 253 ff.
[264] Vgl. auch NdsOVG NdsVBl. 2010, 332.
[265] NdsOVG NdsVBl. 2010,331 mwN (zu § 78 Satz 1 NBG aF). Siehe auch § 9 Fn. 64.
[266] → Rn. 27 aE.
[267] Vgl. BVerwGE 67, 287.

praktischen Handhabung durch das verwaltungsgerichtlich nur beschränkt überprüfbare organisations- und verwaltungspolitische Ermessen des Dienstherrn mitgeprägt.[268]

5. Beweislast

53 Sofern der Beamte seinen Initiativ- und Mitwirkungspflichten, insbesondere auch im Blick auf die Vorlage etwa erforderlicher Nachweise, genügt hat, trifft die Beweislast hinsichtlich der Tatsachen, die einer für ihn negativen Entscheidung, namentlich einer Versagung der Nebentätigkeitsgenehmigung oder einem (landesrechtlichen) Nebentätigkeitsverbot, zugrunde liegen, den Dienstherrn.[269]

---

[268] → § 4 Rn. 43 f.; ferner H.Günther DÖD 1988, 78 (82).
[269] Ebenso Baßlsperger ZBR 2004, 369 (373).

§ 9 Schadensersatzhaftung des Beamten

Verletzt ein Beamter vorsätzlich oder grob fahrlässig die ihm obliegenden Pflichten, so hat er dem Dienstherrn, dessen Aufgaben er wahrgenommen hat, den daraus entstehenden Schaden zu ersetzen (§ 48 Satz 1 BeamtStG, § 75 Abs. 1 Satz 1 BBG). Je nach Art des Schadens, für den der Beamte einzustehen hat, ist zu unterscheiden[1] zwischen 1

- der Haftung für Eigenschäden des Dienstherrn und
- der Rückgriffshaftung bei Fremdschäden.

In vier Konstellationen tritt der Dienstherr für Fremdschäden ein:

- Er kann einem anderen Beamten wegen des schadenstiftenden Ereignisses ersatz- oder in sonstiger Weise ausgleichspflichtig sein.
- Seine Ersatzpflicht kann daraus resultieren, dass der Beamte einen außenstehenden Dritten im nichthoheitlichen Bereich geschädigt hat.
- Er kann einem Amtshaftungsanspruch gemäß Art. 34 Satz 1 GG iVm § 839 BGB ausgesetzt sein.
- Schließlich besteht die Möglichkeit einer Inanspruchnahme des Dienstherrn nach den §§ 7 ff. StVG.

I. Eigenschäden des Dienstherrn und Fremdschäden

1. Eigenschäden des Dienstherrn

Eigenschäden sind solche Schäden, die unmittelbar das Eigentum oder das Vermögen des Dienstherrn treffen. Musterbeispiele sind der infolge einer Betankung mit falschem Kraftstoff[2] oder wegen einer unvorsichtigen Fahrweise des beamteten Fahrzeugführers eingetretene Schaden am Dienstkraftfahrzeug[3] und die Einbuße an Haushaltsmitteln bei pflichtwidriger Eingehung von Verbindlichkeiten zu Lasten des Dienstherrn.[4] 2

2. Fremdschäden

a) Unfallfürsorgeleistungen als mittelbarer Schaden des Dienstherrn

Fügt der Beamte bei einer Diensthandlung einem anderen Beamten eine Verletzung zu, so hat dies für den Dienstherrn zur Folge, dass er dem Geschädigten Unfallfürsorgeleistungen (§§ 30 ff. BeamtVG) schuldet. Der verletzte Beamte wie auch seine Hinterbliebenen haben aus Anlass des Dienstunfalles gegen den Dienstherrn keine weitergehenden 3

---

[1] Vgl. Simianer ZBR 1993, 33 (34 ff.).

[2] Vgl. NdsOVG NdsVBl. 2008,177 und RP OVG NVwZ-RR 2004,366.

[3] Vgl. zB VG Gelsenkirchen 12.2.2003 – 1 K 3474/01 –, juris Rn. 15 und VG Arnsberg 27.3.2013 – 2054/11 – , juris Rn. 32.

[4] Siehe dazu BVerwG ZBR 1991, 249 (unberechtigte private Inanspruchnahme von Personal des Dienstherrn) und NRW OVG ZBR 1984, 341 (Steuerausfälle infolge verzögerter Sachbearbeitung eines Finanzbeamten; beachte insoweit aber auch § 32 AO sowie Fn. 75).

Ansprüche (§ 46 Abs. 1 Satz 1 BeamtVG),[5] es sei denn, der Schädiger hat den Dienstunfall vorsätzlich oder bei der Teilnahme am allgemeinen Verkehr herbeigeführt (§ 46 Abs. 2 BeamtVG).[6] In einem solchen Ausnahmefall kann auch ein Amtshaftungsanspruch (Art. 34 Satz 1 GG iVm § 839 BGB) gegeben sein,[7] der eine Entschädigung wegen eines immateriellen Schadens (§ 253 Abs. 2 BGB) einschließen kann.[8] Anspruchsgrundlage für den Rückgriff ist – im Normal- wie im Ausnahmefall[9] – bei Landesbeamten § 48 Satz 1 BeamtStG, bei Bundesbeamten § 75 Abs. 1 Satz 1 BBG.

4 Haben mehrere Beamte grob fahrlässig einen Unfall verursacht, bei dem jeder von ihnen einen Körperschaden erlitten hat, so kann der Dienstherr keinen der Beteiligten im Wege des Rückgriffs auf Ersatz der an einen anderen erbrachten Unfallfürsorgeleistungen in Anspruch nehmen. Wegen der gesamtschuldnerischen Haftung (§ 48 Satz 2 BeamtStG, § 75 Abs. 1 Satz 2 BBG) hätten die Betroffenen nämlich jeweils auch gegenüber denjenigen einen Ausgleichsanspruch, denen die Unfallfürsorgeleistungen zugeflossen sind. Da die Regelung der §§ 30–46 BeamtVG abschließend ist, wäre ein derartiges Ergebnis ebenso wenig akzeptabel, wie wenn man einen (einzelnen) Beamten, der Unfallfürsorgeleistungen erhalten hat, zur Rückgewähr eben dieser Leistungen als Schadensersatz verpflichten wollte.[10]

b) Schadensersatzpflicht des Dienstherrn gegenüber einem anderen Beamten

5 Verstößt ein Beamter etwa im Zuge einer Auswahl zwischen mehreren Bewerbern um ein Beförderungsamt gegen das Bestenausleseprinzip (Art. 33 Abs. 2 GG)[11] oder trägt er in diesem oder einem anderen Zusammenhang zB den Anforderungen der Fürsorge- und Schutzpflicht nicht zulänglich Rechnung,[12] so kann dem Dienstherrn auch hieraus ein mittelbarer Schaden erwachsen. Im erstgenannten Fall muss er den infolge des Verstoßes zu Unrecht nicht beförderten Beamten unter Umständen dienst-, besoldungs- und versorgungsrechtlich so stellen, wie er bei einer Beförderung gestanden hätte;[13] zeitigt die Pflichtverletzung im zweiten Fall einen Schaden im Vermögen eines anderen Beamten, so kann der Dienstherr auch zu dessen Ersatz verpflichtet sein. Rückgriffsnormen sind wiederum § 48 Satz 1 BeamtStG bzw. § 75 Abs. 1 Satz 1 BBG.

c) Schadensersatzpflicht des Dienstherrn gegenüber einem außenstehenden Dritten im nichthoheitlichen Bereich

6 Soweit der Beamte nicht in Ausübung hoheitlicher Befugnisse tätig geworden ist,[14] haftet der Dienstherr außenstehenden Dritten gegenüber

---

[5] Vgl. dazu BVerfGE 85, 176 sowie BGHZ 121, 131.

[6] Zu § 46 Abs. 2 Satz 1 Nr. 2 BeamtVG (Anwendbarkeit des Gesetzes über die erweiterte Zulassung von Schadensersatzansprüchen bei Dienst- und Arbeitsunfällen vom 7.12.1943, RGBl. I S. 674) vgl. Brockhaus in Schütz/Maiwald BR Rn. 26ff. zu § 46 BeamtVG mwN. Speziell zur Weitergeltung des im vorstehenden Klammerzusatz genannten Gesetzes – nur – für Beamte BGH DVBl. 1956, 653 und DÖD 1975, 283.

[7] BGHZ 34, 375.

[8] Siehe hierzu Palandt/Sprau BGB § 839 Rn. 79.

[9] Zum Regress des Dienstherrn in dem oben näher bezeichneten Normalfall (unvorsätzlich herbeigeführter Verkehrsunfall auf einem Kasernengelände) siehe OLG Oldenburg VRS 2012, 355.

[10] Vgl. dazu BVerwGE 106, 272 (278f.), ferner Lemhöfer in Plog/Wiedow BBG 2009 § 75 Rn. 82.

[11] → § 3 Rn. 63ff.

[12] → § 10 Rn. 1ff., 57ff.

[13] → § 3 Rn. 73ff.

[14] Maßgeblich ist die Rechtsform des Privatrechts (einschließlich des sog Verwaltungsprivatrechts); vgl. BVerwG NJW 1990, 134 und NVwZ 1990, 754.

- bei der Verletzung vertraglicher Pflichten: falls der Schädiger als satzungsmäßiger Vertreter anzusehen ist, nach den §§ 89, 31 BGB, im Übrigen nach § 278 BGB (ohne Möglichkeit eines Entlastungsbeweises),
- bei unerlaubten Handlungen: falls der Schädiger die Stellung eines satzungsmäßigen Vertreters hat, nach den §§ 89, 31 iVm §§ 823 ff. BGB, im Übrigen nach § 831 BGB iVm §§ 823 ff. BGB (mit der Möglichkeit eines Entlastungsbeweises).[15]

Satzungsmäßige Vertreter sind nicht nur die Leiter oberster Dienstbehörden, sondern auch sonstige Behörden- und Dienststellenleiter, denen eine gewisse Selbstständigkeit nach außen eingeräumt ist. Auch hier richtet sich der Rückgriff nach § 48 Satz 1 BeamtStG bzw. § 75 Abs. 1 Satz 1 BBG.

d) Amtshaftung[16]

Bei einer schuldhaften Amtspflichtverletzung des Beamten (§ 839 Abs. 1 BGB)[17] in Ausübung eines öffentlichen Amtes trifft die Verantwortlichkeit gemäß Art. 34 Satz 1 GG allein den Dienstherrn, in dessen Diensten der Beamte[18] steht, und zwar grundsätzlich unabhängig davon, ob die Aufgabe, bei deren Erfüllung die Amtspflichtverletzung begangen worden ist, in den Funktionsbereich des Dienstherrn (der Anstellungskörperschaft) fällt.[19] Anders liegt es bei einer rechtlichen Doppelstellung des Beamten,[20] wie sie heute noch der Landrat[21] innehat, bei der Abordnung des Beamten zu einem anderen Dienstherrn[22] oder in Fällen der Ausübung eines Nebenamtes bei einem anderen Dienstherrn.[23] Dann kommt es darauf an, welcher Dienstherr dem Beamten gerade diejenige Aufgabe anvertraut hat, bei deren Wahrnehmung die den Schaden auslösende Handlung geschehen ist.[24] 7

Art. 34 Satz 1 GG bezieht sich zum einen auf alle Rechtshandlungen, die in öffentlich-rechtlichen Formen vorgenommen werden, zum anderen auf alle Tathandlungen (Realakte), die der Zielsetzung des Amtsträgers nach dem hoheitlichen (dh dem obrigkeitlichen oder dem schlicht-hoheitlichen) Aufgabenbereich zuzurechnen sind, sofern ein Funktionszusammenhang zwischen der Zielsetzung und dem Realakt als schädigender Handlung besteht.[25] Der Rückgriff bestimmt sich gleichfalls nach § 48 Satz 1 BeamtStG bzw. § 75 Abs. 1 Satz 1 BBG und nicht etwa nach Art. 34 Satz 2 GG, der lediglich eine Haftungsbeschränkung auf Vorsatz und grobe Fahrlässigkeit vorschreibt. Für die Geltendmachung des Rückgriffsanspruchs gibt Art. 34 Satz 3 GG den ordentlichen Rechtsweg vor. Nur wegen dieser Sonderregelung, die dem Dienstherrn etwa den – andernfalls möglichen – Erlass eines Leistungsbescheides oder die Erhebung einer verwaltungs- 8

---

[15] Zur Haftung des Dienstherrn als Gebäudebesitzer §§ 836 ff. BGB.

[16] Zusätzlich kann der Dienstherr aus enteignungsgleichem Eingriff, aus Aufopferung oder nach verwaltungsverfahrensrechtlichen Bestimmungen haften oder entschädigungspflichtig sein; vgl. BGHZ 13, 88 sowie Battis BBG § 75 Rn. 6.

[17] Zu § 839 Abs. 3 BGB (Ausschluss der Ersatzpflicht bei Nichtgebrauch eines „Rechtsmittels") vgl. BGHZ 113, 17 und BVerwGE 107, 29 (34) sowie BVerwG ZBR 1999, 199 und ZBR 2000, 208.

[18] Gerichtsvollzieher sind keine „Gebührenbeamte" (vgl. BVerfG NVwZ 1991, 661 und BGHZ 76, 376; 99, 62), da sie vom Dienstherrn amtsgemäß besoldet werden und von ihm zusätzlich eine besoldungsrechtliche Vergütung (§ 49 BBesG) erhalten (BGHZ 146, 17).

[19] BGHZ 87, 202 (204); 99, 326 (330); 118, 304 (Haftung des Staates statt der Beschäftigungsstelle für Schäden eines Zivildienstleistenden).

[20] Früheres Standardbeispiel war der Oberfinanzpräsident (siehe § 9 Abs. 2 Satz 1 FinVerwG aF, inzwischen aufgrund Gesetzes vom 13.12.2007, BGBl. I S. 2897 entfallen).

[21] Siehe zB § 44 Abs. 3 Satz 2, §§ 58 ff. NRW KrO.

[22] → § 4 Rn. 55 f.

[23] → § 8 Rn. 1.

[24] Vgl. hierzu die Nachweise in Fn. 19.

[25] BGHZ 118, 304 und BGH NVwZ 2000, 213.

gerichtlichen Klage verwehrt,[26] spielt die Abgrenzung von hoheitlichem und nichthoheitlichem Handeln im Rahmen der Schadensersatzhaftung des Beamten heute noch eine Rolle.[27]

9 Steht der Dienstherr mit einem anderen Rechtsträger in einem öffentlich-rechtlichen Aufgabenverbund und trifft der von dem Beamten verursachte Schaden nicht seinen Dienstherrn, sondern den anderen Rechtsträger, so scheidet eine Amtshaftung des Dienstherrn aus. Dieser hat den Schaden des anderen Rechtsträgers vielmehr qua Drittschadensliquidation gegenüber seinem Beamten geltend zu machen, es sei denn, der Beamte ist offensichtlich nicht verpflichtet, den Schaden zu ersetzen.[28, 29] Beispiele:

- Ein Gemeindebeamter verletzt bei der Wahrnehmung einer Auftragsangelegenheit des Landes grob fahrlässig die ihm obliegenden Pflichten. Der Dienstherr, dh die Gemeinde, kann den Beamten für den Schaden, der dem Land entstanden ist, haftbar machen.[30]
- Ein Lehrer, also ein (unmittelbarer) Landesbeamter, verliert den Schulgeneralschlüssel[31] oder beschädigt den Fußboden in dem der Gemeinde als Schulträgerin gehörenden Schulgebäude[32] oder einen von ihr als Schulträgerin für den Unterrichtsgebrauch beschafften Gegenstand[33] mit der Folge, dass ihn das Land jeweils wegen des Schadens der Gemeinde in Anspruch nehmen kann.[34]

e) Gefährdungshaftung des Dienstherrn nach den §§ 7 ff. StVG

10 Wenn der Dienstherr Halter eines Dienstkraftfahrzeugs ist, so sind die §§ 7 ff. StVG auch auf ihn anwendbar, gleichgültig, ob der schadenstiftende Einsatz des Fahrzeugs im Einzelfall dem Hoheits- oder dem Fiskalbereich zuzuordnen ist. Im Bereich der Straßenverkehrspflichten stehen die Amtshaftung wegen eines schuldhaft mit einem Dienstkraftfahrzeug in hoheitlicher Aufgabenerfüllung verursachten Verkehrsunfalles und die Gefährdungshaftung mithin nebeneinander; im Außenverhältnis besteht insoweit Anspruchskonkurrenz.[35] Bund, Länder und Kommunen, die als Fahrzeughalter von der gesetzlichen Versicherungspflicht befreit sind (§ 2 Abs. 1 PflVG), haben im Grundsatz für Schäden der in § 1 PflVG genannten Art im Außenverhältnis in gleicher Weise und in gleichem Umfang einzustehen wie ein Versicherer bei Bestehen einer Haftpflichtversiche-

---

[26] → Rn. 52 ff.

[27] Vgl. auch Nr. 1 des GemRdSchr. des BMF und des BMI vom 27.6.2007, GMBl. S. 721 betr.Schadenshaftung der bei den Bundesbehörden beschäftigten Kraftfahrerinnen und Kraftfahrer im Beamtenverhältnis sowie der Beamtinnen und Beamten, die zumindest zeitweilig mit der Führung eines Kraftwagens betraut sind, im Verhältnis zu ihrem Dienstherrn; siehe außerdem GMBl. 2009, 160.

[28] Vgl. dazu BVerwGE 120,370: Der Bund sei verpflichtet, den Zivildienstleistenden, der dem Träger der Beschäftigungsstelle einen Schaden zugefügt habe, im Wege der Drittschadensliquidation auf Ersatz dieses Schadens zu belangen. Siehe des Weiteren BGHZ 87, 253 (355); 116, 312 (315 f.). In Art. 104a Abs. 5 GG ist in Bezug auf das Verhältnis zwischen dem Bund und den Ländern der Grundsatz gegenseitiger Haftung für eine ordnungsgemäße Verwaltung festgeschrieben. Dazu BVerfGE 99, 361 sowie BVerwGE 96, 45 (56 ff.); 100, 56 (60 f.); 104, 29. Schließlich VG Gelsenkirchen 22.2.2013 – 12 K 1564/10 –, juris Rn. 133 f. (zur Zweckentfremdung von Fördermitteln des Bundes).

[29] Zur Haftung einer Gemeinde gegenüber dem Land SOVG 27.9.2007 – 3 A 322/07 –, BeckRS 2008, 30263.

[30] BVerwG NJW 1995, 978.

[31] Vgl. VG Hannover 25.1.2008 – 2 A 8123/06 –, BeckRS 2008, 33798. Zu „Schlüsselverlustfällen" im Schulbereich NdsOVG 26.4.2013 – 5 LA 117/12 –, BeckRS 2013, 50322, VG Trier NJW 2012,1464 und VG Augsburg 16.10.2014 – Au 3 K 13.959 – ,BeckRS 2014, 59509 mwN.

[32] Vgl. Simianer ZBR 1993, 33 (37) unter Hinweis auf BW VGH ZBR 1985, 115. Siehe auch BVerwG NVwZ.1985, 904.

[33] Vgl. RP OVG NVwZ-RR 2005, 477.

[34] Vgl. auch Beckmann ZBR 2004, 109 (115 f.).

[35] Vgl. Franke in GKÖD I (L) § 75 Rn. 8 aE, 26, 46.

rung (§ 2 Abs. 2 Satz 1 PflVG), allerdings beschränkt auf den Betrag der festgesetzten Mindestversicherungssummen (§ 2 Abs. 2 Satz 2 PflVG).

Die Rückgriffshaftung des beamteten Kraftfahrers – nicht diejenige eines Vorgesetzten, der die Fahrt pflichtwidrig angeordnet hat[36] – ist gemäß § 2 Abs. 2 Satz 1 PflVG ausgeschlossen, soweit der Schaden nicht die Mindestversicherungssummen überschreitet (§ 2 Abs. 2 Satz 2 PflVG)[37] und sofern ein Versicherer bei gleichem Tatbestand nicht berechtigt wäre, gegen den Versicherungsnehmer oder den mitversicherten Fahrer (§ 2 Abs. 2 Nr. 3 KfzPflVV) Rückgriff zu nehmen (§ 2 Abs. 2 Satz 6 PflVG). Der Versicherer ist rückgriffsberechtigt, wenn er die Schadensersatzansprüche eines Dritten befriedigt hat, obwohl er an sich – wegen des Verhaltens des Versicherungsnehmers (dh wegen einer Obliegenheitsverletzung, zB einer Verkehrsunfallflucht oder alkoholbedingter Fahruntüchtigkeit) – vertragsgemäß von seinen Pflichten aus dem Versicherungsvertrag frei gewesen wäre.[38] Der beamtete Kraftfahrer ist damit so gestellt, als habe der Dienstherr eine Versicherung für das Kraftfahrzeug abgeschlossen. 11

Hierzu drei Ergänzungen: (1) Die Ausschlussregelung des Pflichtversicherungsgesetzes hindert, so weit sie reicht, auch dann eine nachträgliche Inanspruchnahme des beamteten Kraftfahrers, wenn der Dienstherr (die Anstellungskörperschaft) seine (ihre) Leistungen aufgrund der Unfallfürsorgevorschriften (§§ 30 ff. BeamtVG), des Art. 34 Satz 1 GG oder des § 831 BGB erbringt.[39] (2) Für Eigenschäden des Dienstherrn haftet der beamtete Kraftfahrer.[40] Dazu rechnen zB auch Nutzungsausfall, Wertminderung und Abschleppkosten; eine abstrakt berechnete Nutzungsausfallentschädigung ist im Bund nicht geltend zu machen.[41] (3) Auf eine Schadenshaftung von Personen, die gemäß § 5 Abs. 1 der Richtlinien für die Nutzung von Dienstkraftfahrzeugen der Bundesverwaltung vom 29. Juni 1993[42] zur Erfüllung ihrer Fachaufgaben berechtigt sind, ein Dienstkraftfahrzeug selbst zu führen, sind die für Berufskraftfahrer geltenden Grundsätze entsprechend anzuwenden.[43] 12

II. Voraussetzungen der Haftung nach § 48 Satz 1 BeamtStG und § 75 Abs. 1 Satz 1 BBG

1. Persönlicher Geltungsbereich

Für § 48 Satz 1 BeamtStG und § 75 Abs. 1 Satz 1 BBG ist die Art des Beamtenverhältnisses gleichgültig.[44] Was die Abordnung von Beamten aus dem Landes- in den Bundes- 13

[36] Vgl. HVGH DVBl 1994, 1084 (LS) = IÖD 1994, 206 (208).

[37] Siehe dazu die Anlage zu § 4 Abs. 2 PflVG.

[38] Siehe im Einzelnen Nr. 6.1 und 6.2 des in Fn. 27 näher bezeichneten GemRdschr. sowie BVerwGE 70,296 (301 f.) und BGHZ 124,15 (19 f.).

[39] Siehe Nr. 2.1 aaO (Fn. 27).

[40] Vgl. Lemhöfer in Plog/Wiedow BBG 2009 § 75 Rn. 53, 55 sowie Simianer ZBR 1993, 33 (38).

[41] In diesem Sinne Nr. 2.2 Abs. 2 des in Fn. 27 näher bezeichneten GemRdschr.; siehe auch BayVGH DÖD 1993, 41.

[42] GMBl. S. 398.

[43] Siehe Nr. 3.3 aaO (Fn. 27). Dort ist bemerkt, dass die an Nichtberufskraftfahrer („Selbstfahrer") zu stellenden Anforderungen weniger hoch als bei Berufskraftfahrern anzusetzen seien: Da der Nichtberufskraftfahrer („Selbstfahrer") das Lenken des Kraftfahrzeuges nur „nebenbei" übernehme, müsse bei ihm eher mit der Möglichkeit eines Versagens im Straßenverkehr gerechnet werden als bei einem Berufskraftfahrer, der sich lediglich um das Fahren zu kümmern habe. Siehe auch HVGH ZBR 1968, 219.

[44] Siehe HVGH ESVGH 16, 156 sowie SächsOVG 2.4.2014 – 2 A 290/11 –, juris Rn. 15. Eingehend dazu Franke in GKÖD I (L) § 75 Rn. 14. Zur Haftung der Ehrenbeamten BVerwGE 100, 280

dienst und den umgekehrten Fall wie auch die länderübergreifende Abordnung angeht, so sind – soweit zwischen den Dienstherren nichts anderes vereinbart ist – unter anderem die Vorschriften des jeweils aufnehmenden Dienstherrn über die Schadensersatzhaftung entsprechend anzuwenden (§ 14 Abs. 4 Satz 2 BeamtStG, § 27 Abs. 5 BBG). Ist die Ernennung nichtig oder ist sie zurückgenommen worden (§§ 11, 12 BeamtStG, §§ 13, 14 BBG), so sind § 48 Satz 1 und § 75 Abs. 1 Satz 1 BBG analog heranzuziehen (arg. § 15 Satz 3 BBG).[45] Im Ergebnis gleich zu erachten ist es, wenn ein Mitarbeiter nicht wirksam in das Beamtenverhältnis berufen worden ist, der nach dem Willen beider Seiten in das Beamtenverhältnis berufen werden sollte und – im Rahmen des beiderseits für bestehend gehaltenen Beamtenverhältnisses – tatsächlich wie ein Beamter tätig geworden ist. Die Grundsätze des Vertrauensschutzes und der Billigkeit verlangen hier danach, dem nicht wirksam berufenen Mitarbeiter die beamtenrechtliche Haftungsbeschränkung wie einem Beamten zuzugestehen.[46] Auch Ruhestandsbeamte und frühere Beamte mit Versorgungsbezügen können nach den beamtenrechtlichen Haftungsnormen zum Schadensersatz herangezogen werden, wenn sie Pflichten aus dem Beamtenverhältnis, zB die Verschwiegenheitspflicht (§ 37 BeamtStG, § 67 BBG), verletzen.[47] Eine Beendigung des (aktiven) Beamtenverhältnisses nach Begehung der Dienstpflichtverletzung ist grundsätzlich bedeutungslos.[48] Die Ersatzpflicht geht beim Tode des Beamten nach den Rechtsgedanken der §§ 1922, 1967 BGB auf dessen Erben über.[49]

2. Dienstpflichtverletzung

14 Es empfiehlt sich, zwischen allgemeinen und besonderen Beamtenpflichten zu differenzieren. Die allgemeinen Beamtenpflichten, die in den §§ 33–35 BeamtStG und (inhaltsgleich) in den §§ 60–62 BBG generalklauselartig weit gefasst sind, kann man in eine – selbstverständlich nicht erschöpfende – Kasuistik auffächern. Der folgende Versuch, einen Pflichtenkatalog zu erstellen, orientiert sich an der Leitlinie, nur solche Handlungs- und Unterlassens-Gebote bzw. -Verbote in den Kreis der Erwägungen einzubeziehen, deren (nicht durch einen Rechtfertigungsgrund, zB durch die Übernahme eines Risikos im Interesse der Gefahrenabwehr, gedeckte) Verletzung typischerweise schadensträchtig ist. Überträgt ein Beamter eine ihm obliegende Aufgabe berechtigterweise auf einen anderen Beamten, so trifft ihn – abhängig von den Umständen des Einzelfalles – die Pflicht, den Beamten sorgsam auszuwählen und bei der Dienstausübung zu überwachen.[50]

---

(283). Vgl. auch HVGH DÖV 2009, 1006: Die Pflicht zur sicheren Aufbewahrung eines Dienstschlüssels treffe den Betriebsratsvorsitzenden in gleicher Weise wie jeden anderen Beschäftigten; sie sei „nicht Ausfluss seiner besonderen betriebsverfassungs- bzw. personalvertretungsrechtlichen Funktion".

[45] Ebenso Lemhöfer in Plog/Wiedow BBG 2009 § 75 Rn. 10; vgl. außerdem BVerwGE 109, 365 (367 f.), ferner BVerwGE 100, 280 (283 f.).

[46] BVerwGE 100, 280. Offengelassen ist, ob anders zu entscheiden wäre, wenn der Mitarbeiter die Sachlage kennt oder wenn er den Mangel gar vorsätzlich herbeigeführt hat.

[47] Siehe BVerwGE 17, 286 (291) und BVerwG RiA 1971, 215; dazu auch Thiele DÖD 1996, 49.

[48] BVerwGE 27, 250. Siehe auch RP OVG AS 27,81.

[49] BGH NJW 1994, 660; siehe auch Simianer ZBR 1993, 33 (38).

[50] NdsOVG 27.5.2013 – 5 LB 96/13 –, juris Rn. 26 f.: Überlasse ein als Kraftfahrer eingesetzter Beamter das Betanken des Dienstkraftfahrzeugs einem anderen Beamten, so könne er grundsätzlich darauf vertrauen, dass der den Tankvorgang durchführende Beamte seinerseits die gebotene Sorgfalt an den Tag lege.

a) Allgemeine Dienstpflichten

aa) Generalklausel

Pflicht, die Aufgaben des Amtes uneigennützig nach bestem Gewissen wahrzunehmen (§ 34 Satz 2 BeamtStG, § 61 Abs. 1 Satz 2 BBG) 15

Einzelpflichten:

- Pflicht, dienstliche Handlungen (Unterlassungen) nicht mit persönlichen (privaten) Interessen zu verquicken;[51]
- Pflicht, sich bei der Verfolgung eigener Anliegen streng an die Wahrheit zu halten, dh unter anderem auch, einen Vorgesetzten oder eine andere Stelle des Dienstherrn, die sich erkennbar im Irrtum befinden, ins Bild zu setzen;[52]
- Pflicht, die Dienstaufgaben nach innen und außen verantwortungsbewusst zu erfüllen, dh unter anderem auch,
  - als Vorgesetzter der Fürsorge- und Schutzpflicht des Dienstherrn Geltung zu verschaffen,[53]
  - die Grenzen der örtlichen, sachlichen und funktionellen Zuständigkeit nicht zu überschreiten,
  - die für das Handeln der Verwaltung relevanten Sachverhalte aufzuklären und zeitgerecht eine Entscheidung zu treffen, die im Einklang mit dem geltenden Recht steht, sowie
  - überhaupt Gesetz und Recht (zB die Verkehrsregeln[54] und das Haushaltsrecht) zu beachten (siehe auch § 36 Abs. 1 BeamtStG, § 63 Abs. 1 BBG);
- Pflicht, Ansprüche des Dienstherrn rechtzeitig und in geeigneter Weise geltend zu machen;
- Pflicht, das Eigentum und das Vermögen des Dienstherrn (mindestens) nicht zu schädigen.[55]

---

[51] Beamtenstatusgesetz und Bundesbeamtengesetz enthalten keine Bestimmungen über den Ausschluss des Beamten von Amtshandlungen, die seine eigenen Angelegenheiten betreffen; siehe dazu auch § 65 Abs. 2 BBG sowie § 20 VwVfG sowie (beispielhaft) die Ausschlussregelungen in § 82 AO, § 16 SGB X und §§ 233 ff. AVG. Zum unberechtigten Führen von Privatgesprächen mit dem Diensttelefon BVerwGE 113, 128. Weicht ein Kriminalbeamter, dem allgemein die Erlaubnis erteilt ist, während der Zeit der Rufbereitschaft das Dienstkraftfahrzeug mit nach Hause zu nehmen, vom direkten Heimweg zwischen Dienststelle und Wohnung für eine kurze Wegstrecke ab, um eine private Angelegenheit zu besorgen, ohne dabei die Rufbereitschaft zu unterbrechen, so verhält er sich sozial adäquat, es sei denn, der Dienstherr hat die entsprechende Erlaubnis durch klare und eindeutige, in geeigneter Weise bekanntgegebene Regelung ausdrücklich auf den unmittelbaren Weg zwischen Dienststelle und Wohnung beschränkt (so auch im Ergebnis VG Neustadt/Weinstraße 25.3.2015 – 1 K 720/14.NW –, juris Rn. 18, 23, 31, wo „jedenfalls" die grobe Fahrlässigkeit verneint ist).

[52] Zur Wahrheitspflicht Lemhöfer in Plog/Wiedow BBG 2009 § 61 Rn. 25, § 75 Rn. 15; ders. aaO § 75 Rn. 21 ff., 81 zur pflichtwidrigen Verursachung einer Überzahlung eigener Bezüge durch falsche Angaben oder durch Versäumnis einer Veränderungsanzeige (siehe auch → § 15 Rn. 6).

[53] Zur Amtshaftung des Dienstherrn wegen eines sog Mobbing durch Vorgesetzte siehe BGH DÖD 2002, 283; zur Haftung im Zusammenhang mit einer dienstlichen Beurteilung OLG Stuttgart NVwZ-RR 2003, 715. Ferner Bochmann ZBR 2003, 257, Herrmann ZBR 2003, 59 und Honsa DÖD 2006, 69.

[54] Vgl. BVerwG Buchholz 232 § 78 BBG Nr. 18.

[55] Vgl. BVerwG NJW 1997, 3455 und NJW 1999, 3727. Zur Pflicht eines Lehrers, einen ihm anvertrauten Schulgeneralschüssel sorgsam zu verwahren, VG Hannover 25.1.2008 – 2 A 8123/06 –, BeckRS 2008, 33798. Siehe auch Beckmann ZBR 2004, 109 (111): Der Dienstherr sei gehalten, „die vom Beamten verletzte Pflicht so exakt wie möglich zu benennen". Nur wenn dies geschehe, ließen sich auch Art und Grad des Verschuldens sowie Kausalität und Zurechnungszusammenhang zwischen Pflichtverletzung und Schaden genau herausarbeiten. Indem die Praxis auf die allgemeine Rechtspflicht des Beamten zurückgreife, „den Dienstherrn oder Dritte nicht zu schädigen" bzw. „den

bb) Generalklausel

16 Pflicht, Vorgesetzte zu beraten und zu unterstützen (§ 35 Satz 1 BeamtStG, § 62 Abs. 1 Satz 1 BBG)[56]

Einzelpflichten:

- Pflicht, dem Vorgesetzten darzulegen, ob und aus welchen Gründen eine bestimmte ins Auge gefasste Maßnahme als rechtswidrig erscheint (siehe auch § 36 Abs. 2 BeamtStG, § 63 Abs. 2 BBG)[57] oder unzweckmäßig sein kann;
- Pflicht, den Vorgesetzten über Entwicklungen im Dienstbereich zu unterrichten, die zu Störungen bei der Aufgabenerledigung führen können.[58]

cc) Generalklausel

17 Pflicht, Einzelweisungen auszuführen und allgemeine Richtlinien zu befolgen (§ 35 Satz 2 BeamtStG, § 62 Abs. 1 Satz 2 BBG)

Einzelpflichten:

- Pflicht, Rechts- und Verwaltungsvorschriften ihrem erkennbaren Sinn gemäß auszulegen und einzuhalten und (Einzel-)Weisungen zu gehorchen,[59] und zwar unabhängig davon, ob sie der Beamte selbst als unzweckmäßig erachtet;
- Pflicht, sich Sicherheitsüberprüfungen zu unterziehen;[60]
- Pflicht, Umsetzungen Folge zu leisten und unter Umständen bei Verlegung des Behördensitzes einen Ortswechsel vorzunehmen.[61]

dd) Generalklausel

18 Pflicht, dem ganzen Volk zu dienen und bei der Amtsführung auf das Wohl der Allgemeinheit Bedacht zu nehmen (§ 33 Abs. 1 BeamtStG, § 60 Abs. 1 BBG)

Diese Generalklausel hat Auffang- und Klammerfunktion.[62] Sie findet hier vornehmlich deshalb Erwähnung, um herauszustellen, dass der Beamte nicht nur seinem Dienstherrn, sondern dem Wohl des ganzen Volkes der Bundesrepublik Deutschland und damit auch anderen öffentlich-rechtlichen Körperschaften verpflichtet sein kann, soweit er an der Wahrnehmung der von diesen zu vertretenden Teilaspekte des öffentlichen Wohles mitzuwirken hat.[63]

Dienstherrn schädigende Handlungen zu unterlassen", gelange sie „nicht selten zu einer … Fehlbeurteilung der weiteren Haftungsvoraussetzungen oder der Beweislast".

[56] Battis BBG § 62 Rn. 2 weist unter Bezugnahme auf § 63 Satz 1 und 2 NBG aF zu Recht darauf hin, dass die Beratungs- und Unterstützungspflicht – wie die ihr zugrunde liegende Pflicht zur vertrauensvollen Zusammenarbeit überhaupt – auch gegenüber gleichgeordneten und nachgeordneten Mitarbeitern gelte. Zur Beratungs- und Unterstützungspflicht als Voraussetzung für die Funktionsfähigkeit der öffentlichen Verwaltung NdsStGH NdsVBl. 1996, 189; siehe auch Mandelartz DVBl 2008, 209 (211) sowie SächsOVG 2.4.2014 – 2 A 290/11 –, juris Rn. 15.

[57] Handelt der Beamte nach Remonstration weisungsgemäß, so ist er von der eigenen Verantwortung grundsätzlich befreit; § 36 Abs. 2 Satz 3 BeamtStG, § 63 Abs. 2 Satz 3 BBG.

[58] Zur Unterrichtungspflicht siehe auch § 63 Satz 2 NBG aF. Vgl. ferner BDisG NJW 1975, 1906.

[59] Vgl. Lemhöfer in Plog/Wiedow BBG 2009 § 75 Rn. 15ff. mwN ; dazu auch VG Würzburg 17.1.2012 – W 1 K 11.192 –, BeckRS 2012, 47314 (zur Nichteinhaltung der für Postzusteller geltenden Auslieferungs- und Sicherheitsbestimmungen). Siehe ferner Fn. 100 und 192.

[60] → § 7 Rn. 5, 15. Weiterhin NRW OVG ZBR 1987, 216.

[61] Siehe dazu VG München NVwZ 1995, 683; ferner Battis NVwZ 1996, 1090.

[62] Battis BBG § 60 Rn. 3.

[63] Siehe dazu Lemhöfer in Plog/Wiedow BBG 2009 § 60 Rn. 4ff., § 75 Rn. 76. Zur Drittschadensliquidation vgl. schon → Rn. 9.

b) Besondere Dienstpflichten[64]

- Verschwiegenheitspflicht (§ 37 BeamtStG, § 67 BBG) 19
- Pflicht zur Einhaltung von Nebentätigkeitsbeschränkungen[65]
- Pflicht zur Arbeitsleistung (vgl. §§ 87, 88 BBG[66])
- Pflicht zur Wohnungnahme und zum Aufenthalt in erreichbarer Nähe des Dienstortes (vgl. §§ 72, 73 BBG[67]).

c) Zur Abgrenzung von Dienst- und drittgerichteten Amtspflichten

Jede Amtspflicht iSd Art. 34 Satz 1 GG ist zugleich eine Dienstpflicht. Das Umge- 20
kehrte lässt sich nicht sagen: Dienstpflichten, die nur den nichthoheitlichen Bereich des Dienstherrn betreffen, fallen von vornherein nicht unter die Grundgesetznorm.[68] Das Tatbestandsmerkmal „einem Dritten gegenüber" hat die begrenzende Funktion, nicht jeden Schaden, der von einem Amtsträger durch Verletzung seiner Amtspflichten verursacht wird, dem Amtshaftungsanspruch zu unterstellen. Nur wenn sich aus den die Amtspflicht begründenden und sie umgrenzenden Bestimmungen sowie aus der besonderen Natur des Amtsgeschäfts ergibt, dass der Geschädigte zu dem Personenkreis zählt, dessen Belange nach dem Zweck und der rechtlichen Einordnung des Amtsgeschäfts geschützt und gefördert werden sollen, besteht die Amtspflicht (auch) ihm gegenüber.[69, 70]

Auch innerhalb des öffentlichen Dienstes sind Amtspflichtverletzungen möglich.[71] 21
Verletzt ein Amtsträger zB die dem Dienstherrn obliegende Fürsorge- und Schutzpflicht[72] oder etwa das Bestenausleseprinzip, so stehen beamtenrechtlicher Schadensersatzanspruch und Amtshaftungsanspruch[73] zueinander in Anspruchskonkurrenz.[74]

3. Verschulden

§ 48 Satz 1 BeamtStG und § 75 Abs. 1 Satz 1 BBG machen die Schadensersatzhaftung 22
des Beamten (für Eigenschäden des Dienstherrn wie für Fremdschäden) davon abhängig,

---

[64] Soweit der Beamte für seine dienstliche Tätigkeit „Belohnungen, Geschenke oder sonstige Vorteile" annimmt, so hat er „das aufgrund des pflichtwidrigen Verhaltens Erlangte" gemäß § 42 Abs. 2 BeamtStG bzw. § 71 Abs. 2 BBG dem Dienstherrn herauszugeben, soweit nicht im Strafverfahren der Verfall angeordnet worden oder „das Erlangte" auf andere Weise auf den Staat übergegangen ist. Siehe dazu schon BVerwGE 115, 389 und NRW OVG NWVBl. 2002, 471; ferner – zur Geltendmachung von Herausgabeansprüchen gegen Beamte des Bundeseisenbahnvermögens – RP OVG NVwZ-RR 2005, 733. Der Herausgabeanspruch und ein etwaiger Schadensersatzanspruch des Dienstherrn können grundsätzlich nebeneinander bestehen; beide Ansprüche können „funktionell so miteinander verknüpft" sein, dass eine bereits erbrachte Schadensersatzleistung auf den herauszugebenden „Vorteil" anzurechnen ist (NRW OVG NVwZ-RR 2009, 5).

[65] Dazu im Einzelnen → § 8 Rn. 15 ff., 31 ff., 43 ff.

[66] Das Beamtenstatusgesetz enthält keine §§ 87, 88 BBG korrespondierende Regelung. Zum Landesrecht vgl. zB §§ 60,61 HBG, § 62 MVBG, § 60 NBG und § 78 SBG. Siehe auch schon → § 7 Rn. 9.

[67] Zum Landesrecht vgl. → § 7 Fn. 146.

[68] Simianer ZBR 1993, 33 (39); ferner → Rn. 8.

[69] BGHZ 63, 35 (38 f.); 106, 323 (331); 110, 1 (8 f.); stdRspr.

[70] Zur Kausuistik Palandt/Sprau BGB § 839 Rn. 48 f., 91 ff.; zur Tendenz der Rechtsprechung, den Kreis der „Dritten" weit zu ziehen, siehe BGH DVBl 1992, 1293.

[71] BVerwG ZBR 1999, 278.

[72] Siehe bereits Fn. 53.

[73] → Rn. 5.

[74] Palandt/Sprau BGB § 839 Rn. 47 aE.

dass die Pflichtverletzung vorsätzlich oder grob fahrlässig geschehen ist.[75] Das Verschulden – in einer dieser beiden Schuldformen – muss sich nur auf die Pflichtverletzung, nicht hingegen auf den Eintritt, die Art und den Umfang des Schadens beziehen.[76] Die (generelle) Vorhersehbarkeit eines Schadenseintritts kann allenfalls für den Grad der Fahrlässigkeit bedeutsam sein.[77]

a) Vorsatz

23 Vorsätzlich handelt der Beamte, der bewusst und gewollt den Tatbestand verwirklicht, welcher seine Pflichtverletzung ausmacht, und der sich über die Pflichtwidrigkeit seines Verhaltens im Klaren ist.[78,79]

b) Grobe Fahrlässigkeit

24 Der Vorwurf der groben Fahrlässigkeit des Beamten ist nur gerechtfertigt, wenn dieser die im Verkehr erforderliche Sorgfalt in besonders schwerem Maße verletzt, schon einfachste, ganz nahe liegende Überlegungen nicht anstellt und selbst das nicht beachtet, was im gegebenen Fall jedem einleuchten musste.[80] Während der Maßstab der gewöhnlichen Fahrlässigkeit ausschließlich objektiv ist (siehe § 276 Abs. 2 BGB), müssen bei der groben Fahrlässigkeit auch subjektive, in der Individualität des Handelnden begründete Umstände berücksichtigt werden.[81] Den Beamten muss auch in subjektiver Hinsicht ein schweres Verschulden treffen. Vom Umfang des Schadens darf nicht ohne weiteres auf den Grad der Fahrlässigkeit rückgeschlossen werden.[82]

25 Allgemein sind zur Abgrenzung zwischen gewöhnlicher und grober Fahrlässigkeit folgende Gesichtspunkte heranzuziehen:[83]

- *contra* grobe Fahrlässigkeit:
  - Arbeitsüberlastung und dienstliche Überforderung,
  - erheblich geminderte Einsichtsfähigkeit des Handelnden,
  - Eilbedürftigkeit des Handelns in einer Gefahrenlage,
  - Erforderlichkeit einer Reaktion in Zeitnot[84] sowie
  - mitwirkende Organisationsmängel;
- *pro* grobe Fahrlässigkeit:
  - Bewusstsein der Gefährlichkeit des Tuns,

---

[75] Beachte die Haftungsbeschränkungen in § 839 Abs. 2 BGB (sog Spruchrichterprivileg) und in § 32 AO (Haftung nur bei einer mit Strafe bedrohten Amtspflichtverletzung).

[76] Vgl. BVerwGE 69, 34 (336) sowie BVerwG ZBR 1999, 278.

[77] Vgl. Simianer ZBR 1993, 33 (40).

[78] BVerwGE 70, 296 (299). Der Haftpflichtversicherer des Beamten kann sich auf den Haftungsausschluss nach § 81 Abs. 1 VVG nur berufen, wenn sich Wissen und Wollen des Beamten auch auf die Schadensverursachung erstreckt haben; vgl. Simianer ZBR 1993, 33 (40).

[79] Wer sich bewusst über eine (generelle oder individuelle) dienstliche Weisung hinwegsetzt (und dadurch einen Schaden verursacht), handelt vorsätzlich und nicht (bloß) grob fahrlässig; hinsichtlich eines Kassenbeamten, „der die Vorschriften der Dienstanweisungen nicht beachtet", aA Battis BBG § 75 Rn. 8 aE mwN (vgl. auch → Rn. 26 und Fn. 100).

[80] BGH NJW 1992, 3236 und NVwZ-RR 1994, 1471; ferner BVerwGE 19, 243 (248) sowie BVerwG Buchholz 232 § 78 BBG Nr. 9 und 18.

[81] Palandt/Grüneberg BGB § 277 Rn. 5 mwN.

[82] Vgl. BGH NJW 1988, 1265 und NJW-RR 1989, 340.

[83] Vgl. auch hierzu Palandt/Grüneberg aaO (Fn. 81); ferner Lemhöfer in Plog/Wiedow BBG 2009 § 75 Rn. 39 ff. und Simianer ZBR 1993, 33 (41 ff.).

[84] Vgl. VG Braunschweig IÖD 1993, 14 (Das Gericht verneint grobe Fahrlässigkeit bei einem Polizeibeamten, dessen Dienstkraftfahrzeug auf der Fahrt zum Einsatz bei einem Waldbrand durch ein entgegenkommendes Feuerwehrfahrzeug beschädigt worden war und der eine nähere Feststellung des entstandenen Lackschadens unterlassen hatte).

– Leichtfertigkeit beim Nichterkennen (des Grades) einer Gefahr sowie
– Versagen im Kernbereich der Pflichten des Beamten.

In der Rechtsprechung ist eine grobe Fahrlässigkeit zB bejaht worden 26

- beim Betanken eines dem (Polizei-)Beamten anvertrauten Dienstwagens mit falschem Kraftstoff (hier: Superbenzin statt Diesel),[85]
- bei Nichtbeachtung des Rechtsfahrgebotes (§ 2 Abs. 2 StVO)[86] und bei Verstößen gegen § 9 Abs. 5 und § 10 StVO,[87]
- beim Überschreiten der zulässigen Höchstgeschwindigkeit um mehr als 100 %,[88]
- beim Fahren mit stark überhöhter Geschwindigkeit trotz schlechter Sichtverhältnisse,[89]
- beim Überlassen der Lenkung eines mit 50 km/h fahrenden Pkw,[90]
- beim Einfahren in eine Kreuzung trotz Rotlichts,[91]
- beim Nichtbeachten eines Stoppschildes,[92]
- beim Führen eines Kraftfahrzeugs im Zustand völliger Übermüdung[93] oder nach erheblichem Alkoholgenuss,[94]
- beim offenen Ablegen eines Schulgeneralschlüssels auf einer Bank in einer Mehrzweckhalle während der dortigen Unterrichtserteilung[95] oder beim langer andauernden Steckenlassen eines Generalsachlüssels im Schloss,[96]
- beim Liegenlassen einer Dienstpistole in einem zur Nachtzeit auf einem unbewachten Parkplatz abgestellten Pkw,[97]
- beim Einsatz von Bediensteten zu privaten Zwecken,[98]

---

[85] NdsOVG NdsVBl. 2008, 177 und RP OVG NVwZ-RR 2004, 366. Siehe auch Fn. 50.

[86] SächsOVG 16.12.2010 – 2 A 416/09 –, BeckRS 2011, 47446.

[87] NdsOVG DÖD 2006, 160 (juris Rn. 7); LSA OVG 5.5.2010 – 1 L 55/10 –, juris Rn. 8; SächsOVG 14.10.2010 – 2 A 445/09 –, juris Rn. 15 sowie 29.7.2013 – 2 A 726/11 –, juris Rn. 9, 12.

[88] OLG München DAR 1983, 78.

[89] OLG Karlsruhe VersR 1966, 331 (zu § 61 VVG).

[90] HVGH VRS 1989, 49.

[91] BGH NJW 1992, 2418. Siehe außerdem RP OVG 2.2.1983 – 2 A 103/82 –, abgedr. bei Schütz/Maiwald BR ES/B II 2 Nr. 2: Ein Kraftfahrer, der bei Rotlicht in eine Kreuzung einfahre, handle in der Regel auch dann grob fahrlässig, wenn er die Ampelanlage völlig übersehen habe. Zur Haftung eines Streifenwagenführers wegen Einfahrens in eine durch Rotlicht gesperrte Kreuzung ohne rechtzeitige und ausreichende Sondersignale BayVGH DÖD 1997, 205 sowie VG Gelsenkirchen 19.10.2015 – 1 K 1492/14 –, juris Rn. 19 und VG Potsdam LKV 2011,287, jeweils mwN.

[92] OLG Zweibrücken VersR 1993, 218; aA OLG Hamm VersR 1993, 826. Zu Vorfahrtsverletzungen im Übrigen siehe einerseits (im Einzelfall grobe Fahrlässigkeit bejahend) BVerwG Buchholz 237.7 § 84 NRW LBG Nr. 1 und Buchholz 232 § 78 BBG Nr. 18 sowie HVGH ZBR 1968, 219, andererseits (im Einzelfall grobe Fahrlässigkeit verneinend) NRW OVG ZBR 1966, 180. Vgl. auch SächsOVG 10.11.2010 – 2 A 189/10 – , BeckRS 2011, 45223 – zu einem Auffahrunfall eines Polizeibeamten bei Stop-and-go-Verkehr (in concreto keine grobe Fahrlässigkeit).

[93] Vgl. OLG Köln VersR 1966, 530 und OLG Celle VersR 1966, 946; siehe in diesem Zusammenhang auch RP OVG RiA 1992, 41.

[94] Vgl. BGH VersR 1985, 441 und OLG Köln VersR 1989, 139.

[95] VG Hannover 25.1.2008 – 2 A 8123/06 –, BeckRS 2008, 33798.

[96] VG Lüneburg 20.6.2007 – 1 A 253/05 –, BeckRS 2007, 26082.

[97] BVerwG Buchholz 232 § 78 BBG Nr. 9. Zur Haftung des Beamten für den Verlust einer Dienstpistole BayVGH 21.4.1989 – 3 B 88.02161 –, abgedr. bei Schütz/Maiwald BR ES/B II 2 Nr. 22; ferner NRW OVG 24.5.2006 – 1 A 5105/04 –, abgedr. bei Schütz/Maiwald BR ES/B II 2 Nr. 43 zu einem – nicht näher aufklärbaren – Verlust eines dienstlich zur Verfügung gestellten, im verschlossenen Kofferraum eines Pkw belassenen Laptops bei einer Zwischenübernachtung während einer Dienstreise des Beamten. Nach NRW OVG 9.7.2014 – 6 A 1096/14 – ,juris Rn. 3 handelt ein Polizeivollzugsbeamter – unter Berücksichtigung der besonderen Umstände des Einzelfalles – grob fahrlässig, wenn er eine im Eigentum des Dienstherrn stehende Aktentasche über die Nachtzeit im Fußraum hinter dem Fahrersitz des Dienstkraftfahrzeuges zurücklässt.

[98] BVerwG ZBR 1987, 344.

- beim Nichtbeachten wichtiger Sicherheitsregeln[99] und
- bei grundlosem Abweichen von einer klaren und eindeutigen Weisung.[100]

Ein Polizeibeamter, der allein eine Streifenfahrt durchzuführen hat, darf nicht an den gleichen Maßstäben gemessen werden wie ein Kraftfahrer, der sich ganz auf die Führung seines Fahrzeuges zu konzentrieren vermag.[101]

27 Beurteilt der Beamte die Rechtslage falsch, so kommt es auf die Umstände des Einzelfalles an, vornehmlich darauf, ob der fragliche Rechtsanwendungsfehler klare und unzweideutige Vorschriften und/oder eine gefestigte höchstrichterliche Rechtsprechung betrifft und/oder ob er leicht vermeidbar gewesen wäre, wenn der Beamte eine ihm zugängliche Kommentierung zu Rate gezogen oder die Auslegungshilfe sachkundiger Kollegen gesucht hätte.[102]

4. Kausalität

28 Maßgebend ist, wie sich die Vermögenslage des Dienstherrn nach allgemeiner Lebenserfahrung[103] ohne die Pflichtverletzung des Beamten entwickelt hätte.[104] Wäre der Schaden beim Dienstherrn auch bei pflichtgemäßen Verhalten des Beamten eingetreten, so ist der Pflichtverstoß für den Schaden nicht adäquat ursächlich.[105] Bei einem pflichtwidrigen Unterlassen des Beamten muss feststehen, dass der Schaden bei pflichtgemäßem Handeln mit an Sicherheit grenzender Wahrscheinlichkeit vermieden worden wäre; eine schlichte Wahrscheinlichkeit des Nichteintritts reicht nicht aus.[106, 107]

---

[99] BW VGH RiA 1971, 235 und BW VGH 4.2.1986 – 4 S 726/84 –, abgedr. bei Schütz/Maiwald BR ES/D IV 3 Nr. 5 sowie BayVGH ZBR 1992, 189 (rückwärts rollender Streifenwagen). Vgl. auch BVerwGE 106, 272 (zum Fehlen von Sicherheitsregeln und -hinweisen). Ferner RP OVG NVwZ-RR 2005, 556: Überprüfe ein Beamter den Ladezustand seiner Dienstwaffe im geschlossenen Raum außerhalb der Ladeecke, so verhalte er sich in der Regel zumindest dann grob fahrlässig, wenn – etwa wegen des Auswurfs einer Patrone – begründete Zweifel an dem ungeladenen Zustand der Waffe beständen.

[100] HVGH JZ 1966, 576; zur Schadensersatzpflicht beim Nichtbeachten allgemeiner Richtlinien siehe NRW OVG 6.3.1986 – 1 A 2441/84 –, abgedr. bei Schütz/Maiwald BR ES/B II 2 Nr. 14. Im Einzelfall ist jeweils zunächst sorgfältig zu prüfen, ob nicht in Wahrheit Vorsatz gegeben ist (dazu schon Fn. 79).

[101] Vgl. HVGH ZBR 1968, 219 sowie NRW OVG 27.10.1967 – VI A 1249/65 – (n. v.). Vgl. auch → Rn. 10 ff.

[102] Siehe auch Simianer ZBR 1993, 33 (42). Vgl. ferner NdsOVG 14.8.2012 – 5 LA 220/11 –, BeckRS 2012, 55121: „Die im Verkehr erforderliche Sorgfalt setzt nicht voraus, dass ein Beamter jede Teilaufgabe eines ihm neu zugewiesenen Dienstpostens oder Sachgebietes von Anfang an ausnahmslos und bis ins Detail beherrscht … Die verkehrsübliche Sorgfalt gebietet aber, dass sich ein gewissenhafter Beamter vor einer Entscheidung auf einem ihm neuen Sachgebiet über die konkret geltende Erlasslage informiert und bei ‚Hindernissen' – das sind zumeist Rechtsanwendungsschwierigkeiten – an kundige Kollegen oder Vorgesetzte wendet, um die Entscheidung fehlerfrei zu treffen."

[103] Zur sog Adäquanztheorie siehe BVerwGE 69, 334 (336); 70, 296 (300).

[104] Vgl. BGH NJW-RR 1988, 1367.

[105] Vgl. Palandt/Grüneberg BGB Rn. 55 ff. vor § 249 mwN.

[106] BVerwGE 100, 280 (286 f.).

[107] RP OVG NVwZ 2004, 1013 bejaht die Kausalität in Bezug auf Kosten, die dem Dienstherrn dadurch erwachsen waren, dass er ein Detektivbüro eingeschaltet hatte, um einem Beamten eine außerhalb der Diensträume begangene Pflichtverletzung nachzuweisen: Eine solche Überwachungsmaßnahme sei freilich nicht bei jeder mutmaßlichen Pflichtverletzung in Betracht zu ziehen; so sei grundsätzlich von der Pflichttreue noch nicht vorbelasteter Beamter auszugehen. Anders sei die Sachlage aber zu beurteilen, wenn der Betreffende – wie im Ausgangsfall – bereits durch sein Vorverhalten hinreichenden Anlass zu weitergehenden Ermittlungen gegeben habe. Siehe auch VG Trier NVwZ-RR 2003, 447 (Erstattungsfähigkeit von Detekteikosten, die dem Dienstherrn im Vorfeld eines Disziplinarverfahrens entstanden waren).

Die Adäquanz ist in der Rechtsprechung bei nachfolgend dargestellten Fallgestaltungen verneint worden:[108] 29

- Die Fahrt mit einem Dienstkraftfahrzeug wird (weisungswidrig) nicht von dem dazu bestimmten Beamten (A) ausgeführt. Ein anderer – nicht zuständiger – Beamter (B), der im Blick auf das Führen eines Kraftfahrzeugs gleich geeignet ist, verursacht bei der Fahrt schuldlos einen Unfall. Hier ist die Wahrscheinlichkeit eines Unfalles dadurch, dass B pflichtwidrig statt des A gefahren ist, nicht erhöht worden.[109]
- Eine Dienstfahrt, bei der ein Unfall geschieht, ist pflichtwidrig zu früh (oder zu spät) ausgeführt worden, ohne dass die allgemeine Verkehrssituation während der vom Beamten gewählten Zeit angespannter (gefahrenträchtiger) gewesen wäre als während der Zeit, zu der die Fahrt pflichtgemäß hätte erfolgen sollen.[110]
- Fährt ein Fahrer zu schnell, so ist er nicht schon deswegen für den Unfallschaden verantwortlich, weil er bei beanstandungsfreier Geschwindigkeit noch nicht am Unfallort eingetroffen wäre.[111]

Wenn ein Schadensersatzanspruch davon abhängt, wie eine behördliche Entscheidung hypothetisch ausgefallen wäre, so ist grundsätzlich[112] darauf abzustellen, wie sie nach Auffassung des über den Ersatzanspruch urteilenden Gerichts richtigerweise hätte getroffen werden müssen.[113] Bei Ermessensentscheidungen oder in Fällen einer Beurteilungsermächtigung des Dienstherrn ist eine (rechtmäßige) Verwaltungspraxis, wie sie sich für vergleichbare Fälle gebildet hat, von ausschlaggebender, mindestens richtungweisender Bedeutung.[114] 30

5. Schaden

Der Schaden besteht in dem Unterschied zwischen der Vermögenslage des Dienstherrn, wie sie sich infolge der schuldhaften Dienstpflichtverletzung entwickelt hat, und seiner Vermögenslage, wie sie ohne die Dienstpflichtverletzung bestehen würde.[115] 31

Der Dienstherr ist – in Geld – so zu stellen, wie er stehen würde, wenn der Beamte seine Dienstpflichten nicht verletzt hätte (siehe § 249 Abs. 1 BGB).[116] Bei mittelbaren Schäden, die dem Dienstherrn daraus erwachsen, dass er aufgrund seiner Einstandspflicht einem anderen Beamten oder einem Dritten gegenüber Schadensersatz geleistet hat, ist es für die Ersatzpflicht gleichgültig, ob der Dienstherr freiwillig, auf außergerichtlichen oder gerichtlichen Vergleich hin[117] oder mit Rücksicht auf ein Gerichtsurteil 32

[108] Zu den folgenden drei Beispielen Lemhöfer in Plog/Wiedow BBG 2009 § 75 Rn. 62; vgl. ferner Franke in GKÖD I (L) § 75 Rn. 47.

[109] HVGH JZ 1966, 576 m. Anm. Deutsch; ferner RP OVG ZBR 1968,186 = JZ 1986, 429 m. krit. Anm. Deutsch.

[110] Vgl. RGZ 81, 359 (363).

[111] BGH NJW 1988, 58.

[112] Zu dem Ausnahmefall, in dem feststeht, dass die Behörde bei Vermeidung der Pflichtverletzung rechtsirrig anders entschieden hätte, siehe BGHZ 79, 223 (226) und BGH NJW 1993, 2799 (2801 f.).

[113] BGHZ 124,86 (95 f.); 145, 256 (260); 163, 223 (227) sowie BGH NJW 2013, 540, jeweils mwN.

[114] BVerwGE 80, 123; vgl. auch BGH NJW 1959, 1125.

[115] BVerwG ZBR 1999, 278; ebenso (für § 24 SG) BVerwG 10.2.2000 – 2 A 4.99 –, abgedr. bei Schütz/Maiwald BR ES/B II 2 Nr. 33.

[116] Vgl. BVerwGE 80, 60 (63 f.). Zur Rückforderung einer Überzahlung bei Verletzung der beamtenrechtlichen Pflicht, eine Veränderung in den persönlichen Verhältnissen anzuzeigen, siehe BVerwG ZBR 1992, 105 (dazu auch schon → Rn. 15), neuerdings ferner VG Hannover 26.1.2015 – 13 A 10973/14 –, BeckRS 2015, 41267.

[117] Siehe aber BayVGH 30.7.1986 – 3 B 85 A.1533 –, abgedr. bei Schütz/Maiwald BR ES/BII 2 Nr. 13: Der Abschluss eines (gerichtlichen oder außergerichtlichen) Vergleichs ersetze nicht den Nachweis des einem Rückgriffsanspruch zugrunde liegenden Schadens des Dienstherrn.

gezahlt hat.[118] Die Ansicht, dass es für einen Rückgriff genüge, wenn sich der Dienstherr von einer vertretbaren Einschätzung der Rechtslage habe leiten lassen,[119] erscheint allerdings problematisch; sie kann zu einer einseitigen Risikoverlagerung zu Lasten des Beamten führen. In einem Prozess, der den Rückgriff zum Gegenstand hat, sollte dem Beamten (wenigstens in Grenzen) die Möglichkeit bleiben, eine gerichtliche Prüfung der Frage zu erreichen, ob der Dienstherr zu Recht oder zu Unrecht Schadensersatz geleistet hat. Dafür spricht auch die Regelung der §§ 68, 74 ZPO, die nur dem Nebenintervenienten und demjenigen, dem der Streit verkündet wird, für die Zukunft den Einwand abschneidet, dass der Rechtsstreit unrichtig entschieden sei.[120]

33 Hat ein Vorgesetzter Personal des Dienstherrn für private Zwecke eingesetzt, so schuldet er dem Dienstherrn den Ersatz der auf die entsprechende Arbeitszeit entfallenden Bezüge dieser Beschäftigten.[121] Besteht für eine erlaubte Inanspruchnahme eine Vergütungsregelung, so ist das danach zu entrichtende Entgelt auch bei einem pflichtwidrigen Einsatz für private Zwecke zu zahlen.[122]

34 Ein Ausfall der Nutzbarkeit von Sachmitteln – wie er namentlich während der Reparatur eines unfallbeschädigten Dienstkraftfahrzeugs eintritt[123] – ist zu ersetzen.[124] Auch ein verbleibender technischer oder merkantiler Minderwert gehört zum Schaden.[125]

35 Verzugszinsen, wie sie § 288 BGB vorsieht, kennt das Beamtenrecht nicht;[126] ebenso wenig kann der Dienstherr Prozesszinsen (§ 291 BGB) verlangen, wenn er nicht im Klagewege, sondern durch Leistungsbescheid gegen den Beamten vorgeht.[127]

36 Hat das pflichtwidrige Verhalten des Beamten neben Nachteilen auch Vorteile gebracht, so sind diese auf den Schadensersatzanspruch anrechenbar, soweit zwischen den Nach- und den Vorteilen ein innerer Zusammenhang besteht, der so beschaffen ist, dass beide bei wertender Betrachtung gleichsam zu einer Rechnungseinheit verbunden sind.[128] Ein anrechenbarer Vorteil ist zB nicht vorhanden, wenn der Beamte pflichtwidrig Einrichtungsgegenstände für den Dienstherrn erwirbt, die dieser nicht benötigt und auch nicht anderweitig hätte beschaffen lassen.[129]

37 Da die Schadensersatzhaftung des Beamten keine disziplinarische Sanktion ist und auch nicht – hilfsweise – an die Stelle einer solchen Sanktion treten darf, sollte stets dafür Sorge getragen werden, dass ein Sanktionsbedürfnis nicht dazu verleitet, einen Schaden am

---

[118] Siehe dazu Lemhöfer in Plog/Wiedow BBG 2009 § 75 Rn. 58.

[119] Lemhöfer aaO (Fn. 118) unter Hinweis auf BVerwG Buchholz 237.1 Art. 85 BayBG Nr. 1, RP OVG IÖD 2002, 268 und BGH NJW 1993, 2797 (2799).

[120] Vgl. auch Beckmann ZBR 2004, 109 (113).

[121] Vgl. BVerwG NJW 1990, 1171; siehe jedoch auch BVerwGE 56, 315.

[122] BVerwG ZBR 1987, 344.

[123] → Rn. 12. Zur Übertragbarkeit zivilrechtlicher Grundsätze BayVGH DÖD 1993, 41.

[124] BVerwG Buchholz 232 § 78 BBG Nr. 18 und BW VGH NVwZ 2001, 344; siehe aber auch insoweit BVerwGE 56, 315; 69, 331 und BVerwG VersR 1979, 658.

[125] Siehe hierzu im Einzelnen Palandt/Grüneberg BBG § 251 Rn. 12 ff. mwN.

[126] BVerwGE 48, 133 (136) sowie BVerwG DVBl 1988, 347 und ZBR 1990, 265 (266).

[127] Vgl. BVerwG DVBl 1988, 347, ZBR 1989, 61 und NJW 1989, 1232. Zum Ersatz von Kreditzinsen auch Simianer ZBR 1993, 33 (45) und Schön NJW 1993, 961. Zum Ersatz des Zinsaufwandes der Rechtsnachfolgerin der ehem. Deutschen Bundespost bei Entzug von Geldern BVerwGE 115, 15 sowie BVerwG NVwZ 2003, 872: Hat der Dienstherr während des Zeitraumes zwischen Schadenseintritt und Zahlung des Ersatzbetrages Bankkredit benötigt, so liegt auch darin ein ersatzfähiger Schaden (und zwar ohne Nachweis, dass die Dienstpflichtverletzung des Beamten für eine *bestimmte* Kapitalmaßnahme des Dienstherrn ursächlich war). Krit. dazu Beckmann ZBR 2004, 109 (118 f.).

[128] Vgl. BGHZ 77, 154; 91, 210 sowie BGH NJW 1989, 2117 und NJW 1990, 1360.

[129] Zum „normativen" Schadensbegriff Franke in GKÖD I (L) § 75 Rn. 43. Vgl. auch VG Gelsenkirchen 22.2.2013 – 12 K 1564/10 –, juris Rn. 149 (zur „aufgedrängten Bereicherung") und SächsOVG 2.4.2014 – 2 A 290/11 –, juris Rn. 20 ff.

Eigentum oder Vermögen des Dienstherrn zu konstruieren, wo er in Wahrheit nicht vorhanden ist.[130]

6. Gesamtschuldnerische Haftung

Haben zwei oder mehrere Beamte gemeinsam den Schaden verursacht, so haften sie als Gesamtschuldner (§ 48 Satz 2 BeamtStG, § 75 Abs. 1 Satz 2 BBG). Gemäß § 421 Satz 1 BGB kann der Dienstherr den Ersatz des Schadens grundsätzlich – dh unbeschadet der unter b) zu besprechenden Möglichkeit einer Verteilung etwa auf der Basis der Fürsorgepflicht – von jedem der beteiligten Beamten ganz oder teilweise fordern. 38

Nach dem auch im öffentlichen Recht anzuwendenden allgemeinen Rechtsgedanken des § 830 Abs. 1 Satz 2 BGB haften zwei oder mehrere Beamte dem geschädigten Dienstherrn auch dann als Gesamtschuldner, wenn 39

- jeder von ihnen den Schaden durch eine vorsätzliche oder grob fahrlässige Dienstpflichtverletzung adäquat verursacht haben kann,
- einer von ihnen den Schaden verursacht haben muss und
- nicht feststeht, wer tatsächlich der Verursacher ist.[131]

a) Mitverschulden des Dienstherrn

Der auf Schadensersatz in Anspruch genommene Beamte kann dem Dienstherrn die Beteiligung eines anderen Beamten an der Schadensverursachung nur dann gemäß § 254 BGB[132] entgegenhalten, wenn dieser andere Beamte eine Dienstpflicht – etwa die Fürsorge- und Schutzpflicht – verletzt hat, „zu deren Erfüllung namens des Dienstherrn … er gerade gegenüber dem in erster Linie den Schaden verursachenden Beamten verpflichtet ist“.[133] Unter solchen Gegebenheiten ist der Schaden zwischen den beteiligten Beamten nach dem Verantwortungsanteil zu splitten, möglicherweise auch dem quasi als Vertreter des Dienstherrn Handelnden ganz aufzubürden.[134] 40

b) Fürsorgepflicht des Dienstherrn

Die besonderen Umstände des Einzelfalles können den Dienstherrn bei der Verwirklichung seines Schadensersatzanspruchs gegenüber den Gesamtschuldnern – ausnahms- 41

[130] Siehe etwa NRW OVG NWVBl. 1997, 98 (Fall eines Staatsanwalts, der Gelder zweckentfremdet hatte, die an gemeinnützige Einrichtungen hätten weitergeleitet werden müssen). Bedenklich die Wendung des Revisionsurteils (BVerwG NJW 1997, 3455), die Schadensersatznorm diene auch dem „Schutzzweck“, den Beamten zu einer planmäßigen Verwendung dienstlicher Gelder zu bestimmen. Krit. dazu mit Recht Beckmann, Die Haftung des Beamten gegenüber seinem Dienstherrn, 2002, S. 150ff. (Es fehle der Schaden.); ders. in ZBR 2004, 109 (114). Vgl. (unter Bezugnahme auf den obigen Text) außerdem SächsOVG 30.4.2009 – 2 A 175/09 –, juris Rn. 4.

[131] BVerwG ZBR 1999, 278 (280); vgl. ferner Franke in GKÖD I (L) § 75 Rn. 49.

[132] Zur Schadensminderungspflicht des Dienstherrn siehe im Übrigen auch NdsOVG 14.8.2012 – 5 LA 220/11 –, BeckRS 2012, 55121 (Nichtbeachtung der Möglichkeit, eine infolge einer Dienstpflichtverletzung geschehene Überzahlung – rechtzeitig – von dem zu Unrecht Begünstigten zurückzufordern).

[133] BVerwGE 34, 123 (131f.); 50, 102, 315 (322); 56, 315 (322); außerdem BVerwGE 106, 272 (278f.). Sofern der Beamte durch den Vorgesetzten überfordert wird, fehlt es bei einer wesentlich daraus resultierenden Schadensverursachung bereits an einer groben Fahrlässigkeit des Beamten, falls dieser rechtzeitig darauf hingewiesen hat, dass ihm zu viel zugemutet werde.

[134] Vgl. auch Simianer ZBR 1993, 33 (47). Die Dienstaufsicht wird nicht aus Fürsorgegründen, sondern allein im öffentlichen Interesse ausgeübt; BVerwGE 34, 123 (133) und BVerwG NZWehrR 1991, 211.

weise – zu einer angemessenen Verteilung zwingen.[135] Die Ansicht, dass der Dienstherr *stets* prüfen müsse, welchen von zweien oder mehreren an der Schadensverursachung Beteiligten er – nach Maßgabe seines jeweiligen Verantwortungsanteils – mit welchem Schadensanteil in Anspruch nehmen wolle (dürfe),[136] hat sich freilich als strikt einzuhaltende Maxime, soweit ersichtlich, nicht durchgesetzt.[137] Immerhin dürfte es aber zB mindestens nahe liegen, bei der Schadensverursachung durch einen vorsätzlich und einen grob fahrlässig handelnden Beamten jedenfalls überwiegend – wenn nicht gar insgesamt – den vorsätzlich Handelnden heranzuziehen. Sind ein Vorgesetzter und ein Untergebener jeweils an der Schadensverursachung beteiligt, so heißt dies nicht, dass der Vorgesetzte schon wegen seiner Vorgesetztenstellung vorrangig in den Blick zu fassen sei. Soweit die Mitverursachung des Schadens dem Dienstherrn zum Mitverschulden (§ 254 BGB) gereicht, ist auf a) hinzuweisen.

III. Haftungsbegrenzungen

1. Haftung und Fürsorgepflicht

42 Auch mit Rücksicht auf das Gebot einer wirtschaftlichen und sparsamen Haushaltsführung (siehe § 34 Abs. 2 BHO) muss der Dienstherr darauf hinwirken, dass ein Schaden, der dem Staat und der Allgemeinheit zugefügt worden ist, durch denjenigen Amtsträger, der ihn vorsätzlich oder grob fahrlässig verursacht hat, nach Kräften auch wiedergutgemacht wird.[138] Der Fürsorge- und Schutzpflicht lässt sich nicht entnehmen, dass der Dienstherr zugunsten seiner Beamten eine Regresshaftpflichtversicherung abschließen müsste;[139] indessen kann sie ihre Wirkung wie folgt entfalten:[140] Durch § 59 Abs. 1 Satz 1 Nr. 1 und 3 BHO (und die gleichsinnigen Vorschriften des Landeshaushaltsrechts) ist das zuständige Bundesministerium (Landesministerium) ermächtigt, Ansprüche

- zu stunden, wenn die sofortige Einziehung mit erheblichen Härten für den Anspruchsgegner verbunden wäre und der Anspruch durch die Stundung nicht gefährdet wird, sowie
- (mit schuldbefreiender Wirkung) zu erlassen, wenn die Einziehung nach Lage des einzelnen Falles für den Anspruchsgegner eine besondere Härte wäre.[141]

---

[135] Eine vom Dienstherrn – unter Berücksichtigung der Fürsorge- und Schutzpflicht – vorgenommene Verteilung (im Außenverhältnis) ist für das Ausgleichsinnenverhältnis der Beamten (§§ 426, 254 BGB) nicht verbindlich.

[136] Vgl. NRW OVG ZBR 1991, 123 und NWVBl. 1992, 174. Siehe auch HVGH DVBl 1994, 1084.

[137] In diesem Sinne auch Simianer ZBR 1993, 33 (47). Allerdings wird es im Allgemeinen pflichtgemäßem Ermessen entsprechen, dass der Dienstherr – der dazu gewöhnlich besser als der einzelne Beamte in der Lage ist – zunächst die Verantwortlichkeit aller in Betracht kommenden Beteiligten in zumutbarem Rahmen klärt und dass er sich an den dabei gewonnenen Erkenntnissen bei der – vollen oder partiellen – Geltendmachung und bei der Durchsetzung der Ersatzforderung(en) ausrichtet. So auch in der Tendenz Lemhöfer in Plog/Wiedow BBG 2009 § 75 Rn. 49.

[138] Vgl. BVerwGE 44, 27 (30 f.) und BVerwG ZBR 2002, 315. Siehe dazu aber auch Meyer RiA 1991, 62. Bedenklich wäre es, wenn die „Pflicht zur vorbeugenden und ggf. erzieherischen Einwirkung“ auch hier bemüht würde (vgl. bereits Fn. 130).

[139] BVerwG ZBR 1982, 179; siehe aber auch → Rn. 10 ff.

[140] Vgl. auch Beckmann ZBR 2004, 109 (114 f.).

[141] Siehe dazu BayVGH ZBR 1992, 189, wo ein „Härtefall“ im Hinblick auf eine Regress- und Haftpflichtversicherung verneint ist, die der Beamte selbst und unter Einsatz eigener Mittel abgeschlossen hatte.

Für die Würdigung der Stundungs- und Erlassvoraussetzungen muss der Fürsorge- und Schutzgedanke mitbestimmend sein.[142] In die Erwägungen sollte insoweit ggf. einbezogen werden, dass die arbeitsgerichtliche Rechtsprechung, aber auch der Bundesgerichtshof[143] Haftungserleichterungen selbst bei grober Fahrlässigkeit nicht gänzlich ausschließt und dabei Gewicht vor allem darauf legt, ob der Verdienst des Arbeitnehmers in einem deutlichen Missverhältnis zum Schadensrisiko seiner Tätigkeit steht. Die Fürsorge- und Schutzpflicht kann es zudem wegen der sozialen Verhältnisse des Beamten als nicht angängig erscheinen lassen, den Haftungsbetrag im Wege der Aufrechnung einzuziehen.[144]

2. Verjährung

Die Verjährung der hier infrage stehenden Schadensersatzansprüche richtet sich nach 43
den §§ 194 ff. BGB mit folgenden Maßgaben:

- In einer Reihe von Ländern[145] sind teilweise abweichende Sonderregelungen getroffen worden, die sich – ohne dass das Beamtenstatusgesetz hierzu Vorgaben enthielte[146] – textlich im Wesentlichen[147] mit § 46 Abs. 2 BRRG aF decken. Baden-Württemberg sowie Bremen und Hamburg[148], Niedersachsen[149], Sachsen-Anhalt[150] und Schleswig-Holstein[151] richten sich hingegen nach der allgemeinen Linie des Bundes, der – mit Ausnahme von § 75 Abs. 2 BBG – keinen Anlass gesehen hat, die öffentlichen Dienstherren „von der grundsätzlichen Vereinheitlichung des Verjährungsrechts (im Anschluss an das Gesetz zur Modernisierung des Schuldrechts vom 26. November 2001[152]) auszunehmen“, und der deshalb auf eine Sonderregelung wie etwa den bisherigen (§ 46 Abs. 2 BRRG aF korrespondierenden) § 78 Abs. 2 BBG aF verzichtet hat.[153]
- § 75 Abs. 2 BBG stellt lediglich sicher, dass sich der Beamte in Fällen des Regresses nicht auf Verjährung berufen kann, wenn der Dienstherr noch schadensersatzpflichtig ist.

Die in Fn. 145 näher bezeichneten landesrechtlichen Bestimmungen halten jeweils in 44
Satz 1 fest, dass Schadensersatzansprüche nach § 48 BeamtStG „in drei Jahren von dem Zeitpunkt an (verjähren), in dem der Dienstherr von dem Schaden und der Person des Ersatzpflichtigen Kenntnis erlangt hat, ohne Rücksicht auf diese Kenntnis in zehn Jahren

---

142 Vgl. BGH ZBR 1994, 153. Zur Problematik einer Haftungsbeschränkung unabhängig vom Haushaltsrecht wegen „existenzbedrohender Schadenshöhe“ Franke in GKÖD I (L) § 75 Rn. 37 mwN; außerdem Beckmann ZBR 2004,114 und Zetzsche ZBR 2004, 132.

143 Vgl. BAG NJW 1990, 468, NJW 1993, 1732, NJW 1995, 210 und NJW 1999, 966 sowie BGH NJW 1991,1683 und NJW 1996, 1532. Siehe jedoch auch BAG NJW 2011, 1096. Vgl. dazu die Rechtsprechungsübersicht bei Lemhöfer in Plog/Wiedow BBG 2009 § 75 Rn. 97.

144 Siehe VV Nr. 1.2b zu § 84 NRW LBG.

145 Siehe Art. 78 Abs. 1 BayBG, § 72 Abs. 1 BlnLBG, § 60 Abs. 1 BbgLBG, § 91 Abs. 2 HBG, § 52 Abs. 1 MVBG, § 80 Abs. 1 NRW LBG, § 60 Abs. 1 RP LBG, § 65 Abs. 1 SBG, § 76 Satz 1 SächsBG und § 46 Abs. 1 ThürBG.

146 Siehe BT-Drs. 16/4027 S. 34. Dazu krit. Ziekow PersV 2007, 344 (351).

147 In § 72 Abs. 1 Satz 2 BlnLBG ist es der Leistung von Geldersatz bzw. dem Anspruch auf Geldersatz gleichgestellt, dass der Dienstherr „zur Folgenbeseitigung Mittel“ aufwendet bzw. einen „Anspruch auf … Folgenbeseitigung“ anerkennt.

148 § 59 Abs. 1 BW LBG, § 51 Abs. 1 BrBG und § 52 Abs. 1 HmbBG.

149 § 51 Abs. 1 NBG.

150 § 56 Abs. 1 BG LSA.

151 § 51 Abs. 1 SH LBG.

152 BGBl I S. 3138. Durch das im Text genannte Gesetz ist ua die für die Verjährung deliktischer Ansprüche vormals geltende Regelung des § 852 Abs. 1 BGB aufgehoben worden.

153 Siehe dazu BT-Drs. 16/7076 S. 117.

von der Begehung der Handlung an". Der Dienstherr hat die – in beiderlei Hinsicht – erforderliche Kenntnis, wenn das Organ oder die Stelle, die nach der innerbehördlichen Geschäftsverteilung berufen ist, den Beamten zum Schadensersatz heranzuziehen oder sonst die Rechtmäßigkeit des Verwaltungshandelns der Beamten zu überprüfen, aufgrund der ihm/ihr bekannten Tatsachen gegen einen bestimmten Beamten eine Schadensersatzklage mit einigermaßen sicherer Aussicht auf Erfolg erheben kann.[154] Ein Kennenmüssen reicht nicht aus;[155] nichts anderes gilt im Anwendungsbereich der hier in den Blick gefassten landesrechtlichen Vorschriften selbst für eine grob fahrlässige Unkenntnis.

45 Nach § 199 Abs. 3 BGB, der die Bundesbeamten wie auch die Landesbeamten in Baden-Württemberg, Bremen, Hamburg, Niedersachsen, Sachsen-Anhalt und Schleswig-Holstein betrifft, verjähren Schadensersatzansprüche

- ohne Rücksicht auf die Kenntnis oder grob fahrlässige Unkenntnis in zehn Jahren von ihrer Entstehung an und
- ohne Rücksicht auf ihre Entstehung und die Kenntnis oder grob fahrlässige Unkenntnis in 30 Jahren von der Begehung der Handlung, der Pflichtverletzung oder dem sonstigen, den Schaden auslösenden Ereignis an (Satz 1).

Maßgeblich ist die früher endende Frist (Satz 2). Die grob fahrlässige Unkenntnis steht insoweit also der positiven Kenntnis gleich. Für Schadensersatzansprüche, die auf einer Verletzung des Lebens, des Körpers, der Gesundheit oder der Freiheit beruhen, gilt eine 30-Jahresfrist (§ 199 Abs. 2 BGB).

46 Wiederholt der Schädiger eine schädigende Handlung, so setzt *eine jede* Wiederholung eine neue Verjährung in Lauf.[156] Bei einem Unterlassen trotz Handlungspflicht gilt Entsprechendes. Beispiel: Ein Beamter unterlässt es pflichtwidrig, ein Beschäftigungsverhältnis seiner Ehefrau anzuzeigen; die Folge hiervon ist eine Überzahlung von Bezügen. Da der Beamte seine Bezüge nicht nur einmal, sondern jeden Monat erhält, ist er mithin auch nicht nur einmal verpflichtet, die Berufstätigkeit seiner Ehefrau anzuzeigen, sondern schuldet dies immer wieder, weil das Unterlassen jeden Monat Auswirkungen auf die Höhe seiner Bezüge hat. Mit jedem erneuten Unterlassen der Anzeige beginnt der Lauf der Verjährungsfrist für den jeweiligen Schaden.[157]

47 Für mittelbare Schäden treffen § 75 Abs. 2 BBG wie auch das Landesbeamtenrecht[158] gleichsinnige Sonderregelungen: Hat der Dienstherr einem Dritten Schadensersatz[159] geleistet, so tritt (qua gesetzlicher Fiktion) an die Stelle des Zeitpunktes, in dem der Dienstherr von dem Schaden Kenntnis erlangt, der Zeitpunkt, in dem der Ersatzanspruch gegenüber dem Dritten vom Dienstherrn (gerichtlich oder außergerichtlich) anerkannt oder dem Dienstherrn gegenüber rechtskräftig festgestellt wird. In einer freiwilligen

---

[154] BVerwGE 81, 301 (304 ff.) mit der Klarstellung (S. 305), dass die Grundsätze, die die Rechtsprechung für den Fristbeginn bei § 48 Abs. 4 VwVfG entwickelt habe, hierhin nicht übertragbar seien. Vgl. außerdem BVerwGE 100, 280 (284): Bei Kollegialorganen genüge die Kenntnis desjenigen Amtsträgers, der im Rahmen seiner fachaufsichtlichen Aufgaben zuständig und verantwortlich sei, durch Einberufung des Kollegialorgans und Herbeiführung seiner Beschlussfassung die Durchsetzung des Schadensersatzanspruchs vorzubereiten und einzuleiten (vgl. jedoch auch BGH NJW 2012, 2644: es komme auf die Kenntnis der für den Regress zuständigen Organisationseinheit an). Ein Wechsel der für die Kenntniserlangung zuständigen Stelle berührt den Lauf der Verjährungsfrist nicht; BW VGH DÖD 1983, 62. Siehe ferner BVerwG ZBR 1999, 278. Wer für eine etwaige Verjährung von Regressansprüchen des Dienstherrn verantwortlich ist, kann deswegen selbst einem Regressanspruch ausgesetzt sein.

[155] BGHZ 133, 192 (198) sowie BGH NJW 1994, 3092 und NJW 2000, 935; siehe jedoch auch BGH NJW 1990, 2808.

[156] Vgl. BGHZ 71, 86 (94).

[157] NRW OVG NVwZ-RR 1994, 225.

[158] Siehe dazu die jeweiligen zweiten Sätze der in Fn. 145, 148–151 genannten Bestimmungen.

[159] Zu Berlin siehe Fn. 147.

Leistung oder in einer Leistung aufgrund eines gerichtlichen oder außergerichtlichen Vergleichs ist ein „Anerkenntnis" im vorstehenden Sinne zu erblicken.[160] Der Beamte kann sich auch dann auf eine Verjährung nach § 199 Abs. 3 Satz 1 Nr. 2 BGB berufen, wenn er erst kurz vor Ablauf der 30-Jahresfrist nach § 199 Abs. 2 BGB verklagt und erst nach Fristablauf rechtskräftig verurteilt wird.[161]

Im Einzelfall kann es gegen Treu und Glauben verstoßen, wenn der Beamte die Einrede der Verjährung erhebt.[162] 48

Die Verjährung ist gehemmt, solange der Beamte aufgrund einer Vereinbarung mit dem Dienstherrn – etwa einer Stundungsabrede – vorübergehend zur Verweigerung der Leistung berechtigt ist (§ 205 BGB). Die Hemmung hat die Folge, dass der entsprechende Zeitraum in die Verjährungsfrist nicht eingerechnet wird, diese also nach dem Ende der Hemmungszeit weiterläuft (§ 209 BGB); Höchstgrenzen für eine dadurch bedingte Verlängerung der Verjährungsfrist gibt es nicht.[163] 49

§ 203 BGB, demzufolge eine Hemmung der Verjährung auch eintritt, wenn zwischen dem Schuldner und dem Gläubiger (ergebnisoffene) Verhandlungen über den Anspruch oder die den Anspruch begründenden Umstände schweben, wird man auch bei der beamtenrechtlichen Schadensersatzhaftung für anwendbar halten müssen.[164] Die Erhebung einer Leistungsklage des Dienstherrn hemmt die Verjährung bis sechs Monate nach rechtskräftiger Entscheidung oder anderweitiger Beendigung des Verfahrens (§ 204 Abs. 1 Nr. 1, Abs. 2 BGB).[165] 50

Die Verjährung beginnt dagegen neu, wenn der Beamte den Ersatzanspruch gegenüber dem Dienstherrn ausdrücklich oder schlüssig – zB durch Abschlags-, Raten-[166] oder Zinszahlung, Sicherheitsleistung oder Bitte um Stundung[167] – anerkennt (§ 212 Abs. 1 Nr. 1 BGB). Wird der Ersatzanspruch durch Leistungsurteil rechtskräftig festgestellt, so beginnt mit der Rechtskraft eine Verjährungsfrist von 30 Jahren (§ 197 Abs. 1 Nr. 3, § 201 BGB). Wird der Beamte durch Leistungsbescheid des Dienstherrn auf Schadensersatz in Anspruch genommen, so ist die Verjährung dadurch bis zur Unanfechtbarkeit des Verwaltungsakts oder bis zu sechs Monaten nach Erledigung des Verwaltungsverfahrens gehemmt (§ 53 Abs. 1 VwVfG). Gemäß § 53 Abs. 2 Satz 1 VwVfG beginnt mit der Unanfechtbarkeit des Verwaltungsakts eine 30-jährige Verjährungsfrist. 51

IV. Geltendmachung des Schadensersatzanspruchs

Das Schadensersatzverlangen kann, was den Rückgriff angeht, nur durch zivilgerichtliche Leistungsklage (Art. 34 Satz 3 GG), im Übrigen durch Leistungsbescheid oder durch verwaltungsgerichtliche Leistungsklage verfolgt werden; daneben ist insoweit, je nach Lage der Dinge, die Möglichkeit einer Aufrechnung als Erfüllungsersatz zu beachten.[168] 52

Von der beabsichtigten Geltendmachung eines Ersatzanspruchs ist der Beamte rechtzeitig vorher in Kenntnis zu setzen, damit er die Mitbestimmung des Personalrates (siehe 53

[160] Lemhöfer in Plog/Wiedow BBG 2009 § 75 Rn. 114.
[161] Siehe BR-Drs. 720/07 Begr. zu § 75 BBG (S. 216).
[162] BVerwG ZBR 1987, 47.
[163] Vgl. BGHZ 37, 113 sowie BGH NJW 1990, 178.
[164] So auch Battis BBG § 75 Rn. 15; ferner Lemhöfer in Plog/Wiedow BBG 2009 § 75 Rn. 112.
[165] Zur Geltendmachung eines Teilbetrages BVerwGE 100, 280 (286).
[166] Lemhöfer in Plog/Wiedow BBG 2009 § 75 Rn. 114.
[167] Vgl. BGH NJW 1978, 1914.
[168] Vgl. hierzu HVGH NVwZ 1995, 1127.

§ 76 Abs. 2 Satz 1 Nr. 9 BPersVG) beantragen kann (siehe § 76 Abs. 2 Satz 2 BPersVG).[169] Das Bundesverwaltungsgericht[170] hält den Personalrat für befugt, die Versagung seiner Zustimmung darauf zu stützen, dass er den Schadensersatzanspruch materiell für nicht gegeben halte. Dem wird man folgen können, indessen nur mit der Einschränkung, dass der Zweck der Personalratsbeteiligung sicherlich nicht in einer – eigentlichen – Rechtskontrolle, sondern – zumindest der Zielsetzung nach – (lediglich) darin liegt, darüber zu wachen,

- ob die Beschäftigten, auch was ihre Heranziehung zum Schadensersatz betrifft, nach näherer Maßgabe der einschlägigen gesetzlichen und tarifrechtlichen Regelungen gleichbehandelt werden und
- ob der sozialen Lage des jeweils in Betracht kommenden Beschäftigten Rechnung getragen ist.[171]

54 Da das Mitbestimmungsverfahren[172] die Verjährung nicht hemmt,[173] ist der Leiter der Dienststelle, falls der Ablauf der Verjährungsfrist droht, dazu befugt, als „vorläufige Regelung“ (siehe § 69 Abs. 5 Satz 1 BPersVG) einen Leistungsbescheid zu erlassen, dessen Vollstreckung bis zum Abschluss des Mitbestimmungsverfahrens ausgesetzt wird.[174]

1. Zivilgerichtliche Leistungsklage

55 Für den Rückgriff in den Fällen des Art. 34 Satz 1 GG[175] – einschließlich des Anspruchs auf Erstattung der Kosten, die der Anstellungskörperschaft durch einen Amtshaftungsprozess entstanden sind[176] – ist (nur) der Zivilrechtsweg eröffnet (Art. 34 Satz 3 GG).[177] Sachlich zuständig sind die Landgerichte (§ 71 Abs. 2 Nr. 2 GVG). Erlässt der Dienstherr hier stattdessen rechtsirrig einen Leistungsbescheid, so ist dieser im Widerspruchsverfahren (§ 54 Abs. 2 BeamtStG, § 126 Abs. 2 BBG iVm §§ 68 ff. VwGO) bzw. im verwaltungsgerichtlichen Klageverfahren ohne inhaltliche Prüfung bereits deswegen aufzuheben, weil die Verwaltung bei der Art und Weise ihres Vorgehens einen rechtswidrigen Weg gewählt hat.

2. Leistungsbescheid[178]

56 Der Leistungsbescheid – ein belastender Verwaltungsakt, dessen Erlass grundsätzlich[179] erst nach vorheriger Anhörung des Beamten (siehe § 28 Abs. 1 VwVfG) angängig ist –

[169] Das Antragsmodell soll bewirken, dass der Beamte entscheiden kann, ob er die Schadensersatzproblematik *selbst* – dh ohne Einbindung des Personalrates – mit der Dienststelle (möglichst diskret und einvernehmlich) klären (und ggf. bereinigen) will (vgl. BVerwG ZTR 2010, 434 sowie Vogelsang ZTR 2011, 472, 476).

[170] BVerwGE 87, 263; siehe aber auch BVerwG ZBR 1980, 161.

[171] Siehe im Einzelnen Schnellenbach PersV 1991, 457.

[172] Ein Verfahrensmangel bei der Einleitung des Mitbestimmungsverfahrens ist im Verhältnis zwischen Dienstherrn und Beamten unbeachtlich, wenn der Personalrat ihn nicht fristgemäß rügt, sondern in der Sache selbst zustimmt; HVGH aaO (Fn. 169).

[173] BVerwGE 87, 263 (265).

[174] BVerwG ZBR 1980, 161.

[175] → Rn. 7 ff.

[176] Vgl. BayObLG VersR 1984, 990.

[177] Siehe schon → Rn. 52.

[178] Zur Handlungsform des beamtenrechtlichen Leistungsbescheides siehe allgemein H.Günther DÖD 1991, 159.

[179] Siehe aber auch § 28 Abs. 2 sowie § 45 Abs. 1 Nr. 3 und Abs. 2 VwVfG.

stellt die Ersatzpflicht verbindlich fest,[180] solange und soweit er nicht zurückgenommen, widerrufen, anderweitig aufgehoben oder auf andere Weise erledigt ist (siehe § 43 Abs. 2 VwVfG). Er bildet die Grundlage für eine Verwaltungsvollstreckung (siehe § 3 Abs. 2 VwVG). Ein Leistungsbescheid kann auch dann noch ergehen, wenn der Ersatzpflichtige inzwischen aus dem (aktiven) Beamtenverhältnis ausgeschieden ist.[181]

Nach (etwaigem[182]) erfolglosem Widerspruch kann der Beamte Anfechtungsklage (§ 54 Abs. 1 BeamtStG, § 126 Abs. 1 BBG, § 42 Abs. 1 VwGO) erheben. Die genannten Rechtsbehelfe haben aufschiebende Wirkung (§ 80 Abs. 1 VwGO).[183] 57

3. Verwaltungsgerichtliche Leistungsklage

Eine Geltendmachung des Schadensersatzanspruchs durch verwaltungsgerichtliche Leistungsklage (§ 54 Abs. 1 BeamtStG, § 126 Abs. 1 BBG) kann für den Dienstherrn, verglichen mit einer Heranziehung des Beamten durch Leistungsbescheid, durchaus vorzugswürdig sein: Wenn sich etwa aus der Reaktion des Beamten auf eine (formlose) Zahlungsaufforderung unschwer die Prognose ableiten lässt, dass es in jedem Fall zu einer prozessualen Klärung kommen muss, kann sich der Weg über die Leistungsklage aufdrängen, weil er häufig schneller und letztlich weniger aufwändig zum Ziel führt – abgesehen davon, dass nur bei der Leistungsklage ab Rechtshängigkeit Prozesszinsen beansprucht werden können.[184] 58

Ist der Dienstherr wegen der schädigenden dienst- und amtspflichtwidrigen Handlung des Beamten dem Geschädigten gegenüber sowohl nach Art. 34 Satz 1 GG als auch aus anderen Rechtsgründen, etwa gemäß §§ 30 ff. BeamtVG,[185] leistungspflichtig und entscheidet er sich für eine zivilgerichtliche Rückgriffsklage,[186] so hat das Landgericht – sofern es darauf ankommt – auch diesen anderen Rechtsgründen nachzugehen (§ 17 Abs. 2 Satz 1 GVG). Falls sich der Dienstherr im gleichen Fall zu einer verwaltungsgerichtlichen Leistungsklage entschließt, ist das Verwaltungsgericht hingegen nicht befugt, das Begehren auch unter dem rechtlichen Gesichtspunkt eines Rückgriffs aus Amtshaftung zu würdigen (§ 17 Abs. 2 Satz 2 GVG).[187] 59

4. Aufrechnung

Dass der Dienstherr gegenüber den Ansprüchen des aktiven Beamten wie auch des Ruhestandsbeamten auf Bezüge aufrechnen kann, folgt mittelbar aus § 11 Abs. 2 Satz 1 60

---

180 Die Angabe einer unzutreffenden Rechtsgrundlage, zB des § 823 BGB, ist unschädlich, wenn der Wille des Dienstherrn eindeutig hervortritt, den Beamten wegen eines näher bezeichneten Pflichtenverstoßes auf Ersatz des dadurch verursachten Schadens in Anspruch zu nehmen; BVerwG DÖD 2001, 306 = BVerwGE 115, 15. Im gleichen Sinne BGH NVwZ 2009, 928 zu einer Schadensersatzklage des Dienstherrn, der sein Klagebegehren (fälschlich) auf § 823 Abs. 2 BGB iVm § 266 Abs. 1 StGB gestützt hatte – mit dem Bemerken, dass die Vorschriften über die Schadensersatzansprüche des Dienstherrn nach den Beamtengesetzen die Haftung des Beamten im Innenverhältnis abschließend regelten und einen Rückgriff auf die Vorschriften des allgemeinen Rechts, insbesondere auch auf die deliktsrechtlichen Anspruchsgrundlagen des Bürgerlichen Rechts, nicht zuließen.

181 Siehe schon BVerwGE 27, 220 (252); vgl. aber auch BVerwGE 81, 301 (303) und BVerwG NJW 1999, 3737.

182 Siehe dazu § 54 Abs. 2 Satz 3 BeamtStG.

183 → § 15 Rn. 75 ff.

184 → § 15 Fn. 248.

185 → Rn. 5.

186 → Rn. 55.

187 Siehe schon → § 3 Fn. 344.

BBesG und § 51 Abs. 2 Satz 1 BeamtVG.[188] Das dort im Grundsatz für den unpfändbaren Teil der Bezüge festgelegte Aufrechnungsverbot (siehe auch § 394 Satz 1 BGB) tritt zurück, soweit gegen den Schädiger ein Anspruch auf Schadensersatz wegen vorsätzlicher unerlaubter Handlung besteht (§ 11 Abs. 2 Satz 2 BBesG, § 51 Abs. 2 Satz 2 BeamtVG).

61 Die Aufrechungserklärung des Dienstherrn (§ 388 Satz 1 BGB), die weder selbst Verwaltungsakt ist noch einen solchen voraussetzt,[189] bewirkt, dass Forderung und Gegenforderung, soweit sie sich decken, mit Rückwirkung auf den Zeitpunkt als erloschen gelten, in dem sie sich erstmals aufrechenbar gegenüberstanden (§ 389 BGB). Erkennt der Beamte oder Ruhestandsbeamte den Schadensersatzanspruch nicht an, so bleibt ihm nichts anderes übrig, als den aufrechnungshalber nicht gezahlten Teil der Bezüge – nach erfolglosem Widerspruch – bei dem Verwaltungsgericht einzuklagen.[190]

V. Beweislast

62 Stehen die Subsumtionstatsachen für eine Dienstpflichtverletzung, ein Verschulden, einen Schaden oder die Kausalität nach Ausschöpfung aller Ermittlungs- und Erkenntnismöglichkeiten nicht (kumulativ) zur Überzeugung des Gerichts fest,[191] so trifft den Dienstherrn normalerweise das Risiko eines non liquet. Nach dem Rechtsgedanken des § 280 Abs. 1 Satz 2 BGB ist ein Kassenbeamter aber beweisbelastet, wenn die Ursache für einen in seiner Kasse entstandenen Fehlbestand nicht aufklärbar ist, dies allerdings nur unter der weiteren Voraussetzung, dass er den mit der Kassenführung verbundenen Gefahrenbereich allein beherrscht und dass mithin bei Wahrung der gebotenen Sorgfalt ein Zugriff unberechtigter Dritter, auch von Kollegen, praktisch ausgeschlossen werden kann.[192] Um zu vermeiden, dass ein Kassenbeamter – ungeachtet des allgemein auf grobe Fahrlässigkeit reduzierten Haftungsmaßstabes – faktisch schon bei gewöhnlicher (leichter) Fahrlässigkeit haftet, hat das Bundesverwaltungsgericht[193] unter Anlehnung an die zivilgerichtliche Rechtsprechung die Anforderungen an eine den Beamten im Ergebnis entlastende Beweisführung gemindert: Zwar dürfe nicht schon „die bloße Möglichkeit eines vom Schuldner nicht zu vertretenden Schadenseintritts für den Entlastungsbeweis" ausreichen;[194] der Beweis werde „aber oftmals schon als erbracht anzusehen sein, wenn

[188] → § 15 Rn. 82.

[189] → § 15 Rn. 83.

[190] BVerwG ZBR 1972, 188; vgl. auch BVerwGE 18, 238.

[191] Zur Feststellung eines ursächlichen Zusammenhanges zwischen der Amtspflichtverletzung eines Beamten (hier: Teilnahme am Straßenverkehr mit einem Dienstkraftfahrzeug im fahruntüchtigen Zustand) und der Beschädigung des von ihm gesteuerten Dienstfahrzeugs nach den Grundsätzen des Anscheinsbeweises siehe BrOVG 14.3.1983 – 2 BA 133/82 –, abgedr. bei Schütz/Maiwald BR ES/D II 2 Nr. 7. Zur Schadensschätzung gemäß § 173 VwGO iVm § 287 ZPO bei wiederholten Zugriffen des Beamten auf Geld des Dienstherrn innerhalb eines bestimmten Zeitraumes BVerwG NVwZ 1999, 77; vgl. auch BVerwGE 115, 15 (17). Handelt es sich um entgangenen Gewinn des Dienstherrn, so ist der Rechtsgedanke des § 252 Satz 2 BGB zu beachten.

[192] Siehe auch Lemhöfer in Plog/Wiedow BBG 2009 § 75 Rn. 32f. Vgl. in ähnlicher Beziehung außerdem VG Würzburg 17.1.2012 – W 1 K 11.192 –, BeckRS 2012, 47314. Das Gericht verneint die Haftung eines Postzustellers, dem – wegen der Nichteinhaltung der einschlägigen Auslieferungs- und Sicherheitsbestimmungen – der Verlust eines Packets angelastet worden war, mit der Begründung, dass das in Betracht kommende „Sicherungssystem" der Deutschen Post AG „nicht nachgewiesenerweise lückenlos und in einer Weise geschlossen (gewesen sei), dass es die Zuweisung der Verantwortlichkeit für das Fehlen des nicht zustellbaren Packets an den Kläger (dh den betroffenen Beamten) als Zusteller rechtfertigen könnte" (Hinweis auf VG Schleswig-Holstein 5.7.2010 – 12 A 79/10 –, BeckRS 2010, 52084).

[193] BVerwGE 37, 192 (200 f.); 52, 255 (262) und BVerwG RiA 1983, 112.

[194] Vgl. BGH NJW 1953, 59 sowie BAG AP Nr. 20 zu § 611 BGB (Haftung des Arbeitnehmers).

hinreichend wahrscheinlich ist, dass der Schuldner die Unmöglichkeit der Leistung nicht zu vertreten hat, und er beweist, dass er alle ihm obliegende Sorgfalt beachtet hat".[195] Dieser Beweis könne „auch dadurch geführt werden, dass der Schuldner bei einer gleichen Tätigkeit bisher den eine Haftung ausschließenden Grad an Sorgfalt beachtet" habe.[196,197]

VI. Anspruchsübergang

Leistet der (Bundes- oder Landes-)Beamte dem Dienstherrn Ersatz und hat dieser einen Ersatzanspruch gegen Dritte, so geht der Ersatzanspruch kraft Gesetzes[198] – also ohne dass es einer Abtretung bedürfte – auf den Beamten über. Der Beamte kann ihn von da ab im eigenen Namen gegenüber dem Dritten geltend machen. **63**

[195] Siehe schon RGZ 74, 343 (344); 120, 67 (69) und BGH NJW 1952, 1170.

[196] BVerwGE 52, 255 (262) sowie BVerwG RiA 1983, 112. Zur Abgrenzung auch VG Minden 12.12.2008 – 10 K 235/08 –, BeckRS 2009, 31408 (Abhandenkommen behördlich verwahrten, einer Ablieferungspflicht unterliegenden Geldes).

[197] Zu weiteren Beweislastproblemen siehe Schnellenbach ZBR 1995, 321 (331 f.).

[198] § 75 Abs. 3 BBG, § 59 Abs. 2 BW LBG, Art. 78 Abs. 2 BayBG, § 72 Abs. 2 BlnLBG, § 60 Abs. 2 BbgLBG, § 51 Abs. 2 BrBG, § 52 Abs. 2 HmbBG, § 56 Abs. 2 HBG, § 52 Abs. 2 MVBG, § 51 Abs. 2 NBG, § 80 Abs. 2 NRW LBG, § 60 Abs. 2 RP LBG, § 65 Abs. 2 SBG, § 76 Satz 2 SächsBG, § 56 Abs. 2 BG LSA, § 51 Abs. 2 SH LBG und § 46 Abs. 2 ThürBG. Das Beamtenstatusgesetz verzichtet – trotz des signifikanten Sachzusammenhanges mit der Schadensersatzhaftung des Beamten – auf eine landeseinheitliche Regelung des Anspruchsübergangs mit der Begründung, „der Inhalt des § 46 Abs. 3 BRRG" gehöre nicht zu den „Statuspflichten" und sei „deshalb nicht aufzunehmen" (BT-Drs. 16/4027 S. 34).

§ 10 Fürsorge- und Schutzpflicht des Dienstherrn

§ 45 BeamtStG und § 78 BBG lauten übereinstimmend:[1] 1

„Der Dienstherr hat im Rahmen des Dienst- und Treueverhältnisses für das Wohl der Beamtinnen und Beamten und ihrer Familien, auch für die Zeit nach Beendigung des Beamtenverhältnisses, zu sorgen. Er schützt die Beamtinnen und Beamten bei ihrer amtlichen Tätigkeit und in ihrer Stellung."

I. Verfassungsrechtliche Vorbemerkungen

Die Fürsorge- und Schutzpflicht des Dienstherrn gehört zu den hergebrachten Grundsätzen des Berufsbeamtentums (Art. 33 Abs. 5 GG), die vom Gesetz- und Verordnungsgeber zu beachten sind.[2] Dies bedeutet freilich nicht, dass jede auf dem allgemeinen Fürsorge- und Schutzgedanken beruhende besondere Regelung[3] verfassungskräftig abgesichert wäre. Da nur der tradierte Kernbestand an Fürsorge- und Schutzprinzipien auf die Verfassungsebene gehoben ist,[4] könnte beispielsweise das gegenwärtige – im Wesentlichen erst in der Nachkriegszeit entwickelte – System der Beihilfengewährung geändert werden, ohne dass Art. 33 Abs. 5 GG berührt sein müsste.[5] 2

[1] Für einzelne Beamtengruppen sind Sonderregelungen vorhanden, die deren spezifischem Fürsorge- und Schutzbedürfnis Rechnung tragen; siehe dazu § 46 BeamtStG und § 79 Abs. 1 BBG (Mutterschutz und Elternzeit), ferner das Jugendarbeitsschutzgesetz (vgl. auch § 79 Abs. 2 BBG) sowie die §§ 68 ff., 128 SGB IX (Schwerbehindertenschutz). Zur „gesteigerten Fürsorgepflicht" für schwerbehinderte Beamte Battis BBG § 78 Rn. 23 f. mwN, ferner umfassend Lemhöfer in Plog/Wiedow BBG Anhang zu § 78 BBG 2009.

[2] BVerfGE 8, 332 (356); 43, 154 (165); 46, 97 (117); 58, 68 (76); 83, 89 (98); 106, 232. Zur Unterscheidung von „Berücksichtigung" und „Beachtung" vgl. Lecheler AöR 103 (1978), 349 (363 f.).

[3] → Rn. 3 f., 7. Die nunmehr in § 92 BBG enthaltenen Regelungen zur familienbezogenen (familienbedingten) Teilzeit und Beurlaubung (siehe auch § 43 BeamtStG und die landesrechtlichen Parallelnormen, zB §§ 69, 72 BW LBG, Art. 89 BayBG, § 54 Abs. 4–6, § 55 Abs. 1 und 2 BlnLBG und § 80 BbgLBG) kann man insofern als Konsequenz aus dem Grundsatz der Fürsorgepflicht des Dienstherrn erachten, als dem Beamten (der Beamtin) damit die Möglichkeit eingeräumt ist, seine (ihre) berufliche Tätigkeit in späteren Lebensjahren (nach Beendigung der Betreuungsphase) wieder aufzunehmen.

[4] Vgl. BVerfGE 46, 97, aber auch das Sondervotum Niebler und Wand BVerfGE 43, 177 (zu BVerfGE 43, 154) sowie Battis BBG § 78 Rn. 3 mwN. Des Weiteren Schnellenbach VerwArch. 92 (2001), 2 (9 ff.).

[5] BVerfGE 44, 249 (263); 58, 68 (77); 79, 223 (235); 83, 89 (98); 106, 225 (232); ferner BVerwGE 60, 212; 64, 333; 77, 345 (347); 121, 103 sowie NdsOVG NdsVBl. 2003, 16 und 22 (23). Auch die Regelungen der freien Heilfürsorge für Polizeibeamte (siehe § 70 Abs. 2 BBesG sowie zB § 79 BW LBG und § 113 Abs. 2 NRW LBG) dürfen geändert werden, „ohne dass Verfassungsrecht des Bundes entgegensteht" (BVerwG NVwZ-RR 2004, 508: Der Dienstherr könne „die bisher gewährte freie Heilfürsorge" grundsätzlich unter Wahrung der „durch den Vertrauensschutz gezogenen Grenzen" durch die Gewährung von Beihilfen ersetzen oder dem Betroffenen „die Wahl zwischen Beihilfe und Heilfürsorge gegen Kostenbeteiligung eröffnen"). Zum „Nachrang der Beihilfe" BayVerfGH NVwZ-RR 2008, 708: Der Gesetzgeber sei „von Verfassungs wegen nicht gehindert, den Beihilfeanspruch als strikt subsidiären Anspruch" auszuformen; soweit Dritte „mit Leistungen der Heilfürsorge, mit Krankenhilfe oder durch Kostenerstattung" (im Ausgangsfall: in Gestalt von Leistungen nach dem Bundesversorgungsgesetz) für die Aufwendungen des Beamten aufzukommen hätten, sei die Gewährung von Beihilfe „nicht geboten" (Hinweis auch auf Fn. 195). Siehe schließlich in diesem

3 Wenn und soweit für ein Segment aus dem allgemeinen Anwendungsfeld der eingangs zitierten einfachrechtlichen Fürsorge- und Schutzpflichtnormen eine abschließende, derogierende lex specialis existiert, muss diese, falls dazu Anlass besteht, an Art. 33 Abs. 5 GG gemessen werden. Für die Behörden und – unbeschadet der Vorlagepflicht (Art. 100 GG) – für die Gerichte bleibt eine besondere (formell-)gesetzliche Regelung derartigen Zuschnitts indessen auch hinsichtlich ihrer die genannten Generalklauseln[6] verdrängenden Wirkung[7] solange maßgeblich, bis sie vom Bundesverfassungsgericht für verfassungswidrig und nichtig erklärt worden sein sollte.

4 Trifft der Verordnungsgeber eine abschließende Spezialregelung für einen Teilkomplex der Fürsorge und des Schutzes, so bindet auch diese die Behörden uneingeschränkt, während die Gerichte sie bereits dann verwerfen können, wenn sie der höherrangigen einfachrechtlichen Fürsorge- und Schutzpflichtnorm widerspricht. Dagegen steht es den Gerichten nicht zu, § 45 BeamtStG bzw. § 78 BBG für eine Argumentation in Anspruch zu nehmen, die im Ergebnis darauf zielt, im Einzelfall (vermeintliche) „Härten" zu beseitigen, die sich aus dem (notwendig) pauschalierenden und typisierenden Charakter der in der Rechtsverordnung enthaltenen Regelung zwingend (und bindend) ergeben.[8] Von diesem Grundsatz unberührt bleiben Härteregelungen, die sich – wie zB in Richtung auf eine Erhöhung des Beihilfebemessungssatzes (siehe § 47 der Beihilfeverordnung des Bundes) – in der Rechtsverordnung selbst finden; auch ist ggf. Abhilfe auf der Grundlage einer verfassungskonformen und an Sinn und Zweck der sachnahen Regelung orientierten Auslegung zu denken.

Zusammenhang BVerwG NVwZ 2006, 1191 (Die Systemunterschiede zwischen gesetzlicher Krankenversicherung und privater Gesundheitsvorsorge einschließlich ergänzender Beihilfe rechtfertigten es, Beihilfeleistungen zu der Eigenbeteiligung eines gesetzlich Versicherten auszuschließen) sowie BVerwG NVwZ-RR 2011, 567 (Der Dienstherr sei nicht verpflichtet, das von ihm in Bezug auf die Beihilfengewährung zu Aufwendungen für eine künstliche Befruchtung übernommene Regelungssystem der gesetztlichen Krankenversicherung mit Rücksicht darauf zu modifizieren, dass ein anderer Dienstherr ein abweichendes, aber gleichwertiges Regelungssystem gewählt habe und die systembedingten Unterschiede in Einzelfällen faktisch zu Beihilfeausschlüssen führten).

[6] Lemhöfer in Plog/Wiedow BBG 2009 § 78 Rn. 2; vgl. ferner BVerwGE 112, 308 (309 f.).

[7] → Rn. 7 sowie Schnellenbach ZBR 1981, 301. Nicht zu folgen ist der Ansicht, dass die derogierende Wirkung der lex specialis „in besonders gelagerten Härtefällen" durchbrochen werden müsse, nämlich dann, „wenn bei Versagung der begehrten Leistung unter Berufung auf die bestehende abschließende Regelung die beamtenrechtliche Fürsorgepflicht in ihrem Wesenskern verletzt würde" (so aber RP OVG DÖD 1986, 201). Auf derselben Linie BVerwG NVwZ-RR 2012, 207 mwN : Zwar könnten aus der Fürsorgepflicht an sich keine Ansprüche hergeleitet werden, die über die Ansprüche hinausgingen, welche im Gesetz selbst „speziell und abschließend" geregelt seien; nur dann, wenn ohne die begehrte Fürsorgeleistung indessen „eine unerträgliche Belastung der amtsangemessen Lebensführung des Beamten eintreten und dadurch die Fürsorgepflicht in ihrem Wesenskern beeinträchtigt würde, kämen unmittelbar auf die Fürsorgepflicht gestützte Ansprüche in Betracht". Demgegenüber ist zu bemerken: Die Rechtsprechung muss sich entscheiden, ob sie die infrage stehende gesetzliche Sonderregelung als solche – etwa weil sie zu starr ist und daher zu wenig Einzelfallgerechtigkeit zulässt – als gegen den „hergebrachten Grundsatz" der Fürsorge und des Schutzes verstoßend qualifizieren oder aber „Unbilligkeiten" im Einzelfall hinnehmen will. Ein „dritter Weg", der abschließende gesetzliche Sonderregelungen in letzter Konsequenz zur Disposition der Rechtsprechung stellt, sollte dieser (nicht nur aus rechtssystematischen Gründen) verschlossen bleiben. Siehe auch RP OVG NVwZ 1989, 181 (zum abschließenden Charakter der Sachschadenersatzregelung in § 99 RP LBG aF = § 70 RP LBG n. F., der es nicht zulasse, auf die allgemeine Fürsorge- und Schutzpflichtnorm zurückzugreifen).

[8] BVerwGE 60, 212; ferner Battis BBG § 78 Rn. 7. Zur Konkretisierung der Fürsorgepflicht durch die Erholungs- und die Sonderurlaubsverordnungen vgl. VG Trier 9.8.2011 – 1 K 610/11 –, BeckRS 2011, 53714. Zu „planwidrigen Regelungslücken" BVerwGE 143, 230 sowie Kohde in HBR IV BeamtStG § 45 Rn. 6.

II. § 45 BeamtStG und § 78 BBG als Auffangnormen, Ausdruck eines Rechtsprinzips und leges generales

Die in der Überschrift angesprochenen Vorschriften sollen als Auffangnormen die formale und materiale Lückenlosigkeit des Systems der Rechte des Beamten gewährleisten,[9] ungeachtet dessen, dass die einheitliche Gesetzesfassung ihrem Herkommen gemäß die Fürsorge- und Schutz*pflicht* des Dienstherrn, nicht aber den Fürsorge- und Schutz*anspruch* des Beamten herausstellt. 5

Darüber hinaus spiegeln § 45 BeamtStG und § 78 BBG ein Rechtsprinzip wider: Der Fürsorge- und Schutzgedanke kann zum einen für die Auslegung einzelner unter den Gegebenheiten in Betracht kommender Normen, unter Umständen auch für die Ausfüllung diesbezüglicher Lücken richtungweisend sein; zum anderen ist er dort in die Erwägungen einzubeziehen, wo es sich um die Handhabung von Beurteilungsermächtigungen und um die Ermessensausübung der Verwaltung handelt.[10] Die Rechtsfindung erfordert in Konfliktfällen jeweils eine auf einen vernünftigen Ausgleich gerichtete Abwägung zwischen 6

- der (hier als Topos zu verstehenden) Fürsorge- und Schutzpflicht des Dienstherrn,
- der Dienst- und Treuepflicht des (aktiven) Beamten[11] und
- den unverzichtbaren Belangen der Aufgabenerfüllung des öffentlichen Dienstes, zu der Dienstherr und Beamter berufen sind.[12]

Auch sonstige gewichtige Interessen der Allgemeinheit sind in wohlverstandener Würdigung des Fürsorge- und Schutzprinzips in einem solchen Rahmen nicht ohne Belang. Dies gilt insbesondere für fiskalische Überlegungen des Dienstherrn.[13]

§ 45 BeamtStG und § 78 BBG können – unbeschadet ihres Ranges als Ausdruck eines Rechtsprinzips[14] – als Anspruchsgrundlagen nur relevant werden, wenn und soweit dem für einen infrage stehenden Teilbereich der Fürsorge und des Schutzes insoweit keine Sperrwirkung infolge einer Sonderregelung entgegensteht, die von Gesetzes wegen ausdrücklich als abschließend ausgewiesen ist oder in diesem Sinne interpretiert werden muss.[15] Musterbeispiele abschließender Sonderregelungen sind das Recht der Unfallfür- 7

---

[9] Vgl. Scheerbarth/Höffken/Bauschke/Schmidt BR § 8 II 2; außerdem Lecheler ZBR 1972, 129.

[10] Vgl. dazu BVerwGE 66, 256: Der Einwand einer unzulässigen Rechtsausübung gegenüber der Verjährungseinrede des Dienstherrn werde (auch im Wege einer Berücksichtigung der konkreten Umstände des jeweiligen Einzelfalles) durch die Fürsorgepflicht „mitgeprägt". Die Tatsache einer objektiv fürsorgepflichtwidrigen Falschberechnung der Dienst- und Versorgungsbezüge bedeute als solche noch nicht, dass die Erhebung der Verjährungseinrede eine unzulässige Rechtsausübung sei. Siehe dazu auch Fn. 52. Zur Auslegung des § 7 Abs. 1 MuSchG unter Einbeziehung des Fürsorge- und Schutzprinzips Bln/BbgOVG 23.3.2016 – 4 S 49.15 –, BeckRS 2016, 44253, der keine „starre (äußerste)" zeitliche Begrenzung des Anspruchs auf eine Stillzeit statuiere.

[11] Zur „Gegenseitigkeit" von Fürsorge- und Treuepflicht siehe Schnellenbach VerwArch. 92 (2001), 2 (3 ff.).

[12] Vgl. Lemhöfer in Plog/Wiedow BBG 2009 § 78 Rn. 11. Siehe auch BVerfG NVwZ 2005, 926 (zur Notwendigkeit, bei einer Betätigung des Abordnungsermessens „zwischen den Belangen des Beamten und den dienstlichen Bedürfnissen … abzuwägen").

[13] Vgl. BVerwGE 1, 45 (48) und BVerwG RiA 1985, 42 sowie Battis BBG § 78 Rn. 7 und Lemhöfer in Plog/Wiedow BBG 2009 § 78 Rn. 11.

[14] Siehe Schnellenbach ZBR 1981, 301 (302).

[15] Vgl. BVerwGE 24, 92; 38, 34; ferner BVerwG ZBR 1977, 221, DÖV 1981, 101 und BayVBl. 1984, 569. Siehe auch BVerwG RiA 1984, 66: keine Aufwandsentschädigung für Arbeitszimmer und Arbeitsmittel sowie übliche Fahrtkosten eines Gymnasiallehrers; dazu § 17 BBesG (Hinweis auf Fn. 54). BrOVG DÖD 1982, 37 (39) stellt klar: Die spezielle gesetzliche Regelung über die Gewährung von Anwärterbezügen an Beamte im Vorbereitungsdienst (§ 1 Abs. 3 Nr. 1, §§ 59–66 BBesG)

sorge (§§ 30ff. BeamtVG) und das Reise- und Umzugskostenrecht[16] sowie das – inzwischen im Bund und in den Ländern normativ (dh durch Gesetz und Verordnung) ausgestaltete – Beihilferecht.[17]

III. Fürsorge- und Schutzpflicht im Verhältnis zu anderen Rechtsprinzipien

1. Alimentationspflicht des Dienstherrn, Gesetzesbindung von Besoldung und Versorgung und Maßgeblichkeit des statusrechtlichen Amtes

8 Zu den hergebrachten Grundsätzen des Berufsbeamtentums (Art. 33 Abs. 5 GG) gehört die Pflicht des Dienstherrn zur amtsangemessenen Alimentierung des Beamten und seiner Hinterbliebenen[18], auf der Besoldung und Versorgung beruhen.[19] Die für die Besoldung gleichfalls richtunggebenden hergebrachten Grundsätze der Gesetzesbindung[20] und der Maßgeblichkeit des statusrechtlichen Amtes[21] lassen für die Fürsorge- und Schutzpflicht nur insofern Raum, als es darum geht, Gesetzeslücken richterlich

---

dürfe nicht dadurch umgangen werden, dass der Dienstherr aufgrund der Fürsorge- und Schutzpflicht Zahlungen auch nach Beendigung des Beamtenverhältnisses leiste.

[16] → Rn. 50 und → § 14. Ebenso abschließend sind die gesetzlichen Regelungen zum Freizeitausgleich für Personalratsmitglieder (BVerwGE 19, 279, 283) und die Kostenerstattungsregelungen der Disziplinargesetze (BVerwG Buchholz 232 § 79 BBG Nr. 104 sowie HVGH ZBR 1996, 223 – LS –).

[17] In BVerwGE 121, 103 hat das Gericht ausgeführt, dass die „wesentlichen Entscheidungen über die Leistungen an Beamte, Richter und Versorgungsempfänger im Falle von Krankheit und Pflegebedürftigkeit“ vom Gesetzgeber zu treffen seien; entsprechende (zur Konkretisierung der Fürsorge- und Schutzpflicht des Dienstherrn in diesem Bereich erlassene) Verwaltungsvorschriften – wie etwa die früheren Beihilfevorschriften des Bundes – genügten nicht den Anforderungen des verfassungsrechtlichen Gesetzesvorbehalts und seien nur mehr für eine Übergangszeit noch anzuwenden. Siehe auch BVerwG NVwZ 2008, 1129: Beihilfekürzungen in Form pauschaler Selbstbeteiligungen (wie die sog Kostendämpfungspauschalen) unterlägen dem Vorbehalt des Parlamentsgesetzes; „inhaltlicher Prüfungsmaßstab“ sei das Alimentationsprinzip.

[18] Siehe nunmehr BVerfG NJW 2015,1935 (→ § 1 Rn. 12).

[19] BVerfGE 8, 1 (14); 39, 196 (201); 44, 249 (263); 81, 363 (375); 83, 89 (98); 99, 300 (317); 117, 330 (351); 119, 247 (269) sowie BVerfG NVwZ 2012, 357 (daselbst unter Rn. 145); siehe auch BVerwGE 60, 212; 110, 363 (368) und BVerwG ZBR 1993, 84 (85). Art. 33 Abs. 5 GG verdrängt als Sonderregelung für den öffentlichen Dienst die Eigentumsgarantie (Art. 14 Abs. 1 GG) als Prüfungsmaßstab; BVerfGE 43, 242 (285); 53, 303 (344).

[20] BVerfGE 8, 1 (15, 35); 44, 249 sowie BVerwGE 18, 293; 19, 48; 68, 10; 91, 200; 123, 308. Bei Regelungen des Besoldungs- und Versorgungsrechts hat der Gesetzgeber weite Gestaltungsfreiheit (BVerfGE 8, 1, 22f.; 114, 258, 288; 117, 372, 381; 121, 241, 261 sowie BVerfG NVwZ 2012, 357, daselbst unter Rn. 148). „Damit die Gestaltungsdirektive des Art. 33 Abs. 5 GG tatsächlich eingehalten wird“, bedarf es freilich „prozedualer Anforderungen in Form von Begründungs-, Überprüfungs- und Beobachtungspflichten“ sowohl hinsichtlich der „kontinuierlichen Fortschreibung der Besoldungshöhe in Gestalt von regelmäßigen Besoldungsanpassungen“ als auch „bei strukturellen Neuausrichtungen in Gestalt von Systemswechseln“ (siehe Leitsatz 4 der zuletzt genannten Entscheidung). Vgl. außerdem Fn. 18.

[21] BVerwGE 40, 229; 81, 282 sowie BVerwG ZBR 1976, 148 und Buchholz 235 § 20 BBesG Nr. 3. Der einfachrechtliche Grundsatz der funktionsgerechten Besoldung (§ 18 BBesG) ist – auch wenn der Beamte tatsächlich die Aufgaben eines höherwertigen Dienstpostens wahrnimmt – nicht geeignet, die verfassungsrechtliche Verbindlichkeit der Maßgeblichkeit des übertragenen statusrechtlichen Amtes infrage zu stellen.

auszufüllen. Hierbei ist der Fürsorge- und Schutzgedanke als mitbestimmendes Rechtsprinzip heranzuziehen.[22] Soweit es sich um Besoldung und Versorgung handelt, scheiden § 45 BeamtStG und § 78 BBG hingegen selbst dann als Anspruchsgrundlagen aus, wenn die gesetzliche Besoldungs- und Versorgungsregelung – etwa wegen Verstoßes gegen den Alimentations-[23] oder den Gleichbehandlungsgrundsatz[24] – nicht (mehr) verfassungsgemäß ist. Da nur eine eigentliche Exekutivtätigkeit im Rahmen der Gesetze Gegenstand der Fürsorge- und Schutzpflicht sein kann,[25] gebietet diese auch nicht, dass die Verwaltung des Dienstherrn durch eine Gesetzesinitiative auf eine Änderung besoldungs- oder versorgungsrechtlicher Vorschriften hinwirkt.[26] Der Beamte kann aus der Fürsorge- und Schutzpflicht ferner weder einen (Erfüllungs-)Anspruch auf Beförderung noch (bei unterbliebener Beförderung) einen (Schadensersatz-)Anspruch auf Gewährung der Besoldungsdifferenz mit der Begründung herleiten,

- seine Planstelle sei inzwischen angehoben[27] oder
- sein Dienstposten in der Zwischenzeit höher bewertet worden[28] oder
- sein Dienstherr habe es versäumt, die Planstelle des höherwertigen Amtes, dessen Obliegenheiten er wahrnehme, „besetzbar" zu machen.[29]

Die Ausbringung von Planstellen im Haushaltsplan und die Bewertung von Dienstposten erfolgen nicht in Wahrnehmung der Fürsorge- und Schutzpflicht des Dienstherrn

[22] Siehe schon BVerwGE 38, 221 (228), aber auch Fn. 7 und außerdem → Rn. 6. In BVerwG NVwZ-RR 2014,689 heißt es dazu: „Wegen des strikten Gesetzesvorbehalts sind der analogen Anwendung im Besoldungsrecht besonders engen Grenzen gesetzt. Sie kommt nur ausnahmsweise in Betracht, wenn der eindeutig erkennbare Wille des Gesetzgebers in den gesetzlichen Vorschriften nur unvollkommen Ausdruck gefunden hat."

[23] Bei einer Verletzung des Alimentationsgrundsatzes – etwa infolge einer Kürzung von Sonderzuwendungen, die im Ergebnis zu einer Unteralimentierung führt – ist der Betroffene durch die höchstrichterliche Rechtsprechung darauf verwiesen, eine Klage auf Feststellung zu erheben, dass sein Nettoeinkommen (damit) verfassungswidrig zu niedrig bemessen sei (BVerwGE 131, 20 sowie BVerwG NVwZ 2009, 1037 und 1380). Vgl. schon früher BVerwG ZBR 1997, 16: Ein Beamter habe keinen Anspruch auf unmittelbare Auszahlung einer höheren als der gesetzlich festgelegten Besoldung, selbst wenn sich diese als nicht mehr verfassungsgemäß darstellen sollte.

[24] Vgl. hierzu BVerwG Buchholz 232 § 20 BBesG Nr. 3: Der Gesetzgeber kann eine verfassungswidrige Differenzierung grundsätzlich dadurch beheben, dass er die sachwidrig übergangene Gruppe nachträglich in die umstrittene begünstigende Regelung einbezieht, diese Regelung insgesamt rückgängig macht oder einen Mittelweg beschreitet. Allgemein zu den vielfältigen Möglichkeiten des Gesetzgebers, einen Gleichheitsverstoß zu beseitigen, auch BVerfGE 87, 153 (177 ff.); 93, 121 (148); 93, 386.

[25] HVGH ESVGH 15, 19.

[26] Vgl. BVerwG ZBR 1968, 225, Buchholz 232 § 79 BBG Nr. 51, ZBR 1976, 148 und Buchholz 232 § 20 BBesG Nr. 3.

[27] BVerwG DÖD 1976, 157.

[28] BVerwGE 38, 269; 43, 261 und BVerwG DVBl 1990, 1235 (zur analytischen Dienstpostenbewertung). Aus der Wahrnehmung der Obliegenheiten eines höherwertigen Dienstpostens folgt in der Regel (zu einem Ausnahmefall vgl. Fn. 30) kein Anspruch des Beamten auf Verleihung eines entsprechenden Status (BVerwG DÖV 1985, 875 unter Bezugnahme auf § 19 Abs. 2 BBesG). Vielmehr kann der Dienstherr „einen Beamten für gewisse (auch längere) Zeit in einer höher bewerteten Funktion beschäftigen, ohne dass sich für ihn daraus ohne weiteres eine Verpflichtung zur Beförderung … ergäbe" (BVerwG DÖD 1976, 157 und Buchholz 232 § 79 BBG Nr. 66). Siehe auch VG Lüneburg 16.11.2005 – 1 A 337/04 –, BeckRS 2006, 20804: Eine § 18 BBesG widersprechende, auf Dauer angelegte Entkoppelung von statusrechtlichem Amt und Funktion könne „noch nicht angenommen werden, wenn eine Beförderung des (seit über zehn Jahren auf einem höherwertigen Dienstposten eingesetzten) Beamten unter Berücksichtigung des Leistungsgrundsatzes noch möglich ist".

[29] BVerwG ZBR 1968, 189; siehe jedoch des Weiteren Fn. 30 sowie BVerwG DÖV 1985, 875, ferner BW VGH ZBR 1964, 174 und ZBR 1976, 155.

gegenüber seinen Beamten; sie sind allein öffentlichen Interessen zu dienen bestimmt.[30,31]

9 Dass die Beihilfengewährung die Alimentation ergänzt, ändert nichts an ihrer – mindestens ausschlaggebenden – Zuordnung zum Fürsorge- und Schutzbereich.[32] Freilich wäre das Alimentationsprinzip verletzt, „wenn die zur Abwendung von krankheitsbedingten Belastungen erforderlichen Krankenversicherungsprämien einen solchen Umfang erreichten, dass der amtsangemessene Lebensunterhalt des Beamten oder Versorgungsempfängers nicht mehr gewährleistet wäre".[33] Stellen Beschneidungen des Beihilfestandards – etwa durch Einführung sog Kostendämpfungspauschalen – im Zusammenwirken mit Besoldungseinschnitten die Amtsangemessenheit der nach dem Nettoeinkommen[34] einzuschätzenden Alimentation[35] im Ergebnis infrage, „so ist verfassungsrechtlich nicht die Anpassung der Beihilfen (zB durch Annullierung bestimmter Kürzungs- oder Streichungsregelungen[36]), sondern nur eine „entsprechende Korrektur der Besoldungsgesetze" geboten, die das Alimentationsprinzip „konkretisieren"; Restriktionsregelungen „außerhalb des Besoldungsgesetzes", beispielweise im Beihilferecht, werden nicht schon deswegen „unwirksam oder unanwendbar", weil sie in der Konsequenz zu einem Absinken der Alimentation unter das verfassungsrechtlich gebotene Niveau

---

[30] → Rn. 28; vgl. aber auch VG Wiesbaden NVwZ-RR 2009, 391 (mit Hinweisen ua auf BVerwG Buchholz 232 § 79 BBG Nr. 51 und NVwZ 1986, 123 sowie auf HVGH NVwZ 1983, 51 und NdsOVG ZBR 1992, 213): In Fällen einer unmittelbaren (besoldungs-)gesetzlichen „Verknüpfung bestimmter Funktionen mit Ämtern bestimmter besoldungsrechtlicher Wertigkeiten" könne sich ausnahmsweise ein – auf Naturalrestitution(!) durch Ernennung gerichteter – Schadensersatzanspruch aus schuldhafter Verletzung der Fürsorgepflicht ergeben, falls der betroffene Beamte in einer auf Dauer angelegten, aufgrund des Zeitablaufs nicht mehr hinnehmbaren Weise „überwertig" beschäftigt werde. Ausschlaggebend sei hier, dass der Exekutive – ohne eigenen „Bewertungsspielraum" – „nur noch die Verwirklichung des anderweitig geäußerten Willens der Gesetzgebung obliegt" und dass „nur die Beförderung dieses Beamten in Betracht kommt".

[31] BVerwG DVBl 1990, 1235 mwN. Siehe auch BVerwG NVwZ 1996, 474: Unterlasse es eine Behörde aus Sparsamkeitsgründen, haushaltrechtlich mögliche Beförderungen vorzunehmen, so könne der Personalrat in Wahrnehmung seines Initiativrechts darauf hinwirken, dass von den Beförderungsmöglichkeiten Gebrauch gemacht werde, ohne dass er die Beförderung *bestimmter* Beamter verlangen könne.

[32] Vgl. BVerfGE 44, 249 (263); 83, 89 (99ff.); 106, 225 (232) sowie BVerfG DVBl 2007, 1493 (1494). Siehe auch Schnellenbach VerwArch. 92 (2001), 2 (19ff.). Soweit im Urt. des Bundesverwaltungsgerichts v. 26.6.2008 – 2 C 2.07 –, NVwZ 2007, 342 davon die Rede ist,
- dass „die verfassungsrechtliche Fürsorgepflicht den Dienstherrn dazu (anhalte), Beihilfe für notwendige und angemessene Aufwendungen im Krankheitsfall nicht ohne Rücksicht auf die wirtschaftlichen Folgen für den Beamten auszuschließen", und
- dass er das Anliegen „im Blick behalten" müsse, eine Gefährdung des amtsangemessenen Lebensunterhalts des Beamten und seiner Familie zu vermeiden,

kündigt sich damit, soweit ersichtlich, kein Paradigmenwechsel an: Nicht das (gegenwärtige) System der Beihilfengewährung, sondern das Alimentationsprinzip ist der eigentliche – verfassungsverbürgte – Orientierungsrahmen. Der Ausschluss der Beihilfengewährung ist nicht mehr und nicht weniger als ein Anlass für die Prüfung, ob das – in Würdigung der beihilfenrechtlichen Ausschlussregelung – verbleibende (verfügbare) Nettoeinkommen des Beamten dem Alimentationsgrundsatz noch genügt. Dass die Entscheidung in diesem Sinne zu interpretieren ist, ergibt sich ua aus dem Hinweis auf BVerfGE 83, 89 (100), wo Fürsorge- und Alimentationsprinzip trotz bestehender Interdependenz im Ansatz in aller Deutlichkeit auseinander gehalten sind. Beachte auch BVerwGE 131, 20 und 137, 30 (daselbst juris Rn. 13) sowie BVerwG 24.1.2012 – 2 C 24.10 –, BeckRS 2012, 48825.

[33] BVerfGE 58, 68 (78). Siehe auch BVerfGE 83, 89 (98): Die amtsangemessene Alimentierung müsse „von Verfassungs wegen lediglich die Kosten der Krankenversicherung decken, die zur Abwendung krankheitsbedingter, durch Leistungen aufgrund der Fürsorgepflicht nicht ausgeglichener Belastungen erforderlich ist".

[34] Siehe dazu BVerfGE 99, 300 (321).

[35] Vgl. auch hierzu BVerfG NJW 2015, 1939.

[36] Zusatz des Verf.

führen.[37] Eine Verletzung des Alimentationsprinzips kann nach Ansicht des Bundesverwaltungsgerichts[38] wegen der Bindung des Gesetzgebers an Gesetz und Recht (Art. 20 Abs. 3 GG) nur im Wege der Feststellungsklage geltend gemacht werden; dies sei – so meint das Gericht – „trotz des damit verbundenen Zuwartens auf ein Tätigwerden des Gesetzgebers mit dem Gebot effektiven Rechtsschutzes ... vereinbar".[39]

2. Schutz von Ehe und Familie[40]

Die Fürsorge- und Schutzpflicht beeinflusst unter anderem (auch begrenzend) die Bestimmungen des Reisekosten-, des Trennungsgeld- und des Umzugskostenrechts.[41] Art. 6 Abs. 1 GG gerät hier insbesondere dann ins Blickfeld, wenn der Beamte nach einer – mit der Gewährung eines (umzugskostenrechtlichen) Trennungsgeldes[42] verbun- 10

[37] BVerwG NVwZ 2008, 1129 unter Bezugnahme auf BVerfGE 106, 225 (233) und BVerwG DVBl 2007, 1493 (1495).

[38] Siehe auch insoweit BVerwG NVwZ 2008, 1129 mwN.

[39] BVerwG aaO (Fn. 37, 38) mit dem Hinweis, dass „in wirtschaftlichen Notlagen ... möglicherweise unter dem Gesichtspunkt der Fürsorgepflicht vorläufige Zahlungen in Betracht (kämen)"; siehe auch BVerwG Buchholz 240 § 2 BBesG Nr. 8.

[40] Die Fürsorge- und Schutzpflicht des Dienstherrn ist auf die sog Kleinfamilie beschränkt (BVerwG Buchholz 237.1 Art. 86 BayBG Nr. 5); sie erstreckt sich zB nicht auf geschiedene Ehepartner (BVerwG Buchholz 232 § 79 BBG Nr. 36). Vgl. auch BVerwG NJW 1995, 1847 (zur verfassungskonformen Nichtberücksichtigung von Verlöbnissen im Umzugskostenrecht). Ob die eingetragene Lebenspartnerschaft unter den Familienbegriff des § 45 BeamtStG und des § 78 BBG fällt, ist umstritten. Werres BeamtVerfR Rn. 90 ff. – mit Hinweis auf Hillgruber JZ 2010, 41 ff. – verneint dies; dass das Bundesverwaltungsgericht (NJW 2011, 1466) inzwischen – (unter Umständen zumindest zunächst nur) mit Rücksicht auf BVerfGE 124, 199 (224 ff., 229) – die unterschiedliche Behandlung von Ehepaaren und eingetragenen Lebenspartnern (ua) in Bezug auf den Familienzuschlag (§ 40 Abs. 1 Nr. 1 BBesG) als nicht mehr sachlich gerechtfertigt ansieht, veranlasst Hartung (der auf weitere höchstrichterliche Judikate verweist) in GKÖD I (L) § 78 Rn. 14 für die Gleichstellung auch beim Familienbegriff des § 78 BBG einzutreten. Lemhöfer in Plog/Wiedow BBG 2009 § 78 Rn. 8 (Ergänzungslieferung September 2014) lässt die eingetragene Lebenspartnerschaft unerwähnt. Sehr bedenklich B. Hoffmann in Schütz/Maiwald BR zu § 45 BeamtStG unter Rn. 14: „Im Hinblick auf den gesellschaftlichen Wandel, der damit einhergehenden Anerkennung anderer Lebensgemeinschaften und Familienkonstellationen, wie etwa einer sog Patchworkfamilie, und der gleichzeitigen Kappung der nachehelichen Unterhalts- und Einstandspflichten" bedürfe es „zukünftig Überlegungen, ob der fürsorgerechtlich relevante Familienbegriff den gesellschaftlichen Gegebenheiten anzupassen ist". Am Rande ist das Augenmerk auf NRW OVG 29.8.2012 – 1 A 916/11 –, BeckRS 2012, 56880 zu richten: Der Ausschluss der Beihilfefähigkeit von Aufwendungen zur Herbeiführung einer künstlichen Befruchtung für nicht verheiratete Paare sei mit höherrangigem Recht vereinbar.

[41] → Rn. 50. BW VGH NVwZ-RR 1992, 494 hielt es auch im Lichte des Art. 6 Abs. 4 GG für unbedenklich, wenn „aus familiären Gründen" beurlaubte Beamtinnen und Beamte während der Beurlaubung grundsätzlich nicht befördert würden und wenn ihr Beförderungsdienstalter um die Zeit einer solchen Beurlaubung hinausgeschoben werde. SOVG NVwZ-RR 2004,361 plädiert hingegen dafür, Zeiten der Beurlaubung „aus familiären Grunden" im Rahmen des Hilfskriteriengebrauchs (dazu → § 3 Rn. 64) wie Zeiten tatsächlicher Dienstausübung zu behandeln.

[42] Zum Trennungsgeld als „Ausprägung der Fürsorgepflicht des Dienstherrn" ansatzweise BVerwGE 111, 255 (257) sowie BVerwG ZBR 2009, 91 und NVwZ-RR 2009, 691. In der zuletzt genannten Entscheidung legt das Bundesverwaltungsgericht dar: Zwar gelte auch im Reisekosten- und Trennungsgeldrecht, „dass der Gesetzgeber die Anspruchsvoraussetzungen nach Grund und Höhe differenziert festlegt und dass Regelungen dieser Art nach dem darin enthaltenen Willen des Gesetzgebers einer ausdehnenden Auslegung und Ergänzung nicht zugänglich sind"; gleichwohl bleibe aber (anders als im Besoldungs- und Versorgungsrecht) zu prüfen, „ob der Gesetzgeber die Folgen einer Regelung auch in der Zukunft überblickt hat und eine bestimmte Anspruchsberechtigung bewusst ausschließen wollte". Es könne eine „planwidrige Lücke im Regelungssystem" vorliegen, die unter Beachtung des Gleichheitsgrundsatzes „durch Analogie" zu schließen sei. Eine

denen – Versetzung aus dienstlichen Gründen mit Rücksicht auf familiäre Belange nicht an den neuen Dienstort umzieht. § 12 Abs. 3 BUKG führt abschließend[43] die Gründe auf, die aus gesetzgeberischer Sicht in dem Sinne „beachtlich" sind, dass sie eine Weitergewährung des Trennungsgeldes nach Wegfall des Wohnungsmangels nicht hindern. Dass ein naher Angehöriger des Beamten bzw. der Beamtin, insbesondere der Ehepartner, am bisherigen Dienstort oder in dessen Nähe berufstätig bleiben will, ist nicht in den Katalog beachtlicher Hinderungsgründe aufgenommen.[44] Das Bundesverwaltungsgericht, auf dessen Rechtsprechung[45] die einschlägige gesetzliche Regelung zumindest tendenziell basiert, hat in diesem Kontext Wert auf die allgemein gehaltene Feststellung gelegt, dass der Dienstherr auch im Lichte des Art. 6 Abs. 1 GG nicht verpflichtet sei, von der Familie jede sie treffende finanzielle Belastung abzuwenden, „zumal wenn diese … vom Verhalten der Betroffenen selbst abhängt oder Folge ihres eigenen Verhaltens ist".[46]

11 Die Absicht, am neuen Dienstort ein Eigenheim zu erwerben, ist kein zwingender Umzugshinderungsgrund.[47] Art. 6 Abs. 1 GG und die Fürsorge- und Schutzpflicht weisen allerdings jeweils in dieselbe Richtung, indem sie übereinstimmend die Verpflichtung des Dienstherrn begründen, bei den Bemühungen des Beamten um die Beschaffung einer Familienwohnung am neuen Dienstort, soweit möglich, Hilfe zu leisten.[48]

3. Bindung des Dienstherrn an das Gesetzmäßigkeits- und das Gleichbehandlungsgebot

12 Es ist nicht unüblich,[49] im Anschluss an das jeweils vorangestellte – zutreffende – Bemerken, dass eine erschöpfende Aufzählung nicht möglich sei, dem Fürsorge- und Schutzbereich auch bestimmte eher unspezifische, allgemeine Pflichten des Dienstherrn zuzurechnen. Diese sind vornehmlich in der Rechtsprechung mit dem Fürsorge- und Schutzgedanken in Verbindung gebracht worden. Derselbe wird hierbei in einer Weise in Anspruch genommen, die nicht nur rechtlich, sondern auch rechtspolitisch bedenklich erscheint, weil sie letzten Endes zu einer Sinnentlehrung des Fürsorge- und Schutzprinzips beitragen könnte. Aus der Fürsorge- und Schutzpflicht wird zB abgeleitet, dass der Dienstherr

solche „Regelungslücke" bejaht das Gericht, indem es – über den Text des § 12 Abs. 3 Satz 1 Nr. 3 BUKG hinaus gehend – als zwingendes persönliches Umzugshindernis auch den Umstand betrachtet, dass sich das Kind des Trennungsgeldempfängers in der vorletzten Jahrgangsstufe eines auf 12 Jahre angelegten schulischen Bildungsganges befindet, der in einer einheitlichen zweijährigen Qualifikationsphase zu einem weiterführenden Schulabschluss (hier: Fachabitur) führt. Zum Schulbesuch eines Kindes als Umzugshindernis schon BVerwG DÖV 2001, 1056.

[43] Siehe aber die vorherige Fußnote.

[44] Siehe dazu BVerwGE 44, 72; 54, 254 sowie BVerwG Buchholz 238.90 Reise- und Umzugskostenrecht Nr. 51 und 63, ZBR 1979, 309 und ZBR 1987, 242.

[45] BVerwGE 44, 72; siehe auch BVerwGE 66, 1; 77, 199.

[46] Zur steuerlichen Behandlung von Aufwendungen doppelter Haushaltsführung BVerfG NJW 2003, 2079.

[47] BVerwG NVwZ-RR 1991, 116.

[48] BVerwGE 19, 308 (314); zur Wohnungsfürsorge als Teilbereich der betrieblichen Sozialarbeit Lindgen DÖD 1990, 253 und Steiner ZBR 1990, 390 (393). Des Weiteren BVerfG ZBR 1996, 179 sowie BVerwGE 101, 211 (214), BVerwG NVwZ-RR 1990, 44 und Lemhöfer in Plog/Wiedow BBG 2009 § 78 Rn. 49, der auf die zweifache Zweckbestimmung der Wohnungsfürsorge hinweist, nämlich: zum einen Trennungsgeldleistungen einzusparen und zum anderen Angehörigen des öffentlichen Dienstes zu günstigen Bedingungen Wohnraum zur Verfügung zu stellen.

[49] Vgl. dazu etwa Lemhöfer in Plog/Wiedow BBG 2009 § 78 Rn. 15 f. und Scheerbarth/Höffken/Bauschke/Schmidt BR § 17 II 2.

- die gesetzlichen Bestimmungen einzuhalten und
- Ermessensentscheidungen unvoreingenommen, sachlich und unter gebührender Berücksichtigung der wohlverstandenen Interessen des Beamten zu treffen habe.[50]

Weshalb die Fürsorge- und Schutzpflicht, die freilich für die Auslegung und die Ermessensausübung mitbestimmend sein kann,[51] in diesen Zusammenhängen als Rechtsgrundlage für Verhaltensgebote selbst bemüht wird, ist nicht einzusehen. Dass der Dienstherr gesetzliche Vorschriften beachten muss, die sein Rechtsverhältnis zum Beamten betreffen, ergibt sich weder aus der einfachrechtlichen Fürsorge- und Schutzpflicht noch aus dem hergebrachten Grundsatz der Fürsorge und des Schutzes, sondern aus Art. 20 Abs. 3 GG, wonach die Verwaltung grundsätzlich und gegenüber jedermann – also auch gegenüber ihren Dienstnehmern – nach Gesetz und Recht zu verfahren hat.[52] Entsprechendes gilt für die eben erwähnten Anforderungen an Ermessensentscheidungen in Bezug auf das Beamtenverhältnis, die sich von den allgemeinen – in Art. 3 Abs. 1 und Art. 20 Abs. 3 GG enthaltenen – Anforderungen grundsätzlich nicht unterscheiden. Bei gebundenen und bei Ermessensentscheidungen, die die Personalauslese angehen, kann es veranlasst sein, neben – oder anstelle – der zuletzt angeführten Grundgesetznormen Abs. 2 und Abs. 3 des Art. 33 GG, nicht aber dessen Abs. 5 heranzuziehen. Insbesondere lässt sich eine auf dem Fürsorge- und Schutzgedanken aufbauende oder ihn ergänzend verwertende Argumentation nicht damit rechtfertigen, dass Art. 33 Abs. 5 GG aus Spezialitätserwägungen in Betracht komme. Die hergebrachten Grundsätze des Berufsbeamtentums beschränken sich nämlich auf den Kernbestand tradierter Strukturprinzipien, die *gerade* für das Beamtenverhältnis charakteristisch sind,[53] sodass Art. 33 Abs. 5 GG hinsichtlich der (Grund-)Pflicht der vollziehenden Gewalt in ihrer Funktion als Dienstherr, auch dem Beamten gegenüber nach Gesetz und Recht unter Wahrung des Gleichbehandlungsgrundsatzes – ggf. in seiner konkreten Ausprägung durch Art. 33 Abs. 2 und 3 GG – zu verfahren, schon tatbestandlich nicht erfüllt ist.

IV. Einzelpflichtgruppen

Klammert man diejenigen Forderungen an den Dienstherrn aus, die ihren eigentlichen Legitimationsgrund in anderen Rechtsprinzipien als dem Fürsorge- und Schutz- **13**

[50] Vgl. zB BVerfGE 43, 154, BGHZ 21, 256, BrOVG DÖD 1977, 117, HmbOVG RiA 1963, 136, HVGH DVBl 1960, 328 und SH OVG RiA 1997, 49; ferner schon BVerwGE 19, 252 sowie BVerwG Buchholz 232 § 23 BBG Nr. 16 und 232 § 79 BBG Nr. 30.

[51] → Rn. 6.

[52] Wie im obigen Text Lemhöfer in Plog/Wiedow BBG 2009 § 78 Rn. 15 f. Siehe auch H.Günther ZBR 1994, 197 (204): Der Dienstherr habe das Gesetz „wegen des Befehls konkreter Norm anzuwenden, nicht erst infolge der Fürsorgepflicht". Soweit BVerfGE 43, 154 (166) die „Garantie eines Mindeststandards an ordentlicher und fairer Gestaltung des verwaltungsmäßigen Procedere" (bei der Entlassung eines Probebeamten) mit der Fürsorgepflicht in Zusammenhang bringt, bezweifelt Lecheler AöR 103 (1978), 349 (377) mit Recht, ob hier „überhaupt ein spezifischer Inhalt der Fürsorgepflicht" berührt sei. Einen Grenzfall hat NRW OVG DÖD 2013,70 (juris Rn. 50, 54, 60) zum Gegenstand: Es sei dem Dienstherrn „unter dem Gesichtspunkt der unzulässigen Rechtsausübung grundsätzlich verwehrt, sich gegenüber dem Anspruch betroffener Lehrer auf Reisekosten(vergütung) für Schulfahrten auf formularmäßig abgefragte Verzichtserklärungen" zu berufen; es sei nämlich als „grobe Verletzung der Fürsorgepflicht" zu werten, wenn Lehrkräften ein solcher Verzicht angesonnen werde.

[53] BVerfGE 8, 332; 15, 167 sowie BVerwGE 25, 83; 60, 212; vgl. auch das Sondervotum der Bundesverfassungsrichter Niebler und Wand BVerfGE 43, 177 (zu BVerfGE 43, 154) sowie Schnellenbach VerwArch. 92 (2001), 2 (9 ff.).

gedanken finden, so verbleibt im Wesentlichen folgender Katalog von Einzelpflichtgruppen:[54]

- die Anhörungs- und Beratungspflichten,
- die Förderungspflichten,
- die Schadensabwendungspflichten und
- die Beistandspflichten bei dienstlich bedingten und außerdienstlichen Sonderbelastungen.

14 Das Bundesverfassungsgericht[55] zerlegt den „Grundsatz der Fürsorgepflicht" in die drei Teilforderungen an den Dienstherrn,

- den Beamten gegen unberechtigte Anwürfe in Schutz zu nehmen,
- ihn entsprechend seiner Eignung und Leistung zu fördern und
- bei seinen (des Dienstherrn) Entscheidungen die wohlverstandenen Interessen des Beamten in gebührender Weise zu berücksichtigen.

Ergänzend[56] heißt es, der Dienstherr habe wegen seiner Fürsorgepflicht „Vorkehrungen zu treffen, dass der amtsangemessene Lebensunterhalt des Beamten bei Eintritt besonderer finanzieller Belastungen durch Krankheits-, Geburts- oder Todesfälle nicht gefährdet wird".[57]

15 Die am Gesetztext orientierte Unterscheidung zwischen „Fürsorgepflicht" und „Schutzpflicht" führt nicht weiter. Namentlich trifft es nicht zu, dass sich die „Fürsorgepflicht" (in erster Linie) auf das „Innenverhältnis" und die „Schutzpflicht" auf das „Außenverhältnis" beziehe. Ein Schutz des Beamten „bei seiner amtlichen Tätigkeit und in seiner Stellung" kann durchaus nicht nur gegenüber Angriffen von außerhalb, sondern auch gegenüber solchen von innen angezeigt sein.[58] Hierbei ist zu bedenken, dass sich die aus der Fürsorge- und Schutzpflicht abzuleitenden Verhaltensgebote nicht nur an die unmittelbaren, sondern auch an die höheren Fach- und Dienstvorgesetzten (siehe § 3 Abs. 2–4 BBG)[59] als personale Pflichtenträger richten. Die in dem Katalog unter Rn. 13

---

[54] Die Auflistung der vier Einzelpflichtgruppen kann angesichts der Vielgestaltigkeit der Verhältnisse nicht erschöpfend sein. Auch wird es nicht selten – kaum vermeidbare – Überschneidungen geben. Wie der obige Text RP OVG NVwZ-RR 1995, 456. Entgegen NdsOVG ZBR 2012, 313 (314) sollte man die Verpflichtung des Dienstherrn, für den Beamten angemessene Arbeitsbedingungen zu schaffen, nur insofern als Fürsorgegebot ansehen, als es der Sache nach um eine Konkretisierung seiner Schadensabwendungspflicht geht (dazu → Rn. 30ff.); im Übrigen stellt sie sich jedoch als eine selbstständige (geschriebene oder ungeschriebene) Aufgabe des Dienstherrn dar, der dafür einzustehen hat, dass der Beamte unter den gegebenen Umständen die ihm aufgetragene Amtsführung (vgl. § 60 Abs. 1 Satz 2, § 61 Abs. 1 Satz 1 und 2 BeamtStG; § 60 Abs. 1 Satz 2, § 61 Abs. 1 Satz 1 und 2 BBG) auch *tatsächlich* zu bewirken vermag. Diese Obliegenheit führt aber nicht zu einem Anspruch eines Lehrers auf Ersatz der Aufwendungen für ein häusliches Arbeitszimmer; so im Ergebnis mit Recht NdsOVG aaO unter Bezugnahme (ua) auf BVerwG DVBl 1984, 431 (= RiA 1984, 66). Soweit NRW OVG NVwZ-RR 2012, 478 die Forderung an den Dienstherrn, einem Lehrer die – einem Beschluss der Schulkonferenz gemäß – benötigten Lehrmittel zur Verfügung zu stellen, aus der Fürsorgepflicht herleiten will, geht auch dies fehl. Hier gilt das Gleiche, wie soeben hinsichtlich der (räumlichen) Arbeitsbedingungen ausgeführt. Tritt der Lehrer bei einer Säumnis des Dienstherrn unter Einsatz eigener Mittel in Vorlage, so kann er ggf. analog §§ 670, 683 BGB verlangen, dass ihm seine Aufwendungen ersetzt werden (so zutr. NRW OVG 14.3.2013 – 6 A 1760/11 –, juris Rn. 58ff. mwN).

[55] BVerfGE 43, 154 (165).

[56] BVerfGE 83, 89 (100).

[57] Siehe dazu Schnellenbach VerwArch. 92 (2001), 2 (7f., 11).

[58] Zum sog Mobbing siehe Fn. 120 sowie bereits → § 9 Fn. 53. In diesem Kontext auch BayVGH 22.2.2016 – 3 ZB 13.2134 – , BeckRS 2016, 43634 (Rn. 14) zur Wahrung des Betriebsklimas und des Interesses an einer reibungslosen Zusammenarbeit innerhalb der Verwaltung als berücksichtigungsfähigem „wichtigem öffentlichem Belang".

[59] Vgl. dazu Battis BBG § 3 Rn. 4ff.

aufgelisteten Einzelpflichtgruppen umfassen in Wahrheit miteinander vielfältig verzahnte und einander partiell überlagernde Fürsorge- und Schutzverbindlichkeiten, ohne dass die Merkmale „Innen“- und „Außenverhältnis“ eine auch nur einigermaßen scharfe Abgrenzung gestatten würden. Einer Kennzeichnung nach diesem Kriterium bedarf es im Übrigen nicht, weil sie rechtlich irrelevant wäre.

1. Anhörungs- und Beratungspflichten

Eine bundesrechtliche Sonderregelung, die hier vorab Erwähnung verdient, enthält § 109 BBG, der die Anhörung des Beamten vor Aufnahme eines für ihn ungünstigen oder potentiell nachteiligen Vorgangs in seine Personalakte vorschreibt.[60, 61] Wo der Beamte seinem Dienstherrn als Träger eigener Rechte und Pflichten gegenübersteht und wo dieser zum Mittel des Verwaltungsakts greift, ist § 28 Abs. 1 VwVfG anwendbar, der die Behörden verpflichtet, dem jeweils Betroffenen „Gelegenheit zu geben, sich zu den für die Entscheidung erheblichen Tatsachen zu äußern“.[62] Jedenfalls im Übrigen – zB in Fällen von Umsetzungen[63] – ist bei Bedarf an die allgemeine Fürsorge- und Schutzpflichtnorm zu denken, die dem Dienstherrn generell gebietet, den Beamten anzuhören, bevor er aus einem Sachverhalt Folgerungen herleitet, die diesem abträglich sind.[64] Ob er ein mündliches oder ein schriftliches Verfahren dabei vorzieht, hat er nach pflichtgemäßem Ermessen zu entscheiden.[65] Die allgemeinen – auf unterschiedlichen Sachgründen beruhenden[66] – Restriktionsregeln des § 28 Abs. 2 und 3 VwVfG sind auch bei einem dienstrechtlich relevanten behördlichen Handeln mit oder ohne Verwaltungsaktqualität zu beachten.[67] Bei der Ermessensausübung („kann abgesehen werden“) wie auch bei der Ausfüllung der in den Normtexten verwendeten unbestimmten Rechtsbegriffe (zB Abs. 2 Nr. 1 und Abs. 3 „öffentliches Interesse“) ist der Fürsorge- und Schutzgedanke in die Würdigung einzubeziehen.[68] § 45 Abs. 1 Nr. 3 VwVfG, der es zulässt, dass eine unterbliebene Anhörung innerhalb gewisser zeitlicher Grenzen (siehe Abs. 2 aaO) mit heilender Wirkung nachgeholt wird, fußt auf einer allgemeinen rechtspolitischen Disposition,[69] die auch dienstliche Maßnahmen einschließt, welche keine Verwaltungsakte sind. Eine Nachholung der Anhörung beseitigt indessen nicht die nun einmal geschehene Fürsorgepflichtverletzung selbst, sondern kann nur deren Fortwirken in der Zukunft verhindern (oder begrenzen). Als „Nachholung“ reicht es (noch) nicht aus, dass der Beamte gegen die belastende Amtshandlung Widerspruch oder Klage erhebt. Vielmehr ist es erforderlich, aber auch genügend, dass die Widerspruchsbehörde bzw. der Klagegegner den Tatsachenvortrag des Widerspruchsführers bzw. des Klägers – falls er nicht überhaupt fehlt oder wegen seiner Lückenhaftigkeit oder Dürftigkeit Anlass zu einer behördlichen Anhörungsinitiative gibt – selbstständig prüft und dies im Widerspruchsbescheid oder in der Klageerwiderung auch nachvollziehbar zum Ausdruck bringt.[70] 16

---

60 → § 12 Rn. 40.
61 Zu den landesrechtlichen Parallelbestimmungen → § 12 Fn. 169.
62 Siehe schon → Rn. 12.
63 → § 4 Rn. 62.
64 BVerfGE 8, 332, BGHZ 22, 258 sowie BVerwG DVBl1968, 430; vgl. außerdem BW VGH ZBR 1983, 265. Siehe auch → Rn. 23.
65 Vgl. jedoch BVerfGE 43, 154.
66 Siehe Kopp/Ramsauer VwVfG § 28 Rn. 44 mwN.
67 Vgl. auch Kunig ZBR 1986, 253 (257) sowie Wagner DÖV 1988, 277 (278).
68 → Rn. 6.
69 Vgl. Kopp/Ramsauer VwVfG § 45 Rn. 1 mwN.
70 BVerwGE 66, 111; 66, 184. Siehe überdies BVerwG NVwZ 1984, 578.

17 Bedenkenfrei ist eine (entsprechende) Anwendung des § 46 VwVfG bei – nicht geheilten – Verstößen gegen eine Anhörungspflicht, und zwar unabhängig davon, wo diese ihre Rechtsgrundlage hat.

18 § 25 VwVfG, der unter anderem die Beratungspflicht der Behörden gegenüber den Beteiligten im allgemeinen Verwaltungsverfahren regelt, ist nur eine Sollvorschrift, die zudem den Besonderheiten des beamtenrechtlichen Dienst- und Treueverhältnisses nicht Rechnung trägt und auch deswegen zurücktritt.[71] § 94 BBG[72] durchbricht den Grundsatz, dass der Dienstherr nicht gehalten sei, seine Beamten generell und ohne weiteres[73] über die für sie jeweils maßgeblichen Rechtsvorschriften (erschöpfend) zu belehren:[74] Der genannten (Ausnahme-)Norm zufolge muss der Dienstherr Beamte, die eine Verkürzung der Arbeitszeit oder eine längerfristige Beurlaubung beantragen, auf die Folgen – insbesondere für Ansprüche aufgrund beamtenrechtlicher Regelungen – hinweisen; ferner trifft ihn hier eine Hinweispflicht, was die Möglichkeit einer Befristung mit Verlängerung und deren Folgen betrifft.

19 Im Übrigen ist die Fürsorge- und Schutzpflicht für die Beratung des Beamten richtunggebend und inhaltsbestimmend: Der Dienstherr hat den Beamten vollständig und zutreffend[75] zu beraten, wenn er um Beratung nachsucht[76] oder wenn eine Beratung deshalb veranlasst erscheint, weil Gründe für die Annahme vorhanden sind, dass er Sach- oder Rechtslagen nicht oder nicht ihrer Tragweite entsprechend erfasst.[77] Die Judikatur hat vom Dienstherrn beispielsweise verlangt, dass er

- den Beamten nach rechtserheblichen Tatsachen befrage,[78]
- irrige Vorstellungen des Beamten über seine Rechtsstellung korrigiere[79] und
- ihn über die konkreten Rechtsfolgen seiner Anträge belehre.[80]

---

[71] Vgl. Battis BBG § 78 Rn. 9 mwN, namentlich auch NRW OVG NVwZ-RR 2002, 860.

[72] Zum entsprechenden Landesrecht siehe Art. 92 Abs. 3 BayBG, § 57 Abs. 2 BlnLBG, § 82 BbgLBG, § 66 Abs. 1 BrBG, § 66 Abs. 1 HmbBG, § 67 Abs. 1 HBG, § 63 Abs. 3 MVBG, § 66 NBG, §§ 68,72 NRW LBG, § 80 Abs. 2 SBG, § 100 SächsBG, § 69 Abs. 1 BG LSA, § 66 Abs. 1 SH LBG und § 71 Abs. 1 ThürBG.

[73] Siehe aber die Ausführungen unter der folgenden Randnummer.

[74] Siehe dazu Battis BBG § 94 Rn. 2.

[75] BGHZ 14, 122, auch BGH NVwZ 2006, 245. Vgl. außerdem BW VGH ZBR 1986, 21. Siehe ferner Fn. 76 und 84.

[76] BVerwGE 104,55 (58) sowie BVerwG ZBR 1969, 215, ZBR 1970, 364 und RiA 1970, 194; vgl. auch NRW OVG DVBl 1972, 49. Als weitere Anspruchsgrundlagen für eine Auskunftspflicht können inzwischen § 49 Abs. 10 BeamtVG (dazu → § 2 Rn. 18 und HVGH NVwZ-RR 2015,779 = juris Rn. 7), § 4 Abs. 2 VersAusglG und § 10a Abs. 11 Satz 2 VAHRG zu berücksichtigen sein.

[77] BVerwGE 104, 55 (58); 123, 175 sowie BVerwG DVBl 2005, 1138 (1143); siehe auch BW VGH ZBR 1964, 83 und ZBR 1986, 21, BrOVG NordÖR 2003, 308 (311) sowie NdsOVG DÖD 1964, 16. Ein Polizeibeamter braucht nicht vor kriminalpolizeilichen Ermittlungen der Polizeibehörden eines anderen Bundeslandes gewarnt zu werden – mit dem Ziel, ihn von einem für ihn ohne weiteres als unrechtmäßig erkennbaren illegalen Waffenverkauf außerhalb des Dienstes abzuhalten; BVerwG ZBR 1990, 124. Dagegen muss der Dienstherr einen Beamten über die Bemessungsregeln für die Angemessenheit einer Wohnung unterrichten, wenn deutlich wird, dass dieser sich hierüber im Unklaren befindet; BVerwG ZBR 1990, 127.

[78] BVerwG Buchholz 232 § 78 BBG Nr. 23.

[79] BVerwG RiA 1977, 72; vgl. auch BVerwG Buchholz 232 § 23 BBG Nr. 9 und Buchholz 238.4 § 31 SG Nr. 14 sowie NVwZ-RR 1989, 487. Siehe weiterhin BGH NVwZ 1985, 936 (zur Pflicht des Dienstherrn, einen Beamten auf Probe bei Entlassung über die Geltendmachung von Rentenansprüchen zu belehren, falls die Gewährung einer beamtenrechtlichen Versorgung noch unentschieden oder ungewiss ist).

[80] BGH DVBl 1952, 602; ferner NRW OVG NDBZ 1960, 178.

Sie hat dem Dienstherrn einerseits aufgegeben, in den Grenzen des Zumutbaren dazu beizutragen, dass die Geltendmachung von Ansprüchen des Beamten nicht an Formalien scheitere, andererseits klargestellt, dass er nicht auf Vorschriften hinzuweisen brauche, über die sich der Kreis der betroffenen oder begünstigten Beamten (etwa durch Lektüre von Gesetz-, Verordnungs- oder Verwaltungsblättern) unschwer selbst informieren könne.[81] Die Beratungspflicht gehe zudem nicht so weit, dass es dem Dienstherrn etwa obläge,

- einem aktiven Beamten, der voraussichtlich noch zehn Jahre Dienst zu leisten habe, eine präzise Auskunft zur Höhe seiner Ruhegehaltsansprüche zu erteilen[82] oder gar
- alle Ruhestandsbeamten oder ihre Hinterbliebenen (nach Durchsicht sämtlicher in Betracht kommenden Versorgungsakten) auf die Notwendigkeit einer fristgebundenen Antragstellung aufmerksam zu machen.[83]

Bestehe jedoch eine allgemeine Verwaltungspraxis, Beamte über eine bestimmte Antragsmöglichkeit zu belehren, so dürfe davon nicht grundlos abgewichen werden.[84] Habe ein Beamter sein Verhalten offenkundig auf eine langjährige Verwaltungspraxis eingerichtet, so müsse ihn der Dienstherr, falls er für die Zukunft hiervon abgehen will, im Wege der Fürsorge grundsätzlich vorweg unterrichten, um ihm Gelegenheit zu geben, sich der beabsichtigten Änderung rechtzeitig anzupassen.[85]

Überzogen wäre das Ansinnen an den Dienstherrn, auf gesetzliche Bestimmungen außerhalb des Beamtenrechts hinzuweisen, die es dem Beamten ermöglichen könnten, einen günstigeren privaten Versicherungsschutz zu erlangen.[86] Nicht vertretbar wäre es auch, wenn man dem Dienstherrn eine umfassende Beratungspflicht in Bezug auf die Rechte aufbürden wollte, die seine Beamten jeweils aus dem Leistungssystem der Sozialgesetzbücher herleiten könnten.[87] 20

Im inneren Zusammenhang mit seinen Beratungspflichten muss der Dienstherr 21

- dem Beamten eine angemessene Überlegungsfrist einräumen, bevor er ihm (nach Beratung) eine rechtserhebliche Erklärung abverlangt,[88]

---

[81] BVerwGE 44, 36 (44); 52, 70 (78); 69, 197 (203). Siehe auch VG Kassel 19.6.2008 – 7 E 213/05 –, BeckRS 2008, 40354: keine Pflicht des Dienstherrn, den Beamten über die Möglichkeit der Rechtsschutzgewährung (vgl. → Rn. 52) sowie den Inhalt der dazu ergangenen Richtlinien zu informieren. Zu einem Sonderfall (Rechtsänderung während der Entsendung des Beamten zu einer Dienstleistung an eine NATO-Dienststelle in Frankreich) – die Informationspflicht verneinend – BVerwG ZBR 1993, 182 mwN; anders noch RP OVG DÖD 1990, 69 (70). Informationsobliegenheiten gelten im gleichen Maße für den Vertreter oder Betreuer desjenigen Beamten, der sich notwendige Informationen aufgrund einer Erkrankung nicht mehr selbst verschaffen kann (BayVGH 14.6.2016 – 14 ZB 14.1508 –, BeckRS 2016, 47777).

[82] BayVGH 11.4.2006 – 3 ZB 05.1894 – , BeckRS 2009, 36883. Erst recht ist ein Auskunftsanspruch nicht diskutabel, wenn er die finanziellen Auswirkungen eines Wechsels vom Angestelltenin das Beamtenverhältnis betrifft, der rechtlich „von vornherein ausgeschlossen" ist (NRW OVG 1.7.2011 – 6 A 1492/10 –, BeckRS 2011, 52268).

[83] BVerwG ZBR 1981, 254 und ZBR 1993, 182; siehe außerdem BVerwG ZBR 1998, 281.

[84] BVerwGE 104,55; 123,175. Die Dienststelle trifft aber keine Pflicht, einen wegen vorübergehender Dienstunfähigkeit länger abwesenden Beamten auf wichtige Rechtsänderungen hinzuweisen, über die sie dienststellenintern informiert hat; BVerwG Buchholz 232 § 79 BBG Nr. 120. Der Beamte kann nicht mit Erfolg beanstanden, dass eine nur zur (internen) Unterrichtung der Behörden selbst bestimmte Verlautbarung des Dienstherrn, die ihm ohne dessen Zutun (hier: durch den Abdruck in dem Mitteilungsblatt eines Berufverbandes) zur Kenntnis gelangt war, „missverständlich und mehrdeutig abgefasst" gewesen sei (BVerwG NVwZ 2007, 342).

[85] RP OVG ZBR 1979, 53.

[86] SOVG NVwZ-RR 2007, 333.

[87] NdsOVG DÖV 2009, 683.

[88] Siehe schon RGZ 134, 162 (173); 145, 182 (186).

- darauf achten, dass der Beamte eine derartige Erklärung nicht im Zustand (erkennbarer) seelischer Erregung abgibt,[89] und
- auf Klarstellung einer vagen oder missverständlichen Erklärung hinwirken.[90]

2. Förderungspflichten

22 Die Grundpflicht des Dienstherrn, den Beamten entsprechend seiner Befähigung, seinen Leistungen und seiner Eignung zu fördern,[91] verdient unter vier Teilaspekten besondere Beachtung (konkrete Förderungspflichten):

a) Dienstliche Beurteilung

23 Die dienstliche Beurteilung soll zum einen die den Umständen nach zweckgerechte Verwendung des Beamten sichern, zum anderen aber auch – nach den Vorgaben und in den Grenzen einer Art. 33 Abs. 2 GG gemäßen Bestenauslese – dem schutzwürdigen Interesse des Beamten dienen, im Rahmen der dienst- und haushaltsrechtlichen Möglichkeiten qualifikationsangemessen aufzusteigen.[92] Die Fürsorge- und Schutzpflicht verbietet es, fachliche oder sonstige Mängel der Amtsführung, die dem Beamten nicht ohne weiteres erkennbar sind und denen er möglicherweise abhelfen könnte, erstmalig in einer dienstlichen Beurteilung zu rügen.[93] Die Pflicht des Vorgesetzten, dem Beamten Gelegenheit zur Stellungnahme zu geben, bevor er aus einem Sachverhalt abträgliche Folgerungen für die dienstliche Beurteilung ableitet,[94] basiert gleichfalls auf der allgemeinen Fürsorge- und Schutzpflicht, die insoweit nicht durch ihre – partielle – spezialgesetzliche Konkretisierung in den Vorschriften über die Personalaktenführung verdrängt wird.[95] Zwar bestimmen § 109 BBG und die landesrechtlichen Parallelvorschriften, dass der Beamte über Behauptungen tatsächlicher Art (und über Bewertungen), die für ihn ungünstig sind oder ihm nachteilig werden können, vor Aufnahme in die Personalakte gehört werden müsse; daraus folgt aber nur, dass eine dienstliche Beurteilung, die derartige Behauptungen (oder Bewertungen) aufweist, erst zur Personalakte genommen werden darf, nachdem sich der Beamte hierzu hatte äußern können, nicht indessen, dass ungünstige oder unter Umständen nachteilige Behauptungen (und Bewertungen) vor einer Anhörung des Beamten nicht in die dienstliche Beurteilung selbst eingehen dürften. Eben dies jedoch verlangt die – allgemeine – Fürsorge- und Schutzpflicht, die dem Dienstherrn ein vom Förderungswillen bestimmtes, offenes und vertrauensvolles Verhalten gegenüber dem Beamten aufgibt.

b) Dienstliche Verwendung

24 Im Lichte der Fürsorge- und Schutzpflicht in ihrer Ausprägung als Grundpflicht des Dienstherrn, seine Beamten zu fördern, wäre es besonders erwünscht, (schon) Berufsanfänger auf allen für ihre Laufbahn und ihren Dienstbereich typischen Arten von

[89] HVGH DVBl 1951, 738.

[90] Siehe schon RGZ 141, 240; vgl. auch BVerwG ZBR 1971, 305.

[91] Vgl. dazu allgemein schon BGHZ 15, 185; 21, 256.

[92] → § 11 Rn. 1 (daselbst auch zum Verhältnis von Auslese und Förderung). Zur Bedeutung der dienstlichen Beurteilung für das leistungsabhängige Aufsteigen in den Grundgehaltsstufen und für die Gewährung von Leistungsprämien und -zulagen vgl. → § 13 Rn. 4, 6 f., 15 f., 22 ff.

[93] NdsOVG OVGE 3, 138; siehe auch Schnellenbach/Bodanowitz Dienstliche Beurteilung Rn. 212 ff.

[94] → § 11 Rn. 27.

[95] Siehe dazu schon → Rn. 16.

Dienstposten einzusetzen, nicht zuletzt, um auf diese Weise die charakteristischen Stärken und Schwächen des Beamten festzustellen[96] und auf den Befund angemessen zu reagieren. Ein Personalsteuerungssystem, welches – neben anderen Anliegen – auf das Ziel einer Gewährleistung der bestmöglichen dauernden Übereinstimmung zwischen den Anforderungen der Dienstposten und den Befähigungsprofilen der Dienstposteninhaber ausgerichtet ist,[97] bietet sich nicht nur im Interesse einer Optimierung der Leistungen des öffentlichen Dienstes an; es entspricht daneben auch der Förderungspflicht des Dienstherrn, weil es den Beamten in den Stand setzt, sein individuelles Können, ggf. auch seine Beförderungseignung, am richtigen Arbeitsplatz zur Geltung zu bringen. Dies bedeutet allerdings nicht, dass der Dienstherr gehindert sei, dem Beamten aus sachlichen Erwägungen – auch unter Orientierung an den Grundsätzen der Sparsamkeit und Wirtschaftlichkeit – dienstliche Aufgaben zu entziehen, mit deren Wahrnehmung eine, gemessen an anderen Dienstposten, größere Beförderungschance verbunden wäre.[98] Das Ermessen, welches dem Dienstherrn bei einer Zuweisung anderer Dienstaufgaben grundsätzlich zuzubilligen ist, kann nur in Ausnahmefällen (auch) unter dem Gesichtspunkt der Fürsorge und des Schutzes eingeschränkt sein. So hat das Bundesverwaltungsgericht[99] entschieden, dass es der Fürsorgepflicht widerstreite, einen Beamten aus einer Laufbahn herauszunehmen, in die er aufgrund einer besonderen wissenschaftlichen Vorbildung und praktischen Ausbildung eingetreten sei, sofern er nur in ihr den von ihm gewählten Lebensberuf in praktischer und wissenschaftlicher Hinsicht ausüben könne.

c) Fortbildung

Die allgemeine Förderungspflicht des Dienstherrn konkretisiert sich darüber hinaus in seiner Aufgabe, für die Fortbildung des Beamten zu sorgen.[100] Durch Fortbildung kann sich einerseits die laufende Anpassung des Beamten an veränderliche oder steigende Anforderungen seines Amtes, andererseits ein Erwerb der Befähigung für höher bewertete Tätigkeiten ermöglichen lassen. Auch am Beispiel der Fortbildung zeigt es sich, dass die Fürsorge- und Schutzpflicht nicht isoliert, sondern stets nur im Zusammenhang mit der Dienst- und Treuepflicht des Beamten und den notwendigen Belangen der Aufgabenerfüllung des öffentlichen Dienstes betrachtet werden darf.[101] Die Dienst- und Treuepflicht setzt der Fortbildungspflicht des Dienstherrn nämlich insofern eine Grenze, als der Beamte nur dann darauf rechnen kann, dass ihm die Fortbildungsanstrengungen seines Dienstherrn zugute kommen, wenn er selbst pflichtgemäß[102] um seine Fortbildung bemüht ist. Die Fortbildungspflicht des Dienstherrn erstreckt sich – nach Maßgabe der zur Verfügung stehenden Haushaltsmittel[103] – überdies nur auf Vorhaben, die geeignet sind, solche Kenntnisse und Fähigkeiten des Beamten zu erhalten, zu erweitern 25

[96] Vgl. Geyer DÖV 1977, 151.

[97] Vgl. Scheuring ZBR 1977, 385; siehe auch Schnellenbach/Bodanowitz aaO (Fn. 93) Rn. 191 ff.

[98] BVerwGE 60, 144 mwN.

[99] Buchholz 237.3 § 27 BG Bremen Nr. 1. Siehe aber → § 4 Rn. 64.

[100] Siehe etwa § 46 f. BLV, außerdem § 10 BGleiG (Fortbildung von Beamtinnen).

[101] Siehe bereits → Rn. 6. Zur Mitbestimmung des Personalrates über allgemeine Fragen der Fortbildung der Beschäftigten vgl. § 76 Abs. 2 Satz 1 Nr. 6 BPersVG. Als Mittel der Fortbildung ist zB die Gewährung von Sonderurlaub für fachliche Zwecke ins Auge zu fassen (siehe § 7 Satz 1 Nr. 1 und 2 SUrlV).

[102] Siehe dazu § 28 Abs. 3 Satz 3, § 61 Abs. 2 BBG. Eine Verpflichtung, zu einer Fortbildungsveranstaltung im Sammeltransport anzureisen, ergibt sich nicht aus der Gehorsamspflicht; NRW OVG NVwZ-RR 1991, 372.

[103] Vgl. Scheerbarth/Höffken/Bauschke/Schmidt BR § 11 V 3 b.

und der Entwicklung anzupassen,[104] die für den Dienstbereich Bedeutung erlangen können.[105]

d) Bestenauslese

26 Umstritten ist, ob die Fürsorge- und Schutzpflicht die Beförderung des jeweils bestgeeigneten Bewerbers gebietet.[106, 107] Bei Zugrundelegung der in § 3 unter Rn. 72 im Einzelnen dargelegten Auffassung, dass ein Beförderungsanspruch des Bestgeeigneten aus Art. 33 Abs. 2 GG (und den ihm korrespondierenden einfachrechtlichen Normen[108]) hergeleitet werden könne, bedarf es insofern weder einer Inanspruchnahme des durch Art. 33 Abs. 5 GG verfassungskräftig festgeschriebenen Leistungsgrundsatzes[109] noch einer Anleihe bei dem hergebrachten Grundsatz der Fürsorge und des Schutzes oder gar bei der einfachrechtlichen Fürsorge- und Schutzpflicht. Diese kann – nachrangig – erst dann Wirkung entfalten, wenn eine Auswahl zwischen Bewerbern zu treffen ist, die im Wesentlichen gleich qualifiziert sind.[110]

27 Die Ausschreibung eines angehobenen Dienstpostens,[111] die (allein) der Bestenauslese zu dienen bestimmt ist, stellt keine Verletzung der Fürsorge- und Schutzpflicht zu Lasten des (langjährigen) Dienstposteninhabers dar.[112]

---

[104] Siehe auch § 1 Abs. 4 BBiG: „Die berufliche Fortbildung soll es ermöglichen, die berufliche Handlungsfähigkeit zu erhalten und anzupassen oder zu erweitern und beruflich aufzusteigen."

[105] RP OVG ZBR 1960, 195.

[106] Unstreitig folgt aus der Fürsorgepflicht keine Verpflichtung des Dienstherrn, Beförderungsstellen ausschließlich anhand zentraler, dienststellenübergreifender Beförderungslisten zu vergeben; eine dezentrale Form der Planstellenbewirtschaftung hat zwar die Konsequenz eines „gewissen Ausschlusses von potentiellen Bewerbern", der jedoch in Kauf genommen werden kann, solange die Stellenzuweisung sachgerechten Kriterien folgt und nicht zu einem willkürlichen Ausschluss Einzelner führt (vgl. NdsOVG 17.9.2012 – 5 ME 121/12 –, BeckRS 2012, 57056; in diesem Zusammenhang schon → § 3 Rn. 59 ff.).

[107] Eine verzögerliche Abwicklung des Beförderungsverfahrens, besonders im Stadium der Urkundenaushändigung, kann eine Verletzung der Fürsorgepflicht bedeuten, die bei Verschulden eines Amtsträgers unter Umständen zum Schadensersatz verpflichtet; BVerwG 22.12.1976 – 2 B 32.76 –, zit. nach Becker RiA 1978, 102 (105). Vgl. auch BGH MDR 1984, 205: Ist über die Beförderung eines Beamten sachlich entschieden, so gebietet es die Fürsorgepflicht des Dienstherrn, die erforderlichen Vorkehrungen dafür zu treffen, dass die Ernennungsurkunde unverzüglich ausgehändigt werden kann, es sei denn, zwischen der Entscheidung über die Beförderung und der Übergabe der Ernennungsurkunde entstehen Zweifel, ob der Beamte zur Wahrnehmung des Beförderungsamtes geeignet ist. Ein Beamter, dessen Beförderung wegen eines staatsanwaltschaftlichen Ermittlungsverfahrens zurückgestellt worden war, kann selbst dann aus der Fürsorgepflicht keinen Anspruch auf Ausgleich der damit verbundenen finanziellen Einbußen herleiten, wenn er angesichts seines dienstlichen Aufgabenkreises mehr als andere der Gefahr unberechtigter Verdächtigungen ausgesetzt ist und wenn eben solche Verdächtigungen zur Aufnahme der Ermittlungen gegen ihn geführt haben; HmbOVG ZBR 1985, 230 mit dem Bemerken: Solange die gegen den Beamten erhobenen Vorwürfe nicht ausgeräumt gewesen seien, hätten die Zweifel an seiner Beförderungseignung fortbestanden, sodass der Dienstherr mit der Zurückstellung der Beförderung pflichtgemäß gehandelt habe. Unerheblich sei, ob die Staatsanwaltschaft die Ermittlungen mit der gebotenen Zügigkeit betrieben habe. Siehe weiterhin BVerwG Buchholz 236.1 § 31 SVG Nr. 21 und Buchholz 236.1 § 42 SVG Nr. 1: Der Dienstherr müsse um eine beschleunigte Abwicklung eines Disziplinarverfahrens bemüht sein, könne die Beförderung eines Beamten (Soldaten) jedoch so lange zurückstellen, wie das Verfahren gegen diesen noch schwebe (Hinweis auch auf → § 3 Rn. 68).

[108] § 9 BeamtStG, §§ 9, 22 Abs. 1 Satz 1 BBG.

[109] Vgl. Badura in Maunz/Dürig GG Art. 33 Rn. 26; siehe ferner H.Günther ZBR 1979, 93 (100) und Schnellenbach/Bodanowitz aaO (Fn. 93) Rn. 78 ff., gleichfalls mwN.

[110] → § 3 Rn. 64 ff.

[111] → § 3 Rn. 62.

[112] BW VGH NJW 1973, 75.

e) Dienstpostenbewertung[113]

Der Beamte kann grundsätzlich weder eine bestimmte (verwaltungsinterne[114]) Bewertung seines Dienstpostens[115] noch eine Beförderung verlangen, falls sein Dienstposten höhergestuft worden ist.[116] Einen Anspruch auf richtliniengetreue Dienstpostenbewertung hat das Bundesverwaltungsgericht für einen „Sonderfall" anerkannt, der eine „ungewöhnliche Bewertungs-, Höherstufungs- und Beförderungsaktion" betraf;[117] aus gegebenem Anlass – nämlich wenn Streit darüber herrscht, ob die Tätigkeit des Beamten unterwertig, statusadäquat oder höherwertig ist – wird das Gericht auch die entscheidungserhebliche Vorfrage, ob die vorhandene Dienstpostenbewertung dem Gebot der Richtigkeit im Sinne einer „Richtliniengerechtigkeit" genügt, gewiss nicht übergehen dürfen.[118] 28

3. Schadensabwendungspflichten

Der Dienstherr hat Schäden von den Rechtsgütern des Beamten, namentlich von seiner Gesundheit, seiner Ehre, seiner Willensfreiheit und seinem Eigentum, abzuwenden, soweit die in Betracht kommenden Risiken mit der pflichtgemäßen Aufgabenerfüllung – der „amtlichen Tätigkeit" oder der „Stellung als Beamter" – zusammenhängen und ein Fürsorge- und Schutzbedürfnis besteht.[119,120] Die Fürsorge- und Schutzpflicht gebietet 29

[113] Zu einer Dienstpostenbewertung, die nur Ausdruck der vom Inhaber erwarteten, nicht aber seiner wirklich erbrachten Leistung ist, vgl. im Einzelnen Battis BBG § 17 Rn. 4 f. mwN. Zu einer „Dienstpostenbündelung" → § 3 Fn. 224.

[114] Möller in Schwegmann/Summer BesR Rn. 24 zu § 18 BBesG verwendet den Terminus „nichtnormative Ämterbewertung", um den Unterschied zu einer Ämterbewertung (unmittelbar) durch Gesetz oder Rechtsverordnung deutlich zu machen. Siehe auch Frank DÖD 2001, 8 (9).

[115] BVerwGE 36, 192 (205 ff.) sowie BVerwG ZBR 1978, 199, Buchholz 237.4 § 82 HmbBG Nr. 2 und ZBR 1980, 379. Siehe auch BVerwG DVBl 1990, 1235 und NVwZ 1992, 573 mit dem Hinweis, dass eine vom obigen Text abweichende rechtliche Beurteilung „allenfalls dann in Betracht (komme), wenn sich die Bewertung des vom Kläger bekleideten Dienstpostens als Missbrauch der organisatorischen Gestaltungsfreiheit des Beklagten und damit als Manipulation zum Nachteil des Klägers darstellen würde" (in diesem Sinne ferner VG Saarlouis NVwZ-RR 2011, 911). Zum Fehlen einer vorherigen Dienstpostenbewertung bei der Vergabe von Beförderungsstellen im Wege der sog Topfwirtschaft (und der Nachholbarkeit der insoweit notwendigen Erwägungen im Auswahlverfahren) HVGH LKRZ 2008, 154.

[116] BVerwGE 36, 218 (222 ff.); 38, 269 (271 ff.); 41, 253 (256 ff.); siehe ferner BVerwG NVwZ 2000, 203.

[117] Vgl. BVerwGE 36, 192 und BVerwG ZBR 1980, 379; siehe aber auch (tendenziell beamtenfreundlicher) BVerfG NVwZ 2000, 1033.

[118] Vgl. in diesem Sinne auch BVerwG ZBR 1978, 199 und DÖV 1979, 58 m. Anm. Seewald. Neben der Fürsorgepflicht kann hier auch das Gebot der Chancengleichheit eine Rolle spielen (HVGH DVBl 1994, 593 und NVwZ-RR 2000, 622). Siehe aber auch NdsOVG 18.9.2012 – 5 ME 122/12 –, BeckRS 2012, 57057: Die Bewertung des Dienstpostens eines Konkurrenten sei im Verfahren des einstweiligen Rechtsschutzes gegen eine Beförderungsauswahlentscheidung keiner Inzidentkontrolle zu unterziehen.

[119] Der Fürsorge- und Schutzpflicht widerspricht es, wenn der Vorgesetzte ein strafrechtliches Ermittlungsverfahren gegen einen Beamten veranlasst oder fördert, obgleich er aufgrund seiner eigenen Ermittlungen erhebliche – der Strafverfolgungsbehörde nicht offen gelegte – Bedenken haben müsste, ob eine strafbare Handlung vorliegt; VG Koblenz DÖD 1983, 231 m. Anm. Lindgen. Zur Verletzung der Fürsorge- und Schutzpflicht, wenn der Dienstherr Schüleraussagen, die einen Lehrer schwer belasten, nicht zum Anlass nimmt, den Sachverhalt *alsbald* unter Anhörung des Lehrers aufzuklären; BW VGH ZBR 1983, 265. Siehe insoweit auch schon → Rn. 16.

[120] Das sog Mobbing in Form fortgesetzter, aufeinander aufbauender und ineinander übergreifender anfeinender, schikanierender und diskriminierender Verhaltensweisen kann (zumindest) die Pflicht zur kollegialen Zusammenarbeit verletzen (vgl. dazu Bochmann ZBR 2003, 257, Braun RiA 2002, 209, Hermann ZBR 2003, 59, Honsa DÖD 2006, 69 und Wittinger/Hermann ZBR 2003, 337). Das Mobbing

freilich nicht, dass der – selbst nicht haftende – Dienstherr einen Beamten, der gegen seine Amtspflichten verstoßen haben könnte, nach außen hin decken müsste, indem er dem Geschädigten die Mitteilung des Namens – rechtswidrig – verweigert und damit dessen Rechtsverfolgung vereitelt.[121]

a) Gesundheit

30 Bereits das Reichsgericht[122] hatte Wert darauf gelegt, dass der Dienstherr den Beamten nicht in einer Weise belaste, die seine Arbeitskraft und Leistungsfähigkeit deutlich übersteige und ihn geistig und körperlich hemme und lähme; sei der Beamte durch Krankheit geschwächt, ohne dienstunfähig zu sein, müsse er den Einschränkungen seiner Dienstfähigkeit entsprechend geschont werden.[123] Das Bundesverwaltungsgericht hat ausgesprochen, dass der Gesundheitszustand des Beamten bei Versetzungen[124] und Umsetzungen[125] in die Ermessenserwägungen einzubeziehen sei.[126] Dies heißt allerdings nicht, dass der Beamte gegenüber Maßnahmen solcher Art mit Erfolg geltend machen könne, er werde sich damit (aus welchen Gründen auch immer) innerlich nicht abfinden und sei wegen dieser psychischen Belastung erkrankt oder befürchte, deswegen zu erkranken.

31 § 88 Abs. 1 Satz 1 BBG und das entsprechende Landesrecht[127] verpflichten den Beamten, ohne Vergütung über die regelmäßige wöchentliche Arbeitszeit[128] hinaus Dienst zu tun,[129]

---

durch Vorgesetzte (siehe dazu BGH DÖD 2002, 283, auch OLG Stuttgart NVwZ-RR 2003, 715) kann ein Fürsorge- und Schutzpflichtverstoß zu Lasten eines oder mehrerer der im Text genannten Rechtsgüter eines Beamten sein. Die Fürsorge- und Schutzpflicht kann es zudem gebieten, dass ein (unmittelbarer oder höherer) Vorgesetzter dem begründeten Verdacht eines Mobbing nachgeht und – falls sich der Verdacht bestätigt – in geeigneter Weise einschreitet. Die Praxis zeigt allerdings, dass der Vorwurf eines Mobbing nicht selten ohne Grund erhoben wird, um so berechtigte Vorhalte oder Hinweise auf Leistungs- und/oder Verhaltensdefizite abzuwehren. Siehe ferner Fn. 161.

[121] Vgl. BVerwGE 10, 274, BVerwG NJW 1975, 1333, BayVGH NJW 1974, 379 und NdsOVG DVBl 1958, 323.

[122] RGZ 126, 362; 146, 369.

[123] RGZ 104, 23. Siehe aber auch BayVGH BayVBl. 1993, 186: Aus der Fürsorgepflicht lasse sich ein Anspruch auf Teilzeitbeschäftigung aus gesundheitlichen Gründen nicht ableiten.

[124] ZBR 1969, 47 und Buchholz 232 § 26 BBG Nr. 11; vgl. auch NdsOVG ZBR 1959, 393.

[125] Buchholz 232 § 79 BBG Nr. 44; siehe außerdem BrOVG ZBR 1970, 264.

[126] Vgl. auch BVerfG NVwZ 2005, 926 und ihm folgend BW VGH 21.9.2007 – 4 S 2131/07 –, BeckRS 2008, 34753: Die Fürsorgepflicht gebiete, dass der Dienstherr bei einer Abordnung „substantierte Anhaltspunkte" für eine Gesundheitsschädigung des Beamten im Rahmen seines Ermessens angemessen berücksichtige.

[127] Vgl. zB § 60 Abs. 3 Satz 1 NBG, § 61 Abs. 1 Satz 1 NRW LBG, § 91 Abs. 2 Satz 1 SächsBG und § 63 Abs. 2 Satz 1 BG LSA.

[128] Die (normativer Festlegung bedürfende) Festsetzung der regelmäßigen Unterrichtsverpflichtung der Lehrer stellt sich als eine Regelung der Arbeitszeit dar (BVerwGE 117, 219, 222 sowie BVerwG NVwZ-RR 2004, 593, ferner BVerwGE 144, 93), die zwar – einerseits – lediglich einer Evidenzkontrolle im Lichte der Fürsorgepflicht unterliegt, die aber eben deshalb – andererseits – auf einer vor Verordnungserlass sorgfältig vorzunehmenden, transparenten und nachvollziehbaren Ermittlung der tatsächlichen Arbeitsbelastung beruhen muss (vgl. NdsOVG NdsVBl. 2015,272 mwN). Die zeitliche Statuierung lediglich dieses Teiles ihrer „regelmäßigen Arbeitszeit" erklärt sich daraus, dass dem Regulativ „exakter Messbarkeit" allein hinsichtlich der eigentlichen Unterrichtsstunden genügt werden kann, während die übrigen pädagogischen Aufgaben nur „grob pauschalierend" geschätzt werden können (BVerwGE 59, 142, 144; ferner NdsOVG aaO = juris Rn. 48 ff.). Zur Einschätzungsprärogative des Dienstherrn gehört die Befugnis, älteren Lehrkräften „freiwillig" ein geringeres Unterrichtsdeputat aufzuerlegen (BVerwG NVwZ-RR 2004, 593; ebenso BAG ZTR 2002, 175; siehe auch insoweit NdsOVG aaO = juris Rn. 92 ff., 95).

[129] Siehe dazu auch EuGH NJW 2003, 2971 und NJW 2004, 3547 sowie BVerwG ZBR 2004, 197 und BAG AP BGB § 611 Nr. 12; ferner NRW OVG ZBR 2004, 63 und VG Minden ZBR 2004, 66.

- wenn „zwingende dienstliche Verhältnisse dies erfordern“[130] und
- wenn „sich die Mehrarbeit auf Ausnahmefälle beschränkt“.

Die an zweiter Stelle genannte Voraussetzung soll unter anderem sicherstellen, dass eine Überbeanspruchung des Beamten mit etwaigen nachteiligen Auswirkungen auf seine Gesundheit vermieden wird.[131, 132]

Die Fürsorge- und Schutzpflicht in Gestalt einer Schadensabwendungspflicht fordert vom Dienstherrn fernerhin, dass er Schutzmaßnahmen ergreift, um die Gesundheit des Beamten, soweit möglich und mit den dienstlichen Belangen vereinbar, vor Gefahren zu bewahren, die mit der Dienstverrichtung verbunden sind.[133] Er hat sicherzustellen, dass Beamte, die im Hinblick auf ihr pflichtgemäßes dienstliches Verhalten oder wegen ihrer Beamteneigenschaft voraussehbaren rechtswidrigen Angriffen ausgesetzt sind, mit geeigneten Verteidigungsmitteln ausgestattet werden, deren Einsatz durch klare und unmissverständliche Weisung geregelt sein muss. Die Fürsorge- und Schutzpflicht lässt es nicht zu, dass vermeidbare Verletzungen pflichtgemäß handelnder Beamter durch Rechtsbrecher aus Opportunitätserwägungen in Kauf genommen werden. 32

Die Diensträume einschließlich ihrer Zugänge und Einrichtungen, die Arbeitsplätze und die Dienstgeräte[134] müssen ordnungsgemäß beschaffen sein.[135] Sobald der Beamte insoweit Mängel feststellt, hat er diese unverzüglich zu melden. Es würde auf eine 33

Zu den Auswirkungen einer Krankheit im bezahlten Jahresurlaub auf den Urlaubsanspruch EuGH NZA 2012, 851; vgl. insofern außerdem EuGH DÖV 2012, 567 (Geldabfindung für krankheitsbedingt nicht genommenen Urlaub).

[130] Für den Verteidigungsfall siehe § 59 Abs. 2 BeamtStG und § 142 Abs. 2 BBG.

[131] Mehrarbeit muss bei erheblicher zusätzlicher Belastung – unabhängig davon, ob ihre Anordnung oder Genehmigung rechtmäßig oder rechtswidrig war – grundsätzlich durch eine entsprechende Dienstbefreiung innerhalb eines Jahres ausgeglichen werden (siehe § 88 Satz 2 und 3 BBG). Gegen eine rechtswidrige übermäßige zeitliche Beanspruchung kann sich der Beamte im Übrigen durch Rechtsbehelfe – auch des vorläufigen Rechtsschutzes – zur Wehr setzen. Ein Anspruch auf Vergütung kann dem Mehrarbeit leistenden Beamten (sofern er einer Besoldungsgruppe mit aufsteigenden Gehältern angehört) nur dann zustehen, wenn eine Dienstbefreiung „aus zwingenden dienstlichen Gründen“ nicht möglich ist. Dies folgt für Bundesbeamte in den Fällen einer rechtmäßigen Inanspruchnahme durch Mehrarbeit aus § 88 Satz 4 BBG, bei rechtswidriger Überbeanspruchung aus Treu und Glauben (§ 242 BGB); vgl. BVerwG ZBR 2003, 383 (384 f.). Es ist nicht Inhalt der Fürsorge- und Schutzpflicht, die zeitliche Inanspruchnahme eines Beamten infolge einer Nebentätigkeit durch eine Verminderung des Umfangs seiner Dienstaufgaben „gewissermaßen aufzufangen“, um ihm die neben seiner hauptamtlichen Tätigkeit sonst verbleibende Freizeit zu erhalten; SOVG ZBR 1987, 47.

[132] Vgl. auch BVerfG NVwZ-RR 2008, 505: Im Falle einer dauerhaften Geschäftsüberlastung sei ein Gerichtsvollzieher gehalten, seine Aufträge nach ihrer Dringlichkeit zu ordnen und im Rahmen des Möglichen abzuarbeiten. Soweit dies innerhalb der regelmäßigen Arbeitzeit nicht gelinge, sei er berechtigt, seinen Geschäftsbereich anwachsen zu lassen, und dem Dienstherrn gegenüber zur Anzeige des Sachverhalts verpflichtet. Es sei dann dessen Sache, „durch geeignete Organisationsmaßnahmen dafür Sorge zu tragen, dass für die zu bewältigenden Aufgaben in ausreichendem Maße Personal und sachliche Mittel zur Verfügung stehen“. Zur Rechtswidrigkeit der *dauerhaften* Anordnung von Mehrarbeit bei Beschäftigten der Bundesfeuerwehr RP OVG 12.2.2016 – 10 A 1089415 –, n. v.

[133] Siehe auch §§ 37, 39 Abs. 1 Satz 2 und §§ 43, 43a BeamtVG. Zu einem Hausverbot (ua) bei einer wiederholten Bedrohung von Behördenangehörigen VG Bremen 26.3.2015 – 2 V 50/15 –, juris Rn. 15 ff.

[134] Vgl. auch das Arbeitsschutzgesetz – ArbSchG – vom 7.8.1996, BGBl. I S. 1246 und die Arbeitsstättenverordnung – ArbStättV – vom 12.8.2004, BGBl. I S. 2179. Siehe ferner die Bildschirmarbeitsverordnung – BildscharbV – vom 4.12.1996, BGBl. I S. 1841 sowie die Verordnung zur arbeitsmedizinischen Vorsorge vom 18.12.2008, BGBl. I S. 2768.

[135] Vgl. auch Lemhöfer in Plog/Wiedow BBG 2009 § 78 Rn. 54 ff. Zum Anspruch des Beamten auf Schutz vor Gesundheitsgefahren bei emittierenden Arbeitsräumen siehe VG Oldenburg NVwZ 1993, 913: Das Unterlassen möglicher Vorsorgemaßnahmen im Sinne eines vorbeugenden Gefahren-

Überspannung der Anforderungen hinauslaufen, wollte man dem Dienstherrn etwa die Verpflichtung auferlegen, das Mobiliar des Dienstzimmers nicht nur bei der Anschaffung, sondern auch in der Folgezeit laufend zu kontrollieren.[136] Beschränkungen hinsichtlich der Nutzung des Dienstzimmers, wie etwa die Anweisung, ein Laufband oder ein Sofa aus dem Dienstzimmer zu entfernen, müssen geeignet und geboten sein, um dienstliche Erfordernisse zu fördern, soweit die Grenzen der Zumutbarkeit gewahrt sind.[137]

34 Soweit mehrere Dienstnehmer in einem Dienstraum untergebracht sind,[138] muss der Dienstherr im Rahmen seiner Pflicht zur Abwendung von Schäden unter Umständen auch Maßnahmen treffen, die dem Gebot zwischenmenschlicher Rücksichtnahme auf gesundheitliche Belange anderer Geltung verschaffen. Das Hauptanwendungsfeld dieses Postulats – der Schutz von Nichtrauchern gegen sog Passivrauchen – ist inzwischen durch umfassende bundes- und landesgesetzliche Regelungen zum Rauchverbot (unter anderem in behördlichen Einrichtungen[139]) aus der Sphäre der allgemeinen Fürsorge- und Schutzpflicht segregiert.

35 Bei Dienstwohnungen (siehe § 72 Abs. 2 BBG sowie zB Art. 74 Abs. 2 BayBG, § 54 Abs. 2 BrBG, § 52 Abs. 2 HBG und § 40 Abs. 2 ThürBG),[140] die im Eigentum des Dienstherrn oder in seiner alleinigen Verfügungsgewalt stehen, erstreckt sich die Fürsorge- und Schutzpflicht auf den ordnungsgemäßen Zustand der Wohnung, der eine in gesundheitlicher Hinsicht gefahrlose Benutzung durch den Beamten und seine Familie gestatten muss.[141] Soweit ein Dritter die Wohnung stellt, obliegt es dem Dienstherrn in der Regel nur, sich Gewissheit darüber zu verschaffen, dass die zuständige Bauaufsichtsbehörde die Wohnung nach Bezugsfertigkeit in gebotener Weise überprüft und keine Beanstandungen erhoben hat.[142]

36 Der Polizeivollzugsbeamte, der auf Anordnung des Dienstvorgesetzten an einer Gemeinschaftsverpflegung teilnehmen soll (siehe zB § 10 BPolBG, § 112 NRW LBG), kann diesem Verlangen ggf. einredeweise entgegenhalten, dass der Dienstherr seiner Pflicht, die gesundheitlichen Belange des Betroffenen zu wahren, nicht genüge, weil der Kantinenbetrieb unsauber und das Essen durchgängig ungeniessbar sei.[143]

---

schutzes (Risikovorsorge) aufseiten des Dienstherrn könne das Begehren, „mit sofortiger Wirkung von der Dienstleistung in den belasteten Räumlichkeiten befreit zu werden", nicht begründen.

[136] NRW OVG ZBR 1977, 104.

[137] Vgl. VG Trier 12.1.2016 – 1 K 3238/15.TR –, BeckRS 2016,42750 (ua) mit Hinweis auf BVerwGE 125,85 (juris Rn. 23).

[138] Zur personalvertretungsrechtlichen Mitbestimmung bei der Gestaltung von Arbeitsplätzen in einem Lehrerzimmer HVGH ZBR 1993, 216.

[139] Siehe dazu § 1 Abs. 1 Nr. 1 und Abs. 2 Nr. 1 des Bundesnichtraucherschutzgesetzes vom 20.7.2007, BGBl. I S. 1595 und (als Beispiel) § 1 Abs. 1 Satz 1 und § 2 Nr. 1 des nordrhein-westfälischen Nichtraucherschutzgesetzes vom 20.12.2007, GV NRW S. 742.

[140] Die Zuweisung einer im Haushaltsplan ausgewiesenen Dienstwohnung – ein Sachbezug iSd § 10 BBesG – ist ein Verwaltungsakt. Sie begründet (ohne Abschluss eines Mietvertrages) das Dienstwohnungsverhältnis zwischen dem Beamten und dem Dienstherrn (BVerwG ZBR 2001, 134, 136 f.). Zur Berechnung der Dienstwohnungsvergütung NRW OVG DÖD 2003, 83.

[141] BVerwGE 25, 138 sowie BVerwG ZBR 2001, 134 (138). Siehe auch Ritgen ZBR 1996, 386 („Fürsorgepflicht und Dienstwohnung – zum Schutz der Angehörigen eines Beamten").

[142] BVerwGE 25, 138.

[143] BVerwG ZBR 1976, 321; vgl. auch NRW OVG ZBR 1973, 210.

b) Ehre[144]

Unberechtigten Angriffen auf die Ehre des Beamten[145] im Zusammenhang mit seiner 37
dienstlichen Tätigkeit hat der Dienstherr zu begegnen.[146] Bei unwahren Berichten in den Medien muss er sich – durch die Geltendmachung von Gegendarstellungs-, Berichtigungs- oder Unterlassungsansprüchen – vor den Beamten stellen.[147] § 194 Abs. 3 StGB verleiht dem Dienstvorgesetzten bei Beleidigungen eines ihm unterstellten Beamten in Beziehung auf seinen Dienst ein eigenes Strafantragsrecht, von dem er in richtiger Würdigung seiner Fürsorge- und Schutzverpflichtung je nach Lage der Dinge Gebrauch machen *muss.*[148] Unter Umständen kann der betroffene Beamte aber nur erwarten, dass sich der Dienstvorgesetzte gegen die Form eines in der Öffentlichkeit erhobenen Vorwurfs verwahrt.[149] Erhebt ein Vorgesetzter einen ehrenrührigen Vorwurf zu Lasten eines Beamten, der dessen Beamtenverhältnis betrifft, so kann diesem ein Widerrufsanspruch aufgrund der Fürsorge- und Schutzpflicht (oder unter dem Gesichtspunkt der Folgenbeseitigung[150]) nur gegen den – zum Unterlassen ehrverletzender Angriffe verpflichteten[151] – Dienstherrn, nicht aber gegen den Vorgesetzten selbst zustehen.[152]

---

[144] Zum Schutz des allgemeinen Persönlichkeitsrechts der Beamten bei der Personalaktenführung → § 12 Rn. 1, 15, 21 und 39. Zum Schutz vor sexueller Belästigung am Arbeitsplatz siehe das Beschäftigtenschutzgesetz vom 24.6.1994, BGBl. I S. 1406 (vgl. auch BVerwG NVwZ 2006, 947 betr. das Disziplinarmaß bei sexueller Belästigung einer Untergebenen durch Zusenden anzüglicher SMS-Texte; ferner dazu BVerwGE 113, 25; 113, 151). Über der Pflicht, Betroffene vor sexuellen Belästigungen am Arbeitsplatz zu schützen, darf nicht vergessen werden, dass der Dienstherr gleichermaßen gehalten ist, einen Beamten, gegen den zu Unrecht der Vorwurf erhoben wird, Bedienstete sexuell belästigt zu haben, in geeigneter Weise in Schutz zu nehmen.

[145] Einen vorzüglichen, immer noch aktuellen Überblick über „praktische Fallkonstellationen für den beamtenrechtlichen Ehrenschutzanspruch" bietet schon Tiedemann, Der Anspruch des Beamten auf Schutz seiner Ehre durch den Dienstherrn, 2004, S. 109 ff.

[146] Vgl. hierzu BW VGH ZBR 1983, 41 (LS). Der Dienstherr ist allerdings nicht befugt, Unterlassungsansprüche aus Ehrverletzung seiner Beamten (oder sonstigen Bediensteten) durch einen anderen Bediensteten diesem gegenüber im eigenen Namen – qua gesetzlicher oder gewillkürter Prozessstandschaft – gerichtlich geltend zu machen; VG Saarlouis 13.9.2012 – 3 K 254/12 – LKRZ 2012, 516 = BeckRS 2012, 5777.

[147] Scheerbarth/Höffken/Bauschke/Schmidt BR § 17 II 3d; siehe ferner Weimar RiA 1962, 84 und DÖD 1964, 91. Zum Gegendarstellungsanspruch von Behörden VerfGH Berlin NJW 2008, 3491.

[148] Eingehend Tiedemann aaO (Fn. 145) S. 127 ff., 190 ff.; siehe auch schon Weimar aaO (Fn. 147). Vgl. aber ferner BVerwG 11.9.2009 – 2 B 92.08 –, BeckRS 2009, 39913: Es hänge von den Umständen des Einzelfalles ab, in welcher Weise der Dienstherr zum Schutz eines Beamten vor Verleumdungen und ehrverletzenden Äußerungen einzuschreiten habe und „unter welchen Voraussetzungen die pflichtwidrige Untätigkeit des Dienstherrn ein Rehabilitationsinteresse des betroffenen Beamten und damit ein Interesse an der gerichtlichen Feststellung der Fürsorgepflichtverletzung auslöst". Zum Umfang der Aufklärungspflicht des Dienstherrn NdsOVG NVwZ 2007, 963 sowie neuerdings im Anschluss daran NdsOVG 13.7.2012 – 5 LA 182/10 –, BeckRS 2012, 53702: Was Beanstandungen eines Lehrerverhaltens vonseiten der Schüler und ihrer Eltern angehe, gebiete die Fürsorgepflicht des Dienstherrn keine „umfassende Ermittlung von Sachverhalten oder Vorwürfen", die „innerschulisch" hinreichend ausgeräumt worden seien.

[149] Siehe BVerwG NVwZ 1998, 403 („Stasi-Methoden"). Zu entsprechenden Ehrverletzungen aus dem Bereich der Politik siehe Tiedemann aaO (Fn. 145) S. 31, 33 ff. Tiedemann (S. 31) konstatiert zutr.: Inhaber „politischer Positionen" übersähen gelegentlich, dass auch sie als „oberste Repräsentanten eines öffentlich-rechtlichen Dienstherrn" an beamten- und verfassungsrechtliche Regelungen und Verpflichtungen gebunden seien.

[150] Siehe BVerwGE 59, 319 (325 f.). Offen gelassen in BVerwGE 75, 354.

[151] Vgl. NdsOVG NJW 1991, 445 mwN.

[152] BVerwGE 75, 354 unter Bezugnahme auf BGHZ 34, 99 (106 f.): Nur ausnahmsweise, nämlich dann, wenn der Vorgesetzte gelegentlich der Wahrnehmung hoheitlicher Pflichten eine nach Form und Inhalt über die Erfüllung seiner Aufgaben hinausgehende, „insoweit ihm persönlich zuzurech-

BVerfGK, B 12.9.11, DVBl 12, 99 m. Anm. Hoereng (ehrverletzende Äußerungen des Dienstherrn – Justizministerin)

38 Die Fürsorge- und Schutzpflicht verbietet es dem Dienstherrn, den Beamten durch Kritik an seiner Amtsführung – in Gestalt nachteiliger Tatsachenbehauptungen oder missbilligender Werturteile – gegenüber Dritten ohne rechtfertigenden Grund bloßzustellen.[153] Eine hierdurch hervorgerufene Ansehensbeeinträchtigung muss er durch eine geeignete, nach Form und Adressatenkreis der kritischen Äußerung entsprechende Erklärung ausräumen.[154] Bei schwerwiegenden Mängeln eines Verwaltungsvollzuges, die einer breiteren Öffentlichkeit bekannt geworden sind, ist der Dienstherr durch die Fürsorge- und Schutzpflicht nicht gehindert, die Presse wahrheitsgemäß über die Beanstandungen und die daraus gezogenen Konsequenzen zu unterrichten.[155] Die Frage der Wahrheitsgemäßheit ist, was einen Widerrufsanspruch anbelangt, aus der Sicht des Zeitpunktes der gerichtlichen Entscheidung zu beurteilen; ob der Erkenntnisstand des Dienstherrn den Inhalt seiner Erklärung zu dem Zeitpunkt, in dem er die Presse informierte, als hinreichend gesichert erscheinen lassen konnte, muss insoweit unberücksichtigt bleiben.[156]

39 Wird ein Beamter bei seinem Dienstherrn leichtfertig oder wider besseres Wissen der Korruption bezichtigt, so muss der Dienstherr ihm den Denunzianten nennen, auch wenn diesem Vertraulichkeit zugesichert worden war.[157] „Leichtfertigkeit" verlangt einen, gemessen an den individuellen Fähigkeiten des Informanten, erhöhten Grad an Fahrlässigkeit; die eine „Leichtfertigkeit" oder ein Handeln „wider besseres Wissen" begründenden Umstände sind zur Vermeidung einer „Vorwegnahme der Hauptsache" ggf. in einem Zwischenverfahren nach § 99 Abs. 2 VwGO zu klären.[158]

40 Auch kann es die Fürsorge- und Schutzpflicht angemessen erscheinen lassen, einem Beamten die Kosten der notwendigen Rechtsverfolgung zum Schutz vor ehrverletzenden Äußerungen Dritter zu erstatten; dies freilich nur, wenn der Beamte den Rechtsschutz zur Abwehr von Angriffen auf die Integrität seines Amtes oder seiner Person als Amtsträger in Anspruch nimmt.[159]

41 Bei innerdienstlichen Äußerungen, die ehrenrührigen Inhalt haben, kann der Beamte, falls der Vorwurf eines Dienstvergehens im Raume steht, ein Selbstreinigungsverfahren in Gang setzen (siehe § 18 BDG). Er ist aber auf diese Möglichkeit nicht beschränkt. Vielmehr kann er durchaus ein rechtsschutzwürdiges Interesse daran haben, stattdessen und statt einer verpönten „Flucht in die Öffentlichkeit" vom Dienstherrn – notfalls auch im Klagewege – eine Folgenbeseitigung zu verlangen.[160]

---

nende und ... die Ehre des Betroffenen beeinträchtigende Äußerung" getan habe, bestehe ein gegen ihn (den Vorgesetzten) gerichteter privatrechtlicher Widerrufsanspruch.

[153] BVerwGE 99, 56 (Fürsorgepflichtverletzung durch ehrverletzende Äußerung des vorgesetzten Ministers). Die dienstliche Stellungnahme eines Schulleiters gegenüber der Schulaufsichtsbehörde, die durch die Überlastungsanzeige eines Lehrers veranlasst worden ist, begründet (als Verwaltungsinternum) keinen Abwehranspruch dieses Lehrers, und zwar ungeachtet dessen, ob der Inhalt der Stellungnahme – der Mutmaßung des Lehrers entsprechend – im Lehrerkollegium bekannt geworden ist (NRW OVG 29.4.2008 – 6 A 930/06 –, BeckRS 2008, 34779). Siehe ferner SOVG NVwZ-RR 2007, 544: Kritische Äußerungen eines Personalabteilungsleiters über einen Beamten, die in einem unmittelbaren Zusammenhang mit der Rechtsverfolgung des Dienstherrn in einem gesetzlich geregelten Verwaltungs- oder Gerichtsverfahren ständen, könnten jedenfalls dann, wenn sie sich nicht als „Schmähkritik" darstellten, nicht mit Ehrenschutzklagen abgewehrt werden.

[154] BVerwG aaO (Fn. 153). Je mehr der Vorwurf dem Ansehen des Betroffenen abträglich ist, umso deutlicher hat seine Zurückweisung durch den Dienstherrn zu erfolgen (BayVGH 26.3.2013 – 3 CE 13.110 –, juris Rn. 59 sowie 14.8.2014 – 3 ZB 12.2776 –, juris Rn. 8).

[155] RP OVG NVwZ-RR 2000, 805. Siehe außerdem BayObLG NVwZ-RR 2000, 527.

[156] So zutr. RP OVG aaO (Fn. 155).

[157] BVerwGE 118, 10 (13); siehe auch → § 12 Fn. 127.

[158] BVerwG aaO (Fn. 157) unter Hinweis auf BVerfGE 101, 106 (127 ff.).

[159] HVGH NVwZ-RR 1994, 596; siehe auch → Rn. 52.

[160] Siehe dazu Lemhöfer in Plog/Wiedow BBG 2009 § 78 Rn. 77 ff.; vgl. schon Fn. 150. Ferner NRW OVG NVwZ-RR 2015, 387 (zum Anspruch einer Beamtin auf Einsichtnahme in eine E-Mail

c) Willensfreiheit

Die (allgemeine) Schadensabwendungspflicht erstreckt sich auch auf die Abwehr politischer Einflussnahmen und sonstiger unzulässiger Einwirkungen – nicht nur außenstehender Stellen – auf die Willensentschließungs- oder -betätigungsfreiheit des Beamten, die bestimmt und/oder geeignet sind, ihn an der pflichtgemäßen Verwaltung seines Amtes zu hindern,[161] etwa solcher Art, dass der Beamte aus dem Raum der Politik gedrängt wird, sachdienliche Informationen gegenüber der Öffentlichkeit zu unterdrücken oder zu manipulieren. Eventuell ist eine Strafanzeige seines (insofern pflichtgemäß handelnden) Dienstvorgesetzten – etwa wegen (versuchter) Nötigung – angebracht,[162] auch wenn sie ihm selbst – zB als sog politischem Beamten – nachteilig werden könnte. 42

d) Eigentum[163]

Soweit der Beamte Gegenstände, die ihm gehören, in den dienstlichen Bereich einbringt, sei es, dass er sie aus dienstlichen Gründen benötigt, sei es, dass er sie im Rahmen normaler Gepflogenheiten mit sich führt, trifft den Dienstherrn[164] die Pflicht, die ordnungsgemäße Beschaffenheit der Diensträume, des Arbeitsplatzes und der Dienstgeräte zu gewährleisten,[165] auch in Richtung auf den Eigentumsschutz.[166] Steht der beschädigte, zerstörte oder abhanden gekommene Gegenstand im Eigentum einer anderen Person, so kann der Beamte, falls die Anspruchsvoraussetzungen im Übrigen erfüllt sind, auch den sog Drittschaden geltend machen.[167] 43

Für Dienstwohnungen gelten die gleichen Grundsätze.[168] 44

---

mit internen Äußerungen eines Vorgesetzten zu beipielhaft angeführten „gravierenden Auffälligkeiten" in ihrer dienstlichen Arbeitsweise).

161 Siehe schon Ule BR § Rn. 6 zu § 48 BRRG. Zur Fürsorgepflicht des Dienstherrn gehört es auch, einen Mitarbeiter zu schützen, wenn andere Mitarbeiter ohne objektiv anerkennenswertes Motiv Druck ausüben, negative Maßnahmen gegenüber dem Mitarbeiter zu ergreifen, zB diesen umzusetzen, nachdem er pflichtgemäß einen Korruptionsverdacht geäußert hatte (VG Bremen 8.9.2015 – 6 K 1003/14 –, juris Rn. 34, 38; vgl. ferner Fn. 120).

162 Ule aaO (Fn. 161); siehe auch §§ 113 ff. StGB.

163 Auch Vermögensschutz kann dem Dienstherrn obliegen (vgl. BVerwGE 28, 68 und BW VGH ZBR 1985, 250). Der Dienstherr ist wegen seiner Fürsorgepflicht gehalten, die lohnsteuerrechtlichen Interessen des Beamten wahrzunehmen und sich, soweit üblich und zumutbar, um die sachgerechte Bearbeitung und Behandlung der entsprechenden Angelegenheiten zu bemühen. Er handelt dann nicht fürsorgepflichtwidrig, wenn er eine vertretbare steuerrechtliche Auffassung zugrunde legt und es dem Beamten als Steuerschuldner überlässt, seine etwa abweichende Sicht selbst gegenüber der Finanzverwaltung innerhalb des Lohnsteuer-Jahresausgleichs oder einer Veranlagung zur Einkommensteuer oder im Wege der finanzgerichtlichen Klage geltend zu machen (NRW OVG ZBR 1980, 93). Zur Pflicht des Dienstherrn, vermögenswirksame Anlagen auftragsgerecht abzuführen, siehe BVerwGE 42, 365 (368).

164 Nicht hingegen den Schulträger! Zwischen diesem und dem beamteten Lehrer besteht keine – inhaltlich der Fürsorgepflicht des Dienstherrn angenäherte – „vertragsähnliche Beziehung", sodass in Hinsicht auf Gegenstände, die der Beamte im Schulgebäude untergestellt hat, kein Anspruch gegen den Schulträger aus „öffentlich-rechtlicher Verwahrung" entstehen kann; BayVGH NVwZ 1998, 421.

165 → Rn. 33.

166 Vgl. aber BVerwGE 94, 163 (kein Ersatzanspruch eines im Fachbereich Kunst und Design tätigen Fachhochschullehrers, der in einem Vorraum vor dem Unterrichtsraum eigene Gemälde gelagert hatte, die bei einer Heizungsreparatur beschädigt wurden).

167 Ob der Eigentümer selbst einen Schadensersatzanspruch gegen den Dienstherrn haben kann, hängt davon ab, inwieweit die personale Schutzwirkung der Fürsorgepflicht über den Kreis der Beamten hinausreicht; vgl. dazu Weimar RiA 1969, 266 (267) und Ritgen ZBR 1996, 386. Es dürfte stets auf die Umstände des Einzelfalles ankommen.

168 → Rn. 35.

45 Der Dienstherr ist zwar generell verpflichtet, ausreichende Möglichkeiten für die Unterbringung der von den Beamten benötigten oder üblicherweise mitgeführten Gegenstände zu schaffen;[169] er braucht aber in der Regel keinen kostenlosen Parkraum für die Kraftfahrzeuge der Beamten an der Dienststelle oder in deren Nähe bereitzustellen[170] oder für Schäden zu haften, die durch die Unachtsamkeit Dritter an dem Kraftfahrzeug eines Beamten entstehen, welches auf einer gegen Entgelt reservierten Fläche geparkt war.[171] Bei einem Behördenparkplatz trifft den Dienstherrn freilich die Verkehrssicherungspflicht; er hat aber weder für eine Befriedung noch für eine Bewachung Sorge zu tragen.[172]

46 Vertraut ein Beamter der Dienstbehörde eigenes Geld an, so haftet der Dienstherr bei Unmöglichkeit der Rückgabe auf Schadensersatz wegen Verletzung der Fürsorge- und Schutzpflicht, falls das Geld nicht mit der Sorgfalt aufgehoben worden ist, mit der gewöhnlich Geld des Dienstherrn selbst aufbewahrt wird.[173]

47 Die Fürsorgepflicht umfasst nicht den Schutz vor dem Abhandenkommen eines Mantels, den der Beamte in der unbewachten Garderobe der Behördenkantine aufhängt.[174]

48 Sachschäden, die bei einem Dienstunfall (§ 31 BeamtVG) eintreten,[175] können nur aufgrund der Spezialvorschrift des § 32 Satz 1 BeamtVG ersetzt werden.[176] Auch für den Fall, dass kein Körperschaden und damit kein Dienstunfall vorliegt, sehen das Landesrecht[177] und einschlägige Richtlinien des Bundes[178] allerdings, in den Ansätzen übereinstimmend, bei dienstbedingten[179] Sachschäden eines Beamten Ersatz vor, freilich im

[169] BVerwG NJW 1978, 717.

[170] Vgl. schon Ule BR Rn. 3 zu § 48 BRRG, der eine Ausnahme für die im dienstlichen Interesse benutzten Kraftfahrzeuge schwerbehinderter Beamter machen will; ferner Battis BBG § 78 Rn. 13, der Entsprechendes auch bei anderen Beamten für geboten hält. NdsOVG NJW 1996, 2591 sieht darin, dass eine Behörde in der Landeshauptstadt die Nutzung ihres Parkplatzes durch die Bediensteten vom Besitz eines „Job-Tickets" für die öffentlichen Nahverkehrsmittel abhängig macht, keinen Verstoß gegen höherrangiges Recht; ebenso im Ergebnis SOVG ZBR 2004, 213.

[171] BAG JZ 1975, 675 und NJW 2000, 3369.

[172] Siehe auch insofern Fn. 171.

[173] BVerwG NJW 1978, 717; siehe auch § 690 BGB.

[174] VG Düsseldorf DÖD 1980, 282.

[175] → § 14 Rn. 1 ff. § 66 Abs. 1 Satz 1 BbgLBG, § 82 Abs. 1 Satz 1 NRW LBG und § 70 Abs. 1 Satz 1 RP LBG beschränken den Sachschadenersatz hier auf Schäden, die „in (bei) Ausübung des Dienstes" eingetreten sind, sodass die Abgrenzung dieser Wendung gegenüber der Wortfolge „infolge des Dienstes" an dieser Stelle, anders als im Dienstunfallrecht (→ § 14 Rn. 20), relevant sein kann. Vgl. dazu Tiedemann in Schütz/Maiwald BR Rn. 10 zu § 83 NRW LBG mwN.

[176] → § 14 Rn. 67 ff.

[177] § 80 BW LBG, Art. 98 Abs. 2 BayBG, § 78 Abs. 1 BlnLBG, § 66 BbgLBG, § 83 Abs. 1 BrBG, § 83 Abs. 1 HmbBG, § 81 HBG, § 83 Abs. 1 MVBG, § 83 Abs. 1 NBG, § 82 NRW LBG, § 70 RP LBG, § 74 SBG, § 103 SächsBG, § 83 Abs. 1 SH LBG und § 74 Abs. 1 ThürBG. Daneben enthält das Recht einzelner Länder auch gesetzliche Regelungen betr. den Sachschadenersatz bei Gewaltakten (siehe Art. 98 Abs. 1 BayBG, § 78 Abs. 2 BlnLBG, § 83 Abs. 2 BrBG, § 83 Abs. 2 HmbBG, § 83 Abs. 2 MVBG, § 83 Abs. 2 NBG, § 71 RP LBG, § 75 SBG, § 83 Abs. 2 SH LBG und § 74 Abs. 3 ThürBG).

[178] Richtlinien für Billigkeitszuwendungen bei Sachschäden, die im Dienst entstanden sind, RdSchr. d. BMF vom 10.12.1964 und vom 20.9.1965, GMBl. 1965, 395, geänd. durch RdSchr. d. BMF vom 18.1.1967, MinBlFin. S. 38; siehe ferner RdSchr. d. BMI vom 12.2.2007 – D II 3-223 211/2. Zur rechtlichen Einordnung und Handhabung von Verwaltungsvorschriften vgl. insbesondere BVerwG ZBR 1995, 238 und NVwZ 1996, 47 (48) mwN. Im Streitfall ist zu prüfen, ob sich die Richtlinien – in Gestalt des tatsächlichen Verwaltungsgebrauchs – im Rahmen des Fürsorge- und Schutzgedankens halten und ob sie die von der Verwaltung getroffene individuelle Entscheidung zu tragen vermögen.

[179] Ein Beamter, der mit Billigung, aber nicht auf Veranlassung seiner Vorgesetzten eine wertvolle eigene Sache – etwa eine Fotoausrüstung – im Dienst verwendet, kann bei Beschädigung oder Zerstörung dieser Sache keinen Sachschadenersatz verlangen (NRW OVG DÖD 1994, 168); in diesem Sinne auch zur Zerstörung des privaten Handys eines Polizeibeamten bei einem Einsatz VG

Wesentlichen mit folgender Abweichung vom Dienstunfallschutz: Der Ersatz eines reinen Sachschadens, der dem Beamten beim Zurücklegen des Weges nach und von der Dienststelle zustößt, ist gewöhnlich ausgeschlossen, weil Hin- und Rückwege nach und von der Dienststelle nicht zum Dienst im eigentlichen Sinne zu rechnen sind.[180] Soweit das Bundesverwaltungsgericht[181] gelegentlich verlangt hat, dass das schadenstiftende Ereignis den Beamten „unmittelbar körperlich gefährdet" haben müsse, handelt es sich, genau betrachtet, nicht um ein *zusätzliches* einschränkendes Erfordernis. Diese Voraussetzung geht nämlich in der Substanz nicht über die anspruchsvollen Anforderungen hinaus, welche die Rechtsprechung zu § 31 Satz 1 BeamtVG[182] hinsichtlich der dort notwendigen räumlichen Beziehung zwischen der beschädigten oder abhanden gekommenen Sache einerseits und dem Aufenthaltsort des Beamten andererseits stellt.[183]

4. Beistandspflichten bei dienstlich bedingten und außerdienstlichen Sonderbelastungen

Falls der Beamte einkommens- und vermögensmindernden Aufwendungen ausgesetzt 49
ist, die eine ins Gewicht fallende Sonderbelastung darstellen, so kann dies Fürsorgemaßnahmen des Dienstherrn mit dem Ziel einer entlastenden Beistandsgewährung auslösen.

Oldenburg NVwZ-RR 2004, 130 sowie HVGH NVwZ-RR 1997, 427 für die Beschädigung eines auf dem Schulhof abgestellten Fahrrades, das ein Lehrer für eine spätere Demonstration im Unterricht verwenden wollte. Siehe ferner OLG Köln NVwZ 1994, 618 zum Verlust von Videos und NdsOVG NVwZ-RR 2005, 479 zum Verlust eines Handys, jeweils im Zusammenhang mit der Erteilung von Schulunterricht. Zu einem Verlust von Bargeld infolge eines Trickdiebstahls zu Lasten eines Beamten im Ausland schließlich HVGH NVwZ-RR 1997, 637. Zur Abgrenzung VG Saarlouis 29.9.2009 – 3 K 373/09 –, BeckRS 2009, 39427: Benutze der (Polizei-)Beamte ein für den dienstlichen Einsatz notwendiges privates Mobiltelefon, weil ihm seine Dienststelle weder ein „Diensthandy" noch ein Sprechfunkgerät zur Verfügung stellen könne, so sei der Dienstherr bei der Beschädigung dieses Kommunikationsmittels ersatzpflichtig.

[180] Vgl. schon BVerwGE 16, 103. Schwerbehinderte, die für den Weg zu und von der Dienststelle auf die Benutzung eines privaten Kraftfahrzeugs angewiesen sind, können auch bei Schäden am Kraftfahrzeug, die sich auf einem solchen Weg ereignen, ohne Begleitschaden eines Dienstunfalles zu sein, eine Billigkeitszuwendung nach den in Fn. 178 näher bezeichneten Richtlinien erhalten (RdSchr. d. BMF vom 27.5.1968, MinBlFin. S. 358). Siehe auch BVerwG NVwZ-RR 1997, 426: Rechtmäßig sei eine in Konkretisierung der Fürsorgepflicht getroffene Ermessensregelung, der zufolge Schäden an einem zur dienstlichen Verwendung anerkannten privateigenen Kraftfahrzeug nur ersetzt werden, wenn sie während einer Dienstreise oder eines Dienstganges, nicht aber während des Bereithaltens hierfür entstanden sind. Nr. 2.2 des RdSchr. d. BMI vom 12.2.2007 (Fn. 178) trifft in diesem Zusammenhang nunmehr jedoch folgende Anordnung: „Für Unfälle (mit oder ohne Körperschaden) auf dem mit dem Dienst unmittelbar zusammenhängenden Wege nach und von der Dienststelle besteht, wenn das Fahrzeug ausschließlich wegen einer Dienstreise benutzt werden sollte bzw. benutzt wurde, Anspruch auf den vollen Ersatz von Sachschäden, wenn die übrigen Voraussetzungen der Nr. 1.1 erfüllt sind (dh wenn die dienstliche Verwendung des Fahrzeugs ausdrücklich wegen eines ‚erheblichen dienstlichen Interesses' angeordnet oder genehmigt worden ist). Die Beweisführung … liegt bei … dem Beamten." (Zu Schäden, die bei Fahrten von und nach der Dienststelle eingetreten sind, für welche dem Beamten eine Dienstreisegenehmigung erteilt worden war, NRW OVG NVwZ-RR 2004, 633).

[181] DÖV 1978, 101 (103); siehe auch (dem Bundesverwaltungsgericht folgend) RP OVG DÖD 1986, 201.

[182] Dazu → § 14 Fn. 267.

[183] Zu Höchstbeträgen für die Ersatzleistung bei Kraftfahrzeugen → § 14 Rn. 69 ff. (71).

a) Reise- und Umzugskostenvergütungen, Ballungsraumzulage

50 Reise- und Umzugskostenvergütungen einschließlich umzugskostenrechtlicher Trennungsgelder intendieren den Ausgleich dienstlich verursachter Mehraufwendungen. Sie werden aufgrund von Regelungen gewährt, die durch Gesetz und/oder Verordnung[184] festgelegt sind und einen Rückgriff auf § 45 BeamtStG bzw. § 78 BBG als Anspruchsgrundlage ausschließen.[185]

51 Die wirtschaftlichen und finanziellen Verhältnisse unterscheiden sich regional teilweise erheblich, sodass unterschiedliche Nettobeträge erforderlich sein können, damit die Beamten in der Lage sind, sich in der Lebenswirklichkeit annähernd das Gleiche zu leisten. Es verletzt das Alimentationsprinzip daher nicht, wenn bei der Bemessung der Bezüge von Beamten, die das gleiche Amt innehaben, an Wohn- oder Dienstort anknüpfende – mit Art. 3 Abs. 1 GG vereinbare – Abstufungen vorgesehen werden. Das Alimentationsprinzip verpflichtet den Besoldungsgesetzgeber aber nach dem Urteil des Bundesverfassungsgerichts vom 6. März 2007 – 2 BvR 556/04 –[186] „gegenwärtig" nicht zu einer „regionalen Differenzierung". Zur Abfederung erhöhter Lebenshaltungskosten in bestimmten Ballungsräumen kann freilich – auf gesetzlicher Grundlage – eine „ergänzende Fürsorgeleistung" gewährt werden. Das Bundesverfassungsgericht verlangt überdies vom Gesetzgeber, dass er „die tatsächliche Entwicklung der Lebenshaltungskosten auf relevante Unterschiede zwischen Stadt und Land" beobachte, „um möglichen Verstößen gegen den Alimentationsgrundsatz angemessen begegnen zu können".

b) Rechtsverteidigungskosten

52 Die Beistandspflicht des Dienstherrn gerät auch in den Blick, wenn eine dienstliche Verrichtung oder ein Verhalten, das mit einer dienstlichen Tätigkeit im Zusammenhang[187] steht, zu einem Ermittlungsverfahren der Staatsanwaltschaft, zu einem Privatklageverfahren oder zu einem Straf- oder Bußgeldverfahren[188] oder zu zivil- und verwaltungsgerichtlichen Streitigkeiten führt.[189] Bund und Länder haben hierzu im Großen und Ganzen

---

[184] Siehe zB §§ 82, 83 BBG und die dazu ergangenen Rechtsverordnungen.

[185] BVerwGE 24, 253 (256); 41, 84; 66, 1; 77, 145 (147). Zur Wesenskernargumentation (vgl. BVerwG Buchholz 232 § 78 BBG Nr. 40, ZBR 1983, 187 und DVBl 1984, 429) → Rn. 3 f., 7 sowie insbesondere Fn. 7, 8; ferner Battis BBG § 81 Rn. 2 und BayVGH 4.2.2016 – 14 BV 15.1563 –, BeckRS 2016, 42595 (Rn. 43), wo jeweils zutr. auf die grenzziehende Funktion der Fürsorgepflicht hingewiesen ist.

[186] BVerfGE 117, 330; krit. hierzu Lindner ZBR 2007, 221 (227 ff.).

[187] Siehe dazu NRW OVG DVBl 1988, 1074: Es müsse kein „unmittelbarer" Zusammenhang zwischen der dienstlichen Tätigkeit des Beamten und den strafrechtlich relevanten Vorwürfen bestehen. Bei einem Aussagedelikt komme es allein darauf an, ob der Beamte (ausschließlich) zu dienstlichen Wahrnehmungen vernommen worden und dadurch in Gefahr geraten sei, einer Falschaussage bezichtigt zu werden; gleichgültig sei, ob er mit der Aussage nur seiner strafprozessualen Zeugnispflicht oder daneben (wie häufig bei Polizeivollzugsbeamten) auch einer dienstlichen Verpflichtung (siehe BVerwG DVBl 1987, 1160) genügt habe. Zur Abgrenzung NRW OVG 5.3.2009 – 1 A 1890/07 –, abgedr. bei Schütz/Maiwald BR/ES B III Nr. 32: „Irgendein (mittelbarer) Zusammenhang mit der dienstlichen Verrichtung" reiche nicht aus; es müsse vielmehr ein „enger Zusammenhang" gegeben sein, an dem es fehle, wenn ein Polizeibeamter, der in einem Strafverfahren als Zeuge aussagen solle, auf dem Weg zum Gericht mit seinem privaten Pkw in einen Verkehrsunfall verwickelt werde, in dessen Verlauf sich eine Unfallbeteiligte leicht verletzt hat. Anders ausgedrückt: Handlungen im Vorfeld der Aufnahme der eigentlichen Diensttätigkeit sind bei richtigem Verständnis der Fürsorgepflicht nicht in den hier diskutierten Rechtsschutz einzugliedern.

[188] Zu den Anwaltskosten für die Verteidigung vor einem Parlamentarischen Untersuchungsausschuss VG Schwerin NVwZ-RR 1998, 508.

[189] Vgl. RP OVG NVwZ-RR 1995, 456. Dagegen verpflichten § 45 BeamtStG und § 78 BBG den Dienstherrn nicht zum Abschluss einer Regresshaftpflichtversicherung zugunsten des Beamten, die

gleichsinnige Verwaltungsvorschriften[190] erlassen, nach denen dem Beamten auf schriftlichen Antrag zur Bestreitung der notwendigen Kosten seiner Rechtsverteidigung ein zinsloses Darlehen gewährt werden kann und „im Regelfall“ auch zu bewilligen sein wird.[191] Voraussetzungen sind,[192]

- dass ein „dienstliches Interesse“ an einer zweckentsprechenden Rechtsverfolgung vorhanden ist[193],
- dass der Umfang der von dem Beamten vorgenommenen Maßnahmen wegen der Eigenart der Sach- und Rechtslage geboten erscheint[194] und
- dass ihm die Verauslagung der Kosten nicht zugemutet werden kann.[195]

Bei anwaltlicher Vertretung kann eine Überschreitung des gesetzlichen Gebührenrahmens nur „ausnahmsweise“ als notwendig anerkannt werden, und zwar ggf. erst dann, wenn die Anwaltskammer die Angemessenheit des Honorars bestätigt hat.[196] Der Beamte hat sich grundsätzlich an den Kosten des Verfahrens mit eigenen Mitteln „angemessen“ zu beteiligen.[197] Wird er verurteilt, so hat er das Darlehen in der Regel in Raten zurückzuzahlen.[198] Eine nachträgliche Übernahme der nachgewiesenen notwendigen Kosten ist nur „in besonders begründeten Fällen“ zulässig.[199]

---

diesen letztlich von der in § 48 BeamtStG und § 75 BBG vorgesehenen Haftung freistellen würde; BVerwG ZBR 1982, 179. Allerdings kann es die Fürsorge- und Schutzpflicht im Einzelfall als angemessen erscheinen lassen, einen Ersatzanspruch gegenüber dem Beamten nach Maßgabe des Haushaltsrechts nur in begrenztem Umfang durchzusetzen; BVerwG aaO S. 180 unter Hinweis auf BVerwGE 19, 243 (252) und 29, 127 (129 f.), wo ausgeführt ist, dass eine Hilfeleistung des Dienstherrn bei besonders risikoreicher Diensttätigkeit durch die Bereitstellung oder Erstattung der Prämienbeiträge für einen Versicherungsschutz des Beamten erfolgen könne. Siehe schon → § 9 Rn. 11 f., 42.

190 Der obige Text nimmt jeweils auf das RdSchr. d. BMI vom 2.12.2005, GMBl. 2006, 38 Bezug. (Besondere Regelungen hinsichtlich dienstlicher Tätigkeit im Ausland enthält das RdSchr. d. BMI vom 24.10.2008 – D 6 – 211 481/1 –).

191 Abschn.1 Abs. 1 und 2 aaO (Fn. 190).

192 Siehe auch RP OVG NVwZ-RR 2001, 115, wo ein „dienstliches Interesse“ für den Fall negiert ist, dass die Einleitung eines staatsanwaltschaftlichen Ermittlungsverfahrens wegen des Verdachts eines Amtsdelikts auf die Initiative des Dienstherrn selbst zurückgeht. Vgl. ferner HVGH NVwZ-RR 2013,931 zu „prognostischen Elementen“ der Ermessensausübung im Hinblick auf den Ausgang eines Strafverfahrens, in dem der Beamte sich gegen den Vorwurf von Straftaten zur Wehr setzt, „die den Interessen des Dienstherrn zuwiderlaufen“.

193 Abschn.1 Abs. 4a) aaO (Fn. 190).

194 Abschn.1 Abs. 4c) aaO. Vgl. dazu SächsOVG 12.6.2012 – 2 A 895/11 –, abgedr. bei Schütz/Maiwald BR/ES B III Nr. 35 = juris Rn. 22 f.

195 Abschn. 1 Abs. 4f) aaO. Zur Nachrangigkeit fürsorgerechtlicher Ansprüche gegenüber einer vom Beamten getroffenen Vorsorgemaßnahme VG München 17.1.2012 – M 5 K 10.1101 –, BeckRS 2012, 47600 (für eine vom Beamten abgeschlossene Haftpflichtversicherung) unter Bezugnahme auf Nr. 2.1.2.5 VV-BayBeamtR; siehe schon Fn. 5.

196 Abschn. 2/1d) aaO.

197 Abschn. 2/2 Abs. 1 Satz 1 aaO. Dazu RP OVG NVwZ-RR 2001, 115: Zu den erstattungsfähigen Kosten einer „zweckentsprechenden Rechtsverteidigung“ könne auch der vom Bediensteten mit seiner privaten Rechtsschutzversicherung vereinbarte Eigenanteil gehören. Siehe aber auch die Ausnahmeregelungen in Abschn. 2/2 Abs. 1 Satz 2 und 3 sowie Abs. 2 aaO. Dazu VG Kassel 13.8.2009 – 1 K 888/08 –, BeckRS 2009, 39009.

198 Abschn. 3 Abs. 1 aaO (Fn. 190).

199 Abschn. 4 aaO. Hält der freigesprochene Beamte die Kostenfestsetzung im Strafverfahren für unrichtig, so darf er nicht versäumen, dagegen Rechtsmittel einzulegen (BayVGH 26.11.1992 – 3 B 91.2212 –, abgedr. bei Schütz/Maiwald BR/ES E III 1 Nr. 18).

c) Aufwendungen in Krankheits-, Pflege-, Geburts- und Todesfällen

53 Außerdienstliche Belastungen können dem Beamten vornehmlich in Krankheits-, Pflege-, Geburts- und Todesfällen erwachsen.[200] Die Regelungen des Beihilferechts, die hierauf zielen, waren früher im Bund[201] und in einer Reihe von Ländern in Verwaltungsvorschriften enthalten. Diese konkretisierten die Fürsorge- und Schutzpflicht (mit mittelbarer Außenwirkung) bereichsbezogen und ließen in besonders gelagerten Einzelfällen („Härtefällen") einen Rückgriff auf die früheren, § 45 BeamtStG und § 78 BBG entsprechenden einfachgesetzlichen Bestimmungen zu, um zu vermeiden, dass die Fürsorge- und Schutzpflicht bei (genereller oder partieller) Versagung einer begehrten Beihilfeleistung in concreto in ihrem „Wesenskern" verletzt würde.[202] „Härtefälle" solcher Art hat die Rechtsprechung zB[203] nicht schon darin erblickt,

- dass dem Beamten keine Wahlleistungen in der Krankenhausversorgung gewährt werden[204] oder

---

[200] Zum Umfang der unter dem Aspekt der Fürsorge des Dienstherrn durch eine Beihilfengewährung aufzufangenden Sonderbelastungen, zu denen nicht die Aufwendungen für einen operativen Eingriff in einen gesunden Körper gehören (BVerwG NVwZ 2012, 47), siehe BVerwG NVwZ-RR 2000, 99: Nicht „jegliche Aufwendungen" würden erfasst; „Nebenkosten" wie Fahr-, Unterkunfts- und Verpflegungskosten, die anlässlich der Beschaffung von beihilfefähigen Leistungen anfielen, seien „nur insoweit beihilfefähig, als dies in den Beihilfevorschriften ausdrücklich vorgesehen ist". Vgl. auch BVerfG 16.8.2011 – 2 BvR 287/10 –, abgedr. bei Schütz/Maiwald BR ES/C IV 2 Nr. 211: Ein Beihilfebemessungssatz in Höhe von 70 v. H. für Versorgungsempfänger verstoße nicht gegen Art. 33 Abs. 5 GG.

[201] Siehe die Allgemeine Verwaltungsvorschrift für Beihilfen in Krankheits-, Pflege- und Geburtsfällen (Beihilfevorschriften – BhV) vom 1.11.2001, GMBl. S. 918 (mit späteren Änderungen vom 7.12.2003, GMBl. S. 227 und vom 30.1.2004, GMBl. S. 379).

[202] Grundlegend dazu BVerwGE 60, 212 (220); 64, 333 (343); 79, 249 (253).

[203] Siehe etwa BVerwG DVBl 1984, 429 (kein Anspruch eines schwerbehinderten Beamten auf Beihilfe zur Anschaffung eines Pkw, da die insoweit in Betracht kommenden Aufwendungen schon „dem Grunde nach" nicht dem Regelungsbereich der Beihilfevorschriften unterfielen; dazu auch BVerwG ZBR 2013,249) sowie NdsOVG NdsVBl. 1999, 281 (kein Anspruch eines behinderten Beamten auf einen Zuschuss zu den Beiträgen für eine freiwillige Weiterversicherung in der gesetzlichen Krankenversicherung). Nach BVerwG NJW 1989, 2962 gebietet es die Fürsorge- und Schutzpflicht ebenfalls nicht, die Aufwendungen für eine psychotherapeutische Behandlung durch einen Diplompsychologen den Aufwendungen für eine solche Behandlung durch einen fachkundigen Arzt beihilferechtlich gleichzustellen (zur Heilpraktikerbehandlung BVerwG Buchholz 270 § 5 BhV Nr. 3 und VG Saarlouis 22.3.2012 – 6 K 635/11 –, BeckRS 2012, 51341). Der Landesgesetzgeber kann die freie Heilfürsorge für Polizeibeamte (siehe schon Fn. 5) auf Aufwendungen begrenzen, die der Erhaltung oder Wiederherstellung der Polizeidienstfähigkeit dienen (BVerwG 28.4.2016 – 5 C 32.15 – ua mit Hinweis auf subsidiäres Beihilferecht), sowie auf die Betreuung durch Ärzte beschränken und einen Anspruch auf Beihilfe zu den Aufwendungen des betreffenden Beamten für die Inanspruchnahme eines Heilpraktikers und den Erwerb der von diesem verordneten Heilmittel zugleich im Ergebnis ausschließen (NRW OVG ZBR 1995, 281). Vgl. ferner BayVerfGH ZBR 1995, 196 (198): Unter dem Blickwinkel der Fürsorgepflicht sei es nicht zu beanstanden, dass Aufwendungen für Schutzimpfungen aus Anlass privater Auslandsreisen für nicht beihilfefähig erklärt seien (dazu außerdem VG München 19.1.2012 – M 17 K 10.2369 –, BeckRS 2012, 49555 betr. Schutzimpfung gegen RSV-Infektion). Hingegen hält BVerwGE 79, 249 einen Rekurs auf die Fürsorgepflicht als solche für angezeigt, um den Anspruch eines Bundesbahnbeamten auf Beihilfe zu den Kosten einer zwangsweise angeordneten Alkoholentwöhnungsbehandlung seiner Ehefrau als unabweisbar zu fundieren. BVerwG 24.1.2012 – 2 C 24.10 –, BeckRS 2012, 48825 zufolge hat ein Versorgungsempfänger einen Anspruch auf Erhöhung des Beihilfebemessungssatzes (gemäß § 12 Abs. 5c NRW BVO) hinsichtlich der Erstattung der Aufwendungen für seine stationäre Pflege, „wenn ansonsten der amtsangemessene Lebensunterhalt nicht mehr sichergestellt … und Eigenvorsorge durch Abschluss einer Versicherung nicht möglich oder zumutbar (wäre)".

[204] BVerfGE 106, 225 und 244; vgl. auch NdsOVG NdsVBl. 2003, 20.

- dass der pflegebedürftige, dauernd untergebrachte Angehörige eines Beihilfeberechtigten infolge der Begrenzung der Beihilfeleistungen auf Sozialhilfe angewiesen ist.[205]

Mit Rücksicht auf BVerwGE 121, 103[206] haben der Bund[207] und diejenigen Länder, die ihm insofern gefolgt waren, als auch sie ihr Beihilferecht durch Verwaltungsvorschriften ausgestaltet hatten, normative – nämlich einfachgesetzliche[208] und (auf entsprechende Ermächtigungen gestützte) verordnungsrechtliche[209] – Regelungen erlassen, die die Beistandsgewährung in Krankheits-, Pflege-, Geburts- und Todesfällen zum Gegenstand haben und insofern die Alimentation ergänzen. Alles in allem ist damit jetzt eine flächendeckende abschließende Sonderregelung des Beihilferechts (mit unmittelbarer Außenwirkung) vorhanden[210], der derogierende Wirkung im Sinne der Darlegungen unter Rn. 3, 4 und 7 zuerkannt werden muss.

Der Dienstherr darf auch gegen die wegen ihrer höchstpersönlichen Natur unpfändbaren Beihilfeforderungen aufrechnen, wenn er seinerseits gegen den Beamten einen Schadensersatzanspruch wegen vorsätzlicher unerlaubter Handlung hat.[211] 54

d) Vorschüsse

Unverzinsliche Vorschüsse auf laufende Bezüge können einem Beamten gewährt werden, wenn er durch besondere Umstände zu unabwendbaren Ausgaben genötigt wird, die er aus eigenen Mitteln, aus Mitteln des mit ihm in häuslicher Gemeinschaft lebenden Ehegatten sowie aus Leistungen, Zuwendungen und unverzinslichen Darlehen von dritter Seite nicht bestreiten kann.[212] 55

„Besondere Umstände" in diesem Sinne sind zB 56

- der Wohnungswechsel aus zwingendem persönlichen Anlass und
- die Hausratsbeschaffung aus Anlass der Eheschließung, der erstmaligen Begründung eines eigenen Hausstandes oder der Ehescheidung.

---

[205] BVerwG DÖD 1996, 260.

[206] Siehe dazu schon Fn. 17 (sowie BVerwG DVBl 2004, 1420). Nach BW VGH 22.8.2012 – 2 S 2076/11 –, BeckRS 2012, 57489 bedarf – folgerichtig – auch die Ausgestaltung der Heilfürsorge für Polizeivollzugbeamte (des Bundes) einer normativen Grundlage.

[207] Siehe § 80 BBG sowie die Verordnung über Beihilfe in Krankheits-, Pflege- und Geburtsfällen vom 13.2.2009, BGBl. I S. 326, zuletzt geändert durch Art. 11 des Gesetzes vom 17.7.2015, BGBl. I S. 1368 (1379). Vgl. dazu auch Battis BBG § 80 Rn. 2 ff. (mit Nachweisen zur sog Kostendämpfungspauschale daselbst unter Rn. 3).

[208] Zu den landesgesetzlichen Regelungen siehe zB Art. 96 BayBG (vgl. dazu Conrad ZBR 2008, 113), § 62 BbgLBG, § 75 NRW LBG und § 80 SächsBG.

[209] Zu den Beihilfeverordnungen der Länder siehe die Übersicht bei B. Hoffmann in Schütz/Maiwald BR Rn. 85 ff. zu § 45 BeamtStG.

[210] Vgl. hierzu BVerwG NVwZ-RR 2014, 609, juris Rn. 18: Es sei keine lückenlose Erstattung der Aufwendungen geboten (zur Vereinbarkeit der Begrenzung der Beihilfefähigkeit von Aufwendungen zur Anschaffung von Hörgeräten auf einen Höchstbetrag mit der Fürsorgepflicht); zur sachlichen Berechtigung eines weitgehenden Leistungsausschluss für persönliche Behandlungen durch nahe Angehörige siehe BayVGH ZBR 2015,94 (juris Rn. 25). Der weitgehende Ausschluss der Beihilfefähigkeit für nicht verschreibungspflichtige Arzneimittel ist nicht wegen Verstoßes gegen das verfassungsrechtliche Fürsorge- und Schutzgebot unwirksam (BayVGH 12.2.2016 – 14 BV 14.1943 –, BeckRS 2016, 42556).

[211] Vgl. § 11 Abs. 2 Satz 2 BBesG und § 51 Abs. 2 Satz 2 BeamtVG, die Ausdruck eines allgemeinen Rechtsgedankens sind; BVerwG NJW 1997, 3256 und NRW OVG ZBR 1995, 208.

[212] Siehe dazu die Vorschussrichtlinien des Bundes vom 28.11.1975, GMBl. S. 829 mit späteren Änderungen.

V. Erfüllungs- und Schadensersatzanspruch

57 Der unmittelbar auf § 45 BeamtVG bzw. § 78 BBG gestützte Erfüllungsanspruch,[213] der – zu Lebzeiten[214] – grundsätzlich nur dem Beamten selbst zusteht,[215] kann sich in der Regel lediglich auf eine pflichtgemäße Ermessensausübung richten. Allein wenn aus Rechtsgründen nur eine einzige Entscheidung in Betracht kommt, verdichtet er sich dahin.[216] Insbesondere der Gleichbehandlungsgrundsatz vermag zu bewirken, dass ein Ermessensspielraum im Ergebnis nicht (mehr) besteht.

58 Erweist sich eine Erfüllung der Fürsorge- und Schutzpflicht als (nachträglich) unmöglich, so fragt es sich, ob ein Schadensersatzanspruch wegen einer etwaigen Verletzung dieser Pflicht an die Stelle des Erfüllungsanspruchs treten kann. Das Bundesverwaltungsgericht[217] hat hierzu überzeugend ausgeführt: Es entspreche einem allgemeinen – aus den §§ 276, 278 und 618 BGB zu erschließenden – Rechtsgrundsatz, dass ein klagbarer Erfüllungsanspruch, dem schuldhaft nicht genügt werde, der Umwandlung in einen Schadensersatzanspruch fähig sein müsse; für eine Einschränkung dahin, dass dies bei Ansprüchen aus dem Beamtenverhältnis nicht gelte, sei nichts ersichtlich.[218] Nach dem Tode des Beamten können Hinterbliebene anspruchsberechtigt sein, soweit ihnen selbst Nachteile aus Fürsorgepflichtverletzungen gegenüber dem Beamten entstehen.[219]

59 Im Einzelnen setzt der Schadensersatzanspruch voraus,

- dass ein für den Dienstherrn handelnder Amtsträger oder eine andere Person, die er zur Wahrnehmung seiner Aufgaben heranzieht,[220] einen Fürsorge- und Schutzpflichtverstoß begeht,

---

[213] Beispiele bei Lemhöfer in Plog/Wiedow BBG 2009 § 78 Rn. 93.

[214] § 1922 BGB bewirkt den Übergang eines Beihilfeanspruchs auf den (die) Erben des verstorbenen Beamten, und zwar unabhängig davon, ob zu dessen Lebzeiten schon ein Bewilligungsbescheid ergangen, die Beihilfe jedoch noch nicht ausbezahlt war oder ob eine Bescheidung des Beihilfeantrags zum Todeszeitpunkt noch ausstand (BVerwG NVwZ 2010, 1568 unter Aufgabe seiner früheren differenzierenden Rechtsprechung, siehe dazu zuletzt BVerwG NVwZ 1991, 169). HVGH 15.10.2014 – 1 A 1837/11 –, juris Rn. 18 erklärt die verordnungsrechtliche Regelung des Landes, wonach der Beihilfeanspruch unvererblich sein soll, wegen Verstoßes gegen den Parlamentsvorbehalt für unwirksam, weil das Hessische Beamtengesetz keine diesbezügliche Ermächtigung des Verordnungsgebers enthalte.

[215] Siehe dazu Fn. 167.

[216] Zur sog Ermessensreduzierung auf Null siehe die Nachweise in → § 3 Fn. 60.

[217] Grundlegend BVerwGE 13, 17; vgl. weiterhin BVerwGE 14, 222 (228 f.); 15, 3; 25, 78; 80, 123; 107, 29. Ebenso BGHZ 43, 178.

[218] Vgl. auch Weimar RiA 1960, 311 sowie Schnellenbach ZBR 1981, 301 (303 ff.) und NVwZ 1989, 435.

[219] BVerwG Buchholz 232 § 79 BBG Nr. 60; siehe ferner BGH NJW 1962, 1054 und NJW 1965, 1177 (1179).

[220] Ein Land kann sich als Dienstherr seiner Fürsorge- und Schutzpflicht gegenüber einem Lehrer als unmittelbarem Landesbeamten nicht dadurch entledigen, dass es sie auf den (kommunalen) Schulträger abwälzt (vgl. BVerwGE 25, 138 sowie BVerwG Buchholz 237.0 § 98 LBG Ba-Wü Nr. 1). Die Einrichtung einer privaten „Beihilfeberechnungsstelle", die (in der Rolle einer „Verwaltungshelferin") für die Gemeinde als Dienstherrin die beamtenrechtlichen Beihilfen festsetzt, ist eine unzulässige Umgehung der Vorgaben des Beihilferechts (NRW OVG NJW 1998, 1809 und NWVBl. 2004, 107). Zum sog Outsourcing der Beihilfebearbeitung vgl. außerdem RP OVG ZBR 2002, 368 sowie Battis/Kersten ZBR 2000, 147 (für das Outsourcing auf private Krankenversicherungen), Kathke in Schütz/Maiwald BR Rn. 156 zu § 102 NRW LBG, ders. ferner aaO Rn. 24 ff. zu § 102a NRW LBG und Werres ZBR 2001, 429.

- dass ihn/sie hieran ein Verschulden trifft[221] und
- dass die Pflichtverletzung zu einem (konkreten) Schaden führt.[222]

Ein Schuldvorwurf scheidet in der Regel aus, wenn ein mit mehreren Rechtskundigen besetztes Kollegialgericht das Verhalten des Amtsträgers nachträglich als rechtmäßig und (objektiv) pflichtgemäß beurteilt,[223] es sei denn, diese Einschätzung bezieht sich auf die grundsätzliche Maßnahme einer zentralen Dienststelle[224] oder sie beruht auf der „handgreiflich falschen" Auslegung einer Rechtsvorschrift[225] oder einem „Ansatz", der aus „besonderen Gründen … fehl geht".[226] Von einem Amtsträger kann nämlich grundsätzlich keine bessere Rechtseinsicht erwartet werden, als ein Kollegialgericht sie nach sorgfältiger Prüfung gewonnen hat. Die Erfolgsaussichten (eines Antrags auf Zulassung) der Berufung gegen ein erstinstanzliches verwaltungsgerichtliches Urteil, in dem schon die Fürsorgepflichtverletzung selbst verneint ist, werden deswegen gewöhnlich nur gering sein. Die zwar objektiv unrichtige, aber nach sorgsamer Prüfung für zutreffend gehaltene Auslegung einer Vorschrift, deren Inhalt zweifelhaft sein kann und höchstrichterlich noch nicht geklärt ist, gereicht dem sachbearbeitenden Amtsträger nicht zum (Rechtsanwendungs-)Verschulden.[227] Der objektiven Zweifelhaftigkeit einer entscheidungserheblichen Rechtsfrage steht es gleich, dass diese von den Oberverwaltungsgerichten unterschiedlich beantwortet wird und eine höchstrichterliche Klärung noch nicht erfolgt ist.[228] 60

Zwischen dem Fürsorge- und Schutzpflichtverstoß und dem Schaden muss ein adäquater Kausalzusammenhang bestehen.[229] Liegt die Rechtsverletzung in einem Unterlassen,[230] so kann ein Kausalzusammenhang nur angenommen werden, wenn das gebotene 61

---

[221] Vgl. BVerwGE 13, 17, BVerwG ZBR 1963, 50, BW VGH DVBl 1965, 333 und NdsOVG ZBR 1982, 91. Der nur auf Wiederherstellung des ursprünglichen, durch hoheitlichen Eingriff veränderten Zustandes, nicht dagegen auf Schadensausgleich gerichtete Folgenbeseitigungsanspruch (siehe BVerwGE 69, 366 und BVerwG NJW 1989, 118) hängt nicht vom Verschulden eines Amtsträgers ab; dazu BVerwGE 28, 155 (165) sowie BVerwG ZBR 1960, 92, ZBR 1979, 335 und BayVBl. 1985, 503. Zum Folgenbeseitigungsanspruch in Fällen einer rechtswidrigen Verletzung der Fürsorgepflicht (Beispiel: fürsorgepflichtwidrige Umsetzung eines Beamten) siehe im Übrigen NRW OVG NVwZ-RR 2004, 434 und NWVBl. 2004, 466.

[222] NdsOVG OVGE 29, 479. Zur sog Schutzzwecklehre siehe BGHZ 96, 157 (172) und BVerwGE 70, 296.

[223] BVerwG Buchholz 310 § 113 VwGO Nr. 64, NJW 1965, 876, ZBR 1986, 149, ZBR 1989, 281, ZBR 1996, 310 und ZBR 2001, 134 (139). Die „Billigung" kann auch in einer Hilfsbegründung zum Ausdruck gelangen (BVerwG ZBR 1998, 316). Nach BGH NJW 1982, 36 soll der im obigen Text referierte Grundsatz nicht gelten, wenn das Kollegialgericht das Vorgehen des Amtsträgers aus rechtlichen Erwägungen billigt, die er selbst nicht angestellt hat. Zur Anwendung der Kollegialgerichtsregel bei Entscheidungen im vorläufigen Rechtsschutz BVerwGE 124, 99 (siehe auch bereits → § 3 Fn. 331).

[224] BGH DVBl 1962, 222.

[225] BGH NJW 1971, 1699 (1701) und NJW 1980, 1679.

[226] BVerwG Buchholz 310 § 113 VwGO Nr. 64.

[227] BVerwG Buchholz 310 § 113 VwGO Nr. 84.

[228] BVerwG RiA 1979, 140 und RiA 1982, 153; siehe auch BVerwG NVwZ 1987, 229 und BGH NJW 1994, 3158, weiterhin Schnellenbach DVBl 1990, 140 (144 Anm. 66) und ZBR 1992, 257 (271).

[229] Vgl. BVerwGE 15, 3, BW VGH DVBl 1965, 333 sowie NdsOVG OVGE 29, 479 und ZBR 1974, 20. Der erforderliche haftungsrechtliche Zurechungszusammenhang kann fehlen, wenn der Geschädigte selbst „in völlig ungewöhnlicher und unsachgemäßer Weise in den schadensträchtigen Geschehensablauf eingreift und eine weitere Ursache setzt, die den Schaden erst endgültig herbeiführt" (BVerwG ZBR 2001, 134 (139)).

[230] Zu einer verzögerlichen Sachbehandlung RP OVG NVwZ-RR 2003, 517: Eine Beamtin (die spätere Klägerin) hatte beantragt, sie aus gesundheitlichen Gründen zu einem bestimmten Termin vorzeitig in den Ruhestand zu versetzen. Da die Zurruhesetzung erst zu einem späteren Datum erfolgte, erlitt sie Ruhegehaltseinbußen. Das Oberverwaltungsgericht stellt fest: Der Dienstherr habe „aufgrund der Fürsorgepflicht gegenüber seinen Beamten" dafür Sorge zu tragen, dass „Anträge des Beamten im Rahmen der gesetzlichen Möglichkeiten zügig" bearbeitet würden; dies gelte namentlich

pflichtgemäße Verhalten nicht nur möglicherweise, sondern mit an Sicherheit grenzender Wahrscheinlichkeit den Eintritt des Schadens verhindert hätte.[231]

62 Ein Mitverschulden des Beamten kann entsprechend § 254 BGB berücksichtigt werden.[232] § 839 Abs. 3 BGB, der eine Ersatzpflicht überhaupt ausschließt, wenn der Verletzte vorsätzlich oder fahrlässig unterlassen hat, den Schaden durch Gebrauch eines Rechtsmittels abzuwenden, ist analog anwendbar.[233] Unter den Begriff des „Rechtsmittels" fallen alle (förmlichen und nichtförmlichen) Rechtsbehelfe, die sich unmittelbar gegen die schädigende Amtshandlung oder Unterlassung richten und nach der gesetzlichen Ordnung ihre Beseitigung oder Berichtigung bezwecken.[234] Es ist im Zweifel davon auszugehen, dass die angegangene Behörde bzw. das angerufene Gericht auf den Rechtsbehelf hin aus jetziger (nachträglicher) Sicht „richtig" entschieden hätte, dh den Rechtsfehler aufgedeckt und – soweit noch möglich – korrigiert haben würde.[235]

63 Der Schadensersatzanspruch wegen Verletzung der Fürsorge- und Schutzpflicht richtet sich in der Regel auf Ausgleich in Geld, unter Umständen aber auch auf Naturalrestitution, etwa auf Richtigstellung einer diskriminierenden Tatsachenbehauptung, die ein (Dienst-)Vorgesetzter Dritten gegenüber in Bezug auf den Beamten aufgestellt hatte.[236] Besteht die Pflichtverletzung darin, dass dem Beamten eine amtliche Auskunft, zB eine Versorgungsauskunft iSd § 49 Abs. 10 BeamtVG, fehlerhaft erteilt worden war, so ist das Vertrauen in die Richtigkeit der Auskunft geschützt, was nur dann erreicht ist, wenn darauf gründende Vermögensdispositionen dementsprechend ausgeglichen werden.[237] Sofern die Voraussetzungen des sinngemäß anwendbaren § 253 Abs. 2 BGB[238] erfüllt sind,

---

dann, „wenn dem Beamten durch Zeitablauf absehbar Nachteile drohen, die bei fürsorglicher Behandlung ohne weiteres vermeidbar wären". Siehe jedoch auch Fn. 233 und 235.

[231] Vgl. BVerwG ZBR 2001, 134 (140) sowie BGH ZBR 1984, 143 mwN. Zu Beweisfragen → Rn. 68 ff.

[232] Vgl. BVerwGE 104, 55.

[233] Vgl. BVerwGE 102, 33 (36) sowie BVerwG ZBR 1968, 280, RiA 1968, 236 und NVwZ 1986, 481; ferner HVGH RiA 1967, 36 und ZBR 1968, 412 sowie NdsOVG ZBR 1972, 84. Ein Schadensersatzanspruch wegen verspäteter Versetzung in den Ruhestand ist ausgeschlossen, „wenn es der geschädigte Beamte vorwerfbar versäumt hat, den Schaden durch einen früheren Antrag auf Zurruhesetzung oder durch ein Bemühen um eine beschleunigte Bearbeitung abzuwenden" (NRW OVG 28.6.2011 – 6 A 1183/10 –, NJOZ 2012, 432 mit Hinweis auf NRW OVG RiA 2009, 137). Zur Schadensabwendungspflicht bei behauptetem sog Mobbing BVerwG Buchholz 232.0 § 78 BBG 2009 Nr. 1 sowie (voraufgehend) NRW OVG 12.12.2013 – 1 A 71/11 –, IÖD 2014, 88; außerdem BayVGH 2.12.2015 – 14 ZB 15.2160 –, BeckRS 2015, 56406.

[234] Grundlegend BGHZ 28, 104; 30, 19; speziell zu förmlichen Rechtsbehelfen BVerwGE 107,29 (34). Auch Gegenvorstellungen sind „Rechtsmittel"; BVerwG NVwZ 1986, 481. Zur unterlassenen Inanspruchnahme vorläufigen Rechtsschutzes siehe BVerwG ZBR 2000, 208.

[235] Soweit RP OVG NVwZ-RR 2003, 517 (siehe Fn. 230) der dortigen Klägerin zugute hält, dass sie nicht habe überschauen können, „welche Stellen an ihrem Verfahren mitbeteiligt waren, und auch nicht, in welchem Stadium der Sachbearbeitung sich dieses befand", sind gewisse Zweifel anzumelden. Weshalb war es der Klägerin – unterstellt, sie wusste (wie wohl alle, die es „anging") von der sie betreffenden Verschlechterung der Gesetzeslage – nicht zumutbar, sich nach den Modalitäten und dem Stand der Sachbearbeitung zu erkundigen, um sodann (ggf. mit einem förmlichen oder nichtförmlichen Rechtsbehelf) auf eine Verfahrensförderung und eine aus ihrer Sicht rechtzeitige Zurruhesetzung hinzuwirken?

[236] Siehe schon Fn. 30 und → Rn. 37 ff. Vgl. außerdem BW VGH ZBR 1977, 165, HVGH ZBR 1974, 261 und RP OVG NJW 1987, 1660.

[237] Vgl. HVGH NVwZ-RR 2015,779 (juris Rn. 10 f.).

[238] Lemhöfer in Plog/Wiedow BBG 2009 § 78 Rn. 107 ist darin zuzustimmen, dass eine Einbuße an Freizeit infolge unzulässig abverlangter Mehrarbeit/Zuvielarbeit (→ Rn. 31) keinen Schmerzensgeldanspruch (etwa wegen eines Verlustes von „Freiheit") auslöst; NRW OVG 26.6.2012 – 1 A 1844/11 –, IÖD 2012, 230 = BeckRS 2012, 53014 (mwN) hält im Grundsatz eine „schwerwiegende Verletzung des allgemeinen Persönlichkeitsrechts" für nötig, die zu einer „Beeinträchtigung" geführt haben müsse, welche ihrer Art nach „in anderer Weise nicht befriedigend ausgeglichen werden kann".

umfasst der Schadensersatzanspruch wegen einer Fürsorgepflichtverletzung – nicht anders als der Amtshaftungsanspruch (Art. 34 GG, § 839 BGB)[239] seit eh und je – auch den immateriellen Schaden. Beide Ansprüche verjähren regelmäßig in drei Jahren (vgl. § 195 BGB). Der Fristbeginn ist indessen grundsätzlich kenntnisabhängig (vgl. § 199 Abs. 1 Nr. 2 BGB). § 199 Abs. 2 und 3 BGB geben in Kombination hiermit kenntnisunabhängige Fristen von 10 und 30 Jahren vor.[240] Durch die Inanspruchnahme von Primärrechtsschutz – dh durch die Erhebung eines Widerspruchs oder einer Klage, nicht aber schon durch eine Antragstellung iSd folgenden → Rn. 64[241] – wird die Verjährung gehemmt (vgl. § 204 Abs. 1 Nr. 1, 12 BGB). Prozesszinsen können ab Rechtshängigkeit verlangt werden.

VI. Verfahrensrechtliche und prozessuale Fragen

1. Antragstellung („Konkretisierung" des Begehrens)

Das Bundesverwaltungsgericht verlangt seit einiger Zeit nicht mehr, dass der Beamte, der Schadensersatz wegen Verletzung der Fürsorge- und Schutzpflicht beanspruchen wolle, zunächst einen eigens hierauf gerichteten – im Prozess nicht nachholbaren – Antrag an die zuständige Behörde zu stellen habe:[242] Zwar sei eine „Konkretisierung" des Schadensersatzverlangens erforderlich; sie könne aber auch (noch) in einem Widerspruchsverfahren erfolgen (wo ein solches nicht landesrechtlich ausgeschlossen ist[243]).[244] Der Widerspruch müsse „für den Dienstherrn erkennbar machen, wogegen er eingelegt und was mit ihm begehrt wird". Die praktische Bedeutung des angesprochenen Wandels der Rechtsprechung wird hauptsächlich darin zu erblicken sein, dass jetzt eine Klageänderung nach Erledigung eines streitigen Erfüllungsbegehrens in Richtung auf einen Sekundärrechtsschutz jedenfalls dann zulässig ist, wenn sich der Dienstherr im Prozess hierauf einlässt. Falls sich der Beamte von Anfang an darauf beschränken will (oder wie die Dinge liegen: darauf beschränken muss), Schadensersatz zu beanspruchen, wird er (nach wie vor) nicht umhin können, (genau) dieses Petitum an den Dienstherrn heranzutragen, weil es andernfalls für eine Geltendmachung in einem (zulässigen[245]) Widerspruchsverfahren an einem Gegenstand fehlen würde, auf den sich der Rechtsbehelf beziehen ließe. 64

Vgl. auch OLG Stuttgart NVwZ-RR 2003, 715 und SH OVG ZBR 2005, 63 (einen Schmerzensgeldanspruch jeweils verneinend). Bei einem Verstoß gegen das Benachteiligungsverbot des § 7 iVm § 24 AGG kann eine angemessenen Entschädigung in Geld auch wegen des Schadens verlangt werden, der nicht Vermögensschaden ist (§ 15 Abs. 2 AGG; zur Anspruchskonkurrenz § 15 Abs. 5 AGG).

[239] Vgl. BGHZ 15, 185 (187); 29, 310 (313); ferner BGH ZBR 2003, 57. Siehe auch BayObLG BayVBl. 2000, 442: Der Beamte könne bei einem schädigenden Ereignis, das die Merkmale eines Fürsorgepflichtverstoßes aufweise, einen Schadensersatzanspruch regelmäßig sowohl auf die Fürsorgepflichtverletzung wie auch auf Amtshaftung stützen (neuerdings ferner BVerfG 4.2.2016 – 2 BvR 2223/15 –, BeckRS 2016, 42297 Rn. 94). Beachte jedoch § 839 Abs. 1 Satz 2 BGB (dazu auch BGHZ 49, 275).

[240] Vgl. dazu auch Lemhöfer in Plog/Wiedow BBG 2009 § 78 Rn. 111 mit Weiterverweisungen; außerdem schon → § 9 Rn. 43 ff.

[241] BVerwG 14.4.2011 – 2 B 27.10 –, BeckRS 2011, 51842 Rn. 18.

[242] Zur früheren Rechtsprechung siehe BVerwGE 74, 303 (306) sowie BVerwG DÖD 1976, 157, DÖV 1977, 139 und Buchholz 232 § 79 BBG Nr. 66 und 110; dazu Schnellenbach ZBR 1992, 257 (266 ff.) mwN.

[243] Zusatz des Verf. (siehe dazu § 54 Abs. 2 Satz 3 BeamtStG). Vgl. auch → § 11 Rn. 56 mwN.

[244] BVerwG ZBR 2002, 93 (94).

[245] Siehe schon Fn. 243.

2. Verwaltungsrechtsweg

65 Gemäß § 54 Abs. 1 BeamtStG und § 126 Abs. 1 BBG ist sowohl für den Erfüllungs- als auch für den Schadensersatzanspruch der Verwaltungsrechtsweg gegeben, wohingegen ein unter Umständen wegen desselben Sachverhalts geltend gemachter Amtshaftungsanspruch im ordentlichen Rechtsweg verfolgt werden muss (Art. 34 Satz 3 GG).[246]

3. Klageart

66 Infrage kommen

- die Bescheidungsklage (siehe § 113 Abs. 5 Satz 2 VwGO), sofern der Erfüllungsanspruch auf eine Ermessensentscheidung abzielt,
- die Verpflichtungsklage (§ 42 Abs. 1 VwGO), wenn die Erfüllung der Fürsorge- und Schutzpflicht oder die Schadensersatzgewährung durch den Erlass eines begünstigenden Verwaltungsakts zu geschehen hat,[247]
- die (allgemeine) Leistungsklage, falls im Ergebnis eine Amtshandlung ohne Verwaltungsaktcharakter erstrebt wird, und
- die Fortsetzungsfeststellungsklage analog § 113 Abs. 1 Satz 4 VwGO,[248] vorausgesetzt, das auf Erfüllung gerichtete Begehren erledigt sich (etwa durch Klaglosstellung des Beamten) nach Rechtshängigkeit[249] und der Beamte beabsichtigt, den Ersatz eines zwischenzeitlich entstandenen Schadens (im Zivilrechtsweg) zu beanspruchen.

Das Feststellungsinteresse ist jedoch zu verneinen,[250]

- wenn der Beamte in mindestens gleichem Ausmaß verwaltungsgerichtlichen Rechtsschutz auch durch eine andere Klageart (mit Ausnahme der allgemeinen Feststellungsklage) erreichen kann,[251] insbesondere wenn ein Schadensersatzanspruch wegen Verletzung der Fürsorge- und Schutzpflicht bereits in einem Verwaltungsstreitverfahren rechtshängig ist,[252] oder
- wenn eine Verfolgung des Schadensersatzverlangens offensichtlich aussichtslos erscheint,[253] etwa weil es auf der Hand liegt, dass kein Schaden oder kein Verschulden[254] gegeben ist.

---

[246] Der Anspruch auf Fürsorge und Schutz ist Bestandteil des grundrechtsgleichen Individualrechts aus Art. 33 Abs. 5 GG, sodass der Beamte bei Fürsorge- und Schutzpflichtverletzungen seitens des Dienstherrn nach Erschöpfung des Rechtsweges Verfassungsbeschwerde (§ 90 BVerfGG) erheben kann; BVerfGE 8, 1 (17 f.); 38, 1 (7); 43, 154. Siehe aber ferner → Rn. 2. Zur Anspruchskonkurrenz auch Fn. 239.

[247] Stützt der Beamte sein Verlangen nach einer geldwerten Leistung unmittelbar auf § 45 BeamtStG bzw. § 78 BBG, so begehrt er damit der Sache nach den Erlass eines begünstigenden Verwaltungsakts; vgl. BVerwG ZBR 1980, 249 (251). Zur Möglichkeit einer vorbeugenden Feststellungsklage (§ 43 Abs. 1 VwGO), falls der Kläger beanstandet, infolge einer Fürsorgepflichtverletzung verspätet zum Beamten auf Lebenszeit ernannt worden zu sein, und deshalb – als Folgeschaden – Nachteile bei einer Beförderungsentscheidung befürchtet; vgl. BW VGH ZBR 1983, 265.

[248] → § 3 Rn. 78.

[249] Zur Erledigung vor Rechtshängigkeit BVerwGE 12, 87 (90); 26, 161; 56, 24; ferner BVerwG NJW 1989, 2486.

[250] Siehe im Einzelnen Schnellenbach DVBl 1990, 140 und ZBR 1992, 257 (270 f.).

[251] Arg. § 43 Abs. 2 VwGO; dazu BayVGH BayVBl. 1984, 18 (19 f.). Beispiele bei Schnellenbach DVBl 1990, 140 (141).

[252] BVerwG Buchholz 237.6 § 8 NBG Nr. 1.

[253] BVerwG Buchholz 310 § 113 VwGO Nr. 84, NVwZ 1985, 265 und NJW 1986, 1826 (1827).

[254] → Rn. 59 f.

4. Vorverfahren

Auch soweit das Erfüllungs- oder Schadensersatzbegehren nicht auf den Erlass eines Verwaltungsakts gerichtet ist, muss 67

- (soweit das Landesrecht Abweichendes nicht vorsieht, § 54 Abs. 2 Satz 3 BeamtStG) gemäß § 54 Abs. 2 Satz 1 und 2 BeamtStG bzw.
- im Bund gemäß § 126 Abs. 2 BBG

ein Vorverfahren (§§ 68 VwGO) durchgeführt werden.

5. Beweislast

Die Beweislast für Tatsachen, auf die sich der Erfüllungsanspruch gründet, trägt der Beamte. Lässt sich dagegen nicht mit an Sicherheit grenzender Wahrscheinlichkeit ermitteln, ob die tatsächlichen Voraussetzungen für einen – etwa auch nur in Verwaltungsvorschriften enthaltenen – Versagungsgrund vorliegen, so ist der Dienstherr insoweit ebenso beweisbelastet, wie wenn die Aufklärungslücke den Tatsachenstoff für die (dem Beamten nachteilige) Durchbrechung einer durchgängig praktizierten Verwaltungspraxis im Einzelfall zum Gegenstand hat. 68

Konkurrieren spezifische Fürsorge- und Schutzaspekte auf der einen Seite mit den notwendigen Belangen der Aufgabenerfüllung des öffentlichen Dienstes sowie sonstigen gewichtigen Interessen der Allgemeinheit auf der anderen Seite,[255] so ist die Feststellungslast für erstere bei dem Beamten, für letztere bei dem Dienstherrn angesiedelt. 69

Für die Sachverhalte, aus denen sich beim Schadensersatzanspruch die Pflichtverletzung, der (konkrete) Schaden und der (adäquate) Ursachenzusammenhang zwischen beiden[256] herleiten, trägt der Beamte die Beweislast, während den Dienstherrn (entsprechend § 280 Abs. 1 Satz 2 BGB) die Folgen eines non liquet treffen, falls sich die Verschuldensfrage in tatsächlicher Hinsicht nicht klären lässt.[257] Den Schwierigkeiten des sog Negativbeweises ist bei der Beweiswürdigung Berücksichtigung zu schenken.[258] 70

---

[255] → Rn. 6.

[256] BVerwGE 14, 222. Zur Beweiserleichterung oder Beweislastumkehr vgl. BGH ZBR 1984, 143 (145) für den Fall einer Amtspflichtverletzung durch unterbliebene Belehrung eines entlassenen Beamten auf Probe über die Geltendmachung von Rentenansprüchen: Wenn der Sachverhalt nach der Lebenserfahrung eine tatsächliche Wahrscheinlichkeit dafür begründe, dass das weitere Verfahren bei zutreffendem Hinweis einen dem Geschädigten günstigen Verlauf genommen hätte, trete eine Beweiserleichterung oder Beweislastumkehr ein. Zur Anwendbarkeit des § 287 ZPO bei der fiktiven Nachzeichnung von Geschehensabläufen siehe BGH NJW 1991, 1412, NJW 1994, 3295 (3297) und NJW 1995, 2344 (2345 f.) sowie BVerwG NJW 1992, 927; des Weiteren Schnellenbach ZBR 1995, 321 (324 f.).

[257] Vgl. BVerwGE 13, 17 (25) und BVerwG Buchholz 232 § 79 BBG Nr. 68.

[258] BVerwG DVBl 1997, 1004.

§ 11 Dienstliche Beurteilung

Die dienstliche Beurteilung soll nicht nur die den Umständen nach optimale Verwendung des Beamten sichern, sondern auch – dort, wo die personalentscheidende Stelle bei der Vergabe von Beförderungsdienstposten, der Übertragung eines Amtes mit leitender Funktion im Beamtenverhältnis auf Probe und der Beförderung selbst oder aber bei der Zulassung von Bewerbern zum Laufbahnaufstieg zwischen mehreren Beschäftigten zu wählen hat – zu einer Auslese nach Eignung, Befähigung und fachlicher Leistung beitragen, wie sie Art. 33 Abs. 2 GG und im Anschluss hieran § 9 BeamtStG und § 9 BBG verlangen.[1] Neben den „Einsatzzweck"[2] tritt mithin der Auslesezweck, der den „Förderungszweck"[3] einschließt. Dessen sachlogischen Hintergrund bildet die Fürsorge- und Schutzpflicht des Dienstherrn (§ 45 BeamtStG, § 78 BBG).[4] Die – beanstandungsfreie – dienstliche Beurteilung dient (auch[5]) dem schutzwürdigen Interesse des Beamten, seiner Qualifikation entsprechend beruflich vorwärts zu kommen, soweit Dienst- und Haushaltsrecht dies zulassen.[6] 1

Hingegen hat die dienstliche Beurteilung keinen Motivationszweck: Ohne Zweifel kann sie Auswirkungen auf den Leistungswillen und die Selbsteinschätzung des Beamten haben. Die Konsequenzen, die sich aus einer zutreffenden wie aus einer unzutreffenden Beurteilung in beiderlei Hinsicht ergeben können, sind aber nicht mehr als eine – gewichtige, sorgfältig zu bedenkende – Nebenfolge.[7] Dies bedeutet, dass sich der Beurteiler bei der inhaltlichen und sprachlichen Ausgestaltung der Beurteilung durchaus um die möglichen motivatorischen Auswirkungen kümmern muss; seine hierauf ausgerichteten Erwägungen dürfen ihn aber nicht hindern, seine wahre Auffassung über Eignung, Befähigung und fachliche Leistung des Beamten in unparteiischer Gewissenhaftigkeit hinreichend differenziert niederzulegen.[8] Die dienstliche Beurteilung hat auch keinen Hinweiszweck[9] und ist kein Mittel der Dienstaufsicht.[10] 2

---

[1] Siehe schon → § 3 Rn. 69 mwN Ferner BVerwG ZBR 2009, 196 (198); vgl. auch BVerfG ZBR 2004, 45 mit Hinweis auf BVerwGE 111, 318 sowie zur Arbeitnehmerbeurteilung BAG NZA 2010, 115. Zu den besonderen Zwecken der dienstlichen Beurteilung bei Beamten auf Probe, die zur späteren Verwendung als Beamte auf Lebenszeit eine Probezeit zurückzulegen haben, Schnellenbach/Bodanowitz Dienstliche Beurteilung → Rn. 199 ff. mwN.

[2] Schütz DÖD 1971, 121 (122).

[3] BVerwGE 111, 318 (320) kennzeichnet den „Förderungszweck" als nachrangig.

[4] Siehe dazu Schnellenbach ZBR 1981, 301 (304) sowie § 10 Rn. 23.

[5] Vgl. Fn. 3.

[6] Zur Relevanz dienstlicher Beurteilungen für Leistungsstufen, -prämien und -zulagen siehe → § 13 Rn. 1 ff.

[7] Entschieden zu warnen ist vor (mehr oder weniger konkreten) Prognosen, die – etwa um den Beamten zu vermehrten Anstrengungen zu ermuntern oder um Enttäuschungen über seine aktuelle Beurteilung aufzufangen und abzubauen, kurz gesagt: aus motivationsbezogenen Erwägungen – in Sicht auf den Inhalt *künftiger* Beurteilungen gestellt werden.

[8] Dazu im Einzelnen Schnellenbach/Bodanowitz Dienstliche Beurteilung Rn. 210 ff.

[9] Dazu im Einzelnen Schnellenbach/Bodanowitz aaO (Fn. 8), Rn. 212 ff. Siehe indessen auch Art. 55 Abs. 1 Satz 2 BayLlbG (zur Probezeitbeurteilung): „Sofern an dem erfolgreichen Abschluss der Probezeit Zweifel bestehen, sind diese, ihre Ursachen und die Möglichkeiten der Abhilfe deutlich herauszustellen."

[10] Siehe Schnellenbach DVBl 1980, 949 sowie NRW OVG NVwZ-RR 2004, 874 (878 f.). Vgl. aber auch BVerwG DVBl 1986, 951 und ZBR 1986, 330 sowie BVerwG Buchholz 232.1 § 40 BLV Nr. 21, wo der „sachliche Zusammenhang" der Beurteilungsaufgabe „mit der Wahrnehmung der Dienst- und

I. Normative und administrative Grundlagen des Beurteilungswesens

3 Das Bundesbeamtengesetz enthält für den Bereich des Bundesdienstrechts folgende Bestimmungen:

§ 21 Dienstliche Beurteilung
Eignung, Befähigung und fachliche Leistung der Beamtinnen und Beamten sind regelmäßig zu beurteilen. Ausnahmen von der Beurteilungspflicht kann die Bundesregierung durch Rechtsverordnung regeln.

§ 22 Beförderungen
(1) ... Erfolgt die Auswahlentscheidung auf der Grundlage dienstlicher Beurteilungen, darf das Ende des letzten Beurteilungszeitraums zum Zeitpunkt der Auswahlentscheidung höchstens drei Jahre zurückliegen.
(2) –(6) ...

Gemäß der Ermächtigung des § 26 Abs. 1 Nr. 1 BBG, „allgemeine Vorschriften über die Laufbahnen ... der Beamtinnen und Beamten zu erlassen", hat die Bundesregierung in den §§ 48–50 BLV die grundlegenden Vorgaben des Beurteilungswesens geschaffen und damit dem Gesetzesvorbehalt (wohl) Rechnung getragen, wie ihn das Bundesverwaltungsgericht[11] vor einiger Zeit im Blick speziell auf die Ausgestaltung des Beurteilungswesens ins Bewusstsein gehoben hat.

4 Da das Recht der dienstlichen Beurteilung dem Laufbahnrecht zugerechnet wird, verzichtet das Beamtenstatusgesetz mit Rücksicht auf die Kompetenzvorschrift des Art. 74 Abs. 1 Nr. 27 GG insoweit auf eine Normsetzung mit Wirkung für die unmittelbaren und mittelbaren Landesbeamten. Das Landesgesetzes- und -verordnungsrecht[12] weist jeweils unterschiedliche Regelungsdichte auf. Auf entsprechende Einzelheiten wird in den folgenden Abschnitten an den passenden Stellen einzugehen sein.

5 Die Gestaltungs- und Entscheidungsmacht, die der Exekutive danach verbleibt, findet ihren Niederschlag gewöhnlich in Beurteilungsrichtlinien der obersten Dienstbehörden. Sie sind generell-abstrakte Anordnungen, deren Adressaten nachgeordnete Behörden oder Bedienstete sind, die sie im Rahmen des Unterstellungsverhältnisses zu beachten und zu befolgen haben. Sollen sie – als sog intersubjektive Verwaltungsvorschriften – (auch) andere Verwaltungsträger binden, so bedarf es hierzu mit Rücksicht auf das Ressortprinzip (siehe Art. 65 Satz 2 GG) einer verfassungsrechtlichen Ermächtigung.[13] Die Rechtsprechung[14] räumt dem Dienstherrn in Bezug auf den Erlass von Beurteilungs-

Fachaufsicht" zur Argumentation herangezogen ist; außerdem BVerwG Buchholz 232.1 § 40 BLV Nr. 12 und DVBl 1998, 1076.

[11] BVerwGE 134, 59. Siehe speziell zum Beurteilungsrecht auch Lemhöfer/Leppek Laufbahnrecht § 48 BLV 2009 Rn. 8a, Schnellenbach/Bodanowitz aaO (Fn. 8) Rn. 136 f., sowie zum Gesetzesvorbehalt im Beamtenrecht BVerwGE 121, 103; 133, 143 und BVerwG NVwZ 2008, 1129. Die Heranziehung von § 26 Abs. 1 Nr. 1 BBG als Verordnungsermächtigung für die inhaltliche Ausgestaltung der dienstlichen Beurteilung ist nicht ganz unproblematisch, zumal die Bundesregierung nach der – speziellen – Bestimmung des § 21 Satz 2 BBG (nur) dazu ermächtigt ist, „Ausnahmen von der Beurteilungspflicht" durch Rechtsverordnung zu regeln; offen dazu BVerwG 17.9.2015 – 2 C 27.14 –, juris Rn. 23.

[12] Siehe dazu Schnellenbach/Bodanowitz aaO (Fn. 8) Teil A II und III sowie Eck in Hüllmantel ua LlbG Vorbemerkung vor Teil 4 Rn. 7 ff.

[13] Vgl. dazu Trute in v. Mangoldt/Klein/Starck GG Rn. 27 zu Art. 84 sowie grundlegend Ossenbühl Verwaltungsvorschriften und Grundgesetz, 1968, S. 362–450.

[14] Vgl. BVerwG ZBR 1981, 315, DVBl 1981, 1062 und NVwZ-RR 2000, 621.

richtlinien einen weiten Ermessensspielraum ein, verlangt aber auf der anderen Seite, dass er die dem Exekutivhandeln vorgegebenen normativen Steuerungsgrenzen nicht überschreitet und dass er für die gleichmäßige Anwendung seiner Richtlinien auf alle in Betracht kommenden Beamten Sorge trägt. Hat sich ein durch Richtlinien vorgeschriebenes Beurteilungssystem „im Wesentlichen" faktisch nicht durchgesetzt und duldet der Richtliniengeber bewusst diesen Zustand, so sind die Beurteilungsmaßstäbe den Standards zu entnehmen, die sich aus der geduldeten abweichenden Verwaltungspraxis der nachgeordneten Behörde ergeben.[15] Zuständigkeits- und Verfahrensregelungen in Beurteilungsrichtlinien haben unmittelbare Außenwirkung; sie gelten also nicht nur über das Medium des Art. 3 Abs. 1 GG. Eine abweichende Verwaltungspraxis ist mithin insoweit irrelevant.[16]

II. Begriff der dienstlichen Beurteilung

Unter den Begriff der dienstlichen Beurteilung fallen schriftliche[17] dienstliche Äußerungen des Beurteilers (bzw. der Beurteiler) über die während eines Beurteilungszeitraumes – außerhalb des Vorbereitungsdienstes[18] – erbrachten Leistungen eines Beamten, über seine Befähigung, unter Umständen auch über seine Eignung für ein erstrebtes Amt im statusrechtlichen oder funktionellen Sinne oder für die Zulassung zu einem Laufbahnaufstieg. 6

1. Vorbereitende Stellungnahmen und Beurteilungsentwürfe

Holt ein Beurteiler zur Vorbereitung seiner Äußerung schriftliche Berichte über den Beamten von Vorgesetzten oder Mitarbeitern ein, so bewirkt dies nicht, dass derartige – interne – Stellungnahmen nunmehr selbst dienstliche Beurteilungen oder Beurteilungsbestandteile wären,[19] es sei denn, durch Beurteilungsrichtlinien ist (in rechtlich bedenkenfreier Weise) Abweichendes bestimmt. Vielmehr handelt es sich dabei gewöhnlich nur um Arbeitsunterlagen, die nach Ziel und Zweck an die Stelle (nicht vorhandener) höchstpersönlicher Wahrnehmungen und Eindrücke eines Beurteilers treten und mit Abfassung der – rechtlich allein relevanten – dienstlichen Beurteilung durch ihn grundsätzlich ihre Aufgabe erfüllt haben. 7

Entsprechendes gilt für Beurteilungsentwürfe von Vorgesetzten und Mitarbeitern, und zwar auch dann, wenn die abschließende Äußerung des (End-)Beurteilers keine formalen oder textlichen Abweichungen zeigt. 8

2. Besetzungsberichte und -statements

Vergleichende schriftliche Stellungnahmen zur Eignung mehrerer Bewerber um ein Amt im statusrechtlichen oder funktionellen Sinne, die gegenüber der personalentschei- 9

[15] BVerwG DVBl 1981, 1062 sowie BVerwG 17.9.2015 – 2 C 27.14 –, juris Rn. 41 mwN; siehe ferner BW VGH 25.2.2016 – 4 S 2060/15 –, juris Rn. 16. NRW OVG 5.2.2014 – 6 B 10.14 –, juris Rn. 8 stellt entscheidend auf eine abweichende (geduldete) „landesweit einheitliche Verwaltungspraxis" ab.

[16] Vgl. BVerfGE 40, 237; 78, 214 (227); ferner BVerwGE 36, 327.

[17] Zur Erstellung einer Beurteilung in elektronischer Form vgl. § 3a Abs. 2 VwVfG (dazu Kersten ZBR 2006, 35 (39 f.)).

[18] Dazu Schnellenbach/Bodanowitz Dienstliche Beurteilung Rn. 221.

[19] Grundlegend BVerwGE 62, 135.

denden Stelle abgegeben oder von dieser selbst erarbeitet werden,[20] sind keine dienstlichen Beurteilungen, sondern wertende Betrachtungen eigener Art, deren Bedeutung für die Auswahlentscheidung je nach Lage der Dinge freilich nicht hinter derjenigen der dienstlichen Beurteilungen der Bewerber zurücksteht. Dies umso mehr, als die Rechtsprechung[21] verlangt, dass die der Auswahlentscheidung zugrunde liegenden wesentlichen Erwägungen schriftlich niedergelegt werden. Bei Divergenzen zwischen Besetzungsbericht und Beurteilung[22] hat die personalentscheidende Stelle vom Inhalt der dienstlichen Beurteilung auszugehen, solange sie es nicht für geboten erachtet, die Gründe für die Abweichung aufzuklären.[23]

3. Einzelleistungsbewertungen

10 Die dienstliche Beurteilung muss immer die fachliche Leistung des Beamten in Sicht auf einen Beurteilungszeitraum[24] zum Gegenstand haben; die bloße Bewertung von Einzelleistungen – zB in Hospitationsberichten über Unterrichtsbesuche von Schulaufsichtsbeamten bei Lehrern – ist schon deshalb nicht unter den Begriff der Beurteilung zu subsumieren.[25]

III. Beurteilungsarten

11 Je nachdem, ob die Systemfrage auf Beurteilungszeitpunkt, -gegenstand oder -form abzielt, ist zwischen

- Regel- und Bedarfsbeurteilung,
- Leistungs-, Befähigungs- und Eignungsbeurteilung oder
- strenggebundener, teilgebundener und freier Beurteilung

zu unterscheiden.

---

[20] Zu „internen, die Auswahlentscheidung der Hausspitze lediglich vorbereitenden und insoweit erläuternden Vermerken“ BVerfG NVwZ-RR 2008, 433.

[21] Siehe bereits § 3 Rn. 69 mit Fn. 292. Vgl. ferner NRW OVG ZBR 2009, 274 (unter Bezugnahme auf BVerfG NVwZ 2007, 1178) sowie NRW OVG ZBR 2009, 276 (dort insbesondere zu den Folgerungen, die sich aus einem konstitutiven Anforderungsprofil für die Einhaltung von Begründungs- und Dokumentationspflichten ergeben). Fehlt es an einem den Anforderungen genügenden Besetzungsbericht, lässt sich dies im gerichtlichen Verfahren nicht mehr heilen: siehe RP OVG 23.12.2013 – 2 B 11209/13 –, juris Rn. 4 f., sowie – mwN – BVerfG 25.11.2015 – 2 BvR 1461/15 –, juris Rn. 14.

[22] Siehe dazu den Sachverhalt der Entscheidung BVerwG NJW 1989, 538.

[23] SH OVG NJW 2001, 3210 (3211). Zu den Rechtsfolgen eines fehlerhaften Besetzungsberichts vgl. VG Dresden SächsVBl. 2003, 69 (70) und 2003, 72 (73).

[24] Schon hier soll die Aufmerksamkeit darauf gelenkt werden, dass sich eine (Eignungs-)Prognose in Richtung auf künftige Leistungen in einem erstrebten Amt keineswegs ausschließlich auf den Befund an Erkenntnissen aus dem letzten Beurteilungszeitraum stützen muss; je nach den Gegebenheiten – namentlich soweit etwa frühere Beurteilungen Aufschluss über im aktuellen Beurteilungszeitraum nicht abgebildete Eignungsmerkmale geben (vgl. BVerwG 22.11.2012 – 2 VR 5.12 –, juris Rn. 37) – darf sie den Horizont nicht einmal hierauf verengen (BVerwG NVwZ 2003, 1397 und 1398 sowie ZBR 2004, 101 m. Anm. Schnellenbach).

[25] Allerdings steht es nicht im Widerspruch zum Bestenausleseprinzip, wenn die Eignungsprognose bei der Besetzung einer Schulleiterstelle nicht (nur) auf die letzten dienstlichen Beurteilungen der Bewerber, sondern des besonderen Anforderungsprofils wegen (auch) auf die Ergebnisse einer „mehrteiligen funktionsbezogenen Überprüfung“ abstellt (vgl. RP OVG NVwZ 2007, 109). Siehe ferner NRW OVG ZBR 2010, 211 (zum unzulässigen Rückgriff auf Erkenntnisgrundlagen einer früheren Bedarfsbeurteilung anstelle der gebotenen Ermittlung aktueller, dem neuen Beurteilungszeitraum zuzurechnender Erkenntnisgrundlagen – hier: hinsichtlich der Bewertungsgesichtspunkte „Beratung eines Kollegen“ und „Konferenzleitung“ im Schuldienst).

1. Regel- und Bedarfsbeurteilung

Regelbeurteilungen (periodische Beurteilungen) werden in regelmäßigen Abständen, 12
bei zweckgerechter Konstruktion zu festen Stichtagen, erstellt.[26] Ihnen liegt die Zielsetzung zugrunde, (mindestens[27]) die Leistungen und Fähigkeiten des Beamten in gewissen Intervallen – dh ohne Bezug auf eine unmittelbar bevorstehende Personalmaßnahme – im Vergleich mit einer größeren Zahl anderer gleich besoldeter Beamter derselben Laufbahn und Laufbahngruppe (hilfsweise: anderer Beamter derselben Funktionsebene)[28] zu bewerten. Vorteilhaft sind Regelbeurteilungen zu festen Stichtagen in einem maximal dreijährigen Rhythmus auch deshalb, weil diese am besten gewährleisten, dass bei zu treffenden Auswahlentscheidungen für alle Bewerber Beurteilungen mit identischen (jedenfalls aber hinreichend vergleichbaren) Beurteilungszeiträume vorliegen.[29] Bedarfsbeurteilungen (häufig auch „Anlassbeurteilungen" genannt) werden hingegen gefertigt, wenn es „die dienstlichen oder persönlichen Verhältnisse (des Beamten) erfordern",[30] etwa weil der Beamte

- seine (regelmäßige oder verlängerte) Probezeit beendet,[31]
- ein (weiteres) Beförderungsamt, ein Amt mit leitender Funktion im Beamtenverhältnis auf Probe oder einen Beförderungsdienstposten erstrebt oder
- ein anderes Tätigkeitsfeld bei derselben Dienstbehörde übernimmt oder aber abgeordnet oder versetzt wird.[32]

Auch der Auswahl für die Zulassung zum Aufstieg kann eine Bedarfsbeurteilung vorgeschaltet sein.

---

[26] Stichtagsregelbeurteilungen (im Dreijahresrhythmus) schreiben § 42 Abs. 1 MV ALVO, § 8 Abs. 1 NRW LVO und § 3 Abs. 1 SächsBeurtVO vor. Die übrigen einschlägigen gesetzlichen und verordnungsrechtlichen Vorschriften des Bundes und der Länder lassen offen, ob Regelbeurteilungen zu festen Stichtagen oder aber nach einem individuellen, am beruflichen Werdegang des Beamten ausgerichteten Maß abzugeben sind. Die Exekutive hat damit hierüber zu befinden (siehe auch § 7 Abs. 1 Satz 3 BremBeurtV).

[27] Inzwischen gibt es auch Beurteilungsmodelle, bei denen bereits für (Stichtags-)Regelbeurteilungen vorgesehen ist, dass die Leistungs- und Befähigungsbewertung mit einer abgestuften Bewertung der „Beförderungseignung" zu verbinden sei (siehe Nr. 8 der Richtlinien für die dienstliche Beurteilung zur Vorbereitung von Personalmaßnahmen, insbesondere Beförderungsentscheidungen, RdErl. d. NRW IM vom 19.11.2010, MBl. NRW 2010, 847, abgedr. bei Schnellenbach/Bodanowitz Dienstliche Beurteilung Rn. 60).

[28] Zur Vergleichsgruppenbildung → Rn. 53.

[29] Vgl. BVerwG 26.3.2015 – 1 WB 44.14 –, juris Rn. 41.

[30] Siehe zB § 48 Abs. 1 BLV (als Vorbild einer Reihe gleichsinniger Bestimmungen). Nach BVerwG NVwZ 2006, 838 – einer Entscheidung zum Soldatenrecht – ist der Begriff des „Erforderns" (der „Erforderlichkeit") ein unbestimmter Rechtsbegriff, ohne dass der personalentscheidenden Stelle insoweit eine Einschätzungsprärogative zustehe. Er wird vom Gericht mit „Unabdingbarkeit" (einer Bedarfsbeurteilung) gleichgesetzt.

[31] § 24 Abs. 4 BBG sagt nichts darüber aus, ob der „erfolgreiche Abschluss der Probezeit" im Falle der Übertragung eines Amtes mit leitender Funktion im Beamtenverhältnis auf Probe durch Bedarfsbeurteilung oder – wie auch immer – anderweitig zu konstatieren ist. Die Handhabung in den Ländern ist unterschiedlich. Siehe zB Art. 13 Abs. 2 BayLlbG: „Die Entscheidung über das Ergebnis der Probezeit trifft die oberste Dienstbehörde durch schriftliche Feststellung." § 2 Abs. 4 Satz 1 SächsBeurtVO nimmt die hier in Betracht kommenden Beamten auf Probe ausdrücklich von der „Probezeitbeurteilung" aus. Nr. 3.3 Satz 1 der berliner Beurteilungsvorschriften vom 25.5.2010, ABl. für Berlin S. 910 (abgedr. bei Schnellenbach/Bodanowitz Dienstliche Beurteilung Rn. 48) verlangt demgegenüber aus dem entsprechenden Anlass eine Beurteilung.

[32] Zur Frage der Entbehrlichkeit einer Bedarfsbeurteilung bei Versetzungen und längerfristigen Abordnungen im Hinblick auf die Alternative eines Beurteilungsbeitrags siehe Schnellenbach/Bodanowitz aaO (Fn. 31) Rn. 229, 249.

13 Ein unabweisbarer dienstlicher Beurteilungsbedarf drängt sich auf, wenn die personalentscheidende Behörde bei der Besetzung einer Beförderungsstelle ohne ad hoc gefertigte Beurteilungen nicht imstande ist, einen Bewerbervergleich vorzunehmen, der dem *aktuellen* Leistungs- und Befähigungsstand[33] sämtlicher Konkurrenten mindestens einigermaßen gerecht wird.[34] Eine derartige Situation kann sich namentlich einstellen,

- wenn die Altersgrenzenausnahme des maßgeblichen Regelbeurteilungssystems bewirkt hat, dass (einige) Bewerber wegen Überschreitens eines bestimmten Lebensalters nicht mehr regelbeurteilt sind, oder
- wenn ein Bewerber nach der letzten Regelbeurteilung schon einmal befördert worden ist.

14 Die „persönlichen Verhältnisse" des Beamten können (auch in Würdigung der Fürsorge- und Schutzpflicht des Dienstherrn) – ausnahmsweise – zB dann eine Bedarfsbeurteilung „erfordern", wenn dieser zur Zeit der letzten Regelbeurteilung leistungsmindernden gesundheitlichen Einschränkungen ausgesetzt war, die inzwischen – mit der Folge einer merklichen (nicht nur vorübergehenden) Leistungssteigerung – behoben sind. Einem entsprechenden Beurteilungsantrag des Betroffenen wird – freilich bei Anlegung eines strengen Maßstabes – stattzugeben sein.[35]

15 Das Bundesverwaltungsgericht[36] zeigt das im Kern unaufhebbare Dilemma der Bedarfsbeurteilung auf, indem es darauf aufmerksam macht, dass sie sich – anders als die (Stichtags-)Regelbeurteilung – ihrem Typus nach in einer „nur eingeschränkten Aussage" erschöpfe. Was die Maßstabsfrage anbelangt, so ist sie nicht – zumindest nicht unmittelbar – an einen Leistungs- und Befähigungsvergleich in Sicht auf eine statusrechtlich homogene Gruppe von Beamten rückgebunden, welcher der bedarfsbeurteilte Beamte zu einem bestimmten, nicht vom Beurteilungsanlass abhängigen Zeitpunkt (Stichtag) zuzurechnen wäre. In Konkurrenzfällen wird man nicht umhin können, Regel- und Bedarfsbeurteilungen, falls beide Beurteilungstypen im Bewerberkreis vertreten sind, für „prinzipiell gleichwertig" zu halten, und zwar selbst für den Fall, dass (nur) den Regelbeurteilungen Richtwerte vorgegeben waren.[37] Die „Unterschiedlichkeit und die Eigenart des jeweiligen Ansatzes" muss jedoch „im Einzelfall tatsächlich zur Kenntnis genommen und in Rechnung gestellt werden", um die daraus „resultierenden Gefährdungen … zu bewältigen".[38] Soweit

---

[33] Zur Aktualität dienstlicher Beurteilungen siehe neuerdings § 22 Abs. 1 Satz 2 BBG nebst Amtl. Begr., BR-Drs. 720/07. Vgl. Schnellenbach/Bodanowitz aaO (Fn. 31) Rn. 230 sowie Wolff, ZBR 2016, 7 ff., jeweils mit zahlreichen Rechtsprechungsnachweisen. BVerwGE 140, 83 (Rn. 24) stellt fest: „Soweit § 22 Abs. 1 Satz 2 BBG die Einbeziehung dienstlicher Beurteilungen zulässt, wenn das Ende des letzten Beurteilungszeitraumes zum Zeitpunkt der Auswahlentscheidung höchstens drei Jahre zurückliegt, handelt es sich um eine zeitliche Obergrenze, die zwar nicht überschritten, durchaus aber unterschritten werden kann. Letzteres ist insbesondere geboten, wenn … die Beförderungspraxis zu einem großen Bewerberfeld führt und zeitnahe Anlassbeurteilungen nicht erstellt werden." Das Gericht weist dazu ua auf BVerwG NVwZ 2009, 787 hin, wo ein Zeitablauf von rd. 1 ½ Jahren als „zu lang (angesehen worden ist), wenn der Bewerber nach dem Beurteilungsstichtag andere Aufgaben wahrgenommen hat". Auszublenden (und ggf. durch eine „fiktive Fortschreibung" der vorangegangenen dienstlichen Beurteilung zu erfassen) ist nach neuester Rechtsprechung jedoch die Dauer der einem Bewerber – rechtswidrig – übertragenen „kommissarische Vakanzvertretung" des in Streit stehenden Dienstpostens: BVerwG 10.5.2016 – 2 VR 2.15 – und dazu → § 4 Rn. 69 aE.

[34] Siehe auch § 2 Abs. 3 Nr. 2 SächsBeurtVO.

[35] Dem betroffenen Beamten kann es ggf. zuzumuten sein, die nächste Regelbeurteilung abzuwarten.

[36] NVwZ-RR 2002, 201. Siehe aber auch BVerwG 30.11.2012 – 2 VR 5.12 –: Die Anlass- bzw. Bedarfsbeurteilung dürfe eine vorangegangene Regelbeurteilung „nur fortentwickeln". Siehe dagegen Schnellenbach/Bodanowitz Dienstliche Beurteilung Rn. 251b.

[37] BayVerfGH ZBR 2006, 46. Siehe in diesem Zusammenhang auch BVerfG NVwZ-RR 2008, 433.

[38] BayVerfGH aaO (Fn. 37).

das Oberverwaltungsgericht Rheinland-Pfalz[39] dafür hält, dass auch ein reines Bedarfs- bzw. Anlassbeurteilungssystem „von der Organisationsgewalt des Dienstherrn umfasst" sei, „solange sich die Beurteiler über die wesentlichen Aufgaben und Anforderungen im Klaren sind, die dem Amt entsprechen, das der zu Beurteilende innehat oder erstrebt", ist dem mit gewisser Skepsis zu begegnen:[40]

- Zum einen ist die Relevanz des Gesetzesvorbehalts[41] in seiner Bedeutung als Schranke für die „Organisationsgewalt des Dienstherrn" (noch) nicht bedacht – dies zumindest, wenn man den „Dienstherrn" mit der Exekutive identifiziert.
- Zum anderen fragt es sich, ob das ins Auge gefasste Beurteilungsmodell nicht insofern fehlgeht, als der Beurteiler danach den nicht disponiblen Geboten einer einzelfallübergreifenden, anlassunabhängigen Maßstabsgerechtigkeit und Vergleichbarkeit der Beurteilungen ohne die Möglichkeit einer Orientierung an (Stichtags-)Regelbeurteilungen der jeweils für einen amtsbezogenen Vergleich in Betracht kommenden Beamten schwerlich wird genügen können; es dürfte sich kaum von der Hand weisen lassen, dass sich früher oder später eine inakzeptable Maßstabsferne oder Maßstabslosigkeit einstellen könnte.

Rheinland-Pfalz ist im Jahr 2013 von seinem acht Jahre zuvor eingeführten reinen Bedarfsbeurteilungssystem wieder ab- und zu dem vorzugswürdigen Regelbeurteilungssystem zurückgekehrt. Aktuell gibt es ein reines Bedarfsbeurteilungssystem nur noch in Brandenburg, welches sich 2011 die überkommene Regelung in Rheinland-Pfalz zum Vorbild genommen hatte, sowie neuerdings – dort allerdings mit einer Regelbeurteilungen zulassenden Öffnungsklausel (§ 2 Abs. 1 Satz 1 und 2 sowie § 7 Abs. 1 BremBeurtV) – in Bremen.[42]

2. Leistungs- Befähigungs- und Eignungsbeurteilung

Die Würdigung der fachlichen Leistung zielt auf die Bewertung der dem Beamten zurechenbaren (qualitativen und quantitativen) Arbeitsergebnisse anhand der Anforderungen des innegehaltenen statusrechtlichen Amtes.[43] Sie bedeutet mithin eine Meinungsbildung in Richtung auf Vergangenes, das in die Gegenwart hineinwirkt. Sobald der Beamte befördert ist, fällt er ohne Rücksicht darauf, wie lang die danach bis zum Beurteilungsstichtag verbleibende Zeit[44] auch immer sein mag, aus dem Kreis der vor der 16

[39] IÖD 2009, 122 (LS in DVBl 2009, 65). Siehe jedoch auch LSA OVG DÖV 2011, 119: Ein System regelmäßiger dienstlicher Beurteilungen sei „im Rahmen einer ordnungsgemäßen Personalwirtschaft" geboten.

[40] Ähnlichen Bedenken ist NRW OVG ZBR 2009, 344 ausgesetzt – ein Beschluss, der sich auf eine rechtwidrige Dienstvereinbarung bezieht, der zufolge entgegen dem einschlägigen Laufbahnrecht des Bundes von Regelbeurteilungen Abstand genommen worden war.

[41] Siehe schon → Rn. 3 aE.

[42] Siehe dazu des Näheren Schnellenbach/Bodanowitz Dienstliche Beurteilung Rn. 225a.

[43] Zur Maßgeblichkeit des statusrechtlichen Amtes vgl. BVerwG ZBR 1981, 197 (198), ZBR 1981, 315 (316), DVBl 1981, 1062. und BVerwG 20.6.2013 – 2 VR 1.13 –, juris Rn. 18 ff., 28. Zur Vergleichbarkeit der Beurteilung eines Beamten und derjenigen eines Tarifbeschäftigten, dessen Eingruppierung der Besoldungsgruppe des Beamten korrespondiert, siehe NdsOVG NVwZ 1996, 501 sowie NRW OVG NVwZ-RR 2004, 771 (773 f.), wonach das vom Arbeitgeber ausgestellte Dienstzeugnis (Zwischenzeugnis) eines Tarifbeschäftigten in einem Wettbewerb mit einem Beamten allenfalls ausnahmsweise (neben anderen Erkenntnismitteln) vergleichend herangezogen werden kann, etwa dann, wenn es seiner Aussagedichte nach einer dienstlichen Beurteilung insofern zumindest nahe kommt, als es beachtliche (und zuverlässige) Anhaltspunkte für einen Leistungsvergleich mit dem beamteten Mitbewerber hergibt. → § 3 Rn. 70 mit Fn. 301.

[44] Zur Bedeutung der Verweildauer im (zuletzt) ausgeübten Amt („Standzeit") für die Beurteilung siehe die einen Polizeibeamten betreffende Entscheidung NRW OVG NWVBl. 2002, 351. Vgl. auch

Beförderung mit ihm zu vergleichenden Beamten heraus und tritt in den Kreis der nunmehr mit ihm zu vergleichenden (schon erfahreneren[45]) Beamten des Beförderungsamtes ein. Das Anlegen eines höheren Maßstabes wird, wenn der Beamte seine Leistungen zwischenzeitlich nicht mehr gesteigert hat, gewöhnlich dazu führen, dass die Beurteilung im neuen Amt schlechter ausfällt als diejenige im vorangegangenen, niedriger eingestuften Amt.[46] Das trifft auch dann zu, wenn der Beamte auf demselben Dienstposten befördert worden ist und dieselben Aufgaben wie zuvor wahrnimmt.

17 Die Beurteilung der Befähigung erstreckt sich auf die Eigenschaften des Beamten, die für seine dienstliche Verwendung bedeutsam sind.[47] Soll mit der tendenziell „zukunftsorientierten"[48] Befähigungsbeurteilung eine differenzierte Ermittlung und Darstellung des Befähigungsprofils eines Beamten erwirkt werden, so verbietet sich – anders als bei der Leistungsbeurteilung – ein (Befähigungs-)Gesamturteil.[49] Die Konstruktion eines die Bewertung von Leistung und Befähigung verquickenden Gesamturteils vermengt inkommensurable Beurteilungsgegenstände.[50] Der unterschiedliche Charakter der Leistungs- und der Befähigungsbeurteilung schließt indessen – falls die Umstände dies nahelegen – eine Prüfung dahin, ob ein unlösbarer Widerspruch zwischen beiden besteht, keineswegs aus.[51]

18 Die Einschätzung der Eignung läuft auf eine im Wesentlichen prognostische Feststellung hinaus.[52] Eine Eignungsbewertung[53] ist namentlich dann unerlässlich,

---

BVerwG 25.9.2012 – 1 WB 44.11 –, juris Rn. 38: Ist der Beurteilte im Zeitpunkt der Erstellung der Beurteilung erst wenige Tage (12 Tage) Inhaber des höheren statusrechtlichen Amtes, sei seine Beurteilung nicht als besser zu bewerten („Statuszuschlag") als die auf dieselbe Note lautende Beurteilung des in dem niedrigeren Statusamt befindlichen Konkurrenten. Siehe dazu Schnellenbach/Bodanowitz aaO (Fn. 42) Rn. 255.

[45] BW VGH RiA 2005, 136.

[46] Vgl. BW VGH aaO (Fn. 45), RP OVG NVwZ-RR 2001, 255 und 281 sowie SOVG PersV 2008, 31. Siehe ferner BayVGH DRiZ 2000, 61 (63 f.), NdsOVG 9.2.2010 – 5 LB 497/07 –, abgedr. bei Schütz/Maiwald BR ES/D I 2 Nr. 105 sowie ThürOVG 30.5.2012 – 2 EO 890/11 –, juris Rn. 31. NRW OVG 4.6.2010 – 6 B 603/10 –, abgedr. bei Schütz/Maiwald BR ES/D I 2 Nr. 109 gemäß bedarf es nach den Beurteilungsrichtlinien der Polizei in Nordrhein-Westfalen „keiner besonderen Begründung", wenn eine Beurteilung gar um zwei Notenstufen schlechter ausfällt als die Vorbeurteilung des Beamten im zuvor bekleideten rangniedrigeren Amt. Zu Plausibilitätsdefiziten, falls die aktuelle Beurteilung in einem höheren Statusamt zu einem besseren Gesamturteil gelangt als die frühere Beurteilung im niedriger bewerteten Amt, sich aber in wesentlichen Teilen nur auf die damaligen Erkenntnisgrundlagen stützt, siehe NRW OVG 2.2.2010 – 6 B 1621/09 –, abgedr. bei Schütz/Maiwald BR ES/D I 2 Nr. 106. Siehe schließlich Schnellenbach/Bodanowitz aaO (Fn. 42) Rn. 255 mwN.

[47] Siehe zB § 4 Abs. 1 und 3 BW BeurtVO; zum Befähigungsbegriff auch § 2 Abs. 3 BLV.

[48] Vgl. Berger-Delhey/Lüthke ZTR 1995, 500 (501) sowie Schaefer ZBR 1983, 173 (177).

[49] So schon Schaefer ZBR 1983, 173 (179) mwN sowie Schnellenbach/Bodanowitz aaO (Fn. 42) Rn. 257 und dem folgend BVerwG 19.3.2015 – 2 C 12.14 –, juris Rn. 44 (= E 151, 333).

[50] Geyer ZBR 1979, 7 (8); Schnellenbach, Konkurrenzen Anh 2 Rn. 61, 73. Siehe aber zB Abschnitt 1.4.3 Nr. 136 der Beurteilungsbestimmungen des Bundesministeriums der Verteidigung i. d. F. vom 1.1.2015 (abgedr. bei Schnellenbach/Bodanowitz aaO, Fn. 42, Rn. 42).

[51] Vgl. Schnellenbach/Bodanowitz aaO (Fn. 42) Rn. 257b mwN.

[52] Der Verfasser möchte nicht verfehlen, vorsorglich anzumerken, dass der Begriff der „Eignung" *auch* in einem weiteren Sinne, nämlich als Oberbegriff gebraucht wird, der die Leistung und die Gesamtheit der jeweils verwendungsrelevanten Eigenschaften eines Beamten umfasst. Das Bundesverwaltungsgericht (siehe zB NVwZ 2003, 1398) geht teils von dem (im obigen Text vorausgesetzten) engeren, teils von dem weiteren Begriffsinhalt aus. Dazu im Einzelnen Schnellenbach/Bodanowitz aaO (Fn. 42) Rn. 84 ff. mwN.

[53] Wenn es in Richtlinien heißt, dass in einer Beurteilung zur Eignung für das angestrebte Amt „Stellung zu nehmen" sei, so lässt sich daraus nicht auf „die geringere Verbindlichkeit der Eignungsprognose des Beurteilers" schließen; SH OVG NJW 2001, 3210 (3211).

- wenn die zur späteren Verwendung auf Lebenszeit abgeleistete Probezeit abläuft oder
- wenn eine Beförderungsstelle oder ein Beförderungsdienstposten zu besetzen sind[54] oder ein Amt mit leitender Funktion zunächst im Beamtenverhältnis auf Probe übertragen wird.

Im ersten Fall muss die Prognose laufbahnbezogen erfolgen: Der (Laufbahn-)Beamte auf Lebenszeit muss allseitig, dh auf sämtlichen Tätigkeitsfeldern seiner laufbahnmäßigen Fachrichtung, verwendbar sein. In den an zweiter Stelle genannten Fällen hat sich die Prognose auf die Tauglichkeit des Beamten für das Beförderungsamt, das Amt mit leitender Funktion oder den Beförderungsdienstposten zu beziehen.[55] Eine – abgestufte – Eignungsbewertung mit dem Ziel, eine Rangfolge unter mehreren Bewerbern aufzustellen, muss nicht in Beurteilungsform abgegeben werden. Sie kann stattdessen der für die Personalentscheidung zuständigen Stelle zugewiesen werden, sich also außerhalb eines Beurteilungsverfahrens vollziehen, es sei denn, gesetzlich ist eine Eignungsbewertung in Form von Beurteilungen vorgeschrieben.[56] Stets muss sie, soweit wie möglich, unter Ausrichtung am – vorab festzulegenden[57] – Anforderungsprofil des infrage stehenden Amtes (oder – ausnahmsweise – Dienstpostens[58]) aus dem Leistungs- und Befähigungsbild des Beamten[59] schlüssig entwickelt werden. Dabei ist nicht nur auf das Leistungsgesamturteil abzuheben. Auch aus der Bewertung von Einzelmerkmalen in dienstlichen Beurteilungen mit gleich lautenden Gesamturteilen[60] kann sich ein Eignungsvorsprung ablesen lassen.[61]

3. Strenggebundene, teilgebundene und freie Beurteilung

Bei der strenggebundenen Beurteilung ist nicht nur vorgeschrieben, zu welchen Einzel- 19
merkmalen sich der Beurteiler zu äußern hat; ihm sind vielmehr auch nicht erweiterungsfähige oder modifizierbare Kataloge mit standardisierten Bewertungsmöglichkeiten oder gar Punktsysteme vorgegeben. Ferner hat er das Gesamturteil einer Skala zu entnehmen,

---

[54] Zur Koppelung einer Leistungs- und Befähigungsbewertung mit einer Äußerung zur – abgestuften – „Beförderungseignung" siehe Fn. 27.

[55] Siehe Schnellenbach/Bodanowitz aaO (Fn. 42) Rn. 258 mwN.

[56] Vgl. zB § 26 Abs. 1 Satz 1 LfbG Bln.

[57] Normalerweise wird das Anforderungsprofil, soweit es nicht schon durch Gesetz, Verordnung oder Verwaltungsvorschrift vorgegeben ist, mittels Stellenausschreibung statuiert. Siehe schon → § 3 Rn. 62.

[58] Zum regelmäßigen Gebot rein statusamtsbezogener Anforderungen nach der neueren Rechtsprechung des Bundesverwaltungsgerichts → § 3 Rn. 62 aE.

[59] Zur Ermittlung des Leistungs- und Befähigungsbildes eines Beamten sind vornehmlich die aktuellen Leistungs- und Befähigungsbeurteilungen heranzuziehen. Soweit ältere Beurteilungen jedoch für einen Bewerbervergleich „bedeutsame Rückschlüsse und Prognosen über die künftige Bewährung in einem Beförderungsamt ermöglichen", müssen auch sie in die Eignungseinschätzung einfließen; „erkennbare positive oder negative Entwicklungstendenzen" können bei „gleichwertigen aktuellen Beurteilungen von Bewerbern den Ausschlag geben" (BVerwG NVwZ 2003, 1397).

[60] Bei nicht (wesentlich) gleichen Gesamtergebnissen kann der daraus resultierende Vorsprung des besser (gesamt-)beurteilten Bewerbers grundsätzlich nicht im Wege einer Feinausschärfung überspielt werden, vgl. BVerfG 4.10.2012 – 2 BvR 1120/12 –, juris Rn. 14, 17.

[61] Vgl. in diesem Zusammenhang zB NRW OVG NVwZ-RR 2006, 347 und ZBR 2009, 349, RP OVG ZBR 1997, 193, IÖD 2000, 198 und DÖD 2000, 163, HVGH LKRZ 2010, 307. Ferner BVerwG 20.6.2013 – 2 VR 1.13 – juris Rn. 46 mwN: Die Beurteilungen seien „unter Anlegung gleicher Maßstäbe umfassend inhaltlich auszuwerten und Differenzierungen in der Bewertung einzelner Leistungskriterien oder in der verbalen Gesamtwürdigung zur Kenntnis zu nehmen." Nicht maßgeblich sein könnten jedoch Begründungselemente zu gleichbewerteten Einzelkriterien (BVerwG aaO Rn. 47).

die ebenfalls eine abschließende Aufzählung enthält. Bei der freien Beurteilung entscheidet der Beurteiler innerhalb des normativ – hilfsweise: des administrativ – abgesteckten Rahmens in jeder Beziehung selbstverantwortlich über die Beurteilungsmerkmale, zu denen er sich äußert, über die Fassung etwaiger Gesamturteile und über die Form der Darstellung. Eine Vergleichbarkeit von Beurteilungen ist bei diesem Beurteilungstyp kaum zu gewährleisten; er ist nicht zuletzt dieserhalb kaum noch gebräuchlich. Die teilgebundene Beurteilung bewegt sich in der Mitte zwischen den vorerwähnten beiden Extremen: Bei ihr sind gewöhnlich nur verbindliche Gesamturteilsstufen festgelegt und Einzelmerkmale zusammengestellt, über die sich der Beurteiler – mindestens – mit eigenen Worten und/oder unter Zuhilfenahme mehr oder weniger verbindlich gemachter Beschreibungs- und Bewertungshilfen aussprechen soll.[62]

IV. Beurteilungsverfahren

1. Zuständigkeit

20 Der Dienstherr hat im Rahmen seiner organisatorischen Gestaltungsfreiheit zu bestimmen, durch wen er die Aufgabe der dienstlichen Beurteilung wahrnimmt.[63] Zwar ist die (End-)Beurteilung durch den Dienstvorgesetzten (siehe § 3 Abs. 2 BBG) die Regel; rechtlich zwingend ist sie aber nicht.[64] Auch die (generelle[65]) Inanspruchnahme eines (Fach-)Vorgesetzten insbesondere als Erstbeurteiler ist grundsätzlichen Zweifeln entrückt.[66]

21 Folgt man dem Baden-Württembergischen Verwaltungsgerichtshof[67], so dürfen einem Tarifbeschäftigten – auch als Erstbeurteiler – dienstliche Beurteilungen von Beamten aber

[62] Zu Formblättern siehe Schnellenbach/Bodanowitz aaO (Fn. 42) Rn. 265 f. mwN.

[63] Siehe nur BVerwG 27.11.2014 – 2 A 10.13 –, juris Rn. 17. Der Leitsatz dieser Entscheidung, ein „Beamter, der die dienstlichen Leistungen des Beamten im Beurteilungszeitraum nicht aus eigener Anschauung als Vorgesetzter kennt,„ könne „nicht (Erst-)Beurteiler sein, wenn es einen dem Beamten im Beurteilungszeitraum vorgesetzten Beamten gibt“, verdient keine Zustimmung und geht über die Ausführungen des Gerichts in den Urteilsgründen hinaus, welche im Kern nur auf eine einschränkende Auslegung einer (Ausnahme-)Regelung in Beurteilungsbestimmungen des BND zielen (aaO Rn. 17 aE, 18). Vgl. dazu Schnellenbach/Bodanowitz aaO (Fn. 42) Rn. 267 aE.

[64] BVerwG DVBl 1986, 951, ZBR 1986, 330 und Buchholz 232.1 § 40 BLV Nr. 21, wo der „sachliche Zusammenhang“ der Beurteilungsaufgabe mit der Dienst- und Fachaufsicht zur Argumentation herangezogen wird.

[65] Die schlichte ad-hoc-Beauftragung eines Beamten oder eines Tarifbeschäftigten, vielleicht gar eines solchen ohne Vorgesetztenfunktion (dazu BVerwG ZBR 1986, 330), durch den Behördenleiter reicht jedenfalls nicht aus, um eine (Erst- oder End-)Beurteilerzuständigkeit zu begründen. Aus der Dienstvorgesetztenstellung folgt lediglich die Befugnis, Fachvorgesetzten oder anderen Bediensteten eine mündliche oder schriftliche Berichterstattung zu Leistung und Befähigung des Beamten abzuverlangen. Erst recht ist es dem sachlich und persönlich zuständigen Amtsträger selbst verwehrt, die ihm zugefallene Beurteilungskompetenz auf einen unzuständigen Dritten zu übertragen (HVGH DÖD 2000, 35; vgl. auch NRW OVG DÖD 1991, 118). Zur Beurteilung eines Beamten, der sich in mehreren Unterstellungsverhältnissen befindet, NRW OVG DÖD 1991, 210.

[66] § 50 Abs. 1 Satz 1 BLV zufolge ist die Beurteilung im Bundesbereich „in der Regel von mindestens zwei Personen“ abzugeben. Siehe für einen Zwang zum Vier-Augen-Prinzip NRW OVG 10.7.2015 – 1 B 1474/14 –, juris, dagegen für die Zulässigkeit eines zentralen Beurteilers nebst Berichterstatter Bln/BbgOVG 29.4.2016 – 7 S 3.16 –, juris Rn. 10 ff. sowie BW VGH 15.6.2016 – 4 S 126/15 –, juris Rn. 55 mwN Das Zwei- oder Mehrpersonenprinzip hat inzwischen das klassische Modell – Leiter der Beschäftigungsbehörde als *einziger* Beurteiler – auch im Länderbereich weitestgehend verdrängt.

[67] 21.9.1982 – 4 S 1807/80 –, abgedr. bei Schütz/Maiwald BR ES/A II 1.2 Nr. 1. Gegen den auf das Prüfungsrecht abstellenden Begründungsansatz dieser Entscheidung überzeugend Eck in Hüllmantel ua LlbG Art. 60 Rn. 12.

jedenfalls dann nicht übertragen werden, wenn er keine beamtenrechtliche Befähigung besitzt.[68] Das Bundesverwaltungsgericht[69] vertritt demgegenüber den Standpunkt, „die persönliche Befähigung, dienstliche Beurteilungen zu erstellen", resultiere „nicht aus dem Status, sondern aus den Kenntnissen des mit dieser Aufgabe Betrauten" (eine Ansicht, die freilich den „sachlichen Zusammenhang" der Beurteileraufgabe „mit der Wahrnehmung der Dienst- und Fachaufsicht"[70] offenbar ausblendet).

Ein im Ruhestand befindlicher Beamter ist nicht (mehr) befugt, eine dienstliche Beurteilung zu erstellen und eine solche in dienstlicher Eigenschaft zu verantworten.[71] Indessen bleibt die – bei fehlenden ausreichenden Kenntnissen des (aktuellen) Beurteilers durch die Einholung eines Beurteilungsbeitrags zu nutzende – Möglichkeit des Ruheständlers „davon unberührt", auch nach Eintritt in den Ruhestand „wie ein sachverständiger Zeuge Auskunft über die Leistungen des Beamten in der Vergangenheit zu geben und eine persönliche Leistungseinschätzung ... vorzunehmen".[72] Fraglos darf diese „persönliche Leistungseinschätzung" jedoch nicht auf einen Eingriff in die Beurteilungsermächtigung des (jetzigen) Beurteilers[73] hinauslaufen. Ob der Ruhestandsbeamte – etwa infolge einer „nachwirkenden" Treuepflicht – einem Auskunftsansinnen des infrage stehenden Inhalts folgen muss, ist dienstrechtlich unsicher und dürfte allenfalls anzunehmen sein, wenn sich nur so ein schwerwiegendes Erkenntnisdefizit vermeiden oder beheben lässt. 22

Das Beurteilungsverfahren kann, sei es auch nur durch Verwaltungsvorschrift der obersten Dienstbehörde,[74] mehrstufig angelegt sein. Hat ein höherer Dienstvorgesetzter eine rechtlich verselbstständigte Überbeurteilung zu erstellen, so darf er – unbeschadet seiner Pflicht, Eignung, Befähigung und fachliche Leistung des Beamten eigenverantwortlich umfassend zu bewerten – von der Beurteilung der nachgeordneten Dienstbehörde nur abweichen, wenn er dies im Interesse der Durchsetzung einheitlicher Beurteilungsmaßstäbe für seinen gesamten Dienstbereich als geboten erachtet oder wenn er aufgrund eigener Wahrnehmungen und Eindrücke[75] oder indirekter Erkenntnisquellen im Einzelfall selbst zu einer – anderen – Einschätzung des Beamten in der Lage ist. Bloße – nicht ausgeräumte – Zweifel an der Richtigkeit der Beurteilung rechtfertigen keine Abweichung.[76] Der Richtliniengeber kann sich auch für ein Modell entscheiden, bei dem die 23

---

[68] Hinweis auf § 15 Abs. 4 HRG.

[69] Buchholz 232.1 § 40 BLV Nr. 25. Weiterführend Schnellenbach/Bodanowitz aaO (Fn. 42) Rn. 275.

[70] Siehe dazu Fn. 64.

[71] BVerwG Buchholz 232.1 § 40 BLV Nr. 25 und 28.1.2016 – 2 A 1.14 –, juris Rn. 25. Vgl. auch NRW OVG 17.11.2008 – 6 B 1073/08 –, juris Rn. 4.

[72] BVerwG Buchholz 232.1 § 40 BLV Nr. 25. Zur grundsätzlichen Verpflichtung, bei der im Text angesprochenen Sachlage einen Beurteilungsbeitrag einzuholen, siehe BVerwG 28.1.2016 – 2 A 1.14 –, juris Rn. 22 ff.

[73] Zu Eingriffen in das Beurteilerermessen vgl. allgemein BVerwG ZBR 1991, 273, ferner NRW OVG DÖD 2000, 161 und 166 sowie NVwZ-RR 2002, 58.

[74] Vgl. BVerwG DVBl 1986, 951 und NRW OVG DÖD 1980, 277. Die Dienstaufsicht macht es möglich, dass der höhere Dienstvorgesetzte bzw. die vorgesetzte Dienstbehörde durch Weisungen auf gleichmäßige Beurteilungskriterien und deren einheitliche Handhabung durch die nachgeordneten Behördenleiter hinwirkt (siehe BayVGH BayVBl. 1970, 220). Nach BVerwGE 83, 113 ist es rechtlich unbedenklich, wenn ein Beurteilungssystem neben der Korrektur der Beurteilung durch eigenständige Beurteilungen höherer Dienstvorgesetzter diesen und den personalführenden Stellen die Befugnis einräumt, Beurteilungen bei Rechtsverstößen auch im Wege der Dienstaufsicht aufzuheben. Hinweis auch auf Fn. 73.

[75] Hier werden gewöhnlich nur präsente eigene Erkenntnisse in Betracht zu ziehen sein; flächendeckende (originäre) Ermittlungen, die auf die Erlangung eigenständiger neuer Erkenntnisse gerichtet sind, sollten grundsätzlich unterbleiben, weil der prägende Zweck der Überbeurteilung darin liegt, einheitliche Beurteilungsmaßstäbe zu gewährleisten.

[76] BayVGH BayVBl. 1977, 456. Ggf. muss der Überbeurteiler bei dem unmittelbaren Dienstvorgesetzten Rückfrage halten, statt kurzerhand zu unterstellen, dass dieser „nichts Aufschlussreiches"

erstinstanzliche Beurteilung und die Überurteilung bzw. die Überprüfungsentscheidung der vorgesetzten Dienstbehörde *erst zusammen* die eigentliche dienstliche Beurteilung im Rechtssinne darstellen. Fehlt es an einer bewussten und gewollten Wahl zwischen dem einen oder anderen Typus, so wird sich – abgesehen von Praktikabilitätserwägungen – in der Regel als ausschlaggebendes Argument zugunsten der Annahme *nur einer* Beurteilung im Rechtssinne ins Feld führen lassen, dass dem höheren Dienstvorgesetzten bzw. der vorgesetzten Dienstbehörde eine Änderungskompetenz[77] zuerkannt ist.

2. Erkenntnisquellen

24 Als Erkenntnisquellen des Beurteilers kommen neben status- oder dienstpostenbezogenen Vorgaben[78] in Betracht:

- (unmittelbar) eigene Tatsachenfeststellungen (besser noch: eigene Beobachtungen und Eindrücke[79]),
- Tatsachenfeststellungen Dritter[80] und
- Werturteile Dritter.

Die Reihenfolge der Aufzählung spiegelt zugleich eine Rangfolge wider.

25 Verfügt der Beurteiler nicht über – zulängliche – eigene Wahrnehmungen und Eindrücke aus einer Zusammenarbeit mit dem Beamten, aus sonstigem Kontakt zu ihm oder etwa auch aus der Einsichtnahme in Akten (Vorgänge), aus denen die Arbeitsweise des zu Beurteilenden und die Güte seiner Arbeit erkennbar wird,[81] so ist er – daneben – auf mündliche oder schriftliche Berichte (vorbereitende Stellungnahmen) Dritter angewiesen. Diese müssen nach Umfang und Detailtiefe „ein plastisches und zutreffendes Bild von den Leistungen und Befähigungen des zu Beurteilenden" zeichnen.[82] Für sich genommen als Grundlage nicht ausreichend sind Beurteilungsbeiträge, in denen der Dritte lediglich eigene Werturteile (etwa durch Ankreuzen) niederlegt, ohne dass der Beurteiler diese Wertungen nachvollziehen kann.[83] Kennt der Beurteiler den Beamten selbst nicht und stützt er sich deswegen ausschließlich auf Berichte (vorbereitende Stellungnahmen) Drit-

---

beitragen könne, was über den Inhalt seiner Beurteilung hinausgehe (NRW OVG 26.2.2007 – 1 A 2603/05 –, BeckRS 2007, 22499). Im Streitfall muss der Überbeurteiler seine abweichende Einschätzung plausibilisieren (siehe NdsOVG 8.9.2011 – 5 ME 234/11 –, juris Rn. 23, Bln/BbgOVG 15.6.2012 – 6 S 49.11 – juris Rn. 19 und – zur Plausibilisierung im Beschwerdeverfahren – RP OVG 15.9.2014 – 2 B 10647/14 –, juris Rn. 24 ff.).

[77] Von der Änderungskompetenz zu unterscheiden ist ein Selbsteintrittsrecht derart, dass ein höherer (Dienst-)Vorgesetzter die Beurteilungsaufgabe als solche an sich zieht; vgl. dazu NdsOVG ZBR 2009, 173.

[78] Siehe Schnellenbach/Bodanowitz aaO (Fn. 42) Rn. 292 ff., ferner Eck in Hüllmantel ua LlbG Art. 60 Rn. 16 – 1. Spiegelstrich –.

[79] Vgl. dazu BVerwGE 60, 245 (249 f.).

[80] Personen, die *außerhalb* der öffentlichen Verwaltung stehen, scheiden – selbst wenn sie als deren „Kunden" bezeichnet werden – als Hilfspersonen des Beurteilers aus, es sei denn, sie werden zu Auskünften herangezogen, die konkrete, deutlich abgegrenzte (Einzel-)Tatsachen betreffen, deren zuverlässige Kenntnis anderweit nicht zu erlangen ist.

[81] Vgl. BVerwGE 62, 135 und BVerwG ZBR 1980, 290 (r. Sp.), ferner NRW OVG DÖD 1980, 277.

[82] NRW OVG 24.1.2011 – 1 A 1810/08 –, abgedr. bei Schütz/Maiwald BR ES/D I 2 Nr. 111 mwN, daselbst auch zur Notwendigkeit einer Nachfrage bei dem Informanten für den Fall, dass seine schriftliche Äußerung im Wesentlichen aus Werturteilen besteht, deren Nachvollziehbarkeit „hinsichtlich ihrer Tatsachengrundlage sowie der durch sie eröffneten Interpretationsspielräume" klärungsbedürftig ist.

[83] Siehe aber BVerwGE 150, 359 (27.11.2014 – 2 A 10.13 –, juris) Rn. 23 und dazu die Kritik von Schnellenbach/Bodanowitz aaO (Fn. 42) Rn. 312.

ter,[84] so schlagen Mängel (Ermittlungs- und Abwägungsdefizite), die den Berichten anhaften, auf die Beurteilung durch und machen sie fehlerhaft.[85] Durch die Beteiligung Dritter verschiebt sich die Verantwortlichkeit für die Beurteiler nicht: Die Beurteilung muss vom zuständigen Beurteiler ausgehen und eine ihm zurechenbare Äußerung über die Qualifikation des Beamten bleiben.[86] Es gibt kein Erfordernis „spezieller Sachkunde".[87] Die Ergebnisse einer psychologischen Begutachtung darf sich der Dienstherr auch im Beurteilungsverfahren zu eigen machen und als „Beitrag zu seinem eigenen umfassenden Eignungsurteil" zB im Zusammenhang mit der Auswahl von Beamten für den Laufbahnaufstieg verwerten; die (nur) ihm zustehende Beurteilungsermächtigung selbst darf er aber nicht übertragen.[88,89]

Des Weiteren dürfen folgende (je nach den Gegebenheiten in den Blick zu fassende) Erkenntnisquellen nicht übersehen werden: 26

- Beurteilungsbeiträge Dritter, die sich auf einen Zeitraum beziehen, in dem der Beamte seinem (Erst- oder End-)Beurteiler nicht unterstellt war und die sich von einer vorbereitenden Stellungnahme dadurch unterscheiden, dass sie nicht nur Arbeitsunterlagen des (End-)Beurteilers sind, sondern von diesem (zwingend) „zur Kenntnis genommen" und „bedacht", wenn auch nicht „fortschreibend übernommen" werden müssen,[90,91] sowie
- Ergebnisse von Gremiumsbesprechungen beratenden Charakters[92] und
- Erfahrungssätze[93], die allerdings Einzelwahrnehmungen oder „Beobachtungen und Eindrücke", wie sie die Rechtsprechung als Beurteilungsgrundlagen verlangt,[94] nicht zu ersetzen vermögen.[95]

3. Anhörung des Beamten

Aufgrund der Fürsorge- und Schutzpflicht des Dienstherrn[96] hat der Beurteiler dem Beamten Gelegenheit zur Stellungnahme zu geben, bevor er in einer dienstlichen Beur- 27

[84] → Rn. 7 f.

[85] BayVGH 15.2.1982 – 3 B 81 A. 1476 –, abgedr. bei Schütz/Maiwald BR ES/D I 2 Nr. 3; siehe auch BVerwG Buchholz 232.1 § 40 BLV Nr. 25.

[86] BVerwG ZBR 1987, 15 (zur Hinzuziehung von Fachberatern durch den Beurteiler bei Unterrichtsbesichtigungen von Lehrern).

[87] Auf Werturteile Dritter darf nur unter der Voraussetzung zurückgegriffen werden, dass der Beurteiler – etwa weil ihm die nötigen Fachkenntnisse fehlen – außerstande ist, aus seinen unmittelbar eigenen Tatsachenfeststellungen (bzw. seinen eigenen Beobachtungen und Eindrücken) oder denjenigen Dritter wertende Schlussfolgerungen zu ziehen (NRW OVG DÖD 2003, 63). Siehe dazu ferner schon Fn. 81.

[88] BVerwGE 80, 224; siehe auch BVerwG Buchholz 232.1 § 40 BLV Nr. 12.

[89] Bln/BbgOVG 23.3.2010 – 6 S 37.09 –, BeckRS 2010, 49042 bemängelt mit Recht, dass ein Beurteiler in einer Mehrzahl von Fällen (in concreto immerhin 428) „ohne eigene Prüfung Bewertungen und Urteile von Mitarbeitern des Personalreferates" (schlicht) übernommen habe, obwohl diese „nur beratend und unterstützend" hätten tätig werden dürfen.

[90] BVerwGE 150, 359, Rn. 24; 107, 360 sowie BVerwG ZBR 1993, 89 und ZBR 1999, 348 (349).

[91] Siehe auch § 11 Satz 1 SächsBeurtVO („Einschätzung" des aufnehmenden Dienstherrn bei einer Abordnung des Beamten gemäß § 14 BeamtStG bzw. der „Einrichtung", der der Beamte gemäß § 20 BeamtStG zugewiesen ist).

[92] Dazu im Einzelnen Schnellenbach/Bodanowitz Dienstliche Beurteilung Rn. 313 ff.

[93] Dazu im Einzelnen Schnellenbach/Bodanowitz aaO (Fn. 92) Rn. 315a.

[94] Grundlegend BVerwGE 60, 245 (249 f.).

[95] Vgl. dazu Riotte/Kunz NWVBl. 2002, 8 (11). Siehe ferner NRW OVG 20.1.2009 – 6 B 1642/08 –, BeckRS 2009, 31145.

[96] → § 10 Rn. 23.

teilung aus einem Sachverhalt ungünstige Schlüsse ableitet.[97] Bei mehrstufig angelegten Beurteilungsverfahren[98] trifft die Anhörungspflicht auch den Beurteiler der höheren Stufe, der beabsichtigt, erstmalig eine ungünstige Behauptung tatsächlicher Art aufzunehmen oder zu verwerten.[99] Der Beurteiler braucht die Anhörung nicht persönlich vorzunehmen. Er darf jedoch solche Personen hiermit nicht betrauen, die an den Vorgängen, die dem Beamten angelastet werden, beteiligt waren oder bei denen ein vernünftiger, dh ein objektiv fassbarer Grund für die Annahme einer Voreingenommenheit vorhanden ist.[100]

4. Beurteilungsgespräch

28 Beurteilungsrichtlinien[101] können darüber hinaus vorschreiben, dass der (Erst-)Beurteiler *vor* Erstellung der Beurteilung ein Gespräch mit dem zu Beurteilenden über den Beurteilungsinhalt (also sowohl über etwaige tatsächliche Feststellungen als auch über Wertungen) zu führen habe. Ein derartiges Gespräch soll es dem (Erst-)Beurteiler ermöglichen, seine Eindrücke mit der Selbsteinschätzung des zu Beurteilenden abzugleichen; es muss nicht unbedingt auch zu einem Diskurs über zu vergebende (Leistungs-)Gesamturteile führen.[102] Unterbleibt das Gespräch, so kann es gewöhnlich bei Beachtung seines Zweckes, womöglich die Einzelbewertungen und das Gesamturteil (bzw. den Gesamturteilsvorschlag) zu beeinflussen, allenfalls bis zur abschließenden Meinungsbildung – dh im Ergebnis bis zur Schlusszeichnung durch den (End-)Beurteiler – „nachgeholt" werden.[103]

5. Bekanntgabe (Eröffnung) der Beurteilung

29 Die einschlägigen gesetzlichen oder verordnungsrechtlichen Regelungen[104] stimmen darin überein, dass die Beurteilung dem Beamten (in ihrem vollen Wortlaut) bekannt zu geben (zu eröffnen) sei. Dazu genügt es zumeist nicht, dass ihm die Beurteilung zum Lesen überlassen wird; vielmehr erweist sich die Aushändigung oder Zusendung einer Beurteilungsabschrift normalerweise[105] als unerlässlich.[106] Zwischen der Bekanntgabe und einer Besprechung der Beurteilung sollte eine Frist von mindestens zwei Arbeitstagen liegen, während deren der Beamte sich eingehend mit der Beurteilung befassen kann. Ein – vorbereitendes – Beurteilungsgespräch ersetzt, selbst wenn es auf der Grundlage eines

---

[97] Vgl. BVerwGE 38, 336; 43, 255 sowie BGHZ 22, 258 (266 f.); siehe auch H. Günther ZBR 1984, 353 (358 ff.) und Schnellenbach ZBR 1981, 301 (305).

[98] → Rn. 23.

[99] Vgl. Pickuth RiA 1978, 21 (23). Siehe auch BVerwG ZBR 2001, 249 (zum Soldatenrecht).

[100] Vgl. BVerwG Buchholz 421.0 Prüfungswesen Nr. 72. NRW OVG ZBR 1972, 376 stellt für den Fall, dass keine Niederschrift über die Anhörung gefertigt wird, darauf ab, ob aus der Sicht des Beamten eine Besorgnis der Befangenheit bestehe.

[101] Siehe zB Nr. 12. 3. 1 der in Fn. 27 näher bezeichneten Richtlinien sowie Nr. 5.2.1.1 der Verwaltungsvorschrift des rheinland-pfälzischen Ministeriums für Innern, für Sport und Infrastruktur zur Beurteilung der Beamtinnen und Beamten (...) vom 2.7.2013, RP MinBl. S. 146 (abgedr. bei Schnellenbach/Bodanowitz aaO – Fn. 92 – Rn. 64).

[102] Vgl. NRW OVG DÖD 2000, 161.

[103] Siehe dazu NRW OVG ZBR 2009, 215 sowie NRW OVG 27.11.2009 – 6 A 1236/07 –, BeckRS 2009, 41951; ferner Schnellenbach/Bodanowitz aaO (Fn. 96) Rn. 317a und 326a mwN und Willems NWVBl. 2001, 121 (128 f.).

[104] Siehe dazu Schnellenbach/Bodanowitz aaO (Fn. 92) Rn. 98, 110 und 124.

[105] So auch § 9 Abs. 1 Satz 3 SächsBeurtVO sowie Nr. 1.8.1 (177) BeurtBestBMVg und Nr. 1.8.1 (174) der einschlägigen Durchführungsvorgaben (abgedr. – mit Hinweis zur Nachfolgeregelung – bei Schnellenbach/Bodanowitz aaO – Fn. 92 – Rn. 42, 43).

[106] Den Beamten trifft eine Mitwirkungspflicht; kommt er ihr nicht nach (etwa indem er die Entgegennahme der Beurteilung verweigert), so muss er sich so behandeln lassen, als ob ihm die Beurteilung in der vorgeschriebenen Weise eröffnet worden wäre (ThürOVG LKV 2012, 374). Siehe auch Fn. 113.

Beurteilungsentwurfs geführt worden ist, weder die Bekanntgabe noch die Besprechung der Beurteilung.

Mit der Bekanntgabe der Beurteilung wird diese dem Beamten gegenüber wirksam (arg. § 43 Abs. 1 VwVfG).[107] Nachträgliche Änderungen im Verwaltungswege wird man – vorbehaltlich einer anderen administrativen Regelung – von der verfahrensrechtlichen Mindestvoraussetzung abhängig machen müssen, dass der Beamte bei einer Verböserung zuvor Gelegenheit zur Stellungnahme erhält; die nachträgliche Aufhebung einer als rechtswidrig erkannten Beurteilung ist analog § 48 VwVfG zulässig.[108] Ist eine rechtlich verselbstständigte Überbeurteilung abzugeben, so muss die (Erst-)Beurteilung dem Beamten bekannt gegeben werden, *bevor* sie dem für die Überbeurteilung zuständigen Dienstvorgesetzten, unter Umständen mit einer Gegenäußerung des Beamten, zugeleitet wird. 30

6. Besprechung der Beurteilung

Soweit – wie im Bund (§ 50 Abs. 3 Satz 1 BLV) und in den Ländern[109] – eine Beurteilungsbesprechung vorgesehen ist, setzt diese die vorherige Bekanntgabe der (fertigen[110]) Beurteilung voraus. Die Beurteilung muss als solche den Gegenstand der Unterredung bilden. Personalführungsgespräche (Förderungs- und Beratungsgespräche) während des Beurteilungszeitraumes[111] fallen deshalb – nicht anders als Zielvereinbarungen und Zielerreichungsüberprüfungen – von vornherein nicht unter den Begriff der Beurteilungsbesprechung, selbst wenn sie zwischen dem (späteren) Beurteiler und dem (später) zu Beurteilenden geführt werden. 31

Die Besprechung der Beurteilung, die nicht bereits deshalb entfallen kann, weil schon zuvor im Rahmen eines Beurteilungsgesprächs eine Erörterung des Beurteilungsentwurfs stattgefunden hatte, „gibt dem Dienstherrn Gelegenheit, dem Beamten die … (Beurteilungs-)Ergebnisse sowie einzelne Werturteile und ihre Grundlagen näher zu erläutern". Ziel der „Erläuterung" eines Werturteils muss es sein, dass dieses „keine formelhafte Behauptung bleibt, sondern dass es für den Beamten einsichtig … wird"; der Beamte soll „die Gründe und Argumente des Dienstherrn erfahren", „der Weg, der zu dem Urteil geführt hat", soll für ihn „sichtbar" werden. Ein „allgemein und pauschal formuliertes Werturteil" kann „durch Anführung von tatsächlichen Vorgängen, aber auch von weiteren (Teil-)Werturteilen" erläutert werden.[112,113] 32

---

[107] BVerwGE 113, 255 (258); Bln/BbgOVG 24.2.2014 – 6 S 35.10 –, juris Rn. 10.

[108] Siehe dazu eingehend NdsOVG ZBR 2009, 173, ferner Schnellenbach/Bodanowitz aaO (Fn. 109) Rn. 322, 335a und – zur analogen Anwendung von § 48 VwVfG – BVerwG 17.3.2016 – 2 A 4.15 –, Rn. 16.

[109] Siehe dazu Schnellenbach/Bodanowitz Dienstliche Beurteilung Rn. 99, 110 und 125.

[110] *Hier* liegt der wesentliche Unterschied zum Beurteilungsgespräch (siehe Rn. 28). Eine fehlsame Beurteilungsbesprechung macht die Beurteilung nicht rechtswidrig, kann aber einen (nachträglichen) Anhalt für eine Voreingenommenheit des Beurteilers abgeben (BVerwG DVBl 1998, 1076). Vgl. aber auch NRW OVG RiA 2005, 253 (256): Der Beurteiler bleibe auch bei der Besprechung der Beurteilung „Herr des Verfahrens". Siehe schließlich BW VGH VBlBW 2006, 62 (66).

[111] Siehe dazu zB Abschn. 3 Nr. 2.5 Satz 5–9 VV-BayBeamtR.

[112] BVerwGE 60, 245 (251). Nach BVerwG DÖD 2000, 108 kann es bei einem Wechsel der Dienstbehörde möglicherweise ausreichen, wenn der bei seiner früheren Beschäftigungsbehörde geringfügig besser Beurteilte auf den – mit der Personalstruktur der neuen Beschäftigungsbehörde zusammenhängenden – strengeren Beurteilungsmaßstab hingewiesen wird. Vgl. ferner BVerwG 9.6.1994 – 2 A 1.93 –, Dok. Ber. B 1994, 309: Die Anforderungen an die Plausibilisierung kritischer Äußerungen in einer Beurteilung seien nicht allzu „hoch" anzusetzen, wenn es sich um eine „Kritik von nur begrenztem Gewicht" im Zusammenhang mit einer „insgesamt positiv gehaltenen Beurteilung" handle. Zur Plausibilisierungsproblematik allgemein Schnellenbach RiA 1990, 120 (122 ff.) und ZBR 2003, 1 ff.

[113] Zum Besprechungsverzicht Schnellenbach/Bodanowitz aaO (Fn. 109) Rn. 329 mwN.

7. Beurteilungsspiegel

33 Anonymisierte Übersichten insbesondere im Blick auf die Ergebnisse von Regelbeurteilungsrunden können verschiedenen Zwecken dienen:

- Sie können als Kontrollmittel zur Beobachtung der Einhaltung von Richtwertvorgaben[114] genutzt werden.
- Wenn keine (formellen) Richtwertvorgaben vorhanden sind, zeigen Beurteilungsspiegel wenigstens auf, wie in einer Behörde bzw. in einem Geschäftsbereich *tatsächlich* beurteilt worden ist, sodass sich zum einen die Frage der Maßstabsgerechtigkeit der Ergebnisse in etwa (leichter) evaluieren lässt und zum anderen notwendige Harmonisierungen der Beurteilungen von Bewerbern aus verschiedenen Geschäftsbereichen ermöglicht (oder erleichtert) werden.

8. Aufnahme der Beurteilung in die Personalakte

34 Die dienstliche Beurteilung muss unabhängig davon, ob dies eigens durch Gesetz[115] oder Verordnung[116] bestimmt ist, in die Personalakte aufgenommen werden, weil sie in einem unmittelbaren inneren Zusammenhang mit dem Dienstverhältnis steht (vgl. § 50 Satz 2 BeamtStG, § 106 Abs. 1 Satz 4 BBG). Hat die Besprechung der Beurteilung eine Korrektur zur Folge, so darf die Beurteilung grundsätzlich[117] nicht mehr in der ursprünglichen, sondern nur noch in der neuen Fassung zur Personalakte gelangen.[118]

V. Beurteilungsinhalt

35 Innerhalb der durch Gesetz, Verordnung oder selbstbindende Verwaltungsvorschrift gezogenen Grenzen kann der Beurteiler nach pflichtgemäßen Ermessen darüber befinden, ob er in der dienstlichen Beurteilung

- einzelne Sachverhalte[119] aufgreift und aus ihnen (in Richtung auf Einzelmerkmale oder das Gesamturteil) wertende Schlussfolgerungen zieht,

---

[114] → Rn. 50ff.

[115] Siehe § 26 Abs. 1 Satz 3 BlnLfbG und § 92 Abs. 1 Satz 4 NRW LBG.

[116] Siehe dazu Schnellenbach/Bodanowitz aaO (Fn. 109) Rn. 110, 126.

[117] Der Beamte kann der Vernichtung der Beurteilung in der Erstfassung nur dann mit Erfolg widersprechen, wenn er (ausnahmsweise) ein berechtigtes Interesse daran hat, dass die Erstfassung neben der geänderten Fassung erhalten bleibt und (auch) in seine Personalakte eingeht. Dies wird vornehmlich dann der Fall sein, wenn die Beurteilungsbesprechung – unter Umständen mit weiteren, durch sie ausgelösten Ermittlungen – zu einer Verschlechterung der Beurteilung führt oder wenn sich aus dem Gesamtvorgang Anhaltspunkte für eine Voreingenommenheit des Beurteilers herleiten lassen, die auch spätere Beurteilungen beeinflussen könnte.

[118] Vgl. H. Günther ZBR 1976, 144 (145) und Riedmaier RiA 1977, 141 (144). Nicht zur (Personal-)Akte zu nehmen sind überdies im Zuge der Vorbereitung der Beurteilung angefallene Unterlagen wie insbesondere als Gedächtnisstütze erstellte Notizen zu Beurteilungsgesprächen oder bei Akteneinsichtnahmen gesammelten Eindrücken, vgl. BW VGH 15.6.2016 – 4 S 126/15 –, juris Rn. 51 ff. und Schnellenbach/Bodanowitz aaO (Fn. 109) Rn. 301.

[119] Ein Ereignis („historischer Einzelvorgang") scheidet als Basis für einen die Qualifikation betreffenden Wertungsakt aus, falls es (er) sich außerhalb des Dienstes zugetragen hat und nicht mit den dienstlichen Aufgaben des Beamten in Zusammenhang steht. Eine „situationsbedingte oder zufällige Verhaltensweise" (Pickuth RiA 1977, 221, 224) hat gleichfalls außer Betracht zu bleiben; vgl. auch Schütz DÖD 1971, 121 (123).

- nur Werturteile ausspricht, die nicht auf konkreten Vorkommnissen, sondern auf einer Vielzahl von Beobachtungen und Eindrücken beruhen, oder
- beide Möglichkeiten miteinander verbindet.[120]

Wozu sich der Beurteiler auch immer entschließt, stets muss er seine wahre Auffas- 36
sung[121] in Bezug auf Eignung, Befähigung und fachliche Leistung des Beamten in unparteiischer Gewissenhaftigkeit hinreichend differenziert und deutlich niederlegen,[122] sodass der Beurteilungstext (ohne nachträgliche klarstellende Erläuterungen[123]) der Personalverwaltung als brauchbare Unterlage für sachgerechte Einsatz- und Ausleseentscheidungen dienen kann.[124]

Disziplinarmaßnahmen oder missbilligende Äußerungen eines Dienstvorgesetzten (sie- 37
he §§ 5, 6 Satz 2 BDG) sowie Hinweise auf Strafen oder Geldbußen, die im Straf- oder Bußgeldverfahren verhängt worden sind, dürfen nicht in der Beurteilung vermerkt werden.[125]

1. Beurteilungszeitraum und Aufgabenbereiche

Der Beurteilungszeitraum und die vom Beamten währenddessen (im Hauptamt[126] oder 38
als Nebentätigkeit auf Verlangen des Dienstherrn[127]) wahrgenommenen Aufgaben[128] müssen aus der dienstlichen Beurteilung – notfalls im Zusammenhang mit dem übrigen Personalakteninhalt – eindeutig zu entnehmen sein.[129] Lässt sich (auch) im Wege der Auslegung nicht eindeutig erkennen, auf welchen Zeitraum sich die dienstliche Beurteilung bezieht, stellt dies ihre Eignung als tragfähige Vergleichs- und Auswahlgrundlage durchgreifend in Frage.[130]

---

[120] Vgl. BVerwGE 60, 245.

[121] Zu einem Verstoß gegen die Wahrheitspflicht (besser noch: gegen die Pflicht zur *Wahrhaftigkeit*) siehe den Sachverhalt der Entscheidung NRW OVG 8.11.2005 – 6 A 1474/04 –, abgedr. bei Schütz/Maiwald BR ES/D I 2 Nr. 77.

[122] „Die dienstliche Beurteilung ist keine Maßnahme, die sich für verschlüsselte Botschaften eignet" (Künzler SächsVBl. 2008, 77, 79).

[123] BVerwG ZBR 1992, 374.

[124] Zur Abgrenzung von dienstlicher Beurteilung und Dienstzeugnis siehe Schnellenbach/Bodanowitz aaO (Fn. 109) Rn. 223 mwN.

[125] Vgl. Abschn. 3 Nr. 7.4 VV-BayBeamtR.

[126] Auch die nur vorübergehende, nicht auf einen ganz unbedeutenden Zeitraum beschränkte vertretungsweise Wahrnehmung der Aufgaben eines höher bewerteten Dienstpostens muss erwähnt (und bewertet) werden; VG Frankfurt a. M. DÖD 1994, 69.

[127] Vgl. § 98 BBG. Hinsichtlich einer Nebentätigkeit wird man freilich die Einschränkung machen müssen, dass sie nur dann zu vermerken ist, wenn der Beurteiler ihre Wahrnehmung in seine wertenden Erwägungen zu Einzelmerkmalen oder zum Gesamturteil (zugunsten des Beamten) einbezieht; vgl. RP OVG ZBR 1993, 90 m. abl. Anm. Zängl.; siehe ferner NRW OVG 7.3.2016 – 6 A 623/14 –, juris Rn. 9 f.

[128] Gegenstand einer dienstlichen Beurteilung können nur Tätigkeiten und Leistungen sein, die der Beamte in Ausübung seines Amtes, also „dienstlich" erbracht hat, nicht hingegen Tätigkeiten eines vom Dienst freigestellten oder beurlaubten Beamten etwa bei einer Bundes- oder Landtagsfraktion (vgl. Bln/BbgOVG NVwZ-RR 2011, 534); zu der neuerdings auf eine Privilegierung von solchen parteipolitisch orientierten Tätigkeiten zielenden Bestimmung des § 33 Abs. 2a BLV siehe (krit.) H. Günther ZBR 2015, 121 ff. sowie Schnellenbach/Bodanowitz aaO (Fn. 109) Rn. 110b. Zur Tätigkeit im Personalrat oder in einem Berufsverband siehe Fn. 142.

[129] Zur Notwendigkeit einer „voranzustellenden" Aufgabenbeschreibung Art. 58 Abs. 1 BayLlbG, § 4 Abs. 2 Satz 1 BW BeurtVO, § 5 Abs. 1 Satz 1 SächsBeurtVO und § 53 Abs. 1 ThürLVO iVm § 54 ThürLaufbG.

[130] BW VGH 12.8.2015 – 4 S 1405/15 –, juris Rn. 7. Siehe ferner Schnellenbach/Bodanowitz aaO (Fn. 109) Rn. 351 mwN.

39 Die Feststellungen und Bewertungen zu den Einzelmerkmalen und die Gesamturteile haben die innerhalb des ganzen Beurteilungszeitraumes gezeigten Leistungen und Fähigkeiten des Beamten zu erfassen.[131] Dies heißt allerdings nicht, dass fachliche oder sonstige Mängel in der Dienstausübung, die der Beamte – unter Umständen nach Hinweis – während des Beurteilungszeitraumes abgestellt hat, aus Gründen falsch verstandener „Vollständigkeit" (als solche) in der Beurteilung noch erwähnt werden müssten.

40 Für die Regelbeurteilung kommt es auf die (normale[132]) Beurteilungsperiode an. Dieser Grundsatz gilt nach der Rechtsprechung des Bundesverwaltungsgerichts[133] auch dann,

- wenn der Beamte innerhalb des entsprechenden Zeitraumes befördert und/oder
- wenn er zwischenzeitlich (etwa im Zusammenhang mit der Beförderung) bedarfsbeurteilt

worden ist.

Der Ansatz löst, sofern keine anderweitigen Festlegungen zum Beurteilunszeitraum in Beurteilungsrichtlinien getroffen werden, eine Reihe von Problemen aus: Da als Beurteilungsmaßstab nur die Anforderungen des nunmehr erreichten Beförderungsamtes infrage kommen, birgt die Einbeziehung der zuvor erbrachten Leistungen insofern das Dilemma in sich, dass das frühere Leistungsbild *unvermeidlich* nach einem fiktiven (nämlich im Beurteilungszeitpunkt anspruchsvolleren) Maßstab bewertet wird.[134] In Bezug auf eine in den Regelbeurteilungszeitraum fallende Bedarfsbeurteilung erfolgt – obwohl das Bundesverwaltungsgericht dies nicht wahrhaben will – der Sache nach eine nachträgliche Herabstufung dieser Bedarfsbeurteilung zum Beurteilungsbeitrag, dies besonders in den Fällen von Bedarfsbeurteilungen, die aus einem anderen Geschäftsbereich oder gar von einem anderen Dienstherrn stammen. Wie eine Erprobungsbeurteilung, die von einer *höheren* Hierarchiestufe ausgeht, bei der nächsten Regelbeurteilung der nach dem Ende der Erprobung wieder zuständigen *nachgeordneten* Behörde ohne Rechtsfehler behandelt werden soll, ist gleichfalls offen; die Konstruktion eines Quasi-Beurteilungsbeitrags dürfte sich hier verbieten.

41 Der Beurteilungszeitraum einer Bedarfsbeurteilung hängt vom Beurteilungsanlass ab. Bei der Beurteilung am Ende der (regelmäßigen oder verlängerten) Probezeit[135] ist die Probezeit *als Ganze* als Beurteilungszeitraum zu betrachten. Bewirbt sich der Beamte um ein (weiteres) Beförderungsamt, ein Amt mit leitender Funktion oder einen Beförderungsdienstposten, so ist der Beurteilungszeitraum dahin zu bestimmen, dass er die Zeit seit dem letzten Regelbeurteilungszeitpunkt[136] bzw. – wenn der Beamte seitdem

---

[131] BVerwGE 107, 360. Zur – grundsätzlich statthaften – Einbeziehung einer im Beamten-(Richter-) Verhältnis auf Probe abgeleisteten Dienstzeit in den Beurteilungszeitraum einer Regelbeurteilung, die nach der Ernennung zum Beamten (Richter) auf Lebenszeit erstellt wird, vgl. BVerwG DVBl 1984, 1221.

[132] Regelbeurteilungen müssen sich grundsätzlich in zeitlicher Hinsicht nahtlos an den in der Vorbeurteilung erfassten Zeitraum anschließen.

[133] DVBl 1994, 112 und ZBR 2001, 211. Dazu im Einzelnen (krit.) Schnellenbach/Bodanowitz aaO (Fn. 109) Rn. 352. Zust. zur Rechtsprechung des Bundesverwaltungsgerichts (mwN) Eck in Hüllmantel ua LlbG Art. 58 Rn. 12 ff.

[134] Zumindest in die Nähe einer Maßstabsfiktion gerät NdsOVG 9.2.2010 – 5 LB 497/07 –, BeckRS 2010, 46854 (= DVBl 2010, 528 – LS –), wo die Problematik auf die Plausibilisierungsebene verschoben wird: Es genüge den „Anforderungen des Plausibilitätsgebots", wenn die Beurteiler die *vor* der Beförderung des Beamten im Beurteilungszeitraum gezeigten Leistungen, gemessen an dem am *Beurteilungsstichtag* höheren statusrechtlichen Amt, „im Vergleich zur Vorbeurteilung des Beamten um eine Wertungsstufe herabsetzen", falls der Beamte seine Leistungen nicht gesteigert habe.

[135] → § 6 Rn. 23 f., 27.

[136] Hier ist vorausgesetzt, dass kein reines Bedarfsbeurteilungssystem vorgegeben ist; siehe dazu Rn. 15. Vgl. im Übrigen auch NRW OVG ZBR 2010, 206: Der Beurteilungszeitraum einer Bedarfsbeurteilung, die aus Anlass einer der im obigen Text genannten Wettbewerbssituationen erstellt wird, sollte (bei Identität der Statusämter; Zusatz des Verf.) „im Zweifel" bis an das Ende des jeweiligen

schon einmal befördert oder aus solchem oder anderem Anlass beurteilt worden sein sollte – die Zeit seit der letzten Beförderung bzw. Bedarfsbeurteilung umfasst. Bei einer Versetzung oder längerfristigen Abordnung gilt Entsprechendes; bei Beendigung einer zeitlich ausgedehnteren Abordnung ist der Abordnungszeitraum als Beurteilungszeitraum anzusehen – dies freilich nur, falls in Bezug auf die Abordnung überhaupt eine Beurteilung und nicht nur ein Beurteilungsbeitrag vorgeschrieben ist.[137]

2. Einzelmerkmale

Gängige Kategorien von Leistungshauptmerkmalen, die gesondert bewertet werden können (soweit vorgesehen: gesondert bewertet werden *müssen*), sind Arbeitsmenge, Arbeitsgüte, Arbeitsweise und Führungserfolg. Diesen Hauptmerkmalen lassen sich jeweils Submerkmale[138] zuordnen, sei es zur Erläuterung, sei es eigens zur Bewertung.[139] Ist eine Bewertung sowohl der Haupt- als auch der Submerkmale vorgeschrieben, so lässt es das Bundesverwaltungsgericht[140] – unter Vernachlässigung der Gewichtungsfrage[141] – zu, dass die Bewertungsstufen der Hauptmerkmale als arithmetisches Mittel der zugehörigen Submerkmalbewertungen, dh rein rechnerisch, ermittelt werden. Sorgsam ist auf inhaltliche Überschneidungen zu achten, die die Gefahr einer Doppelbewertung von Leistungsaspekten in sich bergen.[142] 42

Kataloge von Befähigungsmerkmalen[143] lassen gewöhnlich kaum eine Systematik erkennen. Dies liegt letztlich in der Natur der Sache, weil sich die für die dienstliche Verwendung wesentlichen Eigenschaften eines Beamten kaum mit Anspruch auf (geschäftsbereichs-, laufbahn- und/oder laufbahngruppenbezogene oder gar noch weiter übergreifende) Vollständigkeit aufzählen und in eine überzeugungskräftige Ordnung bringen lassen. Je detailreicher ein Katalog von Befähigungsmerkmalen beschaffen ist, umso eher sollte dem Beurteiler die Möglichkeit eingeräumt werden, solche Merkmale (ohne Begründung im Einzelnen) zu streichen, die – gemessen an den Zwecken der 43

Vorbeurteilungszeitraumes zurückreichen. Er ist, falls nicht in der Beurteilung selbst präzisiert, im Wege der Auslegung zu ermitteln.

[137] → Rn. 12.

[138] Vgl. zB die in Anlage 1 zu der in Fn. 27 näher bezeichneten Verwaltungsvorschrift dem Hauptmerkmal „Arbeitsweise“ beigegebenen Submerkmale „Zusammenhänge beachten“, „Gestaltungsspielräume nutzen“, „Strukturierung“ und „Effizienz“.

[139] Siehe zB die Anlage zu § 7 SächsBeurtVO.

[140] BVerwGE 97, 128 m. Anm. Schnellenbach ZBR 1995, 237.

[141] → Rn. 49.

[142] Soweit im Zusammenhang mit (Leistungs-)Haupt- oder Submerkmalen Kriterien wie „soziales Verhalten“, „soziale Kompetenz“ o. ä. in den Blick zu fassen sind, ist auf die Dienstbezogenheit der Erwägungen Rücksicht zu nehmen: Eine Tätigkeit im Personalrat oder in einem Berufsverband unterliegt nicht der dienstlichen Beurteilung, kann also auch nicht positiv unter den Gesichtspunkten „soziales Verhalten“, „soziale Kompetenz“ o. ä. bewertet werden; vgl. VG Hannover ZBR 1976, 345. Siehe außerdem BAG PersV 1996, 26. Zur unzulässigen Berücksichtigung von Handlungen eines Beurteilten, die dieser in seiner Eigenschaft als Personalratsvorsitzender vorgenommen hat, BayVGH BayVBl. 2000, 436 m. krit. Anm. Biletzki. Beachte außerdem BVerwG NVwZ 2003, 1398 und HVGH NVwZ 2002, 876. Zum Fragenkomplex einer dienstlichen Beurteilung von Frauen- bzw. Gleichstellungsbeauftragten namentlich beim sog Verwaltungsmodell grundlegend Kathke ZBR 2004, 185 (188 f.), ferner Schnellenbach/Bodanowitz aaO (Fn. 109) Rn. 358a und 358b mwN.

[143] Siehe zB Anlage 2 der Gemeinsamen Verwaltungsvorschrift aller Ministerien und des Rechnungshofs über die dienstliche Beurteilung der baden-württembergischen Landesbeamten i. d. F. vom 30.4.2015, BW GABl. S. 178 (abgedr. bei Schnellenbach/Bodanowitz aaO (Fn. 109) Rn. 45: „Lernfähigkeit“, „Aufgeschlossenheit für nicht erlernte Fachgebiete, geistige Beweglichkeit“, „Überblick“, „Einfallsreichtum“, Merkfähigkeit“, usw.

dienstlichen Beurteilung – irrelevant sind oder zu denen er sich aufgrund der beobachtbaren Leistungen des Beamten nicht zuverlässig zu äußern vermag.

44 Bei der Beurteilung schwerbehinderter Beamter[144] sind beeinträchtigungsbedingte Minderungen der Belastbarkeit und Einschränkungen der Verwendungsbreite schon bei der Äußerung zu den Einzelmerkmalen zu berücksichtigen,[145] und zwar – entgegen der Ansicht des Bundesverwaltungsgerichts[146] – nicht nur dann, wenn sie die quantitative Leistungsdimension betreffen, sondern auch, wenn sie qualitative Leistungsdefizite zur Folge haben.[147]

3. Bewertungsskalen

45 Die Skala für Leistungsbewertungen, die in der Regel sowohl der Bewertung der Einzelmerkmale als auch derjenigen der Gesamturteile zugrunde zu legen ist, kann

- auf die „Anforderungen" (des Statusamtes[148]) oder
- auf den „Durchschnitt"

als Grundbestandteil abheben und ihn variieren (heute zumeist nach dem Schema: 2 Minusvarianten – Mittelwert – 2 Plusvarianten[149]).[150] In der Praxis finden sich – soweit nicht vom Richtliniengeber untersagt – vor allem bei den Plusvarianten sog Binnendifferenzierungen innerhalb eines Bewertungsfeldes.[151] Den verbalen Skalen können Punktwerte oder – um die Möglichkeit von Binnendifferenzierungen zu eröffnen – auch Punktwertspektren[152] zugeordnet werden.

46 Befähigungsmerkmale werden nach zumeist 4- oder 5-stufigen Skalen bewertet, die auf Ausprägungsgrade abstellen; Punktwertzuordnungen kommen hier ebenso wenig infrage wie (Befähigungs- oder auch kombinierte Leistungs- und Befähigungs-)Gesamturteile.[153]

---

[144] Zum Begriff des schwerbehinderten Menschen siehe § 2 SGB IX.

[145] Siehe dazu § 4 Abs. 6 BW BeurtVO, Art. 21 Abs. 2 BayLlbG, § 25 Abs. 3 BlnLfbG, § 5 Abs. 3 BLV, § 9 Abs. 5 Satz 7 HmbLVO, § 12 Abs. 3 HLVO, § 13 Abs. 3 NRW LVO, § 14 Abs. 4 RP LVO, § 9 Abs. 3 SLVO und § 40 Abs. 2 SH LVO. Es handelt sich hier jeweils um den Ausdruck eines allgemeinen Rechtsgrundsatzes.

[146] BVerwGE 79, 86. Vgl. nunmehr jedoch NdsOVG 22.1.2008 – 5 LA 19/07 –, BeckRS 2008, 33004, wo die Frage aufgeworfen wird, ob an der Rechtsprechung des Bundesverwaltungsgerichts „mit Blick auf (die Neuregelung in) Art. 3 Abs. 3 Satz 2 GG festzuhalten ist".

[147] Ebenso Kathke in Schütz/Maiwald BR Archiv II Rn. 465 zu § 104 NRW LBG (aF). Siehe im Übrigen Schnellenbach/Bodanowitz aaO (Fn. 109) Rn. 424 f. und – zur Beteiligung der Schwerbehindertenvertretung – Rn. 422.

[148] Vom Spezialfall der Erprobung abgesehen, bewirkt selbst die mehrjährige unbeanstandete Erfüllung der Aufgaben eines – verglichen mit dem Amt im statusrechtlichen Sinne – höher bewerteten Dienstpostens keine Änderung des Bewertungsmaßstabes einer Leistungsbeurteilung. Die Schwierigkeit des Arbeitsgebietes, die in der Bewertung des Dienstpostens nach einer höheren Besoldungsgruppe ihren Ausdruck findet, ist jedoch sowohl bei einer etwaigen Äußerung zu den Einzelmerkmalen und bei einer Bewertung derselben als auch beim (Leistungs-)Gesamturteil zu berücksichtigen (BVerwG ZBR 1981, 315 unter Hinweis auf BVerwG Buchholz 232 § 23 BBG Nr. 15).

[149] Zum Differenzierungsbedarf siehe BVerfG ZBR 2004, 45, BayVGH NVwZ-RR 2004, 871, RPOVG 5.11.2012 – 2 B 10778/12 – juris Rn. 18 und Bln/BbgOVG 23.7.2015 – 4 S 11.15 –, juris; ferner Rn. 62.

[150] NdsOVG 11.2.2009 – 5 ME 437/08 –, juris Rn. 14, hält es zutreffend für „eher untunlich", bei der dienstlichen Beurteilung von Lehrkräften Bezeichnungen für die (Gesamturteils-)Stufen zu wählen, „die mit Prüfungs- und Schulzeugnisnoten namensgleich sind".

[151] Vgl. dazu BVerwG NVwZ 2003, 1397 unter Hinweis auf Schnellenbach ZBR 1997, 169 (176).

[152] Siehe zB § 4 Abs. 2 BW BeurtVO.

[153] Siehe dazu → Rn. 17. Allgemein zur Typologie der Gesamturteile vgl. Schnellenbach in Festschrift für Walther Fürst S. 275 ff. Hinweis auch auf HmbOVG ZBR 2009, 311: Enthalte eine

Soweit schon in dienstlichen Beurteilungen abgestufte Eignungseinschätzungen (in Richtung auf ein erstrebtes Amt) in Gesamturteilsform ausgebracht werden,[154] ist es üblich, dem Grundbegriff „geeignet“ Attribute hinzufügen, die den jeweiligen Eignungsgrad näher bezeichnen (etwa „nicht geeignet“, „geeignet“, „besonders geeignet“, „hervorragend geeignet“). Die Skalen von Leistungs- und Eignungsgesamturteilen brauchen – unbeschadet etwaiger „natürlicher Nähe- und Entsprechungsverhältnisse“[155] – nicht dieselbe Stufenzahl aufzuweisen. 47

a) Zum Zusammenhang zwischen Einzelbewertungen und Gesamturteilen

Einzelmerkmale und Gesamturteile – also auch Leistungs- und etwaige Eignungsgesamturteile als solche – müssen miteinander vereinbar sein. Das bedeutet nicht, dass im Streitfall eine – positive – Schlüssigkeitsprüfung stattzufinden hätte; wenn man insbesondere bedenkt, dass in die Bewertungen jeweils legitimerweise Erwägungen einfließen, die – wie beispielsweise die allgemeinen Laufbahnanforderungen – in der Beurteilung selbst expressis verbis nicht zum Ausdruck gelangen (können), so kann die Frage stets nur – negativ – dahin lauten, ob ein unlösbarer Widerspruch zwischen verschiedenen, im Einzelfall in Betracht zu ziehenden bewertenden Äußerungen vorhanden ist.[156] Die zu verschiedenen Zeitpunkten über einen Beamten abgegebenen (Leistungs-)Gesamturteile können auch bei (im Wesentlichen) gleich gebliebenen Einzelbewertungen differieren.[157] Wird bei der Neuerstellung einer Beurteilung die Bewertung von Einzelmerkmalen verbessert, so folgt daraus nicht zwangsläufig, dass auch das Gesamturteil aufgebessert werden müsste.[158] Andererseits muss ein Endbeurteiler, der aufgrund eines Quervergleichs von dem Gesamturteilsvorschlag des Erstbeurteilers in der Skala nach unten abweicht, nicht alle Einzelmerkmale (Haupt- und Submerkmale) dementsprechend gleichmäßig absenken.[159] 48

Eine Arithmetisierung dergestalt, dass das Gesamturteil aus den Einzelmerkmalbewertungen (unmittelbar) rechnerisch ermittelt wird, ist nicht angängig; dieses ist vielmehr kreativ aus den Bewertungen der Einzelmerkmale zu entwickeln.[160] Das Bundesverwaltungsgericht verlangt neuerdings (in Bezug auf im Ankreuzverfahren erstellte dienstliche Beurteilungen) hinsichtlich des Gesamturteils eine gesonderte Begründung, um deutlich zu machen, wie es aus den Einzelbewertungen hergeleitet wird.[161] 49

b) Zur Festlegung von Richtwerten für das anteilige Verhältnis der Gesamturteilsstufen bei Regelbeurteilungen

Die Rechtsprechung[162] betrachtet Richtwerte (für Regelbeurteilungen) im Ansatz als rechtlich unbedenklich, sofern kumulativ folgende Voraussetzungen erfüllt sind: 50

Bedarfsbeurteilung eine (Leistungs-)Gesamtnote und eine Potenzialeinschätzung (Zusatz: ohne Gesamtnote), so seien bei Beförderungen „in der Regel“ hinsichtlich sämtlicher Bewerber „beide Elemente in der Auswahlentscheidung zu berücksichtigen“.

154 → Rn. 18.

155 Vgl. OLG Hamm DRiZ 1985, 138.

156 Grundlegend BVerwGE 21, 127 und BVerwG ZBR 1968, 42.

157 BVerwG ZBR 1981, 197 (199).

158 BVerwG NZWehrR 1986, 130.

159 NRW OVG 19.4.2011 – 6 B 35/11 –, abgedr. bei Schütz/Maiwald BR ES/D I 2 Nr. 112.

160 BVerwGE 97, 128; BVerwG 18.9.2015 – 2 C 27.14 –, Rn. 33. Siehe ferner Schnellenbach/Bodanowitz Dienstliche Beurteilung Rn. 400 ff. mwN Zur Abgrenzung → Rn. 42.

161 BVerwG 17.9.2015 – 2 C 27.14 –, juris Rn. 30 ff.: Gänzlich entbehrlich sei eine Begründung für das Gesamturteil nur dann, wenn im konkreten Fall eine andere Note nicht in Betracht komme, weil sich die vergebene Note – vergleichbar mit einer Ermessensreduzierung auf Null – geradezu aufdränge (Rn. 37). Siehe auch → Rn. 73 aE.

162 Grundlegend BVerwG ZBR 1981, 197 und DVBl 1998, 638.

- Die Richtwerte müssen sich auf einen „hinreichend großen Verwaltungsbereich" beziehen.
- Sie erfordern eine „im Großen und Ganzen vergleichbare Aufgaben- und Personalstruktur", dh insbesondere eine gewisse (statistisch relevante) Mindestzahl gleichzeitig zu beurteilender Beamter derselben Laufbahn und Besoldungsgruppe.
- „Geringfügige Über- und Unterschreitungen" der Prozentsätze müssen möglich sein.[163]

51 Richtwerte[164] haben eine Doppelfunktion: Der Dienstherr konkretisiert durch sie seine Bewertungsvorstellungen und verdeutlicht diese zugleich dem Beurteiler und dem Beurteilten.[165] Die Richtwerte dürfen nicht im Widerspruch zu anthropologischen Erfahrungen stehen; eine Übertragung mathematischer Gesetzmäßigkeiten wäre hingegen verfehlt.[166]

52 Richtwerte können Maßstabsgerechtigkeit und Vergleichbarkeit von (Regel-)Beurteilungen gewährleisten, sofern und soweit ihre Beachtung durch den Dienstherrn durchgesetzt wird. Der Beurteiler darf sie auch im Zuge einer Erstellung späterer Bedarfsbeurteilungen, für die sie nicht unmittelbar gelten (können), keineswegs aus dem Blick verlieren.[167]

53 Der Problematik einer Nichterreichung statistisch relevanter Vergleichsgruppen versuchen Verordnungsgeber[168] und Rechtsprechung[169], soweit möglich, dadurch abzuhelfen, dass sie statt des Statusamtes die identische Besoldungsgruppe der jeweiligen Beamten oder deren Zugehörigkeit zu ein und derselben Funktionsebene[170] als Kriterium wählen. Das Bundesverwaltungsgericht[171] will es in das Ermessen des Dienstherrn stellen, „ob er zwecks der den Richtwerten zugeordneten Kontingente der zu Beurteilenden nur Beamte derselben Laufbahn und Besoldungsgruppe einbezieht oder Beamte derselben Funktionsebene zu einer Vergleichsgruppe zusammenfasst". Aus der Sicht des Verfassers sollte das Kriterium der Funktionsebene nur in Ausnahmefällen („hilfsweise") herangezogen werden.[172]

54 Eine bemerkenswerte Anwendung des Instruments der Richtwertvorgabe demonstriert eine Entscheidung des Baden-Württembergischen Verwaltungsgerichtshofs:[173] Eine Oberfinanzdirektion hatte die Zahl der nicht von der gewöhnlichen (und rechtlich grund-

---

[163] Speziell zum Spielraum für Abweichungen BrOVG IÖD 2004, 78 (80).

[164] Siehe die Richtwertregelungen in § 50 Abs. 2 BLV und § 8 Abs. 3 NRW LVO, aber auch das anders geartete Modell des § 4 Abs. 1 SächsBeurtVO. Die Allg. VV zur BLV vom 19.7.2013 (zu §§ 48 bis 50), GMBl. S. 848 erachtet die Festsetzung *niedrigerer* Richtwerte mit dem Hinweis darauf für zulässig, dass die eingangs genannte Norm nur Obergrenzen festsetze.

[165] BVerwG ZBR 1981, 197 und DVBl 1988, 638 sowie BVerwGE 124, 356. Siehe auch Riotte/Kunz NWVBl. 2002, 8 ff. und Schnellenbach DÖD 1999, 1 ff.

[166] Im Einzelnen dazu Schnellenbach/Bodanowitz aaO (Fn. 160) Rn. 404 ff. mwN.

[167] NRW OVG NWVBl. 2005, 183. Vgl. in diesem Zusammenhang auch BVerwG 30.11.2012 – 2 VR 5.12 –, juris Rn. 30 f.: Eine Anlass- bzw. Bedarfsbeurteilung dürfe die vorangegangene Regelbeurteilung „nur fortentwickeln"; siehe dazu (krit.) Schnellenbach/Bodanowitz aaO (Fn. 160) Rn. 251b.

[168] Siehe zB § 50 Abs. 2 Satz 1 BLV und § 8 Abs. 2 Satz 2 NRW LVO.

[169] Siehe die Nachweise in Fn. 171 und 172.

[170] Sachbearbeiter und Sachgebietsleiter gehören unterschiedlichen Funktionsebenen an (BayVGH 21.6.2005 – 15 B 03.1274 –, jurs Rn. 2); vgl. dazu auch SächsOVG 14.11.2006 – 2 B 292/06 –, juris Rn. 25 ff. Siehe außerdem NRW OVG DÖD 2000, 157 (zur Zusammenfassung von Schulaufsichtsbeamten, nämlich Schulräten – BesGr. A 14 mit Amtszulage – und Schulamtsdirektoren – BesGr. A 15 – zu einer Funktionsgruppe) sowie NRW OVG NWVBl. 2005, 183 und IÖD 2007, 111.

[171] BVerwGE 124, 356; deutlich zurückhaltender HVGH RiA 2008, 133. Zur Mindestgröße von Vergleichsgruppen – tunlichst sollte eine Zahl von 25 Beamten nicht unterschritten werden – siehe Schnellenbach/Bodanowitz aaO (Fn. 160) Rn. 414 mwN, ferner BW VGH 17.12.2015 – 3 BV 13.773 –, juris Rn. 20 ff.

[172] Ebenso NRW OVG ZBR 2009, 267 mwN; vgl. auch Schnellenbach/Bodanowitz aaO (Fn. 160) Rn. 414a mwN.

[173] RiA 2005, 136.

sätzlich unbedenklichen) Notenabsenkung nach Beförderung[174] Betroffenen auf 10 v. H. aller Beförderten begrenzt. Der Verwaltungsgerichtshof hat dies nicht bemängelt, indem er das Augenmerk namentlich darauf gelenkt hat, dass (auch) dieser Richtwert Über- und Unterschreitungen zulasse, sodass er einer „individuellen Leistungsbeurteilung“ letztlich nicht im Wege stehe.

4. Verwendungsvorschlag

Soweit Gesetz[175] oder Verordnung[176] einen Verwendungsvorschlag entweder zwingend oder in Gestalt einer Sollbestimmung vorschreiben oder ihn expressis verbis zulassen, ist einschränkend darauf aufmerksam zu machen, dass sich der Anwendungsbereich der Normen sinnvollerweise nur auf Regel- und Erprobungsbeurteilungen erstrecken kann. Bei Regelbeurteilungen kann der Verwendungsvorschlag dahin lauten, dass der Beamte auf seinem derzeitigen Aufgabenfeld bleiben oder – sei es im Interesse seiner Förderung,[177] sei es wegen unbefriedigender Arbeitsergebnisse – anderweitig beschäftigt werden möge. Es versteht sich, dass er grundsätzlich nicht als unzulässige Vorabfestlegung interpretiert werden darf, sondern dass er eine bloße Entscheidungshilfe ausdrückt, an die die personalführenden Stellen nicht gebunden sind.[178] Der Beurteiler sollte sorgfältig darauf bedacht sein, bei dem Beamten keine Erwartungen zu wecken, die sich später als nicht realisierbar erweisen könnten, und sich der Gefahr bewusst sein, dass der Verwendungsvorschlag die künftige berufliche Entwicklung des Beamten faktisch mehr als nötig einengen kann. Sofern am Ende einer Erprobungszeit ein Verwendungsvorschlag auszubringen ist, stellt er der Sache nach nichts anderes dar als eine – von einer (abgestuften) Eignungseinschätzung im rechtstechnischen Sinne wohl zu unterscheidende – Stellungnahme dazu, ob (und in welchem Maße) der Beamte für einen Aufstieg in die nächsthöhere Laufbahn[179] oder für eine Beförderung „geeignet“ erscheint. 55

VI. Rechtsschutz

1. Widerspruchsverfahren[180]

Die dienstliche Beurteilung ist kein Verwaltungsakt,[181] weil es ihr am Regelungscharakter[182] fehlt. Gemäß § 54 Abs. 2 und 3 BeamtStG sowie § 126 Abs. 2 und 3 BBG ist aber 56

---

174 → Rn. 16.

175 Art. 58 Abs. 4 BayLlbG und § 92 Abs. 1 Satz 3 NRW LBG.

176 § 49 Abs. 3 Satz 1 BLV, § 40 Abs. 2 Satz 3 HLVO (Aussage zur Eingung für Leitungs- und Führungsaufgaben), § 43 Abs. 2 Satz 3 MV LVO, § 40 Abs. 2 SLVO, § 40 Abs. 1 Satz 5 SH LVO und § 53 Abs. 4 Satz 1 ThürLVO iVm § 54 ThürLaufbG. Siehe auch § 5 Abs. 8 SächsBeurtVO, der Förderungs- und Verwendungshinweise mit dem Beurteilungs(beitrags)inhalt unter dem Gesichtspunkt der Personalentwicklung verknüpft.

177 Zur Einschätzung der Förderungswürdigkeit siehe BVerwG Buchholz 236.1 § 3 SG Nr. 33 und BVerwG 18.8.2004 – 1 WB 2.04 –, abgedr. bei Schütz/Maiwald BR ES/D I 2 Nr. 73.

178 BVerwG ZBR 2001, 31 (32).

179 Siehe speziell hierzu § 53 Abs. 4 Satz 2 ThürLVO iVm § 54 ThürLaufbG; zur Führungsqualifikation vgl. Art. 58 Abs. 4 Satz 2 BayLlbG.

180 Zu formlosen, nicht fristgebundenen Rechtsbehelfen (Gegenvorstellung, Aufsichtsbeschwerde) siehe Schnellenbach/Bodanowitz Dienstliche Beurteilung Rn. 428 ff.

181 Grundlegend BVerwGE 28, 191 (192 f.); 49, 351 (353 ff.); vgl. auch Oppenheimer ZBR 1971, 189 (193). Weitere Nachweise bei Schnellenbach/Bodanowitz aaO (Fn. 180) Teil B VIII Anm. 24.

182 Zum Begriff des Verwaltungsakts siehe § 35 Satz 1 VwVfG.

ein Widerspruchsverfahren (§§ 68 ff. VwGO) gleichwohl grundsätzlich unentbehrlich. Wo der Landesgesetzgeber, gestützt auf § 54 Abs. 2 Satz 3 BeamtStG (früher: § 126 Abs. 3 Nr. 4 BRRG aF), allerdings von einem Vorverfahren abgesehen hat, ist ein Widerspruchsausschluss – was dienstliche Beurteilungen angeht – nur dann verfassungsrechtlichen Bedenken entrückt, wenn dem Beamten (etwa durch Beurteilungsrichtlinien) „eine rechtlich gesicherte Möglichkeit" eingeräumt ist, „einen Antrag auf Prüfung und Abänderung der Beurteilung vor Klageerhebung zu stellen".[183] Soweit das Widerspruchserfordernis nicht durch den Landesgesetzgeber beseitigt worden ist, kann der Beamte dienstliche Beurteilungen ohne (einen früher weitgehend für nötig gehaltenen[184]) vorherigen – in einem vorgeschalteten Verwaltungsverfahren zu stellenden und zu bescheidenden – Antrag auf Änderung oder Aufhebung nunmehr „unmittelbar mit dem (gleichgerichteten[185]) Widerspruch anfechten".[186]

57 Die Fristbestimmungen des § 70 Abs. 1 Satz 1 und des § 70 Abs. 2 iVm § 58 Abs. 2 VwGO finden nach der höchstrichterlichen Rechtsprechung[187] auf den Widerspruch des Beamten gegen eine dienstliche Beurteilung keine Anwendung. Der Beamte, der eine dienstliche Beurteilung nicht hinnehmen will, darf verfahrensrechtlich relevante Reaktionen freilich nicht beliebig lang hinauszögern. Er kann – je nach dem Zeitablauf und den Umständen des Einzelfalles – sein Widerspruchs- und damit im Ergebnis auch sein Klagerecht verwirken,[188] wenn er bei seinem Dienstherrn in zurechenbarer Weise den Anschein erweckt, dass er die Beurteilung als rechtmäßig anerkenne.[189] In die Erwägungen ist dabei hauptsächlich einzubeziehen,

- welcher Laufbahngruppe der Beamte angehört,
- wie er sich bei der Bekanntgabe (Eröffnung) und der (etwaigen) Besprechung der Beurteilung verhalten hat,
- ob anerkennenswerte Gründe vorliegen, die ihn daran gehindert haben, sein Anliegen in kürzerer Frist zu verfolgen,
- ob es sich um eine Regel- oder eine Bedarfsbeurteilung handelt und
- inwieweit die Nachprüfbarkeit der Beurteilung in tatsächlicher Hinsicht durch den Zeitablauf erschwert ist.

58 Die Rechtsprechung hat das Widerspruchs- und Klagerecht beispielweise als verwirkt angesehen[190]

[183] BVerwG ZBR 2009, 341, daselbst auch zur Notwendigkeit einer „Vorbefassung" des Dienstherrn vor Klageerhebung, wenn sich der Beamte nicht mit einer dienstlichen Beurteilung zufrieden geben will (oder wenn er eine dienstliche Beurteilung beansprucht, die ihm der Dienstherr verweigert).

[184] Siehe dazu im Einzelnen Schnellenbach/Bodanowitz aaO (Fn. 180) Rn. 435 f. mwN.

[185] Klammerzusatz des Verf.

[186] BVerwG ZBR 2002, 211 und ZBR 2009, 341. Fraglich ist es, ob der Beamte trotz der Möglichkeit, unmittelbar Widerspruch zu erheben, im Einzelfall noch ein anerkennenswertes, rechtsschutzwürdiges Interesse an dem „Umweg" über ein vorgeschaltetes Verwaltungsverfahren geltend machen kann.

[187] BVerwGE 49, 351 (356).

[188] BVerwGE 49, 351 (356) unter Hinweis auf BVerfGE 32, 305; vgl. auch BVerwG 13, 99; 23, 4 sowie BVerwG Buchholz 234 § 6 G 131 Nr. 3 und Buchholz 234 § 35 G 131 Nr. 9. Für eine „restriktive" Sichtweise Eck in Hüllmantel ua LlbG Art. 60 Rn. 49 f.

[189] Vgl. BW VGH NVwZ-RR 2009, 967 mwN sowie NRW OVG 13.10.2010 – 6 B 1001/10 –, BeckRS 2010, 56067 (= NVwZ-RR 2011, 208 – LS –).

[190] Die im obigen Text behandelte Frage einer Verwirkung des Widerspruchsrechts muss sich im Ergebnis nicht mit der Frage decken, ob einem Schadensersatzverlangen des Beamten (der Rechtsgedanke des) § 839 Abs. 3 BGB entgegensteht, weil er nicht rechtzeitig darauf hingewirkt hatte, Zweifel an der Rechtmäßigkeit einer entscheidungserheblichen Beurteilung noch rechtzeitig vor dem (etwaigen) Beförderungstermin auszuräumen. Der Einwand des § 839 Abs. 3 BGB – mit dieser Begründung – kann unter Umständen schon durch ein vergleichsweise kurzzeitiges tatenloses Zuwarten ausgelöst werden, welches für die Annahme einer Verwirkung aber noch nicht ausreicht.

- bei einem erfahrenen Verwaltungsjuristen in einem Beförderungsamt des höheren Dienstes mit besonderer, als Rechtsanwalt erworbener Praxis im Verfahrensrecht, der länger als etwa ein Jahr nach Eröffnung der Beurteilung geschwiegen hatte,[191]
- bei einem Bundesbankdirektor, der erst 20 Monate nach Bekanntgabe einer auf seinen Antrag erstellten Beurteilung (im Rahmen einer Dienstaufsichtsbeschwerde) Einwände gegen diese erhoben hatte,[192]
- bei einem Steuerrat, der es drei Jahre lang unterlassen hatte, gegen eine im Dreijahresrhythmus fällige Regelbeurteilung anzugehen,[193]
- bei einem Steuerinspektor, der sich weder zum Beurteilungsentwurf noch zur Beurteilung selbst geäußert und nach Eröffnung der Beurteilung ohne stichhaltigen Grund über 2 1/2 Jahre zugewartet hatte, bis er erstmalig Einwände vorbrachte,[194] sowie
- bei einem Technischen Lehrer (BesGr. A 11), der erst rd. 20 Monate nach Bekanntgabe Einwendungen gegen eine Bedarfsbeurteilung erhoben hatte, die zwischenzeitlich – rügelos – mehreren Auswahlverfahren zugrunde gelegt worden war.[195]

Den Widerspruchsbescheid erlässt die oberste Dienstbehörde; sie kann die Entschei- 59
dung für die Fälle, in denen es sich um die Beurteilung einer nachgeordneten Behörde handelt, durch allgemeine Anordnung auf eine andere Behörde übertragen (§ 54 Abs. 3 BeamtStG, § 126 Abs. 3 BBG). Nach der Rechtsprechung des Bundesverwaltungsgerichts ist sie bzw. die andere Behörde zu einer uneingeschränkten Recht- und Zweckmäßigkeitskontrolle verpflichtet.[196]

2. Klageverfahren

a) Verwaltungsrechtsweg und örtliche Zuständigkeit

Für die Klage eines Beamten, mit der dieser erreichen möchte, dass eine dienstliche 60
Beurteilung beseitigt, geändert oder fehlerfrei neu erstellt wird, ist der Verwaltungsrechtsweg eröffnet (§ 54 Abs. 1 BeamtStG, § 126 Abs. 1 BBG).[197] Der Beamte kann den Dienstherrn auch auf Vornahme einer Beurteilung verklagen, die dieser verweigert oder ohne sachlichen Grund unterlassen hat.[198] Gegenstand der Vornahmeklage kann ferner

[191] NdsOVG ZBR 1974, 385.

[192] HVGH 12.3.1996 – 1 UE 2563/95 –, juris.

[193] SOVG ZBR 1976, 87.

[194] SOVG NVwZ-RR 2007, 117 mwN.

[195] NRW OVG NVwZ-RR 2011, 208 – LS – (siehe Fn. 189). Bedenklich BayVGH ZBR 1984, 45 (Verwirkung des Widerspruchs- und Klagerechts durch Nichteinlegung der Berufung in einem Vorprozess); dazu Eck in Hüllmantel ua LlbG Art. 60 Rn. 50, Kathke in Schütz/Maiwald BR Achiv II Rn. 512 zu § 104 NRW LBG (aF) und Schnellenbach/Bodanowitz aaO (Fn. 180) Rn. 439 mwN sowie Rn. 440 (zur Frage, ob es für die Verwirkung beachtlich sein kann, wenn der Dienstherr durch Verwaltungsvorschrift bestimmt, dass Aufzeichnungen über die Leistungen des Beamten gewisse Zeit nach ihrer Verwertung in einer Beurteilung zu vernichten seien).

[196] ZBR 1979, 304 und DVBl 1999, 1422, siehe aktuell BayVGH 11.4.2016 – 6 ZB 15.2029 –, juris Rn. 9; krit. Schnellenbach RiA 1990, 120 (121 f.) sowie Schnellenbach/Bodanowitz aaO (Fn. 180) Rn. 442 f. (tendenziell zust. Eck in Hüllmantel ua LlfG Art. 60 Rn. 54). Siehe ferner VG Gießen NVwZ-RR 2001, 459 (461): Der Beurteiler bewege sich bei der Erstellung einer dienstlichen Beurteilung „gleichsam in einem weisungsfreien Raum, der eine direkte Einflussnahme durch den höheren Dienstvorgesetzten und damit auch eine Kontrollbefugnis ausschließt".

[197] Grundlegend BVerwGE 21, 127.

[198] Vgl. dazu Eck in Hüllmantel LlbG Art. 56 Rn. 4. Fehlen zeitnahe dienstliche Beurteilungen und/oder andere fundierte vergleichsgeeignete Erkenntnisquellen und mangelt es deswegen an gehörigen Grundlagen für eine ordnungsgemäße Auswahlentscheidung, so fällt die Beweislast dafür, dass der unterlegene Bewerber bei einer im Ergebnis fehlerfreien Auswahl nicht zum Zuge gekommen wäre, dem Dienstherrn zu, weil die Beschaffung und die Erhaltung der für die Auswahlentscheidung

das Begehren sein, eine dienstliche (Leistungs- und Befähigungs-)Beurteilung um eine Bewertung der Eignung (oder um Aussagen zu einzelnen Eignungskomponenten) zu ergänzen.[199] Dagegen ist es dem Beamten versagt, durch eine Quasi-Konkurrentenklage die Änderung (Verböserung) der Beurteilung anderer zu erreichen;[200] auch wird er das Verwaltungsgericht nicht durch eine Berufung auf den Gleichbehandlungsgrundsatz dazu bewegen können, durch Feststellungsurteil (oder Inzidentfeststellung) die *allgemeine* Beurteilungstendenz eines Beurteilers – etwa mittels Beweiserhebung – aufzuhellen, um ggf. nachfolgend einer *relativen* Verbesserung des ihn (den Beurteilten) betreffenden Gesamturteils näher zu kommen.[201]

61 In Verfahren des Konkurrentenrechtsschutzes[202] können die Rechtmäßigkeit sowohl einer dienstlichen Beurteilung des erfolglos gebliebenen Bewerbers als auch einer solchen des ausgewählten Mitbewerbers entscheidungserheblich sein, falls sich zumindest nicht ausschließen lässt, dass sie im Ergebnis für die Auslese (mit) bestimmend gewesen sind, dh sofern die (ernstliche) Möglichkeit besteht, dass der unterlegene Bewerber bei Vermeidung eines gerügten oder anderweitig in Betracht kommenden Beurteilungsfehlers in dem fraglichen Wettbewerb zum Zuge gekommen wäre. Die Rechtmäßigkeit der entsprechenden Beurteilung ist dann zwar selbst nicht Streitgegenstand des Verwaltungsprozesses; es findet insoweit aber eine Inzidentüberprüfung derselben statt, die auch in Verfahren des vorläufigen Konkurrentenrechtsschutzes nicht in einer Weise „reduziert" ist, dass sie nur offensichtliche Beurteilungsmängel ins Visier nehmen dürfte.[203]

62 Das Bundesverfassungsgericht[204] hat überdies im Zusammenhang mit der rechtlichen Würdigung einer Ausleseentscheidung zum Ausdruck gebracht, der Dienstherr müsse in einem Eilverfahren des Konkurrentenrechtsschutzes – sofern der Ausgangsfall (wie bei der Vergabe der Spitzennote an sämtliche Beamte aus einem größeren Bewerberkreis[205]) dazu Anlass bietet – „dartun und glaubhaft machen, dass … gleichförmige Beurteilungen entgegen dem ersten Anschein das Ergebnis einer mit Art. 33 Abs. 2 GG vereinbaren, differenzierte Maßstäbe anwendenden Beurteilungspraxis sind".[206]

---

erforderlichen Grundlagen ausschließlich im Verantwortungs- und Verfügungsbereich der zuständigen Behörde liegt (BVerwG ZBR 2004, 101 sowie ZBR 2006, 89). Vgl. zum Kausalitätsnachweis auch Schnellenbach Konkurrenzen Anh. 8 Rn. 32 ff.

[199] BW VGH VBlBW 1988, 480.

[200] Vgl. BayVGH NVwZ 1983, 755 (756 f.), ZBR 1991, 275 und ZBR 1995, 204. Siehe auch H. Günther DÖD 1984, 161 (165).

[201] Vgl. in diesem Zusammenhang aber NdsOVG NVwZ 1996, 501 (502): Es könne „eine Begründung jedenfalls dafür verlangt werden, dass eine nachvollziehbar auf tatsächliche Feststellungen und Einzelwertungen gestützte Endnote des erfolgreichen Bewerbers demselben Anspruchsniveau zuzuordnen ist wie diejenige des (rechtsuchenden) Konkurrenten".

[202] Siehe dazu eingehend → § 3 Rn. 80 ff.

[203] Vgl. hierzu im Einzelnen BVerfG NVwZ 2003, 200 und NVwZ 2004, 95 sowie BVerwGE 118, 370, BW VGH NVwZ-RR 2005, 585 (586), OVG Berlin NVwZ-RR 2004, 627, NdsOVG NVwZ-RR 2003, 878 und NRW OVG NWVBl. 2003, 13; weiterhin Schnellenbach ZBR 2002, 180 (181 f.). Anders RP OVG 13.8.2015 – 2 B 10664/15 –, juris Rn. 17: Die Fehlerhaftigkeit sei vom Antragsteller so glaubhaft zu machen, „dass der geltend gemachte Beurteilungsfehler für das Gericht offensichtlich wird". Siehe ferner NdsOVG 20.2.2008 – 5 ME 505/07 –, juris Rn. 21: Mutmaßungen über den wahrscheinlichen Inhalt einer (zu einem aktuellen Stichtag erst zu fertigenden) *künftigen* dienstlichen Beurteilung sind für die Personalauslese ohne Belang.

[204] NVwZ 2004, 95 (siehe schon die weiteren Rechtsprechungsnachweise in Fn. 149 sowie HVGH ESVGH 56, 126 – LS – und VG Darmstadt ZBR 2008, 359 – LS –).

[205] Vgl. auch BVerfG ZBR 2008, 169 (171).

[206] Siehe auch BayVGH NVwZ-RR 2004, 871, wo ebenfalls der „erste Anschein" bemüht ist. Kritisch ist zu dieser Entscheidung anzumerken, dass sie dem „ersten Anschein" nach eine nicht hinlänglich differenzierte Beurteilungspraxis, wie sie das Bundesverfassungsgericht für beanstandungswert hält, ohne weiteres mit einer „besonderes milden Beurteilungspraxis" gleichsetzt. Dazu Schnellenbach/Bodanowitz aaO (Fn. 180) Rn. 455a: Ein Differenzierungsdefizit kann allerdings das

Örtlich zuständig ist das Verwaltungsgericht, in dessen Bezirk der Beamte im Zeitpunkt der Klageerhebung (vgl. § 83 Satz 1 VwGO iVm § 17 Abs. 1 Satz 1 GVG) seinen dienstlichen oder in Ermangelung dessen seinen (bürgerlich-rechtlichen) Wohnsitz hat (§ 52 Nr. 4 Satz 1 VwGO). Hat der Beamte keinen dienstlichen Wohnsitz oder keinen Wohnsitz innerhalb des Zuständigkeitsbereiches der Behörde, der seine dienstliche Beurteilung zuzurechnen ist, so ist das Gericht örtlich zuständig, in dessen Bezirk diese Behörde ihren Sitz hat (siehe § 52 Nr. 4 Satz 2 VwGO, der auf allgemeine Leistungsklagen sinngemäß anwendbar ist[207]). Die Gerichtsbezirke lassen sich aus den Ausführungsgesetzen der Länder zur Verwaltungsgerichtsordnung ablesen.[208] 63

b) Klageart

Da die dienstliche Beurteilung kein Verwaltungsakt ist,[209] so scheidet eine hiergegen gerichtete Anfechtungsklage (§ 42 Abs. 1 VwGO) aus. Eine auf Aufhebung (Änderung) der Beurteilung zielende allgemeine Gestaltungsklage kommt desgleichen nicht in Betracht.[210] Sowohl für die prozessuale Geltendmachung eines Beseitigungs-, Änderungs- oder Neuerstellungsverlangens als auch für ein Vornahmebegehren ist die (allgemeine) Leistungsklage die richtige Klageart.[211, 212] Da die dienstliche Beurteilung einen dem Dienstherrn vorbehaltenen Akt wertender Erkenntnis darstellt,[213] wird es (abgesehen von Vornahmebegehren) in der Regel empfehlenswert sein, den Klageantrag auf die Verurteilung des Beklagten 64

- zur Beseitigung (Aufhebung) der Beurteilung als Ganzer, ihres Gesamturteils oder (im Ausnahmefall bei entsprechendem Rechtsschutzinteresse[214]) lediglich einzelner Feststellungen oder Bewertungen[215] und

gleiche Resultat haben wie der sog Mildefehler. Dies ändert aber nichts daran, dass es sich um zwei unterschiedliche Fehlerkategorien – wenn auch aus dem „weiten Feld" der Maßstabsmängel – handelt. Vgl. zur Abgrenzung außerdem BayVGH 19.2.2007 – 3 CE 06.3302 –, abgedr. bei Schütz/Maiwald BR ES/A II 1.4 Nr. 146.

207 Siehe Schnellenbach ZBR 1992, 257 (266).

208 Abgedruckt bei Schoch/Schneider/Bier VwGO Band I VwGO Text Anhang II.

209 → Rn. 56.

210 Schoch/Schneider/Bier VwGO Vorb § 42 Abs. 1 Rn. 19 f.; vgl. auch Schnellenbach aaO (Fn. 207) S. 261 f. mwN.

211 Ebenso HVGH ESVGH 29, 40 (42) sowie H. Günther ZBR 1981, 77 (82) und Schenke JuS 1979, 886 (891). Ein Aufhebungsantrag kann gemäß § 88 VwGO im Sinne eines (allgemeinen) Leistungsbegehrens ausgelegt werden; HVGH aaO S. 41. Siehe auch BW VGH VBlBW 1988, 480. Zur Fassung des Klageantrags Schnellenbach in Münchener Prozessformularbuch Verwaltungsrecht F. I.17 sowie Schnellenbach/Fiebig in MAH Verwaltungsrecht § 5 Rn. 171 ff. (174).

212 § 167 Abs. 2 VwGO ist entsprechend anzuwenden: Ein erstinstanzliches obsiegendes Urteil ist nur wegen des Kostenausspruchs für vorläufig vollstreckbar zu erklären (BW VGH DVBl 1999, 992 mwN). Falls die Behörde der rechtskräftigen Verpflichtung, den Beamten durch Neubeurteilung unter Beachtung der Rechtsauffassung des Gerichts zu bescheiden, nicht nachkommt oder falls sie sich mit der Neubeurteilung „gänzlich außerhalb der ‚Rechtsauffassung des Gerichts' bewegt", so kann ihr das Gericht des ersten Rechtszuges auf Antrag des Beamten ein Zwangsgeld androhen (§ 167 Abs. 1 VwGO iVm § 888 Abs. 1 ZPO bzw. § 172 Satz 1 VwGO in analoger Anwendung); vgl. NdsOVG NVwZ-RR 2006, 742 mwN, sowie aus jüngerer Zeit VG Würzburg 4.11.2014 – W 1 V 14.995 –, juris.

213 → Rn. 69.

214 Beispiel: Dem Kläger werden ungeachtet eines für ihn durchaus akzeptablen Leistungsgesamturteils Fähigkeiten abgesprochen oder nur in begrenztem Maße zugesprochen, die im Lichte des Anforderungsprofils eines ins Auge gefassten Beförderungsamtes oder -dienstpostens bei einer Zuerkennung bzw. besseren Einschätzung einen „Wettbewerbsvorteil" bedeuten könnten. Vgl. aber auch BVerwG ZBR 2001, 36 und dazu krit. Schnellenbach/Bodanowitz aaO (Fn. 180) Rn. 447a.

215 Zur Frage der „Teilbarkeit" einer dienstlichen Beurteilung siehe BVerwG RiA 1983, 20 und ZBR 1984, 193 (LS) sowie Schnellenbach/Bodanowitz aaO (Fn. 180) Rn. 447.

- zur Neuerstellung oder Korrektur unter Beachtung der Rechtsauffassung des Gerichts analog § 113 Abs. 5 Satz 2 VwGO[216]

zu beschränken. Der Widerspruchsbescheid kann gemäß § 54 Abs. 2 Satz 1 BeamtStG bzw. § 126 Abs. 2 Satz 1 BBG iVm § 79 Abs. 2 VwGO alleiniger Gegenstand einer Anfechtungsklage sein, wenn er gegenüber der fraglichen dienstlichen Beurteilung eine „zusätzliche selbständige Beschwer" enthält. Dies könnte – sofern man sich an der Rechtsprechung des Bundesverwaltungsgerichts orientiert – etwa der Fall sein, wenn sich die Widerspruchsbehörde auf die Prüfung beschränkt hat, ob die Grenzen der dem Dienstherrn eingeräumten Beurteilungsermächtigung vom Beurteiler eingehalten sind.[217]

c) Klagefrist

65 § 54 Abs. 2 Satz 1 BeamtStG bzw. § 126 Abs. 2 Satz 1 iVm § 74 Abs. 1 und 2 VwGO zufolge muss die Klage – falls das Landesrecht das Erfordernis eines Vorverfahrens nicht eliminiert hat[218] – innerhalb eines Monats nach Zustellung[219] des Widerspruchsbescheides erhoben werden, wenn dieser mit einer ordnungsgemäßen Rechtsbehelfsbelehrung versehen ist. Andernfalls bestimmt sich die Klagefrist nach § 58 Abs. 2 Satz 1 VwGO: Die Klageerhebung muss dann grundsätzlich innerhalb eines Jahres seit Zustellung des Widerspruchsbescheides erfolgen.

d) Rechtsschutzinteresse

66 Dienstliche Beurteilungen bleiben gewöhnlich für den gesamten Werdegang des Beamten bedeutsam.[220] Das Rechtsschutzinteresse für eine Beseitigungs-, Änderungs-, Neuerstellungs- oder Vornahmeklage[221] besteht deswegen grundsätzlich unabhängig davon fort, ob der Beamte inzwischen wegen Ablaufs eines neuen Beurteilungszeitraumes wieder beurteilt oder aufgrund der streitigen oder einer späteren Beurteilung befördert worden ist oder ob das Besetzungsverfahren durch Ernennung eines Mitbewerbers seinen Abschluss gefunden hat. Eine Ausnahme von diesem Grundsatz wird aber anzunehmen sein, wenn es aufgrund des Zeitablaufs ausgeschlossen erscheint, dass der angegriffenen bzw. angestrebten dienstlichen Beurteilung noch Bedeutung zukommen kann. Dies kann etwa der Fall sein, wenn der Beamte die (Neu-)Erstellung einer (Regel-)Beurteilung zu einem weit zurückliegenden Stichtag erstrebt und die Beurteilung für Auswahlentscheidungen schlechterdings nicht mehr relevant werden kann.[222] In jedem Fall entfällt das Rechts-

[216] Für die Verurteilung des Beklagten zur Neuerstellung oder Korrektur einer dienstlichen Beurteilung ist kein Raum, wenn die angegriffene Beurteilung gar nicht hätte ergehen dürfen; NRW OVG 22.6.2009 – 6 A 4634/06 –, BeckRS 2009, 35455 (LS in DÖV 2009, 772).

[217] → Rn. 59. Vgl. auch BayVGH 15.2.1982 – 3 B 81 A.1476 –, abgedr. bei Schütz/Maiwald BR ES/D I 2 Nr. 3: Ermittlungs- und Abwägungsdefizite aufseiten der Widerspruchsbehörde machen den Widerspruchsbescheid rechtswidrig.

[218] → Rn. 56.

[219] Siehe dazu § 56 VwGO.

[220] BVerwGE 49, 351 sowie HVGH ESVGH 29, 40 und NRW OVG NWVBl. 2004, 353.

[221] Speziell zu mehrstufigen Beurteilungsverfahren (vgl. schon → Rn. 23) siehe Schnellenbach/Bodanowitz aaO (Fn. 180) Rn. 451 Fn. 74a.

[222] Zur Relevanz allein der letzten beiden planmäßigen Regelbeurteilungen bei Gleichstand nach der aktuellen Beurteilungslage vgl. BVerwG 29.1.2013 – 1 WB 60.11 –, juris Rn. 36. Gleichwohl kann das Rechtsschutzbedürfnis für einen über die bloße Aufhebung einer Beurteilung für einen länger zurückliegenderen Zeitraum hinausgehenden Antrag zu bejahen sein, wenn sich nämlich die damalige Verwendung des Beamten derart von seiner in den aktuelleren Beurteilungen abgebildeten Verwendung unterscheidet, dass die Beurteilung noch für eine künftige Eignungsprognose relevant werden kann. Vgl. auch bereits Fn. 24. Das Rechtsschutzinteresse für die Neuerstellung einer Bedarfsbeurteilung entfällt, wenn das den Anlass gebende Auswahlverfahren durch die (bestandskräftige) Ernennung eines erfolgreichen Mitbewerbers abgeschlossen ist, siehe auch → Rn. 70 (2).

schutzbedürfnis mit bestandskräftiger Entlassung[223] oder Eintritt des Beamten in den Ruhestand[224], weil die Zweckbestimmungen der dienstlichen Beurteilung, eine sinnvolle Verwendung des Beamten zu sichern und Auswahlgrundlage für künftige Personalentscheidungen zu sein,[225] dann entfallen;[226] bei vorzeitiger Zurruhesetzung gilt dies jedenfalls, sobald eine Reaktivierung (§ 29 BeamtStG, § 46 BBG) nicht mehr ernstlich in Betracht kommt.[227] Noch weiter geht das Bundesverwaltungsgericht[228] mit der Ansicht, dass das Rechtsschutzinteresse schon entfalle, wenn der Beamte mit Rücksicht auf ein laufbahnrechtliches (Alters-)Beförderungsverbot nicht mehr befördert werden dürfe. Dem ist beizupflichten.

Seitdem das Bundesverwaltungsgericht[229] klargestellt hat, dass auch „ältere" Beurtei- **67**
lungen, selbst wenn sie sich auf ein niedrigeres Statusamt bezögen, bei der (weiteren) Personalauslese (neben den in erster Linie maßgebenden) aktuellen Beurteilungen des Beamten „als zusätzliche Erkenntnismittel berücksichtigt werden" könnten und dass sie damit „von Rechts wegen" beachtlich blieben, war der obergerichtlichen Rechtsprechung[230], der zufolge sich der Streit um eine dienstliche Beurteilung in der Hauptsache erledigen sollte,

- wenn der Beamte befördert worden war und
- wenn es nach einer entsprechenden Verwaltungspraxis für dessen weiteres Fortkommen auf die „ältere" Beurteilung nicht mehr ankam,

der Boden entzogen.

Ein Fortsetzungsfeststellungsbegehren entsprechend § 113 Abs. 1 Satz 4 VwGO[231] **68**
kann erwogen werden, wenn der Kläger

- einen (nicht offensichtlich aussichtslosen[232]) Schadensersatzprozess wegen pflichtwidriger, durch die Beurteilung bedingter Nichtbeförderung führt oder beabsichtigt[233] oder
- tatsächliche Feststellungen oder Werturteile in der Beurteilung beanstandet, die geeignet sind, ihn herabzusetzen.[234]

---

[223] BVerwG DÖV 1985, 929.

[224] Nicht hingegen bei einer Beurlaubung auf Antrag bis zum Ruhestandseintritt; Kathke in Schütz/Maiwald BR Archiv II Rn. 523 zu § 104 NRW LBG (aF).

[225] → Rn. 1.

[226] Vgl. BVerwG RiA 1982, 153 und ZBR 1985, 347. Siehe aber NRW OVG 7.6.2016 – 1 E 397/16 –, juris Rn. 11 ff.: bestehendes Rehabilitationsinteresse im Hinblick auf künftige Bewerbungsverfahren bei Entlassung am Anfang des Berufslebens.

[227] BVerwG ZBR 1972, 160 (LS) und RiA 1982, 153; vgl. ferner BayVGH ZBR 1986, 122. Nach NdsOVG NdsVBl. 2001, 196 soll das Rechtsschutzinteresse auch entfallen, wenn eine durch Krankheit wesentlich mitgeprägte Beurteilung nach einer möglichen Reaktivierung nicht mehr verwendet werden dürfe und seitens des Dienstherrn auch nicht mehr verwendet werden solle.

[228] ZBR 1987, 44 und NVwZ 2003, 1398.

[229] NVwZ 2003, 1398. Dazu Schnellenbach/Bodanowitz aaO (Fn. 180) Rn. 451a und 451b.

[230] Vgl. zB NdsOVG RiA 2001, 94 (95), NRW OVG NWVBl. 1994, 310, RP OVG RiA 2001, 258 und SOVG NVwZ-RR 1993, 45.

[231] Zur (umstrittenen) Frage einer analogen Anwendbarkeit des § 113 Abs. 1 Satz 4 VwGO auf (allgemeine) Leistungsklagen vgl. etwa (bejahend) Schoch/Schneider/Bier VwGO § 113 Rn. 108 sowie (verneinend) NdsOVG NVwZ-RR 2007, 67, jeweils mwN. Zw. ist, ob § 43 VwGO nicht der Annahme einer Lücke entgegensteht, die im Wege einer entsprechenden Anwendung des § 113 Abs. 1 Satz 4 VwGO geschlossen werden müsste.

[232] Siehe dazu Schnellenbach DVBl 1990, 140 (144) mwN.

[233] BVerwG RiA 1982, 153 (154).

[234] Zum sog Rehabilitierungsinteresse gleichfalls BVerwG RiA 1982, 153 (154). In der Entscheidung ist mit Recht bemerkt, dass eine dienstliche Beurteilung, die dem Beamten durchschnittliche Leistungen bescheinige, kein Rehabilitierungsinteresse auszulösen vermöge, wenn sie ihm „weder Pflichtverletzungen noch sonst die Achtung seiner Persönlichkeit Beeinträchtigendes zur Last legt

Ein Feststellungsinteresse in Richtung auf die Nachprüfung einer erledigten Beurteilung lässt sich nicht damit rechtfertigen, dass der inzwischen in den Ruhestand versetzte Beamte ein Dienstzeugnis beantragen will und dass er deshalb eine Wiederholungsgefahr[235] sieht.[236]

e) Begründetheit der Beurteilungsklage

69 Die Rechtsprechung[237] billigt dem Dienstherrn eine Beurteilungsermächtigung[238] zu, die ihren Sachgrund in dem verfassungsrechtlich durch Art. 20 Abs. 2 Satz 2 GG verbürgten Gewaltenteilungsprinzip (und nicht etwa in einem judicial self-restraint) findet – mit der Konsequenz, dass sich die Rechtmäßigkeitskontrolle des Gerichts darauf zu beschränken hat,

- ob die jeweiligen Amtsträger gegen Verfahrensvorschriften oder -regeln des Beurteilungsrechts verstoßen haben,
- ob der gesetzliche Rahmen oder anzuwendende Begriffe verkannt sind,
- ob der Beurteilung ein unrichtiger Sachverhalt zugrunde gelegt worden ist oder
- ob ein Beurteiler allgemeingültige Wertmaßstäbe nicht beachtet oder sachfremde Erwägungen angestellt hat.[239]

aa) Verstoß gegen Verfahrensvorschriften oder -regeln

70 Verfahrensfehler können sich vornehmlich daraus herleiten, dass

- (1) eine Regelbeurteilung erstellt wird, obwohl der Beamte (etwa weil er ein bestimmtes Lebensalter oder ein bestimmtes herausgehobenes Amt seiner Laufbahn erreicht hat[240]) nicht mehr (oder allenfalls auf eigenen Antrag) periodisch beurteilt werden darf,
- (2) ein Anlass für eine Bedarfsbeurteilung von vornherein nicht besteht oder während des Beurteilungsvorgangs (etwa wegen Rücknahme der Bewerbung, wegen zwischenzeitlicher Übertragung der zu besetzenden Beförderungsstelle an einen Mitbewerber[241]

---

und ihm beruflich die Erfüllung der an ihn zu stellenden Anforderungen bestätigt“. Siehe auch HVGH DÖD 1988, 121 (kein Rehabilitierungsinteresse in Sicht auf den außerberuflichen, insbesondere den familiären Bereich) und NdsOVG NdsVBl. 2001, 196 (kein Rehabilitierungsinteresse bezüglich der Erwähnung „gelegentlicher Fehler bei der Zeichensetzung und Rechtschreibung“ und der Wendung „im Anzug grundsätzlich sauber“).

[235] Zur Wiederholungsgefahr siehe Schnellenbach DVBl 1990, 140 (142 f.) und ZBR 1992, 257 (270).

[236] BVerwG ZBR 1991, 149.

[237] Grundlegend BVerwGE 21, 127; 60, 245; aus neuerer Zeit BVerwG 17.9.2015 – 2 C 27.14 –, juris Rn. 9; dem Bundesverwaltungsgericht in Bezug auf Tarifangestellten-Beurteilungen folgend BAG NVwZ-RR 2007, 797. Siehe ferner BVerfG DVBl 2002, 1203 und ZBR 2003, 31 (34): Die Reduzierung der Kontrolldichte sei verfassungsrechtlich unbedenklich. Die Frage, ob der Grundsatz, dass fachliche Meinungsverschiedenheiten zwischen Prüfer und Prüfling der gerichtlichen Kontrolle nicht generell entzogen werden dürfen (BVerfGE 84, 34 und 59), *überhaupt* auf dienstliche Beurteilungen „übertragen“ werden kann (dazu BVerwG ZBR 1993, 245 und ZBR 1994, 54 sowie BVerwGE 97, 128, aber auch BVerwG Buchholz 232 § 15a BLV Nr. 1), hat das Bundesverfassungsgericht offen gelassen.

[238] Siehe dazu jedoch auch BVerwG ZBR 1982, 174: „(Der) Dienstherr (genießt) zwar hinsichtlich der fachlichen und sonstigen Anforderungen, die er an die Amtsführung seiner Beamten stellen will, weitgehende Ermessens- und Beurteilungsfreiheit; (er muss) aber auch bei der dienstlichen Beurteilung von einer rechtlich zutreffenden Auffassung der Beamtenpflichten ausgehen …“.

[239] Zu wesentlichen Fehlerquellen siehe Schnellenbach/Bodanowitz Dienstliche Beurteilung Rn. 454 ff.

[240] Siehe dazu Schnellenbach/Bodanowitz aaO (Fn. 239) Rn. 240 ff.

[241] NRW OVG 22.6.2009 – 6 A 4634/06 –, BeckRS 2009, 35455 (LS in DÖV 2009, 772). Siehe zu dem Aspekt einer möglichen Relevanz der Bedarfsbeurteilung für eine Schadensersatzklage Bieler/Lorse Dienstliche Beurteilung Rn. 254, ferner → Rn. 68.

oder wegen Entlassung eines Probebeamten auf inzwischen gestellten eigenen Antrag) entfällt,[242]

- (3) der Beurteiler im maßgeblichen Beurteilungszeitpunkt für die Beurteilung nicht (mehr) zuständig ist,[243, 244]
- (4) ein Erst- oder Endbeurteiler tätig wird, der sich in einem Konkurrenzverhältnis zu dem zu Beurteilenden befindet,[245]
- (5) ein (anderweitig) voreingenommener Vorgesetzter beurteilt[246, 247] oder ein selbst nicht voreingenommener Beurteiler die vorbereitende Stellungnahme oder den Beurteilungsbeitrag eines voreingenommenen Vorgesetzten oder Mitarbeiters seinen Feststellungen und Bewertungen ungeprüft zugrunde legt, statt sich mit der gebotenen Sorgfalt ein Bild davon zu machen, ob und inwieweit die Stellungnahme bzw. der Beurteilungsbeitrag zutrifft,[248]
- (6) eine gebotene Anhörung des Beamten unterbleibt,[249]
- (7) ein vorgeschriebenes Beurteilungsgespräch nicht stattfindet,[250]

---

242 Siehe auch SOVG IÖD 2002, 112.

243 Der Unzuständigkeit steht es gleich, wenn der Beurteiler im Beurteilungszeitpunkt nachweislich dienstunfähig war und wenn es sich nicht ausschließen lässt, dass die Dienstunfähigkeit die Urteilsfähigkeit beeinträchtigt hat (dazu Schnellenbach/Bodanowitz aaO – Fn. 239 – Rn. 464).

244 Zur Beauftragung eines unzuständigen Beamten mit der Erstellung einer Beurteilung und Ankündigung des Zuständigen, diese ungeprüft zu übernehmen, siehe HVGH ZBR 2001, 338; zur Erörterung von Beurteilungen durch ein insoweit nicht zuständiges kommunales Gremium LSA OVG ZBR 2002, 321.

245 NRW OVG RiA 1997, 45 (46 f.) unter Hinweis auf BayVGH ZBR 1991, 275; anders BVerwG ZfPR 1997, 122 für Beurteilungsbeiträge von Mitbewerbern. NRW OVG 29.5.2005 – 1 A 4240/03 –, zit. nach Schütz/Maiwald BR ES/D I 2 Nr. 75 (= BeckRS 2005, 30614) macht im Zusammenhang hiermit zutreffend darauf aufmerksam, dass dem Beurteiler ein solches Konkurrenzverhältnis (zu „Zuarbeitern" im weitesten Sinne), wenn es „auf der Hand liegt", auch bewusst sei, „sodass er es in seine Würdigung … miteinbeziehen kann"; der Senat spricht insofern anschaulich von einer „Filterfunktion" des Beurteilers.

246 Ein Vorgesetzter ist nicht bereits deshalb wegen Voreingenommenheit an der Beurteilung gehindert, weil er den Beamten zuvor auf Mängel bei der Wahrnehmung seiner dienstlichen Aufgaben hingewiesen hat (BVerwG ZBR 1980, 290 und ZBR 1999, 348) oder weil es zwischen ihm und dem Beamten schon einmal zu Streitigkeiten gekommen ist (BVerwG DVBl 1987, 1159), es sei denn, dass diese zu einer nachhaltigen, fortwirkenden Störung des zwischenmenschlichen Verhältnisses geführt haben dergestalt, dass der Vorgesetzte aus der – maßgeblichen (BVerwG DVBl 1987, 1159 und ZfPR 1997, 122) – Sicht eines objektiven Dritten nachweislich nicht (mehr) willens oder in der Lage ist, den Beamten sachlich und gerecht zu beurteilen (BVerwGE 106, 318). Dass ein Beamter in einem künftigen Stellenbesetzungsverfahren Konkurrent der Ehefrau seines Erstbeurteilers werden könnte, reicht gleichfalls für die Annahme einer Voreingenommenheit desselben nicht aus (NdsOVG DÖV 2010, 568). Zum Erkenntniszeitraum für die Einschätzung einer möglichen Voreingenommenheit BVerwG DVBl 1998, 1076. Siehe weiterhin Eck in Hüllmantel ua LlbG Art. 60 Rn. 99 f. mit Einzelfällen, Schnellenbach/Bodanowitz aaO (Fn. 239) Rn. 466 ff. sowie Schnellenbach Konkurrenzen Anh. 2 Rn. 115 ff.

247 Geht das (Ober-)Verwaltungsgericht auf das detaillierte, eine Vielzahl von „Ansatzpunkten" umfassende Vorbringen eines Beamten zur angeblichen Voreingenommenheit des Beurteilers nicht oder nur unter Beschränkung auf die Würdigung eines „unwesentlichen Teilaspekts" ein, so ist die Entscheidung wegen Verletzung des Art. 103 Abs. 1 GG auf Verfassungsbeschwerde hin aufzuheben (BVerfG ZBR 2003, 31).

248 Vgl. aber auch BVerwGE 53, 361 (363) und BVerwG ZBR 1980, 290 (r. Sp.). Zur Teilnahme eines (möglichen) Konkurrenten des zu Beurteilenden an einer Gremiumsbesprechung BVerwG NVwZ 2007, 962 (LS) = BeckRS 2007, 23507. Siehe ferner Schnellenbach Konkurrenzen Anh. 2 Rn. 121 ff.

249 Siehe Rn. 27. Dem Unterbleiben einer Anhörung steht es gleich, wenn eine Person damit betraut wird, die an den Vorgängen, die dem Beamten zur Last gelegt werden, beteiligt war oder die ihm gegenüber voreingenommen ist (vgl. BVerwG Buchholz 421.0 Prüfungswesen Nr. 72 und NRW OVG ZBR 1972, 376 – für den Fall, dass keine Niederschrift über die Anhörung gefertigt worden war –).

250 → Rn. 28.

- (8) die Beratung des Endbeurteilers durch ein Gremium personen- und sachkundiger Bediensteter nicht sachgerecht verläuft[251] oder
- (9) die Beurteilung nicht (ordnungsgemäß) bekannt gegeben (eröffnet) und/oder besprochen wird.[252]

71 Bei den Fallgruppen (1) und (2) ist die Beurteilung durch den Dienstherrn ersatzlos zu beseitigen. Bei Zuständigkeitsmängeln und in Fällen von Voreingenommenheit – Fallgruppen (3) bis (5) – wie auch bei Mängeln, die sich im Zuge der Beratung des Endbeurteilers durch ein dazu bestimmtes Gremium einstellen – Fallgruppe (8) –, muss der Dienstherr die Beurteilung aufheben und den Beamten unter Vermeidung des Mangels (für den Beurteilungszeitraum) neu beurteilen lassen, es sei denn, dass sich bei der Fallgruppe (8) die Möglichkeit der Kausalität des Mangels für die streitige Beurteilung ausschließen lässt.

72 Das Unterlassen einer nach Lage der Dinge gebotenen (ordnungsgemäßen) Anhörung – Fallgruppe (6) – bewirkt, für sich genommen, noch nicht die Rechtswidrigkeit der betreffenden Beurteilung. Es stellt indessen eine Verletzung der Fürsorge- und Schutzpflicht des Dienstherrn (§ 45 BeamtStG, § 78 BBG) in Gestalt einer Pflichtwidrigkeit des Beurteilers dar, die – unter weiteren Voraussetzungen[253] – einen Schadensersatzanspruch nach sich ziehen kann. Fehlt es an einem vorschriftsmäßigen vorbereitenden Beurteilungsgespräch – Fallgruppe (7) –, so bedeutet dies – falls sich der Vorgesetzte ohne triftigen Grund über das entsprechende Gebot hinweggesetzt hat – einen wesentlichen Verfahrensmangel, der zur Aufhebung der (gesamten) Beurteilung führen muss. Das Gespräch kann – bei Beachtung des Zweckes, ggf. Einfluss auf die Einzelbewertungen oder gar das Gesamturteil (bzw. den Gesamturteilsvorschlag des Erstbeurteilers) zu entfalten – allenfalls bis zur abschließenden Meinungsbildung, dh bis zur Schlusszeichnung durch den (End-)Beurteiler, „nachgeholt" werden.[254]

73 Wird die (fertige) Beurteilung nicht (ordnungsgemäß) bekannt gegeben oder besprochen – Fallgruppe (9) –, so lässt das eine wie das andere Versäumnis die Wirksamkeit der Beurteilung unberührt; die angesprochenen Mängel haben auch gewöhnlich nicht die Konsequenz, dass sie einer (im Übrigen) nach Verfahren, Form und Inhalt rechtmäßigen Beurteilung im Nachhinein den Stempel der Rechtswidrigkeit aufdrücken würden. In zweierlei Hinsicht bedarf diese Feststellung indessen der Ergänzung:

- Das Bundesarbeitsgericht[255] hat zu einem Verstoß gegen Nr. 32 Abs. 1 Satz 1 BRZV aF[256] bemerkt: Da sich Auswirkungen einer Überschreitung der für die Bekanntgabe der Beurteilung aaO grundsätzlich vorgegebenen (Sechsmonats-)Frist auf das Erinnerungsvermögen des Beurteilers wie auch des Beurteilten nicht ausschließen ließen, lasse das Regelungsziel der Bestimmung eine Nachholung der Beurteilungsbesprechung nach Fristablauf – mit heilender Wirkung – nicht zu; ein solcher Verfahrensfehler, der das

---

[251] Vgl. dazu NRW OVG RiA 2002, 87; siehe auch schon Fn. 248. Hat die Gleichstellungs- bzw. Frauenbeauftragte norm- und/oder richtlinienwidrig an einer Gremiumsbesprechung nicht teilgenommen, so kann auch ein männlicher Beamter dieserhalb die Aufhebung seiner Beurteilung selbst dann verlangen, wenn sich in der Vergleichsgruppe, der er angehört, keine Frauen befunden haben (NRW OVG NVwZ-RR 2001, 592). Siehe zum Fall einer rechtswidrigen Teilnahme der Gleichstellungsbeauftragten an einer solchen Besprechung weiterführend Schnellenbach/Bodanowitz aaO (Fn. 239) Rn. 313a.

[252] → Rn. 29 ff.

[253] → § 10 Rn. 58 ff.

[254] Vgl. dazu NRW OVG ZBR 2009, 215 sowie Willems NVWBl. 2001, 121 (128 f.) und Schnellenbach/Bodanowitz aaO (Fn. 239) Rn. 317a, 326 und 326a.

[255] NJW 2009, 1627.

[256] Die Bestimmung lautete: „Die Beurteilung ist dem Beamten so schnell wie möglich – wenn nicht besondere Gründe vorliegen, nicht später als sechs Monate nach der Gremiumsbesprechung – ... bekannt zu geben ..." (wegen des derzeit maßgeblichen, sinnentsprechenden Textes siehe Schnellenbach/Bodanowitz aaO – Fn. 239 – Rn. 41).

Beurteilungsergebnis beeinflusst haben könne, führe vielmehr zur (irreparablen) Rechtswidrigkeit der Beurteilung. Der Verfasser ist demgegenüber der Ansicht, dass eine interessengerechte Reaktion auf den genannten Mangel eher in der weniger „rigorosen“ Lösung gesucht werden sollte, den Dienstherrn – qua Beweislastregelung (im weitesten Sinne) – die Nachteile eines Aufklärungsdefizits tragen zu lassen, sofern und soweit dieses (auch) aus dem Zeitablauf mit den vom Bundesarbeitsgericht aufgezeigten möglichen Folgen resultieren könnte.

- Der Erkenntniszeitraum für die mögliche Voreingenommenheit eines Beurteilers schließt auch die Zeitspanne zwischen der Eröffnung und der Besprechung der Beurteilung einerseits und der Entscheidung des Dienstherrn über die im Anschluss hieran von dem Beamten vorgebrachten Gegenvorstellungen und Änderungswünsche andererseits ein.[257] In Anbetracht dessen kann das Verhalten des Beurteilers bei der Eröffnung und Besprechung (nur) dann noch von Bedeutung für die „zunächst fehlerfreie“ Beurteilung sein, wenn er die Berücksichtigung berechtigter Änderungs- oder Aufhebungswünsche des Beamten „zu behindern oder zu vereiteln sucht“.[258]

Außerdem ist Folgendes zu beachten: Versäumt es der in Betracht kommende (Erst- oder End-)Beurteiler, die dienstliche Beurteilung mit dem Beamten hinlänglich zu besprechen und so „seine Werturteile plausibel und nachvollziehbar“ zu machen,[259] und muss er die Erläuterung infolgedessen im Widerspruchs- oder im Klageverfahren nachholen,[260] so kann dies kostenrechtliche Auswirkungen haben (siehe § 80 Abs. 1 Satz 2 iVm § 45 Abs. 1 Nr. 2 VwVfG sowie § 155 Abs. 4 VwGO).[261] Entsprechendes gilt, wenn die (im Ankreuzverfahren erstellte) Beurteilung erst nachträglich mit der nach der neuen Rechtsprechung des Bundesverwaltungsgerichts erforderlichen gesonderten Begründung des Gesamturteils[262] versehen wird.

bb) Verkennen des gesetzlichen Rahmens oder der anzuwendenden Begriffe

Der „gesetzliche Rahmen“ wird zum einen durch die speziellen Rechtsvorschriften über die dienstliche Beurteilung,[263] zum anderen durch allgemeine administrative Bestim- 74

[257] BVerwG DVBl 1998, 1076.

[258] BVerwG aaO (Fn. 257); vgl. ferner SächsOVG DÖD 2008, 19 (wo die Frage einer Voreingenommenheit unentschieden gelassen ist). Siehe aber auch NRW OVG RiA 2005, 253 (256): Der Beurteiler bleibe auch bei der Besprechung der Beurteilung (oder eines Beurteilungsentwurfs) „Herr des Verfahrens“ in dem Sinne, dass die Beurteilung *seine* Einschätzung (und nicht die Selbsteinschätzung des Beamten) wiedergeben müsse und es ihm obliege, die benötigten Erkenntnisquellen nach Art und Zahl näher zu bestimmen. Des Weiteren ist hier auf BW VGH VBlBW 2006, 62 (66) hinzuweisen.

[259] Zur Plausibilisierung von Werturteilen in dienstlichen Beurteilungen siehe Schnellenbach ZBR 2003, 1 ff., speziell zu den einzelnen Plausibilisierungsphasen aaO S. 7 ff.

[260] Vgl. BVerwGE 60, 245 (251 f.) ua unter Bezugnahme auf BVerwG Buchholz 232 § 32 BBG Nr. 6. Zur Nachholung der (durch Verwaltungsvorschrift verlangten) Begründung dafür, warum einem Beamten zum dritten Mal in demselben statusrechtlichen Amt ein lediglich durchschnittliches Gesamturteil zuerkannt worden ist, NRW OVG DÖD 2006, 161. Zu einem Nachschieben der in der dienstlichen Beurteilung selbst nicht angesprochenen, das Gesamturteil aber „gleichfalls tragenden Einschränkungen“, dass der Beamte nicht bereit gewesen sei, „mit seinen Vorgesetzten vorbehaltlos zu kooperieren und die Dienstzeiten einzuhalten“, durch die Zeugenaussagen des Beurteilers und eines Abteilungsleiters vor dem Verwaltungsgericht siehe BVerwG 21.3.2007 – 2 C 2.06 –, NVwZ 2007, 962 (LS) = BeckRS 2007, 23507. Der Senat hält dies für „zulässig“; sehr zw., weil wesentliche Gravamina zumindest im Kern in der Beurteilung als solcher bezeichnet werden müssen und nicht erst – je nach Argumentationsziel(!) – nach und nach ins Spiel gebracht werden dürfen.

[261] BVerwGE 60, 245 (252).

[262] BVerwG 17.9.2015 – 2 C 27.14 –, juris Rn. 30 ff.; siehe dazu schon → Rn. 49. Zur Zulässigkeit der Nachholung der Begründung im laufenden verwaltungsgerichtlichen Verfahren siehe Nds OVG 12.4.2016 – 5 ME 14/16 –, juris Rn. 39; Sächs OVG 26.4.2016 – 2 A 36/15 –, juris Rn. 34.

[263] Als „Verkennen des gesetzlichen Rahmens“ erachtet es NRW OVG ZBR 1990, 327, dass in einer Beurteilung die Zahl der Kalendertage, an denen der Beamte dienstunfähig erkrankt war,

mungen[264] iVm dem Gleichbehandlungsgrundsatz (Art. 3 Abs. 1 GG) abgesteckt. Dieser gebietet, dass der Dienstherr, gerade weil ihm beim Erlass von Beurteilungsrichtlinien (soweit er die normativen Grenzen beachtet[265]) weitgehende Gestaltungsfreiheit zuzugestehen ist, für eine gleichmäßige Anwendung solcher Richtlinien auf alle in Betracht kommenden Beamten Sorge trägt.[266] Hat sich ein durch Richtlinien vorgeschriebenes Beurteilungssystem[267] – mit Gesamturteilsskalen und dazugehörigen definitorischen (oder erläuternden) Festlegungen[268] – „im Wesentlichen" faktisch nicht durchgesetzt und duldet der Richtliniengeber, sei es auch missbilligend, diesen Zustand, so sind die Beurteilungsmaßstäbe den Standards zu entnehmen, die sich aus der geduldeten Verwaltungspraxis der nachgeordneten Behörde ergeben.[269]

75 Ein Verstoß gegen den Gleichbehandlungsgrundsatz liegt darin, dass ein Vorgesetzter ein in der Behörde übliches, aus seiner Sicht negativ zu bewertendes Verhalten in der Beurteilung *nur eines* Beamten erwähnt, nicht jedoch darin, dass er (in dem einen oder anderen Fall) trotz identischer Einzelbewertungen zu einem Gesamturteil gelangt, welches von demjenigen eines anderen Beurteilers oder seinem eigenen, in einer früheren Beurteilung ausgebrachten Gesamturteil abweicht.[270] Der Gleichbehandlungsgrundsatz in seiner Ausprägung als Willkürverbot ist hingegen im Kern berührt, wenn Beurteilungsvorschriften die rein arithmetische Ermittlung des Gesamturteils aus den Einzelbewertungen dekretieren (oder eine Begründung dafür verlangen, dass das Gesamturteil vom arithmetischen Mittel abweicht).[271] Die „Unterschiedlichkeit der Ansätze" bei einem Beurteilungssystem, das Regelbeurteilungen mit und Bedarfsbeurteilungen ohne Richtwerte nebeneinander vorsieht, bewirkt nicht etwa schon als solche, dass dem Gleichbehandlungsgrundsatz zuwider gehandelt wäre.[272]

---

kommentarlos erwähnt wird, ohne dass zugleich deutlich gemacht ist, inwiefern sich die Krankheiten auf die ihn betreffenden „dienstlichen Verhältnisse" – etwa in Richtung auf einen (unvermeintlichen) „Leistungsabfall" und/oder auf gesundheitsbedingte Einschränkungen in der Verwendungsbreite – ausgewirkt haben könnten.

[264] Beispielhaft seien hier die Vorgaben hinsichtlich des Beurteilungszeitraumes angeführt, die missachtet sind, wenn ein bedeutender Teil desselben bei der Beurteilung nicht berücksichtigt ist, und zwar zumal dann, wenn der (im Ergebnis als „durchschnittlich" beurteilte) Beamte während dieser Zeit überragende Leistungen erbracht haben will; vgl. dazu NRW OVG RiA 1997, 45 (wo freilich zu Unrecht der Topos „sachfremde Erwägungen" benutzt wird).

[265] BVerwG Buchholz 232.1 § 40 BLV Nr. 12 und § 41 BLV Nr. 3. Zum Vorrang einer Laufbahnverordnung gegenüber den dazu ergangenen Durchführungshinweisen SH OVG NVwZ-RR 1999, 652. Siehe zudem schon → Rn. 3 ff.

[266] BVerwG ZBR 1981, 315 und DVBl 1981, 1062. Nach BVerwG NVwZ 2000, 621 ist das Gebot der Gleichbehandlung „bereits dann verletzt, wenn in Teilbereichen des Verwaltungszweiges, für den einheitliche Beurteilungsrichtlinien erlassen worden sind, aufgrund eines unterschiedlichen Verständnisses des Inhalts von Beurteilungsmaßstäben eine uneinheitliche Beurteilungspraxis eingetreten ist". Einer „interministeriellen Abstimmung" zwischen den obersten Dienstbehörden des Bundes oder eines Landes bedarf es dagegen nicht (NRW OVG DÖD 2000, 162).

[267] Die vom Richtliniengeber eingeführte Beurteilungsform ist für die Beurteiler – nicht zuletzt im Interesse der Vergleichbarkeit – verbindlich (HVGH NVwZ-RR 2007, 42).

[268] Zu Richtwerten, durch die der Dienstherr die „gewollten Maßstäbe … verdeutlicht und konkretisiert", → Rn. 50 ff.

[269] BVerwG DVBl 1981, 1062 unter Bezugnahme auf BVerwGE 52, 193 (199). Siehe auch bereits → Rn. 5 und dort Fn. 15.

[270] Siehe bereits → Rn. 48. Zur ggf. notwendigen Abgleichung der Maßstäbe bei Beurteilungen eines anderen Dienstherrn oder aus einem anderen Geschäftsbereich vgl. Schnellenbach/Bodanowitz aaO (Fn. 239) Rn. 471 mit Fn. 154a. Beachte auch Fn. 272.

[271] → Rn. 49.

[272] Siehe dazu Fn. 36 f. Vgl. ferner BayVerfGH BayVBl. 2007, 141 (142) zur Verwertbarkeit einer Bedarfsbeurteilung, die wegen einer mehrjährigen Verwendung eines Bewerbers im Ausland keine

Auch das Allgemeine Gleichbehandlungsgesetz (AGG) verdient hier Aufmerksamkeit, insofern als es (unmittelbare oder mittelbare) Diskriminierungen namentlich wegen des Geschlechts untersagt.[273] Sie können sich nicht nur daran zeigen, dass Männer/Frauen im Vergleich zum jeweils anderen Geschlecht signifikant schlechter/besser beurteilt werden; unter Umständen treten sie auch in Gestalt einer Benachteiligung von Teilzeit- gegenüber Vollzeitbeschäftigten (und damit im Ergebnis typischerweise von Frauen gegenüber Männern) in Erscheinung. Soweit zur Feststellung einer vermuteten mittelbaren Diskriminierung (notgedrungen) statistische Betrachtungen[274] angestellt werden, wird der Größe und dem Zuschnitt der jeweiligen Vergleichsgruppe besonderes Augenmerk gebühren.[275] Dem Dienstherrn bleibt es unbenommen, im Einzelfall den Nachweis zu führen, dass eine festgestellte (bereichs- und) gruppenbezogene mittelbare Diskriminierung für die streitbefangene Beurteilung selbst nicht ursächlich gewesen ist.[276] 76

Mit dem verfassungsrechtlich geschützten Persönlichkeitsrecht (Art. 2 Abs. 1 iVm Art. 1 Abs. 1 GG) ist es nicht vereinbar, dass sich der (insofern regelmäßig nicht wissenschaftlich vorgebildete) Beurteiler mit negativer Tendenz zum Charakter und zu einzelnen die Selbstachtung berührenden Eigenschaften des Beamten umfassender und detaillierter ausspricht, als dies angesichts des jeweiligen Beurteilungszweckes unumgänglich ist.[277] 77

„Anzuwendende Begriffe" sind neben „Eignung", „Befähigung" und „fachliche Leistung" etwa „Durchschnitt"[278] oder „Anforderungen des Amtes", außerdem Termini der (gehobenen) Umgangssprache, die in Rechtsvorschriften oder in Beurteilungsrichtlinien zur Bezeichnung, zur Beschreibung oder zur Bewertung verwendet oder empfohlen werden. Der Begriff (und die Funktion) des „Richtwertes" ist verkannt, wenn über die Verpflichtung zur Erteilung einer im Einzelfall ergebnisrichtigen Beurteilung hinweggesehen wird, wie zB wenn man den (Erst-)Beurteiler einer festen Kontingentierung unterwirft.[279] 78

cc) Falsche oder unvollständige tatsächliche Beurteilungsgrundlagen

Wie dargelegt,[280] kann der Beurteiler aus einzelnen Ereignissen, die sich während des Beurteilungszeitraumes zugetragen haben („historischen Einzelvorgängen"[281]), wertende Schlussfolgerungen ziehen. Er muss derartige tatsächliche Grundlagen zwar nicht in die dienstliche Beurteilung selbst aufnehmen, es sei denn, das hieraus abgeleitete Werturteil wird andernfalls als solches nicht begreiflich oder missverständlich;[282] es kann aber erwartet werden, dass er sie in der Beurteilungsbesprechung, im Widerspruchsverfahren 79

Bewertung nach einem Punktesystem mit Punkteskala (vgl. Abschn. 3 Nr. 3.2.2 VV-BayBeamtR) enthielt.

[273] Zum EU-Recht vgl. Schnellenbach/Bodanowitz Dienstliche Beurteilung Rn. 471a und 471b.

[274] Vgl. dazu etwa § 3 Nr. 10 BGleiG.

[275] Dazu Schnellenbach/Bodanowitz aaO (Fn. 273) Rn. 454 mit Fn. 98b mwN.

[276] Siehe auch insoweit die vorst. Fußnote.

[277] Siehe dazu im Einzelnen Schnellenbach/Bodanowitz aaO (Fn. 273) Rn. 472 mwN.

[278] Der Begriff des „Durchschnitts" ist offensichtlich verkannt, wenn er durch die Note „befriedigend" wiedergegeben werden soll *und* wenn 89,17 v. H. von 563 Beurteilten eine bessere Note erhalten haben; RP OVG NVwZ-RR 1998, 122.

[279] NRW OVG ZBR 2007, 267; vgl. auch VG Schleswig PersR 2001, 486 m. zust. Anm. Schlick.

[280] → Rn. 35.

[281] BVerwGE 60, 245 (248).

[282] BVerwG ZBR 1968, 42; siehe ferner BW VGH NJW 1973, 75. Zu einer in den Beurteilungszeitraum fallenden dienstlichen Belobigung und der entsprechenden Leistung BVerwG Buchholz 232.1 § 40 BLV Nr. 16. Nach BayVGH DÖD 2000, 159 mangelt es einer dienstlichen Beurteilung, in der dem Beamten ein großes Fortbildungsstreben bestätigt worden ist, nicht (bereits) deswegen an Plausibilität, weil darin nicht sämtliche Fortbildungsveranstaltungen aufgelistet sind, an denen er teilgenommen hat.

oder im Verwaltungsprozess im Wege der Darstellung unmittelbar eigener Wahrnehmungen oder des Zeugenberichts eines (anderen) Vorgesetzten oder Mitarbeiters offen zu legen und zu verifizieren vermag.[283] Der Dienstherr trägt das Risiko ihres Beweises.[284] Erweisen sich die der dienstlichen Beurteilung zugrunde liegenden Sachverhaltsannahmen als unrichtig, so steht dem betroffenen Beamten ein Anspruch auf Neubeurteilung zu; ein Austausch der Beurteilungsgrundlage im gerichtlichen Verfahren ist dem Dienstherrn verwehrt.[285]

80 Eine tatsächliche Beurteilungsgrundlage ist unvollständig, wenn der Beurteiler wesentliche Elemente des Einzelvorgangs, auf dem sein Werturteil beruht, nicht erkannt oder bei der Wertung bewusst eliminiert hat. Dabei ist zu beachten, dass jeder Sachverhalt, der Anlass zu einer Wertung gibt, immer und notwendigerweise einen (sprachlich vermittelten) Ausschnitt aus der Wirklichkeit darstellt, dessen Relevanz und Vollständigkeit nie eine absolute, sondern stets nur eine solche in Bezug auf allgemeine Wahrnehmungsgewohnheiten und Erkenntnisinteressen sein kann, die für die Auswahl richtungweisend und prägend sind. Dem Beurteiler wird man auch aus diesem Blickwinkel eine Einschätzungsprärogative zubilligen müssen.[286, 287]

81 Soweit sich der Beurteiler bei einem Werturteil nicht erklärtermaßen oder den Umständen nach erkennbar auf einzelne Ereignisse, sondern auf eine Vielzahl von Beobachtungen und Eindrücken[288] stützt, ist er zwar verpflichtet, seine Wertung „plausibel und nachvollziehbar“ zu machen; er braucht dazu aber keine Tatsachen anzuführen.[289, 290]

dd) Nichtbeachtung allgemeingültiger Wertmaßstäbe

82 Unter der nicht ganz korrekten Bezeichnung „allgemeingültige Wertmaßstäbe“ werden intersubjektiv anerkannte (überindividuelle) Bewertungsstandards zusammengefasst. Im Gegensatz hierzu stehen die individuellen Bewertungsstandards des jeweiligen Beurteilers, an denen er sich ausrichten darf, sofern keine – vorrangigen – überindividuellen

---

[283] NRW OVG ZBR 1975, 90. Welchen Stellenwert der Beurteiler seinen Informationen beimisst, ist „in erster Linie seine Sache“; BVerwG ZBR 1993, 89 (90). Siehe auch BVerwG 28.6.2005 – 2 B 21.05 –, BeckRS 2005, 28094: Lägen vom Dienstherrn selbst (ohne Distanzierung) in das Verfahren eingeführte schriftliche Stellungnahmen des Erstbeurteilers vor, die den nach Auffassung des Gerichts entscheidungserheblichen Sachverhalt richtig und vollständig wiedergäben, so müsse der betreffende Beamte hierzu nicht nochmals als Zeuge vernommen werden (Zusatz des Verf.: es sei denn, einer der Beteiligten beantragt die Zeugenvernehmung).

[284] BVerwGE 60, 245 (248); siehe auch BGH DRiZ 1976, 382 (383) und OLG Hamm DRiZ 1978, 24 (25).

[285] BW VGH VGHRsprDienst 1994, Beilage 7, B 9.

[286] Siehe dazu im Einzelnen Schnellenbach/Bodanowitz aaO (Fn. 273) Rn. 283 ff., 475.

[287] Den „gesetzlichen Rahmen“ hätte der Beurteiler verkannt, wenn er sich hinsichtlich bestimmter Vorgänge (Tatsachen) zu einem sog „beredten Schweigen“ entschlösse, etwa um den Beurteilten zu schonen; er würde sich damit einer Schablone bedienen, die bei Dienstzeugnissen – anders als bei Beurteilungen – ab und an akzeptabel sein mag.

[288] Zur Interpretation der Wortfolge „Beobachtungen und Eindrücke“ siehe Schnellenbach/Bodanowitz aaO (Fn. 273) Rn. 476 mit Fn. 171a.

[289] BVerwGE 60, 245 (248); neuerdings zust. BAG NZA 2010, 115 (siehe schon BAG NVwZ-RR 2007, 797, 802). Dazu eingehend Schnellenbach/Bodanowitz aaO (Fn. 273) Rn. 476 ff. mwN. Sofern der Beurteiler im Rahmen der Plausibilisierung eines Werturteils (dazu Schnellenbach ZBR 2003, 1 ff.) nicht (auch) auf Tatsachenstoff zurückgreift, ist der Dienstherr keinem Beweisrisiko ausgesetzt. Wie die Verifizierung einer Tatsachenbehauptung fehlgehen kann, so kann aber auch die Plausibilisierung eines Werturteils misslingen; insofern fällt dem Dienstherrn eine Plausibilisierungslast zu. Zu Plausibilisierungsdefiziten ferner Eck in Hüllmantel ua LlbG Art. 60 Rn. 87 ff. mwN.

[290] Zur Plausibilisierung von Abweichungen des Endbeurteilers gegenüber der Erstbeurteilung, insbesondere gegenüber einem Gesamturteilsvorschlag des Erstbeurteilers vgl. NRW OVG DÖD 2000, 266 und NWVBl. 2002, 351 sowie Willems NWVBl. 2001, 121 (129) und Schnellenbach/Bodanowitz aaO (Fn. 273) Rn. 281a mwN.

Bewertungsmaßstäbe vorhanden sind und soweit die Beurteilungsermächtigung des Dienstherrn (bzw. die Einschätzungsprärogative des Beurteilers[291]) reicht.

Folgende Rechtsprechungsbeispiele sollen hier angeführt werden: 83

(1) Als Außerachtlassen eines allgemeingültigen Bewertungsmaßstabes ist es betrachtet worden,

- dass eine Beurteilung, für die besondere, in ihr selbst zum Ausdruck gelangte Umstände in negativer Hinsicht bedeutsam waren, durch die nächste Beurteilung „aufrechterhalten" wurde, obgleich diese Umstände inzwischen nicht mehr vorlagen,[292]
- dass ein Beamter allein deshalb nicht maßstabsgerecht, sondern schlechter beurteilt wurde, weil der Beurteiler der Meinung war, er habe „nicht die entsprechend seinen Fähigkeiten zu erwartende Leistung ... gebracht",[293]
- dass die „charakterliche Eignung" für eine höhere Laufbahn (ohne weiteres) schon aufgrund eines einmaligen Verstoßes gegen ein Strafgesetz verneint worden war[294]

sowie

- dass die Textfassung einer Beurteilung Dritte nicht in den Stand setzen konnte, „sich ein klares Bild von dem Beurteilten zu machen".[295]

(2) Keine Verletzung eines intersubjektiv anerkannten Bewertungsmaßstabes ist darin zu erblicken,

- dass durchschnittlichen Leistungen einer Verwaltungsvorschrift gemäß die Note „gut" zugeordnet wird[296] sowie
- dass die Leistungen eines zu beurteilenden Beamten zwecks Konkretisierung der „Anforderungen des Amtes" mit denen anderer Beamter (unter Umständen auch mit denen von Tarifbeschäftigten) verglichen werden, die einen im Wesentlichen identischen Aufgabenkreis versehen.[297]

Daneben sollen zwei weitere Bewertungsgrundsätze nicht übergangen werden: 84

- Eine dienstliche Beurteilung darf nicht aufgrund allgemeiner, für einen größeren Dienstbereich entwickelter Kriterien abgegeben werden, wenn die besondere Eigenart des vom Beurteilten innegehaltenen Amtes infolgedessen nicht (hinlänglich) erfasst werden kann.[298]
- Das Allgemeine Dienstalter eines Beamten ist als solches für Leistungs- und Eignungseinschätzungen ohne Belang: Es darf namentlich weder zur Begründung für eine Anhebung eines Gesamturteils noch zur Rechtfertigung für die Versagung leistungs- und eignungsangemessener Gesamturteile dienen.[299]

---

[291] → Rn. 80.

[292] BVerwG ZBR 1981, 107.

[293] NRW OVG RiA 1996, 155 (156).

[294] BVerwG 28.3.2006 – 1 WB 33.05 –, Dok. Ber. B 2006, 250. Am Rande sollte es sich verstehen, dass Abstriche hinsichtlich der „charakterlichen Eignung" „zumindest auf einer hinlänglich gesicherten Tatsachengrundlage beruhen müssen" (NRW OVG 4.12.2008 – 6 B 1520/08 –, BeckRS 2009, 41596 zur Ablehnung einer Einstellung in das Beamtenverhältnis).

[295] BVerwG ZBR 1992, 374 (Näher gelegen hätte es hier, den „gesetzlichen Rahmen" als verkannt zu befinden, weil der dazu zu rechnende Funktionszusammenhang zwischen dienstlicher Beurteilung und Personaleinsatz und -auslese ua eine Beachtung des Klarheitspostulates gebietet.).

[296] HVGH ESVGH 29, 40 (45); ferner VG Hannover ZBR 1976, 345 (346).

[297] BVerwG DÖD 2000, 108. Bei Überlegungen der in obigen Text angesprochenen Art ist allerdings stets mitzubedenken, ob die nebeneinander betrachteten Beamten derselben Laufbahn, Laufbahngruppe und Besoldungsgruppe angehören. Siehe auch Schnellenbach/Bodanowitz aaO (Fn. 273) Rn. 485.

[298] HVGH ESVGH 29, 40 (43) und NRW OVG DÖD 1972, 226.

[299] Vgl. BVerwG 19.3.2015 – 2 C 12.14 –, juris Rn. 16; OLG Nürnberg DRiZ 1982, 110 (112); ferner VG Hannover ZBR 1976, 345 (347).

ee) Sachfremde Erwägungen

85 „Sachfremd" ist eine Erwägung, wenn sie nicht in den durch Sinn und Zweck der dienstlichen Beurteilung bestimmten Erkenntnis- und Bewertungsrahmen fällt[300] oder gar von Verfassungs oder Gesetzes wegen missbilligt wird.[301, 302]

86 Bewertende Äußerungen zu Einzelmerkmalen oder zum Gesamturteil, die sich auf die Zugehörigkeit oder Nichtzugehörigkeit des Beamten zu einem religiösen Bekenntnis oder einer Weltanschauung beziehen oder hierauf nachweislich beruhen, sind gemäß Art. 33 Abs. 3 GG „sachfremd" in der gesteigerten Form der Sachwidrigkeit. Gleiches gilt nach § 9 BeamtStG und § 9 BBG für die bei der Auslese nicht berücksichtigungsfähigen sonstigen Gesichtspunkte.[303, 304]

---

[300] Beispiel (nach Pickuth RiA 1977, 221, 227): Der Beamte wird aus „erzieherischen Gründen" – um seine Arbeitsmoral" zu heben – zu streng beurteilt.

[301] Ein Fall von Sachfremdheit der Erwägungen ist gegeben, wenn es sich bei der Beurteilung als abträglich auswirkt, dass der bzw. die Beurteilte von einer gesetzlichen Möglichkeit, zB der Möglichkeit, eine Beurlaubung oder eine Arbeitszeitermäßigung zu beantragen, Gebrauch macht, und zwar ungeachtet dessen, ob die Aufgabenerfüllung der Verwaltung dadurch (vorübergehend) beeinträchtigt wird; bei entsprechendem erfolglos gebliebenen Antrag kann ihm bzw. ihr selbstverständlich auch die Tatsache der Antragstellung als solche nicht zum Nachteil gereichen, etwa indem sie als Zeichen für eine fehlende Arbeitsmoral oder eine eingeschränkte Loyalität missdeutet wird.

[302] Beispiel (nach NRW OVG RiA 2002, 92): Der Beurteiler stuft einen Beamten allein deshalb schlechter ein, als er es an sich für „leistungsgerecht" hält, weil er sich dadurch die Begründung für eine bevorstehende Auswahlentscheidung erleichtern will.

[303] Zur Frage, ob rechts- und standespolitische Überlegungen eines Beurteilten Aufnahme in die dienstliche Beurteilung finden dürfen, vgl. OLG Nürnberg DRiZ 1982, 110 (111).

[304] Zur Amtshaftung des Dienstherrn wegen eines sog Mobbing durch (Dienst-)Vorgesetzte im Zusammenhang mit einer dienstlichen Beurteilung siehe OLG Stuttgart NVwZ-RR 2003, 715; ferner (allgemein) Bochmann ZBR 2003, 257 und Hermann ZBR 2003, 59.

§ 12 Personalakten

Die den Beamten betreffenden Unterlagen (§ 50 Satz 2 BeamtStG, § 106 Abs. 1 Satz 4 BBG) werden im Interesse einer zuverlässigen, einen sachgerechten Personaleinsatz und eine effektive Personalplanung einschließenden Personalverwaltung[1] als Personalakte gesammelt und aufbewahrt, um einen jederzeitigen, möglichst vollständigen und persönlichkeitsgetreuen Überblick über die Entwicklung seines Dienstverhältnisses im Einzelnen zu gewährleisten.[2,3] In den gesetzlichen Regelungen zum Personalaktenrecht erfahren namentlich der verfassungsrechtlich verbürgte Anspruch auf informationelle Selbstbestimmung – als Ausdruck des allgemeinen Persönlichkeitsrechts (Art. 2 Abs. 1 iVm Art. 1 Abs. 1 GG) –[4] wie auch die Fürsorge- und Schutzpflicht des Dienstherrn (§ 45 1

[1] § 50 Satz 4 BeamtStG und § 106 Abs. 3 Satz 1 BBG nennen freilich neben der „Personalverwaltung" die „Personalwirtschaft", zu der insbesondere die – über das Einzeldienstverhältnis hinausreichende – Stellenplanung und -bewirtschaftung zu rechnen ist (siehe auch NRW OVG ZBR 1995, 84 sowie → Rn. 20 f. dieses Paragraphen). Das heißt nicht, dass Daten, die aus Gründen der Personalwirtschaft zusammengetragen werden, schon deshalb personalaktenfähig wären. Mit Rücksicht auf den erforderlichen „unmittelbaren inneren Zusammenhang" (§ 50 Satz 2 BeamtStG, § 106 Abs. 1 Satz 4 BBG) mit dem Dienstverhältnis des Beamten werden Unterlagen, deren Sammlung zumindest primär personalwirtschaftlicher Belange wegen erfolgt, vielmehr in der Regel in Sachakten zu integrieren sein (vgl. Kathke in Schütz/Maiwald BR Rn. 121 ff., 135 zu § 50 BeamtStG). Die Veröffentlichung des Namens, des Zuständigkeitsbereichs, der dienstlichen Telefondurchwahl und der dienstlichen E-Mail-Adresse eines Beamten im Internetauftritt seiner Beschäftigungsbehörde sind personalaktenrechtlich irrelevant (BVerwG ZTR 2008, 406 = Buchholz 237.8 § 102 RhPLBG Nr. 2). Zur zulässigen Verwendung einzelner Personalaktendaten im Rahmen einer behördeninternen Beurteilungskonferenz SOVG NVwZ-RR 2000, 450 (Hinweis auf Schnellenbach/Bodanowitz Dienstliche Beurteilung Rn. 313 ff. sowie im Folgenden → Rn. 21 aE).

[2] Siehe dazu einerseits BVerwG ZBR 1976, 257, andererseits BT-Drs. 12/544 S. 11.

[3] Zum Zusammenhang zwischen Dezentralisierung kommunaler Personalarbeit und Personalaktenrecht siehe von Mutius/Behrndt ZBR 1997, 65.

[4] Zur Kategorie eines Rechts auf informationelle Selbstbestimmung grundlegend BVerfGE 65, 1; 67, 100 (142 f.); 76, 363 (388); 77, 1 (46); 78, 77; 80, 367. Hier sind ua der Vertraulichkeitsgrundsatz und die ihm sachlich zuzurechnende Pflicht zu verorten, die Personalakten durch technische und organisatorische Maßnahmen vor unbefugter Einsichtnahme zu schützen (§ 50 Satz 3 BeamtStG, § 106 Abs. 1 Satz 2 BBG); dazu Battis BBG § 106 Rn. 8. Siehe ferner BVerwG ZBR 2004, 359 und NVwZ-RR 2006, 624: Die zunächst genannte Entscheidung, in der das Recht der Soldaten auf informationelle Selbstbestimmung akzentuiert ist, betrifft die Maßnahmenbemessung bei einem Kompaniefeldwebel, dem Personalnebenakten anvertraut waren und der daraus unbefugt Fotokopien gefertigt und die Kopien an einer Stelle gelagert hatte, wo sie der Dienstaufsicht seiner Vorgesetzten entzogen waren; der an zweiter Stelle angeführte Beschluss bezieht sich auf die telefonische Weitergabe personenbezogener Daten eines Soldaten an einen Abteilungsleiter und den behandelnden Arzt eines Bundeswehrkrankenhauses. Zu Einschränkungen des Rechts auf informationelle Selbstbestimmung bei der Erhebung und Verwendung personenbezogener Daten für Beihilfezwecke verhält sich nunmehr § 108 Abs. 2 bis 5 BBG i. d. F. des Gesetzes zur Änderung des Bundesbeamtengesetzes und weiterer dienstrechtlicher Vorschriften vom 6.3.2015, BGBl. I S. 250 (→ Rn. 21); § 111 Abs. 2 BBG i. d. F. eben desselben Gesetzes regelt die Übermittlung von Personalaktendaten für den Fall, dass einzelne Aufgaben der personalverwaltenden Stelle beispielweise auf ein Dienstleistungszentrum oder Aufgaben des ärztlichen Dienstes – in der Regel im Wege der Verwaltungsvereinbarung – auf den ärztlichen Dienst einer anderen Behörde übertragen wurden (→ Rn. 38).

BeamtStG, § 78 BBG) – (unter anderem) als Ausprägung eines hergebrachten Grundsatzes des Berufsbeamtentums (Art. 33 Abs. 5 GG)[5] – bereichsspezifische Konkretisierungen.

I. Rechtsgrundlagen

2 Bundesgesetzliche Regelungen des Personalaktenrechts sind enthalten

- zum einen für die unmittelbaren und mittelbaren Landesbeamten: in § 50 BeamtStG,
- zum anderen für die Bundesbeamten: in den §§ 106–115 BBG.

Die Ableitung der Gesetzgebungskompetenz aus Art. 74 Abs. 1 Nr. 27 GG ist bezüglich § 50 BeamtStG nicht unproblematisch,[6] und zwar zumindest hinsichtlich Satz 1 und Satz 2, zu deren Rechtfertigung in der Amtl. Begr.[7] insoweit auf den Gesichtspunkt einer „Erleichterung von Dienstherrnwechseln" abgestellt ist; im Blick auf Satz 3–5 lässt es sich schon eher vertreten, dass die Grundsätze der Vertraulichkeit und der Zweckbindung „statusrechtlich geboten" seien.[8] Die für die Bundes- wie für die Landesbeamten übereinstimmend maßgeblichen gesetzlichen Vorgaben des Bundesrechts finden sich wortgleich

- in § 50 Satz 1 BeamtStG und § 106 Abs. 1 Satz 1 BBG (Pflicht zur Personalaktenführung),
- in § 50 Satz 2 BeamtStG und § 106 Abs. 1 Satz 4 BBG (Personalakteninhalt),
- in § 50 Satz 3 BeamtStG und § 106 Abs. 1 Satz 2 BBG[9] (vertrauliche Behandlung der Personalakte) sowie
- in § 50 Satz 4 BeamtStG[10] und § 106 Abs. 3 Satz 1 BBG (Zweckbindung bei der Verwendung von Personalaktendaten).

3 Das Personalaktenrecht für die Landesbeamten erschließt sich dem Betrachter als Ganzes erst aus einer Sicht auf das „Zusammenspiel" von § 50 BeamtStG mit dem Landesrecht.[11] Es erscheint dem Verfasser, gemessen an dem Ziel einer möglichst ökonomischen Darstellungsweise, sinnvoll, im Text der nachfolgenden Darlegungen selbst

[5] → § 10 Rn. 2. Zur Frage, ob es sich bei dem Einsichtsrecht des Beamten (vgl. § 110 BBG und das korrespondierende Landesrecht) um einen „hergebrachten Grundsatz" handelt → Rn. 26.

[6] Krit. Ziekow PersV 2007, 344 (351); siehe auch Reich BeamtStG § 50 Rn. 1.

[7] BT-Drs. 16/4027 S. 35.

[8] In der Amtl. Begr. (aaO wie Fn. 7) ist daneben, wohl um das Monitum einer – dem signifikanten Vereinheitlichungsanliegen widersprechenden – Lückenhaftigkeit der Regelung auszuräumen, ungeachtet der Kompetenzfrage ausgeführt: „Über diese grundlegenden Bestimmungen hinaus bedürfen sowohl die Form der Personalaktenführung als auch die ... weiteren bereichsspezifischen Datenschutzbestimmungen keiner einheitlichen bundesgesetzlichen Festlegungen. ... Beamtinnen und Beamten steht auch nach Beendigung des Beamtenverhältnisses ein Anspruch auf Einsicht in die vollständige Personalakte zu. Aus dem Grundsatz der Richtigkeit der Personalakte (Personalaktenwahrheit) folgt, dass unrichtige Inhalte der Personalakte zu entfernen sind. ..." (Abschließend äußert sich die Amtl. Begr. noch zur sog „Abschottung", insoweit → Rn. 15, 17).

[9] In § 106 Abs. 1 Satz 2 BBG ist dem ansonsten mit § 50 Satz 3 BeamtStG identischen Text angefügt: „und durch technische und organisatorische Maßnahmen vor unbefugter Einsichtnahme zu schützen".

[10] § 50 Satz 5 BeamtStG eröffnet dem Landesgesetzgeber die Möglichkeit, für Ausnahmesituationen (siehe dazu § 111 Abs. 3 BBG) auch ohne Einwilligung der Betroffenen von der Zweckbindung nach § 50 Satz 4 BeamtStG abzuweichen.

[11] Kathke aaO (Fn. 1) Rn. 1, 6 zu § 50 BeamtStG.

jeweils nur die §§ 106–114 BBG[12] anzuführen; das mit ihnen (jedenfalls dem wesentlichen Gehalt nach) weitgehend deckungsgleiche Landesrecht[13] ist (einschließlich erwähnenswerter Abweichungen) an geeigneten Stellen – zumindest in einer Auswahl – in Gestalt von Fußnoten dokumentiert.

II. Inhalt der Personalakte

Zu der für jeden Beamten zu führenden (§ 50 Satz 1 BeamtStG, § 106 Abs. 1 Satz 1 BBG) Personalakte gehören „alle Unterlagen, die ... den Beamten betreffen, soweit sie mit ... seinem Dienstverhältnis in einem unmittelbaren inneren Zusammenhang stehen ...“ (§ 50 Satz 2 BeamtStG, § 106 Abs. 1 Satz 4 BBG). § 106 Abs. 1 Satz 5 BBG[14] verbietet – wie schon § 90 Abs. 1 Satz 2 Hs. 2 BBG aF und § 56 Abs. 1 Satz 2 Hs. 2 BRRG aF – ausdrücklich die Aufnahme „anderer Unterlagen“; damit ist der vormals gängigen Unterscheidung zwischen obligatorischem und fakultativem Personalakteninhalt[15] der Boden entzogen. 4

Vornehmlich folgende Unterlagen sind Personalakteninhalt:[16, 17] 5

- Einstellungsvorgänge (Bewerbung, Lebenslauf, Führungszeugnis, Gesundheitszeugnis, Lichtbild,[18] Personenstandsurkunden,[19] Staatsangehörigkeitsnachweis, Schul- und Prüfungszeugnisse sowie anderweitige Befähigungsnachweise,[20] unter Umständen auch

---

[12] Zu § 115 BBG (Übermittlungen in Strafsachen) existiert keine landesrechtliche Parallelvorschrift.

[13] Siehe die landesrechtlichen Parallelvorschriften: §§ 83–88 BW LBG, Art. 102–111 BayBG, §§ 84–91 BlnLBG, §§ 94–101 BbgLBG, §§ 85–92 BrBG, §§ 85–92 HmbBG, §§ 86–93 HBG, §§ 84–91 MVBG, §§ 88–95 NBG, §§ 83–90 NRW LBG, §§ 87–96 RP LBG, §§ 95–102 SBG, §§ 111–118 SächsBG, §§ 84–91 BG LSA, §§ 85–92 SH LBG und §§ 79–87 ThürBG.

[14] Siehe zB auch § 88 Abs. 2 Satz 1 NBG, § 88 Abs. 1 Satz 1 und Satz 2 Hs. 1 RP LBG und § 111 Abs. 1 Satz 2 SächsBG.

[15] Vgl. BVerwGE 50, 301; 93.28. BVerwG NJW 1991, 1628 hatte zB den Beamten persönlich betreffende private Dankschreiben, die seiner Dienststelle zugegangen waren, als fakultativen Personalakteninhalt angesehen. Abl. dazu die hM, ua Battis BBG § 106 Rn. 9 und Kathke aaO (Fn. 1) Rn. 22 zu § 50 BeamtStG mwN; aA nach wie vor Lemhöfer in Plog/Wiedow BBG 2009 § 90 Rn. 8, 13 f.

[16] Siehe auch die Aufzählung in BT-Drs. 12/544 (zu § 90 BBG aF). Rechtswidrig vernichteter oder abhanden gekommener Personalakteninhalt ist im Rahmen des Möglichen wiederherzustellen; vgl. BVerwGE 33, 183 (189), weiterhin BVerwGE 62, 135 (136); 113, 255. Lässt sich eine Rekonstruktion nicht mehr bewirken, so kann sich die Beweislast zugunsten des Beamten umkehren (BVerwG NVwZ-RR 2000, 690 und ZBR 2001, 32).

[17] Zur Verpflichtung eines Beamten, wegen eines vom Dienstherrn beabsichtigten Antrags auf Erteilung einer Signaturkarte eine Personalausweiskopie beizubringen, VG Osnabrück 17.12.2014 – 3 A 45/12 –, BeckRS 2015, 41859.

[18] NdsOVG DVBl 1972, 47: Es besteht kein Anspruch auf Rückgabe oder Entfernung des Lichtbildes nach einem Ausscheiden aus dem Beamtenverhältnis.

[19] Auch der Nachweis einer eingetragenen Lebenspartnerschaft fällt hierunter; BVerwG NVwZ 2004, 626. Wird stattdessen der Familienstand „ledig“ eingetragen bzw. gespeichert, besteht ein Berichtigungsanspruch (BVerwG aaO). Unzutreffend Gola/Klug NJW 2005, 2434 (2437 f.), die in Hinsicht auf Personalverwaltungssysteme für die Ehe wie für die eingetragene Lebenspartnerschaft nur einen einheitlichen Eintrag zulassen wollen.

[20] Auch die während des Vorbereitungsdienstes entstandenen Ausbildungsakten gehören zur Personalakte des späteren Beamten auf Probe/auf Lebenszeit, und zwar unabhängig davon, ob der Vorbereitungsdienst bei demselben Dienstherrn abgeleistet worden ist; vgl. RP OVG RiA 1983, 38 m. abl. Anm. Stauf, ferner Battis BBG § 106 Rn. 9. Zur Trennung der Referendarakten von den Rechtsanwaltspersonalakten BVerwGE 75, 17.

Aufzeichnungen über ein Einstellungsgespräch[21]), allerdings jeweils nur, wenn und sobald der Bewerber in das Beamtenverhältnis berufen worden ist,[22]
- Nachweise über zusätzlich erworbene dienstliche oder allgemein-berufliche Qualifikationen,
- Nachweise zur Laufbahnbefähigung, insbesondere bei Laufbahnen besonderer Fachrichtung,
- Nachweise über Wehr- und Zivildienst,
- Bewerbungen um höherwertige Ämter oder Dienstposten bei demselben Dienstherrn, auch wenn sie nicht zum Erfolg geführt haben,
- Unterlagen über Ernennungen, Vereidigung, Entlassung oder Zurruhesetzung,
- Abschriften von Versetzungs-, Abordnungs- oder Umsetzungsverfügungen,[23]
- Abschriften von Verfügungen (Bescheiden) betr. Teilzeitermäßigung, Urlaub aus arbeitsmarktpolitischen oder familienbezogenen Gründen, Erziehungsurlaub, Elternteilzeit, Erholungs- oder Sonderurlaub,
- Unterlagen über Nebentätigkeiten und Abschriften von Nebentätigkeitsgenehmigungen sowie etwaigen aufhebenden Bescheiden,
- dienstliche Beurteilungen und Abschriften von Dienstzeugnissen, nicht dagegen Arbeitsunterlagen (persönliche Aufzeichnungen), vorbereitende Stellungnahmen oder Beurteilungsentwürfe von Vorgesetzten oder Mitarbeitern,[24]
- Nachzeichnungsvermerke zB bei freigestellten Personalratsmitgliedern,[25]
- Besoldung[26] und Versorgung, Umzugskosten, Reisekosten und Trennungsgelder sowie Beihilfen[27] betreffende Unterlagen einschließlich der Abschriften einschlägiger Bescheide und Mitteilungen, nicht aber verwaltungsinterne Kassenanweisungen oder Daten in Gehaltsabrechnungsprogrammen,

---

[21] Vgl. Kunz ZBR 1992, 161; hinsichtlich graphologischer Gutachten mit Recht zweifelnd Kathke aaO (Fn. 1) Rn. 24 zu § 50 BeamtStG. Kathke erwähnt aaO zutr. auch Aufzeichnungen über Assessement Center oder strukturierte Interviews, „soweit sie den einzelnen Bewerber betreffen“, und – unter Rn. 29 zu § 87 NRW LBG – darüber hinaus etwaige „Protokolle der Sitzungen von kommunalen Kollegialorganen, die den materiellen Personalaktenbegriff erfüllen“; er warnt – unter Rn. 121 zu § 84 NRW LBG – vor dem (datenschutzrechtlich nicht ausdrücklich verbotenen) „Googlen“ von Bewerbern oder dem zielgerichteten Durchsuchen von sozialen Netzwerken wie zB Facebook.

[22] Will der erfolglos gebliebene Bewerber Einsicht in die (Sach-)Akte des Bewerbungsverfahrens nehmen, so bleibt ihm nur der Weg über § 29 VwVfG.

[23] Wird der Aufgabenbereich eines Beamten durch Organisationsverfügung (allgemeine Anordnung) geändert (→ § 4 Rn. 63), so sind den Personalakten der betroffenen Beamten (auszugsweise) Abschriften beizufügen; Entsprechendes gilt für Unterlagen, die Aufschluss über Erwägungen geben, die für die im obigen Text genannten Personalmaßnahmen bestimmend waren; vgl. Gola NVwZ 1993, 552 (553).

[24] BVerwGE 62, 135; siehe schon → § 11 Rn. 25. Schriftliche vorbereitende Stellungnahmen und Beurteilungsentwürfe sind dem Verfasser nach Verwertung zurückzugeben oder mit seinem Einverständnis zu vernichten. Ähnlich Gola RiA 1994, 1 (6); vgl. auch BT-Drs. 12/544 S. 18. NdsOVG NVwZ-RR 2014,478 (juris Rn. 27) hält dafür, dass „auf Vorrat gefertigte Beurteilungsbeiträge“ für niedersächsische Richter oder Staatsanwälte zu deren Personalakten (und nicht zu einer „gesonderten Sammelakte“) zu nehmen seien. Zu dem Fragenkomplex als Ganzem Schnellenbach/Bodanowitz Dienstliche Beurteilung Rn. 307 ff., außerdem Richter/Gamisch DÖD 2011, 177 (178).

[25] Schnellenbach/Bodanowitz aaO (Fn. 24) Rn. 222c.

[26] Auch Feststellungen und Bescheide zur Vergabe leistungsbezogener Besoldungsbestandteile (dazu → § 13 Rn. 1 ff.) sind, jedenfalls soweit sie den einzelnen Beamten betreffen, aufnahmefähig. Zu Planstelleneinweisungen Kunz ZBR 1992, 161 (162).

[27] → Rn. 15, 17.

- (amts-)ärztliche Äußerungen (beispielsweise Gesundheitszeugnisse)[28] und medizinische Gutachten sowie Auszüge aus der (für den Dienst relevanten) Krankheitsgeschichte des Beamten,[29] gleichgültig, ob dieser selbst sie eingereicht hat oder ob sie vom Dienstvorgesetzten beigezogen worden sind,[30]
- Nachweise über eine Schwerbehinderung,
- Mitteilungen über strafrechtliche Ermittlungsverfahren oder gerichtliche Strafverfahren gegen den Beamten,[31] nicht aber solche über außerdienstlich begangene Ordnungswidrigkeiten, die keinen Bezug zu seiner Rechtsstellung und seinem Aufgabenfeld haben,[32]
- schriftliche missbilligende Äußerungen (siehe zB § 6 Satz 2 BDG) eines Dienstvorgesetzten gegenüber dem Beamten,[33]
- Disziplinarvorgänge[34] sowie
- Disziplinarverfügungen, -urteile und -beschlüsse.

In die Personalakte sind auch (Gegen-)Äußerungen des Beamten aufzunehmen (vgl. § 109 Satz 2 BBG und das entsprechende Landesrecht).[35]

1. Allgemeines zur Abgrenzung von Personal- und Sachakte

Sachakten sind alle Unterlagen der Verwaltung, die (ausschlaggebend) nicht die persönlichen oder dienstlichen Verhältnisse der Dienstnehmer zum Gegenstand haben, sondern „besonderen, von der Person und dem Dienstverhältnis sachlich zu trennenden 6

[28] Hinsichtlich personal- und amtsärztlicher Stellungnahmen zur Frage der Dienst- und Verwendungsfähigkeit (hier: Vorbereitung einer Versetzung in den Ruhestand) HmbOVG 8.3.2007 – 1 Bs 26/07 –, NordÖR 2008, 23, ferner abgedr. bei Schütz/Maiwald BR ES/D I 1 Nr. 17.

[29] Zur Aufbewahrung von Gesundheitsdaten in der Personalakte siehe auch BAGE 119, 238 = NJW 2007, 794 (m. Anm. Grobys): Der Arbeitgeber sei verpflichtet, „sensible Daten" über die Persönlichkeit und die Gesundheit des Arbeitnehmers „in besonderer Weise aufzubewahren" und „gegen zufällige Kenntnisnahme zu schützen"; der informationsberechtigte Personenkreis sei zu beschränken.

[30] BVerwG ZBR 1962, 186; vgl. ferner BVerwGE 33, 120.

[31] BVerwGE 46, 72. Zur Aufnahme von Hinweisen auf möglicherweise pflichtwidriges oder die Eignung minderndes dienstliches oder außerdienstliches Verhalten vgl. BVerwGE 59, 355 und BVerwG DÖD 1981, 81. Dazu auch → Rn. 13.

[32] Vgl. auch BAG NJW 1978, 124.

[33] Vgl. BVerwGE 43, 211 und BW VGH VBlBW 1994, 283 sowie VG München 2.7.2014 – M 5 K 13.4821 –, juris Rn. 17. Siehe aber auch RP OVG ZBR 1995, 212: „Einfache, auf die Amtsführung bezogene missbilligende Äußerungen" des Dienstvorgesetzten sind „kein zulässiger Gegenstand der Personalakten", da sie weder die Rechtsstellung noch die dienstliche Verwendung des Beamten berühren. Zur Wahl eines „milderen Mittels" der Kritik (zB eines tadelnden Hinweises oder einer mündlichen Zurückweisung oder Ermahnung) VG München aaO sowie VG Aachen 2.3.2015 – 1 K 2369/13 –, BeckRS 2015, 43896.

[34] Disziplinarvorgänge (nicht aber Vorgänge über noch nicht abgeschlossene Verwaltungsermittlungen; dazu auch BVerwG ZBR 2006, 309) gehören zur Personalakte im materiellen Sinne (→ Rn. 14); sie sind indessen erst nach Abschluss des Disziplinarverfahrens zur Personalakte im formellen Sinne zu nehmen (vgl. BT-Drs. 12/544 S. 16 sowie BVerwGE 36, 134, 137 f.; 38, 94, 96). Zum Einsichtsrecht Fn. 121, zur Entfernung und Vernichtung → Rn. 49 und Fn. 200.

[35] → Rn. 43 ff.

Zwecken dienen, insbesondere Prüfungs-,[36] Sicherheits-[37] und Kindergeldakten[38]" (§ 106 Abs. 1 Satz 6 BBG[39]). Zu den Sachakten gehören auch

- Materialien, die aus Anlass von Personalplanungen, Stellenausschreibungen, Stellenbewertungen und Geschäftsverteilungen anfallen,[40] sowie
- Akten, welche bei Behörden entstehen, die für die Erteilung von beamtenrechtlichen Ausnahmegenehmigungen zuständig sind.[41]

7 Die in einem gerichtlichen Verfahren bei einer beteiligten Behörde zustande kommenden Prozessvorgänge – einschließlich einer etwaigen prozessbezogenen Korrespondenz mit der Aufsichtsbehörde[42] – sind Sachakten. Eine Ablichtung (zumindest) der den Prozess beendenden Entscheidung ist der Personalakte eines Beamten einzufügen, mit dessen Dienstverhältnis die Entscheidung in einem unmittelbaren inneren Zusammenhang steht.[43]

8 Aussagegenehmigungen (§ 37 Abs. 3 ff. BeamtStG, § 67 Abs. 3 und 4, § 68 BBG) sind in die Sachakte des jeweiligen Verfahrens zu integrieren.

9 Vorgänge zu innerorganisatorischen Fragen sind auch in der Personalakte eines Beamten – und nicht nur in der Sachakte über die Geschäftsordnung – abzulegen, vorausgesetzt, aus ihnen lassen sich ohne weiteres verwendungs- oder förderungsrelevante Besonderheiten der Arbeits- und Führungsweise des Beamten erkennen.[44] Eine – streng logisch verstandene – Alternative Sachakte/Personalakte gibt es insofern nicht.

---

[36] Hier sind auch Unterlagen über Laufbahnprüfungen der Beamten auf Widerruf und über Aufstiegsprüfungen erfasst; Kathke aaO (Fn. 1) Rn. 48 zu § 50 BeamtStG unter Hinweis auf Weiß/Niedermaier/Summer/Zängl BayBeamtR Rn. 19 zu Art. 104 BayBG, der überdies die bayerischen Modulprüfungen (siehe Art. 20 Abs. 2 Satz 6 BayLlbG) einbezieht. Nach Abschluss des Prüfungsverfahrens ist eine Zeugnisabschrift oder ein anderer aussagekräftiger Nachweis zur jeweiligen Personalakte zu nehmen. Vgl. auch Lemhöfer in Plog/Wiedow BBG 2009 § 90 Rn. 19.

[37] „Sicherheitsakten" sind nur diejenigen Vorgänge, die einer Sicherheitsüberprüfung entstammen und von einem Sicherheits- oder Geheimschutzbeauftragten, nämlich einer von der Personalverwaltung getrennten Organisationseinheit, geführt werden; vgl. dazu auch BVerwGE 55, 186. Der Dienstherr muss dem Beamten, sofern er aufgrund seiner Erkenntnisse dienstlich nachteilige Folgerungen ziehen will, jedenfalls so viel offenbaren, dass dieser seine Rechte sachgemäß wahrnehmen kann (BVerwG aaO S. 192 sowie BVerwGE 49, 44). Auch Sicherheitsüberprüfungsakten, die bei den Verfassungsschutzbehörden der Länder entstehen, sind Sachakten. Siehe hierzu die umfassenden Nachweise zur Gesetzeslage bei Kathke aaO (Fn. 1) Rn. 49 f. zu § 50 BeamtStG.

[38] Zu den Kindergeldakten siehe auch § 106 Abs. 1 Satz 7 BBG (Möglichkeit einer Verbindung der Kindergeldakten mit Teilakten betr. Besoldung und Versorgung). Beachte überdies §§ 67–78 SGB X, die unberührt bleiben.

[39] In den Landesbeamtengesetzen finden sich Bestimmungen, die sich – wie zB § 94 Abs. 2 Satz 2 BbgLBG, § 86 Abs. 1 Satz 1 HBG, § 83 Abs. 3 Satz 1 NRW LBG und § 95 Abs. 1 Satz 5 SBG – mit § 106 Abs. 1 Satz 6 BBG decken oder darüber hinausgehen, indem sie – wie zB § 88 Abs. 2 Satz 3 Hs. 2 NBG – auch festlegen, dass „von Unterlagen über psychologische Untersuchungen und Tests, die in Bewerbungsverfahren durchgeführt wurden, ... nur die Ergebnisse aufgenommen werden (dürfen)"; ähnlich auch § 85 Abs. 2 Satz 3 BrBG und § 85 Abs. 2 Satz 3 HmbBG, wo (ua) auch „ärztliche oder psychologische Untersuchungen" in den entsprechenden Regelungsbereich aufgenommen sind.

[40] BT-Drs. 12/544 S. 11, 16. Zu den Besetzungsberichten und -statements → Rn. 10.

[41] Zustimmend Kathke aaO (Fn. 1) Rn. 97 zu § 50 BeamtStG.

[42] Vgl. NRW OVG 8.2.1994 – 6 A 2704/91 –, abgedr. bei Schütz/Maiwald BR ES/D I 1 Nr. 12.

[43] BT-Drs. 12/544 S. 16.

[44] Vgl. BayVGH ZBR 1982, 33 (LS).

2. Besetzungsberichte und -statements

10 Zusammenfassende Berichte zur Vorbereitung der Besetzung einer Beamtenstelle (Richterstelle) hat das Bundesverwaltungsgericht[45] für Sach-, nicht für Personalakteninhalt gehalten; folgerichtig müsste Gleiches auch für schriftliche Statements der personalentscheidenden Stelle zum Eignungsvergleich zwischen Bewerbern um Beförderungsämter oder Beförderungsdienstposten[46] gelten. Bei genauer Betrachtung gehören derartige Besetzungsberichte oder -statements indessen sowohl zur Sachakte des Besetzungsverfahrens als auch mindestens auszugsweise – nämlich soweit sie sich auf die fachliche Leistung und das Befähigungsprofil des einzelnen Beamten (Richters) beziehen – zur Personalakte des jeweiligen Bewerbers.[47] Ein Recht auf Einsicht in einen Besetzungsbericht (bzw. ein Besetzungsstatement) konnte nach der angeführten Judikatur während des laufenden Besetzungsverfahrens jedoch nur aus § 29 VwVfG, nach dessen Abschluss allenfalls aus der Fürsorge- und Schutzpflicht des Dienstherrn hergeleitet werden.[48] § 110 Abs. 4 Satz 1 BBG (siehe vormals § 90c Abs. 4 Satz 1 Hs. 1 BBG aF) und die Parallelvorschriften des Landesrechts (siehe vormals § 56c Abs. 4 Satz 1 Hs. 1 BRRG)[49] lösen die Problematik der Einsichtnahme im Ergebnis durch folgende Regelung:[50]

„… Beamte haben ein Recht auf Einsicht auch in andere Akten, die personenbezogene Daten über sie enthalten und für ihr Dienstverhältnis verwendet werden, soweit gesetzlich nichts anderes bestimmt ist."

Die Einsichtnahme ist freilich „unzulässig", wenn die Daten des Betroffenen mit Daten „Dritter" – hier: der Mitbewerber[51] – (oder geheimhaltungsbedürftigen nicht personenbezogenen Daten) derart verbunden sind, „dass ihre Trennung nicht oder nur mit unverhältnismäßig großem Aufwand möglich ist" (§ 110 Abs. 4 Satz 3 BBG). Dann tritt ein Auskunftsanspruch des Beamten an die Stelle des Rechts auf Einsichtnahme (§ 110 Abs. 4 Satz 4 BBG).[52]

3. Beschwerdevorgänge

11 Beschwerden, die sich ausschließlich gegen die Entscheidung eines Beamten richten, sind Sachaktenbestandteil. Ist Beschwerdegegenstand hingegen nur sein Verhalten im Dienst, so muss unter Berücksichtigung des Fürsorge- und Schutzgedankens[53] danach

---

[45] BVerwGE 67, 300; dazu krit. H.Günther ZBR 1984, 161. Siehe außerdem BVerwGE 70, 270 (278).

[46] Siehe dazu Schnellenbach/Bodanowitz aaO (Fn. 24) Rn. 219 mwN.

[47] Siehe auch insofern Schnellenbach/Bodanowitz aaO (Fn. 24) Rn. 346 f.

[48] Vgl. auch BVerwG DVBl 1985, 452.

[49] Siehe die Nachweise in Fn. 52.

[50] Vgl. auch Weiß/Niedermaier/Summer/Zängl BayBeamtR Rn. 53 ff. zu Art. 107 BayBG.

[51] Zum Umfang des Rechts auf Einsichtnahme in die Personalakte eines Mitbewerbers im beamtenrechtlichen Konkurrentenstreitverfahren siehe HVGH DÖD 1994, 234 sowie Schnellenbach ZBR 1997, 169 (179). Des Weiteren Schöbener BayVBl. 2001, 321 (327).

[52] → Rn. 28. § 110 Abs. 4 BBG entsprechen § 87 Abs. 1 BW LBG, Art. 107 Abs. 2 BayBG, § 87 Abs. 4 BlnLBG, § 97 Abs. 4 BbgLBG, § 88 Abs. 4 BrBG, § 88 Abs. 4 HmbBG, § 89 Abs. 4 HBG, § 87 Abs. 4 MVBG, § 91 Abs. 4 NBG, § 86 Abs. 4 NRW LBG, § 98 Abs. 4 SBG, § 114 Abs. 4 SächsBG, § 87 Abs. 4 BG LSA, § 88 Abs. 4 SH LBG und § 84 Abs. 4 ThürBG.

[53] → § 10 Rn. 1 f., 6.; vgl. ferner Fn. 99 sowie Bln/BbgOVG NVwZ-RR 2011,244 (245) mit der zutreffenden Klarstellung, dass ein Dienstaufsichtsbeschwerdevorgang nur dann materieller Personalaktenbestandteil werden kann, wenn sich die Beschwerde zuvor im Ergebnis als begründet erwiesen hat (in diesem Zusammenhang auch BVerwG 19.8.2014 – 7 B 12.14 –, juris Rn. 1 ff.) . Die Fürsorge- und Schutzpflicht kann im Übrigen nicht dazu herhalten, dem Beamten ein Antragsrecht dahin

differenziert werden, ob sich die Beschwerde als unbegründet oder als begründet erweist. Eine begründet erscheinende personenbezogene Beschwerde ist (unter Beachtung disziplinarrechtlicher Sonderregelungen) – zusammen mit einer Abschrift des Beschwerdebescheides – in der Personalakte des betreffenden Beamten abzuheften; andernfalls gehört sie zur Sachakte über Aufsichtsbeschwerden. Wendet sich der Beschwerdeführer sowohl gegen die Entscheidung als solche als auch gegen das Verhalten des Beamten bei der Bearbeitung der Angelegenheit, so ist der Vorgang bei der Sachakte aufzubewahren; wenn sich die Beschwerde im Hinblick auf das Verhalten des Beamten als berechtigt erweist, sind dessen Personalakte entweder eine Abschrift der Beschwerde und des Beschwerdebescheides oder ein geeigneter Hinweis auf die Sachakte hinzuzufügen. Anonyme Eingaben sind zu vernichten, sofern sie nicht – bei Anlegung eines strengen Maßstabes – ausnahmsweise Anlass geben, Ermittlungen einzuleiten.

12 Beschwert sich ein Dienstnehmer (Beamter oder Tarifbeschäftigter) über einen – anderen – Beamten, so steht die aktenmäßige Behandlung des Vorgangs grundsätzlich im Ermessen des Dienstherrn,[54] der sich vornehmlich an dem Gebot der Fürsorge und des Schutzes auszurichten hat. Vorgänge, die aus der Remonstration eines Beamten (§ 36 Abs. 2 und 3 BeamtStG, § 63 Abs. 2 und 3 BBG) erwachsen, sind zu der Sachakte des dienstlichen Geschehens zu nehmen, in dessen Rahmen die Anordnung ergangen war, deren Rechtmäßigkeit der Beamte bezweifelt hatte.

4. Vorgänge, die grundsätzlich nicht aufnahmefähig sind

13 Angaben über die politische, weltanschauliche oder religiöse Überzeugung des Beamten dürfen ohne seine Zustimmung nur in die Personalakte aufgenommen werden, wenn ein anerkennenswertes rechtliches Interesse hieran vorhanden ist.[55] An das rechtliche Interesse sind hohe Anforderungen zu stellen. Es kann sich vor allem aus § 33 Abs. 1 Satz 3 BeamtStG bzw. aus § 60 Abs. 1 Satz 3 BBG herleiten, wonach der Beamte verpflichtet ist, sich durch sein gesamtes Verhalten zu der freiheitlichen demokratischen Grundordnung im Sinne des Grundgesetzes zu bekennen und für deren Erhaltung einzutreten.[56] Eine Mitteilung der Verfassungsschutzbehörden über die Zugehörigkeit des Beamten zu einer verfassungsfeindlichen Partei oder Organisation gehört deswegen zu seiner Personalakte, selbst wenn sie – unter Umständen aus Opportunitätserwägungen – (noch) keine Ermittlungen oder sonstigen dienstlichen Maßnahmen ausgelöst hat.[57]

5. Materielles und formelles Prinzip

14 Ob ein Vorgang Personalakteninhalt ist, richtet sich allein nach seinem unmittelbaren inneren Zusammenhang mit dem konkreten Beamtenverhältnis; der Art der Aufbewahrung kommt insoweit rechtliche Bedeutung nicht zu. Maßgebend ist mithin das materielle Prinzip, und zwar unabhängig davon, ob die Akte in Teilen (als sog Hybridakte) auto-

---

einzuräumen, dass eine *unbegründete* Beschwerde zu seiner Personalakte genommen werde: Zum einen widerspräche ein solches Antragsrecht § 112 Abs. 1 Satz 1 Nr. 1 BBG, der genau das Gegenteil, nämlich die Entfernung und Vernichtung einer entsprechenden „Unterlage“ vorsieht; zum anderen würde hier „durch die Hintertür“ ein inzwischen verpönter fakultativer Personalaktenbestandteil wieder eingeführt (→ Rn. 4).

[54] BVerwGE 15, 3 und BVerwG Buchholz 232 § 90 BBG Nr. 16.

[55] Vgl. dazu Sachs ZBR 1994, 133 (135 f.).

[56] → § 3 Rn. 20 ff., 30.

[57] BVerwGE 59, 355; vgl. auch NRW OVG RiA 1977, 92, ferner Kathke aaO (Fn. 1) Rn. 36 zu § 50 BeamtStG.

matisiert geführt wird oder ob – falls die technischen Voraussetzungen dafür gegeben sind – eine „vollständig automatisierte" (dh ausschließlich elektronische) Form der Aktenführung gewählt wird (§ 106 Abs. 1 Satz 3 BBG).[58] Bei der Umwandlung einer Papierpersonalakte in eine elektronische Personalakte müssen alle in der Papierpersonalakte enthaltenen Unterlagen vollständig und in lesbarer Form übernommen werden.[59]

Ob und in welcher Weise die Personalakte im formellen Sinne[60] nach sachlichen Gesichtspunkten in Grundakte und Teilakten gegliedert wird, steht grundsätzlich im pflichtgemäßen Ermessen der Personalverwaltung (siehe § 106 Abs. 2 Satz 1 BBG).[61] Dieses Ermessen ist indessen zum einen durch § 108 BBG[62] begrenzt: Danach sind Unterlagen über Beihilfen, Heilfürsorge und Heilverfahren stets als Teilakte zu führen (Abs. 1 Satz 1 und Abs. 3) und von der übrigen Personalakte getrennt aufzubewahren (Abs. 1 Satz 2 und Abs. 3). Die entsprechenden Angelegenheiten sollen in einer von der übrigen Personalverwaltung getrennten Organisationseinheit bearbeitet werden (Abs. 1 Satz 3 und Abs. 3), zu der nur Beschäftigte dieser Organisationseinheit Zugang haben sollen (Abs. 1 Satz 4 und Abs. 3). Zum anderen darf das Ermessen allgemein nicht dahin ausgeübt werden, dass das öffentliche Interesse oder das Interesse des Beamten, soweit es schutzwürdig ist, durch die Art der Aktenführung[63] beeinträchtigt werden können. Das 15

[58] Siehe dazu die Amtl. Begr. zu § 106 Abs. 1 (BR-Drs. 720/07): Eine „gemischte Aktenführung" dürfe „weder zu Zweifeln an der Eindeutigkeit der Personalakte führen"; noch dürften damit Einschränkungen der Beamtenrechte, insbesondere in Sicht auf den Datenschutz, verbunden sein. Eine parallele Führung gleicher Aktenteile in Papierform und in elektronischer Form müsse daher vermieden werden (Hinweis auf § 106 Abs. 2 Satz 4 BBG). Des Weiteren heißt es aaO: „Aus zwingenden technischen Gründen vorzuhaltende Sicherungskopien und Backups stellen aufgrund des materiellen Personalaktenbegriffs keinen Verstoß gegen den Grundsatz der *einen* Personalakte dar. Auch insoweit ist allerdings durch geeignete Maßnahmen jeder Zweifel an der Eindeutigkeit der Personalakte auszuschließen." Zur Behandlung der in Dateien gespeicherten Personalaktendaten im Übrigen → Rn. 52 ff.; zu Problemen der *Digitalisierung* von Personalakten Franz PersR 2011, 193 und Reich PersV 2011, 58 ff.

[59] Vgl. NRW OVG 5.4.2016 – 1 B 203/16 –, juris Rn. 3 ff. Zur Sicherung des im Text bezeichneten Anspruchs siehe Fn. 235.

[60] Die Personalakte im formellen Sinne ist, strafrechtlich gesehen, eine Gesamturkunde; nachträgliche unberechtigte Veränderungen sind daher Urkundenfälschungen (§ 267 StGB; bezüglich elektronisch geführter Personalakten und elektronischer Personalverwaltungssysteme siehe § 270 StGB). Vgl. in diesem Rahmen BVerwG NVwZ 2002, 1519: Ein Begehren, die Personalakte nach einer Änderung des Vornamens und der Geschlechtszugehörigkeit dergestalt umzuschreiben, dass sie keine Rückschlüsse auf das ursprüngliche Geschlecht mehr zulasse, entbehre der Rechtsgrundlage (siehe auch Fn. 76).

[61] Vgl. dazu Lemhöfer in Plog/Wiedow BBG 2009 Vor § 90 Rn. 6. Ermessensgesichtspunkte, die für die Einrichtung und Verwendung einer Teilakte sprechen können, sind ua kürzere Aufbewahrungsfristen (siehe § 112 Abs. 1 Satz 1 Nr. 2 und Abs. 2 BBG) und ein Interesse an praktikabler Einsichtsgewährung. Siehe auch BT-Drs. 12/544 S. 16. Dort sind als markantes Beispiel für eine empfehlenswerte Teilakte Besoldungsunterlagen genannt.

[62] Landesrechtliche Parallelvorschriften sind § 84 Abs. 2, § 85 Abs. 2 und 3, § 88 Abs. 1 Satz 3 BW LBG, Art. 105 BayBG, § 85 BlnLBG, § 95 BbgLBG, § 86 BrBG, § 86 HmbBG, § 87 HBG, § 85 MVBG, § 89 NBG, § 84 NRW LBG, § 95 Abs. 1 RP LBG, § 96 SBG, § 112 SächsBG, § 85 BG LSA, § 86 SH LBG und § 82 ThürBG.

[63] Siehe in diesem Rahmen § 48 Abs. 2 Satz 2 BBG: Die Mitteilung der tragenden Gründe des gemäß § 48 Abs. 1 BBG in den Fällen der §§ 44–47 BBG erstatteten ärztlichen Gutachtens (§ 48 Abs. 2 Satz 1 BBG) „ist in einem gesonderten und versiegelten Umschlag zu übersenden und versiegelt zur Personalakte zu nehmen". Zum Landesrecht: § 53 Abs. 3 Satz 1 BW LBG, Art. 67 Abs. 2 Satz 1 BayBG, § 45 Abs. 2 Satz 1 BlnLBG, § 43 Abs. 3 Satz 1 BbgLBG, § 44 Abs. 2 Satz 2 BrBG, § 44 Abs. 2 Satz 2 HmbBG, § 39 Abs. 2 Satz 2 HBG, § 44 Abs. 2 Satz 2, 3 MVBG, § 45 Abs. 2 Satz 2 NBG (+ Kennzeichnung als „vertrauliche Personalsache"), § 47 Abs. 3 Satz 1 und 2 RP LBG, § 50 Abs. 2 Satz 2 und 3 SBG, § 52 Abs. 1 Satz 3 SächsBG, § 49 Abs. 2 Satz 2 BG LSA sowie § 33 Abs. 4 Satz 1 ThürBG. Vgl. auch → Rn. 26.

ist etwa dann der Fall, wenn das als Topos richtungweisende Vollständigkeitsprinzip[64] berührt oder wenn nicht gewährleistet ist, dass – auch im Interesse einer Absicherung der gebotenen Vertraulichkeit (§ 50 Satz 3 BeamtStG, § 106 Abs. 1 Satz 2 BBG) – nur ein exklusiver Kreis von Dienstnehmern Zugang zur Grundakte hat.[65] Die erstgenannte Gefahr kann sich naturgemäß aus einer zu weit gehenden Aufteilung, das an zweiter Stelle angesprochene Risiko aus einer Segmentierung ergeben, die nicht differenziert genug ist. Werden Beurteilungen eines Beamten in einem Beurteilungsheft gesammelt,[66] so ist dafür Sorge zu tragen, dass die Erkenntnisse, die den Beurteilungen bezüglich der spezifischen Stärken und Schwächen des Beamten zu entnehmen sein können, bei Entscheidungen über seine künftige dienstliche Verwendung präsent sind. Hieran zeigt es sich, dass der Aspekt der Datensicherung, der die Führung einer Teilakte nahe legen kann, nicht schon ohne weiteres und immer gegenüber anderen Interessen – wie etwa dem Interesse an lückenlosen Unterlagen für die Planung eines sinnvollen Einsatzes und/oder einer Förderung des Beamten – Präferenz verdient.[67]

16 § 106 Abs. 2 BBG ergänzt, dass Teilakten bei der für den betreffenden Aufgabenbereich zuständigen Behörde geführt werden können (Satz 2) und dass sie in der Grundakte vollständig verzeichnet werden müssen (Satz 4). Das Landesrecht hat die entsprechende Regelung des § 90 Abs. 2 BBG aF im Anschluss an § 56 Abs. 2 BRRG aF beibehalten.

17 Von den Teilakten sind die Nebenakten zu unterscheiden.[68] Dieser Begriff umfasst „Unterlagen, die sich auch in der Grundakte oder in Teilakten befinden". Nebenakten dürfen nur geführt werden, wenn die personalverwaltende Behörde[69] nicht zugleich Beschäftigungsbehörde ist[70] oder wenn mehrere personalverwaltende Behörden für den Beamten zuständig sind; sie dürfen nur Unterlagen enthalten, deren Kenntnis zur recht-

---

[64] → Rn. 18.

[65] Die Fürsorge- und Schutzpflicht gebietet es, den Kreis der mit Personalakten befassten Beschäftigten (überhaupt) möglichst eng zu halten; BVerwG DÖV 1987, 75. Siehe auch BAGE 119, 238 = NJW 2007, 794 (m. Anm. Grobys): Was „sensible Daten" in Bezug auf die Persönlichkeit und die Gesundheit des Arbeitnehmers angehe, so sei „der informationsberechtigte Personenkreis ... zu beschränken".

[66] Siehe auch BT-Drs. 12/544 S. 16.

[67] Der Datenfluss zwischen Grund- und Teilakte, wie zB der Austausch von Stammdaten zwischen Grundakte und Besoldungs- und Versorgungsakte, ist vom Bundesgesetzgeber zutreffend für nicht regelungsbedürftig gehalten worden, und zwar auch nicht für den Fall, dass die Teilakte bei einer anderen Stelle – zB einem „zentralen Dienstleister" – des Dienstherrn geführt wird. Vgl. die Amtl. Begr. zu § 106 Abs. 2 BBG (BR-Drs. 720/07) mit dem Bemerken, dass es der ausdrücklichen Regelung zur Datenweitergabe in § 108 Abs. 2 BBG (nunmehr: § 108 Abs. 4 BBG) „allein wegen der damit verbundenen Erweiterung der besonders engen Zweckbindung von Beihilfedaten sowie im Hinblick auf einen Datenaustausch mit der grundsätzlich ... nicht zur Personalakte gehörenden Kindergeldakte" bedurft hätte; siehe aber auch § 106 Abs. 1 Satz 7 BBG.

[68] Bevor der Entschluss gefasst wird, eine Nebenakte anzulegen, sollte jeweils geprüft werden, ob den Notwendigkeiten der Personalarbeit nicht schon durch die Anlage einer Teilakte genügt werden kann; siehe auch Weiß/Niedermaier/Summer/Zängl BayBeamtR Rn. 11 zu Art. 104 BayBG.

[69] Zur Frage, ob dem Bundesverwaltungsamt als beauftragter Behörde im Wege eines Ministerialerlasses hinsichtlich der Beamten des Bundeskriminalamtes bestimmte Aufgaben der Personalaktenführung übertragen werden können, vgl. VG Wiesbaden NVwZ-RR 2009, 125 (daselbst offen gelassen). Siehe nunmehr auch § 111 Abs. 2 BBG und § 111a BBG i. d. F. des Gesetzes zur Änderung des Bundesbeamtengesetzes und weiterer dienstrechtlicher Vorschriften vom 6.3.2015, BGBl. I S. 250.

[70] Geht man von dem unter → § 4 Rn. 3 ff. entwickelten Behördenbegriff aus, so kann man zweifeln, ob innerhalb einer Gemeinde Nebenakten geführt werden dürfen (verneinend anscheinend von Mutius/Behrndt ZBR 1997, 65, 76 f.). Für diese Möglichkeit – von einem anderen Behördenbegriff aus – Kathke aaO (Fn. 1) Rn. 58 zu § 84 NRW LBG. Kopien oder Durchschriften von Personalaktendaten für die Handakte eines Mitarbeiters sind unstatthafte Nebenakten; siehe auch Fn. 4.

mäßigen Aufgabenerledigung der betreffenden Behörde erforderlich ist (vgl. § 106 Abs. 2 Satz 3 BBG), sodass Beihilfe-, Heilfürsorge- oder Heilverfahrensnebenakten angesichts des Abschottungsgebotes[71] unstatthaft sind.[72] Auch die Nebenakten sind – nicht anders als Teilakten – in ein der Grundakte beizufügendes vollständiges Verzeichnis aufzunehmen.[73] Nebenakten sind aufzulösen und zu vernichten, wenn die Notwendigkeit für ihre Führung entfallen ist.

6. Vollständigkeits- und Richtigkeitsprinzip, Resozialisierungsgedanke

Das Bundesverwaltungsgericht[74] hatte in ständiger Rechtsprechung die Auffassung vertreten, das Prinzip der Vollständigkeit der Personalakte[75] habe schlechthin Vorrang vor dem Prinzip der Richtigkeit des Personalakteninhalts.[76] Für die Zugehörigkeit eines Vorgangs zur Personalakte sei es insbesondere gleichgültig, 18

- ob er unter Verstoß gegen Verfahrensvorschriften aufgenommen worden sei,[77]
- ob er unrichtige Tatsachenbehauptungen aufweise oder Wertungen enthalte, die etwa das allgemeine Persönlichkeitsrecht des Beamten (Art. 2 Abs. 1 iVm Art. 1 Abs. 1 GG) berühren könnten, oder
- ob der Vorgang inzwischen dem Vorhalte- und Verwertungsverbot des § 51 Abs. 1 BZRG unterliege.

Es sei nur darauf abzustellen, ob der Vorgang den Beamten in seinem Dienstverhältnis betreffe und deshalb zur Personalakte genommen werden *müsse* oder ob er wenigstens zur Personalakte genommen werden *könne,* weil er den Beamten zwar lediglich persönlich betreffe, aber bei seiner Dienststelle entstanden oder ihr zugegangen sei.[78] Einen Entfernungsanspruch hatte das Bundesverwaltungsgericht allein hinsichtlich solcher Vorgänge (Unterlagen) anerkannt, die in die Personalakte gelangt seien, „obwohl sie der Sache nach nicht dort hingehören und außerdem geeignet sind, dem Beamten Nachteile zuzufügen"; dem schutzwürdigen Interesse des Beamten werde im Übrigen durch einen Berichtigungsanspruch[79] genügt.

Durch § 90e Abs. 1 Satz 1 Nr. 1 BBG aF (nunmehr § 112 Abs. 1 Satz 1 Nr. 1 BBG n. F.) wie durch den inzwischen außer Kraft getretenen § 56e Abs. 1 Satz 1 Nr. 1 BRRG aF und das ihm folgende Landesrecht[80] hat der Gesetzgeber dieser Judikatur – unter Hintanstellung des Vollständigkeitsgrundsatzes zugunsten des Richtigkeitsprinzips (des 19

[71] → Rn. 15.

[72] BT-Drs. 12/544 S. 17.

[73] → Rn. 16; ferner Gola DÖD 1992, 221 (227).

[74] BVerwGE 15, 3; 50, 301; 56, 102; 62, 135; 67, 300.

[75] Das Vollständigkeitsprinzip spricht zwar für die Zweckmäßigkeit einer Paginierung (und Foliierung), „gebietet jedoch nicht zwingend die Annahme einer (dahingehenden) Verpflichtung" (BAGE 124, 203).

[76] Kein Konflikt zwischen Vollständigkeits- und Richtigkeitsprinzip entsteht, wenn ein Beamter auf der Grundlage des Transsexuellengesetzes seine Geschlechtszugehörigkeit und seinen Vornamen geändert hat: Beide Prinzipien sind hier gleichgerichtet und gestatten es insbesondere nicht, die Personalakte dahin „umzuschreiben", dass sie keine Rückschlüsse auf das ursprüngliche Geschlecht mehr zulässt (NRW OVG ZBR 2010,208, juris Rn. 6,23 sowie VG Hannover 12.2.2010 – 2 A 5587/08 –, BeckRS 2010, 47442).

[77] Vgl. dazu BayVGH ZBR 1982, 33 (LS).

[78] → Rn. 4.

[79] → Rn. 46 ff.

[80] Die § 112 BBG (n. F.) korrespondierenden Vorschriften des Landesrecht sind § 86 Abs. 1, 3 und 4 BW LBG, Art. 109 BayBG, § 89 BlnLBG, § 99 BbgLBG, § 90 BrBG, § 90 HmbBG, § 91 HBG, § 89 MVBG, § 93 NBG, § 88 NRW LBG, § 94 RP LBG, § 100 SBG, § 116 SächsBG, § 89 BG LSA, § 90 SH LBG und § 86 ThürBG.

Grundsatzes der Personalaktenwahrheit[81]) – weitgehend eine Absage erteilt: Unterlagen „über Beschwerden, Behauptungen und Bewertungen", auf die § 16 Abs. 3 und 4 Satz 1 BDG bzw. die Tilgungsvorschriften des Landesdisziplinarrechts keine Anwendung finden, sind, falls sie sich als unbegründet oder falsch erwiesen haben, mit Zustimmung des Beamten[82] unverzüglich aus der Personalakte zu entfernen und zu vernichten. Eine dienstliche Beurteilung[83] hat sich erst dann als „unbegründet oder falsch" erwiesen, wenn sie aufgehoben worden ist oder aufgehoben werden muss. Bei der Aufhebung handelt es sich um einen selbstständigen Streitgegenstand, über den auch (zunächst) selbstständig zu entscheiden ist, nicht dagegen um eine bloße Vorfrage im Prozess um eine Entfernung der Beurteilung aus der Personalakte.[84] Überhaupt hat der Beamte, der sich durch eine aus seiner Sicht ungerechtfertigte „Beschwerde, Behauptung oder Bewertung" belastet fühlt, soweit es den Gegebenheiten entspricht, vorrangig gegen etwaige Maßnahmen seines Dienstherrn anzugehen, die durch eben dieses Gravamen ausgelöst worden sind.[85] Die (durch Gerichtsurteil angeordnete) Entfernung einzelner Passagen aus einer Beurteilung kann sich technisch durch Schwärzen oder Abdeckung („Weißen"), auch durch Ausschneiden vollziehen; einen beigehefteten Vermerk über den (verfahrensrechtlichen) Grund hierfür wie auch über das Datum der Vornahme der betreffenden Entfernungshandlung wird man für geboten halten müssen.[86] Ein Anspruch auf Neufassung der teilweise unkenntlich gemachten Beurteilung besteht nicht.[87] Die bloße Verletzung einer Verfahrensvorschrift – etwa des § 109 BBG[88] – rechtfertigt allein noch kein Entfernungsverlangen.[89] § 112 Abs. 1 Satz 1 Nr. 2 Hs. 1 BBG geht – unter Ausrichtung am Resozialisierungsgedanken[90] – noch einen Schritt weiter: Unterlagen über *begründete* Beschwerden und Bewertungen oder *richtige* Behauptungen, die für den Beamten ungünstig sind oder ihm nachteilig werden können, sind auf seinen Antrag nach zwei Jahren[91] zu entfernen und zu vernichten; dies gilt freilich nicht für dienstliche Beurteilungen (Hs. 2 aaO). Schließlich müssen Mitteilungen in Strafsachen, soweit sie nicht Bestandteil einer Disziplinarakte sind, sowie Auskünfte aus dem Bundeszentralregister mit Zustimmung des Beamten nach zwei Jahren[92] entfernt und vernichtet werden (§ 112 Abs. 2 BBG).[93]

---

[81] BT-Drs. 12/544 S. 20.

[82] Die Zustimmung ist vorher einzuholen.

[83] Die Ausnahmebestimmung in § 112 Abs. 1 Satz 1 Nr. 2 Hs. 2 BBG ist auf Abs. 1 Satz 1 Nr. 1 aaO nicht übertragbar. Vgl. NRW OVG RiA 2002, 87 sowie Gola RiA 1994, 1 (8), Mehde RiA 1998, 65 (66) und Weiß/Niedermaier/Summer/Zängl BayBeamtR Rn. 16 zu Art. 109 BayBG.

[84] Vgl. Schnellenbach/Bodanowitz Dienstliche Beurteilung Rn. 343.

[85] In dieser Richtung auch Lemhöfer in Plog/Wiedow BBG 2009 § 90e Rn. 8. Vgl. ferner VG Frankfurt a.M. 19.8.2013 – 9 K 1891/13.F –, juris LS 2 (Es bestehe kein Entfernungsanspruch, wenn der Beamte sein Klagerecht gegen die in Betracht kommende Beurteilung verwirkt habe).

[86] HVGH 14.3.2000 – 1 TM 4058/99 – (n. v.).

[87] Vgl. auch BVerwG ZBR 2000, 129 sowie RP OVG DÖD 2000, 141.

[88] Die Parallelvorschriften sind § 87 Abs. 4 BW LBG, Art. 106 BayBG, § 86 BlnLBG, § 96 BbgLBG, § 87 BrBG, § 87 HmbBG, § 88 HBG, § 86 MVBG, § 90 NBG, § 85 NRW LBG, § 90 RP LBG, § 97 SBG, § 113 SächsBG, § 86 BG LSA, § 87 SH LBG und § 83 ThürBG.

[89] Der obige Text betrifft nur personalaktenrechtliche Verfahrensfehler, die im Übrigen folgenlos geblieben sind, und nicht zB Fehler eines Beurteilungsverfahrens, die die Rechtswidrigkeit der dienstlichen Beurteilung nach sich gezogen haben; vgl. dazu Mehde RiA 1998, 65.

[90] Siehe auch insoweit Fn. 81.

[91] Zur Unterbrechung dieser Frist siehe § 112 Abs. 1 Satz 2 und 3 BBG.

[92] Zur Unterbrechung dieser Frist siehe § 112 Abs. 2 Satz 2 iVm Abs. 1 Satz 2 und 3 BBG.

[93] Siehe ferner § 16 Abs. 5 BDG, der sicherstellen soll, „dass die aufgrund eines Disziplinarvorgangs in die Personalakte aufgenommenen missbilligenden Äußerungen unter den gleichen Voraussetzungen entfernt und vernichtet werden wie diejenigen, die ohne einen vorherigen Disziplinarvorgang aufgenommen wurden" (BT-Drs. 14/4659 S. 39).

III. Personelle und sachliche Folgerungen aus der Zweckbindung der Personalakten

§ 50 Satz 4 BeamtStG und § 106 Abs. 3 Satz 1 BBG postulieren: „Personalaktendaten dürfen nur für Zwecke der Personalverwaltung oder Personalwirtschaft verwendet werden, es sei denn, ... der Beamte willigt in die anderweitige Verwendung ein." Klarstellend („wiederholend"[94]) heißt es in § 114 Abs. 1 Satz 1 BBG, dass die „automatisierte" Verarbeitung von Personalaktendaten ebenfalls an diese Zweckbestimmung gebunden sei.[95] 20

Die damit gesetzlich vorgegebene Zweck-Mittel-Relation hat zunächst die sachliche Konsequenz (siehe § 106 Abs. 4 BBG[96]), dass der Dienstherr „personenbezogene Daten[97] über ... Bewerber[98] ... und Beamte sowie über ... ehemalige Beamte nur erheben (darf),[99] soweit dies zur Begründung, Durchführung, Beendigung oder Abwicklung des Dienstverhältnisses oder zur Durchführung organisatorischer, personeller oder sozialer Maßnahmen, insbesondere zu Zwecken der Personalplanung oder des Personaleinsatzes, erforderlich ist oder eine Rechtsvorschrift[100] dies erlaubt". Der Hinweis auf die „Erforderlichkeit" lässt deutlich werden, dass in Grenzfällen Informationsinteresse[101] und Persönlichkeitsschutz zu einem vernünftigen Ausgleich gebracht werden müssen.[102] Einen weiteren personen- wie sachbezogenen Schluss aus § 50 Satz 4 BeamtStG und § 106

---

94 Gola DÖD 1992, 221 (229) zu § 90g Abs. 1 Satz 1 BBG aF (Der jetzt maßgebliche Text bedient sich der neueren datenschutzrechtlichen Terminologie.)

95 → Rn. 52 ff.

96 Zum vergleichbaren Landesrecht siehe zB Art. 102 Satz 1 BayBG, § 84 Abs. 1 Satz 1 BlnLBG, § 94 Abs. 1 Satz 1 BbgLBG und § 83 Abs. 4 Satz 1 NRW LBG.

97 Es werden also nicht nur Beamte, sondern auch erfolglos gebliebene Bewerber einbezogen, über die es keine Personalakte gibt (→ Rn. 5, 1. Spiegelstrich).

98 Der Begriff der „personenbezogenen Daten" umfasst nicht nur Personalaktendaten iSd materiellen Personalaktenbegriffs (§ 50 Satz 2 BeamtStG, § 106 Abs. 1 Satz 4 BBG), sondern auch „personenbezogenen" Sachakteninhalt (Battis BBG § 106 Rn. 14).

99 Solange die Richtigkeit einer (Beschwerde oder) Behauptung oder die Berechtigung einer Bewertung zweifelhaft ist, hat die für den Dienstherrn handelnde Stelle erst einmal um Aufklärung bemüht zu sein; führen die Bemühungen nicht zum Erfolg, so hat die Aufnahme der betreffenden Behauptung (oder Beschwerde) in die Personalakte zu unterbleiben. Dies gebieten die Fürsorge- und Schutzpflicht des Dienstherrn wie auch das Recht des Beamten auf informationelle Selbstbestimmung. In diesem Sinne auch Gola RiA 1994, 1 (7 f.) und Semerak ThürVBl. 1993, 279 (283) sowie bereits Fn. 53.

100 Da es sich bei § 106 Abs. 4 BBG um eine bereichsspezifische Datenschutzregelung handelt, kommen als „Rechtsvorschriften" nur sonstige bereichsspezifische (Sonder-) Regelungen – wie etwa § 40 Abs. 7 BBesG und § 68 Abs. 4 EStG – in Betracht; ein Rückgriff auf datenschutzrechtliche Generalklauseln ist insoweit nicht zulässig (siehe die Amtl. Begr. zu § 106 Abs. 4 BBG, BR-Drs. 720/07).

101 Weiß/Niedermaier/Summer/Zängl BayBeamtR Rn. 8 f. zu Art. 102 BayBG machen darauf aufmerksam, dass der Begriff der „Erforderlichkeit" ein hinlänglich konkretisiertes und aktualisiertes Informationsinteresse voraussetzt. Eine Datenerhebung „auf Vorrat" ist nicht statthaft. Zum legitimen Interesse des Personalsachbearbeiters an Auflistungen der Fehlzeiten eines Beamten sowie der Namen, der Adressen und der Fachrichtung der jeweils krankschreibenden Ärzte zur Entscheidung über die Anordnung einer polizeiamtsärztlichen Untersuchung der Dienstfähigkeit VG Berlin 17.4.2013 – 7 K 7.13 –, juris Rn. 30: Dem polizeiärztlichen Dienst biete sich so ohne weiteren eigenen Verwaltungsaufwand die Möglichkeit, „den Beamten zur Untersuchung sogleich dem mit einer gewissen Wahrscheinlichkeit für eine Begutachtung am ehesten geeigneten Facharzt vorzustellen und damit die Notwendigkeit eines weiteren Untersuchungstermins zu vermeiden".

102 Zu beachten sind auch die Datenerhebungsverbote der Gleichstellungsgesetze, zB § 7 Abs. 2 BGleiG und § 9 Abs. 3 NRW LGG.

Abs. 3 Satz 1 BBG bringen § 107 Abs. 1 Satz 1 BBG und das entsprechende inhaltsgleiche Landesrecht[103] wie folgt zum Ausdruck:

„Zugang zur Personalakte dürfen nur Beschäftigte haben, die im Rahmen der Personalverwaltung mit der Bearbeitung von Personalangelegenheiten beauftragt sind, und nur soweit dies zu Zwecken der Personalverwaltung oder der Personalwirtschaft[104] erforderlich ist."

In die (behördeninterne[105]) Zugangsregelung sind – allerdings jeweils von Fall zu Fall in den Grenzen ihrer Teilzuständigkeiten für die Bearbeitung von Personalangelegenheiten – auch solche Beschäftigte eingeschlossen, die nach gesetzlichen oder innerdienstlichen Vorschriften an bestimmten Aufgaben und Entscheidungen der Personalverwaltung zu beteiligen sind, wie zB Angehörige von Schwerbehindertenvertretungen, Geheimschutz- und Sicherheitsbeauftragte sowie Gleichstellungs- bzw. Frauenbeauftragte,[106, 107] nicht aber Fachvorgesetzte von Beamten.[108] Die sachlich gerechtfertigte Verwendung einzelner Personalaktendaten, etwa von Prüfungsnoten und Gesamturteilen früherer dienstlicher Beurteilungen, in einer behördeninternen Konferenz (Gremiumsbesprechung) zur Vorbereitung und Abgleichung dienstlicher (Regel-)Beurteilungen dient „Zwecken der Personalverwaltung", sodass es zB im Ergebnis unbedenklich erscheint, wenn relativ wenige, zur Amtsverschwiegenheit verpflichtete Sachgebietsleiter eines Finanzamtes hiervon Kenntnis erhalten.[109]

21 Die Verwendung (dh die Verarbeitung und Nutzung) von personenbezogenen Daten aus der Beihilfeakte für andere als die in der Bundesbeihilfeverordnung näher umgrenzten Beihilfezwecke lässt § 108 Abs. 3 Satz 2 BBG i. d. F. des Gesetzes zur Änderung des Bundesbeamtengesetzes und anderer dienstrechtlicher Vorschriften vom 6. März 2015[110] nur zu, wenn die betroffene Person im Einzelfall eingewilligt hat[111] oder wenn die Daten

- für die Einleitung oder Durchführung eines im Zusammenhang mit einem Beihilfeantrag stehenden behördlichen oder gerichtlichen Verfahren oder

---

[103] Parallelvorschriften sind § 88 Abs. 3 BW LBG, Art. 103 BayBG, § 84 Abs. 4 Satz 1 BlnLBG, § 94 Abs. 5 Satz 1 BbgLBG, § 85 Abs. 4 BrBG, § 85 Abs. 4 HmbBG, § 86 Abs. 3 HBG, § 84 Abs. 4 MVBG, § 88 Abs. 4 NBG, § 83 Abs. 2 Satz 1 NRW LBG, § 91 Abs. 2 RP LBG, § 95 Abs. 3 SBG, § 111 Abs. 3 Satz 2 SächsBG, § 84 Abs. 4 BG LSA, § 85 Abs. 4 SH LBG und § 80 ThürBG. Auf den Zusatz „dies gilt auch für den Zugang im automatisierten Abrufverfahren" (siehe zB Art. 103 Hs. 2 BayBG, § 84 Abs. 4 Satz 1 Hs. 2 BlnLBG und § 83 Abs. 2 Satz 1 Hs. 2 NRW LBG) hat der Bund wegen der ausdrücklichen Zulassung automatisierter Verfahren in § 106 Abs. 1 Satz 3 und § 114 BBG verzichtet (Amtl. Begr. zu § 107 Abs. 1 BBG, BR-Drs. 720/07).

[104] Siehe dazu schon Fn. 1.

[105] Zur Vorlage der Personalakte an andere Behörden → Rn. 38.

[106] Amtl. Begr.zu § 90 BBG (aF), BT-Drs. 12/544 S. 17; vgl. auch Battis BBG § 108 Rn. 2. Zum Zugangsrecht der Gleichstellungsbeauftragten siehe § 107 Abs. 1 Satz 3 BBG und § 20 Abs. 1 Satz 4 BGleiG. NRW OVG NVwZ-RR 1995, 98 führt mit Recht aus, dass eine Einsichtnahme der Gleichstellungsbeauftragten in Personalakten nur „erforderlich" sei, soweit durch eine Personalentscheidung Belange weiblicher Beschäftigter betroffen seien. Wenn sich auf eine Beförderungsstelle keine Frau beworben habe, würde eine solche Einsichtnahme auf einen unzulässigen Eingriff in die Persönlichkeitsrechte der männlichen Bewerber hinauslaufen. Die Gleichstellungsbeauftragte möge freilich in einem solchen Fall „Anlass sehen, mit dem Behördenleiter die Ursachen des Desinteresses zu erörtern und auf eine erneute Ausschreibung zu drängen" (ein nicht in jedem Falle unproblematischer Rat(!)). Allgemein zur Einsichtnahme in Personalakten durch Gleichstellungsbeauftragte (Frauenbeauftragte) wie zu deren Informationsanspruch im Übrigen Kathke ZBR 2004, 185 (187).

[107] Siehe auch die Sonderregelungen in § 107 Abs. 2 BBG (betr. Datenschutzbeauftragten und Innenrevision) sowie in § 68 Abs. 2 Satz 3 BPersVG; dazu → Rn. 36.

[108] Amtl. Begr. zu § 107 Abs. 1 BBG, BR-Drs. 720/07.

[109] → § 11 Rn. 26 sowie SOVG NVwZ-RR 2000, 450 (dazu bereits Fn. 1 aE).

[110] BGBl. I S. 215.

[111] Eine Übermittlung von Daten an Dritte aufgrund einer Einwilligung des Betroffenen (§ 4a BDSG) kommt im Beihilfeverfahren nicht in Betracht (BT-Drs. 18/3248 S. 31).

- zur Abwehr erheblicher Nachteile für das Gemeinwohl, einer sonst unmittelbar drohenden Gefahr für die öffentliche Sicherheit oder einer schwerwiegenden Beeinträchtigung der Rechte einer anderen Person

erforderlich sind.

IV. Erhebung und Verwendung von Personalaktendaten im Auftrag

Durch das Gesetz zur Änderung des Bundesbeamtengesetzes und weiterer dienstrechtlicher Vorschriften vom 6. März 2015 (BGBl. I S. 250) ist § 111a BBG eingefügt worden. In der Begründung des Regierungsentwurfs (BT-Drs. 18/3248 S. 1, 24) ist dazu ausgeführt: 21a

„Die Übertragung von Funktionen der Personalverwaltung auf Dienstleistungszentren, wie zB das Bundesamt für zentrale Dienste und offene Vermögensfragen, erleichtert unter anderem eine einheitliche und gleichmäßige Rechtsanwendung und -auslegung; sie kann zudem kostengünstiger und effektiver sein. Für die damit einhergehende Übermittlung von Personalaktendaten bedarf es einer Rechtsgrundlage. Um dies zu ermöglichen, ist eine entsprechende Regelung notwendig."

Eine Datenverarbeitung im Auftrag einer mit der Wahrnehmung bestimmter Aufgaben der Personalverwaltung betrauten öffentlichen oder nichtöffentlichen Stelle ist grundsätzlich nicht zulässig und darf nur unter den in § 111a Abs. 1 Nr. 1 BBG normierten Umständen – mit vorheriger Zustimmung der obersten Dienstbehörde des Auftraggebers (§ 111a Abs. 2 BBG) – vertraglich vereinbart werden, nämlich soweit sie erforderlich ist

- a) für die Bewilligung, Festsetzung oder Zahlbarmachung von Geldleistungen,
- b) für die automatisierte Erledigung von Aufgaben oder
- c) zur Durchführung bestimmter, für die Aufgabenerfüllung des ärztliche Dienstes notwendiger Untersuchungen.

Der Auftraggeber muss die Einhaltung der beamten- und datenschutzrechtlichen Vorschriften durch den Auftragnehmer regelmäßig kontrollieren (siehe dazu im Einzelnen § 111a Abs. 1 Nr. 2 und Abs. 3 BBG). Der Auftragnehmer darf die Daten nur im Rahmen der Weisungen des Auftraggebers erheben und nur für die im Auftrag festgelegten Zwecke verwenden und nur für die im Auftrag festgelegte Dauer speichern (§ 111a Abs. 5 BBG).

Zur Erläuterung der soeben genannten drei Fallgruppen heißt es auf S. 31 der Amtl. Begr.: 21b

- Bei a) gehe es um Aufgaben, bei denen der Verwaltung kein Ermessen eingeräumt sei, die „vollständig oder hochgradig durchnormiert" seien und die deshalb als „standardisiertes Massengeschäft" erledigt werden könnten.
- Bei b) solle es zB ermöglicht werden, „dass eine öffentliche oder nichtöffentliche Stelle Personalakten für eine personalverwaltende Behörde einscannt".
- Bei c) sei das Anliegen maßgeblich, den ärztlichen Dienst der personalverwaltenden Stelle in die Lage zu versetzen, eine andere öffentliche oder nichtöffentliche Stelle zu beauftragen, „bestimmte gesundheitliche Parameter bei einem Beschäftigten festzustellen"; die Festlegung der betreffenden Parameter selbst obliege dem ärztlichen Dienst der personalaktenführenden Stelle bzw. dem ärztlichen Dienst der öffentlichen Stelle,

der die entsprechenden Aufgaben gemäß § 111 Abs. 2 BBG zur selbstständigen Bearbeitung übertragen worden waren.

Eine nichtöffentliche Stelle darf nach § 111a Abs. 4 BBG nur beauftragt werden, wenn

„1. beim Auftraggeber sonst Störungen im Geschäftsablauf auftreten können oder der Auftragnehmer die übertragenen Aufgaben wesentlich kostengünstiger erledigen kann
und
2. die beim Auftragnehmer mit der Datenverarbeitung beauftragten Beschäftigten besonders auf den Schutz der Personalakten verpflichtet sind".

Der Abschluss von Unterauftragsverhältnissen (siehe § 111a Abs. 7 BBG) kann der Amtl. Begr. zufolge geboten sein, „soweit etwa auch der Auftragnehmer die Erfüllung des Auftrags selbst nicht leisten kann", zB dann, wenn eine ärztliche Untersuchung die Nutzung eines Geräts für ein bildgebendes Verfahren, etwa einer Magnetresonanztomographie, nötig macht, das beim Auftragnehmer nicht vorhanden ist.

V. Einsichtnahme in die Personalakte

22 § 110 BBG räumt dem Beamten in Abs. 1, auch für die Zeit nach Beendigung des Beamtenverhältnisses, ein Recht auf Einsicht in seine vollständige Personalakte ein. Daneben kommt unter bestimmten Voraussetzungen eine Einsichtnahme durch Dritte infrage, nämlich

- durch die Personalvertretung,[112]
- durch Gerichte, durch parlamentarische Untersuchungsausschüsse oder durch den Bundes- bzw. einen Landespersonalausschuss,[113]
- durch Behörden eines anderen Verwaltungszweiges oder eines anderen Dienstherrn[114] und
- durch Privatpersonen.[115]

23 Die Einsichtnahme durch einen Bevollmächtigten des Beamten, durch einen Hinterbliebenen oder einen von diesem Bevollmächtigten (siehe § 110 Abs. 2 BBG) ist keine Einsichtnahme durch „Dritte" in dem hier zugrunde gelegten Sinne des Ausdrucks, weil sich das Einsichtsrecht in einem solchen Fall aus dem (früheren) Einsichtsrecht des Beamten ableitet.[116] Nicht als „Einsichtnahme" ist es zu betrachten, wenn der Behördenleiter, sein ständiger Vertreter oder die im Rahmen der Verwaltung mit der Bearbeitung von Personalangelegenheiten beauftragten Beschäftigten aus gegebenem Anlass Einblick in die Personalakte nehmen.

24 Von dem Recht auf Personalakteneinsicht aufgrund des § 110 Abs. 1 oder 2 BBG[117] ist das jedem Bürger – also auch dem Beamten (und seinen Hinterbliebenen) – zustehende Recht auf Akteneinsicht innerhalb eines laufenden Verwaltungsverfahrens (§ 29 VwVfG)

---

112 → Rn. 36.

113 → Rn. 37.

114 → Rn. 38.

115 → Rn. 39.

116 Ebenso Kathke aaO (Fn. 1) Rn. 32 zu § 87 NRW LBG; aA in Bezug auf Hinterbliebene (eigenständiges Recht) Weiß/Niedermaier/Summer/Zängl BayBeamtR Rn. 29 zu Art. 107 BayBG.

117 Landesrechtliche Parallelregelungen finden sich in § 87 Abs. 1–3 BW LBG, Art. 107 BayBG, § 87 BlnLBG, § 97 BbgLBG, § 88 BrBG, § 88 HmbBG, § 89 HBG, § 87 MVBG, § 91 NBG, § 86 NRW LBG, § 92 RP LBG, § 98 SBG, § 114 SächsBG, § 87 BG LSA, § 88 SH LB und § 84 ThürBG.

zu unterscheiden. Soweit rechtserheblich, ist im Einzelfall zu ermitteln, worauf der Beamte (oder der Hinterbliebene) mit seinem Einsichtsbegehren abzielt.[118]

1. Einsichtsrecht des Beamten

Das Recht auf Einsicht steht allen Beamten zu, über die eine Personalakte geführt wird, also auch dem Beamten, der 25

- vorläufig des Dienstes enthoben (vgl. § 38 BDG),
- zwangsbeurlaubt (§ 39 BeamtStG, § 66 BBG) oder
- in den einstweiligen Ruhestand versetzt (§ 30 f. BeamtStG, §§ 54 ff. BBG)

ist, nicht aber einer Person, deren Ernennung zum Beamten sich als nichtig erwiesen hat (§ 11 BeamtStG, § 13 BBG) oder bestandskräftig zurückgenommen ist (§ 12 BeamtStG, § 14 BBG). Durch die Wendung „auch nach Beendigung des Beamtenverhältnisses" ist klargestellt, dass der Ruhestandsbeamte und der frühere Beamte (unabhängig von der Art des Beamtenverhältnisses und seiner Beendigung[119]) zur Einsichtnahme in ihre Personalakten befugt sind.[120]

Gegenstand des Einsichtsrechts ist die vollständige Personalakte, gleichgültig, wo sie aufbewahrt wird, und ungeachtet dessen, ob sämtliche den Beamten betreffenden Unterlagen äußerlich als (Grund-, Teil- oder Neben-)Personalakte gekennzeichnet sind.[121] Die Verwaltungspraxis[122] schränkt diesen Grundsatz freilich in gewisser Beziehung ein: Ärztliche Äußerungen (Gutachten, Gesundheitszeugnisse u. ä.) sind, wenn es ihr Inhalt erfordert, in einem verschlossenen Umschlag aufzubewahren.[123] Bestehen Bedenken, ob der Beamte an seiner Gesundheit Schaden nimmt, falls er von der Äußerung Kenntnis erlangt, so ist ein Arzt zu beteiligen, der sie ihm ggf. erläutern muss. Lässt sich nach (amts-)ärztlicher Einschätzung die Gefahr einer erheblichen gesundheitlichen Beeinträchtigung des Beamten durch eine (mündliche) ärztliche Erläuterung nicht zuverlässig beheben, so kann es die Fürsorge- und Schutzpflicht (§ 45 BeamtStG, § 78 BBG) im Einzelfall gebieten, ihm die Einsicht zu versagen.[124] Dogmatisch lässt sich dies damit begründen, dass die Abwehr erkennbarer Gesundheitsrisiken zum verfassungsrechtlich durch Art. 33 Abs. 5 GG abgesicherten Kernbestand an Fürsorge- und Schutzprinzipien und nicht nur – wie das Einsichtsrecht – zum Wirkungsfeld der einfachrechtlichen Fürsorge- und 26

[118] Vgl. NRW OVG DÖD 1980, 144.

[119] Auch beim Verlust der Beamtenrechte gemäß § 24 BeamtStG bzw. § 41 BBG und bei disziplinargerichtlicher Entfernung aus dem Dienst (Beamtenverhältnis) bleibt das Einsichtsrecht erhalten; Lemhöfer in Plog/Wiedow BBG 2009 § 90c Rn. 6.

[120] Zur Aufbewahrung abgeschlossener Personalakten siehe § 113 BBG (Parallelvorschriften: § 86 BW LBG, Art. 110 BayBG, § 90 BlnLBG, § 100 BbgLBG, § 91 BrBG, § 91 HmbBG, § 92 HBG, § 90 MVBG, § 94 NBG, § 90 NRW LBG, § 96 RP LBG, § 101 SBG, § 117 SächsBG, § 90 BG LSA, § 91 SH LBG und § 87 ThürBG). Zum Einsichtsrecht des Arbeitnehmers nach Beendigung des Arbeitsverhältnisses vgl. BAG NJW 2011, 1306.

[121] Das Einsichtsrecht des Beamten während des Disziplinarverfahrens ist im Bund (und in den Ländern, die ihr Disziplinarrecht demjenigen des Bundes angepasst haben) nicht mehr ausdrücklich geregelt; gemäß § 3 BDG gelten § 29 VwVfG und § 100 VwGO insoweit entsprechend. § 112 BBG wird hierdurch aber nur für die Dauer des Disziplinarverfahrens verdrängt. Vgl. dazu BVerwGE 36, 134 (137 f.); 38, 94 (96) sowie BVerwG ZBR 2006, 309, ferner schon Fn. 34.

[122] Siehe zB VV Nr. 4.3 zu § 50 BeamtStG/§§ 84–90 NRW LBG, ferner Kathke aaO (Fn. 1) Rn. 25 zu § 87 NRW LBG. Art. 107 Abs. 1 Satz 2 BayBG lautet: „Feststellungen über den Gesundheitszustand unterliegen dann nicht der Einsicht, wenn zu befürchten ist, dass der Beamte … bei Kenntnis des Befunds weiteren Schaden an der Gesundheit nimmt." Vgl. ferner BT-Drs. 12/544 S. 18.

[123] Siehe auch Fn. 63.

[124] Vgl. schon Dürig ZBR 1956, 403, Nölle RiA 1956, 337 und Brand RiA 1962, 17; aA Wilhelm ZBR 1967, 97 und Wiese ZBR 1981, 55 (62).

Schutzpflichtnorm gehört.[125] Dem Schutzzweck des Einsichtsrechts ist auf andere Weise Rechnung zu tragen, etwa dadurch, dass der Beamte einem Arzt seines Vertrauens Einsichtsvollmacht erteilt.[126]

27 Das Einsichtsrecht des Beamten umfasst auch

- schriftliche Äußerungen, die Dritte unter Zusicherung der Vertraulichkeit über ihn abgegeben haben,[127] und
- Erkenntnisse der Verfassungsschutz- und der Sicherheitsbehörden, die in den Bereich des Dienstherrn gelangt sind und sich auf ihn (den Beamten) beziehen, falls nicht ausnahmsweise überwiegende Interessen der Staatssicherheit oder schutzwürdige Belange anderer Personen entgegenstehen.[128]

28 Nach § 110 Abs. 4 Satz 1 BBG[129] haben Beamte ein Recht auf Einsicht auch in „andere Akten, die personenbezogene Daten über sie enthalten und für ihr Dienstverhältnis verwendet werden, soweit gesetzlich nichts anderes bestimmt ist". „Unzulässig" ist die Einsichtnahme nur dann, „wenn die Daten ... mit Daten Dritter oder geheimhaltungsbedürftigen nicht personenbezogenen Daten derart verbunden sind, dass ihre Trennung nicht oder nur mit unverhältnismäßig großem Aufwand möglich ist". In diesem Fall ist dem Beamten Auskunft zu erteilen (§ 110 Abs. 4 Satz 3 und 4 BBG). Der Umfang der Auskunftserteilung wird einerseits durch das Interesse des Beamten, seine Rechte sachgemäß wahrnehmen zu können, andererseits durch die Pflicht des Dienstherrn, die Interessensphäre der anderen jeweils in Betracht kommenden Dienstnehmer nicht „schwerwiegend und unvertretbar" zu verletzen, sowohl bestimmt als auch begrenzt.[130] Der Verfasser eines Berichts, der personenbezogene Daten mehrerer Dienstnehmer enthält (und verarbeitet), sollte sich die damit auf der Hand liegenden Schwierigkeiten vor Augen halten und den Bericht von vornherein so anlegen, dass in größtmöglichem Umfang Teilbarkeit gewährleistet ist. Jedenfalls wäre es rechts- und dienstpflichtwidrig, wenn der Weg des völlig verzahnten, nicht in Bestandteile auflösbaren Berichts[131] nur oder überwiegend deswegen gewählt würde, um das Informationsrecht auf ein Auskunftsrecht einzuengen (oder gar zu vereiteln).

29 Der Beamte kann das Einsichtsrecht wiederholt ausüben,[132] ohne hierfür Gründe angeben oder gar nachweisen zu müssen, solange er nicht die Grenze zum Rechtsmiss-

---

[125] → § 10 Rn. 1 ff.

[126] Zu ärztlichen Hinweis- und Mitteilungspflichten bei Untersuchungen in den Fällen der §§ 44–47 BBG vgl. § 48 Abs. 2 und 3 BBG.

[127] Ebenso Kathke aaO (Fn. 1) Rn. 27 zu § 87 NRW LBG. Aus der Fürsorge- und Schutzpflicht kann sich bei schwerwiegenden Verdächtigungen ein Anspruch auf Benennung des Gewährsmannes ergeben, wenn der Beamte sich anders nicht wirksam zu schützen vermag; vgl. dazu BVerwGE 118, 10 (13) sowie NRW OVG 28.2.1964 – VI 78/63 – (n. v.) und 14.3.1972 – VI A 248/69 – (n. v.); ferner → § 10 Rn. 39.

[128] Vgl. BVerwGE 36, 134; 38, 94 und BW VGH ZBR 1973, 348. Kathke aaO (Fn. 1) Rn. 28 zu § 87 NRW LBG hält diese Einschränkung durch die Judikatur mit Rücksicht auf die Neuregelung des Personalaktenrechts (durch das Neunte Gesetz zur Änderung dienstrechtlicher Vorschriften vom 11.6.1992, BGBl. I S. 1030) für „jetzt nicht mehr" zutreffend. Zur Behandlung der eigentlichen Sicherheitsakten → Rn. 6.

[129] → Rn. 10. Zum Einsichtsrecht einer Beamtin in eine E-Mail ihrer Vorgesetzten an das Personalreferat, „in der gravierende Auffälligkeiten in der dienstlichen Arbeitsweise der Beamtin beispielhaft dargestellt sind" NRW OVG NVwZ-RR 2015, 387.

[130] Vgl. BVerwGE 49, 89 (93 f.); 50, 301 sowie BVerwG ZBR 1984, 42.

[131] BVerwGE 49, 89.

[132] BVerwGE 36, 134. Der Beamte kann das Einsichtsverlangen (nicht notwendig auf dem Dienstweg) mündlich oder schriftlich vortragen. Ein schriftlicher Antrag darf nicht zur Personalakte genommen oder anderweitig dokumentiert werden.

brauch überschreitet.[133] Die näheren Modalitäten der Einsichtsgewährung[134] werden gewöhnlich durch Verwaltungsvorschriften geregelt. Das Ermessen des Dienstherrn erlaubt es ihm, verwaltungsorganisatorische und sonstige, den reibungslosen Dienstbetrieb berücksichtigende Überlegungen einzubeziehen, indessen nicht mit dem Ergebnis, dass die Bestimmungen über die Art und Weise der Einsichtsgewährung auf eine nachhaltige Erschwerung der Einsichtnahme selbst oder aber auf eine Gefährdung des Vertraulichkeitsprinzips[135] hinauslaufen.[136]

Als Annex des Einsichtsrechts ist das Recht des Beamten zu betrachten, im Zusammen- 30
hang mit der Einsichtnahme – soweit dienstliche Gründe nicht entgegenstehen – Auszüge, Abschriften, Kopien oder Ausdrucke einzelner Schriftstücke zu fertigen oder je nach Sachlage durch die aktenführende Stelle fertigen zu lassen (§ 110 Abs. 3 Satz 2 BBG);[137] auf Verlangen ist dem Beamten ein unverschlüsselter Ausdruck der zu seiner Person automatisiert gespeicherten Personalaktendaten[138] (kostenlos) zu überlassen (§ 110 Abs. 3 Satz 3 BBG).

Die Pflicht des Beamten – auch des früheren Beamten[139] – zur Amtsverschwiegenheit 31
(§ 37 BeamtStG, § 67 BBG) gebietet, dass dieser Kenntnisse, die er (erst) aus der Einsichtnahme in seine Personalakte oder in eine Sachakte erlangt hat, außerdienstlich grundsätzlich nicht weitergibt.

Einem Bevollmächtigten des Beamten ist Einsicht zu gewähren, soweit dienstliche 32
Gründe dem nicht entgegenstehen (§ 110 Abs. 2 Satz 1 BBG). „Dienstliche Gründe"

---

[133] BVerwGE 36, 134; 38, 94; ferner Battis BBG § 110 Rn. 3 und Kathke Personalaktenrecht Rn. 195. Nach BAG NJW 2011, 1306 (juris Rn. 41) setzt der „nachvertragliche Anspruch" des Arbeitnehmers, auch nach Beendigung des Arbeitsverhältnisses in seine vom früheren Arbeitgeber aufbewahrte Personalakte Einsicht zu nehmen, nicht voraus, dass er ein „konkretes berechtigtes Interesse" nachweist.

[134] Siehe auch § 110 Abs. 3 Satz 1 BBG: „Die personalaktenführende Behörde bestimmt, wo die Einsicht gewährt wird." Die Einsichtnahme hat grundsätzlich unter der Aufsicht eines Mitarbeiters der Personalverwaltung zu erfolgen, der auch einer niedrigeren Laufbahn als der Einsicht nehmende Beamte angehören kann.

[135] Siehe dazu § 106 Abs. 1 Satz 2 BBG, wo das Vertraulichkeitsprinzip mit dem Gebot verbunden ist, die Personalakte „durch technische und organisatorische Maßnahmen vor unbefugter Einsichtnahme zu schützen".

[136] NRW OVG OVGE 5, 113; 18, 81 (keine Herausgabe der Personalakte an den Beamten zur Mitnahme in seine Wohnung). Nach BayVGH ZBR 1990, 187 hat der Beamte grundsätzlich keinen Anspruch darauf, dass ihm sein Dienstherr die Einsicht in seine Personalakte an seinem vom Ort der aktenführenden Behörde verschiedenen Beschäftigungsort gestattet. Golas These (RiA 1994, 1, 8): „Die Akte reist und nicht der Beamte" ist überzogen; siehe auch Kathke Personalaktenrecht Rn. 231 sowie ders. in Schütz/Maiwald BR Rn. 61 ff. zu § 87 NRW LBG mwN. RP OVG DÖD 1985, 204 stellt klar, dass sich der Beamte nicht darauf verweisen lassen müsse, in seine Personalakte bei einem Gericht oder bei einer Behörde eines anderen Geschäftsbereichs Einsicht zu nehmen: Befinde sich die Personalakte bei einer solchen Stelle, so sei sie zur Gewährung der Einsicht unverzüglich von dort zurückzufordern; dadurch entstehende Kosten habe der Dienstherr zu tragen. Dem dürfte im Grundsatz beizupflichten sein (aA Kathke in Schütz/Maiwald BR Rn. 63 zu § 87 NRW LBG sowie Weiß/Niedermaier/Summer/Zängl BayBeamtR Rn. 42 zu Art. 107 BayBG). Es wird aber Ausnahmefälle geben, in denen es dem Beamten zumutbar ist, die Personalakte woanders einzusehen (zB wenn die vollständige Personalakte dem am Wohnsitz des Beamten oder in dessen Nähe befindlichen Verwaltungsgericht übersandt ist, bei dem dieser Klage erhoben hat und bei dem Termin zur mündlichen Verhandlung ansteht).

[137] Was den *Umfang* der Auszüge etc. anbelangt, so kann sich auch insoweit eine Beschränkung unter dem Aspekt des Rechtsmissbrauchs ergeben. Die Geheimhaltungspflicht ist insofern kein Regulativ; wohl kann sie ein dienstlicher Hinderungsgrund für die Fertigung bestimmter Auszüge etc. sein (vgl. BT-Drs. 12/544 S. 19).

[138] → Rn. 52 ff.

[139] Lemhöfer in Plog/Wiedow BBG 2009 § 90c Rn. 9.

können einer Einsichtnahme (ggf. nur in bestimmte Personalaktenbestandteile) insbesondere dann „entgegenstehen“,

- wenn einzelfallbezogene Erwägungen der Amtsverschwiegenheit die Einsichtnahme durch eine Person, die keiner gesetzlichen Schweigepflicht unterliegt, nicht angängig erscheinen lassen,[140] oder
- wenn das Vertrauensverhältnis zwischen dem Beamten und seinem Dienstherrn schwer gestört ist.[141]

In Fällen dieser Art kann aber – wenn und soweit wenigstens das unbedenklich ist – eine (ggf. partielle) Auskunftserteilung in Betracht zu ziehen sein (siehe § 110 Abs. 2 Satz 3 BBG).

33 Speziell geregelt ist das Recht

- des schwerbehinderten Beamten, die Schwerbehindertenvertretung bei der Einsichtnahme in seine Personalakte hinzuzuziehen (§ 95 Abs. 3 Satz 1 SGB IX),[142] und
- des Verteidigers im Strafverfahren (§ 147 StPO)[143] sowie des Prozessbevollmächtigten im Verwaltungsstreitverfahren (§ 100 VwGO),[144] die (komplette dem Gericht vorgelegte) Personalakte einzusehen.

34 Wo und in welcher Weise die zuständige Behörde einem Bevollmächtigten[145] Einsicht in die Personalakte gewährt, ist ihrem pflichtgemäßen Ermessen überlassen (siehe § 110 Abs. 3 Satz 1 BBG). Dies gilt – unbeschadet einer gesetzlichen Sonderregelung (vgl. § 147 Abs. 4 Satz 1 StPO, § 100 Abs. 2 Satz 2–5 VwGO) – auch für die Entscheidung, ob die Personalakte einem bevollmächtigten Rechtsanwalt zur Einsichtnahme in seine Wohnung oder in seine Geschäftsräume mitgegeben wird. Dass ein Rechtsanspruch des Rechtsanwalts auf Überlassung der Personalakte zur Mitnahme in seine Wohnung oder seine Kanzlei nicht besteht, lässt sich aus § 29 Abs. 3 VwVfG entnehmen, der zwar nicht unmittelbar, wohl aber seinem Rechtsgedanken nach anwendbar ist.[146] Bei der mithin gebotenen Ausübung ihres Ermessens darf die Behörde auch administrativ-verfahrenstechnische Gesichtspunkte grundsätzlicher Art in ihre Erwägungen einbeziehen.

35 Auch Hinterbliebene (und deren Bevollmächtigte) haben ein Einsichtsrecht bzw., falls ausreichend, ein Recht auf Auskunftserteilung aus der Personalakte, soweit dienstliche Gründe dem nicht entgegenstehen[147] und sofern ein berechtigtes Interesse (dargelegt und) glaubhaft gemacht wird (siehe § 110 Abs. 2 Satz 2 und 3 BBG). Der Hinterbliebenen-

[140] Kathke Personalaktenrecht Rn. 218; ders. in Schütz/Maiwald BR Rn. 39 ff., 57 zu § 87 NRW LBG mwN. Siehe auch Nr. 4.4 VV zu § 50 BeamtStG/§§ 84–90 NRW LBG: „ … Bevollmächtigte, die keiner gesetzlichen Pflicht zur Verschwiegenheit unterliegen, sind auf die Vertraulichkeit der Personalakten und ausdrücklich darauf hinzuweisen, dass sie von der erlangten Kenntnis nur in dem zur Einsicht oder Auskunft berechtigenden Umfang Gebrauch machen dürfen.“ Vgl. außerdem BT-Drs. 12/544 S. 19.

[141] NdsOVG OVGE 3, 161; aA Battis BBG § 110 Rn. 4 und Kathke aaO Rn. 40 zu § 87 NRW LBG.

[142] Wenn und soweit der schwerbehinderte Beamte die Schwerbehindertenvertretung von der Schweigepflicht entbindet (siehe § 95 Abs. 3 Satz 2 SGB IX), wächst dieser hierdurch keine Befugnis zur Offenbarung und Verwertung von Personalaktendaten zu, die über die Grenzen hinausginge, die insoweit dem Beamten selbst gesetzt sind; vgl. auch Weiß/Niedermaier/Summer/Zängl BayBeamtR Rn. 22 zu Art. 107 BayBG.

[143] Zur Einsichtnahme im Disziplinarverfahren siehe Fn. 121.

[144] Vgl. NRW OVG DVBl 1957, 324.

[145] Die Vollmacht muss einer natürlichen Person für einen konkreten Einzelfall, etwa für ein bestimmtes Rechtsbehelfsverfahren, schriftlich oder – je nach den Umständen – auch konkludent erteilt sein; sie muss (speziell) die (ggf. näher einzugrenzende) Personalakteneinsicht betreffen und diese umfassen (Kathke in Schütz/Maiwald BR Rn. 34 ff. zu § 87 NRW LBG mwN).

[146] Vgl. dazu Kathke aaO (Fn. 145) Rn. 78 zu § 87 NRW LBG mwN.

[147] Zur Verschwiegenheitspflicht siehe Fn. 140.

begriff deckt sich mit demjenigen des Beamtenversorgungsgesetzes. Neben der Witwe (§ 19 BeamtVG) und den Kindern (§ 23 BeamtVG) sind auch die Erben und die Abkömmlinge des Beamten zu den Hinterbliebenen zu rechnen, soweit ihnen Leistungen aus der Hinterbliebenenversorgung zustehen (vgl. §§ 17,18 BeamtVG). „Berechtigt" ist ein „Interesse" dieser Personen nur, wenn und soweit es ihnen bei der Einsichtnahme – bzw. der Auskunftserteilung – um die Klärung oder Durchsetzung ihrer versorgungsrechtlichen Ansprüche geht.

2. Einsichtnahme durch Dritte[148]

Vom Beamten zu bestimmenden Mitgliedern der Personalvertretung darf namentlich 36
im Zusammenhang mit der Beteiligung bei Einstellungen und Beförderungen sowie bei Versetzungen, Abordnungen und Umsetzungen[149] Einsicht in die Personalakte nur gewährt werden, wenn (und soweit) der Beamte zustimmt (§ 68 Abs. 2 Satz 3 BPersVG).[150] Ohne eine solche Zustimmung ist der Personalvertretung Auskunft aus der Personalakte lediglich in dem Umfang zu erteilen, wie sie ihrer bedarf, um ihre gesetzlichen Aufgaben pflichtgemäß zu erfüllen.[151] Das Interesse des Beamten an der vertraulichen Behandlung des Personalakteninhalts muss insoweit gegenüber dem Informationsanspruch der Personalvertretung zurückstehen.[152]

Die Vorlage von Personalakten und anderen Behördenunterlagen mit personenbezoge- 37
nen Daten sowie die Erteilung von Auskünften aus diesen Akten und Unterlagen an die mit Disziplinarvorgängen befassten Stellen und die Verarbeitung und Nutzung der so erhobenen Daten im Disziplinarverfahren sind – sofern andere Rechtsvorschriften nichts Abweichendes bestimmen – auch gegen den Willen des Beamten oder anderer Betroffener zulässig, wenn und soweit die Durchführung des Disziplinarverfahrens dies erfordert und überwiegende Belange des Beamten, anderer Betroffener oder der ersuchten Stellen dem nicht entgegenstehen (§ 29 Abs. 1 BDG).[153] Auch gegen den Willen des Beamten ist die Personalakte den Strafgerichten vorzulegen, falls der Vorwurf die Amtstätigkeit des Beamten betrifft und/oder falls dessen beruflicher Werdegang für die strafgerichtliche Würdigung mindestens bedeutsam sein kann.[154] Entsprechendes gilt im Blick auf Verfahren vor dem Bundesverfassungsgericht (§ 26 Abs. 2, § 27 BVerfGG) und für Streitverfahren vor den Fachgerichten, wenn und soweit der Personalakteninhalt entschei-

[148] Der Ausdruck „Dritte" ist hier aus rein gliederungstechnischen Gründen als Oberbegriff in dem Sinne gebraucht, dass er (tendenziell) alle Einsichtnahmen (durch wen auch immer) bündeln soll, die nicht vorstehend unter 1 (→ Rn. 25–35) behandelt sind. Er betrifft also nicht lediglich die „Dritten" iSd § 111 Abs. 3 BBG.

[149] → § 4 Rn. 33, 54, 64.

[150] Dienstliche Beurteilungen (als Personalaktenbestandteil) sind der Personalvertretung auf Verlangen des Beamten zur Kenntnis zu bringen (§ 68 Abs. 2 Satz 4 BPersVG). Der konkrete Anlass muss vom Beamten gegenüber der Dienststelle nicht genannt werden.

[151] Vgl. BVerwGE 5, 344; 6, 302; 8, 219; ferner BVerwGE 61, 325.

[152] Vgl. Kathke Personalaktenrecht Rn. 159. Zur Personaldatensammlung und -verarbeitung durch die Personalvertretung Gola DÖD 1992, 221 (230) mwN. Eine Sammlung von Personaldaten der Beschäftigten liegt nicht vor, wenn lediglich einzelne Personaldaten der Beschäftigten „überindividuell-sachbezogen" zusammengefasst werden (NRW OVG PersV 2014,461, juris Rn. 14,18 für eine schulbezogene Stellenübersicht mit Namen, Fächern und Stundenzahl der vom Personalrat an Grundschulen vertretenen Lehrkräfte).

[153] Hinsichtlich des zwischenbehördlichen Informationsaustausches während des Disziplinarverfahrens siehe § 29 Abs. 2 BDG.

[154] Siehe aber auch §§ 96, 161, 163 StPO; vgl. außerdem Kathke aaO (Fn. 152) Rn. 273 mwN. Je nach den Gegebenheiten kann (und muss) sich der Dienstherr auf eine Auskunft aus der Personalakte beschränken.

dungserheblich sein kann.[155, 156] Art. 44 Abs. 3 GG führt bei Verfahren vor einem parlamentarischen Untersuchungsausschuss bei Beachtung des Verhältnismäßigkeitsprinzips nur dann zu einer uneingeschränkten Vorlagepflicht, wenn eine Auskunft in Bezug auf den Personalakteninhalt oder eine Vorlage einzelner Personalaktenteile nicht ausreicht;[157] § 124 Abs. 2 Satz 1 BBG begründet hingegen für Verfahren vor dem Bundespersonalausschuss eine grundsätzlich schrankenlose Pflicht zur Auskunftserteilung und zur (Personal-)Aktenvorlage, soweit die eine oder andere dieser Amtshilfeleistungen „zur Durchführung seiner Aufgaben erforderlich ist".

38 Gemäß § 111 Abs. 1 Satz 1 und 2 BBG[158, 159] ist es ohne Einwilligung des Beamten zulässig, die Personalakte, soweit nach Inhalt und Umfang erforderlich (notwendig), dh insbesondere nicht durch eine Auskunft ersetzbar,[160]

- der obersten Dienstbehörde oder einer anderen im Rahmen der Dienstaufsicht weisungsbefugten Behörde für Zwecke der Personalverwaltung oder Personalwirtschaft,[161]

---

[155] Siehe im Einzelnen § 99 VwGO, § 119 SGG, § 56 ArbGG und § 273 ZPO. Vgl. auch BVerwGE 19, 179 (185); 35, 227; 49, 93 (Personalakten seien grundsätzlich zu den Vorgängen zu zählen, die ihrem Wesen nach geheim gehalten werden müssten, § 99 Abs. 1 Satz 2 VwGO). Zu einer Vorlage der Personalgrundakte eines Soldaten im Antragsverfahren vor den Wehrdienstgerichten, auf die § 99 Abs. 1 Satz 1 VwGO gemäß §§ 17, 21 WBO entsprechend anwendbar ist, siehe BVerwG NVwZ-RR 2008, 706.

[156] Das Verwaltungsgericht kann in *Konkurrentenstreitigkeiten* Personalakten und/oder Besetzungsvorgänge anfordern, soweit es ihrer bei Anlegung eines strengen Maßstabs zur Wahrheits- und Rechtsfindung bedarf. Mindestens in der Regel wird das Verwaltungsgericht zunächst nur die Vorlage von Besetzungsberichten oder Besetzungsstatements sowie bestimmten Personalaktenteilen (vornehmlich dienstlichen Beurteilungen) oder diesbezügliche Auskünfte aus den entsprechenden Vorgängen verlangen können. Durch eine Beiladung des ausgewählten Beamten (siehe § 63 Nr. 3, § 65 VwGO) entschärft sich die Problematik einer Abwägung zwischen den verschiedenen Interessen (vgl. hierzu Redeker/von Oertzen VwGO § 99 Rn. 9), ohne dass sie gegenstandlos würde. Wenn und soweit Personalakten(teile) und/oder Besetzungsvorgänge vorgelegt sind, kann den Beteiligten die Akteneinsicht gemäß § 100 Abs. 1 VwGO nicht (verkürzt oder) verweigert werden. Versuche, die aus § 100 Abs. 2 VwGO zu entnehmenden Rechte im Lichte eines Rechts auf informationelle Selbstbestimmung einzuschränken, können nicht überzeugen. Siehe Schnellenbach ZBR 1997, 169 (179) sowie HVGH NVwZ 1994, 398. Speziell zum Anspruch auf Erteilung von Ausfertigungen, Auszügen, Abdrucken und Abschriften (§ 100 Abs. 2 Satz 1 VwGO) LSA OVG NVwZ-RR 2011, 268.

[157] Vgl. BVerfGE 67, 100; 77, 1 (47). Siehe auch NRW OVG NJW 1988, 2496 (Unzulässigkeit einer Anforderung der vollständigen Personal- und Disziplinarakte eines Beamten durch den Petitionsausschuss des Deutschen Bundestages zur Überprüfung einer gegen den Beamten gerichteten Beschwerde). Zweifel daran, ob in politisch geprägten parlamentarischen Untersuchungsausschüssen allgemein die notwendigen Geheimhaltungsstandards eingehalten werden, sind nicht von der Hand zu weisen; vgl. dazu Trips ZRP 2012, 199.

[158] Landesrechtlichen Parallelvorschriften zu § 111 BBG sind § 85 BW LBG, Art. 108 BayBG, § 88 BlnLBG, § 98 BbgLBG, § 89 BrBG, § 89 HmbBG, § 90 HBG, § 88 MVBG, § 92 NBG, § 87 NRW LBG, § 93 RP LBG, § 99 SBG, § 115 SächsBG, § 88 BG LSA, § 89 SH LBG und § 85 ThürBG.

[159] Der Datenfluss zwischen Grundakte und Teil- und Nebenakten fällt als reiner Informationsverteilungsvorgang nicht unter die Übermittlungsvorschriften des § 111 BBG. Auch die Abgabe der Personalakte bei einem Wechsel der Zuständigkeit für die Personalaktenführung im Bereich des Dienstherrn vollzieht sich, ohne dass die Vorgaben des § 111 BBG berührt wären (Kathke in Schütz/Maiwald BR Rn. 28 zu § 88 NRW LBG, Lemhöfer in Plog/Wiedow BBG 2009 § 90d Rn. 3 sowie Weiß/Niedermaier Summer/Zängl BayBeamtR Rn. 62 zu Art. 108 BayBG). Bei einer (im Übrigen abgewickelten) dienstherrnübergreifenden Versetzung des Beamten kann die bei dem früheren Dienstherrn entstandene Personalakte ohne Einwilligung des Beamten an den neuen Dienstherrn abgegeben werden (Kathke aaO; aA Weiß/Niedermaier/Zängl aaO Rn. 63 zu Art. 108 BayBG).

[160] Siehe § 111 Abs. 1 Satz 4 und 5 BBG.

[161] Hinsichtlich der „Personalwirtschaft" siehe schon Fn. 1. Die Aktenvorlage an den Bundesrechnungshof oder einen Landesrechnungshof, zu der bei zwingender Prüfungsnotwendigkeit auch die Vorlage von Personalakten bzw. Personalaktenbestandteilen gehören kann, ist *spezialgesetzlich*

- einer anderen Behörde desselben Geschäftsbereichs zur Vorbereitung oder Durchführung einer Personalentscheidung und
- einer an der Personalentscheidung partizipierenden Behörde eines anderen Geschäftsbereichs desselben Dienstherrn

vorzulegen.[162] Die Übermittlung der Personalakte an eine hiernach nicht privilegierte Behörde desselben oder eines anderen Dienstherrn ist Bedenken entrückt, wenn

- der Beamte ihr zustimmt oder, etwa aus Anlass einer Bewerbung, selbst (konkludent) darum nachsucht[163] und
- dienstliche Gründe dem nicht zuwiderlaufen.

Für ein Ermessen[164] ist dann kein Spielraum mehr vorhanden. Ist der Beamte mit der Übermittlung an eine nicht privilegierte Behörde[165] nicht einverstanden, so darf sich die aktenführende Stelle über seinen entgegenstehenden Willen nicht hinwegsetzen. § 111 Abs. 3 Satz 1 BBG gestattet ihr dann nur eine Auskunftserteilung, vorausgesetzt, „die Abwehr einer erheblichen Beeinträchtigung des Gemeinwohls[166] oder der Schutz berechtigter, höherrangiger (von der Behörde wahrzunehmender) Interessen" „erfordert" eine solche „zwingend".[167] Soweit die personalverwaltende Behörde einzelne Aufgaben, die ihr gegenüber ihren Beschäftigten obliegen, einer anderen öffentlichen Stelle, beispielsweise einem Dienstleistungszentrum, oder Aufgaben ihres ärztlichen Dienstes – in der Regel im Wege der Verwaltungsvereinbarung – dem ärztlichen Dienst einer anderen Behörde zur selbstständigen Bearbeitung übertragen hat, darf sie die zur Erfüllung des jeweiligen Auftrags erforderliche Personalaktendaten dorthin übermitteln (siehe § 111 Abs. 2 BBG, ferner § 111a Abs. 1 Nr. 1 lit.c BBG).

Der Schweigepflicht unterliegenden Ärzten, die im Auftrag der personalverwaltenden Behörde medizinische Gutachten erstellen, darf die Personalakte im erforderlichen Umfang zugänglich gemacht werden, selbst wenn der Beamte dem widerspricht (§ 111 Abs. 1 Satz 3 BBG). Anderen Privatpersonen – sofern es sich nicht um (ordnungsgemäß) Bevollmächtigte oder um Hinterbliebene handelt – darf die aktenführende Stelle keine Einsicht in die Personalakte gewähren; eine (gemäß § 111 Abs. 3 Satz 2 BBG auf den jeweils 39

geregelt (vgl. statt aller § 95 Abs. 1 BHO); dazu BVerfG DVBl 1997,481, BVerwG NJW 1989, 2961 und VG Wiesbaden NVwZ-RR 1999, 550.

[162] Ggf. kann (und zwar nicht nur in den Fällen das § 111 Abs. 1 Satz 1 BBG) die Vorlage einer Teil- oder Nebenakte genügen. In der Amtl. Begr. zu § 110 BBG (BR-Drs. 720/07) ist in diesem Zusammenhang in Sicht auf Abs. 1 Satz 1 aaO ausgeführt: „Eine nur auszugsweise Vorlage der Grundakte wird ... in der Regel nicht in Betracht kommen, da eine Eingrenzung des Informationsbedürfnisses der übergeordneten Behörde durch eine nachgeordnete Behörde dem Prinzip des hierarchischen Aufbaus der Verwaltung widerspräche ... (Die übergeordnete Behörde hat) in eigener Verantwortung zu prüfen, ob sie die Vorlage der gesamten Akte oder nur eines Teiles davon benötigt oder ob eine Auskunft ausreicht." Eine Nachprüfung der (von der übergeordneten Behörde vorgenommenen) Erforderlichkeitsbewertung kann entweder durch eine Remonstration der personalaktenführenden Behörde (§ 36 Abs. 2 BeamtStG, § 63 Abs. 2 BBG) oder durch einen (wie auch immer artikulierten) Protest des betroffenen Beamten selbst ausgelöst werden.

[163] BT-Drs. 12/544 S. 19. Zu denken ist auch an Versetzungen oder Abordnungen auf Antrag oder mit Einverständnis des Beamten.

[164] Vgl. BVerwGE 3, 324; ferner Lemhöfer in Plog/Wiedow BBG 2009 § 90d Rn. 5.

[165] Zum Begriff des „Dritten" siehe Fn. 148.

[166] Der Ausdruck „erhebliche Beeinträchtigung des Gemeinwohls" soll eine niedrigere „Schwelle" bezeichnen als die in § 108 Abs. 2 Satz 2 Nr. 1 lit. b BBG (vormals: in § 108 Abs. 1 Satz 5 BBG) gebrauchte Wortfolge „erhebliche Nachteile für das Gemeinwohl" (Amtl. Begr. zu § 111 BBG, BR-Drs. 720/07).

[167] Zu einer einstweiligen Anordnung, mit der dem Dienstherrn vorläufig untersagt worden war, der Fahrerlaubnisbehörde Gesundheitsdaten zu übermitteln, die innerdienstlich anlässlich einer polizeiamtsärztlichen Untersuchung eines Beamten erlangt worden waren, siehe NRW OVG 9.7.2015 – 6 B 602/15 –, BeckRS 2015, 48640, Rn. 17 ff. (vgl. dazu auch Fn. 232).

„erforderlichen Umfang" zu beschränkende) Auskunft aus der Personalakte darf ihnen – abgesehen von den im Gesetz genannten Ausnahmefällen[168] – nur mit Einwilligung des Beamten erteilt werden (siehe auch insoweit § 111 Abs. 3 Satz 1 BBG). Inhalt und Empfänger der Auskunft sind dem Beamten schriftlich mitzuteilen (§ 111 Abs. 3 Satz 3 BBG).

VI. Anhörung des Beamten

40 Der Beamte muss über Beschwerden, Behauptungen (tatsächlicher Art) und Bewertungen, die (mit seinem Dienstverhältnis in einem unmittelbaren inneren Zusammenhang stehen und) für ihn – aus der Perspektive eines objektiven Betrachters – ungünstig sind oder ihm nachteilig werden können, vor deren Aufnahme in die Personalakte gehört werden, soweit die Anhörung nicht nach anderen (vorrangigen) Rechtsvorschriften, zB solchen des Disziplinar- oder des Beurteilungsrechts, erfolgt (§ 109 Satz 1 BBG).[169] Mit der Einbeziehung der Bewertungen erübrigt sich hier eine Abgrenzung zwischen Äußerungen berichtenden Charakters und Werturteilen. Rechtliche Schlussfolgerungen aus Vorgängen, die schon in der Personalakte enthalten sind, fallen nicht unter den Begriff der „Bewertungen". Auch zu Beurteilungsbeiträgen und zu vorbereitenden Stellungnahmen im Beurteilungsverfahren[170] ist der Beamte grundsätzlich nicht nach § 109 Satz 1 BBG zu hören;[171] eine Anhörungspflicht aufgrund anderer (vorrangiger) Rechtsvorschriften[172] bleibt allerdings – wie soeben schon bemerkt – unberührt. Der Dienstvorgesetzte ist gut beraten, wenn er die rechtzeitige Anhörung des Beamten als Mittel sieht und würdigt, Vollständigkeits- und Richtigkeitsinteresse von vornherein und nicht erst nachträglich – durch Korrekturen – zur Deckung zu bringen.[173] Lassen sich Zweifel an der Begründetheit einer Beschwerde, Behauptung oder Bewertung nicht ausräumen, so ist von einer Aufnahme des entsprechenden Vorgangs in die Personalakte abzusehen, und zwar selbst dann, wenn der Beamte die Aufnahme, weshalb auch immer, wünscht.

---

[168] Dazu schon → Rn. 38. In den Gesetzesmaterialien (BT-Drs. 12/544 S. 20) ist als Beispiel für das schutzwürdige „höherrangige Interesse" eines „Dritten" angeführt, dass ein Gläubiger aus einem vollstreckbaren Zahlungstitel gegen den Beamten vorgehen möchte. Nicht beachtlich sind insoweit die Interessen von Versicherungen oder Gewerkschaften an einer Übermittlung von Daten, etwa solchen neu eingestellter Beamter, ferner nicht die Wünsche von Autoren oder Forschern, Personalakten einzusehen, um Material für biografische oder historische Werke zu gewinnen; vgl. Kathke aaO (Fn. 159) Rn. 144 zu § 88 NRW LBG mwN. Zum Informationszugang eines Journalisten zu der Studie eines Ministeriums über dessen NS-Vergangenheit NRW OVG 10.8.2015 – 8 A 2410/13 –, juris Rn. 46, 59, 65, 70, 113f, 129. VG Köln 12.11.2015 – 6 K 5143/14 –, juris Rn. 44 ff. will den „Vertraulichkeitsinteressen" eines durch ein Disziplinarverfahren betroffenen Grundrechtsträgers im Zusammenhang mit einem presserechtlichen Auskunftsanspruch kein „hohes Gewicht" beimessen, wenn er „nicht identifizierbar" sei, weil die Öffentlichkeit ihn nur unter einem Decknamen kenne (zw.).

[169] § 109 BBG entsprechen § 87 Abs. 4 BW LBG, Art. 106 BayBG, § 86 BlnLBG, § 96 BbgLBG, § 87 BrBG, § 87 HmbBG, § 88 HBG, § 86 MVBG, § 90 NBG, § 85 NRW LBG, § 90 RP LBG, § 97 SBG, § 113 SächsBG, § 86 BG LSA, § 87 Abs. 1 SH LBG und § 83 ThürBG. In § 97 Satz 1 SBG ist (ergänzend) die dienstliche Beurteilung als Anhörungsgegenstand genannt; in § 87 Abs. 2 Satz 1 SH LBG ist hervorgehoben, dass dem Beamten jede Beurteilung zu eröffnen und mit ihm zu erörtern sei (→ § 11 Rn. 29 ff.).

[170] → § 11 Rn. 7 f.

[171] → § 11 Rn. 27. Vgl. auch BT-Drs. 12/544 S. 18 (zu § 90b BBG aF): „Werden Bewertungen, die der Vorbereitung einer dienstlichen Beurteilung dienen, zur Personalakte genommen, kann die Anhörung des Beamten bis zur Eröffnung der Beurteilung zurückgestellt werden. Solche Unterlagen dürfen nur mit Zustimmung des Beamten weitergegeben werden."

[172] Siehe namentlich die Darlegungen unter → Rn. 41.

[173] Ebenso Battis BBG § 109 Rn. 2; ferner → Rn. 18.

41 Von wem die Beschwerden, Behauptungen oder Bewertungen ausgehen, ist grundsätzlich gleichgültig.[174] Auch Äußerungen der Personalvertretung werden erfasst.[175] Ohne Bedeutung ist es ferner, in welchen konkreten Zusammenhang ungünstige oder unter Umständen nachteilige Behauptungen eingebunden sind. § 109 Satz 1 BBG ist zB auch auf dienstliche Beurteilungen (als solche[176]) und auf missbilligende Äußerungen (siehe § 6 Satz 2 BDG) anwendbar. Aufmerksamkeit verdient daneben das aus der Fürsorge- und Schutzpflicht (§ 45 BeamtStG, § 78 BBG) abzuleitende Gebot, dem Beamten Gelegenheit zur Stellungnahme zu geben, bevor in einer dienstlichen Beurteilung aus einem Sachverhalt ungünstige Schlüsse gezogen werden.[177] Die Erteilung einer dem Beamten nachteiligen Auskunft aus der Personalakte an Dritte ist rechtswidrig, wenn dieser keine Gelegenheit hatte, sich zuvor zu den aufgenommenen Tatsachenbehauptungen oder Bewertungen zu äußern.[178]

42 Ein Verstoß gegen die Anhörungspflicht kann zu einem Amtshaftungsanspruch oder zu einem beamtenrechtlichen Schadensersatzanspruch führen, sofern zwischen der Rechtsverletzung und einem Schaden des Beamten Kausalität besteht.[179] Die Nichtbeachtung des Anhörungsrechts gereicht jedem Dienstvorgesetzten regelmäßig zum Verschulden, weil die auf Anhörung zielende Rechtspflicht ohne weiteres „einleuchtend und selbstverständlich" ist.[180]

VII. (Gegen-)Äußerung des Beamten

43 Der Dienstvorgesetzte muss sich von dem Bestreben leiten lassen, unter anderem durch Anhörung des Beamten den überhaupt erreichbaren Grad an Richtigkeitsgewähr zu erwirken. Bleiben nach der Anhörung nicht behebbare Zweifel an der Richtigkeit einer den Beamten (potentiell) beschwerenden Behauptung oder an der Begründetheit eines ihn betreffenden abträglichen Werturteils, so ist von der Aufnahme des entsprechenden Vorgangs in die Personalakte abzusehen[181] (und der Vorgang dem Urheber zurückzugeben oder mit seinem Einverständnis zu vernichten). Dass eine (Gegen-)Äußerung des Beamten zu seiner Personalakte zu nehmen ist (siehe § 109 Satz 2 BBG[182]), darf nicht dazu verleiten, die Anhörung zu vernachlässigen.[183]

44 Inhaltliche Grenzen des (Gegen-)Äußerungsrechts ergeben sich aus dem Gegenstand, auf den sich die Behauptung oder die Bewertung bezieht. Eine kleinliche Betrachtung ist insoweit jedoch unangebracht: Solange nicht jeglicher innere Zusammenhang zwischen der (Gegen-)Äußerung und der infrage stehenden Behauptung oder Bewertung ersichtlich fehlt, ist die (Gegen-)Äußerung zur Personalakte zu nehmen. Freilich darf der Beamte mit der (Gegen-)Äußerung nicht seiner Pflicht zu achtungs- und vertrauenswürdigem Verhalten innerhalb des Dienstes (§ 34 Satz 3 BeamtStG, § 61 Abs. 1 Satz 3

[174] Schriftstücke des Beamten selbst lösen keine Anhörungspflicht aus.
[175] BVerwG Buchholz 232 § 90 BBG Nr. 16.
[176] → § 11 Rn. 27.
[177] → § 10 Rn. 23 sowie Schnellenbach/Bodanowitz Dienstliche Beurteilung Rn. 316ff.
[178] BVerwG RiA 1972, 155.
[179] → § 10 Rn. 16, 57ff. Ferner Battis BBG § 109 Rn. 5 und Lemhöfer in Plog/Wiedow BBG 2009 § 90b Rn. 13. Die nachträgliche Durchführung der Anhörung kann bewirken, dass es nicht zu einem Schaden kommt (oder dass sich dieser mindert).
[180] BGHZ 22, 258 (267).
[181] BT-Drs. 12/544 S. 18 (zu § 90b BBG aF); dazu auch → Rn. 40 aE.
[182] Zum Landesrecht vgl. schon Fn. 169.
[183] Zum Verhältnis von Anhörung und (Gegen-)Äußerung siehe auch Kathke aaO (Fn. 159), Rn. 32 zu § 86 NRW LBG.

BBG) zuwiderhandeln. Das betrifft vornehmlich die Form seiner Darlegungen, die nicht in Beschimpfungen von Vorgesetzten oder Mitarbeitern ausarten dürfen.[184] Vergreift sich der Beamte in dieser Hinsicht, so kann es die Fürsorge- und Schutzpflicht (§ 45 BeamtStG, § 78 BBG) gebieten, ihn darauf hinzuweisen, um ihm eine Korrektur zu ermöglichen, statt die (Gegen-)Äußerung in der ursprünglichen Fassung zur Personalakte zu nehmen.[185]

45 *Wo* die (Gegen-)Äußerung in die Personalakte einzuordnen ist, ist in das Ermessen des Dienstherrn gestellt. Entscheidend ist,[186]

- dass dem Leser der „Beschwerde", „Behauptung" oder „Bewertung" die (Gegen-)Äußerung des Beamten nicht entgeht und
- dass der Zusammenhang zwischen der (Gegen-)Äußerung und dem anlassgebenden Vorgang, soweit er nicht offen zutage liegt, in geeigneter Weise verdeutlicht wird.

VIII. Berichtigungsanspruch des Beamten

46 Sind unrichtige Tatsachenbehauptungen in die Personalakte gelangt, so fragt es sich, ob und in welcher Art und Weise der Beamte von seinem Dienstherrn eine Richtigstellung beanspruchen kann. §§ 106 ff. BBG und dem korrespondierenden Landesrecht ist hierüber nichts zu entnehmen. § 112 BBG und die landesgesetzlichen Parallelbestimmungen[187] betreffen nur die Entfernung (und Vernichtung) von Vorgängen (Unterlagen) aus der Personalakte mit Zustimmung bzw. auf Antrag des Beamten, der jedoch „schwerwiegende Gründe"[188] haben kann, Vorgänge mit unrichtigen, vom Dienstherrn aber anschließend berichtigten Tatsachenbehauptungen in der Personalakte zu belassen.[189] Insofern muss auf die Fürsorge- und Schutzpflicht zurückgegriffen werden.[190] Die Pflicht des Dienstherrn, den Beamten seiner Befähigung, seinen Leistungen und seiner Eignung entsprechend zu fördern,[191] und seine Verpflichtung, Schäden von den Rechtsgütern des Beamten abzuwenden,[192] verdichten sich in dem Gebot, unzutreffende Tatsachenbehauptungen, die in der Personalakte enthalten sind, *dortselbst* auch zu berichtigen, wenn sie dem Beamten zum Nachteil gereichen können[193] und dieser der Entfernung (und Vernichtung) des einschlägigen Vorgangs nicht zustimmt.

---

[184] Vgl. auch EuGH DVBl 2000, 475.

[185] Zustimmend Kathke Personalaktenrecht Rn. 143; ders. in Schütz/Maiwald BR Rn. 38 zu § 86 NRW LBG.

[186] In diesem Sinne auch Kathke in Schütz/Maiwald BR Rn. 39 zu § 86 NRW LBG; vgl. ferner Weiß/Niedermaier/Summer/Zängl BayBeamtR Rn. 30 zu Art. 106 BayBG; stärker eingrenzend Lemhöfer in Plog/Wiedow BBG 2009 § 90b Rn. 10: Einordnung der Gegenäußerung *vor* der ungünstigen Beschwerde, Behauptung oder Bewertung.

[187] Siehe Fn. 80.

[188] BT-Drs. 12/544 S. 20 (zu § 90e Abs. 1 BBG aF). Der Beamte ist nicht gehalten, die Gründe darzulegen, die ihn veranlassen, seine Zustimmung zur Entfernung zu versagen. Er kann die Zustimmung auch willkürlich verweigern.

[189] Vgl. Weiß/Niedermaier/Summer/Zängl BayBeamtR Rn. 21 zu Art. 109 BayBG. Battis BBG § 112 Rn. 9 ist der mindestens problematischen Ansicht: „Grundsätzlich gehen die Ansprüche aus § 112 (dem Berichtigungsanspruch) vor." Zutr. dagegen (wie der obige Text) Tiedemann, Der Anspruch des Beamten auf Schutz seiner Ehre durch den Dienstherrn, 2004, S. 50.

[190] Vgl. auch Hanusch NVwZ 1982, 11 (12).

[191] → § 10 Rn. 22 ff.

[192] → § 10 Rn. 29 ff.

[193] BVerwGE 50, 301. Bei ehrverletzenden falschen Tatsachenbehauptungen kann daneben ein öffentlich-rechtlicher Widerrufsanspruch gegeben sein; BayVGH ZBR 1982, 33 (LS) sowie Berg JuS 1984, 521.

Der Berichtigungsvermerk[194] ist an der Stelle in die Personalakte einzufügen, wo sich auch die zu berichtigende Tatsachenbehauptung findet. Entsprechendes gilt für Gerichtsurteile, aus denen sich ergibt, dass eine in der Personalakte vorhandene Tatsachenbehauptung falsch ist. Unter Umständen genügt insofern aber die Aufnahme eines Hinweises oder eines Auszuges. 47

Meinungsäußerungen oder (sonstige) Werturteile ohne Tatsachenkern[195] sind ihrer Natur nach einer Berichtigung nicht zugänglich.[196] Haben sie ehrverletzenden Charakter, so kann allerdings ein Unterlassungsanspruch gegeben sein. Dieser ist gegen den Dienstherrn zu richten, falls es sich nicht um eine Meinungsäußerung oder ein (sonstiges) Werturteil höchstpersönlicher Prägung handelt;[197] auch ein Unterlassungsanspruch wird durch den personalaktenrechtlichen Entfernungsanspruch nicht verdrängt. Gerichtliche Entscheidungen, in denen die Unterlassungspflicht festgestellt ist, gehören (auszugsweise) zur Personalakte. 48

IX. Entfernungsanspruch des Beamten

1. Spezialgesetzliche Regelungen

§ 16 BDG[198] regelt das – nach Maßnahmen und Fristen gestaffelte – disziplinarrechtliche Verwertungsverbot (Abs. 1 Satz 1 und Abs. 2) und im Anschluss hieran die nach dessen Eintritt angezeigte Entfernung und Vernichtung diesbezüglicher Eintragungen in der Personalakte (Abs. 3–5), indem er Konsequenzen daraus zieht, dass der Beamte „nach dem Eintritt des Verwertungsverbots als von der Disziplinarmaßnahme nicht (mehr) betroffen" gilt (Abs. 1 Satz 2). Entfernung und Vernichtung sind von Amts wegen zu veranlassen (Abs. 3 Satz 1), es sei denn, der Beamte beantragt, dass die Entfernung unterbleibt oder dass der Vorgang gesondert aufbewahrt wird (Abs. 3 Satz 4). Abs. 4 ergänzt das Regelwerk, was Verwertungsverbot und Entfernung angeht, für Disziplinarvorgänge, die nicht zu einer Disziplinarmaßnahme geführt haben. Auf die Entfernung und Vernichtung von Disziplinarvorgängen, die eine (schriftliche) missbilligende Äußerung (§ 6 Satz 2 BDG) zur Folge gehabt haben, findet § 112 Abs. 1 Satz 1 Nr. 2 und Satz 2 und 3 BBG Anwendung (§ 16 Abs. 5 BDG). 49

Das Vorhalte- und Verwertungsverbot des § 51 Abs. 1 BZRG begründet (als solches) nach Ansicht des Bundesverwaltungsgerichts[199] keine Pflicht des Dienstherrn, (inhaltlich zutreffende) Hinweise auf die strafgerichtliche Verurteilung eines Beamten aus dessen Personalakte zu entfernen oder sie unleserlich zu machen, sobald die Eintragung im Zentralregister getilgt ist; der Dienstherr habe die Tilgung lediglich in der Personalakte zweckentsprechend zu vermerken. Zu beachten ist freilich § 112 Abs. 2 BBG, wonach Mitteilungen in Strafsachen, soweit sie nicht Bestandteil einer Disziplinarakte sind, sowie Auskünfte aus dem Bundeszentralregister mit Zustimmung des Beamten – sofern nicht eine Fristunterbrechung entsprechend § 112 Abs. 1 Satz 2 BBG in Betracht kommt (vgl. daselbst Abs. 2 Satz 2) – nach zwei Jahren aus der Personalakte zu entfernen und zu vernichten sind. 50

---

[194] Vgl. auch BGH ZBR 1961, 317.

[195] Vgl. dazu BVerwGE 60, 245 (248). Zur Abgrenzung auch BGH NJW 1997, 2513.

[196] Vgl. schon BGHZ 37, 187.

[197] Grundlegend BGHZ 34, 99.

[198] Um den vorgegebenen Rahmen nicht zu sprengen, ist auf eine Darstellung des entsprechenden Landesdisziplinarrechts verzichtet.

[199] BVerwGE 56, 102. Krit. dazu Wiese DVBl 1978, 1003; ders. ZBR 1981, 55 (61), ferner Sellmann VerwArch. 73 (1982), 122 (134 f.).

2. Entfernung von Vorgängen nach § 112 BBG

51 In Gestalt des § 112 BBG (vormals des § 90e BBG aF und des inzwischen außer Kraft getretenen § 56e BRRG aF) hat der Gesetzgeber einen Ausgleich zwischen dem „Vollständigkeitsprinzip" – auf der einen Seite – und zwei damit, letztlich (auch) in der Fürsorgepflicht wurzelnden, konkurrierenden Maximen – auf der anderen Seite – gesucht, nämlich

- dem „Grundsatz der Personalaktenwahrheit" (siehe insoweit Abs. 1 Satz 1 Nr. 1) und
- dem „Resozialisierungsgedanken" (siehe insoweit Abs. 1 Satz 1 Nr. 2 und Satz 2 und 3 sowie Abs. 2).[200]

Ein materielles Verwertungsverbot lässt sich § 112 BBG nicht entnehmen.[201] Die gesetzliche Regelung, die nur potentiell nachteilige Unterlagen zum Gegenstand hat, ist abschließend.[202] Fraglos ist ein Vorgang, der seinem Inhalt nach nicht zur Personalakte gehört, daraus ohne weiteres von Amts wegen wieder zu entfernen (und unter Umständen in eine Sachakte einzufügen). Dem Beamten selbst ist jedoch stets nur bei eigenem Betroffensein ein Entfernungsanspruch zuzubilligen.[203]

X. Automatisierte Personalverwaltungssysteme

52 Indem sie auf dem Grundsatz einer Konzentration datenschutzrechtlicher Bestimmungen im Bundesdatenschutzgesetz und in den entsprechenden Regelungen auf Landesebene aufbauen, begnügen sich Bundes- wie Landesgesetzgeber im vorliegenden Rahmen mit wenigen bereichsspezifischen Normen.[204] Nur so weit deren Anwendungsfeld reicht, wird das allgemeine Datenschutzrecht verdrängt.[205]

---

[200] → Rn. 19. Weder das Recht auf informelle Selbstbestimmung (vgl. → § 7 Rn. 4 ff. sowie oben Fn. 4) noch die Fürsorgepflicht des Dienstherrn gewähren dem (im Ausgangsfall inzwischen entlassenen) Beamten einen Anspruch auf Entfernung von Disziplinarvorgängen aus seiner Personalakte; NRW OVG NVwZ-RR 2015, 825 (juris Rn. 8).

[201] Lemhöfer in Plog/Wiedow BBG 2009 § 90c Rn. 10, 15 unter Hinweis auf BVerwG NJW 1998, 2463.

[202] → § 10 Rn. 3 f.

[203] BVerwGE 50, 301; 50, 355; krit. dazu Sellmann aaO (Fn. 199) S. 132. Ein (genereller) gegen den Dienstherrn gerichteter Anspruch des Beamten auf „Führung der Personalakte nach geltendem Recht", wie ihn Kathke aaO (Fn. 186) Rn. 25 zu § 89 NRW LBG (aF) annimmt, besteht nicht. Wollte man ihn bejahen, so wäre es nicht einzusehen, weshalb nicht allgemein ein subjektiv-öffentliches Recht des Inhalts anerkannt werden müsste, dass der Dienstherr (etwa auf dem Fundament seiner Fürsorgepflicht) sämtlichen objektiv-rechtlichen Pflichten aus dem beamtenrechtlichen Normenkreis genüge. Der rechtliche Gesichtspunkt der Folgenbeseitigung führt hier deswegen nicht weiter, weil ein Anspruch dieses Inhalts einen „Eingriff" in die (geschützte) Rechtssphäre eines Betroffenen voraussetzt. Wie im obigen Text Lemhöfer in Plog/Wiedow BBG 2009 § 90e Rn. 2. Der Beamte hat auch keinen Anspruch darauf, dass über ein Geschehnis, welches ihn betrifft, ein Vermerk gefertigt und zur Personalakte genommen wird (BVerwGE 81, 365 sowie BVerwG NJW 2003, 3217).

[204] BT-Drs. 12/544 unter A Nr. 3h; vgl. auch Battis BBG § 114 Rn. 2. Siehe jetzt auch § 111a Abs. 3 und 6 BBG.

[205] Siehe im Einzelnen Gola NVwZ 1993, 552 (553 f.). Zu den Rechten der Personalvertretung bei Einführung und Anwendung automatisierter Verfahren in der Personalverwaltung vgl. § 76 Abs. 2 Satz 1 Nr. 5 und 7, § 78 Abs. 5 BPersVG; zum Landesrecht Kathke aaO (Fn. 186) Rn. 115 zu § 50 BeamtStG.

1. Verarbeitung und Nutzung von Personalaktendaten in Dateien

Speicherung, Veränderung, Übermittlung, Sperrung und Löschung sowie jede andere 53
Form der automatisierten Verarbeitung von Personalaktendaten iSd § 3 Abs. 2 BDSG sind – nicht anders als die elektronische Führung von Personalakten(teilen) – nur für Zwecke der Personalverwaltung oder der Personalwirtschaft zulässig (§ 114 Abs. 1 Satz 1 BBG).[206] Eine Übermittlung von Personalaktendaten unter Zuhilfenahme des Instrumentariums der Informationstechnik darf nur erfolgen, sofern und soweit die Voraussetzungen für eine Vorlage oder Auskunft nach § 111 BBG erfüllt sind (§ 114 Abs. 1 Satz 2 BBG). Ein automatisierter Datenabruf durch andere Behörden ist nur aufgrund besonderer Rechtsvorschrift statthaft (§ 114 Abs. 1 Satz 3 BBG). Rahmenbildend und lückenfüllend gilt – wie einleitend schon dargelegt[207] – das allgemeine Datenschutzrecht. § 114 BBG offenbart vor diesem Hintergrund alles in allem den gesetzgeberischen Willen, die Nutzung effizienter Datenverarbeitungssysteme und –verfahren (mit den notwendigen vertrauensbildenden Sicherungen) zu ermöglichen, ohne dass jeweils zu prüfen (und zu verifizieren) wäre, ob es eine herkömmliche Alternative zur Erreichung des infrage stehenden Verwaltungszweckes gibt, die sich aus der Sicht von Betroffenen als vorzugswürdig darstellen könnte.

Hinsichtlich der „abgeschotteten" Personalaktendaten ergänzt § 114 Abs. 2 BBG die 54
Grundregelung in § 108 BBG[208] dahin, dass diese Daten

- nur in den Grenzen ihrer engeren Zweckbestimmung und
- nur von den übrigen Personaldateien technisch und organisatorisch getrennt[209]

automatisiert verarbeitet werden dürfen. Aus der Zweckbindung der Datenverarbeitung durch § 108 Abs. 2 und 3 BBG folgt, dass die gespeicherten Daten in der Regel[210] unverzüglich zu löschen sind, soweit sie wegen Beendigung des Beamtenverhältnisses für Beihilfe-, Heilfürsorge- oder Heilverfahrenszwecke nicht mehr benötigt werden.

Eine automatisierte Verarbeitung von Unterlagen über medizinische oder psychologi- 55
sche Untersuchungen und Tests im Rahmen der Personalverwaltung ist grundsätzlich ausgeschlossen;[211] lediglich die „Ergebnisse" als solche dürfen von der personalverwaltenden Stelle automatisiert verarbeitet (und genutzt) werden, und das auch nur, „soweit sie die Eignung betreffen und ihre Verwendung dem Schutz ... des Beamten dient" (§ 114 Abs. 3 BBG). Als Beispiele sind in den Gesetzesmaterialien[212] „Angaben über Tropentauglichkeit" und die „Schwerbehinderteneigenschaft" angeführt. Nicht untersagt ist es,

---

[206] Siehe schon den Grundsatz des § 106 Abs. 3 Satz 1 BBG. Landesrechtliche Parallelvorschriften zu § 114 BBG sind § 87 Abs. 5, § 88 Abs. 4 BW LBG, Art. 111 BayBG, § 91 BlnLBG, § 101 BbgLBG, § 92 BrBG, § 92 HmbBG, § 93 HBG, § 91 MVBG, § 95 NBG, § 89 NRW LBG, § 89 RP LBG, § 102 SBG, § 118 SächsBG, § 91 BG LSA, § 92 SH LBG und § 87 Abs. 5 ThürBG.

[207] → Rn. 52.

[208] → Rn. 15 ff.

[209] Nicht erforderlich ist es, das Trennungsgebot auf die Hardware und/oder die Systemadministratoren zu erstrecken; es reicht, dass die Anwendungssoftware getrennt läuft und dass sich die (entsprechend eingeführten und fortgesetzt geschulten) Systemadministratoren Sinn und bindende Wirkung der Abschottungsvorgabe stets als richtungweisend vor Augen halten.

[210] Siehe aber auch die im Gesetztext ausgewiesenen Einschränkungen.

[211] Siehe auch § 48 Abs. 2 Satz 3 BBG: Die vom Arzt „in den Fällen der §§ 44 bis 47 BBG" an die zuständige Behörde übermittelten Daten dürfen nur für die Entscheidung in den genannten Fällen verwendet werden. Vgl. auch Zilkens NWVBl. 1995, 7 (zur Übermittlung von Gesundheitsdaten im Zurruhesetzungsverfahren).

[212] BT-Drs. 12/544 S. 21.

dass ärztliche Unterlagen in selbstständigen und abgeschotteten Systemen des ärztlichen Dienstes automatisiert verarbeitet (und genutzt) werden.[213]

56 Zu den Konsequenzen einer elektronischen Personalaktenführung[214] gehört es, dass die Informationen und Erkenntnisse, auf denen Personalentscheidungen – wie Stellenbesetzungen oder Beförderungen – fußen, unter Umständen unmittelbar allein aus einer Verarbeitung personenbezogener Daten hervorgehen. Wie § 114 Abs. 4 BBG klarstellt, enthebt das die zuständigen Behörden aber nicht einer „umfassenden individuellen Würdigung dieser aus der (elektronischen[215]) Personalakte resultierenden Erkenntnisse"[216] (und einer Dokumentation im Hinblick auf die Ergebnisse der Würdigung in Schriftform[217]). Nach bestimmten Vorgaben automatisiert erstellte Datenbankauswertungen dürfen (und können) eine Entscheidungsfindung in diesem Sinne nicht ersetzen.[218] Soweit die Personalakte nur teilweise elektronisch geführt wird, sind die entscheidungsrelevanten Aktenteile in Schriftform mit heranzuziehen.[219]

2. Mitteilungspflichten des Dienstherrn

57 Um auch „aus Gründen der Akzeptanz"[220] die notwendige Transparenz von Personalverwaltungssystemen für den Beamten zu schaffen und ihm eine (gewisse) Kontrolle hierüber zu ermöglichen, verlangt § 114 Abs. 5 Satz 1 BBG, dass ihm der Dienstherr bei erstmaliger Speicherung ihn betreffender Personalaktendaten die Art der Speicherung mitteilt und dass er ihn über diesbezügliche wesentliche spätere Änderungen unterrichtet. Außerdem sind die Verarbeitungs- und Nutzungsformen automatisierter Personalverwaltungsverfahren zu dokumentieren und einschließlich des jeweiligen Verwendungszweckes sowie der regelmäßigen Empfänger und des Inhalts automatisierter Datenübermittlung – zB durch Hausmitteilung oder durch Aushang am „Schwarzen Brett" der Dienststelle[221] – allgemein bekannt zu geben (§ 114 Abs. 5 Satz 2 BBG).

XI. Prozessuale Fragen

1. Verwaltungsrechtsweg und Klageart

58 Wenn der Beamte auf Personalakteneinsicht, Aufnahme einer (Gegen-)Äußerung, Berichtigung oder Entfernung[222] klagt, handelt es sich jeweils um Klagen „aus dem Beamtenverhältnis", für die der Verwaltungsrechtsweg eröffnet ist (§ 54 Abs. 1 BeamtStG, § 126 Abs. 1 BBG).[223] Auch die prozessuale Geltendmachung des Einsichtsrechts durch

[213] Siehe Fn. 212.
[214] → Rn. 14.
[215] Zusatz des Verf.
[216] So die Amtl. Begr. zu § 114 Abs. 4 BBG, BR-Drs. 720/07.
[217] Zur Dokumentationspflicht grundlegend → Rn. 10.
[218] Siehe den Nachweis in Fn. 216.
[219] Siehe gleichfalls Fn. 216.
[220] Battis BBG § 114 Rn. 9.
[221] BT-Drs. 12/544 S. 22.
[222] Zur Klage eines früheren Beamten, der einen Vorgang aus seiner Personalakte entfernt haben wollte, welcher einen Zeitraum betraf, in dem er schon nicht mehr Beamter war, vgl. BVerwGE 50, 301.
[223] Vgl. auch BVerwGE 75, 351 (Streit über die Verpflichtung, die Referendar-Personalakte von der Rechtsanwalts-Personalakte getrennt aufzubewahren, als Streitigkeit aus einem – früheren – Beamtenverhältnis). Allgemein dazu Schnellenbach ZBR 1992, 257. Geht eine Äußerung des Dienst-

Hinterbliebene des Beamten hat bei den Verwaltungsgerichten zu erfolgen. Soweit auf § 29 VwVfG abgehoben und innerhalb eines Verwaltungsverfahrens Akteneinsicht begehrt wird,[224] ist § 40 Abs. 1 Satz 1 VwGO einschlägig. Freilich ist dann auch § 44a Satz 1 VwGO zu beachten, dem zufolge Rechtsbehelfe gegen behördliche Verfahrenshandlungen nur gleichzeitig mit den gegen die Sachentscheidung zulässigen Rechtsbehelfen geltend gemacht werden können. Die Weigerung einer Behörde, die Verwaltungsvorgänge, zu denen eine Personalakte gehören kann, dem bevollmächtigten Rechtsanwalt in die Kanzlei zu übersenden oder mitzugeben, ist eine nach § 44a Satz 1 VwGO nicht selbstständig anfechtbare Verfahrenshandlung, falls ein Beteiligter die Einsicht – gestützt auf § 29 Abs. 1 VwVfG – innerhalb eines laufenden Widerspruchsverfahrens und für dieses begehrt.[225]

Die Ansprüche auf Personalakteneinsicht, Aufnahme einer (Gegen-)Äußerung oder Berichtigung sind jeweils auf Vornahme einer Amtshandlung ohne Verwaltungsaktcharakter gerichtet und deswegen – ggf. nach Vorverfahren (§ 54 Abs. 2 und 3 BeamtStG, § 126 Abs. 2 und 3 BBG)[226] – mit der (allgemeinen) Leistungsklage zu verfolgen.[227] Gleiches dürfte für die Klage auf Entfernung eines inhaltlich *unrichtigen* Vorgangs gemäß § 112 Abs. 1 Satz 1 Nr. 1 BBG gelten, während die Entfernung eines inhaltlich *richtigen* Vorgangs gemäß § 112 Abs. 1 Satz 1 Nr. 2 BBG ein Verwaltungsakt ist, sodass insoweit Verpflichtungsklage erhoben werden muss.[228] Daneben ist, soweit nicht § 43 Abs. 2 VwGO entgegensteht,[229] eine Klage mit dem Ziel der Feststellung zulässig, dass ein durch Vermerk in der Personalakte beanstandetes Verhalten pflichtgemäß gewesen sei.[230] 59

2. Vorläufiger Rechtsschutz

Die Gewährung vorläufigen Rechtsschutzes richtet sich im vorliegenden Zusammenhang im Wesentlichen nach § 123 VwGO, wobei besonders zu bemerken ist, dass eine einstweilige Anordnung nicht einer Verurteilung in der Hauptsache gleichkommen darf, es sei denn, das Gebot effektiven Rechtsschutzes erfordert ausnahmsweise eine derartige Vorwegnahme.[231] 60

herrn, in der ausschließlich das Verhalten eines Beamten in seiner Eigenschaft als Personalratsmitglied beanstandet wird, in dessen Personalakte ein, so kann *nur er,* nicht aber die Personalvertretung auf Entfernung klagen (vgl. dazu BAG NZA 2016,57).

[224] → Rn. 10.

[225] BVerwG NJW 1979, 177.

[226] Zur Notwendigkeit eines Vorverfahrens bei der Leistungsklage eines Bundesbeamten auf Entfernung eines vermeintlich in seiner Personalakte vorhandenen Vorgangs BayVGH 4.8.2014 – 6 ZB 14.1169 –, juris Rn. 4. Zur Abschaffung des Vorverfahrens in einzelnen Ländern Dolde/Porsch VBlBW 2008, 428 sowie die Übersicht bei Repkewitz/Waibel NVwZ 2010, 313 unter II.

[227] Zur Klage wegen eines Einsichtsverlangens BW VGH ZBR 1973, 348 (teilw. aA Battis BBG § 110 Rn. 3); zur Berichtigungsklage BVerwGE 36, 134; 38, 94 sowie ebenfalls BW VGH aaO.

[228] Teilw. abw. Battis BBG § 112 Rn. 5, 7, der in den Fällen des Abs. 1 Satz 1 Nr. 1 zwar gleichfalls vom Grundsatz her eine (allgemeine) Leistungsklage annimmt, eine Verpflichtungsklage insoweit aber „ausnahmsweise (dann für) möglich (hält), wenn der Dienstherr … das Vorliegen des Anspruchs … durch Verwaltungsakt verneint (hat)“. Die im obigen Text vertretene Differenzierung findet ihre Rechtfertigung darin, dass in den Fällen des Abs. 1 Satz 1 Nr. 2 ein Antragsverfahren abläuft, während in den übrigen Fällen nur eine Zustimmung zu einem Realakt nötig ist, den der Dienstherr von Amts wegen vorzunehmen hat; die Weigerung, dieser Pflicht zu genügen, ist keine Regelung im Rechtssinne, selbst wenn sie irrig in die Form eines Verwaltungsakts gekleidet werden sollte.

[229] Vgl. Lindgen RiA 1967, 23 (27).

[230] Vgl. BW VGH VRspr 15, 31, NRW OVG DÖV 1961, 270 und SOVG ZBR 1966, 276.

[231] Vgl. zB BW VGH DVBl 1995, 160, HVGH NJW 1994, 1750 und NRW OVG DVBl 1993, 213; siehe auch BVerfGE 46, 166 (179).

61 Der Erlass einer einstweiligen Anordnung wird insbesondere dann in Betracht zu ziehen sein, wenn zu besorgen ist, dass die personalaktenführende Stelle

- gegen den Willen des Beamten Auskünfte aus der Personalakte erteilt, vielleicht gar rechtswidrig Dritte Einsicht nehmen lässt[232] oder
- belastende Vorgänge in die Personalakte integriert, die nicht hineingehören[233] oder deren inhaltliche Richtigkeit zweifelhaft und daher zunächst klärungsbedürftig ist.[234]

Eine Sicherungsanordnung kann auch angezeigt sein, wenn der Antragsteller glaubhaft macht, dass durch eine geplante Vernichtung seiner Papierpersonalakte im Zuge der Umwandlung in eine elektronischen Personalakte ein endgültiger Verlust von Aktenbestandteilen und damit eine Verletzung des Grundsatzes der Vollständigkeit der Personalakte drohe.[235]

[232] NdsOVG DÖD 1972, 38 macht allerdings zu Recht deutlich, dass der Beamte nicht vom Gericht verlangen könne, dem Dienstherrn im Wege der einstweiligen Anordnung schlechthin zu untersagen, einer anderen Behörde *irgendwelche* Auskünfte aus seiner Personalakte zu erteilen. Zur vorläufigen Untersagung einer Übermittlung innerdienstlich erlangter Gesundheitsdaten an die Straßenverkehrsbehörde siehe den Nachweis in Fn. 167.

[233] Vgl. dazu RP OVG DÖD 1985, 138 (betr. dienstliche Beurteilung für einen schon aus dem Dienst ausgeschiedenen Beamten).

[234] Siehe dazu Sellmann aaO (Fn. 199) S. 132.

[235] NRW OVG 5.4.2016 – 1 B 203/16 –, juris Rn. 2 ff.; auch → Rn. 14. In der angeführten obergerichtlichen Entscheidung ist im Blick auf den Ausgangsfall darauf hingewiesen, dass weder die Papierpersonalakte noch der Ausdruck der elektronischen Personalakte paginiert seien, dass letzterer keine „logische Systematik" oder eine zeitliche oder thematische Ordnung erkennen lasse sowie dass die Abwicklung der hier streitigen Angelegenheit im Rahmen eines Massenverfahrens „typischerweise deutlich fehleranfälliger" sei als ein einzelfallbezogenes Vorgehen.

§ 13 Leistungsstufen, -prämien und -zulagen

Besoldungsrechtliches Grundanliegen des Gesetzes zur Reform des öffentlichen Dienstrechts vom 24. Februar 1997[1] war es, leistungsbezogene Instrumente zu schaffen, um „unterhalb der Schwelle der (planstellenabhängigen[2]) Beförderung … zeitnah auf fachliche Leistungen der Mitarbeiter eingehen zu können“:[3] Steigerungen im Grundgehalt sollten künftig „leistungsabhängig“ und nicht nur infolge „reinen Zeitablaufs“ erfolgen. Bundes- und Landesregierungen waren überdies ermächtigt, Leistungsprämien und -zulagen als „ergänzende Bezahlungsbestandteile“ einzuführen. Gestützt auf § 27 Abs. 3 und auf § 42a BBesG[4] in den damaligen Fassungen hatte die Bundesregierung für die Bundesbeamten die Verordnungen über das leistungsabhängige Aufsteigen in den Grundgehaltsstufen (Leistungsstufenverordnung – LStuV) und über die Gewährung von Prämien und Zulagen für besondere Leistungen (Leistungsprämien- und -zulagenverordnung – LPZV) vom 1. Juli 1997 erlassen.[5] Durch den Erfahrungsbericht zur Dienstrechtsreform 1997[6] hatten sich Bundesregierung und gesetzgebende Körperschaften zu Änderungen veranlasst gesehen, die in das Besoldungsstrukturgesetz vom 21. Juni 2002[7] und in die beiden Verordnungen[8] Eingang fanden.[9] 1

Infolge der Föderalismusreform I ist die konkurrierende Gesetzgebungszuständigkeit des Bundes für das Besoldungs- und Versorgungsrecht der Landesbeamten (Art. 74a GG aF) entfallen (siehe jetzt Art. 74 Nr. 27 GG n. F.),[10] sodass es dem Bund jetzt auch versagt ist, die Landesregierungen zum Erlass neuer Rechtsverordnungen zu ermächtigen (vgl. Art. 2 Nr. 18 und 29 DNeuG). Die Änderungen des Bundesbesoldungsgesetzes durch die im vorstehenden Klammerzusatz genannten Vorschriften sind am 1. Juli 2009 in Kraft getreten (Art. 17 Abs. 7 DNeuG) und im Folgenden berücksichtigt. LStuV und LPZV sind durch die Bundesleistungsbesoldungsverordnung (BLBV) vom 23. Juli 2009[11] abgelöst worden. Die hier anschließenden Darlegungen gehen vom Bundesbesoldungsgesetz in der geänderten Fassung sowie von der vorbezeichneten Verordnung aus.[12] Soweit die Länder vom Vorbild des Bundes abgerückt sind, handelt es sich hauptsächlich darum, 2

---

[1] BGBl. I 322.

[2] Zusatz des Verf.

[3] BT-Drs. 13/3994, 30.

[4] Die Verordnungsgeber waren frei, ob und in welchem Umfang sie von der Ermächtigung Gebrauch machen wollten. → Rn. 22.

[5] BGBl. I 1598 und 1600.

[6] Siehe dazu Slowik/Wagner ZBR 2002, 409 (411 ff.).

[7] BGBl. I 2138.

[8] Bekanntmachung der Neufassungen vom 29.9.2002 in BGBl. 2002 I 3743 und 3745.

[9] Die im obigen Text genannten Verordnungen sind inzwischen überholt; siehe nunmehr → Rn. 2.

[10] Siehe aber (im Anschluss an Art. 125a Abs. 1 Satz 1 GG klarstellend) § 86 BBesG: „Für die Beamten und Richter der Länder, der Gemeinden, der Gemeindeverbände sowie der sonstigen der Aufsicht eines Landes unterstehenden Körperschaften und Stiftungen des öffentlichen Rechts gilt das Bundesbesoldungsgesetz in der bis zum 31. August 2006 geltenden Fassung.“ Zum neuen Besoldungsrecht der Länder vgl. schon → § 2 Rn. 28 f.

[11] BGBl. I 2170, geändert durch Art. 4 des Gesetzes vom 3. Dezember 2015, BGBl. 2015 I 2163.

[12] Das Bundesinnenministerium hat inzwischen mit RdSchr. vom 3.8.2010, GMBl. S. 1203 Durchführungshinweise zur Bundesleistungsbesoldungsverordnung erlassen, die im Folgenden jeweils unter Verwendung der Abkürzung „Hinweise des BMI“ zitiert sind.

- dass in einigen Fällen auf das Instrument der Leistungszulage (siehe nunmehr § 5 BLBV) verzichtet worden ist,
- dass einzelne Länder die Vergabequoten (siehe nunmehr § 6 BLBV) abweichend vom Bund festgelegt haben und
- dass die sog Teamregelungen (siehe nunmehr § 7 BLBV) nicht oder nur modifiziert übernommen worden sind.[13]

I. Leistungsabhängiges Aufsteigen in den Grundgehaltsstufen

1. Die gesetzliche Regelung

3 Das Grundgehalt der Bundesbeamten wird, soweit nicht gesetzlich etwas Anderes bestimmt ist, nach Stufen bemessen (§ 27 Abs. 1 Satz 1 BBesG). Erfolgt keine gesonderte negative oder positive Leistungsfeststellung (siehe § 27 Abs. 4 bis 7 BBesG), so steigt es von der Anfangsstufe (§ 27 Abs. 2 BBesG) ab jeweils in Dienstzeitschritten, die den Maßgaben des § 27 Abs. 3 BBesG entsprechend gestaffelt sind. Soweit nicht nach § 28 Abs. 1 BBesG „Erfahrungszeiten" anerkannt werden, wird die Anfangsstufe mit Wirkung vom Ersten des Monats festgesetzt, in dem die erste Ernennung mit Anspruch auf Dienstbezüge wirksam wird (§ 27 Abs. 2 Satz 1 und 2 BBesG). Die Ausdifferenzierung der Aufstiegsintervalle – in Gestalt zunächst kürzerer und nachfolgend längerer Zeitspannen – soll (auch) der Vorstellung Rechnung tragen, dass sich der Erfahrungszuwachs gewöhnlich zu Beginn der beruflichen Tätigkeit größer als in späteren Stadien ausnimmt.[14]

a) Leistungsstufe

4 Bei dauerhaft herausragenden Leistungen[15] kann dem Beamten für den Zeitraum bis zum Erreichen der nächsten Stufe das Grundgehalt eben dieser Stufe gezahlt werden (Leistungsstufe, § 27 Abs. 6 Satz 1 BBesG). Der Beamte erhält damit früher und länger das Grundgehalt aus der nächsthöheren Stufe, freilich ohne dass er (wie nach altem Recht)

---

[13] Zum Länderrecht siehe Schwegmann/Summer BesR Teil C VI.

[14] Die Begründung zum Regierungsentwurf des Reformgesetzes vom 24.2.1997 (siehe Fn. 3, zu Art. 3 Nr. 9 unter 2) hatte darüber hinaus bemerkt, dass die damals initiierte Staffelung der Intervalle insbesondere auch „die lebensbedingt erhöhten Aufwendungen in früheren Berufsjahren (Familiengründungszeit)" berücksichtige und gleichzeitig einen „raschen Besoldungszuwachs" hauptsächlich für Beamte des einfachen und mittleren Dienstes sichere. Zum Aufsteigen in der Probezeit nach § 11 Abs. 1 BBG vgl. § 27 Abs. 8 BBesG.

[15] Zur Gewährung von „sekundären Bezahlungsbestandteilen" an freigestellte Personalratsmitglieder vgl. Eck in Hüllmantel ua LlbG Art. 62 Rn. 24 sowie HmbOVG PersV 2012, 346: Wie bei der „sonst auch gebotenen Nachzeichnung des beruflichen Werdeganges ... (sei es) nicht unmöglich, festzustellen, ob das freigestellte Mitglied der Personalvertretung ohne die Freistellung von der Möglichkeit, herausragende, besondere oder dauerhafte Leistungen bei der dienstlichen Tätigkeit zu vollbringen, Gebrauch gemacht hätte"; dabei sei „auf die betriebsübliche berufliche Entwicklung nicht freigestellter Kollegen abzustellen". „Der Geschehensablauf (müsse) ... solcher Art sein, dass vergleichbar qualifizierte Beamte (oder die Vergleichspersonen) nach den Gegebenheiten der Dienststelle jedenfalls gelegentlich in den Genuss (des infrage stehenden Bezahlungsbestandteils; im Ausgangsfall: einer Leistungsprämie) gekommen sind und kommen ..." Vgl. im Ergebnis ebenso NRW OVG 13.4.2016 – 1 A 1236/15 –, juris (mwN bei Rn. 12). Zur Laufbahnnachzeichnung im Allgemeinen siehe schon § 3 Rn. 71 sowie Schnellenbach/Bodanowitz Dienstliche Beurteilung Rn. 222a ff. Vgl. schließlich BVerwG 30.1.2013 – 6 P 5.12 –, juris Rn. 24: Die dem Personalratsmitglied vor Beginn seiner Freistellung zuerkannte Leistungsstufe bleibt nach Beginn der Freistellung (für die reguläre Dauer) bestehen.

vorzeitig in die nächsthöhere Stufe selbst vorrücken würde.[16,17] Die Erhöhung des Grundgehaltes durch die Leistungsstufe ist nicht widerruflich; sie wirkt aber als Bezahlungsverbesserung nur befristet und lässt den Rhythmus des § 27 Abs. 3 BBesG als solchen unberührt. Die temporäre Beschränkung der Verbesserung im Grundgehalt soll bewirken, dass ein „Gewöhnungseffekt" vermieden wird.[18] Durch die Möglichkeit, die Bezahlungsverbesserung zu wiederholen, soll ein weiterer Leistungsanreiz geboten werden. In der Begründung des Regierungsentwurfs zum Reformgesetz vom 24. Februar 1997[19] hieß es überdies erläuternd:

„(Die Leistungsstufen) haben keinen alimentativen Charakter.[20] Die für eine unabhängige Amtsführung notwendige Alimentationssicherheit ist bereits durch das Grundgehalt selbst gewahrt. ... Eine Vergabe von Leistungsstufen kommt von vornherein nur an konstante Leistungsträger in Betracht. ... Ein Kriterium für die Einschätzung des Dienstherrn hierüber kann beispielsweise auch eine relativ zeitnahe dienstliche Beurteilung sein. Ist diese nicht vorhanden, genügt auch ein aktuelles Votum, aus dem sich ergibt, dass der Beamte in der Vergangenheit, wie auch derzeit, dauerhaft über dem Durchschnitt liegende Leistungen[21] erbringt. Zusätzlich muss in jedem Fall eine Prognose abgegeben werden, dass die überdurchschnittlichen Leistungen auch künftig zu erwarten sind und damit eine befristete Vorweggewährung höheren Grundgehaltes gerechtfertigt ist."

Die den Dienstherrn bindende Obergrenze für die Zahl der in einem Kalenderjahr zu 5
vergebenden Leistungsstufen liegt grundsätzlich[22] bei 15 v. H. der Zahl seiner Beamten in den Besoldungsgruppen der Besoldungsordnung A, soweit diese noch nicht das Endgrundgehalt erreicht haben (§ 27 Abs. 6 Satz 2 BBesG).

b) Hemmung des Aufstiegs in den Steigerungsstufen

Wird auf der Grundlage einer „geeigneten (beizeiten initiierten und gefertigten, hin- 6
länglich aktuellen[23]) Leistungseinschätzung" festgestellt, dass die Leistungen des Beamten nicht den mit dem Amt verbundenen (durchschnittlichen) Anforderungen entsprechen,[24] verbleibt er solange in der bisherigen Stufe seines Grundgehaltes, bis seine Leistungen ein

[16] Siehe die Amtl. Begr. (BR-Drs. 720/07) zu § 27 Abs. 7 BBesG.

[17] Mit der Beförderung des Beamten dürfte sich die Vergabe einer Leistungsstufe – deren Zweckbestimmung entsprechend (→ Rn. 1) – erledigen. Zur (grundsätzlich unerwünschten) Festsetzung einer (neuen) Leistungsstufe vor Ablauf eines Jahres nach der Beförderung siehe § 8 Abs. 2 Satz 2 BLBV (vgl. ferner Fn. 49).

[18] Wie Fn. 3, 14, zu Art. 3 Nr. 9 unter 3 (§ 27 Abs. 3).

[19] AaO (Fn. 18).

[20] Vgl. dazu aber Schnellenbach DVBl 1995, 1153 (1155 ff.).

[21] Im Gesetzestext ist bis heute auf „dauerhaft *herausragende* Leistungen" abgestellt – eine Änderung gegenüber dem oben anvisierten Regierungsentwurf, die aus dem parlamentarischen Verfahren hervorgegangen ist. Kuhlmey in Schwegmann/Summer BesR A II/1 § 27 BBesG Rn. 71, 73 will zur Auslegung des (weder beamten- noch besoldungsrechtlich definierten) unbestimmten Rechtsbegriffs „herausragend" auf „die jeweils anwendbaren Beurteilungsregelungen" zurückgreifen: „Herausragend" sei etwa gleichbedeutend mit den beiden oberen Werten einer mindestens siebenstufigen Bewertungsskala oder mit dem obersten Wert einer fünf- oder sechsstufigen Skala. Dem kann – trotz des im Kern akzeptablen Ansatzes – in dieser Allgemeinheit nicht beigepflichtet werden; insbesondere geht es – unter anderem – nicht an, die jeweilige behördliche Beurteilungspraxis bei der Vergabe der Stufen auszublenden. Die Annahme von Schmidt in Hebeler/Kersten/Lindner Handbuch BesR § 5 Rn. 127, als Vergleichgruppe für die Frage des Vorliegens herausragender Leistungen sei auf alle „Beamten bei demselben Dienstherrn" abzustellen, „weil dieser nur deren Leistungen überblicken" könne, ist jedenfalls für Dienstherren mit großen Personalkörpern schon im Ansatz nicht tragfähig. → Rn. 21.

[22] Siehe aber auch die Ausnahmeregelung für Dienstherren mit kleinem Personalkörper in § 27 Abs. 6 Satz 4 BBesG.

[23] Zusatz des Verf. im Hinblick auf § 27 Abs. 4 Satz 2 und 3 BBesG.

[24] Zur Frage der Vorwerfbarkeit siehe Bönders ZBR 1999, 11 (14 f.) und Kuhlmey in Schwegmann/Summer BesR A II/1 § 27 BBesG Rn. 50.

Aufsteigen in die nächsthöhere Stufe rechtfertigen (§ 27 Abs. 4 Satz 1 und 2 sowie Abs. 5 Satz 1 BBesG). Hierdurch soll er nicht diszipliniert, sondern zu einer Verbesserung seines Leistungsbildes veranlasst werden.[25] Der Beamte muss auf etwaige Leistungsmängel wie auch auf eine etwa bevorstehende aktuelle Leistungseinschätzung rechtzeitig, dh „mit ausreichendem zeitlichem Vorlauf" vor der besoldungsrechtlich relevanten Feststellung eines Leistungsdefizits hingewiesen werden (§ 27 Abs. 4 Satz 4 BBesG).[26] So muss ihm Gelegenheit gegeben werden, Stellung zu nehmen und die Mängel ggf. noch zu beheben. Dies verlangt die Fürsorge- und Schutzpflicht des Dienstherrn.[27] Bleibt die zuständige Dienststelle „trotz Zweifeln an der Erbringung einer den (turnusmäßigen[28]) Aufstieg rechtfertigenden Leistung" untätig, so geht dies nicht „zu Lasten" des Betroffenen.[29]

7 Wird auf der Grundlage einer „weiteren Leistungseinschätzung" festgestellt, dass die Leistungen des Beamten wieder den mit dem Amt verbundenen Anforderungen entsprechen, so steigt er am ersten Tag des Monats in die nächsthöhere Stufe auf, in dem diese Feststellung erfolgt (§ 27 Abs. 5 Satz 1 BBesG). Mit dem Aufstieg beginnt die in der verspätet erreichten Stufe nach § 27 Abs. 3 BBesG nunmehr zu erbringende (ungekürzte) Erfahrungszeit. Der Dienstherr ist – ebenfalls gemäß seiner Fürsorge- und Schutzpflicht – gehalten, soweit und sobald dies angezeigt erscheint,[30] von Amts wegen zu prüfen, ob der Beamte inzwischen wieder ein durchschnittliches Leistungsniveau erreicht hat; dem Beamten ist es unbenommen, die Prüfung anzuregen. Fällt sie für ihn negativ aus, so verbleibt er auch danach in der bisherigen Stufe; eine zeitliche Befristung sieht das Gesetz nicht vor: Solange die Feststellung, dass er nur Unterdurchschnittliches leiste, rechtliche Wirksamkeit entfaltet,[31] hat es auch bei der Hemmung des Aufstiegs sein Bewenden, selbst wenn das Grundgehalt infolgedessen um mehr als eine Stufe hinter dem Grundgehalt stagniert, das er bei normalem Verlauf zwischenzeitlich erreicht hätte. Wird in der Folgezeit festgestellt, dass das Leistungsniveau des Beamten mittlerweile durchschnittliche Anforderungen gar *erheblich* übersteige, so kann er ex nunc wieder zu der Stufe und Erfahrungszeit aufschließen, die er ohne die vorherige Aufstiegshemmung erreicht hätte (vgl. im Einzelnen dazu § 27 Abs. 5 Satz 2 BBesG). Diese Möglichkeit, die besoldungsrechtlichen Nachteile zeitweiser Minderleistungen wieder auszugleichen, soll „mit ihrer Anreizwirkung die Personalführung unterstützen".[32]

8 „Mit Rücksicht auf die Vielfalt der Aufgaben in der Bundesverwaltung sowie die unterschiedlichen Gegebenheiten in einzelnen Dienststellen" verzichtet § 27 Abs. 4 BBesG auf „detaillierte Vorgaben zur Durchführung des Verfahrens".[33] Auf die Notwen-

---

[25] Nicht weiterführend ist der Gedanke Summers (ZBR 2008, 158 (160)), der Gesetzgeber könne das Disziplinarrecht dahin ändern, dass die Entfernung aus dem Dienst – mit besserer Nachversicherungsleistung – auch dann angängig sei, „wenn die Leistungsmängel sehr gravierend sind, die Frage eines Verschuldens aber nicht bejaht werden kann". Hier läge eine Zweckentfremdung des Disziplinarverfahrens vor, die mit Art. 33 Abs. 5 GG nicht vereinbar wäre und sich auch keineswegs mit dem Argument rechtfertigen ließe, dass „der Ansehensverlust der Exekutive durch derartige Personalkonstellationen heute von der Gesellschaft nicht mehr hingenommen wird ...". Außerdem bleibt unklar, ob Summer seine These auch auf Fälle ausdehnen würde, in denen ein eklatantes Versagen (mit „sehr gravierenden", vielleicht gar spektakulären Konsequenzen) vorläge, ein Schuldvorwurf sich jedoch nicht nur nicht erhärten („bejahen"), sondern sogar ausschließen ließe.

[26] Für den Hinweis empfiehlt sich die Schriftform.

[27] → § 10 Rn. 22 ff.

[28] Zusatz des Verf.

[29] Amtl. Begr. (Fn. 16) zu § 27 Abs. 5 BBesG (aF, jetzt Abs. 4).

[30] Die im Text ins Blickfeld gerückte Prüfung sollte zumindest in der Regel spätestens unmittelbar vor Ablauf eines Jahres nach der Feststellung unterdurchschnittlicher Leistungen stattfinden (arg. § 27 Abs. 4 Satz 3 BBesG).

[31] Zur Rechtsnatur der Feststellung → Rn. 10.

[32] Amtl. Begr. (Fn. 16) zu § 27 Abs. 6 BBesG (aF, jetzt Abs. 5).

[33] Amtl. Begr. (Fn. 16) zu § 27 Abs. 5 BBesG (aF, jetzt Abs. 4).

digkeit „eines engen Zusammenspiels zwischen der Dienststelle und dem für die Leistungseinschätzung zuständigen Vorgesetzten“[34] ist in der Begründung zum Regierungsentwurf[35] eigens hingewiesen. Die jeweils in Bezug genommene „Leistungseinschätzung“ werde „in der Regel ... die (aktuelle[36]) Beurteilung“ sein.[37] Die Erstellung eines „aktuellen Leistungsbildes“ könne entbehrlich sein, wenn aufgrund des „bisherigen langjährigen Leistungsbildes oder einer entsprechend guten Leistungsbewertung in der letzten Regelbeurteilung“, auch soweit diese länger als zwölf Monate zurückliege, ein „verbleibensrelevanter Leistungsabfall“ nicht zu besorgen sei.[38]

Der Beamte verbleibt in seiner bisherigen Stufe, solange er vorläufig des Dienstes 9 enthoben ist (§ 27 Abs. 9 Satz 1 BBesG). Führt ein Disziplinarverfahren nicht zur Entfernung aus dem Dienst oder endet das Dienstverhältnis nicht durch Entlassung auf Antrag des Beamten oder infolge strafgerichtlicher Verurteilung, so regelt sich das Aufsteigen hinsichtlich des Zeitraumes der vorläufigen Dienstenthebung nach § 27 Abs. 3 BBesG (§ 27 Abs. 9 Satz 2 BBesG). Die Mehrbeträge sind – ohne Verzugszinsen (siehe § 3 Abs. 5 BBesG) – nachzuzahlen.

c) Zuständigkeit und Verfahren

Die Entscheidungen über die Gewährung einer Leistungsstufe oder über die Hemmung 10 des Aufstiegs und einen späteren actus contrarius, sei es iSd § 27 Abs. 5 Satz 1 BBesG, sei es iSd § 27 Abs. 5 Satz 2 BBesG, trifft jeweils die zuständige oberste Dienstbehörde oder die von ihr bestimmte Stelle (§ 27 Abs. 7 Satz 1 BBesG). Die Befugnis zur Subdelegation soll eine Berücksichtigung der „Verhältnisse vor Ort“ erleichtern und die Wahrnehmung von „dezentraler Führungsverantwortung“ ermöglichen.[39] Es handelt sich jeweils um Verwaltungsakte,[40] die dem Beamten – soweit belastend, nebst Begründung[41] – schriftlich mitzuteilen sind (§ 27 Abs. 7 Satz 2 BBesG). In diesem Rahmen ist er insbesondere auch über die jeweiligen Konsequenzen für Stufenzuordnung und Erfahrungszeit zu unterrichten.

Der Personalvertretung steht bei den vorerwähnten Entscheidungen und bei einer 11 Ausübung der Delegationsbefugnis durch die oberste Dienstbehörde kein Mitbestimmungs- oder Mitwirkungsrecht zu. Sie hat aber einen Informationsanspruch:[42] Die

---

[34] → Rn. 10 ff.

[35] AaO (Fn. 33).

[36] Zusatz des Verf.

[37] AaO (Fn. 33). Siehe nunmehr auch Art. 62 Abs. 1 Satz 1 und 2 BayLlbG, wonach Leistungsfeststellungen gemäß Art. 30 Abs. 3 Satz 1 und 3 und Art. 66 Abs. 2 BayBesG grundsätzlich „mit der periodischen Beurteilung verbunden“ werden; nur wo eine periodische Beurteilung nicht vorgeschrieben ist, hat eine „gesonderte Leistungsfeststellung zu erfolgen“, für die, hypothetisch gesehen, der Beurteiler zuständig ist. Vgl. dazu Eck in Hüllmantel ua LlbG Art. 62 Rn. 11: „Die ohnehin im Rahmen der periodischen Beurteilung zu treffenden Feststellungen zur fachlichen Leistung (Art. 56 Abs. 1 Satz 1, Art. 58 Abs. 3 Nr. 1) werden so für die Leistungsfeststellung (und damit für die Frage des regelmäßigen Stufenaufstiegs sowie der Vergabe einer Leistungszulage) herangezogen. Es entsteht damit ein Bewertungsgleichklang, der zum einen systemkonform, zum anderen auch verwaltungsökonomisch ist.“ Zum Muster einer gesonderten, „zweckmäßigerweise ... in der Mitte des jeweiligen Stufenzeitraumes“ vorzunehmenden „gesonderten Leistungsfeststellung“ siehe Voitl/Luber Das neue Dienstrecht in Bayern, 2011, S. 56 ff.

[38] AaO (Fn. 33).

[39] Amtl. Begr. (Fn. 16) zu § 27 Abs. 10 BBesG (aF, jetzt Abs. 9).

[40] Die aus der Gewährung einer Leistungsstufe als Verwaltungsakt resultierenden Zahlungen bzw. Zahlungsbestandteile selbst sind Realakte, die ihre Rechtsgrundlage in eben diesem Verwaltungsakt finden; siehe Schnellenbach ZBR 1999, 53 (54).

[41] Siehe § 39 VwVfG.

[42] Vgl. schon (die zur Postzulagenverordnung ergangene Entscheidung) BVerwG NVwZ 1995, 89 sowie Nr. 12.2 der Hinweise des BMI (Fn. 12). Die Gleichstellungsbeauftragte und die Schwerbehin-

Dienststelle (nicht der Entscheidungsberechtigte selbst[43]) hat ihr die Namen der begünstigten bzw. belasteten Beamten bekannt zu geben. Die Personalvertretung darf entsprechende Unterlagen oder Listen innerhalb der Dienststelle einsehen. Bei der Aufstellung von Kriterienkatalogen zur Vergabe von Leistungsstufen durch den Dienststellenleiter oder den anderweitig Entscheidungsberechtigten hat der Personalrat nach Bundesrecht mitzubestimmen (§ 75 Abs. 3 Nr. 4 BPersVG).[44]

12 Durch § 27 Abs. 7 Satz 3 BBesG („Widerspruch ... und Anfechtungsklage haben keine aufschiebende Wirkung") hat der Bundesgesetzgeber von der Möglichkeit des § 80 Abs. 2 Satz 1 Nr. 3 VwGO Gebrauch gemacht, den Suspensiveffekt (§ 126 Abs. 2 BBG iVm § 80 Abs. 1 VwGO) auszuschließen.[45] Der Anwendungsbereich des § 27 Abs. 7 Satz 3 BBesG beschränkt sich auf Entscheidungen, die die Hemmung des Aufstiegs (als solche) zum Gegenstand haben. Nur hierbei handelt es sich um belastende Verwaltungsakte. Die Versagung einer beantragten Leistungsstufe kann – als Ablehnung eines begünstigenden Verwaltungsakts – hingegen von vornherein keinen Suspensiveffekt auslösen.[46] Gleiches trifft für abschlägige Bescheide zu, durch die der Dienstherr Anträge des Beamten auf Aufhebung bzw. Modifizierung einer Aufstiegshemmung gemäß § 27 Abs. 5 Satz 1 oder 2 BBesG zurückweist.

13 Will der von einer Entscheidung nach § 27 Abs. 4 BBesG betroffene Beamte erreichen, dass er vorläufig vom Vollzug verschont bleibt, so muss er die gerichtliche Anordnung der aufschiebenden Wirkung seines Widerspruchs bzw. seiner Klage beantragen (§ 80 Abs. 5 Satz 1 VwGO). Dringt er hiermit durch, so steigt er einstweilen nach Maßgabe des § 27 Abs. 1–3 BBesG weiter auf. Bleibt er im Widerspruchs- und/oder im Klageverfahren mit der Anfechtung des belastenden Verwaltungsakts jedoch erfolglos, so ist er zur Rückzahlung der Differenzbeträge verpflichtet, die ihm bei rückschauender Betrachtung nicht (endgültig) zugestanden haben, ohne dass er sich auf einen Wegfall der Bereicherung berufen könnte.[47] In der Gerichtspraxis wird es (abgesehen von Fällen einer offensichtlichen Rechtswidrigkeit der Entscheidung) eine ausschlaggebende Rolle spielen,

- wie häufig (besser wohl: wie selten) eine Feststellung nach § 27 Abs. 4 BBesG in einem Dienstbereich (unter Umständen auch von einem Entscheidungsberechtigten) tatsächlich getroffen wird

  und

- wie es um die rechtliche Solidität der Leistungsbewertung dort (bzw. bei diesem) im Allgemeinen und im besonderen Einzelfall steht.[48]

---

dertenvertretung sind in entsprechender Weise in Kenntnis zu setzen; auch an der Erstellung etwaiger Kriterienkataloge sind sie zu beteiligen (siehe dazu Nr. 12.1 und 12.3 aaO). In Bayern ist gemäß Art. 77a BayPVG ein *Erörterungsrecht* an die Stelle des Unterrichtungsrechts der Personalvertretung getreten: Die „Gründe und die Auswirkungen" der Vergabeentscheidungen (nicht hingegen die Leistungsfeststellungen selbst) sollen jeweils „substantiell" besprochen werden (so die Amtl. Begr., LT-Dr. 16/3200 S. 583); hierzu Eck aaO (Fn. 37) Art. 62 Rn. 51 f.

[43] Siehe auch dazu Nr. 12 aaO (Fn. 42).

[44] Vgl. BVerwG PersV 1994, 231 und NRW OVG PersR 1997, 253.

[45] Siehe für den Bereich der Länder § 86 BBesG (Fn. 10) iVm § 27 Abs. 4 Satz 4 BBesG in der bis zum 31.8.2006 gültigen Fassung. § 27 Abs. 4 Satz 4 BBesG aF und § 27 Abs. 7 Satz 3 BBesG n. F. haben den gleichen Wortlaut.

[46] Vgl. Schoch/Schneider/Bier VwGO § 80 Rn. 56.

[47] → § 15 Rn. 61.

[48] → Rn. 16.

2. Die (ergänzenden) Regelungen der Bundesleistungsbesoldungsverordnung

a) Geltungsbereich

Die unter anderem auf den Ermächtigungen in § 27 Abs. 6 Satz 3 und 4 BBesG (aF, jetzt § 27 Abs. 5 Satz 3 und 4 BBesG) beruhende Bundesleistungsbesoldungsverordnung (BLBV) bezieht sich, was die genannten Normen betrifft, auf die Gewährung von Leistungsstufen an Bundesbeamte (§§ 1, 2 Abs. 2 aaO); ausgenommen aus dem Empfängerkreis sind 14

- Beamte nach § 1 BeamtStG, die zum Bund oder einer bundesunmittelbaren Körperschaft, Anstalt oder Stiftung des öffentlichen Rechts abgeordnet sind, sowie
- Beamte auf Probe vor Ablauf eines Jahres seit der Berufung in dieses Beamtenverhältnis (§ 8 Abs. 2 Satz 1 aaO).

Innerhalb eines Jahres nach der letzten Verleihung eines Amtes mit höherem Endgrundgehalt soll[49] eine Leistungsstufe nicht gewährt werden (§ 8 Abs. 2 Satz 2 aaO).

b) Leistungsstufe

Die Leistungsstufe, die der Anerkennung „dauerhaft herausragender Leistungen" dient (§ 3 aaO), setzt eine aktuelle Leistungseinschätzung voraus.[50] § 2 Abs. 1 Satz 3 der inzwischen außer Kraft getretenen Leistungsstufenverordnung des Bundes hatte dies noch ausdrücklich hervorgehoben; obwohl der nunmehr maßgebliche Verordnungstext dazu schweigt, darf auch jetzt kein ernstlicher Zweifel an der Notwendigkeit aufkommen, 15

- die Vergabeentscheidung nicht aus leistungsfremden oder -fernen Erwägungen oder gar mehr oder weniger willkürlich, sondern (zuvörderst) „auf der Grundlage einer aktuellen Leistungseinschätzung" zu treffen,

  und
- diese Leistungseinschätzung in der Dokumentation nach § 9 Abs. 3 Satz 1 BLBV (neben sonstigen Überlegungen) auch festzuhalten.

Die Vergabe der Leistungsstufe darf (zumindest) nicht im Widerspruch zu einer dienstlichen Beurteilung stehen, die im Entscheidungszeitpunkt noch aktuell ist. Abgesehen vom Zeitablauf ist dem Aktualitätserfordernis auch dann nicht (mehr) genügt, wenn zwischenzeitlich ein Leistungsabfall eingetreten ist oder wenn die fragliche Beurteilung bereits „Grundlage" für eine Beförderung war.[51]

Ein Entscheidungsberechtigter (siehe im Einzelnen § 9 BLBV[52]), der nicht zugleich Beurteiler ist, muss sich mit dem gebotenen Einfühlungsvermögen stets vor Augen halten, 16

---

[49] Nr. 9.2.2 der Hinweise des BMI (Fn. 12) nennt als „Ausnahmefall" eine Beförderung, die dem Laufbahnrecht zufolge schon in kürzerer Zeit als binnen Jahresfrist zulässig ist.

[50] Ein Beurteilungsbeitrag (siehe dazu § 11 Rn. 26 – 1. Spiegelstrich –) dient nicht als „Basis für die Vergabe von leistungsbezogenen Besoldungselementen", insbesondere auch nicht für die Gewährung einer Leistungsstufe, sodass sich ein Anspruch auf Neuerstellung eines Beurteilungsbeitrags nicht auf ein rechtsschutzwürdiges Interesse stützen lässt, auf diese Weise zu einer beachtlichen positiven „aktuellen Leistungseinschätzung" zu gelangen; VG Wiesbaden 9.8.2007 – 8 E 721/06 –, BeckRS 2007, 26357.

[51] Siehe dazu § 2 Abs. 2 Satz 2 und 3 BayLStuV (in der bis zum 31.12.2010 geltenden Fassung).

[52] → Rn. 19 ff.

- dass die Aufteilung der im Kern ganzheitlich und mittel- bis langfristig zu sehenden Leistungsbewertungsaufgabe auf Beurteiler im Rechtssinne einerseits und Entscheidungsberechtigte andererseits zu Friktionen führen kann, weil der Beamte unvermeidlich Vergleiche zwischen seinen (ggf. richtwertorientierten) Beurteilungen und den Bewertungen seiner Leistungen aus Anlass der Vergabe von (quotenorientierten) Leistungsstufen anstellen wird,[53] sowie
- dass die Leistungsbewertung, wenn und soweit sie sich nicht mit dem Inhalt einer aktuellen Beurteilung deckt, einen zulänglichen Grad rechtlicher Solidität erreichen muss, wie er (da die Leistungsstufe Besoldungscharakter hat[54]) im Lichte des Grundsatzes der Gesetzesbindung der Besoldung[55] und des Leistungsprinzips[56] unverzichtbar ist.

17 Die Konkurrenzregelungen in § 8 Abs. 1 BLBV verbieten keine Kumulation der Leistungsstufe mit Leistungsprämien oder -zulagen. Es ist „eine Frage der Personalführung“, ob sie „vertretbar“ ist. Immerhin kann in einem solchen Fall nicht ohne weiteres mit Akzeptanz bei den übrigen Beamten gerechnet werden.[57] Ein Sachverhalt, aufgrund dessen eine Zulage nach § 45 BBesG gewährt wird, darf (unter anderem) nicht dazu veranlassen, dem Beamten daneben noch eine Leistungsstufe zukommen zu lassen (Satz 1 aaO). Wegen der sog Ministerialzulage siehe im gleichen Zusammenhang Satz 2 aaO.

18 Die Quote (siehe § 6 Abs. 1 Satz 1 BLBV) wird jeweils zum 1. Januar für das laufende Kalenderjahr ermittelt (vgl. auch § 42a Abs. 4 BBesG). Teilzeitbeschäftigte Besoldungsempfänger werden bei der Berechnung der „vorhandenen“ Beamten ebenso berücksichtigt wie die von anderen Bundesbehörden abgeordneten Beamten; nicht in die Berechnung einbezogen werden hingegen Beamte, die zu anderen Bundesbehörden oder zu anderen Dienstherren abgeordnet sind. Bei Anstalten, Stiftungen und Körperschaften mit weniger als sieben Besoldungsempfängern in Besoldungsgruppen der Besoldungsordnung A, die das Endgrundgehalt noch nicht erreicht haben, kann in jedem Kalenderjahr einem von ihnen eine Leistungsstufe gewährt werden (§ 6 Abs. 1 Satz 2 BLBV).

c) Entscheidungsberechtigte und Verfahren

19 In den obersten Bundesbehörden entscheidet die Leitung der Abteilung über die Gewährung von Leistungsstufen; fehlt ein entsprechendes Unterstellungsverhältnis, so legt die Leitung der obersten Bundesbehörde die zur Entscheidung Berechtigten fest (§ 9 Abs. 1 Satz 1 und 2 BLBV). In den übrigen Bundesbehörden bestimmt deren Leitung – unter Berücksichtigung des „Grundsatzes der dezentralen Vergabe“ – die Entscheidungsberechtigten (§ 9 Abs. 1 Satz 3 BLBV). Die Leitung der obersten Bundesbehörde (die hier zugleich oberste Dienstbehörde ist) kann abweichende Zuständigkeitsregelungen treffen; auch dabei ist der „Grundsatz der dezentralen Vergabe“ zu berücksichtigen (§ 9 Abs. 1 Satz 4 BLBV). Dieser „Grundsatz“ ist freilich nicht dahin zu missdeuten, dass generell oder auch nur „in der Regel“ die Leitung der kleinsten (bzw. niedrigsten) Organisationseinheit entscheiden müsste.[58] Stets sind die weiteren – das in Betracht kommende Verwaltungssystem als Ganzes stabilisierenden oder destabilisierenden – Auswirkungen einer Bestimmung der jeweiligen Entscheidungsberechtigten mit ins Kalkül zu ziehen.

---

[53] Vgl. hierzu Lorse RiA 2000, 219 (221 f.), ferner Bönders ZBR 1999, 11 (13 f.).

[54] Vgl. Clemens/Millack BBesR Rn. 58 zu § 27 BBesG („leistungsbezogenes Besoldungsinstrument“).

[55] Schnellenbach DVBl 1995, 1153 (1155 f.).

[56] Schnellenbach aaO (Fn. 55) S. 1156 f.

[57] In diesem Sinne auch Nr. 9.4.4 der Hinweise des BMI (Fn. 12).

[58] Siehe schon die Durchführungshinweise des BMI vom 22.11.2002 zu § 4 Abs. 2 LStuV aF, GMBl. 2003, 38.

§ 9 Abs. 4 BLBV ermächtigt die Leitung der obersten Bundesbehörde und – soweit diese nichts anderes bestimmt – auch die Leitungen der übrigen Bundesbehörden, bis zu einem Fünftel der jeweiligen Vergabemöglichkeiten von Entscheidungsberechtigten auf andere zu übertragen. Die Quote kann in Bereichen, in denen durchgängig höhere Leistungen gefordert werden, dementsprechend angehoben werden.[59] 20

Die Entscheidungsberechtigten sollen – nach Anhörung der übrigen Vorgesetzten[60] – 21 „alle Laufbahngruppen und das zahlenmäßige Verhältnis von Besoldungsempfängerinnen und Besoldungsempfängern" berücksichtigen (§ 9 Abs. 3 Satz 2 und 3 BLBV), sodass mittelfristig eine Verteilung erreicht werden kann, bei der alle Laufbahngruppen annähernd gleichgewichtig einbezogen sind und bei der überdies der Grundsatz der Gleichberechtigung von Frauen und Männern die auch hier angemessene Ausstrahlungswirkung entfaltet. Soweit eine Auswahl zu treffen ist, sollte außerdem Folgendes beachtet (und in der Dokumentation nach § 9 Abs. 3 Satz 1 BLBV reflektiert[61]) werden:

- Differenzierungen, die das tatbestandsbildende Kriterium „dauerhaft herausragender Leistungen" weiter auffächern, um so eine Rangfolge unter denjenigen herzustellen, die dieses Kriterium erfüllen, sollten unterbleiben. Eine grundsätzlich erwünschte Anlehnung an die Gesamturteile (aktueller) dienstlicher Beurteilungen[62] findet hier ihre Grenzen: Ist die vorgegebene Gesamturteilsskala so beschaffen, dass sie zwei oder gar mehrere Stufen einschließt, die man, insgesamt gesehen, als Ausprägungen des Attributs „herausragend" betrachten könnte,[63] so stellt es keinen inneren Widerspruch zwischen dienstlicher Beurteilung und Vergabeentscheidung dar, wenn die entsprechende Abstufung bei der Auswahl für die Leistungsstufe keine Relevanz erlangt. Will man mittelfristig gar alle Laufbahngruppen bei der Vergabe der Leistungsstufen „annähernd gleichgewichtig" bedenken, ist es erst recht nicht angängig, den Zusammenhang zwischen der Notenstufe einer dienstlichen Beurteilung einerseits und dem Statusamt und seiner Wertigkeit[64] andererseits in der Weise in die Auswahlerwägungen einzubeziehen, dass dem Beamten mit dem höheren Statusamt – wie in der Regel bei einer Beförderungsauslese[65] – bei gleicher Notenstufe jeweils der Vorzug zu geben wäre.
- Dass die Leistungsstufe „Anerkennung" ausdrücken soll, darf im Zuge der Auswahl jedenfalls nicht überbetont werden, wenn man darin überhaupt ein zusätzliches, eigengewichtiges tatbestandliches Erfordernis erblicken will. Wer erst einmal zum Kreis der Beamten gehört, die „dauerhaft herausragende Leistungen" erbringen, sollte daraus grundsätzlich nicht gleichsam nachträglich (mit demotivierender Wirkung) wieder eliminiert werden, weil man ihn, weshalb auch immer, einer „Anerkennung" für „nicht würdig" hält.
- Welche dienstlichen, insbesondere auch motivationsförderlichen[66] Belange der Entscheidungsberechtigte, der die hier entwickelten Maßstäbe ernst nimmt, im Rahmen des ihm dann verbleibenden Ermessens zur Geltung bringt, hängt in erster Linie von

[59] Siehe Nr. 10.4 der Hinweise des BMI (Fn. 12).

[60] Slowik/Wagner ZBR 2002, 409 (413) halten „Vergabekonferenzen" aller Führungskräfte eines Vergabebereichs „unter Moderation der Personalabteilung" für „denkbar". Eine „Unterstützung" der Entscheidungsberechtigten „durch die Personalverwaltung" erscheint – namentlich der Sicherung einer übergreifenden Maßstabsgerechtigkeit wegen – aus der Sicht des Verf. nicht verzichtbar; siehe ferner Lorse ZBR 2007, 29 ff. mwN.

[61] → Rn. 15.

[62] → Rn. 15 f.

[63] Siehe dazu Fn. 21.

[64] → § 11 Rn. 45.

[65] → § 3 Rn. 56, 69 ff.

[66] Siehe dazu auch § 2 Abs. 2 Satz 5 BayLStuV in der bis zum 31.12.2010 geltenden Fassung, wo das „Interesse des Dienstherrn ..., eine möglichst große Zahl von Beamten zu motivieren", als „dienstlicher Belang" eigens betont ist.

den konkreten Gegebenheiten „vor Ort“ ab; eine Orientierung an sachwidrigen Aspekten (siehe dazu etwa die Auflistungen in Art. 3 Abs. 3 und Art. 33 Abs. 3 GG) ist ihm selbstverständlich versagt.

II. Leistungsprämien und -zulagen

1. Die gesetzliche Ermächtigung

22 § 42a Abs. 1 Satz 1 BBesG in der bis zum 31. August 2006 geltenden Fassung ermächtigte die Bundesregierung und die Landesregierungen, jeweils für ihren Bereich „zur Abgeltung von herausragenden besonderen Leistungen“ durch Rechtsverordnung die Gewährung von Leistungsprämien (Einmalzahlungen) und Leistungszulagen an Beamte in Besoldungsgruppen der Besoldungsordnung A zu regeln. Die Ermächtigung an die Landesregierungen, die in der seitdem für den Bundesbereich maßgeblichen Fassung entfallen ist, gilt (bzw. galt) in den Ländern gemäß Art. 125a Abs. 1 Satz 1 GG weiter, bis sie durch Landesgesetz abgelöst wird (bzw. abgelöst worden war).[67] Im Rahmen der gesetzlichen Vorgaben bleibt (bzw. blieb) es den Verordnungsgebern überlassen, „die Einzelheiten“ festzulegen und darüber zu befinden, welche Verfahrens- und Entscheidungsspielräume den „anwendenden Behörden“ eröffnet werden sollten.[68] Nach § 42a Abs. 1 BBesG in der seit dem 1. Januar 2016 geltenden Fassung wird die Bundesregierung ermächtigt, die Gewährung von Leistungsprämien und Leistungszulagen zur Abgeltung herausragender besonderer Leistungen der folgenden Besoldungsempfänger in Besoldungsgruppen mit aufsteigenden Gehältern zu regeln: Beamte und Soldaten (Nr. 1), Richter, die ihr Amt nicht ausüben (Nr. 2) und Staatsanwälte (Nr. 3).

23 „Um zu verhindern, dass Leistungsprämie und Leistungszulage zu festen Besoldungsbestandteilen werden und um einem Gewöhnungseffekt entgegenzuwirken“,[69] enthält § 42a Abs. 2 BBesG Begrenzungen hinsichtlich des Personenkreises, der Zahlungshöhe und der Zahlungsmodalitäten:

- Die Gesamtzahl der bei einem Dienstherrn vergebenen (dh bewilligten) Leistungsprämien und -zulagen ist pro Kalenderjahr grundsätzlich auf höchstens 15 v. H. der in seinem Bereich vorhandenen Besoldungsempfänger festgelegt (Satz 1 aaO). Dadurch soll (auch) verdeutlicht werden, „dass nicht allgemein gute, sondern nur besonders hervorragende Leistungen berücksichtigt werden“.[70] Der Dienstherr hat die Option, die Quote in dem Umfang zu überschreiten, in dem von der Möglichkeit der Vergabe von Leistungsstufen kein Gebrauch gemacht wird (Satz 2 aaO). Durch diese Transferklausel soll der Erfahrung Rechnung getragen werden, dass die Leistungsprämie bei den Beamten die (relativ) größte Akzeptanz genießt.[71]
- Leistungsprämien dürfen das Anfangsgrundgehalt der Besoldungsgruppe des Beamten, Leistungszulagen monatlich 7 v. H. des Anfangsgrundgehaltes nicht übersteigen (Satz 6 aaO). Die Obergrenzenregelung „gibt einen hinreichenden Spielraum für die Stufung

[67] Vgl. schon Fn. 10.

[68] Begr. des in Fn. 3 näher bezeichneten Regierungsentwurfs zu Art. 3 Nr. 15 unter 1 (§ 42a Abs. 1); siehe auch Fn. 4.

[69] Begr. wie vorstehend unter 2 (§ 42a Abs. 2).

[70] Siehe Fn. 68.

[71] BT-Drs. 14/8623, 27. Die bei der letzten Novellierung des Bundesbesoldungsgesetzes ursprünglich als Reformziel ins Auge gefasste „Konzentration auf die bewährte Leistungsprämie“ (dazu im Einzelnen Lorse RiA 2007, 331, 333) ist nicht erfolgt.

der Zahlungshöhe. Die Dienstherren können ... unterschiedliche Bedarfslagen ... berücksichtigen."[72]

- Die Leistungsprämie, die „für eine bereits erbrachte (herausragende[73]) besondere Leistung gewährt wird", und die Leistungszulage, die „begrifflich mit einer positiven Leistungsprognose verbunden" ist,[74] sind nicht ruhegehaltfähig; erneute Bewilligungen sind möglich (Satz 4 aaO). Die Zahlung von Leistungszulagen ist zu befristen; bei Leistungsabfall sind sie zu widerrufen (Satz 5 aaO).

Die Entscheidung über die Bewilligung von Leistungsprämien und -zulagen, die jeweils „nur im Rahmen des Vergabebudgets"[75] zuerkannt werden können, trifft die oberste Dienstbehörde oder die von ihr bestimmte Stelle (§ 42a Abs. 2 Satz 7 BBesG). Die Personalvertretung hat einen Informationsanspruch; bei der Aufstellung von Kriterienkatalogen hat sie mitzubestimmen. Insofern kann auf Rn. 11 Bezug genommen werden.[76] 24

2. Die (ergänzenden) Regelungen der Bundesleistungsbesoldungsverordnung

a) Geltungsbereich

Die in § 42a Abs. 1 BBesG genannten Besoldungsempfänger in Besoldungsgruppen mit aufsteigenden Gehältern (vgl. Rn. 22 aE) können als leistungsbezogene Besoldungsinstrumente Prämien und Zulagen erhalten. Für Beamte, die sich in der laufbahnrechtlichen Probezeit befinden, fehlt eine einschränkende Regelung, etwa ähnlicher Art, wie sie § 8 Abs. 2 BLBV (vgl. Rn. 14 aE) in Bezug auf die Leistungsstufe zum Inhalt hat. Auch zur Vermeidung präjudizieller Wirkungen – mit dem unerwünschten (Neben-) Effekt einer verfrühten Rangfolgenbildung[77] – und angesichts des anderweitig[78] zumindest sinngemäß artikulierten Anliegens, die Probezeit namentlich als Erkenntniszeitraum besonders ernst zu nehmen, sollte die Vergabe einer Leistungsprämie, erst recht die einer Leistungszulage hier nur mit äußerster Zurückhaltung erwogen werden.[79] 25

b) Allgemeines

Aus den §§ 4 und 5 BLBV lassen sich zwei verbindliche Systemvorgaben ablesen: 26

- Dem Beamten soll nicht schon dann eine Leistungszulage zukommen, wenn lediglich ein Einzelarbeitsergebnis oder nur ein einzelner Leistungsaspekt,[80] etwa die Arbeitsmenge,[81] als „herausragend" zu verzeichnen ist; vielmehr wird vorausgesetzt, dass eine alle wesentlichen Leistungsdimensionen umfassende, während eines gewissen Zeitrau-

---

[72] Siehe Fn. 68.
[73] Zusatz des Verf.
[74] Siehe auch insoweit Fn. 68. Hinsichtlich freigestellter Personalratsmitglieder siehe Fn. 15.
[75] Siehe dazu § 42a Abs. 4 BBesG.
[76] Siehe auch Nr. 12.2 der Hinweise des BMI (Fn. 12) sowie Lorse RiA 2000, 219 (227 f.); beachte insbesondere auch Fn. 42.
[77] Siehe dazu Schnellenbach/Bodanowitz Dienstliche Beurteilung Rn. 535 (speziell zu Proberichterbeurteilungen).
[78] § 11 Abs. 1 BBG und die Amtl. Begr. hierzu (BR-Drs. 720/07).
[79] Keinesfalls dürfen dienstrechtlich relevante Einschätzungen in Bezug auf den Verlauf der Probezeit durch die Vergabe von Prämien oder Zulagen präjudiziert werden.
[80] Siehe hierzu schon Schnellenbach DVBl 1995, 1153 (1154, 1157 f.).
[81] → § 11 Rn. 42.

mes erbrachte Gesamtleistung „Anerkennung" verdient und dass überdies im Zusammenhang hiermit eine Kontinuitätserwartung nicht ungerechtfertigt erscheint.[82]

- Einzelarbeitsergebnisse (ohne Dauermoment) sollen grundsätzlich mit Leistungsprämien (Einmalzahlungen) abgegolten werden.

27 Wegen der Ermittlung der Quote, der Berechnung der „vorhandenen" Besoldungsempfänger und der Sonderregelung für Anstalten, Stiftungen und Körperschaften des öffentlichen Rechts mit weniger als sieben Beamten (§ 6 Abs. 2 BLBV) kann (dem Sinne nach) auf Rn. 18 verwiesen werden.

28 Werden an mehrere Besoldungsempfänger (als Einzelpersonen) „wegen einer wesentlichen Beteiligung an einer durch enges arbeitsteiliges Zusammenwirken erbrachten Leistung"[83] – ohne weitere Ermittlung ihrer „individuellen Leistung"[84] – Leistungsprämien oder Leistungszulagen gewährt, so gelten diese zusammen nur als *eine* Leistungsprämie oder Leistungszulage iSd § 6 Abs. 2 Satz 1 BLBV (bzw. schon iSd § 42a Abs. 2 Satz 1 BBesG); Leistungsprämien und -zulagen dürfen in einem solchen Fall zusammen 250 v. H. des in § 4 Abs. 2 Satz 3 und § 5 Abs. 2 Satz 2 BLBV geregelten Umfangs nicht übersteigen (§ 7 Abs. 1 und Abs. 2 Satz 1 Hs. 1 BLBV).[85] Die Gefahr, dass eine „großzügige" Handhabung des § 7 Abs. 1 BLBV Leistungsprämie und -zulage zu Gruppenprivilegien entarten lassen kann, ist nicht von der Hand zu weisen. Stets muss es sich um eine von der Arbeitsweise und vom Arbeitserfolg her „abgrenzbare Einheit"[86] handeln. Richtungweisend muss zudem die notwendige Einsicht sein, dass auch die hier in Betracht kommenden (sekundären) Besoldungsinstrumente im Lichte des Leistungsprinzips nur legitimierbar sind, wenn sie letztlich für – sei es auch personell „gebündelte" – Individualleistungen eingesetzt werden.[87] § 7 Abs. 1 BLBV kann den Entscheidungsberechtigten fraglos dazu verleiten, mehr oder weniger „leichten Herzens" (und mehr oder weniger „freiwillig") die Flucht in die Gruppenorientierung einer stets aufwändigeren und unter Umständen schmerzlicheren Differenzierung vorzuziehen.[88] Probleme können in diesem Kontext auch aus dem tatbestandlich vorgegebenen Erfordernis einer Sonderung der „wesentlichen" von den nur akzidentiellen Beiträgen zum Gruppenerfolg erwachsen, und zwar ggf. dadurch noch zugespitzt, dass sich Teamangehörige in unterschiedlichen Laufbahnen (Laufbahngruppen) und Besoldungsgruppen befinden.[89] Grenzziehungen werden insofern nicht immer restlos plausibilisierbar sein.

---

[82] Aus der Bescheinigung „hervorragender" oder „herausragender" Leistungen als Voraussetzung einer Leistungszulage oder -prämie lässt sich hinsichtlich der Zuerkennung einer entsprechenden Notenstufe in einer künftigen dienstlichen Beurteilung nichts herleiten: vgl. BayVGH 13.4.2010 – 3 ZB 08.1094 –, juris Rn. 5, 6; VG Wiesbaden 15.9.2003 – 8 E 1077/00 –, juris Rn. 56; VG Düsseldorf 21.9.2011 – 10 K 1529/11 –, BeckRS 2011, 54883; ferner Eck in Hüllmantel ua LlbG Art. 59 Rn. 14. Hingegen kann die (wiederholte) Zuerkennung einer Leistungsprämie die Plausibilität einer (nur) durchschnittlichen Leistungsbeurteilung durchgreifend in Frage stellen, vgl. VG Stuttgart 2.3.2016 – 7 K 3296/14 –, juris Rn. 21.

[83] Es muss sich um ein „Zusammenwirken" in einer „abgrenzbaren Einheit" (Beispiele: Projektgruppen, Arbeitsgruppen, sonstige Teams) handeln; siehe dazu auch Nr. 8.1.1 der Hinweise des BMI (Fn. 12).

[84] Siehe Nr. 8.1.2 der Hinweise des BMI (Fn. 12).

[85] Maßgeblich ist die höchste Besoldungsgruppe der Besoldungsordnung A, der die an der Leistung „wesentlich Beteiligten" angehören (§ 7 Abs. 2 Satz 1 Hs. 2 BLBV). Siehe auch die Sonderregelung für Teilprämien und -zulagen in § 7 Abs. 2 Satz 2 BLBV.

[86] Vgl. Fn. 83.

[87] Achterberg DVBl 1977, 541 (547); außerdem Schnellenbach DVBl 1995, 1153 (1156).

[88] Siehe auch insoweit Schnellenbach aaO (Fn. 87).

[89] Vgl. dazu Lorse RiA 2000, 219 (229).

§ 7 BLBV lässt es zu, dass an jedes Mitglied der „Einheit" je eine auf die Quote anzurechnende Leistungsprämie oder -zulage vergeben wird.[90] 29

Der Sachverhalt, auf dem eine Zulage nach § 45 BBesG beruht, darf nicht zugleich Anlass dazu geben, dass dem Empfänger daneben noch eine Leistungsprämie oder eine Leistungszulage zufließt.[91,92] Leistungsprämien und -zulagen sind außerdem in Bereichen ausgeschlossen, in denen Beamten 30

- Zuwendungen für besondere Leistungen nach § 31 Abs. 4 BBankG,
- Zulagen nach der PostLZulV[93] oder ein Leistungsentgelt nach der PostLEntgV oder der PostbankLEntgV oder
- Zulagen der (Deutsche) Bahn AG oder der ausgegliederten Gesellschaften nach § 2 Abs. 1 oder § 3 Abs. 3 DBGrG[94]

zuteil werden (§ 8 Abs. 3 BLBV). Wegen der sog Ministerialzulage siehe auch hier § 8 Abs. 1 Satz 2 BLBV.

c) Leistungsprämie

Die Leistungsprämie soll „in engem zeitlichen Zusammenhang mit der Leistung" stehen (§ 4 Abs. 1 Hs. 2 BLBV). Freilich ist es nicht zweckmäßig und schon gar „nicht zwingend, zB monatlich über Vergabemöglichkeiten zu entscheiden".[95] Die Höhe ist „der erbrachten Leistung entsprechend" zu bemessen (§ 4 Abs. 2 Satz 2 BLBV). Es kann – auch bei teilzeitbeschäftigten Beamten[96] – ein Betrag bis zur Höhe des Anfangsgrundgehaltes der Besoldungsgruppe gewährt werden, der der Besoldungsempfänger zum Zeitpunkt der Entscheidung angehört (§ 4 Abs. 2 Satz 3 BLBV). Der Höchstbetrag sollte nicht „als Regelbetrag" gezahlt werden.[97] 31

d) Leistungszulage

§ 5 Abs. 1 Satz 1 und 2 BLBV beschreiben Sinn und Zweck der Leistungszulage: 32

> „Die Leistungszulage dient der Anerkennung einer herausragenden besonderen Leistung, die bereits über einen Zeitraum von mindestens drei Monaten erbracht worden ist und auch für die Zukunft erwartet wird. Zugleich ist sie Anreiz, diese Leistung auch künftig zu erbringen."

Die Festlegung eines Minimums von drei Monaten und die Möglichkeit einer rückwirkenden Gewährung der Zulage (§ 5 Abs. 1 Satz 3 BLBV) sollen ersichtlich das Risiko mindern, dass der Entscheidungsberechtigte namentlich die ihm angesonnene Prognose vorschnell, dh insbesondere auf einer noch nicht hinreichend verdichteten Erkenntnisbasis,[98] trifft. Allerdings kann die Leistungszulage bei „Leistungsabfall" für die Zukunft

---

[90] Siehe schon die Durchführungshinweise des BMI vom 22.11.2002 zu § 2 Abs. 2 LPZV aF, GMBl. 2003, 38.

[91] → Rn. 17.

[92] Zum Verhältnis der Leistungsprämie zu Belohnungen für Vorschläge zur Verwaltungsvereinfachung vgl. Clemens/Millack BBesR (Archiv) § 42a Anm. 1. 2: Als grundsätzliches Unterscheidungsmerkmal könne dienen, „dass nur eine Zahlung nach § 42a (BBesG) in Betracht kommt, wenn die zu honorierende Leistung zu den konkreten Amtspflichten des Beamten gehört".

[93] Vgl. dazu Schnellenbach DVBl 1995, 1153 (1154).

[94] Vgl. in diesem Zusammenhang NRW OVG NVwZ-RR 2007, 400.

[95] Siehe dazu schon die Durchführungshinweise des BMI zu § 3 LPZV in der ursprünglichen Fassung des RdSchr. vom 26.9.1997, GMBl. S. 455.

[96] Siehe dazu auch BBesGVwV 6.1.2, der nur „Zulagen und Vergütungen in festen Monatsbeträgen" erfasst.

[97] Siehe dazu Nr. 5.2 Satz 2 der Hinweise des BMI (Fn. 12).

[98] Beispiele: Gewährung einer Leistungszulage allein aufgrund der Bearbeitung eines zeitgebundenen Projekts oder mit Rücksicht auf vorübergehend besonders hohe Leistungsanforderungen.

widerrufen werden (§ 5 Abs. 1 Satz 4 BLBV);[99] es lässt sich jedoch nicht verantworten, die Ansprüche an die Verlässlichkeit der Prognose schon deswegen auf ein nicht mehr vertretbares Maß abzusenken. Zu warnen ist ferner davor, bei Fallgruppenbildungen

- *messbare* Arbeitsergebnisse ungebührlich zu bevorzugen[100] oder
- den Motivationsaspekt durch mindere Beachtung des Belohnungsgesichtspunkts allzu sehr zu betonen.[101]

33 Für die Annahme eines Leistungsabfalls, der einen Widerruf der Zulage für die Zukunft gebietet, reichen normale Leistungsschwankungen nicht aus. Ändert sich die Verwendung des Beamten während des Bewilligungszeitraumes, so ist die Leistungszulage dessen ungeachtet weiterzugewähren, sofern sich nicht auf dem neuen Dienstposten ein – nicht nur vorübergehender, etwa mit der Notwendigkeit einer Einarbeitung verbundener – Leistungsabfall zeigt.

34 Die Höhe und die Dauer einer Gewährung der – unter Befristung in Monatsbeträgen festzusetzenden – Leistungszulage sind „der erbrachten Leistung entsprechend" zu bemessen (§ 5 Abs. 2 Satz 1 BLBV). Die monatsbezogene Höchstgrenze beträgt 7 v. H. des Anfangsgrundgehaltes der Besoldungsgruppe, der der Beamte bei der Festsetzung der Zulage angehört (§ 5 Abs. 2 Satz 2 BLBV).[102] Längstens darf die Leistungszulage für einen zusammenhängenden Zeitraum von einem Jahr gewährt werden; innerhalb dieses Zeitraumes ist die Verlängerung der Zahlung zulässig (§ 5 Abs. 2 Satz 3 BLBV). Die erneute Gewährung einer Leistungszulage ist frühestens ein Jahr nach Ablauf dieses Zeitraumes gestattet (§ 5 Abs. 2 Satz 4 BLBV). Unterbrechungen der Zahlungen setzen jeweils eine neue Jahresfrist in Lauf. Bei Erkrankungen und sonstiger Abwesenheit vom Dienst wird die Leistungszulage weitergezahlt, wenn und soweit die Dienstbezüge fortgezahlt werden.

35 Abweichend von § 3 Abs. 5 BBesG wird die Leistungszulage nachträglich gezahlt (§ 5 Abs. 2 Satz 5 BLBV).

e) Entscheidungsberechtigte und Verfahren

36 Um Wiederholungen zu vermeiden, kann zunächst auf die Darlegungen unter Rn. 19–21 Bezug genommen werden, die hierhin sinngemäß übertragbar sind.[103] Klarstellend ist zu ergänzen, dass auch die Vergabe einer Prämie oder Zulage ein begünstigender Verwaltungsakt ist.[104] Entschließt sich der Entscheidungsberechtigte, eine Teamleistung gemäß § 7 BLBV durch Leistungsprämien oder -zulagen zu honorieren, so muss dies bei einer laufbahnübergreifenden Zusammensetzung der in Betracht kommenden Gruppe weder zur Folge haben, dass alle Gruppenmitglieder – qua Ermessensreduzierung

---

[99] Bestätigt sich eine Prognose im obigen Sinne nicht in der Folge, so ist es schon deswegen nicht widersprüchlich, wenn eine spätere dienstliche Beurteilung eine niedrigere Bewertung des Beamten ausweist, und zwar gleichgültig, ob ein Widerruf der Leistungszulage erfolgt; VG Wiesbaden 17.3.2010 – 8 L 1075/09 –, BeckRS 2010, 55275. Siehe auch bereits Fn. 82.

[100] Vgl. Lorse RiA 2000, 219 (226).

[101] Siehe auch Clemens/Millack BBesR Rn. 19 f. zu § 42a BBesG: „Die Leistungsbewertung ist auch mit Hilfe von Zielvereinbarungen möglich … Wegen der Quotierung der leistungsbezogenen Besoldungsinstrumente darf bei Abschluss der Zielvereinbarung auf keinen Fall eine Honorierung in Aussicht gestellt werden …". → Rn. 26.

[102] Während der Zahlungsdauer eintretende Änderungen der Besoldungsgruppe berühren die Höhe der Zulage nicht. Als Besoldungsbestandteil mindert oder erhöht sich die Zulage gemäß § 6 BBesG entsprechend einer Änderung der Arbeitszeitquote; wird dies im Einzelfall als unbillig empfunden, so kann dem unter Umständen durch Neufestsetzung abgeholfen werden.

[103] Zu Zielvereinbarungen im Zusammenhang mit der Leistungsbewertung siehe Fn. 101.

[104] → Rn. 10, 12. Zu Leistungsfeststellungen gemäß Art. 66 Abs. 2 BayBesG siehe Art. 62 Abs. 1 Satz 1 und 2 BayLlbG sowie Eck in Hüllmantel ua LlbG Art. 62 Rn. 27 ff.

– (etwa) gleich hohe Beträge beanspruchen können, noch zu dem Resultat führen, dass es einen Ermessensfehlgebrauch bedeuten würde, diesen Weg zu wählen. Rechtlich unproblematisch und akzeptanzfördernd dürfte es sein, für die Mitglieder einer jeden in der Gruppe vertretenen Laufbahn den Betrag jeweils so festzusetzen, dass er sich mit dem Betrag deckt, der dem Gruppenmitglied mit dem entsprechenden niedrigsten Laufbahnamt ohne Normverstoß zuerkannt werden kann.[105]

III. Prozessuale Fragen[106]

1. Verwaltungsrechtsweg und Klageart

37 Bei sämtlichen Klagen des Beamten, die ein leistungsabhängiges Aufsteigen in den Grundgehaltsstufen oder Leistungsprämien oder -zulagen zum Gegenstand haben, folgt die Zulässigkeit des Verwaltungsrechtsweges aus § 54 Abs. 1 BeamtStG bzw. § 126 Abs. 1 BBG.[107] Einem Klageverfahren muss im Bund stets, in den Ländern dagegen nur dann ein Vorverfahren[108] vorausgegangen sein, wenn insofern keine Ausschlussregelung vorliegt (vgl. § 126 Abs. 2 BBG bzw. § 54 Abs. 2 BeamtStG, jeweils iVm §§ 68 ff. VwGO).

a) Klage auf Festsetzung einer Leistungsstufe

38 Der Beamte, der die Festsetzung einer – ihm nicht zugestandenen – Leistungsstufe erreichen möchte, kann dieserhalb Bescheidungsklage (siehe § 113 Abs. 5 Satz 2 VwGO) erheben; einer Verpflichtungsklage (§ 42 Abs. 1, § 113 Abs. 5 Satz 1 VwGO) würde das Gericht in der Regel nicht (bzw. nur teilweise, nämlich im Umfang des ihr als „Minus“ innewohnenden Bescheidungsverlangens) stattgeben können, und zwar zum einen wegen der Einschätzungsprärogative (Beurteilungsermächtigung) auf der Tatbestandsseite,[109] zum anderen wegen des Ermessens auf der Rechtsfolgenseite.[110]

39 Die „aktuelle Leistungseinschätzung“[111], aufgrund deren die Leistungsstufe versagt worden ist, wird nur innerhalb des Bescheidungsprozesses („inzidenter“) überprüfbar sein; anders als eine dienstliche Beurteilung, die grundsätzlich für den gesamten Werdegang des Beamten von (mehr oder weniger großer) Bedeutung bleibt,[112] ist sie kein

---

[105] So Göser/Schlatmann Leistungsbezahlung in der Besoldung, 1998, S. 82.

[106] Zum Ganzen Schnellenbach ZBR 1999, 53.

[107] Vgl. dazu allgemein Schnellenbach ZBR 1992, 257.

[108] Auf einen vorgeschalteten Leistungsantrag an den Dienstherrn kann verzichtet werden (vgl. auch BVerwG ZBR 2002, 93 (94)). Einerseits sehen weder Gesetz noch Verordnung (förmliche) Bewerbungen um die Gewährung eines der hier anzuvisierenden „ergänzenden Besoldungsbestandteile“ vor; andererseits kann ohne weiteres davon ausgegangen werden, dass jeder Beamte an leistungsbezogenen Verbesserungen seiner Besoldung interessiert ist. Siehe nunmehr jedoch auch BVerwG ZBR 2009, 341: Das Rechtsschutzbedürfnis für eine Klage könne fehlen, wenn die Behörde noch nicht mit einem Begehren befasst gewesen sei; damit dürfte jetzt feststehen, dass eine rechtlich beachtliche „Vorbefassung“ des Dienstherrn (in welcher „rechtlich abgesicherten“ Weise auch immer) nicht entbehrlich ist.

[109] → Rn. 4, 15 f. Zur eingeschränkten gerichtlichen Überprüfbarkeit einer Leistungseinschätzung (Leistungsfeststellung) vgl. auch Kathke ZBR 2006, 357 (363).

[110] → Rn. 4 f., 10, 19 ff.

[111] → Rn. 15 ff.

[112] → § 11 Rn. 66 ff.

möglicher Gegenstand einer selbstständigen („isolierten") allgemeinen Leistungsklage auf Verurteilung des Dienstherrn zur Aufhebung oder Änderung.[113]

40 Auch eine auf Aufhebung der einen anderen Beamten begünstigenden Leistungsstufenfestsetzung abzielende Anfechtungsklage ist nicht in Erwägung zu ziehen, weil der Festsetzung keine rechtlich beachtliche drittbelastende Doppelwirkung iSd § 80a Abs. 1 VwGO zuerkannt werden kann.[114]

41 Das Bescheidungsbegehren erledigt sich – solange dem Entscheidungsberechtigten überhaupt noch Haushaltsmittel für die Festsetzung von Leistungsstufen zufließen – nicht schon mit Ablauf des in Betracht kommenden Haushaltsjahres, wohl aber, wenn der Beamte – auf „normalem" Wege – die nächste Steigerungsstufe erreicht hat. Die Erfolgsaussichten eines an die Stelle des erledigten Bescheidungsbegehrens tretenden Schadensersatzverlangens – dahin: so gestellt zu werden, als ob die Leistungsstufe festgesetzt worden wäre[115] – dürften gewöhnlich nur minimal sein.

b) Klage gegen eine Entscheidung, die die Hemmung des Aufstiegs in den Steigerungsstufen anordnet

42 Richtige Klageart ist die Anfechtungsklage (§ 42 Abs. 1 VwGO).[116] Im Rahmen der gerichtlichen Prüfung wird es hauptsächlich auf die rechtliche Tragfähigkeit der – auch isoliert (mit der Leistungsklage) angreifbaren – dienstlichen Beurteilung und/oder ihrer – nur der Inzidentkontrolle unterliegenden – aktuellen Ergänzung ankommen.[117] Erledigung tritt ein, sobald festgestellt wird, dass die Leistungen des Beamten wieder den mit dem Amt verbundenen durchschnittlichen Anforderungen genügen; es verbleiben dann nur noch die – auch hier[118] – regelmäßig wenig Erfolg versprechende Möglichkeit eines Schadensersatzpetitums, unter Umständen auch die eines Folgenbeseitigungsverlangens.

c) Klage bei umstrittener nachträglicher Leistungssteigerung

43 Fällt die von Amts wegen oder auf Antrag (Anregung) veranlasste Prüfung des Dienstherrn, ob der Beamte inzwischen wieder anforderungsgerechte, dh mindestens durchschnittliche, oder gar – in der Folge – erheblich über dem Durchschnitt liegende Leistungen erbringt (siehe § 27 Abs. 5 BBesG), für diesen – in der einen oder der anderen Variante – negativ aus, so kann er, ggf. nach erfolglosem Widerspruch, Verpflichtungsklage (§ 42 Abs. 1 VwGO) erheben.

d) Klage auf Vergabe einer Leistungsprämie oder -zulage[119]

44 Die Dinge liegen ähnlich wie bei der unter a) behandelten Klage auf Festsetzung einer Leistungsstufe, sodass sich eine Bezugnahme auf die entsprechenden Darlegungen – um Wiederholungen zu vermeiden – anbietet. Der Bescheidungsantrag erledigt sich nicht schon dadurch, dass dem Beamten aus anderem Anlass eine Leistungsprämie oder -zulage

[113] Zur Rechtsnatur einer positiven Leistungsfeststellung (Art. 62 Abs. 3 BayLlbG) wie zu ihrem Unterbleiben siehe Eck in Hüllmantel ua LlbG Art. 62 Rn. 46 ff.
[114] Siehe Schnellenbach ZBR 1999, 53 (54).
[115] Vgl. hierzu Schnellenbach aaO (Fn. 114) S. 56.
[116] → Rn. 12 f.
[117] → Rn. 6.
[118] → Rn. 41 sowie Schnellenbach aaO (Fn. 114) S. 57.
[119] Zum Rechtsschutz bei Widerruf der Leistungszulage wegen Leistungsabfalls (§ 5 Abs. 1 Satz 4 BLBV) vgl. gleichfalls Schnellenbach aaO (Fn. 114) S. 58.

zugebilligt wird, wohl aber, wenn für das Kalenderjahr die Quote nach § 27 Abs. 6 Satz 2 BBesG bereits ausgeschöpft wurde.[120]

2. Vorläufiger Rechtsschutz

Über den Antrag auf Anordnung der aufschiebenden Wirkung des Widerspruchs bzw. der Anfechtungsklage gegen eine Entscheidung, die die Hemmung des Aufstiegs in den Steigerungsstufen anordnet, verhält sich bereits der Text unter Rn. 13. 45

Eine Regelungsanordnung (§ 123 Abs. 1 Satz 2 VwGO), durch die der Dienstherr zur Festsetzung einer Leistungsstufe oder zur Vergabe einer Leistungsprämie oder -zulage verpflichtet würde, liefe auf eine – auch im Lichte des Art. 19 Abs. 4 GG in den hier infrage stehenden Zusammenhängen kaum jemals vertretbare – Vorwegnahme der Entscheidung in der Hauptsache und überdies so gut wie immer auf eine rechtlich inakzeptable Überschreitung des Entscheidungsrahmens der Hauptsache hinaus.[121] Auch für eine Sicherungsanordnung (§ 123 Abs. 1 Satz 1 VwGO) wird allenfalls ausnahmsweise Raum sein, nämlich dann, wenn der antragstellende Beamte glaubhaft machen kann, 46

- dass dem Entscheidungsberechtigten nur mehr ein gerade noch genügender Rest an Haushaltsmitteln für die Festsetzung von Leistungsstufen zur Verfügung steht bzw. dass die Jahresquote für die Leistungsprämien oder -zulagen in seinem Bereich bis auf einen eben noch ausreichenden Rest ausgeschöpft ist,
- dass ein Zufluss weiterer Haushaltsmittel mit den entsprechenden Zweckbestimmungen und Verwendungsmöglichkeiten voraussichtlich auf absehbare Zeit nicht erfolgen wird,
- dass die Leistungseinschätzung oder die Ermessensausübung rechtswidrig waren und
- dass sich zumindest die Möglichkeit einer Kausalität der Fehler für seine (des Antragstellers) Benachteiligung nicht ausschließen lässt.

Welchen konkreten Inhalt eine Sicherungsanordnung in einem solchen (oder einem ähnlichen) Fall hätte, läge im Ermessen des Gerichts, das auch die Interessen der schon für eine Stufe, eine Prämie oder eine Zulage ausgewählten Beamten in die Erwägungen einzubeziehen hätte.

---

120 Der Ablauf des Haushaltsjahres hingegen dürfte, solange aktuell (wieder) Haushaltsmittel für die Gewährung von Leistungsprämien zur Verfügung stehen, nicht zur Erledigung führen. Vgl. BayVGH 15.1.2014 – 3 ZB 11.2766 –, juris Rn. 15, 16.

121 Siehe dazu allgemein Schoch/Schneider/Bier VwGO § 123 Rn. 141 ff. mwN.

§ 14 Dienstunfall

Die in den §§ 30–46 BeamtVG geregelte Unfallfürsorge[1] ist Ausfluss der Fürsorge- und Schutzpflicht des Dienstherrn (§ 45 BeamtStG, § 78 BBG).[2] Sie verbindet Elemente der Dienstzeit- und der Ausgleichsversorgung miteinander und ist im Kernbestand durch Art. 33 Abs. 5 GG abgesichert. Als Sonderversorgung hebt sie sich von der im Sozialstaatsprinzip, Art. 20 Abs. 1 GG, verankerten Staatsbürger- und Allgemeinversorgung ab. Für die Beamten der Länder, der Gemeinden, der Gemeindeverbände sowie der sonstigen der Aufsicht eines Landes unterstehenden Körperschaften, Anstalten und Stiftungen des öffentlichen Rechts galt das Beamtenversorgungsgesetz in der bis zum 31. August 2006 maßgeblichen Fassung als Bundesrecht vorübergehend weiter, solange es nicht nach und nach durch Landesrecht ersetzt worden war (vgl. Art. 125a Abs. 1 GG, § 108 Abs. 1 BeamtVG). Die zwischenzeitlich erlassenen landesgesetzlichen Regelungen im Bereich des Beamtenversorgungsrechts haben den eingangs anvisierten Vorschriftenkomplex, soweit er hier erörtert wird, im Wesentlichen[3] unberührt gelassen. 1

Die Gewährung der Unfallfürsorge hängt grundsätzlich davon ab, ob ein Beamter[4] durch einen Dienstunfall verletzt worden ist (§ 30 Abs. 1 Satz 1 BeamtVG). § 31 BeamtVG führt unter der Überschrift „Dienstunfall" eine Reihe von Tatbeständen auf, denen die Strukturelemente äußere Einwirkung, Körperschaden und Zusammenhang mit dem Dienst gemeinsam sind. Vorsorglich ist aber schon jetzt darauf aufmerksam zu machen, dass der Gesetzgeber die Unfallfürsorge im Laufe der Zeit aus unterschiedlichen, nicht immer (nur) durch den Fürsorge- und Schutzgedanken geprägten rechtspolitischen Erwägungen auf Verhaltensweisen ausgedehnt hat, die sich nicht mehr als „Dienst" im eigentlichen Sinne darstellen. Die Konturen des Rechtsinstituts „Dienstunfall" sind dadurch zumindest unscharf geworden. 2

Zudem ist der Kreis der Empfänger von Unfallfürsorgeleistungen inzwischen über die (aktiven und im Ruhestand befindlichen) Beamten und ihre Hinterbliebenen hinaus erweitert worden: Unfallfürsorge in Gestalt von Heilverfahrensleistungen (§§ 33, 34 3

---

[1] Zum personalvertretungsrechtlichen Unfallschutz siehe §§ 11, 109 BPersVG, ferner VwVzBeamtVG 31.0.1 Satz 1; zum Unfallschutz für die Vertrauenspersonen der schwerbehinderten Menschen siehe § 96 Abs. 3 SGB IX sowie VwVzBeamtVG 31.0.1 Satz 2, außerdem Fn. 53.

[2] BVerwG ZBR 1963, 245, BGH DVBl 1965, 441, NRW OVG DVBl 1958, 64 und DÖD 1962, 96. Zum Begriff des Arbeitsunfalles siehe § 8 Abs. 1 SGB VII: Er erfasst Unfälle von Versicherten „infolge" einer versicherten, dh einen Versicherungsschutz nach §§ 2, 3 oder 6 SGB VII begründenden Tätigkeit. Einen hergebrachten Grundsatz des Berufsbeamtentums, der den Gesetzgeber verpflichten würde, die Beamten dienstunfallrechtlich in jeder Beziehung den Arbeitnehmern (Tarifbeschäftigten) gleichzustellen, gibt es nicht; so ist ihm auch die Entscheidung überlassen, ob und inwieweit er Verbesserungen des sozialversicherungsrechtlichen Unfallschutzes in das Beamtenrecht überträgt (BVerwGE 40, 220; 122, 360).

[3] → § 1 Rn. 31, aber auch → § 1 Rn. 35; vgl. ferner Pflaum RiA 2011, 198 (199).

[4] Das Beamtenverhältnis muss bei Eintritt des Dienstunfalles bestanden haben; es reicht nicht, dass sich der Unfall während einer Vordienstzeit ereignet hat, auch wenn diese gemäß den §§ 8 ff. BeamtVG als ruhegehaltfähige Dienstzeit zu berücksichtigen ist (vgl. BVerwG ZBR 1997, 325). Ist die Beamtenernennung nichtig (§ 11 BeamtStG, § 13 BBG) oder ist sie mit Wirkung auch für die Vergangenheit zurückgenommen (§ 12 BeamtStG, § 14 BBG) oder ereignet sich der Unfall, während ein entlassener Beamter allein mit Rücksicht auf die – später entfallende – aufschiebende Wirkung seines Widerspruchs oder seiner Klage (§ 80 Abs. 1 VwGO) weiter beschäftigt wird, so ist allenfalls ein Unterhaltsbeitrag analog § 38 BeamtVG in Betracht zu ziehen (Brockhaus in Schütz/Maiwald BR Rn. 5 zu § 38 BeamtVG). Eine Sonderregelung für Ehrenbeamte enthält § 68 BeamtVG.

BeamtVG), eines Unfallausgleichs (§ 35 BeamtVG) und eines Unterhaltsbeitrags nach § 38a BeamtVG wird mittlerweile auch dem Kind einer Beamtin gewährt, das durch deren Dienstunfall während der Schwangerschaft unmittelbar geschädigt worden ist (§ 30 Abs. 1 Satz 2 und Abs. 2 Satz 2 BeamtVG). Bei einer Schädigung durch besondere Einwirkungen, die generell geeignet sind, bei der Mutter eine Berufskrankheit (§ 31 Abs. 3 BeamtVG) zu verursachen, gilt Entsprechendes (§ 30 Abs. 1 Satz 3 und Abs. 2 Satz 2 BeamtVG). Dem Kind ist für beide Fälle ein eigener, selbstständiger Anspruch auf Unfallfürsorgeleistungen eingeräumt.

I. Dienstunfall im engeren Sinne

4 § 31 Abs. 1 Satz 1 BeamtVG definiert den Dienstunfall – im engeren Sinne – als „ein auf äußerer Einwirkung beruhendes, plötzliches, örtlich und zeitlich bestimmbares, einen Körperschaden verursachendes Ereignis, das in Ausübung oder infolge des Dienstes eingetreten ist". „Ereignis" ist jedes objektiv wahrnehmbare Geschehen, das die Veränderung eines Zustandes bewirkt.

1. Äußere Einwirkung

5 Das Begriffsmerkmal „äußere Einwirkung" dient dazu, Vorgänge der Außenwelt von krankhaften Abläufen im Innern des menschlichen Körpers abzugrenzen. Die Annahme einer „äußeren Einwirkung" scheidet nur dann aus, wenn der Körperschaden durch Umstände hervorgerufen wird, für die (allein) eine besondere physische oder psychische Veranlagung oder das willentliche (vorsätzliche) Verhalten des Betroffenen erhebliche Ursache ist.[5] Selbst ein willentliches (vorsätzliches) Verhalten des Betroffenen steht der Anerkennung eines Ereignisses als Dienstunfall jedoch nicht entgegen, sofern es als angemessene Wahrnehmung dienstlicher oder schutzwürdiger persönlicher Belange gerechtfertigt erscheint.[6] Anschauliche Beispiele hierfür sind Verletzungsfolgen oder gar der Tod beim Sprung eines Feuerwehrbeamten aus einem brennenden Haus oder beim absichtlichen Rammen eines Fluchtautos durch einen Streifenwagen der Polizei.[7] Ein Vorgang der Außenwelt – etwa eine Beleidigung – verliert den Rechtscharakter einer „äußeren Einwirkung" nicht dadurch, dass er zunächst eine psychische Reaktion beim Betroffenen bewirkt, die hernach erst krankhafte körperliche Folgen zeitigt.[8]

[5] Grundlegend BVerwGE 10, 258;17, 59. Siehe auch BVerwGE 23, 201; 35, 133. Vgl. ferner BayVGH BayVBl. 1980, 534: Auch ungeschickte Bewegungen des Verletzten können zu einem auf „äußerer Einwirkung" beruhenden Unfallereignis führen. BayVGH DÖD 1991, 90 stellt klar, dass „innere Vorgänge", wie sie der obige Text anspricht, als mögliche rechtserhebliche Kausalfaktoren von vornherein nur in Erwägung gezogen werden können, „wenn sonst keine – objektiv manifestierte – Ursache im Zusammenhang mit der Dienstausübung in Betracht kommt". Auf dieser Linie auch BVerwGE 80, 4 (entsprechend BSGE 87.194): Ein Verkehrsunfall auf dem Weg zum Dienst sei selbst dann ein Dienstunfall, wenn er durch eine Bewusstseinsstörung oder Ohnmacht des Beamten herbeigeführt worden sei.

[6] Vgl. BSGE 1, 150; 18, 163. § 44 Abs. 1 BeamtVG ist der Gewährung von Unfallfürsorge unter den im obigen Text genannten Voraussetzungen nicht hinderlich (Brockhaus in Schütz/Maiwald BR Rn. 9, 13 zu § 44 BeamtVG), da die Pflichtwidrigkeit ungeschriebenes Tatbestandsmerkmal der genannten Vorschrift ist (vgl. ThürOVG ThürVBl. 2010, 203).

[7] Siehe dazu Kazmaier in Stegmüller/Schmalhofer/Bauer BeamtVG § 31 Rn. 27.

[8] BVerwGE 35, 133; 80, 4. Vgl. ferner BVerwG Buchholz 232 § 181a BBG Nr. 8 sowie J.-M. Günther ZBR 2015, 404 ff. (zu dienstunfallrechtlichen Fragen ua bei „schockierenden" Personalgesprächen). SH OVG IÖD 1994, 69 verneint Dienstunfallschutz im Falle eines Beamten, dem

6 Eine vorsätzliche Selbsttötung beruht – auch wenn sie mit dienstlicher Überforderung zusammenhängt – im Allgemeinen nicht auf „äußerer Einwirkung“, es sei denn, ein „unfalltypischer Geschehensablauf“, an dessen Ende ohnehin das Ableben steht, erfährt hierdurch eine „nur unwesentliche Änderung“ in Gestalt einer „Vorverlagerung“.[9] Stellt sich die Selbsttötung als dienstbezogene Aufopferung des Beamten im Interesse der Rettung anderer Personen dar, so drängt sich die Gewährung von Unfallfürsorge auf. Gleiches dürfte im Ergebnis bei einer Selbsttötung im Zustand dienstunfallbedingter Zurechnungsunfähigkeit nicht von der Hand zu weisen sein.[10]

2. Merkmale der Abgrenzung des Unfalles von schädlichen Dauereinwirkungen

7 Zum Begriff des Unfalles gehört ein „plötzliches, örtlich und zeitlich bestimmbares“ Ereignis. Der Unfall unterscheidet sich durch diese Charakteristika von schädlichen Dauereinwirkungen (Dienstbeschädigungen[11]),[12] die, falls sie nicht unter § 31 Abs. 3 BeamtVG zu subsumieren sind, selbst dann nicht zu Unfallfürsorgeleistungen verpflichten, wenn sie der dienstlichen Sphäre zuzurechnen sind.[13]

8 „Plötzlich“ ist nicht gleichbedeutend mit „unvorhersehbar“. Vielmehr kommt es ausschließlich darauf an, ob das schädigende Vorkommnis unvermittelt eintritt und auf einen „verhältnismäßig kurzen Zeitraum“ beschränkt bleibt.[14] Für die Unfallversicherung ist anerkannt, dass das fragliche Geschehen innerhalb einer Arbeitsschicht abgeschlossen sein muss.[15] Dem entspricht hier ein zusammenhängender Tagesdienst, sodass zB bei einer wiederholten, jeweils etwa zwei Stunden dauernden Einwirkung dioxinhaltiger Stoffe an drei von insgesamt fünf Tagen nicht mehr von einem „plötzlichen“ Ereignis die Rede sein kann.[16] Mit der Wortfolge „örtlich und zeitlich bestimmbar“ wird das Merkmal „plötz-

---

mitgeteilt worden war, dass er umgesetzt werde, und der daraufhin einen psychischen Schock erlitten hatte; anders könne es zu bewerten sein, wenn weitere Umstände hinzuträten, die – wie etwa verletzende Äußerungen im Verlauf einer verbalen Auseinandersetzung mit einem (Dienst)Vorgesetzten – den Rahmen der „normalen“ Ausgestaltung des Dienstverhältnisses überstiegen (auf derselben Linie VG Schleswig 8.1.2015 – 12 A 79/14 –, BeckRS 2015, 41159 für die Mitteilung des Ergebnisses einer medizinischen Untersuchung). NdsOVG 8.12.1993 – 2 L 87/90 – (n. v.) sieht es nicht als Folge einer „äußeren Einwirkung“ an, wenn ein Beamter aufgrund der Eröffnung (Aushändigung) eines amtsärztlichen Gutachtens psychische oder psychosomatische Störungen erleide, und zwar ungeachtet dessen, dass sich bei ihm deswegen eine „innere Erregung“ eingestellt habe, weil das Gutachten seiner Ansicht nach unrechtmäßig zustande gekommen war. Siehe schließlich BayVGH 20.6.2016 – 3 ZB 14.1450 –, juris Rn. 10 zur Eröffnung einer dienstlichen Beurteilung, die nicht den Erwartungen des Beamten entspricht, „soweit sich der Inhalt und die Umstände der Eröffnung in sozialadäquatem Rahmen halten“.

[9] BVerwGE 10, 258 (261).

[10] BSGE 1, 150; 18, 163. Noch weiter gehend BSGE 61, 113 (115): Ausreichend sei es, wenn die freie Willensbestimmung durch Unfallfolgen „wesentlich beeinträchtigt“ sei. Siehe schließlich BSGE 66, 156.

[11] Vgl. auch § 28 Abs. 1 BeamtStG und § 49 Abs. 1 BBG.

[12] BVerwGE 11, 229; 23, 201 (209 f.). Vgl. ferner BVerwG Buchholz 239.1 § 31 BeamtVG Nr. 17 und NVwZ 2010, 708.

[13] SOVG ZBR 1990, 60.

[14] Gewitter, Regenschauer oder Schneestürme können, auch wenn sie mehrere Stunden andauern, „plötzliche, örtlich und zeitlich bestimmbare“ Ereignisse sein; vgl. BAG RiA 1966, 172 sowie HVGH NDBZ 1962, 21.

[15] BSGE 15, 112; 24, 216 sowie BSG NJW 1958, 1206.

[16] Vgl. Brockhaus in Schütz/Maiwald BR Rn. 23 zu § 31 BeamtVG mwN.

lich" näher umschrieben: Das Ereignis muss konkret – nicht nur abstrakt[17] – nach Ort und Zeitpunkt[18] feststehen.

9 Als Beispiele für „plötzliche, örtlich und zeitlich bestimmbare" Ereignisse sind zu nennen:

- die Operation eines Beamten,[19]
- der Sprung eines Polizeibeamten in eiskaltes Wasser bei der Verfolgung eines Verbrechers,[20]
- das unvermittelte Auftreten eines Schneesturmes,[21]
- der Verkehrsunfall bei einer Dienstreise[22] und
- der Biss eines tollwuterkrankten Hundes.

Bei Infektionskrankheiten fehlt es gewöhnlich an dem Erfordernis örtlicher und zeitlicher Bestimmbarkeit.[23] Dass die aufgrund ärztlicher Erfahrung zu vermutende Inkubationszeit und die Orte bekannt sind, an denen der Beamte sich während dessen aufgehalten hat, reicht nicht aus.[24] Die Ansteckung eines Beamten, der einen Kranken an einem dem Datum nach feststehenden Tage in dienstlicher Eigenschaft aufgesucht hat, kann dagegen ein Dienstunfall sein.[25]

10 Ein plötzliches, örtlich und zeitlich bestimmbares Ereignis scheidet bei Erkrankungen aus, die auf dienstlich bedingtem Ärger, auf Überarbeitung, auf häufigen Dienstleistungen bei schlechtem Wetter, in nasser Umgebung oder in einem unzureichend geheizten Arbeitsraum, auf falscher Lebensweise oder auf natürlicher Abnutzung beruhen.[26]

3. Körperschaden

11 Das Ereignis muss einen Körperschaden verursachen.[27] Als Körperschäden sind anzusehen:

---

[17] BVerwGE 11, 229 und BVerwG ZBR 1963, 49.

[18] BVerwG ZBR 1965, 244; siehe außerdem BVerwG Buchholz 239.1 § 31 BeamtVG Nr. 17.

[19] Vgl. BVerwGE 23, 201.

[20] Brockhaus in Schütz/Maiwald BR Rn. 28 zu § 31 BeamtVG.

[21] HVGH NDBZ 1962, 21.

[22] Brockhaus aaO (Fn. 20), der – mit Rechtsprechungsnachweisen – auch einen 3000-Meter-Lauf, ein Umknicken des Fußes und das zweimalige Tragen eines Schülers über eine Entfernung von jeweils 25–30 m erwähnt.

[23] BVerwGE 11, 229; außerdem BVerwG ZBR 1962, 189 und Buchholz 237.7 § 142 LBG NRW Nr. 3 sowie BW VGH DVBl 1990, 885. Vgl. ferner NdsOVG ZBR 2006, 215, Unfallschutz bei einem Zeckenbiss während einer Klassenfahrt verneinend; anders BVerwG NVwZ 2010, 708 für einen Fall, in dem während des Prozesses unstreitig geworden war, dass die betroffene Lehrerin auf dem Gelände eines Jugendhofes bei der Pausenaufsicht an einem datumsmäßig feststehenden Tag von einer Zecke gebissen worden war. Zu den Voraussetzungen, unter denen ein Zeckenbiss als Dienstunfall vorliegen kann, schließlich auch RP OVG DVBl 2011, 314 (LS) und SOVG LKRZ 2009, 264.

[24] BVerwG ZBR 1963, 49, ZBR 1965, 181, ZBR 1965, 244, Buchholz 232 § 135 BBG Nr. 50 und Buchholz 239.1 § 31 BeamtVG Nr. 17. Vgl. außerdem BW VGH ZBR 1986, 277 und NdsOVG ZBR 2006, 215.

[25] BW VGH ZBR 1988, 96.

[26] Vgl. BayVGH BayVBl. 1981, 304, SH OVG IÖD 1994, 69 und SOVG ZBR 1966, 382. Zu einer Erkrankung infolge der Anwesenheit in einem PCB-belasteten Dienstraum VG Wiesbaden 31.3.2011 – 1 K 156/10 –, BeckRS 2011, 50902. Das sog Mobbing in Form eines systematischen Anfeindens, Schikanierens und und Diskriminierens durch andere Mitarbeiter oder durch Vorgesetzte zeigt sich in bestimmten fortgesetzten, aufeinander aufbauenden und in einander übergreifenden Verhaltensweisen (siehe dazu BAGE 122, 304, juris Rn. 58, 60 sowie BAG NJW 2009, 251, juris Rn. 29) und ist damit nicht unter den Begriff des „plötzlichen" Ereignisses zu subsumieren (BayVGH 2.12.2015 – 14 ZB 15.2160 –, BeckRS 2015, 56406).

[27] Zum Begriff des Körperschadens allgemein NRW OVG DÖD 2015, 104. Die Anerkennung eines Körperschadens als Dienstunfall kann nicht deshalb versagt werden, weil dieserhalb derzeit

- äußere und innere Verletzungen (zB Knochenbruch, Muskel- oder Sehnenriss, Wunde, Verlust eines Gliedes oder eines sonstigen Körperbestandteiles),
- organische Beeinträchtigungen mit Krankheitswert (zB Herzinfarkt, Gehirnerschütterung, Schlaganfall),
- psychische Störungen (zB seelischer Schock[28]), nicht aber eine vorübergehende negative Beeinflussung des seelischen Wohlbefindens,[29] sowie
- nicht unerhebliche Entstellungen (zB Verlust eines Teiles der Haare).

Der Extremfall eines Körperschadens ist der Tod.[30]

Die Beschädigung oder Zerstörung eines Körperersatzstückes ist ein Sach-, kein Körperschaden; nach VwVzBeamtVG 31.1.4 steht sie indessen einem Körperschaden gleich.[31] 12

4. Zusammentreffen einer äußeren Einwirkung mit einer Anlage

Geht der Körperschaden sowohl auf eine äußere Einwirkung als auch auf eine besondere Veranlagung des Beamten zurück, so muss abgewogen werden, welche der beiden Ursachen – unter Berücksichtigung der spezifischen Gegebenheiten des Einzelfalles und der individuellen Persönlichkeit des Betroffenen – die „wesentliche" ist.[32] Ist der Körperschaden – als Erfolg – durch mehrere Bedingungen (im erkenntnistheoretischen Sinne) in annähernd gleichem Maße herbeigeführt worden, so ist jede von ihnen rechtlich relevant.[33] Hat dagegen einer der in Betracht zu ziehenden Kausalfaktoren überragend auf den Erfolg hingewirkt, dann kann nur dieser als rechtserheblich angesehen werden.[34] 13

Wesentliche Ursache kann auch eine äußere Einwirkung sein, die ein anlagebedingtes Leiden auslöst, beschleunigt oder verschlimmert, wenn sie nicht im Verhältnis zu anderen (nicht dem Dienst zuzurechnenden) Bedingungen, zu denen auch die vorhandene Anlage gehört, derart zurücktritt, dass diese anderen Bedingungen allein als maßgebend und richtungweisend zu erachten sind.[35] Von lediglich „untergeordneter Bedeutung" ist die äußere Einwirkung als sog Gelegenheitsursache, wenn auch ein anderes, bei den Ver- 14

---

keine therapeutischen Maßnahmen geboten sind. Ist ein Körperschaden als Dienstunfallfolge im Zeitpunkt der mündlichen Verhandlung eines Verwaltungsstreitverfahrens bereits ausgeheilt, so ist die Behörde zu verpflichten, den Körperschaden für die Zwischenzeit vom Eintritt des Schadens bis zum Zeitpunkt der Heilung als Dienstunfallfolge anzuerkennen (NRW OVG NWVBl. 2015,224).

[28] BVerwGE 35, 133. Zu einer „posttraumatischen Belastungsstörung" als Reaktion auf ein außergewöhnliches („qualifiziertes") Unfallereignis BayVGH 14.12.2015 – 3 B 13.920 ua –, juris Rn. 45. Siehe in diesem Zusammenhang auch NRW OVG 23.11.2015 – 1 A 857/12 –, juris Rn. 60 (betr. Agoraphobie als Folge eines traumatisierenden Überfalls) sowie VG Augsburg 28.4.2016 – Au 2 K 15.1624 –, BeckRS 2016, 46639 (betr. akute, durch das Mitverfolgen eines Mordes und eines Mordversuchs an Kollegen einer Parallelschicht über Polizeifunk veranlasste Belastungsreaktion einer Polizeibeamtin).

[29] Vgl. OLG Hamm MDR 1958, 939.

[30] BVerwGE 120, 154.

[31] Richtig ist eine *analoge* Anwendung des § 32 Satz 1 BeamtVG. Ist das Körperersatzstück (wie zB eine Schädelplatte oder eine künstliche Hüfte) fest in den Körper eingefügt, so wird seine Beschädigung mit einer Schädigung des menschlichen Körpers selbst unvermeidlich einhergehen; vgl. BayLSG BVBl. 1956, 78.

[32] Grundlegend BVerwGE 14, 181; 26, 332. Siehe ferner BVerwGE 80, 4; 81, 265 sowie BVerwG DÖD 1995, 283 und DVBl 2002, 1642.

[33] Bei drei oder mehr Kausalfaktoren ist es unerlässlich, dienstbedingte und andere Ursachen zu je einer Ursachengruppe zusammenzufassen und im Anschluss daran die Wertigkeit dieser Ursachengruppen zu prüfen.

[34] BVerwGE 80, 4; 81, 265; weitere Nachweise bei Brockhaus in Schütz/Maiwald BR Rn. 36 ff. zu § 31 BeamtVG.

[35] BVerwGE 80, 4 sowie BVerwG ZBR 1967, 219, ZBR 1989, 57 und NVwZ 1996, 183 (184).

richtungen des täglichen Lebens ernstlich in Betracht zu ziehendes Ereignis denselben Erfolg herbeigeführt hätte[36] oder wenn sie lediglich der „letzte Tropfen" gewesen ist, „der das Maß zum Überlaufen brachte bei einer Krankheit, die ohnehin ausgebrochen wäre, wenn ihre Zeit gekommen war".[37]

15 Die Rechtsprechung hat einen Dienstunfall zB verneint:

- beim Eintritt eines Bandscheibenschadens während des Dienstsports,[38]
- bei einem Herzinfarkt, auch wenn dieser durch körperliche und seelische Belastungen dienstlicher Art hervorgerufen worden ist,[39]
- bei einer anlagebedingten Gehirnblutung während einer Streifenfahrt mit einem Dienstkraftrad[40] und bei einem (im Wesentlichen auf erblicher Stoffwechselstörung beruhenden) Schlaganfall während eines Klassenausfluges,[41]
- bei Grund- und Deckplatteneinbrüchen in einer durch Morbus Scheuermann vorgeschädigten Wirbelsäule nach dem Sprung eines 23jährigen Beamten von einem Lkw aus einer Höhe von 1,60 m,[42]
- beim Abriss einer degenerativ veränderten Achillessehne eines Sportlehrers während des Sportunterrichts[43] oder während eines dienstlichen Volleyballspiels von Polizeibeamten,[44]
- bei der Ruptur einer Degenerationserscheinungen aufweisenden proximalen Bicepssehne am Schultergelenk eines Justizbeamten, der einen Karton geschoben hatte,[45] und
- allgemein bei psychischen Reaktionen auf ein dienstliches Ereignis, falls diese entscheidend durch eine „willensmäßige Einstellung neurotischer Natur" geprägt sind.[46]

16 Bei einer Vorschädigung, zB bei der degenerativen Veränderung einer Achillessehne, ist es unerheblich,

- ob sich diese (aufgrund des histologischen Befundes), gemessen am Alter des Betroffenen, als vorzeitiger (krankhafter) Verschleiß darstellt und

---

[36] Als alltägliches Ereignis iSd obigen Textes ist aber nur ein Geschehen zu betrachten, welches „häufig und regelmäßig" vorkommt (von NRW OVG 4.12.1990 – 12 A 2604/88 –, n. v. für einen Sturz auf einer Steintreppe mit den Folgen einer Gehirnerschütterung und multiplen Prellungen verneint). Vgl. auch BVerwG Buchholz 239.1 § 31 BeamtVG Nr. 13.

[37] BVerwGE 26, 332; siehe weiterhin Fn. 35 sowie BayVGH ZBR 1991, 276. Vgl. auch SächsOVG 24.3.2009 – 2 B 353/07 –, BeckRS 2009, 33497 für den Fall des psychischen Zusammenbruchs eines Hochschullehrers beim Lesen eines Schreibens der vorgesetzten Dienstbehörde, in dem er darauf hingewiesen wurde, dass geprüft werde, ob gegen ihn ein Disziplinarverfahren einzuleiten sei: Ohne eine entsprechende Prädisposition oder ohne eine vorangegangene lang dauernde Belastungssituation – als wesentliche Ursache(n) – sei diese (Über-)Reaktion nicht verständlich; das Lesen des Schreibens sei damit nur der „letzte Tropfen" gewesen und deshalb nur von „untergeordneter" Bedeutung. Zu einer chronisch verlaufenden Anpassungsstörung in Gestalt psychischer Beschwerden mit Krankheitswert, die nicht auf den Dienstunfall selbst, sondern auf das „Hinzutreten zusätzlicher Faktoren" (Verhalten der Kollegen nach dem Dienstunfall bzw. Frustration über das Vorgehen des Dienstherrn bei der Behandlung des Dienstunfalles) beruhten, BayVGH 18.1.2016 – 3 ZB 13.34 –, BeckRS 2016, 41752.

[38] NdsOVG ZBR 1957, 137; vgl. auch NRW OVG ZBR 1958, 10.

[39] Vgl. HVGH ESVGH 22, 66 und SOVG ZBR 1966, 382.

[40] BW VGH ZBR 1960, 354.

[41] NRW OVG ZBR 1976, 59.

[42] HVGH ZBR 1985, 251.

[43] BVerwG DVBl 2002, 1642; vgl. aber auch mit einschränkender Tendenz BVerwG Buchholz 239.1 § 31 BeamtVG Nr. 13.

[44] Vgl. dazu die Nachweise bei Brockhaus in Schütz/Maiwald BR Rn. 45 zu § 31 BeamtVG (6. Spiegelstrich).

[45] BayVGH DÖD 1991, 90.

[46] BVerwG DÖD 1964, 111; zum Problem der sog Rentenneurose BGHZ 20, 137; 39, 313; 132, 341 und BSGE 11, 50; 18, 173; 19, 275; 21, 189.

- ob die Ursachen der Degeneration im dienstlichen oder im privaten Bereich zu suchen sind.[47]

Eine äußere Einwirkung, die mit einer Anlage zusammentrifft, ist als wesentliche Ursache zu bewerten, wenn sie einen weit größeren Körperschaden hervorruft, als er sich im täglichen Leben voraussichtlich aus der Anlage entwickelt hätte.[48] Die äußere Einwirkung als mitwirkende Ursache wird in einem solchen Fall durch die Anlage nicht verdrängt. Die Maßgeblichkeit einer äußeren Einwirkung dürfte in der Regel zu bejahen sein, wenn diese den Tod des Beamten, der ohnehin an einem unfallunabhängigen Leiden verstorben wäre, um mindestens ein Jahr beschleunigt hat.[49] 17

5. Dienstbezogenheit des Unfalles

§ 31 Abs. 1 Satz 1 BeamtVG verlangt, dass das Unfallereignis „in Ausübung oder infolge des Dienstes" eingetreten ist. Ebenso wie zwischen dem Körperschaden und der äußeren Einwirkung[50] muss zwischen dieser und dem Dienst ein Ursachen- und Zurechnungszusammenhang bestehen. 18

Der Begriff des „Dienstes" umfasst zum einen alle Tätigkeiten, die der Beamte[51] innerhalb des individuellen Aufgabenkreises verrichtet, der ihm durch Gesetz, Verordnung oder dienstliche Weisung – bei seinem eigenen oder einem fremden Dienstherrn – übertragen ist;[52] zum anderen erstreckt er sich auf die Teilnahme des Beamten an „kollektiven" dienstlichen Veranstaltungen (§ 31 Abs. 1 Satz 2 Nr. 2 BeamtVG).[53] Zum Dienst gehören auch An- und Rückreise zu und von dem Ort außerhalb der Dienststelle, an dem der Beamte Dienstgeschäfte zu erledigen hat (§ 31 Abs. 1 Satz 2 Nr. 1 BeamtVG). Durch Art. 1 Nr. 21 des Versorgungsänderungsgesetzes 2001[54] ist Abs. 1 Satz 2 Nr. 3 in § 31 BeamtVG eingefügt worden: 19

- Die dort nunmehr als erste Alternative genannten Nebentätigkeiten im öffentlichen Dienst oder in dem ihm gleichstehenden Dienst, zu deren Übernahme der Beamte

---

[47] BVerwG ZBR 2003, 140.

[48] BVerwGE 80, 4.

[49] Vgl. BSGE 12, 247; 13, 175; 40, 273; 63, 277. HVGH ZBR 1992, 215 verneint mit Recht die Übertragbarkeit dieser Judikatur auf Fälle, in denen eine vorhandene krankhafte Veranlagung oder ein anlagebedingtes Leiden nicht schicksalsmäßig zu einem Körperschaden führt (Zusammentreffen einer geringgradigen Minderentwicklung des Schultergelenks mit dem Bewegungsablauf bei einer dienstlich veranlassten Tauchübung als annähernd gleichwertige Ursachen für eine Schulterluxation). Insoweit sind Feststellungen in Bezug auf den im obigen Text angesprochenen (prognostisch ins Auge zu fassenden) Jahreszeitraum ohne (begrenzende) rechtliche Relevanz (siehe außerdem BVerwG ZBR 1989, 56 aE).

[50] → Rn. 13.

[51] Siehe dazu Fn. 4.

[52] BVerwGE 10, 128 (129); 37, 203 (206 f.); 89, 117 sowie NRW OVG ZBR 1999, 388. Betreut ein Hochschullehrer einen ausländischen Wissenschaftler, der an seinem Institut arbeitet, während der Freizeit über das eigentliche Fach hinaus in allgemein-kultureller Hinsicht, so handelt es sich dabei nicht um „Dienst" im gewöhnlichen Verständnis; vgl. NRW OVG 22.4.1982 – 6 A 1396/81 – (n. v.), zit. nach juris. Es könnte hier aber eine Subsumtion unter § 31 Abs. 1 Satz 2 Nr. 3 (2. Alt.) BeamtVG infrage kommen. Bei der Wahrnehmung von Forschungsaufgaben während eines Freisemesters kann ein Hochschullehrer unter Dienstunfallschutz stehen; BayVGH BayVBl.1980, 534. Schließlich ist einem emeritierten Hochschullehrer für die Zeit der (freigestellten) Verrichtung von Hochschulaufgaben Dienstunfallschutz nicht zu versagen (Kazmaier in Stegmüller/Schmalhofer/Bauer BeamtVG § 31 Rn. 71).

[53] Vgl. BVerwG DVBl 1968, 78. Personalvertretungsrechtliche oder schwerbehindertenvertretungsrechtliche Aktivitäten stellen keinen Dienst dar, stehen ihm aber kraft Gesetzes (siehe Fn. 1) gleich; NdsOVG 13.5.2016 – 5 LA 150/15 –, BeckRS 2016, 46209.

[54] BGBl. I S. 3926.

gemäß § 98 BBG (oder entsprechendem Landesrecht[55]) verpflichtet ist, waren schon immer[56] – und ohne eine besondere gesetzliche Regelung[57] – als „Dienstausübung" iSd § 31 Abs. 1 Satz 1 BeamtVG zu qualifizieren. Für die Zuordnung einer Nebentätigkeit zum „öffentlichen Dienst" genügt es, dass der Empfänger der von dem Beamten erbrachten Leistungen eine juristische Person des öffentlichen Rechts ist.[58]

- Auf eine Ausdehnung des Dienstunfallschutzes über den eigentlichen Dienstbereich hinaus zielt hingegen die des Weiteren durch den Gesetzgeber als zweite Alternative veranlasste Einbeziehung nicht-unfallversicherter Nebentätigkeiten, deren Wahrnehmung von dem Beamten „im Zusammenhang mit den Dienstgeschäften erwartet wird".[59]

Nicht im Dienst befinden sich der Beamte, der während seiner Freizeit Bezüge bei einer räumlich nicht mit seiner Dienststelle verbundenen Kasse abholt, ohne dass er – aufgrund dienstlicher Weisung oder Anordnung – zur persönlichen Empfangnahme verpflichtet wäre,[60] oder der Polizeivollzugsbeamte, der freie Heilfürsorge in Anspruch nimmt.[61] Eine ärztliche Untersuchung zur Wiederherstellung der Dienstfähigkeit kann – ausnahmsweise – unter der Voraussetzung „Ausübung des Dienstes" sein, dass der Dienstherr die Durchführung der Untersuchung ausdrücklich oder doch zumindest zweifelsfrei zum Bestandteil der von dem Beamten zu erfüllenden Dienstobliegenheiten erhoben hat.[62] Ein Verkehrsunfall, der sich auf dem Weg des Beamten von seiner Dienststelle zum Besuch seines im Krankenhaus liegenden Kindes ereignet, ist hingegen selbst dann kein Dienstunfall, wenn der Besuch nach seiner Vorstellung auch dazu dienen sollte, abzuklären, ob er trotz der Erkrankung seines Kindes eine angeordnete Dienstreise antreten könne.[63]

20 Die innere Abgrenzung der Merkmale „in Ausübung" und „infolge" – unter Berücksichtigung des Beginns, des Ablaufs und des Abschlusses der maßgeblichen „Kausalkette" als Kriterium[64] – hat (hier) für die praktische Rechtsanwendung keine Bedeutung. Es ist lediglich von Belang, wie der Gesamtbereich zu umschreiben ist, dessen Kennzeichnung die Wendung „in Ausübung oder infolge des Dienstes" bezweckt. In BVerwGE 35, 234 ist sie als inhaltsgleich mit der Wortfolge „im ursächlichen Zusammenhang mit dem Dienst" gedeutet. In BVerwGE 37, 203 verlangt das Gericht „einen bestimmten Zusammenhang zwischen dem Ereignis und der Ausübung des Dienstes": Der Zusammenhang des Unfalles mit dem Beamtendienst müsse das „entscheidende Kriterium" sein. Um die Teilklasse der „in Ausübung oder infolge des Dienstes" eingetretenen Unfälle zu erfassen, verwendet das Bundesverwaltungsgericht außerdem die Formel vom „natürlichen Zusammenhang (des Ereignisses) mit den eigentlichen Dienstaufgaben oder sonstigen dienstlich notwendigen Verrichtungen oder mit dem dienstlichen Über- und Unterordnungsverhältnis".[65]

21 Der erforderliche Ursachen- und Zurechnungszusammenhang ist wie folgt zu präzisieren: Der Dienst muss zunächst – nicht hinwegzudenkende – Bedingung der äußeren

---

[55] Siehe zB § 48 NRW LBG.
[56] Vgl. BW VGH ZBR 1964, 83.
[57] Siehe aber VwVzBeamtVG 31.1.9.
[58] BVerwG NVwZ-RR 2004, 49.
[59] Siehe dazu BT-Drs. 14/7064 S. 35 (Begr. B zu Art. 1 Nr. 21).
[60] BVerwGE 40, 220.
[61] BVerwGE 89, 117. Vgl. aber auch § 31 Abs. 2 Satz 3 BeamtVG sowie Fn. 107.
[62] BW VGH 16.2.1998 – 4 S 1103/96 –, VGHRsprDienst 1998, Beilage 4, B 5.
[63] NRW OVG DÖD 1993, 146.
[64] Siehe in diesem Sinne jedoch BVerwG NVwZ-RR 2014,152 (juris Rn. 13).
[65] BVerwGE 40, 220; 44, 36. Zur Gewährung eines erhöhten Unfallruhegehaltes bei „rechtswidrigen Angriffen" während der „Ausübung des Dienstes" siehe § 37 Abs. 2 Nr. 1 BeamtVG.

Einwirkung sein. Diese muss sich zudem als unmittelbare Folge des Dienstes darstellen, weil die Sonderregelung des § 31 Abs. 4 BeamtVG sonst überflüssig wäre und weil es andernfalls nahe gelegen hätte, die den Oberbegriff „Dienstbeschädigung" kennzeichnende Wortfolge „bei Ausübung oder aus Veranlassung des Dienstes" (§ 28 Abs. 1 BeamtStG, § 49 Abs. 1 BBG) zu wählen.[66] Haben mehrere Bedingungen die äußere Einwirkung unmittelbar herbeigeführt, so liegt ein Dienstunfall nur vor, wenn die Dienstausübung die wesentliche mitwirkende Ursache war.[67]

a) Unfälle im Dienstgebäude während der Dienststunden

Der Beamte befindet sich regelmäßig „in Ausübung" des Dienstes, wenn er sich während der Dienststunden im Dienstgebäude aufhält.[68] Unfälle, die sich innerhalb dieses räumlichen und zeitlichen Rahmens ereignen, sind Dienstunfälle, es sei denn, sie beruhen auf einem Verhalten des geschädigten Beamten, das mit seinen dienstlichen Obliegenheiten schlechthin nicht in Zusammenhang gebracht werden kann.[69] Dieser Ausnahmetatbestand ist erfüllt, **22**

- wenn sich der Beamte in nennenswertem Umfang mit privaten Angelegenheiten befasst,[70]
- wenn er seinen dienstlichen Aufgabenkreis offensichtlich und schwerwiegend überschreitet und dabei den wohlverstandenen Interessen des Dienstherrn erkennbar zuwiderhandelt[71] oder
- wenn er gar bewusst gegen ein ausdrückliches Verbot des Dienstherrn verstößt, das die Tätigkeit selbst, nicht nur die Art und Weise (das „Wie") ihrer Ausführung betrifft.[72]

Körperschäden, die sich im Zuge einer Beteiligung an Alkoholgelagen oder an tätlichen Auseinandersetzungen im Kollegenkreis[73] oder gar bei der Begehung von Straftaten einstellen, liegen außerhalb des Schutzzweckes der Unfallfürsorge.

---

[66] Vgl. BVerwG DÖD 1976, 208 und RiA 1982, 119.

[67] Siehe VwVzBeamtVG 31. 1. 5 Satz 3; zum Begriff der wesentlichen Ursache vgl. schon → Rn. 13.

[68] BVerwGE 17, 59; 20, 347; 37, 139; 37, 203; 40, 220; vgl. ferner BVerwG ZBR 2008, 132, wo die „Beherrschbarkeit des Risikos" bezüglich unfallträchtiger Geschehnisse im Dienst als Abgrenzungsgesichtspunkt („Kriterium") herangezogen wird. Nach BW VGH ZBR 1987, 13 gehören bei einem Lehrer „jedenfalls die im inneren Zusammenhang mit dem Beginn der nachfolgenden oder der Abwicklung der vorausgehenden Unterrichtsstunde stehenden Tätigkeiten zur Dienstzeit, ... unabhängig davon, ob sie in der stundenplanmäßigen Unterrichtszeit liegen". Ein Medizinalbeamter in einer Justizvollzugsanstalt mit angeschlossenem Krankenhaus erleidet auch dann einen Dienstunfall, wenn er während seiner Rufbereitschaft zum klingelnden Diensttelefon eilt und sich dabei verletzt (SächsOVG 25.1.2010 – 1 A 566/08 –, BeckRS 2010, 46505).

[69] BVerwGE 17, 59; nunmehr auch BVerwG ZBR 2008, 132. Wird ein Beamter von seinem Dienstvorgesetzten mit einer Aufgabe betraut, die nur dessen privates Interesse betrifft, so ist darauf abzustellen, ob der beauftragte Beamte erkennen konnte, dass es sich um eine Privatangelegenheit handelte; vgl. Summer/Baumgartner Dienstunfall Rn. 22 sowie Wilhelm in GKÖD I (O) BeamtVG § 31 Rn. 27.

[70] Vgl. BSGE 14, 295.

[71] BVerwG Buchholz 232 § 135 BBG Nr. 53. Zum Versuch eines Lehrers, sich gegen den erkennbaren Widerstand der Bediensteten des städtischen Sport- und Bäderamtes Zutritt zu einer Schwimmhalle zu verschaffen, vgl. RP OVG NVwZ-RR 2006, 199. Zur Abgrenzung BVerwG ZBR 2008, 132 (Dienstbezogenheit bejaht für den Fall, dass ein Beamter nach einem Hilferuf von seiner Arbeit am Schreibtisch aufspringt, um zu einer Unglücksstelle zu eilen).

[72] Vgl. Wilhelm in GKÖD I (O) BeamtVG § 31 Rn. 64.

[73] Teilw. abw. (und vertretbar) Summer/Baumgartner Dienstunfall Rn. 16 Anm. 76, die demjenigen Unfallschutz zuteil werden lassen wollen, der den Streit im dienstlichen Interesse zu schlichten sucht.

23 Eine rechtlich beachtliche Dienstbezogenheit ist beispielsweise gegeben,

- wenn der Beamte sich während der Einnahme einer Mahlzeit in der Kantine des Dienstgebäudes verletzt[74] oder erkrankt, weil das Kantinenessen verdorben war,[75]
- wenn er beim Aufsuchen der Toilette,[76] eines Waschraumes[77] oder der Garderobe oder im Treppenhaus (etwa beim Hin- oder Rückweg zu oder von einer dienstlich erlaubten Erfrischung in der Kantine[78]) einen Unfall erleidet oder
- wenn die dienstliche Verrichtung, bei der er sich einen Körperschaden zuzieht, lediglich fehlerhaft vorgenommen worden ist.[79]

b) Unfälle außerhalb des Dienstgebäudes während der Dienststunden

24 Der dem Beamten übertragene individuelle Aufgabenkreis kann eine Dienstverrichtung außerhalb des Dienstgebäudes notwendig machen. Außendienst leisten zB Polizeivollzugsbeamte, die den Straßenverkehr überwachen, Kriminalbeamte während ihrer Ermittlungstätigkeit, Beamte der Bauaufsichtsbehörden, die die Ausführung genehmigungspflichtiger Bauvorhaben an Ort und Stelle kontrollieren, sowie Beamte der Finanzverwaltung und der Arbeits- und Umweltschutzämter, die Betriebe inspizieren.[80] Entsprechendes gilt für Lehrer etwa während eines Schullandheimaufenthaltes.[81] Befindet sich der Beamte, während der Unfall geschieht, am „Bestimmungsort" (§ 31 Abs. 1 Satz 2 Nr. 1 BeamtVG), dh innerhalb des Bereiches, in dem er seine konkrete dienstliche Aufgabe wahrzunehmen hat, so genießt er Unfallschutz, falls nicht eine der vorstehend in Teilabschnitt a) beschriebenen Ausnahmesituationen vorliegt.[82] Etwaige Unklarheiten hinsichtlich der Zuweisung seines räumlichen Betätigungsfeldes dürfen sich nicht zu

---

[74] RP OVG ZBR 1970, 21.

[75] Teilw. abw. Summer/Baumgartner Dienstunfall Rn. 22, die Unfallschutz verneinen, wenn die Kantine an einen Unternehmer verpachtet ist. Zutr. Brockhaus in Schütz/Maiwald BR Rn. 62 zu § 31 BeamtVG: Der Dienstherr habe es in der Hand, sein Gefahrenrisiko durch sorgfältige Auswahl des Pächters und geeignete Ausgestaltung des Pachtvertrages „in vertretbaren Grenzen" zu halten.

[76] Vgl. BSG Betr.1964, 1744. Zu der Frage, ob der Dienstunfallschutz an der Außentür der Toillettenanlage endet, wenn diese zur Verrichtung der Notdurft im Dienstgebäude betreten wird, BayVGH 24.2.2015 – 3 ZB 13.1706 –, BeckRS 2015, 42866. Wird ein Sanitätsraum nicht zur Toillettenbenutzung, sondern zum Zwecke der Reinigung der dienstbedingt (nämlich beim Wegräumen einer zerstörten Flasche mit einer klebrigen Flüssigkeit) verschmutzten Hände aufgesucht, so ist dies nicht dem eigenwirtschaftlichen Bereich zuzurechnen, sodass beim Ausrutschen und Umknicken auf dem Fliesenboden des Sanitätsraumes nach dem Händewaschen Dienstunfallschutz zu gewähren ist (BayVGH aaO).

[77] Siehe dazu auch BayVGH ZBR 1985, 111.

[78] Siehe auch BayVGH NVwZ-RR 2000, 99: Verlasse ein Beamter sein Dienstgebäude, das über keine Kantine verfüge, um sich – mit allgemein erteilter Erlaubnis – während der Dienstzeit zur Aufrechterhaltung der Leistungsfähigkeit aus einer auf der gegenüber liegenden Straßenseite befindlichen Kantine einer anderen Behörde ein Getränk zu holen, komme ihm Dienstunfallschutz zugute, auch wenn sich im eigenen Dienstgebäude ein Getränkeautomat befinde.

[79] Beispiel: Polizeibeamter hält sich beim Waffenreinigen nicht an die Sicherheitsbestimmungen.

[80] Siehe auch BayVGH RiA 1983, 114: Ein Beamter, der in Expressgutwagen der Bahn Dienst tue, bleibe „im Banne des Dienstes" (vgl. BVerwGE 37, 203), solange er nicht den Bahnbereich aus freien Stücken verlasse. Ein Unfall bei dem Pausenspaziergang eines solchen Beamten außerhalb des Bahnbereiches sei hingegen kein Dienstunfall.

[81] Zum Unfall eines Lehrers während des morgendlichen Duschens im Schullandheim BVerwG NVwZ-RR 2008, 410. Weist der Dienstherr einen Beamten an, seine Dienstleistung für eine bestimmte Zeit in einem räumlich abgegrenzten Bereich außerhalb des eigenen behördlichen Machtbereiches zu erbringen, so ist dieser anderweitige Bereich damit der Risikosphäre des Dienstherrn zuzurechnen (BVerwG NVwZ 2010, 708).

[82] Der Zusammenhang mit dem Dienst kann bei „tätlichen Neckereien" („Albereien") von Polizeibeamten auf Streife aufgehoben sein; NdsOVG ZBR 1992, 121.

seinem Nachteil auswirken, vorausgesetzt, er hat sich um eine pflichtgemäße, nicht durch Eigeninteressen bestimmte Auslegung bemüht.

c) Unfälle im Dienstgebäude außerhalb der Dienststunden

Leistet der Beamte über die regelmäßige Dienstzeit hinaus im Dienstgebäude Mehrarbeit, so steht er auch insoweit unter Unfallschutz, sofern er damit nicht dem erklärten oder zumindest erkennbaren Willen seines Dienstvorgesetzten zuwiderhandelt.[83] Ist ihm Erholungs- oder Sonderurlaub erteilt, so kann – mangels abweichender Anhaltspunkte – davon ausgegangen werden, dass der Dienstvorgesetzte eine Dienstleistung während dieser Zeit nicht billigt.[84] Dienstbezogen sind dagegen auch solche Handlungen, mit denen sich der Beamte im Dienstgebäude vor Beginn der Dienstzeit auf den Dienst vorbereitet oder sich nach dem Dienst für den Heimweg herrichtet.[85] 25

d) Unfälle bei Dienstreisen

§ 31 Abs. 1 Satz 2 Nr. 1 BeamtVG stellt klar,[86] dass der Dienstbegriff auch Dienstreisen und die dienstliche Tätigkeit am Bestimmungsort[87] umfasst. Dienstreisen sind Reisen zur Erledigung von Dienstgeschäften außerhalb der Dienststätte (§ 2 Abs. 1 Satz 1 BRKG). Sie müssen, mit Ausnahme von Dienstreisen am Dienst- oder Wohnort (den früheren „Dienstgängen"), schriftlich oder elektronisch angeordnet oder genehmigt[88] worden sein, es sei denn, dass eine Anordnung oder Genehmigung nach dem Amt des Dienstreisenden oder dem Wesen des Dienstgeschäfts nicht in Betracht kommt (§ 2 Abs. 1 Satz 2 BRKG). Die Dauer der Dienstreise richtet sich nach der Abreise und Ankunft an der Wohnung, es sei denn, die Dienstreise beginnt oder endet an der Dienststätte (vgl. § 2 Abs. 2 BRKG). Handlungen zur Vorbereitung der Dienstreise (bzw. des Dienstganges), die sich innerhalb der häuslichen Sphäre abspielen, sind nicht in den Unfallschutz einbezogen.[89] Ein Wespenstich, der sich während einer Dienstreise im Dienstkraftfahrzeug ereignet, ist der privaten Risikosphäre zuzurechnen; durch ihn verwirklicht sich „lediglich ein allgemeines Lebensrisiko, dem der spezifische Zusammenhang mit dem Beamtendienst fehlt".[90] 26

Übernachtet der Beamte am Bestimmungsort im Hotel, so sind auch die notwendigen Wege zwischen Bahnhof und Hotel und zwischen Hotel und Ort der dienstlichen Tätigkeit unfallrechtlich geschützt. Unfälle, die sich im Hotel selbst zutragen, sind Dienstunfälle, sofern sie wesentlich darauf beruhen, dass sich der Beamte dort aus dienstlichen Gründen in einem für ihn nicht voll beherrschbaren spezifischen Risikobereich aufhalten 27

---

[83] Kazmaier in Stegmüller/Schmalhofer/BauerBeamtVG § 31 Rn. 80.

[84] Bei Beamten, denen die Führung der Dienstgeschäfte gemäß § 39 BeamtStG, § 66 BBG verboten ist oder die vorläufig des Dienstes enthoben sind (siehe § 38 BDG und das korrespondierende Landesrecht, zB § 38 NRW LDG), versteht es sich von selbst, dass sie – auch wenn sie sich im Dienstgebäude aufhalten – auf ihrem früheren Tätigkeitsfeld keinen Dienst verrichten.

[85] Kazmaier aaO (Fn. 83) § 31 Rn. 83 mwN.

[86] Vgl. BVerwGE 39, 83 sowie BVerwG ZBR 1972, 118.

[87] → Rn. 24.

[88] Auch eine nachträgliche Erteilung der Dienstreisegenehmigung ist möglich. Dienstunfallrechtlich unerheblich ist es, wenn der Beamte auf die Geltendmachung einer Reisekostenvergütung vorab verzichtet hat; Kazmaier in Stegmüller/Schmalhofer/Bauer aaO (Fn. 83) § 31 Rn. 106 f. Siehe auch BW VGH 25.11.2009 – 4 S 2016/08 –, BeckRS 2010, 45238: Bei einer „ab Wohnung" genehmigten Dienstreise mit dem privaten Pkw werde der Dienst nicht durch das Aufsuchen einer privaten – vom Wohnhaus des Beamten räumlich getrennten – Großgarage zur Abholung des Fahrzeugs unterbrochen, wenn die Garage einen unüberschaubaren Nutzerkreis (hier: ca. 400 Personen) habe, „der nicht mehr maßgebend von den Bewohnern des (Mehrfamilien-)Hauses des Beamten geprägt wird" (Abgrenzung zu BVerwGE 122, 360, vgl. Fn. 179, 183).

[89] Summer/Baumgartner Dienstunfall Rn. 26a Anm. 139; aA BayVGH BayVBl. 1965, 279.

[90] VG Wiesbaden NVwZ 1999, 324.

muss.[91] Dieser Voraussetzung ist zB nicht genügt, wenn der Beamte sich während des Hotelaufenthaltes bei einem (wegen einer Nierenerkrankung auch sonst regelmäßig durchzuführenden) Saunabesuch[92] oder bei einem Sprung vom Dreimeterbrett in das Hotelschwimmbecken verletzt.[93]

28 Soweit der Beamte einen Umweg macht, dh vom unmittelbaren Weg zwischen Dienststelle oder Wohnung einerseits und Bestimmungsort andererseits abweicht, sind die für den Wegeunfall (§ 31 Abs. 2 Satz 1 Hs. 1 BeamtVG) maßgeblichen Grundsätze[94] entsprechend heranzuziehen.[95] Auch hier stehen Umwege deswegen unter Unfallschutz, wenn sie ausschlaggebend durch dienstliche Belange bestimmt und nicht durch eigenwirtschaftliche oder sonstige persönliche Beweggründe geprägt sind.[96]

29 Als dienstlich bedingt sind in der Rechtsprechung betrachtet worden:

- ein Umweg, der darauf beruht, dass ein aufgrund dienstlicher Weisung mitfahrender Beamter ein Dienstgeschäft an einem Ort abseits des unmittelbaren Weges zwischen der Wohnung (Dienststelle) des Dienstreisenden und dem Bestimmungsort wahrzunehmen hat,[97]
- ein (nicht unverhältnismäßig großer) Umweg, den der Beamte nach Antritt einer längeren Dienstreise macht, um sein Kraftfahrzeug aufzutanken, und zwar selbst dann, wenn er ihn nur in Kauf nimmt, weil er bei seiner nicht am unmittelbaren Reiseweg gelegenen Stammtankstelle verbilligtes Benzin beziehen und mit einer besseren Wartung seines Kraftfahrzeugs rechnen kann,[98] sowie
- ein Umweg zwecks Einkaufs von Nahrungsmitteln zum sofortigen Verzehr während einer Fahrtpause.[99]

Eine Unterbrechung des notwendigen Zusammenhanges zwischen Weg und Dienst kann – wie beim eigentlichen Wegeunfall[100] – auch daraus resultieren, dass der Beamte während der Dienstreise zwar Umwege vermeidet, aber zwischendurch anhält, um ein Anliegen wahrzunehmen, das nicht zu seinen Dienstgeschäften gehört.[101] Keine Unter-

[91] Vgl. hierzu VwVzBeamtVG 31.1.6 Satz 3; weiterhin BSG NJW 1958, 1558 (Unfall im Fahrstuhl des Hotels als Arbeitsunfall) sowie Gröpper/Tegethoff in Plog/Wiedow BBG Rn. 95a zu § 31 BeamtVG.

[92] Vgl. BSG NJW 1990, 70 und NJW 1992, 3190.

[93] Vgl. BSGE 39, 180 sowie BSG NJW 1998, 404. Siehe auch BayVGH 16.4.1987 – 3 B 86.00212 –, abgedr. bei Schütz/Maiwald BR ES/C II 3.1 Nr. 20 (zum Unfall eines Beamten auf dem Rückweg von einem ausgedehnten privaten Abendessen in einem Restaurant in die Unterkunft während einer mehrtätigen Dienstreise).

[94] → Rn. 49 ff.

[95] BVerwGE 28, 105; 39, 83 sowie NRW OVG ZBR 1973, 376; siehe auch VwVzBeamtVG 31.1.6 Satz 1. Keinen „Umweg" (und keine dienstunfallrechtlich relevante Unterbrechung der Dienstreise) stellt es dar, wenn der Beamte zur Einnahme einer Mahlzeit die Gaststätte eines Bahnhofs aufsucht (vgl. Groepper/Tegethoff in Plog/Wiedow BBG Rn. 95a zu § 31 BeamtVG). Str., wie es zu beurteilen ist, wenn der Beamte trotz Anordnung einer mehrtätigen Dienstreise täglich in seine Wohnung zurückkehrt und dort übernachtet; vgl. einerseits Hentschel ZBR 1982, 209 (Dienstunfallschutz!), andererseits Steiner/Schäuble ZBR 1984, 140, die auf BVerwG DÖV 1978, 101 hinweisen (kein Dienstunfallschutz!), siehe außerdem Kazmaier in Stegmüller/Schmalhofer/Bauer BeamtVG § 31 Rn. 113 f.

[96] BVerwGE 24, 246 und BVerwG NJW 1983, 642. Siehe auch BSG NJW 1996, 77 (zur Bedeutung subjektiver Vorstellungen des Beamten).

[97] NRW OVG ZBR 1957, 410 (LS 12).

[98] BW VGH ZBR 1975, 25; vgl. jedoch auch BSGE 16, 77 und BSG NJW 1968, 1253; neuerdings ferner BVerwG NVwZ-RR 2011, 208 (LS) = Schütz/Maiwald BR ES/C II 3.1 Nr. 95 (Hinweis auf → Rn. 55).

[99] BVerwGE 39, 83.

[100] → Rn. 53 ff.

[101] Vgl. HVGH ZBR 1992, 217. Der dieser Entscheidung zugrunde liegende Fall betraf allerdings einen bloßen Sachschaden am Kraftfahrzeug eines Lehrers, der seinen Heimweg für eine Besprechung

brechung bedeutet es hingegen in der Regel, wenn der Beamte sein während einer längeren Dienstreise betriebsunfähig gewordenes Kraftfahrzeug im notwendigen Umfang reparieren lässt, um die Reise fortsetzen zu können.[102]

Bedient sich der Beamte eines Verkehrsmittels, dessen Benutzung der Dienstvorgesetzte nicht lediglich aus reisekostenrechtlichen Erwägungen ermessensfehlerfrei untersagt hat, so ist er unfallrechtlich nicht abgesichert.[103] Das Bundesverwaltungsgericht[104] verneint darüber hinaus einen Dienstunfallschutz schon dann, wenn der Beamte sein privates Kraftfahrzeug verwendet, obwohl der Dienstvorgesetzte – aus welchen sachlichen Gründen auch immer – die Benutzung eines anderen Verkehrsmittels angeordnet hatte, es sei denn, die Umstände verändern sich seit der dienstlichen Anordnung so, dass sich der Einsatz des privaten Kraftfahrzeugs nunmehr als im dienstlichen Interesse liegend erweist.[105] 30

e) Unfälle bei der Teilnahme an dienstlichen Veranstaltungen

Auch durch § 31 Abs. 1 Satz 2 Nr. 2 BeamtVG wird kein von Abs. 1 Satz 1 aaO abweichender Dienstbegriff eingeführt. Von Gesetzes wegen sollte lediglich klargestellt werden, dass neben dem eigentlichen Dienst auch dienstliche Veranstaltungen zum Dienst gehören. [106] „Dienstliche Veranstaltungen" sind „kollektive ... Maßnahmen oder Einrichtungen",[107] die in sachlichem Zusammenhang mit den eigentlichen Dienstaufgaben stehen, ausschlaggebend dienstlichen Interessen dienen und in Organisation und Ablauf (unmittelbar oder – im Falle einer Beauftragung anderer Personen mit der Durchführung einer Veranstaltung – mittelbar) von der Autorität des für den jeweiligen Beamten zuständigen Dienstvorgesetzten getragen werden.[108] Ob eine Veranstaltung in diesem Sinne in den 31

---

im Rahmen einer (von einem privaten Verein organisierten) Hausaufgabenhilfe für ausländische Schulkinder unterbrochen hatte. Des Weiteren ist anzumerken, dass es sich hier um eine Unterbrechung des „Weges von der Dienststelle" iSd § 31 Abs. 2 Satz 1 Hs. 1 BeamtVG, nicht dagegen um die Unterbrechung einer Dienstreise (eines Dienstganges) gehandelt hat. Für das zutreffende Ergebnis (Verneinung eines Ersatzanspruchs) ist das freilich gleichgültig.

[102] BVerwG DVBl 1982, 1191. Ausnahmen von dem im obigen Text aufgestellten Grundsatz wird man für die Fälle machen müssen, dass dem Beamten (regelwidrig) die Fortsetzung der Dienstreise mit einem öffentlichen Verkehrsmittel zuzumuten ist oder dass die Wiederherstellung der Betriebsfähigkeit des Kraftfahrzeugs nach Art und Zeitaufwand in einem Missverhältnis zur Dauer der Dienstreise im Ganzen steht; so auch BVerwG aaO.

[103] Vgl. BayVGH DVBl 1958, 662 (LS Nr. 308) sowie Wilhelm in GKÖD I (O) BeamtVG § 31 Rn. 64 und Groepper/Tegethoff in Plog/Wiedow BBG Rn. 96a zu § 31 BeamtVG. Weitere Nachweise zum kontroversen Meinungsstand bei Brockhaus in Schütz/Maiwald BR Rn. 89 zu § 31 BeamtVG.

[104] DÖV 1978, 101. Wie das Gericht aaO klarstellt, begibt sich der Beamte nicht schon dadurch des Dienstunfallschutzes, „dass er es versäumt, für die sich im Rahmen des Üblichen haltende Verwendung des privaten Kfz im Zusammenhang mit dem Dienst eine ausdrückliche Erlaubnis seines Dienstherrn einzuholen".

[105] Vgl. auch NRW OVG NJW 1984, 2239.

[106] BVerwG NVwZ-RR 2014, 152 mwN (juris Rn. 16).

[107] BVerwGE 37, 139 sowie BVerwG Buchholz 239.1 § 31 BeamtVG Nr. 5. Der Dienstherr kann sich auch fremde, insbesondere von Privatpersonen getragene Veranstaltungen „zu eigen machen"; BVerwG ZBR 1974, 23, siehe auch BVerwGE 81, 265 (267). BVerwG NVwZ-RR 2014, 152 hält eine während der Dienstzeit auf Kosten des Dienstherrn durch einen Polizeiarzt außerhalb der Dienststelle vorgenommene Grippeschutzimpfung, die sämtlichen Bediensteten eines Geschäftsbereichs unter Schilderung der echten Virusgrippe als lebensbedrohliche Erkrankung sowie unter Hinweis auf die gute Verträglichkeit des vom Dienstherrn bestimmten Impfstoffes durch Aushang angeboten worden war, für eine „dienstliche Veranstaltung" (zw.; aA noch das voraufgegangene Berufungsurteil SOVG DÖD 2012, 93; vgl. ferner SächsOVG 16.2.2016 – 2 A 112/15 –, BeckRS 2016, 44158).

[108] BVerwG NVwZ-RR 2014,152 mwN, DVBl 1968, 78, ZBR 1974, 23, ZBR 1974, 236 und NVwZ-RR 2005, 422; ferner BayVGH BayVBl. 1980, 500 (Übernahme einer Schirmherrschaft reiche

weisungsgebundenen Dienstbereich einbezogen ist, beurteilt sich nach dem Willen des Dienstvorgesetzten, wie er – aufgrund einer Einzelfallprüfung – aus seinem Verhalten unter Berücksichtigung aller erkennbaren Umstände zu erschließen ist.[109] Dies gilt auch in Sicht auf die Festlegung des Beginns und des Endes der Veranstaltung: Ist ein zeitliches Ende nicht im Vorhinein festgesetzt, so behält die Veranstaltung ihren dienstlichen Charakter so lange, bis ihre Beendigung durch den Dienstvorgesetzten oder eine von ihm beauftragte Person ausdrücklich erklärt wird oder sich nach Lage der Dinge anderweit eindeutig ergibt.[110] Die von einem Beamten etwa aus Anlass seines Dienstantritts, seines Geburtstages oder der Geburt eines Kindes für Kollegen ausgerichtete Feier ist regelmäßig nicht als dienstliche Veranstaltung anzusehen.[111]

32 Musterbeispiele dienstlicher Veranstaltungen sind

- Ausbildungs- und Fortbildungstagungen sowie Studienfahrten, auch soweit sie von einem außerhalb der Verwaltung stehenden Träger im Auftrag des Dienstherrn ausgerichtet werden, sofern im Übrigen die eingangs genannten allgemeinen Voraussetzungen erfüllt sind,[112]
- Personalausflüge und -feiern,[113] gleichgültig, ob für den einzelnen Beamten eine Teilnahmepflicht besteht,[114] und zwar auch dann, wenn dabei Familienmitglieder der Beamten zugegen sind,[115] sowie
- sportliche Wettkämpfe oder Lauftraining, die der Körperschulung, etwa von Polizeivollzugsbeamten, nützen sollen, wenn und soweit[116] die Teilnahme für den in Betracht kommenden Beamten „auch formell in die dienstliche Sphäre einbezogen" ist.[117]

---

nicht aus), HVGH DÖD 1985, 201 und DÖD 1989, 219, NdsOVG DÖD 1995, 211 (zum Tennistraining eines Polizeivollzugsbeamten bei einem privaten Sportverein), NRW OVG DÖD 2006, 252 und RP OVG DÖD 1989, 47. Im Unfallversicherungsrecht ist es bereits hinreichend, dass die unfallverursachende Tätigkeit im Interesse des Arbeitsgebers liegt und damit dem Betrieb zuzurechnen ist (vgl. zB BSGE 16, 1).

[109] BVerwG DVBl 1974, 162, ferner HVGH DÖD 1985, 201 und DÖD 1989, 219 sowie NRW OVG DÖD 1986, 273. Der Dienstherr kann freilich eine besondere Form vorschreiben (NRW OVG ZBR 1988, 353).

[110] BVerwGE 81, 265: Es genügt nicht, dass der Dienststellenleiter eine Betriebsfeier verlässt.

[111] NRW OVG DÖD 2006, 252.

[112] Vgl. aber auch BVerwG ZBR 1976, 259: Der Unfall beim Duschen in einer Gemeinschaftsunterkunft während eines Lehrgangs ist kein Dienstunfall, wenn der Beamte dort nur aus fürsorgerischen Gründen untergebracht ist.

[113] Siehe dazu BVerwGE 81, 265 sowie BSGE 1, 179; 7, 249; 17, 280; ferner BayVGH ZBR 1960, 328, HVGH ZBR 1959, 121 und NdsOVG ZBR 1957, 200. Vgl. auch BSG ZBR 2001, 109 (110): Für die Frage, ob die Teilnahme an einer „besonderen Aktivität" während einer der im obigen Text angesprochenen Gemeinschaftsveranstaltungen als solche unter dem Schutz der gesetzlichen Unfallversicherung stehe, komme es darauf an, ob die Teilnahme hieran für alle Betriebsangehörigen möglich sei. Nur dann könne „dem erforderlichen Zweck der Gemeinschaftsveranstaltung, nämlich der Förderung bzw. der Pflege der Verbundenheit der Betriebsangehörigen untereinander, gedient werden" (im Ausgangsfall: Betriebsausflug an einen See, bei dem allen Betriebsangehörigen die Beteiligung an besonderen Aktivitäten wie Schwimmen im See, Schiffstour oder Minigolf am Seeufer angeboten wurde).

[114] BSGE 7, 249; ferner HVGH ZBR 1959, 121.

[115] BSGE 1, 179 (183); 7, 249 (253). Siehe auch NRW OVG NJW 1984, 2239.

[116] Siehe dazu NRW OVG ZBR 1988, 353: Für das Waldlauftraining eines Polizeivollzugsbeamten im Bundesgrenzschutz bestehe kein Dienstunfallschutz, falls die Sportausübung nicht der Erlasslage gemäß von einer sachkundigen Person beaufsichtigt werde.

[117] BVerwG ZBR 1974, 236; vgl. ferner HVGH DÖD 1985, 201. BayVGH DVBl 1986, 154 weist zutreffend darauf hin, dass im Bereich des Lehrersports (hier: wöchentlich stattfindende Arbeitsgemeinschaft für Volksschullehrer „Volleyball und Hallenfußball") „die Grenze zwischen dienstlicher Fortbildung und sportlicher Betätigung nicht eindeutig, sondern eher fließend" verlaufe. Dadurch wachse dem Dienstherrn ein „Gestaltungsspielraum" zu, der es unter den konkreten Umstän-

Betriebssport hat demgegenüber nicht den Charakter einer dienstlichen Veranstaltung, falls er lediglich vom „autonomen Willen" der daran Beteiligten und nicht von der Autorität des Dienstvorgesetzten getragen ist[118] oder falls er im Blick auf den infrage stehenden Beamten nur im Interesse der allgemeinen Gesunderhaltung stattfindet,[119] sei es auch, dass andere Teilnehmer nach der Eigenart ihrer Dienstaufgaben hierbei dienstunfallgeschützt sind.[120] Die Anwesenheit eines Beamten bei der Versammlung eines Berufsverbandes ohne dienstliche Weisung fällt nicht unter § 31 Abs. 1 Satz 2 Nr. 2 BeamtVG, selbst wenn ihm hierfür Dienstbefreiung erteilt ist.[121] Wenn sich ein Beamter während einer Kurbehandlung – etwa in der Fürsorgeeinrichtung seines Dienstherrn – verletzt, ist ein Dienstunfall gleichfalls im Ergebnis zu verneinen.[122] Je nach den Gegebenheiten unterschiedlich zu bewerten ist ein Unfall, den ein Lehrer bei einem von Schülern organisierten – außerhalb des schulischen Einflussbereiches abgehaltenen – Klassentreffen erleidet.[123] 33

Für den Weg zu und von einer dienstlichen Veranstaltung gelten § 31 Abs. 1 Satz 2 Nr. 1 und Abs. 2 Satz 1 Hs. 1 BeamtVG entsprechend.[124] 34

f) Unfälle bei Nebentätigkeiten

Wie unter Rn. 19 schon bemerkt, bringt die erste Alternative des § 31 Abs. 1 Satz 2 Nr. 3 BeamtVG lediglich zum Ausdruck, was schon vor der entsprechenden Ergänzung des Gesetzestextes allgemein als rechtens angesehen und durch VwVzBeamtVG 31.1.9 für die Verwaltung expressis verbis verbindlich gemacht worden war. Durch die zweite Alternative ist der Dienstunfallschutz hingegen mit Wirkung vom 1. Januar 2002 (auch) inhaltlich ausgeweitet worden: Der Beamte genießt seitdem, falls er insoweit nicht in der gesetzlichen Unfallversicherung (§ 2 SGB VII) versichert ist,[125] gemäß den §§ 30 ff. BeamtVG bzw. dem gleich lautenden Landesrecht Unfallfürsorge, wenn er bei einer Nebentätigkeit[126], „deren Wahrnehmung von ihm im Zusammenhang mit den Dienstgeschäften 35

---

den beanstandungsfrei erscheinen lassen könne, dass einer Lehrer-Sportarbeitsgemeinschaft (hinsichtlich bestimmter Sportarten) durch „dienstunfallrechtliche Genehmigung" der Charakter der „materiellen Dienstbezogenheit" verliehen werde.

[118] RP OVG DÖD 1989, 47.

[119] BVerwG DVBl 1968, 78 sowie NRW OVG ZBR 1963, 356.

[120] BVerwG DVBl 1974, 162.

[121] NdsOVG DÖD 1961, 13; vgl. auch Wilhelm in GKÖD I (O) BeamtVG § 31 Rn. 83.

[122] BVerwGE 37, 139; ferner NRW OVG ZBR 1967, 218. Siehe auch NRW OVG DÖD 1986, 273: Die „formelle Dienstbezogenheit" einer Sonderkur für Polizeivollzugsbeamte zur Erhaltung der körperlichen Leistungsfähigkeit und der in diesem Rahmen abgehaltenen Sportübungen folge weder aus der Tatsache eines gezielten Therapie- und Lernprogramms noch aus der gruppenbezogenen Begrenzung des teilnehmenden Personenkreises.

[123] Vgl. dazu BVerwGE 51, 220 sowie BW VGH ZBR 1974, 26.

[124] Vgl. VwVzBeamtVG 31.1.8 sowie HVGH ZBR 1959, 121. NRW OVG NJW 1984, 2239 lehnt unter Anknüpfung an BVerwG DÖV 1978, 101 (dazu → Rn. 30) einen Dienstunfallschutz ab, wenn der Beamte für den Heimweg von einer dienstlichen Veranstaltung ein Verkehrsmittel wählt, dessen Benutzung durch den Dienstherrn zuvor ausgeschlossen worden war. Siehe weiterhin BVerwGE 81, 265: Eine alkoholbedingte Verkehrsuntüchtigkeit auf dem Heimweg von einer Betriebsfeier, bei der Alkohol ausgeschenkt worden war, gehöre nicht zu den Gefahren, für die der Dienstherr im Rahmen des Dienstunfallschutzes aufkommen müsse (aA, aber zu weit gehend HmbOVG ZBR 1987, 14, welches in dem Berufungsurteil ua darauf abgestellt hatte, dass der Dienstvorgesetzte trotz der Zulassung erheblichen Alkoholgenusses keine Vorkehrungen getroffen habe, um einen ungefährdeten Heimweg der Teilnehmer zu ermöglichen).

[125] Vgl. namentlich § 2 Abs. 1 Nr. 9 ff. SGB VII, insbesondere Nr. 13c aaO, wonach (kraft Gesetzes) unfallversichert ist, wer sich bei der Verfolgung oder Festnahme einer Person, die einer Straftat verdächtig ist, oder zum Schutz eines widerrechtlich Angegriffenen persönlich einsetzt.

[126] Siehe dazu Art. 4 Nr. 19 DNeuG (Ersetzung des Wortes „Tätigkeiten" durch das Wort „Nebentätigkeiten").

erwartet wird", einen Körperschaden erleidet. Die Wortfolge „erwartet wird" ist dahin zu interpretieren, dass zum einen auf die – präsumtive, hinsichtlich der gehegten „Erwartung" nicht überzogene – Sicht des Dienstherrn und zum anderen (kumulativ) auf die Parallelwertung des Beamten abzustellen ist. § 45 Abs. 1 Satz 2 Nr. 3 LBeamtVG BW stellt hiervon abweichend darauf ab, ob der Dienstvorgesetzte ein „dienstliches Interesse" an der Übernahme der entsprechenden Nebentätigkeit „anerkannt hat"; nach Art. 46 Abs. 1 Satz 2 Nr. 3 BayBeamtVG ist der Dienstunfallschutz auf Nebentätigkeiten begrenzt, die der Beamte (wenn nicht auf Verlangen, so doch) „auf Vorschlag oder Veranlassung des Dienstherrn" übernommen hat.

g) Unfälle von Beamten, die sich selbst „in den Dienst versetzen"

36 Beamte in leitenden Stellungen dürfen dienstliche Handlungen – etwa solche repräsentativer oder dienstaufsichtlicher Art – aufgrund eigenen Entschlusses nach pflichtgemäßem Ermessen auch außerhalb der regelmäßigen Dienststunden und außerhalb des Dienstgebäudes vornehmen. Auch Polizeivollzugsbeamte sind hierzu berechtigt, wenn sie Zwecke der Verbrechensbekämpfung oder der Gefahrenabwehr verfolgen.[127] Unverzichtbar ist es, dass sich ein entsprechender Vorgang „im Rahmen des Amtes oder des dienstlichen Auftrages des Beamten" hält.[128] Kein Sachverhalt dieser Prägung ist gegeben,

- wenn sich ein Beamter am letzten Urlaubstag bei seiner Dienststelle nach einer etwaigen Änderung des Dienstplanes erkundigt[129] oder
- wenn sich ein Lehrer aus Anlass des Besuches von Schülern und Lehrern einer ausländischen Partnerschule (sei es auch nach Absprache mit seiner Schulleitung) zu einem gemeinsamen Abendessen bei den Eltern eines seiner Schüler begibt.[130]

Entschließt sich ein Polizeivollzugsbeamter, seinen angetrunkenen Vater zu dessen Wohnung zu begleiten, so erfüllt auch das – von Ausnahmefällen (etwa der Bedrohung

---

[127] NdsOVG ZBR 1972, 120. Auf das Tragen der Uniform kommt es nicht an; Summer/Baumgartner Dienstunfall Rn. 18c. SOVG NVwZ-RR 2012, 562 lässt es offen, ob die Dienstunfähigkeit eines Polizeibeamten bereits den Schluss rechtfertige, dass sich dieser während dessen nicht habe „in den Dienst versetzen" können; mit Recht verneint das Gericht den angesprochenen Unfalltatbestand jedoch im Hinblick darauf, dass der betreffende Beamte, der einen Pkw-Fahrer zum Zwecke einer Verkehrskontrolle angehalten hatte, seit Jahren an das Landeskriminalamt (Bereich Kriminaltechnik) abgeordnet sei.

[128] BVerwGE 37, 203; 135, 176 (180). Im RdErl. des Kultusministeriums des Landes Nordrhein-Westfalen vom 29.12.1983 betr. Dienstunfallfürsorge für Lehrkräfte (abgedr. bei Brockhaus in Schütz/Maiwald BR unter Rn. 95 zu § 31 BeamtVG) heißt es ua: Es sei Sache des Schulträgers, die für einen ordnungsgemäßen Unterricht erforderlichen Lehrmittel bereitzustellen. Wenn Lehrkräfte „an seiner Stelle Besorgungen und Einkäufe" unternähmen, ständen sie nur dann unter beamtenrechtlichem Dienstunfallschutz, „wenn der Schulträger nicht oder nur unter erheblichen Schwierigkeiten in der Lage ist, seine Verpflichtung (rechtzeitig) zu erfüllen, die Lehrmittel aber dringend benötigt werden, um einen ordnungsgemäßen Unterricht durchführen zu können, oder wenn die Erledigung die besondere Sachkunde der Lehrkraft voraussetzt". Siehe jedoch auch NdsOVG NdsRpfl 1995,288 (Unfallschutz zugunsten eines Lehrers, der sich auf eigene Initiative in einer 16 km von seinem Wohnort entfernten Buchhandlung über ein Fachbuch für den Unterricht in seinem Fach informieren wollte und der auf der Rückfahrt zu seinem Wohnort einen Verkehrsunfall erlitt); ungeachtet des anerkennenswerten Engagements im Ergebnis sehr zw., und zwar zum einen wegen der Eigenmächtigkeit des entsprechenden Handelns und zum anderen – damit zusammenhängend – wegen der problematischen Ausdehnung des Unfallschutzes ohne eine entsprechende Einwirkungs- und Begrenzungsmöglichkeit des Dienstherrn.

[129] BVerwG ZBR 1969, 347.

[130] NRW OVG DÖD 1983, 227; siehe aber auch RP OVG IÖD 1995, 9. Zu denken ist hier je nach Lage des Falles aber an eine Anwendung der zweiten Alternative des § 31 Abs. 1 Satz 2 Nr. 3 BeamtVG; so zutr. Brockhaus in Schütz/Maiwald BR Rn. 102f zu § 31 BeamtVG.

des Vaters durch einen Verbrecher) abgesehen – nicht das Kriterium des „In den Dienst Versetzens“.[131]

h) Unfälle in der Privatwohnung des Beamten bei Verrichtung von Dienstgeschäften

Derartige Unfälle können als Dienstunfall nur anerkannt werden,[132] 37

- sofern die häusliche Dienstverrichtung, wie vornehmlich bei Lehrern aller Schularten,[133] bei Hochschullehrern oder bei Richtern, üblich ist oder, wie beispielsweise bei sog häuslichen Telearbeitsplätzen, vom Dienstvorgesetzten ausdrücklich zugelassen oder mindestens stillschweigend gebilligt wird[134] und
- sofern die wesentliche Ursache des Unfalles ausnahmsweise nicht in den besonderen Verhältnissen des häuslichen Wirkungskreises liegt, die dem Einfluss des Dienstherrn entzogen sind.[135]

Die an zweiter Stelle genannte Voraussetzung ist etwa dann nicht erfüllt, wenn der Beamte auf dem Weg von der Toilette im Dachgeschoss des Hauses zu seinem ein Stockwerk höher gelegenen Telearbeitsplatz im Spitzboden auf der Treppe ausrutscht und sich dabei verletzt.[136] Eine Dienst- oder Rufbereitschaft zu Hause gehört nicht zum Dienst.[137]

II. Berufskrankheit

§ 31 Abs. 3 Satz 1 und Satz 3 BeamtVG iVm § 1 der dazu ergangenen Durchführungsverordnung vom 20. Juni 1977[138] stellt dem „plötzlichen, örtlich und zeitlich bestimmbaren Ereignis“[139] solche spezifisch dienstbezogenen[140] Erkrankungen gleich, die in der Anlage (1) zur Berufskrankheiten-Verordnung vom 8. Dezember 1976[141] in der jeweils 38

[131] NRW OVG 31.7.1990 – 6 A 1586/88 –, abgedr. bei Schütz/Maiwald BR ES/C II 3.1 Nr. 41. Vgl. auch Pflaum RiA 2011, 198 (201): Eine „risikosphärenorientierte Betrachtungsweise“, wie sie der Theorie von der wesentlich mitwirkenden Teilursache zugrunde liege (→ Rn. 13 ff., 21), gebiete, dass der Beamte sich an den „wohlverstandenen Interessen“ des Dienstherrn orientiere und dass er nicht „aus persönlichen Motiven Risiken eingeht, die er nicht auch in anderen Fällen eingegangen wäre, in denen keine eigenen bzw. nahestehenden Interessen berührt sind“.

[132] Vgl. HVGH ZBR 1964, 268 sowie neuerdings BayVGH ZBR 2010, 127.

[133] BVerwG NVwZ-RR 2008, 411 sowie RP OVG IÖD 1995, 9.

[134] Eine tatsächliche Vermutung hierfür besteht bei Beamten, die ihren Dienst in einem auf Kosten des Dienstherrn eingerichteten und unterhaltenen häuslichen Arbeitszimmer versehen, ferner zB bei Gerichtsvollziehern, deren in der Privatwohnung gelegenes Dienstzimmer durch dienstliches Gebührenaufkommen finanziert wird; vgl. dazu Brockhaus in Schütz/Maiwald BR Rn. 70 zu § 31 BeamtVG mit Hinweis auf Groepper/Tegethoff in Plog/Wiedow BBG Rn. 64 zu § 31 BeamtVG.

[135] Ähnlich Groepper/Tegethoff in Plog/Wiedow BBG Rn. 64 zu § 31 BeamtVG. Siehe auch BVerwG NVwZ-RR 2008, 411: Jedenfalls in den Fällen, in denen der Beamte die Wahl habe, ob er die dienstliche Tätigkeit in einem vom Dienstherrn hierfür vorgehaltenen Dienstzimmer oder andernorts (etwa in einem häuslichen Arbeitszimmer) ausüben wolle, müsse der Unfall „umgebungsunabhängig“ seine wesentliche Ursache in einer dienstlichen Verrichtung haben; das den Unfall auslösende konkrete Handeln müsse unter solchen Umständen „bei objektiver Betrachtung typischerweise zu den Dienstaufgaben des Beamten“ gehören.

[136] BayVGH wie Fn. 132.

[137] Kazmaier in Stegmüller/Schmalhofer/Bauer BeamtVG § 31 Rn. 82. Zur Abgrenzung siehe aber auch Fn. 68 aE.

[138] BGBl. I S. 1004.

[139] → Rn. 7 ff.

[140] → Rn. 18 ff.

[141] BGBl. I S. 3329.

geltenden Fassung mit den dort im Einzelnen bezeichneten Maßgaben aufgelistet sind. Zurzeit gilt die Anlage zur Berufskrankheiten-Verordnung vom 31. Oktober 1997[142], die am 1. Dezember 1997 in Kraft getreten und zuletzt durch Aufnahme von vier weiteren Berufskrankheiten mit Wirkung vom 1. Januar 2015 geändert worden ist.[143] Die dortige Aufzählung von Krankheiten ist, anders als im Bereich der Unfallversicherung (§ 9 Abs. 2 SGB VII), für die beamtenrechtliche Unfallfürsorge abschließend.[144] Eine sonstige Krankheit, die durch dienstlich bedingte Dauereinwirkungen hervorgerufen ist, verpflichtet den Dienstherrn mithin nicht zu Unfallfürsorgeleistungen. Ob eine Krankheit als Dienstunfall iSd § 31 Abs. 3 BeamtVG zu qualifizieren ist, entscheidet sich nach dem Recht, welches in dem Zeitraum gegolten hat, in dem sich der Beamte die Krankheit zugezogen hat.[145] Die Aufnahme einer Krankheit in die Anlage (1) der Berufskrankheiten-Verordnung wirkt – soweit sich eine Neuregelung nicht ausdrücklich Rückwirkung beimisst – im Beamtenrecht *ex nunc:* Es kommt also darauf an, ob der Beamte in einem Zeitraum erkrankt ist, in dem die entsprechende Erkrankung (bereits) in dem Katalog aufgeführt war.[146]

39 Die spezifische Dienstbezogenheit besteht darin, dass der Beamte nicht nur „in Ausübung oder infolge" des Dienstes (§ 31 Abs. 1 Satz 1 BeamtVG) erkrankt, sondern dass er darüber hinaus „nach der Art seiner dienstlichen Verrichtung der Gefahr der Erkrankung … besonders ausgesetzt" gewesen sein muss. Diesem – zweiten – Erfordernis ist nur genügt, wenn die konkrete dienstliche Tätigkeit – im Ganzen gesehen „ihrer Art nach" – erfahrungsgemäß (generell) eine hohe Wahrscheinlichkeit „gerade dieser Erkrankung" in sich birgt.[147] Die besondere Gefährdung muss – unabhängig von der individuellen Veranlagung[148] des jeweiligen Beamten – für die konkret auszuführende[149] dienstliche Verrichtung unter den gegebenen tatsächlichen Verhältnissen[150] „typisch" und in erheblich höherem Maße als bei der übrigen Bevölkerung vorhanden sein.[151] Dies ist der Fall

---

[142] BGBl. I S. 2623.

[143] Siehe die Änderungsverordnung vom 22.12.2014, BGBl. I S. 2397.

[144] Vgl. Groepper/Tegethoff in Plog/Wiedow BBG Rn. 182 zu § 31 BeamtVG; siehe auch BVerwG, Buchholz 232 § 135 BBG Nr. 57 und ZBR 1978, 202. Ferner BVerwGE 40, 220 und BVerwGE 122, 360: Es bleibe dem Gesetzgeber überlassen, inwieweit er Verbesserungen des sozialversicherungsrechtlichen Unfallschutzes in das Beamtenrecht einführe (Hinweis auf Fn. 2 aE). BVerfG NJW 1982, 694 (695) lässt die Frage unentschieden, ob eine gesetzliche Regelung, die im Interesse der Rechtsklarheit allein auf das „Listensystem" des § 9 Abs. 1 SGB VII (= § 551 Abs. 1 RVO aF) abstellt, den Anforderungen des Gleichheitssatzes (Art. 3 Abs. 1 GG) genüge.

[145] BVerwG ZBR 1978, 202 sowie NRW OVG RiA 1999, 101.

[146] BVerwG DVBl 1999, 931 sowie Buchholz 239.1 § 31 BeamtVG Nr. 26; siehe ferner RP OVG NVwZ-RR 2015,822.

[147] BVerwGE 11, 229; 34, 4.

[148] BVerwGE 11, 229 sowie BVerwG ZBR 1962, 189, ZBR 1963, 49 und ZBR 1993, 276. Unerheblich ist es, ob sich der Beamte fahrlässig oder gar grob fahrlässig verhalten hat (arg. § 44 Abs. 1 BeamtVG).

[149] BW VGH ZBR 1986, 277.

[150] Siehe dazu BayVGH ZBR 1996, 343: Das gesetzliche Tatbestandsmerkmal „Art seiner dienstlichen Verrichtung" könne nicht aufgehoben oder ersetzt werden etwa durch „dienstliche Verrichtung unter den besonderen räumlichen Bedingungen". Gesundheitliche Beschwerden, die (nur) auf die besondere Beschaffenheit des Dienstzimmers (hier: quecksilberverseuchter Raum) zurückzuführen seien, fielen nicht unter den Begriff der Berufskrankheit (ebenso RP OVG NVwZ-RR 1997, 45, Hinweis auch auf Fn. 26). Vgl. auch VG Göttingen NJOZ 2008, 2961: „Mobbing" sei (ua) kein Dienstunfall iSd § 31 Abs. 3 BeamtVG.

[151] BVerwGE 34, 4 (6 f.) sowie BVerwG ZBR 1962, 189, ZBR 1963, 49, ZBR 1965, 181 und ZBR 1965, 244; ferner NRW OVG ZBR 1974, 300 und RiA 1993, 102 sowie RP OVG NVwZ-RR 1997, 45. Vgl. auch VwVzBeamtVG 31.3.1 Satz 2. Siehe außerdem BSGE 59, 295: Die Feststellung einer erhöhten Wahrscheinlichkeit setze im Grundsatz den epidemiologischen Nachweis einer Vielzahl von Referenzfällen voraus. Dazu BSGE 84, 30: Wenn sich das Erkrankungsrisiko bei einer bestimm-

- bei einem Polizeibeamten, der bei der Isolierung seuchenerkrankter Personen eingesetzt wird,[152] nicht aber bei einem solchen, welcher eine Person, die an offener Lungentuberkulose leidet, festnimmt[153] oder welcher bei einem Lehrgang oder einer Sittenkontrolle mit an Tuberkulose Erkrankten in Berührung kommt,[154]
- bei einem beamteten Arzt, der in einem Krankenhaus Patienten mit ansteckenden Krankheiten zu betreuen hat,[155] nicht indessen bei einem solchen, der bei Einstellungsuntersuchungen oder im (vor-)militärischen Bereich mit Trägern ansteckender Krankheiten Kontakt erhält,[156]
- bei einem Postbeamten, der den Schalter in der Nähe einer Tbc-Heilstätte bedient,[157] sowie
- bei einem Bahnbeamten, der infolge jahrelanger kniebelastender Tätigkeit als Rangierer einen Meniskusschaden davonträgt.[158]

Die spezifische Dienstbezogenheit iSd § 31 Abs. 3 Satz 1 BeamtVG ist in der Recht- 40
sprechung[159] für die Nickelallergie einer an einem Fahrkartenschalter tätigen Beamtin richtigerweise nicht anerkannt worden: Diese Krankheit, die namentlich bei Frauen außerordentlich häufig auftrete und regelmäßig auf eine angeborene Anfälligkeit zurückgehe, habe ihre Ursache „durchweg im Alltagsleben". Nur wo berufsbezogen – wie zB bei Beschäftigten in der Schmuckindustrie oder in Galvanisierwerken – „ein äußerst intensiver und andauernder Kontakt" mit Nickel stattfinde, sei das anders zu sehen. Die Tätigkeit an einem Fahrkartenschalter, bei der sich der Kontakt mit Nickel auf das Berühren nickelhaltiger Münzen beschränke, sei keinem „derartigen Sonderbereich" zuzurechnen.

Bei Lehrern, die sich in der Schule oder während eines Schullandheimaufenthaltes 41
infizieren, sind die Verhältnisse des Einzelfalles maßgeblich.[160]

Nach § 31 Abs. 3 Satz 2 BeamtVG „gilt"[161] die Erkrankung iSd Abs. 3 Satz 1 stets als 42
Dienstunfall, wenn sie durch gesundheitsschädigende Verhältnisse verursacht worden ist,

---

ten Tätigkeit statistisch verdoppele, so bestehe in der Regel ein zureichender Wahrscheinlichkeitsgrad. BVerwG NVwZ 2014, 1325 hält den (Indizien-)Schluss vom Vorliegen einer über einen längeren Zeitraum hinweg bestehenden dienstbedingten Erkrankungsgefahr auf die Kausalität zwischen der entsprechenden Erkrankung und dem Dienst beim Fehlen jeglicher Anhaltspunkte für eine andere Krankheitsursache für nicht „denklogisch unzulässig".

[152] BVerwGE 11, 229 sowie VwVzBeamtVG 31.3.1 Satz 3. Siehe zur Abgrenzung außerdem BW VGH 6.3.1990 – 4 S 1743/88 –, abgedr. bei Schütz/Maiwald, BR, ES/C II 3.1 Nr. 39.

[153] NdsOVG ZBR 1962, 55.

[154] BVerwG ZBR 1963, 49 (r. Sp.) und ZBR 1965, 181. Vgl. aber auch NRW OVG RiA 1993, 102 (wo die Anerkennung einer Lungentuberkulose bei einem Justizvollzugsbeamten abgelehnt ist). Zur Erkrankung eines Polizeibeamten an Lärmschwerhörigkeit im Zuge jahrelanger Schießübungen „in großer Zahl" ohne Gehörschutz VG Gießen NVwZ-RR 2000, 100 (eine Berufskrankheit bejahend).

[155] Siehe Fn. 152.

[156] Vgl. BVerwG ZBR 1965, 20; siehe ferner Summer/Baumgartner Dienstunfall Rn. 28a Beispiel 27.

[157] Brockhaus in Schütz/Maiwald BR Rn. 174 zu § 31 BeamtVG.

[158] NRW OVG RiA 1999, 101. Im gleichen Sinne NRW OVG IÖD 1995, 212 für den Meniskusschaden eines Sportlehrers.

[159] SOVG ZBR 1990, 60.

[160] NdsOVG ZBR 1969, 152 erkennt die Ansteckung eines Lehrers mit Ziegenpeter (Mumps) nicht als Berufskrankheit an; ebenso im Ergebnis BVerwG 28.1.1993 – 2 C 22.90 –, abgedr. bei Schütz/Maiwald BR ES/C II 3.1 Nr. 49 für die Erkrankung einer Lehrerin mit Tuberkulose sowie NdsOVG ZBR 2006, 215 und BVerwG Buchholz 239.1 § 31 BeamtVG Nr. 17 für eine Borreliose-Erkrankung nach einem Zeckenbiss; siehe indessen hierzu auch Fn. 23. Im gegenteiligen Sinne aber BW VGH ZBR 1986, 277 für die Infektion eines Lehrers mit Lungentuberkulose sowie NRW OVG, RiA 1974, 172 für die Ansteckung einer Lehrerin mit Röteln.

[161] Es handelt sich hier um eine unwiderlegliche Vermutung.

denen der Beamte am Ort seines dienstlich angeordneten – unter Umständen (etwa im Verlauf einer Dienstreise) nur vorübergehenden[162] – Aufenthaltes im Ausland besonders ausgesetzt war.[163] Namentlich ist eine im Ausland im Vergleich zum Inland gegebene erhöhte Erkrankungsgefahr zu berücksichtigen.[164] Die Art der dienstlichen Verrichtung und der Zusammenhang mit dem Dienst sind insoweit ohne Bedeutung.[165]

43 Die Spannungs- und Krisengebiete im Ausland, in denen „besondere Verwendungen" im Rahmen humanitärer und unterstützender Maßnahmen in Betracht kommen, liegen vielfach in gesundheitsgefährdenden Zonen. Eine Gleichstellung von Unfällen und Erkrankungen und deren Folgen, die auf gesundheitsschädigende oder sonst vom Inland wesentlich abweichende Verhältnisse zurückzuführen sind, mit einem Dienstunfall und seinen (Rechts-)Folgen, wie sie inzwischen durch § 31a BeamtVG erfolgt ist,[166] ermöglicht eine angemessene, verbesserte Versorgung bei Erkrankungen und Unfällen aufgrund der speziellen Gegebenheiten im Verwendungsgebiet. Der Unfallschutz umfasst hier ferner Erkrankungen und Unfälle, die der Beamte „im Zusammenhang mit einer Verschleppung oder einer Gefangenschaft" oder deswegen davonträgt, weil er „aus sonstigen mit dem Dienst zusammenhängenden Gründen dem Einflussbereich des Dienstherrn entzogen ist".[167] Die Unfallfürsorge ist allerdings ausgeschlossen, wenn sich der Beamte vorsätzlich oder grob fahrlässig der Gefährdung ausgesetzt oder die Gründe für eine Verschleppung, Gefangenschaft oder sonstige Einflussbereichsentziehung herbeigeführt hat, es sei denn, dass der Ausschluss für ihn eine unbillige Härte wäre (§ 31a Abs. 4 BeamtVG).

44 Herrscht noch Ungewissheit darüber, ob sich der Beamte mit einer Berufskrankheit infiziert hat, besteht insofern indessen ein ernst zu nehmender („konkreter") Verdacht, so kann es – streng genommen: außerhalb der gesetzlichen Spezialregelung der §§ 30ff. BeamtVG mit Rücksicht auf die Fürsorge- und Schutzpflicht des Dienstherrn – veranlasst sein, nicht bis zum Auftreten von Krankheitserscheinungen zuzuwarten, sondern vorab rechtzeitig bestimmte, dem Heilverfahren iSd § 33 BeamtVG nahe stehende notwendige Maßnahmen auf Kosten des Dienstherrn[168] zu initiieren, wie etwa

- eine Schutzimpfung bei Tollwutverdacht[169] oder
- eine Untersuchung auf einen Infektionsbefund.[170]

---

[162] VwVzBeamtVG 31.3.2 Satz 2. Hat der an eine Dienststelle im Ausland abgeordnete oder versetzte Beamte seinen Wohnsitz an den ausländischen Dienstort verlegt, so fällt auch ein dort verbrachter Urlaub unter den Dienstunfallschutz in der Variante des § 31 Abs. 3 Satz 2 BeamtVG (Brockhaus in Schütz/Maiwald BR Rn. 180 zu § 31 BeamtVG).

[163] Siehe auch die Sonderregelung in § 16 Abs. 2 des Gesetzes über den Auswärtigen Dienst (GAD) vom 30.8.1990, BGBl. I S. 1842, zuletzt geändert durch Gesetz vom 14.11.2011, BGBl. I S. 2219.

[164] VwVzBeamtVG 31.3.2 Satz 3.

[165] VwVzBeamtVG 31.3.2 Satz 1.

[166] Die Bestimmung ist durch Art. 3 Nr. 2 des Auslandsverwendungsgesetzes (AuslVG) vom 28.7.1993 (BGBl. I S. 1394) in das Beamtenversorgungsgesetz eingefügt und zuletzt durch Bek. v. 24.2.2010 (BGBl. I S. 150) neu gefasst worden.

[167] Unter den Auffangtatbestand „aus sonstigen … Gründen dem Einflussbereich des Dienstherrn entzogen ist" können Fälle subsumiert werden, in denen sich der Beamte zwar nicht im Gewahrsam einer fremden Macht befindet, sich aber zB verborgen halten muss oder in denen sein Aufenthalt vorübergehend unbekannt ist, weil er sich wegen einer schweren Erkrankung oder Verwundung nicht zu melden vermag.

[168] Siehe § 3 Abs. 3 HeilvfV.

[169] BSG NZA 1986, 343.

[170] BW VGH ZBR 1988, 96.

III. Wegeunfall

Das Zurücklegen des – mit dem Dienst zusammenhängenden – Weges „nach und von der Dienststelle" ist tatsächlich und rechtlich kein Dienst im eigentlichen Sinne; der Beamte kann jedoch während dessen „Gefahren des allgemeinen Verkehrs" ausgesetzt sein, „die weder der Dienstherr noch er selbst im Wesentlichen beeinflussen können".[171] § 31 Abs. 2 Satz 1 Hs. 1 BeamtVG bezieht den Wegeunfall mit Rücksicht hierauf unter Verwendung des gesetzestechnischen Mittels der Fiktion[172] in den Dienstunfallschutz ein. 45

1. Beginn und Ende des Weges

Der Weg zur Dienststelle beginnt grundsätzlich an der Außentür[173] des Wohngebäu- 46
des,[174] in dem der Beamte seine regelmäßige Unterkunft hat,[175] auch wenn dieses nicht am Dienstort steht.[176] Vorgarten und Hof eines Wohngebäudes werden demgemäß von der Rechtsprechung[177] in den unfallgeschützten Bereich einbezogen, während Unfälle im Treppenhaus der nicht geschützten häuslichen Sphäre des Beamten zugerechnet werden.[178] Diese generalisierende Abgrenzung wird damit verteidigt, dass sie an „objektive Merkmale" anknüpfe und „im Allgemeinen" den Vorteil „leichter Feststellbarkeit" für sich beanspruchen könne.[179] Sie vermag aus der Sicht des Verfassers gleichwohl nicht durchgängig zu überzeugen. So dürfte es beispielsweise sachangemessener sein, dem Beamten Dienstunfallschutz zu versagen, falls er sich im Vorgarten oder Hof seines eigenen Hauses verletzt, da er dort vorhandene Gefahrenquellen erkennen und kraft eigenen Rechts beseitigen kann.[180] Hingegen erschiene es durchaus vertretbar, Dienstunfallschutz etwa dann zu gewähren, wenn der in einem Hochhaus wohnende Beamte zu Schaden kommt, während er sich – mit dem Ziel, zur Außentür des Gebäudes zu gelangen – in einem räumlichen Bereich bewegt, in dem Behörden oder Privatunternehmen mit erheblichem Publikumsverkehr untergebracht sind.[181]

Hat der Beamte in dem Haus, das er bewohnt, eine Garage, die er von dort aus 47
erreichen kann, ohne dass er die Außentür des Wohngebäudes durchschreiten muss, so

---

[171] BVerwGE 16, 103; 121, 67 sowie BVerwGE 122, 360 (361 f.) und BVerwG 9.12.2010 – 2 A 4.10 –, abgedr. bei Schütz/Maiwald BR ES/C II 3.1 Nr. 95 (= NVwZ-RR 2011, 208 – LS –); vgl. ferner → Rn. 18 ff.

[172] Vgl. BVerwGE 17, 59 (65).

[173] BVerwGE 28, 105.

[174] Die Rechtsprechung orientiert sich damit immer noch an DV Nr. 1 Satz 1 zu § 107 DBG (F. 1941), einer Rechtsvorschrift.

[175] BVerwGE 35, 234 und NRW OVG DÖD 1958, 55.

[176] HVGH ZBR 1957, 172; vgl. aber auch NdsOVG ZBR 1960, 227. Die Dienstunfallfürsorge schützt den Beamten ausschließlich auf dem unmittelbaren Weg zwischen Wohnung und Dienststelle, soweit gesetzlich nicht auch andere Wege einbezogen sind; BVerwGE 121, 67: Beginnt und endet der Weg an einem anderen Ort als der Dienststelle oder der Wohnung, so geht der Gesetzgeber davon aus, dass dies auf privaten Interessen des Beamten beruht und dass das Zurücklegen der Wegstrecke, die er um dieser Interessen willen gewählt hat, seiner privaten Risikosphäre zuzuordnen ist.

[177] BVerwGE 28, 105.

[178] Vgl. BVerwGE 16, 103; 35, 234; 40, 220.

[179] So insbesondere BVerwGE 122, 360 mit dem Bemerken, dass „gewisse Ungereimtheiten" dabei in Kauf genommen werden müssten. Das Bundessozialgericht (vgl. zB BSGE 42, 293; 63, 212), dessen Judikatur das Bundesverwaltungsgericht in diesem Zusammenhang heranzieht, setzt bei der Auslegung des im Wesentlichen inhaltsgleichen § 550 RVO aF (heute: § 8 Abs. 2 SGB VII) den Akzent vor allem auf den Gesichtspunkt der Rechtssicherheit.

[180] Vgl. dazu Summer/Baumgartner Dienstunfall Rn. 25 a.

[181] Vgl. BSGE 2, 239; siehe außerdem BSGE 37, 36, aber auch BSGE 45, 254 (257).

beginnt und endet der Weg „nach und von der Dienststelle" der Rechtsprechung[182] zufolge grundsätzlich mit dem Durchfahren des Garageneingangs. Der Innenraum einer dem Beamten zur Nutzung überlassenen privaten Garage ist – wie dessen Wohnung – jedoch allgemein, dh unabhängig davon, ob die Garage von der Wohnung aus ohne Verlassen des Hauses erreichbar ist, nicht dem unfallrechtlich geschützten, sondern dem nicht geschützten privaten Lebensbereich zugehörig.[183] Liegt die – mit dem Wohnhaus nicht verbundene – Garage im Hofraum, so wird der Weg zwischen Haustür und Garage von der Rechtsprechung aus „Gründen der Rechtssicherheit" auch als unfallgeschützt angesehen,[184] eine Auffassung, die, soweit der Beamte Grundstückseigentümer ist, den soeben[185] ausgesprochenen Bedenken begegnet.[186]

48 „Dienststelle" iSd § 31 Abs. 2 Satz 1 Hs. 1 BeamtVG ist der Ort, an dem der Beamte bestimmungsgemäß zu Beginn bzw. zu Ende der Arbeitszeit seinen Dienst zu versehen hat.[187]

2. Innerer Zusammenhang zwischen Weg und Dienst

49 Der vom Beamten zurückgelegte Weg muss seine wesentliche innere Ursache im Dienst haben.[188] Welche Art der Fortbewegung der Beamte wählt und für welches – öffentliche oder private – Verkehrsmittel er sich entscheidet, ist grundsätzlich[189] gleichgültig.[190] Auch die Entfernung zwischen Dienststelle und Wohnung spielt keine Rolle. Der abgeordnete Beamte genießt bei täglichen Hin- und Rückfahrten zwischen seiner auswärtigen Dienststelle und seiner Wohnung auch dann Wegeunfallschutz, wenn ihm die tägliche Rückkehr an den Wohnort wegen der Dauer der Abwesenheit von zu Hause (= mehr als 12 Stunden) reisekostenrechtlich nicht mehr zumutbar ist.[191]

a) Funktioneller Aspekt

50 Solange sich der Beamte auf dem unmittelbaren Weg zwischen seiner Dienststelle und seiner regelmäßigen Unterkunft befindet, um sich in den Dienst zu begeben oder aus dem Dienst in seinen privaten Lebensbereich zurückzukehren, ist der erforderliche wesentliche innere Zusammenhang zwischen der Wahl des Weges und dem Dienst in funktionel-

[182] BSGE 22, 240; 24, 243; 63, 212. Siehe auch BSG ZBR 2004, 63.

[183] BVerwGE 122, 360 (siehe auch Fn. 88).

[184] BSG NJW 1968, 957 und BSGE 37, 36; vgl. auch BSG Betr.1964, 1668. Siehe aber außerdem BVerwG NVwZ-RR 2014,423: Unfälle auf Flächen, über deren Nutzung ein Dritter allein entscheiden könne (wie im Streitfall ein Parkhaus gegenüber dem Wohnhaus des Beamten) unterlägen selbst dann nicht dem Wegeunfallschutz, wenn sie sich auf dem Weg zwischen Dienststelle und Wohnung des Beamten ereigneten.

[185] → Rn. 46. Nach NRW OVG ZBR 1967, 217 ist ein Wegeunfall auch dann zu bejahen, wenn der Beamte, der seine Garage schließen will, auf der im Vorgarten gelegenen Garagenzufahrt durch seinen von der Straße zurückrollenden Kraftwagen verletzt wird.

[186] Vgl. aber auch insoweit BSGE 42, 293 (siehe bereits Fn. 179).

[187] „Dienststelle" kann nicht nur das Dienstgebäude (bzw. der Teil eines Gebäudes, der dienstlich genutzt wird), sondern auch jeder andere Ort sein, an dem der Beamte dienstlich tätig sein muss (→ Rn. 24).

[188] BVerwGE 16, 103; 19, 44; 21, 307; 24, 246; 34, 20; 35, 234; 121, 67. Ein dienstlicher Zusammenhang ist nicht gegeben, wenn der Beamte die Dienststelle ausschließlich zum Zwecke der Abgabe einer Arbeitsunfähigkeitsbescheinigung aufsucht (BayVGH 19.7.2010 – 14 ZB 09.2481 –, juris Rn. 8); siehe jedoch auch BayVGH 17.3.2016 – 3 B 15.327 –, juris Rn. 30 ff.

[189] → Rn. 30.

[190] BVerwGE 35, 234; vgl. auch BVerwGE 121, 67.

[191] Kazmaier in Stegmüller/Schmalhofer/Bauer BeamtVG § 31 Rn. 158 unter Bezugnahme auf BayVGH 25.1.1978 – 4 III 77 – (n. v.).

ler Hinsicht grundsätzlich[192] gegeben.[193] Verunglückt der Beamte außerhalb des unmittelbaren Weges, so ist er dagegen nur unfallgeschützt, wenn die besonderen Umstände des Sachverhaltes ausnahmsweise den Schluss rechtfertigen, dass die Wahl des Weges ausschlaggebend nicht von eigenwirtschaftlichen oder sonstigen persönlichen Beweggründen, sondern von dienstlichen Belangen bestimmt war.[194]

Der Wegeunfallschutz beschränkt sich nicht auf jeweils *einen* Hin- und Rückweg zwischen Wohnung und Dienststelle pro Arbeitstag. Er greift vielmehr auch ein, 51

- wenn der Beamte zu seiner Wohnung zurückkehrt, um ein versehentlich nicht mitgenommenes, für die Erfüllung der Dienstaufgaben aber nötiges Arbeitsmittel zu holen,[195] oder
- wenn er während der Mittagspause seine Wohnung[196] aufsucht, um dort (auch im Interesse der Erhaltung seiner Arbeitsfähigkeit für die im Dienst zu verbringenden Nachmittagsstunden[197]) eine Mahlzeit einzunehmen,[198] bei durchgehender Arbeitszeit aber nur, sofern der Hin- und Rückweg und die Einnahme der Mahlzeit innerhalb der zulässigen Mittagspause überhaupt abgewickelt werden können.[199]

b) Zeitlicher Aspekt

Der Weg von der regelmäßigen Unterkunft zur Dienststelle darf grundsätzlich nicht früher angetreten werden, als der Dienstbeginn dies verlangt. Ebenso muss sich der Beamte in der Regel im unmittelbaren Anschluss an den Dienst von seiner Dienststelle in Richtung seiner Wohnung bewegen.[200] Ein längeres Zuwarten nach Dienstende schadet allerdings nicht, wenn es darauf beruht, dass ein von dem Beamten (mit-)benutztes 52

[192] Siehe aber BSG ZBR 1995, 313: Die rechtskräftige strafgerichtliche Verurteilung wegen rücksichtslosen Verhaltens im Straßenverkehr schließe den Versicherungsschutz hinsichtlich eines deshalb erlittenen Unfalles aus. „Ermittlungen darüber, ob und welche privaten Zwecke für das rücksichtslose Fahren maßgebend waren, sind … entbehrlich, denn selbst wenn der Kläger im Rahmen einer solchen Motivforschung glaubhaft machen könnte, dass er sich von dem Wunsch habe leiten lassen, rechtzeitig zum Dienst zu kommen, liegt kein dienstliches Interesse vor, das höher zu bewerten wäre als das Interesse an der Sicherheit des Straßenverkehrs …“. Zur alkoholbedingten Verkehrsuntauglichkeit vgl. BVerwGE 81, 265 sowie HVGH NVwZ-RR 1990, 266.

[193] BVerwGE 121, 67.

[194] BVerwGE 19, 44 sowie BVerwG RiA 1970, 113 und RP OVG DÖD 1986, 141. Der obige Text weist schon darauf hin, dass die Finalität im Handeln des Beamten (seine Handlungsintention, wie sie sich im äußeren Erscheinungsbild manifestiert) für die Sicht auf die Abläufe und deren Bewertung richtungweisend ist (vgl. BVerwGE 121, 67 sowie BSG NJW 1996, 77).

[195] VwVzBeamtVG 31.2.1 Satz 2 und 3.

[196] Nach BVerwGE 34, 20 ist der Hin- und Rückweg zwischen der Dienststelle und einer Gaststätte in der Mittagspause auch bei durchgehender Arbeitszeit dienstunfallgeschützt. Vgl. dazu Brockhaus in Schütz/Maiwald BR Rn. 125 zu § 31 BeamtVG, der mit Recht Zweifel äußert, ob eine solche Ausweitung des Wegeunfallschutzes vom Willen des Gesetzes noch gedeckt sei, und zu bedenken gibt, dass folgerichtig etwa auch ein Spaziergang während der Arbeitspause mit in den Wegeunfallschutz einbezogen werden müsste, wenn und soweit er im Interesse der Erhaltung der Arbeitsfähigkeit des Beamten für die Nachmittagsstunden angeraten oder gar ärztlich verordnet sei. Siehe in diesem Kontext aber auch BSG NJW 1997, 2261: Essen und Trinken während der Arbeitszeit seien „im Gegensatz zu bloßen Vorbereitungshandlungen vor der Arbeit dadurch gekennzeichnet, dass sie regelmäßig unaufschiebbare, notwendige Handlungen sind, um die Arbeitskraft des Versicherten zu erhalten und es ihm dazu mittelbar zu ermöglichen, die jeweils aktuelle betriebliche Tätigkeit fortzusetzen“. Der Versicherungsschutz auf dem Weg zur Nahrungsaufnahme während der Mittagspause ende aber auch bei einem Einkaufszentrum „mit dem Durchschreiten der Außentür“ (Hinweis auf → Rn. 46).

[197] BVerwG ZBR 1972, 118.

[198] BVerwGE 34, 20.

[199] Vgl. jedoch auch Summer/Baumgartner Dienstunfall Rn. 25a Anm. 125.

[200] BVerwG ZBR 1965, 246.

Beförderungsmittel vorübergehend nicht betriebsbereit ist, es sei denn, dieser hat eine andere zumutbare Möglichkeit, nach Hause zu gelangen.[201] Eine Reparatur muss sich freilich auf das Notwendige beschränken.[202]

c) Unterbrechungen des funktionellen oder zeitlichen Zusammenhanges

53 Umwege unterbrechen den inneren Zusammenhang zwischen Weg und Dienst, wenn der Beamte – wie im Regelfall – mit ihnen eigenwirtschaftliche oder sonstige persönliche Interessen verfolgt.[203] Ein Umweg im Sinne dieses Grundsatzes liegt nicht vor, falls der Beamte

- nicht den kürzesten, sondern den vorteilhaftesten Weg zwischen Wohnung und Dienststelle wählt,[204] oder
- die Straßenseite wechselt, um (gleichsam nebenher) eine private Besorgung zu erledigen, solange er die Zielrichtung beibehält und den Straßenraum nicht verlässt.[205]

54 Ein dienstunfallrechtlich nicht geschützter Umweg ist gegeben, wenn der Beamte von dem unmittelbaren Weg zwischen Dienststelle und regelmäßiger Unterkunft abweicht, weil er

- in der Wohnung eines Angehörigen eine Mahlzeit einnehmen will,[206]
- in einer Apotheke, zu welcher er sich in der seinem Heimweg entgegengesetzten Richtung bewegen muss, Medikamente einkaufen möchte,[207] oder
- seiner ärztlich empfohlenen Erholung wegen beabsichtigt, gelegentlich seiner Rückkehr vom Dienst einen Park aufzusuchen.[208]

In all diesen Fällen handelt es sich um Verrichtungen, die der Beamte vornimmt, um sich gesund und leistungsfähig zu erhalten. Sie betreffen in erster Linie seinen privaten Lebensbereich, mögen sie auch zugleich dienstlichen Belangen förderlich sein. In nur scheinbarem Widerspruch hierzu hat das Bundesverwaltungsgericht[209] einen Unfall, den ein alleinstehender Beamter nach Dienstschluss auf dem Weg von der Dienststelle zu der vom Dienstherrn zur Verfügung gestellten Kantine erlitten hatte, mit dem Hinweis als Dienstunfall anerkannt, dass der Beamte auf diesem Weg gerade deshalb am Verkehr teilgenommen habe, weil er mit der Einnahme des warmen Mittagessens „einen nicht unwesentlichen Teil seines in der Regel an die häusliche Unterkunft gebundenen privaten Lebens mit Einverständnis des Dienstherrn in die Kantine verlegt" habe.[210]

---

[201] BSGE 10, 226; 16, 245.

[202] Vgl. BVerwG NJW 1983, 642.

[203] BVerwGE 21, 307; 24, 246; 35, 234; 121, 67 sowie BVerwG RiA 1970, 113 und NJW 1983, 642; vgl. ferner BSGE 27, 114; 88, 247, auch NdsOVG ZBR 1968, 348 und NRW OVG DÖD 1993, 146.

[204] BSG Betr. 1966, 1776; vgl. auch Groepper/Tegethoff in Plog/Wiedow BBG Rn. 136 f. zu § 31 BeamtVG.

[205] BVerwGE 35, 234; vgl. auch BSGE 20, 219. Ferner BSG NJW 1997, 2260 (zur Frage der Unterbrechung des Versicherungsschutzes auf dem Weg zur Arbeitsstätte, wenn der Versicherte seinen Pkw verlässt, auf der anderen Straßenseite einen Verkaufskiosk kurz aufsucht und auf dem Rückweg zum Wagen beim Überqueren der Straße verunglückt): Der Versicherte habe „ein bestimmtes Maß an räumlicher Bewegungsfreiheit, ohne dass er negative versicherungsrechtliche Auswirkungen befürchten muss". Die gesetzliche Unfallversicherung überlasse es ihm, „in welchem Bereich des öffentlichen Verkehrsraumes ... er sich bewegen will, ob er also von einem Bürgersteig zum anderen ein- und mehrmals hinüberwechselt".

[206] BVerwG RiA 1970, 113 sowie NRW OVG ZBR 1973, 88.

[207] BVerwGE 21, 307. Vgl. aber auch BSGE 74, 159 sowie BSG NJW 1997, 3046 (LS).

[208] Siehe dazu Groepper/Tegethoff in Plog/Wiedow BBG Rn. 143 zu § 31 BeamtVG.

[209] BVerwGE 39, 90.

[210] Siehe dazu Brockhaus in Schütz/Maiwald BR Rn. 120 zu § 31 BeamtVG. Vgl. jedoch auch schon Fn. 196.

Eine sonstige, nicht auf einem Umweg beruhende Unterbrechung des Zusammenhanges zwischen Weg und Dienst ist anzunehmen, 55

- bei tätlichen Auseinandersetzungen zwischen Beamten, die einen gemeinsamen Heimweg haben, und zwar selbst dann, wenn dienstliche Vorgänge Anlass des Streites sind,[211] oder
- bei der Verfolgung eines Verbrechers, der dem Beamten zuvor einen körperlichen oder materiellen Schaden zugefügt hatte.[212]

Dagegen ist der hier in Betracht kommende Zusammenhang nicht in einer rechtlich beachtlichen Weise unterbrochen,

- wenn der Beamte auf dem Weg anhält, um die Auslage eines Schaufensters zu betrachten oder bei einem Bekannten zu verweilen, den er soeben getroffen hatte,[213]
- wenn der Pkw des Beamten auf dem Weg zwischen der Dienststelle und der Wohnung (oder bei der Familienheimfahrt: zwischen der Unterkunft und der Familienwohnung) nachgetankt werden muss, weil die Wegstrecke mit einer einzigen Tankfüllung nicht verlässlich zurückzulegen ist,[214]
- wenn das Beförderungsmittel des Beamten während der Fahrt unvorhergesehen betriebsunfähig wird, sofern dem Beamten die Fortsetzung des Weges ohne das Beförderungsmittel nicht zumutbar ist,[215] oder
- wenn der Beamte seinen Weg vorübergehend nicht fortsetzt, um einer mit Sanktionen verknüpften öffentlich-rechtlichen Verpflichtung zu genügen oder im Hinblick auf § 34 Satz 3 BeamtStG, § 61 Abs. 1 Satz 3 BBG Hilfe zu leisten.[216]

Ob der Zusammenhang zwischen Weg und Dienst infolge des Umweges oder der sonstigen Unterbrechung endgültig gelöst ist oder ob er für die restliche Wegstrecke wiederhergestellt werden kann, hängt von den Besonderheiten des jeweiliges Einzelfalles, vornehmlich von Art und Dauer der Unterbrechung, sowie davon ab, ob sich der Beamte durch den Umweg oder den Zwischenaufenthalt (zusätzlichen) Gefahren ausgesetzt hat, die sonst nicht vorhanden gewesen wären.[217] 56

---

[211] Teilw. abw. BSGE 18, 106. Siehe auch Fn. 73.

[212] NdsOVG ZBR 1968, 348.

[213] BVerwGE 35, 234.

[214] BVerwG 9.12.2010 – 2 A 4.10 –, NVwZ-RR 2011, 208 (LS) = Schütz/Maiwald BR ES/ C II 3.1 Nr. 95.

[215] BSGE 16, 245 mit dem Bemerken, dass es keine Unterbrechung des Zusammenhanges zwischen Dienst und Weg bedeute, wenn die auf die Reparatur folgende Probefahrt im Interesse der Verkehrssicherheit in einer verkehrsarmen Nebenstraße ausgeführt werde. Vgl. jedoch auch BVerwG NJW 1983, 642: Maßnahmen zur Wiederherstellung der Betriebsfähigkeit des von dem Beamten für den Weg nach und von der Dienststelle benutzten Beförderungsmittels unterbrächen „regelmäßig" den wesentlichen Zusammenhang mit dem Dienst.

[216] BVerwGE 50, 99. Nach BSG ZBR 1981, 290 ist der versorgungsrechtlich geschützte Weg (Dienstweg) nicht schon deshalb unterbrochen, weil eine gemäß § 2 Abs. 1 Nr. 13a SGB VII (früher: § 539 Abs. 1 Nr. 9a RVO aF) versicherungsrechtlich geschützte Hilfeleistung erbracht wird. Siehe schließlich auch → Rn. 35.

[217] BSGE 10, 226; 62, 100; vgl. weiterhin BVerwGE 121, 67 sowie BVerwG NJW 1983, 642 und NRW OVG NVwZ 1990, 891 (betr. mehrstündige Unterbrechung der Rückfahrt eines Referendars von einer Pflichtarbeitsgemeinschaft zu seiner Wohnung aus Gründen privater Examensvorbereitung). RP OVG DÖD 1989, 47 verneint für den Fall einer Unterbrechung der Heimfahrt zum Zwecke der Teilnahme an einer Kegelveranstaltung im Kollegenkreis die Möglichkeit einer anschließenden Wiederherstellung des Zusammenhanges mit dem Dienst. Richtsätze für eine „unschädliche" Höchstdauer der Unterbrechung lassen sich wohl nicht aufstellen; so auch RP OVG aaO und Brockhaus in Schütz/Maiwald BR Rn. 132 zu § 31 BeamtVG. BSGE 62, 100 orientiert sich hier an einer Zweistundengrenze.

d) Kraft Gesetzes unfallgeschützte Umwege

57 Nach § 31 Abs. 2 Satz 2 BeamtVG „gilt“ der Zusammenhang mit dem Dienst als nicht unterbrochen, wenn der Beamte von dem unmittelbaren Weg zwischen der Wohnung und der Dienststelle in vertretbarem Umfang[218] abweicht,

- weil sein dem Grunde nach kindergeldberechtigendes[219] Kind, das mit ihm in einem Haushalt lebt, wegen seiner oder seines Ehegatten beruflichen Tätigkeit fremder Obhut anvertraut wird oder
- weil er mit anderen berufstätigen oder in der gesetzlichen Unfallversicherung versicherten Personen gemeinsam ein Fahrzeug für den Weg nach und von der Dienststelle benutzt.

58 Die erste Alternative der eingangs genannten Bestimmung ist auch anzuwenden, wenn der berufstätige oder der nicht berufstätige Ehegatte infolge von Krankheit zur Versorgung des Kindes nicht in der Lage ist oder wenn das Kind zB wegen einer Behinderung nicht unbeaufsichtigt bleiben kann.[220] „Fremder“ Obhut wird das Kind „anvertraut“,[221] wenn es während der Arbeits- oder Dienstzeit der Eltern oder eines Elternteiles regelmäßig oder im Einzelfall von dritten Personen betreut wird. Stets muss ein innerer Zusammenhang zwischen dem Umweg,[222] der Berufstätigkeit und der Notwendigkeit einer Betreuung des Kindes durch dritte Personen bestehen. In die Prüfung, ob die konkrete Art der Betreuung notwendig ist, wird die Frage einzubeziehen sein, ob andere – mit beträchtlich geringeren Umwegen verbundene – zumutbare Betreuungsmöglichkeiten zur Verfügung stehen.[223] Betrachtet man den nicht unfallgeschützten häuslichen Bereich des Beamten (ausnahmslos) als durch die Außentür des in Betracht kommenden Wohngebäudes begrenzt,[224] so kann man es prima vista als konsequent ansehen, den Unfall eines Beamten innerhalb des Gebäudes, in dem er sein Kind fremder Obhut anvertraut hat, ebenfalls nicht als Dienstunfall zu qualifizieren.[225] Zweifelsfrei ist das aber nicht. Die in der sozialgerichtlichen Rechtsprechung deutlich werdende Tendenz scheint

---

[218] § 8 Abs. 2 Nr. 2a und b SGB VII (früher: § 550 Abs. 2 Nr. 1 und 2 RVO aF) enthält die einschränkende Wortfolge „in vertretbarem Umfang“ nicht. Vgl. dazu Kazmaier in Stegmüller/Schmalhofer/Bauer BeamtVG § 31 Rn. 204 ff.

[219] Es soll jedes Kind erfasst werden, für das der Beamte nach den Vorschriften des Bundeskindergeldgesetzes oder des Einkommenssteuergesetzes Anspruch auf Kindergeld hat oder ohne Berücksichtigung von Ausschlusstatbeständen haben würde (vgl. BT-Drs. 13/9527 S. 39).

[220] VwVzBeamtVG 31.2.6. Es ist also nicht vorausgesetzt, dass dem Kind in der elterlichen Wohnung deswegen nicht die erforderliche Betreuung gewährt werden kann, weil beide Elternteile aus beruflichen Gründen gleichzeitig von der Wohnung abwesend sind; BSG NJW 1987, 518.

[221] Es ist der Entscheidungsfreiheit der Eltern anheim gegeben, ob sie zB ein zwölfjähriges Kind allein in der Wohnung lassen oder es fremder Obhut anvertrauen. Bei wesentlich älteren Kindern ist jedoch zu prüfen, ob sie in Wahrheit nicht nur zu einer anderen Aufenthaltsmöglichkeit gebracht werden.

[222] Der Unfall muss – allein oder auch – durch die Gefahren des Weges, auch des zugelassenen Umweges, auf welchem der Beamte sein Kind in fremde Obhut bringt oder von dort abholt, im Rechtssinne verursacht sein. Dem ist nicht so, wenn er beim Abholen seiner Kinder in einer Eissporthalle ohne Not die Eisfläche betritt und dort (als „Opfer“ eines wenig geübten Läufers) zu Fall gebracht wird (NRW OVG 8.1.1990 – 12 A 2686/87 –, abgedr. bei Schütz/Maiwald BR ES/C II 3.1 Nr. 35). Ein Umweg, der darauf beruht, dass der Beamte sein bereits in fremder Obhut befindliches Kind besuchen will, ist nicht unfallgeschützt (BSGE 43, 72); so auch NRW OVG DÖD 1993, 146 für den Unfall, den der Beamte auf dem Weg von seiner Dienststelle zum Besuch eines im Krankenhaus liegenden Kindes erleidet.

[223] Vgl. Kazmaier in Stegmüller/Schmalhofer/Bauer BeamtVG § 31 Rn. 206.

[224] → Rn. 46.

[225] In diesem Sinne BSGE 45, 254; aA mit beachtlichen Gründen Brockhaus in Schütz/Maiwald BR Rn. 149 zu § 31 BeamtVG.

letztlich darauf hinauszulaufen, dass Unfälle welcher Art auch immer grundsätzlich schon deshalb aus dem Unfallschutz ausgenommen werden, weil sie sich irgendwo im Innern eines anderen Hauses als des Dienstgebäudes oder eines sonst in dienstlicher Funktion aufgesuchten Gebäudes zugetragen haben.[226]

Zu den in der gesetzlichen Unfallversicherung versicherten Personen iSd zweiten Alternative gehören[227] **59**

- die kraft Gesetzes Versicherten (zB Schulkinder, Studierende, ehrenamtlich tätige Personen, vgl. § 2 SGB VII, früher: § 539 RVO aF),
- die kraft Satzung Versicherten (vgl. § 3 SGB VII, früher: § 543 RVO aF) und
- die freiwillig Versicherten (vgl. § 6 SGB VII, früher: § 545 RVO aF).

Der Unfallschutz für die – als regelmäßige Einrichtung oder ad hoc gebildete – Fahrgemeinschaft erstreckt sich nur auf den notwendigen *Gesamt*umweg, nicht dagegen auf Umwege und sonstige Unterbrechungen aus eigenwirtschaftlichen oder anderen persönlichen Gründen,[228] und zwar unabhängig davon, welches Mitglied der Fahrgemeinschaft den Umweg oder die sonstige Unterbrechung veranlasst hat, und unabhängig von den Möglichkeiten des einzelnen Mitfahrers, auf den Fahrer einzuwirken.[229] Die Risikosphäre des Dienstherrn würde überdehnt, wenn er dienstunfallrechtlich auch für die Gefahren eines Umweges oder einer sonstigen Unterbrechung aus eigenwirtschaftlichen oder sonstigen persönlichen Gründen einstehen müsste, nur weil sie sich ohne oder gegen den Willen des jeweils Unfallfürsorge begehrenden Mitfahrers einer Fahrgemeinschaft entwickelt haben. Dieser muss sich vielmehr im Verhältnis zu seinem Dienstherrn das objektivierte Gruppenverhalten grundsätzlich wie sein eigenes zurechnen lassen.

IV. Weitere, dem Dienstunfall im engeren Sinne gleichgestellte Tatbestände

Außer der Berufskrankheit und dem Wegeunfall stellt § 31 BeamtVG einige weitere Tatbestände dem Dienstunfall im engeren Sinne gleich. Teils ist die Ausdehnung des beamtenrechtlichen Unfallschutzes aus Gründen der Angleichung an das Recht der gesetzlichen Unfallversicherung erfolgt: Abs. 2 Satz 1 Hs. 2 entspricht § 8 Abs. 2 Nr. 4 SGB VII (früher: § 550 Abs. 3 RVO aF);[230] Abs. 2 Satz 3 hat sein Vorbild in § 11 SGB VII (früher: § 555 RVO aF).[231] Teils – nämlich bei den Angriffstatbeständen des Abs. 4[232] und beim Beurlaubtenunfall (Abs. 5)[233] – waren hingegen rechtspolitische Überlegungen eigener Art maßgeblich. **60**

---

[226] Siehe auch BSG NJW 1997, 2261 (vgl. dazu schon Fn. 196).

[227] VwVzBeamtVG 31. 2. 7.

[228] Vgl. BSGE 63, 26. Nach VG Gießen 1.8.2013 – 5 K 2902/12.Gl –, NVwZ-RR 2014,277 (LS) steht es dem Charakter einer Fahrgemeinschaft nicht entgegen, dass die vom Beamten und seiner Ehefrau gemeinsam angetretene Fahrt zunächst zur Arbeitsstätte der Ehefrau und sodann unmittelbar in entgegengesetzter Richtung zur Dienststelle des Beamten führt: Ein Wegeunfall liege jedenfalls dann vor, wenn sich der Unfall auf dem Teil des Weges von der Arbeitsstätte der Ehefrau zur Dienststelle des Beamten ereignet.

[229] AA Brockhaus in Schütz/Maiwald BR Rn. 151 zu § 31 BeamtVG; siehe auch Kazmeier in Stegmüller/Schmalhofer/Bauer BeamtVG § 31 Rn. 225 f. sowie BSG NJW 1988, 2759.

[230] → Rn. 61 f.

[231] → Rn. 63 f.

[232] → Rn. 65.

[233] → Rn. 66.

1. Unfall bei der Familienheimfahrt

61 Hat der Beamte wegen der Entfernung seiner ständigen Familienwohnung vom Dienstort an diesem oder in dessen Nähe eine Unterkunft, so ist auch der Weg von und zu der Familienwohnung unfallgeschützt (§ 31 Abs. 2 Satz 1 Hs. 2 BeamtVG). Aus welchen Gründen die ständige Familienwohnung nicht am Dienstort oder in dessen Nähe liegt oder dorthin nicht verlegt wird, ist rechtlich unerheblich.[234] Für den Begriff der „ständigen Familienwohnung" ist bestimmend, ob sich die infrage stehende Wohnung – bei einer vornehmlich an den soziologischen und psychologischen Gegebenheiten ausgerichteten Betrachtung – nicht nur vorübergehend als der räumliche Mittelpunkt der Lebensverhältnisse des Beamten und die Wohngelegenheit am Dienstort oder in dessen Nähe deswegen nur als seine „Unterkunft" darstellt.[235] Das Ferien- oder Wochenendhaus, in dem sich die Familie des Beamten zeitweise aufhält, ist keine „ständige Familienwohnung".[236] Hat der Beamte zwei Familienwohnungen, so ist diejenige als „ständige Familienwohnung" im Sinne der gesetzlichen Regelung anzusehen, die dem Dienstort näher liegt.[237] Wie häufig der Beamte zu seiner Familie fährt, ist gleichgültig; allerdings kann die Häufigkeit der Fahrten in Zweifelsfällen von indizieller Bedeutung dafür sein, ob die Wohnung außerhalb des Dienstortes wirklich der Mittelpunkt der Lebensverhältnisse des Beamten ist.[238]

62 Bei Familienheimfahrten ist – anders als im Rahmen des Wegeunfallrechts[239] – ein unmittelbarer zeitlicher Zusammenhang mit dem Dienstende oder dem Dienstbeginn nicht erforderlich.[240]

2. Heilverfahrensunfall

63 Die Unfallfürsorge umfasst unter anderem das Heilverfahren (§ 30 Abs. 2 Satz 1 Nr. 2 iVm §§ 33, 34 BeamtVG). Erleidet der Verletzte bei der Durchführung des Heilverfahren[241] oder auf einem hierzu notwendigen Weg – während oder nach Beendigung des aktiven Beamtenverhältnisses[242] – erneut einen Unfall, so „gilt" dieser als Folge des

[234] Hauptanwendungsfälle werden Abordnung oder Versetzung des Beamten sein; nicht von Belang ist, ob er Trennungsgeld oder Reisebeihilfen erhält (Wilhelm in GKÖD I (O) BeamtVG § 31 Rn. 101).

[235] BSGE 17, 270; 20, 110; 25, 93; 44, 100 (105). VwVzBeamtG 31. 2. 4 Satz 1 und 2 enthält lediglich – widerlegbare – tatsächliche Vermutungen. Der Begriff der „Familienwohnung" setzt keine familienhaften Bindungen des Beamten zu einer anderen Person voraus, sodass auch der alleinstehende Beamte eine „Familienwohnung" haben kann. Nach BSG ZBR 1987, 112 hat ein lediger Soldat seine ständige Familienwohnung freilich nicht bereits deshalb bei einem Freund, weil er diesen häufig in der Freizeit besucht. Die Wohnung der von dem Beamten getrennt lebenden Ehefrau ist in der Regel nicht mehr die „Familienwohnung" des Beamten, selbst wenn die gemeinsamen Kinder dort leben; vgl. Groepper/Tegethoff in Plog/Wiedow BBG Rn. 147 zu § 31 BeamtVG.

[236] BayVGH ZBR 1995, 280 und NdsOVG ZBR 1960, 227; siehe dazu auch Kazmaier in Stegmüller/Schmalhofer/Bauer BeamtVG § 31 Rn. 171.

[237] BayVGH ZBR 1974, 58.

[238] Siehe auch insofern BayVGH ZBR 1995, 280: Der „zeitliche Aspekt, also die Dauer der Nutzung der fraglichen Wohnung" sei nicht „uneingeschränkt in den Vordergrund zu stellen, sondern das Schwergewicht darauf zu legen, wo sich der Schwerpunkt des räumlichen Lebensbereichs tatsächlich befindet".

[239] → Rn. 52.

[240] BSGE 28, 190 sowie BSG BVBl. 1971, 66 und NVwZ 1987, 173; vgl. auch VwVzBeamtVG 31. 2. 5.

[241] Heilbehandlungen außerhalb eines Heilverfahrens (zB Kuren) sind mithin nicht tatbestandsmäßig; BVerwGE 37, 139 sowie NRW OVG DÖD 1986, 273.

[242] Kazmaier in Stegmüller/Schmalhofer/Bauer BeamtVG § 31 Rn. 235.

Dienstunfalles, der das Heilverfahren nach sich gezogen hat (§ 31 Abs. 2 Satz 3 BeamtVG). Der gesetzlichen Regelung hätte es nicht bedurft, um den Fällen gerecht zu werden, in denen die durch den früheren Dienstunfall bewirkte Beeinträchtigung des Gesundheitszustandes – etwa eine Gehbehinderung – als solche bei der Entstehung eines späteren Unfalles oder dem Ausmaß seiner Folgen wesentlich mitursächlich war. Schon vor Inkrafttreten des Beamtenversorgungsgesetzes war es nämlich anerkannt, dass der weitere Schaden bei einer derartigen Sachlage als *mittelbare* Dienstunfallfolge zu bewerten sei.[243] § 31 Abs. 2 Satz 3 BeamtVG bezieht darüber hinaus aber auch Unfälle von aktiven Beamten, Ruhestandsbeamten oder (nach dem ursprünglichen Dienstunfall) entlassenen Beamten ein, die ihre wesentliche Ursache in der – konkreten – Durchführung des Heilverfahrens[244] haben, ohne zugleich auf der eigentlichen dienstunfallbedingten Beeinträchtigung des Gesundheitszustandes selbst ausschlaggebend zu beruhen. Die Durchführung der Heilbehandlung ist indessen nicht wesentliche Ursache des – weiteren – Schadens,[245]

- wenn sich der behandelnde Arzt unsachgemäß und wider alle ärztliche Erfahrung verhält,[246]
- wenn sich der Beamte im Krankenhaus infiziert, der Gefahr einer Infektion dieser Art jedoch auch außerhalb des Krankenhauses in gleichem Maße ausgesetzt gewesen wäre[247] oder
- wenn der verletzte Beamte während seiner stationären Behandlung infolge von Unachtsamkeit vom Balkon des Krankenhauses stürzt.[248]

§ 31 Abs. 2 Satz 3 BeamtVG ist analog anzuwenden,[249] wenn sich der Unfall auf dem Weg zu oder von oder während einer amtsärztlichen Untersuchung zuträgt, die der Dienstvorgesetzte im Zusammenhang mit der Anerkennung eines Unfalles als Dienstunfall (§ 45 BeamtVG),[250] zur Feststellung der Dienstunfähigkeit (§ 36 BeamtVG) oder gemäß § 35 Abs. 3 Satz 2 oder § 38 Abs. 6 Satz 2 BeamtVG angeordnet hat.[251] Ein privater Arztbesuch während der Dienstzeit ist demgegenüber nicht dienstunfallgeschützt. **64**

[243] BSGE 1, 254; 17, 60. Siehe aber auch BayVGH 14.12.1988 – 3 B 87.01859 –, abgedr. bei Schütz/Maiwald BR ES/C II 3.1 Nr. 28: Ein Folgeunfall bei der Bergung oder Rettung eines in Not geratenen Beamten kann für diesen nur dann ein Dienstunfall sein, wenn der vorangegangene Unfall oder Notfall seinerseits als Dienstunfall zu betrachten ist. Auch ein Ruhestands- oder früherer Beamter kann einen Folgeunfall erleiden (Kazmaier in Stegmüller/Schmalhofer/Bauer aaO = Fn. 242). Zu *mittelbaren* Körperschäden vgl. Brockhaus in Schütz/Maiwald BR Rn. 47 f. zu § 31 BeamtVG.

[244] Siehe auch insoweit Brockhaus in Schütz/Maiwald BR Rn. 158 zu § 31 BeamtVG. Ferner VG Göttingen NVwZ-RR 2002, 862: Eine 58-jährige Beamtin, die nach einem – als Dienstunfall anerkannten – mehrfachen Bruch der linken Kniescheibe zur operativen Nachbehandlung in ein Krankenhaus aufgenommen wird und am Morgen vor der geplanten Operation in ihrem Krankenzimmer mit ärztlichem Einverständnis duscht, beim Aussteigen aus der Duschkabine aber stürzt und sich den linken Oberschenkelhals bricht, stehe jedenfalls dann nach § 31 Abs. 2 Satz 3 BeamtVG unter Dienstunfallschutz, wenn der Sturz zumindest auch auf eine gewisse knieverletzungsbedingte Gangunsicherheit zurückzuführen war.

[245] Zur rechtlichen Kategorie des Schutzzweckes der Norm vgl. Brockhaus in Schütz/Maiwald BR Rn. 40, 158 zu § 31 BeamtVG.

[246] BSGE 17, 60.

[247] Vgl. Summer/Baumgartner Dienstunfall Rn. 14 unter 2.

[248] BSGE 41, 137.

[249] Siehe auch § 11 SGB VII (früher: § 555 RVO aF).

[250] → Rn. 73 ff.

[251] Ebenso im Ergebnis Wilhelm in GKÖD I (O) BeamtVG § 31 Rn. 111 und Kazmaier in Stegmüller/Schmalhofer/Bauer BeamtVG § 31 Rn. 236.

3. Angriffstatbestände

65 § 31 Abs. 4 BeamtVG knüpft den Unfallschutz[252] daran, dass der (aktive, frühere oder im Ruhestand befindliche[253]) Beamte

- im Hinblick auf sein pflichtgemäßes dienstliches Verhalten oder wegen seiner Eigenschaft als Beamter (Satz 1) oder
- im Ausland bei Kriegshandlungen, Aufruhr oder Unruhen, denen er am Ort seines dienstlich angeordneten Aufenthaltes besonders ausgesetzt ist (Satz 2),[254]

angegriffen wird und dadurch physische oder psychische Schäden erleidet. Die Bestimmung bezieht sich nur auf Angriffe in der Freizeit oder bei einer Unterbrechung der Dienstausübung oder einer der ihr durch § 31 Abs. 1 Satz 2 Nr. 3 (2. Alt.) oder Abs. 2 BeamtVG gleichgestellten Verrichtungen.[255] Unter einem „Angriff" ist jedes von einem – mit natürlichem Vorsatz handelnden – Menschen ausgehende finale Tun zu verstehen, das sich gegen den Beamten richtet und diesen in eine objektive Gefährdungslage (nicht unbedingt auch in eine Notwehrsituation) versetzt; die Schäden selbst müssen vom Angreifer nicht bezweckt sein.[256] Ein error in persona aufseiten des Täters steht dem Dienstunfallschutz nicht entgegen.[257] § 31 Abs. 4 Satz 1 BeamtVG erstreckt sich nicht nur auf Vergeltungsangriffe, sondern auch auf Angriffe zur Verhinderung eines zukünftigen pflichtgemäßen dienstlichen Verhaltens.[258] § 31 Abs. 4 Satz 2 BeamtVG greift nicht ein, wenn der Beamte sich dem Angriff durch eine selbstgeschaffene Gefährdung ausgesetzt hat.[259]

4. Beurlaubtenunfall

66 Unfallfürsorge kann[260] – nach pflichtgemäßem Ermessen (§ 40 VwVfG) des Dienstherrn – auch einem Beamten (und den Hinterbliebenen eines Beamten) gewährt werden,

---

[252] Ein erhöhtes Unfallruhegehalt wird gewährt, wenn der Beamte außerhalb seines Dienstes durch einen Angriff iSd § 31 Abs. 4 BeamtVG einen Dienstunfall erleidet, der die in § 37 Abs. 1 BeamtVG genannten Folgen hat (Abs. 2 Nr. 2 aaO).

[253] In Bezug auf frühere Beamte und Ruhestandsbeamte siehe auch Kazmaier in Stegmüller/Schmalhofer/Bauer BeamtVG § 31 Rn. 268.

[254] Zur Gewährung von Unfallfürsorgeleistungen bei Gesundheitsschädigungen, die Familienangehörige eines ins Ausland versetzten oder abgeordneten Beamte daselbst erleiden, siehe Nr. 8 der AllgVV zu § 79 BBG (aF), ferner die spezielle Regelung in § 22 GAD (dazu schon Fn. 163).

[255] Summer/Baumgartner Dienstunfall Rn. 29.

[256] BVerwG NVwZ-RR 1999, 324 definiert „Angriff" (im Zusammenhang mit § 37 Abs. 2 Nr. 1 BeamtVG) als ein menschliches Verhalten, das darauf abzielt, dem Angegriffenen einen Schaden zuzufügen; eine körperliche Beeinträchtigung ist nicht erforderlich (BVerwG NVwZ-RR 2013,320 mwN). Siehe aber auch BVerwG ZBR 2010, 378 betr. psychische Schäden infolge Bedrohung eines Lehrers durch einen früheren Schüler. In der Entscheidung ist hervorgehoben, dass zwischen dem Angriff und dem eingetretenen Körperschaden ein „qualifizierter Zurechnungszusammenhang" bestehen müsse, an dem es fehlen könne, „wenn der Beamte durch eigenes Verhalten eine für den Verletzungserfolg wesentliche Mitursache gesetzt hat". Dabei könne es „insbesondere eine Rolle spielen, ob der Beamte durch sein Verhalten im Vorfeld des Angriffs dienstliche Weisungen, begründete Empfehlungen oder Gebote der Vernunft oder Sittlichkeit befolgt oder missachtet hat". Zur Abgrenzung vgl. ferner VG Potsdam LKV 2011, 575 betr. einen Angriff eines Beamten auf einen anderen Beamten, der nicht auf einem dienstbezogenen Tatmotiv beruhte.

[257] Kazmaier in Schmalhofer/Stegmüller/Bauer BeamtVG § 31 Rn. 264.

[258] Summer/Baumgartner Dienstunfall Rn. 29a.

[259] VwVzBeamtVG 31.4.1 Satz 1.

[260] Dem Beurlaubten ist im Allgemeinen eine andere Absicherung für Unfälle (private Versicherung) anzuraten; Abschn. III Nr. 2 des Rdschr. d. BMI vom 23.6.1983, GMBl. S. 295.

der zur Wahrnehmung einer Tätigkeit, die öffentlichen Belangen oder dienstlichen Interessen dient, beurlaubt worden ist und der in Ausübung oder infolge dieser Tätigkeit einen Körperschaden erleidet (§ 31 Abs. 5 BeamtVG). Die „Tätigkeit" tritt somit an die Stelle des „Dienstes";[261] im Übrigen müssen die Voraussetzungen des § 31 Abs. 1 BeamtVG oder eines der folgenden Absätze sinngemäß erfüllt sein.[262] Die Wortfolge „die öffentlichen Belangen oder dienstlichen Interessen dient" lehnt sich an § 6 Abs. 1 Satz 2 Nr. 5 Hs. 2 BeamtVG an. VwVzBeamtVG 31.5.1 verweist deshalb zutreffend durch Klammerzusatz auf VwVzBeamtVG 6.1.8. Nach Satz 1 aaO soll „in der Regel" gleichzeitig mit der Entscheidung über die Beurlaubung schriftlich zugestanden werden, dass der Urlaub öffentlichen Belangen oder dienstlichen Interessen dient. Die Sätze 2 und 3 aaO führen Beurlaubungstatbestände an, bei denen das Vorliegen öffentlicher Belange[263] generell anerkannt wird und das schriftliche Zugeständnis mit der (Mitteilung über die) Urlaubsgewährung als erteilt gilt. Wenn und soweit dem Beamten von anderer Seite Unfallfürsorge[264] oder sonstige – realisierbare – Leistungen[265] wegen des Unfalles zukommen, ist das Ermessen gemäß VwVzBeamtVG 31.5.2 „in der Regel" mit einem negativen Ergebnis auszuüben.

V. Erstattung von Sachschäden als Unfallfürsorgeleistung[266]

Sind bei einem Dienstunfall Kleidungsstücke oder sonstige Gegenstände, die der Beamte mit sich geführt hat,[267] beschädigt oder zerstört worden oder abhanden gekommen, so kann dafür – auf Antrag, der innerhalb einer Ausschlussfrist von drei Monaten zu stellen ist (§ 32 Satz 2 BeamtVG)[268] – Ersatz geleistet werden (§ 32 Satz 1 BeamtVG). Sachschadenersatz als Unfallfürsorgeleistung kommt mithin nur infrage, sofern ein 67

[261] Eine Dienstleistung iSd § 31 Abs. 1 BeamtVG kann bei einem beurlaubten Beamten nur ausnahmsweise in Betracht kommen, nämlich dann, wenn er hinsichtlich der Übernahme und der inhaltlichen Ausgestaltung der Tätigkeit den Weisungen des Dienstherrn unterliegt; BVerwG DVBl 1966, 697.

[262] VwVzBeamtVG 31.5.1.3.

[263] Die „dienstlichen Interessen" sind nur ein Unterfall der „öffentlichen Belange"; BVerwGE 39, 291 (296 ff.).

[264] Übt der Beamte während seiner Beurlaubung eine versicherungspflichtige Tätigkeit aus (siehe § 2 SGB VII) und erleidet er dabei einen Arbeitsunfall, so erhält er Leistungen aus der gesetzlichen Unfallversicherung. Bleiben diese Leistungen hinter den Leistungen aus der Unfallfürsorge zurück, sind ergänzende Unfallfürsorgeleistungen im Rahmen des § 31 Abs. 5 BeamtVG möglich. Im Einzelfall können die Leistungen aus der Unfallversicherung auch höher ausfallen (vgl. insbesondere §§ 56 ff. SGB VII). BSG 27.3.1990 – 2 RU 43/89 – zufolge ist eine Beschränkung der Verletztenrente auf den Betrag des Unfallausgleichs nach § 35 BeamtVG in analoger Anwendung des § 61 Abs. 1 SGB VII (früher: § 576 Abs. 1 Satz 1 RVO aF) nicht zulässig. Vgl. neuerdings auch NRW OVG 29.1.2016 – 1 A 1862/14 –, BeckRS 2016, 41558.

[265] Etwa vonseiten des Auftraggebers oder des Arbeitgebers.

[266] Die übrigen Unfallfürsorgeleistungen (siehe § 30 Abs. 2 iVm §§ 32–43a BeamtVG) können hier nicht erörtert werden, weil dies den Rahmen des Buches sprengen würde. Zum Kostenersatz bei erster Hilfeleistung nach einem Unfall vgl. § 32 Satz 3 BeamtVG.

[267] Die Wortfolge „die der Beamte mit sich geführt hat" ist im Sinne von VwVzBeamtG 32.1.4 Satz 1 Hs. 1 einschränkend auszulegen; vgl. dazu Brockhaus in Schütz/Maiwald, BR, Rn. 13 ff. zu § 32 BeamtVG. Soweit der Beamte den fraglichen Gegenstand nicht im Dienst benötigt, ist es maßgeblich, ob ein derartiger Gegenstand von Beamten mit gleicher Rechtsstellung und gleichem oder ähnlichem Aufgabenkreis typischerweise im Dienst mitgeführt wird. Unerlässlich ist es, dass im Unfallzeitpunkt eine enge räumliche Beziehung zwischen dem Beamten und dem Gegenstand bestanden und der Beamte eine „unmittelbare und tatsächliche Sachherrschaft" über den Gegenstand ausgeübt hat; NRW OVG DÖD 1977, 229 und NVwZ-RR 1994, 524. Siehe auch schon → § 10 Fn. 180.

[268] Der Lauf der Frist beginnt mit dem Zeitpunkt, in dem der Beamte den Schadenseintritt bemerkt.

– wenn auch bloß vorübergehender –, Körperschaden eingetreten ist.[269] Bei reinen Sachschäden bestimmt sich der Ersatz im Bund nach Verwaltungsvorschriften,[270] in den meisten Ländern nach gesetzlichen Spezialregelungen außerhalb des Unfallfürsorgerechts.

68 Zu den Gegenständen, die der Beamte „mit sich geführt hat", gehört auch das Kraftfahrzeug, dessen er sich bedient, um den Weg nach und von der Dienststelle zurückzulegen.[271] Die Eigentumsverhältnisse an dem mitgeführten Kraftfahrzeug sind nicht von rechtlicher Bedeutung.[272] Grundsätzlich gleichgültig ist es auch, ob der unfallverletzte Beamte oder jemand anderes das Kraftfahrzeug gelenkt hat, sofern der Beamte (mindestens) Mitinhaber der tatsächlichen Sachherrschaft war.[273]

69 Ob und in welchem Umfang – stets auf den unmittelbaren Schaden beschränkter[274] – Sachschadenersatz[275] nach § 32 Satz 1 BeamtVG geleistet wird, ist in das Ermessen (§ 40 VwVfG) der zuständigen Behörden gestellt, die sich freilich an den einschlägigen Verwaltungsrichtlinien – insbesondere an VwVzBeamtVG 32.1.1 ff.[276] – zu orientieren haben.[277]

70 Nicht zu beanstanden ist VwVzBeamtVG 32.1.5 Satz 1, wonach Ersatz nur geleistet werden darf, falls der Beamte den Schaden nicht auf andere Weise (zB Versicherung, Schadensersatzanspruch gegen Dritte) ersetzt erhalten kann. Dass der Beamte bei Inanspruchnahme seines Versicherers unter Umständen prämienmäßige Nachteile in Gestalt von Rabattverlusten hat, ist unbeachtlich.[278] Hat er den Dienstunfall fahrlässig herbeigeführt, so ist zu prüfen, ob es ihm zumutbar ist, den Schaden ganz oder teilweise selbst zu tragen.[279]

---

[269] VwVzBeamtVG 32.1.1.

[270] Richtlinien für Billigkeitszuwendungen bei Sachschäden, die im Dienst entstanden sind, Rdschr. d. BMF vom 10.12.1964 und vom 20.9.1965, GMBl. S 396, geändert durch Rdschr. d. BMF vom 18.1.1967, MinBlFin. S. 38 und vom 27.5.1968 (Abschn. VIII 6), MinBlFin. S. 358 sowie durch weitere nicht veröffentlichte Rdschr. Zur Erstattung von Sachschäden an dienstlich benutzten Fahrzeugen auch Rdschr. d. BMI vom 12.2.2007, GMBl. S. 520.

[271] BVerwG ZBR 1966, 117, DÖD 1966, 237 und RiA 1973, 19; ferner BayVGH BayVBl. 1961, 156, BayVBl. 1977, 700 und DÖD 1979, 131, NRW OVG DÖD 1977, 229 sowie SOVG ZBR 1972, 347 und RiA 1973, 191; siehe außerdem VwVzBeamtVG 31.1.4 Satz 1 Hs. 2 und H.Günther ZBR 1990, 97 (100 f.).

[272] VwVzBeamtVG 32.1.4 Satz 2; vgl. auch Wilhelm in GKÖD I (O) § 32 Rn. 13 mit Hinweisen auf die Rechtsprechung des Bundesgerichtshofs zur „Schadensliquidation im Drittinteresse".

[273] Vgl. hierzu NRW OVG DÖD 1977, 229.

[274] NRW OVG 22.7.1982 – 6 A 305/81 – (n. v.), bestätigt durch BVerwG 16.2.1984 – 2 B 179.82 – (n. v.): Beim Verlust eines Schlüsselbundes können nur die Kosten für den Erwerb von Ersatzschlüsseln, nicht hingegen die Aufwendungen für die Erneuerung der entsprechenden Schlösser ersetzt werden; siehe auch NdsOVG NJW 1991, 3050 (kein Ersatz entgangenen Gewinns oder eines immateriellen Schadens oder auch von „Folgeschäden"). Nach RP OVG RiA 1993, 48 (50) sollen aber die zur Schadensermittlung notwendigen (Gutachter-)Kosten erstattungsfähig sein. Vgl. schließlich BVerwG RiA 1994, 34: Repariert der Beamte sein Fahrzeug selbst, so werden ihm nur die Kosten der Ersatzteilbeschaffung erstattet.

[275] Wertminderungen durch Verwendung oder Abnutzung sind – außer bei orthopädischen oder anderen Hilfsmitteln und bei Sehhilfen – in angemessenem Umfang zu berücksichtigen; VwVzBeamtVG 32.1.4 Satz 3 und 4.

[276] Klarstellend ist darauf aufmerksam zu machen, dass nicht der gesamte Inhalt der im obigen Text angesprochenen Verwaltungsvorschrift ermessensbindenden Charakter hat. Zum Teil (zB bei 32.1.1 und 32.1.4 Satz 1) handelt es sich um Interpretationshilfen.

[277] Vgl. dazu BVerwGE 19, 48 sowie BVerwG ZBR 1967, 220. § 43a BeamtVG räumt einen Rechtsanspruch auf Schadensausgleich ein.

[278] BVerwGE 95, 98; vgl. ferner BayVGH ZBR 1993, 93, aber auch NdsOVG NVwZ-RR 1994, 601.

[279] VwVzBeamtVG 32.1.2. *Grobe* Fahrlässigkeit ist nicht erforderlich, SächsOVG SächsVBl. 2012, 92.

Der Ersatz von Sachschäden an einem Kraftfahrzeug, die bei einem Dienstunfall auf dem Weg „nach und von der Dienststelle“ entstehen, setzt voraus, dass „schwerwiegende Gründe für die Benutzung des Kraftfahrzeuges“ vorliegen.[280] Die Begrenzung der Ersatzleistung auf einen Höchstbetrag durch VwVzBeamtVG 32.1.9 Satz 1[281] unterliegt im Grundsatz keinen rechtlichen Zweifeln. Sie ist durch die Erwägung gerechtfertigt, dass dem Beamten der Abschluss einer Vollkaskoversicherung mit angemessener Selbstbeteiligung zuzumuten ist.[282] Der Fürsorge- und Schutzgedanke als übergreifende Maxime für die Ermessensausübung kann jedoch eine Begrenzung des Sachschadenersatzes auf den üblichen Betrag des Selbstbehalts in der Kraftfahrzeugvollkaskoversicherung vornehmlich dann als rechtsfehlerhaft erscheinen lassen, 71

- wenn der Beamte dienstlich angewiesen oder durch sonstige Einwirkung vonseiten des Dienstherrn veranlasst worden war, statt eines nicht vorhandenen oder nicht verfügbaren Dienstkraftwagens sein eigenes Kraftfahrzeug zur Erledigung von Dienstgeschäften zu benutzen,[283]
- wenn die Benutzung des privaten Kraftfahrzeugs zur Beseitigung einer bereits eingetretenen Störung der öffentlichen Sicherheit oder Ordnung oder zur Abwehr einer der Allgemeinheit oder einem Einzelnen unmittelbar drohenden Gefahr notwendig war[284] und/oder
- wenn der eingetretene Schaden entscheidend darauf beruht, dass der Beamte beim Führen seines privaten Kraftfahrzeugs auf dienstliche Anordnung oder Veranlassung ein besonderes Risiko übernehmen musste.[285]

Verstirbt der Beamte nach Ergehen des Bewilligungsbescheides, so hat der Erbe entsprechend § 1922 BGB Anspruch auf den zuerkannten Sachschadenersatz, da es sich insoweit nicht um eine höchstpersönliche Leistung handelt.[286] Stirbt der Beamte früher, so kann der Erbe die Ersatzleistung nur beanspruchen, wenn sich die zuständige Behörde unter Berücksichtigung ihrer Verwaltungspraxis nur bei Zubilligung derselben ermessensgerecht verhalten hätte; andernfalls ist die Vererblichkeit zu verneinen.[287] 72

---

[280] VwVzBeamtVG 32.1.8 Satz 1. Siehe dazu VG Lüneburg 2.8.2008 – 1 A 145/07 –, BeckRS 2008, 33706 (zum „Kindergartenumweg“ im Sachschadenersatzrecht) und 11.2.2009 – 1 A 124/07 –, BeckRS 2009, 32043.

[281] VwVzBeamtVG 32.1.9 ist nicht mehr auf die Erstattung von Sachschäden anzuwenden, die an einem anerkannt privateigenen Kraftfahrzeug bei Dienstreisen entstanden sind, für die die Anerkennung gilt, ferner nicht mehr bei Schäden an einem anderen privateigenen Kraftfahrzeug, dessen Einsatz entweder auf dem ausdrücklichen Verlangen oder auf der Einflussnahme des Dienstherrn beruht; vgl. Brockhaus in Schütz/Maiwald BR Rn. 27 ff. zu § 32 BeamtVG. Siehe ferner Fn. 283.

[282] BVerwG ZBR 1966, 117, RiA 1967, 33 und ZBR 1967, 220; außerdem BayVGH BayVBl. 1961, 156, NRW OVG ZBR 1962, 150 und SOVG ZBR 1972, 347.

[283] Vgl. dazu BVerwGE 72, 170 sowie BVerwG NJW 1986, 2588 und NRW OVG RiA 2009, 45 (47) m. Anm. Braun; ferner BVerwG DÖD 1989, 240: Der Dienstherr habe das Risiko eines (vom Beamten nicht zu vertretenden) Verlustes oder einer Beschädigung eines privateigenen Kraftfahrzeuges zu tragen, wenn der Beamte es auf Veranlassung seiner Dienststelle zur Erledigung von Dienstgeschäften einsetze. Der Sachschadenersatz sei daher in einem solchen Fall nicht auf die Selbstbeteiligung einer tatsächlich nicht abgeschlossenen Vollkaskoversicherung begrenzt.

[284] Siehe die vorstehende Fußnote.

[285] Vgl. BGH DRiZ 1972, 359; siehe außerdem VwVzBeamtVG 32.1.10.

[286] Vgl. BVerwG RiA 1991, 34 (zum Beihilferecht).

[287] Vgl. BVerwGE 16, 63; 18, 174; 21, 302.

VI. Verfahrensrechtliche und prozessuale Fragen

1. Meldung und Untersuchungsverfahren

73 Unfälle, aus denen Unfallfürsorgeansprüche nach den §§ 30ff. BeamtVG entstehen können, sind von dem verletzten Beamten oder – im Todesfall – von seinen anspruchsberechtigten Hinterbliebenen[288] grundsätzlich[289] innerhalb einer (auch für Berufskrankheiten iSd § 31 Abs. 3 BeamtVG geltenden[290]) Ausschlussfrist[291] von zwei Jahren nach Eintritt des Unfalles bei dem Dienstvorgesetzten[292] zu melden (§ 45 Abs. 1 Satz 1 BeamtVG).[293] Die Meldung muss so beschaffen sein, dass die in ihr enthaltenen Angaben – zumindest sinngemäß – den Schluss auf den Willen des Beamten nahe legen, einen ersichtlich mit dem Dienst zusammenhängenden Unfall anzuzeigen, selbst wenn der Beamte von sich aus gegenüber dem Dienstvorgesetzten keine Einstufung des Unfalles als Dienstunfall vornimmt. Nur dadurch kann verhütet werden, dass sich infolge zu spät einsetzender Ermittlungen Aufklärungsschwierigkeiten ergeben; ferner kann der Dienstherr durch eine rechtzeitige Unfallmeldung in die Lage versetzt werden, präventive Maßnahmen zur Vermeidung etwaiger weiterer Schäden zu ergreifen. Die Art der Verletzung und das Verlangen nach konkreten Unfallfürsorgeleistungen müssen aus der Meldung (noch) nicht hervorgehen.[294] Aus Beweisgründen sollte die Meldung schriftlich erstattet werden.[295]

74 Eine differenzierte Fristenregelung enthält § 45 Abs. 4 BeamtVG für die Schädigung des ungeborenen Kindes (siehe § 30 Abs. 1 Satz 2 und 3 BeamtVG):

---

[288] Vgl. Brockhaus in Schütz/Maiwald BR Rn. 9 zu § 45 BeamtVG.

[289] Beachte aber auch die Ausnahmeregelungen in § 32 Satz 2 iVm § 45 Abs. 1 Satz 2 und in § 45 Abs. 2 BeamtVG. Dazu BVerwG Buchholz 239.1 § 45 BeamtVG Nr.3–5 sowie NRW OVG ZBR 1993, 276.

[290] BVerwG Buchholz 232.5 § 45 BeamtVG Nr. 1, NRW OVG ZBR 1993, 276 und RP OVG NVwZ-RR 1990, 626. Zum Hinausschieben der Zweijahresfrist (siehe Fn. 289), solange eine Erkrankung noch nicht als Folge eines Dienstunfalles bemerkbar ist, RP OVG NVwZ-RR 2015, 822 (Fall eines Beamten, den der behandelnde Arzt erst nach Ablauf der Zweijahresfrist auf die Möglichkeit der Ursächlichkeit seines als Vermessungstechniker überwiegend im Freien abgewickelten Dienstes für seine aktinische Keratose aufmerksam gemacht hatte).

[291] Die Versäumung der Meldefrist führt zum Erlöschen der Unfallfürsorgeansprüche. Ob der verspätet geltend gemachte Anspruch im Einzelfall als „offensichtlich begründet" – „zweifelsfrei gegeben" – erscheint, ist daher gleichgültig; BVerwG ZBR 1963, 182. Siehe weiterhin BVerwG Buchholz 232 § 150 BBG Nr. 8. In den Fällen des § 31 Abs. 3 BeamtVG ist für den Fristbeginn auf den Zeitpunkt abzustellen, „in dem bei dem Beamten die … Erkrankung sicher diagnostizierbar" war (BVerwG 28.4.2011 – 2 C 55.09 –, abgedr. bei Schütz/Maiwald BR ES C II 3.1 Nr. 96).

[292] Siehe aber auch § 45 Abs. 1 Satz 3 BeamtVG.

[293] VwVzBeamtVG 45.1.1 schreibt sogar eine „umgehende" Meldung vor. Auch der Verletzte selbst hat diese „allgemeine Richtlinie" (§ 35 Satz 2 BeamtStG, § 62 Abs. 1 Satz 2 BBG) zu beachten. Verstößt er hiergegen, so hat das freilich keinen Ausschluss der Unfallfürsorge zur Folge.

[294] Vgl. dazu BVerwG NJW 1986, 2588 mwN. Eine bloße Krankmeldung, mit der keine Anhaltspunkte für einen Zusammenhang der Erkrankung mit dem Dienst vorgetragen sind, reicht nicht aus. Siehe jedoch auch BVerwG 11.7.2014 – 2 B 37.14 –, juris Rn. 8 sowie Kazmeier in Stegmüller/Schmalhofer/Bauer BeamtVG § 45 Erl.1 Nr. 4.

[295] Durch die Vorlage einer ärztlichen Bescheinigung beim Polizeiarzt wird die Meldung gegenüber dem Dienstvorgesetzten nicht ersetzt, selbst wenn die Bescheinigung den Hinweis darauf enthält, dass ein Unfall beim Dienstsport eingetreten ist; NRW OVG 2.12.1997 – 6 A 2874/96 –, abgedr. bei Schütz/Maiwald BR ES/C II 3.1 Nr. 66. Siehe aber auch BayVGH 17.3.2016 – 3 B 15.327 –, BeckRS 2016, 45181 zur (zureichenden) zeitnahen *mündlichen* Unterrichtung eines Schulleiters seitens einer Lehrerin darüber, dass sie nach Abschluss eines Elternabends beim Hinuntergehen auf einer Treppe im Schulhaus mit dem linken Fuss umgeknickt sei.

- Die Beamtin muss den Unfall fristgerecht (vgl. § 45 Abs. 1 und 2 BeamtVG) gemeldet haben; überdies muss er als Dienstunfall anerkannt sein.
- Der Anspruch des Kindes auf Heilverfahren, Unfallausgleich und Unterhaltsbeitrag (siehe § 30 Abs. 2 Satz 2 BeamtVG) muss innerhalb von zwei Jahren durch die Sorgeberechtigten geltend gemacht werden; die Zweijahresfrist beginnt hier am Tag der Geburt des Kindes.
- Der Lauf der Zehn-Jahres-Frist nach § 45 Abs. 2 BeamtVG beginnt ebenfalls erst am Tag der Geburt; der Antrag auf Gewährung von Unfallfürsorgeleistungen für das geschädigte Kind muss innerhalb von drei Monaten gestellt werden, nachdem mit der Möglichkeit einer Schädigung durch einen Dienstunfall der Mutter während der Schwangerschaft gerechnet werden konnte oder das Hindernis für den Antrag weggefallen ist.[296]

Der Dienstvorgesetzte hat jeden Unfall, der ihm von Amts wegen oder durch Meldung 75 der Beteiligten bekannt wird, sofort zu untersuchen (§ 45 Abs. 3 Satz 1 BeamtVG) und alsbald nach Abschluss der Untersuchung hierüber zu berichten.[297] Die oberste Dienstbehörde oder die von ihr bestimmte Stelle entscheidet, ob ein Dienstunfall vorliegt und ob der Verletzte den Unfall vorsätzlich herbeigeführt hat (§ 45 Abs. 3 Satz 2 BeamtVG).[298] Die Entscheidung ist dem Verletzten bzw. seinen Hinterbliebenen bekannt zu geben (§ 45 Abs. 3 Satz 3 BeamtVG). Sie bindet auch die Gerichte, bei denen Schadensersatzansprüche aus Anlass des Unfalles streitbefangen sind.[299]

Gutachten medizinischer Sachverständiger, welche die oberste Dienstbehörde, die von 76 ihr bestimmte Stelle oder die Widerspruchsbehörde einholt, dürfen auch zur (alleinigen) Entscheidungsgrundlage in einem (späteren) Verwaltungsstreitverfahren gemacht werden,[300] es sei denn, sie sind objektiv ungeeignet, die für die richterliche Überzeugungs-

---

[296] Siehe auch RdSchr. d. BMI vom 3.9.2002, GMBl. S. 689, 704 f.

[297] Siehe im Einzelnen VwVzBeamtVG 45.3. Die Belastungen, die dem Beamten aus dem gesetzlich vorgeschriebenen Untersuchungsverfahren erwachsen (können), fallen in den Rahmen seines Dienstverhältnisses. Wenn ein betroffener Beamter aus Verärgerung hierüber psychische Beschwerden entwickelt und wenn erst diese Beschwerden, und nicht der ursprüngliche Dienstunfall, zur Dienstunfähigkeit führen, besteht kein Anspruch auf Unfallruhegehalt. Vgl. dazu Pflaum RiA 2011, 198 (202 f.).

[298] Im Interesse der Rechtsklarheit und zur Vermeidung künftiger Streitigkeiten ist es dringend angeraten, wenn auch nicht unbedingt rechtlich geboten (vgl. HVGH LKRZ 2011, 311), die (abschießend geklärten) Körperschäden, die aus der Sicht der zuständigen Stelle Dienstunfallfolgen sind, im Entscheidungssatz des Anerkennungsbescheides als solche möglichst präzise aufzuführen. Durch feststellenden Verwaltungsakt kann im Übrigen gesondert darüber entschieden werden, ob ein bestimmtes Leiden Folge eines als Dienstunfall anerkannten Ereignisses ist; RP OVG ZBR 1987, 15. Nur unter dieser Voraussetzung dürfte sich eine Bindungswirkung hinsichtlich des Vorliegens oder Nichtvorliegens bestimmter dienstunfallbedingter Krankheitsfolgen annehmen lassen (siehe auch insoweit HVGH aaO). Zur Rücknahme der Anerkennung eines Gesundheitsschadens als Dienstunfallfolge für die Zukunft BayVGH BayVBl. 2015, 172.

[299] BGHZ 121, 131 sowie BGH VersR 2004, 473; vgl. auch BVerwG NVwZ-RR 2005, 422. Die Bindungswirkung der Anerkennung eines Körperschadens als Dienstunfall bleibt auf den Regelungsbereich des § 31 BeamtVG begrenzt; darüber hinausgehende gesetzliche Voraussetzungen konkreter Unfallfürsorgeleistungen – wie etwa der nach § 36 BeamtVG erforderliche Kausal- und Zurechnungszusammenhang zwischen Dienstunfall und Dienstunfähigkeit – sind in dem gestuften Verwaltungsverfahren zusätzlich festzustellen (NRW OVG 26.8.1998 – 12 A 5114/96 –, abgedr. bei Schütz/Maiwald BR ES/C II 3.5 Nr. 10). Hat die zuständige Behörde den Unfall eines Beamten als Dienstunfall anerkannt, so kann der Schädiger demgegenüber nur geltend machen, dass der entsprechende Verwaltungsakt gemäß § 44 Abs. 1 VwVfG nichtig sei (OLG München 4.11.2015 – 24 U 1768/15 –, juris – LS –).

[300] BVerwGE 18, 216 sowie BVerwG DÖD 1965, 58 und BVerwG 20.2.1998 – 2 B 81.97 –, abgedr. bei Schütz/Maiwald BR ES/C II 3.4 Nr. 7. Bei der Würdigung divergierender Sachverständigengutachten muss sich das Gericht eingehend mit dem Gutachteninhalt und der Sachkunde der Gutachter auseinandersetzen; BVerwG 28.4.2011 – 2 C 55.09 –, abgedr. bei Schütz/Maiwald BR ES/II C 3.1 Nr. 96. Siehe auch Pflaum RiA 2011, 198 (202) mwN (namentlich aus der sozialgerichtlichen Recht-

bildung notwendigen sachlichen Grundlagen zu vermitteln, weil sie etwa von unzutreffenden tatsächlichen Voraussetzungen ausgehen oder unlösbare innere Widersprüche aufweisen.

2. Verwaltungsrechtsschutz

a) Klageart

77 Da die Anerkennung eines Dienstunfalles einen begünstigenden Verwaltungsakt darstellt, können der Verletzte bzw. seine Hinterbliebenen bei ablehnender Entscheidung – ggf. nach erfolglosem Widerspruch (§ 54 Abs. 2 BeamtStG bzw. § 126 Abs. 2 BBG, jeweils iVm §§ 68ff. VwGO) – in den Fällen des § 31 Abs. 1–4 und des § 31a BeamtVG Verpflichtungsklage (§ 42 Abs. 1 VwGO), in den Fällen des § 31 Abs. 5 BeamtVG (Beurlaubtenunfall), da dem Dienstherrn hier Ermessen eingeräumt ist, dagegen regelmäßig nur Bescheidungsklage (siehe § 113 Abs. 5 Satz 2 VwGO)[301] erheben. Soweit der Beamte – grundsätzlich in das Ermessen des Dienstherrn gestellten – Sachschadenersatz (§ 32 Satz 1 BeamtVG) erstrebt, ist eine Verpflichtungsklage nur in Erwägung zu ziehen, wenn zureichende Anhaltspunkte für eine sog Ermessensreduzierung auf Null[302] gegeben sind; andernfalls ist auch insofern nur zur Bescheidungsklage zu raten.[303]

b) Kontrolldichte der gerichtlichen Prüfung beim Beurlaubtenunfall

78 Die Merkmale „öffentliche Belange“ und „dienstliche Interessen“ (§ 31 Abs. 5 BeamtVG) sind unbestimmte Rechtsbegriffe ohne Beurteilungsermächtigung. Allerdings unterliegen – über den Einzelfall hinausgehende – verwaltungspolitische Vorentscheidungen in diesem Rahmen nur eingeschränkter gerichtlicher Kontrolle.[304]

79 Die Ermessensausübung ist lediglich dahin gerichtlich überprüfbar, ob die gesetzlichen Grenzen des Ermessens überschritten sind oder ob von dem Ermessen in einer dem Zweck der Ermächtigung nicht entsprechenden Weise Gebrauch gemacht ist (§ 114 Satz 1 VwGO).

c) Beweislast[305]

80 Soweit die Verwaltung auf Gewährung einer Leistung in Anspruch genommen wird, trägt der Bürger – unbeschadet einer abweichenden gesetzlichen Regelung – den prozessualen Nachteil, wenn eine rechtsbegründende Tatsache unerwiesen bleibt, während die Folgen der Beweislosigkeit bei rechtsverneinenden oder rechtshemmenden Tatsachen die Verwaltung treffen.[306] Die Rechtsprechung hat diesen Grundsatz einschränkungslos

---

sprechung): „Für das Untersuchungsverfahren ist zu berücksichtigen, dass medizinische Gutachten unverwertbar sind, wenn jedes ‚kritische Hinterfragen der Angaben‘ … des Beamten fehlt. … Auch ein vom Beamten hinzugezogener Privatgutachter sollte sich im wohlverstandenen Interesse des Beamten bemühen, … Aggravations- oder Simulationsneigungen (desselben) … entgegenzuwirken“. Zur Erforderlichkeit der Einholung eines Obergutachtens BVerwG ZBR 1980, 80.

[301] Allg. zur Bescheidungsklage siehe Johlen in Münchener Prozessformularbuch Verwaltungsrecht A. II.5.

[302] Vgl. dazu die Nachweise bei Kopp/Schenke VwGO § 114 Rn. 6.

[303] Beim Erben ist die Rechtslage so, dass er entweder (nämlich: wenn schon ein Bewilligungsbescheid zugunsten des verstorbenen Beamten ergangen war) allgemeine Leistungsklage oder (wenn dies nicht der Fall ist) Verpflichtungsklage erheben wird; eine Bescheidungsklage des Erben macht keinen Sinn (→ Rn. 72).

[304] Vgl. BVerwGE 39, 291; ferner Brockhaus in Schütz/Maiwald BR Rn. 196 zu § 31 BeamtVG.

[305] Vgl. im Einzelnen Schnellenbach ZBR 1995, 321 (333 f.).

[306] BVerwGE 118, 370 sowie BVerwG DVBl 2000, 1129 und NdsOVG ZBR 2006, 215. Die Verwaltungsgerichte haben den Sachverhalt von Amts wegen zu erforschen (§ 86 Abs. 1 VwGO).

für das Dienstunfallrecht übernommen.[307] Der Beamte trägt danach die Beweislast (Feststellungslast) für

- das Vorliegen des Unfallereignisses[308] und eines Körperschadens,
- die Tatsachen, aus denen zu schließen ist, dass sich der Unfall „in Ausübung oder infolge des Dienstes“ zugetragen hat,[309]
- die Umstände, aus denen sich die für § 31 Abs. 1 und 2 BeamtVG bedeutsamen Kausal- und Zurechnungszusammenhänge herleiten lassen,[310] sowie
- die Sachverhalte, die die Folgerung rechtfertigen, dass er (im Fall des § 31 Abs. 3 BeamtVG) der Erkrankungsgefahr besonders ausgesetzt war[311] oder (im Fall des § 31 Abs. 4 BeamtVG) im Hinblick auf sein pflichtgemäßes Verhalten oder wegen seiner Eigenschaft als Beamter angegriffen worden ist.

Bleibt dagegen offen, ob sich der Beamte eine Krankheit iSd § 31 Abs. 3 Satz 1 BeamtVG „in Ausübung oder infolge“ oder aber außerhalb des Dienstes zugezogen hat, so trägt der Dienstherr die Beweislast; das Gesetz macht dies durch die Wortfolge „es sei denn“ deutlich.[312]

Ungewissheiten, die ihren Grund darin finden, dass sich das (nicht von vornherein 81
festgelegte) Ende einer dienstlichen Veranstaltung nicht mehr feststellen lässt, weil das insofern bedeutsame Handeln des Dienstvorgesetzten und/oder der von ihm beauftragen Personen nicht aufklärbar ist, gehen zu Lasten des Dienstherrn.[313]

Nicht zur Umkehr der Beweislast führt der sog Beweis des ersten Anscheins, der auch 82
im Dienstunfallrecht – insbesondere bei medizinischen Fragen[314] – in Betracht kommen kann.[315] Gleiches gilt für – nach allgemeinen prozessualen Grundsätzen zu beurteilen-

---

Das Absehen von einer weiteren gerichtlichen Klärung mit der Begründung, etwa in Betracht kommende Beweismittel würden voraussichtlich nicht den gewünschten Aufschluss erbringen, stellt eine unzulässige vorweggenommene Beweiswürdigung dar.

[307] BVerwGE 14, 181 sowie BVerwG Buchholz 237.7 § 142 LBG NRW Nr. 3 und ZBR 1982, 307. § 287 ZPO lässt § 108 Abs. 1 VwGO unberührt; BVerwG NVwZ-RR 1999, 518. Auch für eine Folgenabwägung ist hier kein Raum; BVerwG 28.4.2011 – 2 C 55.09 – (siehe schon Fn. 300). Zur Beweislast bei der Rücknahme der Anerkennung von Unfallfolgen für die Zukunft BayVGH BayVBl. 2015,172.

[308] BVerwG ZBR 1965, 244 und ZBR 1982, 307.

[309] BW VGH VBlBW 1992, 387. Auch dafür, dass er sich „in den Dienst versetzt“ hat, obliegt dem Beamten die Beweislast; NRW OVG DÖD 1993, 146. Beim Beurlaubtenunfall tritt die „Tätigkeit“ an die Stelle des „Dienstes“ (→ Rn. 66).

[310] BayVGH 25.2.2016 – 3 ZB 13.2198 – , juris Rn. 7 mwN. Auch für den Nachweis des von § 36 Abs. 1 BeamtVG geforderten Kausal- und Zurechnungszusammenhanges zwischen Dienstunfall und Zurruhesetzung trägt der Beamte, was die rechtlich relevante Tatsachenbasis anbelangt, die materielle Beweislast; BVerwG NVwZ 1996, 183 (184). Die von der Behörde bzw. im Streitfall vom Gericht zu treffende wertende Entscheidung über die Wesentlichkeit einer (in tatsächlicher Hinsicht geklärten) Ursache ist rechtlicher Art (und damit einer Beweisaufnahme nicht zugänglich); VG Freiburg 25.2.2016 – 3 K 1187/14 –, BeckRS 2016, 43665.

[311] BVerwGE 19, 213. Siehe auch Fn. 151.

[312] BVerwG Buchholz 237.7 § 142 LBG NRW Nr. 3.

[313] BVerwGE 81, 265.

[314] BW VGH ESVGH 20, 95 und VG Kassel DÖD 1981, 236.

[315] RGZ 150, 210, BVerwGE 14, 181 und HVGH NVwZ-RR 1990, 266. Siehe auch BVerwG DVBl 1963, 896, ZBR 1965, 20 und ZBR 1982, 307, ferner BW VGH VBlBW 1992, 387 und NdsOVG ZBR 2006, 215. Ist aufgrund von Erfahrungssätzen anzunehmen, dass ein bestimmtes Ereignis typischerweise eine bestimmte Folge zeitigt, und sind Ereignis und Folge jeweils nachgewiesen (BayVGH 12.10.1983 – 3 B 83 A.474 –, abgedr. bei Schütz/Maiwald BR ES/C II 3.1 Nr. 7), so erübrigt sich im Einzelfall die Feststellung des konkreten Geschehensablaufs, sofern nicht die Möglichkeit einer atypischen kausalen Verknüpfung dargetan und bewiesen ist (BVerwG RiA 1967, 179 und ZBR 1968, 128; ferner BGHZ 18, 311, 318 f.). Ist ein Beamter bei einer dem Dienstunfallschutz unterliegenden Fahrt wegen Alkoholgenusses absolut fahruntüchtig, so ist darin prima facie die

de[316] – Beweisvereitelungen durch den Beamten, der sich seiner Mitwirkung an der Aufklärung[317] entzieht, oder den Dienstvorgesetzten, der seiner Untersuchungspflicht[318] nicht oder nicht in der gebotenen Weise genügt.[319]

83 Bezüglich der im Rahmen des § 31a BeamtVG[320] auftretenden Fragen,

- ob der Beamte bei einer besonderen Verwendung (Abs. 1 Satz 2) einen sog Einsatzunfall (Abs. 1 Satz 1) erlitten hat oder
- ob die spezifischen Kausal- und Zurechnungsvoraussetzungen des Abs. 2 erfüllt sind,

ist der Beamte beweisbelastet. Den Dienstherrn trifft der Nachteil eines non liquet wegen solcher Tatumstände, deren Vorliegen etwa bedeuten würde, dass sich der Beamte vorsätzlich oder grob fahrlässig der Gefährdung ausgesetzt oder die Gründe für eine Verschleppung, Gefangenschaft oder sonstige Einflussbereichsentziehung herbeigeführt hätte (§ 31a Abs. 4 BeamtVG). Durch die Textfassung „es sei denn, dass der Ausschluss (der Unfallfürsorge) für ihn eine unbillige Härte wäre" weist der Gesetzgeber insofern dem Beamten die Feststellungslast zu.

84 Was die Erstattung von Sachschäden angeht (§ 32 Satz 1 BeamtVG),[321] so kann eine Beweislastentscheidung notwendig werden, weil es im Einzelfall ungeklärt geblieben ist,

- ob im Unfallzeitpunkt die erforderliche enge räumliche Beziehung zwischen dem Beamten und dem (beschädigten, zerstörten oder abhanden gekommenen) Gegenstand vorhanden war und der Beamte eine „unmittelbare und tatsächliche Sachherrschaft" über den Gegenstand ausgeübt hat (a),[322] sowie
- ob der Unfall auf (grober) Fahrlässigkeit des Beamten beruht (b).[323]

Zu (a) ist der Beamte, zu (b) der Dienstherr Träger des Beweisrisikos. Soweit Rechtsprechung und Verwaltungspraxis Ausnahmen von der Ermessensrichtlinie der VwVzBeamtVG 31.1.9 Satz 1 (Begrenzung der Ersatzleistung hinsichtlich eines Kraftfahrzeugs auf einen Höchstbetrag) gebieten,[324] hat der Beamte hiervon nur dann einen Vorteil, wenn der entsprechende Ausnahmetatbestand in tatsächlicher Hinsicht Zweifeln entrückt ist, namentlich wenn feststeht, dass er dienstlich angewiesen oder durch sonstige Einwirkung seitens des Dienstherrn veranlasst worden ist, statt eines nicht vorhandenen oder nicht verfügbaren Dienstkraftwagens sein eigenes Kraftfahrzeug zur Erledigung von Dienstgeschäften zu benutzen.[325]

---

rechtlich allein wesentliche Ursache für einen in diesem Zustand erlittenen Verkehrsunfall zu erblicken; HVGH ZBR 1990, 24.

[316] BVerwGE 10, 270; 38, 310; vgl. auch Brockhaus in Schütz/Maiwald BR Rn. 221 zu § 31 BeamtVG.

[317] Siehe dazu VwVzBeamtVG 45.3.1 Satz 2 sowie BVerwG BayVBl. 1984, 87. Zu der auf § 26 Abs. 2 VwVfG und der Treuepflicht beruhenden Obliegenheit des Beamten, die behandelnden Ärzte im Rahmen eines Dienstunfallverfahrens hinsichtlich der gesundheitlichen Beeinträchtigungen, auf die er den Dienstunfall zurückführt, von der ärztlichen Schweigepflicht zu befreien, siehe NRW OVG 2.9.2014 – 1 A 2773/12 –, BeckRS 2014, 55799.

[318] → Rn. 75.

[319] Vgl. RP OVG DVBl 1960, 175. Siehe ferner LSA OVG NZA-RR 2014, 222 (keine Verpflichtung des Dienstherrn, den Beamten über die Möglichkeiten der Beweissicherung zu belehren oder entsprechende beweissichernde Maßnahmen vorsorglich für den Beamten zu veranlassen).

[320] → Rn. 43.

[321] → Rn. 67 ff.

[322] Siehe Fn. 265.

[323] → Rn. 70.

[324] → Rn. 71.

[325] Unklarheiten im Bereich des Dienstherrn können Anlass für Beweiserleichterungen (nicht für eine Umkehr der Beweislast) sein, vorausgesetzt, der Beamte hat sich um eine pflichtgemäße, nicht durch Eigeninteressen bestimmte Auslegung bemüht.

§ 15 Rückforderung von Besoldung und Versorgung sowie sonstigen Leistungen des Dienstherrn

Der als eigenständiges Rechtsinstitut des allgemeinen Verwaltungsrechts anerkannte öffentlich-rechtliche Erstattungsanspruch[1] ist, was die Rückforderung rechtsgrundlos gewährter Besoldung und Versorgung sowie sonstiger amtsbezogener Leistungen des Dienstherrn betrifft, in Bund und Ländern durch gesetzliche Rechtsfolgenverweisungen auf die Vorschriften des BGB über die Herausgabe einer ungerechtfertigten Bereicherung (§§ 812 ff.) konkretisiert. Die Verweisungen finden sich 1

- hinsichtlich der Besoldung (§ 1 Abs. 2 und 3 BBesG)[2] in § 12 Abs. 2 Satz 1 BBesG und landesrechtlichen Parallelvorschriften[3],
- hinsichtlich der Versorgung (§ 2 BeamtVG) in § 52 Abs. 2 Satz 1 BeamtVG[4] und
- hinsichtlich der sonstigen amtsbezogenen Geld- und geldwerten Sachleistungen des Dienstherrn[5] in Vorschriften einzelner Landesbeamtengesetze[6], die auf § 12 Abs. 2 BBesG bzw. das korrespondierende Landesrecht verweisen.[7]

---

[1] Vgl. BVerwG NVwZ 1984, 36 und DVBl 1985, 850. Der Erstattungsanspruch richtet sich, anders als ein Schadensersatzanspruch, nicht auf den Ausgleich einer bei dem Gläubiger entstandenen Vermögenseinbuße, sondern auf die Rückabwicklung eines dem Schuldner nicht gebührenden Vermögenszuwachses – ua mit der Konsequenz, dass seine Geltendmachung nicht der Mitbestimmung des Personalrates unterliegt (BVerwG NVwZ 2006, 835). Siehe insofern auch Fn. 19.

[2] Leistungsprämien und -zulagen iSd § 42a Abs. 1 Satz 1 BBesG (siehe § 13 Rn. 22 ff.) sind ergänzende Besoldungsbestandteile.

[3] Siehe § 15 Abs. 2 LBesGBW, Art. 15 Abs. 2 BayBesG, § 75 Abs. 2 BlnLBG iVm § 12 Abs. 2 BBesG i. d. F. vom 31.8.2006, § 13 Abs. 2 BbgBesG, § 1 Abs. 2 BremBesG iVm § 12 Abs. 2 BBesG i. d. F. vom 31.8.2006, § 16 Abs. 2 HmbBesG, § 12 Abs. 2 HBesG, § 1 Abs. 2 Nr. 1 LBesG MV iVm § 12 Abs. 2 BBesG i. d. F. vom 12.7.2006, § 1 Abs. 2 NBesG iVm § 12 Abs. 2 BBesG i. d. F. vom 12.7.2006, § 15 Abs. 2 LBesG NRW, § 16 Abs 2 LBesG RP, § 1 Abs. 2 SBesG iVm § 12 Abs. 2 BBesG i. d. F. vom 31. August 2006, § 18 Abs. 2 SächsBesG, § 13 Abs. 1 LBesG LSA, § 15 Abs. 2 SHBesG und § 13 Abs. 2 ThürBesG. Siehe ferner → Rn. 2.

[4] § 52 Abs. 2 BeamtVG ist auch auf Unterhaltsbeiträge anwendbar, die im Gnadenwege (vgl. zB § 43 BBG, § 34 BW LBG, Art. 61 BayBG und § 30 NRW LBG) bewilligt werden (§ 63 Nr. 8 BeamtVG). Die Verwaltungspraxis legt § 52 Abs. 2 BeamtVG – darüber hinausgehend – auch bei der Rückforderung von Unterhaltsbeiträgen nach dem Disziplinarrecht (vgl. zB § 12 Abs. 2 BDG) zugrunde; dazu Weinbrenner/Bauer in Stegmüller/Schmalhofer/Bauer BeamtVG § 52 Rn. 6.

[5] Zuwendungen Dritter fallen selbst dann nicht unter die im obigen Text in den Blick gefassten Rückforderungsregelungen, wenn sie im Zusammenhang mit der Dienstausübung stehen. Anspruchsgrundlagen für die Herausgabe von Bestechungsgeldern, die der Beamte für seine dienstliche Tätigkeit in Empfang genommen hat, sind § 71 Abs. 2 BBG und § 42 Abs. 2 BeamtStG. Finanzielle Zuwendungen des Dienstherrn, die er einem Beamten dafür gewährt, dass dieser einen Antrag auf vorzeitige Versetzung in den Ruhestand stellt, sind keine Leistungen im hier angesprochene Sinne (NRW OVG 2.8.2001 – 1 A 3262/99 –, abgedr. bei Schütz/Maiwald BR ES/C V 5 Nr. 39 = BeckRS 2002, 20962).

[6] Siehe Art. 5 Abs. 1 und 2 iVm Art. 13 BayBG und Art. 15 BayBesG, § 75 Abs. 2 BlnLBG, § 65 Satz 1 BbgLBG, § 85 HBG, § 79 Abs. 3 NRW LBG, § 72 Abs. 1 SBG, § 126 SH LBG und § 89 SächsBG, vgl. ferner § 87 Satz 2 bis 4 NBG: Die unter dem entsprechenden obigen Spiegelstrich anvisierten „sonstigen Leistungen" des Dienstherrn sind Kostenerstattungen und Fürsorgeleistungen, die nicht zur Besoldung und nicht zur Versorgung gehören.

[7] § 87 Abs. 2 BBG aF, der nicht erkennen ließ, dass er sich nur mehr auf Leistungen ohne Besoldungs- oder Versorgungscharakter beziehen konnte, ist bei der Novellierung durch das am 12.2.2009 in Kraft getretene Dienstrechtsneuordnungsgesetz nicht übernommen worden. – Rechtsgrundlage für die Pflicht zur Ablieferung vereinnahmter Vollstreckungsgebühren, die der Gerichtsvollzieher nicht zur Befriedigung seines Anspruchs auf Bürokostenentschädigung behalten darf, ist

Die Rechtsfolge des § 819 Abs. 1 BGB wird im vorliegenden Rahmen auch dadurch ausgelöst, dass der Empfänger den Mangel des rechtlichen Grundes der Leistung seiner Offensichtlichkeit wegen hätte erkennen müssen (vgl. zB § 12 Abs. 2 Satz 2 BBesG, § 52 Abs. 2 Satz 2 BeamtVG). Von der Rückforderung kann aus Billigkeitsgründen ganz oder teilweise abgesehen werden (vgl. zB § 12 Abs. 2 Satz 3 BBesG, § 52 Abs. 2 Satz 3 BeamtVG). Die Rückforderung von überzahlten Versorgungsbeträgen in Höhe von weniger als (insgesamt) fünf Euro unterbleibt (§ 52 Abs. 3 BeamtVG).

2 Infolge der Aufhebung des Art. 74a GG durch das Gesetz zur Änderung des Grundgesetzes vom 28. August 2006[8] ist die frühere konkurrierende Gesetzgebungskompetenz des Bundes zur Regelung von Besoldung und Versorgung (auch) der (unmittelbaren und mittelbaren) Landesbeamten entfallen. Die aus § 1 Abs. 1 BBesG und § 1 Abs. 1 und 2 BeamtVG jeweils ersichtlichen persönlichen Anwendungsbereiche sind dem angepasst worden. Nach der Übergangsregelung in Art. 125a Abs. 1 GG gelten die angesprochenen Gesetze aber in der Fassung vom 31. August 2006 auch im Landesbereich weiter, solange und soweit sie nicht durch Landesgesetz ersetzt oder modifiziert worden sind oder künftig ersetzt oder modifiziert werden (siehe § 86 BBesG und § 108 BeamtVG). Die Bindung an die genannte Fassung bedeutet insbesondere, dass die unter Rn. 76 behandelten redaktionellen Änderungen zu § 52 Abs. 4 und 5 BeamtVG (siehe Art. 4 Nr. 33 des Dienstrechtsneuordnungsgesetzes vom 5. Februar 2009) in den in Betracht kommenden Ländern nicht berücksichtigt wurden; dasselbe gilt, soweit nunmehr in Landesbesoldungsgesetzen noch auf die Fassung des Bundesbesoldungsgesetzes vom 31. August 2006 verwiesen wird.[9] Eigenständige und umfassende landesrechtliche Regelungen haben inzwischen Bayern (Rückforderungsnormen: Art. 15 BayBesG, Art. 7 BayBeamtVG), Baden-Württemberg (Rückforderungsnormen: § 15 LBesG BW, § 5 LBeamtVG BW), Brandenburg (Rückforderungsnormen: § 13 BbgBesG, § 7 BbgBeamtVG), Hamburg (Rückforderungsnormen: § 16 HmbBesG, § 63 HmbBeamtVG), Hessen (Rückforderungsnormen § 12 HBesG, § 70 HBeamtVG), Nordrhein-Westfalen (Rückforderungsnormen: § 15 LBesG NRW, § 64 LBeamtVG NRW), Rheinland-Pfalz (Rückforderungsnormen: § 16 LBesG RP, § 7 LBeamtVG RP), Sachsen (Rückforderungsnormen: § 18 SächsBesG, § 66 SächsBeamtVG), Schleswig-Holstein (Rückforderungsnormen: § 15 SHBesG, § 63 SHBeamtVG) und Thüringen (Rückforderungsnormen: § 13 ThürBesG, § 7 ThürBeamtVG) sowie – nur für das Besoldungsrecht – Sachsen-Anhalt (Rückforderungsnorm: § 13 LBesG LSA) und – nur für das Versorgungsrecht – Niedersachsen (Rückforderungsnorm: § 63 NBeamtVG) erlassen. Die in den vorstehenden Klammerzusätzen genannten Vorschriften lassen den Stoff dieses Paragrafen im Wesentlichen inhaltlich unberührt, sodass es angezeigt erscheint, im Folgenden grundsätzlich jeweils nur die bundesrechtlichen Bestimmungen anzuführen.

3 Die unter Rn. 1 genannten gesetzlichen Bestimmungen verdrängen § 49a VwVfG (§ 1 Abs. 1 VwVfG).[10] Eine Pflicht, die zu erstattende Leistung durch Verwaltungsakt festzusetzen (siehe § 49a Abs. 1 Satz 2 VwVfG), besteht nicht;[11] der Dienstherr kann

---

nicht § 12 BBesG, sondern das allgemeine beamtenrechtliche Dienst- und Treueverhältnis, und zwar ungeachtet dessen, dass ein Landesbeamtengesetz für die Rückforderung von sonstigen Leistungen die entsprechende Anwendung des § 12 BBesG vorsieht (BVerwG 26.1.2010 – 2 C 7.08 –, abgedr. bei Schütz/Maiwald BR ES/C V 5 Nr. 76).

[8] BGBl. I 2034.

[9] Vgl. Fn. 3.

[10] Vgl. BBesVwV 12.2.0.1. Siehe auch BVerwG ZBR 1983, 206, BVerwGE 109, 365 (juris Rn. 21), Bln/BbgOVG 16.12.2011 – 4a B 2.11 –, juris Rn. 22.

[11] Siehe BVerwG ZBR 1992, 311 (312).

die Rückforderung auch durch Leistungsklage oder durch Aufrechnung geltend machen.[12]

Zur Rückabwicklung von Geldleistungen, die für die Zeit nach dem Tode des Beamten oder Versorgungsberechtigten in Unkenntnis des Todes auf ein Konto bei einem (inländischen) Geldinstitut überwiesen worden sind (siehe § 12 Abs. 3 und 4 BBesG sowie nunmehr § 52 Abs. 4 BeamtVG iVm § 118 Abs. 3 bis 5 SGB VI), vgl. Rn. 60, 72 und 76. 4

Zu den rückforderungsfähigen Leistungen ohne Besoldungs- oder Versorgungsqualität[13] zählen 5

- Reise- und Umzugskostenvergütungen,[14]
- Trennungsgelder,[15]
- Beihilfen[16] und Unterstützungen,
- Nutzungen und Sachbezüge iSd § 52 BHO[17] sowie
- Aufwandsentschädigungen (siehe § 17 BBesG).[18]

Ist die Leistungsgewährung (auch) Folge einer grob fahrlässigen oder vorsätzlichen Dienstpflichtverletzung des Beamten, so konkurriert die jeweilige Rückforderungsnorm mit § 75 BBG bzw. mit § 48 BeamtStG.[19] Gegenüber diesen Anspruchsgrundlagen für Schadensersatzverlangen des Dienstherrn kann sich der Beamte nicht mit Erfolg auf einen Bereicherungswegfall (§ 818 Abs. 3 BGB) berufen.[20] Die Verwaltung muss sich freilich – anders als grundsätzlich bei der Rückforderung[21] – auch ein mitwirkendes Verschulden (siehe § 254 BGB) anrechnen lassen.[22] Eine zur Schadensersatzhaftung führende Dienstpflichtverletzung liegt nicht schon darin, dass der Beamte die Höhe der ihm zufließenden Leistungen nicht überprüft. Er verstößt damit – falls nicht besondere Umstände hinzutreten – nicht gegen seine Treuepflicht gegenüber dem Dienstherrn,[23] sondern handelt lediglich einer in seinem wohlverstandenen eigenen Interesse wurzelnden Obliegenheit (Last) zuwider.[24] 6

---

[12] → Rn. 81 ff.

[13] Zu Abschlagszahlungen vgl. BVerwGE 11, 283; 13, 248; 18, 72; 100, 206 (juris Rn. 26 ff.) sowie BVerwG Buchholz 232 § 87 BBG Nr. 17 und ZBR 1982, 281.

[14] NRW OVG DÖD 1959, 237; vgl. ferner BW VGH 14.2.1996 – 4 S 68/95 –, abgedr. bei Schütz/Maiwald BR ES/C V 5 Nr. 26 (= BeckRS 2005, 27762) und BVerwGE 100, 206 (Fahrtkostenzuschüsse); siehe auch die Übersicht über das einschlägige Landesrecht bei May in Schütz/Maiwald BR § 80 NRW LBG (aF) Rn. 164 f.

[15] BVerwGE 13, 107.

[16] BVerwG RiA 1971, 215.

[17] Vgl. May in Schütz/Maiwald BR § 80 NRW LBG (aF) Rn. 190 f.

[18] Siehe dazu BVerwG NVwZ 2001, 96 und NVwZ-RR 2012, 207.

[19] Bei der Heranziehung eines Beamten zum Schadensersatz ist die Pflicht zur Beteiligung des Personalrates nach § 76 Abs. 2 Satz 1 Nr. 9 und Satz 2 BPersVG zu beachten (vgl. dazu auch schon Fn. 1 sowie Schnellenbach PersV 1991, 475). Eine Billigkeitsentscheidung ist nicht zu treffen; Stundung und Erlass richten sich nach dem Haushaltsrecht wie auch nach der Fürsorgepflicht des Dienstherrn (siehe § 9 Rn. 42). Zum Ersatz des Zinsaufwandes BVerwGE 115, 15 und BVerwG NVwZ 2003, 872 (siehe § 9 Fn. 122).

[20] BVerwGE 17, 286; 29, 114; 39, 307 sowie BVerwG RiA 1971, 215 und DÖD 1992, 175 (176 f.).

[21] BVerwGE 24, 148; 32, 228; 40, 212 sowie BVerwG ZBR 1961, 121. Siehe aber BVerwG 26.4.2012 – 2 C 15.10 –, juris Rn. 25 f.; siehe zur Billigkeitsentscheidung → ferner Rn. 69.

[22] Vgl. dazu § 9 Rn. 40; siehe ferner im Folgenden → Rn. 42, 64 und 69.

[23] Vgl. aber BVerwGE 32, 228; 40, 212 sowie BVerwG ZBR 1970, 323, ZBR 1985, 196 und NJW 1991, 2718, außerdem Bln/BbgOVG NVwZ-RR 2009, 731: Dem Beamten sei es „aufgrund der beamtenrechtlichen Treuepflicht zuzumuten, einen Bescheid bzw. die ihm ausgehändigten Besoldungsunterlagen auf ihre Richtigkeit zu überprüfen"; gleichsinnig SOVG 6.3.2012 – 2 A 849/10 –, juris Rn. 21 (zw.).

[24] NRW OVG DÖD 1964, 69; ebenso Lemhöfer in Plog/Wiedow BGB (alt) § 78 Rn. 20c (aE). Siehe ferner → Rn. 40 ff.

7 Bundesrechtliche Sonderregelungen[25] sind enthalten

- in § 15 Satz 4 BBG[26]
- in § 12 Abs. 1 BBesG und § 52 Abs. 1 BeamtVG,
- in § 63 Abs. 3 BBesG sowie
- in § 75 Abs. 2 Satz 4 BBesG.

8 § 15 Satz 4 BBG geht davon aus, dass die Zahlungen an den Beamten nicht etwa deswegen ihren Rechtscharakter als „Bezüge" (iSd § 12 Abs. 2 BBesG bzw. § 52 Abs. 2 BeamtVG) rückwirkend verlieren, weil sich dessen Ernennung als nichtig erweist oder zurückgenommen wird; die Rückforderung richtet sich dementsprechend nach den im vorstehenden Klammerzusatz genannten Vorschriften.[27] Für die im Einzelfall zu treffende Ermessensentscheidung, ob – und in welchem Maße – die rechtsgrundlos gezahlten Bezüge „belassen" bleiben, kann es als sachgerechtes Kriterium durchaus (auch) herangezogen werden, dass (in bestimmtem Umfang) immerhin tatsächlich Dienst geleistet worden ist.[28] Die Möglichkeit des „Belassens" räumt dem Dienstherrn alles in allem einen weiteren Spielraum zugunsten des Betroffenen ein als § 12 Abs. 2 Satz 3 BBesG bzw. § 52 Abs. 2 Satz 3 BeamtVG, wonach der Dienstherr „aus Billigkeitsgründen" von einer Rückforderung ganz oder teilweise absehen kann.

9 Anwärtersonderzuschläge, die das für das Besoldungsrecht zuständige Ministerium oder die von ihm bestimmte Stelle bei einem erheblichen Mangel an qualifizierten Bewerbern gewähren kann, sind in voller Höhe[29] zurückzuzahlen, wenn der Anwärter vor Abschluss des Vorbereitungsdienstes oder wegen schuldhaften Nichtbestehens der Laufbahnprüfung ausscheidet, wenn er als Laufbahnbeamter nicht mindestens fünf Jahre im öffentlichen Dienst in der Laufbahn verbleibt, für die er die Befähigung erworben hat, oder wenn er – falls das Beamtenverhältnis nach Bestehen der Laufbahnprüfung endet – in derselben Laufbahn in ein neues Beamtenverhältnis im öffentlichen Dienst für mindestens die gleiche Zeit eintritt (§ 63 Abs. 3 Satz 1 BBesG). Der Hinweis des § 63 Abs. 3 Satz 3 BBesG, dass § 12 BBesG „unberührt" bleibe, bedeutet im Ergebnis nichts anderes, als dass aus Billigkeitsgründen von der Rückforderung ganz oder teilweise abgesehen werden kann.[30]

10 § 75 Abs. 2 Satz 4 BBesG derogiert die allgemeine Rückforderungsregelung.[31]

11 Ein als Steuervergünstigung nach Abschnitt X EStG gezahltes Kindergeld kann (nur) gemäß § 37 AO zurückgefordert werden.[32]

12 Auf Vereinbarungen, die für den Fall vorzeitigen Ausscheidens die Rückzahlung eines Teiles der im Ermessenswege bewilligten Dienstbezüge vorsehen, ist § 12 Abs. 2 BBesG nicht anwendbar.[33]

---

[25] Siehe auch § 5 Abs. 3 Satz 1 BUKG (Rückzahlung der Umzugskostenvergütung nach Ausscheiden aus dem Bundesdienst). Frühere Spezialregelungen zur Rückforderung bei jährlichen Sonderzahlungen sind inzwischen entfallen; auch hier gelten jetzt die allgemeinen Rückforderungsnormen.

[26] Zum Landesrecht siehe etwa Art. 21 Abs. 4 BayBG, § 17 Abs. 1 Satz 5 sowie Abs. 2 Satz 4 NRW LBG und § 11 Abs. 4, § 12 Abs. 2 SH LBG.

[27] BVerwGE 109, 365.

[28] BVerwG aaO (Fn. 27).

[29] Siehe aber auch § 63 Abs. 3 Satz 2 BBesG.

[30] Zur Rückforderung eines Anwärtersonderzuschlages nach endgültigem Nichtbestehen der Laufbahnprüfung NRW OVG 2.3.1998 – 6 A 6258/96 –, abgedr. bei Schütz/Maiwald BR ES/C I 2 Nr. 24. Zum Begriff des „Vertretenmüssens" in § 63 Abs. 3 Satz 1 BBesG (bzw. in § 4 Abs. 1 Satz 1 AnwSZV aF) vgl. ferner NRW OVG 29.4.1998 – 12 A 3478/96 – und 12.6.1998 – 6 A 1316/98 –, abgedr. bei Schütz/Maiwald BR ES/C I 2 Nr. 25, 26 mwN. Zur Rückforderung bei Nichterfüllung einer Auflage iSd § 59 Abs. 5 siehe Fn. 100.

[31] HmbOVG ZBR 1981, 223.

[32] Vgl. Weinbrenner/Bauer in Stegmüller/Schmalhofer/Bauer BeamtVG § 52 Rn. 7.

[33] Siehe dazu schon Fn. 5.

I. Rechtsgrundlose Leistungsgewährung

Im Anschluss an BBesGVwV 12.2.3 sind folgende Fallgestaltungen zu unterscheiden: 13

(1) Der Leistung,[34] die über das nach dem geltenden Recht Zustehende[35] hinausgeht, liegt kein – konstitutiver oder deklaratorischer – begünstigender Verwaltungsakt (§ 35 Satz 1 VwVfG) zugrunde.

(2) Die Leistung erfolgt aufgrund eines Verwaltungsakts.[36]

(a) Sie geht über das nach dem Inhalt des Verwaltungsakts Zustehende hinaus.[37]

(b) Sie entspricht dem Verwaltungsakt; dieser ist aber
- zu Lasten des Leistungsempfängers berichtigt (§ 42 VwVfG),
- nichtig (§ 44 VwVfG) und damit unwirksam (§ 43 Abs. 3 VwVfG),
- nachträglich, jedoch mit Rückwirkung (ganz oder teilweise) zurückgenommen (§ 48 Abs. 1 VwVfG),[38, 39]
- bei Leistungsgewährung, etwa durch Zeitablauf oder Beendigung des Beamtenverhältnisses, bereits erledigt[40] oder
- infolge einer späteren Feststellung des Verlustes der Bezüge nach § 9 Satz 3 BBesG als Rechtsgrund nicht mehr tragfähig.

---

[34] Bei der Überweisung einer Geldleistung auf ein von dem Beamten bezeichnetes Konto bewirkt die Gutschrift, dass dieser eine selbstständige Forderung gegen das Geldinstitut erwirbt und ihm damit die Verfügungsgewalt über das Geld verschafft wird (BVerwG Buchholz 235 § 3 BBesG Nr. 2; siehe ferner BAG DÖD 1977, 130). Auch bei (tatsächlicher) Mitbenutzung eines Kontos des Ehegatten werden die darauf überwiesenen Leistungen des Dienstherrn ebenso „erlangt" (§ 812 Abs. 1 Satz 1 BGB), als ob sie auf einem Konto eingegangen wären, das auf den Namen des Beamten/der Beamtin gelautet hätte (BVerwG ZBR 1990, 80).

[35] Ein Verbot der Führung der Dienstgeschäfte (§ 39 BeamtStG, § 66 BBG) führt nicht zu einem Verlust des Anspruchs auf Dienstbezüge; falls eine Stellenzulage freilich an die *tatsächliche* Wahrnehmung einer herausgehobenen Funktion anknüpft, entfällt der Anspruch hierauf während der Dauer des Verbotes (es sei denn, die Weitergewährung der Stellenzulage ist – zunächst – durch einen rechtsgrundbildenden Verwaltungsakt entsprechenden Inhalts gedeckt). Vgl. dazu BVerwG NVwZ-RR 1992, 88.

[36] Ein Verwaltungsakt, dessen Rechtswidrigkeit durch rechtskräftiges Urteil nach § 113 Abs. 1 Satz 4 VwGO festgestellt worden ist, entfaltet keine Regelungswirkung; BVerwGE 116, 1 in Fortentwicklung von BVerwGE 105, 370.

[37] Eine Überzahlung iSd § 12 Abs. 2 Satz 1 BBesG liegt auch dann vor, wenn Dienstbezüge entgegen einer Einbehaltungsanordnung (siehe § 38 Abs. 2 BDG) an den Beamten überwiesen worden sind; NRW OVG NVwZ-RR 1992, 88. Dienstbezüge, die dem Beamten im Widerspruch zu einer disziplinargerichtlich bestimmten Gehaltskürzung (Kürzung der Dienstbezüge) ausgezahlt worden sind, können ebenfalls „auf besoldungsrechtlicher Grundlage" zurückgefordert werden; BVerwGE 116, 74.

[38] § 49 Abs. 3 VwVfG lässt unter bestimmten Voraussetzungen auch den Widerruf eines (rechtmäßigen) Verwaltungsakts mit Wirkung für die Vergangenheit zu; der Amtl. Begr. (siehe BT-Drs. 13/1534, 5) zufolge ist die dortige Regelung indessen nicht für Bezüge aus einem öffentlich-rechtlichen Dienstverhältnis geschaffen.

[39] BVerwG ZBR 2012, 383 (zur Rücknahme eines Versorgungsfestsetzungsbescheides). Soweit BBesGVwV 12.2.3.4 – offenbar in Anlehnung an § 43 Abs. 2 VwVfG – auch den Fall eines „anderweitig aufgehobenen" Bescheides erwähnt, leuchtet dies nicht ohne weiteres ein. Es ist nicht ersichtlich, nach welchen Vorschriften außerhalb der §§ 48, 49 VwVfG ein begünstigender Verwaltungsakt, sofern ihm nicht eine – hier aber nicht in Betracht zu ziehende – Drittwirkung zukommt (siehe § 50 VwVfG), durch eine Verwaltungsbehörde oder gar durch ein Verwaltungsgericht aufgehoben werden sollte. Allenfalls wäre an eine reformatio in peius zum Nachteil eines Beamten (oder Versorgungsberechtigten) zu denken, der den belastenden Teil eines ihn sowohl begünstigenden als auch beschwerenden Verwaltungsakts angreift; während eines Verwaltungsstreitverfahrens, welches aaO eigens erwähnt ist, scheidet eine derartige Verböserung aber gemäß § 88 VwGO von vornherein aus (vgl. RP OVG NVwZ-RR 2004, 723; weiterhin Kopp/Schenke VwGO § 88 Rn. 6 f.).

[40] Zum sog vorläufigen Verwaltungsakt siehe BVerwGE 62, 1; 67, 99.

1. Verwaltungsakt als Rechtsgrund

14 Solange und soweit ein – ursprünglich wirksamer – Verwaltungsakt rechtsbegründenden oder rechtsbestätigenden (feststellenden) Charakters, der die Leistungsgewährung nach Art und Umfang deckt, seine Wirksamkeit nicht ex tunc verliert, bleibt für eine Rückforderung selbst dann kein Raum, wenn der Verwaltungsakt rechtswidrig ist, weil er dem Gesetz widerspricht.[41] Als begünstigende Verwaltungsakte kommen in diesem Zusammenhang sowohl – dem Beamten gegenüber verlautbarte – Festsetzungen der Bezüge oder der sonstigen amtsbezogenen Leistungen des Dienstherrn als auch Regelungen infrage, deren Gegenstand einzelne, den Leistungsgrund betreffende rechtliche Voraussetzungen bilden.[42] Zur erstgenannten Kategorie gehören Bescheide, mit denen Besoldungsbezüge (§ 1 Abs. 2 und 3 BBesG), Versorgungsbezüge (§ 2 BeamtVG) oder sonstige Leistungen (siehe Rn. 5) als solche bewilligt oder verbindlich bemessen werden. Beispiele für die zweite Gruppe sind Bescheide über das Besoldungsdienstalter (§§ 28 ff. BBesG), die ruhegehaltfähigen Dienstbezüge (§ 4 Abs. 3 iVm § 5 BeamtVG) und die ruhegehaltfähige Dienstzeit (§ 4 Abs. 3 iVm §§ 6 ff. BeamtVG). Ohne rechtliche Bedeutung ist es grundsätzlich, ob sich der Bescheid in der bloßen Konkretisierung gesetzlicher oder verordnungsrechtlicher Vorschriften erschöpft oder ob die zuständige Behörde Ermessen auszuüben hat. Dass die Verwaltung zunächst bestimmte Tatsachen festzustellen hat, um – darauf aufbauend – eine (gebundene oder in ihr Ermessen gestellte) Entscheidung zu treffen, kann ein Indiz für den Regelungscharakter der abschließenden behördlichen Äußerung sein.[43]

15 Regelmäßig nicht auf unmittelbare Rechtswirkung nach außen gerichtet sind Besoldungs- und Versorgungsmitteilungen,[44] Bezügeblätter im automatisierten Zahlungsverfahren[45] oder Abdrucke von verwaltungsinternen Kassenanordnungen[46] sowie Überweisungsträger, selbst wenn darin einzelne Bestandteile der Bezüge aufgeschlüsselt sind.[47] Nicht ausgeschlossen ist es allerdings, dass die Behörde ausnahmsweise eines der vorstehend angeführten Mittel untypisch einsetzt, um nicht nur zu informieren, sondern auch um eine verbindliche, auf Rechtsbeständigkeit abzielende Regelung mit Außenwirkung zu treffen.[48] Ein dahingehender – vom Regelfall abweichender – Wille der Behörde muss für den Beamten (bzw. den Versorgungsberechtigten) eindeutig erkennbar sein.[49]

2. Nichtigkeit des Verwaltungsakts

16 Ein nichtiger Verwaltungsakt ist, wie § 43 Abs. 3 VwVfG klarstellt, eo ipso unwirksam und kann mithin nicht Rechtsgrund für eine Leistungsgewährung sein. Die Behörde kann

[41] BVerwGE 8, 261; 9, 251; 11, 136; 14, 222; 19, 188; 25, 97; stdRspr. Bei ungeteilter Erbengemeinschaft kann eine Rückforderung von Versorgungsbezügen einem Miterben gegenüber erst geltend gemacht werden, wenn der entsprechende rechtswidrige Versorgungsfestsetzungsbescheid zuvor allen Miterben gegenüber wirksam zurückgenommen worden ist (BVerwG NJW 1988, 1927 mwN).

[42] Siehe BBesGVwV 12.2.4 Satz 1.

[43] Vgl. dazu May in Schütz/Maiwald BR § 80 NRW LBG (aF) Rn. 256 ff.

[44] Grundlegend BVerwGE 13, 248.

[45] NRW OVG DÖV 1974, 599.

[46] BVerwGE 11, 283; 16, 2; 19, 188; stdRspr.

[47] BBesGVwV 12.2.4 Satz 3 Hs. 2.

[48] Vgl. BBesGVwV 12.2.4 Satz 4 sowie BayVGH BayVBl. 1981, 239.

[49] BVerwGE 29, 310; 41, 305 sowie BVerwG DVBl 1976, 220 (221).

die Nichtigkeit jederzeit von Amts wegen feststellen (§ 44 Abs. 5 Hs. 1 VwVfG). Die Nichtigkeitsgründe sind aus § 44 Abs. 1 und 2 VwVfG zu ersehen.[50]

3. Rücknahme eines rechtswidrigen begünstigenden Verwaltungsakts

Ein Verwaltungsakt, der das im Zeitpunkt seines Erlasses[51] geltende Recht verletzt, ist rechtswidrig; seine Wirksamkeit wird dadurch aber – für sich genommen – grundsätzlich (siehe jedoch § 43 Abs. 3 VwVfG) nicht berührt. Gleiches trifft hinsichtlich eines Verwaltungsakts zu, der infolge einer rückwirkend in Kraft gesetzten Rechtsänderung nachträglich seine materielle Rechtsgrundlage verliert.[52] Nicht zur Rechtswidrigkeit führen bloße Schreib- und Rechenfehler sowie sonstige offenbare Unrichtigkeiten, die jederzeit berichtigt werden können (§ 42 Satz 1 VwVfG). 17

Ein rechtswidriger Verwaltungsakt kann, auch nachdem er unanfechtbar geworden ist,[53] grundsätzlich – ggf. auch den Erben des Besoldungs- oder Versorgungsempfängers gegenüber – ganz oder teilweise für die Zukunft oder für die Vergangenheit zurückgenommen werden (§ 48 Abs. 1 Satz 1 VwVfG). Gewährt er eine einmalige oder laufende Geld- oder teilbare Sachleistung oder ist er hierfür Voraussetzung, entfällt die Rücknehmbarkeit freilich, soweit der Begünstigte auf den Bestand des Verwaltungsakts vertraut hat und sein Vertrauen unter Abwägung mit dem öffentlichen Interesse an der Rücknahme schutzwürdig ist (§ 48 Abs. 2 Satz 1 VwVfG).[54] Die Sätze 2 bis 4 des § 48 Abs. 2 VwVfG bestimmen im Anschluss daran: 18

„Das Vertrauen ist in der Regel schutzwürdig, wenn der Begünstigte gewährte Leistungen verbraucht oder eine Vermögensdisposition getroffen hat, die er nicht mehr oder nur unter unzumutbaren Nachteilen rückgängig machen kann. Auf Vertrauen kann sich der Begünstigte nicht berufen, wenn er

1. den Verwaltungsakt durch arglistige Täuschung, Drohung oder Bestechung erwirkt hat;
2. den Verwaltungsakt durch Angaben erwirkt hat, die in wesentlicher Beziehung unrichtig oder unvollständig waren;[55]
3. die Rechtswidrigkeit des Verwaltungsaktes kannte oder infolge grober Fahrlässigkeit nicht kannte.[56]

In den Fällen des Satzes 3 wird der Verwaltungsakt in der Regel mit Wirkung für die Vergangenheit zurückgenommen."

Eine zu Unrecht gewährte Geldleistung ist nicht „verbraucht", wenn sie zur Schuldentilgung oder für Anschaffungen verwendet worden ist, die wertmäßig im Vermögen des 19

---

[50] Beachte auch den sog Negativkatalog des § 44 Abs. 3 VwVfG.

[51] Zur Maßgeblichkeit der objektiven Sach- und Rechtslage im Zeitpunkt des Erlasses eingehend Stelkens/Bonk/Sachs VwVfG § 44 Rn. 16ff. mwN.

[52] BVerwGE 29, 291; 40, 336 (339).

[53] § 48 VwVfG gilt also gleichfalls (und erst recht) für die Rücknahme noch nicht bestandskräftiger Verwaltungsakte; Kopp/Ramsauer VwVfG § 48 Rn. 74 mwN.

[54] Ist ein Beihilfebescheid durch rückwirkende Bewilligung einer Rente teilweise unrichtig geworden und kannte der Beamte die Möglichkeit des rückwirkenden Wegfalls der Voraussetzungen für die ihm gewährte Beihilfe, so kann der Bescheid insoweit als rechtswidrig aufgehoben und die zu viel gezahlte Beihilfe zurückgefordert werden; BVerwG DVBl 1990, 304, wo die Frage einer Anwendbarkeit des § 48 Abs. 2 Satz 3 Nr. 3 VwVfG offen gelassen ist.

[55] Das Unterlassen der unverzüglichen Anzeige einer (der Sache nach relevanten) nachträglichen Veränderung der tatsächlichen oder rechtlichen Gegebenheiten durch den Begünstigten steht in ähnlicher Weise der Schutzwürdigkeit des Vertrauens entgegen; BVerwG Buchholz 261 § 15 BUKG Nr. 4.

[56] Eine (bloße) Kenntnis oder grob fahrlässige Unkenntnis hinsichtlich der Umstände, die zur Rechtswidrigkeit des Verwaltungsakts geführt haben, genügt hier ebenso wenig wie die Verletzung einer Anzeigepflicht; BVerwG ZBR 1994, 59. Siehe aber auch Fn. 55.

Begünstigten noch vorhanden sind.[57] Zum Begriff der „Vermögensdisposition“ ist erläuternd zu bemerken, dass er nicht nur (konkrete) Einzelverfügungen, sondern auch die allgemeine Ausrichtung der Lebensführung des Begünstigten auf wiederkehrende Leistungen umfasst.[58] Eine Vermögensdisposition wird sich gewöhnlich nur für die Zukunft – und unter Umständen nur im Zuge der Einräumung einer Anpassungsfrist[59] – rückgängig machen lassen;[60] selbst eine Rücknahme ex nunc kann ausscheiden, falls dem Begünstigten – zB wegen seines hohen Alters[61] – ausnahmsweise[62] eine Umstellung nicht mehr möglich oder zumutbar ist.

20 Da eine Rückforderung nur an eine Rücknahme des rechtsgrundbildenden Verwaltungsakts (auch) für die *Vergangenheit* anknüpfen kann, geht es im vorliegenden Zusammenhang allein darum, die Fälle einer möglichen Rückwirkung zu erfassen. Eine solche kommt regelmäßig nur in Betracht, wenn der Begünstigte

- die gewährten Leistungen noch nicht verbraucht und nicht darüber disponiert hat,[63]
- seine Vermögensdisposition über die (nicht verbrauchten) Leistungen ohne unzumutbare Nachteile wieder aufheben kann,
- anstelle der aufgrund des fehlerhaften Verwaltungsakts gewährten Zuwendungen neue gleich- oder höherwertige Leistungen erhält, die aufrechnungsfähig sind,[64]
- durch Verrechnung mit einem Nachzahlungsanspruch aus einem anderen Rechtsgrund einen Zahlungsausgleich erlangt[65] oder
- Vertrauensschutz nicht in Anspruch zu nehmen vermag (siehe § 48 Abs. 2 Satz 3 und 4 VwVfG).[66]

Die Prüfung, welche die Verwaltung zum Ausschlusstatbestand des § 48 Abs. 2 Satz 3 Nr. 3 VwVfG anzustellen hat, unterscheidet sich substantiell nicht von der – in einen späteren systematischen Zusammenhang gehörenden[67] – Fragestellung, ob der Beamte oder Versorgungsberechtigte den Mangel des rechtlichen Grundes gekannt hat (§ 819 Abs. 1 BGB) oder ob er ihn seiner Offensichtlichkeit wegen hätte erkennen müssen (§ 12 Abs. 2 Satz 2 BBesG, § 52 Abs. 2 Satz 2 BeamtVG).[68]

21 Die Rücknahmebefugnis ist zeitlich begrenzt: Sobald die zuständige Behörde von Tatsachen Kenntnis[69] erhält, welche die Rücknahme eines rechtswidrigen begünstigenden Verwaltungsakts rechtfertigen, beginnt der Lauf einer Ausschlussfrist von einem Jahr,

---

[57] BVerwG NVwZ-RR 1994, 32.

[58] Vgl. schon BVerwGE 8, 261 (269) sowie BVerwG DVBl 1961, 380 und MDR 1962, 926.

[59] Vgl. dazu BVerwG DÖD 1970, 113.

[60] Vgl. dazu BVerwG DVBl 1961, 380.

[61] BVerwGE 29, 291.

[62] Vgl. schon BVerwGE 9, 251 sowie BVerwG Buchholz 232 § 87 BBG Nr. 52.

[63] Siehe dazu auch HmbOVG NVwZ 1988, 73: Ergehe ein zunächst nur mündlich angekündigter begünstigender Verwaltungsakt (hier: ein Beihilfebescheid) alsbald in der angekündigten Form, so könne „ein Verbrauch der zugewendeten Mittel im Vertrauen auf den Bestand des Verwaltungsakts“ auch dann vorliegen, „wenn der Begünstigte den erwarteten Betrag schon aufgrund der mündlichen Erklärung und im Vorgriff auf den Verwaltungsakt zum Kauf von Gegenständen einsetzt, die er ohne die erwartete Zuwendung nicht erworben hätte“.

[64] Vgl. BVerwGE 24, 264 (270); 30, 180; 40, 147; 40, 336.

[65] BVerwG DÖD 1965, 155 (Besoldungsnachzahlung in Höhe eines ohne Rechtsgrund gewährten Kinderzuschlages). Vgl. weiterhin BVerwGE 21, 119 (123) sowie BVerwG Buchholz 237.1 Art. 94 BayBG 60 Nr. 7.

[66] → Rn. 18.

[67] → Rn. 40 ff.

[68] Vgl. auch Schinkel/Seifert in GKÖD III K § 12 Rn. 20: Die Rechtsentwicklung tendiere zu der Lösung, „dass der Verwaltungsakt nur insoweit zurückgenommen wird, als auch eine Rückforderung vertretbar ist“.

[69] Ein „Kennenmüssen“ reicht nicht aus; BVerwGE 70, 356.

innerhalb dessen die Rücknahme allein zulässig ist (§ 48 Abs. 4 Satz 1 VwVfG).[70] Dies gilt allerdings nicht, wenn der Begünstigte den Verwaltungsakt durch arglistige Täuschung, Drohung oder Bestechung erwirkt hat (§ 48 Abs. 2 Satz 3 Nr. 1, Abs. 4 Satz 2 VwVfG).

Eine konkludente rückwirkende Rücknahme[71] des rechtsbegründenden oder rechtsbestätigenden (feststellenden) begünstigenden Verwaltungsakts kann auch in dem Bescheid über eine rückwirkende Neufestsetzung der Bezüge oder über die auf einen in der Vergangenheit liegenden Zeitpunkt bezogene Einstellung der Leistungen zu erblicken sein.[72] Ein Rückforderungsbescheid[73] umfasst die stillschweigende Rücknahme eines rechtsgrundbildenden Verwaltungsakts nur unter zwei Voraussetzungen:[74] Aus dem Bescheid muss für den Beamten oder den Versorgungsberechtigten zum einen ersichtlich sein, dass die Behörde die innere Verknüpfung zwischen der Leistungsgewährung und einem (der Rücknahme zugänglichen) rechtswidrigen begünstigenden Verwaltungsakt überhaupt durchschaut hat; zum anderen darf kein Zweifel darüber bestehen, dass sie sich der tatbestandlichen Erfordernisse für eine rückwirkende Beseitigung des entsprechenden Verwaltungsakts und ihres diesbezüglichen Ermessensspielraumes bewusst gewesen ist. Ergeht – wie jedenfalls stets zweckmäßig – ein ausdrücklicher Rücknahmebescheid, so empfiehlt es sich in der Regel, (bei auch insoweit bestehender Entscheidungsreife) zugleich den zurückzufordernden Betrag festzusetzen.[75] Die Rückforderung setzt keine Bestandskraft des Rücknahmebescheides voraus. 22

4. Erledigter Verwaltungsakt

Außer durch Zeitablauf oder durch Beendigung des Beamtenverhältnisses[76] kann sich ein rechtsgrundbildender begünstigender Verwaltungsakt auch durch den Tod des Beamten (oder Hinterbliebenen) erledigen. Bei vermögensrechtlichen Leistungen, um die es 23

[70] Die Behörde muss die Rechtswidrigkeit des Verwaltungsakts *als solche* erkannt haben; die für die Rücknahmeentscheidung erheblichen Tatsachen müssen ihr überdies „vollständig" bekannt gewesen sein, sodass es – mit anderen Worten – keiner weiteren Sachaufklärung (insbesondere auch keiner Anhörung des Beamten) mehr bedurfte (vgl. BVerwGE 70, 356). Die für den Beginn des Fristlaufs notwendige Kenntnis hat „die Behörde" erst in dem Zeitpunkt erlangt, „in dem der nach der innerbehördlichen Geschäftsverteilung zur Rücknahme berufene oder ein sonst innerbehördlich zur rechtlichen Überprüfung des Verwaltungsakts berufener Amtswalter die die Rücknahme des Verwaltungsakts rechtfertigenden Tatsachen feststellt" (BVerwG NVwZ 1986, 119). Beachte auch BVerwG NVwZ 1988, 349: Der Annahme einer „Kenntnis" der „Tatsachen" iSd § 48 Abs. 4 Satz 1 VwVfG stehe es nicht entgegen, dass sich die Behörde in einem Rechtsirrtum über den Umfang der aufgrund der ihr bekannten entscheidungserheblichen Tatsachen zulässigen Aufhebung des Verwaltungsakts befinde (ebenso Bln/BbgOVG LKV 2011, 371). Nach NRW OVG 23.4.2010 – 6 A 1135/08 –, abgedr. bei Schütz/Maiwald BR ES/F I 4 Nr. 6 soll die „Kenntnis" freilich nur gegeben sein, wenn sich die Behörde „zugleich der Notwendigkeit bewusst ist, … förmlich über die Rücknahme entscheiden zu müssen" (zw.). Die Vorschrift des § 53 Abs. 1 VwVfG über die Hemmung von Verjährungsfristen kann nicht analog auf die Ausschlussfrist des § 48 Abs. 4 Satz 1 VwVfG angewendet werden; erst mit der Unanfechtbarkeit der Aufhebung eines Rücknahmebescheides im Widerspruchs- oder Klageverfahren beginnt der Lauf der Frist des § 48 Abs. 4 Satz 1 VwVfG für den Erlass eines *weiteren* Rücknahmebescheides, und zwar unabhängig davon, ob die Behörde bestimmte Tatsachen nicht berücksichtigt hat, die ihr – aus welchen Gründen auch immer – nicht bekannt waren, oder ob sie den vollständig aufgeklärten Sachverhalt rechtsfehlerhaft gewürdigt hat (BVerwG ZBR 2012, 383; anders noch BrOVG NördÖR 2011, 197).

[71] Zur Anhörung vor Erlass eines Rücknahmebescheides BayVGH ZBR 1992, 23.

[72] Vgl. schon BVerwGE 11, 136 sowie BVerwG ZBR 1966, 181; ferner BVerwG Buchholz 232 § 87 BBG Nr. 39.

[73] → Rn. 75 ff.

[74] Vgl. auch BVerwGE 67, 305.

[75] Siehe insofern aber auch → Rn. 3.

[76] Siehe BBesGVwV 12.2.3.4 und 12.2.7.

hier allein gehen kann, wird ein Bewilligungsbescheid durch den Tod des Beamten (oder Hinterbliebenen) jedoch nur dann gegenstandslos, wenn er sich auf eine höchstpersönliche Begünstigung bezieht. Andernfalls – zB beim Sachschadenersatz nach § 32 Satz 1 BeamtVG[77] – wirkt er entsprechend § 1922 BGB auch zugunsten der Erben und kann seine Rechtsgrundqualität allein unter den Voraussetzungen des § 48 VwVfG durch Rücknahme gegenüber diesen einbüßen.[78]

5. Feststellung des Verlustes der Bezüge

24 Gemäß § 9 BBesG verliert der Beamte für die Zeit eines schuldhaften ungenehmigten Fernbleibens vom Dienst seine Bezüge (Satz 1); der Verlust ist festzustellen (Satz 3). Die Feststellungsverfügung – ein Verwaltungsakt,[79] der auch auf zurückliegende Zeiträume erstreckt werden darf[80] – erschöpft sich nicht in dem bloßen Hinweis auf eine gesetzliche Folge. Vielmehr ist sie „verfahrensrechtliche Voraussetzung", um dem Anspruchsverlust durch Einbehaltung laufender oder künftiger Bezüge oder durch Rückforderung bereits gezahlter Bezüge Rechnung zu tragen.[81] Einer (Teil-)Rücknahme solcher Verwaltungsakte, die Leistungen gewähren, welche von der (tatsächlichen) Dienstverrichtung des Beamten abhängen, bedarf es nicht.[82]

6. Aufschiebende Wirkung des Widerspruchs und der Klage bei Entlassung

25 Widerspruch und Anfechtungsklage gegen einen belastenden Verwaltungsakt haben grundsätzlich aufschiebende Wirkung (§ 80 Abs. 1 VwGO), führen demnach (mindestens) zu einem Vollziehungsverbot.[83] Dies bedeutet, dass entlassene Beamte auf Probe[84] oder auf Widerruf[85] ihre Besoldung (§ 1 Abs. 2 und Abs. 3 Nr. 1 BBesG) – vorbehaltlich einer Vollziehungsanordnung (§ 80 Abs. 2 Satz 1 Nr. 4 VwGO) – so lange erhalten, bis

- die Entlassungsverfügung unanfechtbar geworden ist oder
- seit erstinstanzlicher Abweisung einer Anfechtungsklage fünf Monate vergangen sind (§ 80b Abs. 1 Satz 1 VwGO[86]), es sei denn, das Oberverwaltungsgericht ordnet auf Antrag an, dass die aufschiebende Wirkung fortdauert (§ 80b Abs. 2 VwGO).

Ordnet die Behörde die sofortige Vollziehung der Entlassungsverfügung an, so kann das Verwaltungsgericht auf Antrag des Beamten die aufschiebende Wirkung seines Wi-

---

[77] BVerwG ZBR 1963, 245 und RiA 1973, 19.

[78] Siehe BVerwGE 21, 302; ferner bereits BVerwGE 16, 214; 18, 164 sowie Fn. 41.

[79] BVerwGE 83, 40 (42); 109, 357.

[80] BVerwGE 93, 393 (394). Zu einem Fall, in dem sich die feststellende Entscheidung gemäß § 9 Satz 3 BBesG nur auf den Beginn des Zeitraumes bezog, in dem der Beamte dem Dienst ferngeblieben war, siehe HmbOVG NordÖR 2008, 409 = NVwZ-RR 2008, 555 (LS).

[81] BVerwGE 109, 357: Ob die Rückforderung „als Erstattungsanspruch oder als Schadensersatz geltend gemacht werden kann", sei „unter den Voraussetzungen des § 9 Satz 1 BBesG ohne Belang". Siehe aber auch BW VGH 23.1.1998 – 4 S 504/95 –, abgedr. bei Schütz/Maiwald BR ES/C V 5 Nr. 29 (= BeckRS 2005, 27758) mit Hinweis auf H. Günther ZBR 1997, 107 (118): Die Weiterzahlung der Bezüge trotz schuldhaften Fernbleibens vom Dienst sei kein „normerheblicher Schaden". Vgl. ferner schon → Rn. 6.

[82] Siehe auch Fn. 35.

[83] BVerwGE 13, 1; 18, 75; 24, 98; 66, 218.

[84] → § 6 Rn. 6 ff.

[85] → § 6 Rn. 44 ff.

[86] Siehe auch § 124a Abs. 1 Satz 1, Abs. 3 Satz 1 und Abs. 4 Satz 4 VwGO.

derspruchs bzw. seiner Klage wiederherstellen (§ 80 Abs. 5 Satz 1 VwGO; siehe auch § 80b Abs. 1 Satz 2 VwGO). Da weder der kraft Gesetzes eintretende Suspensiveffekt noch der ihn wiederherstellende oder anordnende Gerichtsbeschluss einen die Entscheidung in der Hauptsache überdauernden Leistungsgrund darstellen,[87] sind die Bezüge des entlassenen Beamten mit Rückwirkung auf den Zeitpunkt der Entlassung „zu viel gezahlt" (§ 12 Abs. 2 Satz 1 BBesG), sobald die Anfechtungsklage rechtskräftig abgewiesen ist.[88] Ein Ersatz-Rechtsgrund lässt sich auch nicht etwa daraus entwickeln, dass der Beamte während der Dauer des Suspensiveffekts – und allein mit Rücksicht auf diesen – faktisch Dienstpflichten erfüllt habe. Der (ohnedies problematischen) Rechtsfigur des „faktischen Beamtenverhältnisses"[89] bedarf es hier bei der Rückforderung schon deshalb nicht, weil der Tatsache einer Dienstleistung des entlassenen Probebeamten und dem daraus unter Umständen resultierenden Bedürfnis nach einer „Gegenleistung" im Wege der Billigkeitsentscheidung Rechnung getragen werden kann;[90] beim entlassenen Widerrufsbeamten fehlt es insofern schon an einem etwaigen Gegenleistungscharakter der Anwärterbezüge.[91]

§ 945 ZPO gilt – anders als bei § 123 VwGO (siehe dessen Abs. 3) – im Rahmen des 26
§ 80 Abs. 5 Satz 1 VwGO nicht entsprechend.[92] Die (nur) mit Rücksicht auf einen die aufschiebende Wirkung wiederherstellenden Gerichtsbeschluss weitererbrachten Leistungen des Dienstherrn können deshalb allein unter dem rechtlichen Aspekt der Erstattung in seiner hier einschlägigen Ausprägung, nicht hingegen in analoger Anwendung der genannten zivilprozessualen Anspruchsgrundlage zurückverlangt werden.

7. Aufgrund einstweiliger Anordnung bei einer Zurruhesetzung wegen Dienstunfähigkeit gewährte (Differenz-)Bezüge

Nach § 47 Abs. 4 BBG beginnt der Ruhestand bei einer Zurruhesetzung des Beamten 27
wegen Dienstunfähigkeit mit dem Ende des Monats, in dem ihm die Versetzung in den Ruhestand bekannt gegeben worden ist (Satz 1); zu diesem Zeitpunkt wird die Besoldung einbehalten, die das Ruhegehalt übersteigt (Satz 2), ohne dass es einer auf dieses Ziel gerichteten behördlichen Verfügung bedürfte. Das Beamtenstatusgesetz trifft dazu keine Regelung; das Recht der meisten Länder enthält Parallelvorschriften.[93] Satz 2 aaO wie auch die gleichsinnigen Bestimmungen der Landesbeamtengesetze betreffen „nur die Fälle, in denen wegen der aufschiebenden Wirkung eines Rechtsbehelfs oder eines Rechtsmittels (gegen die Zurruhesetzungsverfügung vorläufig) noch ein Anspruch auf

[87] BVerwGE 18, 72; 24, 92; 30, 296 sowie BVerwG ZBR 1966, 181 und ZBR 1972, 188.

[88] Nach BVerwG DVBl 1998, 647 sind die einem entlassenen Beamten aufgrund der aufschiebenden Wirkung seiner Anfechtungsklage vorläufig fortgezahlten Dienstbezüge nach rechtskräftiger Klageabweisung (vorbehaltlich einer Billigkeitsentscheidung) zurückzufordern, ohne dass es hierzu einer Klärung bedürfte, ob und ggf. unter welchen näheren Voraussetzungen der Beamte ohne Fortzahlung der Bezüge Arbeitslosenhilfe hätte in Anspruch nehmen können. Vgl. auch BVerwG 3.2.2009 – 2 B 29.08 –, juris Rn. 6 f. Siehe ferner → Rn. 61.

[89] In BVerwG Buchholz 232 § 87 BBG Nr. 48, NJW 1983, 2042, ZBR 1986, 87 und 7.6.1989 – 2 B 70.89 –, juris Rn. 5, ist die Frage, ob und inwieweit ein „faktisches Beamtenverhältnis" als Rechtsgrundlage für die Zahlung von Bezügen im Recht des öffentlichen Dienstes anzuerkennen sei, jeweils unentschieden gelassen. Vgl. auch HVGH 6.11.2009 – 1 A 1443/09.Z –, juris Rn. 2.

[90] BVerwG RiA 1983, 118.

[91] Siehe dazu die Nachweise in Fn. 89.

[92] BVerwGE 18, 72; 24, 92; NdsOVG 23.1.2004 – 11 LB 257/03 –, juris Rn. 34; vgl. auch Bettermann JZ 1960, 545 (abl. Anm. zu NRW OVG DÖV 1960, 841).

[93] Siehe zB § 44 Abs. 2 Satz 1 BW LBG, Art. 66 Abs. 2 Satz 3 BayBG, § 41 Abs. 2 Satz 4 BlnLBG und § 34 Abs. 3 Satz 1 NRW LBG.

Besoldung besteht".[94] Der Beamte, der seine vollen Bezüge vorerst weitererhalten möchte, muss einen Antrag auf vorläufigen Rechtsschutz im Wege der einstweiligen Anordnung nach § 123 Abs. 1 Satz 2 VwGO stellen. Hat er damit, da ein besonders gelagerter (Ausnahme-)Fall vorliegt, Erfolg, wird seine Klage gegen die Zurruhesetzung jedoch später rechtskräftig abgewiesen, so steht er, was die Rückforderung der Differenzbezüge anbelangt, nicht anders dar als der entlassene Beamte, dem seine Bezüge mit Rücksicht auf den Suspensiveffekt weitergewährt worden sind.[95]

8. Aufgrund einstweiliger Anordnung gewährte Geldleistungen

28 Werden einem Bewerber für den Vorbereitungsdienst durch einstweilige Anordnung nach § 123 Abs. 1 Satz 2 VwGO – neben der tatsächlichen Teilnahme an der Ausbildung[96] – auch laufende Geldleistungen vorläufig zugebilligt, so entfällt der Rechtsgrund der Zahlung, wenn und soweit die einstweilige Anordnung später aufgehoben wird.[97] Der hier gemäß § 123 Abs. 3 VwGO iVm § 945 ZPO mögliche Schadensersatzanspruch[98] steht zu dem Rückforderungsanspruch als (modifiziertem) Erstattungsanspruch in Anspruchskonkurrenz.[99]

II. Wegfall der Bereicherung

29 Rechtsgrundlos gewährte Besoldung, Versorgung oder sonstige amtsbezogene Leistungen des Dienstherrn sind zurückzufordern. Die Verweisungen auf die Vorschriften des BGB über die ungerechtfertigte Bereicherung beziehen sich unstreitig auf die Bestimmungen über den Umfang des Bereicherungsanspruchs (§§ 818–820), nicht dagegen auf die §§ 812, 813, 815–817 und 821 BGB.[100] Umstritten ist, ob § 814 BGB entsprechende

[94] BT-Drs. 14/4659, 53 – Zu Art. 3 Nr. 5 –. Richtigerweise müsste das Wort „besteht" im obigen Zitat durch „bestehen würde" ersetzt werden. Vgl. aber BW VGH NVwZ-RR 2007, 542, Bln/BbgOVG 16.8.2013 – 6 S 9.13 –, juris, Rn. 3 und 5, BayVGH 26.2.2014 – 3 CE 13.2573 –, juris Rn. 26: Der vorläufige Rechtsschutz gegen die Einbehaltung von Dienstbezügen richtet sich nicht nach § 80 Abs. 5 VwGO, sondern nach § 123 Abs. 1 Satz 2 VwGO (ebenso Finkelnburg/Dombert/Külpmann Vorläufiger Rechtsschutz Rn. 1390); vgl. ferner NRW OVG 5.10.2012 – 1 B 790/12 –, juris Rn. 8 ff. mwN Siehe demgegenüber BrOVG 4.11.1988 – 2 B 136/88 –, juris: Einbehaltung von Dienstbezügen sei zwingend gesetzlich vorgegeben.

[95] → Rn. 25 f.

[96] Zur vorläufigen Zulassung zum Vorbereitungsdienst für ein Lehramt durch einstweilige Anordnung siehe NRW OVG RiA 2000, 294.

[97] BVerwGE 71, 354 und BVerwG ZBR 1986, 87 (unter Ablehnung eines „faktischen Beamtenverhältnisses"); vgl. auch Fn. 89 ff.

[98] Insofern zutr. BW VGH ESVGH 32, 288.

[99] BVerwG wie Fn. 97; anders noch BW VGH aaO (Fn. 98): die Rückforderung richte sich ausschließlich nach § 123 Abs. 3 iVm § 945 ZPO.

[100] HVGH ZBR 1968, 410. Speziell zu § 813 BGB vgl. NRW OVG ZBR 1984, 185. Allerdings bemüht BVerwG DVBl 1992, 914 § 812 Abs. 1 Satz 2, 2. Alt. BGB bei der Rückforderung von Anwärterbezügen nach der Nichterfüllung einer Auflage iSd § 59 Abs. 5 BBesG: Die Bezüge seien „insoweit ... zu viel gezahlt, als der nach § 59 Abs. 5 BBesG zulässigerweise mit der Zahlung bezweckte (dem Bewerber vor der Ernennung bekannt gegebene) Erfolg einer Mindestdienstzeit bei der Beklagten teilweise nicht eingetreten" sei (ebenso BVerwG NVwZ-RR 2002, 203). Siehe neuerdings auch NdsOVG NVwZ-RR 2009, 1009 unter Bezugnahme auf BVerwG NVwZ-RR 2000, 520 und RiA 2003, 96, daselbst insbesondere zur Rückforderungsregelung in BBesGVwV 59.5.2.

Anwendung findet.[101] Da sich der öffentlich-rechtliche Erstattungsanspruch – und damit die Rückforderung rechtsgrundloser Leistungen von Beamten und Versorgungsberechtigten – (auch) aus dem verfassungsrechtlichen Gebot der Gesetzmäßigkeit der Verwaltung herleitet, ist die Frage zu verneinen.[102] Soweit sich die rückfordernde Behörde durch ihr Erstattungsverlangen in Widerspruch zu früherem Verhalten setzt, kann dies unter dem rechtlichen Gesichtspunkt von Treu und Glauben (§ 242 BGB) stärker einzelfallbezogen und hinsichtlich der Folgerungen flexibler gewürdigt werden.[103] § 822 BGB hat gleichfalls außer Betracht zu bleiben, weil das Erfordernis der Einheitlichkeit des Bereicherungsvorgangs, welches diese Vorschrift durchbricht, für den öffentlich-rechtlichen Erstattungsanspruch unverzichtbar ist.[104]

1. Verfahrensrechtliche Fragen

Nach der höchstrichterlichen Rechtsprechung ist ein Bereicherungswegfall grundsätzlich nicht von Amts wegen, sondern nur auf Einrede des Beamten oder Versorgungsberechtigten zu berücksichtigen.[105] BBesGVwV 12.2.11 Satz 2 zufolge ist der Beamte (oder Versorgungsberechtigte) – sofern nicht wegen der Geringfügigkeit der rechtsgrundlosen Leistung ein Bereicherungswegfall unterstellt wird (aaO 12.2.12)[106] – darauf hinzuweisen, dass er sich auf einen Wegfall der Bereicherung berufen könne. Mache er einen Bereicherungswegfall geltend, so sei er aufzufordern, sich innerhalb einer angemessenen Frist über die Höhe seiner Einkünfte während des Überzahlungszeitraumes und über deren Verwendung zu äußern (aaO 12.2.11 Satz 3, 12.2.16).[107] Äußert er sich nicht oder nicht fristgerecht, so bedeutet dies freilich nicht, dass er dadurch seine Treuepflicht gegenüber dem Dienstherrn verletzen würde[108] und dass er deswegen künftig mit seiner Einrede ausgeschlossen wäre. Da er im Verwaltungsstreitverfahren die Nachteile einer Beweislosigkeit trägt, falls sich ein Bereicherungswegfall wegen der inzwischen verstrichenen Zeit nicht mehr feststellen lässt,[109] liegt eine fristgerechte Äußerung indessen in seinem eigenen Interesse. 30

2. Unterstellter Bereicherungswegfall

Ein Wegfall der Bereicherung (§ 818 Abs. 3 BGB) ist grundsätzlich anzunehmen, wenn glaubhaft gemacht ist oder anderweitig zureichende Anhaltspunkte dafür vorhanden sind, dass der Beamte oder Versorgungsberechtigte die rechtsgrundlos empfangenen Leistungen im Rahmen seiner allgemeinen Lebensführung verbraucht hat.[110] Erfahrungsgemäß 31

[101] Bejahend BW VGH ESVGH 18, 170 und (für die 1. Alt.) NRW OVG 2.8.2001 – 1 A 3262/99 –, abgedr. bei Schütz/Maiwald BR ES/C V 5 Nr. 39; verneinend Schinkel/Seifert in GKÖD III K § 12 Rn. 10 mwN Siehe ferner BayVGH DÖD 1997, 200 (201).

[102] Ebenso BVerwG NVwZ 2002, 854: § 12 Abs. 2 BBesG verweise nur insoweit auf die Vorschriften des BGB, „als es um die Rechtsfolgen des Rückzahlungsanspruchs geht". So auch NRW OVG 9.11.2015 – 6 A 500/13 –, juris Rn. 16ff.; ferner VG Augsburg 20.9.2010 – Au 2 K 08.628 –, BeckRS 2012, 46807 mwN

[103] Vgl. BVerwGE 18, 72 (76); 24, 92 (102); 25, 291 (298); 28, 68; → Rn. 64.

[104] So im Ergebnis auch Mayer in Schwegmann/Summer BBesG B II/1 § 12 Rn. 28.

[105] Grundlegend BVerwGE 8, 261 (270).

[106] → Rn. 31f.

[107] Siehe auch Fn. 113.

[108] Vgl. auch NdsOVG ZBR 1959, 88; siehe ferner → Rn. 6.

[109] → Rn. 86f.

[110] Grundlegend BVerwGE 8, 261; 13, 107 und BGH ZBR 1959, 18; siehe auch BBesGVwV 12.2.11 Satz 5.

richtet sich diese – von Ausnahmefällen abgesehen – nach den Bezügen und den sonstigen Leistungen aus dem Dienst- und Versorgungsverhältnis dergestalt, dass die Ausgaben nach Art und Umfang von den zufließenden Leistungen und deren (Gesamt-)Höhe abhängen.[111]

32 In Anbetracht dessen enthält BBesGVwV 12.2.12 eine tatsächliche Vermutung für einen Bereicherungswegfall bei – vergleichsweise – geringfügigen Überzahlungen von Bezügen, die für sonstige amtsbezogene Leistungen entsprechend gelten muss:[112] „Ohne nähere Prüfung[113] kann … der Wegfall der Bereicherung unterstellt werden, wenn die im jeweiligen Monat zu viel gezahlten Bezüge 10 v. H. des insgesamt zustehenden Betrages, höchstens 300,– DM, nicht übersteigen; dies gilt auch dann, wenn in einem Monat Nachzahlungen erfolgen."[114]

3. Im Einzelfall festgestellter Bereicherungswegfall

33 Soweit die im vorstehenden Abschnitt wiedergegebene tatsächliche Vermutung nicht eingreift, muss im Einzelfall geklärt werden, ob der Beamte oder Versorgungsberechtigte bei wirtschaftlicher Betrachtung[115] entreichert ist.[116] Diese Frage lässt sich nur anhand eines (konkreten) Vergleichs seines Vermögensstandes beim Empfang der Leistungen einerseits und im Zeitpunkt der Rückforderung bzw. des Eintritts der – noch zu erörternden[117] – verschärften Haftung andererseits entscheiden; außer Ansatz bleiben hierbei solche Vermögensänderungen, die in keinem – sei es auch nur mittelbaren[118] – Zusammenhang mit dem Sachverhalt stehen, der die tatsächliche Grundlage der Rückforderung bildet.[119]

34 Ein Bereicherungswegfall ist zu bejahen, soweit der Beamte oder Versorgungsberechtigte die rechtsgrundlos gewährten Leistungen zur bestimmungsgemäßen Bestreitung des angemessenen Lebensunterhalts verwendet hat;[120] eine Entreicherung ist aber auch eingetreten, wenn er die fraglichen Leistungen für sog Luxusausgaben, dh für Aufwendungen eingesetzt hat, die außerhalb des Rahmens seiner Lebensgewohnheiten liegen und aus denen kein verwertbarer Vermögensbestandteil hervorgegangen oder verblieben ist.[121]

35 Dagegen besteht eine Verpflichtung zum Wertersatz (§ 818 Abs. 2 BGB), falls der überzahlte Betrag noch nicht vom Gehaltskonto abgebucht oder noch nicht ausgegeben ist oder falls der Beamte oder Versorgungsberechtigte mit ihm[122] Gegenstände (beweg-

---

[111] Siehe auch insofern Fn. 110.

[112] Vgl. schon BVerwGE 13, 107 sowie BVerwG ZBR 1986, 136.

[113] Die einredeweise Geltendmachung der Entreicherung (→ Rn. 30) ist hier entbehrlich.

[114] Nachzahlungen sind also nicht auf die Zeiträume zu verteilen, für die sie gewährt werden; anders VG Potsdam 11.6.2015 – 2 K 269/14 –, juris Rn. 15 (für den Fall der Nachzahlung von im Vormonat zu wenig ausgezahlten Bezügen im Folgemonat). Der vorgesehene Höchstbetrag von 300 DM (153,39 Euro) hat seit Mai 1997 keine Anpassung an die allgemeine Preisentwicklung erfahren; wird er etwas überschritten, sollten die Anforderungen an den Nachweis der Entreicherung daher nicht überspannt werden, vgl. VG Augsburg 2.10.2014 – 1 K 725/14 –, juris Rn. 20, und VG Potsdam, aaO, Rn. 13.

[115] Vgl. BVerwGE 13, 107; ferner NRW OVG ZBR 1969, 326.

[116] BVerwGE 19, 188.

[117] → Rn. 38 ff.

[118] Vgl. NRW OVG ZBR 1960, 326 und ZBR 1963, 124.

[119] Siehe auch hierzu BVerwGE 13, 107.

[120] Siehe bereits BVerwGE 8, 261; 13, 107; std. Rspr.

[121] Vgl. die vorstehende Fußnote sowie Schick ZBR 1969, 65 (67).

[122] Diese Voraussetzung ist nicht erfüllt, wenn der Beamte oder Versorgungsberechtigte während der Dauer der rechtsgrundlosen Leistungsgewährung monatlich denselben Betrag wie zuvor auf ein Sparkonto eingezahlt hat; NdsOVG ZBR 1958, 173. Siehe jedoch allgemein zur Ansammlung von Sparkapital HVGH ZBR 1959, 116 mwN: Es sei davon auszugehen, dass der Beamte oder Ver-

liche Sachen, Grundstücke oder Rechte) erworben hat, die einen sinnvoll realisierbaren,[123] gegenwärtigen Vermögensvorteil darstellen.[124] Eine im Vorgriff auf erwartete Bezüge eingegangene Verbindlichkeit bedeutet keine Entreicherung.[125]

BBesGVwV 12.2.11 Satz 7 setzt eine Verminderung von Schulden einem Vermögenszuwachs gleich und folgt damit im Ansatz der privatrechtlichen Betrachtungsweise, die sich in der höchstrichterlichen Rechtsprechung durchgesetzt hat. Ihr zufolge stellt die Befreiung von einer Verbindlichkeit eine fortbestehende Bereicherung dar.[126] Allerdings muss die rechtsgrundlose Leistung für die Schuldentilgung ursächlich sein; dies ist nicht der Fall, wenn der Empfänger seine Schuld unter Einschränkung seines Lebensstandards in gleicher Weise ohne die rechtsgrundlose Leistung zurückgezahlt hätte.[127] Die eingangs angeführte Verwaltungsvorschrift simplifiziert die rechtlichen Zusammenhänge insofern zu stark. 36

Hat der Beamte oder Versorgungsberechtigte für eben denselben Zeitraum, in dem eine Überzahlung eingetreten ist, einen Nachzahlungsanspruch, so kann dieser mit der Erstattungsforderung verrechnet werden, gleichgültig, ob ein Bereicherungswegfall vorliegt oder nicht.[128] 37

III. Verschärfte Haftung

Der Beamte oder Versorgungsberechtigte hat die rechtsgrundlose Leistung ungeachtet eines Bereicherungswegfalls grundsätzlich zurückzugewähren, sofern und sobald er gemäß § 818 Abs. 4, § 819 Abs. 1 oder § 820 BGB verschärft haftet. Der (anfänglichen oder nachträglichen) Kenntnis des Rechtsgrundmangels, auf die § 819 Abs. 1 BGB abhebt, steht es gleich, „wenn der Mangel so offensichtlich war, dass der Empfänger ihn hätte erkennen müssen" (§ 12 Abs. 2 Satz 2 BBesG, § 52 Abs. 2 Satz 2 BeamtVG).[129] Treu und Glauben (§ 242 BGB) können allerdings unter besonderen Umständen ausnahmsweise die Berufung auf einen Bereicherungswegfall zulassen, obwohl die Voraussetzungen für eine verschärfte Haftung erfüllt sind (siehe → Rn. 64). 38

1. Rechtshängigkeitshaftung

Ab Rechtshängigkeit haftet der Empfänger „nach den allgemeinen Vorschriften" (§ 818 Abs. 4 iVm §§ 291, 292 BGB), weil er sich nunmehr auf ein mögliches Fehlen des Rechtsgrundes einrichten muss. Dies bedeutet, dass der Beamte oder Versorgungsberechtigte 39

- einen nach Rechtshängigkeit eingetretenen Bereicherungswegfall regelmäßig[130] nicht mehr mit Erfolg geltend machen kann und

---

sorgungsberechtigte mit Rücksicht auf die Überzahlungen seine Lebenshaltung weniger eingeschränkt habe.

[123] Vgl. NRW OVG ZBR 1960, 326.

[124] HVGH ESVGH 9, 24.

[125] BW VGH DÖD 1979, 85; siehe aber auch HmbOVG NVwZ 1988, 73 sowie dazu Fn. 63.

[126] BVerwG ZBR 1993, 248 (249) unter Abkehr von früherer Rechtsprechung (BVerwGE 15, 15, 17 f.); vgl. auch BGH NJW 1985, 2700.

[127] Vgl. dazu insbesondere BGHZ 118, 383.

[128] BBesGVwV 12.2.13. Anlass für die Verrechnung (Saldierung) kann auch eine rückwirkende Gesetzesänderung sein; BVerwG Buchholz 237.1 Art. 94 BayBG 60 Nr. 7. Vgl. schon Rn. 20.

[129] Steht von vornherein fest, dass sich der Empfänger wegen verschärfter Haftung nicht auf einen Bereicherungswegfall berufen kann (siehe BBesGVwV 12.2.14), so ist auch das Verfahren nach BBesGVwV 12.2.16 nicht durchzuführen; RdSchr. d. BMI vom 5.12.1980, GMBl. 1981, 82.

[130] Siehe aber → Rn. 64.

- eine Erstattungsschuld seit Rechtshängigkeit zu verzinsen hat (§§ 291, 288 Abs. 1 BGB).

Rechtshängigkeit des Erstattungsanspruchs tritt nur ein, wenn der Dienstherr dieserhalb Leistungsklage (siehe dazu Rn. 81) erhebt (siehe § 90 Abs. 1 VwGO), nicht aber in jedem Falle, wenn er mittels Leistungsbescheides [131] vorgeht, und außerdem nicht, wenn der Beamte oder Versorgungsberechtigte die Rücknahme eines rechtsgrundbildenden Bescheides oder einen sonstigen belastenden Verwaltungsakt – etwa eine Entlassungsverfügung – anficht.

2. Haftung bei Kenntnis oder Offensichtlichkeit des Mangels

40 Die entsprechende Anwendung des § 819 Abs. 1 BGB im Rahmen der Rückforderung von Bezügen oder sonstigen amtsbezogenen Leistungen des Dienstherrn bewirkt, dass der Empfänger den Wert des zu Unrecht Geleisteten trotz Entreicherung grundsätzlich[132] zu ersetzen hat, wenn und soweit er die Rechtswidrigkeit eines rechtsgrundbildenden Verwaltungsakts oder – falls ein solcher nicht vorliegt – der Leistung selbst beim Empfang kannte oder nachträglich hiervon erfuhr.[133] Tritt die Bösgläubigkeit erst später ein, so ist bei dem erforderlichen Vergleich der Vermögensverhältnisse anstelle des Zeitpunkts der Rückforderung der Zeitpunkt zugrunde zu legen, in dem der Empfänger von dem Mangel Kenntnis erlangt hat.[134]

41 Nach § 12 Abs. 2 Satz 2 BBesG und § 52 Abs. 2 Satz 2 BeamtVG steht es der Kenntnis gleich, wenn der Empfänger den Mangel seiner Offensichtlichkeit wegen – bei Leistungsempfang oder in der Folgezeit – hätte erkennen müssen. Das Merkmal der „Offensichtlichkeit“ wird in der Rechtsprechung[135] dahin bestimmt, dass der Mangel klar zutage getreten sein müsse und dem Empfänger nach seinen individuellen Kenntnissen[136] und Fähigkeiten[137] bei gehöriger Aufmerksamkeit[138] nicht hätte entgehen dür-

---

[131] Siehe aber Bln/BbgOVG 16.12.2011 – 4a B 2.11 –, juris Rn. 27: Rechtshängigkeitszinsen aufgrund einer verschärften Haftung, bei der die Rechtshängigkeit i. S v. § 291 Satz 1 BGB nach §§ 819 Abs. 1, 818 Abs. 4 BGB fingiert werde, also der Rückforderungsanspruch ab dem Zeitpunkt des Kennenmüssen des Mangels des rechtlichen Grundes als rechtshängiger Anspruch zu behandeln sei. Im Ergebnis ebenso May in Schütz/Maiwald BR § 80 LBG NRW (aF) Rn. 336b.

[132] Siehe aber → Rn. 64.

[133] BBesGVwV 12.2.14.3. Vgl. auch VG Saarlouis 11.5.2011 – 2 K 173/10 –, BeckRS 2011, 51918: Bei einer über einen Zeitraum von drei Jahren erfolgten Doppelzahlung von Aktiv- und Versorgungsbezügen liege es außerhalb jeder Lebenserfahrung, dass der Leistungsempfänger die Überzahlung nicht erkannt habe.

[134] Siehe auch → Rn. 17 sowie BBesGVwV 12.2.15.

[135] BVerwGE 24, 148; 32, 228; 40, 212; 71, 77 sowie BVerwG ZBR 1982, 306, ZBR 1985, 196 und ZBR 1990, 80.

[136] Vgl. BVerwG Buchholz 240 § 12 BBesG Nr. 17. Soweit es ihm möglich und zumutbar ist, muss sich der geschiedene Beamte oder Versorgungsberechtigte bei seiner früheren Ehefrau nach deren leistungsrelevanten Verhältnissen erkundigen. Siehe aber einschränkend auch BVerwG ZBR 1985, 198. Beachte weiterhin §§ 1580, 1605 BGB sowie BGH NJW 1986, 1751 (1753 f.), der in besonderen Fällen eine Verpflichtung des geschiedenen Ehegatten zur unaufgeforderten Information bejaht. BVerwG Buchholz 240 § 12 BBesG Nr. 31 setzt bei einem juristisch vorgebildeten und – früher – mit Besoldungsfragen befassten Beamten zutreffend weitergehende Kenntnisse voraus, als sie bei einem Beamten sonst vorhanden sind.

[137] BVerwG ZBR 1970, 323 und NVwZ 1990, 622 sowie NRW OVG 2.8.2001 – 1 A 3262/99 –, abgedr. bei Schütz/Maiwald BR ES/C V 5 Nr. 39 = DVBl 2002, 790 (LS).

[138] Vgl. in diesem Zusammenhang BVerfG NVwZ-RR 2004, 3 zu einem Fall, in dem nach dem Vortrag des Leistungsempfängers eine „krankhafte Störung“ seines geistigen und seelischen Gesundheitszustandes mit der Folge einer erheblichen Beeinträchtigung seiner „Fähigkeit zu kritischer Erkenntnis“ bei der Würdigung des „Erkennenmüssens“ in Betracht zu ziehen war.

fen.[139] Der Empfänger darf den Mangel – anders ausgedrückt – nur deshalb nicht erkannt haben, „weil er die im Verkehr erforderliche Sorgfalt in ungewöhnlich hohem Maße außer Acht gelassen hat"[140] oder er den Fehler etwa durch Nachdenken oder logische Schlussfolgerung hätte erkennen müssen; letztlich „ist das Fehlen des Rechtsgrundes für die Zahlung dann offensichtlich, wenn es für den Empfänger ohne Weiteres erkennbar ist".[141]

Im Einzelnen ist hierzu erläuternd Folgendes anzumerken:

Wenn es in der Rechtsprechung heißt, der Mangel müsse „klar zutage getreten" bzw. 42
„ohne Weiteres erkennbar" sein, so besagt dies nicht, dass sich der Leistungsempfänger mit der optischen Aufnahme etwa des Inhalts von Besoldungs- oder Versorgungsmitteilungen, Überweisungsträgern oder sonstigem Informationsmaterial begnügen dürfte. Er muss vielmehr seine Einzelwahrnehmungen untereinander und mit seinen Kenntnissen im Übrigen logisch schlussfolgernd verknüpfen und abgleichen.[142] Nicht ausreichend für die Offensichtlichkeit im Sinne von § 12 Abs. 2 Satz 2 BBesG soll es nach der neueren Rechtsprechung des Bundesverwaltungsgerichts sein, wenn Zweifel hinsichlich einer Fehlerhaftigkeit von Besoldungsmitteilungen bestehen und es einer Nachfrage bedarf; der bisherigen Rechtsprechung zufolge oblag es hingegen dem Beamten, der selbst zu keinem eindeutigen Ergebnis gelangte, sich bei bleibenden erst zu nehmenden Zweifeln bei der Behörde zu erkundigen, von der die Gewährung der konkreten Leistung ausging.[143] Letztere gilt nach wie vor auch bzw. jedenfalls dann, wenn der Beamte ohne ersichtlichen Grund (wesentlich) höhere Leistungen erhält, als er sie nach Lage der Dinge erwarten konnte.[144] Auf die Auskunft, die ihm auf seine Anfrage erteilt wird, darf er sich ohne Rechtsnachteil verlassen, es sei denn, ihre Unrichtigkeit drängt sich ihm – etwa weil die Behörde, für ihn erkennbar, irrtümlich von unzutreffenden Voraussetzungen ausgeht – geradezu auf.[145] Steht unter den Umständen des Einzelfalles fest, dass eine rechtsgrundlose Leistung auch dann erfolgt wäre,

---

[139] Die Laufbahngruppenzugehörigkeit des Empfängers ist ein (nicht schematisch zu handhabender) Anhaltspunkt; siehe auch BW VGH ESVGH 18, 170 (173).

[140] BVerwG ZBR 1982, 306, ZBR 1985, 196 und DÖD 1987, 133; vgl. außerdem BVerwG ZBR 1990, 80 und NVwZ-RR 1990, 622. Bei dieser Wendung wird als Vorbild die im Zivilrecht entwickelte Begriffsbestimmung der groben Fahrlässigkeit deutlich (vgl. BGHZ 10, 14; 10, 69; 17, 191; std. Rspr.).

[141] BVerwG 26.4.2012 – 2 C 15.10 –, juris Rn. 16 unter Bezugnahme ua auf BVerwG 9.5.2006 – 2 C 12.05 – Buchholz 240 § 40 BBesG Nr. 37 Rn. 13.

[142] BVerwG ZBR 1968, 183; Buchholz 240 § 40 BBesG Nr. 37 Rn. 13; vgl. ferner BayVGH ZBR 1997, 290. Eine eigene Berechnung unter Zuhilfenahme des Bundesbesoldungsgesetzes und der dazu ergangenen Besoldungstabellen braucht der Beamte nicht vorzunehmen; BVerwG ZBR 1985, 196 (197).

[143] Siehe zu dem neueren – empfängerfreundlichen – Ansatz BVerwG 26.4.2012 – 2 C 15.10 –, juris Rn. 17, und demgegenüber BVerwG ZBR 1968, 183, RiA 1970, 74 und ZBR 1985, 196. Vgl. auch VG Potsdam 7.12.2011 – 2 K 1602/08 –, BeckRS 2012, 46035: Ein Beamter, der den Familienzuschlag der Stufe 1 wegen eines in der Ausbildung befindlichen Kindes weiter erhalten hatte, obwohl das Kind inzwischen eine Ausbildungsvergütung bekam, die die Eigenmittelgrenze des § 40 Abs. 1 Nr. 4 Satz 2 BBesG überstieg, war nach Ansicht des Gerichts im Hinblick darauf nicht zur Rückgewähr der Überzahlung verpflichtet, dass er einen Ausbildungsvertrag des Kindes, aus dem sich die Überschreitung der Eigenmittelgrenze ergab, der bei der „Zentralen Bezügestelle" angesiedelten Familienkasse übersandt hatte, nicht hingegen auch der zuständigen Zentralen Bezügestelle selbst.

[144] BVerwG Buchholz 235 § 12 BBesG Nr. 3 und ZBR 1985, 196. Siehe auch NdsOVG 28.4.2015 – 5 LB 149/14 –, juris Rn. 42 ff. Erst recht ist es für einen (ehemaligen) Beamten des gehobenen Dienstes offensichtlich, dass ihm Dienstbezüge für die Zeit nach Beendigung des Beamtenverhältnisses wegen rechtskräftiger Verurteilung zu einer mehrjährigen Freiheitsstrafe nicht (mehr) zustehen; BVerwG NVwZ-RR 2001, 452.

[145] BVerwG ZBR 1982, 306. Vgl. auch BVerwG NVwZ 1985, 907 (keine Offensichtlichkeit des Mangels, wenn einem Beamten nach Wiederantritt des Dienstes der Familienzuschlag trotz Ankündigung einer Kürzung voll ausgezahlt wird).

wenn der Leistungsempfänger den Dienstherrn auf seine Zweifel hingewiesen hätte, so bleibt die Berufung auf den Wegfall der Bereicherung möglich.[146]

43 Die These von der Maßgeblichkeit der individuellen Kenntnisse und Fähigkeiten des Empfängers darf nicht dahin missverstanden werden, dass es in das Belieben des Beamten oder Versorgungsberechtigten gestellt wäre, ob und inwieweit er sich mit den für ihn bedeutsamen rechtlichen Zusammenhängen vertraut macht. Jedenfalls vom aktiven Beamten kann erwartet werden, dass ihm sein Status als Inhaber eines Amtes und seine Zugehörigkeit zu einer bestimmten Laufbahn bekannt sind und dass er sich im Grundsätzlichen darüber unterrichtet, in welcher Weise Bezüge und sonstige amtsbezogene Leistungen hiervon abhängen. Namentlich im Anschluss an Änderungen, die den Status oder die – besoldungsrechtlich relevante – Funktion betreffen, besteht für den Beamten Anlass, die ihm in der Folgezeit zufließenden Leistungen auf ihre Berechtigung zu überprüfen.[147] Zum besoldungsrechtlichen Grundwissen, welches bei einem Beamten gewöhnlich vorausgesetzt werden kann, gehört es,

- dass die Dienstbezüge bei den Besoldungsgruppen der Besoldungsordnung A (im Bund wie in den Ländern) Grundgehälter enthalten, die in der Regel (dh abgesehen von der Vorweg-Festsetzung einer Leistungsstufe, siehe jetzt § 27 Abs. 7 BBesG) nach Stufen in einem bestimmten Rhythmus (vgl. dazu § 27 Abs. 3 BBesG) aufsteigen,[148]
- dass sich das Grundgehalt der Stufe 1 nunmehr im Bundesbereich grundsätzlich nach der ersten Ernennung mit Anspruch auf Dienstbezüge richtet (vgl. § 27 Abs. 2 BBesG) [149] und
- dass der Familienzuschlag (früher: der Ortszuschlag) ausschlaggebend durch den Familienstand bestimmt wird.[150]

44 Wer eine Aufwandsentschädigung erhält, muss sich deren – vom Dienstherrn in geeigneter Weise zu präzisierende – Zweckbestimmung wenigstens in groben Zügen vor Augen halten und sich beim Wechsel seines Aufgabenfeldes fragen, ob der leistungsbestimmende „Zweck" damit nicht entfällt.[151]

45 Freilich sind dem Beamten oder Versorgungsberechtigten keine status-, besoldungs- oder versorgungsrechtlichen Spezialkenntnisse abzuverlangen, insbesondere nicht solche, die weiter reichen als die Kenntnisse, die bei der zuständigen Behörde vorhanden

---

[146] BW VGH DÖD 1979, 89.

[147] Vgl. BVerwGE 66, 251. BVerwG NVwZ 1987, 1082 verneint eine „Sorgfaltspflichtverletzung", obwohl ein Beamter den Wechsel seiner Ehefrau in den öffentlichen Dienst nicht angezeigt hatte, sodass eine Kürzung des Ortszuschlages (heute: des Familienzuschlages, §§ 39 ff. BBesG) nicht erfolgt war: Die entsprechende Kürzungsvorschrift (heute: § 40 Abs. 4 BBesG) gehöre nicht zu den „Grundprinzipien des Beamtenbesoldungsrechts", deren Kenntnis bei allen Beamten vorausgesetzt werden könne (zw.). Siehe auch BW VGH ZBR 1991, 253. Ferner aber HVGH ZBR 1994, 62: Sofern der Beamte die Relevanz einer Tätigkeit seiner Ehefrau im öffentlichen Dienst für die Höhe des Ortszuschlages (heute: des Familienzuschlages) kenne, könne er sich nicht auf einen Bereicherungswegfall berufen, „wenn er es unterlassen hat, seinem Dienstherrn den neuen Arbeitgeber seines Ehegatten mitzuteilen, obwohl für ihn Anhaltspunkte vorhanden waren, dass es sich bei der … Tätigkeit des Ehegatten um eine Beschäftigung im öffentlichen Dienst handeln könnte …".

[148] Siehe dazu → § 13 Rn. 3 ff.

[149] Vgl. NRW OVG 24.6.1980 – 6 A 1999/79 – (n. v.).

[150] Vgl. auch BVerwG NVwZ-RR 1990, 622 (623) – zur früheren Kindergeldregelung –.

[151] Vgl. RP OVG 24.11.1995 – 2 A 12377/95 –, abgedr. bei Schütz/Maiwald BR ES/C V 5 Nr. 25. Das Gericht verneint hier ein „ungewöhnlich hohes Maß an Sorgfaltswidrigkeit" bei einem Beamten der Kriminalpolizei, der zu Unrecht pauschalierte Entschädigungen für besondere Aufwendungen im Fahndungsdienst, für die Abnutzung der Zivilkleidung und für Dienstreisen auch während seiner Laufbahnausbildung durchgängig weitererhalten hatte: Jeweils „abschnittsweise" hätten die Voraussetzungen für die Aufwandsentschädigungen (Pauschalvergütungen) immerhin auch in der Ausbildungsphase fortbestanden, sodass sich für den Beamten „gegenteilige Überlegungen" nicht hätten aufdrängen müssen.

sind.[152] Auf eine Überspannung der Anforderungen an die Gewissenhaftigkeit würde es hinauslaufen, wenn man von einem rechtsunerfahrenen Leistungsempfänger erwarten wollte, dass er bei seinen Überlegungen zu einer im Zeitpunkt (Zeitraum) der Leistungsgewährung noch nicht durch die höchstrichterliche Rechtsprechung geklärten zweifelhaften Rechtsfrage (gerade) den Standpunkt einnimmt, der sich bei einer späteren rechtlichen Prüfung durchsetzt.[153]

Zu der „im Verkehr erforderlichen Sorgfalt" gehört es nicht, dass der Beamte oder Versorgungsberechtigte das – oftmals komplexe – Rechenwerk eines Bescheides oder einer Mitteilung über Bezüge bis ins letzte Detail nachvollzieht;[154] lediglich augenfällige arithmetische Fehler oder Widersprüche dürfen ihm nicht entgehen.[155] Der Leistungsempfänger verhält sich aber in gesteigerter Weise unsorgfältig, falls er bei verschlüsselten Berechnungen von vornherein von dem Bemühen Abstand nimmt, das Gefüge anhand der beigegebenen Schlüsselkennzahlen zu begreifen.[156] Fachwissen im Bereich der Informationstechnologie kann nicht erwartet werden. 46

Hat der Beamte oder Versorgungsberechtigte durch die unrichtige oder unvollständige Beantwortung von Fragen zur rechtsgrundlosen Leistungsgewährung beigetragen, so verstößt er „in außergewöhnlichem Maße" gegen seine Sorgfaltsobliegenheit, wenn er sich auf die rechtliche Absicherung der Leistung verlässt, obgleich ihm bewusst oder nur infolge grober Fahrlässigkeit nicht bewusst ist, dass er die Bedeutung der Fragen nicht erfasst hatte.[157] Allein in Fällen dieser Art deckt sich der Ausschluss des Vertrauensschutzes gegenüber der rückwirkenden Rücknahme eines rechtsgrundbildenden begünstigenden Verwaltungsakts gemäß § 48 Abs. 2 Satz 3 Nr. 2 VwVfG im Ergebnis mit dem Ausschluss der Entreicherungseinrede gegenüber der Rückforderung. Da § 48 Abs. 2 Satz 3 Nr. 2 VwVfG nur voraussetzt, dass die Angaben des Begünstigten *objektiv* unrichtig oder unvollständig waren,[158] scheidet die Berufung auf einen Wegfall der Bereicherung im Übrigen nicht schon ohne weiteres aus, sobald und soweit die Rücknahme eines der Leistung zugrunde liegenden Verwaltungsakts mit Wirkung ex tunc rechtens ist.[159] 47

---

[152] Vgl. HVGH ZBR 1959, 116 und NdsOVG ZBR 1959, 88. Siehe jedoch auch BayVGH ZBR 1997, 290. Die Frage, ob Besprechungen und Erläuterungen eines Besoldungs(änderungs)gesetzes in Presse, Hörfunk und Fernsehen sowie in einschlägigen Beamtenzeitschriften für das Merkmal der „Offensichtlichkeit" etwas hergeben, lässt sich – entgegen NRW OVG ZBR 1982, 245 – nicht generell verneinen. Es kommt vielmehr auf die Umstände des Einzelfalles an. Zu einem „qualifizierten Bestreiten", ein Informationsblatt über besoldungsrechtliche Auswirkungen einer Dienstrechtsreform erhalten zu haben, vgl. NdsOVG NVwZ 2003, 1543. Zur Frage, ob der Beweis des ersten Anscheins dafür spricht, dass ein Besoldungsempfänger ein von der Besoldungsstelle allgemein versandtes Merkblatt über Besoldungsänderungen auch tatsächlich erhalten hat, siehe außerdem RP OVG 29.5.2002 – 10 A 10687/02 –, abgedr. bei Schütz/Maiwald, BR, ES/C V 5 Nr. 45, ferner Fn. 264.

[153] BVerwG NVwZ 1984, 311.

[154] NRW OVG DÖD 1964, 69 und ZBR 1966, 282 m. Anm. Hueber ZBR 1967, 16. Siehe auch NRW OVG 22.6.2015 – 1 A 2580/14 –, juris Rn. 42 (zu komplexen Änderungen des Bundesbesoldungsrechts zum 1. Juli 2009 bzgl. der Überleitung von Dienstalters- in Erfahrungsstufen).

[155] NRW OVG DÖD 1964, 70.

[156] BVerwGE 40, 212 (218); siehe auch BBesGVwV 12.2.14.4 letzter Satz.

[157] BVerwG RiA 1970, 74. Nach BVerwG NVwZ-RR 1990, 622 ist die Kenntnis hinsichtlich einer Anzeigepflicht (hier: bezüglich des Wechsels der Tochter von der Schul- zur Berufsausbildung) und deren Verletzung „nicht gleichbedeutend mit der Kenntnis oder dem Kennenmüssen eines Mangels des rechtlichen Grundes für Zahlungen, die nach bzw. infolge unterlassener Anzeige weiter entgegengenommen werden". Siehe auch BVerwG ZBR 1994, 59 (unterlassene Anzeige einer Besserung des Gesundheitszustandes bei Gewährung eines Zuschlages zum Unfallruhegehalt gemäß § 34 Abs. 2 Hs. 1 BeamtVG).

[158] Vgl. Stelkens/Bonk/Sachs VwVfG § 48 Rn. 156 mwN sowie Kopp/Ramsauer VwVfG § 48 Rn. 115 ff. (119) mwN.

[159] Vgl. dazu von Mutius VerwArch. 71 (1980), 413 (422 f.).

48 Werden die Bezüge einer Beamtin auf ein von ihr mitbenutztes Konto ihres Ehemannes überwiesen, so verletzt diese ihre Sorgfaltsobliegenheit „in außergewöhnlich hohem Maße", wenn ihr Überzahlungen nur deswegen unbekannt bleiben, weil sie die Kontobewegungen nicht beobachtet.[160]

49 Bei Hinterbliebenen können keine allzu hohen Anforderungen an Inhalt und Umfang der Überprüfung ihrer Versorgungsbezüge gestellt werden. Der Rahmen wird insoweit durch die Versorgungsmerkmale bestimmt und begrenzt, die dem Hinterbliebenen eröffnet worden sind.[161]

50 Das Verschulden eines Vertreters muss sich der Beamte oder Versorgungsberechtigte grundsätzlich zurechnen lassen.[162]

3. Haftung bei ungewissem Erfolgseintritt oder möglichem Rechtsgrundwegfall

51 Wird der mit der Leistung bezweckte Erfolg als ungewiss oder der Wegfall des Rechtsgrundes als möglich angesehen, so muss der Empfänger von vornherein mit seiner Rückgabepflicht rechnen.[163] Deshalb haftet er gemäß § 820 Abs. 1 BGB verschärft, falls der Erfolg nicht eintritt (Satz 1) oder – in der anderen Variante – der Rechtsgrund wirklich entfällt (Satz 2). Die Verzinsungspflicht (§ 818 Abs. 4 iVm den §§ 291, 288 Abs. 1 BGB) setzt erst mit dem Zeitpunkt ein, in dem der Empfänger erfährt, dass der Erfolg nicht eingetreten oder der Rechtsgrund entfallen ist (§ 820 Abs. 2 Hs. 1 BGB).

52 Die entsprechende Anwendung dieser zivilrechtlichen Regelung im Rahmen der Rückforderung von Bezügen und sonstigen amtsbezogenen Leistungen gewinnt vornehmlich, jedoch nicht ausschließlich bei Abschlags- oder Vorbehaltszahlungen Bedeutung.

a) Abschlagszahlungen

53 Dabei handelt es sich um Zahlungen, bei denen die geschuldeten Beträge auch für die zurückliegende Zeit erst im Nachhinein endgültig festgesetzt werden.[164] § 820 Abs. 1 Satz 1 BGB schließt hier – ohne dass es eines Rückforderungsvorbehalts bedürfte[165] – grundsätzlich[166] eine Berufung auf einen Bereicherungswegfall aus.

b) Vorbehaltszahlungen

54 Der Terminus „Vorbehalt" umfasst drei Gestaltungsformen: den administrativen,[167] den gesetzesimmanenten[168] und den (im eigentlichen Sinne) gesetzlichen Vorbehalt.[169]

55 Gewährt die Behörde Leistungen unter ausdrücklichem Vorbehalt, so macht sie dem Empfänger damit regelmäßig deutlich, dass ein die Leistung legitimierender Rechtsgrund unter Umständen fehlt. So weit der Vorbehalt nach Inhalt und Umfang reicht, ist dem

[160] BVerwG ZBR 1990, 80.
[161] BVerwGE 8, 261 (269); 40, 212.
[162] BVerwGE 32, 228. Siehe auch NdsOVG NVwZ-RR 2003, 125 (127).
[163] Die Beteiligten müssen sich die Ungewissheit der künftigen Entwicklung konkret vergegenwärtigt haben (BVerwGE 40, 237).
[164] BVerwGE 21, 119.
[165] BVerwGE 11, 283; 13, 248; 16, 2; 18, 72 sowie BVerwG ZBR 1982, 281.
[166] BVerwGE 11, 283 (287 f.) und BVerwG ZBR 90, 265. Siehe aber auch Rn. 64.
[167] → Rn. 55 f.
[168] → Rn. 57 f.
[169] → Rn. 59 f. Keinen Vorbehalt in diesem Sinne begründet § 2 Abs. 5 des Besoldungsüberleitungsgesetzes hinsichtlich der „vorläufig" erfolgten Stufenzuordnung, siehe dazu OVG NW 22.6.2016 – 1 A 2580/14 –, juris Rn. 29 ff. mwN.

Empfänger die Entreicherungseinrede nach dem Rechtsgedanken des § 820 Abs. 1 BGB[170] grundsätzlich abgeschnitten,[171] vorausgesetzt, der konkrete Vorbehalt genügt den Anforderungen, welche die Rechtsprechung – nicht zuletzt in Würdigung der Fürsorge- und Schutzpflicht (vgl. § 78 BBG und § 45 BeamtStG) – an die Zulässigkeit und Wirksamkeit von Vorbehalten stellt:

- Der Vorbehalt darf sich nur auf den Teil der Gesamtleistung beziehen, bei dem ungewiss ist, ob er dem Empfänger tatsächlich zusteht. Dies gilt namentlich für Vorbehalte hinsichtlich solcher Leistungen, die im Vorgriff auf eine gesetzliche Regelung erbracht werden.[172]
- Der Vorbehalt muss bestimmt sein, sodass es für den Empfänger nicht zweifelhaft bleibt, wegen welchen (Teil-)Betrages er sich auf eine etwaige Rückforderung einzurichten hat. Die Bedeutung des Vorbehalts ist nach den für die Auslegung von Willenserklärungen relevanten Grundsätzen zu ermitteln.[173]
- Schließlich darf der Vorbehalt nicht länger als unbedingt nötig beibehalten werden; feste zeitliche Grenzen lassen sich hier aber nicht aufstellen.[174]

Nach dem Wegfall des Vorbehaltsvermerks ist der Empfänger im Allgemeinen zu der 56
Annahme berechtigt, dass er nicht nur über die nunmehr vorbehaltlos erbrachte Leistung frei verfügen könne, sondern dass er auch hinsichtlich der in der Vergangenheit gewährten Leistungen nicht mehr mit einer Rückforderung zu rechnen brauche.[175]

Die Dienstbezüge werden unter dem gesetzesimmanenten Vorbehalt gezahlt, dass der 57
Beamte sie nicht (mehr) beanspruchen kann, wenn er schuldhaft ungenehmigt dem Dienst fernbleibt (siehe § 9 BBesG).[176, 177] Die bestandskräftige Feststellung des Verlustes der Dienstbezüge zeitigt in einem Verwaltungs- und Verwaltungsstreitverfahren wegen der Rückforderung Tatbestandswirkung.[178] Die Zahlung der Anwärterbezüge ist gemäß § 66 BBesG mit dem gesetzesimmanenten Vorbehalt verknüpft, dass die oberste Dienstbehörde oder die von ihr bestimmte Stelle den Anwärtergrundbetrag herabsetzen (kürzen) können, wenn der Anwärter die vorgeschriebene Laufbahnprüfung oder eine Zwischenprüfung nicht bestanden oder einen Leistungsnachweis nicht erbracht hat oder

---

[170] Ob Satz 1 oder Satz 2 aaO heranzuziehen ist, hängt von Art und Funktion des jeweiligen Vorbehalts ab.

[171] Vgl. BVerwG ZBR 1977, 230 und NRW OVG DÖD 1977, 231 mwN.

[172] BVerwG RiA 1977, 200.

[173] NRW OVG ZBR 1982, 245. Vgl. auch NRW OVG 16.4.2007 – 1 A 527/06 –, abgedr. bei Schütz/Maiwald BR ES/C V 2.1 Nr. 5 (= DVBl 2007, 915 – LS –).

[174] BVerwGE 11, 283; 13, 248; 18, 72; 19, 188; 21, 119; 71, 77 (81 f.).

[175] NRW OVG ZBR 1982, 245; vgl. auch BW VGH 6.11.1984 – 4 S 2779/82 –, abgedr. bei Schütz/Maiwald BR ES/C V 5 Nr. 9.

[176] Siehe vorab → Rn. 24. Grundlegend BVerwGE 95, 94. Zum ungenehmigten schuldhaften Fernbleiben vom Dienst bei Widerruf eines bereits bewilligten Urlaubs BVerwG NVwZ 1969, 585: Vom Beamten gegen den Widerruf erhobene Einwände können im Verfahren nach § 9 BBesG nicht berücksichtigt werden. Ungenehmigtes Fernbleiben vom Dienst liegt vor, wenn der Beamte zumindest bedingt vorsätzlich den Widerruf einer Strafaussetzung zur Bewährung herbeiführt (BVerwG NVwZ-RR 1995, 96) oder wenn er trotz amts- und fachärztlich festgestellter Dienstfähigkeit die Arbeit verweigert (BVerwG NVwZ-RR 2003, 660). Auch eine – etwa wegen grober Unterwertigkeit der dem Beamten angesonnenen Aufgaben – rechtswidrige Tätigkeitsanordnung muss befolgt werden, solange der Betroffene davon nicht durch gerichtliche (Eil-)Entscheidung entbunden ist; HmbOVG NordÖR 2008, 409 = NVwZ-RR 2008, 555 (LS).

[177] Siehe auch § 9a BBesG, einen weiteren Anwendungsfall der Rechtsfigur des gesetzesimmanenten Vorbehalts.

[178] Vgl. auch RP OVG NVwZ-RR 2007, 478: Wird ein Beamter wegen schuldhaften Fernbleibens vom Dienst durch rechtskräftiges disziplinargerichtliches Urteil aus dem Dienst entfernt, steht damit für ein anschließendes Verfahren über den Verlust der Dienstbezüge verbindlich fest, dass er schuldhaft dem Dienst ferngeblieben ist.

wenn sich die Ausbildung aus einem vom Anwärter zu vertretenden Grunde verzögert.[179]

58 Festsetzung[180] und Zahlung der Versorgungsbezüge stehen unter einem – ohne Hinweis oder Belehrung des Dienstherrn wirksamen[181] – gesetzesimmanenten Vorbehalt derart, dass auch der insoweit entreicherte Versorgungsberechtigte zur Rückgewähr der Beträge gehalten ist, die sich bei einer nachträglichen Ruhensberechnung (§§ 53 ff. BeamtVG) oder bei rückwirkenden Änderungen in der Höhe des anzurechnenden anderweitigen Erwerbs- oder Erwerbsersatz-, Versorgungs- oder Renteneinkommens als „zu viel gezahlt" erweisen.[182] Entsprechendes gilt für den Anspruch der Witwe auf einen Unterhaltsbeitrag gemäß § 22 Abs. 1 BeamtVG, was die nachträgliche Anrechnung ihres Erwerbs- und Erwerbsersatzeinkommens betrifft.[183,184]

59 § 57 Abs. 5 BeamtVG drückt einen expliziten gesetzlichen Rückforderungsvorbehalt aus: Aufgrund des sog Pensionistenprivilegs (§ 57 Abs. 1 Satz 2 BeamtVG) wird das Ruhegehalt eines geschiedenen Beamten nach Durchführung des Versorgungsausgleichs erst gekürzt, wenn aus der Versicherung des berechtigten Ehegatten eine Rente zu gewähren ist. Wird die Rente rückwirkend gewährt oder wird die Rentengewährung (nach den Kriterien des § 48 Abs. 4 Satz 1 VwVfG) erst nachträglich bekannt, muss die Kürzung des Ruhegehalts nachgeholt werden. Im Blick auf mögliche Überzahlungen beim Ruhegehalt heißt es in der eingangs bezeichneten Norm, dass die Zahlung des Ruhegehalts „für den Fall rückwirkender oder erst nachträglich bekannt werdender Rentengewährung an den berechtigten Ehegatten unter dem Vorbehalt der Rückforderung" stehe; ein entsprechender ausdrücklicher gesetzlicher Vorbehalt gilt für den Fall des § 5 VAHRG.

60 Das Mittel des (ausdrücklichen) gesetzlichen Vorbehalts ist auch in § 12 Abs. 3 Satz 1 BBesG sowie in § 52 Abs. 4 BeamtVG iVm § 118 Abs. 3 Satz 1 SGB VI verwendet: Geldleistungen (und zwar auch solche ohne Besoldungs- oder Versorgungscharakter), die für die Zeit nach dem Tode des Beamten oder Versorgungsberechtigten auf ein Konto bei einem (inländischen) Geldinstitut überwiesen wurden, „gelten als unter Vorbehalt" erbracht.

---

179 NRW OVG RiA 1993, 100.

180 Vgl. BVerwGE 16, 2.

181 BVerfGE 46, 97. Gleichwohl ist es gute Verwaltungsübung, (formularmäßig) auf die Vorläufigkeit der Festsetzung aufmerksam zu machen.

182 Vgl. auch insoweit BVerfGE 46, 97 (114); ferner BVerwGE 25, 291; 71, 77 und NdsOVG NdsRpfl. 2007, 193 (betr. Festsetzung eines Witwengeldes). Der gesetzesimmanente Vorbehalt erstreckt sich aber nicht darauf, dass die Behörde eine für die Ruhensberechnung maßgebliche Vorschrift übersehen oder nicht richtig angewendet hat; BVerwG ZBR 1986, 136 mit der Einschränkung, dass das „jedenfalls dann (gelte), wenn es der Behörde nicht aus zeitlichen Gründen unmöglich war, diese Vorschrift bereits bei der (ersten) Ruhensberechnung zu berücksichtigen". Zur nachträglichen Anrechnung von Einkünften aus einem Gewerbebetrieb (§ 53 Abs. 7 Satz 1 BeamtVG) BVerwG NVwZ-RR 2012, 208.

183 BVerwGE 66, 360. Der gesetzesimmanente Vorbehalt unterliegt grundsätzlich keiner zeitlichen Beschränkung. Mit Treu und Glauben ist es aber nicht vereinbar, wenn die Behörde einen solchen Vorbehalt noch geltend macht, obwohl sie bei dem Versorgungsberechtigten durch ihr eigenes Verhalten den Eindruck hervorgerufen hatte, dass er damit nicht mehr zu rechnen brauche; NRW OVG DÖD 1982, 114.

184 Zur Rückforderung von Übergangsgeld (§ 47 BeamtVG) für den Fall der späteren Änderung anderweitiger Bezüge (Abs. 5 aaO) vgl. SH OVG 24.10.2003 – 3 LB 20/02 –, abgedr. bei Schütz/Maiwald BR ES/C V 5 Nr. 50.

c) Weitere Fälle

§ 820 Abs. 1 Satz 2 BGB gelangt darüber hinaus zu entsprechender Anwendung, wenn einem entlassenen Beamten mit Rücksicht auf die aufschiebende Wirkung seines Widerspruchs oder seiner Klage gegen die Entlassungsverfügung (§ 80 Abs. 1 VwGO) bis zu einer etwaigen Anordnung der sofortigen Vollziehung (§ 80 Abs. 2 Satz 1 Nr. 4 VwGO), bis zur Bestandskraft des Widerspruchsbescheides, bis zu dem in § 80b Abs. 1 Satz 1 VwGO genannten Zeitpunkt[185] oder bis zur Rechtskraft des klageabweisenden Urteils (siehe § 80b Abs. 2 VwGO) die Dienstbezüge vorläufig weitergewährt werden.[186,187] Auf den Wegfall der Bereicherung kann sich ferner – erst recht – nicht mit Erfolg berufen, wem die Leistungen seines Dienstherrn nur wegen der aufschiebenden Wirkung von Widerspruch und Klage gegen einen Verwaltungsakt weiter zufließen, durch den diese Leistungen selbst herabgesetzt oder entzogen worden sind.[188] 61

Bei der Rückforderung laufender Geldleistungen, die allein wegen einer später aufgehobenen, auf vorläufige Aufnahme eines Bewerbers in den Vorbereitungsdienst gerichteten einstweiligen Anordnung (§ 123 Abs. 1 Satz 2 VwGO) gewährt worden sind,[189] kann ein Bereicherungswegfall entsprechend § 820 Abs. 1 Satz 2 BGB im Hinblick auf die „rechtlich vorgegebene Vorläufigkeit der einstweiligen Anordnung" ebenfalls nicht erfolgreich geltend gemacht werden.[190] 62

Außerdem kann mit der Entreicherungseinrede nicht durchdringen, wer über den Teil monatlich im Voraus gezahlter Bezüge verfügt, der auf den Zeitraum nach seiner im Laufe des Monats wirksam werdenden Entlassung entfällt und damit insoweit eines Rechtsgrundes entbehrt.[191] 63

4. Verstoß der Rückforderung gegen Treu und Glauben

Da die §§ 818ff. BGB Ausfluss des in § 242 BGB – als allgemeiner Vorschrift – niedergelegten Grundsatzes sind,[192] ist die Entreicherungseinrede in den Fällen verschärfter Haftung nach Treu und Glauben – ausnahmsweise[193] – dann beachtlich, wenn 64

---

[185] → Rn. 25.

[186] BVerwGE 18, 72; 24, 92; 30, 296 sowie BVerwG DÖV 1972, 573. Der entlassene Beamte kann nicht damit gehört werden, er sei gar nicht bereichert, weil er ohne Weitergewährung der Dienstbezüge Sozialleistungen erhalten hätte (dazu BVerwG DVBl 1998, 647).

[187] Nichts anderes trifft im Ergebnis für den Beamten zu, dem aufgrund gerichtlicher Anordnung der aufschiebenden Wirkung bei einer Zurruhesetzung wegen Dienstunfähigkeit zunächst die vollen Dienstbezüge (und nicht nur das Ruhegehalt) weitergewährt werden, falls seine Klage gegen die Zurruhesetzung später abgewiesen wird (siehe schon → Rn. 27).

[188] Siehe BBesGVwV 12.2.14.2 und → § 13 Rn. 12f.

[189] → Rn. 28.

[190] BVerwGE 71, 354; vgl. auch BVerwG ZBR 1986, 87.

[191] BW VGH VRspr. 25, 418.

[192] BVerwGE 25, 291; vgl. ferner Palandt/Sprau BGB Rn. 1 vor § 812 unter Hinweis auf BGHZ 36, 235; 55, 128.

[193] Vgl. BVerwGE 95, 94 mwN: Eine Berufung auf den Wegfall der Bereicherung sei „nicht schlechthin ausgeschlossen". Der Grundsatz von Treu und Glauben kann der verschärften Haftung nach § 820 Abs. 1 Satz 2 BGB nicht mit der Begründung entgegengehalten werden, dass der Dienstherr sich von der Überzahlung aufgrund der in den Behördenakten enthaltenen Hinweise auf möglicherweise bestehende Rentenanwartschaften hätte Kenntnis verschaffen können, wenn der Versorgungsberechtigte der ihm obliegenden Anzeigepflicht aus § 62 Abs. 2 Satz 1 Nr. 2 BeamtVG nicht nachgekommen ist (HVGH LKRZ 2012, 366).

- die zurückgeforderten Beträge von entscheidender Bedeutung für die Sicherung des Lebensunterhalts der Familie gewesen sind,[194]
- das Empfangene zufällig untergegangen ist[195] oder
- „besondere Umstände" eine Rückforderung als „treuwidriges Verhalten" erscheinen lassen.[196]

Der bloße Zeitablauf ist kein „besonderer Umstand" in diesem Sinne.[197]

IV. Rückforderung des Bruttobetrages

65 „Zu viel gezahlte" Dienst- oder Versorgungsbezüge können, obwohl der Empfänger nur den um die Steuer verminderten Nettobetrag erhalten hat, grundsätzlich in Höhe des Bruttobetrages zurückgefordert werden.[198] Soweit es sich um die Differenz zwischen Brutto- und Nettobetrag handelt, geht das Bundesverwaltungsgericht von einer „mittelbaren Zuwendung" an den Beamten oder Versorgungsberechtigten aus, für dessen „Rechnung" die Steuern an das Finanzamt abgeführt werden.[199] In BVerfGE 46, 97 (115 ff.) ist im Einzelnen dargelegt, welchen Bedenken diese Auffassung angesichts des durch Art. 33 Abs. 5 GG verfassungsrechtlich abgesicherten Fürsorge- und Schutzprinzips[200] begegnen könnte; ein Verfassungsverstoß ist insoweit im Ergebnis freilich nicht festgestellt worden.[201]

66 Die Verwaltungspraxis wendet das Bruttoprinzip allerdings nur dann an, wenn der Leistungsempfänger auch in Zukunft ein steuerpflichtiges Einkommen hat, den Rückzahlungsbetrag als werbungskostenähnlichen Aufwand geltend machen kann und dadurch einen annähernden Ausgleich zeitnah zu erreichen in der Lage ist. Hat er dagegen (etwa wegen fehlenden oder nur geringen zu versteuernden Einkommens) keine Möglichkeit, einen nachträglichen steuerlichen Ausgleich für die Bruttorückzahlungspflicht zu erlangen, so reagiert die Verwaltung hierauf gewöhnlich durch eine Billigkeitsentscheidung des Inhalts, dass sie von der Rückforderung des den Nettobetrag übersteigenden Teiles der Zuvielzahlung absieht.[202] Lässt sich die Frage, ob und in welchem Umfang der steuerrechtliche Ausgleich für die schon versteuerten Überzahlungen gelingt, im Zeitpunkt der letzten Verwaltungsentscheidung noch nicht beantworten, so geht kein Weg daran vorbei, dass das Verwaltungsverfahren später (auf Antrag) gemäß § 51 Abs. 1 Nr. 1 VwVfG wiederaufgegriffen wird und die Billigkeitsentscheidung des Rückforderungsbescheides ggf. dem Resultat der Bemühungen um einen steuerlichen Ausgleich angepasst wird.[203]

---

[194] BVerwGE 11, 283; 18, 72; 24, 92; 30, 296.

[195] BVerwGE 24, 148.

[196] BVerwGE 25, 291; 44, 339. Ein Verstoß gegen Treu und Glauben kann insbesondere in Betracht zu ziehen sein, wenn der Dienstherr bei Eintritt des Beamten in den Ruhestand oder bei sonstigem Ausscheiden aus dem Dienstverhältnis den Rückforderungsanspruch nicht unverzüglich geltend macht.

[197] Siehe die vorstehende Fußnote. Zur Verwirkung des Rückforderungsanspruchs Fn. 226.

[198] BVerwGE 24, 92; 25, 97; 28, 68; vgl. ferner BVerwG ZBR 1990, 80 (81) und DVBl 1999, 322. Siehe auch NRW OVG 24.2.2016 – 1 A 335/14 –, juris Rn. 42 f. mwN.

[199] Siehe die Nachweise in Fn. 198 sowie Franke ZBR 2001, 86.

[200] → § 10 Rn. 1 ff.

[201] Vgl. eingehend Schnellenbach VerwArch 92 (2001), 2 (15 ff.). Siehe auch Gärditz ZBR 2008, 222, der das Bruttoprinzip als „Fremdkörper" im Alimentierungssystem kritisiert.

[202] Siehe auch BVerwGE 25, 97 (105), ferner NRW OVG 20.7.2016 – 1 A 795/14 –, juris Rn. 52 f. mwN.

[203] BVerwG DVBl 1999, 322.

Bei Steuernachentrichtungen durch den Dienstherrn während eines fortbestehenden Dienst- oder Versorgungsverhältnisses ist die jeweils einschlägige Rückforderungsnorm zu beachten.[204] 67

V. Billigkeitsentscheidung

Die Entscheidung darüber, ob aus Billigkeitserwägungen[205] ganz oder teilweise von der Rückforderung abgesehen wird (§ 12 Abs. 2 Satz 3 BBesG, § 52 Abs. 2 Satz 3 BeamtVG), ist in das pflichtgemäße Ermessen der zuständigen Behörde gestellt.[206] § 40 VwVfG bestimmt dazu allgemein: 68

„Ist die Behörde ermächtigt, nach ihrem Ermessen zu handeln, hat sie ihr Ermessen entsprechend dem Zweck der Ermächtigung auszuüben und die gesetzlichen Grenzen des Ermessens einzuhalten."

„Zweck der Ermächtigung" ist es hier, die besonderen Gegebenheiten des Einzelfalles, soweit dies angemessen erscheint, gegenüber der notwendig generalisierenden gesetzlichen Rückforderungsregelung zur Geltung zu bringen.[207] In die Erwägungen sind vornehmlich die Möglichkeiten für eine Rückabwicklung der rechtsgrundlosen Leistung einschließlich der wirtschaftlichen und sozialen Auswirkungen auf den Betroffenen und seine Familie, daneben die Ursachen einzubeziehen, auf denen die rechtsgrundlose Leistung einerseits – und insoweit insbesondere auch ein etwaiges Mitverschulden der Verwaltung[208] – und der Bereicherungswegfall andererseits beruhen.[209] Für die Frage der wirtschaftlichen Leistungsfähigkeit des Beamten oder Versorgungsberechtigten ist auf die Situation in der Erstattungsphase, nicht hingegen auf die Lage abzustellen, wie sie zur 69

---

[204] Siehe im Einzelnen Franke ZBR 2001, 86 (87 f.).

[205] § 52 Abs. 3 BeamtVG ist eine ausschließlich aus Gründen der Verwaltungsvereinfachung, nicht aus Billigkeitserwägungen getroffene Regelung; BT-Drs. 12/5919 S. 17.

[206] BVerwGE 11, 283; 28, 68.

[207] Vgl. BVerwG ZBR 1983, 192, ZBR 1983, 193 und ZBR 1990, 80 (81).

[208] Zur Relevanz eines Mitverschuldens der Verwaltung für die Ermessensentscheidung siehe schon BVerwG ZBR 1995, 389 (390) mwN. Siehe nunmehr BVerwG 26.4.2012 – 2 C 15.10 –, IÖD 2012, 175 (= BeckRS 2012, 52891): Von der Rückforderung sei „in der Regel teilweise abzusehen, wenn der Grund für die Überzahlung in der überwiegenden behördlichen Verantwortung liegt"; dann sei „ein Absehen von der Rückforderung in der Größenordnung von 30 % des überzahlten Betrages im Regelfall angemessen". Dies dürfte sich freilich selbst bei einem erheblichen mitwirkenden Verschulden der Behörde anders darstellen, falls der Beamte *positiv gewusst* hat, dass er zu Unrecht Bezüge erhielt; in diesem Sinne HmbOVG NordÖR 2011, 516 (= DVBl 2011, 981 – LS –): Es bestehe angesichts dessen gewöhnlich kein Anlass, teilweise von der Rückforderung abzusehen oder dazu auch nur Ermessenerwägungen anzustellen. Siehe jedoch auch VG Gießen 27.10.2011 – 5 K 45/11 –, BeckRS 2012, 49708: Das Gericht hält dafür, dass das der Behörde zustehende Ermessen „im Einzelfall" trotz positiver Kenntnis des Versorgungsempfängers hinsichtlich der Rechtsgrundlosigkeit fortlaufender Leistungsgewährung „dahingehend gebunden sein (könne), anteilsmäßig von der Rückforderung abzusehen", wenn sich „für einen bestimmten Zeitraum die Verschuldensanteile des Versorgungsempfängers und der Behörde etwa gleichgewichtig gegenüber(stehen)". Abgesehen davon, dass in einem solchen Fall keine überwiegende behördliche Verantwortung im Sinne der neueren Rspr. des Bundesverwaltungsgerichts vorliegt, wird damit die Grenze zwischen Erstattung und Schadensersatz nicht mehr gebührend beachtet (siehe dazu → Rn. 6).

[209] BVerwGE 11, 283; 16, 2; 30, 296; siehe auch BVerwG RiA 1983, 118 und ZBR 1990, 80. Eine von der Behörde zu vertretende Mitursache für die Länge des Überzahlungszeitraumes kann auch dann für die Ermessensentscheidung von Belang sein, wenn die Überzahlung nicht nur auf der Säumnis der Behörde, sondern auch auf einer Pflichtwidrigkeit oder Obliegenheitsverletzung des Leistungsempfängers beruht; BVerwG ZBR 1983, 193.

Zeit der Überzahlung bestand.[210] Die „Härte", die jede Rückforderung unabhängig von den in concreto obwaltenden Umständen darstellt, ist im Rahmen der Ermessenshandhabung nicht berücksichtigungsfähig.

70 „Grenzen des Ermessens" ergeben sich insbesondere aus dem Gleichbehandlungsgrundsatz (Art. 3 Abs. 1 GG), dem Verhältnismäßigkeitsgebot[211] und dem Fürsorge- und Schutzprinzip.[212]

71 Regelmäßig[213] genügt es den Anforderungen, die die Billigkeit stellt, wenn dem Verpflichteten Rückzahlungsraten eingeräumt werden,[214] deren Höhe zum einen dem insgesamt zu erstattenden Betrag und zum anderen der wirtschaftlichen Leistungsfähigkeit des Verpflichteten angemessen Rechnung tragen muss. Auch ein Zahlungsaufschub oder sonstige Zahlungserleichterungen können in Betracht zu ziehen sein.[215] Dem Betroffenen im Rückforderungs- oder im Widerspruchsbescheid lediglich anheim zu geben, Ratenzahlung zu beantragen,[216] dürfte nur ausreichen, sofern er während des Verwaltungs- und des Widerspruchsverfahrens keine hinlänglichen tatsächlichen Angaben gemacht hat, sodass die Behörde – auch nach Würdigung des aus den Akten ersichtlichen Sachverhalts – nicht zu einer verlässlichen Einschätzung der vertretbaren Ratenhöhe in der Lage ist. Keinen Ermessensfehlgebrauch wird es normalerweise bedeuten, wenn die Rückforderung durch Aufrechnung oder Verrechnung gegen eine Nachzahlung verwirklicht wird,[217] es sei denn, der Beamte oder Versorgungsberechtigte benötigt diese in unverminderter Höhe, um Schulden zu begleichen, die ihm in der Zeit erwachsen sind, auf die sich die Nachzahlung bezieht. Einen gänzlichen Verzicht auf Rückforderung wird die Billigkeit nur selten gebieten, zumal die Fälle, in denen ein solcher infrage kommen könnte, durch die Möglichkeit eines Ausschlusses der verschärften Haftung nach Treu und Glauben[218] zumeist bereits erfasst werden.

72 Bei der Rückforderung überzahlter Versorgungsbezüge von einem Erben, die durch § 52 Abs. 4 BeamtVG iVm § 118 Abs. 4 SGB VI (Satz 4 aaO) nicht berührt wird, verfährt die Verwaltungspraxis wie folgt:[219] Die Überzahlung wird nur insoweit zurückverlangt, als nach Begleichung der Bestattungskosten und anderer Nachlassverbindlichkeiten noch verwertbarer Nachlass vorhanden ist.[220] Im Übrigen wird aus Billigkeitsgründen von einer Rückforderung abgesehen.[221] Ein entsprechendes Vorgehen empfiehlt

---

[210] BVerwGE 66, 251 (255 f.) sowie BVerwG ZBR 1990, 80 und NVwZ 1995, 389 (390); vgl. ferner BVerwG Buchholz 239.1 § 55 BeamtVG Nr. 25 und BVerwG 11.8.2005 – 2 B 2.05 –, abgedr. bei Schütz/Maiwald BR ES/C V 5 Nr. 58.

[211] BVerwGE 30, 313 (318); 44, 156 (159).

[212] → § 10 Rn. 1 ff.

[213] Vgl. aber BVerwG ZBR 1972, 335. Siehe auch NRW OVG 23.7.2003 – 1 A 2739/00 –, abgedr. bei Schütz/Maiwald, BR, ES/C V 5 Nr. 49 (= BecksRS 2003, 24801): „Subjektive Rechte" des Rückforderungsschuldners seien nicht verletzt, „wenn für die rückfordernde Behörde jedenfalls bis zum Erlass des Widerspruchsbescheides kein Anlass bestand, dem Rückforderungsschuldner die geschuldete Summe zu erlassen, Ratenzahlungen anzubieten oder ihm im Rahmen des Rückabwicklungsverhältnisses anderweitige Erleichterungen einzuräumen".

[214] BVerwG 13, 248; 18, 72; 28, 68; 30, 296. Siehe ferner BVerwG ZBR 1990, 80 (81) und ZBR 1990, 265 (266). Das bloße Inaussichtstellen von Ratenzahlungen genügt den Erfordernissen einer Billigkeitsentscheidung nicht, es sei denn, der Rückzahlungsverpflichtete gibt trotz entsprechender Aufforderung nicht die notwendigen Informationen; HVGH NVwZ 1991, 94 (95).

[215] Siehe auch BBesGVwV 12.2.17 Satz 1.

[216] Vgl. BVerwGE 18, 72; siehe schon Fn. 214.

[217] BVerwG DÖV 1972, 573; → Rn. 82 ff.

[218] → Rn. 64.

[219] Vgl. Weinbrenner in Stegmüller/Schmalhofer/Bauer BeamtVG § 52 Rn. 130.

[220] Siehe auch § 1990 BGB; dazu BVerwG NJW 1963, 1075.

[221] Zur „Ersetzung" einer mangelhaften oder fehlenden Billigkeitsentscheidung durch den Vorbehalt der Beschränkung der Erbenhaftung auf den Nachlass siehe HVGH ZBR 1992, 220 (222).

sich, wenn es sich um amtsbezogene Geldleistungen (mit und ohne Besoldungscharakter) handelt (siehe insoweit auch § 12 Abs. 4 Satz 3 BBesG), die dem aktiven Beamten zu Unrecht zu Lebzeiten zugeflossen sind.

Die Billigkeitsentscheidung[222] muss grundsätzlich spätestens in dem Bescheid getroffen werden, mit dem über den Widerspruch gegen einen Rückforderungsbescheid entschieden wird. Sie muss begründet werden (§ 39 Abs. 1 Satz 1 und 3 VwVfG); eine fehlende oder unzureichende Begründung kann bis zum Abschluss eines verwaltungsgerichtlichen Verfahrens nachgeholt oder vervollständigt werden (§ 45 Abs. 1 Nr. 2, Abs. 2 VwVfG). Wird das Rückforderungsverlangen durch Leistungsklage verfolgt, so ist die Billigkeitsentscheidung bis zum Sachantrag beim Tatsachengericht (also nicht mehr im Revisionsverfahren) möglich.[223,224] Ändert sich die für die Billigkeitsentscheidung maßgebliche Sachlage nachträglich, so muss der davon betroffene Schuldner, sofern ein unanfechtbarer Leistungsbescheid vorliegt, gemäß § 51 Abs. 1 VwVfG, falls ein rechtskräftiges Leistungsurteil ergangen ist, gemäß § 173 VwGO iVm § 323 ZPO vorgehen.[225] 73

VI. Geltendmachung der Rückforderung

Die Rückforderung kann durch Leistungsbescheid oder Leistungsklage erfolgen; als Erfüllungsersatz kann sich die Aufrechnung anbieten.[226] 74

1. Leistungsbescheid[227]

Der Weg einer Rückforderung durch Verwaltungsakt (Leistungsbescheid),[228] der grundsätzlich[229] eine vorherige Anhörung des Betroffenen (§ 28 Abs. 1 VwVfG) voraussetzt,[230] kann nur beschritten werden, wenn die rechtsgrundlose Leistung im inneren Zusammenhang mit einem Beamtenverhältnis erbracht worden ist. Dies ist notwendig, aber auch hinreichend. Der Beamte kann deshalb wegen einer ungerechtfertigten Bereicherung, die ihren Ursprung in einem früheren Arbeitsverhältnis zu seinem Dienstherrn hat, nicht durch Leistungsbescheid in Anspruch genommen werden.[231] Hingegen beste- 75

[222] Einer Billigkeitsentscheidung bedarf es auch dann, wenn die Rückforderung im Wege der Aufrechnung erfolgt; vgl. BVerwGE 71, 354 (357) und BVerwG NVwZ 1995, 389.

[223] BVerwGE 109, 357. Zur Nachholung einer Billigkeitsentscheidung während des Rechtsstreits siehe BVerwGE 18, 72 (77); 28, 68 (79); 30, 296 (301) und BVerwG ZBR 1990, 265 (266).

[224] Siehe auch § 114 Satz 2 VwGO.

[225] Siehe auch § 59 Abs. 1 Satz 1 Nr. 2 BHO; die dort vorgesehene Möglichkeit der Niederschlagung bleibt unberührt.

[226] Siehe auch NRW OVG, ZBR 1995, 50: Ein Anspruch auf Rückforderung könne verwirkt sein, wenn er erst nach längerer behördlicher Untätigkeit erhoben werde und wenn besondere Umstände vorlägen, die ein schutzwürdiges Vertrauen des Schuldners dahin begründeten, dass der Anspruch nicht mehr geltend gemacht werde. Zur Verjährung Fn. 243.

[227] Zur Handlungsform des beamtenrechtlichen Leistungsbescheides siehe allgemein H. Günther DÖD 1991, 159 (speziell zur Rückforderung durch Leistungsbescheid aaO S. 176 ff.).

[228] Vgl. dazu BVerfGE 46, 97; außerdem BVerwGE 25, 72; 28, 1; 37, 314; 40, 237; ferner BVerwG Buchholz 240 § 12 BBesG Nr. 19. Zur Abgrenzung von schlichter Zahlungsaufforderung (auch zum Zwecke der Vorbereitung einer Leistungsklage) und Leistungsbescheid BVerwG ZBR 1969, 60 sowie NRW OVG OVGE 29, 15 (20 ff.).

[229] Siehe jedoch auch § 28 Abs. 2 sowie § 45 Abs. 1 Nr. 3 und Abs. 2 VwVfG.

[230] Eine zusätzliche Anhörung eigens in Bezug auf die zu treffende Billigkeitsentscheidung ist nicht geboten (VG Augsburg 20.1.2011 – Au 2 K 07.1017 –, BeckRS 2012, 46801). Die Rückforderung unterliegt nicht der Mitbestimmung des Personalrates; vgl. BVerwG NVwZ 2006, 835.

[231] NRW OVG RiA 1974, 20.

hen keine Bedenken gegen den Erlass eines Rückforderungsbescheides gegenüber dem bzw. den Erben des Beamten oder Versorgungsberechtigten, falls es um die Erstattung einer Leistung geht, die der Erblasser zu Lebzeiten mit Rücksicht auf sein Dienstverhältnis sine causa empfangen hat.[232] Bei ungeteilter Erbengemeinschaft muss das Rückforderungspetitum (nicht anders als die Rücknahme eines rechtsgrundbildenden rechtswidrigen Bescheides) gegenüber sämtlichen Miterben bekundet werden.

76 Geldleistungen, die für die Zeit nach dem Tode des Beamten oder Versorgungsberechtigten auf ein Konto bei einem Geldinstitut (im Inland) überwiesen wurden, hat das Geldinstitut der überweisenden Stelle grundsätzlich[233] zurück zu überweisen, wenn diese sie als zu Unrecht erbracht zurückfordert (§ 12 Abs. 3 Satz 2 BBesG, § 52 Abs. 4 BeamtVG iVm § 118 Abs. 3 Satz 2 SGB VI). Die entsprechende (von einer Regelung durch Allgemeine Geschäftsbedingungen unabhängige) Verpflichtung ist zwar öffentlich-rechtlicher Natur, eröffnet der überweisenden Stelle jedoch nicht die Möglichkeit einer Inanspruchnahme des Geldinstituts durch Verwaltungsakt;[234] im Streitfall bleibt der Verwaltung nur das Mittel der verwaltungsgerichtlichen Klage. Auch die Erstattungspflicht derjenigen Personen, die solche zu Unrecht erbrachten Geldleistungen von dem Geldinstitut in Empfang genommen oder über den entsprechenden Betrag verfügt haben (siehe einerseits § 12 Abs. 4 Satz 1 BBesG, andererseits § 52 Abs. 4 BeamtVG iVm § 118 Abs. 4 Satz 1 SGB VI), hat öffentlich-rechtliches Gepräge; obwohl zwischen dem Empfänger und dem ehemaligen Dienstherrn des Verstorbenen kein Subordinationsverhältnis besteht, ist der Verwaltung *hier* – wie § 118 Abs. 4 Satz 2 SGB VI inzwischen klarstellt – ein Vorgehen durch Verwaltungsakt zuzubilligen.[235]

77 Der Rückforderungsbescheid muss in allen Fällen den Betrag der rechtsgrundlosen Leistung und die zu erstattende Summe enthalten; sofern während eines bestimmten Zeitraumes wiederkehrende Leistungen ganz oder teilweise zu viel gewährt worden sind, ist es ferner angezeigt, diesen Zeitraum anzugeben, und unerlässlich, eine detaillierte Berechnung in die gemäß § 39 Abs. 1 VwVfG in der Regel gebotene Begründung einzufügen.[236]

78 Der Adressat des Rückforderungsbescheides kann ggf. nach erfolglosem Widerspruch (§ 54 Abs. 2 und 3 BeamtStG,[237] § 126 Abs. 2 und 3 BBG iVm §§ 68 ff. VwGO) verwaltungsgerichtliche Anfechtungsklage (§ 54 Abs. 1 BeamtStG, § 126 Abs. 1 BBG iVm § 42 VwGO) erheben. Beruht die rechtsgrundlose Leistung auf einem rechtsbegründenden oder rechtsbestätigenden (feststellenden) Verwaltungsakt, der ex tunc zurückgenommen worden ist,[238] so muss der Betroffene auch gegen den Rücknahmebescheid mit Widerspruch und Klage angehen, sofern er (auch) diesen nicht für rechtens hält. Beide Klagebegehren werden zweckmäßigerweise verbunden (§ 44 VwGO), es sei denn, rückfordernde und rücknehmende Behörde sind nicht identisch.

79 Widerspruch und Anfechtungsklage gegen Rücknahme- und Rückforderungsbescheid haben aufschiebende Wirkung (§ 80 Abs. 1 VwGO).[239] Eine Vollziehungsanordnung

[232] BVerwGE 15, 234; 37, 314; siehe auch BBesGVwV 12.2.25 Satz 1 und → Rn. 72.

[233] Siehe aber auch § 12 Abs. 3 Satz 3 und 4 und Abs. 4 Satz 2 BBesG sowie § 52 Abs. 4 Satz 3 und Abs. 5 Satz 2 BeamtVG aF bzw. § 52 Abs. 4 BeamtVG n. F. iVm § 118 Abs. 3 Satz 2 und Abs. 4 Satz 3 SGB VI. Hat sich das Konto des Verstorbenen vor und nach dem Zufluss der Besoldungs- oder Versorgungsleistung durchgängig im Soll befunden, so bleibt es bei der Leistungsfreiheit des Geldinstituts; BVerwG DÖV 2011, 40 und auch bereits BW VGH 7.1.2009 – 4 S 283/06 –, abgedr. bei Schütz/Maiwald BR ES/C V 5 Nr. 72 (= DVBl 2009, 670 – LS –).

[234] Vgl. BSG NVwZ-RR 1998, 564 (zu § 118 Abs. 3 und 4 SGB VI).

[235] BBesGVwV 12.2.25 Satz 3 und 4 ist überholt.

[236] Zur Verbindung von Rücknahme- und Rückforderungsbescheid siehe → Rn. 22.

[237] Siehe aber auch die Ausnahmeregelung in § 54 Abs. 2 Satz 3 BeamtStG.

[238] → Rn. 17 ff.

[239] Zum Ende des Suspensiveffekts siehe § 80b VwGO.

(§ 80 Abs. 2 Satz 1 Nr. 4 VwGO)[240] wird nur dann erwägenswert sein, wenn genügend Anhaltspunkte dafür gegeben sind, dass der Erstattungsbetrag nach Klageerhebung nicht mehr zu erlangen ist.[241]

Eine Zinszahlungspflicht wird durch den Erlass des Rückforderungsbescheides nur bei verschärfter Haftung nach §§ 819 Abs. 1, 818 Abs. 4, 291 Satz 1 BGB ausgelöst;[242] er hemmt aber die Verjährung (§ 53 Abs. 1 Satz 1 VwVfG).[243] Die Hemmung endet mit dem Eintritt der Unanfechtbarkeit des Bescheides oder sechs Monate nach seiner anderweitigen Erledigung (§ 53 Abs. 1 Satz 2 VwVfG). Nach Eintritt der Unanfechtbarkeit beträgt die (Vollstreckungs-)Verjährungsfrist 30 Jahre.[244] 80

2. Leistungsklage

Für eine Geltendmachung des Erstattungsanspruchs durch verwaltungsgerichtliche Leistungsklage (vgl. § 54 Abs. 1 BeamtStG, § 126 Abs. 1 BBG) kann sich der Dienstherr entscheiden,[245] ohne dass ihm wegen der Möglichkeit, durch Leistungsbescheid vorzugehen, fehlendes Rechtsschutzinteresse entgegengehalten werden könnte.[246] Eine gerichtliche Klärung ist so nämlich häufig schneller und mit geringerem Aufwand zu erlangen, als wenn zunächst ein Leistungs- und ein Widerspruchsbescheid ergehen, die – wie vorhersehbar – mit der Anfechtungsklage angegriffen werden. Außerdem kann das obsiegende Leistungsurteil in der Hauptsache für vorläufig vollstreckbar erklärt werden (§ 167 Abs. 1 VwGO iVm den §§ 708 ff. ZPO),[247] während ein Leistungsbescheid, sofern nicht 81

---

[240] Ggf. muss sich die Vollziehungsanordnung sowohl auf den Rücknahme- als auch auf den Rückforderungsbescheid erstrecken. Im Verfahren des vorläufigen Rechtsschutzes nach § 80 Abs. 5 VwGO, mit dem der Beamte die Wiederherstellung der aufschiebenden Wirkung seines Widerspruchs gegen die Rückforderung von Dienstbezügen erstrebt, ist die materielle Rechtmäßigkeit einer zuvor vom Dienstvorgesetzten getroffenen Feststellung über den Verlust der Dienstbezüge nach § 9 BBesG (siehe dazu Rn. 24) einer Überprüfung entzogen, wenn die zuständige Behörde diese Feststellung ebenfalls mit einer – vom Beamten nicht angegriffenen – Anordnung der sofortigen Vollziehung versehen hat (VG Düsseldorf 26.11.2010 – 26 L 1713/10 –, BeckRS 2011, 45340 unter Bezugnahme auf BVerwGE 109, 357).

[241] Siehe auch BBesGVwV 12.2.22. May in Schütz/Maiwald BR § 52 BeamtVG Rn. 123 führt als Beispiel an, dass mit fehlender Realisierbarkeit der Rückforderung nach Abschluss eines Anfechtungsprozess gerechnet werden müsse, wenn bei einem Ruhestandsbeamten anzunehmen sei, ihm drohe die disziplinargerichtliche Aberkennung des Ruhegehalts.

[242] Siehe bereits → Rn. 39 mit Fn. 131. Siehe weiterhin RP OVG DÖV 1983, 904 sowie BBesGVwV 12.2.23 Satz 3 und 4.

[243] Soweit nicht § 53 VwVfG eingreift, sind die Verjährungsregelungen des BGB (§§ 194 ff.) analog anzuwenden (siehe dazu den RdErl. d. BMI vom 3.9.2002, GMBl. S. 775, ferner BVerwG NVwZ-RR 2002, 203 und Schaller RiA 2003, 23). Dies gilt insbesondere für die Regelverjährungsfrist von drei Jahren (§ 195 BGB) und für den Fristbeginn sowie für die hier in Betracht kommende Höchstfrist von zehn Jahren (§ 199 Abs. 1 und 4 BGB). BBesGVwV 12.2.24 ist überholt. Speziell zu § 199 Abs. 1 Nr. 2 BGB BVerwG 20.12.2010 – 2 B 34.10 –, BeckRS 2011, 45814 und HVGH LKRZ 2012, 366 (betr. grob fahrlässige Unkenntnis der Behörde vom Bestehen eines Rückforderungsanspruchs). Zu vorrangigem Landesrecht siehe Summer ZBR 2004, 389. Beachte schließlich die Verjährungsregelung des § 52 Abs. 4 BeamtVG iVm § 118 Abs. 4a SGB VI.

[244] Siehe § 53 Abs. 2 Satz 1 VwVfG.

[245] Auch für die Rückforderung einer Beihilfe, die dem Erben des Beihilfeberechtigten zugeflossen ist, ist der Verwaltungsrechtsweg gegeben; BVerwG ZBR 1990, 265 (dazu Schnellenbach ZBR 1992, 257, 258 f.). Zur Rechtswegproblematik bei der Geltendmachung beamtenrechtlicher Erstattungsansprüche siehe Graf ZBR 1996, 380.

[246] BVerwGE 28, 1 (siehe auch insoweit Schnellenbach ZBR 1992, 257, 269).

[247] § 167 Abs. 2 VwGO wird von der Rechtsprechung auf allgemeine Leistungsklagen nur insoweit analog angewendet, als es sich um Verurteilungen der Verwaltung zu schlicht hoheitlichem Verhalten handelt (BW VGH DVBl 1999, 992 sowie NdsOVG NVwZ 2000, 578). Im Übrigen gilt die Verweisung auf das 8. Buch der ZPO in § 167 Abs. 1 VwGO; vgl. auch Kopp/Schenke VwGO § 167 Rn. 11.

ausnahmsweise die Voraussetzungen für eine Vollziehungsanordnung erfüllt sind, erst frühestens drei Monate nach Ablauf der gesetzlichen Begründungsfrist für das gegen die erstinstanzliche Abweisung der Anfechtungsklage gegebene Rechtsmittel einer Vollstreckung zugänglich ist (vgl. § 80b Abs. 1 VwGO). Schließlich können bei der Leistungsklage ab Rechtshängigkeit Prozesszinsen verlangt werden (§ 818 Abs. 4, §§ 291, 288 Abs. 1 BGB; vgl. zum Leistungsbescheid → Rn. 39, 80); die bürgerlich-rechtlichen Vorschriften über den Verzugsschaden (§ 284 Abs. 1, § 286 Abs. 1 BGB) sind aber nicht (entsprechend) anwendbar.[248]

3. Aufrechnung

82 Nach § 11 Abs. 2 Satz 1 BBesG kann der Dienstherr gegenüber Ansprüchen auf Bezüge iSd § 1 Abs. 2 und 3 BBesG grundsätzlich nur in den Grenzen der Pfändbarkeit aufrechnen.[249] Gleiches bestimmt § 51 Abs. 2 Satz 1 BeamtVG für die Aufrechnung gegenüber Ansprüchen auf Versorgungsbezüge.[250] Die beiden gesetzlichen Regelungen gehen davon aus, dass eine Aufrechnung gegenüber Ansprüchen auf Besoldungs- oder Versorgungsbezüge prinzipiell zulässig ist. Die Rückforderung rechtsgrundlos gewährter Geldleistungen ist – neben der Inanspruchnahme des Beamten auf Schadensersatz – das bedeutsamste beamtenrechtliche Anwendungsfeld dieses Gestaltungsrechts.[251]

83 Die einseitige, empfangsbedürftige Aufrechnungserklärung des Dienstherrn (siehe § 388 BGB) stellt keine verbindliche Entscheidung und damit keinen Verwaltungsakt dar.[252] Der Dienstherr braucht die Erstattungsleistung auch nicht vorab durch Verwaltungsakt festzusetzen;[253] andererseits steht der frühere Erlass eines Leistungsbescheides einer nachträglichen Aufrechnung nicht entgegen, weil diese nicht mit einer Vollziehungsmaßnahme gleichzusetzen ist.[254] Falls eine Aufrechnungslage iSd entsprechend anzuwendenden § 387 BGB besteht, bewirkt die Aufrechnungserklärung eo ipso, dass Forderung und Gegenforderung, soweit sie sich decken, „als in dem Zeitpunkt erloschen gelten, in welchem sie zur Aufrechnung geeignet einander gegenüber getreten sind" (§ 389 BGB). Ist der Aufrechnungserklärung ein Leistungsbescheid vorausgegangen, so hat die aufschiebende Wirkung eines hiergegen gerichteten Rechtsbehelfs keinen Einfluss auf die Fälligkeit des Erstattungsanspruchs.[255] Unerheblich ist es auch, ob der Aufrechnungsgegner seine Erstattungspflicht nach Grund und Höhe bestreitet.[256] Der Dienstherr kann gegen den Anspruch auf Besoldungs- und Versorgungsbezüge selbst hinsichtlich künftig fällig werdender Beträge aufrechnen,[257] da insoweit kein Leistungsverbot besteht.

[248] BVerwGE 48, 133 (136); BVerwG ZBR 1990, 265 (266).

[249] Zur Frage, ob ein Vorgehen durch Leistungsbescheid aus Gründen der Fürsorge vorzugswürdig sein kann, siehe Möller in Schwegmann/Summer BesR A II/1 § 11 BBesG Rn. 143, 145.

[250] Das Verbot einer unbeschränkten Aufrechnung gegenüber Versorgungsbezügen gilt nicht, wenn der Dienstherr mit dem Anspruch auf Rückgewähr für eben die Monate aufrechnet, für die einem entlassenen Beamten das Übergangsgeld zusteht; BVerwG NVwZ 2002, 287.

[251] BVerwG NVwZ 1995, 389.

[252] Vorläufiger Rechtsschutz kann deshalb allenfalls nach § 123 Abs. 1 VwGO mit dem Ziel beansprucht und ggf. gewährt werden, bereits einbehaltene Bezüge auszuzahlen und von einer weiteren Einbehaltung abzusehen; vgl. HVGH ESVGH 27, 159 und NdsOVG DÖD 1984, 131. Siehe aber auch VG Oldenburg 16.11.2004 – 6 B 3881/04 –, BeckRS 2005, 20080: Sei die Aufrechnung bereits abgewickelt, so könnten nur „besondere Umstände" einen Anordnungsgrund für eine Rückabwicklung im Wege der einstweiligen Anordnung bilden.

[253] Siehe Fürst in GKÖD I K § 84 Rn. 25.

[254] BVerwGE 66, 218 (221).

[255] BVerwGE 66, 218 und BVerwG ZBR 1986, 87; ferner NdsOVG NVwZ-RR 2008, 336.

[256] BVerwG ZBR 1972, 188; siehe auch BGHZ 16, 124.

[257] Siehe schon RGZ 171, 215.

Der Beamte oder Versorgungsberechtigte, der die zur Aufrechnung gestellte Rückforderung des Dienstherrn nicht anerkennt, kann den im Hinblick auf die Aufrechnung nicht gezahlten Teil seiner Bezüge – nach erfolglosem Widerspruch – bei dem Verwaltungsgericht einklagen.[258] Das Gericht prüft dann inzidenter auch den Erstattungsanspruch und die Billigkeitserwägungen der Verwaltung.[259] **84**

Keine Aufrechnung stellt es dar, wenn der Dienstherr für denselben Zeitraum überhöhte Zahlungsteile und Nachzahlungsbeträge saldiert (verrechnet).[260] **85**

VII. Beweislast

Der Dienstherr trägt grundsätzlich die Beweislast (Feststellungslast), wenn sich nicht aufklären lässt, ob das von der Behörde bei ihrem Schluss auf die Rechtswidrigkeit eines zurückgenommenen begünstigenden Verwaltungsakts unterstellte Tatsachenfundament wirklich vorhanden ist.[261] Ausnahmsweise trifft der Nachteil eines non liquet freilich insoweit den Begünstigten, als dieser den Verwaltungsakt durch arglistige Täuschung, sonst vorwerfbares Verhalten[262] oder – schuldloses – Verschweigen eines rechtserheblichen Sachverhalts erwirkt hatte, den im Wesentlichen nur er hätte offenbaren können.[263] In Bezug auf die in § 48 Abs. 2 Satz 2 VwVfG angesprochenen Tatumstände ist im Allgemeinen der Begünstigte, wegen der einen Vertrauensschutz ausschließenden Fakten (siehe § 48 Abs. 2 Satz 3 VwVfG) der Dienstherr beweisbelastet. **86**

Die Unaufklärbarkeit entscheidungserheblicher tatsächlicher Umstände, auf die der Beamte oder Versorgungsberechtigte seine Entreicherungseinrede stützt, führt dazu, dass ihm kein Leistungsverweigerungsrecht zugestanden werden kann. Die Beweislast hinsichtlich der Tatsachen, die Voraussetzungen für eine verschärfte Haftung sind, fällt dagegen dem Dienstherrn zu.[264] **87**

---

[258] Zum vorläufigen Rechtsschutz siehe Fn. 252.

[259] Siehe dazu Fn. 222.

[260] Siehe dazu schon → Rn. 20 sowie Möller in Schwegmann/Summer BesR A II/1 § 11 BBesG Rn. 149.

[261] Vgl. BVerwGE 18, 168; 34, 225 sowie BVerwG ZBR 2003, 387 (allgemein BVerwGE 80, 290, 296 f. und BVerwG ZBR 2000, 305). Auch wenn zweifelhaft bleibt, welche Leistungen dem Empfänger tatsächlich zugeflossen sind, geht dies zu Lasten des Dienstherrn; MV OVG DÖD 2006,112.

[262] BVerwGE 20, 95; 24, 294.

[263] BVerwGE 34, 225. Siehe auch BVerwG DÖV 1970, 783: Erweisen sich die dem rechtswidrigen Verwaltungsakt zugrunde gelegten tatsächlichen Angaben des Begünstigten als unwahr, so hat er die Beweislast zu tragen, wenn unaufgeklärt bleibt, ob andere von ihm nachträglich behauptete Tatsachen vorliegen, die den Verwaltungsakt im Ergebnis rechtfertigen könnten.

[264] Siehe Schinkel/Seifert in GKÖD III K § 12 Rn. 30c. Zugunsten des Dienstherrn können unter Umständen die Grundsätze des Anscheinsbeweises eingreifen, etwa dann, wenn der Beamte bestreitet, eine Mitteilung oder ein Merkblatt tatsächlich erhalten zu haben; vgl. dazu NdsOVG NVwZ 2003, 1543 sowie RP OVG 29.5.2002 – 10 A 10687/02 –, abgedr. bei Schütz/Maiwald BR ES/C V 5 Nr. 45.

Stichwortverzeichnis

Die fetten Zahlen verweisen auf die Paragraphen, die mageren Zahlen auf die Randnummern.